NOVO LÉXICO
DA TEOLOGIA DOGMÁTICA CATÓLICA

Dados Internacionais de Catalogação na Publicação (CIP)
(Câmara Brasileira do Livro, SP, Brasil)

Novo léxico da Teologia Dogmática Católica / editado por Wolfgang Beinert e Bertram Stubenrauch ; tradução de Markus A. Hediger. – Petrópolis, RJ : Vozes, 2015.
Título original : Neues Lexikon der Katholischen Dogmatik
Vários colaboradores.
Bibliografia.
ISBN 978-85-326-4741-2

1. Igreja Católica – Doutrinas – Dicionários
I. Beinert, Wolfgang. II. Stubenrauch, Bertram.

14-00007   CDD-230.2

Índices para catálogo sistemático:
1. Igreja Católica : Doutrinas : Dicionários   230.2

EDITADO POR **Wolfgang Beinert
Bertram Stubenrauch**

NOVO LÉXICO DA TEOLOGIA DOGMÁTICA CATÓLICA

Colaboradores

Christoph Böttigheimer, Erwin Dirscherl, Margit Eckholt,
Eva-Maria Faber, Helmut Hoping, Julia Knop, Georg Kraus,
Ulrich Lüke, Regina Radlbeck-Ossmann, Johanna Rahner,
Hans-Joachin Sander, Dorothea Sattler.

Tradução de Markus A. Hediger

EDITORA VOZES

Petrópolis

© 2012, Verlag Herder GmbH, Freiburg im Breisgau

Wolfgang Beinert e Bertram Stubenrauch
Título do original alemão: *Neues Lexikon der Katholischen Dogmatik*

Direitos de publicação em língua portuguesa:
2014, Editora Vozes Ltda.
Rua Frei Luís, 100
25689-900 Petrópolis, RJ
www.vozes.com.br
Brasil

Todos os direitos reservados. Nenhuma parte desta obra poderá ser reproduzida ou transmitida por qualquer forma e/ou quaisquer meios (eletrônico ou mecânico, incluindo fotocópia e gravação) ou arquivada em qualquer sistema ou banco de dados sem permissão escrita da editora.

Diretor editorial
Frei Antônio Moser

Editores
Aline dos Santos Carneiro
José Maria da Silva
Lídio Peretti
Marilac Loraine Oleniki

Secretário executivo
João Batista Kreuch

Editoração: Maria da Conceição B. de Sousa
Diagramação: Sheilandre Desenv. Gráfico
Capa: Omar Santos
Ilustração de capa: Ícone mostrando os Três Grandes Hierarcas: (esq. para dir.) Basílio Magno, São João Crisóstomo e Gregório, o Teólogo. Autor desconhecido.

ISBN 978-85-326-4741-2 (edição brasileira)
ISBN 978-3-451-34054-3 (edição alemã)

Editado conforme o novo acordo ortográfico.

Este livro foi composto e impresso pela Editora Vozes Ltda.

SUMÁRIO

Prefácio, 7

Orientações para o uso, 9

Índice dos temas dogmáticos e seus conceitos centrais, 11

Índice de antologias fundamentais sobre a Teologia Dogmática, 15

Índice de manuais e compêndios importantes da Teologia Dogmática, 17

Índice de importantes obras histórico-dogmáticas (em ordem cronológica), 21

Abreviaturas, 23

I. Livros bíblicos e escritos não canônicos, 23

II. Referências, documentos, fontes, séries, revistas, 24

III. Escritos e obras de autores da Antiguidade, das idades Média e Moderna, 29

IV. Documentos do Concílio Vaticano II, 33

Verbetes, 35

Índice onomástico, 513

Índice temático, 555

PREFÁCIO

Já em 1926, o jesuíta J. Braun publicou pela editora Herder um *Léxico de estudo da Teologia Dogmática Católica*, que pretendia fornecer aos estudantes e interessados informações iniciais sobre a disciplina do ponto de vista da teologia católica romana. A editora planejava renovar esse serviço no final do século passado. Em 1984, o revisor teológico de então, Dr. Gerbert Brunner, se aproximou do teólogo dogmático Wolfgang Beinert, de Regensburgo, e lhe perguntou se estaria disposto a organizar a edição dessa obra. Três anos depois, em 1987, a primeira edição do *Léxico da Teologia Dogmática Católica* foi publicada. O prefácio especifica seu propósito: A pessoa culta *"deve encontrar aqui uma informação sólida, cientificamente precisa e baseada nos conhecimentos atuais sobre temas, problemas e questões da disciplina teológica central. Não pode, nem pretende, ser exaustivo, antes deseja fornecer um conhecimento básico que precisa ser especificado com a ajuda dos grandes manuais e monografias e que incentiva o leitor a buscar esse aprofundamento"*.

O *Novo léxico da Teologia Dogmática Católica* segue o mesmo programa. Adotou também a estrutura básica da construção original. Contratamos não o maior número possível de especialistas para cada verbete, mas o menor número possível para um tratado inteiro. Dentro do número de páginas a eles designado, teriam a liberdade de determinar o nomenclador e decidir sobre o peso a ser atribuído a cada artigo. Dessa maneira, as desvantagens de um dicionário (informações isoladas, sem contexto) deveriam ser compensadas ao máximo pelas vantagens do manual (informações contextualizadas). Uma segmentação padronizada e gráficos estruturam os artigos individuais. As "Orientações para o uso" a seguir fornecem mais detalhes.

O *léxico da Teologia Dogmática Católica* teve uma recepção ampla e positiva, fato que se manifestou também em numerosas traduções. A "tradução" mais curiosa foi a tradução do alemão para o alemão, mais precisamente, para o jargão de um estado cujo nome não permitia nem mesmo a formação de um adjetivo. Quando, em 1989, estava sendo preparada uma edição em Leipzig, as censuras eclesiástica e estatal da República Democrática Alemã exigiram, em simbiose antagonística, cerca de três dúzias de alterações no "texto ocidental", provocadas pelo uso linguístico comunista e pela *damnatio memoriae* de determinados autores. Em 1991, foi publicada a 3ª (com a edição de Leipzig, a 4ª) edição).

Uma reedição na forma original já não parecia mais apropriada. Desde a primeira concepção da obra, a compreensão dogmática havia sofrido algumas mudanças em virtude de certos desenvolvimentos na ciência e na Igreja. Uma edição revisada tornou-se imprescindível. Mas os autores originais (eram, de fato, apenas homens) já não podiam mais fazer esse trabalho: morte, idade, as exigências de novas tarefas, mas também a "falta de recursos" referente aos subsídios e assistentes, causada pela aposentadoria de muitos, impediu a contratação dos autores originais.

Wolfgang Beinert, o primeiro editor do "Léxico", e Bertram Stubenrauch, como novo coeditor, optaram por uma revisão completa, que justifica também o título *Novo léxico da Teologia Dogmática Católica*, com uma referência clara e consciente ao título antigo. Novos são as autoras (seis) e os autores (oito), com duas exceções, que se devem à desistência de duas pessoas abordadas originalmente. Todos eles pertencem à atual geração normativa de professores da teologia. Novo é também o conjunto de verbetes – alguns foram excluídos de acordo com o conhecimento atual da disciplina, outros foram incluídos pela primeira vez. Nova é a redação completa do texto. Novas são, por fim, também as referências bibliográficas. Os dois organizadores foram responsáveis pela revisão e correção da versão final, a responsabilidade técnica é dos respectivos autores. Os funcionários da cátedra de Teologia Dogmática da Ludwig-Maximilian-Universität, em Munique, foram encarregados com os trabalhos redacionais técnicos.

O novo dicionário é publicado no 50º aniversário da inauguração do Concílio Vaticano II (1962-1965). O leitor atento perceberá facilmente: São justamente os conteúdos temáticos dogmáticos, necessariamente reduzidos ao essencial, e as informações sobre a recepção pelo magistério da Igreja que enfatizam, com uma clareza maior do que muitos comentários, a renovação epocal causada por essa conferência eclesiástica e ressaltam o quanto ainda precisa ser realizado, mas evidenciam também como novos impulsos surgidos desde então exigem hoje uma resposta teológica. Sob esse ponto de vista, o léxico é uma homenagem aos padres de então, um diagnóstico da situação atual e uma projeção das tarefas futuras – em analogia à disciplina à qual ele deve sua existência.

No fim desse prefácio, os organizadores têm a feliz obrigação de expressar sua gratidão: Em primeiro lugar, agradecem ao revisor Dr. Peter Suchla e à editora Herder pelo enorme empenho e ajuda nessa obra trabalhosa. Agradecemos aos autores que certamente vivenciaram a verdade da sabedoria atribuída a Karl Rahner: Deus ordena escrever um léxico a quem pretende castigar. A despeito das numerosas obrigações de cada um, todos eles disponibilizaram e investiram conhecimento, energia, paciência (também com os organizadores) em quantidades admiráveis. Devemos nossa admiração e agradecimento igualmente aos homens e mulheres da cátedra de Munique: Enrico Barbiero, Rebecca Milena Fuchs, Dr. Jens Henning, Ysabel von Künsberg, Peter Legath, Claudia Angelika Leistritz, Beate Ulrich e Björn Wagner; sem seu empenho altruísta no trabalho redacional, o *Novo léxico da Teologia Dogmática Católica* dificilmente teria sido publicado. Os organizadores esperam que os usuários se juntem a esse agradecimento.

Munique/Pentling
Na Festa da Epifania do Senhor 2012
Wolfgang Beinert
Bertram Stubenrauch

ORIENTAÇÕES PARA O USO

O princípio de estruturação da obra: Ao nomenclador subjazem os conceitos que, na prática acadêmica tradicional, são centrais às áreas temáticas – normalmente chamadas de tratados – da disciplina da Teologia Dogmática. O "Sumário dos campos de temáticas dogmáticas e seus conceitos centrais" a seguir mostra como esses conceitos devem ser relacionados aos tratados individuais.

A seleção de autores – Ao contrário da prática comum de atribuir os verbetes aos especialistas respectivos, ou seja, ao maior número possível de peritos, os nossos autores foram encarregados com o processamento de um tratado inteiro. Cabia a eles, dentro do volume total de sua área, elaborar o nomenclador e determinar o peso de cada entrada. Apenas em alguns poucos casos, exigências práticas nos forçaram a desviar-nos desse princípio. Estes são identificados no "sumário".

Os verbetes – Sempre que possível, cada artigo individual segue um esquema idêntico. Isso deve ajudar os usuários a encontrar imediatamente a informação procurada. Cifras em negrito destacam tipograficamente as subcategorias. Os verbetes se segmentam da seguinte forma:
- *Designação do verbete.*
- *Verbetes de referência* (↑) para informações adicionais.
- *Definição* ou descrição do conceito.

- **(1)** *Fundamentos bíblicos*: A Palavra de Deus testificada pela Bíblia como fundamento da reflexão sistemática da fé.
- **(2)** *Resumo histórico-dogmático*: Esboço da história do conceito e do problema.
- **(3)** *A posição do magistério*: A doutrina atual do magistério da Igreja Católica Romana.
- **(4)** *Perspectivas ecumênicas*: As teses das principais confissões cristãs e a possibilidade de sua mediação.
- **(5)** *Exposição teológica*: Reflexão sobre o conteúdo, significado e contexto do verbete, sobre o *status* atual da discussão e possíveis perspectivas.
- **Lit.** *Referências*: São mencionadas apenas obras importantes que permitam um aprofundamento da matéria. Outros léxicos da disciplina e obras de referência não são mencionados aqui. Estes podem ser encontrados em uma lista separada.

Na medida do possível, as referências bibliográficas foram classificadas de acordo com os seguintes critérios: a) obras introdutórias; b) literatura básica; c) obras com boas referências bibliográficas.

Registro – Em virtude da estrutura do dicionário, apenas os conceitos essenciais da Teologia Dogmática puderam ser incluídos no nomenclador. Se um leitor não encontrar o lema procurado no alfabeto, pedimos que recorra ao registro no fim do livro. Lá encontrará uma relação de todos os nomes e conceitos teológicos importantes mencionados na parte principal.

ÍNDICE DOS TEMAS DOGMÁTICOS E SEUS CONCEITOS CENTRAIS

1 Epistemologia teológica
(Prof.-Dr. Christoph Böttigheimer; Eichstätt)
Cânone
Dogma/proposição dogmática
Epistemologia (teológica)
Escritura Sagrada
Evolução dos dogmas
Fé
Hermenêutica
Hierarquia das verdades
História/historicidade
História dos dogmas
Inerrância
Inspiração
Magistério eclesiástico
Mistério da fé
Recepção
Revelação
Senso de fé dos crentes
Teologia
Teologia Dogmática
Teólogos
Theologumenon
Tradição
Verdade da fé

2 Doutrina de Deus
(Prof.-Dr. Hans-Joachim Sander; Salzburg)
Ação de Deus
Amor
Analogia
Apropriações
Ateísmo
Atributos de Deus
Cognoscibilidade de Deus
Deus
Domínio de Deus/Reino de Deus
Doutrina da Trindade
Doutrina de Deus
Fala de Deus
Fideísmo
Heresias trinitárias
*[1] Ira de Deus
* Justiça de Deus
Nomes de Deus
Paternidade de Deus
Pessoas em Deus
* Poder de Deus
* Presença de Deus
Provas da existência de Deus
Presciência de Deus
Providência
Religião
Teologia natural
* Teologia negativa
Trindade
* Violência de Deus
Vontade de Deus

---

1. Os verbetes marcados com * não estão contidos na versão antiga deste léxico.

3 Doutrina da criação
(Prof.-Dr. Ulrich Lüke; Aachen)

- Acaso
- Anjos
- Assistência de Deus
- Causalidade
- Consentimento de Deus
- Contingência
- Cosmologia
- *Creatio ex nihilo/creatio continua*
- Criação
- Criaturalidade
- Deísmo
- Demônios
- Diabo
- Dualismo
- Ecologia
- Enteléquia
- Esquema tempo/espaço
- Estado original
- Fé na criação e ciência natural
- Imagem do mundo
- Glória de Deus
- Hominização
- Início
- Mal
- Males
- Maniqueísmo
- Matéria
- Monismo
- Narrativas da criação
- Natureza
- Preservação do mundo
- Protologia
- Teodiceia
- Teoria da evolução e fé na criação

4 Antropologia teológica
(Prof.-Dr. Erwin Dirscherl; Regensburgo)

- Alegria
- Amor ao próximo e amor a Deus
- Antropocentrismo
- Antropologia (teológica)
- Comunhão
- Concupiscência
- Consciência
- Coração
- Criacianismo/generacianismo
- Criaturalidade
- Culto
- Cultura
- Decisão
- Dignidade do ser humano/direitos humanos
- Doença
- Educação
- Homem e mulher
- Humanidade
- Identidade
- Imagem de Deus
- Imagem do ser humano
- Indivíduo
- Liberdade
- Língua
- Monogenismo/poligenismo
- Mortalidade
- Paz
- Pecado e culpa
- Pecado original
- Personalidade/pessoa
- * Relação corpo-alma
- Razão
- Seguimento de Jesus, do ponto de vista antropológico
- Ser humano
- Sexualidade
- Sociedade
- Sofrimento
- * Tempo, do ponto de vista antropológico
- Tentação
- Tolerância

5 Cristologia/soteriologia
(Prof.-Dr. Helmut Hoping; Friburgo. PD-Dra. Julia Knop; Friburgo)

- Ascensão de Jesus
- * Batismo de Jesus
- Conhecimento e consciência de Jesus
- * Cristocentrismo

Cristologia
* Cristologia do *logos*
Descida de Cristo ao submundo
Encarnação
Evento Cristo
Jesus histórico
* Messias
Mistérios da vida de Jesus
Motivos soteriológicos
Paixão e morte de Jesus

Preexistência de Cristo
Ressurreição de Jesus
Soteriologia
Substituição
Teologia da cruz
Teoria da Satisfação
Títulos de realeza de Jesus
União hipostática
* Unicidade e universalidade salvífica de Jesus Cristo

6 Mariologia
(Profa.-Dra. Regina Radlbeck-Ossmann; Halle)

Aparições de Maria
Ascensão de Maria para a glória de Deus
Conceição virginal/virgindade de Maria
Critérios de conhecimento mariológico
Devoção mariana
Dogmas marianos

Liberdade do pecado original/conceição imaculada de Maria
Mariologia
Maternidade divina de Maria
Mediação de Maria
Significado salvífico de Maria

7 Eclesiologia
(Prof. em.-Dr. Wolfgang Beinert; Regensburgo. Profa.-Dra. Johanna Rahner; Kassel)

Apostolicidade na Igreja
Bispo
Catolicidade
Cisma
Colegialidade
Concílio/conciliaridade
Confissão
Confissão de fé
Diácono
Diálogo
* Dimensões fundamentais da Igreja
Eclesiologia
Ecumenismo
Direito Canônico
Distintivos da Igreja
* Fundamentalismo
Heresia
Hierarquia
Igreja
Igreja e igrejas

Igreja local e Igreja universal
* Imagens da Igreja
Infalibilidade
Judaísmo e Igreja
Leigos
Missão/reevangelização
Modelos de unidade
Necessidade salvífica da Igreja
Ofício na Igreja
Papa
* Sacerdócio comum
Sacerdote
* Sacramentalidade da Igreja
Santidade da Igreja
* Santos/veneração dos santos
* Seguimento de Jesus, do ponto de vista eclesiológico
Sínodo/sinodalidade
Sucessão apostólica
Unidade da Igreja
Visibilidade da Igreja

8 Pneumatologia
(Prof.-Dr. Bertram Stubenrauch; Munique)

* Batismo do Espírito
Carismas/renovação carismática

* Cristologia do Espírito
* Discernimento dos espíritos

* Dons do Espírito
Espírito Santo
Espiritualidade
Filioque

Habitação do Espírito
* Invocação do Espírito/epiclese
* Pecado contra o Espírito Santo
Pneumatologia

9 Doutrina da graça
(Prof.-Dr. Margit Eckholt; Osnabrück. Prof. em.-Dr. Georg Kraus; Bamberg)
Certeza salvífica
Disposição para a graça
Eleição
Graça/Teologia da Graça
Justificação

Mérito
Obras
Predestinação
Vontade salvífica universal de Deus

10 Doutrina dos sacramentos
(Profa.-Dra. Dorothea Sattler; Münster)
Absolvição
Batismo
Batismo infantil
* Cálice dos leigos
Character indelebilis
* Confissão dos pecados
Contrição
Crisma
Eucaristia
Hilemorfismo
Indulgência
Instituição dos sacramentos

Intercomunhão ecumênica
Matrimônio
* Número dos sacramentos
* Obra de penitência
Palavra e sacramento
Sacramentais
Sacramento
Sacramento da Ordem
Sacramento da Reconciliação
Sacramentos de iniciação
Unção dos Enfermos
Ex opere operato / ex opere operantis

11 Escatologia
(Profa.-Dra. Eva-Maria Faber; Chur)
Anticristo
Apocalíptica
Céu
Domínio de Deus/Reino de Deus
Escatologia
Estado intermediário
Imortalidade da alma
Inferno
Juízo

Morte
Parusia
Purificação/purgatório
Quiliasma
Redenção universal
Ressurreição dos mortos
Tempo (escatológico)

Vida eterna

ÍNDICE DE ANTOLOGIAS FUNDAMENTAIS SOBRE A TEOLOGIA DOGMÁTICA

BEINERT, W. (org.). *Texte zur Theologie – Dogmatik*. Graz/Viena/Colônia [abreviatura: tztD]:
1) BEINERT, W. *Dogmatische Prinzipienlehre* [ainda inédito].
2) VORGRIMLER, H. *Gotteslehre*. 2 vols. 1989.
3) KRAUS, G. *Schöpfungslehre*. 1992.
4) OHLIG, K.-H. *Christologie*. 2 vols. 1989.
5) NEUNER, P. *Ekklesiologie*. 2 vols. 1995.
6) COURTH, F. *Mariologie*. 1991.
7) MÜLLER, G.L. *Pneumatologie 1993 und Gnadenlehre*. 2 vols. 1996.
8) LANGEMEYER, G. *Anthropologie*. 1998.
9) KOCH, G. *Sakramentenlehre*. 2 vols. 1991.
10) BACHL, G. *Eschatologie*. 2 vols. 1999.

DENZINGER, H. "Enchiridion symbolorum definitionum et declarationum de rebus fidei et morum". In: HÜNERMANN, P. (org.). *Kompendium der Glaubensbekenntnisse und kirchlichen Lehrentscheidungen*. 43. ed. Friburgo/Basileia/Viena, 2010 [Rev., ampl. e trad. para o alemão com a ajuda de Helmut Hoping] [abreviatura: DH].

GRÜTZMACHER, R. & MURAS, G.G. *Textbuch zur deutschen systematischen Theologie und ihrer Geschichte vom 16.-20. Jahrhundert*. 2 vols. 4. ed. Gütersloh, 1955/1961.

NEUNER, J. & ROOS, H. *Der Glaube der Kirche in den Urkunden der Lehrverkündigung*. 13. ed. Regensburgo, 1992 [abreviatura: NR].

RAHNER, K. & VORGRIMLER, H. *Kleines Konzilskompendium* – Sämtliche Texte des Zweiten Vatikanischen Konzils. 35. ed. Friburgo/Basileia/Viena, 2008.

ÍNDICE DE MANUAIS E COMPÊNDIOS IMPORTANTES DA TEOLOGIA DOGMÁTICA

1 Antiguidade cristã
AGOSTINHO. *De doctrina christiana* [A doutrina cristã]. Edição: CCSL XXXII, 1-167 [iniciado em 396/397, encerrado em 426 [AURELIUS AUGUSTINUS. *Die christliche Bildung (De doctrina christiana)*. Stuttgart, 2002. (Trad. de K. Pollmann)].

_____. *Enchiridion ad Laurentium de fide et spe et caritate* [Pequeno compêndio sobre a fé, a esperança e o amor]. Edição: CCSL 46, 1969, 21-114 [por volta de 423] [Trad.: Darmstadt, 1960].

JOÃO DAMASCENO. *Pegè gnôseos* [A fonte do conhecimento]. Edição: PL 94, 789-1.228 [por volta de 740/750, 3 partes (dialética, história das heresias, sobre a fé ortodoxa – *De fide orthodoxa*), sendo esta última uma representação dogmática geral]. • KOTTER, B. *Die Schriften des Johannes v. Damaskos II* (PTS 12). Berlim, 1973 [Trad. (*De fide orthodoxa*): BKV2. Vol. 44. Munique, 1923].

LYON, I. *Adversus haereses* [Desmascaramento e refutação da gnose falsa] [por volta de 180/185, escrito em grego, preservado na íntegra apenas na trad. latina]. Edições: Sources Chrétiennes 236, 264/293, 294/210, 211/100*, 100*/152, 153. Paris, 1952-1974. • Trad.: BKV. Vol. 59, 60. Kempten, 1872.

ORÍGENES. *Peri archôn, De principiis* [Sobre as doutrinas principais] [por volta de 220/230, escrito em grego, preservado na íntegra apenas numa versão revisada e traduzida para o latim por Rufino. Edição: ORÍGENES. *Vier Bücher von den Prinzipien*. Darmstadt, 1976 [Edição bilíngue].

2 Idade Média cristã
ALEXANDRE DE HALES. *Summa totius Theologiae* [Summa da teologia universal [iniciada após 1235, continuada por Guilherme de Melitona após a morte de Alexandre, mas nunca foi completada]. Edição: Quaracchi, 1924-1948. Ergb. 1974.

PEDRO LOMBARDO. *Libri sententiarum IV* [Os quatro livros das sentenças], 1150/1152. Edições: PL 192. Grottaferrata, 1971-1981.

TOMÁS DE AQUINO. *Summa theologica* [Summa teológica] [iniciada em 1267, continuada após a morte de Tomás por Reginaldo de Piperno (a partir de III 91) segundo os escritos restantes]. Edição: Marietti, Turim/Roma 1952/1956 [Trad.: *Die Deutsche Thomasausgabe*. Salzburgo et al., 1934ss.].

3 Idade Moderna (até 1960)
BARTMANN, B. *Lehrbuch der Dogmatik* [Compêndio da Teologia Dogmática]. 2 vols. Friburgo/Basileia/Viena, 1911 [8. ed., 1932].

BELLARMIN, R. *Disputationes de controversiis christianae fidei, adversus huius temporis haereticos* [Reflexões sobre questões disputadas da fé contra os mestres falsos contemporâneos]. 3 vols. Ingolstadt, 1586-1593.

OTT, L. *Grundriss der katholischen Dogmatik* [Fundamentos da Teologia Dogmática Católica]. 11. ed. rev. Bonn, 2005.

POHLE, J. & GUMMERSBACH, J. *Lehrbuch der Dogmatik* [Compêndio da Teologia Dogmática]. 3 vols. Paderborn et al., 1902-1905 [10 ed., 1952-1960].

SCHEEBEN, M.J. *Handbuch der katholischen Dogmatik* [Manual da Teologia Dogmática Católica]. 4 vols. Friburgo/Basileia/Viena, 1875-1903 [vol. IV, de L. Atzberger] [23. ed., 1948-1961].

SCHMAUS, M. *Katholische Dogmatik* [Teologia Dogmática Católica]. 5 vols. Munique, 1937-1955 [6. ed. 1960-1964].

4 Atualidade (após o Concílio Vaticano II)

AUER, J. & RATZINGER, J. [até 1983, depois: AUER, J.]. *Kleine Katholische Dogmatik* [Pequena Teologia Dogmática Católica]. 9 vols. em 10 tomos. Regensburgo, 1970ss.

BEINERT, W. (org.). *Glaubenszugänge* - Lehrbuch der Katholischen Dogmatik [Abordagens à fé – Compêndio da Teologia Dogmática Católica]. 3 vols. Paderborn et al., 1995.

BEINERT, W. & KÜHN, U. *Ökumenische Dogmatik* [Teologia Dogmática Ecumênica]. Leipzig/Regensburgo, 2012.

EICHER, P. (org.). *Neue Summe Theologie* [Nova summa da teologia]. 3 vols. Friburgo/Basileia/Viena, 1988/1989.

FEINER, J. & LÖHRER, M. (orgs.). *Mysterium Salutis* - Grundriss heilsgeschichtlicher Dogmatik [Fundamentos da Teologia Dogmática Escatológica]. 5 vols. em 7 tomos. Einsiedeln/Zurique/Colonia, 1965-1976 [vol. Complementar, 1981].

HOFMANN, P. *Katholische Dogmatik* [Teologia Dogmática Católica]. Paderborn et al., 2008.

KRAUS, G. *Grundrisse zur Dogmatik* [Fundamentos da Teologia Dogmática]. 3 vols. Publicados. Frankfurt a.M./Friburgo i. Br., 1994-2005.

MÜLLER, G.L. *Katholische Dogmatik* - Für Studium und Praxis der Theologie [Teologia Dogmática Católica – Para o estudo e a prática da teologia]. Friburgo/Basileia/Viena, 1995 [7. ed., 2007].

PESCH, O.H. *Katholische Dogmatik* - Aus ökumenischer Erfahrung [Teologia Dogmática Católica – Da experiência ecumênica]. 2 vols. Ostfildern, 2008/2009.

RAHNER, J. *Einführung in die katholische Dogmatik* [Introdução à Teologia Dogmática Católica]. Darmstadt, 2008.

SCHEFFCZYK, L. & ZIEGENAUS, A. *Katholische Dogmatik* [Teologia Dogmática Católica]. 8 vols. Aachen, 1996-2003.

SCHMAUS, M. *Der Glaube der Kirche* [A fé da Igreja]. 6 vols. em 13 tomos. 1 vol. com registro. 2. ed. St. Ottilien, 1979-1982.

SCHNEIDER, T. (org.). *Handbuch der Dogmatik* [Manual da Teologia Dogmática]. 2 vols. 2. ed. Düsseldorf, 2002.

STOCK, A. *Poetische Dogmatik* [Teologia Dogmática Poética]. Paderborn et al., 1995-2008 [8 vols. publicados].

WAGNER, H. *Dogmatik* [Teologia Dogmática]. Stuttgart, 2003.

5 Teologias dogmáticas ortodoxas

ALFEJEV, H. *Geheimnis des Glaubens* - Eine Einführung in die orthodoxe dogmatische Theologie [O mistério da fé – Uma introdução à Teologia Dogmática Ortodoxa]. 2. ed. Friburgo/Schw, 2005.

BRATSIOTIS, P. *Die orthodoxe Kirche in griechischer Sicht* - Die Kirchen in der Welt [A Igreja Ortodoxa na visão grega – As igrejas em todo o mundo]. 2. ed. Stuttgart, 1970.

FELMY, K.C. *Einführung in die orthodoxe Theologie der Gegenwart* [Introdução à teologia ortodoxa da atualidade]. Münster, 2011.

MEYENDORFF, J. *Byzantine Theology* - Historical Trends and Doctrinal Themes [Teologia Bizantina – Tendências históricas e temas doutrinais]. 2. ed. Nova York, 1983.

STANILOAE, D. *Orthodoxe Dogmatik* [Teologia Dogmática Ortodoxa]. 3 vols. Zurique et al., 1984-1995.

TREMBELAS, P.N. *Dogmatique de l'Eglise orthodoxe catholique* [Teologia Dogmática da Igreja Católica Ortodoxa]. 3 vols. Bruges, 1966-1968.

6 Teologias dogmáticas protestantes

BARTH, H.-M. *Dogmatik* – Evangelischer Glaube im Kontext der Weltreligionen. Ein Lehrbuch [Teologia Dogmática – A fé evangélica no contexto das religiões do mundo]. Gütersloh, 2001.

BARTH, K. *Die kirchliche Dogmatik* [A Teologia Dogmática Eclesiástica]. 4 vols. em 13 tomos e 1 registro. Zollikon/Zurique, 1932-1970 [várias reedições].

BRUNNER, E. *Dogmatik* [Teologia Dogmática]. Zurique, 1946-1960 [várias reedições].

CALVINO, J. *Institutio christianae religionis*, 1536 (1539, 1559). Edição: Opera Selecta. Munique, 1926-1974 [BARTH, P. (org.). 5 vols.].

EBELING, G. *Dogmatik des christlichen Glaubens* [Teologia Dogmática da fé cristã]. 3 vols. 3. ed. Tübingen, 1987.

GERHARD, J. *Loci theologici*. 9 vols., 1610-1622. Edição: Berlim 1863-1875.

HÄRLE, W. *Dogmatik* [Teologia Dogmática]. 3. ed. Berlim/Nova York, 2007.

JOEST, W. *Dogmatik* [Teologia Dogmática]. 2 vols. 4. ed. Göttingen, 1996.

KORSCH, D. *Dogmatik im Grundriss* – Eine Einführung in die christliche Deutung des menschlichen Lebens mit Gott [Os fundamentos da Teologia Dogmática – Uma introdução à interpretação cristã da vida humana com Deus]. Tübingen, 2000.

LANGE, D. *Glaubenslehre* [Doutrina da fé]. Tübingen, 2001.

LEONHARDT, R. *Grundinformation Dogmatik* – Ein Lehr- und Arbeitsbuch für das Studium der Theologie [Informação básica da Teologia Dogmática – Um livro de ensino e estudo para o estudo da teologia]. 2. ed. Göttingen, 2004.

MELÂNCTON, F. *Loci communes rerum theologicarum*, 1521 (1535, 1543). Edição: cd. T. Kolbe. Leipzig, 1925.

MILDENBERGER, F. *Biblische Dogmatik* [Teologia Dogmática Bíblica]. 2 vols. Stuttgart, 1991s.

PANNENBERG, W. *Systematische Theologie* [Teologia Sistemática]. 3 vols. Göttingen, 1988.

RATSCHOW, C.H. (org.). *Handbuch Systematischer Theologie* [Manual de Teologia Sistemática]. 18 vols. Gütersloh, 1979ss.

SCHLEIERMACHER, F. *Der christliche Glaube* [A fé cristã]. Berlim, 1821s. [2. ed., 1830s.].

SCHNEIDER-FLUME, G. *Grundkurs Dogmatik* – Nachdenken über Gottes Geschichte [Curso introdutório à Teologia Dogmática – Reflexão sobre a história de Deus]. Göttingen, 2004.

ÍNDICE DE IMPORTANTES OBRAS HISTÓRICO-DOGMÁTICAS
(EM ORDEM CRONOLÓGICA)

DIONÍSIO PETÁVIO (Dionys Petau). *De theologicis dogmatibus*. 5 vols., 1644-1650.

KLEE, H. *Lehrbuch der Dogmengeschichte* [Compêndio histórico-dogmático]. 2 vols. Kirchheim, 1838/1839.

HAGENBACH, K.R. *Lehrbuch der Dogmengeschichte* [Compêndio histórico-dogmático]. 2 vols. Leipzig, 1840/1841.

BAUR, F.C. *Lehrbuch der christlichen Dogmengeschichte* [Compêndio da história dos dogmas cristãos]. Stuttgart, 1847 [3. ed., 1867 = Darmstadt, 1979].

SCHWANE, J. *Dogmengeschichte* [História dos dogmas]. 4 vols. Münster, 1862-1890 [Vol. 1. 2. ed.: Friburgo/Basileia/Viena, 1892. Vol. 2. 2. ed., 1895].

THOMASIUS, G. *Die christliche Dogmengeschichte als Entwicklungsgeschichte des kirchlichen Lehrbegriffs* [A história dos dogmas cristãos como história da evolução do conceito doutrinário eclesiástico]. 2 vols. Erlangen, 1874-1876.

HARNACK, A. *Lehrbuch der Dogmengeschichte* [Compêndio da história dos dogmas]. 3 vols. Friburgo/Basileia/Viena, 1886-1890 [4. ed., 1909 = Darmstadt, 1964].

LOOFS, F. *Leitfaden zum Studium der Dogmengeschichte* [Guia para o estudo da história dos dogmas]. Halle, 1889 [revisado por K. Aland] [7. ed., Tübingen, 1968].

SEEBERG, R. *Lehrbuch der Dogmengeschichte* [Compêndio da história dos dogmas]. 5 vols. Leipzig, 1895-1898 [5. e 6. eds., Stuttgart, 1960].

SCHMAUS, M.; GRILLMEIER, A.; SCHEFFCZYK, L. & SEYBOLD, M. (orgs.). *Handbuch der Dogmengeschichte* [Manual da história dos dogmas]. 7 vols. em 46 fascículos. Friburgo/Basileia/Viena, 1951ss.

LANDGRAF, A.M. *Dogmengeschichte der Frühscholastik* [A história dos dogmas do início da escolástica]. 4 vols. Regensburgo, 1952-1956.

DUMEIGE, G. & BACHT, H. (orgs.). *Geschichte der ökumenischen Konzilien* [História dos concílios ecumênicos]. 12 vols. Mainz, 1963-1987.

LOHSE, B. *Epochen der Dogmengeschichte* [Épocas da história dos dogmas]. Stuttgart, 1963 [9. ed., 2012].

ADAM, A. *Lehrbuch der Dogmengeschichte* [Compêndio da história dos dogmas]. 2 vols. Gütersloh, 1965/1968 [6. ed., 1992].

BRANDMÜLLER, W. (org.). *Konziliengeschichte* [A história dos concílios]. Paderborn et al. 1979ss. [37 vols. Publicados].

ANDRESEN, C. (org.). *Handbuch der Dogmen- und Theologiegeschichte* [Compêndio da história dos dogmas e da teologia]. 3 vols. Göttingen, 1980-1984 [2. ed., 1998-1999].

BEYSCHLAG, K. *Grundriss der Dogmengeschichte* [Fundamentos da história dos dogmas]. 2 vols. Darmstadt, 1982-2000.

HÄGGLUND, B. *Geschichte der Theologie* [História da teologia]. Munique, 1983.

MILDENBERGER, F. *Theologie der Lutherischen Bekenntnisschriften* [Teologia dos escritos confessionais luteranos]. Stuttgart, 1983.

HAUSCHILD, W.D. *Lehrbuch der Kirchen- und Dogmengeschichte* [Compêndio da história da Igreja e dos dogmas]. 2 vols. Gütersloh, 1995/1999 [3. ed., 2005/2007].

ROHLS, J. *Theologie reformierter Bekenntnisschriften* [Teologia dos credos reformados]. Göttingen, 1987.

LÖSER, W.; LEHMANN, K. & LUTZ-BACHMANN, M. (orgs.). *Dogmengeschichte und katholische Theologie* [História dos dogmas e a teologia católica]. Würzburg, 1985 [2. ed., 1988].

ABREVIATURAS

I. Livros bíblicos e escritos não canônicos

1 Antigo Testamento

Gn	Gênesis
Ex	Êxodo
Lv	Levítico
Nm	Números
Dt	Deuteronômio
Js	Josué
Jz	Juízes
Rt	Rute
1Sm	1º Samuel (1º Reis)
2Sm	2º Samuel (2º Reis)
1Rs	1º Reis (3º Reis)
2Rs	2º Reis (4º Reis)
1Cr	1º Crônicas (1º Paralipômenos)
2Cr	2º Crônicas (2º Paralipômenos)
Esd	Esdras (1º Esdras)
Ne	Neemias (2º Esdras)
Tb	Tobias
Jt	Judite
Est	Ester (com acréscimos gregos)
1Mc	1º Macabeus
2Mc	2º Macabeus
Jó	Jó
Sl	Salmos
Pr	Provérbios (Os provérbios de Salomão)
Ecl	Eclesiastes (Coélet)
Ct	Cântico dos Cânticos
Sb	Sabedoria
Eclo	Eclesiastes (Sirácida)
Is	Isaías
Jr	Jeremias
Lm	Lamentações
Br	Baruc (1º Br)
Ez	Ezequiel
Dn	Daniel (com acréscimos gregos)
Os	Oseias
Jl	Joel
Am	Amós
Ab	Abdias
Jn	Jonas
Mq	Miqueias
Na	Naum
Hab	Habacuc
Sf	Sofonias
Ag	Ageu
Zc	Zacarias
Ml	Malaquias

2 Novo Testamento

Mt	Evangelho segundo São Mateus
Mc	Evangelho segundo São Marcos
Lc	Evangelho segundo São Lucas
Jo	Evangelho segundo São João
At	Atos dos Apóstolos
Rm	Epístola aos Romanos
1Cor	Primeira Epístola aos Coríntios
2Cor	Segunda epístola aos Coríntios
Gl	Epístola aos Gálatas
Ef	Epístola aos Efésios
Fl	Epístola aos Filipenses
Cl	Epístola aos Colossenses
1Ts	Primeira epístola aos Tessalonicenses
2Ts	Segunda epístola aos Tessalonicenses
1Tm	Primeira epístola a Timóteo
2Tm	Segunda epístola a Timóteo
Tt	Epístola a Tito
Fm	Epístola a Filêmon
Hb	Epístola aos Hebreus
Tg	Epístola de Tiago
1Pd	Primeira epístola de São Pedro
2Pd	Segunda epístola de São Pedro

1Jo   Primeira epístola de São João
2Jo   Segunda epístola de São João
3Jo   Terceira epístola de São João
Jd   Epístola de Judas
Ap   Apocalipse

3 Escritos não canônicos
1En   Livro de Enoque etíope
4Esd   4º livro de Esdras
EvPd   Evangelho de Pedro
SlSal Salmos de Salomão
sirBar Apocalipse sírio de Baruc (2Br)

4 Textos de Nag Hammadi e outros escritos gnósticos
NHC   Códice Nag Hammadi
Rheg   A carta a Rheginos (NHC I,4)

5 Os escritos de Qumran
1QS   Regra da Igreja (antiquado: regra da seita)
1QSa   (1 Q 28a) regra da comunidade
4Q Test   Testimonia

II. *Referências, documentos, fontes, séries, revistas*

Acra   *Analecta Cracoviensia – Studia philosophica-theologica-historica.* Cracóvia, 1969ss.

AHC   *Annuarium Historiae Conciliorum.* Paderborn, 1969ss.

Aletheia *Revue de Formation Philosophique, Théologique et Spirituelle.* Paris 1992ss.

Amateca   *Associazione di Manuali di Teologia Cattolica – Lehrbücher zur katholischen Theologie.* Paderborn, 1995ss.

ANRW   *Aufstieg und Niedergang der römischen Welt* [org. por H. Temporini e W. Haase]. 4 vols. Vol. 1: *Von den Anfängen Roms bis zum Ausgang der Republik.* Berlim/Nova York, 1972ss. • Vol. 2: *Principat.* Berlim/Nova York, 1974ss. • Vol. 3: *Spätantike und Nachleben.* • Vol. 4: *Register.*

ApolCA   *Apologia Confessionis Augustanae*: BSLK, p. 139-404.

Art.Sm   *Articuli christianae doctrinae – Artikel christlicher Lehre (Die schmalkaldischen Artikel)*: BSLK, p. 405-468.

Balthasar S   BALTHASAR, H.U. *Skizzen zur Theologie.* 5 vols. Einsiedeln, 1960-1986.

Balthasar TD   BALTHASAR, H.U. *Theodramatik.* 4 vols. em 7 tomos. Einsiedeln, 1973-1983.

BBB   *Bonner Biblische Beiträge.* Vols. 1-64: Bonn, 1950-1986. • Vols. 65-88: Frankfurt a.M., 1987-1993. • Vols. 89ss.: Bodenheim, 1994ss.

BDS   *Bonner Dogmatische Studien.* Würzburg, 1987ss.

BHTh   *Beiträge zur historischen Theologie.* Tübingen, 1929ss.

Bib   *Biblica.* Roma, 1920ss.

BiKi   *Bibel und Kirche.* Stuttgart, 1946ss.

BSLK   *Die Bekenntnisschriften der evangelisch-lutherischen Kirche.* 12. ed. Göttingen, 1998 [org. por Deutschen Evangelischen Kirchenausschuss].

BSRK	*Die Bekenntnisschriften der reformierten Kirche*. Leipzig, 1903 [org. por E.F.K. Müller].
BThSt	*Biblisch-Theologische Studien*. Neukirchen-Vluyn, 1977ss.
BThZ	*Berliner theologische Zeitschrift*. Berlim, 1984ss.
BZ	*Biblische Zeitschrift*, 1-24: Friburgo, 1903-1939. • NF 1: Paderborn, 1957ss.
BZAW	*Beihefte zur Zeitschrift für die alttestamentliche Wissenschaft*. Berlim, 1896ss.
BZNW	*Beihefte zur Zeitschrift für die neutestamentliche Wissenschaft*. Berlim, 1923ss.
CA	*Confessio Augustana*. BSLK, p. 44-137.
Cath(M)	*Catholica - Vierteljahresschrift für Ökumenische Theologie*. Paderborn/Münster, 1932ss.
CatRom	*Catechismus Romanus*.
CCEO	*Codex Canonum Ecclesiarum Orientalium*.
CCSL	*Corpus Christianorum – Series Latina*.
CGG	*Christlicher Glaube in moderner Gesellschaft - Enzyklopädische Bibliothek in 30 Bd. u. 7 QQ-Bd.* Friburgo/Basileia/Viena, 1980-1982, 1983-1986 [org. por F. Böckle et al.].
CIC	*Codex Iuris Canonici*, 1917: Auctoritate Benedicti Papae promulgatus. Cidade do Vaticano, 1918 (= Graz 1955). • 1983: Auctoritate Ioannis Pauli II promulgatus. Cidade do Vaticano, 1983 [2. ed., Kevelaer, 1984. 6. ed., Bonn, 2009].
Conc(D)	*Concilium - Internationale Zeitschrift für Theologie*. Einsiedeln/Mainz, 1965ss.
CR	*Corpus Reformatorum*. Vols. 1-28 (Melâncton). Halle, 1834-1860 [org. por G. Bretschneider e H.E. Bindseil] [reimpr.: Nova York/Londres/Frankfurt a.M., 1963]. • Vols. 29-87 (Calvino). Braunschweig, 1863-1900 [org. por J.W. Braun, E. Cunitz e E. Reuss] [reimpr. 1964]. • Vols. 88ss. (Zwingli). Berlim /Leipzig, 1905ss. [org. por E. Egli et al.].
CSCO	*Corpus Scriptorum Christianorum Orientalium*. Paris/Roma/Löwen et al., 1903ss.
DBW	DIETRICH BONHOEFFER. *Werke*. 17 vols. e 2 vols. complementares. Gütersloh, 1986ss. [org. por E. Bethge et al.].
DwÜ	*Dokumente wachsender Übereinstimmung - Sämtliche Berichte und Konsenstexte interkonfessioneller Gespräche auf Weltebene*. Paderborn, 1983ss.
EGTSK	*Essener Gespräche zum Thema Staat und Kirche*. Münster, 1966ss.
EKK	*Evangelisch-katholischer Kommentar zum Neuen Testament*. Neukirchen/Vluyn-Einsiedeln, 1975ss.
EphMar	*Ephemerides Mariologicae - International Revue of Mariology*. Buen Suceso, Madri [1. ed., 1951].
EThS	*Erfurter theologische Schriften*. Leipzig, 1955ss.
EthSt	*Erfurter theologische Studien*. Leipzig, 1956ss.
EtMar	*Etudes Mariales*. Paris, 1947ss.
FAT	*Forschungen zum Alten Testament*. Tübingen, 1991ss.
FC	*Formula concordiae* - Konkordienformel. BSLK, p. 739-1.100.
FCSoldecl	*Formula concordiae, Solida declaratio* – Konkordienformel, Wiederholung und Erklärung. BSLK, p. 829-1.100.
FKTh	*Forum katholische Theologie*. Munique, 1985ss.
FSÖTh	*Forschungen zur Systematischen und Ökumenischen Theologie*. Göttingen, 1962ss.
FThSt	*Freiburger theologische Studien*. Friburgo/Basileia/Viena, 1910ss.
FTS	*Frankfurter theologische Studien*. Frankfurt a.M., 1969ss.
FuSt	*Fuldaer Studien*. St. Ottilien, 1987ss.
FZPhTh	*Freiburger Zeitschrift für Philosophie und Theologie*. Friburgo/Schw., 1954ss.
GCS	*Die griechischen christlichen Schriftsteller der ersten drei Jahrhunderte*. Berlim, 1897ss.
GdK	*Gottesdienst der Kirche - Handbuch der Liturgiewissenschaft*. Regensburgo, 1983ss. [org. por H.B. Meyer et al.].

GE 1999	*Gemeinsame Erklärung zur Rechtfertigungslehre* [Declaração Conjunta sobre a Doutrina da Justificação] (1999). Paderborn/Frankfurt a.M., 2000.
Grillmeier	GRILLMEIER, A. *Jesus der Christus im Glauben der Kirche*. Friburgo/Basileia/Viena 1989ss.
GTBS	*Gütersloher Taschenbücher Siebenstern (Nebentitel: Siebenstern-Taschenbücher)*. Gütersloh, 1964ss.
GuL	*Geist und Leben – Zeitschrift für Aszese und Mystik* [a partir de 20]. Würzburg, 1947ss. [1-19 [1944]: ZAM].
HDG	*Handbuch der Dogmengeschichte*. Friburgo/Basileia/Viena, 1951ss. [org. por M. Schmaus et al.].
HerKorr	*Herder-Korrespondenz*. Friburgo/Basileia/Viena, 1946ss.
HFTh	*Handbuch der Fundamentaltheologie*. 4 vols. Friburgo i. Br., 1985-1988 [org. por W. Kern, H.J. Pottmeyer e M. Seckler].
HK	*Handkommentar* [desde 1906: *Göttinger Handkommentar*] *zum Alten Testament*. Göttingen, 1892ss.
HPTh	*Handbuch der Pastoraltheologie*. 5 vols. [org. por F.X. Arnold et al. Vols. 1-4: Friburgo/Basileia/Viena, 1964-1972. • Vol. 5: *Lexikon der Pastoraltheologie*. Friburgo/Basileia/Viena, 1972 [org. por F. Klostermann et al.].
HSth	*Handbuch systematischer Theologie*. Göttingen, 1979ss. [org. por C. Ratschow].
HThK	*Herders Theologischer Kommentar zum Neuen Testament*. Friburgo/Basileia/Viena, 1953ss.
HthKVatII	HÜNERMANN, P. & HILBERATH, J. (orgs.). *Herders Theologischer Kommentar zum Zweiten Vatikanischen Konzil*. 5 vols. Lat./al. Friburgo/Basileia/Viena, 2005.
HWP	*Historisches Wörterbuch der Philosophie*. Basileia, 1971ss. [org. por J. Ritter et al.].
IJST	*International Journal of Systematic Theology*. 1-8: Oxford (Inglaterra), 1999-2006. A partir de 9: Hoboken (Estados Unidos), 2007ss.
IkaZ	*Internationale katholische Zeitschrift Communio*. Colônia et al., 1972ss.
Inst. J. Calvin	*Institutio christianae religionis* (1509-1564): OS 3-5.
IZPH	*Internationale Zeitschrift für Philosophie*. Stuttgart, 1992ss.
JbPT	*Jahrbuch Politische Theologie*. Münster, 1996ss.
JBTh	*Jahrbuch für biblische Theologie*. Neukirchen-Vluyn, 1986ss.
JRGS	JOSEPH RATZINGER. *Gesammelte Schriften*. Friburgo/Basileia/Viena 2008ss [org. por G.L. Müller].
JRPh	*Jahrbuch für Religionsphilosophie*. Frankfurt a.M., 1930-2001 [Friburgo i. Br., 2002ss.].
KD	BARTH, K. *Die kirchliche Dogmatik*. Zurique, 1932-1970.
KKD	AUER, J. & RATZINGER, J. *Kleine katholische Dogmatik*. 9 vols. Regensburgo, 1970-1983.
KKK	*Katechismus der Katholischen Kirche*. Munique/Viena/Leipzig, 2003 [Nova trad. baseada na Editio Typica Latina].
KKTS	*Konfessionskundliche und kontroverstheologische Studien*. Paderborn, 1959ss.
	Konkordienbuch precursor (1580) do BSLK; cf. *BSLK*.
	Konkordienformel = *Formula concordiae*; cf. *FC*.
KpV	KANT, I. *Kritik der praktischen Vernunft*.
KRSW	KARL RAHNER. *Sämtliche Werke*. Friburgo/Basileia/Viena 1995ss. [org. por K. Lehmann, J.B. Metz, Raffelt, A. et al.].
KrV	KANT, I. *Kritik der reinen Vernunft*.
KStT	*Kanonistische Studien und Texte*. 20 vols. Bonn, 1928-1951 [Amsterdam, 1963ss.] [org. por A.M. Koeninger].
KuD	*Kerygma und Dogma*. Göttingen, 1955ss.
KuI	*Kirche und Israel – Neukirchener theologische Zeitschrift*. Neukirchen-Vluyn, 1986ss.
LebZeug	*Lebendiges Zeugnis*. Paderborn, 1946ss.

Leonina	AQUINO, T. *Opera omnia iussu Leonis XIII*. Roma: P.M. Edita, 1882ss.
LKDog	*Lexikon der katholischen Dogmatik*. Friburgo/Basileia/Viena 1987 [5. ed. 1997] [org. por W. Beinert].
LThK2	HÖFER, J. & RAHNER, K. (orgs.). *Lexikon für Theologie und Kirche*. 2. ed. totalmente revisada. 10 vols. e 1 registro. Friburgo/Basileia/Viena, 1957-1967.
LThK3	KASPER, W. et al. (orgs.). *Lexikon für Theologie und Kirche*. 3. ed. totalmente revisada. 11 vols. Friburgo/Basileia/Viena, 1993-2001.
LXX	*Septuaginta*. Stuttgart, 1935 [org. por A. Rahlfs].
Mansi	MANSI, J.D. *Sacrorum conciliorum nova et amplissima collectio*. 31 vols. Florença/Veneza, 1759-1789 [reimpr. e continuação org. por L. Petit e J.B. Martin. 53 vols. Paris, 1901-1927].
Maria	*Maria* - A Journal of Marian Theology. Sheffield/Londres/Nova York, 2000-2003.
MGH	*Monumenta Germaniae Historica inde ab a.C. 500 usque ad a. 1500*. Hanover/Berlim, 1826ss.
MGH.Ep	*Epistolae*, 1877ss.
MthA	*Münsteraner theologische Abhandlungen*. Altenberge, 1988ss.
MthSt	*Münchener theologische Studien*. St. Ottilien, 1950ss.
MThZ	*Münchener theologische Zeitschrift*. Munique, 1950ss.
MySal	*Mysterium salutis* – Grundriss heilsgeschichtlicher Dogmatik. 5 vols. Einsiedeln, 1965-1976 [vol. complementar 1981] [org. por J. Feiner et al.].
NBL	*Neues Bibel-Lexikon*. 3 vols. Zurique, 1991ss. [org. por M. Görg e B. Lang].
NBST	*Neukirchener Beiträge zur systematischen Theologie*. Neukirchen/Vluyn, 1981ss.
NEB	*Neue Echter-Bibel*. Würzburg, 1980ss.
NHThG	*Neues Handbuch theologischer Grundbegriffe*. 5 vols. Munique, 1991 [reed. org. por P. Eicher].
NTA NF	*Neutestamentliche Abhandlungen*. Münster, 1908ss. [nova série: Münster, 1965ss.].
NZSTh	*Neue Zeitschrift für systematische Theologie* [a partir de 5 (1963): *und Religionsphilosophie*], Berlim, 1959ss. [até 1955: ZSTh].
ÖC	*Das östliche Christentum*. Würzburg, 1936ss. [nova série: Würzburg, 1947ss.].
ÖR	*Ökumenische Rundschau*. Stuttgart/Friburgo i. Br., 1952ss.
OGGSB	*Offizielle Gesamtausgabe – Gemeinsame Synode der Bistümer in der Bundesrepublik Deutschland*. Würzburg, 1971-1975 [Bonn, s.d.].
OS	CALVIN, J. *Opera selecta*. 5 vols. Munique, 1926-1974.
PThI	*Pastoraltheologische Informationen*. Mainz, 1968ss.
QD	*Quaestiones disputatae*. Friburgo/Basileia/Viena, 1958ss.
RAC	*Reallexikon für Antike und Christentum*. Stuttgart, 1950ss. [vols. supl. 1985ss.] [org. por T. Klauser et al.].
Rahner S	RAHNER, K. *Schriften zur Theologie*. 16 vols. e 1 registro. Einsiedeln et al., 1954-1984.
RelSt	*Religious Studies*. Londres et al., 1965/1966ss.
RGG	*Die Religion in Geschichte und Gegenwart* – Handwörterbuch für Theologie und Religionsgeschichte. 5 vols. Tübingen, 1909-1913 [5 vols., 1 registro, 2. ed., 1927-1932; org. por K. Galling. • 6 vols., 1 registro, 3. ed., 1956-1965].
RGG4	*Die Religion in Geschichte und Gegenwart* – Handwörterbuch für Theologie und Religionswissenschaft. 9 vols. 4. ed. completamente revisada. Tübingen, 1998-2007 [org. por H.D. Betz u. a.].
RPFE	*Revue Philosophique de la France et de l'Étranger*. Paris, 1876ss.
RSR	*Recherches de Science Religieuse*. Paris, 1910ss.
RTL	*Revue Théologique de Louvain*. Lovaina, 1970ss.
SBAB	*Stuttgarter biblische Aufsatzbände*. Stuttgart, 1988ss.

SBS	*Stuttgarter Bibelstudien.* Stuttgart, 1965ss.
Schol	*Scholastik,* 1-40. Friburgo i. Br. 1926-1965 [a partir de 41 (1966): ThPh].
SM	*Sacramentum mundi* – Theologisches Lexikon für die Praxis. 4 vols. Friburgo/Basileia/Viena 1967-1969 [org. por K. Rahner et al.].
StSS	*Studien zur systematischen und spirituellen Theologie.* Würzburg, 1990ss.
StZ	*Stimmen der Zeit* [até 44 (1914): Stimmen aus Maria Laach]. Friburgo i. Br., 1871ss.
ThBer	*Theologische Berichte.* Zurique/Colônia, 1972ss. [org. em nome da Theologische Hochschule Chur e da Theologische Fakultät Luzern].
ThG	*Theologie der Gegenwart.* Bergen-Enkheim et al., 1967ss.
ThGl	*Theologie und Glaube.* Paderborn, 1909ss.
ThJb(L)	*Theologisches Jahrbuch.* Leipzig, 1958 [1957ss.].
ThLZ	*Theologische Literaturzeitung.* Leipzig, 1876ss.
ThPh	*Theologie und Philosophie* [a partir de 41]. Friburgo i. Br., 1966ss. [até 40 (1965): Schol].
ThQ	*Theologische Quartalschrift.* Tübingen et al., 1819ss.
ThR	*Theologische Rundschau.* Tübingen, 1897-1917 (1-20). NF, 1929ss.
ThRv	*Theologische Revue.* Münster, 1902ss.
ThWNT	*Theologisches Wörterbuch zum Neuen Testament* [fundado por G. Kittel]. 10 vols. Stuttgart, 1933-1979 [2. ed, 1990] [org. por G. Friedrich].
Tract.	MELANCHTON, P. *De potestate et primatu papae tractatus- von der Gewalt und der Obrigkeit des Bapsts*: BSLK, p. 469-498.
TRE	KRAUSE, G. & MÜLLER, G. (orgs.). *Theologische Realenzyklopädie.* 36 vols. e 2 vols. de registro. Berlim/Nova York, 1976-2004.
TS	*Theological Studies.* Baltimore/Woodstock, 1940ss.
TThSt	*Trierer Theologische Studien.* Trier, 1941ss.
TThZ	*Trierer Theologische Zeitschrift* [até 54 (1943): Pastor Bonus]. • 54-55 (1943/1944): Theologie und Seelsorge. Trier, 1947ss.
US	*Una Sancta* – Rundbriefe für interkonfessionelle Begegnung. Meitingen, 1951ss.
VapS	*Verlautbarungen des Apostolischen Stuhles.* Bonn, 1976ss.
VF	*Verkündigung und Forschung.* Munique et al., 1940ss.
WA	LUTHER, M. *Werke: Kritische Gesamtausgabe* – Weimarer Ausgabe. Weimar, 1883ss.
WA DB	*Abteilung Deutsche Bibel.*
WATR	*Abteilung Tischreden.*
WiWei	*Wissenschaft und Weisheit.* Düsseldorf et al., 1934ss.
WKGS	WALTER KASPER. *Gesammelte Schriften.* Friburgo/Basileia/Viena 2007ss. [org. por G. Augustin e K. Krämer].
WMANT	*Wissenschaftliche Monographien zum Alten und Neuen Testament.* Neukirchen-Vluyn, 1960ss.
WUNT	*Wissenschaftliche Untersuchungen zum Neuen Testament.* Tübingen, 1950ss. [2ª série, 1976ss.].
ZAM	*Zeitschrift für Aszese und Mystik* 1-19. Würzburg, 1925-1944 [a partir de 20 (1947): GuL].
ZdTh	*Zeitschrift für Dialektische Theologie.* Kampen, 1985ss.
ZKTh	*Zeitschrift für Katholische Theologie.* Viena et al., 1877ss.
ZNW	*Zeitschrift für die neutestamentliche Wissenschaft und die Kunde* [até 19, 1919: *des Urchristentums*] *der älteren Kirche.* Berlim et al., 1900ss.
ZSTh; cf. NZSTh.	
ZThK	*Zeitschrift für Theologie und Kirche.* Tübingen et al., 1891ss.

III. Escritos e obras de autores da Antiguidade, das idades Média e Moderna

Alberto Magno

de resur. tr.	de resurrectione tractatus (vor 1248).

Ambrósio

ep.	Epistulae.
fid.	de fide ad Gratianum Augustum.
in Luc.	Expositio evangelii secundum Lucam.
sacr.	De sacramentis.
spir.	De spiritu sancto.

Anselmo de Cantuária

CdH	Cur deus homo.
De Fide Trin.	De fide trinitatis et de incarnatione verbi.
Monol.	Monologion.
Proslog.	Proslogion.

Aristides

apol.	Apologia.

Aristóteles

de An.	de Anima.
metaph.	Metaphysica.
phys.	Physica.

Atanásio

apol. Sec.	Apologia (secunda) contra Arianos.
Ar.	Orationes adversus Arianos.
ep. Serap.	Epistulae ad Serapionem.
v. Ant.	vita Antonii.

Atenágoras de Atenas

leg.	Legatio (supplicatio) pro Christianis.

Agostinho (Agost.)

Ad Simpl.	Ad Simplicianum libri duo.
adv. Iud.	Adversus Iudaeos.
bapt.	De baptismo.
b. coniug.	De bono coniugali.
c. ep. fund.	= c. ep. Man.
c. ep. Man. (= c.ep.fund.).	contra epistulam Manichaei quam vocant fundamenti liber unus
c. Iulian.	Contra Iulianum.
catech. rud.	De catechizandis rudibus.
civ.	De civitate dei.
conf.	Confessiones.
cons. ev.	De consensu evangelistarum libri quattuor.
corrept.	De correptione et gratia liber unus.
Cresc.	Ad Cresconium grammaticum partis Donati libri quattuor.
de serm. Dom.	De sermone domini in monte.
doctr. christ.	De doctrina christiana.
enarr. in Ps.	Enarrationes in Psalmos.
enchir.	Enchiridion (Ad Laurentium de fide, spe et caritate).
ep.	Epistulae.
fid. et symb.	De fide et symbolo.
fid. invis.	De fide rerum invisibilium.
Gen. ad litt.	De Genesi ad litteram.
Gn. adv. Man.	De genesi adversus Manicheos libri duo.
haer.	De haeresibus.
in...	Tractatus, enarrationes etc. (sobre escritos bíblicos).
Io. ev. tr.	In Ioannem evangelium tractatus CXXIV.
lib. arb.	De libero arbitrio.
nat. b.	De natura boni liber unus.
nat. et grat.	De natura et gratia.
pecc. mer.	De peccatorum meritis et remissione et de baptismo parvulorum ad Marcellinum libri tres.
persev.	De dono perseverantiae.
praed. sanct.	De praedestinatione sanctorum.
quaest. Simpl.	De diversis quaestionibus ad Simplicianum.
retr.	Retractationes.
serm.	Sermones.
spir. et litt.	De spiritu et littera.
trin.	De trinitate.
ver. rel.	De vera religione.

Barn.	Epístola a Barnabé		*Cipriano de Cartago (Cipr.)*	
			domin. or.	De dominica oratione.
Basílio de Cesareia (o Grande)			eleem.	De opere et eleemosynis.
Eun.	Adversus Eunomium.		ep.	Epistulae.
spir.	De spiritu sancto.		unit. eccl.	De unitate ecclesiae.
Belarmino			*Cirilo de Alexandria*	
Controv.	Disputationes de Controversiis christianae fidei.		Thds.	De recta fide ad Theodosium.
			Cirilo de Jerusalém	
Bento de Núrsia			catech.	Catecheses.
Reg.	Regula [Benedicti].		Did.	Didache XII apostolorum.
			Didasc.	Didascalia apostolorum.
Bernardo de Claraval			myst.	Mystagogiae.
serm.	Sermones.			
Boaventura			*Dídimo o Cego*	
Breviloq.	Breviloquium.		spir.	De spiritu sancto.
Coll. Hex.	Collationes in Hexaëmeron.		trin.	De trinitate.
De Ass.	B.M.V.serm.			
De Assumptione	Beatae Mariae Virginis sermo.		Diogn.	Epístola a Diogneto.
Itin.	Itinerarium mentis in Deum.			
sent.	In IV libros sententiarum.		*Dionísio Petávio*	
			trin.	De trinitate.
João Calvino				
Inst.	Institutio christianae religionis (1509-1564): OS 3-5.		*Elredo de Rievaulx*	
OS	Opera selecta (5 vols.), Munique 1926-1974.		spec. car.	De speculo caritatis.
			Eusébio de Cesareia	
João Cassiano			h.e.	Historia ecclesiastica.
Coll.	Collationes (Conlationes) patrum.		praep.	Praeparatio evangelica.
Cícero			*Filo de Alexandria*	
off.	De officiis.		conf.	De confusione linguarum.
			fug.	De fuga et inventione.
1 Clem	Epistula Clementis ad Corinthios.		migr.	De migratione Abrahami.
2 Clem	Homilia (epistula secunda ad Corinthios).			
			F. Suárez	
Clemente de Alexandria			de incarn.	de verbo incarnato.
paed.	Paedagogus.		De Incarn.	De Incarnatione.
protr.	Protrepticus.			
strom.	Stromata.		*Fulgêncio de Ruspe*	
			fid.	De fide ad petrum seu de regula fidei.
Const. apost.	Constitutiones apostolorum.			

Graciano
Decr.　　　　Decretum Gratiani.

Gregório o Grande
ep.　　　　　Epistulae.
moral.　　　　Moralium libri sive expositio in librum Iob.
past.　　　　Regula pastoralis.

Gregório de Nazianzo
or.　　　　　Orationes.

Gregório de Nissa
Eun.　　　　　Contra Eunomium.
Hermas (Herm.) [cf. Past. Herm.]
hom. in Cant.　In canticum canticorum homiliae.
mand.　　　　Pastor Hermae (Pastor de Hermas) – Mandata pastoris.
or. catech.　　Oratio catechetica magna.
v. Mos.　　　De vita Mosis.
sim.　　　　　Pastor Hermae (Pastor de Hermas) – Similitudines pastoris.

Jerônimo
ep.　　　　　Epistulae.
evang.　　　　Ad evangelium.
In Gal.　　　　Commentarius in epistolam ad Galatas.
in Is.　　　　　Commentarius in Isaiam.

Hilário de Poitiers
trin.　　　　　De trinitate.

Hipólito de Roma (Pseudo-?)
in...　　　　　Comentários/fragmentos sobre escritos bíbl.
Noet.　　　　Contra Noetum.
trad. apost.　　Traditio apostolica.

Hugo de São Vítor
De sacr.　　　De sacramentis christianae fidei.

Inácio de Antioquia
Eph.　　　　　Epistula ad Ephesios.

Magn.　　　　Epistula ad Magnesios.
Philad.　　　　Epistula ad Philadelphienses.
Rom.　　　　Epistula ad Romanos.
Smyrn.　　　　Epistula ad Smyrnaeos.
Trall.　　　　Epistula ad Trallianos.

Inácio de Loyola
Ex. Spir.　　　Exercitia spiritualia.

Irineu de Lyon (Iren.)
haer.　　　　Adversus haereses.

Isidoro de Sevilha
orig.　　　　　Origines (etymologiae).

João Crisóstomo
Op. Imperf. in Matth. Opus imperfectum in Matthaeum.

João de Damasco
fid. orth.　　　De fide orthodoxa.

João de Ragusa
TdE　　　　　Tractatus de Ecclesia.

João de Torquemada
SdE　　　　　Summa de Ecclesia.

João Escoto Erígena
de div. nat.　　De divisione naturae.

Joaquim de Fiore
conc.　　　　Liber de Concordia Novi ac veteris testamenti.

Josefo (Flávio)
ant.　　　　　Antiquitates Iudaicae.

Justino Mártir
apol.　　　　　(1/2) Apologiae.
dial.　　　　　Dialogus cum Tryphone Iudaeo.

Lactâncio
epit.   Epitome divinarum institutionum.
inst.   Divinae institutiones.

Leão I (o Grande)
Carta ao Bispo Flaviano de Constantinopla 449: DH 290-295.
ep. ad Flav.   Cf. Tomus Leonis.
serm.   Sermones.
Tomus Leonis   Tomus (I) Leonis: Lectis dilectionis tuae
Tom II ep. 165   Tomus II = epistula 165 (458): PL 54, 1.155-1.190.

Ludolfo da Saxônia
Vita Christi   Vita Jesu Christi e quatuor Evangeliis et scriptoribus orthodoxis concinnata.

Mário Vitorino
adv. Arium   Adversus Arium.

Martinho Lutero
WA   M. Luther, Werke. Kritische Gesamtausgabe. Weimarer Ausgabe, Weimar 1883ss.
WA DB   – Abteilung Deutsche Bibel.
WATR   – Abteilung Tischreden.

Mart. Polyc.   Martyrium vel Passio Polycarpi.

Máximo Confessor
myst.   Mystagogia.

Felipe Melâncton
Stud. Ausg.   Obras selecionadas, edição de estudos.
Tract.   De potestate et primatu papae tractatus – Von der Gewalt und der Obrigkeit des Bapsts: BSLK 469-498.

Melito de Sardes
frgm.   fragmenta.

Nicolau I
ep. 4 ad Mich.   Carta (860) ao imperador da Roma oriental Miguel III, em: MGH.Ep VI.

Nicolau de Cusa
doct. ignor.   De docta ignorantia.

Novaciano
trin.   De trinitate.

Orígenes
Cels.   Contra Celsum.
comm. in...   Commentarii (sobre escritos bíblicos).
comm. in Rom.   Commentariorum in epistolam in Romanos series.
frgm.   Fragmenta.
hom. in ...   Homiliae (sobre escritos bíblicos).
hom. in Num.   homiliae in Numeros.
in Io.   Commentariorum in Ioannem series.
or.   De oratione.
princ.   De principiis.

Past. Herm.   *Pastor hermae (140-150)*: Pastor de Hermas; vis., visiones; mand., mandata; sim., similitudines: GCS 48., s. Hermas.

Pedro Lombardo
Sent.   Libri IV Sententiarum.

Policarpo de Esmirna (Polic.)
ep.   Epistula ad Philippenses.

Pseudo-Dionísio Areopagita
d.n.   De divinis nominibus.

Pseudo-Justino (Ps. Iust.)
coh.   Cohortatio ad gentiles.

Ricardo de São Vítor
trin.   De trinitate.

Ruperto de Deutz
trin.　　　　De sancta trinitate et operibus eius.

Tertuliano (Tert.)
adv. Iud.　　Adversus Iudaeos.
adv. Marc.　Adversus Marcionem.
adv. Prax.　 Adversus Praxean.
adv. Val.　　Adversus Valentinianos.
apol.　　　　Apologeticum.
bapt.　　　　De baptismo.
carn.　　　　De carne Christi.
castit.　　　De exhortatione castitatis.
coron.　　　De corona.
de praescr.　De praescriptione haereticorum.
ieiun.　　　　De ieiunio.
mart.　　　　Ad martyres.
nat.　　　　　Ad nationes.
or.　　　　　De oratione.
patient.　　　De patientia.
resurr.　　　De resurrectione mortuorum.
scorp.　　　Scorpiace.
spect.　　　De spectaculis.
virg. vel.　　De virginibus velandis.

Tomás de Aquino
Comp. theol.　Compendium theologiae ad Reginaldum.
Contr. Gent.　Summa contra gentiles.
contra impugnantes　Contra impugnantes Dei cultum.
De pot.　quaestiones disputatae de Potentia.
De princ. nat.　De principiis naturae.
De ver.　Quaestiones disputatae de veritate.
In Io.　In Ioannem.
In Metaph.　In Aristotelis libros XII Metaphysicorum.
In Phys.　In Aristotelis libros VIII Physicorum.
Quodl.　Quodlibeta.
sent.　Super IV libros Sententiarum.
STh　Summa Theologica (1266-1273): Leonina 4-12, Roma 1888-1906; al: edição alemã de Tomás, Heidelberg et al. 1934ss.
STh Suppl.　Summae theologiae supplementum.

Tomás de Kempen
im. chr.　Imitatio Christi.

Trad. apost.　*cf.* Hipólito de Roma – trad. apost.

Vincêncio de Lérin (Vincent. Ler.)
Commonit.　Commonitorium.

IV. Documentos do Concílio Vaticano II

[Lit.: HThK Concílio Vaticano II (lat./al.). • RAHNER, K. & VORGRIMLER, H. (orgs.). *Kleines Konzilskompendium*. Friburgo, 1966 [35. ed., 2008 (al.)].

AA　*Apostolicam actuositatem*. Decreto sobre o apostolado dos leigos, de 18 de novembro de 1965.
AG　*Ad Gentes*. Decreto sobre a atividade missionária da Igreja, de 7 de dezembro de 1965.
CD　*Christus Dominus*. Decreto sobre a responsabilidade pastoral dos bispos na Igreja, de 28 de outubro de 1965.
DV　*Dei Verbum*. Constituição sobre a revelação divina, de 18 de novembro de 1965.
DH　*Dignitatis Humanae*. Declaração sobre a liberdade de religião, de 7 de dezembro de 1965.
GE　*Gravissimum Educationis*. Declaração sobre a educação cristã, de 7 de dezembro de 1965.
GS　*Gaudium et Spes*. Constituição pastoral sobre a Igreja no mundo de hoje, de 7 de dezembro de 1965.
IM　*Inter Mirifica*. Decreto sobre os meios de comunicação social, de 4 de dezembro de 1963.
LG　*Lumen Gentium*. Constituição sobre a Igreja, de 19 de novembro de 1965.

NA	*Nostra Aetate*. Declaração sobre a relação da Igreja com as religiões não cristãs, de 28 de outubro de 1965.
OE	*Orientalium Ecclesiarum*. Decreto sobre as igrejas orientais católicas, de 21 de novembro de 1964.
OT	*Optatam Totius*. Decreto sobre a formação dos padres, de 28 de outubro de 1965.
PC	*Perfectae Caritatis*. Decreto sobre a renovação atualizada da vida religiosa, de 28 de outubro de 1965.
PO	*Presbyterorum Ordinis*. Decreto sobre a vida e o serviço dos padres, de 7 de dezembro de 1965.
SC	*Sacrosanctum Concilium*. Constituição sobre a liturgia sacra, de 22 de novembro de 1963.
UR	*Unitatis Redintegratio*. Decreto sobre o ecumenismo, de 21 de novembro de 1964.

VERBETES

Absolvição ↑ *indulgência,* ↑ *obra de penitência,* ↑ *hilemorfismo,* ↑ *contrição,* ↑ *Sacramento da Reconciliação,* ↑ *confissão de pecados.* – O termo "absolvição" designa a concessão do perdão dos pecados (acepção declaratória; fórmula indicativa da absolvição) ou o pedido pelo perdão dos pecados (acepção deprecativa) pelos agentes eclesiásticos investidos da jurisdição da confissão no contexto litúrgico do Sacramento da Reconciliação. A absolvição deve ser precedida pelo arrependimento pessoal e pela confissão dos pecados e também pela disposição para o cumprimento da penitência. – (**1**) Uma acepção ampla do conceito da absolvição permite aludir a testemunhos bíblicos de palavras e gestos de reconciliação por meio dos quais seres humanos têm respondido a confissões de culpa de outros (cf. Gn 45,1-15 no contexto da narrativa de José; Lc 15,11-32). Essas narrativas proclamam o tamanho da disposição de Deus para a reconciliação. O modelo-chave para a concessão da reconciliação pelos agentes da Igreja é a conduta de Jesus: sua disposição de ter comunhão também com pecadores e coletores de impostos, sua qualidade como ouvinte e suas palavras de repreensão e consolo (cf., p. ex., o encontro entre Jesus e a mulher samaritana no Poço de Jacó, Jo 4,1-26). A acepção mais restrita do conceito da absolvição, que se desenvolve dentro da história da tradição, lembra o poder de ligar e desligar conferido a Pedro (Mt 16,19) e a todos os discípulos (Mt 18,18). O significado da metáfora "ligar e desligar" não pode ser determinado claramente; no contexto do judaísmo contemporâneo, remete provavelmente aos procedimentos de exclusão e reinclusão de membros à comunidade. O poder de conceder ou negar o perdão dos pecados ocorre no poder do Espírito de Deus que o Ressurreto promete à comunidade dos discípulos (Jo 20,21-23). – (**2**) A história da absolvição reflete as mudanças consideráveis na acepção do Sacramento da Reconciliação. A absolvição designa inicialmente o desprendimento ou a anulação de parte das penitências impostas pela Igreja no contexto do processo penitencial da Igreja antiga: sob determinadas condições, as penitências podiam ser mitigadas ou alteradas. A cerimônia litúrgica da reconciliação (pública e, inicialmente, concedida apenas uma vez na vida) representava o encerramento do processo eclesiástico da penitência. O desfecho litúrgico da celebração sofreu mudanças com a individualização da penitência e seu acompanhamento por pessoas com dons espirituais (um legado do monasticismo no cristianismo ocidental e oriental): A oração intercessória do orientador espiritual correspondia à conversa sobre a culpa confessada e à procura conjunta por caminhos para o aperfeiçoamento. Essas informações explicam o fato de a tradição conhecer dois modelos de processos penitenciais eclesiásticos – uma acepção declaratória e outra deprecativa da absolvição. As disputas acadêmicas medievais recorrem às acepções divergentes. Na escolástica, a disputa se concentra na pergunta se o arrependimento do ser humano basta para alcançar o perdão e se a absolvição apenas confirma (constata) isso ou se é a própria absolvição que efetiva o perdão divino dos pecados. Tomás de Aquino († 1274) – e com ele também a teologia dogmática atual – investiu em diferenciações adicionais dentro do horizonte das alternativas descritas: O arrependimento pessoal é verdadeiro apenas se for professado explicitamente na confissão dos pecados. A concessão do perdão de Deus na absolvição faz jus ao desejo humano de clareza referente à afirmação da misericórdia de Deus. Dessa forma, a absolvição permanece constitutiva para o Sacramento da Reconciliação e se manifesta no arrependimento. A absolvição é compreendida como desfecho de um processo pessoal, no qual o arrependimento exerce um papel fundamental. Na celebração sacramental dentro do espaço da Igreja, evidencia-se, além disso, que o pecado, o arrependimento e a reconciliação dos batizados são relevantes para toda a comunidade da fé cristã e que não podem ser vistos como evento "privado". – (**3**) O Concílio de Trento (DH 1.673) define a absolvição como *forma* do sacramento e a descreve como "ato jurídico" – ao contrário da acepção (supostamente) reformada da absolvição como "ministério de pronunciar e declarar que estão perdoados os pecados ao que se confessa" (DH 1.709). A intenção disso é que a Igreja possa decidir se uma pessoa batizada, em vista de sua existência pecaminosa concreta, pode continuar sendo membro da comunidade dos discípulos de Jesus Cristo. Em consequência disso, impõe-se a forma indicativa da absolvição. O Concílio Vaticano II incluiu o Sacramento da Reconciliação em seus desejos de reforma e votou a favor de uma renovação segundo o exemplo bíblico e também em prol de uma ênfase maior na dimensão eclesial da penitência. O *Ordo Paenitentiae* (1973) pós-conciliar redefiniu a fórmula da absolvição e vinculou a proclamação do Evangelho ao pedido pela reconciliação com Deus e à afirmação indicativa: "Deus, o Pai misericordioso, reconciliou o mundo consigo mesmo por meio da morte e da ressurreição de seu Filho e enviou o Espírito Santo para o perdão dos pecados. Por meio do serviço da Igreja, ele te conceda perdão e paz. Assim, absolvo-te de teus pecados". Além da confissão individual e da absolvição pessoal, o *Ordo Paenitentiae* conhece também a absolvição geral em situações de exceção determinadas pelo direito eclesiástico (CIC/1983, cân. 961-963). – **(4)** A Igreja Ortodoxa conhece o Sacramento da Reconciliação primeiramente como evento terapêutico e considera a assistência do padre um meio para a cura das consequências do pecado. A fórmula da absolvição é articulada como pedido. Martinho Lutero († 1546) via na absolvição a forma mais concreta do consolo do Evangelho e a prezava muito. As controversas ecumênicas referentes ao Sacramento da Reconciliação se concentram principalmente em outros aspectos (por exemplo, na necessidade de uma confissão completa dos pecados). É nesse contexto que devemos entender também as indagações referentes à acepção da absolvição como ato jurídico, que pressupõe o reconhecimento da realidade do pecado. Do ponto de vista reformado, o que deve ocupar o primeiro plano na celebração litúrgica não é a intimidação da consciência, mas a afirmação da disposição de Deus para o perdão. Em vista do peso que a Igreja Reformada confere à imediaticidade do relacionamento entre Deus e o ser humano pecaminoso, a dimensão eclesial do evento se torna menos importante. – **(5)** Nas proximidades do Concílio Vaticano II, a forma deprecativa da absolvição voltou a ser refletida. Desde então, a teologia dos sacramentos procura obter uma compreensão holística da celebração litúrgica e evita uma interpretação de atos individuais da fala, isolada de seu contexto. Normalmente, a absolvição é precedida por uma instrução ou um conselho do confessor ou por uma conversa sobre o fardo do pecado, que normalmente é de caráter terapêutico. Recorre-se a reflexões sobre o sentido e o efeito das manifestações linguísticas para analisar a pluralidade dos efeitos da absolvição: A absolvição testifica a disposição de Deus para o perdão em vista do arrependimento humano como realidade espiritual (representativa) e declara a participação continuada na comunhão da Igreja (declarativa). Assim, permanece vinculada aos atos linguísticos de admoestação e consolo da celebração litúrgica como um todo (aspectos diretivos e comissivos).

Lit.: a) SATTLER, D. "Die Last des Lebens leichtern – Systematisch-theologische Perspektiven". *LJ* 39, 2009, p. 125-140. b) e c) VORGRIMLER, H. *Busse und Krankensalbung* (HDG 4/3). 2. ed. Friburgo/Basileia/Viena, 1978, p. 129-138, 182-185. c) SCHEIBER, K. *Vergebung*. Tübingen, 2006. Cf. tb. referências no artigo "Sacramento da Reconciliação".

Dorothea Sattler

Ação de Deus ↑ *cognoscibilidade de Deus,* ↑ *justiça de Deus,* ↑ *violência de Deus,* ↑ *amor,* ↑ *fala de Deus,* ↑ *ira de Deus.* – Intervenção de Deus na criação e na história, que é vivenciada e descrita em categorias voltadas para pessoas e eventos concretos no tempo e no espaço. A ação de Deus gera dentro da história do mundo uma história salvífica e leva à consumação do tempo na eternidade. Ela resiste à desgraça historicamente personalizada e julga tudo que existiu e existirá. – **(1)** Na Bíblia, a ação de Deus é sempre localizada na história do povo escolhido (profetas) e das pessoas simples. Em Jesus, a ação de Deus é um dos aspectos do ↑ Reino de Deus e, muitas vezes, é representada como *passivum divinum* (modo passivo de expressão para enfatizar a ação de Deus): "Felizes os que choram, porque *serão consolados*" (Mt 5,4). A ação de Deus não se impõe com meios de poder terrenos; não teme a impotência, antes se revela justamente nela. Nesse sentido, a cruz é sua essência constrangedora: "A doutrina da cruz é loucura para os que se perdem, mas é poder de Deus para os que se salvam" (1Cor 1,18). A ação de Deus possui uma dimensão política, cosmológica e local: novo céu, nova terra, nova cidade (Ap 21). – **(2)** Seguindo a linha das filosofias gregas e helenísticas, a Igreja antiga nutria a convicção de que Deus, como Senhor sobre todas as ocorrências, se encontra além da história. Ele existe eterna e imutavelmente. Por isso, o discurso religioso-fenomenológico se faz necessário para a grandeza histórica de Deus. Assim, a apologética da Igreja antiga se opõe à magia religiosa da luta contra os demônios, reconhecendo simplesmente no nome de Jesus o poder para resistir aos demônios (Tertuliano [† 220] adv. Marc. 4,20; Orígenes [† 253/254] Cels. 8,31.36). A partir de 313, após a chamada virada de Constantino, os ascetas cristãos são destacados como portadores da ação em nome de Deus, principalmente os milagreiros (cf.

Vita Antonii, de Atanásio de Alexandria [† 373]). Isso leva à veneração dos mártires e santos como lugar de uma ação de Deus cada vez mais espetacular. Em vista da onipotência de Deus, Agostinho († 430) estabelece a base para que, na Idade Média, os milagres possam se tornar o objeto primário da ação de Deus. Tomás de Aquino († 1274) fortalece esse pensamento com sua ideia de Deus como *causa prima*. Contra a objeção formulada pelos reformadores, o cardeal R. Bellarmin († 1621) inclui os milagres à fundamentação da fé, contanto que sejam reconhecidos pela autoridade da Igreja. O contexto eclesiástico da ação de Deus avança a piedade popular com influências ultramontanas. Teologias da história desenvolvidas a partir do sujeito no sentido de Hegel (Escola de Tübingen, século XIX) não conseguem se impor. No século XX, a ação de Deus é integrada existencial (K. Rahner [† 1984]) e dramaticamente (H.U. von Balthasar [† 1988]) a uma escatologia imanente. – **(3)** O Concílio Vaticano I acredita que os milagres, como sinais de credibilidade da revelação, sejam, a princípio, possíveis (DH 3.009). No entanto, o Concílio Vaticano II reconhece a ação de Deus como realizada em atos históricos como "verdadeiros sinais da presença de Deus" (GS 11). – **(4)** A intervenção de Deus e os atos milagrosos são parte integrante do mundo de imagens da piedade ortodoxa. Ao mesmo tempo, dentro do personalismo ortodoxo, o crente é chamado para contribuir em amor caritativo para o melhoramento das circunstâncias terrenas. Após a era da teologia liberal (fim do século XIX), na qual a cultura e os milagres dividiam as confissões como conceitos opostos da ação de Deus, torna-se consenso compreender a ação de Deus de modo existencial. A convicção de K. Barth († 1968): "Sempre afirma milagres quem afirma Deus", e a ideia de Rahner do ser humano individual como distintivo de Deus comprovam a superação da oposição. – **(5)** As concepções referentes à ação de Deus são características do respectivo discurso sobre Deus. Nesse tema, portanto, a dimensão dos signos, estabelecida entre a ação de Deus e a respectiva situação do ser humano e da sociedade, é decisiva. Ela abarca concomitantemente o peso sacramental da ação de Deus e a pragmática da fala de Deus vinculada a ela.

Lit.: CHAUVET, L.-M. *Symbole et sacrement* - Une relecture sacramentelle de l'existence chrétienne. Paris, 1988. • ARENS, E. *Christopraxis* - Grundzüge theologischer Handlungstheorie (QD 139). Friburgo/Basileia/Viena, 1992.

Hans-Joachim Sander

Acaso ↑ *teoria da evolução e fé na criação,* ↑ *liberdade,* ↑ *providência,* ↑ *consentimento de Deus.* – Um evento, um processo ou um fato é considerado um acaso quando nem análises causais ou conceitos teleológicos conseguem atribuir-lhe alguma regularidade. Esse diagnóstico epistemológico negativo pode ter sua razão numa complexidade alta (ainda) não compreendida de processos regulares ou na ausência fundamental dessa regularidade. – **(1)** A Bíblia desconhece qualquer explicação ou análise do conceito do acaso. Representa aquilo que sucede de forma surpreendente e inesperada como ação criativa e salvífica soberana e objetiva de Deus. O mundo e a história do mundo naturais são determinados pela sabedoria de Deus (Sb 8,1; Mt 10,29) e apresentam os traços – acessíveis à razão – de Deus (Rm 1,19s.) e não as características do acaso cego. – **(2)** A Idade Média cristã (Tomás de Aquino: STh I q22 a1.2) e a teologia da Modernidade enfatizam, influenciadas mais pela antiga crença pagã no acaso e no destino (em grego: *tyche*, em latim: *fatum*) do que pelo fatalismo muçulmano, a ação abrangente e planejada de Deus em sua providência e a liberdade de decisão e ação concedida ao ser humano. Mesmo que exista uma tensão entre esses dois aspectos, eles se opõem cada um à sua maneira ao ditado anônimo do acaso como evento sem causa. – **(3)** Não existem exposições do magistério que procurem identificar e definir o tema de modo inequívoco. Defende, porém, uma acepção da criação e da providência que procura conciliar as leis da natureza com a liberdade de decisão e ação do ser humano (DH 3.002; 4.195; 4.302; 4.334). – **(4)** Disso não resultam perspectivas ecumênicas específicas. – **(5)** O debate atual sobre o conceito do acaso sofre com a falta de uma diferenciação adequada entre os acasos objetivo e subjetivo. A princípio, o acaso subjetivo pode ser submetido a uma análise causal, mas por motivos científico-pragmáticos não pode ser aplicada a sistemas ou processos demasiadamente complexos. O acaso objetivo pode ser encontrado em fenômenos da física quântica, não reconstituíveis pela análise causal, como, por exemplo, a desintegração radioativa de átomos que só pode ser compreendida com métodos estocásticos – ou seja, com métodos para a descrição de eventos que dependam do acaso, por exemplo, para determinar a meia-vida. O naturalismo, que reclamava para si a certeza científica, preferencialmente de proveniência biológica (J. Monod [† 1976]), acreditava poder deduzir uma ausência total de qualquer plano no mundo como um todo a partir da constatação do acaso em eventos de mutação e de necessidades em fenômenos de seleção, declarando ser também o ser humano um produto do acaso. Ignorou, porém, que as mutações no genoma precisam ser atribuídas ao tipo do acaso subjetivo. Acúmulos de mutações em determinados locais genéticos demonstram também que o que ocorre aqui é uma consequência causal e não um acaso. A mutação representa um acaso apenas em relação ao meio selecionador. Do ponto de vista teológico, os eventos ocasionais são supervalorizados quando são compreendidos como alternativa ateísta da criação do mundo em oposição à criação teísta. Eventos ocasionais podem ser compreendidos como elementos de exploração e inovação no processo generativo e evolutivo e pertencem, portanto, à dimensão da criação, e não do criador. Uma valorização cosmológica e metafísica excessiva do acaso subjetivo ou objetivo assume implicitamente uma perspectiva divina e perde justamente assim a sua reputação científica. A extrapolação a partir de conhecimentos científicos individuais e por meio de um participante sujeito ao próprio processo analisado não permite uma interpretação global e certa da história do mundo e da humanidade como processo sem plano, sentido e objetivo. Aquilo que a ciência natural chama de acaso pode muito bem ser elemento integral de um plano mais abrangente – assim como o sorteio considerado aleatório dos números vencedores representa um modo de distribuição a serviço da intenção de enriquecimento dos jogadores e da lotérica.

Lit.: MONOD, J. *Zufall und Notwendigkeit* - Philosophische Fragen der modernen Biologie. 6. ed. Munique, 1983. • EIGEN, M. & WINKLER, R. *Das Spiel* - Naturgesetze steuern den Zufall. Munique, 1996. • GOULD, S.J. *Zufall Mensch*. Munique/Leipzig, 1993. • LÜKE, U. *Das Säugetier von Gottes Gnaden* - Evolution, Bewusstsein, Freiheit. 2. ed. Friburgo/Basileia/Viena, 2007. • KLINNERT, L. *Zufall Mensch?* - Das Bild des Menschen im Spannungsfeld von Evolution und Schöpfung. Darmstadt, 2007.

Ulrich Lüke

Alegria ↑ *habitação do Espírito*, ↑ *dons do Espírito*, ↑ *domínio de Deus/Reino de Deus*, ↑ *céu*, ↑ *sofrimento*. – A alegria é uma postura de vida (ou um sentimento espontâneo) provocada pelo Espírito Santo que afirma a vida diante de uma existência bem-sucedida e pode ser compreendida como resposta de gratidão ao amor de Deus ou de outras pessoas. – (**1**) Em Israel, a alegria é uma dádiva de Deus. É experienciada de forma afetiva e expressada holisticamente na oração, mas também no canto e na dança – principalmente quando alguém vivencia salvação, paz, libertação ou redenção. Deus também pode se expressar na forma de alegria e gozo do ser humano (Sl 43,4; Is 35,10), de modo que, por meio dele, "se alegra o coração do homem" (Sl 13,6; 16,9; 51,10-14). Para o pensamento judaico, a alegria pelo presente da Torá é, até hoje, de importância fundamental (por exemplo, *Simchat Torá*, a festa da alegria da Torá; cf. tb. Sl 119). No livro de Eclesiastes (2,24-26; 3,22; 11,7-10), a alegria é representada como forma específica da experiência da sabedoria e, nela, da (auto)comunicação de Deus. A liturgia e o ciclo anual de festas também são expressão de quem se alegra com Deus. Em Ct 2,11, a alegria nupcial é enaltecida em face do amor entre Deus e Israel. As exclamações de Aleluia como também os salmos de louvor e graças (Sl 4,8; 68,5; 119,162 et al.) são expressões externas da alegria interna. Dado que os Salmos eram cantados e acompanhados por instrumentos musicais, entra em vista também a música. No NT, o "Evangelho" é apresentado como mensagem de alegria (em grego: *eu*, bom; *angelia*, mensagem). As parábolas (por exemplo, do pai misericordioso [Lc 15,11-32]) expressam alegria quando algo perdido ou o domínio de Deus é encontrado; celebrações de banquetes e casamentos também servem como símbolos da alegria (aqui também: noivo e noiva como imagem de Cristo e da Igreja). O amor recebido, a reconciliação e a misericórdia geram uma alegria pela obra do Espírito Santo, que é vivenciada na comunhão (*koinonia*) com Deus e com o mundo. Assim, as pessoas se tornam servos de uma alegria que só será consumada no fim dos tempos (ceia da alegria/banquete do casamento celestial: Mt 8,11-12; Lc 13,29). A alegria da Páscoa expressa também esperança na face de dor, sofrimento e morte (Mt 28,8; Lc 24,41; Jo 20,20). Paulo conhece uma alegria "no Senhor" (Fl 3,1) como sentimento fundamental do cristão (Fl 4,4) e fruto do Espírito (Gl 5,22). Lucas (1,14.44.47; 2,10) é descrito como evangelista da alegria; fundamentando-se na prática da vida de Jesus, Lucas vincula esse tema a uma nova liberdade de expressão (*parresia*) diante de Deus e dos homens e ao serviço (*diakonia*) aos pobres (compartilhamento da alegria). Segundo Lucas, Jesus proclamou um "ano da alegria do Senhor", e sua ceia de despedida é a antecipação da alegria e comunhão escatológica. – **(2)** Agostinho († 430) situa a alegria perfeita na visão escatológica de Deus (*visio Dei*). Nas correntes místicas de todos os séculos, a vivência da alegria é ricamente variada e vinculada à experiência da *unio mystica* ou da mistagogia litúrgica. A teologia sacramental reflete desde cedo a alegria no contexto das teologias do Batismo, da Penitência e da Eucaristia. Tomás de Aquino († 1274) vê a alegria (*delectatio*) ao modo aristotélico como movimento da alma e fruto da esperança (STh II-II q20 a4 ad 2), que, como em Boaventura († 1274), tem como precondição a existência humana plena. Em uma contribuição sobre o sorriso (*Vom Lachen*: KRSW 23, p. 481), K. Rahner († 1984) ressalta que a alegria e o luto são fenômenos da simpatia, i.e., da empatia e do amor; existem, segundo ele, a alegria do ser humano com Deus e a alegria de Deus com o ser humano. H.U. von Balthasar († 1988) detectou na alegria a "harmonia fundamental do cristianismo", enquanto M. Striet, por sua vez, apontou a dissonância nessa harmonia, já que a alegria possuiria um aspecto escatológico, precisando, portanto, levar em conta aquilo que ainda está em aberto, aquilo que ainda não se cumpriu. Com recurso ao filósofo D. Henrich, ele vincula a alegria à gratidão por um Deus que se alia radicalmente ao ser humano por meio de seu Filho, que se fez homem. – **(3)** O Concílio Vaticano II fez da alegria e do luto do ser humano o ponto de partida para as reflexões teológicas em sua Constituição *Gaudium et Spes* (GS). A alegria é vista como fruto do amor (Catecismo da Igreja Católica, 1.829) e está ligada às outras duas virtudes teológicas da fé e da esperança. Celebrações sacramentais e a música (sacra) servem para expressar e vivenciar a alegria na tensão escatológica entre o "já" e o "ainda não". – **(4)** Para o sentimento ortodoxo, o esplendor e a beleza do culto (ícones, vestimentas, hinos) são características externas imprescindíveis da alegria na fé. M. Lutero († 1546) trata da alegria no contexto de sua teologia da justificação e de sua exegese dos evangelhos e dos Salmos e a vê como fruto do consolo. Para todas as confissões cristãs, a alegria está organicamente ligada à fé, ao amor e à esperança, o que se manifesta também na liturgia. Os movimentos neoevangélicos e pentecostais tendem a cultivar formas mais extáticas da alegria da fé, o que pode suscitar críticas – como aquela que o apóstolo Paulo fez a alguns cristãos entusiásticos em Corinto (cf. 1Cor 14,1-25). – **(5)** Com Ecl 3,1-8 podemos dizer: Existe um tempo da alegria, e existe um tempo do luto. Tudo tem seu tempo específico. Percebemos certa reserva na teologia atual referente a esse tema. Devido ao crime da *shoah*, as perguntas referentes à teodiceia passaram a ocupar o primeiro plano. Devemos enfatizar com M. Striet que a alegria deve sempre conter também um momento ascético, pois nada tem em comum com a amnésia irracional de uma "sociedade do entretenimento". A alegria "tensional" sabe de seu caráter escatológico provisório e ajuda a enfrentar a vida com coragem e esperança, sem recalcar o sofrimento, a maldade e a superficialidade. A alegria lembra – em analogia ao lamento em voz alta, mas, ao mesmo tempo, grato e esperançoso do Sl 22 – os atos salvíficos de Deus que já se tornaram realidade: na história de Israel e em Jesus. Tanto a lamentação quanto a alegria são vividas diante do Deus fiel, do qual partem a justiça e a misericórdia e para o qual as solicitamos. A alegria é capaz de dar paciência e serenidade; ela se consumará quando o tempo estiver consumado e quando – apenas Deus sabe como – também as vítimas da história experimentarão a justiça.

Lit.: a) KAMPLING, R. "Freude bei Paulus". *TThZ*, 101, p. 69-79. • SCHWIENHORST-SCHÖNBERGER, L. "Gefeierte Lebenszeit bei Kohelet". *JBTh*, 18, 2003, p. 133-167. • STRIET, M. "Gespannte Freude – Oder: wider eine verharmlosende Spiritualität der Klage". *IkaZ*, 33, 2004, p. 317-334.

Erwin Dirscherl

Alma ↑ *relação corpo-alma,* ↑ *imortalidade da alma*

Amor ↑ *atributos de Deus,* ↑ *presença de Deus,* ↑ *domínio de Deus/Reino de Deus,* ↑ *ação de Deus,* ↑ *amor ao próximo e amor a Deus,* ↑ *providência,* ↑ *preservação do mundo.* – Amor é uma relação afirmativa com uma contraparte (pessoal), marcada por benevolência, alegria nos aspectos comuns e da troca recíproca. Em todas as religiões, o amor é altamente apreciado como grandeza existencial, social, cultural e política. Na visão cristã, é um distintivo de Deus. Já que o poder de Deus se opõe ao ódio, ela defende o amor universalmente e, como consequência, precisa descrevê-lo. – **(1)** No AT, destaca-se o Cântico dos Cânticos, que apresenta uma poesia do amor em metáforas físicas bem concretas. O NT descreve Deus a partir do amor e, por fim, como o próprio amor. Exemplo do primeiro são a identificação de Jesus do amor ao próximo e do amor a Deus no amor (Parábola do Bom Samaritano, Lc 10,25-37), o chamado hino à caridade de Paulo (1Cor 12,31b–13,13). O segundo aspecto é representado por 1Jo 4,8: "Quem não ama não conheceu a Deus, porque Deus é amor" (cf. tb. v. 16b). A identificação de Deus com o amor não representa os cultos de fertilidade como em religiões orientais (*Aserá*), tampouco as idealizações da sedução como nas religiões antigas (*Afrodite*), nem a humanização de Deus como em formas esotéricas de religião (o Deus amante). Antes o amor aponta o lugar no qual os seres humanos podem identificar Deus. Postula-se uma forma de vida que resiste ao poder da morte e não a usa em relação a outros. Nesse sentido, a interpretação joanina do amor pertence ao espaço social do mandamento de amor a Deus e ao próximo, que inclui o amor ao inimigo (Mt 5,44). Assim, a qualidade política do amor se transforma em um contrapeso histórico-cultural, que pode ser explorado também no emprego desinibido das imagens eróticas no Cântico dos Cânticos. – **(2)** O amor no sentido neotestamentário sempre esteve presente na teologia patrística (traduzido para o latim pelos termos *amor*, *caritas*, *dilectio* e *amicitia*), no modo do *agape* na assistência aos pobres (Gregório de Nazianzo [† 390]), na teologia mística no modo do eros como experiência de Deus (Bernardo de Claraval [† 1153], Matilde de Magdeburgo [† por volta de 1285], Gertrude de Helfta [† 1301/1302]) e na teologia espiritual no modo da entrega como transformação da existência (T. Merton [† 1968]). O amor é encontrado nos cantos de Francisco de Assis († 1226), que pretende substituir o ódio pelo amor (oração da paz), como também na tradição de caridade da assistência aos enfermos e pobres. Aqui, ele representa uma experiência prática de Deus. Analogicamente, a Teologia da Libertação desenvolve uma opção pelos pobres, que compreende o amor de forma consequentemente política. – **(3)** O Concílio de Trento integra a descoberta reformada da justificação pela fé ao código paulino da "fé, esperança e amor" (DH 1.528-1.531), para enfatizar o lado prático da fé. O emprego bíblico do amor como *locus theologicus* é acatado pelo magistério e pela teologia sistemática apenas no século XX. O Concílio Vaticano II manifesta na constituição pastoral "sua solidariedade, respeito e amor para com toda a família humana" (GS 3) e exige dos membros do povo de Deus "justiça e amor, sobretudo para com os necessitados" (GS 21). Declara-se disposto também a falar do matrimônio primeiramente como "comunhão do amor" (GS 47). Bento XVI estabeleceu um vínculo íntimo entre a tradição antropológica e sociopolítica do amor (Encíclica *Deus Caritas est*, de 2005: DH 5.101-5.105). – **(4)** O amor como existência para Deus e para o próximo é praticamente idêntico ao conceito da fé da tradição ortodoxa. O foco da fé no amor que se opõe à justiça própria não é motivo de controvérsias entre as confissões ocidentais desde a Declaração Conjunta sobre a Doutrina da Justificação de 1999. – **(5)** A identificação do amor com Deus não é adequada para uma civilização utópica do amor, na qual conflito e violência estariam superados. Antes, ela resiste às "culturas da morte", onde dominam o ódio, a violência e a guerra e onde o amor ao próximo é negado. O amor designa um "heterotopos", um "lugar diferente" de relações sociais e religiosas, onde irrompe a forma de vida da ressurreição.

Lit.: BONDI, R. *To love as God loves* - Conversations with the early church. Filadélfia, 1987. • FROEBE, D. *Das Hohelied* - Gesang von der Befreiung der Liebe aus ihren Fesseln. Münster, 2005. • MERTON, T. *Keiner ist eine Insel* - Betrachtungen über die Liebe. Düsseldorf, 2005. • VON LENGERKE, G. *Die Begegnung mit Christus im Armen* (StSS 43). Würzburg, 2007. • BOFF, L. *Franz von Assisi und die Liebe Gottes zu den Armen*. Kevelaer, 2010.

Hans-Joachim Sander

Amor ao próximo e amor a Deus ↑ *carismas/renovação carismática*, ↑ *comunhão*, ↑ *Deus*, ↑ *indivíduo*, ↑ *amor*, ↑ *ser humano*, ↑ *humanidade*, ↑ *seguimento de Jesus*. – Amor ao próximo e amor a Deus são inseparavelmente interligados, tanto em termos existenciais quanto do ponto de vista teológico e reflexivo, e expressam o centro do Evangelho. – **(1)** Dt 6,5 exige dos fiéis de Israel: "Amarás o SENHOR teu Deus com todo o coração, com toda a alma, com todas as forças". Lv 19,18 reivindica o amor ao próximo: "Amarás o teu próximo como a ti mesmo". M. Buber traduz: "Preserva em amor teu companheiro, igual a ti". Na interpretação rabínica, essa palavra é compreendida como compêndio da Torá. Lv 19,34 exige além disso o amor ao estrangeiro. Segundo o NT, Jesus acatou essa tradição, colocou-a no centro de sua proclamação e a vinculou ao mandamento do amor a Deus segundo Dt 6,4. Por isso, o mandamento duplo do amor ao próximo e a Deus (Mc 12,29-31; Mt 22,37-40) pode ser interpretado como resumo do Decálogo, ao qual também Jesus correspondeu. Como já o faz o contexto de Levítico, Jesus exige dos seus até mesmo o amor ao inimigo (Mt 5,43-48 par). De certa forma, pretende pacificar a sociedade por meio da solidariedade concreta e praticada, que deve valer em primeiro lugar para os pobres e necessitados. A lei do amor significa liberdade no Espírito Santo, que liberta do pecado e da culpa; segundo a tradição joanina, o amor transmite algo do próprio Deus, que é o amor (1Jo 3,10; 4,8). Na história da teologia, o chamado discurso do Filho do Homem em Mt 25,31-46 é visto como prova da conexão indelével entre o amor ao próximo e o amor a Deus. O termo grego empregado aqui, *agape* (amor caritativo), designa uma conduta altruísta, que se põe a serviço do outro sem esperar uma recompensa. Paulo também enfatiza: "Quem ama o próximo, cumpriu a Lei" (Rm 13,8). – **(2)** Desde o início, a Igreja preza e honra o significado especial do mandamento duplo do amor ao próximo e a Deus. Ele cunha e sustenta a *martyria* eclesiástica (proclamação da fé), a *leiturgia* (o culto) e a *diakonia* (assistência caritativa). A distinção entre os conceitos gregos *eros* e *agape* tornou-se o ponto de partida para a recepção cristã dos *topoi* filosóficos. Agostinho († 430) identifica o vínculo entre conhecimento ou verdade e amor e compreende – sobretudo em vista do ser humano como *imago trinitatis* – o amor-próprio, o amor ao próximo e o amor a Deus como unidade na diferença. Agostinho fala do desejo (*desiderium*) por Deus, levando em conta aqui a diferença entre *eros* e *agape* e entre amor sexual e amor altruísta. Para ele, a orientação amorosa por Deus determina a vontade, a liberdade e a experiência. Mas como podemos amar Deus, se ninguém é capaz de vê-lo? Segundo 1Jo 4,20s., nós o amamos no irmão visível, quando praticamos o amor, e assim somos "reconhecidos" por Deus (1Cor 8,3). Para Tomás de Aquino († 1274), o amor ao próximo e o amor a Deus são os princípios fundamentais do Decálogo; para que possamos cumpri-los foi-nos dado o Espírito Santo, que nos concede os carismas correspondentes. A controvérsia do tempo da Reforma referente ao mérito das boas obras manifestou de forma mais clara que Deus e o próximo devem ser amados por si mesmos, não para merecer a salvação. No século XX, essa convicção encontrou uma aplicação eminentemente política e social na teologia política e na Teologia da Libertação em vista do amor ao inimigo. Do ponto de vista teológico, K. Rahner († 1984) ressaltou mais uma vez o vínculo entre o amor ao próximo e o amor a Deus (com referência a Mt 25,31-46). – **(3)** Para o magistério (Concílio Vaticano II), o vínculo entre o amor ao próximo e o amor a Deus já se encontra prefigurado no Decálogo, e também na instrução de Jesus a vida orientada por Deus e a vida social do ser humano formam uma unidade (GS 24; Catecismo da Igreja Católica, 2.055, 2.069). O amor verdadeiro sempre nos leva aos pobres (Catecismo da Igreja Católica, 2.443-2.449). Em sua Encíclica *Deus caritas est*, o Papa Bento XVI desdobrou a conexão entre *eros* e *agape*, entre o amor ao próximo e o amor a Deus principalmente a partir da tradição joanina (DH 5.101-5.105). – **(4)** Para M. Lutero († 1546), o amor a Deus está vinculado à pergunta referente àquilo a que o coração do ser humano se apega. O amor ao próximo e o amor a Deus não são méritos do ser humano, mas frutos da justificação. A unidade do amor ao próximo e do amor a Deus não é contestada por nenhuma confissão. Na questão do mérito, os luteranos e os católicos conseguiram chegar a um consenso (Declaração Conjunta sobre a Doutrina da Justificação, n. 37-39). – **(5)** No amor ao próximo se manifesta o amor a Deus, e vice-versa. Poderíamos dizer que, na realização concreta, o amor ao próximo e o amor a Deus estão interligados de forma "estrema e inseparada". No entanto, não devemos negligenciar o amor-próprio, sem o qual não pode existir um amor real e saudável. A responsabilidade salvífica, que cada um tem pelo outro e pelo mundo, se realiza primariamente por meio do amor ao próximo e a Deus – explícita ou anonimamente. A credibilidade da Igreja precisa se manifestar e provar na forma de como ela trata o ser humano. Esse *topos* se torna cada vez mais importante em face de um mundo globalizado e pluralizado. O mandamento do amor ao inimigo também nos incentiva a refletirmos sobre as consequências incômodas e provocativas do amor ao próximo em referência a Deus.

Lit.: BENTO XVI. Encíclica *Deus caritas est* (VApS 171). Bonn, 2006. • TAFFERNER, A. *Gottes- und Nächstenliebe in der deutschsprachigen Theologie des 20. Jahrhunderts*. Innsbruck, 1992.

Erwin Dirscherl

Analogia ↑ *cognoscibilidade de Deus,* ↑ *epistemologia (teológica),* ↑ *mistério da fé,* ↑ *fala de Deus.* – Trata-se do modo de falar e a forma de pensar sobre Deus que recorre a semelhanças do mundo das coisas criadas para, com elas, designar Deus comparando-o com estas, mas, ao mesmo tempo, destacando-o como algo maior e diferente. – (**1**) Na Bíblia não existem reflexões teóricas sobre a analogia, apesar de o termo ocorrer em Paulo no contexto do fenômeno dos ↑ carismas: a fala profética "em concordância" (em grego: *kata ten analogian* – em latim: *secundum rationem*) com a fé (Rm 12,6). – (**2**) A analogia tem suas origens na matemática dos pitagoristas. Aqui, ela serve para a comparação controlada de sistemas relacionados; análogos são apenas aqueles elementos que existem em ambos os sistemas. Por isso, uma comparação baseada na analogia revela duas coisas: a comparabilidade e, ao mesmo tempo, a demarcação frente ao incomparável. Platão († 348/347 a.C.) recorre à analogia como operação filosófica básica, principalmente da cosmologia, e a concebe estritamente de "cima para baixo" no contexto de sua teoria das ideias. A analogia representa a comparabilidade estrutural em um cosmo, cuja ordem provém de Deus, e (nas analogias de quatro termos, como, por exemplo, na parábola da caverna) uma cognoscibilidade obscurecida daquilo que pode ser conhecido apenas com dificuldade, sobretudo o puramente espiritual. Aristóteles († 322 a.C.), por sua vez, se ateve à qualidade matemática da analogia e a empregou apenas metodicamente, não no sentido metafísico do ser. Plotino († 270), sem uma reflexão metodológica do conceito, reúne o pensamento platônico com a acepção aristotélica: Cada nível da existência participa do ser superior, de forma que, se de todo, uma ascensão ao bem só se torna possível *per analogiam*, sem que o Um superior seja alcançado. A estrutura da analogia não permite um salto comparativo para uma região mais elevada, já que toda comparabilidade que parte de um ser superior necessariamente chega ao fim em seu aspecto mais elevado. Nessa diferença entre as acepções metódico-formal e metafísico-material, a analogia encontra seu lugar na teologia, primeiro na Igreja antiga, por exemplo, em Agostinho († 430), e, mais tarde, sobretudo na escolástica, por exemplo, em Tomás de Aquino († 1274). Influenciado por Paulo, Agostinho compreende o *ato da fé* de forma analógica (com referência à fórmula de Rm 12,6), no sentido de que almeja uma interpretação de sua razão (fid. invis. 5,8; serm. 43,7). Tomás, por sua vez, remete a analogia ao *ato de ser*, que a fé é capaz de interpretar racionalmente (STh I q13). A partir do ato análogo da fé, a graça de Deus e a sua revelação podem ser compreendidas como o fundamento verdadeiro da fé pessoal na diferença concomitante em relação às duas grandezas. Assim argumentam Agostinho, os reformadores e, em tempos mais recentes, K. Barth († 1968), que, por esses motivos, rejeita uma *analogia entis* como acesso velado à revelação. A estrutura análoga de todo ser, que suscita a pergunta referente ao ser de Deus como conceito análogo, permite, porém, fazer deduções a partir do ser imanente sobre a transcendência de Deus, preservando-se a incomparabilidade da transcendência e imanência. Aqui, a razão dessa comparação ocupa um papel decisivo, assim, por exemplo, em Tomás de Aquino, em T. Cajetan († 1534) e F. de Suárez († 1617) como também, em tempos mais recentes, em E. Przywara († 1972), para o qual a *analogia fidei* é o princípio verdadeiro das determinações doutrinais da Igreja. – (**3**) A fórmula sistemática do IV Concílio de Latrão, de 1215, se volta contra o panteísmo com sua alegação da comparabilidade total das realidades terrenas com Deus e contra o agnosticismo com sua alegação da inutilidade total da comparabilidade do conhecimento terrestre com Deus: "Entre o criador e a criatura não se pode observar tamanha semelhança que não se deva observar diferença maior ainda" (DH 806). Aqui, a comparabilidade com Deus é estritamente controlada; e a incomparabilidade, sistematicamente afirmada no ato comparativo. – (**4**) Na teologia ortodoxa, os modelos de reflexão analógicos são integrados ao conceito básico da teologia apofática e desenvolvidos a partir daí (Pseudo-Dionísio [† por volta de 500], Gregório de Nissa [† 394]; na Modernidade: V. Lossky [† 1958], P. Florenskij [† 1937]). A discussão do século XX sobre as formas confessionais de pensamento se concentra sobretudo na comparação do conceito católico da *analogia entis* (E. Przywara, H.U. von Balthasar [† 1988], G. Söhngen [† 1971], J. Ratzinger) com a alternativa protestante da *analogia fidei* (K. Barth, a Declaração Teológica de Barmen, de 1934; o conceito como tal já ocorre em Guilherme de St. Thierry [† 1148] como também em Martinho Lutero [† 1546] e Felipe Melâncton [† 1560]). Assim se aprofundam as diferenças referentes ao conceito da fé, pois no âmbito reformado é o sujeito que ocupa o primeiro plano; no pensamento católico, o objeto. – (5) A reflexão sobre as estruturas das relações análogas aumentam a precisão na linguagem teológica. Por isso, essa reflexão é imprescindível. A analogia se oferece como meio-termo entre os modos de fala identificadores (univocação) e os atributos homônimos, usados de modo indiferenciado para conteúdos diferentes e opostos (equivocação). O problema da necessidade de diferenciar controladamente a fala sobre Deus permeia toda teologia. Torna-se especialmente importante quando a fala de Deus é fortemente marcada por seu ideal subjetivo, existindo o perigo de encobrir a diferença objetiva em relação a Deus. No entanto, a comparabilidade a partir de Deus, ou seja, a partir de cima, pode ser inculcada. Essa tentativa de solucionar o problema, que foi amplamente adotada e permaneceu teologicamente significativa até hoje, se manifesta na analogia. Ela pertence à área das metateorias teológicas e, por isso, não pode ser considerada uma abordagem entre muitas. Com a virada linguística (foco em argumentações linguístico-analíticas), o problema da analogia do ser é transposto pelo problema da diferença entre a fala de Deus e o silencia diante de Deus. O problema-chave teológico não é mais o ser, são os signos. Isso corresponde, em termos estruturais, à diferença entre a transmissão de dados analógica e digital.

Lit.: SCHÖNBERGER, R. *Die Transformation des klassischen Seinsverständnisses*. Berlim/Nova York, 1986 [Quellen und Studien zur Philosophie, 21]. • PANNENBERG, W. *Analogie und Offenbarung*. Göttingen 2007. • MONTAGNES, B. *La doctrine de l'analogie de l'être d'après Saint Thomas d'Aquin*. Paris, 2008.

Hans-Joachim Sander

Anjos ↑ *demônios*, ↑ *céu*, ↑ *criação*, ↑ *diabo*. – A tradução de anjo significa "mensageiro" (do grego: *angelos*, do latim: *angelus* e do hebraico: *malak*). Anjos são encontrados em quase todas as religiões e designam seres espirituais numinosos, normalmente pessoais, que se

Termos científicos no contexto do pensamento teológico da analogia

Termo	Definição	Exemplo
univocação (unívoco)	O termo designa *uma* realidade.	"Sol" designa o astro central do sistema solar.
equivocação (equívoco)	O termo designa realidades *diferentes*.	O "brilho" designa tanto os brilhantes raios do sol como também a pompa de uma cerimônia.
analogia (análogo)	O termo é *semelhante* à realidade designada e é, ao mesmo tempo, dessemelhante a ela.	Em Sl 84,12, Deus é descrito como sol, para representá-lo em sua generosidade transbordante.
analogia *proportionis/attributionis*	As realidades possuem um princípio comum, ao qual se relacionam de formas diferentes.	Os raios (= realidade) procedem do sol (= princípio); a claridade do dia (= realidade) remete ao sol (= princípio).
analogia *proportionalitatis*	Duas circunstâncias semelhantes.	Com o olho, vemos; com o espírito, reconhecemos.

Elaborado por Y. v. Künsberg, a pedido dos organizadores.

apresentam em formas humanas, animais ou mistas. Podem surgir da esfera de sua secretividade e se manifestar na experiência do ser humano, atuando, por exemplo, como mediadores entre os mundos divino e humano, como mensageiros de Deus ou dos deuses ou como forças protetoras ou inimigas de pessoas individuais ou de povos inteiros. – **(1)** Frequentemente, os anjos são vistos como resquícios de um politeísmo ainda não superado. Como mensageiro de Deus, o anjo é, por vezes, diferenciado de Deus, por outras, igualado a Ele (Gn 16,7-14). O AT e o NT vinculam os anjos a imagens de uma corte celestial (Is 6,1ss.), a uma responsabilidade pelo mundo com tarefas específicas, atribuídas a seres mediadores semelhantes a Deus (Dt 32,8) ou à orientação redentora do povo de Israel (Ex 23,20. 23) ou de pessoas individuais (Rafael no livro de Tobias). Eles aparecem aos humanos em visões, audições e sonhos (Mt 1,20; 2,13) e transmitem uma mensagem de castigo ou salvação divina. Servem para o resgate e a orientação também da Igreja jovem e de seus agentes (At 5,19; 12,7ss.). Anunciam a conceição de Jesus Cristo (Gabriel: Lc 1,26-38), proclamam seu nascimento (Lc 2,9ss.) e sua ressurreição (Mt 28; Mc 16; Lc 24; Jo 20) e são, de muitas maneiras, servos e instrumento da obra salvífica de Deus (At 8,26; Hb 1,14). Por serem criaturas dotadas de liberdade, não são imunes ao erro e são punidos por Miguel e seus anjos (Ap 12,7-12; Lc 10,18; Sl 82), governam por algum tempo com o príncipe (satanás) deste mundo (Jo 12,31), seduzem (Jo 8,44) e atormentam o ser humano (2Cor 12,7s.) e serão destituídos do poder. Uma angelologia sistemática, por mais rudimentar que seja, não pode ser encontrada na Bíblia. – **(2)** Agostinho († 430) destrói de modo muito eficaz qualquer concepção de seres intermediários divinos ou quase divinos com própria plenitude de poder: o termo *anjo* "est nomen officii non naturae" (enarr. in Ps. 103,1,15), ou seja, descreve uma atividade, não é uma definição metafísica. A angelologia de Pseudo-Dionísio Areopagita (séculos V/VI), com sua estrutura hierárquica de 3x3 ordens angelicais, se torna influente. Tomás de Aquino (chamado de *doctor angelicus*, o mestre angelical) recorre a categorias aristotélicas para se aproximar especulativamente da natureza dos anjos. Os anjos ocupam um papel mais importante na piedade e na liturgia (adoração dos anjos de guarda) do que na teologia. – **(3)** A angelologia não é um campo central da teologia dogmática cristã e, por isso, é pouco regulamentada. O Credo Niceno-constantinopolitano parece sugerir a existência dos anjos quando diz: Deus criou "tudo, o céu e a terra, o mundo visível e invisível". O magistério eclesiástico desconhece afirmações dogmáticas sobre a natureza e a personalidade dos anjos, antes se limita a fazer alusões à sua existência, sua natureza espiritual e criada. No século V, depois no século XIII e finalmente no século XIX, enfatiza que o diabo como anjo caído não representa um segundo princípio primordial antidivino, antes é uma criatura originalmente boa, que, por culpa própria, se afastou de Deus e agora pratica o mal, seduz para o mal e instaura o domínio temporário da morte (DH 286, 291, 800, 3.002). – **(4)** A tradição ortodoxa venera os anjos de acordo com os textos bíblicos, patrísticos e sobretudo litúrgicos. Enquanto M. Lutero († 1546) ainda reconhecia os anjos como ajudantes da obra salvífica de Deus, a teologia evangélica permitiu que a crítica iluminista lhe impusesse uma posição excessivamente positivista, o que a levou a dispensar os anjos. K. Barth († 1968) e P. Tillich († 1965) renovaram a doutrina dos anjos, recusando-se a qualquer especulação sobre sua natureza e partindo da Bíblia que os representa como força a serviço de Deus. O discurso metafórico da ação de Deus (W. Pannenberg: campo de força; J. Moltmann: energia) pode ser muito útil como fundamento para um diálogo ecumênico sobre os anjos. – **(5)** A ênfase abstrata da transcendência absoluta de Deus provavelmente exigiu a figura do anjo como mediação narrativa e personificada. Anjos são, de certa forma, a presença personificada da vontade e da ação de Deus no mundo, são o meio ilustrativo que permite expressar narrativamente a transcendência na imanência. É claro que, se concebermos a presença objetiva de Deus na criação, sua presença pessoal em Jesus Cristo e sua presença subjetiva na consciência humana como realizada no Espírito Santo, as concepções excessivamente especulativas da mediação por meio dos anjos se tornam supérfluas. Mesmo assim, a fala dos anjos expressa que o ser humano não é a única criatura de Deus dotada de espírito; assim é, ao mesmo tempo, refutação teológica de qualquer forma de uma *hybris* antropomórfica e símbolo daquelas formas da realidade criada que não podem ser compreendidas pela racionalidade científica.

Lit.: BARTH, K. "Das Himmelreich – Gottes Botschafter und ihre Widersacher". *KD* III/3, 1950, p. 51. • RAHNER, K. "Über Engel". *KRSW*, 30, 2009, p. 613-647. • SCHEFFCZYK, L. *Einführung in die Schöpfungslehre*. 3. ed. Darmstadt, 1987. • VORGRIMLER, H. et al. *Engel*. Friburgo/Basileia/Viena, 2008.

Ulrich Lüke

Anticristo ↑ *apocaliptismo,* ↑ *(o) mal,* ↑ *quiliasma,* ↑ *parusia,* ↑ *diabo*. – O anticristo é a forma personificada do mal que, segundo a acepção apocalíptica da história, se potencializa no fim dos tempos e se levanta contra a ação salvífica de Deus. – **(1)** O termo "anticristo" ocorre exclusivamente em 1Jo 2,18.22; 4,3; 2Jo 7. 1Jo 2,18 remete a tradições conhecidas. O pano de fundo é o motivo apocalíptico de um adversário de Deus na luta do fim dos tempos (Is 27,1; Dn 8,23-25; 11,36-39). Mc 13,6.22 vincula o motivo do profeta falso (Dt 13,2-4; 18,20) à advertência contra os messias falsos (pseudocristos). Segundo 2Ts 2,1-12, o adversário é o ser humano da maldade que se opõe à lei; segundo Ap 13,1-10, é a besta blasfêmica. O prefixo "anti" permite uma interpretação dupla: "no lugar de" ou "contra". O anticristo é aquele que, com intenções más, imita o evento salvífico cristológico, se coloca no lugar de Cristo e pratica sinais enganosos (Mc 13,22; 2Ts 2,9; Ap 13,3), ou seja, aquele que luta contra o testemunho cristológico (1Jo 2,22). As passagens que falam de uma figura individual no fim dos tempos a distinguem de satanás, do qual ela recebe sua força (2Ts 2,3.8s.; Ap 13,2). 1 e 2Jo se referem ao espírito "anticristão" que se manifesta desde já em doutrinas falsas. – **(2)** Na Igreja antiga, o anticristo, que no NT ainda é um motivo de segunda ordem, se transforma em figura importante da expectativa escatológica. No século X, um homem chamado Adso de Montier-en-Der consegue até escrever uma "Vita do anticristo" baseada no material disponível na época. Em termos concretos o anticristo é identificado com Nero ou com o Império Romano; depois, com "o turco"; ou (por exemplo, nos espirituais franciscanos e nos reformadores) com os papas ou o papado. A identificação coletiva do anticristo com os hereges ou a igreja secularizada priva o motivo de seus traços apocalípticos e da expectativa de uma figura individual no fim dos tempos. No campo evangélico, o anticristo passa a ocupar um papel importante apenas em grupos específicos a partir do Iluminismo. A teologia católica fala ainda durante algum tempo do anticristo sob o "signo do retorno de Cristo". Enquanto F. Nietzsche atribui a si mesmo o papel de anticristo em sua luta para superar o cristianismo, os cristãos, por sua parte, designam como anticristãs as concepções do mundo que eles consideram inimigas do cristianismo (o Iluminismo, o bolchevismo e outros). – **(3)** As concepções apocalípticas da chegada do anticristo (Papa João XXII, a Constituição *Gloriosam Ecclesiam*, de 1318: DH 916) e a identificação do papa com o anticristo por J. Wyclif (Concílio de Constança, em 1415: DH 1.156; 1.180) são refutadas. – **(4)** Diferentemente dos críticos medievais, M. Lutero aplica a identificação do papa com o anticristo não a papas individuais, mas ao papado como instituição: A arrogância de uma autoridade de se elevar acima da Palavra de Deus seria a tentativa do anticristo de se elevar e ocupar a posição de Cristo. Segundo Lutero, o entrelaçamento entre os poderes espiritual e secular também apresentaria traços do anticristo. João Calvino assume uma postura semelhante (Inst IV,2,12; 7,21.24s.). O motivo do anticristo é introduzido aos credos luteranos e reformados e se transforma em *topos* estereotípico da polêmica teológica (mas também de conflitos intraprotestantes). No estudo ecumênico "Lehrverurteilungen – kirchentrennend?" [Condenações doutrinais – divisoras da Igreja?], de 1986, o lado evangélico lamenta a aplicação do termo "anticristo" ao papa e faz uma revisão explícita dessa avaliação: "O papa não é o anticristo" (LEHMANN, K. & PANNENBERG, W. [orgs.]. Friburgo/Göttingen, 1986, p. 167). – **(5)** A figura do anticristo é a personificação da última resistência do mal antes da consumação da ação salvífica de Deus. Ela tenta ocupar o lugar de Deus e destruir seus atos. Ao integrar a vinda do anticristo ao evento da parusia de Jesus Cristo e ao descrever a derrota soberana do anticristo (2Ts 2,8), o NT, sem subestimar o perigo de seu surgimento, já dá a resposta à ameaça por ele representada: No fim, prevalece não o anticristo, mas o poder redentor de Deus. Quando o motivo do anticristo, situado originalmente no contexto apocalíptico, é aplicado com um propósito crítico-contemporâneo ou crítico-eclesiástico, é necessário estar atento ao perigo de transferir os traços dualísticos do apocaliptismo para os conflitos contemporâneos.

Lit.: a) MÜLLER, K. et al. "Antichrist". *LThK*, 1, 3. ed., 1993, p. 744-747. • HARTMAN, S.S. et al. "Antichrist". *TRE*, 3, 1978, p. 20-50. • TRILLING, W. *Der zweite Brief an die Thessalonicher* (EKK 14). Einsiedeln, 1980, p. 68-117. b) BRANDES, W. & SCHMIEDER, F. (orgs.). *Antichrist*. Berlim, 2010. • DELGADO, M. & LEPPIN, V. (orgs.). *Der Antichrist*. Stuttgart 2011 [Studien zur christlichen Religions- und Kulturgeschichte 14].

Eva-Maria Faber

Antropocentrismo ↑ *antropologia teológica,* ↑ *encarnação,* ↑ *ser humano,* ↑ *imagem do ser humano.* – O antropocentrismo é uma visão que toma o ser humano (grego: *anthropos*) como ponto de partida e centro da contemplação do mundo. Uma mediação entre essa perspectiva e a tradição teocêntrica ou cristocêntrica da Bíblia só é possível se ela for compreendida como referência à intransponibilidade da subjetividade humana também na fala sobre de Deus ou se tematizar a posição especial do ser humano nas ↑ narrativas da criação (Gn 1–3) e na encarnação de Deus. – **(1)** Nas Escrituras Sagradas, o ser humano sempre se encontra numa relação teocêntrica, pois foi criado e, por isso, está sempre numa relação primordial com Deus. Devido à sua posição especial dentro da criação (cf. Gn 1,26s.), porém, ele, como imagem, i.e., como representante de Deus, atrai o foco da atenção; pois Deus deseja sua salvação. No entanto, a grandeza do ser humano é relativizada pela pergunta: "O que é o homem, para que te lembres dele?" (Sl 8,5). Essa questionabilidade se torna ainda mais aguda em decorrência do pecado, da culpa e do fracasso. Partindo da encarnação de Deus, o NT atribui uma importância especial ao ser humano, adotando novamente uma perspectiva cristocêntria e teocêntrica. Já que seu vínculo com Deus permanece essencial, podemos falar de um "antropocentrismo relativo". – **(2)** O discurso sobre o ser humano como microcosmo ou como ser racional, no qual a criação alcança uma compreensão de si mesma, impulsiona o pensamento antropocêntrico – também em oposição a modelos cosmocêntricos. Junta-se a isso uma soteriologia que desdobra o axioma da *gloria dei vivens homo* (Irineu de Lyon [† por volta de 200]), vinculando assim o antropocentrismo ao teocentrismo de forma relacional. Quando Agostinho († 430), em suas confissões, recorre a experiências e perguntas próprias como ponto de partida para a fala de Deus, ele também recorre a um antropocentrismo relativo, introduzindo assim ao jogo o fenômeno da subjetividade. Tomás de Aquino († 1274) desenvolve uma acepção antropocêntrica do ser, em cujo horizonte a palavra da revelação pode ser acessada pela reflexão humana. Em termos temáticos (*materialiter*), seu pensamento é teocêntrico; em termos formais (*formaliter*), é antropocêntrico. O humanismo do século XVI foi sujeito à crítica dos reformadores. Martinho Lutero († 1546) interpreta como arrogância (*hybris*) do pensamento o antropocentrismo excessivo e reconhece nele uma característica da pecaminosidade. No século XIX, em reação à filosofia do Iluminismo e ao idealismo alemão, a escola católica de Tübingen acata o pensamento subjetivo moderno. Partindo do axioma da *gloria dei vivens homo*, M.J. Scheeben († 1888) tenta mediar entre os pensamentos antropocêntrico e teocêntrico. Depois da chamada crise do modernismo, anuncia-se na teologia, ainda antes do Concílio Vaticano II, cada vez mais aquela virada para o sujeito, relacionada ao desenvolvimento da teologia transcendental que se ocupa com a recepção de Tomás de Aquino, I. Kant († 1804), M. Heidegger († 1976) e da *nouvelle théologie*. Fala-se de um "antropocentrismo cristão" (J.B. Metz), fundamentado, entre outros, por K. Rahner († 1984) no teocentrismo: O ser humano é o destinatário da autocomunicação de *Deus*. – **(3)** O magistério da Igreja condenou as correntes teológicas cujas reflexões partiam excessivamente do ser humano, principalmente no tempo do chamado modernismo (DH 3.475-3.500). Os debates teológicos desencadeados pelo Concílio Vaticano II conseguiram reabilitar essas correntes. GS 12 declara que "tudo quanto existe sobre a terra deve ser ordenado em função do homem, como seu centro e seu termo: neste ponto existe um acordo quase geral entre crentes e não crentes". Consequentemente, o magistério também – principalmente sob o Papa João Paulo II – passa a focar o ser humano como caminho de Deus e da Igreja. DV 12 afirma que a palavra de Deus se manifesta na palavra do homem; reconhece assim um antropocentrismo relativo e dá um passo em direção à reconciliação com o antropocentrismo de cunho moderno. – **(4)** Na teologia ortodoxa, a doutrina do ser humano é refletida num vínculo íntimo com Deus e a natureza. Após a interpretação subjetiva do pensamento romântico e idealista por F. Schleiermacher († 1834), o campo evangélico, representado por E. Schäder († 1936) e K.

Barth († 1968), passou a criticar o que, a seu ver, era o falso antropocentrismo da teologia pietista e neoprotestante: Ponto de partida da reflexão cristã não seria a fé do sujeito, mas a Palavra de Deus. Já em J. Gerhard († 1637), a tradição veteroluterana teria dado uma atenção exagerada ao ser humano. Para Barth, a raiz da virada antropocêntrica da teologia se encontra na história da cultura e da sociedade do século XVIII; ele se opõe a esta com sua teologia dialética, que procura libertar a Palavra de Deus da sujeição aos interesses humanos. J. Moltmann também refuta o antropocentrismo segundo o qual tudo teria sido criado em prol e para o usofruto do ser humano. Aposta, em vez disso, num teocentrismo cosmológico, no qual o sábado representa o auge da criação. W. Pannenberg, por sua vez, desdobra em sua antropologia a centralidade e excentricidade do ser humano, desenvolvendo assim um antropocentrismo que não conflita com o teocentrismo da doutrina reformada da justificação. Ainda hoje, a teologia reformada procura encontrar um equilíbrio entre o teocentrismo e o antropocentrismo. – (5) Desde a década de 1960, existe um debate na teologia dogmática sobre a tese segundo a qual o cristianismo, baseando-se numa interpretação ultrapassada da Escritura, teria impulsionado e favorecido a exploração da natureza para o bem do homem. Entrementes, uma reflexão teológico-transcendental e a recepção de conceitos da filosofia da linguagem, da semiótica e da filosofia pós-moderna conseguiram estabelecer concepções antropológicas legítimas que integram completamente o aspecto ético. O diálogo com as ciências naturais e do espírito investigou a relação e a diferença entre o antropocentrismo e o chamado princípio antrópico, segundo o qual o ser humano se manifesta como possível (ou até mesmo necessário) observador e intérprete da realidade e do universo. Sua emergência na evolução evoca a pergunta sobre sua importância (U. Lüke): Se Deus é o criador do ser humano feito à sua imagem e, ao mesmo tempo, se torna humano no *logos*, a criatura dotada de espírito assume um papel que permite vincular o teocentrismo ao antropocentrismo.

Lit.: a) LÜKE, U. *Das Säugetier von Gottes Gnaden* – Evolution, Bewusstsein, Freiheit. 2. ed. Friburgo/Basileia/Viena, 2007, esp. p. 83-86, 120-125. b) METZ, J.B. *Christliche Anthropozentrik*. Munique, 1962.

Erwin Dirscherl

Antropologia teológica ↑ *teologia dogmática,* ↑ *ser humano,* ↑ *imagem do homem,* ↑ *dignidade humana/direitos humanos.* – A antropologia teológica (grego: *anthropos*, ser humano; e *logos*, razão, palavra, discurso) é a fala racional sobre o homem baseada no testemunho da Escritura e da tradição da Igreja. – **(1)** Apesar de não apresentar nenhuma antropologia teológica sistemática, a Bíblia fornece sim um fundamento em sua fala holística do ser humano como ser relacional, chamado para uma responsabilidade diante de Deus e de suas cocriaturas. Trata das questões referentes ao relacionamento com Deus na criação e história (aliança), à natureza e ao cosmo, ao homem e à mulher, à sociedade e à política, ao pecado e à culpa, à finitude e à morte, à justiça e à misericórdia, à salvação e à consumação, que abarcam todos os altos e baixos da vida humana. – **(2)** A antropologia teológica como tratado dogmático próprio é bastante recente e deve sua existência à inspiração pela filosofia de Immanuel Kant († 1804), ao idealismo alemão, à filosofia existencial de S. Kierkegaard († 1855), ao pensamento de M. Heidegger († 1976) como também aos trabalhos de M. Scheler († 1928), A. Gehlen († 1976) e H. Plessner († 1985). Desde o início, porém, a teologia tem o ser humano como tema. A conexão interna entre antropologia teológica e cristologia é decisiva, pois é impossível refletir sobre a encarnação do *logos* sem um conceito antropológico, assim como também a antropologia teológica é decisivamente marcada pela encarnação. Imagens extrabíblicas do ser humano exerceram uma influência por vezes altamente ambivalente sobre a tradição da Igreja, de forma que surgiu a necessidade de lembrar a Escritura Sagrada como testemunho decisivo. Irineu de Lyon († por volta de 200), por exemplo, se opôs aos dualismos gnósticos, fortalecendo a *salus carnis* (a salvação do ser humano concreto de carne e osso). Em Agostinho († 430), encontramos pensamentos que apontam para uma antropologia teológica e que chegam a falar dos fenômenos da autoconsciência e da temporalidade (o ser humano como *imago trinitatis*). Nicolau de Cusa († 1464) compreende o ser humano como microcosmo no contexto do macrocosmo. Em seu tempo, e também mais tarde, as teorias de imagem e jogo (modelo original-cópia; o escrito "De ludo globi") são submetidas a uma reflexão sistemática. O debate atual gira em torno dos seguintes esboços:

Karl Barth: Modelo dialético da teologia da justificação	Teologia e antropologia são radicalmente distintas. Como pecador, o ser humano se fecha para Deus. Ênfase em Deus como ser absolutamente diferente e inalcançável. O ser humano pode chegar a Deus apenas por meio da revelação. Recepção da teologia luterana da justificação.
Karl Rahner: Modelo transcendental-fenomenológico	Teologia e antropologia representam uma unidade "inseparada e não misturada": A partir da encarnação de Deus como "fenômeno primordial da fé", indaga-se a condição da possibilidade da vida e salvação humanas. Em sua experiência e limitação, o ser humano é infinitamente aberto para Deus e, portanto, incompreensível. Recepção do pensamento de Tomás de Aquino, Inácio de Loyola, I. Kant, M. Heidegger e da *nouvelle théologie*.
Wolfgang Pannenberg: Modelo dialético-transcendental	Mediação no sentido de Hegel: Deus possibilita a "semelhança à imagem de Deus em formação" do ser humano pecaminoso, que vive na tensão entre centralidade e excentricidade. Recepção do pensamento de G.W.F. Hegel, J.G. Herder e H. Mead.
Otto Hermann Pesch: O modelo da teologia da graça e da história dogmática, de cunho enfaticamente ecumênico	Teologia e antropologia remetem uma à outra: Os seres humanos são os "parceiros não abandonados de Deus". O ser humano "verdadeiro" se encontra em liberdade sob o "poder manso da graça". Recepção do pensamento de Agostinho, Tomás de Aquino e Martinho Lutero.

Importantes são também os esboços de J. Moltmann, autor que reflete a antropologia teológica no contexto bíblico, judaico e luterano e pesquisa o fenômeno do tempo; ou o esboço de T. Pröpper, que, com J.G. Fichte († 1814), K. Rahner († 1984) e H. Krings († 2004), se apoia no significado da liberdade humana do ponto de vista de uma teologia transcendental. Recorrendo a E. Lévinas († 1995), J. Derrida († 2004) e J.-L. Marion, J. Wohlmuth indaga fenomenologicamente o alcance da "dádiva" que, como predeterminação, evidencia o ser humano como ser de receptividade responsável. Acatando esse modelo, E. Dirscherl ressalta a referencialidade e determinação do ser humano em vista do outro no tempo, e U. Lüke (apoiando-se em W. Bröker e A. Ganoczy) busca o diálogo com os diagnósticos da ciência natural, que então discute com naturalistas, biólogos evolucionistas e neurologistas. – (3) Do ponto de vista magisterial, a seguinte proposição iniciou uma antropologia teológica sistemática: "o homem será o fulcro de toda a nossa exposição; o homem na sua unidade e integridade: corpo e alma, coração e consciência, inteligência e vontade" (Concílio Vaticano II, GS 3). Outros conteúdos são expostos em GS 11-18. – (4) Também apenas há pouco tempo, a ortodoxia começou a abrir caminhos para uma antropologia teológica sistemática, assim, por exemplo, em D. Staniloae († 1993). Na teologia protestante, o tema surge na primeira metade do século XX no contexto da crítica de Barth à chamada teologia liberal. E. Brunner († 1966) foi o primeiro a apresentar um esboço em seu livro "Der Mensch im Widerspruch" [O ser humano na contradição] (1937). A recepção de Heidegger por R. Bultmann († 1976) teve um efeito vivificante. J. Moltmann, E. Jüngel e W. Pannenberg exerceram uma influência muito além das fronteiras confessionais com suas diferentes recepções da teologia luterana. A *Declaração Conjunta sobre a Doutrina da Justificação* (GE), de 1999, fornece um ponto de referência comum para a antropologia teológica em relação à graça e à redenção. – (5) A antropologia teológica é um tema central não só na teologia dogmática, mas também nas teologias fundamental e moral, assim como na ética social. Portanto, precisa ser tratada não só de forma intradisciplinar, mas também interdisciplinar. Referência autoritária é aquilo que a Bíblia e a tradição eclesiástica dizem sobre a semelhança do ser humano com a imagem de Deus, sobre a encarnação de Deus no *logos* e sobre o pecado e a graça. No diálogo imprescindível com as ciências naturais, filosofias, pedagogias e outras ciências culturais sobre as concepções do ser humano das ciências naturais, cabe à antropologia teológica defender a ética e desmascarar reducionismos e nivelamentos, para que o ser humano, em sua indisponibilidade e incompreensibilidade, não seja funcionalizado ou usado como meio para um fim.

Lit.: BRÖKER, W. *Was ist der Mensch?* Osnabrück, 1999 [org. por E. Dirscherl]. • DIRSCHERL, E. *Grundriss Theologischer Anthropologie.* Regensburgo, 2006. • FREVEL, C. (org.). *Biblische Anthropologie* (QD 237). Friburgo/Basileia/Viena, 2010. • FREVEL, C. & WISCHMEYER, O. *Menschsein* - Perspektiven des Alten und Neuen Testaments. Würzburg, 2003. • HÖHN, H.-J. *Zustimmen* - Der zwiespältige Grund des Daseins. Würzburg, 2001. • JANOWSKI, B. *Konfliktgespräche mit Gott* - Eine Anthropologie der Psalmen. Neukirchen-Vluyn, 2003. • LÜKE, U. *Das Säugetier von Gottes Gnaden* - Evolution, Bewusstsein, Freiheit. 2. ed. Friburgo/Basileia/Viena, 2007. • PESCH, O.-H. *Katholische Dogmatik aus ökumenischer Erfahrung* - Vols. 1 e 2,2: Die Geschichte der Menschen mit Gott. Friburgo/Basileia/Viena, 2008, p. 3-288. • PRÖPPER, T. *Theologische Anthropologie.* 2 vols. Friburgo/Basileia/Viena, 2011. • SAUTER, G. *Das verborgene Leben* - Eine theologische Anthropologie. Gütersloh, 2011. • SCHOBERTH, W. *Einführung in die Theologische Anthropologie.* Darmstadt, 2006. • VOSSHENRICH, T. *Anthropotheologie.* Paderborn et al., 2007.

Erwin Dirscherl

Aparições de Maria ↑ *Maria,* ↑ *devoção mariana,* ↑ *critérios de conhecimento mariológico.* – Aparições de Maria são eventos psicológicos durante os quais uma pessoa específica vivencia com seus sentidos a presença de Maria. No decorrer da história da Igreja, mais do que 900 pessoas têm alegado esse tipo de encontro com a mãe de Jesus. Na maioria dos casos, o contato alegado era vinculado a alguma comissão que obrigava o vidente a transmitir determinadas mensagens à humanidade como um todo ou à liderança da Igreja. Como eventos imanentes à consciência, essas experiências são essencialmente inapreensíveis por terceiros. Por isso, é impossível determinar com absoluta certeza se essas ocorrências têm uma causa sobrenatural proveniente de Deus. – **(1)** Tanto o AT quanto o NT relatam visões e audições nas quais pessoas vivenciam a presença especial de Deus (Is 6,1-13; Jr 1,4-20; Mc 1,10; Jo 12,28s.; At 9,1s.) ou de um de seus mensageiros (Mt 1,20; Lc 1,26-38). Esse tipo de ocorrências testifica a presença de Deus na história e é compreendido como condecoração e chamado para o serviço pela pessoa vidente. Um significado extraordinário é atribuído às aparições do Ressurreto, pois representam o fundamento da reunião pós-pascoal da Igreja (1Cor 15,3b-5.6-8). Assim como as aparições documentadas pela Bíblia, as aparições de Maria também são consideradas eventos nos quais os limites da percepção natural são ultrapassados e se revela a realidade transcendental do sagrado. A Igreja considera as visões e audições relatadas na Escritura parte da autorrevelação divina e vê os conteúdos transmitidos por elas como autoritários para a fé. Essa avaliação essencialmente positiva não se estende às aparições de Maria, já que, segundo a acepção cristã, a autorrevelação de Deus atingiu seu auge e seu encerramento com o evento Cristo e a era apostólica. Já na era neotestamentária, a integração de dons carismáticos à Igreja tornou necessária a definição de critérios para a avaliação de fenômenos extraordinários. Desafiado pelos eventos em Corinto, Paulo estabelece dois critérios: Em primeiro lugar, uma mensagem recebida por meio do Espírito Santo precisa concordar com a mensagem de Jesus (1Cor 12,1-11). Dado que existem diversos dons da graça, mas apenas um Senhor e um Espírito, as visões e audições não podem se desviar das afirmações do Evangelho. Em segundo lugar, Paulo volta a atenção para o efeito causado como um todo pela dádiva do Espírito ou pelo encontro com Deus (1Cor 14,12). – **(2)** Baseando-se nisso, indaga-se na era pós-NT se o testemunho da vida da pessoa agraciada está em harmonia com a doutrina e o modo de vida de Jesus. Segundo Tomás de Aquino († 1274), as aparições não podem servir para introduzir novos conteúdos de fé; seu valor consiste no máximo na intensificação da vida prática do cristão (STh II-II q1 a74). – **(3)** A possibilidade de aparições provenientes de Deus não pode ser excluída para os tempos pós-bíblicos. Cabe ao ↑ magistério eclesiástico a obrigação de exercer a crítica necessária, que avalia as circunstâncias, motivações, intenções, conteúdos e efeitos de uma suposta aparição de Maria, apresentando, porém, apenas uma avaliação referente à sua probabilidade. A aprovação eclesiástica de uma aparição de Maria é, por isso, nem uma confirmação normativa do seu caráter real nem uma proposição sobre sua proveniência divina, mas apenas a informação de que os conteúdos propagados não se opõem à doutrina da fé e da moral da Igreja. As aparições de Maria são consideradas revelações particulares, ao contrário da revelação pública, que se encerrou com a formação do cânone; por isso, não representam nenhuma obrigatoriedade para a Igreja como um todo. As diretrizes estabelecidas pelo Papa Bento XIV no século XVIII para a avaliação de revelações particulares permanecem válidas. Afirmam que, sob determinadas circunstâncias, as revelações particulares reconhecidas podem servir à instrução dos fiéis, motivo pelo qual uma aprovação pode ser indicada segundo as regras da razão. No entanto, essa aprovação não representa nenhuma exigência; ela também pode ser negada. Essa refutação deve, porém, ser apresentada de forma comedida e sem menosprezo. O Concílio Vaticano reafirma essa posição, remetendo ao encerramento da revelação (DV 4). Por isso, também as aparições de Maria aprovadas são vistas como revelações particulares, que podem fornecer novos impulsos à vida da fé, mas não possuem nenhuma normatividade geral, diferenciando-se assim da revelação encerrada com a formação do cânone. – (4) Aparições de Maria ocorrem quase que exclusivamente no âmbito do catolicismo. O Oriente cristão conhece apenas ícones que se manifestam por meio da fala. A postura das outras confissões diante das aparições de Maria concordam com a posição católica: Não excluem a possibilidade de um encontro com Maria; aconselham, porém, uma análise cuidadosa do ocorrido. Refutam assim uma acepção puramente materialista do mundo como também uma limitação ao aspecto espiritual da fé e da teologia. – (5) Devemos partir da convicção segundo a qual a ação de Deus pode causar experiências religiosas extraordinárias. As aparições de Maria na Modernidade apresentam algumas peculiaridades, entre elas: 1) um aumento considerável nos séculos XIX e XX; 2) sua ocorrência exclusiva em determinadas regiões (católicas); 3) um vidente normalmente do sexo feminino e normalmente pubescente ou pré-pubescente; 4) as mensagens predominantemente apocalípticas; 5) as circunstâncias muitas vezes implausíveis (Maria com lactente). Em virtude desse diagnóstico, parece ser indicado reagir com uma dose saudável de ceticismo e avaliar cuidadosamente cada ocorrência. Em face da veneração, típica para os videntes das aparições de Maria, a teologia e a Igreja devem sempre ressaltar o valor limitado das mensagens transmitidas. Além dos critérios teológicos, uma avaliação minuciosa deve sempre levar em consideração também os conhecimentos da psicologia, da parapsicologia e da psicopatologia. Surpreendente e notável de um ponto de vista da teologia fundamental e da psicologia da religião é a grande disposição com a qual as pessoas aceitam e defendem as notícias sobre as aparições de Maria. Essa disposição deve ser acompanhada com cuidado, mas também com uma postura crítica, para que nenhuma concepção inadequada à experiência do sagrado ou que crie novas dependências para as pessoas se propague. A teologia, porém, deve se conscientizar de forma autocrítica da abertura para experiências do extraordinário e se perguntar se sua orientação racional, tão típica e também necessária para uma ciência, consegue corresponder à complexidade das experiências humanas em todos os seus aspectos.

Lit.: DONDELINGER, P. & SCHNEIDER, B. (orgs.). *Maria und Lourdes* - Wunder und Marienerscheinungen in theologischer und kulturwissenschaftlicher Perspektive. Münster, 2008. • FUCHS, A. *Mariologie und "Wunderglaube"*. Regensburgo, 2009. • PETRI, H. "Marienerscheinungen". In: PETRI, H. & BEINERT, W. (orgs.). *Handbuch der Marienkunde*. Vol. 2. 2. ed. Regensburgo, 1997, p. 31-59.

Regina Radlbeck-Ossmann

Apocaliptismo ↑ *ressurreição dos mortos,* ↑ *quiliasma,* ↑ *escatologia,* ↑ *domínio de Deus/Reino de Deus,* ↑ *parusia,* ↑ *ira de Deus.* – Na concepção teológica, o apocaliptismo é uma interpretação do mundo de natureza histórico-escatológica ou mítico-especulativa que recorre à revelação divina de mistérios por meio de visões (Dn 2,29s.) e que se expressa (não exclusivamente) num gênero próprio de textos, nos apocalipses normalmente pseudônimos (escritos apocalípticos; no cânone bíblico: Daniel e Apocalipse). Resumos históricos abrangentes, frequentemente apresentados na forma de profecias fingidas que processam ocorrências históricas atuais, se unem a uma expectativa do "fim dos dias", quando a intervenção de Deus trará um futuro salvífico em descontinuidade radical com o decurso histórico antecedente. Em seus cenários do fim do mundo, o apocaliptismo secular acata esse foco voltado para o fim dos tempos. – (1) A passagem-chave do apocaliptismo veterotestamentário é Dn 2,28s. com seu prognóstico (elaborado no tempo da perseguição por Antíoco IV Epifânio) dos eventos no "fim dos dias" – expressão esta integrada posteriormente a outros textos veterotestamentários (Is 2,2; Ez 38,16). O apocaliptismo espera o surgimento de um reino eterno vindo de Deus, que põe um fim aos reinos da terra. Nesse contexto, os textos apocalípticos professam também a esperança de uma ressurreição dos mortos numa nova terra (Is 26,19; Dn 12,2). Nos tempos iniciais do judaísmo surgem outras apocalipses, como o Enoque etíope e 4 Esdras. Apesar de se contestar a influência do pensamento apocalíptico sobre o próprio Jesus e o NT, ele deve ser considerado, mesmo assim, uma chave para a compreensão da proclamação de Jesus e do NT, pois representa o horizonte da expectativa escatológica do domínio de Deus e da parusia. O pensamento apocalíptico oferece categorias históricas universais que permitem interpretar o ↑ evento Cristo como evento de importância universal. O pensamento apocalíptico ocupa um papel decisivo na interpretação da ressurreição de Jesus como início da ressurreição dos mortos (1Cor 15,23-28) e como virada dos tempos de significado universal e cósmico (destituição do éon antigo, nascimento do éon novo). A contraposição dos efeitos universais da culpa (Rm 1,18–3,20) à justificação universal pela fé (Rm 3,21–5,21) faz parte da tradição apocalíptica. O padrão da revelação (Rm 16,25; Cl 1,26) e a tensão entre a realidade atualmente acessível na fé e sua manifestação vindoura (Cl 3,3s.) contêm elementos apocalípticos. Visto que a esperança apocalíptica alcançou seu alvo na história, alguns motivos apocalípticos podem ser subordinados a outras afirmações fundamentais (como 1Ts 4,13-18: "estar com o Senhor") como meta salvífica. No entanto, permanece fundamental a expectativa da revelação futura de Jesus Cristo na parusia. O Apocalipse de São João é o único escrito apocalíptico autônomo do NT, escrito já próximo ao fim do reinado do Imperador Domiciano (81-96) como palavra de consolo e encorajamento. A opressão é interpretada como parte dos eventos finais. No fim esperado para o futuro próximo, a salvação virá com a vitória sobre os poderes e com a nova criação do céu e da terra. Esse escrito também contém uma promessa salvífica fundamentada na cristologia para o presente (Ap 2,8; 13,8; 14,1; 22,13). – (**2**) No início da era cristã, surgem novos apocalipses, e pensamentos apocalípticos são integrados à teologia patrística. De interesse especial é o apocaliptismo na reflexão teológica sobre a tensão entre a expectativa da vinda iminente de Cristo (especialmente em tempos de perseguição) e o conflito com poderes políticos. Ao mesmo tempo, ocorre uma exclusão progressiva dos escritos apocalípticos (p. ex. do Apocalipse de Pedro) do cânone neotestamentário, que acaba preservando apenas o Apocalipse de João. Com a integração da Igreja a poderes seculares dissipa-se o interesse pelo apocaliptismo. No entanto, o catastrofismo apocalíptico volta a surgir sempre que a história se defronta com situações aparentemente sem saída. Isso vale especialmente para situações em que a própria Igreja é marcada pela ruína. Independentemente do valor atribuído ao pensamento apocalíptico, os motivos populares do apocaliptismo (como o juízo, viagens ao céu e ao inferno) exerceram grande influência sobre as concepções escatológicas. A pesquisa histórica do século XX apresenta avaliações divergentes do apocaliptismo. Por um lado, compreende o apocaliptismo como "mãe de toda teologia cristã" (E. Käsemann), por outro, relativiza fortemente a importância desse pensamento um tanto estranho ao horizonte moderno. Em tempos mais recentes, teólogos como J.B. Metz e J. Moltmann voltam a enfatizar o potencial de esperança contido no pensamento apocalíptico para uma história marcada pela injustiça e pelo sofrimento. – (**3**) Concepções apocalípticas do fim do mundo e do anticristo, nutridas pelos espirituais franciscanos (JOÃO XXII. Constituição *Gloriosam Ecclesiam*, de 1318: DH 916) e por J. Wyclif (Concílio de Constança, de 1415: DH 1.156, 1.180), são refutadas. – (**4**) A intransigência da Igreja aos pedidos de reforma e as confusões da era da Reforma suscitaram interpretações apocalípticas da história, levando os reformadores a reconhecer na igreja papal o anticristo. – (**5**) Uma característica do pensamento apocalíptico consiste no fato de ele irromper em tempos de crise quando os fiéis vivenciam uma discrepância enorme entre as promessas salvíficas e o presente repleto de sofrimento e necessidades. Por isso, perdem a confiança nas tradições até então predominantes na história da salvação. A antiga esperança de um futuro salvífico providenciado por Deus *na* história é substituída por uma esperança de um futuro salvífico criado por Deus *após* o fim da história. A história da humanidade como um todo é contemplada sob o signo de uma injustiça crescente, da ruína e do distanciamento da salvação. A história *precisa* levar à ruína catastrófica e ao juízo final, pois é apenas depois disso que poderemos receber de Deus o novo éon da salvação. A tendência de contrapor de modo dualístico o éon antigo ao novo, os poderes maus aos bons é rompida pelo reconhecimento da responsabilidade do ser humano, que será julgado sob os parâmetros da lei. Mas Deus não gera o mundo futuro como resultado da história, antes o faz surgir "de cima". Por isso, as figuras históricas de redentores normalmente ocupam um papel apenas secundário nessa concepção radicalmente teocêntrica. À totalidade da ruína corresponde a totalidade da salvação, que assume dimensões cosmológicas e que também incluirá os mortos. A identificação do evento Cristo como revelação escatológica de Deus e como ocorrência de importância para toda a história e o cosmo é tão inspirada pelo pensamento apocalíptico quanto a autocompreensão escatológica das (primeiras) congregações cristãs que se orientavam por uma consumação da salvação, a qual se imporá definitivamente no futuro. O teor do pensamento apocalíptico permanece importante para a caracterização da esperança cristã como esperança histórica universal e cósmica. As refrações, às quais o apocaliptismo se vê sujeito na teologia cristã, no fundo têm a ver com o cumprimento de sua expectativa. Segundo o credo cristão, a revelação escatológica de Deus ocorreu de modo insuperável em Jesus Cristo; a pressuposição de revelações visionárias constitutivas para a fé questionaria esse "de uma vez por todas" cristológico. O Reino de Deus proclamado por Jesus, a presencialidade da salvação em Cristo e o Espírito de Deus por Ele enviado justificam reconhecer o início da salvação no presente e tornam inviável interpretar a história como não salva ou incapaz de ser salva. A salvação esperada para o futuro consuma o que já se iniciou no presente. Devemos lembrar que o evento Cristo, a despeito de todos os traços apocalípticos da mensagem neotestamentária, não é interpretado como interrupção da história salvífica precedente, mas como sua consumação: é exclusivamente nesse sentido que Cristo pode ser interpretado como virada dos tempos. O pensamento apocalíptico representa um espinho na fé cristã que se opõe a concepções harmônicas da presencialidade e do futuro salvífico. A presencialidade da salvação e conflitos contínuos (e até mesmo agravados) entre o bem e o mal são vivenciados lado a lado. Visto que a história ainda é uma história do sofrimento, precisamos de uma teologia que fale do fim da história, de um fim provocado por Deus, quando Ele impuser, possivelmente com recurso a crises, a sua justiça. Devemos afirmar, contra a tentativa de substituir o medo do mundo pela negação do mundo (U. Körtner) e contra os apocaliptismos seculares, que projetam cenários do fim do mundo sem qualquer esperança, que a fé cristã espera não a ruína ou a salvação em prol de algo que se encontre *além* deste mundo, mas a salvação *deste* mundo e a consumação *desta* história.

Lit.: a) HAHN, F. *Frühjüdische und urchristliche Apokalyptik* (BThSt 36). Neukirchen-Vluyn, 1998. • MÜLLER, K.; HEID, S. & HAUSER, L. "Apokalyptik". *LThK*, 1, 3. ed. 1993, p. 814-821. • GRADL, H.-G.; STEINS, G. & SCHULLER, F. *Am Ende der Tage* - Apokalyptische Bilder in Bibel, Kunst, Musik und Literatur. Regensburgo, 2011. b) HENGEL, M. "Paulus und die frühchristliche Apokalyptik". *Paulus und Jakobus* (WUNT 141). Tübingen, 2002, p. 302-417. • MÜLLER, K. *Studien zur frühjüdischen Apokalyptik* (SBAB 11). Stuttgart, 1991. • KÖRTNER, U.H.J. *Weltangst und Weltende*. Göttingen, 1988. • MANEMANN, J. (org.). *Befristete Zeit* (JbPT 3), Münster et al., 1999; J. Valentin, *Zwischen Fiktionalität und Kritik* - Die Aktualität apokalyptischer Motive als Herausforderung theologischer Hermeneutik. Friburgo/Basileia/Viena, 2005. b) e c) OEGEMA, G.S. *Zwischen Hoffnung und Gericht* (WMANT 82). Neukirchen-Vluyn 1999.

Eva-Maria Faber

Apocatástase ↑ *redenção universal*

Apostolicidade da Igreja ↑ *ofício na Igreja,* ↑ *sucessão apostólica,* ↑ *cânone,* ↑ *características da Igreja.* – A apostolicidade – como uma das características centrais da Igreja fundamentada já nos primeiros credos (DH 40, 150) – designa a continuidade eclesiástica desde sua origem em Jesus até o presente, que se manifesta na sucessão episcopal, na tradição comum da fé e na conduta de vida correspondente; sobretudo, porém, na liturgia. – (**1**) Os evangelhos e outros escritos neotestamentários sabem da importância extraordinária do círculo dos Doze para a Igreja antiga. A definição das duas obras lucanianas do termo grego *apostolos* (enviado) se refere a esse grupo, cuja função consistia em proclamar a vida, a morte e a ressurreição de Jesus Cristo (At 1,22s.; 4,20; 10,38s.; 13,31). Em vista disso, Paulo reivindica não só para si mesmo, mas também para os homens e as mulheres de seu círculo de obreiros missionários e congregacionais o título apostólico em virtude do chamado direto pelo Senhor (Rm 1,1; 1Cor 1,1; 2Cor 1,1; Gl 1,1; tb. Rm 16,7: *Júnia*). Enfatiza sobretudo a fundamentação cristológica e pneumatológica de seus atos (Rm 16,9; 1Cor 2,4; 5,1-5; 11,28; Gl 1,6-9; 1Ts 1,5). Como todas as outras características distintivas da Igreja também, a conscientização da apostolicidade ocorre na fase tardia do NT, que se compreende como lembrança fiel à tradição do ↑ evento Cristo e de seus primórdios (Lc 22,19; 1Cor 11,24.25; Jo 14,26: O Espírito Santo como "aquele que recorda"). Nos tempos do NT tardio e pós-bíblico, a tradição retrospectiva (grego: *paratheke*) já está ligada à ideia de que uma interpretação verdadeira e autêntica do evento primordial precisa ser defendida contra uma interpretação equivocada e errada. O termo "tradição apostólica" serve para a definição e busca da identidade eclesiástica, confiando-se no fato de que as igrejas foram edificadas sobre o fundamento dos apóstolos (Ef 2,20; 2Pd 3,2). O recurso estritamente formal ao conteúdo dos "apóstolos" no sentido de uma "ortodoxia apostólica" só começa a desdobrar seus efeitos na fase tardia do NT (1Tm 6,20; 2Tm 1,12.14). – (**2**) Ao passo que a jovem Igreja define com uma nitidez cada vez maior a sua identidade, ela se conscientiza também da necessidade de submeter tudo que considera válido ao teste de sua própria origem. Por isso, os padres acrescentam os ideais do martírio (Policarpo [† 155/168] ep. 16) e da *vita apostolica* (Orígenes [† 253/254] comm. em Mt 15,24) ao atributo eclesial "apostólico" (Inácio de Antioquia [† após 110] Trall., praescr.), que se transforma em distintivo central frente aos grupos gnósticos. A primeira epístola de Clemente (1Clem 42,2; 44,2ss.) fixa ambos os ideais em uma teologia clara do envio sucessivo (Deus-Cristo-apóstolo-portadores do ofício), que, em Irineu de Lyon († por volta de 202), culmina no episcopado (haer. 3,3,1-4). Mais tarde, esse critério formal institucional adquirirá uma importância crescente para o princípio do consenso (a verdade como concordância com fundações apostólicas individuais, entre outras com o bispo de Roma [Irineu, haer. 3,3,2]). No entanto, ele permanece vinculado ao testemunho de muitos e, portanto, à sucessão apostólica da Igreja como um todo, preservando assim seu caráter comunial e pneumatológico (Irineu, haer. 3,1,1; 26,1; 4,26,2). Ao mesmo tempo, a preocupação com o conteúdo se concentra no desdobramento vivo do "sentido verdadeiro" da tradição apostólica (Atanásio [† 373] ep. Serap. 1,29,33): a formação do cânone ocupa aqui um papel cada vez mais importante. No século IV, a noção da apostolicidade e da tradição apostólica se estende também a "tradições não escritas" (Basílio [† 379] spir. 27,66), de modo que diferentes textos de credos, mas também regras litúrgicas e disciplinares, passam a ser mais valorizados. Mais tarde, o conceito da apostolicidade começa a perder sua nitidez; passa a servir como designação de instituições bem diferentes (episcopados, instituições eclesiásticas e vaticanas, tarefas, ofícios, títulos de honra etc.), perdendo assim seus vínculos expressivos com o tempo apostólico (BEINERT, W. "Apostolisch", p. 276). A partir do século XII, novos conflitos com grupos heréticos (cataristas, valdenses), provocam um retorno à prática de remeter à apostolicidade como distintivo da qualidade eclesiástica autêntica – no tempo da Reforma, esse esforço se cristaliza numa teologia controversa. Assim, o CatRom (1566) reclama a apostolicidade como característica explícita e exclusiva da Igreja Católica Romana, sendo que a ênfase na sucessão episcopal – que culmina no papado – domina frente aos pensamentos mais reconciliatórios da "origem apostólica" e da "doutrina apostólica". – (**3**) Cristo é a luz dos povos (LG 1), e a Igreja só pode ser o "sacramento universal da salvação" em Cristo (LG 44). Por isso, a ação da Igreja permanece sujeita à crítica pelo princípio da apostolicidade. O Concílio Vaticano II o aplica a toda a Igreja (LG 13; 17; 31; 35); o princípio da apostolicidade abarca suas funções de serviço (LG 18-29) e também a comissão dos leigos (LG 30-38). Fundamentando-se nas Escrituras, na tradição, no senso da fé (*sensus fidelium*) e no ofício, a apostolicidade é compreendida como processo universal com orientação pneumática (DV 7-10; 20; LG 12) que gera identidade: "A Igreja, na sua doutrina, vida e culto, perpetua e transmite a todas as gerações tudo aquilo que ela é e tudo quanto acredita" (DV 8). A Igreja permanece caracterizada como comunidade ouvinte (DV 1) que ainda está a caminho da plenitude de seu chamado (DV 8). No entanto, o Concílio não determinou em maior detalhe a interação entre as instâncias eclesiásticas da fé (KASPER, W. *Kirche*, p. 281). – (**4**) Apesar de existir um consenso no diálogo ecumênico referente à importância da apostolicidade, contesta-se o modo de sua manifestação e obrigatoriedade: A tradição ortodoxa insiste sobretudo na preservação do legado patrístico e litúrgico veteroeclesiástico, e o protestantismo ressalta a primazia do Evangelho como critério determinante da apostolicidade eclesiástica (WA 39/1,476; BSLK 83; Inst. IV,1,5). – (**5**) O conceito da apostolicidade representa a luta cristã pela autenticidade na fé em face de sua origem histórica e dos desafios contemporâneos. Como essa relação deve ser determinada? Como a palavra de Jesus pode ser preservada como "Evangelho" transmissível? Tendo-se em vista a própria pessoa de Jesus de Nazaré e conscientizando-se da necessidade de um empenho incessante de tradução e transformação no Espírito Santo (BEINERT, W. "Apostolisch", p. 284). Nesse sentido, as transformações e desenvolvimentos também são uma característica da apostolicidade. Não basta a Igreja querer apenas restaurar aquilo que foi antigamente. Antes é chamada para corresponder à multiplicidade original da apostolicidade (confissão, doutrina, culto, caridade, formas de ofício e congregações) por meio de processos comunicativos igualmente múltiplos, que, em sua dinâmica, remetem à abundância do mistério de Cristo.

Lit.: ROLOFF, J. "Apostel/Apostolat/Apostolizität". *TRE* 3, 1978, p. 430-477. • BEINERT, W. "Apostolisch – Anatomie eines Begriffs". SATTLER, D. & WENZ, G. (orgs.). *Das kirchliche Amt in apostolischer Nachfolge*. Vol. 2. Friburgo/Göttingen, 2006, p. 274-303. • FREY, J. "Apostelbegriff, Apostelamt und Apostolizität". SCHNEIDER, T. & WENZ, G. (orgs.). *Das kirchliche Amt in apostolischer Nachfolge*. Vol. 1. Friburgo/Göttingen, 2004, p. 91-188. • KASPER, W. *Katholische Kirche*. Friburgo/Basileia/Viena, 2011. • SÖDING, T. "Charisma und Amt des Apostels. Paulinische Impulse". *LebZeug*, 57, 2002, p. 5-13. • WENZ, G. "Von Aposteln und apostolischer Nachfolge". *US* 62, 2007, p. 52-72.

Johanna Rahner

Apropriações ↑ *atributos de Deus*, ↑ *pessoas em Deus*, ↑ *doutrina da Trindade*, ↑ *heresias trinitárias*. – Trata-se da atribuição pontual de atributos de Deus a uma das pessoas trinitárias (Deus Pai, Deus Filho e Deus Espírito Santo) que, ao mesmo tempo, podem ser afirmadas sobre todas elas. As apropriações representam um discurso específico da teologia trinitária ocidental, através do qual o interior da Trindade é diferenciado de forma mais clara de suas relações exteriores. Apropriações são compreendidas como especificações do Deus que, para fora, se apresenta como unidade, mas que, em sua função de qualidades, são atribuídas de forma imanente às hipóstases individuais da Trindade e que, em suas relações, servem como autodiferenciação, mesmo que se trate apenas de características, ou seja, de determinações conceituais. Com as apropriações, aumenta, portanto, o perigo de cair vítima de um equívoco poli ou triteísta referente ao lado externo da Trindade se as características forem compreendidas como atributos. – (**1**) Sem modelo bíblico, são um produto – (**2**) da teologia trinitária ocidental, principalmente da teologia trinitária escolástica em seguimento de Agostinho († 430). Às hipóstases da Trindade – justamente pela necessidade de serem apresentadas exclusivamente como unidade essencial – foram atribuídos ("apropriados" – semelhante à aquisição de um feudo no feudalismo) atributos especiais referentes às suas relações internas; essa atribuição interna se desenvolveu e se transformou no discurso trinitário genuíno (Tomás de Aquino [† 1274], STh I q30 q45 a6s.). Ao Pai são atribuídas onipotência e criação; ao Filho, sabedoria e redenção; ao Espírito, amor e consumação. – (**3**) O magistério advertiu contra o perigo de transformar as especulações apropriativas em um triteísmo (Florentinum 1442: DH 1.330). – (**4**) O desenvolvimento de regras linguísticas referentes à apropriação é um indício para o desenvolvimento e a acentuação divergentes da doutrina trinitária nas teologias ocidental e ortodoxa. Por isso, os esforços interconfessionais de desenvolver uma interpretação contemporânea do dogma da Trindade, que preserve a equivalência de cada pessoa trinitária sem diminuir a unidade de sua ação *ad extra*, precisam incluir também uma reavaliação das apropriações. – (**5**) A distinção agostiniana entre Trindade imanente e Trindade econômica e também o desenvolvimento das metafísicas grega e latina dificultam a reflexão sobre as apropriações; de um lado, impossibilitam a distinção entre conceito e objeto, ou seja, entre os atributos das pessoas e as qualidades do ser; de outro, potencializam elevação do único sobre os muitos *ad extra*. O amor de Deus é apropriado ao Espírito de modo especial como "fruto", apesar de ser concebível apenas num evento plural como essência da presença de Deus.

Lit.: PANNENBERG, W. *Systematische Theologie*. Vol. 1. Göttingen, 1988, p. 335-347, 389-429. • SALMANN, E. *Neuzeit und Offenbarung* – Studien zur trinitarischen Analogik des Christentums. Roma, 1986, p. 307-312. • SCHULZ, M. *Sein und Trinität*. St. Ottilien, 1997.

Hans-Joachim Sander

Ascensão de Jesus ↑ *ressurreição de Jesus,* ↑ *descida de Cristo ao submundo,* ↑ *céu,* ↑ *cosmologia,* ↑ *parusia.* – A Sexta-feira Santa, a Páscoa e a Ascensão formam, juntamente com o envio do Espírito Santo, o mistério salvífico inseparável do *pascha Christi* (grego), do *transitus Domini* (latim), da transição de Jesus da morte para a vida. A ascensão de Jesus está vinculada à crença na ressurreição de Jesus, no sentido de que aqui se revela a glorificação do Filho encarnado e seu reinado como Messias e *Kyrios*, presente na Igreja por meio do Espírito. No NT, esse mistério salvífico é desdobrado de forma narrativa. – (**1**) A ascensão de Jesus é um momento da ressurreição de Jesus, ressaltado por Lucas, que o separa temporalmente do domingo de Páscoa. Os dois livros de Lucas narram o evento como uma ascensão visível de Jesus, cuja finalidade é sua glorificação e que é precondição para o envio do Espírito, que ocorre em Jerusalém (Lc 24,50-53; At 1,9-11). A representação de uma ascensão visível pressupõe um intervalo entre a ressurreição e a glorificação de Cristo; este é encontrado em Lucas, em Atos e em Jo 20,17. Os elementos narrativos em Lucas e Atos marcaram fortemente as concepções da ascensão de Cristo. No entanto, as duas narrativas apresentam diferenças consideráveis. Segundo Lc 24, a ascensão de Cristo ocorre na segunda-feira após a Páscoa; segundo Atos, porém, há um intervalo de 14 dias, durante o qual o Ressurreto aparece várias vezes aos discípulos. Lc 24 narra a ascensão como despedida de Jesus de seus discípulos, os quais Ele abençoa e que se ajoelham diante dele, enquanto em At 1 os anjos voltam o foco dos discípulos para o retorno de Cristo. Ambas as narrativas seguem o esquema antigo do arrebatamento (cf. 2Rs 2,11; Eclo 48,12). A diferença entre ressurreição e arrebatamento consiste no fato de que, para as pessoas que se acredita foram arrebatadas para a presença de Deus (além de Elias também Moisés e Enoque), não existe um túmulo concreto. O arrebatamento e a ressurreição representam dois complexos, que precisam ser distinguidos. Já que a representação da glorificação de Cristo como ascensão visível não é encontrada em outros testemunhos neotestamentários, supõe-se que esta não faz parte da tradição original, mas que remonta ao próprio Lucas. Segundo At 2,23, o envio do Espírito tem como precondição a glorificação de Cristo. O final canônico de Marcos, que menciona sucintamente a ascensão de Jesus (Mc 16,19) e que provavelmente tem suas raízes em Lucas e Atos, vê como objetivo da ascensão a instauração de Cristo "à direita de Deus" (cf. Sl 110). Ela representa o fim das aparições e o início da pregação apostólica. Os "quarenta dias" entre ressurreição e ascensão não devem ser compreendidos como informação concreta e exata, mas como número simbólico. Trata-se de um tempo sagrado, especialmente enfatizado, que corresponde ao tempo de Jesus no deserto. Os "quarenta dias" após a ressurreição de Cristo marcam o tempo de suas aparições diante das testemunhas eleitas (At 10,40; 13,30). Por isso, a narrativa da ascensão de Jesus ocorre em Lucas dentro do contexto do relato da Páscoa. Como na narrativa do túmulo vazio, fala-se aqui também de uma visão, e aparece um anjo que interpreta a cena. A narrativa da ascensão de Jesus não é uma representação de um evento historicamente identificável, mas uma representação interpretativa da glorificação de Jesus. A ligação entre ressurreição e glorificação (Rm 1,4; Ef 1,20-23; Fl 2,9) precisa, portanto, ser vista como estágio preliminar da concepção da ascensão de Jesus. Lc 21,27 e At 10,42, onde o Filho do Homem virá para o juízo "sobre uma nuvem", podem ter influenciado a representação da glorificação de Cristo como ascensão visível. Além da concepção da ascensão de Cristo, encontram-se no NT outros termos relacionados: "Deus o exaltou" (Fl 2,9), "glorificado" (Jo 7,39; 12,16.23; 17,1), "exaltado na glória" (1Tm 3,16), "passar deste mundo para o Pai" (Jo 13,1.3; 20,17), "subida ao céu do Filho do Homem" (Jo 3,13; 6,62) e "atravessar o céu" (Hb 9,24). Em João, o termo "exaltação" é um termo ambíguo que se refere tanto à exaltação na cruz quanto à exaltação para o Pai, à glorificação (Jo 3,14; 7,39; 8,28; 12,16.32.34). A obediência de Jesus na cruz como autossacrifício é, ao mesmo tempo, uma transição para o Pai (Jo 13,1) e a entrada na glória (Jo 17,5.23s.). Com sua ascensão, Cristo dá início a seu domínio poderoso sobre o universo (Ef 4,8-10; 1,20s.). Sua glorificação como Senhor, Messias e Filho (Rm 1,4; 14,9; At 2,36), como intercessor (Rm 8,34), líder e salvador (At 5,31) se orienta pela parusia, na qual o Senhor glorificado se apresenta como Juiz (1Ts 1,10; At 10,40-42; 17,31). A ascensão de Cristo, sua "partida", sua "glorificação", é necessária para que o Espírito possa ser enviado (Jo 16,8; 7,39; Lc 24,49; At 1,8; 2,32; Ef 4,8-12). O Glorificado age nos fiéis por meio da fé e do batismo de tal forma que sua vida já está "oculta em Deus" (Cl 3,3) e que eles têm "um lugar no céu com Cristo" (Ef 2,20). Na cristologia sumo-sacerdotal da epístola aos Hebreus, a consumação de Jesus é descrita como entrada no santo dos santos do céu (Hb 4,14; 6,20; 7,25-27; 9,11s.23-26). – (**2**) Melito de Sardes († por volta de 190) ainda compreende a ressurreição, a ascensão e a glorificação de Jesus à direita do Pai como um único evento. No entanto, os quarenta dias entre a ressurreição e a ascensão de Jesus não foram interpretados num sentido temporal. Isso se evidencia no fato de que no início a liturgia de Pentecostes incluía também a recordação da ascensão de Cristo. Originalmente, a Igreja não celebrava a ascensão de Cristo separadamente (Barn. 15,9). A festa da Ascensão de Cristo surge pela primeira vez no século IV (Const. apost. 8,33) e não se propaga antes do século V. Além de Marcelo de Ancira († por volta de 374), que fala da consumação de Jesus, o "homem glorificado", os Padres da Igreja, entre eles Irineu de Lyon ([† por volta de 200] haer. 1,10,1), Hilário de Poitiers ([† por volta de 366] trin. 11), Agostinho ([† 430] civ. 22,8.1; in Ps 132,3) e Leão o Grande ([† 461] serm. 73s.), enfatizam a ascensão física de Cristo. Ao mesmo tempo, os Padres da Igreja diferenciam a ascensão dos arrebatamentos e das viagens celestiais descritas no AT. Na ressurreição, o corpo de Cristo recebeu a plenitude da glória. Segundo Hilário de Poitiers, Jesus foi aperfeiçoado "no mesmo corpo glorificado". A glorificação do Filho favorece a natureza humana, "que, por meio do acréscimo dessa glorificação, foi enriquecida" (Leão o Grande, Tom. II ep. 165,115). O corpo glorificado de Cristo com o qual ele está assentado à direita de Deus não é, segundo João de Damasco († antes de 754), um corpo físico e não deve ser entendido no sentido de que Cristo esteja sentado à direita de Deus num sentido espacial (fid. orth. 4,2). João Escoto Erígena ([† por volta de 880] de div. nat. 1 V,38), Alberto Magno ([† 1280] de resur. tr. 2,9,3) e Nicolau de Cusa ([† 1464] doct. ignor. 3,8) também enfatizam que a ascensão de Cristo não teve como destino um lugar que pudesse ser determinado cosmologicamente. A narrativa da ascensão de Jesus é a última história de Páscoa. Já que o envio do Espírito em Pentecostes está ligado à ascensão de Cristo, a reforma litúrgica estendeu as festas pascoais da missa da ressurreição de Cristo à ascensão e à festa do envio do Espírito em Pentecostes. – (**3**) A profissão da ascensão de Cristo e de seu lugar à direita de Deus faz parte do repertório fundamental dos credos cristãos (DH 10-76) e é confirmada repetidas vezes pelo magistério eclesiástico (DH 125; 150; 189; 502; 1.338). Ressalta também a corporeidade glorificada na ascensão de Cristo (DH 44; 681; 801; 852). A Igreja ensina ainda que o Senhor ressurreto e glorificado está sentado "à direita do Pai" *iuxta modum naturalem*, como ressalta o Concílio de Trento (DH 1.636) – não para expressar uma corporeidade física, mas para distinguir seu modo de existência celestial de sua existência sacramental. A profissão da ascensão de Cristo é expressão da crença pascoal segundo a qual o Filho encarnado, humilhado ao extremo na morte na cruz, foi acolhido definitiva e eternamente na plenitude de vida e poder do seu Pai. – (**4**) R. Bultmann († 1976) vê na ascensão de Cristo uma lenda tardia, que acata o motivo mitológico da viagem celestial para ilustrar o significado salvífico da ressurreição de Jesus. Para G. Ebeling († 2001), a ascensão de Cristo, intimamente ligada à sua ressurreição, trata sobretudo do *Christus praesens*: A entrada de Cristo na glória divina não é fim, mas início de uma nova presença na Igreja. K. Barth († 1968) interpreta a ascensão de Cristo historicamente: A ressurreição e ascensão não destruíram a temporalidade de Cristo, antes a abriram para o tempo de todos os seres humanos (KD IV/1, p. 348). Nesse contexto devemos ver também a distinção de Barth sobre diferentes modos da parusia de Cristo: a parusia da ressurreição, da chegada no poder do Espírito e da vinda escatológica no juízo (KD IV/3, p. 340). H. Vogel († 1989) fala da exaltação como "história determinada pelos atos da ressurreição, da ascensão e do retorno", de forma que o Senhor glorificado "ainda tem uma história" (*Gott in Christo*, p. 734). – (**5**) As diversas imagens e concepções da exaltação, glorificação e ascensão de Cristo transcendem qualquer concepção espacial. O Crucificado ressurreto está definitivamente junto ao Pai e, ao mesmo tempo, junto à Igreja. Com essa nova presença de Cristo, sua parusia já começou – mesmo que de forma ainda oculta. Na parusia escatológica de Cristo, seu domínio oculto se revelará definitivamente. Nesse sentido, a ascensão de Cristo remete ao futuro da história ainda não concluída. Com a ascensão de Cristo e o envio do Espírito, inicia-se o tempo da Igreja. A ascensão é um momento do mistério pascoal do filho, que abarca sua paixão, sua morte, a descida ao submundo, a ressurreição e a parusia. Na ascensão, o caminho da auto-humilhação obediente do Filho alcança seu destino. Já que o Filho, que se tornou homem, é exaltado na ascensão, a humanidade está na presença de Deus por meio de sua cabeça. Por meio da ascensão de Cristo cria-se aquilo que o cristianismo chama de céu. Antigamente, imaginava-se o ventre de Abraão ou o paraíso como lugar dos justos que pertencem a Cristo (Lázaro; ladrão na cruz). No tempo entre a ressurreição de Jesus e sua ascensão, surge a Igreja. Assim como a ressurreição, a ascensão também não suspende o tempo, pois a eternidade de Deus não pode ser compreendida como negação do tempo, mas sim como presença temporal em todos os tempos. W. Kasper falou de uma "historicidade interior da existência transfigurada" de Cristo. O Senhor ressurreto e exaltado não é simplesmente arrebatado do mundo. A ascensão é o início da parusia de Cristo, de sua sempre renovada chegada ao Espírito Santo, sobretudo na reunião cultual da Igreja, que permanece orientada pela parusia definitiva de Cristo. Assim, os quarenta dias entre a ressurreição de Jesus e sua ascensão, durante os quais Jesus ainda não havia sido arrebatado da presença de seus discípulos, podem ser vistos como símbolo do "tempo sacramental" da Igreja.

Lit.: VOGEL, H. *Gott in Christo*. 2. ed. Berlim, 1952. • SCHLIER, H. "Jesu Himmelfahrt nach den lukanischen Schriften". *Besinnung auf das Neue Testament*. 2. ed. Friburgo/Basileia/Viena, 1967, p. 227-241. • LOHFINK, G. *Die Himmelfahrt Jesu*. Munique, 1971. • HAHN, F. "Die Himmelfahrt Jesu". *Bib* 55, 1974, p. 418-442. • KASPER, W. *Jesus der Christus* (WKGS 3). Friburgo/Basileia/Viena, 2007, p. 222-234. • KASPER, W. "Die Himmelfahrt Christi". *IkaZ* 12, 1983, p. 205-213. • SEGAL, A.F. "Heavenly Ascent in Hellenistic Judaism, Early Christianity and their environment". *ANRW* 2,23,2, 1980, p. 1.333-1.394. • WEINERT, F.-R. *Christi Himmelfahrt*. St. Ottilien, 1987. • WEISER, A. "Himmelfahrt Christi. I. Neues Testament". *TRE* 15, 1991, p. 330-334. • COLPE, C. "Himmelfahrt". *RAC* 15, 1991, p. 212-219. • NÜTZEL, J.M. et al. "Himmelfahrt Christi". *LThK* 5, 3. ed., 1996, p. 122-125. • ZWIEP, A.W. *The Ascension of the Messiah in Lukian Christology*. Leiden, 1997. • FARROW, D. *Ascension and ecclesia*. Edimburgo, 1999. • FARROW, D. "Himmelfahrt und Pfingsten". *IkaZ* 40/1, 2011.

Helmut Hoping

Ascensão de Maria para a glória de Deus ↑ *escatologia*, ↑ *Maria*, ↑ *dogmas marianos*, ↑ *devoção mariana*, ↑ *mariologia*, ↑ *conceito espaço-tempo*. – O dogma da ascensão de Maria para a glória de Deus afirma que Maria, após completar sua vida, não permaneceu na morte, mas foi recebida como pessoa completa na glória de Deus. Ao contrário da ressurreição de Jesus Cristo, que é indicada como um evento ativo pelo termo latino *ascensio* (*ascendere*, ascender), a ascensão de Maria é descrita como evento passivo por meio do termo *assumptio* (*assumere*, acolher), enfatizando assim que Deus operou em Maria. – (**1**) Não existe uma fundamentação bíblica explícita para o dogma. No entanto, existem testemunhos cujo teor aponta em sua direção. Temos, por exemplo, a afirmação fundamental segundo a qual Deus é um Deus dos vivos, e não dos mortos (Mt 22,32). Além desta, são relevantes os textos que se referem ao vínculo íntimo entre eleição, perdão e glorificação (Rm 8,30; Ef 1,3-6). Por fim, devemos recorrer a passagens que testificam que uma participação em Cristo tem como efeito uma figuração igual a Ele na morte e na ressurreição (Ef 2,5s.; Cl 3,3s.), que encontra sua consumação numa contemplação de Deus face a face (1Cor 13,12). Em várias passagens, o NT fala da possibilidade de uma transição imediata da morte para a glória de Deus (Fl 1,21s.; 2Cor 5,1-10; Jo 11,25s.; 12,26; Lc 23,43; Ap 6,9-11). – (**2**) A Igreja na era pós-neotestamentária parte do pressuposto segundo o qual as pessoas que corresponderam de modo especial à sua eleição salvífica são chamadas para a glória de Deus imediatamente após a sua morte. Afirma isso sobretudo em relação aos mártires e àquelas pessoas que, após o fim do tempo da perseguição, apesar de não terem sofrido o martírio, levaram uma vida de piedade exemplar. As primeiras fontes referentes a uma crença na ascensão de Maria remetem ao século III. Entre elas, encontramos a oração alexandrina "Sub tuum praesidium" (À vossa proteção recorremos, Santa Mãe de Deus) e duas inscrições (também datadas do século III) em uma igreja domiciliar de cristãos judeus em Nazaré. Esses testemunhos comprovam que Maria é considerada uma santa, que, devido à sua importância salvífica, não permaneceu na morte, mas vive na presença imediata de Deus e, graças à sua intimidade especial com Deus, se torna mediadora da salvação. A partir do século VI, a Igreja Oriental celebra a festa da dormição de Maria; a Igreja Ocidental a celebra a partir do século VIII como festa da *Assumptio Mariae*. A liturgia e a piedade popular incentivam um arraigamento mais profundo da afirmação da ascensão de Maria; as peças de teatro sobre os mistérios, comuns na Idade Média, adornam a morte de Maria e sua transição para o céu com recursos dramáticos. A partir da patrística, teólogos como Epifânio de Salamina († 403), Isidoro de Sevilha († 636) e um autor que, por volta de 825, reclama para si a autoridade de Jerônimo (provavelmente Paschasius Radbertus) tentam conter deformações lendárias do dogma e incentivar uma reflexão objetiva. Enfatizam que Maria, em virtude de ser a mãe de Deus, se encontra numa comunhão especial e duradoura com Cristo. Graças à sua ligação permanente e singular com o Filho de Deus, ela pode interceder pela Igreja na presença de Deus. A Alta Idade Média tenta esclarecer em maior detalhe a natureza da existência de Maria na glória celestial. Seus teólogos refutam a noção platônica segundo a qual apenas sua alma se encontraria junto a Deus. Dão preferência à noção de que Maria tenha sido acolhida no céu com corpo e alma (assim já em Boaventura [† 1274] De Ass. B.M.V. serm. 2). O par conceitual de corpo e alma representa o ser humano como um todo e afirma que a mãe de Deus vive integral e inseparadamente na glória de Deus. – (3) No século XIX, aumenta o número daqueles que exigem uma definição formal da proposição referente à ascensão de Maria, arraigada na consciência religiosa dos católicos desde a Idade Média. Em 1950, o Papa Pio XII decide corresponder a esse desejo. Quatro anos (em 1946) antes da dogmatização da proposição no Dia de Todos os Santos, realiza uma enquete mundial entre todos os bispos e todas as faculdades católicas. Esta resulta num consentimento extraordinário: 1.169 dos bispos entrevistados apoiam de modo irrestrito a dogmatização, 16 bispos vinculam seu consentimento a ressalvas, indagando se tal medida seria oportuna, e apenas seis bispos (0,5% do total) rejeitam a dogmatização. Ao contrário da maioria das outras dogmatizações, esta não foi motivada por uma contestação de algum aspecto da fé. Como enfatiza a Bula *Munificentissimus Deus* (DH 3.900-3.904), a dogmatização deveria servir em primeiro lugar à glorificação do Deus onipotente e ao louvor do seu Filho, depois também à glória da Mãe de Deus e à multiplicação da alegria de toda a Igreja. A interpretação dessa máxima da fé precisa levar em consideração seu contexto doxológico e latrêutico. – (4) Os reformadores se expressam negativamente em relação à ascensão de Maria. Justificam sua posição com a ausência de uma passagem bíblica explícita e com seu medo de tal afirmação poder minar a posição singular de Deus e de Jesus Cristo (princípio *solus Deus*, ou *solus Christus*). A ortodoxia critica o aspecto doutrinal e intelectualista do ato definitório papal, no entanto, concorda basicamente com o conteúdo da posição católica. No dia 15 de agosto, ela celebra a *koimesis* (a dormição de Maria) e contempla com a ajuda de hinos e ícones a passagem de Maria para a presença de Deus ao lado de Cristo. – (5) O dogma da ascensão de Maria evidencia que o evento de uma eleição efetuada por Deus e da aceitação dessa eleição por parte do ser humano fundamenta uma relação salvífica duradoura e abrangente. A salvação assim viabilizada de forma alguma é apenas espiritual, antes é, como testemunha a ascensão física de Maria, um evento holístico que aceita o ser humano em todo seu contexto de vivência e misericordiosamente o leva à consumação. Maria, eleita para ser a mãe do Redentor e que aceita essa eleição voluntariamente, vivencia sua consumação no fato de viver na glória de Deus. Nesse evento confirma-se a fidelidade de Deus, que mantém sua eleição e a ajuda a superar todos os limites terrenos, sobretudo os limites da morte. Evidencia-se em Maria além disso que a fé em Cristo provoca uma harmonização da própria vida com a vida de Cristo. Em virtude de sua eleição e consumação, Maria se transforma em modelo para todos os fiéis e em imagem primordial da Igreja. A noção favorecida há algumas décadas pela escatologia católica de uma "ressurreição na morte" evidencia que aquilo que a Igreja confessa em relação a Maria corresponde àquilo que todos os fiéis esperam para si mesmos. Nesse contexto, o dogma da *assumptio* já não se apresenta mais como privilégio que destaca a mãe de Jesus da multidão de todos os outros fiéis. No entanto, o missal enfatiza em sua prefação à missa da ascensão de Maria que Maria é o primeiro ser humano ao qual foi concedida a glória prometida em Cristo. E o fato de essa honra ter sido concedida a uma mulher mostra que uma desvalorização da mulher é contrária à fé cristã, não só em face das afirmações bíblicas referentes à criação, mas também em vista da consumação celestial do ser humano.

Lit.: a) WAGNER, M. "Ballast oder Hilfe? – Zum Verständnis der Mariendogmen heute". In: WAGNER, M. & SPENDEL, S.A. (orgs.). *Maria zu lieben* – Moderne Rede über eine biblische Frau. Regensburgo, 1999, p. 11-22. • WAGNER, M. "Auf sich beruhen lassen ohne Widerspruch? Zur Problematik und Bedeutung der beiden jüngsten Mariendogmen". *TThZ*

112, 2003, p. 197-207. b) BEINERT, W. "Die mariologischen Dogmen und ihre Entfaltung". In: BEINERT, W. & PETRI, H. (orgs.). *Handbuch der Marienkunde*. Vol. 1. 2. ed. Regensburgo, 1996, p. 267-363, aqui p. 338-341. • COURTH, F. "Aufnahme Marias in die Herrlichkeit Gottes". *LThK* 1. 3. ed., 1993, p. 1.216-1.220. • FIORES, S. "Maria in der Geschichte von Theologie und Frömmigkeit". In: BEINERT, W. & PETRI, H. (orgs.). *Handbuch der Marienkunde*. Vol. 1. 2. ed. Regensburgo, 1996, p. 99-266. • WOHLMUTH, J. "Assumptio Mariae". *ÖR* 56, 2007, p. 183-197. c) KANBERG, J.A. *Maria* – Ersterbin des in Christus neu geschaffenen Lebens. St. Ottilien. 2006.

Regina Radlbeck-Ossmann

As dimensões fundamentais da Igreja ↑ *sacerdócio comum*, ↑ *senso da fé dos crentes*, ↑ *hierarquia*, ↑ *distintivos da Igreja*, ↑ *Igreja*. – Trata-se de padrões eclesiásticos de ação que refletem a obra de Jesus e, por isso, são imprescindíveis. É necessário distinguir três áreas: a) a proclamação e o testemunho (em grego: *martyria*); b) o culto, os sacramentos e a oração (*leiturgia*); c) o ministério do amor e a comunhão fraternal (*diakonia*). – **(1)** O fundamento cristológico é a unidade de proclamação, prática de vida e ação salvífica de Jesus. Nesse sentido, o livro de Atos ressalta o caráter constitutivo da comunhão na oração e na Santa Ceia celebrada em conjunto (At 2,42), mas conhece também o serviço diaconal concreto para a assistência material de viúvas e órfãos (At 6,2); fala, ao mesmo tempo, das atividades de proclamação dos apóstolos, que são testemunhas da vida, da morte e da ressurreição de Jesus Cristo (At 1,2). Paulo também reconhece a dimensão integradora da Ceia do Senhor (1Cor 10.11) e remete aos dons do Espírito (↑ *carismas/renovação carismática*; ↑ *dons do Espírito*) como instrumento para a edificação da congregação (1Cor 12,14; Rm 12). A missão e a pregação da fé como característica fundamental da atividade apostólica e congregacional exercem um papel igualmente importante. A epístola aos Hebreus enfatiza a função litúrgico-cultual da Igreja, enquanto 1Pd 3,15 exige uma prestação de contas sobre os conteúdos da proclamação e sua esperança. – **(2)** Os Padres também apelam à figura de Cristo para tornar plausíveis as dimensões eclesiológicas fundamentais e reivindicá-las. Assim, Justino o Mártir († por volta de 165) destaca os três "ofícios" do Senhor: profeta/mestre – sacerdote – pastor/rei (dial. 86,2). Encontramos alusões ao triplo ofício eclesiástico (bispo, presbítero, diácono), sendo que o diaconato representa a interseção entre o ministério de proclamação e os serviços de caridade (Inácio de Antioquia, Magn. 6,1). – **(3)** O Concílio Vaticano II acata a doutrina dos três ofícios mencionada pelos Padres e a aplica à vida e à comissão da Igreja universal (LG 9-12). Temos, em primeiro lugar, a *martyria*. Ela pressupõe a capacidade de ouvir a Palavra de Deus (DV 1), o que, por parte da Igreja, se manifesta em obediência e permite distinguir entre a fala antecedente de Deus e a fala posterior da Igreja. Esta não tem seu fim em si mesma, mas exclusivamente em seu chamado para a salvação de todos. Nesse sentido, ela é *sacramentum salutis* e *sacramentum unitatis*, ou seja, "símbolo e instrumento para a união mais íntima com Deus como para a unidade de toda a humanidade" (LG 1). Todos os batizados são igualmente chamados para o testemunho da fé e sua divulgação (DV 8). Seu raio de ação não se limita à Igreja, mas se estende ao mundo inteiro (GS 2) – fato que refuta qualquer triunfalismo, pois é o próprio Deus que dá testemunho de si mesmo, não é, portanto, obra de homens (GS 3). Junta-se a isso a *leiturgia*: Segundo o concílio, a celebração eucarística é fonte e auge da vida eclesiástica (SC 10). Na liturgia, unem-se o mundo de vivência humana e a transcendência divina. Por isso, a celebração litúrgica e o rito sacramental precisam ser vivos e compreensíveis e possibilitar a participação ativa, a *participatio actuosa*, dos crentes (SC 11). Por fim, temos ainda a *diakonia*: Esta reflete o processo abrangente da ação salvífica de Deus para o bem da criatura. Daí, a Igreja tem o dever de prestar um "serviço ao mundo", o que pressupõe atenção a assuntos terrenos e disposição para a ação altruísta num caminho que a Igreja compartilha com toda a humanidade (GS 40). O serviço diaconal sabe da unidade dos mundos terreno e celestial, que só pode ser compreendida na fé, mas tem consciência também do pecado. Como atividade dialógica, a diaconia vive do ideal da reciprocidade (GS 42.43). – **(4)** M. Lutero († 1546) espera da Igreja a "proclamação pura do Evangelho" e a "administração dos sacramentos de acordo com o Evangelho" (CA 7). Assim, unem-se a proclamação da fé, o sacramento e o serviço ao próximo como modos do chamado da Igreja. Em J. Calvino († 1564) encontramos a doutrina dos três ofícios como categoria soteriológica fundamental com efeitos eclesiológicos. Essa sua doutrina exerceu uma influência tanto sobre a teologia católica dos séculos XVIII e XIX (M.

Gerbert [† 1793]; M.J. Scheeben [† 1888]) quanto sobre o chamado movimento ecumênico, iniciado no fim do século XIX. Por meio do testemunho e da oração, este pretende fortalecer a credibilidade de um cristianismo reconciliado e, dessa forma, agir política e socialmente com forças eclesiásticas unidas. No entanto, devemos notar algumas acentuações especificamente confessionais: a) *Martyria*: Na visão protestante, a Igreja é uma criatura da Palavra (*creatura Verbi*), por isso, não é ela mesma que detém a soberania da proclamação; antes precisa compreender a Palavra como dádiva e promessa, de forma que não cabe louvar uma característica da Igreja, mas apenas a fidelidade de Deus. b) *Leiturgia*: Do ponto de vista protestante, a oração comum (culto) é uma ajuda no caminho da reconciliação. Por isso, os cristãos evangélicos reclamam a comunhão sacramental já no presente, e não apenas para um futuro (próximo ou distante). c) *Diakonia*: Na perspectiva protestante, o serviço cristão ao mundo de todas as igrejas precisa ter prioridade sobre questões dogmáticas individuais; afinal de contas, o próprio pensamento ecumênico deve sua existência a ele. – (**5**) Enquanto o ofício público do ensino (*munus docendi*) parece se limitar a poucos comissionados, o testemunho da fé (*martyria*) é imprescindivelmente um assunto de toda a Igreja – em todos os níveis imagináveis: pessoalmente, na vida profissional, na família, num ambiente hostil à fé – e até mesmo ao ponto da entrega concreta da vida no sentido clássico do martírio. Apenas na interação e cooperação de muitas e todas as instâncias de testemunho é que a Igreja pode viver e transmitir o sentimento de sua "existência conjunta como sujeito" (M. Kehl). O centro do testemunho, porém, é ocupado por Deus e sua mensagem libertadora. Ela é a medida para tudo aquilo que a Igreja representa como comunidade de testemunho. Segundo a tradição antiga, o modo de orar (*leiturgia*) leva ao conhecimento da fé (*lex orandi - lex credendi*). Destarte, a liturgia pode ser considerada uma fonte autônoma da proclamação autêntica, já que a fala *de* Deus sempre resulta da fala *com* Deus (J.B. Metz). Além disso, evidencia-se na liturgia que não é a Igreja que produz a proximidade de Deus, mas vice-versa: Na liturgia e na oração Deus se dá, de forma que é uma expressão de confiança e gratidão compreender a liturgia como louvor de Deus. Mas isso requer prática e aprendizado. Referente a isso, R. Guardini († 1968) observou: "Deveríamos, portanto, não chegar à conclusão de que o ser humano da era industrial, da técnica e das estruturas sociais por ela determinadas não é mais capaz de exercer o ato litúrgico? E não deveríamos, em vez de falar de renovação, antes refletir sobre os modos com os quais poderíamos celebrar os mistérios sagrados, para que o homem de hoje possa se firmar neles com sua verdade?" No que diz respeito à *diakonia*, cabe ainda dizer: A Igreja é sempre apenas Igreja "para os outros"; ou seja, ela é serva dentro de um processo que leva à realização da vontade salvífica de Deus para todos. Por isso, a Igreja precisa agir também como "intérprete", que escava anseios e esperanças soterradas e que protege o ser humano de medo e culpa. Nesse sentido, a ação da Igreja é também ação política; a Igreja deve ser um motor para um tipo de "iniciativas de cidadania do Espírito Santo" (E. Tiefensee).

Lit.: FABER, E.-M. *Einführung in die Sakramententheologie*. Darmstadt, 2006. MIGGELBRINK, R. *Einführung in die Lehre von der Kirche*. Darmstadt, 2003, p. 122ss. • KASPER, W. *Katholische Kirche*. Friburgo/Basileia/Viena, 2011. • KEHL, M. *Die Kirche*. 4. ed. Würzburg, 2001, p. 38ss. • WERBICK, J. *Kirche*. Friburgo/Basileia/Viena, 1994. • WERBICK, J. *Grundfragen der Ekklesiologie*. Friburgo/Basileia/Viena, 2009.

Johanna Rahner

Assistência de Deus ↑ *imagem de Deus,* ↑ *amor,* ↑ *espiritualidade,* ↑ *presciência de Deus,* ↑ *providência,* ↑ *tradição,* ↑ *verdade da fé.* – A assistência de Deus designa a circunspecção de Deus voltada para toda a criação e especialmente para o ser humano, visando não só a seu bem-estar, mas à salvação em conhecimento do propósito e do sentido da história e do todo mundial. – (**1**) Centenas de passagens do AT e do NT giram em torno do tema da assistência de Deus. A designação de Deus como Pai e Criador, a definição de Jesus Cristo como Salvador e Redentor e a descrição do Espírito Santo como Consolador e Auxiliador representam, antes de mais nada, a assistência abrangente ao mundo como um todo e a cada indivíduo humano. – (**2**) Na história da teologia, a assistência de Deus serviu como antítese às tendências fatalistas que resultavam do estoicismo, da astrologia, mas também de uma doutrina da predestinação que sempre voltava a ressurgir dentro do cristianismo (por exemplo, no priscilianismo). O que determina o destino do mundo e do ser humano não é uma sina cega que nos acomete cega e insensivelmente ou que resulta de uma necessidade implacável e inevitável, mas o amor que faz de Deus um Criador e o leva a acompanhar a criação com sua assistência. Permanece a dificuldade de demarcar a assistência de Deus na tentativa de preservar a liberdade de ação e decisão da criatura frente à predestinação e providência de Deus. – **(3)** O sínodo de Braga, de 561 (DH 459), refuta decididamente e sob a ameaça da excomunhão uma crença no destino motivada pela astrologia. O Concílio Vaticano I tenta alcançar um equilíbrio entre a assistência de Deus e a presciência e providência de Deus, de um lado, e a liberdade da criatura, de outro: "Tudo, porém, que criou, Deus protege e guia por meio de sua providência, que 'se estende com vigor de um extremo ao outro, e tudo governa com bondade' (Sb 8,1). 'Todas [as coisas] estão nuas e manifestas aos [seus] olhos' (Hb 4,13), também aquilo que acontecerá por meio do livre ato das criaturas" (DH 3.003). O Concílio Vaticano II enfatiza o pensamento segundo o qual a conduta livre do ser humano como imagem de Deus encontrará seu propósito divino quando for compreendida como cooperação *com* a assistência de Deus ou como parte *inerente* a ela. A assistência de Deus não é, portanto, algo que a criatura apenas experiencia como algo vindo de Deus, mas também algo que acontece por meio dela (DH 4.334). – **(4)** A doutrina da predestinação luterana e calvinista, que encontra sua garantia veteroeclesiástica em Agostinho, tende a hipertrofiar o pensamento da liberdade soberana de Deus. A assistência de Deus deixa de ser um "cuidado para" o ser humano e, em J. Calvino, até se inverte e se transforma em uma predestinação dupla para a salvação e perdição. Quando essa postura leva à exclusão da autodeterminação livre e a relevância salvífica da conduta humana como parte da assistência de Deus, resulta uma problemática teológica controversa. – **(5)** A assistência de Deus, multiplamente tematizada na Bíblia, é tratada mais intensamente sob o aspecto da providência. Uma perspectiva da teologia da criação orientada pela cosmologia interpreta como expressão da assistência de Deus também aquilo que, sobretudo na física e na química (menos na biologia), é tratado sob o verbete do "princípio antrópico" (o ser humano como objetivo da criação ou da evolução abiótica e biótica?). Na conjunção dos parâmetros imprescindíveis para o surgimento da vida (grandeza das quatro forças fundamentais: força nuclear fraca e forte; força eletromagnética e gravitacional; as constantes da natureza; distância entre terra e sol e a inclinação do eixo terrestre relativa ao sol; química orgânica etc.), que se deu a despeito de sua improbabilidade astronômica, essa perspectiva da teologia da criação reconhece uma manifestação da assistência de Deus que diz respeito à ↑ *creatio ex nihilo* e à ↑ *creatio continua*. O fato de esta se manifestar também numa assistência do ser humano ao ser humano e a todo o resto da criação resulta necessariamente de sua criação à imagem de Deus e do mandamento da criação (Gn 1,26ss.) e normalmente é investigado no âmbito da ética teológica. Da afirmação de uma eficácia universal da assistência de Deus não resulta, portanto, sua eficácia exclusiva.

Lit.: GANOCZY, A. *Schöpfungslehre*. Düsseldorf, 1983. • HILBERATH, B.J. "Gnadenlehre". SCHNEIDER, T. *Handbuch der Dogmatik*. Vol. 2. 2. ed. Düsseldorf, 2000, p. 3-46. • LINK, C. *Schöpfungstheologie in reformatorischer Tradition*. Gütersloh, 1991.

Ulrich Lüke

Ateísmo ↑ *cognoscibilidade de Deus,* ↑ *presença de Deus,* ↑ *provas de Deus,* ↑ *teologia natural,* ↑ *fala de Deus.* – Trata-se de um termo universal para sistemas de pensamento e concepções do mundo que, de modo argumentativo, refutam a existência de um Deus e a interpretação religiosa do mundo como criação dependente dele. A importância histórico-religiosa do ateísmo precisa ser distinguida de sua importância crítico-religiosa; a primeira é descritiva; a segunda, normativa. – **(1)** Aos olhos da Bíblia, existem pessoas sem Deus (Is 10,6; Rm 5,6), mas uma negação fundamental de Deus é inconcebível. É considerada "tolice" (Sl 10,4; Lc 1,53). – **(2)** A história da religião descreve como ateus os seguidores dos "deuses falsos", ou seja, os primeiros cristãos que, com sua rejeição da apoteose dos imperadores, negavam a existência dos deuses. Do ponto de vista da crítica religiosa, o ateísmo está vinculado ao teísmo moderno, já que seu discurso da soberania divina se cala diante da questão do sofrimento humano. Disso resultou um jogo de soma zero entre a necessidade moderna de compreender o sujeito a partir de si mesmo e uma supremacia tradicional de Deus, incapaz de livrar o ser humano do sofrimento como contradição à sua autodeterminação. Aquilo que (como, p. ex., as teodiceias barrocas) não consegue subsistir racionalmente às condições discursivas da

Modernidade, pode ser usado como questionamento do poder de Deus: "Por que sofro? Esta é a rocha do ateísmo" (G. Büchner [† 1837]). Esse questionamento do poder fortalece a responsabilidade subjetiva da existência diante da razão e apresenta Deus como afronta à autodeterminação. Enquanto existir o poder de Deus, a autodeterminação humana soberana ainda não é plena. Ela possui o "olhar mau" (J.-P. Sartre [† 1980]). Por isso, o ateísmo não é apenas a negação de Deus, mas ataca também a racionalidade do discurso sobre Deus, sempre se apresenta pública e polemicamente e procura exercer uma influência também com recurso aos meios da política e do Estado (o ateísmo decretado pelo Estado). Sua preocupação não se limita a convicções pessoais, mas visa a uma autocompreensão da sociedade. Por isso, os argumentos do ateísmo provêm primariamente das ciências naturais, das economias, ideologias e revoluções, filosofias e literaturas. Como reação à "reemergência da religião" no final do século XX, surge um novo tipo de ateísmo, que radicaliza a oposição moderna e condena qualquer pensamento positivo de Deus como fundamentalismo e opressão do sujeito soberano. Esse novo ateísmo se apresenta como luta heroica pela preservação da ausência de qualquer poder religioso no âmbito público; involuntariamente, serve como testemunho do fim da Modernidade como conceito de vida e sociedade. – **(3)** O Concílio Vaticano II diferencia entre a refutação do ateísmo e o diálogo com seus representantes, reconhecendo uma responsabilidade na emergência do ateísmo como reação a uma exposição doutrinal inadequada à situação e a uma conduta de vida cristã não convincente (GS 19-21). No entanto, recusa a luta pelo poder, minando assim o argumento do fundamentalismo. – **(4)** Já no século XVI, a teologia ortodoxa advertia contra heresias orientais – como, por exemplo, o "nonadoratismo", que, em última consequência, resultava numa negação de Deus (Zinovij de Oten [† por volta de 1571]). Marcada pelas experiências da emigração e da perseguição pelos sistemas marxistas, a filosofia religiosa ortodoxa dos séculos XX (V. Solov'ev [† 1900], S.N. Bulgakov [† 1944], N.A. Berdjajew [† 1948]) e XXI aceita o desafio representado pelo ateísmo e pelo sincretismo da Pós-modernidade. Em face do ateísmo, surgem os esforços ecumênicos de todas as confissões e os diálogos interconfessionais. – **(5)** Com sua perspicácia típica, F. Nietzsche († 1900) desmascarou a estratégia de poder do ateísmo: "Deus está morto – e nós o matamos". Sob as condições da Pós-modernidade, o ateísmo perde sua atratividade, já que a subjetividade soberana não convence mais. O ateísmo é substituído por uma releitura de textos religiosos originais para debates intelectuais e neutros em termos religiosos, fundamentados na sociedade e sem interesses especificamente teológicos ou antiteológicos. Pratica-se um ateísmo pragmático, ao qual Deus se apresenta como *quantité négligeable*.

Lit.: FABER, R. & LANWERD, S. (orgs.). *Atheismus*. Würzburg, 2006. • STRIET, M. (org.). *Wiederkehr des Atheismus*. Friburgo/Basileia/Viena, 2008. • HOFF, G.M. *Die neuen Atheismen*. Kevelaer, 2009. • WETECKE, D. *Der Narr spricht: Es ist kein Gott – Atheismus, Unglauben und Glaubenszweifel vom 12. Jhd. bis zur Neuzeit*. Frankfurt a.M., 2011.

Hans-Joachim Sander

Atributos de Deus ↑ *analogia,* ↑ *apropriações,* ↑ *teologia negativa,* ↑ *fala de Deus.* – Os atributos de Deus são proposições sobre as categorias nas quais Deus é vivenciado, imaginado, refletido de forma fundamentada e nas quais é definido em seus atributos pelo ser humano. Os atributos de Deus coincidem com sua natureza e apresentam uma concordância recíproca. Constituem expressão de uma teologia metafísica e, ao mesmo tempo, pessoal. Atributos importantes são a benignidade, a onipotência, a onipresença, a onisciência, a unicidade, a fidelidade e a necessidade de Deus; outros atributos são a incompreensibilidade, a beleza e a eternidade. Os atributos de Deus garantem a ordem de um mundo imaginado como metafísico e a coerência interna de categorias ontológicas fundamentais (conversibilidade dos conceitos do ser como *ens, bonum, verum, pulchrum*). – **(1)** Com grande naturalidade e sem interesses metafísicos, a Bíblia apresenta os atributos de Deus de forma antropomórfica (Gn 49,25; Ez 16,42; Lc 15,22ss.). – **(2)** A filosofia antiga, por sua vez, determina a doutrina dos atributos de Deus de modo metafísico (as "diretrizes para a *theologia*" de Platão [† 348/347 a.C.]), com a intenção de impor um idealismo. Deus é simples, existe em si mesmo (*aseitas*), é único, infinito, eterno e puramente espiritual (os atributos do ser de Deus), onisciente, perfeito, livre, justo, onipotente (os atributos de ação de Deus). Assim, os atributos de Deus produzem uma perfeição de atributos pessoais que só podem ser alcançados pelo ser humano de modo deficitário ou contraditório: onisciente e totalmente livre, altruísta e onipotente, totalmente justo e incondicionalmente misericordioso. A escolástica reflete sobre os atributos de Deus como primeira parte importante nos tratados "De Deo Uno" (p. ex., nas *summas* de Tomás de Aquino [† 1274], como também em seu *Compendium Theologiae*) e assim abre caminho para o foco na soberania do teísmo moderno. Na teologia da Modernidade, os atributos de Deus representam a perfeição do sujeito de Deus, designando exclusivamente sua estética diferenciadora (H.U. von Balthasar [† 1999], W. Krötke) ou, em termos da *perichoresis*, seu amor abrangente (K. Rahner [† 1984], J. Moltmann). No tempo da Pós-modernidade, esses atributos se veem sujeitos ao resguardo da língua que apresenta uma deficiência fundamental para a análise dos atributos de Deus. – (3) O Concílio de Niceia, de 325, enfatiza a "singularidade de Deus" (DH 125); o IV Concílio de Latrão, de 1215 (DH 800), e o Concílio Vaticano I (DH 3.001s.), a "onipotência"; o Concílio Vaticano II, a "benignidade" (LG 2). – (4) As doxologias ortodoxas expressam os atributos de Deus de modo positivo, ontologicamente abstrato ou poeticamente ilustrativo (cf., p. ex., o "humor de Deus" em sua atenção voltada para o ser humano segundo Máximo Confessor [† 662]). Ao mesmo tempo, emprega a apófase (negativa) para transpô-los para o paradoxo, para lembrar os fiéis da incompreensibilidade do mistério de Deus. Enquanto a tradição reformada de cunho barthiano enfatiza o caráter explícito dos atributos de Deus como contradição às relativizações humanas, a tradição católica neoescolástica dá preferência aos atributos de Deus, pois estes impõem a ordem e representam o poder posicional. – (5) Desde que a Pós-modernidade levantou a suspeita da disciplinação como fatalidade de um discurso unificador do sujeito, os atributos de Deus vêm perdendo seu sentido fundamentador. Já não são mais um assunto inevitável da temática de Deus, mas passam a realizar uma possível verbalização de Deus (p. ex., na teologia narrativa) como meio de refletir sobre a própria falta de palavras e para avançar o diálogo inter-religioso.

Lit.: DEN BRINK, G. & SAROT, M. (orgs.). *Hoe is uw Naam? - Opstellen over de eigenschappen van God*. Kampen, 1995. • KRÖTKE, W. *Gottes Klarheiten - Eine Neuinterpretation der Lehre von Gottes "Eigenschaften"*. Tübingen, 2001. • HOLMES, C. *Revisiting the doctrine of the divine attributes in dialogue with Karl Barth, Eberhard Jüngel and Wolf Krötke*. Nova York, 2007. • MAYER, A. *Drei Religionen. Ein Gott? - Ramon Lulls interreligiöse Diskussion der Eigenschaften Gottes*. Friburgo/Basileia/Viena, 2008.

Hans-Joachim Sander

Batismo ↑ *character indelebilis*, ↑ *Eucaristia*, ↑ *Crisma*, ↑ *Igreja*, ↑ *dons do Espírito*, ↑ *sacramentos de iniciação*, ↑ *Batismo infantil*, ↑ *Igreja*, ↑ *seguimento de Jesus*, ↑ *justificação*. – O Batismo é, sob vários aspectos, o primeiro dos sacramentos. Precede cronologicamente todos os outros sacramentos celebrados por uma pessoa durante sua vida (aspecto antropológico); sob o ponto de vista teológico, o Batismo representa a celebração do fundamento da existência cristã pascoal na fé em Jesus Cristo (aspecto soteriológico e escatológico), a pessoa se obriga voluntariamente a seguir Cristo (aspecto ético), e a Igreja a acolhe (aspecto eclesiológico). A fundamentação no Batismo *uno* é de grande importância ecumênica. Uma controvérsia que perdura é a pergunta referente à legitimidade do Batismo infantil. – (1) Os fundamentos bíblicos do Batismo estão intimamente vinculados à doutrina da salvação de Paulo, que descreve o Batismo como participação na morte e ressurreição de Jesus Cristo (Rm 6,3-10). No horizonte da escatologia presente, o ser humano que é batizado em decorrência de sua conversão e fé recebe a garantia de uma vida transformada por meio do Espírito de Jesus já no presente. Em vista do desejo dos primeiros cristãos de se distinguirem dos discípulos de João Batista por meio de sua profissão de Cristo, a adoção do Batismo por imersão, que lembra o batismo judaico dos prosélitos, parece surpreendente. A interpretação cristã da imersão (mergulhar nas águas da morte, purificação dos pecados, renovação da vida e esperança da vida eterna) acata a ambivalência atribuída à água pelo AT: As tempestades violentas e as profundezas insondáveis do mar representam uma ameaça à vida (Sl 42,8; 69,2s.); animais marinhos terríveis espalham terror (Sl 74,13s.); águas inundam a terra e invadem o espaço de vida de homens e animais (Gn 6–8; Sl 93,3). A expectativa de que o mar – símbolo do mal oculto e violento – algum dia possa deixar de existir é uma expressão metafórica da esperança escatológica (Ap 21,1). O vidente João, porém, vê também tempos salvíficos nos quais a "água da vida" jamais seca (Ap 22,1).

As fontes garantem a sobrevivência não só nas regiões áridas da Palestina. A Bíblia relata como a dádiva da água refresca os homens e os animais e os liberta de impurezas (Ex 17,1-7; Sl 42,2s.; 2Rs 5,14; Sl 51,9 et al.). O simbolismo bíblico ambivalente da água está vinculado ao desejo de louvar Deus como doador e preservador da vida: Ele tem o poder de acalmar a tempestade, de dividir as águas, de fazer jorrar as fontes e de despejar água pura sobre seu povo. A água é símbolo da presença divina (p. ex., a visão do templo, em Ez 47); o próprio Deus é a fonte da água vivificante (Jr 2,13; Sl 36,10). O AT recorre várias vezes ao simbolismo da água para representar os caminhos de Deus com suas criaturas como transição da morte para a vida: Os israelitas atravessam o mar sem se molhar e alcançam a salvação na margem oposta (Ex 14); encontram água no meio do deserto (Ex 17). Os escritos neotestamentários proclamam Cristo Jesus como Senhor sobre os mares (Mc 4,35-41) e como fonte viva da vida eterna (Jo 4,14). A tradição sinóptica (praticamente incontestada em sua historicidade) do ↑ Batismo de Jesus por João (Mc 1,9-11; Mt 3,13-17; Lc 3,21-22) pode ser interpretada como reiteração de Jesus que exige a conversão de Israel a Deus. Os evangelhos relatam esse evento para enfatizar que o próprio João Batista reconheceu a diferença entre ele mesmo, o precursor, e Jesus, o Messias (Jo 1,19-34). No entanto, é improvável que Jesus tenha batizado outros (Jo 3,22-26; 4,1-2). A ordem de batizar do Ressurreto (Mt 28,19) é de importância histórica, e encontramos aqui uma conexão entre Batismo e credo trinitário. Reflete-se aqui um desenvolvimento do início do cristianismo, testemunhado principalmente em Atos: O Batismo cristão é o distintivo do novo caminho espiritual com Jesus Cristo (At 2,37-41; 8,36-39). As teologias batismais do NT têm múltiplas implicações teológicas e sistemáticas: O Batismo ocorre em nome de Jesus, o Cristo (At 10,48; 1Cor 1,13-15; Gl 3,27); Ele concede o perdão dos pecados (Ef 5,25s.; Cl 2,11); está vinculado à dádiva do Espírito Santo (Rm 8,12-17); é renascimento no Espírito Santo e apresenta uma dimensão escatológica no presente com relevância ética (Jo 3,3-8; Tt 3,5); todos os batizados formam o corpo uno de Cristo e são inseparavelmente interligados uns com os outros (1Cor 12,13; Ef 4,4-6). – (2) Desde os primórdios, o Batismo esteve vinculado a dois temas contrários: por um lado, a participação na dádiva desmerecida da salvação em Jesus Cristo por meio do banimento do mal; por outro, o chamado de preparar-se para o Batismo por meio de uma conversão pessoal e instruções catequéticas e de organizar sua própria vida de acordo com a promessa batismal. A partir do século II, desenvolve-se a condição de catecúmeno (candidato ao Batismo), pelo qual toda a Igreja deve interceder. A catequese verbalizava em primeira linha a conversão celebrada no Batismo (refutação do mal; subordinação ao domínio de Cristo; participação na nova vida em Jesus Cristo; unção e iluminação por meio do Espírito Santo). O desejo de ser batizado, que nem sempre pôde ser realizado durante as perseguições dos cristãos, foi igualado ao Batismo por imersão como Batismo de desejo ou (no caso do martírio) Batismo de sangue. A *teologia* patrística do Batismo é, em grande parte, um desdobramento mistagógico da *liturgia* do Batismo. Segundo Mt 28,19, o credo batismal trinitário era considerado a fonte do conhecimento teológico, especialmente da divindade do Espírito (↑ pneumatologia). Nos primeiros séculos, batizavam-se em primeira linha (talvez até exclusivamente) pessoas adultas, mas a partir do século III surge também a prática do ↑ Batismo infantil. A partir do século V, Agostinho († 430) passou a influenciar o desenvolvimento posterior. Ele compreendia o Batismo (em sua disputa com Pelágio [† 431] ↑ graça/doutrina da graça) em primeiro lugar como dádiva graciosa de Deus para o homem pecaminoso, ressaltando os aspectos soteriológico e eclesiológico e relegando o aspecto ético ao segundo plano. A missão do início da Idade Média enfatizou a necessidade salvífica do Batismo. Nesse contexto, nem sempre o consentimento voluntário do ser humano era respeitado; surgiram equívocos legalistas e mágicos. Na escolástica, Tomás de Aquino († 1274) defendeu a opção voluntária pelo Batismo (STh III q66); além disso, voltou a se ocupar com a natureza do Batismo de desejo (STh III q68). Depois disso, a teologia batismal se tornou elemento incontestado dos tratados dogmáticos. Na era da Reforma, existia um consenso amplo entre os teólogos de todos os lados sobre o reconhecimento do Batismo infantil. As controvérsias existentes diziam respeito à compreensão do pecado original (em relação à pecaminosidade também dos batizados), mas não eram, inicialmente, tema de intensos debates teológicos. Poucos teólogos católicos se ocuparam com a acusação do Iluminismo, segundo a qual a doutrina da perversão da natureza humana pelo pecado original representava uma ameaça à liberdade e autonomia do ser humano. Um efeito mais duradouro do que esses aspectos antropológicos e soteriológicos tiveram as reflexões eclesiológicas no século XX. A atenção se concentrava na renovação da vida eclesiástica (movimento litúrgico, movimento bíblico, movimento da juventude) pelos leigos (O. Casel [† 1948]). O Concílio Vaticano II acatou essas preocupações em seus documentos. No tempo pós-conciliar, desenvolveram-se teologias batismais sistemáticas principalmente no contexto de problemas ecumênicos. Tratam da relação entre o ↑ sacerdócio comum de todos os batizados e o ofício sacramental (↑ Sacramento da Ordem) e do vínculo entre Batismo e comunhão eucarística ecumênica. – (3) A disputa sobre o Batismo nos meados do século III girava em torno da pergunta se o Batismo realizado por adeptos de comunidades heréticas tinha um efeito salvífico ou não. Escritos do magistério defendiam o reconhecimento eclesial desse tipo de Batismos (DH 110, 123, 127), afirmando que seu efeito era garantido pela ação de Deus no Espírito Santo. No entanto, o batizado precisaria professar sua fé no Deus trino e sua disposição de aceitar as doutrinas da Igreja. A distinção entre *matéria* e *forma* do sacramento (↑ hilemorfismo), introduzida pela teologia medieval, também foi aplicada ao Batismo no decreto aos armênios do Concílio de Florença (1439), que pretendia documentar os pontos em comum entre as tradições latino-ocidental e greco-oriental (DH 1.314-1.316). O Concílio de Trento trata do Batismo no contexto da doutrina do pecado original (DH 1.515), da doutrina da justificação (DH 1.529) e da teologia sacramental (DH 1.614-1.627). Em conformidade com a Reforma luterana, o concílio assume uma postura contrária às exigências dos anabatistas de uma decisão pelo Batismo (apenas) na idade adulta e contra o desejo do rebatismo de crianças batizadas (do ponto de vista anabatista, não se trata de um rebatismo, mas do primeiro Batismo verdadeiro). Diferentemente dos luteranos, o Concílio de Trento vê a ↑ concupiscência como consequência do pecado original, não como pecado (pessoal), e refuta nesse contexto a tese segundo a qual o ser humano batizado é "ao mesmo tempo justo e pecaminoso" (*simul iustus et peccator*). Segundo a doutrina católica romana, o Batismo capacita o ser humano para uma vida de santidade por meio do poder do Espírito Santo. Isso implica uma obrigação para uma conduta ética. Em virtude de sua orientação eclesiológica, o Concílio Vaticano II enfatizou a importância de cada cristão individual e da comunidade dos batizados (LG 7; 10s.; 31 et al.). A fundamentação no Batismo *uno* é de grande importância ecumênica (UR 2s.; 22). O sacerdócio comum de todos os batizados é a forma fundamental para o chamado de testemunhar o Evangelho (LG 7; 9-17). O concílio fez questão de ressaltar também a conexão teológica entre todos os sacramentos de iniciação (Batismo, Crisma e Eucaristia) (SC 71). – **(4)** A tradição ortodoxa preserva a unidade dos sacramentos de iniciação no sentido da prática da Igreja antiga: Adultos e (geralmente também) crianças são batizados numa mesma celebração cultual, são ungidos com mirra e participam da celebração eucarística. Ressalvas contra o reconhecimento do Batismo celebrado em outras tradições cristãs não se devem a argumentos antropológicos, mas eclesiais. O acordo elaborado pelo "Grupo de Trabalho das Igrejas Cristãs na Alemanha" [*Arbeitsgemeinschaft Christlicher Kirchen in Deutschland*] (ACK) em 2007, em Magdeburgo, sobre o reconhecimento mútuo do Batismo foi assinado também pela comissão das igrejas ortodoxas na Alemanha (Kokid). No que diz respeito às tradições protestantes, precisamos distinguir entre as comunidades anabatistas (valdenses, batistas e menonitas) e as comunidades luteranas e reformadas. Enquanto o primeiro grupo manifesta grandes resguardos contra o Batismo infantil, as diferenças entre as comunidades do segundo grupo são apenas secundárias. Lutero ressaltou explicitamente a existência cristã fundamentada no Batismo e a gratidão pela dádiva divina do Batismo. Importantes são também as declarações de convergência de Lima, de 1982, nas quais o Conselho Mundial de Igrejas conseguiu analisar e organizar as décadas de diálogo ecumênico (também) sobre o Batismo. Esse esforço evidenciou que existe um amplo consenso teológico na descrição soteriológica, antropológica e pneumatológica do Batismo; permaneceram algumas controvérsias apenas na área da eclesiologia. Juntas, as igrejas se comprometem a não batizar "sem distinção", mas a impor a educação dos filhos na fé como condição para o Batismo. Os dois modelos do "Batismo de adultos" com consagração infantil e catequese anteriores na família e na congregação e do "Batismo infantil" com catequese e Crisma ou Confirmação posteriores são consideradas alternativas equivalentes (documento de Lima, n. 11-12). Os diálogos bilaterais mais recentes (p. ex., entre o Grupo de Trabalho Luterano/Batista da Baváría "Voneinander lernen – miteinander glauben", de 2009) mostram que a pergunta sobre a eficácia visível do Batismo na vida cristã se transforma cada vez mais em um critério no reconhecimento do Batismo também na idade infantil. O grande apreço que o Batismo goza na tradição luterana e reformada é motivo de um intercâmbio de conceitos teológicos sistemáticos, sendo que as preocupações luteranas (a pecaminosidade perdurante também da pessoa batizada) e as acentuações reformadas (a ênfase de uma dádiva do Espírito além do Batismo por imersão) continuam presentes. Em 2008, a Igreja Evangélica na Alemanha (EKD) publicou um "Guia para a Compreensão e Prática do Batismo" com o esforço evidente de fortalecer o ecumenismo na base de uma espiritualidade batismal comum, sobretudo por meio de celebrações da recordação batismal. – (5) A teologia dogmática terá que ponderar também no futuro todas as dimensões do Batismo em seu contexto. No Batismo, celebra-se a redenção em Cristo Jesus; essa *fundamentação soteriológica* da teologia batismal resulta na expectativa de uma vida do batizado para além da morte e na esperança do perdão dos pecados. Referente à *orientação antropológica* do Batismo, as diversas comunidades confessionais têm feito experiências diferentes. O que têm em comum é a convicção de que as promessas garantidas no Batismo recebem uma resposta pessoal numa vida fundamentada na fé. No caso do Batismo de adultos, essa resposta é mais palpável do que no Batismo infantil. O *contexto eclesiológico* do Batismo está indisputavelmente presente no NT: O Batismo garante o acolhimento pela comunidade dos crentes em Cristo, que se comprometeram a seguir os mandamentos de Deus. A despeito de seu caráter gracioso, o Batismo não pode conflitar com exigências éticas. Ambas as dimensões estão *pneumatologicamente* interligadas: O Espírito Santo doa a atenção desmerecida de Deus aos pecadores e os incentiva a uma conduta em harmonia com o Evangelho. Uma atenção especial precisa ser dedicada à pergunta sobre a experiência do Espírito de Deus fora da comunidade dos batizados. Juntamente com o Concílio Vaticano II (LG 16; NA 1-2) e K. Rahner († 1984), devemos lembrar a obra do Espírito de Deus também além das estruturas institucionais da cristandade instituída pelo Batismo ("cristãos anônimos").

Lit.: a) FABER, E.-M. *Einführung in die katholische Sakramentenlehre*. 2. ed. Darmstadt, 2009, p. 75-97. • SCHNEIDER, T. *Zeichen der Nähe Gottes* - Grundriss der Sakramententheologie. 9. ed. Mainz, 2008, p. 57-94. b) BARTH, G. *Die Taufe in frühchristlicher Zeit*. Neukirchen-Vluyn, 1981. • SCHLINK, E. *Schriften zu Ökumene und Bekenntnis* – Vol. 3: Die Lehre von der Taufe. Göttingen, 2007. c) LANGE, C.; LEONHARD, C. & OLBRICH, R. (orgs.). *Die Taufe*. Darmstadt, 2008.

Dorothea Sattler

Batismo de Jesus ↑ *Jesus histórico,* ↑ *mistérios da vida de Jesus,* ↑ *Batismo.* – O batismo de Jesus por João, considerado histórico, deve ser compreendido como manifestação salvífica da missão e filiação messiânica de Jesus. Não existe um fundamento bíblico ou sistemático para uma interpretação adocionista ou psicológica (constituição de sua filiação, experiência especial de vocação), tampouco para um reducionismo etiológico cultual. – (1) Todos os evangelhos falam do batismo de Jesus, que, em todos eles, marca o início da obra pública de Jesus; todas as suas interpretações apresentam um foco cristológico. A classificação temporária do batismo de Jesus como narrativa de chamado profético pode ser considerada ultrapassada. Enquanto João (Jo 1,29-34) parte do pressuposto do batismo de Jesus pelo Batista, focando em seu testemunho de Jesus como "Filho de Deus" (Jo 1,34), os sinópticos (Mc 1,9-11; Mt 3,13-17; Lc 3,21s.) narram o próprio batismo. Cunham os elementos formais da visão (escatológica) da abertura do céu após o batismo (Mt e Lc: visão pública; Mc: visão de Jesus), da descida de um elemento celestial (pombo) e sua interpretação (Espírito Santo) e da audição que identifica o batizado como "Filho amado", do qual Deus se agrada. A narrativa alude a Sl 2,7 e Gn 22,2 e à temática do servo de Deus (Is 42,1) e interpreta Jesus como o Ungido escatológico e o Eleito sofredor. Segundo At 1,22 e 10,38, o batismo de Jesus faz parte da proclamação cristã primordial. No entanto, os cristãos se viram diante da necessidade de explicar a aparente superioridade de João no ato batismal e a qualidade do batismo de João como batismo de conversão e penitência, do qual Jesus não necessitava. Por isso, o batismo de Jesus é representado como cena de reconhecimento pela voz celestial (Mt 3,17; Mc 1,11; Lc 3,22), na qual Jesus é identificado por João como o Messias esperado e Cordeiro de Deus (Jo 1,29s.36) e o próprio

Jesus pede pelo batismo como expressão de sua obediência ao plano salvífico de Deus (Mt 3,15). Existe uma diferenciação salvífica entre o *status* do precursor João Batista e o batismo por imersão, de um lado, e Jesus e o batismo de fogo ou com o Espírito, de outro (Jo 3,5-8; At 1,5; 19,3-6). Em seu Evangelho (Lc 3,21b) e em Atos, Lucas ressalta o recebedor do batismo e do Espírito como orador. Jesus recebe por meio do batismo a unção permanente com o Espírito (Lc 4,16-21; cf. Is 61,1s.), que, na cruz, devolve ao Pai (Lc 23,46; cf. 12,50 e Mc 10,38s.) e então passa a preencher os discípulos (At 1,5; 2,1-4). Mc 10,38s. e Lc 12,50 estendem a semântica do batismo à paixão de Jesus. João destaca o batismo de Jesus como revelação do Cordeiro de Deus, que tira o pecado do mundo (Jo 1,29.36) e esboça uma cristologia expiatória, que se consuma na paixão (Jo 19). Permanece incerto se o próprio Jesus desenvolveu uma atividade batismal (Jo 4,1), que é representada ao mesmo tempo como batismo pelos discípulos (Jo 4,2). Tampouco sabemos se, antes de iniciar sua obra pública, Jesus era discípulo do Batista. – (**2**) Desde cedo, o batismo de Jesus é interpretado como revelação do Deus trino e, do ponto de vista soteriológico, como sinal da missão de Jesus. Os Padres refletem explicitamente sobre o problema, que já havia se anunciado na Bíblia (Mt 3,14s.), de que Jesus não necessitava da conversão, penitência e purificação dos pecados. ↑ Encarnação e ↑ substituição, batismo e a morte expiatória de Jesus são remetidos uns aos outros: Em vista da redenção da humanidade pelo *logos* encarnado, o batismo de Jesus teria sido adequado e necessário para (por meio da paixão!) purificar a água batismal (segundo 1Jo 5,6: Inácio de Antioquia [† após 110] Eph. 18,2; Orígenes [† 253/254] in Io. 6,47,245-247). Não teria efetuado a libertação de Jesus de seus próprios pecados, mas cumprido a justiça plena e a expiação para os pecados dos homens (Justino [† por volta de 165] 1 apol. 61; Orígenes, hom in Jos. 5,6; João Crisóstomo [† 407] Op. Imperf. In Matth., hom 4); seria uma imagem para a purificação e a recuperação da natureza humana (Hilário de Poitiers [† por volta de 366]; Ambrósio [† 397] in Luc. 2) para a *imago Dei* (Atanásio [† 373]; Cirilo de Alexandria [† 444] Thds 36). Agostinho († 430) desdobra as implicações da cena do batismo do ponto de vista da teologia trinitária e sacramental (serm. 135). Tomás de Aquino († 1274) enfatiza (STh III q39), no contexto de sua teologia dos mistérios da vida de Jesus, a relevância cristológica e mistagógica do batismo de Jesus: Seria comprovação da Trindade, antecipação do Sacramento do Batismo e *causa exemplaris* da existência cristã. O batismo de Jesus ocupa uma posição importante no misticismo medieval (cisterciense). Uma ampla tradição conecta a *devotio moderna*, a *Imitatio Christi*, de Tomás de Kempis († 1471) e a "Vida de Jesus" de Ludolfo da Saxônia († 1378) aos *Exercícios* de Inácio de Loyola († 1556). A recordação litúrgica do batismo de Jesus na Epifania do Senhor e a tradição iconográfica, que, desde cedo, perceberam o caráter trinitário e salvífico do batismo de Jesus, remetem até aos séculos IV e III respectivamente. A teologia e a iconografia exercem uma influência recíproca uma sobre a outra. – (**3**) Nas disputas da Igreja antiga, o batismo de Jesus ocupa um papel importante, já que as cristologias do monarquianismo, do adocionismo, do docetismo e da gnose não reconhecem nele a *proclamação* de Jesus como Filho, mas sua *instituição e eleição* como Filho ou a identificação do *logos* celestial com o homem Jesus (↑ quadro: heresias cristológicas). Devido ao perigo de uma interpretação errada do batismo de Jesus, a teologia dogmática o relega cada vez mais ao segundo plano. – (**4**) Não constatamos atualmente diferenças ecumênicas significativas na interpretação do batismo de Jesus. Em seus cânticos litúrgicos e iconografia, a Igreja oriental estabelece um vínculo claro entre Epifania e Páscoa, oferecendo assim uma interpretação teológica explícita do batismo de Jesus. – (**5**) O batismo de Jesus se evidencia como centro do caráter salvífico do evento Cristo: Para realizar publicamente sua missão messiânica, Jesus recebe a unção com o Espírito Santo (Cristo como *Ungido*); sua filiação se torna *epifânica*. Seu batismo se manifesta como proclamação de sua missão, que não expressa uma atividade ou um desenvolvimento, nenhuma evolução de sua personalidade em direção a uma conscientização de sua vocação especial, mas um *status* daquilo que é e que, portanto, não começa com o batismo, mas apenas se revela e se torna visível aqui: Este é meu Filho amado. A unidade interna de ser e missão do Filho e o mistério da Trindade se manifestam no batismo de Jesus. Seu pedido batismal para cumprir a justiça de Deus, sua inclusão à massa dos pecadores, a referência ao motivo do servo de Deus, a designação joanina (linguisticamente relacionada) de Jesus como "Cordeiro de Deus" (em aramaico: *talja*, servo e cordeiro) e a semântica do batismo de Jesus, que se estende até sua paixão, evidenciam já no início de sua atividade pública o momento soteriológico central da solidariedade e substituição de Jesus Cristo. O batismo de Jesus antecipa sua morte e ressurreição. O motivo do céu aberto e a distinção entre João Batista e Jesus remetem a este como ponto de virada na história de Deus com a humanidade.

Lit.: FIGURA, M. "Die Taufe Jesu als Offenbarung des dreifaltigen Gottes". *IKaZ* 34, 2005, p. 33-46. • MELL, U. "Jesu Taufe durch Johannes (Markus 1,9-15)". *BZ* 40, 1996, p. 161-178. • RATZINGER, J. [Bento XVI]. *Jesus von Nazareth* – Vol. 1: Von der Taufe im Jordan bis zur Verklärung. Friburgo/Basileia/Viena, 2007, p. 35-51. • SCHÜTZ, C. "Die Mysterien des öffentlichen Lebens und Wirkens Jesu". *MySal* III/2, 1969, p. 58-131. • STOCK, A. "Zur Ikonographie der Taufe Jesu". *IKaZ* 34, 2005, p. 56-67.

Julia Knop

Batismo do Espírito ↑ *carismas/renovação carismática,* ↑ *habitação do Espírito,* ↑ *crisma,* ↑ *dádivas do Espírito,* ↑ *batismo.* – O movimento pentecostal criado nos Estados Unidos no início do século XX designa com esse termo uma dotação individual e espetacular do Espírito para diferenciá-la da primeira conversão e do Batismo com água (renascimento). Essa dotação ocorre de forma espontânea ou por meio da imposição das mãos e se manifesta numa conduta extraordinária, sobretudo na glossolalia da pessoa em questão. O movimento católico e protestante da renovação carismática considera o Batismo do espírito uma conscientização e atualização (embora imprevisível referente à sua intensidade e qualidade) da graça do Batismo e da Crisma. – **(1)** O AT relata que a *ruach Jahwe* se apodera repentinamente de pessoas ou grupos individuais, o que pode levar a reações extáticas ou atos extraordinários (Jz 3,10; 13,25; 1Sm 10,5-13; 19,20-24). No NT, o relato de Pentecostes de At 2,1-13 (com o discurso de Pedro, vs. 14-36) lança luz sobre a transmissão espetacular e de eficácia duradoura do Espírito de Deus, que o Cristo enaltecido derrama sobre a Igreja em formação. A teologia lucana vê nisso a resposta confirmadora ao anúncio de Mc 1,8 segundo o qual Jesus, diferentemente de João Batista, não batizará com água, "mas com o Espírito Santo" (At 1,5; 11,16). Paralelamente, vários escritos neotestamentários falam do rito do Batismo de água, que, por meio da dádiva do Espírito, é incorporado ao povo escatológico de Deus e assim edifica o corpo de Cristo impregnado do Espírito (1Cor 12,13; Ef 5,25s.; Tt 3,5; Jo 3,22.26; 4,2; At 2,37ss.). No entanto, o NT não se limita ao Batismo de água como único meio de transmitir o Espírito; o Batismo pode anteceder-se à doação do Espírito (At 2,38; 19,2) ou suceder-se a ela (At 10,44-48). Portanto, fala de forma indefinida de "batizar (não do Batismo!) no Espírito" (Lc 3,16; Jo 1,33). Lucas fala também de uma transmissão do Espírito por meio da imposição de mãos em vista das atividades missionárias dos apóstolos, mencionando também a glossolalia como efeito colateral (At 8,14-18; 19,1-7). A teologia vê a confiança na "água" e no "Espírito" como dois modos interligados, mas distintos, de se tornar e ser cristão. O recebimento do Espírito por meio do Batismo e da profissão de fé significa aqui também seguir Cristo publicamente (cf. Jo 3,5; em Paulo: vida *no Espírito* como existência *em Cristo*: Gl 2,17; 3,2; Rm 14,7; Fl 3,1). A abertura neotestamentária referente a questões do recebimento do Espírito permite interpretações nesta ou naquela direção. – **(2)** A teologia patrística se concentra na explicação da iniciação sacramental na Igreja universal liderada por bispos (Tertuliano [† 220] bapt.; Ambrósio [† 397] sacr.). Já que, desde cedo, se trata de um conjunto de ritos, no qual o Batismo de água é diferenciado de unções, imposições de mãos e invocações sucedentes, a pesquisa atual discute de modo controverso a pergunta se é possível falar de um Batismo do Espírito também nos padres no sentido moderno (posição negativa: K. McDonnell; posição afirmativa: N. Baumert com referências a textos de Tertuliano, Orígenes, Cirilo de Jerusalém e outros). A teologia medieval e moderna também investiga o Batismo e o recebimento do Espírito no contexto da teologia sacramental, com foco na relação entre disposição objetivo-ritual e subjetivo-pessoal (Tomás de Aquino [† 1274] STh III 166-71; M. Lutero [† 1546] Catecismo Menor: BSLK 115s.). – **(3)** O magistério eclesiástico se pronunciou sobre o Batismo do Espírito entre 1972 e 1976 no contexto dos diálogos com representantes das igrejas pentecostais e da renovação carismática. O relato final, assinado pelo Pontifício Conselho para a Promoção da Unidade dos Cristãos, reconhece que o Espírito Santo de fato se manifesta no Batismo do Espírito, concedendo assim a capacitação para a santificação pessoal e o serviço a outros. Constataram-se diferenças referentes à pergunta se, com o Batismo do Espírito, ocorreria outra doação do Espírito ou se – e esta é a posição defendida pelo lado católico – o evento batismal da graça já ocorrido é especificado e conscientizado (DwÜ I, p. 478-480). Escritos autorizados mais recentemente pelo Vaticano também sugerem um reconhecimento positivo de fenômenos pentecostais e, com isso, também do Batismo do Espírito (cf. Theol.-hist. Kommission für das Hl. Jahr 2000. *Gottes Geist in der Welt*. Regensburgo, 1997, p. 151s.). – **(4)** Os movimentos batistas protestantes empregam o conceito do Batismo do Espírito como referência a experiências pessoais do Espírito. No século XIX e no início do século XX, o Batismo do Espírito é desenvolvido como grandeza teológico-espiritual individual na base dos movimentos protestantes de cura segundo J. Wesley († 1791, fundador do metodismo) por teólogos norte-americanos do movimento pentecostal inicial como C.G. Finnley, A. Mahan e T.C. Upham. Tendo em vista o relato pentecostal de Atos e em virtude de experiências próprias e testemunhadas, falam de uma dotação íntima, pessoal e holística do Espírito, de uma plenitude do Espírito posterior em oposição à dotação parcial no evento do renascimento (*peak-experience*), falam de fases na equipagem espiritual e, por fim, da glossolalia como qualidade característica do Batismo do Espírito (*initial physical sign*). A imposição de mãos se torna um ritual constitutivo como sinal da comunhão redescoberta. Impõe-se assim a convicção de que não existem vários Batismos do Espírito, mas apenas um único, em analogia ao renascimento. Este é visto como fruto da obediência a Deus, que é consumado e superado pelo Batismo do Espírito como recompensa. As precondições para o Batismo do Espírito incluem a abertura para a imprevisibilidade da ação do Espírito, a disposição para a intensificação do seu relacionamento com Deus por meio da confissão dos pecados e do arrependimento e a participação em reuniões de "espera" e seminários introdutórios. Os chamados fenômenos de Toronto (1994) – rir em voz alta, bater o pé, andar sem se deslocar, tremores e gritos incontrolados – continuam a causar controvérsias no movimento carismático. Apesar de o movimento pentecostal ter causado um impacto parcial sobre todas as confissões cristãs por meio da renovação carismática a partir de 1960, as teologias e práticas por ele advogadas são avaliadas sob pontos de vista confessionais. Os carismáticos católicos, ortodoxos e protestantes se distinguem do pentecostalismo clássico no sentido de não reconhecerem no Batismo do Espírito um novo nível quase sacramental da dotação do Espírito, mas um reavivamento do Batismo ou da Crisma. Por isso, os protestantes e católicos juntos tentam substituir o conceito do Batismo do Espírito pelo termo *renovação* ou *experiência do Espírito* (W. Kopfermann e H. Mühlen). Enfatizam também a ligação do Espírito a Cristo e sua ação continuada e pública na palavra e no sacramento em prol da comunhão eclesiástica ordinária da fé (H. Mühlen [† 2006], M. Welker). Diferenças entre acepções protestantes e católicas dizem respeito ao Batismo e à Crisma. O fato de M. Lutero ter compreendido a vida cristã como "penetração contínua no Batismo" determina também a ênfase dos protestantes: O Batismo do Espírito é uma possibilidade da atualização do Batismo (cf. tb. uma voz reformada: K. Barth [† 1968] KD IV/4). Os católicos tomam o Sacramento da Crisma como ponto de partida e compreendem o Batismo do Espírito como conscientização ou aprofundamento da doação do Espírito ocorrida na Crisma, que incentiva uma participação ativa e responsável nas congregações da Igreja (H. Mühlen, N. Baumert). – **(5)** Sem dúvida alguma, a dinâmica do evento pentecostal precisa continuar no cristianismo – fato evidenciado claramente pelos movimentos pentecostais e carismáticos. É igualmente incontestável que os sacramentos de iniciação dependem de um reavivamento contínuo tanto no nível pessoal e emocional quanto no nível coletivo. Bem-vinda (em termos dogmáticos) é também a oportunidade apresentada pelo discurso e prática do Batismo do Espírito de reconhecer certa autonomia da ação do Espírito Santo, o que nem sempre tem sido o caso na teologia ocidental. Já que, segundo Tomás de Aquino, a graça de Deus não é transmitida *apenas* por meio do sacramento, a pergunta sobre os modos alternativos da transmissão da graça por meio do Espírito é justificada. Devem ser investigados nesse contexto o significado epistemológico de fenômenos extraordinários, sobretudo daqueles que envolvem a fisicalidade, e a importância de posturas de expectativa e suas condições estruturais eclesiais como *loci theologici* pneumatológicos. Além disso, é necessário esclarecer a relação entre a ansiedade humana e a liberdade divina e entre o espetacular e o cotidiano oculto. Não devemos subestimar o resguardo escatológico do derramamento do Espírito testemunhado pela Bíblia: A experiência plena e não distorcida do Espírito é uma característica do fim dos tempos e não é possível nem previsto para este mundo, no qual o Reino de Deus ainda sofre violência.

Lit.: a) BAUMERT, N. *Charisma, Taufe, Geisttaufe.* Vol. 2. Würzburg, 2001. • BERKHOF, H. *Theologie des Heiligen Geistes.* 2. ed. Neukirchen-Vluyn, 1988 [Neukirchener Studienbücher, 7]. • SCHÜTZ, C. *Einführung in die Pneumatologie.* Darmstadt, 1985, p. 288-298. b) CONGAR, Y. *Der Heilige Geist.* Friburgo/Basileia/Viena, 1982, p. 293-300. • MacDONNEL, K. & MONTAGUE, G. *Eingliederung in die Kirche und Taufe im Heiligen Geist.* Münsterschwarzach, 1998. • SCHMIEDERER, L. *Geisttaufe.* Paderborn, 1982. • ZIMMERLING, P. *Charismatische Bewegung.* Göttingen, 2009. c) SCHÜTZ, C. *Einführung in die Pneumatologie.* Darmstadt 1985.

Bertram Stubenrauch

Batismo infantil ↑ *character indelebilis*, ↑ *instituição dos sacramentos*, ↑ *pecado original*, ↑ *crisma*, ↑ *sacramentos de iniciação*, ↑ *batismo*. – O arrependimento consciente de um ser humano (adulto) em liberdade e responsabilidade por suas ações e sua conversão para a fé em Jesus Cristo é, normalmente, a condição para o Batismo. Por isso, o Batismo infantil exige uma legitimização teológica própria, principalmente nos diálogos ecumênicos com tradições evangélicas, que o refutam. – (**1**) É provável que o Batismo infantil já tenha sido praticado em tempos bíblicos. Apesar de as chamadas fórmulas *oikos* (o Batismo de todos os integrantes de uma casa: 1Cor 1,16; At 16,15 et al.) ressaltarem sobretudo o sucesso missionário, documentam provavelmente também o Batismo infantil. Em todo caso, a tradição neotestamentária inclui as crianças na parênese batismal (At 2,39), e elas são vistas naturalmente como membros da Igreja (Cl 3,18-26). Mais concreta em termos históricos é a bênção litúrgica de crianças no tempo apostólico (Arist. Apol. 15,11, a exemplo de Jesus Mc 10,13-16 et al.); no entanto, perdeu sua relevância com a crescente propagação do Batismo infantil. A teologia paulina ressalta em diversas variantes o vínculo entre fé e batismo: A fé leva ao Batismo (At 8,12s.); a instrução na fé segue ao Batismo (Rm 6,3-11), o Batismo fortalece a fé (2Cor 4,6). Portanto, os testemunhos bíblicos são flexíveis em suas determinações da relação entre fé e Batismo, mas defendem um vínculo íntimo entre o fundamento pessoal (a fé do ser humano) e a celebração sacramental na Igreja (Batismo). – (**2**) Para os primeiros séculos, temos apenas poucos documentos que registrem a prática do Batismo infantil. Do século III, temos o registro de uma disputa teológica entre adversários (Tertuliano [† 253/254] e Cipriano [† 258]). Dadas as rígidas exigências éticas impostas aos batizados e o perigo de uma recaída, o Batismo era frequentemente adiado. Nos séculos IV e V, irrompeu uma controvérsia entre Pelágio († 418) e Agostinho († 430) não sobre a prática do Batismo, mas sobre sua função como prova na doutrina do pecado original. Na escolástica medieval (cf. Tomás de Aquino [† 1274] STh q68, 9-11), a teologia do pecado original continuou servindo como quadro de referência. No entanto, foram feitas algumas diferenciações (a possibilidade de limitada de salvação para crianças falecidas sem o Batismo no *limbus parvulorum*; ressalvas contra o Batismo infantil no caso de pais não crentes). Nos movimentos reformadores heréticos (albigenses e cátaros), a oposição ao Batismo infantil se vinculava à preocupação de renovar a Igreja a exemplo da origem pura e de batizar apenas aquelas pessoas que viviam conscientemente uma vida cristã. – (**3**) O Sínodo de Cartago ([418] DH 233) defendeu a prática do Batismo infantil no contexto da disputa entre Agostinho e Pelágio sobre a interpretação da graça e do pecado original. Em vista dos possíveis ministradores da celebração litúrgica, o IV Concílio de Latrão (1215) estabeleceu diferença entre o Sacramento da Eucaristia e o do Batismo e considerou benéficos tanto o Batismo adulto quanto o infantil (DH 802). O Concílio de Trento tratou da questão do Batismo infantil no contexto da teologia do pecado original (DH 1.513-1.514) e se voltou contra a prática do Batismo de adultos que já haviam sido batizados quando crianças (DH 1.625-1.627). Num segundo plano, torna-se visível que o concílio já tinha em vista os desafios teológicos e pastorais vinculados ao Batismo infantil (o Batismo em analogia à idade de Jesus; possível adiamento do Batismo ou reafirmação posterior da profissão pessoal). Em 1969, a reforma do rito do Batismo infantil exigido pelo Concílio Vaticano II (SC 67-69: adaptação à situação da criança; ênfase da função dos pais e padrinhos) foi realizada no *Ordo Baptismi Parvulorum*; foi publicado em alemão em 1971 e, em 1973, sofreu algumas modificações e foi publicado como *Editio typica altera*. Em 2007, foi novamente publicado na base desta como segunda edição autêntica. – (**4**) Diferentemente dos movimentos anabatistas, os reformadores defenderam o Batismo infantil em virtude da prioridade da ação salvífica de Deus (CA 9; M. Lutero [† 1546], Catecismo Maior: BSLK 697-704; J. Calvino [† 1564], Inst. IV,16). No século XX, a teologia protestante veio a questionar o Batismo infantil: K. Barth († 1968) diferenciou entre o Batismo com o Espírito e o Batismo de água, exigindo a decisão consciente como precondição do batismo. A prática da Igreja evangélica nacional [*Landeskirche*] preservou o Batismo infantil. A refutação do Batismo infantil pelas igrejas evangélicas fundamentalistas (principalmente pelos menonitas e batistas), a conexão entre Batismo e missão e o vínculo teológico entre Batismo e fé incentivaram no movimento ecumênico uma busca pela compreensão aprofundada do Batismo (cf. a declaração de convergência de Lima, de 1982, subtema "Batismo"). O reconhecimento mútuo do Batismo, reivindicado por esse importante documento ecumênico levou, em 2007, a um acordo na Alemanha, ratificado por muitas Igrejas que participam da "Arbeitsgemeinschaft Christlicher Kirchen in Deutschland" (ACK) [Grupo de trabalho das igrejas cristãs na Alemanha]. As comunidades de tradições batistas apoiam os esforços dessas igrejas de continuarem a refletir sobre o significado teológico do batismo e principalmente sobre o vínculo entre fé e Batismo. – (**5**) Em virtude do vínculo biblicamente testificado entre Batismo, arrependimento e fé num evento pessoal, o Batismo infantil precisa ser teologicamente legitimado. A diferenciação da compreensão da fé tem sido útil: A fé humana é *dádiva* de Deus, ela é formada na *comunhão* e continua durante toda a vida como *processo* multidimensional. No Batismo infantil, essas três dimensões são especialmente perceptíveis: A criança recebe, juntamente com a vida, a atenção de Deus como presente desmerecido; ela depende das pessoas crentes em seu convívio; ela se encontra no início de um longo caminho na fé. A abertura para a possível participação na salvação concedida por Deus também por pessoas não batizadas, manifestada nos documentos do Concílio Vaticano II (LG 14), sugere não realizar o Batismo quando o âmbito de vida (pais, padrinhos, família) torna pouco provável uma educação cristã. Nessas situações, a teologia exige o adiamento do Batismo. A decisão para o Batismo deve ser apoiada pela disposição de orientar e levar os recém-batizados a uma confissão pessoal da fé. Nas confissões que praticam o Batismo infantil, a Crisma ou Confirmação como jovem adulto exerce uma função especial.

Lit.: a) FABER, E.-M. *Einführung in die katholische Sakramentenlehre*. 2. ed. Darmstadt, 2009, p. 75-97. • SCHNEIDER, T. *Zeichen der Nähe Gottes – Grundriss der Sakramententheologie*. 9. ed. Mainz, 2008, p. 57-94. b) BÄRSCH, J. & POSCHMANN, A. (orgs.). *Liturgie der Kindertaufe*. Trier, 2009. • HAUNERLAND, W. & NAGEL, E. (orgs.). *Den Glauben weitergeben* - Werkbuch zur Kindertaufe. Trier, 2008. c) LANGE, C.; LEONHARD, C. & OLBRICH, R. (orgs.). *Die Taufe*. Darmstadt, 2008.

Dorothea Sattler

Bíblia ↑ *Escritura Sagrada*

Bispo ↑ *ofício na Igreja,* ↑ *sucessão apostólica,* ↑ *apostolicidade na Igreja,* ↑ *hierarquia,* ↑ *colegialidade.* – O bispo (gr.: *episkopos*, guarda, batedor, inspetor, guardião) é, do ponto de vista sacramental, o detentor do nível mais alto de ordenação; em termos jurisdicionais, é o líder real (bispo diocesano, ordinário) ou fictício (bispo auxiliar) de um distrito jurisdicional da Igreja (episcopado, diocese). – (**1**) O NT não conhece o bispo no sentido dessa definição, mas fala de detentores de funções congregacionais a exemplo de funcionários administrativos seculares que, inicialmente, exercem suas funções de modo colegial (At 20,28; Fl 1,1). As epístolas pastorais (1Tm 3,1-7; Tt 1,7-9) mostram a transição para o episcopado monárquico (*um* bispo para *uma* congregação). São mencionados frequentemente em conjunto com os diáconos. – (**2**) Tendo seus inícios no século II (Inácio de Antioquia) e chegando ao desenvolvimento pleno no século III, os bispos se apresentam como líderes autoritários das congregações, aos quais compete exercer numerosas funções eclesiástico-constitucionais como liderança, presidência da Eucaristia, decisões referentes ao processo penitencial, ordenação dos clérigos, determinações magisteriais (presidência do sínodo, concílio), administração financeira (cf. as epístolas de Inácio; trad. apost.). A nomeação ocorre por meio da eleição pela congregação (Eusébio, h.e. 6,29 3s.; Cipriano, ep. 55,8; Orígenes, hom. in Lev. 6,3). A ordenação efetuada por vários bispos pretende simbolizar a responsabilidade universal do bispo além de sua própria diocese. A hierarquia surge em decorrência da atribuição de funções centrais aos bispos de episcopados importantes nas áreas da jurisdição (metropolitas, patriarcas) e do magistério (sucessão apostólica) (Concílio de Niceia, 325, cân. 4); isso vale sobretudo para o bispo de Roma (papa). Os *chorepiscopi*, que exerciam sua função em regiões com poucas cidades (gr.: *chora*, região rural, município), eram subordinados ao respectivo bispo urbano. Uma influência decisiva sobre a configuração do ofício do bispo deu-se por ocasião da inclusão dos bispos à administração estatal a partir do reinado do Imperador Constantino († 337): Assim, foram politizados, na Idade Média com consequências negativas para o desenvolvimento no Ocidente (bispo do reino, desde Otão I [† 973], Guerra das Investiduras). Uma tendência contrária a essa concentração de poder se manifesta na tese de Jerônimo († 419/420) que, durante muito tempo, determinou a acepção na Idade Média e ainda dos reformadores (Felipe Melâncton [† 1560], Tract. 59-73; Livro de Concórdia: cf. BSLK) e segundo a qual os padres e bispos estariam no mesmo nível (ep. ad Tit.; ep. 146). Visto que o direito de presidir a Eucaristia era considerado a essência da *Ordo*, a Idade Média reconhecia a plenitude do sacramento na ordenação dos sacerdotes; a ordenação do bispo era apenas um ↑ sacramental que apontava uma jurisdição (Tomás de Aquino [† 1274] STh Suppl. 40,4). É apenas no século XX que ambas as questões são decididas em prol do fortalecimento do ofício do bispo. – **(3)** O mérito principal cabe ao Concílio Vaticano II, que, após o concílio anterior ter se concentrado na primazia do papa (↑ papa), tentou equilibrar a constituição eclesiástica por meio de uma teologia episcopal (LG 20-27). Com a ordenação, o bispo recebe a plenitude do Sacramento da Ordem, adentra na sucessão apostólica, transforma-se inicialmente em mestre supremo e normativo da fé para sua diocese, em dirigente da liturgia, em detentor da jurisdição, funções que não pode exercer "senão em comunhão hierárquica com a cabeça e os membros do Colégio" (cân. 375, § 2, CIC/1983). A comunhão aqui mencionada com a comunidade de todos os bispos (inclusive do bispo romano) é constitutiva para o bispo individual (colegialidade), no sentido de que nela se manifesta a forma da *communio* da Igreja. Portanto, sempre tem também uma responsabilidade referente à Igreja mundial, mas é obrigado a preservar igualmente a consonância com a *communio* do seu episcopado (conselhos de sacerdotes e diocesano). A nomeação ocorre livremente pelo papa (cân. 377, § 1, CIC/1983), em determinados países sob consideração dos regulamentos jurídicos referentes à igreja estatal (concordatas). Ao completar 75 anos de idade, é obrigado a oferecer sua renúncia ao papa (cân. 401, CIC/1983). – **(4)** Nas igrejas do Oriente, cabe ao bispo a liderança suprema de sua eparquia (distrito jurisdicional); os sacerdotes são apenas seus assistentes. Também é sucessor de Pedro como pedra da Igreja. As hierarquias episcopais (patriarcados, metropolitas) não têm importância teológica, apenas administrativa. Nas igrejas da Reforma, os luteranos não reconhecem nenhuma diferença teológica essencial entre o bispo e o pastor (as tarefas de ambos são a proclamação da Palavra e a administração dos sacramentos; cf. CA 28). Sua autoridade administrativa sobre determinada diocese se baseia apenas na lei humana. Visto que na Alemanha nenhum bispo católico se converteu, esta autoridade foi transferida ao monarca como *summepiscopus*. Após 1918, o ofício do bispo foi reinstaurado aos poucos em quase todas as igrejas luteranas (*Landesbischof*). As igrejas reformadas não reconhecem esse tipo de função; são organizadas de forma completamente sinodal. Nas regiões em que existem bispos (Polônia, Hungria), são considerados representantes dos sínodos. Uma posição especial é reivindicada pelos bispos luteranos na Escandinávia: Consideram-se membros na sucessão apostólica, mas reconhecem também CA 28. – **(5)** O Concílio Vaticano II esclareceu e detalhou a posição extraordinária do bispo pela determinação clara de sua posição constitucional abrangente e sacramentalmente fundamentada: "Ao bispo diocesano, na diocese que lhe foi confiada, compete todo o poder ordinário, próprio e imediato, que se requer para o exercício do seu múnus pastoral" (cân. 381, § 1, CIC/1983). Esse poder lhe é conferido não por uma concessão do papa, mas pela ordenação. Ao mesmo tempo, esta não o coloca na sucessão de um apóstolo individual, mas do colégio de apóstolos (*communio hierarchica*), motivo pelo qual ele possui obrigações eclesiástico-universais. No entanto, isso não afeta a primazia jurisdicional do papa. Cân. 381, § 1 continua: "com exceção das causas que, por direito ou por decreto do Sumo Pontífice, estejam reservados à suprema ou a outra autoridade eclesiástica". Abre-se aqui um campo de problemas amplamente controverso: a estrutura da Igreja como correlação entre igrejas locais e Igreja universal em unidade com a tensão de dois sujeitos supremos de liderança, o papado em si (com a plenitude de competência absoluta) e o papa em união com o colégio de bispos. Os problemas se manifestam claramente na instituição das conferências dos bispos (reuniões dos bispos de um país ou de uma província eclesiástica, cujo *status* teológico permanece indefinido) e no sínodo dos bispos (um conselho representativo relacionado diretamente ao papa, cuja agenda, assunto e pauta são por ele determinados; o papa preserva sua liberdade absoluta diante de suas decisões).

Lit.: BUCKENMAIER, A. *Universale Kirche vor Ort*. Regensburgo, 2009. • LIETZMANN, H. *Zur altchristlichen Verfassungsgeschichte*. Göttingen, 1958. • KASPER, W. "Zur Theologie und Praxis des bischöflichen Amtes". *WKGS* 12, 2009, p. 482-496. • KASPER, W. "Das Verhältnis von Universalkirche und Ortskirche". *WKGS* 11, 2008, p. 509-522. • PFANNKUCHE, S. *Papst und Bischofskollegium als Träger höchster Leitungsvollmacht*. Paderborn, 2011. • ROTH, N. *Das Bischofsamt in der evangelischen Kirche*. Neukirchen-Vluyn, 2011.

Wolfgang Beinert

Cálice do leigo ↑ *ofício na Igreja,* ↑ *instituição dos sacramentos,* ↑ *Eucaristia,* ↑ *Comunhão eucarística ecumênica.* – A comunhão sob as espécies do pão e do vinho (*communio sub utraque specie*) corresponde à tradição neotestamentária da Última Ceia. Enquanto a comunhão do pão sempre tem sido incontestada na prática eucarística, o vinho eucarístico foi, desde cedo, reservado aos clérigos. A crítica contra a "privação do cálice" e a reivindicação do "cálice dos leigos" revelam controvérsias referentes à autoridade da Igreja na figuração de celebrações litúrgicas e ao ofício eclesiástico. – (**1**) Todos os quatro testemunhos neotestamentários da Última Ceia documentam o ato duplo da Eucaristia (1Cor 11,23-25; Lc 22,15-20; Mc 14,22-25; Mt 26,26-29). Apesar de as palavras de Jesus sobre o pão e o vinho visarem à antecipação simbólica da sua morte, a peculiaridade do cálice permanece inconfundível diante do pano de fundo da prática judaica: Todos os participantes compartilham do cálice *uno* do sangue e, com isso, da bênção da eterna aliança de Deus no sangue de Jesus (1Cor 10,16). O ato do pão ressaltado em todas as outras perícopes (a reunião para a "partilha do pão" diária [At 2,46]; o discurso no Evangelho segundo São João com referência exclusiva ao pão da vida [Jo 6,48-51]; as narrativas da tentação de Jesus de transformar pedras em pão [Mt 4,3-4]; os relatos sobre a milagrosa multiplicação dos pães [Mt 14,14-23 ou Jo 6,1-15 et al.) contribuíram para uma valorização maior desse ato simbólico. – (**2**) Na Antiguidade, a celebração da Eucaristia com comunhão no pão e no vinho era a regra em liturgias orientais e ocidentais. Os Padres da Igreja a defenderam contra grupos dualistas e ascéticos. Existiam regras especiais para os tempos de perseguição, viagens, enfermos e crianças, no entanto, representavam exceções que precisavam ser justificadas. Provavelmente, a exclusão dos leigos da comunhão do cálice foi facilitada por uma escassez de suprimentos a partir do século XIII. O precioso bem do vinho não estava à disposição para toda a congregação e era muito caro. Conceitos medievais da teologia da Eucaristia geraram um medo no manuseio das dádivas da Ceia; o vinho podia ser derramado acidentalmente. Questões de higiene também já eram consideradas em relação ao cálice comunitário. A partir do século XIII, a piedade eucarística se deslocou da participação na ceia (comunhão) para a contemplação do Pão Eucarístico. Já em tempos antes da Reforma, o cálice dos leigos se tornou um distintivo de círculos reformadores (irmãos da Boêmia, hussitas, J. Wyclif [† 1384]), sendo que a reivindicação de uma forma original da celebração eucarística era vinculada à refutação de uma prática e doutrina eclesiásticas que haviam sido reconhecidas como uma tradição pós-apostólica. A exemplo do cálice dos leigos discutiam-se questões fundamentais da ↑ eclesiologia, que iam muito além da questão concreta. Os grupos reformadores polemicamente chamados de "utarquistas" (do latim: *utraque*, ambos) se tornaram precursores dos reformadores do século XVI, que voltaram a se ocupar com a matéria. – (**3**) Em 1415, o Concílio de Constança defendeu como sensato o costume de administrar aos leigos apenas o pão na celebração da Eucaristia, alegando que fora ordenado pela autoridade eclesiástica e que, por isso, deveria ser observado por todos (DH 1.198-1.200). Condenou a alegação de que a Eucaristia só poderia ser celebrada adequadamente sob ambas as espécies, antes "o corpo e o sangue de Cristo estão verdadeiramente contidos, na sua integridade, tanto sob a espécie do pão, como sob a do vinho" (DH 1.199). Em 1562, o Concílio de Trento se ocupou intensivamente com a temática (DH

1.725-1.734; 1.760) e reforçou a argumentação tradicional (refutação da reivindicação de uma comunhão ministrada necessariamente segundo o direito divino sob ambas as espécies; defesa da autoridade eclesiástica de determinar a forma de celebração; a integridade de *todo* o Cristo sob cada uma das espécies). Em face da dimensão político-eclesiástica da temática, a decisão foi transferida à autoridade do papa. Em 1564, o Papa Pio IV concedeu um indulto regionalmente limitado, que permaneceu contestado, já que conceder o cálice dos leigos era considerado um distintivo da tradição protestante e causou confusão entre os fiéis católicos romanos. O Concílio Vaticano II (SC 55) concede aos bispos o direito de ministrar também aos leigos a comunhão sob ambas as espécies em determinadas situações. A *Instrução geral ao Missal Romano*, repetidamente atualizada após o concílio (primeira versão de 1969), declara a comunhão do cálice também dos fiéis como prática desejável em determinadas situações, já que "a participação no sacrifício celebrado se torna mais visível também no símbolo" (n. 56h; cf. em detalhe n. 240-252). Em documentos mais recentes, a celebração da Eucaristia no contexto do Batismo de adultos é mencionada como oportunidade privilegiada, na qual o cálice deve ser oferecido. Em diretrizes de igrejas locais, manifesta-se a tendência de oferecer o cálice a todos os participantes em todas as celebrações festivas da Eucaristia. – **(4)** Na liturgia da Igreja Oriental, a celebração da Eucaristia sob ambas as espécies é a regra (normalmente o pão banhado no vinho). Ao contrário da questão referente aos ázimos (uso de pão não fermentado nas liturgias ocidentais), a questão referente ao cálice dos leigos não foi e não é objeto de controvérsias. Na era da Reforma havia se tornado objeto de disputas, já que – do ponto de vista reformado – o costume eclesiástico ignorava o testemunho bíblico e introduzia uma diferenciação estamentária que contradizia a essência do Sacramento da Eucaristia. Os credos luteranos (CA 22; ApolCA 22) tratam em detalhe da questão do cálice dos leigos. – **(5)** Já no século XVI existia um consenso entre os teólogos evangélicos e católicos romanos segundo o qual a reconciliação com Deus é proclamada sacramentalmente na celebração da Eucaristia por meio da comunhão no pão e no cálice. Apesar de também a concepção evangélica acreditar que na comunhão do pão todo o corpo de Cristo está presente, ela afirma igualmente que a comunhão do cálice é um símbolo compreensível do ato eucarístico que respeita a vontade de Jesus. A comunhão de toda a congregação no cálice eucarístico expressa o vínculo de todos os batizados com Jesus Cristo. Em muitas congregações católicas romanas, a comunhão no cálice de todos os fiéis já se tornou comum em celebrações eucarísticas dominicais e durante a semana. O problema frequentemente mencionado da incapacidade de prever a quantidade necessária de vinho praticamente já não existe mais em muitas congregações em virtude do número bastante constante de participantes. Esse problema pode ser evitado se o pão é banhado no vinho (intinção). No entanto, o apelo de Jesus de beber de um cálice é assim enfraquecido em seu simbolismo. Além disso, pode suscitar a impressão de que o participante esteja ministrando a comunhão a si mesmo, fato pelo qual essa prática já não é mais permitida (CONGREGAÇÃO PARA O CULTO DIVINO E A DISCIPLINA DOS SACRAMENTOS. *Redemptionis Sacramentum*, 2004, n. 103s.). O lado evangélico tem apresentado principalmente objeções de natureza higiênica contra a comunhão do cálice. Por isso, muitas igrejas distribuem o vinho do cálice em muitos copinhos, que então são distribuídos. Em vista do conteúdo teológico da espécie eucarística, é importante preservar ao máximo o cálice comunitário.

Lit.: a) e b) WENZ, G. "Confessio Augustana XXII und der Streit um den Laienkelch". In: HILBERATH, B.J. & SATTLER, D. (orgs.). *Vorgeschmack. Ökumenische Bemühungen um die Eucharistie*. Mainz, 1995, p. 258-276. c) WAGNER, H. "Zur Praxis der Kelchkommunion in der katholischen Kirche". *Cath(M)*, 49, 1995, p. 114-124.

Dorothea Sattler

Cânone ↑ *apostolicidade da Igreja,* ↑ *Escritura Sagrada,* ↑ *hermenêutica,* ↑ *inerrância,* ↑ *inspiração,* ↑ *confissão,* ↑ *revelação,* ↑ *tradição.* – Chamamos de cânone (em grego: *kanon*, bitola, norma, medida) a totalidade dos escritos bíblicos que, segundo a opinião eclesiástica normativa e como testemunhos da revelação divina, possuem caráter normativo para o conteúdo e a compreensão da fé cristã. Em relação aos escritos individuais do cânone existe uma unanimidade geral no cristianismo. Escritos incontestados pertencentes ao cânone são chamados de protocanônicos pelo lado católico e, pelo lado evangélico, de *homologumena* (escritos reconhecidos), enquanto os escritos contestados são chamados de deuterocanônicos pelos católicos e de *antilegomena* (escritos contestados) ou apócrifos pelos evangélicos (AT: Tb, Jd, 1-2Mc, Sb, Eclo, Br e as partes gregas de Est e Dn – NT: Hb, Tg, 2Pd, 2-3Jo, Jd, Ap). A expressão "apócrifos" representa na linguagem católica os escritos não apostólicos do início do cristianismo, que, na terminologia protestante, são chamados de pseudepígrafes. – **(1)** A primeira Igreja reconhecia a autoridade da Bíblia hebraica em sua versão linguística da LXX (At 1,16; 17,2.11; 18,28; 2Pd 1,19-21 et al.), mas a interpretou de maneira nova em vista de Jesus (Mt 5,21-48; Jo 4,21-24; Rm 10,5-8; Hb 1,1ss.). Aos livros da aliança antiga, juntaram-se testemunhos de Jesus, preservados e compartilhados nas igrejas do início do cristianismo (Cl 4,16), que ressaltavam uma "nova aliança" (1Cor 11,25; 2Cor 3,6.14; Gl 4,24; Hb 7,22; 8,7-13; 9,15; 12,24). 2Pd 3,16 é uma primeira testemunha para a coleção de epístolas do Apóstolo Paulo, que substituiu ou complementou a autoridade da Bíblia judaica com a autoridade de Cristo (1Ts 4,15; 1Cor 7,10; 9,14; 11,23-25). Já no tempo apostólico, então, o registro por escrito para a preservação do querigma apostólico havia adquirido uma relevância especial ante os testemunhos orais (2Pd 1,12-21). Os documentos protegiam a tradição de modo mais eficiente contra distorções falsificadoras, motivo pelo qual a fórmula canônica ressalta: nada pode ser "acrescentado" nem "subtraído" das Escrituras (Ap 22,18; cf. tb. Dt 4,2; 13,1; Ecl 3,14; Jr 26,2; Pr 30,6). – **(2)** Até hoje, a história muito complexa do cânone não foi totalmente esclarecida, tampouco existe consenso na exegese bíblica sobre a datação de escritos individuais. A reunião dos documentos incluídos ao cânone veterotestamentário começou provavelmente no século VIII ou VII a.C., enquanto os próprios escritos foram criados mais ou menos entre os séculos VIII e III. No século I d.C., Flávio Josefo († por volta de 100) cria um registro de 22 livros (escritos protocanônicos). Os escritos do NT devem ser datados entre mais ou menos 50 e 140 d.C. Um dos manuscritos mais antigos, quase completos, da LXX provém do século IV d.C. (*Codex Sinaiticus*), enquanto que um dos manuscritos mais antigos, quase completos da Bíblia hebraica, foi escrito apenas no século X (*Codex Leningradensis*, 1008). A canonização do AT e do NT faz parte do processo da tradição da Igreja. Antes disso, a *regula fidei* (regra da fé) representava o primeiro cânone da Igreja, cujo fundamento era o registro por escrito da mensagem apostólica. Na disputa com o dualismo gnóstico e a heresia de Marcião († por volta de 160), as igrejas cristãs precisaram se ocupar com a questão canônica tanto referente aos escritos judaicos quanto aos seus escritos mais recentes. A partir de 150 d.C., temos evidências de intenções de fixar de modo normativo o volume das escrituras cristãs, mas uma definição definitiva (porém, também apenas temporária) só acontece no século IV (DH 179s.; 186). No ano de 367, Atanásio de Alexandria chegou a mencionar todos os 27 livros do NT (39ª epístola de Páscoa) e usou pela primeira vez a palavra grega *kanon* para o conjunto de todos os livros bíblicos. A Igreja Ocidental acatou essa coleção por volta do fim do século IV em vários sínodos (com sequências divergentes). O fundamento para a criação e reunião dos textos eram cogitações bíblico-teóricas (cf. o cânone de Trento e a Bíblia de Lutero): 1) A autoridade de Jesus: Paulo foi o primeiro a citar uma "palavra do Senhor" em determinados casos e situações, remetendo assim para além da Escritura judaica (1Ts 4,15; 1Cor 7,10; 9,14; 11,23-25). 2) A autoridade dos apóstolos: estes eram considerados intérpretes autênticos "da primeira hora" (At 2,42; 16,4; 2Pd 3,15s.) e representavam, de certa forma, um "cânone ideal e pessoal" da fé. Os escritos canônicos mantêm um vínculo imediato com o querigma apostólico e são vistos como inspirados (DH 3.006). Em virtude da tensão entre apostolicidade original e proclamação pós-apostólica, as obras dos padres apostólicos (Clemente de Roma [† por volta de 97-101], Inácio de Antioquia [† por volta de 107-110], Policarpo de Esmirna [† por volta de 166]), após alguma hesitação, não foram reconhecidas como escritos canônicos. 3) A recepção eclesiástica/o emprego litúrgico: Os escritos precisavam se dirigir (contra as ideias gnósticas) a toda a Igreja (circulação das epístolas paulinas entre as igrejas; cartas católicas para um público maior [Cl 4,16; 1Ts 5,27; 2Cor 1,1; Gl 1,2; Tg 1,1; 1Pd 1,1; 2Pd 1,1; Jd 1]), corresponder à fé da Igreja (*regula veritatis, symbolum*) e ser empregados no culto ou em pregações (Ap 1,3; 22,18). Com o encerramento da formação do cânone, a Igreja, ao mesmo tempo, se submeteu a ele. Os problemas atuais são a relação entre os dois testamentos, a pluralidade das teologias vétero e neotestamentárias e questões referentes à tradução. – **(3)** O cânone vétero e neotestamentário, juntamente com os escritos deuterocanônicos, só foi fixado de forma definitiva no Concílio de

Trento (DH 1.501-1.505) com recurso ao Concílio de Florença (DH 1.334s.). O Concílio de Trento determinou que "todos" os livros do AT (45 escritos) e do NT (27 escritos) "com todas as suas partes" deveriam ser aceitos como sagrados e canônicos (DH 1.504). Em 2001, a Pontifícia Comissão Bíblica publicou o estudo "O povo judaico e sua Escritura Sagrada na Bíblia cristã", segundo o qual vale para a relação entre o NT e o AT: a) continuidade/universalização: Por meio da Igreja, a Escritura de Israel se torna a Escritura de todos os povos; b) descontinuidade: A Escritura de Israel é superada pelo NT (Hb 8,13); c) continuação: O AT encontra seu centro no NT (Gl 3,8.29; 2Cor 3,13-16; tb. DV 16). – (**4**) Em todas as igrejas cristãs, o cânone é considerado a norma para a ortodoxia e ortopraxia. Existem diferenças (não cismáticas) em relação ao cânone do AT, que abarca mais livros na ortodoxia do que na Igreja Católica Romana. M. Lutero não se orientou pela LXX grega, mas pela Bíblia hebraica, e, em virtude de sua crítica referente ao conteúdo, posicionou em sua tradução do NT quatro escritos no fim (Hb, Tg, Jd e Ap). Até hoje, as comunidades eclesiásticas luteranas não definiram o volume exato do cânone – apesar de não avaliarem os escritos apócrifos como não canônicos, quase não são usados na prática eclesiástica. A Igreja Reformada não acatou a decisão de Lutero. – (**5**) O cânone da Escritura Sagrada se fundamenta na convicção segundo a qual os textos bíblicos apresentam uma afinidade singular com a Palavra de Deus. Por isso, a Igreja os reconheceu como inspirados e assim foi capaz de fazer uma seleção. Ao mesmo tempo, encontrou sua identidade justamente no espelho do cânone compreendido como unidade. A afirmação segundo a qual os 72 escritos da Bíblia representam um único livro homogêneo e singular é, em primeiro lugar, uma profissão. No fim das contas, o que constitui a Bíblia e fundamenta seu significado é um juízo da fé. Em vez de chamarmos a Bíblia de "Palavra de Deus", deveríamos designá-la antes como objetivização normativa ou autêntica da Palavra de Deus: Ela é testemunho da Palavra de Deus causado pelo Espírito (relação de origem), preenchido pelo Espírito (relação de matéria) e eficaz no Espírito (relação de experiência). Apesar de a ideia (discutida no protestantismo) do "cânone no cânone" ser altamente problemática, existe, mesmo assim, um centro da Escritura. Este exerceu uma função hermenêutica na formação do cânone, em virtude da qual as tradições literárias foram com-

Explicação teológica referente à formação do cânone

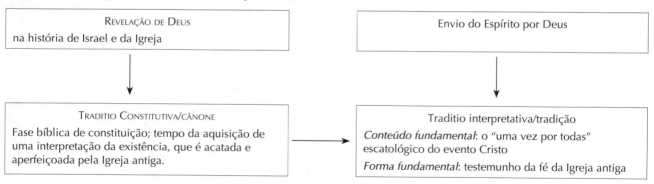

Designações confessionais da canonicidade

	Católicas	Protestantes
Escritos canônicos	Protocanônicos	Homologumena
Escritos contestados	Deuterocanônicos	Antilegomena/apócrifos
Escritos não canônicos	Apócrifos	Pseudepígrafes

preendidas como escritos "sagrados" e, por isso, foram avaliados e reunidos com todo cuidado. A medida normativa era e ainda é "a verdade que Deus, para nossa salvação, quis que fosse consignada nas sagradas Letras" (DV 11).

Lit.: a) DOHMEN, C. & OEMING, M. *Biblischer Kanon*. Frankfurt a.M., 1992. • LANG, B. *Die Bibel*. Paderborn, 1994. b) DOHMEN, C. & SÖDING, T. (orgs.). *Eine Bibel - Zwei Testamente*. Paderborn, 1995. Sobre "cânone e exegese", cf. *BThZ*, 22/2, 2005. • FRANK, K.S. "Zur altkirchlichen Kanongeschichte". In: PANNENBERG, W. & SCHNEIDER, T. (orgs.). *Kanon. Schrift. Tradition*. Friburgo/Basileia/Viena, 1992, p. 128-155 [Verbindliches Zeugnis, 1]. • SECKLER, M. "Über die Problematik des biblischen Kanons und die Bedeutung seiner Wiederentdeckung". *ThQ*, 180, 2000, p. 30-53. c) DOHMEN, C. "Der Biblische Kanon in der Diskussion". *ThRv*, 91, 1995, p. 451-460. • HOFRICHTER, P. "Kanon III". *NBL 2*, 1995, p. 447-450.

Cristoph Böttigheimer

Carismas/renovação carismática ↑ *habitação do Espírito*, ↑ *dons do Espírito*, ↑ *batismo no Espírito Santo*, ↑ *discernimento dos espíritos*. – Os carismas (do grego: *charis*, graça) são dons de Deus transmitidos pelo Espírito Santo e comunicados à Igreja, como um todo, como também a fiéis individuais, para possibilitar a experiência e a eficácia social da redenção em Cristo. Os carismas são variados e não podem ser reivindicados a seu bel-prazer, tampouco podem ser igualados a bens ou habilidades existentes desde a criação. – **(1)** O conceito ocorre de forma concentrada nos escritos paulinos, onde lembra remotamente os relatos veterotestamentários sobre pessoas revestidas com a *ruach Jahwe* (Espírito de Deus), temporária ou duradouramente, com um poder especial para o serviço ao povo de Deus, despertando assim esperanças messiânicas de um salvador dotado do Espírito (Jz 13,25; 14,6; Nm 11,25-29; 2Cr 15,1; 20,14; Is 11,1-16). No entanto, o conceito do carisma ainda não apresenta um contorno nítido em Paulo; tampouco pretende oferecer uma descrição abrangente. Assim, o apóstolo chama de carisma em termos muito gerais o chamado de Israel e a nova ordem salvífica em Cristo (Rm 5,15s.; 11,29), que vem acompanhada do carisma do ofício apostólico e de outros ministérios (1Cor 12,28; Ef 4,11; 1Tm 4,14). Por outro lado, chama de carisma também habilitações individuais, mais ou menos extraordinárias, que, em sua maior parte, apresentam caráter de evento: o falar em línguas desconhecidas (glossolalia) e sua interpretação (1Cor 13,1.8; 14,2-32), a fala ou apresentação profética (1Ts 5,20; 1Cor 14,1-40), o poder da cura (1Cor 12,30), a firmeza na fé (1Cor 12,9), o discernimento de espíritos (1Cor 12,10), a competência de governo (1Cor 12,28), a assistência aos pobres (1Cor 12,28), a tríade formada pela fé, esperança e amor (1Cor 12,31; 13,13). Um campo semelhantemente amplo é demarcado pelos termos *pneumatika* (dons do Espírito: Rm 15,27; 1Cor 12,1; 14,1), *energemata* (poderes: 1Cor 12,6) e *diakoniai* (serviços: 1Cor 12,5; tb. 1Cor 12,28s.; 1Ts 5,12; Rm 12,7). Vale também aqui: dimensões diferentes – essenciais, especiais, coletivas, individuais – se apresentam lado a lado ou convergem. A fonte mediadora para o recebimento dos carismas é o Batismo; o doador originário é o Espírito Santo (1Cor 12,8-11.13). Como modelo para a classificação eclesial dos carismas, o NT recorre à metáfora estoica – interpretada à luz do Cristo glorificado e do seu vínculo com a Igreja – do corpo orgânico, cuja unidade se constitui justamente em suas funções diferentes (1Cor 12,12-31a). Os catálogos de carismas (Rm 12,6-8; 1Cor 12,4-11; Ef 4,11s.) dão a entender que Paulo concebeu as relações entre os carismas de forma harmoniosa e complementária. As seguintes propriedades caracterizam os carismas: São concedidos de modo diferente e atribuídos pessoalmente; são de caráter altruísta e, portanto, eclesial; brilham na fé e a fortalecem (Rm 12,3); o Espírito produz sua multiplicidade e unidade (1Cor 12,11). Os carismas são orientados e coroados pelo amor, razão pela qual Paulo inseriu o chamado Hino ao Amor (1Cor 13) entre suas exposições sobre os carismas em 1Cor 12 e 14. Segundo as informações do apóstolo, a Igreja da cidade de Corinto havia sido tão abençoada com carismas que "não lhes faltava graça alguma" (1Cor 1,6s.). Esse privilégio também trazia perigos: uma arrogância insolente, um entusiasmo falso (p. ex., em relação à ressurreição dos mortos: 1Cor 15,12) e partidarismos. Portanto, era de se esperar que Paulo fizesse uma análise teológica da relação entre glossolalia e profecia em 1Cor 14,1-15 e em vista de um discernimento dos espíritos para avaliar os carismas em 1Cor 12,3.7. – **(2)** A Igreja antiga tem consciência dos carismas que nela agem. Menciona – além do martírio e da ascese – sobretudo a profecia (Did. 11,8-12; Justino Mártir [† 165], dial. 82); ouve ao mesmo tempo também o chamado para a ordem e o respeito mútuo

(1Clem 2,2; 46,6). Autores que tentam desenvolver uma teoria, como Irineu de Lyon († por volta de 200) e Orígenes († 253/254), também dão testemunho da rica ação dos carismas nas igrejas que conhecem (Irineu, haer. 5,6,1; Orígenes, Cels. 1,46). No entanto, a partir do século III, anuncia-se um desenvolvimento marcante. Em relação a movimentos entusiásticos (montanismo, messalianismo) os carismas são reivindicados mais enfaticamente para o ofício (episcopal), integrando-os assim às estruturas institucionais. São apresentados como fenômenos iniciais, cujo significado teria mudado ou até mesmo se perdido. Os movimentos de pobreza e pregação da Idade Média com tendências heréticas (cátaros, valdenses) e a expectativa de uma era impregnada pelo Espírito (Joaquim de Fiore [† 1202]) intensificam essa tendência na Igreja, o que não impede que teólogos como Guilherme de Auxerre († 1231) ressaltem o carisma da sabedoria e interpretem até mesmo a figura de Cristo de forma carismática (Summa aurea 3,5; 3,30,3). Tomás de Aquino transforma o conceito do carisma em um termo teológico, distinguindo a *gratia gratis data*, os carismas segundo Paulo, da *gratia sanctificans*, do carisma pessoal na Igreja: os carismas são capacitações que se manifestam no presente para a participação na salvação de outros, não são mais modos de execução da vida cristã baseados em graça, virtude ou ofício (STh II-II, q111 a1; q176 a2). Ou seja: a vida na Igreja não depende dos carismas, mas é enriquecida por eles. Posteriormente, porém, não surge disso uma teologia dogmática clara orientada pelos carismas; num sentido mais amplo, porém, elementos espirituais, místicos e ascéticos convergem num amálgama pneumatológico. É dessa fonte que, a partir da década de 1960, se nutre a chamada *renovação carismática*, o *movimento carismático*. Seu solo mãe é, desde 1900, o pentecostalismo do metodismo norte-americano e também de algumas igrejas batistas, que partem do pressuposto de que uma poderosa experiência do Espírito sob o signo de novas experiências comuniais e a atribuição plural, individual e concreta dos carismas sejam possíveis e necessárias. A partir de 1960, ocorrem surtos carismáticos entre os anglicanos e episcopais dos Estados Unidos, que logo se espalham pela Igreja Católica e afetam também partes da comunidade ortodoxa. Surge paralelamente, como forma especial do movimento, o "neopentecostalismo", no qual, segundo os ideais do pentecostalismo clássico, os dons particularmente espetaculares como a glossolalia ou o milagre da cura são considerados indícios de uma vitalidade religiosa. O "batismo no Espírito", imprescindível para a liberação dos fenômenos mencionados, é exigido e praticado. Também os chamados evangélicos de uma terceira onda podem ser atribuídos a esse movimento, mas uma classificação fenomenológica precisa não é possível. Segundo M. Welker, a discussão contemporânea sobre os carismas evidenciou cinco desideratos dogmáticos: Como podemos reconhecer a presença de Deus e do mundo de vivência bíblica na oração e na conduta? Como podemos desenvolver uma nova consciência comunial e a sensibilidade para a multiplicidade dos dons do Espírito e dos carismas? Como podemos superar as fronteiras confessionais? E como podemos usar o batismo no Espírito e a glossolalia para criar novos padrões linguísticos cristãos? (WELKER, M. *Gottes Geist*, p. 24s.) Em decorrência da redescoberta conciliar da Igreja local, os teólogos dogmáticos católicos com forte tendência teológico-pastoral refletem sobre o elemento carismático como princípio estrutural dinâmico de uma Igreja compreendida como democrática, missionária e diaconal (K. Rahner, H. Küng, G. Hasenhüttl, H. Mühlen). – **(3)** Em vista dos anseios entusiásticos impulsionados por Joaquim de Fiore, os papas têm advertido contra uma acepção da Igreja na qual os sacramentos e a hierarquia não têm mais nenhum significado (DH 803-808). Em sua encíclica sobre o Espírito *Divinum Illud Munus*, de 1897, o Papa Leão XIII reconhece os carismas como dons "brilhantes" da graça, que testificam a origem divina da Igreja (DH 3.328). Já o Papa Pio XII leva em consideração a complementaridade persistente do carisma e da estrutura institucional da Igreja (Encíclica *Mystici Corporis*, de 1943: DH 3.800s.). O Concílio Vaticano II se manifesta de forma semelhante, encarregando os "pastores" com a tarefa de julgar a "autenticidade e o uso regrado" dos carismas conferidos livremente pelo Espírito (AA 1,3; tb. LG 12) e diferenciando entre "dons carismáticos" e "dons hierárquicos" (LG 4). Ao mesmo tempo, manifesta-se uma visão ampliada: "Os carismas não são um fenômeno primariamente extraordinário, mas cotidiano; não são um fenômeno uniforme, mas múltiplo; não são um fenômeno limitado a um grupo determinado de pessoas, mas um fenômeno totalmente comum na Igreja" (KÜNG, H. *Charismatische*

Struktur, p. 288). Atualmente, a renovação carismática que se orienta pela Igreja é vista com simpatia. Já na década de 1960, os bispos norte-americanos reconheceram seus fundamentos bíblicos e seu valor para a renovação da Igreja. – (**4**) Enquanto o catolicismo continuou a subordinar o elemento carismático à estrutura hierárquica dos ofícios, os reformadores o subordinaram à Palavra (bíblica) e à sua proclamação dentro das estruturas das ordens congregacionais. F. Schleiermacher († 1834) iguala os carismas às virtudes, e E.C. Achelis († 1912) os contempla na tradição kantiana como instrumentos para a realização ética da vida cristã. A tradição ortodoxa atribuía e continua a atribuir uma importância especial aos carismas em combinação com o monasticismo (ascetas extraordinários, milagreiros, padres espirituais, os *starets* russos). Devido às concepções fortemente influenciadas pelas respectivas confissões e pretensões em relação aos carismas, o ecumenismo ainda não teve uma chance real de se desenvolver nessa questão. E o ímpeto do pentecostalismo clássico não a aumenta, pois existe aqui um ceticismo fundamental contra qualquer aspecto estrutural ou oficial. No entanto, é justamente a experiência do *mesmo* Espírito que gera a diversidade, diversidade esta que pode impulsionar e avançar a unidade visível das igrejas. Para que isso ocorra – segundo as comunidades ecumênico-carismáticas e teólogos sistemáticos simpatizantes, como H. Mühlen († 2006) e J. Moltmann –, é necessário que se desenvolva uma espiritualidade especificamente ecumênica em vários passos: Primeiro, a conscientização de que a redescoberta *intra*confessional dos carismas prepara o terreno para um consenso futuro; depois, o reconhecimento e a admiração pelos dons já concedidos na confissão própria e na confissão alheia; além disso, uma ampliação do horizonte em direção a *uma* Igreja de Cristo no *mesmo* Espírito de Deus; por fim, o empenho para adaptar criticamente os carismas dos "outros" para que assim possa crescer uma nova comunidade capaz de *unir* as confissões (cf. *Thesen d. Charism. Leiter-Konf.*, 1975). No que diz respeito aos movimentos pentecostais clássicos, apesar de seu ceticismo referente às instituições, ocorreram entre 1977 e 1989 diálogos oficiais de convergência com Roma, que trataram da dignidade de todas as pessoas dotadas de carismas e de questões referentes à interpretação das Escrituras, da importância da tradição e do ofício e também da posição da Mãe de Jesus (DwÜ I, 481s.; II, 584s.; 591-597). – (**5**) Os carismas demonstram a diversidade criativa do Espírito divino e apontam para o sinergismo entre *pneuma* e ser humano. Já que podem ser vivenciados concretamente, os carismas remetem também aos componentes fundamentais salvíficos e holísticos do cristianismo que evidenciam o vínculo criativo da fé e da Igreja com sua origem: Aquilo que, em determinado momento histórico, pôde ser experienciado como poder da renovação se manifesta em todo momento do cristianismo. A opinião segundo a qual os carismas teriam sido importantes apenas no início deve, portanto, ser considerada ultrapassada; os carismas têm seu lugar no centro da vida da Igreja. Seu potencial de conhecimento cristológico também é significativo: A visão conjunta dos dons individuais resulta, como as pedras de um mosaico, num retrato de Cristo, o portador pleno do Espírito e Senhor permanente da Igreja. Assim, podemos refutar os movimentos que, em nome dos carismas, propagam um novo cristianismo desvinculado da pessoa de Cristo. Já que as Escrituras não oferecem uma definição última da natureza dos carismas, sugerimos manter a distinção desenvolvida pela tradição e acatada pelo Concílio Vaticano II entre carismas e instituição, para mostrar que as instituições são vivificadas pelos carismas; e os carismas, ordenados pela instituição (assim Y. Congar [† 1995]). O caráter exemplar dos catálogos carismáticos paulinos exige uma atualização constante, o que, em tempos de grandes mudanças sociais (perda da tradição, individualização, consumismo, mudança de valores), pode abrir novos caminhos. No que diz respeito aos carismas, a teologia dogmática precisa ainda investigar mais a fundo sua concepção da realidade (milagres), a relação entre êxtase interior e Palavra bíblica ou dogma definido, como também o valor a ser atribuído a fenômenos paranormais no contexto da profissão da fé da Igreja (p. ex., a chamada virtude heroica de pessoas com fama de santidade). Ao mesmo tempo, porém, o elemento da cruz deve exercer um papel permanente e crítico: O novo entusiasmo é capaz de suportar o silêncio de Deus diante do sofrimento e da morte? O fortalecimento de carismas ordinários e menos espetaculares, como a firmeza na fé em tempos de dificuldade ou a esperança amorosa contra toda esperança, é indispensável tanto teórica quanto praticamente diante do fato de que muitas pessoas carismáticas e entusiasmadas acabam perdendo sua euforia e então se mostram desiludidas.

Lit.: a) BAUMERT, N. *Charisma. Taufe. Geisttaufe.* Vol. 1. Würzburg, 2001. • BERKHOF, H. *Theologie des Heiligen Geistes.* 2. ed. Neukirchen-Vluyn, 1988, p. 101-105 [Neukirchener Studienbücher, 7]. • BIRNSTEIN, U. *Neuer Geist in alter Kirche?* Stuttgart, 1987. • KÜNG, H. "Die Charismatische Struktur der Kirche". *Conc*(D), 1, 1965, p. 282-290. • TIGGES, L. "'Aus dem Geist leben' – Die Bedeutung der unterschiedlichen Charismen für den Aufbau der Gemeinde". *LebZeug*, 57, 2002, p. 22-28. • ZIMMERLING, P. *Charismatische Bewegung.* Göttingen, 2009. • WELKER, M. *Gottes Geist.* 2. ed. Neukirchen-Vluyin, 1993. b) CONGAR, Y. *Der Heilige Geist.* Friburgo/Basileia/Viena, 1982, p. 271-320. • MÜHLEN, H. (org.). *Geistesgaben heute.* Mainz, 1982 [Topos-Taschenbücher, 116]. • SULLIVAN, F.A. *Die charismatische Erneuerung.* Graz et al. 1984. • BAUMERT, N. *Gaben des Geistes Jesu.* Graz et al., 1986. • PARMENTIER, M. "Charisma und Amt". *IkaZ*, 88, 1998, p. 26-34. • KOERRENZ, R. "Pneumatologie". *VF* 41,2, 1996, p. 45-70. • SCHÜTZ, C. *Einführung in die Pneumatologie.* Darmstadt, 1985, p. 274-280. c) OCHS, T. *Funktionär oder privilegierter Heiliger?* Würzburg, 2008.

Bertram Stubenrauch

Catolicidade ↑ *vontade salvífica universal de Deus*, ↑ *diálogo*, ↑ *vida eterna*, ↑ *distintivos da Igreja*, ↑ *confissão*, ↑ *ecumenismo*, ↑ *sacramentalidade da Igreja*, ↑ *criação*. – A catolicidade (em grego: *katholikos*, completo, perfeito, abrangente) é a terceira das características fundamentais da Igreja mencionadas pelo Credo niceno-constantinopolitano. Afirma que uma de suas tarefas essenciais é proclamar a vontade salvífica universal de Deus literalmente "ao mundo inteiro", sendo, por isso, "relevante para o mundo". – **(1)** Assim como Israel, o povo eleito por Deus é símbolo da salvação para todos os povos (peregrinação dos povos Is 2,2ss.; Mq 4,1ss., a vontade salvífica de Deus revelada em Jesus Cristo também tem dimensões universais (Mt 28,16ss.) e até cósmicas (Gl 3,28). O pensamento "católico" é, portanto, reflexo do evento Cristo, no qual nos foi dada a "plenitude" (em grego: *pleroma*) da salvação para cunhar a vida de cada congregação individual e de toda a Igreja (Ef 1,23; Cl 1,10). – **(2)** O conceito da catolicidade é empregado pela primeira vez num sentido eclesiológico em Inácio de Antioquia (Smyrn. 8,2). Desde o início, pensa-se em uma dimensão qualitativa, determinada pela plenitude e unidade das dádivas da graça de Cristo. Em seu desdobramento conseguinte, acrescenta-se um elemento quantitativo, geográfico: A Igreja Católica pode ser encontrada em todo o planeta; é, portanto, verdadeiramente ecumênica (Isidoro de Sevilha [† 633] orig. 8,1,1); abarca, além disso, todos os tempos, sendo, assim, abrangente (Agostinho [† 430] Ecclesia ab Adam/ab Abel; cf. tb. Vicente de Lérins, Commonit. 2,3). Cirilo de Jerusalém († 387) combina os aspectos empírico-quantitativo e teológico-qualitativo (catech. 18,23), e Agostinho acrescenta uma dimensão escatológica (civ. 18,23) e, ao mesmo tempo, epistemológica: "Ego vero evangelio non crederem, nisi tunc catholicae ecclesiae commoveret auctoritas" (Não acreditaria no Evangelho, não fosse pela autoridade da Igreja; c. ep. Man. 5,6). Assim, a catolicidade pode ser compreendida na Idade Média (com recurso a Boécio [† 525] trin. 1) como determinação do conteúdo da fé ortodoxa e ser usada contra os sectários e hereges (Concílio de Florença: DH 1.351). Depois da Reforma, a catolicidade se torna um conceito confessional; a "catolicidade" designa a partir de agora a catolicidade romana (a *romanitas*) em sua visibilidade concreta, contrarreformada (barroca), o que gera uniformidade e conformidade dentro da Igreja. – **(3)** O Concílio Vaticano II retoma a visão bíblico-patrística e universal ao definir a Igreja como "sinal e o instrumento da íntima união com Deus e da unidade de todo o gênero humano" (LG 1) e como "sacramentum universale" (LG 48). A isso subjaz a convicção da vontade salvífica universal de Deus e, vinculada a esta, a visão segundo a qual cada ser humano que vive honestamente na presença de Deus, segue o chamado de sua consciência e pratica o amor encontra a salvação (LG 16). Isso anuncia uma nova acepção da catolicidade eclesiástica: Apesar de necessária para a salvação como seu sinal e instrumento, a Igreja pode permanecer tranquila em relação a todos aqueles que pertencem explicitamente a ela, mas que mantêm um vínculo interior com ela (LG 16). Apenas essa perspectiva universal faz da Igreja uma entidade verdadeiramente católica (AG 2). – **(4)** Para a ortodoxia, a catolicidade é uma característica essencial e central da Igreja, ressaltando sobretudo o momento qualitativo: Segundo o modelo platônico do original e da cópia, a "catolicidade" se transmite como tesouro celestial e universal da graça por meio da ação salvífica sacramental e nela transparece (Máximo o Confessor

[† 662] myst. 2). A Igreja testemunha e celebra assim a catolicidade da criação, salvação e consumação de Deus, o que se concretiza na forma de um mistério na eucaristia, na "liturgia divina". Cabe aos bispos, como responsáveis apostólicos pela liturgia, a tarefa de garantir a unidade das congregações da Igreja tanto ideal quanto geograficamente (cf. o pensamento da pentarquia: a comunhão dos cinco patriarcados da Igreja antiga como pontos de interseção da catolicidade eclesiástica). Permanece uma pergunta aberta: como essa compreensão básica harmoniza com a pretensão de primazia do papa ou com a ideia de um concílio panortodoxo sem a participação de Roma? As igrejas e congregações resultantes da Reforma também reivindicam uma catolicidade, no entanto, não num sentido confessional, mas na base da convicção da mensagem cristã comum fundamentada na Escritura Sagrada. Segundo M. Lutero († 1546), o termo "católico" se refere à totalidade dos verdadeiramente crentes: "Daí chamamos de Igreja Sagrada Católica ou Cristã a doutrina pura e autêntica do Evangelho e a profissão externa da mesma em todos os tempos e lugares do mundo, independentemente das desigualdades ou diferenças na vida exterior e física ou nas ordens, costumes e cerimônias externas" (WA 7,753; cf. WA 50,624,28s.; WA 26,506,36ss.). Consequentemente, Lutero traduziu a palavra "católico" no Credo apostólico com os termos "universal" ou "cristão" (WA 50,283,1ss.; 624-626; tb. o Livro das Concórdias de 1580: BSLK 735-1100). A catolicidade é um distintivo não da Igreja visivelmente constituída, mas da Igreja reconhecida e professada na fé. Analogicamente, J. Calvino († 1564) reconhece na catolicidade a Igreja na totalidade de todas as igrejas verdadeiramente cristãs. Desde o início, o movimento ecumênico atribuiu uma grande importância à redescoberta de uma ideia não confessional da catolicidade; há muito já não se contesta mais o fato de que, para alcançar esse objetivo, as confissões não são obrigadas a desistir de suas características específicas. – (**5**) Juntamente com o Concílio Vaticano II, a catolicidade eclesiástica precisa ser redefinida *ad intra* e *ad extra*: Segundo a autocompreensão da Igreja Católica Romana, ela administra a "plenitude das dádivas salvíficas", mas sua catolicidade foi danificada pelos grandes cismas históricos (UR 4). Uma reformulação e apresentação adequada da catolicidade já não pode ser realizada sem ou até mesmo contra as outras confissões. A catolicidade *ad extra*: Devemos ressaltar e viver o chamado da Igreja para o mundo; por isso, as preocupações e necessidades de todos os seres humanos são sempre também as preocupações e necessidades da Igreja (cf. GS 1). Catolicidade significa portanto: Não existe Igreja sem mundo – qualquer pensamento esotérico se proíbe. No entanto, vale confrontar cada criatura com a vontade salvífica universal de Deus para demonstrar assim que, apesar de "o mundo" estar salvo, não somos salvos "do mundo".

Lit.: BEINERT, W. *Um das dritte Kirchenattribut*. 2 vols. Essen, 1964. • BEINERT, W. "Die Katholizität als Eigenschaft der Kirche". *Cath(M)*, 45, 1991, p. 238-264. • RAHNER, K. "Grundlegung der Pastoraltheologie als praktischer Theologie". *HPTh*, 1, 1964, p. 117-148. • STEINACKER, P. "Katholizität". *TER*, 18, 1989, p. 72-80. • WERBICK, J. *Kirche*. Friburgo/Basileia/Viena, 1994. • WERBICK, J. *Grundfragen der Ekklesiologie*. Friburgo/Basileia/Viena 2009.

Johanna Rahner

Causalidade ↑ *início,* ↑ *creatio ex nihilo/creatio continua,* ↑ *deísmo,* ↑ *teologia natural,* ↑ *acaso.* – O termo "causalidade" designa a própria causa, a relação causa-efeito ou a razão pela qual uma causa é estabelecida. Diferenciam-se duas correntes de pensamento: a) Toda causalidade é, no fundo, uma relação de causas entre eventos (*event-causality*). b) Toda causalidade é uma relação entre pessoas agentes e sequências de ação (*agent-causality*). – (**1**) Mesmo que nem o AT nem o NT ofereçam uma teoria filosoficamente desenvolvida da causalidade, não deixam dúvida de que o Deus que tudo cria e tudo completa é ponto de partida (Gn 1,1s.; Jo 1,1), destino (Ap 21,1–22,5) e garantia de existência (Ap 17,28) de todas as criaturas. Do ponto de vista bíblico, Deus é a causa primordial de tudo que foi, que é e que será. – (**2**) Aos conceitos de causalidade de Platão e Aristóteles cabe uma importância histórica especial. As ideias da experiência transcendental em Platão são, de certa forma, os modelos típico-ideias (*causae exemplares*) para todas as relações causais reais desde a criação do mundo. Aristóteles que, mediado pelos árabes, alcança um significado especial na filosofia latina da Idade Média, conhece quatro causas: a causa material (*causa materialis*) e a causa formal (*causa formalis*) como fator interno, como também a causa eficiente (*causa efficiens*) e a causa intencional ou final (*causa finalis*) como fatores externos (phys. I 3-5; metaph. I

2-10; V 1-4). Sêneca remeteu igualmente todas as causas a uma única causa primeira e última, à *causa prima et generalis*, que, como causa primordial, facilmente podia ser identificada com Deus. Tomás de Aquino († 1274) acata o modelo quádruplo de Aristóteles (De princ. nat.; In phys. II. lect. 5s.; In Metaph. I, lect. 4; V, lect 1-4) e acrescenta a ele a causa ideal de Platão (*causa exemplaris*). Em Deus, a essência e a existência são idênticas, ele tem sua causa em si mesmo (*causa sui*) e é o ser ou o ente em si (*esse* ou *ens a se*) ao contrário de tudo que é causado por algo alheio (*ens ab alio*). A física clássica de Newton visa à unicidade na atribuição de causa e efeito e se baseia por isso em efeitos reproduzíveis sob condições semelhantes. Seguindo esse desenvolvimento, surgiu, até Einstein, uma visão materialista e determinista do mundo. Os físicos ainda debatem a questão se a física quântica deve ser vista como superação do determinismo ou como sua continuação mais sutil. Na dimensão prática das ciências naturais de hoje pratica-se muitas vezes uma limitação à causa eficiente (*causa efficiens*). Uma transmissão mensurável de energia é vista como "prova empírica" da causalidade, como se existisse a identificação de uma relação monocausal independente do conjunto de outras condições. – (**3**) Declarações magisteriais sobre a causalidade no sentido mais restrito podem ser encontradas apenas indiretamente e no contexto da teologia da criação (*creatio ex nihilo* e *creatio continua*) e das chamadas ↑ provas da existência de Deus. A formulação de Tomás de Aquino: "Deus é o ser em si, subsistente por si mesmo" (*Deus est ipsum esse per se subsistens*: STh I q4 a2c) é acatada pelo magistério e caracteriza Deus como fundamento ou causa primordial, à qual toda causalidade deve ser remetida. Por isso, Deus é, também na pesquisa da causalidade, indiretamente o último fundamento fundador que pode ser alcançado pelo pensamento (DH 2.812; 3.004; 3.622; 3.875) – mesmo que num sentido muito fragmentário. Partindo desse conceito da causalidade, a teologia natural e as "provas da existência de Deus" aparentam ser viáveis. Em face do fundamento último, que estabelece não só o início e o fim, mas que permanece eternamente, toda causalidade no mundo se transforma em causa secundária. – (**4**) Em termos gerais, as igrejas protestantes demonstraram um ceticismo maior; e a Igreja Católica, uma abertura maior frente aos desafios da ciência natural. A proposição dogmática pronunciada no Concílio Vaticano I – segundo a qual Deus, a origem e o destino de todas as coisas, poderia ser reconhecido com certeza por meio da luz da razão (DH 3.004) – é, ao mesmo tempo, consequência e causa dessa abertura. Por isso, é mais provável que a teologia natural encontre um solo fértil na tradição católica do que na evangélica. No entanto, disso não resultam conflitos ecumênicos. – (**5**) A discussão atual, fortemente marcada por tendências reducionistas e naturalistas, suscita a pergunta se a causalidade deve ser considerada universal e fechada em si, excluindo assim qualquer forma de liberdade. Nesse modelo, a liberdade resultaria de brechas nas relações causais, de sua suspensão ou da impossibilidade de identificá-la. Se baseássemos essa liberdade apenas em processos estocásticos (dependentes do acaso), mas não processos quânticos, fisicamente reconstruíveis (P. Jordan [† 1980]), poderíamos falar no máximo de uma liberdade *de*, mas não de uma liberdade *para* algo. O acaso, descritível em termos estocásticos, introduziria à necessidade causalmente analisável um "princípio do não conhecimento" supostamente gerador de liberdade (D. Hattrup). Uma posição contrária a essa alternativa exclusiva reconhece nas relações causais justamente uma condição necessária para o estabelecimento da liberdade: Num jogo de xadrez tridimensional, os movimentos possíveis de cada figura são determinados por regras. No início, o jogador possui um número limitado de possibilidades determinadas e livremente combináveis que, mais tarde, se transforma em número astronômico de possibilidades de ação com muitas variantes estratégicas imprevisíveis. De acordo com esse modelo, os processos determinados e causalmente analisáveis resultam em diferentes graus de liberdade do jogo, como efeito de sinergia ou característica imprevisível do sistema. Como no processo evolutivo, combinar-se-iam aqui uma capacidade retrognóstica (a possibilidade de diagnosticar um estado anterior ainda desconhecido), a dependência de um processo posterior de outro anterior e uma incapacidade quase total de fazer prognósticos. Um Deus que estabelece a singularidade inicial do cosmo e causa indiretamente todos os eventos causais posteriores (princípio antrópico, deísmo) é compatível com essas cogitações.

Lit.: VOLLMER, G. *Was können wir wissen?* – Vol. 1: Die Natur der Erkenntnis. Stuttgart, 1985. • VOLLMER, G. *Evolutionäre Erkenntnistheorie.* 8. ed. Stuttgart, 2002. • JORDAN, P. *Der Natur-*

wissenschaftler vor der religiösen Frage. 6. ed. Oldenburg-Hamburg, 1972. • HATTRUP, D. *Darwins Zufall oder Wie Gott die Welt erschuf.* Friburgo/Basileia/Viena, 2008. • BAUMGARTNER, M. & GRASSHOFF, G. *Kausalität und kausales Schliessen.* Berna, 2004.

Ulrich Lüke

Certeza da salvação ↑ *vontade salvífica universal de Deus,* ↑ *eleição,* ↑ *predestinação,* ↑ *justificação,* ↑ *mérito,* ↑ *obras.* – A certeza da salvação é a esperança cristã inabalável de alcançar a própria salvação. – **(1)** A Escritura conhece a certeza da salvação como indicativo que resulta da fidelidade do amor de Deus (Rm 5,1-11; 8,31-39; 1Jo 3,14.19-24), mas conhece também a fraqueza humana que ameaça a salvação (Fl 2,12s.); portanto, a fidelidade de Deus não nos exime da nossa fidelidade para com Deus (1Cor 10,12s.). – **(2)** Em Agostinho († 430), a certeza da salvação coincide com a certeza da predestinação: nenhuma pessoa predestinada para a salvação se perde (corrept. 7,14). Tomás de Aquino († 1274) refuta a ideia de uma certeza da graça, mas permite uma suposição da graça fundamentada em sinais (alegria em Deus, ciência da liberdade da culpa: STh I-II q112 a5); no entanto, sabe que, na confiança em Deus, cada pessoa crente pode esperar sua salvação com certeza absoluta (STh I-II q18 a4). – **(3)** Em 1547, no Concílio de Trento, a certeza da salvação é tratada no contexto do conflito com M. Lutero († 1546) e J. Calvino († 1564): Ninguém pode saber com a certeza da fé infalível que receberá a graça (DH 1.534). Contra Calvino, afirma-se que ninguém pode ter certeza de sua predestinação para a salvação ou que possui a dádiva da perseverança definitiva (DH 1.565s.). – **(4)** A fé ortodoxa espera assemelhar-se a Deus por meio da graça, mas sem se perder em especulações sobre sua própria situação salvífica baseada em obras, posturas ou experiências espirituais. Baseando-se em sua interpretação da mensagem paulina da justificação, M. Lutero acredita que a certeza da salvação e a fé são idênticas (WA 18,783). No entanto, faz uma distinção entre certeza da salvação (*certitudo*) e segurança da salvação (*securitas*): esta seria impossível devido às tentações às quais a fé se vê exposta. A doutrina da predestinação leva J. Calvino a supor uma certeza absoluta da salvação: Já que a vontade salvífica de Deus permanece imutável, os predestinados recebem infalivelmente a dádiva da perseverança (*perseverantia*) definitiva (CR 36,260s., 275; OS IV 388,393). Hoje não existem mais oposições referentes a essa questão consideradas separadoras das igrejas: Na certeza da esperança segundo Tomás, leva-se em consideração a preocupação protestante referente à certeza da fé; com a doutrina protestante da tentação da fé, acata-se a preocupação católica de levar em conta a fraqueza humana no processo salvífico. – **(5)** A certeza da salvação como esperança salvífica pessoal e inabalável está intimamente vinculada aos dois grandes temas da justificação e predestinação. Ao responder-se à pergunta sobre como a comunhão salvífica com Deus iniciada na *justificação* pode perseverar eternamente até a consumação, deve-se observar tanto o lado de Deus quanto o lado do ser humano. Do ponto de vista de Deus, existe uma certeza da salvação incondicional, pois mantém com absoluta lealdade seu amor ao homem, que deseja a salvação de cada ser humano individual. Do ponto de vista humano, porém, existe apenas uma certeza da salvação relativa, já que sua fé, em virtude da fraqueza humana, sempre se vê exposta ao perigo do desvio de Deus. Essa tensão insuperável na vida terrena entre a certeza incondicional doada por Deus e a ameaça humana à salvação precisa ser reconhecida e aceita como realidade. A superação dessa tensão ocorre na dádiva do poder duplo da fé, i.e., na confiança incondicional e na esperança inabalável de que o poder do amor de Deus vencerá na vida do indivíduo e de que, assim, a comunhão salvífica com Deus permanecerá até alcançar a consumação. A fundamentação da certeza da salvação na *predestinação* só é possível sem aporias se partirmos da visão paulina original segundo a qual a predestinação representa um plano salvífico universal de Deus: com a mediação salvífica absoluta por meio de Jesus Cristo e outra relativa por meio da Igreja, com a fé e o amor como critérios pessoais da salvação. Para a questão da certeza da salvação, isso significa: Os cristãos recebem a certeza da salvação em primeira linha por meio da confiança pessoal absoluta e da esperança na obra salvífica de Jesus Cristo. Recebem, além disso, a certeza da salvação quando aceitam a salvação proferida pela comunhão da Igreja por meio da palavra e do sacramento. Por fim, recebem a certeza da salvação quando vivenciam pessoalmente que a perseverança na fé e nos atos do amor lhes foi doada.

Lit.: PFÜRTNER, S. *Luther und Thomas im Gespräch. Unser Heil zwischen Gewissheit und Gefährdung.* Heidelberg, 1961.

• KRAUS, G. *Vorherbestimmung.* Friburgo/Basileia/Viena, 1977, p. 37, 42s., 117-127, 179-187, 266s., 311-313, 328-330, 359 [Ökumenische Forschungen, 2,6]. • ZEINDLER, M. *Erwählung.* Zurique, 2009. • PESCH, O.H. *Hinführung zu Luther.* 3. ed. Mainz, 2004, p. 131-150.

Georg Kraus

Céu ↑ *ressurreição dos mortos,* ↑ *anjos,* ↑ *vida eterna,* ↑ *domínio de Deus/Reino de Deus,* ↑ *santos/veneração dos santos.* – Por um lado, o céu faz parte da criação (como mundo invisível), por outro, é símbolo da transcendência de Deus e, portanto, de uma consumação abrangente, bem-sucedida e escatológica. – (**1**) Na visão do mundo do antigo Oriente, o céu é o espaço das "águas superiores", o espaço do ar, distinto da terra e do lugar da água caótica. Apesar de ser citado como habitação de Javé (Dt 26,15) e ser símbolo de sua transcendência (Sl 36,6), ele é, ao mesmo tempo, criatura e como tal não pode conter a grandeza de Deus (1Rs 8,27). Como elemento do cosmo, o céu é marcado pela finitude (Is 34,4; 51,6), mas também está sujeito a uma criação nova (Is 65,17; 66,22; 2Pd 3,13; Ap 21,1). No NT, o céu serve principalmente em Mateus como metáfora para a transcendência de Deus. Segundo At 1,9-11 e 3,21, é o destino da pessoa ressurreta (cf. tb. Hb 9,24). Daí, o céu é também o lugar da consumação eterna do homem (2Cor 5,1s.) e é sua pátria já na vida terrena (Ef 2,6; Fl 3,20; Cl 3,1s.); nele se cumpre a esperança, vinculada ao motivo do Reino de Deus, da libertação e da justiça (Is 61,1-3) e da superação da morte (Is 25,8; 26,19). O céu é descrito com imagens fortes como casamento e banquete festivo (Is 25,6; Mt 22,1-14 par.; 25,1-13), alegria em moradas eternas (Jo 14,2s.) e Nova Jerusalém, repleta da glória de Deus (Ap 21,1–22,5). Os motivos da contemplação de Deus (Mt 5,8; 1Cor 13,12; 1Jo 3,2), da luz divina com seu brilho eterno (Is 60,19; Ap 21,23-25; 22,5) e do reinado de todos os santos (Dn 7,27; Ap 22,5) influem sobre a história da teologia. Extrapolando o dia a dia terreno, espera-se comunhão, segurança e uma rede de relacionamentos saudáveis, mas também o acolhimento do indivíduo, revelado exemplarmente na consolação do pobre Lázaro por Abraão (Lc 17,19-31; Ap 21,4). – (**2**) De acordo com os padrões de pensamento da época, o céu é descrito na Igreja antiga por meio de hierarquias celestiais, cerimônias da corte e liturgias, recorre-se também a motivos do paraíso (jardins floridos, águas férteis). A Idade Média projeta concepções da ordem terrena (estruturas de ordem) sobre o céu. Revelam-se aqui diferentes antropologias: Enquanto o pensamento franciscano, orientado mais pela vontade do ser humano, anseia sua consumação no amor, a tradição dominicana, em seguimento a Tomás de Aquino, enfatiza a consumação do intelecto na contemplação de Deus (*visio beatifica*) segundo 1Cor 13,12 e 1Jo 3,2. O Renascimento foca a experiência e ação humanas: Antecipa-se o reencontro com amigos ou familiares e o desenvolvimento do próprio gênio. Na teologia mais recente, retorna um teocentrismo mais forte: "Deus é meu além" (JÜNGEL, E. *Tod* [4. ed., Gütersloh, 1990], p. 152). – (**3**) Os credos antigos orientam sua esperança pela ressurreição da carne e, consequentemente, por uma vida eterna compreendida de forma mais realista (Credos Apostólico e Niceno-constantinopolitano: DH 10-30; 150). Confessam a comunhão dos santos (*communio sanctorum*: DH 19), mas se recusam a imaginar as alegrias decorrentes desta (XI Sínodo de Toledo [675]: DH 540). A bem-aventurança no céu é resultado da contemplação de Deus (BENTO XII. Bula *Benedictus Deus*, de 1336: DH 1.000s.; Concílio de Florença, de 1439: DH 1.305). – (**4**) A fé na consumação celestial é elemento natural de toda a tradição cristã, portanto não representa um tema controverso. – (**5**) A consumação salvífica oferecerá o que "nem o olho viu, nem o ouvido ouviu, nem jamais penetrou no coração humano" (1Cor 2,9). Transcende qualquer imaginação humana e, por isso, só pode ser descrita figuradamente. Em termos formais, trata-se de uma bem-aventurança que, por um lado, supera os fenômenos deficitários da existência terrena e cura o sofrimento e que, por outro, acolhe os bens terrenos e os leva a uma perfeição inestimável. Segundo a convicção cristã, o centro do céu é o próprio Deus trino. O céu significa a participação em sua glória e santidade, ou seja, é também alegria, que leva a um louvor interminável numa liturgia celestial. Uma boa forma de imaginar o céu é oferecida por algo que poderíamos chamar de "escatologia negativa", que afirma o que não existirá na presença de Deus: calamidades, maldade, lágrimas, morte. As falas sobre a consumação se referem ao destino individual da pessoa em uma identidade definitivamente bem-sucedida (M. Kehl), mas também à consumação da comunhão humana por meio da comunhão com o Deus trino em seu reino.

Lit.: b) BERGER, K. et al. *Bilder des Himmels*. Friburgo/Basileia/Viena, 2006. • LANG, B. & MacDANNELL, C. *Der Himmel*. Frankfurt a.M., 1996. • LANG, B. *Jenseitsglaube von der Antike bis heute*. Munique, 2003. • VORGRIMLER, H. *Geschichte des Paradieses und des Himmels*. Munique, 2008.

Eva-Maria Faber

Character indelebilis ↑ *Crisma,* ↑ *indivíduo,* ↑ *sacramentos de iniciação,* ↑ *Sacramento da Ordem,* ↑ *Batismo.* – Apresentam um *character indelebilis* (marca indelével, imperecível; também chamado de *signum indelebile*) aqueles sacramentos que são celebrados uma única vez na vida de uma pessoa e que não podem ser repetidos (Batismo, Crisma e Ordem). A palavra greco-latina *character* designava originalmente o cunho de moedas, mais tarde também as marcas usadas para indicar uma relação de posse (de animais) ou de um vínculo de serviço (na área militar). – (**1**) Não é possível remeter a terminologia escolástica a testemunhos bíblicos. No entanto, a adoção da expressão no contexto cristológico é importante: O filho de Deus é "cópia" (*character*) da essência de Deus (Hb 1,3). Por isso, a teologia bíblica estabelece um vínculo com a sacramentalidade primordial de Jesus Cristo. Relativamente à concordância da tradição doutrinal posterior com as Escrituras, precisam ser analisados também aqueles conceitos que apresentam alguma relação com o tema, como os termos latinos *signum, imago* e a palavra grega *sphragis*. Importante para a história da recepção é sobretudo a noção do "espelho" (*sphragis*) incutido por Deus nos ungidos; em termos temáticos, essa afirmação apresenta uma proximidade com o discurso sobre os dons do Espírito dos batizados que professam a fé em Jesus Cristo (2Cor 1,22; Ef 1,13; 4,30). – (**2**) A concepção de um *character indelebilis* está vinculada à controvérsia da Igreja antiga referente à eficácia do Batismo ministrado por hereges. Da briga sobre o Batismo herege e do conflito com o donatismo, emerge a convicção de que o Batismo é garantido pelo Espírito de Deus. Agostinho († 430) compreende a fórmula trinitária do Batismo como caminho da transmissão do *character indelebilis*. Até a virada do primeiro milênio, encontramos poucos documentos que comprovem o uso do termo na teologia sacramental. O que chama a atenção é a mudança na linha de argumentação: Os sacramentos não são irrepetíveis pelo fato de conferirem um *character indelebilis*, antes é a prática da Igreja que atribui o *character indelebilis* apenas aos sacramentos irrepetíveis. Portanto, aplica-se também à Crisma e à Ordem. Tratados sistemáticos minuciosos sobre a natureza do caráter sacramental surgem apenas na alta escolástica (principalmente em Boaventura e Tomás de Aquino [ambos † 1274]). As posições divergentes dos teólogos (atribuição de um novo ser ou a designação relacional para um serviço na Igreja) devem ser vistas no contexto da recepção da teoria aristotélica das categorias, onde a relação (*relatio*) não é tratada como um critério relevante ao ser. Os teólogos medievais fundamentavam a indestrutibilidade do caráter sacramental (também além da morte) na indestrutibilidade da alma remida, na imutabilidade da promessa salvífica de Deus e na participação imperdível na imagem primordial de Jesus Cristo. Na teologia católica romana pós-tridentina encontramos ênfases cristológicas (assimilação da imagem primordial de Jesus Cristo) e eclesiológicas (inclusão duradoura na comunhão dos batizados). – (**3**) O discurso do caráter sacramental é incluído aos textos doutrinais de um concílio primeiramente no decreto aos armênios do Concílio de Florença, em 1439, que assim enfatiza a irrepetibilidade dos sacramentos do Batismo, da Crisma e da Ordem (DH 1.313). O mesmo vale para o Concílio de Trento, que fala de um "signum quoddam spirituale et indelebile" (DH 1.609; cf. DH 1.774 sobre o Sacramento da Ordem). A intenção dos padres do concílio era refutar a negação do caráter sacramental, principalmente da Ordem, por Martinho Lutero († 1546) (WA 6.408; 562s.; para Calvino [† 1564] cf. Inst. IV 3,16; 19,31). O Concílio Vaticano II contempla o discurso do caráter sacramental também no contexto eclesiológico (LG 11). O caráter sacramental da Ordem é interpretado cristologicamente como identidade com Jesus Cristo e pneumatologicamente como unção com o dom do Espírito Santo (LG 21; PO 2). – (**4**) A continuada problematização reformada do conceito do *character indelebilis* se justifica principalmente pela teologia dos ofícios: Ele daria a entender que uma dignidade pessoal não relacionada à tarefa servil do ofício só é conferida aos portadores de ofícios (e não aos leigos batizados) em virtude de seu vínculo especial com Cristo. Os diálogos ecumênicos revelaram que a convicção teológica da irrepetibilidade do Batismo une todas as confissões (cf. o chamado documento de Lima, *Konvergenzerklärungen ÖRK*, n. 111/5). A unção crismal e a confirmação ortodoxas também são celebradas apenas uma única vez. Mais difícil é o diálogo sobre o *character indelebilis* do Sacramento da Ordem (cf. *Lehrverurteilungen* I, *Geistl. Amt*, n. 32; 36-38). Além da fundamentação bíblica da doutrina e dos esforços por parte dos evangélicos de desistirem de práticas que suscitam a impressão de uma repetibilidade das ordenações, a discussão sobre a intenção do emprego de categorias ontológicas na acepção da ordenação também tem sido útil: Se estas fossem interpretadas como expressão da ação irrevogável de Deus na vida da pessoa ordenada, ação esta que teria primazia sobre qualquer ação humana e que garantiria a eficácia dos atos sacerdotais por meio do Espírito de Deus (independentemente da qualidade subjetiva) abrir-se-iam caminhos para um consenso (cf. BISCHÖFE, D. *Das priesterliche Amt*, n. 33). – **(5)** O recurso a Hb 1,3 para definir o conceito do *character indelebilis* tem sua utilidade também para a teologia sacramental: Jesus Cristo é o *mysterium Dei* (mistério de Deus, em lat.: *sacramentum Dei*) supremo e incomparável, no qual Deus revelou sua natureza como amor reconciliador e criador da vida. Todos os eleitos, batizados e ungidos, são marcados de modo indelével com o "selo" de seu vínculo com Jesus Cristo como promessa e envio. Segundo o espírito do NT, esse evento deve ser interpretado pneumatologicamente. O nome de Deus e de Cristo, como "selo de Deus", é a marca de propriedade e proteção dos salvos (Ap 3,12; 7,2-8; 14,1; 22,4). Em analogia com a tradição judaica (cf. Gn 17,11 referente à circuncisão), existe uma conexão entre o novo modo de existência conferido pelo Batismo e a aptidão cultual dos batizados, que se concretiza em primeiro lugar na participação da comunhão eucarística. No contexto da redescoberta da dimensão eclesial dos atos sacramentais, os teólogos de hoje lembram também a atribuição escolástica do *character indelebilis* à dimensão intermediária dos sacramentos (*res et sacramentum*, signo e efeito): aqui, o caráter sacramental é a expressão simbólica da ação de Deus no ser humano. A atribuição específica a atos litúrgico-cultuais deve ser compreendida como efeito primário desse ato simbólico.

Lit.: a) *Taufe, Eucharistie und Amt. Konvergenzerklärungen der Kommission für Glauben und Kirchenverfassung des Ökumenischen Rates der Kirchen.* "Documento de Lima", n. 111,5: Die Taufe. Frankfurt/Paderborn, 1982. • "Gemeinsame römisch-katholische/evangelisch-lutherische Kommission". *Das geistliche Amt in der Kirche.* Frankfurt/Paderborn, 1982, p. 32, 36-38. • LEHMANN, K. & PANNENBERG, W. (orgs.). *Lehrverurteilungen-kirchentrennend?* – Vol. 1: Rechtfertigung, Sakramente und Amt im Zeitalter der Reformation und heute. Friburgo/Göttingen, 1986, p. 84-86, 161s. [Dialog der Kirchen, 4]. • SEKRETARIATE DER DEUTSCHEN/ÖSTERREICHISCHEN UND SCHWEIZERISCHEN BISCHOFSKONFERENZ (orgs.). *Schreiben der deutschen Bischöfe über das priesterliche Amt. Eine biblisch-dogmatische Handreichung.* Trier, 1969, p. 33. • LIES, L. *Sakramententheologie* – Eine personale Sicht. Graz, 1990, p. 209-226. b) HÄRING, N.M. "Character. Signum. Signaculum". *Schol*, 30, 1955, p. 481-512 [até a reforma carolíngia]. • *Scholastik*, 31, 1956, p. 41-69 [até o século XII]; 31, 1965, p. 182-212 [no século XII]. • RUFFINI, E. "Der Charakter als konkrete Sichtbarkeit des Sakraments in Beziehung zur Kirche". *Conc*(D), 4, 1968, p. 47-53. c) FINKENZELLER, J. *Die Lehre von den Sakramenten im allgemeinen.* 2 vols. (HDG 4/1a; 4/1b). Friburgo/Basileia/Viena, 1980/1981.

Dorothea Sattler

Cisma ↑ *unidade da Igreja,* ↑ *heresia,* ↑ *Igreja e igrejas,* ↑ *concílio/conciliaridade,* ↑ *sínodo/sinodalidade.* – A teologia dogmática chama de cisma (do grego: *schisma*, separação, cisão) uma ruptura na unidade da Igreja que se deve primariamente não a diferenças referentes ao conteúdo da fé (heresia), mas a concepções diferentes em relação a estruturas de liderança, levando assim à separação na vida e no culto ou a estruturas eclesiásticas paralelas. A distinção clara entre cisma e heresia nem sempre é possível. – **(1)** Apesar de a oração central na sinagoga, as chamadas "dezoito orações" (*Shmonê Esrei, Amidá*), condenar aqueles que se separam da comunidade (inimigos, caluniadores), o judaísmo evita definições claras referentes a doutrina e vida. Houve um tipo de cisma no tempo pós-exílio entre judeus e samaritanos (Eclo 50,25s.; 1Mc 6,2; tb. Jo 4). No cristianismo existem tensões desde o início. Paulo, por exemplo, critica partidarismos na Igreja de Corinto (1Cor 1–4; 8; 10; 11), e nas congregações joaninas as divisões são condenadas como indícios do "anticristo" (1Jo 2,19ss.). Segundo o próprio Evangelho de João, a disputa sobre a messianidade de Jesus leva à separação (*krisis*) pretendida por Deus entre os crentes e os judeus (Jo 7,43; 9,16; 10,19). – **(2)** Na Igreja antiga ocorre a dissidência de grupos gnósticos, ou seja, também heréticos. Surge uma divisão temporária porque a Igreja de Roma (sob o Bispo Vítor I) exclui as igrejas da Ásia Menor (e com elas todo o Oriente) da comunidade eclesiástica em virtude de não encontrarem uma data comum para a Páscoa. Igrejas particulares (com "contrabispos") são formadas pelos montanistas no século II, pelos novacianos no século II e pelos melitenses e donatistas nos séculos IV e V. Trata-se de grupos que proclamam um rigorismo ético e que exigem uma Igreja dos "puros" e mártires (disputa sobre o batismo; crise donatista), mas que não persistem por muito tempo. Segundo Agostinho ([† 430] fid. et symb. 10,21), estas igrejas negam o senso comunial da Igreja (*sentire cum ecclesia*). Discussões cristológicas nos séculos IV e V geram as primeiras grandes cisões no cristianismo, cujos efeitos sentimos ainda hoje: Quando o Concílio de Calcedônia (451) dogmatiza – contra os nestorianos e monofisitas – as duas "naturezas" de Cristo, algumas igrejas – devido a diferenças linguísticas e formas incompatíveis de filosofia – denegam sua aceitação. Resultam disso as igrejas "precalcedonenses" ou "vétero-orientais", com os coptas no Egito, as igrejas sírio-oriental e sírio-ortodoxa (sírio-ocidental) de Antioquia (com igrejas na Índia), a Igreja Armênia Apostólica Ortodoxa e a Igreja Etíope Ortodoxa. As cristandades greco-bizantina e latina se distanciam uma da outra o mais tardar a partir do início do segundo milênio – por motivos políticos, culturais e teológicos (bulas de excomunhão de líderes da Igreja, em 1054; conquista de Constantinopla pelas cruzadas, em 1204; queda de Bizâncio, em 1454); esse distanciamento se agrava ainda mais (cisma oriental) a despeito de várias tentativas de reunificação (os chamados concílios de união de Lyon, em 1274; de Ferrara-Florença, em 1439). Diferenças doutrinais referentes à pretensão de primazia do papa romano acrescentam ao cisma entre Ocidente e Oriente (esse problema não se resolve nem mesmo com a revogação recíproca da excomunhão em 1965 pelo Papa Paulo VI e o patriarca Atenágoras I). A Reforma Gregoriana havia conferido uma importância eclesiológica ao papado já no século XII; quem não se sujeita a Roma, não se encontra na Igreja. Entre os séculos XII e XV, ocorrem vários cismas relacionados ao papa em virtude de conflitos políticos e nacionais entre os cardeais, elegendo ao mesmo tempo vários (até três) papas. Esse desenvolvimento atinge seu ápice absurdo com a eleição contestada de Urbano VI, que provoca o chamado cisma ocidental (1378-1417), superado apenas no Concílio de Constança (1414/1418). A unidade da Igreja latina sofre uma ruptura profunda com a Reforma, por motivos teológicos. Surgem as *igrejas evangélicas luteranas*, que, a partir de 1945, se unem na Federação Luterana Mundial, as *igrejas reformadas*, às quais se juntam mais tarde os *huguenotes* franceses e os *valdenses* italianos (desde 1970, existe a Federação Reformada Mundial, da qual, porém, não participam todas as igrejas reformadas), a *Comunhão Anglicana* (Anglican Communion), que, no século XVI, se desliga de Roma sob o Rei Henrique VIII (o colonialismo britânico faz da "Church of England" uma comunidade eclesiástica mundial), e as *igrejas evangélicas livres*, algumas das quais já haviam se formado antes da Reforma (irmãos boêmios/hussitas) ou que surgem no século XVI da "ala esquerdista" da Reforma (menonitas). Ainda outras se formam entre os séculos XVII e XIX como movimento de protesto contra a Igreja estatal britânica (*dissenters*) ou se compreendem como movimentos de piedade dentro das igrejas evangélicas da América do Norte (metodistas, quakers, *Disciples of Christ*, Exército da Salvação, Adventistas do Sétimo Dia, e as igrejas pentecostais). A definição da infalibilidade do papa e sua primazia jurisdicional pelo Concílio Vaticano I provoca após 1870 a criação da velha Igreja Católica (na Suíça, é chamada de Igreja Católica Cristã), que, em 1889, criam a "União de Utrecht". – (3) O Concílio Vaticano II censura as cisões dentro do cristianismo como condenáveis (UR 3), no entanto já não chama mais as igrejas e comunidades separadas de cismáticos, mas de "irmãos separados", que permanecem vinculados à Igreja Católica Romana pelos laços de uma *communio* espiritual (mas ainda incompleta) (LG 14s.; UR 3). Essa mudança de perspectiva não produz apenas uma noção alterada de unicidade, lança também uma luz diferente sobre o próprio conceito do cisma e seu enfoque na questão papal. – (4) Já que as comunidades protestantes não atribuem grande importância a questões estruturais (papado, patriarcado, ofício episcopal) e desejam uma expressão plural e até mesmo liberal da unidade da Igreja, o problema do cisma exerce aqui um papel muito menor do que nas igrejas Ortodoxa e Católica Romana. Os protestantes afirmam: "A concórdia na compreensão do Evangelho pode ser e será expressa numa multiplicidade legítima de formas doutrinais [...]. Uma unidade gerada pelo Espírito Santo não gera homogeneização" (texto de Leuenberg: "Die Kirche Jesu Christi" III.1.4). No entanto, expressa-se também aqui a convicção fundamental de que partidarismos e cismas prejudicam profundamente a comunidade da Igreja, que, por isso, devem ser combatidos. – **(5)** Paulo escreve em 1Cor 11,19: "Até certo ponto essas dissensões são *necessárias*, a fim de que se destaquem os de comprovada virtude entre vós". Orígenes (hom. in. Num. 9,1; Cels. 3,12s.) e Agostinho (Gn. adv. Man. 1,2; enarr. in Ps 7,15; 9,20) interpretam esse aparente fatalismo, professado com uma intenção ética e escatológica, de modo a significar que os cismas são necessários para permitir um reconhecimento melhor da verdade. Nesse sentido, a Escola de Tübingen (J.E. Kuhn [† 1887]) observou no século XIX que a evolução dos dogmas não decorre de forma linear e orgânica, mas de forma dramática como reação a desafios cismáticos e heréticos. Segundo J.H. Newman († 1890) existe uma tensão necessariamente dialética entre os grandes concílios, que nunca acata de maneira escrava, mas sempre reinterpreta, acrescenta, contextualiza e assim prossegue no conhecimento da fé. No entanto, não existe nenhum concílio que não teria gerado dissensões. Esse fenômeno pode ser avaliado também de forma positiva? Será que essas divisões podem ser vistas como algo proveitoso? J. Ratzinger afirma: "Certamente, a divisão é do mal, sobretudo quando gera inimizade e um empobrecimento do testemunho cristão. Mas quando o veneno da inimizade é extraído aos poucos da divisão e quando a aceitação mútua faz surgir da diferença não só um empobrecimento, mas uma nova riqueza do ouvir e do compreender, então a divisão pode representar uma transição para a *felix culpa*, até mesmo antes de ser completamente curada" ("Zum Fortgang der Ökumene", p. 245).

Lit.: HOFF, G.M. *Ökumenische Passagen*. Innsbruck, 2005. • *Die Kirche Jesu Christi*. Viena/Mainz, 1994 [Leuenberger Texte, 1]. • KLAUSNITZER, W. *Kirche. Kirch(en). Ökumene*. Regensburgo, 2010. • KOCH, K. "'Wiederentdeckung der ›Seele der ganzen ökumenischen Bewegung' (UR 8)". *Cath(M)*, 58, 2004, p. 3-21. • RATZINGER, J. "Zum Fortgang der Ökumene – Ein Brief an die Theologische Quartalsschrift". *JRGS*, 8,1, p. 731-739.

Johanna Rahner

Cognoscibilidade de Deus ↑ *analogia*, ↑ *ateísmo*, ↑ *presença de Deus*, ↑ *provas da existência de Deus*, ↑ *teologia natural*, ↑ *teologia negativa*, ↑ *revelação*. – O termo designa as possibilidades e os limites de como Deus pode começar a ser compreendido por meio da interação entre a razão pura, a autocomunicação de Deus na revelação e a interpretação de experiências religiosas do ser humano. – **(1)** A visão bíblica se fundamenta na revelação (Sb 13,1-9; Rm 1,18s.). Deus é cognoscível porque Ele se manifesta (Ex 3,14; Jó 38,1; Jo 12,45). O conhecimento de Deus com os meios da razão é diferenciado disso (At 17,22-28). – **(2)** A reflexão filosófica sobre a cognoscibilidade de Deus com os meios da razão natural marcou profundamente a civilização grega e helenística. Para ela, a cognoscibilidade de Deus faz parte da equipagem metafísica do mundo (Platão [† 348/347 a.C.], Aristóteles [† 322 a.C.], estoicismo, Plotino [† 270]). Os Padres da Igreja deram seguimento a esse pensamento de modo apologético e logocêntrico (Justino [† 165]), sistematizando a origem (Orígenes [† 253/254]), ou de um ponto de vista confessoral interior (Agostinho [† 430] conf. 3,6,11: *Deus interior intimo meo*). Na Idade Média (o argumento de Anselmo; os cinco caminhos [*quinque viae*] de Tomás de Aquino), a teologia busca, por meio da dedução lógica a partir da experiência, introduzir uma cognoscibilidade de Deus como algo dedutível dos fundamentos do mundo. No entanto, a escolástica também acreditava que a vida interior de Deus só podia ser acessada por meio da revelação. O horizonte moderno da cognoscibilidade racional de Deus foi demarcado de modo fundamental pela abordagem dupla de I. Kant: A cognoscibilidade de Deus só é viável para a razão prática, ou seja, sob as condições dinâmicas do mundo da vivência humana, no qual sujeitos livres são obrigados a resolver problemas (KrV B 804; KpV A. 5, 132; KpV 124ss.). No entanto, Deus não pode ser conhecido com os meios da razão teórica, pois, apesar de existir um conceito de Deus, Ele não pode ser contemplado (KrV B 11s.; KrV B 29; KrV 619s.; KrV 620-630; KrV 641; KrV B 724). O fato de que a existência de Deus não é cognoscível por meio da razão teórica, mas que seu poder pode ser muito bem utilizado pela razão prática (sobretudo para a existência humana ameaçada pela vontade do poder), pode levar a duas consequências: A existência humana pode ser fundamentada em seu dia a dia como existência livre na abertura para a revelação (teologia transcendental de K. Rahner [† 1984]); mas pode ser interpretada também como desafio à existência que precisa ser vencido esteticamente e com os ideais elitistas em uma correspondência obediente (teologia dramática de H.U. von Balthasar [† 1988]). Na Pós-modernidade baseada em diferenças linguísticas, a cognoscibilidade de Deus pode muito bem funcionar no *genitivus subjectivus* (apenas Deus se faz cognoscível como sujeito do conhecimento) como documentação da fragilidade dos signos linguísticos; no *genitivus objectivus*, porém (Deus pode ser reconhecido conceitualmente como objeto do conhecimento), ela não funciona. – **(3)** O magistério investiu grandes esforços na vinculação do conhecimento natural de Deus à cognoscibilidade de Deus pela fé na revelação. O Concílio Vaticano I distingue, numa argumentação escolástica, entre a revelação natural e a revelação sobrenatural, de forma que a primeira é reconhecida como caminho viável para a cognoscibilidade de Deus (DH 3.004-3.006; 3.015; 3.026-3.028). No que diz respeito à cognoscibilidade geral de Deus, o ser humano depende de sua autocomunicação, que então pode ser contemplada à luz da razão (*intellectus fidei*). Por isso, o magistério nutre um grande interesse pelo equilíbrio entre razão e fé (PAPA JOÃO PAULO II [† 2005]. *Fides et ratio*, com ênfase na razão autônoma: DH 5.079; PAPA BENTO XVI. *Regensburger Rede*, de 2006, com ênfase na fé autônoma). O Concílio Vaticano II opta pelo caminho da cognoscibilidade histórico-prática de Deus nos sinais do tempo, nos quais se manifesta a assistência de Deus na luta pela dignidade humana (GS 11). – **(4)** Seguindo a tradição de Pseudo-Dionísio Areopagita (séculos V e VI), o pensamento ortodoxo ressalta a incognoscibilidade de Deus e a natureza inexprimível de sua verdade. Mas isso não obscurece a experiência existencial de Deus. Antes ela é assim conduzida a uma profundeza na qual Deus pode ser percebido como mistério, que gera uma postura de oração adoradora. Desde que a teologia reformada contestou que uma congnoscibilidade de Deus possa ser racionalizada independentemente da fé, existiu uma diferença entre a posição protestante e a tradição católica (*analogia fidei* segundo K. Barth [† 1968]). Por parte dos católicos, a racionabilidade da cognoscibilidade de Deus é considerada possível até o século XX. Existe um consenso no esforço interconfessional atual de definir a cognoscibilidade de Deus como modo de uma abordagem legítima à realidade em alternativa às pretensões de verdade hipotéticas das ciências modernas. – **(5)** A questão da cognoscibilidade de Deus pode ser negociada dentro de dois sistemas de referência: dentro de um sistema epistemológico baseado na razão e dentro de uma abordagem religiosa fundamentada na revelação. A cognoscibilidade de Deus não pode ser remetida à experiência e à empiria, mas a discursos e práticas religiosas. O sujeito humano com suas histórias e cunhagens linguísticas religiosas (por meio das chamadas "grandes narrativas") exerce uma influência inevitável sobre a cognoscibilidade de Deus, o que vale sobretudo para a cognoscibilidade de Deus por meio da revelação. Na fé, ela postula Deus como grandeza amorosa e bondosa e refuta uma definição de Deus como espírito ardiloso e enganador (R. Descartes [† 1650]). Por isso, a cognoscibilidade teológica de Deus sempre está ligada a uma permanente perda de fala; não existem argumentos absolutos contra as refutações das pretensões de uma cognoscibilidade de Deus. Deus permanece um mistério eterno – mesmo naquilo que Ele revela de si mesmo.

Lit.: INMAN, A.E. *Evidence and transcendence* - Religious epistemology and the God-world relationship. Notre Dame, 2008. • PLANTINGA, A. & TOOLEY, M. *Knowledge of God*. Malden, 2008. • HAUERWAS, S. *The state of the university* - Academic knowledges and the knowledge of God. Malden, 2007. • LAUSTER, J. & OBERDORFER, B. (orgs.). *Der Gott der Vernunft* - Protestantismus und vernünftiger Gottesgedanke. Tübingen, 2009. • FRANZ, A. & MAASS, C. (orgs.). *Diesseits des Schweigens* - Heute von Gott sprechen. Friburgo/Basileia/Viena, 2011 [QD 240].

Hans-Joachim Sander

Colegialidade ↑ *ofício na Igreja*, ↑ *bispo*, ↑ *hierarquia*, ↑ *concílio/conciliaridade*, ↑ *Igreja local* e *Igreja universal*, ↑ *sínodo/sinodalidade*, ↑ *papa*. – A colegialidade (do latim: *collegium*, cooperativa de ofícios, associação, assembleia) representa aquela postura interior (colegialidade afetiva) e execução exterior (colegialidade efetiva) da liderança da Igreja que resulta da natureza da Igreja como *communio* conforme a unidade trinitária. – **(1)** A pesquisa exegética revela que o chamado soberano de Jesus de doze de seus discípulos (Mc 3,13-19 par.) demonstra, por um lado, a vontade do Senhor de formar a comunhão dos seus discípulos, por outro, a constituição destes como líderes do novo povo de Deus em continuidade com o povo das doze tribos. Os Doze são apresentados como grêmio homogêneo, que, em conjunto ou em grupos menores (Gl 2,2.9) lidera as congregações. Isso se evidencia de forma particularmente clara na Assembleia de Jerusalém, em 48 ou 49 (o chamado "Concílio dos Apóstolos"), onde se apresentam como tomadores de decisões os apóstolos, o grupo dos presbíteros e "toda a congregação": Eles discutem e decidem em uma questão de importância vital (At 15). – (**2**) Esse método da comunhão das instâncias de liderança da Igreja, designado de *collegium* pela primeira vez por Cipriano de Cartago ([† 258] ep. 68), se torna a norma determinante no século II para os processos futuros de decisão nos concílios e sínodos da Igreja antiga. Nessas assembleias, os bispos se veem como testemunhas da fé de suas congregações locais diante da Igreja universal e como portadores da fé da Igreja universal diante de suas congregações. Por isso, sua ordenação é efetuada por pelo menos três bispos como sinal de sua responsabilidade universal (Concílio de Niceia, de 325, cân. 4). Com a crescente preponderância do papa na liderança da Igreja, o pensamento da colegialidade se torna totalmente irrelevante: O poder dos bispos é deduzido do poder papal como fonte e origem (*fons et origo*). Em virtude de sua interrupção politicamente motivada, o Concílio Vaticano I nos legou uma doutrina formada da primazia, mas se pronunciou pouco sobre a posição teológica dos bispos e sua relação com o papa. – (**3**) Essa falha é corrigida pelo Concílio Vaticano II, sendo que a colegialidade é identificada como elemento fundamental da constituição eclesiástica (LG 22s., Nota explicativa prévia ao LG; CD 4; cf. cân. 330, CIC/1983). Ao ser ordenado, o bispo se torna membro de um colégio que representa a instituição sucessora do colégio dos apóstolos. A sucessão apostólica se refere, portanto, não a um apóstolo específico, mas a seu vínculo com seu colégio. Na representação da relação dos onze apóstolos com Pedro, os bispos formam um colégio de tal forma que, na ausência do papa, este deixa de existir e não é capaz de exercer funções de liderança da Igreja, enquanto o papa, por sua vez, apesar de fazer parte do colégio, pode executar atos de liderança eclesiástica sem a participação ativa do colégio (cân. 331; 336, CIC/1983). Segundo LG 28 e PO 7s., existe no nível da Igreja local na forma do presbitério também um grêmio com estruturas colegiais com determinadas funções de liderança. – (**4**) Em virtude da doutrina do ↑ sacerdócio comum e da refutação de uma função específica de liderança do bispo, muitas confissões reformadas apresentam uma constituição sinodal e executam atos colegiais de liderança, mas a colegialidade é apenas uma forma de um parlamentarismo eclesiástico efetuado por todos os membros da Igreja (cf. KASPER, W. *Kirche*, p. 384). A Declaração de Lima (1982) reintroduziu o conceito ao diálogo ecumênico. – (**5**) A complexa colegialidade, que não possui analogias no Estado secular, se fundamenta constitucionalmente na peculiar relação pericorética entre Igreja local e Igreja universal, exigida teologicamente pela estrutura espiritual da Igreja comunial, que tem seu modelo primordial na unidade das três pessoas divinas e que é uma unidade de amor em infinita pluralidade (LG 4). Já que as igrejas locais não são nem sucursais nem um conglomerado federativo de congregações autônomas, antes se encontram numa relação espiritual uma com a outra e com a Igreja de Roma (*collegialitas affectiva*), que é tanto Igreja local quanto princípio de unidade da Igreja universal, a colegialidade só pode ser realizada se seu líder participar ativamente de seus atos colegiais. Visto, porém, que ele é princípio de unidade por si mesmo, e não por comissão episcopal, seus atos não necessitam da confirmação jurídica do resto do colegiado. No entanto, precisam corresponder à fé da Igreja universal, já que o papa só pode exercer sua primazia como seu representante, se não quiser ser considerado a *fide devius* e *eo ipso* perder seu ofício. Segundo a compreensão da Igreja antiga, essa fé se manifesta no testemunho da fé dos bispos. Por isso, é significativo que a colegialidade se expresse também em dimensões visíveis, como, por exemplo, os sínodos episcopais sugeridos pelo Concílio Vaticano II. No entanto, eles foram rebaixados a órgãos consultórios representativos do papa, que preserva sua liberdade absoluta diante de suas declarações (cân. 342, CIC/1983). Os sínodos em nível nacional, regional ou diocesano também podem contribuir para a multiplicação da colegialidade.

Lit.: ALBERS, J. *Das Bischofskollegium*. Munique, 2008. • KÖNIG, F. (org.). *Zentralismus statt Kollegialität?* Düsseldorf, 1990. • KASPER, W. *Katholische Kirche*. Friburgo/Basileia/Viena, 2011, p. 382-387. • PFANNKUCHE, S. *Papst und Bischofskollegium als Träger höchster Leitungsvollmacht*. Paderborn et al., 2011 [Kirchen- und Staatskirchenrecht, 12]. • RATZINGER, J. *Das neue Volk Gottes*. Düsseldorf, 1969, p. 171-200.

Wolfgang Beinert

Comunhão ↑ *sacerdócio comum*, ↑ *sociedade*, ↑ *Igreja*. – O termo comunhão designa o convívio pleno de sentido, passivamente determinado e ativamente realizado pelos seres humanos, que, como seres sociais, se relacionam uns com os outros e com Deus, com todos os seres vivos e com toda a natureza. Nesses relacionamentos, nem sempre livres de conflitos, eles podem desenvolver sua individualidade na tensão entre autonomia e heteronomia. No contexto dogmático da antropologia, da teologia da Trindade, da teologia da eucaristia, da eclesiologia e soteriologia, a comunhão (em grego: *coinonia*; em latim: *communio*) designa a participação conjunta na salvação que Deus, em Cristo e no Espírito Santo, dá a cada indivíduo. – (**1**) Na Bíblia, a comunhão é de importância fundamental para a teologia do povo de Deus. A comunhão é interpretada a partir do chamado de Israel como povo da aliança, cuja eleição cumpre um serviço representativo para toda a humanidade (p. ex., Is 49). Evidencia-se assim que todos os seres humanos são chamados por Deus. Esse pensamento é desenvolvido nas ↑ narrativas da criação, que falam do ser humano como ser social na diferença entre homem e mulher (Gn 2,23-24). O chamado de Deus constitui uma comunhão de indivíduos singulares, que respondem à Palavra de Deus com sua vida. Os conceitos *kahal* (hebraico: assembleia), *ekklesia* (grego: igreja), *synagoge* (grego: reunião, encontro) ou *koinonia/communio* visam a uma comunhão com chamado específico, que se deve à iniciativa do Deus criador e às suas dádivas, visam, portanto, a um povo que se reúne sempre na palavra e no espírito para a recordação ritual, sacramental e cultual (ritos de iniciação, comunhão eucarística) da história comum marcada pela salvação de Deus (Dt 16; 2Rs 23). Dessa forma, ela pode, em virtude da promessa da presença de Deus, subsistir ao presente e conquistar o futuro, sendo que o indivíduo é de importância insubstituível para o outro. A relação do indivíduo com o destino da comunhão de todos se evidencia no pensamento da substituição, que se desenvolve na tradição do Dêutero-Isaías e, na tradição neotestamentária, é interpretado sobretudo no sentido cristológico (At 8,32-35). No pensamento neotestamentário, a tradição da Última Ceia representa o foco do discurso da comunhão da Igreja e dos seres humanos, tendo como seu pensamento central o amor e a pró-existência (a vida em benefício dos outros) (At 2,42-47; 1Cor 11,17-34). A metáfora paulina da cabeça e de seus membros para a comunhão deu início a um pensamento organológico com a finalidade de exemplificar o vínculo entre os muitos no bem e no mal e de chamar atenção para o fenômeno da comunhão estruturada com seus diversos dons e habilidades (Rm 12; 1Cor 12). As imagens escatológicas nas parábolas (Jo 14,2: muitas moradas; Lc 14,15-24: o banquete celestial) mostram que o ser humano viverá em comunhão também no fim dos tempos e que o vínculo com os outros não será rompido. Devemos incluir aqui também o discurso sobre uma nova "cidade", na qual a salvação será desfrutada em comunhão (Hb 11,16; Ap 21,22-24). 1Jo 1,3 se torna ponto de partida de uma antropologia da *koinonia*, que fala de uma comunhão com Deus em Jesus Cristo e que se fundamenta no testemunho dos discípulos focado no amor. – (**2**) Os padres desenvolvem uma rica teologia da *communio sanctorum* (a comunhão dos santificados), que se define a partir da *communio in sacris* (a comunhão graças aos meios salvíficos) e que pertence ao princípio fundamental da Igreja. Essa comunhão de vida é marcada pela comunhão trinitária de Deus, que concede uma participação na sua vida (Cipriano [† 258], domin. or. 23). No entanto, o pecado e a culpa ameaçam também a comunhão da Igreja e exigem, pelo bem da justiça e do amor, uma prática da reconciliação que se nutre completamente do perdão de Deus. Na Igreja antiga, considera-se incontestável o fato de que o indivíduo só pode encontrar sua identidade na comunhão e de que a comunhão da Igreja, em virtude de seu caráter sacramental e católico, permanece vinculado à comunhão de todos os seres humanos. Por isso, o empenho caritativo é elemento essencial da comunhão eclesial (Inácio de Antioquia, Rom. 8,3; Ambrósio, fid. 1,5,13) em prol de uma comunhão humana como um todo que corresponde ao mandamento do amor de Jesus. Em contextos escatológicos, a comunhão dos vivos é ampliada e, no sentido da *communio sanctorum*, vinculada à recordação dos mortos, dos mártires (Polyc. ep. 17,3; 19,1-2), dos santos e dos anjos (Orígenes, or. 31,5), o que se manifesta também na arquitetura e no equipamento dos espaços da Igreja. Os teólogos do Concílio Vaticano II se ocuparam minuciosamente com o desenvolvimento de uma teologia da comunhão; no século XIX, o tema havia sido redescoberto pela Escola de Tübingen e marcara decisivamente os debates posteriores. Os contextos eucarístico, pneumatológico e cristológico desempenham um papel significativo, evidenciando que o próprio Cristo chama para a reunião, que Ele une os muitos em seu espírito, permitindo assim o desenvolvimento de "uma espiritualidade da comunicação que deve incluir também aqueles que não podem participar da comunhão sacramental mais restrita" (J. Ratzinger). Comunhão significa, portanto, uma responsabilidade social principalmente em relação aos que sofrem e que foram marginalizados. K. Rahner († 1984) falava de uma responsabilidade salvífica recíproca, que se apoia no pensamento da substituição e que, ainda hoje, define os debates antropológicos e soteriológicos sobre a relação entre indivíduo e comunhão (K.-H. Menke, H. Hoping, E. Dirscherl). Quanto à questão referente à relação entre união comunial e pluralidade comunial, existem ênfases diferentes. Enquanto J. Ratzinger ressalta que a unidade antecede à pluralidade, K. Hemmerle († 1994), W. Kasper, G. Greshake e M. Böhnke argumentam, com recurso a reflexões trinitárias (de, p. ex., H.U. von Balthasar [† 1988]) que a unidade só pode ocorrer na pluralidade e que, por isso, é necessário partir de uma origem comum ou de uma origem múltipla. Assim, a comunhão se vê diante do desafio tensional de conquistar aquilo que se tem em comum no discurso dialógico entre consenso e dissenso (K. Lehmann, J. Wohlmuth). – (3) O Concílio Vaticano II meditou profundamente sobre a ideia da *koinonia/communio* em vários contextos e enfatizou em seu discurso sobre o caráter sacramental da Igreja que o povo de Deus deve cumprir um serviço para a unidade da comunhão dos seres humanos entre si e com Deus (LG 1). LG 2 fala da *participatio* na vida divina, DV 1.2 a compreende como comunhão pessoal. GS 19 reconhece na participação em Deus a dignidade e a verdade do ser humano, que, desde a criação, depende da comunhão (GS 32) e assumiu uma responsabilidade intransferível. Sua fé se deve a uma comunhão concreta na tradição (Catecismo da Igreja Católica, 1.877-1.885). A ideia da comunhão suscita controvérsias nas tentativas de aplicá-la às estruturas concretas e eclesiológicas. O magistério se pronunciou sobre isso pela última vez em 1992 (CONGREGAÇÃO PARA A DOUTRINA DA FÉ. Carta aos bispos da Igreja Católica *Communionis notio* sobre alguns aspectos da Igreja como *communio*: DH 4.920-4.924). A doutrina social da Igreja ressalta os princípios da solidariedade e da subsidiariedade como fundamento da comunhão e sociedade. – (4) A *communio* é um conceito-chave para o diálogo ecumênico no contexto eclesiológico e antropológico. Segundo W. Kasper, a unidade da *communio*, em analogia à imagem primordial trinitária (LG 4, UR 2), não significa uniformidade, mas unidade nas diferenças e diferenças na unidade. A princípio, não existe aqui nenhum dissenso. No entanto, surgem controvérsias também aqui em vista da aplicação eclesiológica da ideia da comunhão (perguntas referentes ao ofício, sobretudo referente ao episcopado e ao primado papal). Mas a comunhão já se realiza na busca por esclarecimento por meio do Espírito Santo na ação, celebração e oração conjuntas. – (5) A discussão sobre poder, democracia e hierarquia na Igreja nos confronta com o fenômeno de uma participação diferenciada de todos nas formas de execução de uma comunhão estruturada. Apesar de se dever à iniciativa e à graça de Deus, permanece sendo uma responsabilidade intransferível dos seres humanos eleitos dentro do sacerdócio comum ou especial. Por isso, W. Kasper ressalta justamente a participação e responsabilidade de todos os batizados. O mesmo vale analogicamente para a comunhão humana como um todo, que também não pode ser realizada sem a responsabilidade intransferível e a capacidade de lidar com conflitos de cada indivíduo.

Lit.: GRESHAKE, G. "Communio". In: BIEMER, G.; CASPER, B. & MÜLLER, J. (orgs.). *Gemeinsam Kirche sein*. Friburgo/Basileia/Viena, 1992, p. 90-121. • KASPER, W. "Communio – Die Leitidee der katholischen ökumenischen Theologie". *Cath*(M), 56, 4/2002, p. 243-262. • RATZINGER, J. *Weggemeinschaft des Glaubens*. Augsburg, 2002.

Erwin Dirscherl

Conceição imaculada de Maria ↑ *liberdade do pecado original/conceição imaculada de Maria*

Conceição virginal/virgindade de Maria ↑ *cristologia*, ↑ *evento Cristo*, ↑ *encarnação*, ↑ *dogmas marianos*, ↑ *mariologia*, ↑ *temas soteriológicos*. – O Dogma da Conceição Virginal de Jesus em Maria possui um sentido primariamente cristológico e contém uma proposição negativa e outra positiva. Afirma negativamente que a encarnação de Cristo se deu sem a participação de um homem, desviando-se assim das leis biológicas que normalmente determinam a geração da vida humana. Por outro lado, expressa de modo positivo que Deus agiu de forma singular na conceição virginal do seu Filho para instituir na força do seu Espírito um novo início e viabilizar a salvação do mundo. – (**1**) Duas passagens da Escritura Sagrada falam explicitamente da conceição virginal de Jesus em Maria. Em Mt 1,18-25, um anjo explica as circunstâncias extraordinárias da gravidez de Maria a José, seu noivo. Exclui qualquer possibilidade de José ser o pai da criança; a maternidade de Maria é explicada com base na ação do Espírito Santo (Mt 1,18.20). Na cena de proclamação de Lc 1,26-38, o anjo Gabriel informa Maria que ela foi eleita para ser mãe do Redentor (Lc 1,35). À sua pergunta, como isso seria possível, já que nunca estivera com um homem, o mensageiro responde com uma referência à ação do Espírito divino. Para confirmar sua resposta, refere-se à gravidez tardia de sua parenta Isabel, tida como infértil, e interpreta sua conceição como prova do poder ilimitado de Deus. A gravidez de Isabel é surpreendente; no entanto, não viola as leis da natureza criada. Maria, por sua vez, deve conceber sem o encontro com um homem. Sua gravidez é explicada exclusivamente com recurso à ação do Espírito, mas não é descrita em categorias que permitam imaginar uma ação sexual de Deus. Assim, aparentes paralelos mitológicos, que pressupõem uma descendência divina para o faraó, para os semideuses ou para os heróis, se tornam nulos. Em todos os casos, os deuses interagem sexualmente com a mulher humana e substituem o homem em sua função. A conceição virginal afirmada em relação a Jesus precisa ser compreendida como evento sem nenhuma analogia na história das religiões. No entanto, a Bíblia não explica como esta se efetuou. Os escritos neotestamentários a justificam com referência não só à ação do Espírito, mas também ao poder de Deus. A única analogia possível se encontra na participação do Espírito de Deus na criação do mundo (Gn 1,2). Discute-se raramente também se, além das passagens em Mateus e Lucas, Jo 1,12s. também seria um reflexo do conhecimento de uma conceição virginal de Jesus. Sob o ponto de vista da exegese histórico-crítica, discutiu-se de forma aprofundada a historicidade da conceição virginal de Jesus Cristo. Enquanto que os primeiros posicionamentos a negavam completamente, entrementes tem surgido o entendimento segundo o qual a conceição virginal, em virtude da intimidade do fato discutido, não é acessível ao historiador. Portanto, cabe à perspectiva histórica ter o mesmo cuidado quanto à conceição virginal de Jesus, que marca a vinda do Filho de Deus, e quanto à ressurreição com o retorno do Filho ao Pai. – (**2**) A referência à conceição virginal surge nos símbolos da Igreja a partir do momento em que as circunstâncias da encarnação são refletidas mais a fundo (DH 10-62). A forma anterior da proposição referente a uma conceição "do (*de*) Espírito Santo e (*et*) Maria" (DH 11; 12; 14; 17; 23; 42; 150) é substituída pela formulação "conceber por meio do (*de*) Espírito Santo de (*ex*) Maria". Podemos supor que a substituição das preposições pretendia diferenciar fundamentalmente entre a contribuição do Espírito e a de Maria. A expressão "de (*ex*) Maria" enfatiza a participação ativa da mãe de Deus na encarnação, refutando assim o equívoco gnóstico segundo o qual Jesus, por ocasião de sua encarnação, teria passado por Maria como água por um tubo (DH 1.341). Orígenes († 253/254) é o primeiro a vincular a conceição virginal de Jesus com temas especificamente ascéticos da pureza e imaculabilidade. Originalmente, a doutrina da conceição virginal servira na cristologia para refutar posições gnósticas hostis ao corpo humano, para as quais qualquer vínculo entre Deus e o ser humano significava uma abominação – agora, acentos hostis ao corpo e à sexualidade se infiltravam na acepção da conceição virginal. Na Igreja oriental, essa tendência ascética é continuada por Atanásio († 373) e pelos capadócios (século IV); no Oriente, podem encontrá-la em Ambrósio († 397), Jerônimo († 419) e Agostinho († 430). Com a piedade mariana incentivada pelo monasticismo, esse ideal ascético da virgindade é projetado cada vez mais sobre Maria, e a partir do século IV a mãe de Deus é louvada como "virgem eterna" (em grego: *aei parthenos*). Esse título afirma, além da virgindade de Maria (documentada no NT em Lc 1,34; Mt 1,18) antes do parto (*virginitas ante partum*), que Maria permaneceu virgem também *no* parto e *após* o parto (*virginitas in partu; virginitas post partum*). Os escritos do NT não tratam da virgindade *no* parto, a possibilidade da virgindade *após* o parto (*virginitas post partum*) parece ser excluída devido à menção dos irmãos e das irmãs de Jesus (Mt 12,49; 13,55s.; Jo 7,5; Gl 1,19). No entanto, devemos lembrar que os termos de parentesco da língua aramaica não se referm necessariamente a irmãos, podem designar também parentes mais distantes como, por exemplo, primos e primas. O Sínodo de Latrão, de 649, acata o *topos* já amplamente difundido da virgindade eterna de Maria, mas sem defini-lo em maior detalhe. Na teologia medieval, a conceição virginal de Jesus e a virgindade de Maria já fazem parte do depósito incontestado da fé e são objeto de numerosas reflexões (p. ex., Paschasius Radbertus [† por volta de 860], *De partu virginis*). Na Modernidade, essas proposições da fé são cada vez mais criticadas. Encontramos aqui a influência do programa da desmistificação e a suposição de uma somatofobia vinculada ao discurso da conceição virginal de Jesus. – (**3**) A partir do século III, a profissão da conceição virginal de Jesus é parte integrante dos símbolos da fé. Ocorre no Credo do Concílio de Constantinopla, de 381 (DH 150), que, em virtude das disputas cristológicas, começa a refletir mais a fundo a encarnação do Filho de Deus. A afirmação neotestamentária da conceição virginal é levada adiante com a formulação "nascido da virgem Maria" e desloca o foco da atenção da conceição para o nascimento de Jesus. Esse desenvolvimento é confirmado em Éfeso (431) pela designação de Maria como parideira de Deus (*theotokos*: DH 252). O II Concílio de Constantinopla introduz em 553 a expressão "virgem eterna" e aumenta assim ainda mais o significado da proposição. Os dois títulos "virgem" e "parideira de Deus/mãe de Deus" se tornam um par conceitual fixo, acatado pelas declarações magisteriais posteriores. Após Calcedônia (451), a conceição virginal de Jesus permanece incontestada durante mais do que um milênio. Apenas em 1555, o Papa Paulo IV se vê obrigado a defendê-la contra os socinianos, que, opondo-se ao NT, afirmam uma descendência de José (DH 1.880). O Concílio Vaticano II lembra o II Concílio de Constantinopla e descreve Maria repetidas vezes como virgem e mãe de Deus, cuja eleição representa uma dádiva extraordinária da graça (LG 53). – (**4**) Já que os reformadores acataram os símbolos da Igreja antiga, acatam também suas proposições sobre a virgindade de Maria. Os artigos de Esmalcalde explicam a conceição do Filho por meio do Espírito com as palavras segundo as quais Jesus teria sido "concebido pelo Espírito Santo sem participação humana e nascido da pura e santa virgem Maria" (Art. Sm. 1,4: BSLK 405-468). A aceitação, ainda absolutamente comum no século XVI, dos símbolos da fé do início do cristianismo é questionada na disputa do *Apostolicum* (1892-1894). Questiona-se criticamente o tema da conceição virginal, desacreditando-o como proposição mitológica. Essa avaliação surgida no horizonte da teologia liberal exerce uma influência duradoura. A teologia protestante atual vê a proposição da conceição virginal como *theologumenon*, cuja interpretação permite uma grande amplitude. Posicionamentos mais recentes voltam a enfatizar o significado cristológico desse artigo da fé. As afirmações sobre a virgindade de Maria *no* parto e *após* o parto são normalmente refutadas devido à falta de fundamentação bíblica. A teologia protestante reconhece nelas um eco do pensamento helenístico neoplatônico, que teria se infiltrado no cristianismo no tempo da Igreja antiga e preparado o caminho para as correntes somatofóbicas. Nas igrejas ortodoxas, tanto a conceição virginal de Jesus Cristo quanto a virgindade de Maria são, conforme mencionados pelo II Concílio de Constantinopla (553), elementos incontestados do depósito da fé (hinos em Efrém da Síria [† 373]; motivo dos ícones russos "Sarça ardente"). – (**5**) Na afirmação da conceição virginal, evidencia-se que a encarnação de Jesus é um evento singular. A proposição da fé remete ao fato de que o ser humano não pode efetuar sua própria salvação, antes só pode recebê-la como dádiva de Deus. Um evento que transcende a experiência normal do mundo, transpassa os limites da imaginação e não pode ser representado pelos meios linguísticos normais. A pergunta de como ela pode ser imaginada é respondida pela Bíblia com a referência ao poder criativo de Deus, para o qual nada é impossível. A ação de Deus por meio do Espírito em Maria pode, portanto, ser visto em analogia com a criação do mundo. Em seu *Tomus Leonis*, o Papa Leão I descreve a conceição virginal como início de uma nova criação (DH 292). A encarnação de Jesus marca um novo início na criação existente. Assim como o mistério da existência divina de Jesus ou da nova vida instaurada em sua ressurreição, esta não é acessível à mente humana. Nesse sentido, a proposição da conceição virginal de Jesus Cristo se transforma em uma proposição da fé, que remete o ser humano ao mistério incompreensível de Deus. O conselho divino pode se tornar realidade porque Maria aceita sua eleição e decide acreditar no inacreditável. Na decisão de arriscar a própria vida na confiança em Deus, a virgindade biológica de Maria transcende a mera abstinência sexual. Sob essa perspectiva mais ampla, a virgindade de Maria é motivo de adoração e imitação para todos os cristãos.

Lit.: a) WAGNER, M. "Ballast oder Hilfe? – Zum Verständnis und zur Bedeutung der Mariendogmen heute". In: WAGNER, M. & SPENDEL, S.A. (orgs.). *Maria zu lieben* - Moderne Rede über eine biblische Frau. Regensburgo, 1999, p. 11-22. b) BEINERT, W. "Die mariologischen Dogmen und ihre Entfaltung". In: BEINERT, W. & PETRI, H. (orgs.). *Handbuch der Marienkunde*. 2. ed. Vol. 1. Regensburgo, 1996, p. 267-363, aqui: p. 314-328. • VON CAMPENHAUSEN, H. *Die Jungfrauengeburt in der Theologie der alten Kirche*. Heidelberg, 1962. • DELLING, G. "Parthenos". *ThWNT*, 5. 2. ed., 1990), p. 832-834. • HOFIUS, O. "Ist Jesus der Messias?" In: DASSMANN, E. & STEMBERGER, G. (orgs.), "Der Messias". *JBTh*, 8, 1993, p. 103-129. • KÜGLER, J. *Pharao und Christus? Religionsgeschichtliche* - Untersuchung zur Frage einer Verbindung zwischen altägyptischer Königstheologie und neutestamentlicher Christologie im Lukasevangelium. Bodenheim, 1997 [BBB, 113]. • MÜLLER, G.L. (org.). *Was heisst: Geboren von der Jungfrau Maria?* Friburgo/Basileia/Viena, 1989 [QD, 119]. • SCHULTE, R. "Spricht die Heilige Schrift überhaupt von 'Jungfrauengeburt'?" In: STRITZKY, M.B. & UHRIG, C. (orgs.). *Garten des Lebens*. Altenberge, 1999, p. 237-259. • ZIEGENAUS, A. (org.). "Geboren aus der Jungfrau Maria". Regensburgo, 2007. c) MENKE, K.-H. *Fleisch geworden aus Maria* – Die Geschichte Israels und der Marienglaube der Kirche. Regensburgo, 1999. • ROTEN, J.G. "État actuel de la question sur la virginité de Marie". *EtMar*, 48, 1998, p. 163-219.

Regina Radlbeck-Ossmann

Concílio/conciliaridade ↑ *dogma/proposições dogmáticas*, ↑ *unidade da Igreja*, ↑ *senso de fé dos crentes*, ↑ *catolicidade da Igreja*, ↑ *colegialidade*, ↑ *papa*, ↑ *recepção*. – O concílio (em latim: *concilium*, assembleia; em grego: *synodos*) é a reunião de líderes de várias (concílio particular) ou de todas as igrejas parciais (concílio ecumênico) para a deliberação e tomada de decisões em questões da fé e da moral. Juntamente com o papa, o concílio ecumênico é o portador do supremo poder doutrinal da Igreja e possui a prerrogativa daquela inerrância atribuída à Igreja como um todo. – **(1)** O modelo de todos os concílios é a assembleia dos apóstolos realizada em 48 ou 49 (At 15,1-29; cf. Gl 2,1-10: "concílio dos apóstolos"). – **(2)** Desde os tempos mais remotos, os conflitos teológicos têm sido o motivo para a convocação de um concílio. Sua forma concreta depende do contexto cultural e da ocasião; a gama abarca tudo desde a "disputa doutrinal" de Orígenes († 253/254) até a "reunião do senado" no sentido de Cipriano († 258). Este apresentou também um elemento imprescindível para a caracterização de um concílio: Este é convocado para preservar a unidade na fé e na Igreja (*in unum convenire*) e, por isso, visa à unanimidade e ao consenso (*unanimitas*). Historicamente, apresentam-se no início encontros informais de bispos vizinhos, os chamados sínodos provinciais de províncias eclesiásticas individuais (p. ex., da África). Com a formação de patriarcados, emerge o sínodo patriarcal, e com o *status* da Igreja como "Igreja do reino" [Reichskirche] a partir dos imperadores Constantino o Grande († 337) e Teodósio († 395), o sínodo imperial ou o concílio ecumênico (ecumênico = a região que abarca todo o *Imperium Romanum*) se torna cada vez mais importante como principal órgão de liderança da Igreja. Padroeiros e iniciadores são os imperadores, determinações conciliares são consideradas leis imperiais. Os quatro primeiros concílios ecumênicos (Niceia 325; Constantinopla 381; Éfeso 431 e Calcedônia 451) são altamente prezados por todas as confissões cristãs, enquanto os sínodos posteriores são avaliados de acordo com os respectivos valores confessionais. Na Idade Média latina, os concílios de direito papal e as assembleias episcopais gerais restritas ao Ocidente são órgãos representativos da Igreja Ocidental, resultantes dos sínodos reformadores do século XI. Servem para tratar de assuntos específicos à Igreja Ocidental (a relação entre papa e concílio [conciliarismo: Konstanz 1414-1418; Basileia/Ferrara/Florença, 1431/1442]), para a reforma da "cabeça e dos membros" da Igreja, mas também para a tentativa da reunificação com os gregos (os chamados concílios de união de Lyon 1274; de Ferrara/Florença 1438/1439). O Concílio de Trento (1546-1563), adiado durante muito tempo por questões referentes à autoridade (imperador-papa), pretende responder à Reforma com a fixação da fé da Idade Média tardia; no entanto, promove ainda mais o cisma e, mais tarde, será visto como resumo da fé católica. O Concílio Vaticano I, de 1869/1870, encerra o movimento contrarreformista da Igreja Católica Romana: Devido à sua interrupção precoce (a guerra franco-alemã de 1870), suas decisões são eclesiologicamente desequilibradas (dogmatização da inerrância e da primazia jurisdicional do papa), suscitando assim a impressão de que o concílio havia se tornado obsoleto como instrumento da Igreja universal e – agora também num sentido confessional – da comunicação eclesiástica "ecumênica". – **(3)** O Concílio Vaticano II, anunciado pelo Papa João XXIII em 25 de janeiro de 1959 e inaugurado em 11 de outubro de 1962, pode ser visto como ponto de virada: Ele se reúne em quatro períodos de reuniões (1962-1965) e, em 16 documentos (quatro constituições dogmáticas, nove decretos e três declarações), rompe com as unilateralidades determinadas por posturas contrarreformistas, apologéticas e antisseculares do século XIX. Apesar de confirmar o papado no sentido do Concílio Vaticano I, ele agora o vincula de forma sinodal e colegial ao colégio dos bispos. Não só o "mundo" volta a entrar em foco, mas também as confissões não católicas e outras concepções do mundo. Pela primeira vez, um concílio permite a participação de "observadores" não católicos. – (**4**) Quanto à contagem dos concílios, as diferentes confissões ainda não conseguiram alcançar um consenso. Normalmente, as igrejas ortodoxas só reconhecem os sete primeiros concílios ecumênicos do cristianismo antes do cisma (Niceia I [325] a Niceia II [787]) e realizam desde o cisma de 1054 sínodos patriarcais extraordinários, mas nenhum concílio ecumênico. Desde a década de 1930, intensificam-se os esforços para realizar um "grande e sagrado sínodo" panortodoxo, mas até agora este empreendimento tem sido frustrado pela questão de quem possui a autoridade para convocá-lo. A Igreja Católica Romana conta (baseando-se numa lista apologética do cardeal R. Bellarmin [† 1621]) até hoje 21 "concílios ecumênicos" – o que se deve à sua reivindicação de não ser uma igreja confessional parcial, mas ainda a Igreja una de Jesus Cristo. As igrejas e comunidades eclesiásticas resultantes da Reforma se apoiam claramente no fundamento dos quatro primeiros concílios e seus credos. Em virtude do princípio da congregação (reunião da Igreja em seu respectivo lugar) por elas desenvolvido, a ideia do concílio clássico não exerce um papel importante, mas existem tentativas de estabelecer instâncias suprarregionais que lembram processos conciliares (Conselho Mundial de Igrejas; alianças confessionais mundiais). A assembleia geral do Conselho Mundial de Igrejas de 1968, em Uppsala, sugeriu a organização de um concílio universal de todas as igrejas cristãs e comunidades eclesiásticas. O discurso sobre o "processo conciliar pela paz, justiça e preservação da criação" (assembleias europeias em Basileia, 1989; Graz, 1997; Sibiu, 2007; assembleia mundial em Seul 1990) apontam a mesma direção, sendo que aqui a ideia é discutir não só temas eclesiológicos, mas também sociais, éticos e ecológicos. – (**5**) Os concílios não são idênticos à Igreja como um todo, mas correspondem à sua essência como *communio* e, portanto, à sua dimensão de vida. Além disso, apontam a dimensão universal do cristianismo, que exige não só a unidade ou, no mínimo, a comunhão, mas também a pluralidade das igrejas locais. A teologia (e prática) ortodoxa poderia nos indicar o caminho. Especialmente relevante para o significado teológico da ideia conciliar é a questão da recepção: Os concílios precisam ser reconhecidos e arraigar-se aos poucos na consciência eclesiástica. Foi assim que os sínodos particulares da Igreja antiga foram reconhecidos como concílios ecumênicos, assim como também os sínodos que pretendiam ser ecumênicos não conseguiram conquistar o reconhecimento geral. Um problema tipicamente católico romano é a relação entre concílios e papado: A plenitude de poder aparentemente monolítica do Bispo de Roma pode ser harmonizada com os direitos dos bispos, já que papa e colégio de bispos (no entanto, nunca sem o papa) são detentores do magistério supremo na Igreja? Essa disputa acompanha as questões eclesiológicas desde o século XV (conciliarismo) e não pôde ser resolvida até hoje – nem de um ponto de vista dogmático, nem em termos do Direito Canônico (cf. CIC/1983, cân. 331 com cân. 336). Da perspectiva do Concílio Vaticano II, ela não pode ser resolvida em detrimento ou em favorecimento de qualquer um dos lados envolvidos.

Lit.: ALBERIGO, G. (org.). *Geschichte der Konzilien.* Düsseldorf, 1993. • PESCH, O.H. *Das Zweite Vatikanische Konzil.* 2. ed. Würzburg, 2001. • SCHATZ, K. *Allgemeine Konzilien.* 2. ed. Paderborn et al., 2008. • SIEBEN, H.J. *Die Konzilsidee der Alten Kirche.* Paderborn et al., 1979. • SIEBEN, H.J. *Vom Apostelkonzil zum Ersten Vatikanum.* Paderborn et al., 1996.

Johanna Rahner

Concupiscência ↑ *pecado original,* ↑ *justificação,* ↑ *Sacramento da Reconciliação,* ↑ *pecado e culpa,* ↑ *tentação.* – O termo designa em sua acepção mais ampla os impulsos naturais, o desejo sensual do ser humano, que pode se orientar por Deus ou então se emaranhar no pecado. Em seu sentido mais restrito, o termo surge no contexto do pecado original, onde, por vezes de forma pejorativa, é vinculado à corporalidade e à sexualidade do ser humano. – (**1**) O AT conhece as contradições internas do ser humano e sua tendência para o mal; no entanto, não identifica esses fatos com uma faculdade específica do espírito ou do corpo. No NT, Rm 6,1-14 e 7,7-25 se tornam significativos, já que nessas passagens o apóstolo aparenta denegrir o aspecto físico desde a queda de Adão como algo dominado pelo pecado e incentiva seus leitores a não obedecer aos "desejos da carne" – adotando assim uma posição tensional em relação à lei judaica (Rm 7,7-31): Esta teria revelado o pecado, pois sem ela nada saberíamos sobre nossos desejos. Apesar de Paulo enfatizar que a lei em si não leva ao pecado, antes apenas o revela (Rm 7,7), e apesar de deixar claro que é o ser humano *como um todo* que peca e não apenas a carne, suas posições antiéticas e dualísticas se tornam parte de uma história de recepção um tanto problemática. – (**2**) Para Agostinho († 430), a concupiscência, juntamente com a *superbia* (soberba, orgulho), se encontram no centro do pecado original, cuja consequência mais radical é a morte. Compreende a concupiscência concomitantemente como consequência do pecado e desobediência dos sentidos ao espírito, como uma desarmonia (*regio dissimilitudinis*), que diz respeito a todo o ser humano como *homo incurvatus* e suscita o desejo sexual. Como contraste, cita a graça de Cristo (segundo Gl 2,21), pois a concupiscência como desejo se opõe ao verdadeiro anseio por Deus. O padre da Igreja segue Paulo a seu modo, mas encontramos nele também uma herança maniqueísta, fato que, no cristianismo, levou a tendências hostis à carne. Tomás de Aquino († 1274) reconhece na concupiscência como desejo sensual a *materia* do pecado original, a *forma* seria o abandono de Deus pelo espírito e a perda da *iustitia originalis*. Tomás acredita: Quando o espírito humano abandona Deus, ele perde o controle sobre corpo e sentidos; estes passam então a perseguir apenas metas egoístas. A sensualidade descontrolada não é pecaminosa em si, mas constitucionalmente rebelde (O.H. Pesch). Ela se transforma em pecado apenas quando cedemos a ela. Nesse caso, o sujeito do pecado não é mais o corpo ou a sexualidade, mas o espírito-alma (no sentido da *causa formalis*). No entanto, a sensualidade é potencialmente fonte do pecado e assim cai sob a suspeita do abandono de Deus no sentido paulino. A concupiscência permanece no cristão batizado como prova de fogo, e por isso também o ser humano agraciado volta a praticar atos pecaminosos (remissíveis), assim que ceder à sua insistência. Tomás fala do *peccatum sensualitatis*, do pecado da sensualidade desordenada. Revela-se aqui ainda a contradição fundamental do ser humano diante de Deus. – (**3**) O magistério não avalia o desejo sensual como algo negativo em si, pois faz parte da natureza criada do ser humano. O Concílio de Trento fala da concupiscência como "acendalha" (*fomes*), que permanece no ser humano "para a luta" também após o batismo. O desejo só é chamado de pecado, porque provém do pecado e incita para o pecado, não porque seria, ele mesmo, pecado. Não pode causar mal àquele que não concorda com ela e que resiste a ela com a ajuda da graça de Cristo (DH 1.515). – (**4**) Na ortodoxia da Igreja oriental, o conceito da concupiscência e o fato por ele designado não têm qualquer relevância. Para M. Lutero († 1546), o ser humano completo é pecador (*totus homo peccator*). Por isso, a concupiscência não pode ser limitada ao desejo sensual. Ele a compreende como justiça própria e como *incurvatio*. Nesse sentido, Lutero a chama de pecado. O diálogo ecumênico tem revelado que as diferenças se devem em parte a terminologias e horizontes de pensamento diferentes e que a fala conjunta sobre a concupiscência deve lembrar o estado de perdição radical de uma humanidade não remida (GE 28-30). As diferentes ênfases das diversas confissões, porém, são necessárias. A teologia protestante, por exemplo, avalia, em virtude do axioma *simul iustus et peccator*, as capacidades do ser humano justificado referentes à sua salvação de modo mais cético do que a tradição católica romana, que enfatiza fortemente o poder da graça e da natureza remida em virtude do Batismo. – (**5**) Já que a constituição sensual do ser humano é de importância central e positiva também para sua experiência espiritual e teológica, é necessário observar que o termo "concupisciência" não seja simplesmente tratado como sinônimo da "sensualidade". Por isso, O.H. Pesch tem falado da "rebelião da sensualidade". Sugerimos também acatar a sugestão de K. Rahner (com referências a I. Kant e Tomás de Aquino) e compreender a concupiscência como "necessidade de integração" de impulsos pré-pessoais ou naturais do ser humano, que se apresentam a ele como desafio não só após a queda.

Lit.: FIGURA, M. "Begierde und Verlangen in theologisch--anthropologischer Sicht". *IkaZ* 29, 2000, p. 3-12. • MIGGELBRINK, R. "Der ökumenisch kontroverse Begriff der Konkupiszenz im theologischen Kontext der Gegenwart". *Cath(M)*, 54, 2000, p. 39-58.

Erwin Dirscherl

Confissão ↑ *unidade da Igreja,* ↑ *Igreja e igrejas,* ↑ *ecumenismo.* – O termo "confissão" (do latim: *confessio*) designa desde o século XIX as igrejas cristãs e comunidades eclesiásticas que apresentam diferenças na doutrina; o texto doutrinal correspondente também pode ser chamado de confissão (CA; Confessio Helvetica). – **(1)** As confissões cristãs não estão previstas no NT (como acreditava E. Käsemann [† 1998]) nem podem ser deduzidas da doutrina paulina dos carismas (1Cor 12,3-11), posição defendida por O. Cullmann († 1999). – **(2)** As confissões são o resultado de um movimento criado também por motivos políticos após o cisma no século XVI, posteriormente chamado de "era da confessionalização"; de fato, surgiram dela específicos ambientes confissionais e exclusivos. No início do século XIX, o conceito das confissões é introduzido pelas igrejas evangélicas em reação ao racionalismo do Iluminismo (o termo foi adotado para o catolicismo por J.A. Möhler [† 1838; Symbolik § 48]). – **(3)** Enquanto a eclesiologia católica romana pós-tridentina fazia do elemento estrutural da *romanitas* a qualidade confessional determinante, o Concílio Vaticano II rompe com essa visão limitada e demonstra com LG e UR que, de um ponto de vista mais holístico, as respectivas qualidades peculiares precisam ser relacionadas às respectivas qualidades do outro (identidade *ad extra*). – **(4)** O movimento ecumênico incentiva a relativização das fronteiras confissionais, mas sem a intenção de nivelar as características próprias das diferentes confissões. Nesse ponto, a ortodoxia e o catolicismo romano se mostram mais cautelosos (cf. a declaração do Vaticano *Dominus Iesus*, de 2000: DH 5.085-5.089). – **(5)** As confissões sempre tratam de modo positivo, e também do ponto de vista etimológico, do testemunho público da fé; nesse sentido, a Igreja precisa das confissões. Se for possível demonstrar ainda mais que o centro da Igreja é sua relação com o Espírito Santo e, portanto, com o Deus de Jesus Cristo, certamente será possível impor posições mais reconciliantes no sentido de uma aproximação.

Lit.: ZEEDEN, E.W. *Entstehung der Konfessionen*. Munique, 1995. • KLUETING, H. *Das konfessionelle Zeitalter*. Stuttgart, 1989. • ULLRICH, L. *Konfessionelle Identität*. Mainz, 1995, p. 59-73.

Johanna Rahner

Confissão de fé ↑ *dogma/proposições dogmáticas,* ↑ *fé,* ↑ *senso de fé dos crentes,* ↑ *confissão,* ↑ *concílio/conciliaridade.* – A confissão de fé – também chamada de *credo* conforme sua palavra original em latim, e *símbolo* (do grego: *symbolon*, marca de identificação) sob o ponto de vista de sua função – é uma fórmula sucinta com os dados fundamentais das convicções cristãs no contexto da comunhão eclesiástica e de sua tradição. – **(1)** Apesar de a confiança pessoal ser imprescindível para o ato da fé, ele nunca depende exclusivamente de uma postura (*fides qua*), mas de conteúdos (*fides quae*). Elemento central da fé de Israel é a confissão de YHVH, "que libertou Israel do Egito" (Ex 20; Dt 5; 26,5-10). No NT, o centro é ocupado pela figura de Jesus e a história de Jesus, o que se expressa já cedo em determinadas orações, fórmulas, confissões e exclamações aclamatórias ou doxológicas (Rm 10,9; 1Cor 15,3-5; Fl 2,6-11; Ef 2,14-16). – **(2)** Nos primeiros séculos, coexistem várias fórmulas cristologicamente relevantes: confissões de Cristo em Inácio de Antioquia ([† após 110] Eph. 18,2; Trall. 9; Smyrn. 1,1s.) e Policarpo ([† por volta de 166] ep.) como também fórmulas trinitárias, principalmente no contexto do batismo (Did. 7; 9; 1Clem 46,5; Justino, o Mártir, 1 apol. 61). As confissões cultuais logo se transformam em senhas de identificação para os membros da Igreja, que, como "signos" (*symbolon*), representam o depósito fundamental da fé. Assim, cria-se uma identidade de grupo para dentro e para fora (*indicium, signum*) com a possibilidade de fornecer instruções missionárias e catequéticas (sobretudo na preparação para o Batismo). Nos séculos II e III, as confissões de fé são usadas também de forma apologética contra as heresias, para demarcar os limites da fé sã. Por causa do seu conteúdo incompleto e devido às dificuldades que a compreensão de determinadas expressões apresentavam para as gerações posteriores, foram feitas várias tentativas de reformulá-las (p. ex., por Tomás de Aquino [† 1274]), mas nenhuma conseguiu se impor. – **(3)** O Credo Apostólico (DH 30) é, juntamente com o Credo Maior (Credo Niceno-constantinopolitano: DH 150), o mais famoso. A primeira fonte com o texto completo remonta a 390 (carta do Papa Sirício a um sínodo de bispos em Milão presidido por Ambrósio: DH 13); mas alguns fragmentos individuais remontam ao tempo dos padres apostólicos nos séculos I e II. Reza a lenda que os 12 artigos nele contidos tinham sua origem nos 12 apóstolos, alegação esta que contribui para que sua estrutura trinitária – que caracteriza todas as confissões de fé – fosse ignorada. O Credo Apostólico é – provavelmente em virtude de sua brevidade – o credo mais usado no Ocidente e, juntamente com o Credo Maior, é introduzido à liturgia (eucarística) no Oriente a partir do século VI; e no Ocidente, a partir do século XI. O Credo Niceno-constantinopolitano remonta – como já insinua seu nome – ao Concílio de Niceia (325) e – no que diz respeito às passagens sobre o Espírito Santo – ao Concílio de Constantinopla (381), sendo confirmado pelo Concílio de Calcedônia (451); como única confissão de fé usada por toda a cristandade (com exceção apenas do ↑ *Filioque*), possui uma relevância eminentemente ecumênica. Além desta, tornou-se significativo como texto doutrinário o chamado Credo Pseudoatanasiano (*Symbolum Quicumque*, por volta de 500: DH 75s.). Foi usado liturgicamente no breviário romano até o Concílio Vaticano II. – **(4)** As confissões de fé da Igreja antiga, mesmo que diferentemente valorizados (o Credo Apostólico quase não é usado na Igreja oriental), fazem parte do depósito fundamental de todas as confissões cristãs. As igrejas reformadas expressam por meio de sua preservação a continuidade com a Igreja antiga (CA; Livro de Concórdia; cf. BSLK). Devem ser distinguidas destas os resumos especificamente confessionais de doutrinas luteranas e reformadas, chamados de "escritos confessionais" [*Bekenntnisschriften*]. – **(5)** As proposições de uma confissão de fé são caracterizadas por seu tempo de origem, sua história, seus motivos, suas imagens, sua linguagem e pelo conteúdo de suas fórmulas. Elas respondem a indagações concretas e existenciais e representam, portanto, uma forma de expressão histórica da fé. Destarte, nunca expressam toda a fé da Igreja, antes pretendem indicar apenas a norma e a direção. Dependem de sua integração à vida na Igreja e, por isso, também de uma interpretação constante, além de um aprofundamento espiritual e teológico. Por outro lado, o ato de fé pessoal também depende da oportunidade de expressar seu conteúdo de forma linguística. A reformulação dos credos é, portanto, não só adequada, mas até mesmo desejada. Os credos revelam que a fé, apesar de insondável, permanece acessível por meio de suas "fórmulas".

Lit.: KELLY, J.N.D. *Altchristliche Glaubensbekenntnisse*. 3. ed. Stuttgart, 1972. • DE LUBAC, H. *Credo*. Einsiedeln, 1975. • LANCZKOWSKI, G. et al. "Glaubensbekenntnis(se)". *TRE*, 13, 1984, p. 384-446. • RATZINGER, J. "Tradition. III. Systematisch". *LThK*, 10. 2. ed., 1965, p. 293-299. • RATZINGER, J. *Theologische Prinzipienlehre*. Munique, 1982, p. 36-136. • VOGT, H.J. *Kleine Geschichte des Credo*. Munique, 1993.

Johanna Rahner

Confissão dos pecados ↑ *absolvição,* ↑ *obra de penitência,* ↑ *contrição,* ↑ *Sacramento da Reconciliação.* – A confissão dos pecados é a expressão verbal do reconhecimento da culpa. A tradição teológica reconhece na disposição de confessar seus pecados um passo importante no caminho para a reconciliação. A confissão pode ser formulada de modo geral ou com referência a situações concretas da vida. Distingue-se a confissão comunial (coletiva) da confissão pessoal. – **(1)** As narrativas vétero e neotestamentárias documentam o efeito libertador do reconhecimento da culpa (p. ex., Gn 44,13–45,15; Lc 15,17-32). Em alguns Salmos, os oradores reconhecem sua culpa perante Deus (Sl 51; 130; 143). A disposição da comunidade de fé para a confissão dos pecados e o chamado para o arrependimento de todas as criaturas se manifesta principalmente na literatura histórica e profética (Lv 16,21; Nm 1,5-11; Jl 1,13-20). Os encontros registrados nos evangelhos entre pecadores e Jesus destacam a relação íntima entre reconhecimento da culpa, fé confiante e cura, mas sem apresentar exigências específicas referentes à forma da confissão (Mt 8,8-13; 9,1-8). Na congregação pós-pascoal, a confissão dos pecados ocasiona orações e atos simbólicos (Tg 5,13-16). – **(2)** No período da penitência canônica (até o século IV), a confissão pública de um pecado grave marcava o início (vergonhoso) de um processo, que era concedido apenas uma única vez após o Batismo (↑ *Sacramento da Reconciliação*). Após a virada de Constantino (313) e em decorrência das atividades missionárias dos monges irlandeses e escoceses, desenvolveu-se no continente europeu, no início da Idade Média, uma forma de penitência que recorria à confissão dos pecados para determinar a tarifa penitencial, mas que também oferecia a oportunidade de uma conversa espiritual sobre as possibilidades de melhorar a conduta. Desde então, a confissão dos pecados pôde ser repetida e foi compreendida num sentido terapêutico. Juntamente com a contrição e a disposição para a obra penitencial (satisfação), a confissão dos pecados era considerada pela teologia escolástica um dos três atos a serem cumpridos pelo penitente no Sacramento da Reconciliação.

Isso tem permanecido assim até hoje. – **(3)** Motivo de um primeiro posicionamento pelo magistério foi o questionamento da confissão completa por M. Lutero († 1546). Em sua reação a ele, o Concílio de Trento define a confissão dos pecados como "instituída por direito divino" e "necessária para a salvação" (DH 1.706). "Pecados mortais de que, feito o devido e diligente exame, houver lembrança" precisam ser confessados (DH 1.707). Refuta a alegação segundo a qual tal confissão seria "impossível" e uma "tradição humana" (DH 1.708). Ao mesmo tempo, estabelece uma conexão entre a confissão plena e o ato judicial do sacerdote (DH 1.709). O Concílio Vaticano II dá muito valor à figuração comunial das celebrações litúrgicas (SC 11). Nesse contexto refletiu-se também o significado de uma confissão professada coletivamente na celebração cultual. – **(4)** As objeções protestantes à exigência de uma confissão plena provém de sua teologia da justificação: Ela suscita a impressão de que o ser humano precisa cumprir uma obra antes de receber a promessa da misericórdia de Deus. O perigo de se esquecer de um pecado e de não confessá-lo provocaria tormentos e dúvidas espirituais. A coerção de confessar todos os pecados a outro ser humano ocultaria o significado incomparável do juiz divino. Além disso, a diretriz eclesiástica de confessar, sobretudo, os pecados mortais estabeleceria uma diferenciação que, em vista da pecaminosidade geral de todas as criaturas, não pode ser justificada. Essas reflexões levaram M. Lutero a defender a confissão dos pecados como ato voluntário. No entanto, essa posição levou a uma diminuição – contrária à sua intenção – dessa prática. No contexto do movimento confessional evangélico no início do século XX e em vista da conscientização crescente em relação à importância terapêutica da confissão e do aconselhamento, a confissão dos pecados vem sendo revalorizada também na teologia prática evangélica. – **(5)** Devemos prever diferentes formas de confissão para as diferentes situações da vida humana: 1) Quando uma pessoa batizada viola os mandamentos do Evangelho de forma fundamental, a comunidade cristã é obrigada (conforme a prática da Igreja antiga) a chamá-la ao arrependimento, mesmo quando não houver uma confissão pública. 2) A confissão vinculada à tradição da chamada "confissão devocional", que não exclui da comunhão eclesiástica pelo fato de apontar apenas pecados veniais (que podem ser perdoados de muitas maneiras diferentes), é praticada principalmente no acompanhamento espiritual. 3) A forma do "capítulo de culpas" tem demonstrado sua eficácia em grupos pequenos – sobretudo em comunidades espirituais: Sob a proteção da comunidade, as pessoas, que convivem umas com as outras em responsabilidade mútua, confessam aquilo que ameaça sua harmonia. 4) Uma confissão comunial e geral expressa a pecaminosidade universal de todos os seres humanos também após o Batismo.

Lit.: a) SATTLER, D. "Bekennen, um sich versöhnen zu lassen". In: MIGGELBRINK, R. et al. (orgs.). *Gotteswege*. Paderborn et al., 2009, p. 165-186. b) e c) VORGRIMLER, H. *Busse und Krankensalbung*. 2. ed. Friburgo/Basileia/Viena, 1978 [HDG, 4/3]. • RAHNER, K. *De paenitentia* – Dogmatische Vorlesungen zum Busssakrament. 2 vols. Friburgo/Basileia/Viena, 2007/2009 [KRSW, 6].

Dorothea Sattler

Conhecimento e consciência de Jesus ↑ *cristologia,* ↑ *Jesus histórico,* ↑ *união hipostática,* ↑ *encarnação,* ↑ *mistérios da vida de Jesus,* ↑ *personalidade/pessoa,* ↑ *preexistência de Cristo.* – Pelo fato de o logos eterno de Deus ter se tornado homem em Jesus de Nazaré, o conhecimento e a consciência de Jesus são marcados por uma extraordinária imediaticidade divina, que precisa ser explicada em maior detalhe. – **(1)** O NT faz declarações tanto sobre a verdadeira natureza humana de Jesus quanto sobre sua missão e seu poder divinos: Jesus viveu como ser humano, foi tentado, mas não pecou (Hb 4,15). Em tudo era igual aos homens, menos no pecado (Hb 4,15), mas se alimentava de um relacionamento com Deus que o distingue de todos os outros homens. Como verdadeiro ser humano, não só conhecia o medo diante do sofrimento (Mc 14,33-36), seu conhecimento também era sujeito a limitações; não conhecia, por exemplo, o dia do juízo (Mc 13,32). Jesus sabia também o que significa crescer no conhecimento (Lc 2,52; cf. 1,80; 2,40), perguntava e aprendia (Mc 5,9.30; 6,38; 8,19s.26.29). Ao mesmo tempo, os evangelhos atribuem a Jesus uma forma especial de sabedoria e conhecimento, não encontrada em nenhuma outra pessoa (Mc 1,21s.; 11,1-6; 14,13-15.18.25.27; Lc 2,40.47), vinculada à sua missão divina e abordada principalmente por João (Jo 4,34; 5,30.43; 6,38; 8,42; 16,28). O testemunho dos sinópticos reconhece sua razão em seu relacionamento extraordinário com Deus, o Pai

(Lc 11,2; Mc 14,36) e em sua intimidade com o Espírito Santo (Lc 1,35; Mt 1,18; Mc 1,9-11; Mt 12,28). As narrativas da tentação de Jesus (Mc 1,12s.; Mt 16,22s.; 26,51-53) revelam a plena natureza humana de Cristo, que inclui também um processo de aprendizagem e o reconhecimento do seu envio divino. – (2) A patrística discute a questão do conhecimento e da consciência de Jesus no contexto dos respectivos modelos cristológicos. A cristologia alexandrina do *logos-sarx* (o *verbo se faz carne*) e a cristologia antioquense do *logos-anthropos* (o *verbo se faz homem*) levaram a diferentes concepções do conhecimento e da consciência de Jesus. A teologia pré-nicena pressupunha naturalmente uma ignorância de Jesus e um progresso em seu conhecimento, mas o Concílio de Niceia (325) se viu obrigado a enfatizar – contra os arianos – a perfeição do conhecimento e da consciência de Jesus. Os arianos defendiam a criaturalidade do *logos* divino encarnado, visto que Jesus apresentava necessidades humanas como fome e sede e visto também que Ele mesmo alegava não ser onisciente (cf. Mt 24,36). Ambrósio († 397) hesita ao falar do não conhecimento de Jesus, os papas Leão o Grande († 461), Gelásio I († 496) e Hormisdas († 523) nem mencionam o não conhecimento de Jesus. Agostinho († 430) atribui à alma de Cristo, em virtude de sua natureza divina, a visão de Deus. Cirilo de Alexandria († 444), Máximo o Confessor († 662) e João de Damasco († 754) defendem essa mesma posição no Oriente. Tomás de Aquino († 1274) desenvolve a doutrina dos quatro tipos de conhecimento de Cristo: o conhecimento humano (*scientia acquisita, experimentalis, intuitiva*), o conhecimento infundido (*scientia infusa*), o conhecimento divino (*scientia divina*) e o conhecimento da visão de Deus (*scientia visionis*). Tomás interpreta o conhecimento e a consciência de Jesus completamente a partir da natureza divina de Cristo, o *logos* encarnado, e por isso destaca a perfeição desse conhecimento; Jesus sabe tudo de todas as maneiras possíveis (STh III qq9-12; q15 a8). A posição de Tomás de Aquino, que hoje achamos difícil de compreender, foi defendida até a neoescolástica dos séculos XIX e XX. Foi acatada também pela proclamação doutrinal dos papas. Encontramos tentativas de novas abordagens nos teólogos dogmáticos do século XIX H. Klee († 1840) e F.X. Dieringer († 1876). O primeiro a fazer uma distinção entre conhecimento e consciência de Jesus é H. Schell († 1906): Define o conhecimento de Jesus como conhecimento experiencial totalmente humano, mas perfeito. Distingue deste a consciência singular de Jesus como Filho de Deus, que Schell ainda concebe como a-histórico e que ele postula como presente já no início da vida de Jesus. A neoescolástica discutiu vigorosamente a pergunta como Jesus teria reconhecido que era o Filho de Deus: por meio de uma visão divina imediata de sua alma humana (teoria da visão: P. Gauthier [† 2002]) ou por meio de uma comunicação da consciência do logos à alma humana (teoria da consciência: P. Parente [† 1086]; escola dos tomistas). O passo decisivo foi feito por K. Rahner († 1984): Identificou a visão de Deus com uma consciência da filiação divina fundamentada na união hipostática, explicando assim por que Jesus se viu como Filho de Deus justamente de modo humano. Criou assim o fundamento para não partir mais da relação abstrata entre a natureza humana de Cristo e o *logos* unido na hipóstase, mas da relação concreta da pessoa de Jesus de Nazaré e seu Pai (H.U. von Balthasar [† 1988], L. Bouyer [† 2004], W. Kasper). Agora, podemos afirmar: Quando Jesus fala com o Pai e dirige sua oração a Ele, Ele está humanamente ciente de sua filiação especial. – (3) Não existem posicionamentos definitivos do magistério referentes ao conhecimento e à consciência de Jesus. O Papa Gregório ensina contra os agnoetas, que questionavam a onisciência de Deus, um não conhecimento meramente humano de Jesus, sem levar em conta, porém, a historicidade do conhecimento e da consciência de Deus (DH 474-476). No século XX, vários papas e dicastérios se pronunciaram em prol da teoria contestada de uma comunicação da consciência do *logos* à consciência humana de Jesus (DH 3.432-3.435; 3.645-3.647; 3.812; 3.924). O Concílio Vaticano II reconhece no conhecimento humano de Jesus uma expressão de sua verdadeira humanidade (GS 22). A Pontifícia Comissão Bíblica (1984) e a Comissão Teológica Internacional (1985) ressaltam em dois documentos que Jesus teria adquirido a consciência de sua missão em vários passos e que compartilhou com a humanidade a experiência plena da morte. – (4) Segundo F. Schleiermacher († 1834), Jesus foi um ser humano que agiu em virtude de uma consciência divina singular. O entrelaçamento de autoconsciência e consciência divina representa a alternativa à doutrina tradicional das duas naturezas. Jesus foi o "eu que estava completamente no tu do Pai", tornando-se assim a personalidade do "Cristo". Ao contrário de Schleiermacher, W. Pannenberg defende a união hipostática e a identidade do *logos* com o ser humano Jesus. Jesus é "Filho" em sua relação com o Pai celestial. – (5) Só podemos falar de um conhecimento e de uma consciência de Jesus extraordinários se Jesus se distinguir essencialmente de todas as pessoas que viveram antes e depois dele. A particularidade do conhecimento e da consciência de Jesus se encontra na união hipostática do *logos* com sua natureza humana. Expressa-se numa consciência divina singular. Fazem parte do conhecimento e da consciência de Jesus também uma consciência da missão divina e uma reivindicação singular de poder. Jesus, malgrado todos os vínculos com as tradições de seu povo, também criticou claramente esta tradição, por exemplo, ao refutar uma aplicação rigorosa da prática do sábado ou a absolutização das leis referentes aos alimentos. Como qualquer conhecimento e consciência humanos, o conhecimento e a consciência de Jesus também são marcados por seu tempo, por isso, P. Hünermann fala corretamente de Jesus como "Filho de Deus no tempo". As contribuições mais recentes de teólogos católicos sobre a questão do conhecimento e da consciência de Jesus (G. Essen, K.-H. Menke, entre outros) aprofundam a interpretação relacional e trinitária sob a perspectiva histórica, que começou a se impor desde a primeira metade do século XX (H.U. von Balthasar, L. Bouyer, W. Kasper, B. Forte): Jesus vivia numa imediaticidade extraordinária com Deus, numa missão divina especial e num relacionamento de filiação singular.

Lit.: WELTE, B. "Zur Christologie von Chalkedon". *Auf der Spur des Ewigen*. Friburgo/Basileia/Viena, 1965, p. 429-458. • GUTWENGER, W. *Bewusstsein und Wissen Christi*. Innsbruck, 1960. • RAHNER, K. "Dogmatische Erwägungen über das Wissen und Selbstbewusstsein Jesu Christi". *KRSW*, 12, 2005, p. 335-352. • VÖGTLE, A. "Exegetische Erwägungen über das Wissen und Selbstbewusstsein Jesu". In: METZ, J.B. & VORGRIMLER, H. *Gott in Welt*. Vol. 1. Friburgo/Basileia/Viena, 1964, p. 608-667. • RIEDLINGER, H. *Geschichtlichkeit und Vollendung des Wissens Christi*. Friburgo/Basileia/Viena 1966 [QD, 32]. • KASPER, W. *Jesus der Christus*. Friburgo/Basileia/Viena, 2007 [WKGS, 3]. • BOUYER, L. *Das Wort ist der Sohn*. Einsiedeln, 1976, p. 524-526. • FENEBERG, W. "Bewusstsein, Entwicklung und Denken Jesu". In: FENEBERG, R. & FENEBERG, W. *Das Leben Jesu im Evangelium*. Friburgo/Basileia/Viena, 1980, p. 187-285 [QD, 88]. • *Balthasar*, 1980 [TD, 3]. • KAISER, P. *Das Wissen Christi in der lateinischen (westlichen) Theologie*. Regensburgo, 1981. • FORTE, B. *Jesus von Nazareth*. Mainz, 1983. • PONTIFÍCIA COMISSÃO BÍBLICA. *Bibel und Christologie*. Stuttgart, 1987. • COMISSÃO TEOLÓGICA INTERNACIONAL. "Jesu Selbst- und Sendungsbewusstsein". *IkaZ*, 16, 1987, p. 37-49. • HÜNERMANN, P. *Jesus Christus*. 2. ed. Münster, 1997, p. 382-400. • ESSEN, G. *Die Freiheit Jesu*. Regensburgo, 2001, p. 242-316. • PESCH, O.H. *Katholische Dogmatik aus ökumenischer Erfahrung*. Vol. 1,1. Mainz, 2008, p. 816-847. • HOPING, H. *Einführung in die Christologie*. 2. ed. Darmstadt, 2010, p. 109-122. • MENKE, K-H. *Jesus ist Gott der Sohn*. 2. ed. Regensburgo, 2011, p. 334-375.

Helmut Hoping

Consciência ↑ *habitação do Espírito,* ↑ *Espírito Santo,* ↑ *dignidade do ser humano/direitos humanos,* ↑ *tolerância,* ↑ *verdade da fé.* – A consciência é a última instância moral e ética de decisão no interior do ser humano. Ela aponta sua responsabilidade singular e intransferível perante Deus, o próximo e o mundo. – (1) No pensamento hebraico, o coração (*leb*) é o lugar da decisão moral e, portanto, sede da consciência. Jesus também coloca em primeiro plano o coração do ser humano (em grego: *kardia*) como seu centro oculto (Lc 6,45). Para Paulo, a consciência (em grego: *syneidesis*) é a consciência moral (1Cor 8,1-13; 10,14-33 no contexto de seu conflito com as leis judaicas de alimentação) e a instância comum, autoritária, ética e moral de todos os seres humanos (Rm 2,14-16). Ela testifica o caráter absoluto e universal das exigências éticas de Deus na Torá e em Jesus Cristo, que, por isso, pode ser obedecida também pelos gentios. A sentença da consciência, no entanto, nem sempre é idêntica à vontade de Deus; é capaz de acusar e de consolar (Rm 2,15). A tensão entre a liberdade dos filhos de Deus e o respeito pelos fracos demarca o espaço desse pensamento (1Cor 8). – (2) Na teologia patrística, a consciência também é prezada como lugar do encontro com Deus e como instância da (auto)avaliação, como força de decisão e (auto)consciência. A consciência (tranquila ou pesada) como indicador interno para a conduta em relação aos outros permite a orientação moral do indivíduo, pressupondo-se porém uma formação da consciência que remete ao antigo ideal da educação (em grego: *paideia*). A atenção concentra-se aqui na recepção de Rm 2,14-16. De modo semelhante a Agostinho († 430) e Jerônimo († 419/420), Orígenes († 253/254) iguala a consciência ao Espírito de Deus, que, segundo 1Cor 2,11, age em todas as pessoas. Agostinho reconhece na consciência pesada ou tranquila a voz de Deus, que adverte para o arrependimento ou que concede paz. A consciência é sede da obrigação moral. A relação entre consciência e magistério eclesiástico já havia sido estudada pelos apologetas gregos. Inácio de Antioquia († após 110) e Clemente de Roma († por volta de 100) vinculam a consciência tranquila à lealdade às normas da Igreja e da fé. A relação tensional entre uma consciência possivelmente equivocada e a obediência ao magistério é tematizada de forma explícita e intensificada pela teologia da Idade Média: Se a consciência pode ser compreendida como voz de Deus, como poderia errar? E, caso esteja errada, suas decisões ainda são obrigatórias? É permitido agir contra sua própria consciência? Após a controvérsia entre P. Abelardo († 1142) e Pedro Lombardo († 1160), Tomás de Aquino († 1284) faz uma distinção entre a consciência como predisposição natural (em grego: *synteresis*) e a decisão concreta (em latim: *conscientia*). A consciência é instância de autoridade última, agir contra a consciência é moralmente mal (STh II-I q19 a5). Isso não abre o caminho para a decisão arbitrária, antes exige uma decisão bem-fundamentada. Tomás enfatiza, contra Lombardo, que é necessário obedecer à consciência mesmo quando isso significa ir contra as leis da Igreja. No entanto, a primazia da consciência não diz se uma ação baseada em uma decisão possivelmente equivocada é correta ou não. Já bem antes da Idade Moderna a consciência era discutida principalmente quando determinada pessoa se opunha às instituições estatais ou eclesiásticas e era obrigada a justificar sua posição (Agostinho, J. Hus, M. Lutero, J.H. Newman, D. Bonhoeffer). O tempo criminoso do fascismo e do nacional-socialismo desafiou de modo especial a tematização da consciência. D. Bonhoeffer, G. Ebeling e W. Pannenberg do lado protestante e H.-E. Hengstenberg, K. Demmer e K. Rahner do lado católico meditaram profundamente sobre o conceito da consciência. Para K. Rahner, a consciência é um fenômeno no interior do ser humano no qual se manifesta o imperativo singular de Deus, ao qual o ser humano deve corresponder de forma pessoal e intransferível. Em sua teoria sobre os "cristãos anônimos" (a possibilidade da salvação também para não cristãos), ele processou impulsos de Paulo, de Tomás e dos concílios, mas também ideias de Tertuliano († após 212). J. Ratzinger ressaltou a necessidade da formação da consciência para confrontar a consciência equivocada com a correção e para enfatizar a dependência relacional da consciência. – **(3)** O Concílio Vaticano II enfatiza a indisponibilidade e a sacralidade da existência humana sobretudo quando fala da consciência como "centro mais oculto e [como] santuário (de Deus) no ser humano" (GS 16); ele confirma a liberdade de consciência e religião como direitos fundamentais (Concílio Vaticano II, DH). A decisão da consciência do indivíduo deve ser respeitada também dentro da Igreja, pois a lei de Deus foi inserida na natureza do ser humano para que fosse obedecida. LG 16 constata que também os não cristãos que "não conhecem o Evangelho sem culpa própria" podem alcançar a salvação, contanto que obedeçam à consciência e pratiquem o bem. – **(4)** Para M. Lutero – baseando-se em Paulo e Agostinho –, a consciência consolada exerce um papel decisivo no contexto da doutrina da justificação: A liberdade da consciência tem seu fundamento no poder do Evangelho. Entretanto, a consciência confiante não crê nas obras próprias, mas exclusivamente na graça de Deus. A fé e a consciência coincidem teocentricamente, de forma que opiniões divergentes referentes à doutrina eclesiástica sobre a ética e a moral são consideradas permissíveis. A "liberdade do cristão" se baseia essencialmente na consciência, que garante a imediaticidade de Deus a cada fiel e, assim, relativiza as diretrizes da Igreja. Contanto que a tradição católica tomás-aquinense mantenha presente o *status elevado* da consciência, à qual o ser humano deva seguir também no caso do equívoco, não há dissenso. – **(5)** A linha tênue entre a reivindicação do indivíduo, sua decisão intransferível diante de Deus e a autoridade da Igreja ou do Estado permanece precária. No entanto, o discurso sobre a consciência representa a responsabilidade intransferível e singular de todo ser humano. Compete à consciência tomar grandes decisões de modo muito pessoal, mesmo que isso não exclua a possibilidade de seguir o conselho de outros. A decisão da consciência sempre ocorre em direção a um futuro aberto; as consequências dessa decisão podem ser reconhecidas e avaliadas apenas em retrospectiva. Isso vale sobretudo para atos espontâneos que não permitem uma reflexão profunda (p. ex., no caso em que se salva uma vida humana). Estes ocorrem na esperança de um êxito possibilitado por Deus, que habita no íntimo do ser humano. É o Espírito divino que predispõe o homem para o chamado do Criador e o convida para o empenho em prol do próximo.

Lit.: FONK, P. *Das Gewissen*. Regensburgo, 2004 [Topos-Taschenbücher, 543]. • SCHOCKENHOFF, E. *Wie gewiss ist das Gewissen?* Friburgo/Basileia/Viena, 2003. • SCHOCKENHOFF, E. *Gewissen*. Friburgo/Basileia/Viena 2009.

Erwin Dirscherl

Consentimento de Deus ↑ *redenção universal,* ↑ *(o) mal,* ↑ *escatologia,* ↑ *liberdade,* ↑ *teodiceia,* ↑ *males,* ↑ *providência.* – Por que existem males morais (*malum morale*) e males físicos (*malum physicum*) na criação de um criador bom? Para evitar a ideia de Deus ser a causa dos males, uma posição teológica responde com o conceito do consentimento de Deus. – **(1)** A Bíblia defende a bondade (moral e física) universal da criação (Gn 1,1ss.; Sl 19). Atribui a responsabilidade pelos males morais ao ser humano (Gn 2,4bss.), conhece, porém – no sentido de uma "pedagogia divina" aplicada ao povo de Israel como um todo ou a crentes individuais –, também os males morais e físicos como consentimento de Deus (Sl 81; Rm 1,18-32). No entanto, a Bíblia não apresenta uma teoria abrangente e sistemática da ação de Deus no mundo (por meio de uma intervenção direta, da orientação, do impedimento ou da limitação), mas enfatiza a sua vontade salvífica (escatológica) universal (Rm 8,21-30). – **(2)** Agostinho († 430) confirma o regimento universal de Deus, mas diferencia: "Nada ocorre sem a sua vontade, mesmo o que ocorre contra a sua vontade; pois não ocorreria se Ele não o permitisse" (enchir. 26,100). A onipotência de Deus é enfatizada de tal modo que a liberdade do ser humano parece ser fortemente limitada por um tipo de determinação divina (mais tarde, Lutero e Calvino acatarão esse pensamento). Tomás de Aquino († 1274) também conhece o consentimento de Deus (STh I q2 a3,1) e o usa para preservar intelectualmente a liberdade do ser humano, apesar de ser fonte dos males. G.W. Leibniz († 1716) defende a bondade do Criador e da criação e ressalta que, sob as condições da finitude física e moral da criação e levando em consideração da liberdade humana, o mundo existente é o "melhor dos mundos possíveis" (*Theodizee*, 1710, I,25). B. Russell († 1970) usa essa argumentação para invertê-la e desmascarar sua pretensão de juízo: O bom ocorreria no mundo apenas para tornar um mal ainda mais esperto; trata-se, portanto, do pior dos mundos possíveis. – **(3)** O Concílio de Trento refutou a ideia de uma autoria divina para os males do mundo (DH 1.556). Deus, porém, sabe o que acontecerá por meio do homem criado como ser dotado de liberdade (DH 3.003). Nesse sentido, seria então possível falar de um consentimento de Deus, especialmente quando Deus avança sua obra salvífica universal não só *para* o ser humano falho, mas *por meio* deste (DH 4.334). – **(4)** Os reformadores M. Lutero († 1546) e J. Calvino († 1564) – este também com o pensamento problemático de uma ↑ predestinação dupla para a salvação ou perdição – viam a concepção de um consentimento de Deus como enfraquecimento da onipotência divina e a refutaram (WA 18,714s.). O argumento, porém, que defende a incognoscibilidade última da vontade salvífica de Deus não representa um obstáculo para o diálogo ecumênico. – **(5)** O consentimento de Deus não pode ser confundido com a permissão de Deus, antes deve ser contemplado no contexto da preservação da liberdade criatural e sobretudo humana também em sua possibilidade de se voltar contra Deus. Os males (objeto do consentimento de Deus) precisam ser vistos como elemento integral na realização da vontade salvífica de Deus, que de forma alguma depende dos males, mas também não fracassa em virtude deles, antes os usa como instrumento salvífico. Em última consequência, Deus permite que o mal ocorra nele mesmo por meio de sua ↑ encarnação em Jesus Cristo, aproveitando-se dele justamente assim em prol de sua vontade salvífica.

Lit.: NEUHAUS, G. *Theodizee*. Friburgo/Basileia/Viena, 1993. • JANSSEN, H.-G. *Gott. Freiheit. Leid*. 2. ed. Darmstadt, 1993. • BERGER, K. *Wie kann Gott Leid und Katastrophen zulassen?* Gütersloh, 2005. • PANNENBERG, W. *Systematische Theologie*. Vol. 2. Göttingen, 1991, p. 188-201. • RUSSELL, B. *Philosophie des Abendlandes*. 8. ed. Munique/Viena, 1999, p. 598.

Ulrich Lüke

Contingência ↑ *evolucionismo e criacionismo,* ↑ *criaturalidade,* ↑ *sofrimento,* ↑ *criação,* ↑ *teodiceia,* ↑ *mau.* – A contingência (do latim: *contingere*, coincidir, tocar-se) designa a modalidade não necessária, mas possível; refere-se a algo que se encontra entre necessidade, impossibilidade e possibilidade, a algo que pode existir, mas não existe necessariamente. A contingência designa, portanto, constelações não dedutíveis, imprevisíveis e aleatórias de atos e eventos, mas também aquilo que é predeterminado e inevitável. No contexto das ciências naturais, o termo designa eventos que não podem ser previstos ou controlados ou que só podem ser descritos *ex post* como resultado de processos caóticos, em virtude da multiplicidade e complexidade de influências ou da emergência de novas características sistêmicas. No entanto, a contingência não afirma uma suspensão das causalidades e leis naturais. Nas chamadas ↑ provas da existência de Deus, a contingência, como o não necessário que depende de fatos necessários, serviu como abordagem para induzir um ser (divino) absolutamente necessário (*esse per se ipsum*), gerador de si mesmo e de todo o resto. A contingência precisa ser interpretada e se mostra aberta a interpretações, no contexto religioso também em vista de Deus. A religião já foi descrita como prática da redução da complexidade (N. Luhmann [† 1998]), mas também do processamento da contingência (H. Lübbe), que ajuda o ser humano a relacionar-se com o incontrolável de forma racional a fim de integrá-lo na prática da vida. Contingente é, por fim, o evento em Cristo e por meio dele, que se apresenta como evento salvífico ao ser humano e à criação como algo aberto à interpretação.

Lit.: ESTERBAUER, K. *Kontingenz und Religion* - Eine Phänomenologie des Zufalls und des Glücks. Viena, 1989. • LÜBBE, H. *Religion nach der Aufklärung*. Graz/Viena/Colônia, 1986. • LUYTEN, N.A. (org.). *Zufall. Freiheit. Vorsehung*. Friburgo/Munique, 1975 [Grenzfragen, 5].

Ulrich Lüke

Contrição ↑ *absolvição,* ↑ *obra de penitência,* ↑ *Sacramento da Reconciliação,* ↑ *confissão dos pecados.* – A contrição designa a dor que resulta do reconhecimento de ter caído no pecado. É promovida pela percepção das consequências dolorosas da conduta pecaminosa. Existem a contrição perfeita (em latim: *contritio*) resultante do reconhecimento causado pela graça de Deus de ter ignorado o amor e os mandamentos de Deus por meio de sua própria ação (chamado também de "contrição por amor") e a contrição imperfeita (em latim: *attritio*) resultante do medo do castigo divino (chamado também de "contrição por medo"). Nem sempre é possível fazer uma distinção clara entre essas duas formas. – **(1)** Os escritos bíblicos registram numerosas mudanças de postura (p. ex., Gn 4,13s.; 44,13-16; Jn 3; Jó 42,6; Lc 15,18). O chamado de Deus para o arrependimento e a luta do ser humano em sua tentativa de corresponder a esse chamado são temas básicos da Bíblia. O motivo interior para a contrição de um indivíduo ou de toda uma comunidade da fé raramente é objeto de reflexão. A fala do "espírito contrito" (Sl 51,19), do "espírito novo" e do "coração de carne" (Ez 18,31; 36,26) já se aproxima da concepção posterior da contrição. Muitas vezes, o reconhecimento de um erro cometido vem acompanhado da disposição de assumir a responsabilidade pelas consequências do pecado (1Sm 15,24-30; 2Sm 12,13). A fala bíblica do arrependimento de Deus por ter criado a humanidade (Gn 6,6) ou por ter imposto um castigo (Jn 3,9; Jl 2,12-14) pretende expressar o desmerecimento da misericórdia de Deus. – **(2)** A grande importância da contrição permanece incontestada durante toda a história da teologia. Desde cedo, o arrependimento como expressão da participação pessoal do ser humano no evento da reconciliação com Deus e com o próximo é parte integral do processo penitencial da Igreja. No tempo da penitência canônica, a disposição de demonstrar sua penitência publicamente era vista como prova da contrição. Ao lado da confissão do pecado e da disposição para a obra penitencial, a contrição era vista como um dos três "atos" a serem executados pelo penitente dentro do Sacramento da Penitência. A diferenciação entre a contrição *propter poenam* (*attritio*, contrição por medo) e a contrição *propter Deum* (*contritio*, contrição por amor), feita já no início da escolástica, não excluía inicialmente a possibilidade de um efeito positivo de um processo penitencial iniciado em virtude de um arrependimento por medo (medo do inferno), mas não completado (atricionismo). A valorização tradicionalmente maior da contrição por amor era justificada com argumentos da teologia da graça elaborados por teólogos do século XIII (segundo Agostinho [† 430], é a graça de Deus que motiva o ser humano para o amor arrependido). Na época, dominava a opinião segundo a qual normalmente o pecador participa do Sacramento da Reconciliação num estado já justificado em virtude de sua contrição por amor (causada pela graça de Deus); o arrependimento por medo, por sua vez, em virtude do efeito prévio da absolvição, é transformado em casos excepcionais em contrição por amor. J. Duns Scotus († 1308) foi o primeiro a se opor à primazia da contrição por amor. Segundo ele, existe um caminho duplo para a justificação do homem pecaminoso: por um lado, o mero arrependimento por medo e uma absolvição sacramental de efeito não só declaratório; por outro, o arrependimento por amor e uma absolvição sacramental de efeito puramente declaratório, que apenas constata o que já existe como realidade diante de Deus (contricionismo). Em seguida, a tradição doutrinal escotista também encontrou adeptos entre os tomistas. M. Lutero († 1546) se opôs à propagação crescente do atricionismo e representou o pano de fundo diante do qual o Concílio de Trento se ocupou com essa questão. Já que o concílio a decidiu de modo tão diplomático ao ponto de tanto os atricionistas quanto os contricionistas se verem confirmados, o conflito referente ao arrependimento voltou a ressurgir repetidamente ao longo dos séculos seguintes. A teologia mais recente encontrou abordagens à concepção do arrependimento humano que atribuem grande importância aos conhecimentos antropológicos. – **(3)** O Concílio de Trento não quis decidir a disputa acadêmica entre os tomistas e escotistas referente à doutrina do arrependimento, mas tentou evitar o perigo de atribuir uma importância excessiva à participação pessoal no Sacramento da Penitência (no sentido reformado). Definiu o arrependimento conceitualmente como "dor da alma" e "detestação do pecado cometido, com o propósito de não tornar a pecar" (DH 1.676). Mesmo que a "contrição perfeita" seja capaz de justificar o homem pecaminoso ainda antes da celebração do Sacramento da Reconciliação, mas a contrição interior por amor motiva o ser humano para a participação externa no sacramento (DH 1.677). A contrição por medo é aceita como motivação causada por Deus por meio do Espírito Santo para o Sacramento da Penitência (DH 1.678; 1.705); esta, porém, não basta, antes precisa demonstrar-se na vontade de não tornar a pecar e de buscar a justiça. O concílio pretende enfatizar tanto a importância da dimensão pessoal quanto a eficácia da liturgia eclesiástica na celebração da penitência – idealmente, em interação uma com a outra. O magistério evitou definir uma preferência também após o Concílio de Trento. Consequentemente, condenou posições radicais e incentivou o comedimento (DH 1.931s.; 1.971; 2.070; 2.314s.; 2.460ss.). É incontestado que a contrição está incluída nos "três atos" do homem penitente (contrição, confissão dos pecados, satisfação: DH 1.704), que, como *materia sacramenti*, garantem, juntamente com a *forma sacramenti* (absolvição), a possibilidade do efeito (*materia*) e a realidade do efeito (*forma*) (↑ hilemorfismo). – **(4)** A diferença entre os três atos do penitente segundo a tradição católica romana (contrição, confissão e satisfação) e as duas precondições pessoais segundo a tradição luterana (contrição e fé: CA 12; ApolCA 12) no evento da penitência motivou um esclarecimento das intenções confessionais (principalmente por ocasião dos esforços para um reconhecimento ecumênico da CA de 1530 no ano de 1980). Evidenciou-se, então, que as duas opções argumentam em níveis diferentes: A tradição católica romana contempla a demonstração externa do arrependimento do homem pecaminoso; a tradição luterana, por sua vez, contempla a disposição interna do ser humano no evento da justificação. A concepção católica romana também afirma uma participação da fé – no sentido da confiança na misericórdia de Deus – no evento da reconciliação. Diferentemente da confissão e da satisfação, a contrição é precondição incontestada em todas as confissões orientais e ocidentais para a eficácia da reconciliação. A preocupação luterana se referia ao perigo de declarar como justificado por Deus o ser humano sem arrependimento interior por meio de um ato eclesiástico obrigatório. Em vista de sua constante valorização da contrição por amor, a tradição católica romana pode ser absolvida dessa suspeita. – **(5)** A teologia sistemática mais recente não se mostra interessada em aprofundar a doutrina da contrição – pelo menos não sob esses conceitos. Ao mesmo tempo, os desafios que precisam ser encarados por qualquer esforço desse tipo são evidentes: 1) Vale investir no diálogo interdisciplinar: com as ciências humanas (sobretudo com a psicologia e pedagogia) sobre questões referentes à motivação de ações humanas; com as ciências jurídicas sobre formas do reconhecimento de culpa e de responsabilidade; com a ciência da literatura sobre as múltiplas expressões da contrição humana. 2) Em vista da percepção mundial dos fenômenos do sofrimento e do mal, que não podem ser transformados pela contrição de pessoas individuais, é necessário fazer uma distinção entre o pecado pessoal e o emaranhamento universal da culpa (pecado estrutural). Dentro da teologia sistemática, é importante que a teologia moral e a ética social entrem em um diálogo uma com a outra. 3) O discurso dogmático precisa buscar formas novas para descrever como o acesso à celebração do Sacramento da Reconciliação pode ser facilitado para as pessoas arrependidas que tentam assumir a responsabilidade pelos danos causados, mas que não estão dispostas a se submeter ao processo penitencial da Igreja. Nesse contexto, é necessário refletir sobre o significado da confissão dos pecados dentro desse processo como um todo.

Lit.: a) FABER, E.-M. *Einführung in die katholische Sakramentenlehre*. 2. ed. Darmstadt, 2009, p. 137-141. b) e c) VORGRIMLER, H. *Busse und Krankensalbung*. 2. ed. Friburgo/Basileia/Viena, 1978, p. 138-145, 175s., 187-192 [HDG, 4/3] • RAHNER, K. *De paenitentia* - Dogmatische Vorlesungen zum Bussakrament. Vol. 2. Friburgo/Basileia/Viena, 2009, esp. p. 3-220 [KRSW, 6,2].

Dorothea Sattler

Coração ↑ *habitação do Espírito*, ↑ *consciência*, ↑ *indivíduo*, ↑ *amor ao próximo e amor a Deus*, ↑ *personalidade/pessoa*. – Na teologia, essa palavra representa a própria vida – o centro da vitalidade humana, a abertura, a caridade, a faculdade de juízo e sentimento. – **(1)** A Bíblia fala do coração (em hebraico: *leb*) como a parte mais íntima do ser humano; nele se aloja a vontade, mas também os sentimentos como o medo, o luto, a alegria e o júbilo. É possível guardar uma pessoa (1Sm 18,1) ou os mandamentos de Deus em seu coração (Dt 4,39; Br 2,30; Jr 12,11). O coração é caracterizado pela sensibilidade e pela possibilidade de seguir a Palavra e o mandamento de Deus (Ez 11,19; 36,26). O termo "coração" designa o centro pessoal do ser humano, que abarca dimensões racionais, emocionais e volitivas (Ex 35,21; 36,2; Sl 27,8; 64,7). 1Rs 8,38-39 chama o coração de fórum no qual a Palavra de Deus é percebida como desafio e consolo. Enfatiza-se assim ao mesmo tempo a importância da consciência. Os Salmos pedem um coração puro e sincero (Sl 51,12; 24,4 et al.) e sabem: Um coração "quebrado" não será rejeitado por Deus (Sl 51,19). Os profetas chamam o coração humano para o arrependimento, pois Deus examina o coração e conhece o lugar mais íntimo do ser humano. Ex 11,19 (36,26) fala em termos escatológicos e visionários de um "novo coração". Mas também Jr 31,31-34 já havia prometido que, com uma nova aliança, a Torá seria inscrita no coração dos israelitas. No NT, preserva-se completamente o significado múltiplo da palavra veterotestamentária: Paulo acentua o anseio e o desejo do coração (2Cor 3,14; Fl 4,7), e os sinóticos nos relatam a palavra de Jesus segundo a qual tanto o bem quanto o mal procedem do coração (Lc 6,45). Mesmo assim, é o lugar onde Deus habita com seu Filho e o Espírito Santo (Ef 3,17; 2Cor 1,22; Rm 5,5; Jo 14,23); por isso, o ser humano pode amar a Deus e ao próximo de todo coração. – **(2)** Seguindo a tradição bíblica, os Padres reconhecem no coração o símbolo da busca e da proximidade de Deus, do anseio e do amor ao próximo. Famosa é a expressão de Agostinho († 430): "Inquieto é nosso coração até descansar em ti" (conf. 1,1). A espiritualidade e o misticismo identificam o coração como lugar da experiência de Deus (G. de Helfta [† 1302]; H. Seuse [† 1366]). Boaventura († 1274) fala, como já o fizera Anselmo de Cantuária ([† 1109] Proslog. 25), do *cor humanum* carente e preocupado, que justamente por isso se transforma em lugar da alegria inexprimível em virtude da bem-aventurança de Deus. B. Pascal († 1662) enfatiza o significado existencial do coração, relacionando-o de modo tensional ao conceito moderno da razão. A piedade crescente do Sagrado Coração de Jesus trata a metáfora do coração de forma sentimental (M.M. Alacoque [† 1690]). K. Rahner († 1984) também entende nessa tradição a palavra "coração" como "palavra primordial", que aponta a unidade do ser humano, que existe na diferença entre corpo e alma, entre dentro e fora, e ainda sua infinidade e seu agraciamento com os dons do Espírito Santo. H.U. von Balthasar († 1988) fala em sua obra de juventude do "coração do mundo": nele bate o pulso dos tempos, e é instrumento do amor eterno do Redentor. – **(3)** O magistério usa a palavra "coração" para ressaltar a essência ou o íntimo do ser humano, "no qual a pessoa se decide por ou contra Deus" (Catecismo da Igreja Católica, 368). Aqui, o conceito se aproxima muito da consciência. O coração é o centro oculto do ser humano, é fórum da verdade, do arrependimento, da aliança e do encontro com Deus e origem da oração; quanto ao coração de Jesus, ele simboliza o amor entre Deus e o homem (Catecismo da Igreja Católica, 2.562s.). – **(4)** A fala bíblica do coração encontrou um forte eco também nas tradições ortodoxa e protestante; não existem controvérsias. – **(5)** O coração representa o vigor e o ritmo da vida, mas também o pulso do tempo, ao qual toda vida humana é integrada. O motor biológico da "sístole e diástole" representa simbolicamente as fases alternativas do ser humano, que, entre tensão e relaxamento, entre contração e extensão, vive aquele anseio que em meio a toda inquietação da existência deseja a paz que apenas Deus pode dar.

Lit.: a) VON BALTHASAR, H.U. *Das Herz der Welt*. 4. ed. Ostfildern, 1988. b) WENZEL, K. *Sakramentales Selbst* – Der Mensch als Zeichen des Heils. Friburgo/Basileia/Viena, 2003, p. 122-130.

Erwin Dirscherl

Cosmologia ↑ *criaturalidade,* ↑ *criação,* ↑ *estado primordial,* ↑ *imagem do mundo.* – A cosmologia representa a tentativa de uma orientação racional e sensata do ser humano e de seu mundo no tempo e no espaço. Na história da humanidade, ela se inicia com imagens e narrativas mitológicas transmitidas oralmente e, em virtude do cientificismo da Modernidade, leva a uma filosofia natural sobre o fundamento de dados científicos. Em diferentes níveis de entendimento, as cosmologias transmitem muitas vezes cenários da criação do mundo como também, ao mesmo tempo, do fim do mundo (cosmogonias e apocalipses). – **(1)** A despeito de sua dependência de concepções da Antiguidade Oriental (modelo do mundo de três níveis), os textos bíblicos também contêm uma cosmologia independente. Assim, o hino bíblico da criação (Gn 1,1–2,4a) apresenta, com sua total ausência de *numina*, um programa contrastante ao mito babilônico (*Enuma Elish*), em cujo ambiente foi criado. O Deus uno e único é, sem qualquer dúvida, a grandeza determinante e definidora para todos os espaços, tempos e agentes. Ele estabelece o início absoluto do cosmo, age nele e determina seu fim. A concepção implicitamente contida em Gn 1,1 de uma ↑ *creatio ex nihilo* encontra em 2Mc 7,28 sua primeira menção bíblica comprovada. A dignidade especial conferida por Deus ao ser humano dentro do mundo como um todo é enfatizada, mesmo que com meios narrativos diferentes, tanto pela tradição sacerdotal (Gn 1) quanto pelo Javista (Gn 2, 3). Tanto o AT (p. ex., Is 24–27) como o NT (p. ex., Lc 21) conhecem, além dos cenários da criação do mundo, também apocalipses com imagens de terror. No NT, porém, estas permanecem integradas ao contexto salvífico ordenado por Deus (Lc 21,25-28). O Deus absoluto estabelece o início do mundo e refigura ainda seu fim para a consumação (novo céu e nova terra: Ap 21). – **(2)** Em virtude de temas bíblicos como ascensão, Eucaristia ou de sua crença em céu e inferno, o cristianismo sempre se interessou por conhecimentos cosmológicos. No surgimento das ciências naturais, a adoção da imagem ptolemaica do mundo e concepções naturalistas geraram uma forte oposição a qualquer novo conhecimento (imagem do mundo heliocêntrico, N. Copérnico [† 1543], G. Galilei [† 1642], mais tarde contra a imagem evolutiva do mundo de C. Darwin [† 1882], A. Weismann [† 1914] e outros). A Igreja desenvolveu suas próprias cosmologias, como a de Niklaus von Kues [† 1464], que contempla o mundo como unidade na multiplicidade. – **(3)** No início, o magistério rejeitou as cosmologias modernas (DH 3.512-3.514). O processo da inquisição contra Galileu (1663), durante o qual este foi forçado a abjurar da teoria copernicana, teve um efeito espetacular. Sua reabilitação foi iniciada muito tarde: Em 1835, o *Diálogo* de Galileu é retirado do índice dos livros proibidos; em 1979, o Papa João Paulo II reabre o seu caso que encontra seu desfecho em 1992 com a reabilitação de Galileu. A Pontifícia Academia das Ciências em sua forma atual existe desde 1936 (Pio XI); seus precursores remetem ao ano 1603. O observatório pontifício (a partir de 1578) correspondia na época e corresponde ainda hoje aos padrões científicos e tem documentado isso por meio de contribuições consideráveis para a pesquisa. A idade do universo (13,75 bilhões de anos) ou da terra (4,6 bilhões de anos), sua formação (a singularidade inicial do *Big-Bang*) e seu destino prospectivo (universo em expansão ou contração, entropia máxima), a descoberta de novas galáxias etc. não são futilidades, antes fazem parte do pano de fundo cada vez mais rico de uma cosmologia que precisa ser concebida sempre de novo com honestidade intelectual. – **(4)** Conflitos ecumênicos referentes ao tema da cosmologia não existem. No entanto, seria bom se o movimento ecumênico iniciasse pesquisas e bolsas de pesquisa na região-limite entre cosmologias científicas de um lado e cosmologias teológico-filosóficas de outro. – **(5)** O retorno de determinados conceitos chama atenção: O atomismo e o materialismo existem na cosmologia desde os tempos dos pré-socráticos, surgem em Lucrécio, Epicuro e J.O. de La Mettrie († 1751) e persistem até hoje. Desde o estoicismo e em muitas mitologias animistas, encontram-se concepções de modelos cíclicos da criação e do fim do mundo, hoje, por exemplo, na forma de um modelo do universo pulsante. Desde o *Timaios* de Platão, existem esboços teleológicos, defendidos entre outros por G.W.F. Hegel († 1831) e A.N. Whitehead († 1947) e encontrados também nas concepções do chamado "princípio antrópico forte" (a criação tem como finalidade o ser humano). Por isso, devemos concordar com o entendimento de I. Kant († 1804) apresentado em sua "Crítica da razão pura" segundo o qual uma cosmologia, compreendida em termos puramente científicos, seria impossível, já que o todo do mundo não pode ser objeto da contemplação científica. Os dados empíricos representam hoje a condição necessária, mas de forma alguma suficiente para o desenvolvimento de uma cosmologia. Por isso, existe uma necessidade inevitável de complementação e uma falta de remate em todas as cosmologias: de um lado, porque os dados fundamentais mudam devido à expansão dos conhecimentos científicos, de outro, porque cada determinação positiva ou negativa de sentido de toda cosmologia exige a introdução consciente ou inconsciente de uma parte construtiva e não empírica de predeterminações filosóficas, teológicas, políticas, ou seja, ideológicas num sentido geral. Hoje, uma cosmologia fundamentada bíblica e hermeneuticamente refletida de acordo com os padrões filosóficos da teologia sistemática tem boas chances de subsistir em discursos interdisciplinares, contanto que seja formulada à altura dos respectivos conhecimentos científicos e não se torne dependente de seus conhecimentos sempre apenas transitórios.

Lit.: AUDRETSCH, J. & MAINZER, K. (orgs.). *Vom Anfang der Welt*. 2. ed. Munique, 1990. • BORRMANN, S. & RAGER, G. *Kosmologie, Evolution und evolutionäre Anthropologie*. Friburgo/Munique, 2009 [Grenzfragen, 34]. • FAHR, H.-J. *Universum ohne Urknall* – Kosmologie in der Kontroverse. Heidelberg, 1995. • MÜLLER, H.A. (org.). *Kosmologie* - Fragen nach Evolution und Eschatologie der Welt. Göttingen, 2004. • POLKINGHORNE, J.C. *An Gott glauben im Zeitalter der Naturwissenschaft*. Gütersloh, 2000. • TEILHARD DE CHARDIN, P. [Beck'sche Reihe, 1.055]. 4. ed. Munique, 2010. • WHITEHEAD, A.N. *Prozess und Realität*. 2. ed. Frankfurt a.M., 1995.

Ulrich Lüke

Creatio ex nihilo/creatio continua ↑ *dualismo*, ↑ *ação de Deus*, ↑ *criação*, ↑ *narrativas da criação*, ↑ *tempo*. – A *creatio* pode significar tanto o processo e/ou o resultado da criação. Além do diagnóstico bíblico, a criação é conceitualmente diferenciada em "criação a partir do nada (*creatio ex nihilo*)" e "criação continuada" ou "preservação da criação (*creatio continua*)". – **(1)** O AT não fornece uma fonte certa para a *creatio ex nihilo*. As passagens de Sb 11,17 e 2Mac 7,28, ambas redigidas sob fortes influências helenísticas, também não oferecem um fundamento substancial. O AT se ocupa menos com a oposição entre o nada e o algo, que precisa ser superada filosoficamente, mas sim com a experiência concreta do caos e do cosmo, da vida e da morte. Segundo Gn 1, Deus não cria o cosmo ordenado como lugar para os seres vivos e, sobretudo, para os seres humanos a partir do nada, mas a partir do caos hostil à vida com seus poderes *tohuwabohu*, escuridão e mar primordial. Deus estipula o início primordial da ordem do mundo, do qual resultam todas as outras figuras e processos. A visão do início bom instaurado por Deus e da promessa renovada – após a catástrofe do dilúvio (Gn 6–9) – de sua presença fiel transmite ao ser humano confiança na ordem da criação e para a vida. A promessa de Deus se expressa simbolicamente no arco-íris. Se a *creatio ex nihilo* não é compreendida como transição do nada para o algo, mas como expressão da incomparabilidade do Deus criativo, ela concorda perfeitamente com a intenção da acepção veterotestamentária da criação. O termo hebraico para criar (*bara*), reservado exclusivamente para a ação divina, e a criação do ser e do ente por meio da mera palavra ("Deus disse: Faça-se [...], e [...] se fez") evidenciam a soberania absoluta do Criador. O conceito da *creatio continua* tem seus fundamentos veterotestamentários nos Salmos (104,3; 146,6-9), nos profetas (Is 40,28) e na literatura da sabedoria (Ecl 3,14; Sb 1,7; 8,1; 11,24ss.). O NT especifica a *creatio continua* como cuidado paternal do Deus criativo (Mt 6,25-34; Lc 12,22-31), mas a interpreta também em termos cosmológicos (At 17,28). Em Paulo (Rm 4,17), Deus é criador também no sentido de que "dá vida aos mortos e chama as coisas não existentes como se fossem existentes". Em Paulo, as obras visíveis da criação são prova da existência da realidade invisível de Deus, elas são aquilo "que se pode reconhecer de Deus" (Rm 1,20). – **(2)** Desde o século II (Hermas, Irineu, Orígenes etc.), a teologia cristã fala da *creatio ex nihilo* também num sentido metafísico. Partindo disso, Agostinho († 430) cunha o conceito da *creatio continua*. Ao fazê-lo, formula a suposição segundo a qual aquilo que foi criado do nada necessita da influência divina contínua geradora do ser (*influxus*). A criação é segurada na mão de Deus (*sustentatio*), suspensa sobre o nada (*suspensio*) e retida (*continentia*). A Alta Idade Média (p. ex., TOMÁS DE AQUINO, STh I q104; Contr. Gent. III,65) tenta reunir a atividade preservadora de Deus, reconhecida como necessária, com a autodeterminação e atividade própria da criatura. – **(3)** O IV Concílio de Latrão, de 1215, diferencia entre uma criação espiritual e invisível e uma criação física e visível. O ser humano é considerado participante de ambas as esferas; e a criação como um todo é vista como criação a partir do nada. A *creatio ex nihilo* é expressão da onipotência do Deus criador, e só Ele é capaz de realizá-la (DH 800). Em 1870, o Concílio Vaticano I confirma explicitamente essa doutrina (DH 3.002). Assim, a criação por sua vez se torna indício e referência ao Deus onipotente e criador. Disso resulta a doutrina segundo a qual "Deus, a origem e o alvo de todas as coisas, pode ser reconhecido com certeza com a luz natural da razão humana a partir das coisas criadas" (DH 3.004). Deus cria o mundo a partir do nada por amor e com a sabedoria divina (Catecismo da Igreja Católica, 295s.). Cria um mundo ordenado e bom, que Ele transcende infinitamente, no qual Ele está profundamente presente (imanente) e que Ele sustenta e suporta (Catecismo da Igreja Católica, 299-301; DH 3.001-3.003). – **(4)** M. Lutero e com ele também teólogos como G. Ebeling consideram o ser humano pecaminoso um ser nulo e classificam também suas obras como nulas. Mas esse "nada" e essa nulidade são o ponto de partida para a obra criativa de Deus. Referente à possibilidade de uma ↑ teologia natural ou teologia da natureza, como a que o Concílio Vaticano I parece sugerir (DH 3.004; 3.026), existem diferenças entre as confissões. – **(5)** Enquanto o conceito do nada é compreendido em seu sentido mais restrito, a *creatio ex nihilo* pode, sem qualquer problema e como condição de possibilidade num sentido não temporal, ser estipulada "antes" do *big-bang* – o marco zero de toda ciência natural. Já que toda ciência natural depende daquilo que o termo "natureza" estipula e pelo fato de não falar do nada, não existe nenhuma interseção entre a ciência natural e a *creatio ex nihilo*. A *creatio continua*, por sua vez, que remete a tudo que foi criado na *creatio ex nihilo*, pode entrar em conflito com afirmações científicas (p. ex., com as leis da termodinâmica e com as teorias da evolução abiótica e biótica). Por isso, a *creatio ex nihilo* e a *creatio continua* não devem ser consideradas iniciativas incoerentes, posteriores e complementares ou reparadoras de Deus. A ideia de uma "criação atemporal antes do tempo" (*creatio ex nihilo*) e a manutenção temporal do produto criado em tempo e com o tempo (*creatio continua*) só pode ser concebida como produto da perspectiva necessariamente temporal do ser humano criado. Da perspectiva de Deus, a *creatio ex nihilo* e a *creatio continua* precisam ser imaginadas como criação divina única e atemporal que transcende o tempo. A teologia procura encontrar soluções em teorias da física quântica (D. Hattrup) e relativistas (U. Beuttler, U. Lüke).

Lit.: BEUTTLER, U. *Gottesgewissheit in der relativen Welt*. Stuttgart, 2006. • EBELING, G. *Dogmatik des christlichen Glaubens*. Vol. 1. Tübingen, 1979. • HATTRUP, D. *Einstein und der würfelnde Gott* – An den Grenzen des Wissens in Naturwissenschaft und Theologie. 4. ed. Friburgo/Basileia/Viena, 2008. • LÖNING, K. & ZENGER, E. *Als Anfang schuf Gott*. Düsseldorf, 1997. • LÜKE, U. "*Als Anfang schuf Gott...*" *Bio-Theologie. Zeit. Evolution. Hominisation*. 2. ed. Paderborn et al., 2001. • LÜKE, U. *Mensch. Natur. Gott*. Münster, 2002.

Ulrich Lüke

Criação ↑ *creatio ex nihilo/creatio continua*, ↑ evolução e criação, ↑ cosmologia, ↑ relação corpo/alma, ↑ narrativas da criação, ↑ preservação do mundo. – "Criação" designa a atividade exclusivamente divina como causa do não divino e o resultado desta. É a resposta cristã à pergunta filosófica fundamental: Por que existe algo, e não nada? O conceito da criação exige, segundo as concepções humanas de analogia, um criador. – **(1)** O AT conhece, além das muitas referências textuais à ação criadora de Deus, duas narrativas da criação, os textos da tradição sacerdotal (S) e do javista (J), que não devem ser interpretados como proposições pré-científicas sobre a natureza. As narrativas da criação não são, portanto, uma alternativa para modelos científicos sobre o surgimento do mundo. O texto hínico, organizado em estrofes de S enfatiza expressamente a bondade da criação. O texto narrativo de J ressalta a finitude (sofrimento e morte), a errância (a queda), a dependência material (em hebraico: *adama*, terra; *dam*, sangue), que o ser humano compartilha com os animais. Adão (Gn 2,7) significa homem de terra, pois foi feito da terra; no entanto, recebeu também o sopro da vida de Deus. S e J enfatizam de modos diferentes a equivalência de ambos os sexos e não permitem a atribuição de uma posição subalterna à mulher (↑ homem e mulher). Provavelmente, as concepções israelitas do antigo Oriente ainda não avançam até o pensamento de uma *creatio ex nihilo*, que, porém, já está contido na lógica de suas afirmações sobre Deus. A palavra hebraica *bara* (Gn 1,1 et al.), reservada exclusivamente para os atos criativos de Deus, remete àquilo que não pode ser comparado com nenhuma atividade humana, ao extraordinário da criação de Deus. Deus transforma o "tohuwabohu", o caos totalmente adverso à vida, em um cosmo favorável à vida. Segundo S, Ele cria por meio da mera palavra, i.e., por meio de sua presença e potência espiritual, uma criação boa em todos os seus aspectos. Cria apenas o ser humano à sua imagem para administrar e dar forma à criação restante (Gn 1,26). O Adão de J dá nomes às outras criaturas (Gn 2,19), o homem de S deve dominá-las (Gn 1,28ss.). Na opinião de alguns teólogos, porém, a criação visa para além do ser humano ao sábado como símbolo da consumação definitiva em Deus. Pois em todas as catástrofes que ocorrem ao longo da história (salvífica), Ele permanece fiel à sua criação, como o expressa simbolicamente o arco-íris (Gn 9,13), interpretado como sinal da aliança. O NT também fala da criação; por exemplo, sobre sua provação escatológica (Mc 13; Mt 24). Reconhece nos eventos da criação dicas para a conduta correta do ser humano (Mt 6,25-35; 10,29-31). Remete ao cuidado paternal de Deus e à salvação (Rm 8,18-23). Jesus Cristo é o Adão escatológico (1Cor 15,45-49), que guia a criação, levada à morte e perdição pelo Adão primordial, para a vida de Deus por meio da ressurreição, de modo que aquele que estiver em Cristo se torna "nova criação" (2Cor 5,17). A ↑ ressurreição de Jesus dá início a uma nova criação de dimensões cósmicas (Cl 1,12-20). Destarte, o NT fala do surgimento de um "novo mundo", em cujo meio age o próprio Deus (Ap 21,3-5). As criaturas anseiam sua vinda (Ap 22,12-13.21). – **(2)** A ênfase exagerada da perfeição da criação original, que se orientava primariamente pela fonte sacerdotal, tendia para o deísmo. Deus teria criado um mundo que não depende mais da intervenção divina. Tornaram-se assim supérfluos os pensamentos de uma *creatio continua* e até mesmo da encarnação redentora de Deus (↑ encarnação). A ênfase exagerada da deficiência da criação, i.e., de uma criação caída devido à falha humana, exigia, por sua vez, uma intervenção divina permanente. I. Newton ainda acreditava na necessidade de um ajuste dos mecanismos astronômicos. Alguns biólogos e teólogos, influenciados pelo vitalismo, acreditavam na necessidade da intervenção de Deus em fases de desenvolvimento especiais (do inanimado para o animado, p. ex., ou do animal para o ser humano). Esse intervencionismo perdeu sua credibilidade na medida em que os modelos científicos eram aprimorados. A relação entre a ordem da criação e a ordem da salvação ainda necessita de esclarecimentos teológicos adicionais. – **(3)** Proposições magisteriais centrais e contínuas são: Deus criou o mundo em sua totalidade, i.e., os mundos visível e invisível, físico e material a partir do nada (DH 30; 125; 150; 800); sua criação foi motivada pelo amor (DH 4.319). A criação é boa desde o início, pois seu Criador é bom (DH 1.333ss.). Até mesmo a possibilidade de decidir-se contra Deus é uma qualidade da bondade da criação divina (DH 800; 4.317). Com a criação, Deus institui o tempo e revela sua bondade e perfeição (DH 3.002) – não para si mesmo, mas em prol das criaturas e sua bem-aventurança. Desde a Antiguidade tardia, a Igreja defende a bondade e dignidade do corpo, do matrimônio e da procriação contra a inimizade ao corpo defendida pelo ↑ maniqueísmo e priscilianismo (DH 461ss.). Segundo as palavras do Concílio Vaticano I, a criação é o lugar e instrumento para o conhecimento de Deus (DH 3.004). A ocupação com a teoria da evolução levou o Concílio Vaticano II ao entendimento teológico de que Deus não cria um produto pronto, mas um mundo em desenvolvimento. Sua criação pede e viabiliza a cooperação do ser humano e o desenvolvimento contínuo a partir da iniciativa divina, contribuindo assim também para o desenvolvimento do mundo por meio do ser humano (DH 4.334ss.). – **(4)** Na ortodoxia, a alegria da criação é transposta para uma alegria litúrgica sensual: ao mesmo tempo, a obra visível de Deus chama o ser humano para a moderação e a ascese (monasticismo, períodos de jejum). Controvérsias ecumênicas surgem em torno da acepção católica (Concílio Vaticano I) segundo a qual é possível chegar ao conhecimento de Deus por meio da contemplação racional da criação. O Concílio de Trento, assumindo um ponto de vista otimista da criatura, havia se distanciado da doutrina da justificação e da graça de M. Lutero (DH 1.520ss.). A promulgação da Declaração Conjunta sobre a Doutrina da Justificação de 1999, em Augsburgo, foi significativa; as consequências práticas em vista da reconciliação entre ordem criatural e ordem redentora ainda precisam ser aplicadas ao convívio das igrejas. – **(5)** Quando falamos da criação, não basta descrever a *creatio ex nihilo* como condição da singularidade inicial do cosmo. Para que a teologia atual não resulte num deísmo, é necessário que esclareça a relação entre *creatio ex nihilo* e *creatio continua*. Em vista da máxima fundamental da física actio = reactio, precisa explicar como uma ação de Deus (uma *creatio continua*) no mundo pode ser concebida, respeitando ao mesmo tempo as leis da termodinâmica, especialmente a lei da conservação da energia. A criação divina não pode ser imaginada como duas iniciativas parciais deficitárias. A ideia da criação de um produto dependente de manutenção, cuja subsistência dependesse de um contrato de manutenção, dificilmente corresponderia à atividade criativa de Deus. *Creatio ex nihilo* e *creatio continua* precisam ser concebidas como unidade de ação do Deus eterno. A pergunta que a antropologia faz à criação é: Como, pressupondo a unidade de corpo e alma no ser humano, o corpo (que sem dúvida alguma se desenvolve evolutivamente) pode ser concebido juntamente com a alma (criada diretamente por Deus) sem que isso resulte num ↑ dualismo? E como se garante o sucesso da história salvífica como um todo em vista da cooperação criativa do ser humano, que também é capaz e disposto a optar pelo mal?

Lit.: BARBOUR, I.G. *Wissenschaft und Glaube*. Göttingen, 2003. • LÜKE, U. "Als Anfang schuf Gott..." *Bio-Theologie. Zeit. Evolution. Hominisation*. 2. ed. Paderborn et al., 2001. • PEACOCKE, A. *Gottes Wirken in der Welt* – Theologie im Zeitalter der Naturwissenschaften. Mainz, 1998. • POLKINGHORNE, J. *An Gott glauben im Zeitalter der Naturwissenschaften*. Gütersloh, 2000. • WEINGARTNER, P. (org.). *Evolution als Schöpfung?* – Ein Streitgespräch zwischen Philosophen, Theologen und Naturwissenschaftlern. Stuttgart/Berlim/Colônia, 2001.

Ulrich Lüke

Criação e ciência natural ↑ *evolução e criação*, ↑ *fundamentalismo*, ↑ *imagem de Deus*, ↑ *cosmologia*, ↑ *criação*, ↑ *narrativas da criação*. – Entre os conceitos da criação e das ciências naturais parece existir uma contradição dupla, pois contrapõem-se aparentemente, de um lado, uma "mera fé" às "certezas da ciências" e, de outro, a "suposição de uma criação" à "natureza empiricamente compreensível". – **(1)** As narrativas bíblicas de uma criação do mundo não foram, ao contrário de uma opinião amplamente difundida, um obstáculo para o surgimento e desenvolvimento das ciências modernas. Enquanto o mito de criação babilônico deificava o sol, as estrelas, o vento, o mar etc., a fonte sacerdotal (Gn 1,1–2,4a) os desmistificou e transformou em realidades criaturais. Como realidades não divinas, deixaram de ser objetos de adoração e se tornaram acessíveis a uma pesquisa objetiva. As modernas ciências naturais e a técnica se desenvolveram justamente e quase que exclusivamente no raio de influência da crença na criação. Uma interpretação bíblica literal e naturalista já havia sido superada na Antiguidade por Orígenes († 253/254) e sua doutrina dos quatro sentidos da Escritura (↑ *Escritura Sagrada*). Por isso, é difícil entender como, nos séculos posteriores, pôde ocorrer uma recaída para um nível de reflexão inferior a esse, até mesmo pelo magistério. Sem dúvida alguma, a criação bíblica foi formulada a partir de uma imagem do mundo que não correspondia à atual. Proposições da fé que, independentemente da imagem do mundo da Antiguidade, reivindicam uma validade ainda hoje são, por exemplo, estas: O único e uno Deus (monoteísmo) é Criador do universo; o mundo é a boa obra de Deus, não é expressão de poderes divinos ou demoníacos; o ser humano é uma obra especial de Deus, pois foi criado como homem e mulher à imagem de Deus e, a seu exemplo, é responsável pela criação; *um* dia (o sábado) deve ser de descanso sagrado, um dia dedicado ao Deus criador; cabe ao ser humano uma dignidade especial no sentido de ter sido criado à imagem de Deus e ser responsável pelas suas cocriaturas. – **(2)** Os Padres da Igreja já sabiam da relevância das cosmologias filosóficas (naturais) para a criação. Com R. Bacon († 1294), Guilherme de Ockham (1349), J. Duns Scotus († 1308), Alberto Magno († 1280) e Tomás de Aquino († 1274), a teologia e a filosofia medievais surgem como fonte das ciências naturais. Ao afirmar: "Um equívoco sobre o mundo resulta num pensamento equivocado sobre Deus" (Contr. Gent. 2,3), Tomás destaca também a relevância de conhecimentos das ciências naturais para a compreensão e as proposições teológicas. A alegação de uma contradição fundamental supostamente secular entre criação e ciências naturais carece de fundamentos históricos. Representantes extraordinários e profissionais das ciências naturais (P. Gassendi [† 1655], I. Newton († 1727], J. Kepler [† 1630], B. Pascal [† 1662], M. Planck [† 1947], C.F. von Weizsäcker [† 2007]) acreditavam na criação. Alguns dos mais altos representantes oficiais da Igreja e de sua acepção da criação foram, ao mesmo tempo, excelentes cientistas. N. Copérnico († 1543), médico e cônego em Frauenburg, determinou com a ajuda de ferramentas matemáticas que a terra gira em torno do sol, e não vice-versa. N. Stensen († 1686, beatificado em 1988), cidadão de Copenhague e especialista em anatomia, cientista e, mais tarde, bispo auxiliar em Münster, desenvolveu entre outras coisas o método estratigráfico, precondição fundamental da paleontologia e da pesquisa evolucionária. O Abade G. Mendel († 1884) desenvolveu os fundamentos da genética clássica, fornecendo assim conhecimentos importantes para a teoria da evolução. P. Teilhard de Chardin († 1955), jesuíta e paleontólogo, desenvolveu um influente sistema de pensamento que une de modo complementar a crença cristã na criação às descobertas da ciência natural e da teoria da evolução. G. Lemaître († 1966), matemático, físico, cônego na Catedral de Mechelen e presidente da Academia Pontifícia das Ciências, desenvolveu a teoria do *big-bang*. – (**3**) Como várias declarações pontifícias anteriores (DH 2.776; 2.811), o Concílio Vaticano I coloca a fé acima da razão, mas constata que não podem existir contradições fundamentais entre as duas dimensões, pois ambas provêm do mesmo e único Deus (DH 3.017). De resto, parte-se de uma relação complementar ou subsidiária entre as duas. O Concílio Vaticano II ressalta a autonomia das disciplinas e dos métodos científicos (DH 4.336) como expressão da vontade do Criador. As declarações pontifícias mais recentes – por exemplo, a Encíclica *Fides et Ratio*, do Papa João Paulo II (1998) – também enfatizam que Deus é a origem da fé e da razão e as interpretam como "as duas asas pelas quais o espírito humano se eleva para a contemplação da verdade" (ibid., oração introdutória). Ao mesmo tempo, ressalta a necessidade recíproca de uma corrigir a outra (DH 5.075-5.080). – (**4**) Em virtude de sua exegese pré-crítica, M. Lutero refutou a imagem heliocêntrica do mundo de Copérnico e Galileu. Teólogos reformados como K. Barth (contra E. Brunner) combateram uma teologia da natureza ou uma teologia natural para preservar a singularidade da revelação em Cristo. Outros (H.G. Link, W. Pannenberg) se empenham num diálogo interdisciplinar com aberturas também ecumênicas. As vertentes criacionistas e fundamentalistas dentro do protestantismo, que acreditam ter a obrigação de refutar conhecimentos seguros das ciências naturais a fim de preservar a crença na criação, representam um obstáculo ecumênico. – (**5**) As precondições, sob as quais a ciência natural pode existir e funcionar, não provém dela mesma. Como fenômeno essencialmente secundário, pressupõe uma natureza dada, da qual ela isola seus objetos de pesquisa, como algo preexistente. A ciência o faz com meios que extrai daquilo *ao qual* se refere, com os quais, porém, não consegue reconstruir completamente aquilo que a precede (grandezas hv e c, teorema da incompletude de Gödel, autorreferência). Nesse sentido, a ciência natural, que sabe de suas condições de possibilidade e de seus limites metodológicos, remete para além de si mesma a uma crença na criação. A ciência natural e a crença na criação se relacionam também no contexto da interpretação existencial e inevitável do mundo pelo cientista, pelo teólogo, por cada pessoa intelectualmente idônea. Em algum momento, qualquer ciência natural que não siga meramente à lógica objetiva, antes pretende servir ao todo, se depara com a pergunta sobre o valor e a dignidade do mundo que o envolve, sobretudo do seu próximo. A fonte inesgotável de qualquer atribuição de dignidade, sobretudo da dignidade humana, representa uma crença na criação, que expressa Deus no espelho da criatura de modo exemplar e singular (*vestigia Dei, imago Dei*).

Lit.: FRIED, J. *Aufstieg aus dem Untergang - Apokalyptisches Denken und die Entstehung der modernen Naturwissenschaft im Mittelalter.* Munique, 2001. • KOLTERMANN, R. (org.). *Universum. Mensch. Gott - Der Mensch vor den Fragen der Zeit.* Graz/Viena/Colônia, 1997. • MUTSCHLER, H.D. *Physik und Religion.* Darmstadt, 2005.

Ulrich Lüke

Criacionismo/generacianismo ↑ *evolucionismo e criacionismo*, ↑ *criaturalidade*, ↑ *indivíduo*, ↑ *relação corpo-alma*, ↑ *personalidade/pessoa*, ↑ *imortalidade da alma*.

Criacionismo:	A alma do ser humano é diretamente criada por Deus a partir do nada.
Generacianismo:	A alma do ser humano é criada juntamente com o corpo no ato de geração pelos pais.

O *criacianismo* da alma não pode ser confundido com o *criacionismo*, a teoria segundo a qual os relatos bíblicos da criação devem ser compreendidos literalmente e que nega qualquer teoria da evolução. – (**1**) Na Bíblia não encontramos nenhuma formação de teoria, mas sim uma confissão muito clara: Com seu sopro, Deus vivifica o ser humano *como um todo*, criado como unidade de corpo e alma. Nesse sentido, cada ser humano é criatura de Deus desde o início de sua existência. – (**2**) Na patrística, ambas as teorias são defendidas. O criacianismo acredita que a alma criada por Deus é induzida por Ele ao corpo no ato da geração (Jerônimo [† 419/420], Efrém da Síria [† 373]). Agostinho († 430) combate o criacianismo dos pelagianos, que negam a propagação do pecado original por meio da geração. O Padre da Igreja defende um generacianismo moderado, que inicialmente chega a recalcar o criacianismo. No entanto, o criacianismo consegue se impor com a ajuda de Tomás de Aquino († 1274), que demonstra como o criacianismo pode ser vinculado ao discurso sobre o pecado original. Sempre foi necessário esclarecer também o conceito de alma que subjaz às respectivas teorias; nas filosofias aristotélica e platônica, ele foi desenvolvido de formas diferentes. Além do criacianismo e do generacianismo, surgiram também as seguintes teorias:

Emanatismo	A alma é uma secreção da essência de Deus.
Traducianismo	A substância da alma dos pais passa parcialmente para os filhos.
A preexistência da alma em Deus	A alma não se deve a uma *creatio ex nihilo*.

O magistério refutou essas teorias. No século XIX, H. Klee († 1840), G. Hermes († 1831), A. Rosmini († 1855) e outros questionaram o criacianismo em virtude de diversas reflexões teológicas e filosóficas. As teorias de C. Darwin († 1882) também inflamaram o debate sobre o geracianismo e o criacianismo. – (**3**) A Encíclica *Humani Generis* (1943), do Papa Pio XII (DH 3.896), defendeu claramente o criacianismo. "A Igreja ensina que cada alma espiritual é diretamente criada por Deus" (Catecismo da Igreja Católica, 366). Hoje, a discussão sobre essa afirmação se tornou obsoleta. – (**4**) M. Lutero († 1546) se distanciou do criacianismo, mas isso não tem causado controvérsias ecumênicas. – (**5**) A doutrina da criação de cada alma humana individual por Deus pretende enfatizar que a vida de cada criatura dotada de espírito provém radicalmente de Deus e é uma dádiva da graça. Contanto que "ter uma alma" signifique ser parceiro de diálogo de Deus (J. Ratzinger) e contanto que essa qualificação não se refira apenas à dimensão espiritual do ser humano, o criacianismo afirma que Deus quis cada indivíduo desde o início de sua existência, que Ele se dirige diretamente a cada um e que o chama pessoalmente pelo nome. Isso concorda muito bem com a afirmação de que todo o ser humano descende dos seus pais, já que a teologia transcendental compreende Deus como condição de possibilidade da paternidade. O ato de geração, do qual surge uma nova vida, é apoiado criaturalmente por Deus e dirigido em direção a uma autotranscendência ativa (K. Rahner [† 1984]). Na teologia dogmática atual, a questão referente ao criacianismo e generacianismo já não é mais relevante.

Lit.: FEINER, J. "Der Ursprung des Menschen". *MySal*, II, 1967, p. 562-581. • KRAUS, G. *Welt und Mensch*. Frankfurt a.M., 1997, p. 372-375.

Erwin Dirscherl

Criaturalidade, I. Perspectiva antropológica ↑ *liberdade,* ↑ *comunhão,* ↑ *história/historicidade,* ↑ *hominização,* ↑ *indivíduo,* ↑ *tempo.* – A criaturalidade é uma determinação bíblica fundamental que evidencia que o ser humano recebeu sua vida sem participação própria e que não dispõe de seu início. Apesar de sua finitude e contingência, ele é "capaz de conhecer Deus" (*capax Dei*). – (**1**) Como criatura, o ser humano deve sua existência física e espiritual exclusivamente ao Criador, que age por meio de sua palavra (em hebraico: *dabar*) e por meio do seu sopro ou espírito (em hebraico: *ruah*) (Gn 1,2-3; 2,7). Dessa forma, Adão (do hebraico *adama*: terra) recebe a vida e se transforma em ser de carne e sangue, ao qual, por ser criado à imagem de Deus, é atribuído um destino que lhe confere uma responsabilidade representativa pelo mundo. A criaturalidade significa o relacionamento temporal com Deus, com o próximo, com o mundo e consigo mesmo. É limitada pela vulnerabilidade principalmente em face da morte, ao mesmo tempo, porém, consegue transpassar esses limites pela ação cocriativa (Gn 1,28). A criaturalidade descreve a proximidade de Deus em sua diferença e dependência radical de Deus. Essa diferença abre o espaço e o tempo para o encontro livre do ser humano com Deus na história (Gn 1,3-5; Ecl 3,1-15). Ao contrário dos outros seres vivos, o ser humano é dotado da fala, que o capacita para a criatividade (dando nomes aos animais e desenvolvendo habilidades culturais) e para entrar em diálogo com seu criador (Gn 2,19-20). Isso acontece também na oração, que o conscientiza de sua criaturalidade, pela qual ele agradece louvando seu Deus (Sl 104,24; 139,14-15). A experiência de necessidade e sofrimento se expressa na língua do lamento e da súplica; ela denota a fragilidade e dependência do ser humano que, confrontado com sua finitude, é remetido à esperança (Ecl). Tanto no AT quanto no NT, a criaturalidade é contrastada pela esperança de uma "nova criação". Esta, por sua vez, é expressão da constante atividade criativa de Deus (*creatio continua*) e de sua determinação de regenerar a criação seriamente danificada pelo pecado e pela maldade (Rm 5–8). O pecado, compreendido como desvio de Deus (*aversio a Deo*), não faz parte da criaturalidade original, antes surge historicamente em virtude da liberdade sem que isso anule sua orientação por Deus. – (2) Para Agostinho († 430), a criaturalidade significa que o ser humano, criado à imagem de Deus, tem uma relação especial com o tempo e que sua alma é imortal. Como ser finito mantém contato com o infinito. O antigo discurso da ideia de Deus *no ser humano*, que até mesmo R. Descartes († 1650) ainda aceitava como característica da criaturalidade, pretendia apontar a vocação religiosa de *cada* ser humano. Essa convicção se expressava também na concepção patrística dos *logoi spermatikoi* (sementes do logos; p. ex., em Justino Mártir [† 165]), pois esta ressaltava que a razão, a sabedoria e a palavra de Deus agiam desde o início e ainda agem na criação. A teologia medieval pressupõe a criaturalidade como característica predeterminada da submissão a Deus; com o Renascimento, a Modernidade, o Iluminismo e o Romantismo, sua avaliação muda e tende em direção à autoconsciência e autodeterminação. Em K. Rahner († 1984), a criaturalidade volta a representar a dependência do ser humano, compreendido como ouvinte da Palavra de Deus; por outro lado, é definida como precondição para a autocomunicação de Deus: Como ser finito, mas questionador, o ser humano é confrontado com um horizonte infinito. A relação, determinada pela criaturalidade, entre dependência e autossuficiência ou liberdade é compreendida de forma que a dependência de Deus e a liberdade crescem na mesma medida, ou seja, elas não são concorrentes uma da outra. H.U. von Balthasar († 1988) arraiga a criaturalidade no mistério da Trindade e a explica em termos estéticos e teodramáticos. Para P. Gisel e J. Wohlmuth, que se baseiam nos trabalhos de E. Lévinas († 1995) e J.L. Marion, a criaturalidade significa – em face da criação a partir do nada (↑ *creatio ex nihilo*) – uma determinação da existência além do contraste entre ativo e passivo. Tentam desenvolver uma "teologia da dádiva", que compreende a temporalidade como indício da criaturalidade, já que é nela que se desdobra a interação entre chamado e resposta. Diante das dimensões cósmicas da criação, reveladas pela astrofísica, impõe-se hoje novamente a pergunta do salmista: "O que é o homem, para que te lembres dele?" (Sl 8,5). Cientes da urgência dessa pergunta, A. Ganoczy e U. Lüke procuram o diálogo com as ciências naturais. Com recurso a J. Wohlmuth, M. Kehl fez dos textos litúrgicos da Igreja (liturgia de Páscoa, missas eucarísticas) seu ponto de partida para a fala sobre a criaturalidade, redescobrindo assim a *lex orandi* em seu significado para a teologia dogmática. – (3) A doutrina da criaturalidade constitui um elemento normativo de todos os grandes credos da Igreja: Já que todos os seres humanos são criaturas de Deus, a solidariedade entre eles é pressuposta e exigida. – (4) Existe um amplo consenso ecumênico referente à criaturalidade. Diferenças surgem apenas na avaliação do pecado e de suas consequências. – (5) O ser humano como um todo é criatura e imagem de Deus: com corpo, alma e espírito. Se, porém, a fala sobre sua participação na natureza divina é exagerada, a diferença ôntica entre ele e o Criador possivelmente não pode mais ser considerada em medida suficiente ou, caso essa participação seja localizada no espírito, a dignidade do corpo pode ser negligenciada (pensamento dualista ou gnóstico). A criaturalidade permite um discurso análogo sobre Deus que, a despeito de toda semelhança afirmada entre as realidades divina e humana, sempre precisa levar em conta uma dessemelhança ainda maior (IV Concílio de Latrão: DH 806). Daí (e também a partir do conceito da *creatio ex nihilo*), os conceitos panteístas e panenteístas são submetidos a uma avaliação crítica. A criaturalidade pode ser vivenciada e adquire seu sentido sobretudo quando o ser humano sabe de sua dependência: não pode ou não deve, por exemplo, dispor do início nem do fim de sua vida, nem do nascimento e nem da morte. No entanto, essas determinações vêm acompanhadas pelo tempo como espaço da liberdade humana e pelo encontro com o infinito. O ser humano vive em meio a relações que não provêm dele mesmo, mas que remetem a uma origem ou a um passado muito remoto e justamente assim abrem uma perspectiva para o futuro. Diante desta, a liberdade, a responsabilidade, a autorrealização, a capacidade relacional e de entrega encontram seu sentido último.

Lit.: a) DIRSCHERL, E. *Grundriss Theologischer Anthropologie*. Regensburgo, 2006, p. 49-108. • KEHL, M. *Und Gott sah, dass es gut war* - Eine Theologie der Schöpfung. Friburgo/Basileia/Viena, 2006. • LÜKE, U. *Das Säugetier von Gottes Gnaden* - Evolution, Bewusstsein, Freiheit. 2. ed. Friburgo/Basileia/Viena, 2007.

Erwin Dirscherl

Criaturalidade, II. Perspectiva da teologia da criação ↑ *história/historicidade,* ↑ *contingência,* ↑ *ser humano,* ↑ *natureza,* ↑ *esquema tempo-espaço,* ↑ *preservação do mundo.* – O conceito da criaturalidade caracteriza o todo não divino, contanto que possa ser remetido direta ou indiretamente à ação de Deus, o Criador. A criaturalidade tematiza a origem indissolúvel no Criador, a semelhança indelével com o Criador, a diferença insuperável com o Criador e a dependência constante do Criador. – (**1**) A Bíblia descreve em numerosas imagens as diferentes formas da criaturalidade de coisas inanimadas, das plantas, dos animais e dos seres humanos, concedendo ao ser humano como criatura uma posição privilegiada (Gn 1,26); 2,18ss.). Os rastros de Deus (*vestigia Dei*) são visíveis em tudo, mas a posição privilegiada do ser humano é manifestada explicitamente com a afirmação de sua criação à ↑ imagem de Deus (*imago Dei*). – (**2**) A doutrina da criação da Igreja antiga se atém fielmente às Escrituras Sagradas em sua interpretação da criaturalidade (sentido literal). Ao mesmo tempo, aplica uma compreensão mais diferenciada das Escrituras (três ou quatro sentidos das Escrituras; p. ex., os níveis alegórico e moral) à interpretação da criaturalidade. – (**3**) Em 1215, o IV Concílio de Latrão (DH 806) observa que era impossível determinar uma semelhança entre Criador e criatura que não fosse superada em muito pela dessemelhança entre eles. O Concílio Vaticano I (DH 3.021-3.025) enfatiza em 1870 o vínculo e a diferença entre o Criador e sua criatura. A negação do Criador significaria, portanto, também a negação da criaturalidade, e a afirmação segundo a qual tudo (ou pelo menos a parte espiritual) teria procedido da substância divina leva à deificação inapropriada da criatura, em virtude da diferença existente. – (**4**) A maioria das igrejas da Reforma focaram suas reflexões na diferença radical entre a onipotência e a graça do Criador e a futilidade e o pecado do ser humano e, portanto, em sua necessidade de salvação. A Declaração Conjunta de 1999 mostra que as igrejas reformadas estão dispostas a conscientizar-se mais da diferença e da necessidade da salvação do ser humano no contexto da criaturalidade. – (**5**) Em vista da encarnação, os teólogos de hoje de várias confissões enfatizam também que em Jesus Cristo, que é verdadeiramente homem e verdadeiramente Deus de forma inseparável e inconfundível (DH 301s.), se manifesta ao mesmo tempo a diferença insuperável entre Criador e criatura. Ressalta-se além disso que em Jesus se expressa também a confirmação absoluta da criatura, cuja natureza é adotada pelo Deus eterno, e que a promessa da consumação assume uma forma humana. Apesar da diferença em relação ao Criador, a criaturalidade tem sua origem, sua aceitação e seu futuro em Deus e remete a Ele (DH 3.004).

Lit.: GANOCZY, A. *Suche nach Gott auf den Wegen der Natur*. Düsseldorf, 1992. • KEHL, M. *Und Gott sah, dass es gut war* - Eine Theologie der Schöpfung. Friburgo/Basileia/Viena, 2006. • KESSLER, H. *Das Stöhnen in der Natur*. Düsseldorf, 1990. • MOLTMANN, J. *Gott in der Schöpfung* - Ökologische Schöpfungslehre. 5. ed. Munique, 1993.

Ulrich Lüke

Crisma ↑ *character indelebilis,* ↑ *carismas/renovação carismática,* ↑ *instituição dos sacramentos,* ↑ *dádivas do Espírito,* ↑ *sacramentos de iniciação,* ↑ *Batismo infantil,* ↑ *Batismo,* ↑ *número dos sacramentos.* – Juntamente com o Batismo e a Eucaristia, a Crisma é um Sacramento de iniciação, i.e., da integração plena à Igreja. A Crisma precisa ser compreendida como intimamente vinculada ao Batismo. Sua inclusão aos sacramentos se estabeleceu num processo demorado, principalmente pela prática do Batismo infantil. Sob esta precondição, a Crisma deve ser vista como passo importante na história pessoal da fé. Desde muito cedo, uniram-se à Crisma também aspectos eclesiais (presença da Igreja além das congregações locais; ↑ bispo, ↑ Igreja local e Igreja universal). – **(1)** Além do banho na água do Batismo, o NT conhece também outros atos simbólicos para representar uma confirmação da nova existência dos batizados na comunhão de Cristo. Fazem parte desses gestos desde o início a imposição das mãos (At 8,17-19; 9,17; 19,6; Hb 6,2; 1Tm 4,14) e a unção (2Cor 1,20-22; 1Jo 2,18-27). A procura por uma palavra, concreta e documentada pelo NT, de comissionamento por parte do Jesus terreno é inadequada. No sentido da instituição pascoal de todos os sacramentos como recordação de todo o evento Cristo, a Crisma pode ser compreendida como chamado para o discipulado decisivo e testificador de Jesus na fé e também como promessa de que o Espírito de Deus acompanha o ser humano em todos os caminhos da vida. – **(2)** Nos primeiros séculos, existiam principalmente três razões para diferenciar entre o Batismo e sua confirmação por meio de um ato litúrgico próprio: a incerteza teológica referente à eficácia dos batismos em congregações heréticas; a prática do Batismo emergencial de pessoas (sobretudo de crianças) em perigo de morte; a expansão espacial do cristianismo, que levou à distinção entre ofícios eclesiásticos locais e regionais. Surgiu a confirmação do Batismo (chancela) pelo bispo no símbolo da imposição das mãos. A esses aspectos com orientação soteriológica e eclesiológica, juntou-se, após a virada de Constantino e em face de uma prática crescente do Batismo infantil, um pensamento antropológico e pedagógico: a Crisma como confirmação pública na Igreja da fé pessoal agora por escolha própria. A pergunta crítica referente a uma fundamentação teológica da determinação da relação entre Batismo e Crisma em vista da invocação das dádivas do Espírito Santo permaneceu relevante também na teologia medieval. No entanto, a particularidade enfatizada desde cedo da Crisma por conta de sua administração pelo bispo relegou essas perguntas ao segundo plano. Na teologia escolástica, detectamos apenas inícios de uma teologia da Crisma (cf. a exposição em Tomás de Aquino [† 1274] STh III q72). Ela ressalta o chamado para o testemunho de Jesus Cristo. Conceitos mais recentes de uma teologia da Crisma apontam para a mesma direção e se preocupam principalmente com a fundamentação pedagógica e antropológica dos dons do Espírito já prometidos por meio de uma confirmação sacramental. – **(3)** O sínodo de Elvira (por volta de 300) confirmou a prática já comum do Batismo emergencial e do Batismo ministrado por um diácono na ausência de um sacerdote ou bispo e sugeriu "aperfeiçoar" (*perficere*: DH 120s.) o Batismo posteriormente pela imposição das mãos do bispo. No início do século V, o Papa Inocêncio I também ressaltou a participação especial do bispo na "confirmação" (*consignatio*) do Batismo (DH 215). A informação fornecida no início do século XIII pelo Papa Inocêncio III segue na mesma trilha ao afirmar que a unção da testa, por meio da qual o Espírito é concedido, é reservada ao bispo (DH 785). Nos movimentos medievais reformadores, a exclusividade do bispo de ministrar a Crisma é contestada ante a falta de uma fundamentação bíblica (cf. DH 794 no contexto dos diálogos com os valdenses; DH 1.178 no contexto dos equívocos de J. Wyclif [† 1384]). O Concílio de Trento (DH 1.628-1.630) defende a sacramentalidade da Crisma, enfatiza a dimensão pneumatológica do evento e define o bispo como "ministrador ordinário" (*minister ordinarius*) da Crisma. O Concílio Vaticano II situa a Crisma no contexto geral da iniciação (SC 71; AG 14) e ressalta o chamado dos batizados para um testemunho adulto da fé (LG 11; AA 3; AG 11.14.36). O bispo é o "ministrador originário" (*minister originarius*: LG 26; OE 13s.); essa definição não exclui a possibilidade de que, em situações especiais, portadores de outros ofícios possam presidir a celebração da Crisma (CIC/1983, cân. 882-888). – **(4)** No contexto ecumênico, deve-se diferenciar, do ponto de vista católico, entre diálogos com a ortodoxia e os diálogos com as tradições reformadas. Na ortodoxia, a unção da mirra é parte da iniciação sacramental vista como um todo. Normalmente, as crianças são batizadas e ungidas numa única celebração litúrgica e aceitas na comunhão da Eucaristia. Essa prática, porém, suscita a pergunta referente a uma instrução catequética adequada dos recém-batizados e recém-crismados. Do ponto de vista reformado, as objeções contra o Sacramento da Crisma são triplamente fundamentadas: Falta uma palavra de instituição de Jesus na Bíblia; a consciência questionada dos batizados é atemorizada pela pergunta se o Batismo em si só seria insuficiente para obter a salvação; o *status* especial do bispo não tem fundamento bíblico. A partir da era da Reforma, a confirmação do conhecimento catequético antes da participação na Santa Ceia tem se tornado comum (instituído principalmente por M. Bucer [† 1551] em Estrasburgo); ninguém deveria participar da Santa Ceia sem uma compreensão pessoal dos contextos teológicos. Nos poucos diálogos ecumênicos sobre a Crisma/Confirmação, o vínculo com o Batismo é visto como primordial. As declarações de convergência de Lima, de 1982, consideram teologicamente legítimos dois modelos de iniciação: o Batismo de adultos precedido pela consagração infantil e o Batismo infantil sucedido pela confissão pessoal como adulto (jovem) (cf. documento de Lima, Batismo, comentário sobre nº 12: DwÜ 1,554). Unção e confirmação são contempladas no contexto do Batismo e da Eucaristia. A exclusão de batizados da celebração da Eucaristia é vista como fundamentalmente problemática (cf. documento de Lima, Batismo, comentário sobre nº 14: DwÜ 1,554s.). Além das declarações de convergência de Lima, ocorreram outras aproximações ecumênicas: A pergunta sobre a sacramentalidade da Crisma é investigada no contexto da determinação fundamental cristológica e soteriológica do próprio conceito dos sacramentos; existe uma unanimidade ecumênica na compreensão de que a Crisma não pode ser vista como limitação do Batismo, no qual o Espírito de Deus já se apodera e transforma o ser humano de modo eficaz. Devido às reformas no contexto do Concílio Vaticano II, já não é só o bispo que pode presidir a celebração da Crisma na Igreja Católica Romana. No rito católico romano, preserva-se no caso do Batismo de adultos a sequência tradicional de Batismo, Crisma e Eucaristia durante uma única celebração, que pode ser presidida por um padre designado para essa tarefa. – **(5)** Hoje, todas as confissões cristãs se veem diante do desafio de vincular as implicações teológicas da teologia da Crisma às novas formas da pastoral dos jovens (ênfase na experiência e perguntas referentes à mediação catequética). A Crisma desdobra o Batismo infantil de modo existencial e antropológico no sentido de uma resposta adulta à dádiva da fé que, inicialmente, não foi pedida pessoalmente. A inclusão já ocorrida ao espaço da Igreja é reafirmada simbolicamente pela presença do bispo ou de um sacerdote por ele designado. A dimensão eclesial da Crisma se evidencia no exercício das três dimensões fundamentais da Igreja – testemunho, liturgia e diaconia. Precondição é uma idade apropriada (hoje, observa-se uma tendência para uma idade maior do que 14 anos: A Crisma como rito de transição da infância para a idade adulta). A diferenciação tanto qualitativa como quantitativa entre uma dotação (inicial) do Espírito no Batismo e uma dotação (plena) do Espírito na Crisma é teologicamente inapropriada. A independência sacramental da Crisma só pode ser justificada eclesial e antropologicamente: O Batismo de um ser humano tem relevância para a Igreja como um todo. O Batismo é dádiva e obrigação. Ele implica a disposição explícita para o testemunho de Cristo.

Lit.: a) SCHNEIDER, T. *Zeichen der Nähe Gottes* - Grundriss der Sakramententheologie. 9. ed. Mainz, 2008, p. 95-114. • EKD. *Glauben entdecken* - Konfirmandenarbeit und Konfirmation im Wandel. Gütersloh, 1998. • LEHMANN, K. & PANNENBERG, W. (orgs.). *Lehrverurteilungen-kirchentrennend?* - Vol. 1: Rechtfertigung, Sakramente und Amt im Zeitalter der Reformation und heute. Friburgo/Göttingen, 1986, p. 125-132 [Dialog der Kirchen, 4]. b) ZERNDL, J. *Die Theologie der Firmung in der Vorbereitung und in den Akten des Zweiten Vatikanischen Konzils*. Paderborn, 1986. • HAUSCHILD, W.D. "Reformatorische Anliegen bei der Neuordnung der confirmatio in Deutschland während des 16. Jahrhunderts". In: SATTLER, D. & WENZ, G. (orgs.), *Sakramente ökumenisch feiern*. Mainz, 2005, p. 479-512. c) AMOUGOU-ATANGANA, J. *Ein Sakrament des Geistempfangs?* - Zum Verhältnis von Taufe und Firmung. Friburgo/Basileia/Viena, 1974. • HAUKE, M. *Die Firmung*. Paderborn, 1999. • NEUNHEUSER, B. *Taufe und Firmung*. 2. ed. Friburgo/Basileia/Viena, 1983 [HDG, 4/2].

Dorothea Sattler

Cristocentrismo ↑ *cristologia*, ↑ *evento Cristo*, ↑ *unicidade e universalidade salvífica de Jesus Cristo*, ↑ *encarnação*, ↑ *imitação de Cristo*, ↑ *soteriologia*. – O cristocentrismo designa a concentração da fé cristã e sua figuração teológica em Jesus Cristo como revelador de Deus e como mediador universal da salvação. A teologia e a prática cristãs são, em sua essência, cristocêntricas. Jesus Cristo é o centro da ação salvífica divina e, por isso, fundamento objetivo do conhecimento da realidade cristã. Toda interpretação cristã de Deus, do mundo e do ser humano, da religião e da Igreja, da prática, ↑ espiritualidade e ética precisa se orientar por Ele. – **(1)** Jesus Cristo é o centro da proclamação neotestamentária. Ele é o cumprimento das promessas veterotestamentárias (Mt 1,22s.; Mc 1,1s.; Lc 2,30s.; Rm 8,3; Gl 4,4; Hb 1,1s. et al.), é forma e exteriorização do Deus invisível (Jo 1,1-18; Fl 2,6; Cl 1,16; 2Cor 4,4.6; Hb 1,3), é mediador único da criação (1Cor 8,6; Cl 1,15-

17) e da salvação (Jo 14,6; At 4,12; Cl 1,20; 1Tm 2,5), é o caminho do conhecimento de Deus (Mt 11,27; Jo 14,7). A morte de Cristo é um sacrifício completo e definitivo (Hb 9,11-28). O cristocentrismo neotestamentário tem como seu centro o esvaziamento de Cristo: Cristo é o centro da criação e salvação como aquele que se humilhou até a cruz (Fl 2,6-8; Jo 1,9-11). O teocentrismo da proclamação do próprio Jesus e sua subordinação na economia salvífica ao Pai não relativizam o cristocentrismo da confissão cristã, pois Jesus se apresenta como proclamador, mediador e revelador do domínio de Deus. Ao mesmo tempo, realiza como representante do povo a aceitação humana da aliança. Aqui, o cristocentrismo se torna significativo para a antropologia. Isso é demonstrado também por Paulo que desdobra a ↑ *imago Dei* não conforme uma teologia da criação, mas de modo cristológico e soteriológico (Rm 8,29; 1Cor 15,49). No misticismo paulino, Cristo é o princípio de identidade do fiel (Gl 2,20; 2Cor 3,18). Em Cristo ocorre a eleição do ser humano (Rm 8,29s.; Ef 1,4s.; 2Tm 1,9). Aquele que está em Cristo e no qual Cristo está é nova criação (Rm 6,3-10; 2Cor 5,17; Gl 2,20; Cl 3,9s.). Consequentemente, a recordação querigmático-sacramental da obra salvífica de Cristo e a oração ocorrem em seu nome (Mt 28,19; Jo 14,13; 15,7). – **(2)** Na patrística, o cristocentrismo do credo cristão se manifesta inicialmente na reflexão dos apologetas do século II sobre o significado cosmológico do *logos* como mediador criativo e revelador da figura do Pai. Em reação à gnose e à subordinação platônica de Jesus Cristo, Irineu († por volta de 200) e Tertuliano († após 212) enfatizam a mediação criativa do Filho, eterno como o Pai. Na teologia do *logos* de Orígenes († 253/254), que desdobra a atividade mediadora de Cristo nos termos de uma eclesiologia e teologia da oração, a teologia cristocêntrica atinge um auge: A Igreja procede da obra salvífica de Cristo como seu corpo. A oração cristã se dirige *por meio* de Cristo *no* Espírito *ao* Pai. No entanto, surge uma dificuldade: apesar de o significado cosmológico do *logos* anteceder a criação, ele se torna visível apenas no momento de sua encarnação. A partir de Orígenes (princ.), elabora-se uma sequência específica das afirmações sobre Trindade, criação, queda e encarnação, que, mesmo assim, são subordinados a uma predeterminação cristocêntrica. Fulgêncio de Ruspe ([† 532] fid.) altera a sequência, antepondo a cristologia da encarnação à teologia da criação. A divisão sistemática dos tratados na teologia escolástica da Idade Média (Pedro Lombardo [† 1160] Sent.; Tomás de Aquino [† 1274] STh) diferencia entre teologia da criação e cristologia da encarnação, entre doutrina trinitária imanente e econômica, entre cristologia e soteriologia (Anselmo de Cantuária [† 1109]), entre cristologia e doutrina dos sacramentos e das virtudes. Essas mudanças de acentuação motivadas pela sistemática são intensificadas pela reflexão filosófica (aristotélica) das proposições da teologia da criação. O cristocentrismo ocupa o centro da piedade, por exemplo, em Bernardo de Claraval († 1153), no misticismo nupcial alemão e flamengo do século XIII, no misticismo de Cristo espanhol do século XVI e também nos movimentos espirituais do pietismo e da devoção ao Sagrado Coração de Jesus. Na filosofia da Idade Moderna, o cristocentrismo do plano criativo e salvífico é cada vez mais marginalizado: Semelhante à vida bem-sucedida e à moral, a criação também não depende de uma referência a Cristo. O próprio Cristo, mediador da criação e *logos* encarnado, se transforma em modelo de um mundo profano e em mestre da moralidade. No século XX, esboços significativos da teologia sistemática (K. Barth [† 1968], H.U. von Balthasar [† 1988], P. Teilhard de Chardin [† 1955]) recuperam o cristocentrismo como hermenêutica teológica dominante, tornando-se importante para os esboços que vinculam questões sistemáticas a assuntos litúrgicos por meio da reconquista de perspectivas patrísticas (R. Guardini [† 1968], O. Casel [† 1948], J. Wohlmuth) e também em esboços teológico-morais (G. Ermecke [† 1987], B. Häring [† 1998]). Atualmente, o cristocentrismo é tema e problema nos diálogos entre as religiões e também na teologia da religião cristã: Após uma fase de identificação eclesiocêntrica e cristocêntrica, a teologia pluralista das religiões quer que o cristocentrismo não ocupe mais o centro. A abordagem pluralista afirma que uma visão teocêntrica dos aspectos comuns às religiões possibilitaria um diálogo entre as religiões de igual para igual sem pretensões de superioridade. A convicção segundo a qual o cristocentrismo poderia ser substituído ou transformado em teocentrismo implica uma relativização da profissão de Cristo. – **(3)** São raras as declarações explícitas do magistério sobre o cristocentrismo. No entanto, fala dele em termos gerais. Os símbolos da Igreja antiga são essencialmente cristocêntricos (mediação criativa e re-

dentora de Jesus). Das declarações feitas no século XX, devemos mencionar a Encíclica *Redemptor Hominis*, de 1979 (João Paulo II), e a declaração *Dominus Iesus* (2000), que tematizam o cristocentrismo da história salvífica e sua importância para a compreensão do ser humano, da vontade salvífica divina e da Igreja (DH 4.640-4.665; 5.085-5.089). – **(4)** Os princípios materiais da Reforma (*solus Deus, solus Christus, sola fides, sola gratia*) apresentam uma ordem claramente cristo e soteriocêntrica. K. Barth († 1968) desenvolve uma abordagem enfaticamente cristocêntrica que define a aliança como razão interna da criação, e a criação como razão externa da aliança. Desdobramentos eclesiológicos e teológico-sacramentais da declaração vaticana *Dominus Iesus* (n. 16-19) causaram conflitos ecumênicos, mas o cristocentrismo do plano salvífico, o tema principal da declaração, não foi contestado no diálogo ecumênico. – **(5)** O cristocentrismo é resultado e inferência do teocentrismo cristão, especificado e determinado pela autorrevelação de Deus em Jesus Cristo. O cristocentrismo não pode ser substituído pelo teocentrismo ou ser ultrapassado em direção a este como grandeza supostamente mais geral. Ele não designa uma manifestação relativa ou secundária de um teocentrismo humano universal, mas a descoberta de Deus e do mundo por meio do evento Cristo que, como evento concreto e contingente, adquire um caráter normativo. Como determinação – e não como alternativa – do teocentrismo cristão, o cristocentrismo está fundamentado na teologia trinitária, protegendo-se assim de um cristomonismo unilateral. Consequentemente, a oração cristã se dirige *ao* Pai *por meio de* Cristo *no* Espírito Santo. O cristocentrismo explica a ação do Espírito como algo relacionado a Cristo (fato relevante, p. ex., para o discurso teológico-religioso). A obra do Espírito não pode ser compreendida como alternativa, relativização ou superação da autorrevelação de Deus em Cristo, mas como preparação e desdobramento desse evento e de sua interpretação. O cristocentrismo transmite a criação como "ser criado em Cristo" e a redenção como dádiva gratuita para a participação na história única da revelação e salvação de Deus. Enfatiza o significado salvífico universal de Jesus Cristo e a necessidade humana universal da salvação em Cristo. Em termos eclesiológicos e teológico-sacramentais, o cristocentrismo significa a antecipação de Cristo em todas as realizações congregacionais. Na escatologia, o cristocentrismo representa o juízo de acordo com a função e critério do próprio Cristo (Mt 25) e também a assemelhança dos salvos a Cristo. Como chave hermenêutica da figuração teológica da fé, o cristocentrismo orienta, por fim, todos os tratados dogmáticos, todas as perguntas da hermenêutica dos dogmas e da *hierarchia veritatum* como também os problemas da ética e da espiritualidade com referência a Jesus Cristo como critério último de toda reflexão e prática da fé.

Lit.: THÜSING, W. *Per Christum in Deum* - Studien zum Verhältnis von Christozentrik und Theozentrik in den paulinischen Hauptbriefen. 2. ed. Münster, 1969. • GÄDE, G. "Theozentrisch oder christozentrisch?" *ThPh*, 81, 2006, p. 1-20. • KRANEMANN, B. "Liturgisches Beten zu Christus?" *KuI*, 7, 1992, p. 45-60. • RICHTER, K. & KRANEMANN, B. (orgs.). *Christologie der Liturgie*. Friburgo/Basileia/Viena, 1995 [QD, 159]. • STUBENRAUCH, B. *Dialogisches Dogma*. Friburgo/Basileia/Viena, 1995 [QD, 158]. • MENKE, K.-H. *Jesus ist Gott der Sohn*. 2. ed. Regensburgo, 2011.

Julia Knop

Cristologia ↑ *evento Cristo,* ↑ *Jesus histórico,* ↑ *cristologia do Espírito,* ↑ *domínio de Deus/Reino de Deus,* ↑ *cristologia do logos,* ↑ *pneumatologia.* – A cristologia é o "logos" de Jesus Cristo, i.e., a prestação de contas reflexiva e "racional" sobre Jesus Cristo, sua pessoa e sua história. Encontramos o conceito da cristologia pela primeira vez em Balthasar Meisner ([† 1626] *Christologia sacra*, Wittenberg 1624). O tema da cristologia é determinado pelo testemunho neotestamentário de Cristo e pela evolução doutrinária da Igreja antiga. A ↑ ressurreição de Jesus é o fundamento da cristologia. O ponto de partida da pergunta cristológica sobre a identidade de Jesus de Nazaré é a cruz, contanto que não represente o fracasso de Deus e de seu Enviado, mas revele e presencialize o amor como ser e essência de Deus. Por isso, uma mera "jesusologia" não basta para compreender o significado da pessoa Jesus. Antes é necessário que haja uma cristologia *teológica* como fundamento objetivo para a fala de Deus. Como doutrina específica de Deus, a cristologia é o tratado central da teologia dogmática (O.H. Pesch). – **(1)** Quanto aos inícios da cristologia no NT, devemos diferenciar entre uma cristologia *implícita* e outra *explícita*. Encontramos a cristologia implícita sobretudo nos textos dos evangelhos sinópticos que ainda não conhecem títulos de alteza, mas que, mesmo assim, são relevantes do ponto de vista cristológico, como, por exemplo, os textos sobre o pleno poder de Jesus nas afirmações do tipo *ego eimi* (grego, eu sou) do Sermão do Monte (Mt 5,21s.27s.) ou os textos sobre a expulsão de demônios com o "dedo de Deus" (Lc 11,20). Não sabemos com certeza se Jesus usou títulos de alteza para si mesmo. É muito provável que tenha se identificado com o Filho do Homem, uma variante apocalíptica da figura messiânica. Também não podemos excluir completamente a possibilidade de que, no fim de sua vida, tenha confessado sua natureza messiânica na presença do sumo sacerdote (Mc 14,61). Em todo caso, a pretensão de Jesus era "messiânica". Além de Filho do Homem e Messias (gr.: *Christos*), os títulos de alteza mais importantes são: Filho de Davi, Filho de Deus, "o" Filho e *Kyrios* (Senhor). As afirmações cristológicas mais antigas contêm fórmulas sucintas sobre a morte e ressurreição de Jesus (Rm 10,9; 6,4.9; 7,4 et al.). As primeiras afirmações soteriológicas sobre a morte de Jesus por nós, ou seja, sua pré-existência até a morte (Rm 5,8; 5,6; 1Cor 15,3; 2Cor 5,15), têm suas raízes na tradição da Eucaristia. Em 1Cor 15,3ss., encontramos um credo que abarca a morte, o sepultamento, a ressurreição de Jesus e a aparição do Ressurreto (cf. 1Ts 4,14). A crença na preexistência de Cristo é articulada em fórmulas de envio (Rm 8,3; Gl 4,4s.; Jo 3,16s.; 1Jo 4,9) e em textos hínicos (Fl 2,6-11; Cl 1,15-20; Ef 1,10). O hino sobre o *logos* em Jo 1,1-18 culmina na profissão da encarnação de Deus em Jesus. Mt 1,18-25 e Lc 1,26-38 falam da promessa do maravilhoso nascimento de Jesus através da Virgem Maria. – (**2**) O tempo da patrística é a era áurea da cristologia. É quando se desenvolve o dogma trinitário-cristológico, que, juntamente com o testemunho da revelação das Escrituras Sagradas e dos grandes símbolos cristãos (confissões da fé), representa a norma para a cristologia. Os cinco primeiros séculos são de importância central para o desenvolvimento da doutrina cristológica. No Ocidente, a história da cristologia é dominada pelos grandes teólogos escolásticos; a doutrina das duas naturezas ganha nova atualidade nas teorias medievais sobre o modo da unidade das duas naturezas em Cristo. A doutrina da satisfação (*satisfactio*) substitutiva, de Anselmo de Cantuária († 1109), continua a ser expressa ainda hoje nos hinos da Igreja e na teologia; na maioria das vezes, porém, é representada de forma distorcida. O centro de sua soteriologia não é o pensamento de um Deus apaziguado em sua ira por uma morte sacrificial cruenta, mas a misericórdia maior de Deus que acompanha sua justiça e que respeita a liberdade do ser humano e sua opção pelo mal e se manifesta na "mais-valia" representada pelo Filho de Deus que morre no lugar do pecador. A cristologia de Tomás de Aquino († 1274) é o "exemplo clássico" de uma doutrina de Jesus Cristo ampliada ao nível de um tratado. Para Tomás, a cristologia trata de Deus e de sua obra nos seres humanos. Jesus Cristo é o caminho pelo qual os homens, que se separaram de Deus por meio do pecado, podem retornar à sua origem. Dentro de uma teologia da conveniência, Tomás estabelece o limite do pensamento da satisfação para a cristologia. Até o século XII, a cristologia era situada após os tratados da Trindade, da criação e da queda. Apesar de a cristologia nunca ter perdido de vista sua dimensão soteriológica, o estudo separado de encarnação e redenção levou à divisão entre cristologia e soteriologia. A Teoria da Satisfação, de Anselmo, resultou em uma diferenciação entre a doutrina da *pessoa de Cristo* e a doutrina da *obra da redenção*. Na teologia da cruz de M. Lutero († 1546), a cristologia e a soteriologia estão mais entrelaçadas do que na escolástica. A doutrina da pessoa e da obra de Cristo, na qual Lutero se atém à doutrina das duas naturezas, se orienta completamente pela pergunta referente à salvação do ser humano, i.e., pelos "artigos da justificação" do pecador. O Humanismo e o Iluminismo esboçam uma imagem de Cristo limitada à sua existência humana e o recomendam como modelo, mestre e educador da humanidade perfeita. A cristologia de F. Schleiermacher († 1834) visa à compreensão de Jesus Cristo como ser humano que, graças à sua consciência divina, se distingue essencialmente de todos os outros seres humanos que vieram antes e depois dele e reconhece o significado da pessoa de Jesus não apenas em sua função como mediador de uma ideia ou moral. O ponto de partida da cristologia de Schleiermacher é seu conceito de religião, que tem seu cerne num "sentimento de dependência fundamental". Nesse sentido, a religião é parte tão essencial do ser humano quanto o pensar e o agir. Jesus representa a "imagem primordial" da consciência divina como oposto do pecado. Por meio de um ato criativo divino, aperfeiçoa-se em Jesus o conceito do ser humano como sujeito da consciência divina. A pesquisa do Jesus histórico, que teve seus inícios já no fim do século XVIII, mas chegou a desdobrar toda sua influência apenas no século XIX, provocou uma crise profunda da cristologia. A pergunta radical pelo Jesus histórico (*First Quest*) se volta contra o dogma cristológico, contestando sua fundamentação na pessoa histórica de Jesus. Assim, coube à teologia do século XX a tarefa de superar a dissolução da cristologia. A nova pergunta histórica sobre Jesus (*New Quest*), levantada por E. Käsemann († 1998) e acatada por exegetas evangélicos e católicos (G. Bornkamm [† 1990] e H. Schürmann [† 1999], entre outros) ofereceu, diante do cetismo histórico radical (*No Quest*) de R. Bultmann († 1976), a oportunidade de superar a oposição entre o Jesus histórico e o Cristo da fé. Dentro da exegese, a *Third Quest* investiga o Jesus histórico no contexto do judaísmo de seu tempo com uma determinação maior do que a nova pesquisa do Jesus histórico iniciada por Käsemann. Os representantes da *Third Quest* reconhecem alguns evangelhos não canônicos (p. ex., o Evangelho de Tomé) como equivalentes aos evangelhos canônicos em seu valor histórico. A superação da oposição entre o Jesus histórico e o Cristo da fé é uma das principais preocupações da cristologia do século XX (K. Rahner [† 1984], H.U. von Balthasar [† 1988], W. Pannenberg, E. Jüngel, J. Moltmann, W. Kasper, P. Hünermann, K.-H. Menke). Desde a teologia dos mistérios de O. Casel († 1948), a teologia dogmática tenta recuperar também a dimensão espiritual, litúrgica e mistagógica da cristologia (J. Ratzinger, J. Wohlmuth, A. Stock). O diálogo judaico-cristão após o holocausto também influenciou a cristologia. Hoje, esta só pode ser realizada em responsabilidade dogmática e teológico-fundamental: A representação da doutrina da fé e a justificação de sua plausibilidade não podem mais ser separadas uma da outra. Isso vale também para a soteriologia (a doutrina da salvação fundamentada em Cristo), que está intimamente vinculada à cristologia: A pessoa e a obra de Jesus precisam ser contempladas em conjunto; as afirmações sobre Jesus, o Cristo, dão testemunho daquilo que Ele fez e significa para a humanidade.

Desenvolvimento da cristologia até o III Concílio de Constantinopla (680/681)

Ponto de partida: o Novo Testamento

- Filho de Deus – nascido de uma mulher (Gl 4,4).
- Forma de Deus – igual aos seres humanos (Fl 2,6s.).
- Filho de Deus – semente de Davi (Rm 1,3).
- Disso segue: Deus não é uma unidade encerrada em si (contra o monoteísmo dos judeus) nem transcendência absoluta (contra a doutrina platônica de Deus).

Problemas persistentes:

a) A interpretação da filiação divina de Jesus Cristo.

b) Como se relacionam a divindade e a humanidade em Jesus?

Significado teológico:

A preocupação é a redenção do ser humano: "Quod non est assumptum, non est sanatum" (Gregório de Nazianzo).

Tentativas de solução:

O segundo artigo dos *Symbola* defende uma cristologia funcional: No processo da tradução das afirmações bíblicas para um horizonte helenístico, os dogmas alcançam uma cristologia ontológica.

Soluções: séculos II-VII

Para a): A interpretação da filiação divina de Jesus Cristo

Subordinacionismo	Cristologia da encarnação	Modalismo
Preservação da incomparabilidade do Pai (*autotheós*) e, ao mesmo tempo, reconhecimento do nome divino do filho (*theós*): subordinação do Filho.	Associação do conceito do Logos ao conceito do Filho: o *Logos* (Deus) é gerado pelo Pai (= Filho), i.e., distinto dele (como Filho) em unidade indissolúvel (ambos são Deus). Fez-se homem.	Evidenciação de que o próprio Deus vem ao nosso encontro em Jesus. No entanto, perde-se assim a diferença entre Pai e Filho: O Filho é "modo de ser" do Pai.
Ebionitas: Jesus é mensageiro de Deus.	**Irineu**: Deus se tornou homem, para que nós nos tornássemos Deus.	**Docetismo**: Jesus tem apenas a aparência de um ser humano.
Adocionismo: Deus adotou Jesus como seu filho (Paulo de Samósata).	**Tertuliano**: Da *única* substância de Deus procede a pessoa do *logos* (conceito da subordinação).	**Sabelianismo**: O Deus único se manifesta em três revelações (*prósopa* = máscaras).
Ário: O Pai inconcepto cria antes do início do mundo um ser independente (*hypóstasis*), o *logos*.	**Orígenes**: O *logos* viabiliza a transição de Deus para o mundo, para que o mundo possa se tornar divino (conceitos da subordinação e adoção).	**Patripassionismo**: Já que Pai e Filho se distinguem apenas nominalmente, é o Pai que sofre na cruz.
	Solução dogmática: **Niceia** (325): Cristo foi gerado (e não criado) da essência de Deus e é um com a essência do Pai (*homoousios*). *Solução*: o monoteísmo aberto.	

Para b): Como se relacionam a divindade e a humanidade em Jesus?

Conceitos cristológicos: **Natureza** (*physis*) = contempla os lados divino e humano isoladamente em vista de sua atribuição.

Hipóstase (*hypóstasis, substantia*) = o princípio de individuação de uma realidade.

Pessoa (*prósopon*) = hipóstase, mas mais voltada para suas relações sociais.

Modelo antropológico: Para o pensamento antigo, o ser humano consiste de carne/corpo (*sárx*), alma (*psyché*) e espírito (*noûs*). Este determina a individualidade do ser humano. Esse modelo triplo tende em direção a um modelo duplo: espírito + corpo animado = ser humano.

Nota preliminar histórica: Vários modelos tentaram explicar essa solução. Todos eles contêm um núcleo de verdade e nele são ortodoxos, mas cada um apresenta também um perigo típico que, no decurso de sua reflexão, levou a uma interpretação excessiva e, portanto, herética.

Cristologia da união	Ortodoxia	Cristologia da separação
Ênfase na união de Deus com a humanidade (herança subordinacionista).	Preservação da unidade em suas diferenças (desenvolvimento de Niceia).	Ênfase na união entre Deus e o ser humano (herança modalista).
Contexto filosófico: o pensamento "hierárquico" do estoicismo.		*Contexto filosófico*: o pensamento "realista" de Aristóteles.
Partidários: alexandrinos.		*Partidários*: antioquianos.
Modelo: Assim como a alma e o corpo estão ligados no ser humano, assim estão ligados o *logos* e o *sarx* em Cristo (**padrão logos-sarx**).		*Modelo*: Assim como a alma e o corpo estão ligados no ser humano, assim estão ligados o *logos* e o *sarx* em Cristo (**padrão logos-anthropos**).

Cristologia da união	Ortodoxia	Cristologia da separação
Vantagem: Deus realmente entra na humanidade; a unidade com Cristo é garantida.		*Vantagem*: Deus e o ser humano são claramente distinguidos; o aspecto humano de Cristo é totalmente preservado.
Perigos: Deus absorve a humanidade, nem toda a humanidade é recebida por Deus.		*Perigos*: A diferença ameaça se transformar em separação.

Protagonistas e decisões

Apolinário: A unidade só é concebível como unidade de elementos essenciais da mesma natureza (espírito + carne animada = ser humano). Por isso, Jesus precisa ser *logos* e carne animada. Nesse caso, porém, não é mais totalmente homem (falta o espírito do ser humano).	**Capadócios**: Em Jesus, o *logos* penetra o ser humano (= espírito, alma, corpo) – herança alexandrina. **Teodoro de Mopsuéstia**: Jesus possui a essência do Pai, mas é totalmente homem que se une ao *logos* numa mesma ação – herança antioquia.	
Solução dogmática: Condenação por **Constantinopla** (381).		
Êutiques (monofisistas): Em Jesus existe apenas uma natureza: a divina (*móne physis*).	**Cirilo de Alexandria**: As duas naturezas se transformam em uma, sem anulação das diferenças.	**Nestório**: Existe um vínculo apenas espiritual entre as naturezas divina e humana. Maria é parideira apenas do ser humano/Cristo (*christotokos*).
	Solução dogmática: **Éfeso** (431): Jesus é o mesmo como Deus e ser humano; Maria é parideira de Deus (*theotókos*).	
	Tendência: Protesto contra a absolutização da cristologia da separação na base da cristologia da união.	
	Calcedônia (451): Como Deus e ser humano, Jesus é um só (Cirilo), completamente Deus e completamente homem, sendo que as *duas naturezas* (= divindade perfeita + humanidade perfeita) estão unidas em *uma hipóstase* (unidade). As naturezas se relacionam uma à outra de forma: • não misturada (*anschytos*); • imutável (*átreptos*) contra Êutiques; • indivisa (*adiaíretos*); • inseparada (*achóristos*) contra Nestório.	
Monotelitas: Existe em Jesus apenas uma vontade, a vontade divina.	**Constantinopla III** (680/681): Jesus possui duas vontades, a divina e a humana. *Tendências*: Protesto contra a absolutização da cristologia da união na base da cristologia da separação. *Solução*: uma cristologia aberta.	

Elaboração: BEINERT, W. *Dogmatik studieren*. Regensburgo, 1985, p. 62-65. Revisão: Y. v. Künsberg.

(3) Além das Escrituras como testemunho primário da fé cristã, a cristologia deve se orientar sobretudo pelos dogmas cristológico-trinitários dos Concílios de Niceia (325), Éfeso (431) e Calcedônia (451). Essas definições dogmáticas devem ser interpretadas no contexto de seu tempo, mas não podem ser relativizadas em sua validade. Elas representam um "marco hermenêutico" (G. Steiner) que a cristologia não pode ignorar nem anular.

Heresias cristológicas

1) A negação da natureza humana de Cristo

Objeto e conteúdo da heresia correspondente	Representantes e adversários da heresia correspondente
Docetismo gnóstico (século II/III): Apenas aparentemente: • Cristo foi verdadeiramente humano. • Cristo sofreu na cruz. • O Redentor estava ligado à matéria.	**Pró**: Marcião, Satornil, Kerdon, Basílides, Cerinto, Valentiniano, Mani. **Contra**: Irineu de Lyon, Hipólito de Roma, Tertuliano, Inácio de Antioquia, Eusébio de Vercelli, Serapião, Clemente de Alexandria, Cirilo de Alexandria, Teodoreto de Cirro.
Apolinarismo (século IV): O *logos* é apenas de natureza divina; a alma humana de Jesus é negada.	**Pró**: Apolinário de Laodiceia, monofisitas. **Contra**: Concílio de Calcedônia (451).
Monofisismo, miafisismo, anticalcedonismo (séculos IV/V): O oposto da doutrina das duas naturezas: fórmula *mia physis* (uma natureza). **Monotelitismo, monergismo, monergetismo** (séculos VI/VII): Uma vontade divina, uma atividade, uma energia; negação da natureza humana de Cristo.	**Pró**: Cirilo de Alexandria, Severo, Filoxeno de Mabbug. **Contra**: Concílio de Calcedônia (451). **Pró**: Severo de Antioquia, João Filopono, os patriarcas de Constantinopla: Sérgio, Pirro, Paulo II, Pedro; Papa Honório. **Contra**: IV Concílio de Constantinopla (680-681); Leão I, Máximo Confessor.

2) A negação da natureza divina de Cristo

Ebionismo, cristianismo judaico herético (séculos II/III): Cristologia com motivos puramente judaico-messiânicos.	**Pró**: cristãos judeus (título de honra hebraico *æbonîm*: pobres), Evangelho dos ebionitas (rejeição do nascimento de uma virgem, do culto de sacrifícios judaico e da carne como alimento). **Contra**: Irineu de Lyon.
Adocionismo (século IV): Jesus é Filho de Deus apenas como ser humano adotado por Deus após seu nascimento.	**Pró**: Monarquianistas, socinianos, unitaristas, antitrinitaristas, patripassianos, Teódoto de Bizâncio, Teódoto o Jovem, Artemon, Paulo de Samósata, Félix de Urgel. **Contra**: Concílio de Niceia (325); Diodoro, Teodoro de Mopsuéstia, Nestório, Beato de Liépana, Etério de Osma, Alcuíno, Paulino de Aquileia, Bento de Aniane, Agobardo de Lyon, Adriano I; sínodos de Regensburg (792), Frankfurt (794), Friaul (796/797), Aachen (809).
Arianismo (século IV): A verdadeira divindade de Cristo e a alma humana de Jesus são negadas; houve um tempo em que não existia o Filho de Deus.	**Pró**: Ário, Aécio, Eunômio; "Concílio" de Sírmio. **Contra**: Concílio de Niceia (325), Concílio de Constantinopla (381); Atanásio, Basílio de Cesareia, Gregório de Nazianzo, Gregório de Nissa, Ambrósio, Agostinho, Fulgêncio.
Socinianismo (século XVI): Deus é imaginado como mônade, mas não como Pai, Filho e Espírito.	**Pró**: Neoarianistas, unitaristas, *Trinitatis oppugnatores*, antiarianistas, Lelio Sozzini, Fausto Sozzini, B. de Espinoza, R. Descartes, P. Bayle, Voltaire, J. Locke, J. Milton, S. Clarke. **Contra**: Teologia trinitária da Igreja Católica Romana, João Calvino.
Unitarismo (a partir de 1563): Pretensão de um cristianismo iluminado, racional e não dogmático; Jesus é um ser humano perfeito, que apenas representa ou indica Deus.	**Pró**: Antiarianistas, Josef Ferencz; popular, p. ex., na Polônia, na Transilvânia (Romênia), Inglaterra, Estados Unidos, Alemanha. **Contra**: As igrejas com o credo de Niceia e Constantinopla.

3) A não aceitação da união hipostática

Doutrina do mérito, nestorianismo (século V): Jesus Cristo é o ser humano aceito pelo *logos*, no qual este reside como num templo.	**Pró**: Nestório, Apolinário de Laodiceia; Escola de Antioquia (cristologia *logos-anthropos*). **Contra**: Adocionistas, Cirilo de Alexandria (cristologia *logos-sarx*); Concílio de Niceia (325), Concílio de Éfeso (431).
Adocionismo (século IV).	Cf. acima
Hermenêutica da consciência (século XIX): A presença de Deus que se manifesta na consciência de Jesus demonstra a "dependência fundamental" do ser humano de Deus.	**Pró**: F.D.E. Schleiermacher **Contra**: Igreja Católica Romana, igrejas e comunidades eclesiásticas que aceitam a cristologia dos quatro primeiros concílios.
Teoria do hábito (Idade Média): O *logos* não adotou uma natureza humana em sua totalidade e unidade, mas apenas princípios parciais isolados da matéria e do espírito.	**Pró**: Pedro Abelardo. **Contra**: Sínodo de Sens (1140/1141); Alexandre III, Boaventura, Tomás de Aquino, João Duns Escotus.

Elaborado por B. Wagner a pedido dos organizadores.

(4) A maioria das igrejas e das comunidades eclesiásticas reconhecem o Credo Niceno-constantinopolitano (DH 150), que, por isso, pode ser considerado o "credo ecumênico" das igrejas cristãs – o que não impede acentuações divergentes na interpretação do credo. A soteriologia também conhece acentuações diferentes. Referente ao ecumenismo entre as igrejas da Reforma e a Igreja Católica, fala-se também do *consensus quinquesaecularis* em vista do desenvolvimento da doutrina até o Concílio de Calcedônia. – (5) A cristologia de hoje enfrenta diversos desafios: Em primeiro lugar, é necessário que faça uma análise exata da situação cultural e religiosa do nosso tempo, à qual a cristologia precisa ser transmitida. Depois, precisa desenvolver uma fundamentação bíblica que parta do Jesus histórico e do Ressurreto no testemunho do NT: tanto dos evangelhos quanto dos outros escritos. Precisa levar em consideração tanto o judaísmo de Jesus e seu vínculo com Israel quanto a novidade de sua mensagem. A cristologia não pode ser seletiva, i.e., precisa considerar todo o testemunho de Jesus, o Cristo, no NT e percorrer todo o caminho da cristologia implícita até a cristologia explícita e justificar sua ligação interna. Além do mais, a cristologia precisa relacionar de modo positivo a proclamação do domínio vindouro de Deus (o centro da mensagem de Jesus) à presença de Deus em seu povo eleito de Israel, que se encontra numa aliança irrevogável com Deus. Uma tarefa importante da cristologia continua sendo a reconstrução sistemática das afirmações cristológicas dos concílios da Igreja antiga e sua interpretação para os dias de hoje. Em vista do pluralismo religioso moderno, a cristologia precisa expor a unicidade e universalidade de Jesus Cristo. Por fim, a cristologia precisa abarcar também uma soteriologia que consiga tratar e expor adequadamente o significado salvífico da morte e da ressurreição de Jesus.

Lit.: GRILLMEIER, A. *Mit ihm und in ihm*. Friburgo/Basileia/Viena, 1975. • GRILLMEIER, A. *Jesus der Christus im Glauben der Kirche*. 2. ed. Friburgo/Basileia/Viena, 1991 [Grillmeier, 2]. • DUNN, J.D. *Christology in the Making*. Londres, 1980. • GNILKA, J. *Jesus von Nazareth*. Friburgo/Basileia/Viena, 1990 [HThK-Suppl. 3]. • KASPER, W. *Jesus der Christus*. Friburgo/Basileia/Viena, 1990 [WKGS, 3]. • PANNENBERG, W. *Grundzüge der Christologie*. 5. ed. Gütersloh, 1976. • RATZINGER, J. *Schauen auf den Durchbohrten* - Versuche einer spirituellen Christologie. 2. ed. Einsiedeln, 1990. • RATZINGER, J. [Bento XVI]. *Jesus von Nazareth* - Vol. 1: Von der Taufe im Jordan bis zur Verklärung. Friburgo/Basileia/Viena, 2007. • SCHNACKENBURG, R. *Die Person Jesu im Spiegel der vier Evangelien*. Friburgo/Basileia/Viena 1993 [HThK-Suppl. 4]. • STOCK, A. *Poetische Dogmatik* - Christologie. 4 vols. Paderborn et al., 1995-2001. • SCHWEIZER, E. et al. "Jesus Christus". *TRE*, 16, 1993, p. 671-772; 17, 1993, p. 1-84. • KRAUS, G. *Jesus Christus* - Der Heilsmittler. Frankfurt a.M./Friburgo i. Br. 2005 [Grundrisse zur Dogmatik, 3]. • WOHLMUTH, J. *Jesu Weg. Unser Weg. Kleine mystagogische Christologie*. Würzburg, 1992. •

WRIGHT, N.T. *Jesus and the Victory of God*. Mineápolis, 1996. • THEISSEN, G. & MERZ, A. *Der historische Jesus*. 2. ed. Göttingen, 1997. • BORG, M.H. & WRIGHT, N.T. *The Meaning of Jesus*. São Francisco, 2000. • MENKE, K.-H. *Die Einzigkeit Christi im Horizont der Sinnfrage*. Einsiedeln/Friburgo i. Br., 1995 [Kriterien, 94]. • MÜLLER, G.L. & SERRETTI, M. (orgs.). *Einzigkeit und Universalität Jesu Christi*. Einsiedeln/Friburgo, 2001. • HÜNERMANN, P. *Jesus Christus*. 2. ed. Münster, 1997. • HOPING, H. *Einführung in die Christologie*. Darmstadt, 2005. • MENKE, K.-H. *Jesus ist Gott der Sohn*. Regensburgo, 2008. • PESCH, O.H. "Gottes Wort in der Geschichte". *Katholische Dogmatik aus ökumenischer Erfahrung*. Vol. 1,1. Ostfildern, 2008, p. 371-919. • WENZ, G. *Christus*. Göttingen, 2011 [Studium Systematische Theologie, 5]. • WENZ, G. *Geist*. Göttingen, 2011 [Studium Systematische Theologie, 6].

Helmut Hoping

Cristologia do Espírito ↑ *Espírito Santo*, ↑ *cristologia do logos*, ↑ *mistérios da vida de Jesus*, ↑ *pneumatologia*, ↑ *batismo de Jesus*. – Em seu sentido restrito, esse conceito defende a convicção de que o homem Jesus de Nazaré, em virtude de sua dotação do Espírito, foi constituído definitivamente como Filho de Deus no momento de sua concepção, por ocasião do seu batismo ou da sua glorificação pascoal e que sua identidade pessoal é determinada duradouramente pelo pneuma. Em sua acepção mais ampla, as reflexões no âmbito da cristologia do Espírito investigam a relação entre *logos* e *pneuma*, ou Jesus e Espírito, sob diversos aspectos. – (**1**) Os grandes profetas veterotestamentários apelam, com o propósito de se legitimizarem, à *Palavra* de Javé, que eles interiorizam e proclamam (Jr 15,16; 20,9; 31,33). Durante e após o tempo do exílio, a *ruach Jahwe* também é identificada como ímpeto profético, mas sem que disso surgisse uma concorrência entre as duas acepções (cf. Ez 35,1; 36,1 com 37,9). Consequentemente, Israel pode esperar sua salvação igualmente da Palavra e do Espírito (Is 55,10-13; 63,10.14; Ez 37,10). Com as correntes sapienciais dos escritos veterotestamentários tardios, a Palavra e o Espírito quase se fundem: É a "sabedoria" que se aproxima dos fiéis de Israel, para fazer deles "amigos de Deus e profetas" (Sb 7,27) – mas a sabedoria é palavra profética e espírito profético em união (Pr 8,1-3; Eclo 24,33; Sb 1,6). No NT, que conhece várias cristologias com diversas extensões, o relato do batismo em Mc 1,9-11 suscita a impressão de que Jesus – que aqui, de acordo com Is 42,1, é apresentado como servo de Deus dotado do Espírito e, na redação de Marcos, como "filho" de Deus – se torna o "Filho amado" justamente por meio da dotação do Espírito. Lucas ressalta a concepção de Jesus pelo Espírito (Lc 1,18.20) e sua obra pública sustentada pelo Espírito (sumariamente: Lc 4,1; 4,16-30); sua glorificação – nova dotação do Espírito (At 2,33) – permite dirigir-se ao Filho de Deus chamando-o de "Senhor" e "Messias" (At 3,18-20; 13,32s.). A esse diagnóstico correspondem também referências em Paulo, que, em 1Cor 15,45, chama Jesus de "novo Adão", "um espírito que dá vida", e Rm 1,3s. diz que Jesus nasceu "da descendência de Davi segundo a carne", mas que, desde sua ressurreição, foi constituído "Filho de Deus, poderoso segundo o Espírito santificador". A forte expressão "O Senhor é o Espírito" (2Cor 3,17) não pode ser usada como "prova", pois não é possível determinar se o título de "Senhor" se refere aqui ao Deus de Israel ou ao Cristo glorificado. João fala explicitamente da encarnação do *logos*, ou seja, do *verbo* divino, que ele identifica com Jesus de Nazaré (Jo 1,1-18). No entanto, ressalta paralelamente que o "Espírito" "desceu" do "céu" sobre Jesus e nele "permaneceu" e que, por isso, Jesus, como "Filho de Deus", também "batizará com o Espírito Santo" (Jo 1,32-34). – (**2**) O desenvolvimento teológico pós-bíblico revela a tendência de abordagens da cristologia do Espírito em direção a acepções binitárias de Deus e ao adocionismo. Ainda Justino Mártir († 160) não faz uma distinção exata entre *logos* e *pneuma*; Deus efetua a salvação em ambas as forças como que com um princípio (1 apol. 33,4). No Pastor de Hermas, o Espírito ocorre como Filho preexistente de Deus que escolheu o corpo de Jesus como sua morada (sim. 5,6,5). Tertuliano († 220) desenvolve o pensamento de Justino ao chamar o Espírito de "substância do verbo", deduzindo a partir daí que o Espírito e o Verbo seriam "um só" (adv. Prax. 26,1). Em Mário Vitorino († após 363), por fim, as especulações oscilam entre acepções trinitárias e binárias. Em vista do Jesus redentor, fala de dois modos de existência de Cristo e do Espírito "naquele único movimento, que é o Filho" (adv. Arium 3,14). Já que todos os autores citados pensam também em termos de uma cristologia do logos e, devido à sua teologia ainda tateante, se mostram abertos a alternativas, suas afirmações no âmbito da cristologia do Espírito não os levam a equívocos. No entanto, isso ocorreu no caso dos adocionistas judaico-cristãos, no século II, segundo os quais o homem Jesus foi aceito por Deus como filho amado apenas "segundo o poder do pneuma" por ocasião de seu batismo (ebionitas, Teódoto de Bizâncio, Paulo de Samósata). Com a teologia de Atanásio de Alexandria († 373), com orientação estritamente nicena, que distingue claramente entre Pai, Filho e Espírito, impõe-se na Igreja a cristologia do *logos*: Jesus *é* o *logos* encarnado e não se *transforma* nisso apenas por meio do Espírito; Ele o recebeu não para si mesmo, mas em prol da humanidade (apol. Sec. 1,47-50). Desde então, não houve mais avanços por parte da cristologia do Espírito. Ainda no século XIX, M.J. Scheeben († 1888) ressalta que a unção messiânica de Jesus teria sida a unção com o *logos* (*Mysterien des Christentums*, § 51,5). Os teólogos dogmáticos do século XX conhecem os modelos da cristologia do Espírito do início da patrística, mas enfatizam a identidade pessoal de Jesus subsistente no *logos*, que, no entanto, é equipada pelo Espírito com a plenitude dos carismas (H. Mühlen) e assim é capacitada a dar uma resposta genuinamente humana à autocomunicação de Deus (W. Kasper). O teólogo sistemático holandês P. Schoonenberg († 1999) apresenta, em 1991, pensamentos que se orientam decididamente por uma cristologia do Espírito. Esboça uma cristologia de orientação histórico-dinâmica que reconhece um avanço progressivo da identidade pessoal de Jesus no âmbito do poder do Espírito e um desdobramento imanente à história da salvação da vida trinitário-pessoal de Deus: "Em toda a sua realidade humana, Jesus é sustentado pela Palavra e impulsionado pelo Espírito. *Ambos* fazem de Jesus o Filho de Deus" (*Der Geist, das Wort und der Sohn*, p. 152s.). – (**3**) Quando o Concílio de Niceia (325) fundamentou a identidade pessoal de Jesus totalmente na consubstancialidade com Deus, o Pai, e mencionou o Espírito apenas de passagem (DH 125), não houve mais espaço para o desenvolvimento das cristologias do Espírito. Além disso, a chamada controvérsia dos Três Capítulos levou os padres do II Concílio de Constantinopla (553) a declarar, contra a ênfase antioquena da humanidade de Jesus, a hipóstase eterna do *logos* como princípio da substância da hipóstase de Jesus (fórmula: *unus ex Trinitate incarnatus* [uma das pessoas da Trindade se fez homem]: DH 426). Rebateram-se assim as ideias adocionistas e o perigo de fazer qualquer distinção entre o *ser humano* Jesus ainda intocado pelo Espírito e o *Cristo* divino dotado do Espírito. – (**4**) As cristologias do Espírito, no sentido restrito da palavra, não exercem nenhum papel importante, nem nas confissões nem no ecumenismo. Mas a rede de relações entre *pneuma e logos*, ou entre Espírito e Jesus, é tematizada por interesses soteriológicos (O que o Espírito de Jesus, o Cristo, *faz por nós nos dias de hoje?*) por todos os teólogos sistemáticos importantes das grandes tradições. – (**5**) Devido às decisões cristológicas da Igreja antiga, que são parte indispensável do depósito da fé de todas as comunidades cristãs, existem limites claros para uma cristologia do Espírito rigorosa. Mas seria proibido considerar como teologicamente relevantes os impulsos manifestados antes dessas decisões? Pensadores como Justino ou Mário Vitorino foram capazes de mostrar que as avaliações exageradamente sistemáticas, i.e., personalistas em Deus não fazem jus nem ao evento salvífico testemunhado pela Bíblia nem à plenitude do ser inexpressável do próprio Deus. Tentativas atuais no campo da cristologia do Espírito precisariam lançar uma luz crítica sobre os conceitos da doutrina clássica de Deus (hipóstase-pessoa, substância-ser, Trindade) e soletrá-los num sentido menos numérico (unicidade-trindade). Pesquisas intensificadas sobre a relação de Jesus Cristo com o Espírito Santo poderiam, além disso, aprofundar o conhecimento soteriológico sobre Jesus de Nazaré e levantar outra pergunta: O que a vida no Espírito Santo – possível desde a Páscoa e o Pentecostes – *daqueles que creem* revela sobre o mistério da pessoa de *Jesus?* E em que sentido o evento pascoal *de então* fez do Jesus crucificado e ressurreto o Salvador do mundo *de hoje*, que, no Espírito Santo, fala a todos os seres humanos? Novos entendimentos nessas questões precisam, é claro, ser cuidadosamente comparados e integrados à tradição; isso beneficiaria também a problemática do ↑ Filioque.

Lit.: a) BERKHOF, H. *Theologie des Heiligen Geistes*. 2. ed. Neukirchen-Vluyn, 1988, p. 14-33 [Neukirchener Studienbücher. 7]. • BERNHARDT, R. *Ende des Dialogs? – Die Begegnung der Religionen und ihre theologische Reflexion*. Zurique, 2005, p. 237-246. b) CONGAR, Y. *Der Heilige Geist*. Friburgo/Basileia/Viena, 1982. • PRESS, M. *Jesus und der Geist*. Neukirchen-Vluyn, 2001. • SCHOONENBERG, P. *Der Geist, das Wort und der Sohn*. Regensburgo, 1992. c) PRESS, M. *Jesus und der Geist*. Neukirchen-Vluyn, 2001.

Bertram Stubenrauch

Cristologia do *logos* ↑ *cristologia,* ↑ *cristologia do Espírito,* ↑ *união hipostática,* ↑ *encarnação,* ↑ *preexistência de Cristo.* – Na linguagem da fé cristã, o termo grego *logos* (em latim: *verbum*, verbo) designa a segunda pessoa divina, o Filho de Deus encarnado. Sob cristologia do *logos* entende-se o tipo de cristologia que se tornou dominante e cunhou a tradição. – **(1)** O ponto de partida bíblico da cristologia do *logos* é principalmente o prólogo ao Evangelho de São João, que contém a afirmação mais profunda sobre a encarnação de Deus (trata-se do Evangelho natalino mais antigo da liturgia romana). Jo 1,14 fala da preexistência, da divindade e da encarnação do *logos*. O *logos* preexistente, que existiu desde sempre como Deus, o Pai, e desde sempre se encontra em comunhão com Ele, é identificado com Jesus Cristo (Jo 1,17). Nenhuma outra passagem bíblica exerceu tanta influência sobre a formação da doutrina cristológica quanto o prólogo de João. Trata-se de um hino sobre o *logos* influenciado pela especulação sapiencial do início do judaísmo (Pr 1,24-33; 8,21.22s.17.20s.30; Eclo 24,9; Sb 7,22; 9,9), que, provavelmente, se baseia num hino mais antigo. A tese de R. Bultmann († 1976) segundo a qual o prólogo de João teria se desenvolvido sob uma influência gnóstico-oriental, hoje já é refutada pela exegese. Chama atenção o parentesco entre a cristologia do *logos* no prólogo de João e a especulação sobre o logos do filósofo da religião judaica Filo de Alexandria († após 40). Fílon contempla a sabedoria não só como realidade *anterior* à criação visível, mas parte também de uma medição do *logos* na criação. Portanto, devemos provavelmente supor um desenvolvimento da especulação sapiencial do início do judaísmo por meio do estoicismo e do médio platonismo. 1Jo argumenta contra aquelas pessoas que não professam Jesus Cristo como "vindo na carne" (1Jo 4,2; cf. 2Jo 7). O proêmio de 1Jo 1,1-4 com sua fala do "*logos* da vida" (1,1) se apoia no prólogo de João. Paralelos temáticos referentes à preexistência e divindade do *logos* ocorrem em Hb 1,1-5 e Cl 1,15-20, onde também constatamos uma influência da especulação sapiencial do início do judaísmo: Aqui, a preexistência do Filho, que é uma imagem do Pai e se fez homem, também é pressuposta. Em Ap 19,13b, o Cristo da parusia é também chamado de "*logos* de Deus". O nome poderia estar vinculado a Jo 1,1, no entanto, é mais provável que exista uma ligação com Sb 18,15. – **(2) (3)** O surgimento de uma cristologia do *logos* se encontra em Inácio de Antioquia ([† após 110] Magn. 8,2). O representante mais importante dos primórdios da cristologia do *logos* é Justino Mártir († por volta de 165): O *Logos* é gerado pelo "Deus inominável" (1 apol. 61), é "inseparado" dele e é, mesmo assim, "outro" (dial. 128,3; 56,1), é mediador da criação, evidencia Deus e permite que os seres humanos participem dele por meio da razão. Os apologetas e primeiros Padres da Igreja (Irineu de Lyon [† por volta de 200], Tertuliano [† após 212], Orígenes [† 253/254]) tentam expressar o mistério da pessoa divina de Cristo com recurso à especulação do *logos* do estoicismo, de Fílon e do médio platonismo. No estoicismo o *logos* é uma força pneumática de matéria invisível que penetra todo o cosmo. Em vista do logos no ser humano, o estoicismo distingue entre o *logos* interior (em grego: *logos endiathetos*) da imaginação e o logos exterior (*logos prophorikos*) da língua humana. Na cosmologia do médio platonismo, o *logos* é um ser intermediário entre o divino e o mundo visível. Na cristologia do *logos* pré-nicena, a eternidade do *logos* igual à do Pai é identificada apenas lentamente. Até o Concílio de Niceia (325), predomina uma subordinação inicialmente salvífica, depois também essencial do *logos* ao Pai divino. Importante para o desenvolvimento da cristologia do *logos* é a cristologia do *logos-sarx* (o *verbo* se faz *carne*). Aqui, porém, permaneceu incerto durante muito tempo se o *logos* encarnado havia adotado não só um corpo humano, mas também uma alma humana. Quanto ao credo niceno (DH 125), precisamos distinguir duas formas de cristologia do *logos*, uma heterodoxa e outra ortodoxa. Formas heterodoxas são o arianismo e o apolinarismo; uma forma ortodoxa é a cristologia alexandrina. Segundo Ário († 373) o logos, que é uma atividade vital (*mia energeia*) em Jesus, substitui a alma humana. Apolinário († por volta de 390/395) considera Jesus uma "síntese do tipo humano" de *logos* e *sarx*. Segundo Atanásio de Alexandria († 373), o *logos* adotou uma natureza humana plena. Desde então, a alma de Cristo é tida como certa, no entanto, não exerce no início um papel decisivo na cristologia e soteriologia. Cirilo de Alexandria († 444) já pensa diferentemente. Para ele, o *logos* se tornou homem ao adotar hipostaticamente de modo inexprimível e incompreensível uma carne dotada de uma alma racional (DH 250). O modelo *logos-sarx* é criticado pela escola antioquena, principalmente Teodoro de Mopsuéstia († 428). Ele opõe à cristologia do *logos-*

sarx o modelo logos-anthropos (o *logos* se faz *homem*). A cristologia heterodoxa do *logos-sarx* é superada pelo Concílio de Calcedônia (451), pois ensina a plena natureza divina e humana de Cristo (DH 301). A cristologia do *logos* é avançada pela história da recepção desse concílio: no neocalcedonismo, na decisão doutrinal do II Concílio de Constantinopla (553) e no Sínodo de Latrão de 649. Na era da escolástica, Boaventura († 1274) desenvolve uma teologia abrangente do *logos*. Tomás de Aquino († 1274) fala da natureza humana de Cristo como *instrumentum coniunctum*. No humanismo, sob a influência do paradigma da retórica, Jesus Cristo é compreendido como a "palavra do coração" do Pai, pronunciada por Deus para adaptar-se ao ser humano. Na Escritura como forma da Palavra de Deus, o ser humano encontra Cristo em sua presença viva. A Escola Católica de Tübingen do século XIX também enfatiza o caráter de *verbo* da revelação e desdobra uma teologia universal da revelação que compreende o ser humano como ser que responde. P. Hünermann vê a cristologia do logos como expressão do monoteísmo cristão "concreto", e não "abstrato" (J.E. von Kuhn [† 1887]). – **(4)** As grandes igrejas cristãs compartilham, fundamentando-se no Concílio de Calcedônia (451), a convicção da plena natureza humana de Cristo, que inclui não só um corpo humano, mas também uma alma humana. Refutou-se assim em toda a Igreja uma cristologia do *logos* monofisita. Uma cristologia do *logos* mística de cunho ortodoxo foi apresentada pelo teólogo russo V. Lossky († 1958). Do lado evangélico, merecem ser mencionados principalmente K. Barth († 1968) e G. Ebeling († 2001); este cunhou a expressão "a Palavra de Deus em pessoa" para diferenciar a revelação de Deus em Jesus Cristo de outras formas de manifestação divina. – **(5)** A cristologia atual pretende evidenciar que a fraqueza da carne humana, na qual Deus se revelou, não se refere apenas à dimensão física do ser humano, mas a toda a sua constituição como corpo e espírito. A cristologia do *logos*, em combinação com o pensamento da preexistência do *logos* de Deus, ocupa um lugar de grande importância na teologia cristã das religiões. Ela permite falar de uma presença do *logos* divino também além do contexto da história da revelação bíblica.

Modelos na Igreja antiga da unidade das naturezas divina e humana de Jesus

Tipo cristológico	Representante	Nome	Conteúdo	Problema
Cristologia da unificação	Alexandrinos	Modelo *logos-sarx*	Jesus é logos + carne	Perde de vista a humanidade
Cristologia da separação	Antioquenos	Modelo *logos--anthropos*	Jesus é logos + corpo + alma humana	Perde de vista a divindade

Elaborado por W. Beinert.

Lit.: BARTH, K. "Die Offenbarung Gottes". 5. ed. 1960 [*KD*, I/2]. • BARTH, K. "Die Lehre von der Versöhnung". *KD* IV/1. 3. ed., 1975). • LOSSKY, V. *Die mystische Theologie der morgenländischen Kirche*. Graz, 1961. LOSSKY, V. *Schau Gottes*. Zurique, 1964. • SCHNACKENBURG, R. *Das Johannesevangelium*. Vol. 1. Friburgo/Basileia/Viena, 1965. • KASPER, W. *Jesus der Christus*. Friburgo/Basileia/Viena, 2007, p. 310-315 [WKGS, 3]. • FARANDOS, G.D. *Kosmos und Logos nach Philon v. Alexandrien*. Würzburgo, 1976. • GRILLMEIER, A. *Mit ihm und in ihm*. Friburgo/Basileia/Viena, 1975, p. 335-370. • GRILLMEIER, A. *Jesus der Christus im Glauben der Kirche*. 3. ed. Friburgo/Basileia/Viena, 1991 [Grillmeier, 1 e 2,2]. • BOUYER, L. *Das Wort ist der Sohn*. Einsiedeln, 1976. • EBELING, G. *Dogmatik des christlichen Glaubens*. Vol. 2. Tübingen, 1979, p. 335-370. • THEOBALD, M. "Le prologue johannique et ses 'lecteurs implicites'". *RSR*, 83, 1995, p. 193-216. • ENDERS, M.; THEOBALD, M. & HÜNERMANN, P. "Logos". *LThK*, 6. 3. ed., 1997, p. 1.025-1.031. • HAINTHALER, T. "Logos-Sarx-Christologie". *LThK*, 6. 3. ed., 1997, p. 1.032-1.033. • DUPUIS, J. *Toward a Christian Theology of Religious Pluralism*. Maryknoll/Nova York, 1997. • DUPUIS, J. *Christianity and the Religions*. Maryknoll/Nova York, 2002. • ENDERS, M. & KÜHN, R. (orgs.). *Im Anfang war der Logos...* Friburgo/Basileia/Vian, 2011.

Helmut Hoping

Critérios de conhecimento mariológico ↑ *cristologia*, ↑ *devoção mariana*, ↑ *mariologia*, ↑ *razão*. – Os critérios de conhecimento mariológico são princípios do estudo teológico, nos quais a mariologia se apoia como disciplina dogmática; portanto, valem também para ela seus critérios de conhecimento. Isso significa que as afirmações da Bíblia são sua fonte primária, à qual se juntam como fontes secundárias os conhecimentos adquiridos ao longo da história da fé sob a orientação do Espírito Santo. Estes abarcam, além dos conhecimentos da ↑ tradição e das declarações do ↑ magistério eclesiástico, também os juízos do ↑ senso da fé dos fiéis que, professado em concordância, é inerrante em assuntos da fé (LG 12). Em virtude de desenvolvimentos na história dos dogmas, esse tipo de profissão da fé exerce um papel mais importante dentro da mariologia do que em outros tratados dogmáticos (↑ liberdade do pecado original/conceição imaculada de Maria [1854]; ↑ ascensão de Maria para a glória de Deus [1950]). Do ponto de vista mariológico, a pergunta referente à fundamentação bíblica é especialmente relevante, já que nenhum dogma mariano é encontrado literalmente na Bíblia. Dado, porém, que Maria, em virtude de sua maternidade divina estar incluída na encarnação do Filho e, com isso, no auge da autorrevelação de Deus, é necessário falar também dela sempre que se fala do mistério de Jesus. Assim, a reflexão crescente no NT sobre a ↑ encarnação provocou também uma reflexão cada vez mais intensa sobre a mãe de Jesus. Esse desenvolvimento continua nos Padres da Igreja e marca o desdobramento da mariologia na história dos dogmas. Como a encarnação de Jesus Cristo, a maternidade de Maria também precisa ser contemplada como evento limite que possui um componente histórico e empírico e, ao mesmo tempo, transcendente. Por isso, tanto a cristologia como a mariologia dependem do recurso a proposições não só analíticas, mas também simbólicas. No entanto, estas precisam sempre se referir à figura bíblica, e é necessário analisá-las criticamente a partir desta. Como afirmações analógicas e essencialmente ambíguas, os juízos simbólicos exigem uma interpretação aprofundada. Desde sua definição dogmática como parideira de Deus (*theotokos*: DH 252), existe sempre a tentação perceptível de transferir para Maria os títulos de realeza empregados na doutrina de Deus e na cristologia. Nesse sentido, as designações como Rainha dos Céus, Libertadora, Mediadora, Corredentora, Mãe Celestial, o termo Toda Santa (em grego: *panhagia*) usado na Igreja oriental e até mesmo a expressão Mãe de Deus podem ser interpretados de forma errada por pessoas sem conhecimento teológico; suscitam a impressão de que Maria pertence mais à esfera do divino do que à esfera da criação. Já que a distinção entre ser humano e Deus, criatura e criador é – como mostra a experiência – facilmente confundida especialmente na mariologia, esta é obrigada a controlar seu desenvolvimento sob aplicação rígida de seus próprios critérios de conhecimento mariológico.

Lit.: a) e b) BEINERT, W. "Die mariologischen Dogmen und ihre Entfaltung". In: BEINERT, W. & PETRI, H. (orgs.). *Handbuch der Marienkunde*. 2. ed. Vol. 1. Regensburgo, 1996, p. 267-363. c) COURTH, F. "Mariologie". In: BEINERT, W. *Glaubenszugänge. Lehrbuch der katholischen Dogmatik*. Vol. 2. Paderborn et al., 1995, p. 299-398.

Regina Radlbeck-Ossmann

Culto ↑ *invocação do Espírito/epiclese,* ↑ *glória de Deus,* ↑ *cultura,* ↑ *relação corpo-alma,* ↑ *sacramento.* – O termo "culto" designa a prática da adoração religiosa de Deus com a ajuda de símbolos e ritos. Sob um ponto de vista dogmático e do Direito Canônico, deve-se observar seu vínculo com o conceito da liturgia e a diferenciação que deste resulta: Enquanto o culto visa à dimensão anabática (que ascende a partir do homem) da adoração de Deus, a liturgia contém também a ação de Deus no sentido catabático (que descende de Deus). – **(1)** A busca pelo modo correto do culto e da adoração cultual de Deus acompanha toda a Escritura Sagrada (cf. principalmente Lv 16,1–17,16). A recordação anamnésica dos atos salvíficos de Deus (êxodo, Decálogo; Sl 105; 106) ocupa o centro da teologia da aliança, dentro da qual é tratada também a questão do culto. A narrativa do bezerro de ouro (Ex 32), a busca de Israel pelo modo correto de sacrifício e entrega (Sl 51,16-21) e o conflito dos salmos entre adoração, gratidão e lamentação são testemunho de um Deus que se aproximou amorosamente de seu povo, que deseja o amor deste e desdenha qualquer tipo de idolatria (Sl 22; 23; 28; 116); Em Lv, Nm e Dt encontramos numerosas regras para o culto. A crítica dos profetas à prática do culto (Am 5,21-27; Is 1,10-17) suscita a pergunta sobre a relação entre culto, querer interior e *ethos*, sendo que a vinculação do culto ao templo de Jerusalém também é tematizada. A pregação de Jesus e a tradição do NT dão continuação a essa linha de pensamento e vinculam ao mandamento do amor a Deus e ao próximo (Mc 7,1-14; 12,28-34). Em 1Cor 11, Paulo criticou enfaticamente a perversão do culto: A Eucaristia é ameaçada e até mesmo destruída quando o amor ao próximo é traído pela falta de atenção aos necessitados. Aplica-se aqui uma hermenêutica escatológica e cristológica que reconhece em Jesus Cristo e em sua entrega na cruz o fundamento e a consumação do culto verdadeiro e, portanto, do culto dos cristãos, que também devem estar dispostos a se sacrificarem (Rm 12,1). Em virtude do batismo, a vida inteira dos cristãos é um culto (Rm 3,25). O conceito grego *hilasterion*, lugar da penitência, desencadeou um debate na exegese moderna sobre o significado de terminologias cultuais para o cristianismo. Etiologias cultuais, que indagam a origem, intenção e forma de uma celebração eclesiástica, agem no contexto das tradições da Última Ceia (M. Ebner, M. Theobald). Jo 4,20-24 introduz o aspecto pneumatológico à questão cultual: A adoração de Deus deve ocorrer "no Espírito e na verdade". É também o Espírito que recorda a cruz e a ressurreição de Jesus de modo cultual, concedendo no Batismo e na Eucaristia a memória e, justamente assim, também o futuro (Lc 22,18; Rm 6,1-11). – **(2)** Inicialmente, o culto cristão é dominado por um significado cristológico, que, mais tarde, é substituído cada vez mais por um significado trinitário: Deus, o Pai, age em Cristo por meio do Espírito Santo. Para Agostinho († 430), culto e sacrifício não podem ser separados. A seu ver, o sacrifício verdadeiro é, segundo Rm 12,1, o culto racional (*rationale obsequium*): uma postura interior que leva à comunhão com Deus (civ. 10,6). Discutem-se, portanto, questões que levam a um afastamento do culto pagão e, de forma mais intensiva após a destruição do templo de Jerusalém, também do culto judaico: O que seria um sacrifício adequado em face da morte de Jesus na cruz e como esta deve ser recordada sacramentalmente na Eucaristia? Qual o valor do martírio, do sacrifício espiritual da fidelidade na fé e da adoração na oração? Tomás de Aquino († 1274) interpreta o culto fundamentado na obra redentora de Cristo, como ato da virtude, ao qual se vinculam a religião e a justiça; nele se revela toda a orientação da conduta humana. Tomás ressalta sobretudo o culto interior, que precisa estar em harmonia com os atos gerados pela fé, pelo amor e pela esperança. O culto exterior, por sua vez, é apenas meio para determinado fim. Em seu escrito *De pace fidei*, Nicolau de Cusa († 1464) diferencia entre culto e religião; para ele, existe *uma* religião (a cristã) com *diferentes* modos de adoração (*una religio in rituum varietate*). O ↑ Direito Canônico vinculou o conceito do culto público (*cultus publicus*) ao conceito da liturgia. No século XX, J. Pieper († 1998), R. Schaeffler e B. Welte († 1983) investigam a conexão entre culto, fé, experiência divina e mundo de vivência, J. Ratzinger remete o culto, o *ethos* e o direito à tradição veterotestamentária do êxodo e do Decálogo, e W. Pannenberg reconhece na concepção hegeliana do culto um acento luterano como reconciliação daquilo que está separado, mas critica sua ênfase na filosofia da identidade. – **(3)** O CIC/1917 (cân. 1.256s.) falava do culto público na Igreja, realizado em seu nome por pessoas legitimamente comissionadas e por ritos instituídos pela Igreja, e faz uma distinção clara entre este e o culto privado. O Concílio Vaticano II compreende a liturgia como execução do sacerdócio de Jesus Cristo. Nela, símbolos sensuais efetuam a santificação do ser humano; como *cultus publicus*, está integrada ao corpo místico de Cristo e apresenta uma dimensão catabática e anabática (SC 7). A regulamentação do culto cabe à Igreja como um todo segundo os padrões do magistério. No Catecismo da Igreja Católica, o termo "culto" ocorre apenas raramente. – **(4)** A forma exterior e a espiritualidade da ortodoxia é essencialmente marcada pelo culto patrístico da chamada Liturgia Divina (celebração da Eucaristia) e pela adoração de imagens (ícones). M. Lutero († 1546) se opôs a uma acepção do culto que apela ao mérito do ser humano: A adoração verdadeira é formada pela fé e pela reconciliação, que ocorre a partir de Deus em Jesus Cristo. No diálogo ecumênico, revelou-se como frutífera para um consenso também a dimensão cultualmente determinada da fala neotestamentária sobre Cristo e a Eucaristia, contanto que o *theologumenon* da "recordação" (*memoria*) exerça um papel central. – **(5)** A multiplicidade das concepções geradas pelo conceito do culto demonstra o alcance desse tema e, com isso, também a dificuldade de definir adequadamente o culto e a liturgia. Permanece incontestado para o cristianismo que o culto adequado e a ajuda correta ao próximo são inseparáveis. A crítica bíblica ao culto pode nos sensibilizar para a tentativa de refletir sobre a interação entre catabase (mistério divino) e anabase (figuração e *ethos* humanos) de modo que respeite tanto a tradição quanto a inovação. Aqui, os sinais dos tempos podem servir como ajudas valiosas.

Lit.: RUSTER, T. *Der verwechselbare Gott* – Theologie nach der Entflechtung von Christentum und Religion. Friburgo/Basileia/Viena, 2000 [QD, 181]. • GERHARDS, A. & KRANEMANN, B. *Einführung in die Liturgiewissenschaft*. Darmstadt, 2006, p. 16-18.

Erwin Dirscherl

Cultura ↑ *diálogo*, ↑ *história/historicidade*, ↑ *criaturalidade*, ↑ *identidade*, ↑ *catolicidade da Igreja*, ↑ *culto*, ↑ *missão/reevangelização*. – Cultura significa a história da natureza e do mundo social criada pelo ser humano com a ajuda de sua racionalidade e liberdade. Ligado a isso está sua busca por identidade por meio da constituição de um mundo significativo com a ajuda de sistemas de signos comunicativos e simbólicos como língua, ciência, *ethos*/valores, arte, música etc. Já que esse processo conhece diferenças sincrônicas e diacrônicas, falamos de culturas no plural e do fenômeno da inculturação. – **(1)** A relação entre cultura e natureza é representada metaforicamente na narrativa do paraíso (Gn 2,9-15), no sentido de que o jardim com sua estrutura perfeita apresenta a relação ideal das duas dimensões (C. Dohmen). A ordem dada ao ser humano de guardar a terra, torná-la fértil e preservá-la como um pastor ou rei (em hebraico: *radah*; Gn 1,26-30) visa à capacidade cultural da criatura dotada de razão. O entrelaçamento de religião e cultura se manifesta na teologia do *sabbat* (Gn 2,1-3). Na história de Israel (e, mais tarde, no ensinamento de Jesus), evidencia-se que a cultura humana e a Palavra de Deus não harmonizam *eo ipso*, pois toda obra humana traz consigo o estigma do pecado e da culpa (Gn 3). No NT, essa reflexão se encontra principalmente nas epístolas de Paulo (p. ex., em Rm 7). O apóstolo exige o ↑ "discernimento dos espíritos", que deve ser marcado por uma "civilização do amor" (Papa Paulo VI; 1Cor 13). A essência do cristianismo apresenta uma orientação cultural, pois é testificado por pessoas concretas e é compreendido e transmitido no modo de diferentes formas de pensamentos e línguas (origem no judaísmo, influências do helenismo etc.). O evento de Pentecostes (At 2,1-36) representa também a comunicação intercultural e escatológica de todos os povos do mundo, cuja realização é a tarefa da Igreja. – **(2)** O encontro entre cristianismo e cultura (ou melhor, culturas) não tem sido apenas uma bênção, mas sempre esteve marcado por fortes tensões. Assim, a prática missionária da Igreja tem sido uma força representadora de culturas; por outro lado, tem destruído culturas com força bruta. O Papa João Paulo II reconheceu esse fato publicamente em 2000 e pediu perdão por isso. Podemos distinguir as seguintes fases na relação entre cristianismo e cultura:

Igreja antiga	Origem no judaísmo; influência duradoura pela cultura judaica, mas também um distanciamento crescente desta. Recepção de diversos conteúdos culturais para a autoafirmação e para a apologia e missão. Desenvolvimento de uma "subcultura" cristã.
Após a reviravolta de Constantino	Recepção intensificada da cultura romana e helenística e de suas opções filosóficas para justificar a fé diante da razão. A fé penetra e determina cada vez mais a cultura na Europa Central. Sincretismos na doutrina e liturgia como consequência da interação entre fé e cultura.
Idade Média	Após o II Concílio de Niceia (787; cujo tema principal foi a veneração de imagens), constata-se um empenho mais forte da Igreja no âmbito das artes. Fortes impulsos na área da música e da formação em mosteiros e universidades. Pretensão exagerada de poder da Igreja como mediadora universal da salvação e cultura.
Modernidade	Autonomia crescente das culturas, que se emancipam da fé. A Igreja continua sendo um fator cultural importante. Desenvolvimento de "comunidades" eclesiásticas em virtude de uma apologética e autoexclusão intensificada (p. ex., a Contrarreforma). O Concílio Vaticano I provoca a "guerra das culturas".
Atualidade	Questão referente à inculturação da fé. Necessidade de um "diálogo das culturas". Busca por uma identidade cultural em face de sociedades multiculturais.

Com a descoberta da categoria hermenêutica da "historicidade" em vista da revelação e tradição nos séculos XIX e XX, o fenômeno da cultura/inculturação recebeu mais atenção. A "Preleção de Regensburg", de 2006, do Papa Bento XVI concedeu novos impulsos ao debate teológico sobre a (des-)helenização, suscitando a pergunta se o cristianismo cunhado pela cultura e racionalidade europeia é comunicável interculturalmente. Numa conversa com J. Habermas, o Cardeal Ratzinger já havia observado anteriormente que a tradição da Igreja Católica Romana – *salva reverentia* – não pode simplesmente ser identificada com a cultura europeia e que precisava encarar a pluralidade das culturas. Isso só poderia acontecer de modo dialógico, ou seja, de modo autoconfiante e respeitoso ao mesmo tempo, sobretudo, porém, com a disposição de aprender e mudar. A tese controversa de S. Huntington († 2008) sobre a "guerra das culturas" forçou ainda mais o debate teológico. O tema da cultura é tratado de modo sistemático principalmente na ↑ antropologia (teológica), no criacionismo (↑ criação), na ↑ eclesiologia e na ↑ epistemologia (teológica) (↑ hermenêutica). P. Hünermann, por exemplo, contempla a relação entre Evangelho e cultura do ponto de vista da própria fé, que permite um convívio em negação e afirmação escatológicas. M. Eckholt esboçou uma "teologia da cultura" e defendeu, partindo de P. Ricoeur († 2005), uma poética que fala a língua do amor de Deus dentro do horizonte do "mundo" e que aproxima a pretensão universal da proclamação da Igreja, juntamente com sua particularidade em face das diferentes opções culturais, de uma relação tensional produtiva. – (3) O programa de *aggiornamento* (aproximação ao mundo), promovido pelo Papa João XXIII, permitiu que o Concílio Vaticano II adotasse uma visão extremamente positiva da cultura humana. Testemunho disso é sobretudo a constituição pastoral GS (especialmente 57-59). Com a valorização da língua materna na liturgia, o próprio concílio fez jus à necessidade da inculturação (SC 63). O Papa João Paulo II avançou ainda mais a inculturação da fé e a evangelização das culturas exigida pelo seu antecessor Paulo VI (Epístola Apostólica *Evangelii Nuntiandi*, de 1975). – (4) Na ortodoxia, em virtude da tradição dos patriarcados, existiam e existem boas condições para o estabelecimento de uma relação específica e diferente entre fé e cultura em cada região. No entanto, a sujeição ao pensamento platônico de original e cópia, que leva a uma forte insistência e à convicção da imutabilidade das sagradas formas (litúrgicas), gera uma tensão perceptível entre fé e cultura contemporânea. O chamado protestantismo cultural e a teologia liberal protestante dos séculos XIX e XX visou a uma ligação íntima entre cristianismo e cultura (A. Ritschl [† 1889], W. Herrmann [† 1922], A. von Harnack [† 1930], E. Troeltsch [† 1923]). K. Barth criticou essa tendência duramente com recurso à teologia de justificação de Lutero e à sua piedade da Palavra de Deus. A questão central era se a religião é produto da cultura ou se não seria a revelação que possibilita a cultura (W. Pannenberg). – (5) Hoje, em face de migração, de encontros interculturais e inter-religiosos, mas também diante do pano de fundo de diversas teorias de inculturação, a relação entre cultura e fé exige uma atenção especial. A vida cristã só pode existir na multiplicidade de seus diferentes arraigamentos. O próprio cristianismo também é cultura – uma acepção que de forma alguma contradiz a origem transcendental da fé. Devemos ressaltar com M.-D. Chenu († 1989) que a cultura é um componente essencial (*composante consubstantielle*) da teologia, que exige desta reversão e atenção cuidadosa. Seu modo de proclamação e sua reflexão da fé precisam fazer jus às identidades culturais existentes no mundo. Por isso, precisamos de um pensamento diferenciador, que localize o princípio cultural no princípio eclesiástico da tradição e seja realizado no diálogo. Esse esforço é imprescindível para a paz entre as culturas e religiões.

Lit.: a) ECKHOLT, M. *Poetik der Kultur*. Friburgo/Basileia/Viena, 2002. b) HÜNERMANN, P. "Evangelisierung und Kultur". *Ekklesiologie im Präsens*. Münster, 1995, p. 55-67. • RATZINGER, J. "Vorpolitische moralische Grundlagen eines freiheitlichen Staates". In: RATZINGER, J. & SCHULLER, F. (orgs.). *Joseph Ratzinger/Benedikt XVI – Grundsatzreden aus fünf Jahrzehnten*. Regensburgo, 2005, p. 157-169.

Erwin Dirscherl

Dádivas do Espírito ↑ *carismas/renovação carismática,* ↑ *habitação do Espírito,* ↑ *justificação,* ↑ *mérito,* ↑ *obras*. – Quando fala das dádivas do Espírito, a teologia dogmática enfatiza primeiramente o caráter doador do próprio Espírito divino e, em segundo lugar, a abundância das demonstrações da graça que ele efetua em prol do mundo no povo de Deus e nos crentes individuais. – (1) A passagem veterotestamentária principal é Is 11,1-3: Num tempo de profunda crise, o profeta promete a força da *ruach Jahwe*, que desce sobre o "Emanuel" (Is 7,14), o Messias esperado por Israel, para equipá-lo como Príncipe da Paz justo e com o espírito de *sabedoria* e *entendimento*, o espírito de *conselho* e *fortaleza*, o espírito de *conhecimento* e *temor de Deus*. Is

61,1-2 (Trito-Isaías) também promete uma figura messiânica, a qual é levada à ação e à grandeza profética pelo Espírito. Ez 36,26s.; 37,6.10 e sobretudo 39,29 prometem que toda a comunidade do povo será equipada com o Espírito. O Profeta Joel, por fim, espera o Espírito como dádiva escatológica para "toda carne", i.e., com Israel e por meio de Israel para toda a humanidade (Jl 3,1-3). A interferência da dotação messiânico-individual e profético-coletiva do Espírito ocorre também no NT, sendo que este não deixa qualquer dúvida de que Jesus de Nazaré é o Messias prometido e, por isso, o Portador do Espírito em plenitude. Segundo Lc 4,16-21, Jesus aplicou a promessa de Is 61,1-2 à sua obra e, assim, indiretamente a si mesmo. Consequentemente, Lucas apresenta, em At 2,33, o Espírito como dádiva do Cristo glorificado a Israel e – segundo Jl 3,1-3 – à humanidade, contanto que esta adira à nova comunidade da fé por meio do arrependimento, da profissão de Cristo e do Batismo (cf. At 2,38). Nesse contexto, Paulo e João apresentam pensamentos diferenciados sobre a dádiva *una* do Espírito, que se manifesta em *muitos* dons do Espírito: O Espírito é um adiantamento, um "empréstimo" da plenitude escatológica (Rm 8,23; 2Cor 5,5; cf. tb. Ef 1,14); a dádiva do Espírito é concretizada por meio de diferentes "dons" (*pneumatika*: 1Cor 12,1 e 14,1), "carismas" (*charismata*: 1Cor 12,4-11; Rm 12,6-8) e "forças" (*energemata*: 1Cor 12,6.10). Trata-se, por exemplo, da visão profética, da sensibilidade na interpretação da fé ou do poder de liderança. Essas qualidades se realizam individualmente, mas são para o bem de todos que participam do corpo de Cristo por meio da fé e do Batismo. Encontramos o mesmo pensamento nos escritos joaninos, mas com outra terminologia: O Espírito é "dado" (Jo 3,34; 4,13s.), apesar de "permanecer" em Jesus (Jo 1,32), que o "entrega" na cruz (Jo 19,30). Só é possível "recebê-lo", ou seja, como dádiva e incumbência (Jo 7,39a; 20,22). O efeito da dádiva do Espírito é, em primeiro lugar, o conhecimento da verdade (Jo 14,17; 1Jo 4,6; 5,5) e o testemunho de Cristo, que nele se torna possível e se aprofunda continuamente (Jo 14,26; 15,26); ele leva à comunhão com Deus e de uns com os outros em ↑ liberdade e ↑ alegria (1Jo 4,12s.). – **(2)** No início do tempo dos padres, fala-se das dádivas do Espírito preferencialmente no contexto da vida carismática e sociomoral da Igreja (1Clem 38,1; Did. 11,8-12; Justino [† 165] dial. 39,2-5; 82; Irineu [† por volta de 202] haer. 5,8,2). Mais tarde, a pergunta se, *antes* de Cristo, as dádivas do Espírito já concediam o próprio Espírito ou não, se torna objeto da reflexão; os latinos respondem de modo afirmativo (Agostinho [† 430], Leão o Grande [† 461]), a maioria dos padres gregos nega isso (João Crisóstomo [† 407], Cirilo de Alexandria [† 444]). Remetendo ao *status* dos cristãos como estranhos no mundo, Orígenes († 253/254) remete ao processo de transformação interior e divinizadora provocado pela(s) dádiva(s) do Espírito nos batizados por meio da santificação e do aperfeiçoamento ético gradual (princ. 1,3,8). Como todos os outros padres, Jerônimo († 419/420) ressalta a mediação imprescindível de Cristo na doação do Espírito (em Is 4,11) e o fato de serem sete as dádivas, que, em Agostinho († 430), remetem aos sete níveis do aperfeiçoamento cristão (de serm. Dom. 1,3,10) e, em Gregório o Grande († 604) às sete fraquezas (*tentamenta*; moral. 2,49,77), que devem ser anuladas pela ascensão ao aperfeiçoamento (a Septuaginta grega e a Vulgata latina mencionam, ao incluírem a piedade, sete em vez de seis dádivas). Além disso, Gregório vincula as dádivas às virtudes divinas da fé, do amor e da esperança (moral. 1.2), exercendo assim uma influência sobre a escolástica latina e a teologia católica acadêmica posterior, dominada por Tomás de Aquino († 1274). Segundo ele, as dádivas (STh I-II q68-70) são provas pessoais e salvíficas da "graça santificadora"; elas conferem um estado duradouro (*habitus*) e cooperam com as virtudes conferidas ou adquiridas – que devem ser distinguidas das dádivas. As dádivas do Espírito fazem com que a pessoa batizada seja "bene agitur a Spiritu Sancto" (bem conduzida pelo Espírito Santo), enquanto que as virtudes (que também são inconcebíveis sem a graça e a inspiração do Espírito) o habilitam a, "ele mesmo", *bene agit* ("conduzir-se bem": SCHMAUS, M. *Katholische Dogmatik*, III/2, p. 213). Dada a convicção dos padres segundo a qual os dons do Espírito eram transmitidos pelo Batismo e pela Confirmação (*consignatio*) e dado o fato de que a liturgia também acatou o tema (hino *Veni Creator Spiritus*, fórmulas de ordenação), a teologia católica da Crisma é profundamente marcada por ele. Lá, continua vivo também o conhecimento dos "frutos (fruto) do Espírito" (cf. Gl 5,22s.). Hoje, tenta-se interpretar a fala das dádivas do Espírito menos de forma individualista, mas mais à luz dos contextos eclesiais e sociosseculares (F. Malmberg, H. Mühlen [† 2006], J.B. Metz, J.

Comblin). Impõe-se também uma visão pessoal-relacional ou transcendental, que entende a(s) dádiva(s) do Espírito como autocomunicação divina ao centro pessoal humano por meio da viabilização da liberdade (K. Rahner [† 1984], G. Greshake). – **(3)** O Concílio de Trento ensina que as dádivas do Espírito causam a justificação; no centro estão a fé, a esperança e o amor (DH 1.530). Em sua encíclica sobre o Espírito, *Divinum Illud* (1897), o Papa Leão XIII segue a doutrina de Tomás de Aquino, segundo a qual as dádivas do Espírito são ajudas imprescindíveis no caminho pessoal para a santidade e para Deus (DH 3.326s.). O Concílio Vaticano II fala – orientando-se mais pela patrística do que pela escolástica – menos das dádivas do Espírito e mais dos carismas entregues por meio do Batismo e da Crisma, que nutrem a vida na Igreja (LG 2; AA 3). – **(4)** Já que os reformadores vinculavam as dádivas do Espírito à justificação, mas refutavam a doutrina do *habitus*, o tema contém certo potencial de conflito ecumênico.

No século XX, o lado católico deu início a uma reavaliação da teologia da graça (K. Rahner, H. Rondet, H. de Lubac, P. Fransen), que enfatizou a primazia da dádiva *una* do Espírito (a graça incriada) sobre as *muitas* dádivas do Espírito (estados criados). Assim, os esboços católicos da doutrina da graça se mostraram compatíveis com os trabalhos exegéticos ou sistemáticos de autores protestantes como, por exemplo, E. Käsemann († 1998) e J. Moltmann. Hoje, os teólogos protestantes e católicos se opõem juntos às tendências de concretizar escolasticamente a fala sobre as dádivas do Espírito ou de espiritualizá-las – o perigo no lado protestante – e separá-las do mundo, da Igreja e da história. Nas igrejas ortodoxas, as dádivas do Espírito continuam a ser altamente apreciadas, pois, segundo a tradição dos padres, são vistas como expressão e esperança da divinização do ser humano; segundo Máximo Confessor († 662), servem para o cumprimento dos mandamentos divinos. Já que, juntamente com o ser humano, o mun-

As dádivas do Espírito

AT O Espírito do Senhor como mensageiro do reino messiânico (Proto-Isaías 11,1-2) em sequência bíblica.	NT O Espírito uno e as muitas dádivas (1Cor 12,8-10) em sequência bíblica.	Catecismo da Igreja Católica: Apoio à vida moral do cristão (1830-1831, 1845) em sequência oficial.	O catecismo de Roberto Belarmino como exemplo de estudo: O caminho do pecador passa por diferentes degraus até alcançar o auge da perfeição da vida cristã: Os degraus para a santidade.
Sabedoria	Sabedoria	Sabedoria	1) Temor de Deus
Entendimento	Conhecimento	Entendimento	2) Piedade
Conselho	Força de fé	Conselho	3) Ciência dos mandamentos de Deus
Força	Cura de doenças	Força	4) Força
Conhecimento	Mediação de conhecimento	Conhecimento	5) Conselho
	Milagres	Piedade	6) Conhecimento
Temor de Deus	Fala profética	Temor de Deus	7) Sabedoria
	Discernimento dos espíritos		**Lema**: "O temor do SENHOR é o princípio da sabedoria; terão bom êxito todos os que o praticam. Seu louvor permanece para sempre" (Sl 111,10).
	Glossolalia		
	Interpretação da glossolalia		

Elaborado por B. Wagner, baseado em BELLARMIN, R. *Katechismen. Glaubensbekenntnis. Vater Unser*. Würzburg, 2008, p. 147-148 [trad. e org. de A. Wollbold].

do inteiro deve ser transformado e levado à salvação, resultam disso perspectivas promissoras para o diálogo ecumênico. – (**5**) A teologia atual indaga a possibilidade de experienciar as dádivas do Espírito. Existem uma consciência subjetiva e indícios racionais que indiquem a realidade e o modo da eficácia dessas dádivas? A doutrina da Igreja, principalmente o recurso ao chamado senso da fé dos batizados e à sua força comunicativa, pode servir como ajuda: Já que a graça sempre se manifesta de modo social e, portanto, também estrutural, deve ser possível reconhecer as dádivas do Espírito nas dimensões da vida eclesiástica. O problema dos padres referente à presença das dádivas pneumáticas ou à concessão do próprio Espírito antes do surgimento de Cristo ou (esta seria a pergunta de hoje) independentemente da profissão de seu nome adquire uma nova relevância ante o diálogo inter-religioso. Sugerimos um pensamento gradual nessa questão: Apesar de o Espírito penetrar e impregnar todo o universo e, portanto, também a herança religioso-cultural (cf. Sb 1,7), seu envio testemunhado pela Escritura e tradição consiste em incentivar o crescimento da figura de Cristo naqueles que o confessam. Isso não implica uma depreciação de outras religiões, pois o respeito por elas se deve igualmente ao Espírito, por meio do qual elas participam do "santo e verdadeiro" (Concílio Vaticano II, NA 2). Os cristãos são incentivados a respeitarem as outras religiões como a sua própria, mas devem testemunhar e viver de modo consequente apenas à sua.

Lit.: a) BERKHOF, H. *Theologie des Heiligen Geistes*. 2. ed. Neukirchen-Vluyn, 1988, p. 101-105 [Neukirchener Studienbücher, 7]. • MÜHLEN, H. (org.). *Geistesgaben heute*. Mainz, 1982 [Topos-Taschenbücher, 116]. b) CONGAR, Y. *Der Heilige Geist*. Friburgo/Basileia/Viena, 1982, p. 265-270. • YOHN, R. *Gemeinde lebt von Gottes Gaben*. Wuppertal, 1978. • ZIMMERLING, P. *Charismatische Bewegung*. Göttingen, 2009. • SCHÜTZ, C. *Einführung in die Pneumatologie*. Darmstadt, 1985, p. 90-113, 162-168, 265-273.

Bertram Stubenrauch

Decisão ↑ *liberdade,* ↑ *consciência,* ↑ *inferno,* ↑ *indivíduo,* ↑ *seguimento de Jesus,* ↑ *vontade de Deus.* – O termo "decisão" designa aquela escolha livre existencial com a qual o ser humano é confrontado diante da ambivalência da realidade e em virtude da qual ele precisa arriscar sua vida, podendo perdê-la ou ganhá-la (perdição ou salvação). – (**1**) Aquele que ouve a Palavra de Deus é chamado para tomar uma decisão. Isso vale para o povo de Israel como um todo como também para as pessoas individuais que são chamadas por Deus. A decisão contra ou a favor de Deus tem consequências para a vida e para a morte, pois está sujeita ao juízo definitivo de Deus. Essa relação se torna evidente na narrativa dramática do bezerro de ouro (Ex 32) e na mensagem profética (p. ex., Jr 3,21–4,1; 17,10; 31,10-34). A seriedade da decisão também é tematizada quando o Deus justo e misericordioso chama o ser humano para a conversão. A decisão da *fé*, que o NT fundamenta em Jesus Cristo, é de importância fundamental. Em vista da proximidade do ↑ domínio de Deus, ele chama para a decisão e para a conversão (p. ex., Mc 1,15). – (**2**) A decisão ocorre na interseção entre possibilidade e realidade. Uma decisão se torna necessária não somente na busca pela identidade própria, mas também em todos os relacionamentos. Agostinho († 430) reflete sobre isso em suas *Confissões*. Demonstra que a capacidade de decidir depende do conhecimento, da vontade e do sentimento/da sensibilidade. Agostinho ensina que o conhecimento da verdade que leva o ser humano à ação precisa ser evidente também internamente. As discussões sobre a predestinação têm evidenciado que a salvação depende também da decisão do ser humano. Já os padres identificam a consciência como lugar da decisão. Para Tomás de Aquino († 1274), a avaliação de bens ou valores representa um elemento central da decisão para o bem, devendo levar em consideração as respectivas circunstâncias. J.H. Newman († 1890) atribui um papel central à certeza da decisão em sua *Grammar of assent* e postula o *illative sense* (o senso de dedução), que é usado instintiva ou intuitivamente, como fundamento para a capacidade de decisão. Com Tomás, ele enfatiza que o ser humano precisa seguir sua consciência, mesmo nos casos em que estiver equivocada. A recepção teológica da filosofia existencial, sobretudo a de S. Kierkegaard († 1855), contempla a decisão sob o ponto de vista do campo tensional entre medo, desespero e culpa, de um lado, e fé, confiança primordial e êxito, de outro. Todas as decisões do ser humano estão relacionadas a uma decisão fundamental individual que confere uma orientação básica à vida. R. Guardini († 1968) e o personalismo refletiram – partindo da filosofia existencial, das obras de Newman e da filosofia dialógica de M. Buber († 1965) e outros – sobre o significado da decisão e demonstraram assim o potencial relacional do ser humano e o caráter de risco inerente à sua vida. No debate teológico-transcendental, a decisão assume uma importância central, pois é nela que se manifesta a liberdade. K. Rahner († 1984) ressaltou que, sem a decisão do ser humano de seguir a Palavra de Deus em amor, a salvação não pode ocorrer no tempo; falou de uma "decisão fundamental", o que foi acatado também pela teologia moral. L. Boros († 1981) apresentou uma teoria da "decisão final", que foi discutida controversamente no contexto escatológico; tentou conceber uma decisão diante de Deus também para o ser humano que, segundo padrões humanos (p. ex., devido a alguma deficiência), não foi capaz de tomar uma decisão em pleno poder de suas faculdades pessoais. A transição da possibilidade para a realidade é teologicamente inconcebível sem uma decisão em liberdade. Por isso, T. Pröpper analisa a relação entre o amor de Deus, que se decidiu primeira e incondicionalmente pelo ser humano, e a capacidade de decisão da criatura. – (**3**) GS 16 identifica a consciência como lugar da decisão, que deve se orientar pela vontade de Deus. GS 17 acentua: "Pois Deus decidiu deixar o homem 'na mão do seu conselho' (*in manu consilii sui*), para que ele buscasse seu criador por escolha própria (*suum sponte*) e em liberdade alcançasse a perfeição plena e bem-aventurada na unidade com Deus". A decisão da consciência se fundamenta na interpretação correta de experiências próprias e dos sinais do tempo com a ajuda da inteligência, do conselho de pessoas informadas e dos ↑ dons do Espírito Santo (Catecismo da Igreja Católica, 1788). – (**4**) A discussão ecumênica apresenta acentuações divergentes referentes à relação entre graça/justificação e liberdade. Existe um consenso segundo o qual a fé exige a decisão do ser humano, mas no que diz respeito à salvação esta não age sem a graça precedente de Deus. A pergunta sobre a capacidade de decisão do ser humano é de suprema importância também no debate sobre a idade mínima para os sacramentos de iniciação, sendo necessário recorrer aqui a referências interdisciplinares. Já que a fé não pode ser pensada sem a decisão, resta pelo menos exigir a determinação dos pais e dos padrinhos no sentido de uma representação. A teologia dialética (K. Barth [† 1968], F. Gogarten [† 1967], E. Brunner [† 1966]) desdobrou a relação entre revelação, decisão e história, que ocupa o centro também em R. Bultmann († 1976) e P. Tillich († 1965). – (**5**) No debate naturalista atual, provocado principalmente pelas ciências neurológicas, discute-se fortemente a capacidade de decisão do ser humano, que, na visão teológica, se fundamenta de modo intransferível numa responsabilidade e num chamado de cada um. O homem é responsável por aquilo que faz, mesmo que exista uma tensão entre autonomia e heteronomia dentro da qual as decisões livres são tomadas. Com a ajuda de uma teologia do Batismo/da Crisma podemos demonstrar que a decisão sempre ocorre como resposta a um chamado e sempre é tomada num espaço relacional. As consequências se manifestam apenas depois, i.e., no caminho que é percorrido decididamente. Nesse sentido, a decisão vive da esperança de uma vida bem-sucedida, que não se deve apenas à determinação do ser humano, mas também à determinação de Deus.

Lit.: WERBICK, J. *Vom Wagnis des Christseins*. Munique, 1995, esp. p. 186-231.

Erwin Dirscherl

Deísmo ↑ *ateísmo*, ↑ *creatio ex nihilo/creatio continua*, ↑ *Deus*, ↑ *doutrina de Deus*, ↑ *teologia natural*. – Apesar de partir de uma interpretação do mundo como criação divina, o deísmo exclui qualquer intervenção de Deus após o ato criativo. Permite, portanto, a noção de uma *creatio originalis*, também no sentido de uma *creatio ex nihilo*, não, porém, de uma *creatio continua*. Deus cria o mundo com tamanha perfeição que este consegue se manter por si só. – (**1**) Não existe um fundamento bíblico substancial para o deísmo. Deus, como Senhor absoluto da história, exerce uma influência salvífica sobre a história do mundo, sobre seu povo e sobre cada ser humano individual a cada momento. – (**2**) O deísmo tem suas raízes na filosofia estoica e epicurea. Teve seu auge nos século XVII e XVIII. Dentro da teologia natural, representava uma tentativa de responder aos questionamentos da ciência natural moderna, que, com seu postulado da interação e a lei da conservação da energia, num sentido determinista e mecanicista, parecia excluir a possibilidade de qualquer ação de Deus neste mundo. Partindo do pressuposto de que Deus havia criado o início de maneira suficientemente perfeita, sua intervenção no mundo não era necessária (metáfora do deus relojoeiro). A *creatio originalis* ou *creatio ex nihilo* substitui a *creatio continua*. – (**3**) A posição da Igreja contra o deísmo é inequívoca. Entre os documentos magisteriais mais recentes, encontramos sua refutação tanto no contexto do Concílio Vaticano I quanto – com formulações mais conciliantes – do Concílio Vaticano II (DH 2.902; 3.002; 3.003; 3.009; 3.028; 3.034; 4.302; 4.339). Segundo os padres desses concílios, o Deus transcendente não age apenas no início, antes está presente e ativo de modo imanente em todos os tempos e espaços. A criação no início não é, portanto, um prelúdio neutro em relação à salvação, mas serve como abertura a todos os temas que virão a ser desdobrados na autorrevelação salvífica de Deus na história. – (**4**) Durante certo tempo, o conceito do deísmo foi utilizado como sinônimo da teologia do Iluminismo ou como conceito polêmico interconfessional no sentido de uma crítica às igrejas, às instituições e à revelação, como também como instrumento para criticar a teologia natural. – (**5**) O deísmo tenta circundar o problema de uma influência imediata de Deus sobre o mundo. Para uma religião que gira em torno do pensamento da encarnação como parte essencial e imprescindível, essa posição é inaceitável, pois a intervenção de Deus neste mundo por meio da forma humana de Jesus Cristo é o cerne da fé cristã. A substituição pela física quântica e pela teoria do caos da concepção mecanicista e determinista da natureza com suas fantasias de onisciência desobriga a teologia de adotar um deísmo, por outro lado, porém, não a liberta da obrigação de fundamentar com competência científica a ação de Deus na natureza.

Lit.: HATTRUP, D. *Der Traum von der Weltformel oder Warum das Universum schweigt*. Friburgo/Basileia/Viena, 2006. • LÜKE, U. "Als Anfang schuf Gott..." *Bio-Theologie. Zeit. Evolution. Hominisation*. 2. ed. Paderborn et al., 2001.

Ulrich Lüke

Demônios ↑ *(o) mal*, ↑ *dualismo*, ↑ *anjos*, ↑ *diabo*, ↑ *discernimento dos espíritos*, ↑ *tentação*. – Na história da religião, os demônios (em grego: *daimones*) são vistos como seres sobrenaturais, inicialmente igualados aos deuses num sentido positivo, mais tarde, porém, contrapostos aos deuses de forma negativa. O cristianismo adotou a avaliação negativa. (**1**) No AT os demônios também são considerados seres poderosos, como na crença grega popular. Por vezes, são igualados a deuses, situados entre as esferas humana e divina e sobre os quais apenas Deus tem poder. Eles se manifestam na forma de demônios do deserto (Lv 16,8ss.), da noite (Is 34,14) e da tarde (Sl 91,6) com intenções negativas – às vezes, também como ajudantes de satanás. Como tais, Enoque etíope 6-36, os demônios são anjos caídos. No NT, os demônios são geralmente espíritos danosos voltados contra os seres humanos. Sua atribuição (espíritos impuros, surdos, mudos) designa seu potencial nocivo e, ao mesmo tempo, a gênese patológica. Jesus, com sua mensagem do Reino de Deus, visa à salvação holística do ser humano, por isso, são também oponentes do domínio vindouro de Deus. Portanto, as narrativas de exorcismo apresentam dimensões medicinais, sociais e teológicas (Mc 3,22ss.; Lc 11,20 par.). Nelas, Jesus escreve a história da salvação num sentido abrangente. – (**2**) A tradição sempre teve dificuldades de definir os demônios precisamente, mas acreditava em seu efeito prejudicial, que lhes permitia tomar posse do ser humano (caça às bruxas). A crença em sua existência, fundamentada na *creatio invisibilium* (criação dos seres invisíveis) começa a ser questionada apenas a partir do Iluminismo. – (**3**) A doutrina dos demônios não representa um tratado teológico autônomo, antes faz parte da angelologia, que, por sua vez, é integrada à teologia da criação (Catecismo da Igreja Católica, 328-336, 391-395). No Sínodo de Constantinopla (543), a apocatástase (reconciliação universal) dos demônios é condenada (contra Orígenes) como heresia (DH 409; 411). O Sínodo de Braga (574) se posiciona claramente contra a valorização dualista dos demônios pelos priscilianistas, e o IV Concílio de Latrão (1215) faz o mesmo frente aos cátaros dualistas: "Pois o diabo e os outros demônios foram criados por Deus naturalmente bons segundo sua natureza, mas por si mesmos se transformaram em maus" (DH 800). As sentenças de 1687 contra M. de Molinos (DH 2.243-2.252; 2.269) e uma encíclica do Santo Ofício, de 1856 (DH 2.823-2.825), se voltam contra a crença segundo a qual Deus teria instrumentalizado os demônios para a santificação do homem e contra a alegação segundo a qual eles teriam algum poder espiritual. – (**4**) Nas igrejas da Reforma, os demônios foram deontologizados, enfraquecidos e domesticados epistemológica ou esteticamente como representação pictórica de condições antropológicas (medo, consequências monstruosas e sobre-humanas de erros humanos, coerções interiores, padrões arcaicos de pensamento). Aparentemente, porém, o possível significado do termo "demônios" não pode ser desmistificado nem resolvido definitiva ou satisfatoriamente como algo meramente humano pela postura iluminista da atualidade. – **(5)** As afirmações bíblicas e patrísticas sobre os demônios exigem uma análise hermenêutica profunda que permita esclarecer o contexto da visão do mundo de então e que se conscientize da visão do mundo atual, igualmente tendenciosa. As consequências históricas desumanas da crença em demônios devem ser reconhecidas em toda sua fatualidade. Negar a possibilidade da existência de seres espirituais pessoais não humanos (tanto demônios quanto anjos) significa absolutizar o horizonte de possibilidades epistemológicas atuais e ao mesmo tempo hipertrofiar indevidamente o *status* de exceção do ser humano. Sem se perder na especulação sobre o "como" da existência de demônios e anjos, a possibilidade fundamental de sua existência não deve ser excluída de todo. Devemos, porém, a despeito de toda miséria, crer no fim salvífico, ou seja, na consumação por meio de Deus.

Lit.: HAAG, H. (org.). *Teufelsglaube*. 2. ed. Tübingen, 1980. • KASPER, W. & LEHMANN, K. (orgs.). *Teufel. Dämonen. Besessenheit*. Mainz, 1978. • SCHERF, W. *Die Herausforderung des Dämons*. Munique, 1987.

Ulrich Lüke

Descida de Cristo ao submundo ↑ *apocatástase,* ↑ *unicidade e universalidade salvífica de Jesus Cristo,* ↑ *cosmologia,* ↑ *paixão e morte de Jesus.* – A descida de Cristo indica a descida do Crucificado e Sepultado ao submundo (em hebraico: *sheol*), que o judaísmo do tempo de Jesus imaginava como composto de duas câmaras: uma para os justos (o seio de Abraão, o paraíso), e outra para o restante dos mortos. Já que, no contexto da escatologia cristã, o inferno inclui a possibilidade de um afastamento eterno de Deus, é mais apropriado falar não da descida de Cristo ao inferno, mas de sua ida aos mortos. – **(1)** Muitas religiões conhecem as descidas de deuses e seres humanos ao submundo. O AT não fala de uma descida de Deus ao reino dos mortos; os mortos são separados da origem da vida. A esperança de uma ressurreição dos mortos no fim dos tempos surge tardiamente, no livro de Daniel (Dn 12,2). No NT, a descida de Cristo está intimamente vinculada à sua morte na cruz e ao seu sepultamento. Já que a ideia do submundo (Is 14,9-16; Ez 32,17-32) depende do túmulo do falecido (Lc 24,5; At 2,27.31), a ideia da descida era algo natural no contexto do sepultamento de Jesus testificado pelos evangelhos e por Paulo (Mc 15,46; 1Cor 15,4; At 13,29). Ela transparece também em algumas formulações referentes à ressurreição de Jesus Cristo (1Ts 1,1; Rm 10,7; Hb 13,20). Pedro (At 2,24.27.31) parte do pressuposto de que Jesus esteve no submundo, mas que, como "santo de Deus", não sofreu a putrefação. O local onde Jesus esteve e suas experiências no submundo não são descritos. A palavra da marca de Jonas (Mt 12,40) com os símbolos do peixe e do mar – que representam o âmbito da morte – podem ser uma alusão à estada de Jesus no submundo, i.e., no interior da terra (cf. Mt 27,63). Ap 1,18 ("Tenho as chaves da morte e do inferno") se refere à vitória de Cristo sobre a morte e, assim como Mt 27,52s. (cf. Ez 37,12s.), serviu como ponto de partida para a doutrina de sua descida. Isso vale também para a imagem dos túmulos que se abrem na morte de Jesus (Mt 27,25s.). Em conexão com 1Pd 4,6 (o Ressurreto prega aos "espíritos na prisão" e aos outros "mortos"), 1Pd 3,19s., com sua tumultuosa história de interpretação, se transformou na clássica passagem de referência para a doutrina da descida de Cristo. – **(2)** Os testemunhos mais antigos para a descida de Cristo provêm da região síria: Inácio de Antioquia († após 110), Justino († por volta de 165), EvPetr, Ireneu († por volta de 200). Em linguagem simbólica, os autores enfatizam a vitória de Cristo sobre os poderes da morte, por meio da qual todos os justos da aliança antiga participam da obra salvífica de Cristo. Nos séculos II e III, o motivo da descida, por vezes representado dramaticamente, adquire uma importância maior na liturgia e proclamação. Melito de Sardes († por volta de 190) declara em sua homilia pascoal, com referência ao motivo da luta em Mc 3,27, sobre Cristo: "Sou o Cristo [...], que destruiu a morte e triunfou sobre o inimigo. Pisoteei o submundo, amarrei-o forte e arrebatei o ser humano para as alturas do céu. Eu, assim diz ele, eu mesmo, o Cristo" (frag. 13). No início, a descida de Cristo era limitada aos justos da aliança antiga na primeira câmara do submundo, mas em Orígenes († 253/254) ela se estende a todos os mortos. Agostinho († 430) refuta decididamente essa extensão (haer. 13). A partir do século IV, partindo de questões cristológicas, discute-se a pergunta se foi o *logos* separado do corpo físico de Cristo, sob exclusão da alma de Cristo, ou se foi a alma unida ao *logos* que teria descido ao submundo: assim em Basílio de Cesareia († 379), Gregório de Nissa († 395), Gregório de Nazianzo († 390), Cirilo de Alexandria († 444), Atanásio († 373) e Ambrósio († 397). A segunda posição, que, com referência à alma humana de Cristo, enfatiza mais o envolvimento do *logos* divino no destino da morte, consegue se impor à teoria defendida pelos apolinaristas da "descida do *logos*". A partir dos meados do século IV, a doutrina da descida de Cristo é incorporada aos credos da Igreja sob o nome *descensus ad infernos* ou *inferna*. Foi incluída também ao texto adotado do *Apostolicum* (DH 27). – **(3)** O IV Concílio de Latrão (1215) declarou a descida de Cristo uma doutrina oficial da Igreja (DH 801). – **(4)** Nas igrejas do Oriente, a imagem da descida de Cristo representa, contanto que exemplifique a universalidade da salvação, a verdadeira imagem da Páscoa. Martinho Lutero († 1546) interpreta a descida de Cristo de modo existencial: Cristo toma sobre si a tentação e o abandono de Deus e os supera (WA 23,702,12-16). Semelhantemente em João Calvino († 1564), Jesus vivencia o abismo da morte no sofrimento de sua alma (OS III 495s.). No entanto, Calvino não reconhece uma descida de Cristo que se distinga da morte de Cristo. – **(5)** A doutrina da descida de Cristo, desdobrada numa "teologia do Sábado de Aleluia", apresentada de forma impressionante por H.U. von Balthasar († 1988), evidencia a extensão da importância salvífica da morte de Jesus. Esta não se estende apenas às pessoas do presente e do futuro, mas a todos os seres humanos, também às do passado. Em seu Filho, que se fez homem e morreu para todos, o Deus imortal desejou se submeter às leis da morte (DH 294). Ao descer para as profundezas da morte, Cristo venceu o poder da morte e, por meio de sua ressurreição, abriu o caminho para a vida eterna. A descida de Cristo representa o eixo da teologia da salvação universal de H.U. von Balthasar. Sua fonte são as experiências místicas de A. von Speyr († 1967). Ao contrário da tradição que pressupunha a existência de duas câmaras no submundo e segundo a qual Cristo teria descido apenas para a câmara dos justos, Balthasar acredita que o sofrimento redentor de Cristo diz respeito a todos os mortos no submundo. O sofrimento de Cristo no Sábado de Aleluia significa que, entre a morte e a ressurreição, Cristo era um dos "fracos" que assim se solidarizou com os mortos. O *descensus Christi* é o limiar entre o caminho da humilhação e sua exaltação.

Lit.: LANDGRAF, A.M. "Das Problem Utrum Christus fuerit homo in triduo mortis". *Dogmengeschichte der Frühscholastik*. Vol. 2,2. Regensburgo, 1953, p. 273-319. • VON BALTHASAR, H.U. "Abstieg zur Hölle". In: Balthasar S, 4, 1974, p. 387-400. • GRILLMEIER, A. "Der Gottessohn im Totenreich". *Mit ihm und in ihm*. 2. ed. Friburgo/Basileia/Viena, 1978, p. 76-174. • VOGELS, H.-J. *Christi Abstieg ins Totenreich und das Läuterungsgericht an den Toten*. Friburgo/Basileia/Viena, 1976 [FThSt 102]. • MAAS, W. *Gott und die Hölle*. Einsiedeln, 1979. • VON BALTHASAR, H.U. *Theologie der drei Tage*. Einsiedeln, 1990. • LOCHBRUNNER, M. "Descensus ad inferos". *FKTh*, 9, 1993, p. 161-177. • HERZOG, M. *Descensus ad inferos*. Frankfurt, 1997. • GÖNKE, E. *JHWH und die Unterwelt*. Tübingen, 2007. • GIETENBRUCH, F. *Höllenfahrt Christi und Auferstehung der Toten*. Viena, et al. 2010.

Helmut Hoping

Deus ↑ *cognoscibilidade de Deus,* ↑ *domínio de Deus/Reino de Deus,* ↑ *doutrina de Deus,* ↑ *amor,* ↑ *nomes de Deus,* ↑ *Trindade,* ↑ *verdade da fé.* – Um ser pessoal e espiritual, que, mesmo quando concebido como o mais elevado possível, ainda transcende as categorias de imaginação do ser humano; normalmente imaginado como criador não criado, que, malgrado sua autossuficiência (teórica) entrou num relacionamento com o mundo e o ser humano. Deus é o tema central da teologia, cujo discurso permanece incapaz de lidar com seu poder e sua existência. Deus não é determinado pelo tempo nem pelo espaço, mas possui lugares e processos, que permitem qualificá-lo. – **(1)** Para o cristianismo, a Bíblia é a fonte primária para Deus. A partir de contextos religiosos politeístas, nomes de Deus concorrentes e locais de adoração rivais, desenvolve-se a fala de um Deus do *Sh'ma Israel* (Dt 6,4s.) apenas no fim do exílio, alcançando seu auge na proposição de uma fé monoteísta. Essa proposição ocorre apenas duas vezes no AT (Dt 4,35.39 e Is 45,6s.). Esse Deus entra em conflito com príncipes do mundo (Êxodo), precisa se proteger contra abordagens políticas erradas (Is 7,1-9 et al.), é provocado e traído pelo próprio povo eleito (Os 3–5), mas permanece fielmente ao seu lado (Is 40). O discurso sobre Deus, que gera sua presença especificamente e, por isso, só pode ser compreendido situacionalmente (Ex 3,14), exige uma transposição existencial por aqueles que não conseguem se esquivar dele – por exemplo, Abraão (Gn 22), Moisés (Gn 4,10-17) ou Jó (Jó 42,1-6). Esse discurso suspende a relação entre causa e efeito, que regulamenta as relações sociais em vantagem da burguesia e impiedosamente em desvantagem dos sofredores. Deus derruba as hierarquias no "dia do Senhor" (Is 7,17-25) e não priva nem mesmo aqueles que, de alguma forma, conseguiram se adaptar ao exílio; um "novo coração" lhes é implantado (Ez 36,26) para que se mostrem dispostos a deixar o exílio. A soberania de Deus se manifesta de forma completamente inesperada (tradução da Bíblia de Buber/Rosenzweig: "Stimme verschwebenden Schweigens" [voz do silêncio esvanecente], 1Rs 19,12). O encontro com Ele é perigoso (Jeremias) e aventuroso (Jonas), Ele ataca a justiça própria (Amós) e a arrogância (Davi e Betsabá). Pode ser terrivelmente angustiante (o sacrifício de Isaac por Abraão), mas também eroticamente excitante (Cântico dos Cânticos). Nem o poder global externo (sentenças proféticas contra os povos e os arqui-inimigos imperialistas de Israel como instrumentos de Deus em Jr e Is), nem o poder sobre o íntimo do ser humano (expulsão do paraíso [Gn 3], lamentação do Sl 22) é inacessível a esse Deus. Em Jesus de Nazaré, num nível relacional pessoal, Deus se transforma em *abba* (bom pai); e no nível da ordem externa, em visão universal do reino divino – sendo que ambos têm um efeito comunial (pedido pelo perdão e pela proteção da tentação) e pessoal (arrependimento de crianças e adultos, bem-aventurança dos pobres). Em Paulo, Deus é concretizado na pessoa do Jesus crucificado e do Cristo ressuscitado; em João, no verbo e na carne do "Filho". O Apocalipse de João se destaca pela relação entre o Cordeiro que se entrega e o Deus que vence as forças opostas à redenção. A interação entre o poder divino e a impotência de Cristo faz parte da essência do Deus adorado pelos cristãos. Surge assim uma nova forma de fala genuinamente cristã sobre Deus: a troca de características entre Deus e Cristo, que se manifesta no discurso recíproco sobre os atributos de Cristo e de Deus. Nos escritos joaninos Deus se transforma em Espírito (Jo 4,24) e em amor (1Jo 4,16); e na pessoa de Cristo, em topologia de Deus (cf. as afirmações *ego eimi* ["eu sou"] – o pão: Jo 6,35.48; a luz: Jo 8,12; a porta: Jo 10,9; o pastor: Jo 10,11.14; a ressurreição: Jo 11,25; o caminho, a verdade, a vida: Jo 14,6; a videira: Jo 15,5). – **(2)** A nova forma de pensamento e expressão cristã se tornou particularmente importante para aqueles que apresentavam o Deus da fé como sendo capaz de exigir satisfação em oposição ao deus filosófico da Antiguidade e nisso procediam racionalmente. Partindo de Alexandria (Justino [† 165], Clemente [† 215], Orígenes [† 253/254]), esse programa acabou conquistando toda a teologia antiga e impulsionou todo o discurso trinitário. O movimento contrário, representado por Tertuliano ([† 220], carn. 5,4: "*Credibile prorsus est, quia ineptum est*" – é mais crível por ser racionalmente inadequado), não conseguiu se impor. Mais tarde, a negação como instrumento discursivo para o conhecimento de Deus, juntamente com a teologia apofática do Pseudo-Areopagita († por volta de 500), será transferida para a expressão não verbal do misticismo cristão (do Mestre Eckhart [com a teologia apofática do Pseudo-Areopagita († por volta de 500) 1328] "a diferença anuladora" entre Deus e deidade; de Matilde de Magdeburgo [† 1282] "a luz fluente da deidade"; "a noite escura" de João da Cruz [† 1591]). No entanto, a corrente principal do discurso antigo e medieval sobre Deus sempre permaneceu fiel à aproximação positiva às convicções fundamentais filosóficas, ou seja, racionais. Agostinho († 430) estende a fundamentação racional à investigação existencial da interioridade de Deus nas profundezas e alturas da própria pessoa (*Deus interior intimo meo et superior summo meo*, conf. 3,6,11). Com suas cinco vias (*quinque viae*), Tomás de Aquino († 1274) consegue alcançar um equilíbrio argumentativo entre a experiência de Deus como causa e ordem do mundo e a descrição de sua causalidade primária, mas permanecendo consciente dos limites daquilo que pode ser expressado a seu respeito. Singular é o argumento de Anselmo de Cantuária († 1109) segundo o qual Deus seria "aquilo além do qual nada maior pode ser concebido" (Proslog. 2: *id, quo nihil majus cogitari possit*): Devido à sua perfeição insuperável, é necessário que Deus exista. Assim, Anselmo fornece um impulso ao programa da escolástica: "Fé que procura o entendimento" (*fides quaerens intellectum*). Mas na descrição de Deus segundo Anselmo manifesta-se também uma ressalva referente ao conhecimento de Deus e ao discurso sobre Ele: Deus é Deus porque Ele sempre transcende nosso pensamento. Assim, essa formulação serve como contrapeso à autorreferencialidade do discurso sobre Deus que já se tornou habitual e não é mais questionado. Devido à sua opção pela Trindade *em si* (Trindade imanente), essa posição marcou a teologia do Ocidente latino até a Modernidade. Os mais diversos conceitos – como o

Deus justificador e visto apenas em termos bíblicos da Reforma; o Deus como grandeza emocional avassaladora no romantismo (F. Schleiermacher [† 1834]); o Deus sobrenatural e autorrevelador da neoescolástica; o Deus que se desmistifica – e se mostra contrário a todas as tentativas liberais de nivelamento – da teologia dialética (K. Barth [† 1968], R. Bultmann [† 1976]); a intensificação explícita da dramática de uma decisão por Deus (H.U. von Balthasar [† 1988]) – são marcados por essa autorreferencialidade da fala sobre Deus. Na confrontação moderna com a teodiceia (G.W. Leibniz [† 1716], F.M.A. Voltaire [† 1778], I. Kant [† 1804]), o discurso teológico sobre Deus que recorre a argumentos positivos se depara com um limite que o enfraquece quando é atacado pela crítica religiosa (K. Marx [† 1883], S. Freud [† 1939]; F. Nietzsche [† 1900]: "Deus está morto, Deus continuará morto, e nós o matamos": A gaia ciência, 2º livro, aforismo 125. Desde então, a teologia é tentada a compreender Deus do ponto de vista do próprio Deus, para assim se imunizar contra os questionamentos do ser humano com suas dúvidas. Essa tentação se expressa no avanço do fundamentalismo no discurso sobre Deus do século XX, que reivindica uma hegemonia sociocultural e se torna politicamente perigosa na globalização. Com a transformação do problema da teodiceia em um discurso sobre a solidariedade com as vítimas da história na teologia política e com a opção preferencial pelos pobres na teologia da libertação, a teologia recorre, por outro lado, a um ponto de referência não divino e não teológico para Deus, o que é objetiva e logicamente inevitável (W. Benjamin [† 1940], J.B. Metz, I. Ellacuria [† 1989], J. Sobrino). No entanto, não leva em consideração o emprego violento de Deus, que se justifica política e teologicamente com a periculosidade do ser humano, que, por isso, necessita do domínio de Deus, causando assim revoluções e gerando teocracias. Este uso de Deus se transforma no problema primário referente a Deus na atualidade ("9 de setembro de 2001"). Nesse contexto, as diferenças intelectuais referentes ao conteúdo e as perigosas diferenças políticas entre as religiões se cristalizam como núcleo de um discurso ainda aberto sobre Deus (World Parliament of Religions, o Projeto Ética Mundial, a teologia pluralista das religiões). – **(3)** Partindo dos princípios bíblicos do Deus amoroso, misericordioso e justo, as formas de pensamento da metafísica grega são introduzidas à reflexão sobre Deus. Resulta disso sobretudo a onipotência de Deus, que, no I Concílio de Constantinopla, de 381 (DH 150), se torna a característica dominante do Deus Pai. Na doutrina da ↑ *creatio ex nihilo* (criação a partir do nada) do IV Concílio de Latrão, de 1215 (DH 800), a teologia da criação usa essa soberania contra o antimaterialismo dualista nos movimentos dos albigenses e cátaros; no pensamento da "justificação somente por meio de Deus" do Concílio de Trento, de 1547 (DH 1.551-1.553), ela é ampliada dentro da teologia da graça contra todos os tipos de justiça própria; no discurso do Concílio Vaticano I sobre a autocomunicação do Deus que se revela de forma sobrenatural, essa soberania é combinada com a revelação natural; e no Concílio Vaticano II é usada em vista da vontade salvífica universal de Deus como ponto doutrinal pastoral fundamental para a determinação relacional positiva de Deus com todos os seres humanos. Nessa versão, a soberania de Deus transcende toda exclusão recíproca de poder e impotência, pois a onipotência se transforma em uma força libertadora, que resiste a qualquer fantasia de poder terreno. Após a virada metafísica do discurso sobre Deus na Antiguidade e com a virada pessoal na Modernidade, aponta-se a dimensão social e histórica de Deus ("sinais da presença de Deus": GS 11). – **(4)** De um ponto de vista ecumênico, não existem diferenças em relação ao monoteísmo trinitário do Deus cristão. Também não sentimos mais os efeitos das oposições do tempo da Reforma referentes à sua resistência, mesmo que o hino "Uma poderosa fortaleza é o nosso Deus" (antes de 1529), de M. Lutero († 1546), ainda não tenha sido incluído ao louvor católico. O que as confissões têm em comum é que todas elas usam a soberania de Deus contra as violações dos direitos humanos e contra reivindicações exageradas do poder político. Assim, a sugestão de D. Bonhoeffer († 1945) de excluir pretensões de poder no uso religioso de Deus e o apelo do arcebispo O. Romero († 1980) à resistência de Deus contra ataques sociopolíticos à dignidade humana dos pobres são dois lados do mesmo discurso histórico sobre Deus. – **(5)** Para que Deus possa ser vivenciado, precisamos falar dele (não no sentido de *parole*, mas de *langage*); portanto, sempre haverá um fator de incerteza nas afirmações sobre Deus. Depende da linguagem usada se conseguimos conferir significado à sua experiência ou resistir a um equívoco rude; ao mesmo tempo, essa linguagem não basta. Por isso, existe a regra de basear a fala de Deus naquilo que foi dito sobre Ele de forma crível até agora e de, ao mesmo tempo, perscrutá-lo de formas novas: Não é a força das pretensões que transformam Deus em algo tão pertinente, mas a relativização na impotência – tão imprescindível para aqueles que apostam sua vida em Deus. Quem vivencia Deus precisa aceitar a anulação da própria importância, senão a experiência de seu mistério permanente é anulada. É disso que surge uma linguagem sobre a falta de palavras diante de Deus, sem a qual o ser humano permanece entregue à impotência intelectual e existencial, política e religiosa causada pela referência humana a Deus.

Lit.: SEIDL, T. "Neues vom Alten Testament". *ThG*, 41, 1998, p. 82-91. • WERBICK, J. *Gott verbindlich* - Eine theologische Gotteslehre. Friburgo/Basileia/Viena, 2007. • BOEVE, L. *God interrupts history* - Theology in a time of upheaval. Nova York, 2007. • BORGMAN, E. [...] *want de plaats waarop je staat is heilige grond* - God als onderzoeksprogramma. Amsterdã, 2008. • KALLSCHEUER, O. *Die Wissenschaft vom lieben Gott* - Eine Theologie für Recht- und Andersgläubige, Agnostiker und Atheisten. Munique, 2008. • HALBMAYR, A. *Gott und Geld in Wechselwirkung* - Zur Relativität der Gottesrede. Paderborn et al., 2009.

Hans-Joachim Sander

Devoção mariana ↑ *senso de fé dos fiéis,* ↑ *culto,* ↑ *Maria,* ↑ *mariologia*. – A devoção mariana é expressão do apreço por Maria, a mãe de Jesus. Fundamenta-se na eleição divina dessa mulher e de sua aceitação exemplarmente vivida por ela. A devoção mariana se manifesta em formas litúrgicas (preces marianas: *Magnificat*, *Ave Maria*, festas marianas) e não litúrgicas (peregrinações, costumes, santo rosário, piedade popular). Além disso, numerosas obras das artes visuais, da música e da literatura são expressão da devoção mariana. – (1) O NT desconhece uma devoção mariana no sentido de uma atenção direta à pessoa da mãe de Jesus. Os evangelhos falam da relação entre Jesus e Maria, mas a retratam de forma crítica e não ocultam que, apesar de ter sido uma condecoração suprema, também foi um fardo (opiniões diferentes sobre sua missão: Mc 3 par.; Jo 2,1-12; Lc 2,21-40). Mesmo assim, ressaltam com o maior respeito a fé e a lealdade de Maria em relação ao Filho. Fundamentam assim o louvor que, segundo Lc 1,48, será praticado por todas as gerações. A figura de Maria vem a ser iluminada em maior detalhe sobretudo nas narrativas sobre a infância de Jesus em Mateus e Lucas, além disso também em João e nos escritos posteriores do NT. Esse diagnóstico confirma o interesse cada vez maior pela figura de Maria e demonstra que havia um apreço crescente pela mãe de Jesus já nos tempos do NT. O testemunho de Lucas com o Magnificat, composto ao modo dos Salmos e com citações do AT (Lc 1,46-55), as palavras do anjo dirigidas a Maria (Lc 1,28.30-33) e o louvor de Isabel (Lc 1,42-45) pode ser visto como exemplo inicial da devoção mariana. – (2) No início, a atenção dedicada a Maria se insere diretamente ao contexto da atenção dedicada a Jesus Cristo: Quando se fala do Deus que se fez homem em Jesus, fala-se também de Maria. Isso explica por que os credos Apostólico e Niceno-constantinopolitano mencionam Maria explicitamente. Como parideira de Deus (*theotokos*, Concílio de Éfeso [431]: DH 252), Maria é homenageada cada vez mais também na liturgia. A partir do século II, o protoevangelho apócrifo de Tiago sobre o nascimento e a infância de Maria satisfaz o desejo de conhecer mais da vida da mãe de Jesus. Apesar de não ser incluído no cânone, esse escrito exerce uma grande influência também sobre o surgimento da chamada "Vida da Virgem". Representações pictóricas de Maria podem ser encontradas até no tempo das catacumbas romanas (séculos II-IV). Temos testemunhos antigos da devoção mariana nos ciclos de mosaico da basílica de Santa Maria Maggiore, em Roma (432), e nas igrejas de Ravenna (séculos V e VI). Um fragmento de papiro egípcio com uma invocação direta da mãe de Deus data do século III: "Refugiamo-nos sob tua proteção, parideira de Deus, não ignora nossos pedidos em necessidade, mas salva-nos do perigo, única Pura, única Abençoada". Deparamo-nos aqui com a ideia de que Maria não permaneceu na morte, mas que, igual aos mártires, continua a viver com Cristo e intercede por todos que se dirigem a ela na fé. Essa concepção encontra sua expressão artística no tipo da "Virgem da Misericórdia", que surge no século XI. A partir dos tempos da Igreja antiga, o desenvolvimento da devoção mariana é incentivado sobretudo pelo monasticismo, que reconhece na Virgem e Mãe de Deus os ideais da própria classe. Já na Igreja antiga encontramos também advertências de manter-se dentro dos limites apropriados na veneração da mãe de Deus, pois Maria é "o templo de Deus, mas não é o Deus do templo" (Ambrósio de Milão [† 397]). Bernardo de Claraval (†

1153) transforma Maria de uma figura de reflexão cristológica em uma figura de referência soteriológica. Dela espera-se a partir de então uma ajuda imediata. Surge aqui o perigo de perder de vista a referência a Deus na intercessão cristã e de conferir a Maria um *status* praticamente divino. Os séculos posteriores dão continuação às linhas traçadas na Antiguidade e as reforçam. Maria sai da sombra do seu Filho e, a partir de então, se apresenta sobretudo como imagem primordial da Igreja e como intercessora da cristandade. A Idade Média se ocupa além disso com a ideia da mediação de Maria. A medida e as formas da devoção mariana crescem fortemente até a Reforma e demonstram que a advertência de Ambrósio e outros principalmente no âmbito da piedade popular é justificada em todos os tempos. As formas devocionais da peregrinação, dedicação e da prática votiva passa a apresentar cada vez mais uma orientação exclusivamente mariana. O terço, a prática da peregrinação e a consagração a Maria também têm suas raízes na Idade Média. Os reformadores criticam as formas de devoção mariana que encobrem ou até mesmo ocultam a orientação por Cristo. Apesar de os protestantes não refutarem completamente a devoção mariana, sua postura diante de Maria se torna o elemento-chave da formação confessional a partir da Contrarreforma. Assim, o apreço dos reformadores pela devoção mariana fundamentada na prática da Igreja antiga cai cada vez mais em esquecimento, enquanto que na Igreja Católica a devoção mariana se transforma em distintivo da ortodoxia. Essa tendência é refreada apenas brevemente pela orientação racional do Iluminismo, para depois voltar a crescer com uma intensidade ainda maior. O Concílio Vaticano II, que integra as proposições sobre Maria à eclesiologia e concebe a mãe de Jesus como irmã na fé (LG 60-69), consegue dar início a uma devoção mariana fundamentada na Bíblia. Depois do concílio, as teologias contextuais – como a teologia da libertação e a teologia feminista – desenvolvem um novo interesse por Maria, ressaltando a obra libertadora de Deus com a ajuda de Lc 1,46-55 (o *Magnificat*). – (**3**) Desafiado pela questão da adoração de imagens, o II Concílio de Niceia (787) tenta encontrar uma devoção mariana adequada. O concílio faz uma distinção categórica entre a veneração justificada da mãe de Deus e de todos os outros santos (veneração absoluta: em grego, *doulia*; no caso de Maria para ressaltar seu *status* especial: *hyperdoulia*) e a adoração de suas imagens (veneração relativa) e a adoração, que cabe exclusivamente a Deus (em grego, *latreia*). Tomás de Aquino († 1274) mantém essa distinção presente nas discussões da Baixa Idade Média, e o Concílio de Trento a confirma explicitamente (DH 1.823). Além disso, o concílio defende a devoção mariana contra as críticas dos reformadores como algo essencialmente bom e útil, mas adverte também contra os perigos (DH 1.824s.). 400 anos mais tarde, o Concílio Vaticano II repete essa postura equilibrada e a reforça com o argumento segundo o qual a devoção mariana é cultivada desde os primórdios da Igreja e a mãe de Deus faz parte do mistério de Cristo. O concílio apela para que a devoção mariana seja incentivada generosamente, mas também adverte contra exageros. Em sua Exortação Apostólica *Marialis Cultus* (1974), o Papa Paulo VI formula princípios bíblicos, litúrgicos, ecumênicos e antropológicos de uma devoção mariana apropriada. Em sua Encíclica *Redemptoris Mater* (1984), o Papa João Paulo II explica o significado de Maria para a Igreja e, na exortação apostólica *Rosarium Virginis Mariae* (2002), amplia o Santo Rosário acrescentando a ele os chamados cinco mistérios luminosos. – (**4**) Relevante para o processo ecumênico é o fato de que, recentemente, as igrejas provenientes da Reforma têm demonstrado uma sensibilidade maior em relação à importância de Maria, redescobrindo assim sua própria tradição. Dentro de seu contexto, elas reconhecem na mãe de Deus a imagem primordial do ser humano justificado pela graça de Deus. Permanece controversa entre as confissões a questão referente à invocação de Maria. As igrejas reformadas temem que esta comprometeria a mediação singular de Jesus Cristo. Para as igrejas ortodoxas, a devoção mariana é uma expressão natural de sua fé (*Hymnos Akathistos*). – (**5**) A devoção mariana tem seu lugar no contexto da Igreja como comunhão dos fiéis, que, por meio da participação comum em Jesus Cristo, estão ligados uns aos outros (cf. 1Cor 12,12-31). A disposição de Maria de se tornar mãe do Redentor se manifesta dentro do contexto dessa concepção da Igreja como ato de relevância universal. Ele justifica a devoção duradoura da mãe de Deus, mas chama também cada fiel para seguir o exemplo de Maria e de arriscar uma vida na fé e na confiança em Deus. O pedido dirigido a Maria se fundamenta na consciência da solidariedade entre todos os membros da Igreja e espera a consumação efetuada por meio de Cristo no Espírito. O Concílio Vaticano II reafirma essa visão ao recorrer à imagem patrística de Maria como "irmã na fé", inserindo assim não só a própria Maria, mas também a devoção mariana em um contexto eclesiológico. Por isso, o Concílio adverte evitar qualquer coisa em relação à devoção mariana que possa suscitar uma impressão errada ou distorcer a compreensão católica de Maria aos olhos dos cristãos de outras confissões ou até mesmo em não cristãos (LG 67).

Lit.: a) BEINERT, W. *Maria heute ehren*. Friburgo/Basileia/Viena, 1977. • SPENDEL, S.A. & WAGNER, M. (orgs.). *Maria zu lieben* - Moderne Rede über eine biblische Frau. Regensburgo, 1999. b) BEINERT, W. & PETRI, H. (orgs.). *Handbuch der Marienkunde*. 2 vols. 2. ed. Regensburgo, 1996-1997, aqui espec. vol. II. • HEIL, J. & KAMPLING, R. *Maria. Tochter Sion?* Paderborn et al., 2001. • ZIEGENAUS, A. (org.). *Das marianische Zeitalter*. Regensburgo, 2002. c) BEINERT, W. & PETRI, H. (orgs.). *Handbuch der Marienkunde*. 2 vols. 2. ed. Regensburgo, 1996/1997. • SCHREINER, K. *Maria* - Jungfrau, Mutter, Herrscherin. Colônia, 2006.

Regina Radlbeck-Ossmann

Diabo ↑ *anticristo,* ↑ *dualismo,* ↑ *anjos,* ↑ *liberdade,* ↑ *domínio de Deus/Reino de Deus,* ↑ *inferno,* ↑ *monismo,* ↑ *pecado e culpa,* ↑ *tentação.* – "Diabo" designa a figura personificada do adversário supremo do divino e do bem, que não ocorre apenas nas religiões monoteístas. Os demônios exercem a função de seus servos. O termo grego *diabolos* significa "destruidor", "desorientador"; a palavra hebraica *satan*, um ser espiritual mau e contrário. – **(1)** No AT, o diabo é um ser criado e, portanto, subordinado a Deus. Na visão dualista de Qumran, no entanto, ele exerce um papel contrário e praticamente equivalente ao poder de Deus. Como ser não humano (a serpente em Gn 3), o diabo seduz o ser humano à *hybris* da autonomia absoluta contra Deus e assim o lança na perdição. O diabo é acusador do ser humano (Zc 3,1), trouxe a morte para o mundo (Sb 2,24), exige a prova torturante de Jó (Jó 1,6ss.), influencia a ação humana e se manifesta na figura de adversários (1Rs 5,18; 1Cr 21,1). Os escritos mais antigos do NT (as epístolas paulinas autênticas, Marcos) preferem falar de *satan*; os mais recentes (João; epístolas católicas), do *diabolos*. Designações sinônimas são "o maligno" (Mt 13,19 par.), "o príncipe do mundo" (Jo 12,31), "o inimigo" (Lc 10,19 par.), "o destruidor" (1Cor 10,10) e "o tentador" (1Ts 3,5). O diabo pode também apoderar-se do ser humano (Lc 22,3; Jo 13,2) e se manifestar por meio de suas ações. Todos os sinópticos narram a tentação de Jesus pelo diabo no deserto no início de sua atividade pública (Mt 4,1-11 par.). Esse episódio e os numerosos exorcismos curadores e salvíficos demonstram o supremo poder de cura e salvação do Reino de Deus. O poder de cura e salvação se manifesta também nos exorcismos realizados pelos discípulos. Os escritos deuteropaulinos conferem uma dimensão cósmica à vitória de Cristo sobre o diabo (Ef 6,10-20; Cl 2,9.15). Esta, porém, não imuniza contra a sedução pelo diabo (1Cor 7,5; At 5,3) nem dispensa da luta contra ela (Tg 4,7; 1Pd 5,8s.). Apesar de a derrota total do diabo (Ap 20,7-10) ser integrada ao horizonte da perspectiva salvífica (Jerusalém celestial) – já que a derrota da morte e do diabo já foi alcançada pela obra salvífica de Cristo (Hb 2,14) –, a imposição definitiva do Reino de Deus ainda é objeto da esperança. – **(2)** A concepção do diabo confronta a teologia com um dilema: Uma acepção monista fazia de Deus um cúmplice do diabo, uma compreensão dualista fazia do diabo um adversário equivalente, que denegria o poder de Deus. A teologia antiga, porém, "conhecia" muitos detalhes terríveis sobre ele, o que lançava uma forte luz sobre a libertação de seu domínio. Seu destino final é o inferno (fato negado por Orígenes [† 253/254] princ. 3,6,5). Para Dante Alighieri († 1321), o diabo, congelado num bloco de gelo, é símbolo da maldade fundamental. O diabo exerce uma função importante (inglória) nas vertentes apocalípticas do cristianismo que chamam para a destruição brutal de seus adeptos (judeus, muçulmanos, bruxas, hereges). O interesse teológico pela figura do diabo diminuiu muito após o Iluminismo (século XX: C. Ducoq, H. Haag). – **(3)** As declarações do magistério sobre esse tema são raras e, durante muito tempo, nunca dizem respeito *in recto* à questão de sua existência (incontestada). O magistério se opõe ao dualismo: O diabo é criatura de Deus (DH 457; 286; 800; 1.333) e não pode servir como desculpa para a maldade humana (DH 800; 4.313; GS 13), mas representa uma ameaça constante (DH 4.313; 4.337; GS 37). O magistério se volta contra contestações de sua existência – agora ressaltada – apenas em tempos mais recentes (documento "Fé cristã e demonologia", de 1975, da Congregação para a Doutrina da Fé; Catecismo da Igreja Católica, 2.851, 2.854). – **(4)** Seguindo a tradição patrística, a teologia ortodoxa reconhece no diabo o perturbador da vida espiritual, que instiga os desejos e assim provoca uma preferência do sensual ao espiritual (Máximo o Confessor [† 662]). M. Lutero vê o mundo sob o domínio do diabo e reconhece o anticristo na expansão turco-muçulmana e no papado. A crença no diabo torna-se então um "campo de exercícios" para o Iluminismo. A psicologia do século XX transforma o diabo em símbolo dos impulsos e desejos (S. Freud) e da sombra da alma (C.G. Jung). A teologia liberal protestante dos séculos XIX e XX (F. Schleiermacher, R. Bultmann) inicia o distanciamento teológico do diabo, que, com algum atraso, é acatado também por alguns teólogos católicos após 1960 (C. Ducoq, H. Haag). Uma vertente interconfessional, em partes fundamentalista, propaga uma revivificação teológica do diabo. – (5) Não existe uma demonologia abrangente e satisfatoriamente desenvolvida. Um primeiro problema é representado pelo pressuposto da personalidade do mal. Se a categoria da personalidade se caracteriza em sua forma mais sublime por meio da relacionalidade com Deus, então o diabo não é pessoa no sentido pleno da palavra justamente por negar expressa ou até mesmo irrevogavelmente essa relação. Um ser pessoal e criatural a princípio bom, ele teria perdido sua personalidade cada vez mais devida à sua falta de bondade, teria se transformado em uma "não pessoa" completamente inútil. Os elementos mitológicos, encontrados em muitas passagens das Escrituras Sagradas (começando por Gn 3) representam um segundo problema. Mesmo que a história da religião aparenta ser capaz de reconstruir o conceito do diabo, ele não deve ser relegado como algo insignificante ao mundo das mitologias ou degradado ao *status* de uma ficção literária. Os elementos mitológicos também não devem ser reformulados e transpostos para uma teologia doutrinária (isso os renderia intelectualmente implausíveis, inofensivos e insignificantes); mas podem ser interpretados e mantidos vivos no modo de suas imagens poderosas. Nesse caso, podem servir como "desmascaramento da minimização" do mal, e o pedido do Pai-nosso: "Livrai-nos do mal", preserva sua urgência.

Lit.: CLARET, J.B. *Geheimnis des Bösen* – Zur Diskussion um den Teufel. Innsbruck/Viena, 1997. • HAAG, H. *Teufelsglaube*. Stuttgart, 1974. • RATZINGER, J. "Abschied vom Teufel?" *Dogma und Verkündigung*. Munique/Friburgo, 1973, p. 225-234. • KASPER, W. & LEHMANN, K. (orgs.). *Teufel. Dämonen. Besessenheit*. Mainz, 1978. • ANSORGE, D. *Gerechtigkeit und Barmherzigkeit Gottes*. Friburgo/Basileia/Viena, 2009.

Ulrich Lüke

Diácono ↑ *ofício na Igreja,* ↑ *comunidade,* ↑ *Sacramento da Ordem.* – O termo designa o nível inferior de ordenação do ofício tripartido e conota o caráter de serviço ligado à comissão de Cristo (*diakonos* [masculino e feminino], do grego *diakonein*: servir, servir à mesa, resolver algo). – **(1)** No NT, existem dentro das estruturas de ofício ainda pouco definidas diáconos qualificados (1Tm 3,8-13), homens e mulheres (Rm 16,1: Febe de Cencreia; cf. 1Tm 3,11), vinculados ao bispo (Fl 1,1), que realizam o ministério fundamental da congregação no seguimento do diácono Cristo (Mc 10,41-45 par.; cf. Jo 12,26), como Paulo, que se vê como diácono (Rm 15,8; 2Cor 6,4 et al.). A Bíblia fala de serviços sociais (At 6,1-6); é provável que os diáconos tenham cumprido também tarefas litúrgicas e administrativas. Segundo At 6,8–8,40, os diáconos também prestavam serviços de proclamação. – **(2)** Na Igreja antiga, os diáconos figuravam como funcionários ligados ao bispo e ocupavam uma posição inferior à dos presbíteros (trad. apost. 8 [século III]), mas não lhes eram subordinados, já que serviam diretamente ao bispo. Às vezes, sua influência é maior do que a dos presbíteros. Suas tarefas abarcam serviços sociais (trad. apost. 34), a administração de bens (Past. Herm. 9,26,2), tarefas litúrgicas (eucaristia: Justino, 1 apol. 65.67; batismo: Didasc. 16) e a participação na proclamação (Inácio, Philad. 11,1). A divisão de tarefas entre diáconos e presbíteros não era muito clara, o que resultou numa luta pelo poder dentro da Igreja, da qual a diaconia saiu como perdedora: Do final do primeiro milênio até o século XX, a diaconia passou a servir apenas como fase intermediária no caminho para o presbitério, subordinando-se a este. Suas tarefas incluem batizar, pregar e auxiliar nas funções do altar. – **(3)** O Concílio de Trento fala dos *ministri* apenas em termos vagos: os diáconos pertencem à hierarquia juntamente com os bispos e sacerdotes (DH 1.776). Apenas o Concílio Vaticano II dá início a uma nova ordem, onde o diaconato já não é visto apenas como fase temporária e preliminar ao sacerdócio; agora o institui também como forma de vida duradoura ("diaconato constante") à qual o celibato não se aplica (LG 29; AG 16; OE 17; cf. o *motu proprio* de Paulo VI,

Sacrum Diaconatus Ordinem, de 1967). O diaconato é caracterizado como consagração "aos ofícios da caridade" (LG 29); subsomem-se a esse ofício uma variedade de funções atribuídas ao diácono pela tradição; estas, porém, podem e foram exercidas também por leigos e pelos presbíteros. Em 2009, Bento XVI acrescentou ao cân. 1.009 CIC/1983 um parágrafo 3º que limita "a missão e a faculdade de agir na pessoa de Cristo Cabeça" aos bispos e sacerdotes: "Os diáconos, ao contrário, sejam habilitados para servir o povo de Deus na diaconia da liturgia, da palavra e da caridade". Isso suscita um número de perguntas: O que ainda os distingue dos leigos, que fazem o mesmo "apenas" em nome da Igreja, mas sem ordenação? Como se preserva a unidade do Sacramento da Ordem? Isso permitiria agora também o diaconato das mulheres, já que seu ofício não é mais vinculado à representação de Cristo como Cabeça da Igreja? – (4) As concepções do diaconato da Igreja Católica Romana e da Igreja Ortodoxa são basicamente iguais. O diácono ainda é diretamente associado ao bispo. Ele exerce uma função importante na liturgia. No protestantismo, a diaconia tem uma grande importância como função geral de assistência caritativa e social na Igreja, mas está necessariamente vinculada ao ofício da Igreja antiga. Os diáconos são funcionários da Igreja, por vezes consagrados. Quando se trata de mulheres, são chamadas de diaconisas; diaconisas evangélicas são membros de irmandades que, na base de regras normativas, exercem funções sociais e de aconselhamento. – (5) Segundo o cân. 1.008s., CIC/1983, o diaconato pertence ao único Sacramento da Ordem. No entanto, em decorrência da indefinição de suas obrigações, suas funções se confundem com as da laicalidade, que exerce quase todas as funções atribuídas ao diaconato, e do presbitério, do qual o diaconato se diferencia principalmente pelo fato de não possuir os poderes da consagração e da absolvição. Hoje, discute-se vividamente se mulheres também podem ser diaconisas. Sem dúvida alguma, elas existiram na Igreja antiga, mas permanece indefinido se sua nomeação era compreendida como sacramento ou apenas como ↑ sacramental. Permanece incerto também em que sentido a reformulação do cân. 1.009 permite o acesso das mulheres ao ofício. Em todo caso, devemos lembrar que a admissão das mulheres não representaria uma solução para a questão eclesiástica referente às mulheres: Mais uma vez, estas teriam que se contentar com uma posição inferior.

Lit.: A. WEISER et al. "Diakon". *LThK*, 3. 3. ed., 1995, p. 178-184. • DEMEL, S. *Handbuch Kirchenrecht.* Friburgo/Basileia/Viena, 2010, p. 107-112. • ARMBRUSTER, K. & MÜHL, M. (orgs.). *Bereit wozu? – Geweiht für was?* Friburgo/Basileia/Viena, 2009 [QD, 232]. • SCHEFFCZYK, L. (orgs.). *Diakonat und Diakonissen.* St. Ottilien, 2002. • WESSELY, C. *Gekommen, um zu dienen.* Regensburgo, 2004. • WINKLER, D.W. *Diakonat der Frau.* Münster, 2010 [Orientalia-patristica-oecumenica, 2].

Wolfgang Beinert

Diálogo ↑ *fundamentalismo,* ↑ *dimensões fundamentais da Igreja,* ↑ *judaísmo e Igreja,* ↑ *colegialidade,* ↑ *missão/reevangelização,* ↑ *ecumenismo,* ↑ *sínodo/sinodalidade.* – Esse conceito filosófico (em grego: *dialogos,* de *dialego, dialogizomai,* conferenciar, avaliar, discutir, apresentar) designa a comunicação entre várias pessoas sobre a verdade de um fato que respeite os parceiros de diálogo tanto quanto o assunto discutido. O diálogo parte da simetria (igualdade de direitos dos participantes), da capacidade crítica e autocrítica, da disposição para corrigir a opinião própria e da paixão pela verdade. É, em seu núcleo, a realização suprema de humanidade e amor. O diálogo se torna impossível quando a acepção da verdade própria é absolutizada ou quando as diferenças entre as diversas acepções da verdade são ignoradas. – (1) As Escrituras Sagradas desconhecem o termo, não, porém, a temática. A proclamação de Jesus é realizada por meio da pregação (monológica) e por meio de conversas (p. ex., Jo 3,1-13 com Nicodemos; Mt 19,3-12 a discussão com os fariseus sobre o divórcio). Evidentemente, as epístolas de Paulo fazem parte de um discurso com os destinatários (cf., p. ex., 1Coríntios, que responde aos problemas da congregação, relatados pelos "familiares de Cloé" [1,11], ou 1Tessalonicenses como parte de uma troca de ideias entre Paulo e a Igreja). A postura dos cristãos ante os não cristãos é dialógica (1Pd 3,15: "prontos para responder.") – (2) A forma literária clássica do diálogo foi criada por Platão († 348/347 a.C.). Sua forma argumentativa logo foi adotada pelos teólogos cristãos em sua interação com o mundo (as apologias de Justino Mártir [† 165]), contra os hereges (Orígenes [† 253/254], Agostinho [† 430] contra os donatistas), como também no diálogo com os irmãos cristãos (Metódio de Olimpos [† 311], Gregório de Nazianzo [† 390]). Às vezes, o próprio Deus é interlocutor (Agostinho [† 430] conf.). Essa forma de comunicação é preservada em toda a história da teologia. O diálogo em sua forma oral é cultivado sobretudo na Idade Moderna no diálogo ecumênico, inter-religioso e filosófico sobre a fé. – **(3)** A pretensão de verdade exclusiva, mantida durante séculos pelo cristianismo e suas confissões, gerou um modo geralmente monológico e declarativo da proclamação da doutrina, que, sob a ameaça do anátema, oferecia a obediência como única alternativa. Apenas o Concílio Vaticano II conseguiu chegar a uma proclamação sempre dialógica da fé. O diálogo se faz necessário em caso de diferenças intraeclesiásticas (GS 43; AG 20), na comunicação com os ateus (GS 21; 92), com não cristãos (AG 16; 41), com os irmãos cristãos separados (UR 9; 11; 19; 21-23), com todos os seres humanos (GS 3; 43; CD 13). Os documentos pós-conciliares recorrem frequentemente a isso (PAULO VI. Encíclica *Ecclesiam Suam*, de 1964, n. 65: "A Igreja faz de si mesma a palavra, a mensagem, o diálogo"). – **(4)** Desde sempre, a relação entre as igrejas tem sido marcada não só pela polêmica e apologética, mas também pelo esforço sincero de comunicação e entendimento. Em Lyon (1274) e Florença (1434-1438) foram realizados no mais alto nível os concílios de união entre o Oriente cristão e a Igreja Católica; no entanto, não obtiveram o êxito desejado. No tempo da Reforma, ocorreram numerosos diálogos religiosos entre os católicos e protestantes (Augsburgo, 1530; Regensburgo, 1541; Thorn, 1645); personalidades individuais como G.W. Leibniz († 1716) e J.B. Bossuet († 1704) também procuraram estabelecer um diálogo. No passado mais recente, partiram impulsos dialógicos das atividades missionárias das igrejas, que, desde os inícios do século XX, vieram crescendo continuamente em número, intensidade e extensão. Uma série de círculos de diálogo em nível nacional, regional e global, bilateral (duas confissões) ou multilateral (várias confissões) oficiais e extraoficiais, gerou documentos dialógicos ecumênicos que revelam convergências consideráveis (concordância essencial, não completa) e consensos (concordância completa) sobre temas até então tidos como controversos. – **(5)** O fundamento da possibilidade e da obrigação para uma postura dialógica tanto do indivíduo quanto das comunidades é, segundo a acepção cristã, a criação à imagem de Deus de todos os seres humanos, fundamentada na ordem da criação, e o relacionamento de fraternidade entre eles. Visto que a unidade da Igreja deve ser compreendida de modo trinitário (LG 4 como resumo da tradição patrística), e a Trindade é compreendida de modo essencialmente relacional como diálogo infinito, a estrutura da Igreja se constitui dialogicamente. Isso vale em primeira linha para seu espaço interior: a fé é determinada pela pluralidade inter-relacionada das instâncias do testemunho da fé, de modo que também a forma suprema do magistério só pode afirmar como definitivo aquilo que corresponde também à fé da Igreja como um todo. Isso vale igualmente para as relações da Igreja com todos os outros seres e comunidades humanas, principalmente para a relação dialógica:

- com o judaísmo (↑ judaísmo e Igreja), pois este faz parte da identidade do cristianismo (KASPER, W. *Katholische Kirche*, p. 418). A redenção por meio de Cristo é essencialmente uma reconciliação com os judeus (AG 4);

- com outras igrejas e comunidades cristãs (diálogo ecumênico): fundamento é a vontade de Cristo (Jo 17), o fato de encontrarmos elementos da verdade em todas as confissões (LG 8) e a necessidade de proclamar ao mundo uma fé integral;

- com as outras religiões, fundamentado no respeito diante de outras realizações da adoração de Deus, na observância da liberdade religiosa (AG) e no reconhecimento do fato de que a verdade que ilumina todos os homens (NA 2) se manifesta em todas elas;

- com todos os seres humanos "de boa vontade" (i.e., com todos que demonstrem a vontade de se empenhar num diálogo autêntico), pois em todos eles devemos pressupor a vontade de reconhecer a verdade; os rastros da verdade podem ser encontrados por toda parte, graças ao Espírito, que sopra onde quer; pois como a Igreja eles também se preocupam com o bem-estar da humanidade, que é alcançado por um esforço contínuo e renovado de todos (GS 42).

Lit.: BROSSEDER, J. *Dialogfähige Theologie*. Neukirchen-Vluyn, 1998. • BUBER, M. *Das dialogische Prinzip*. 10. ed. Gütersloh, 2006. • HÖSLE, V. *Der philosophische Dialog*. Munique, 2006. • NEUNER, P. "Dialog als Methode der Ökumene". In: ROHLS, J. & WENZ, G. (orgs.). *Vernunft des Glaubens*. Göttingen, 1988, p. 670-687. • KASPER, W. *Katholische Kirche*. Friburgo/Basileia/Viena, 2011, p. 416-462. • STUBENRAUCH, B. *Dialogisches Dogma*. Friburgo/Basileia/Viena, 1995 [QD, 158].

Wolfgang Beinert

Dignidade do ser humano/direitos humanos ↑ *sociedade*, ↑ *imagem de Deus*, ↑ *identidade*, ↑ *indivíduo*, ↑ *encarnação*, ↑ *homem e mulher*, ↑ *ser humano*, ↑ *amor ao próximo e amor a Deus*, ↑ *cultura*, ↑ *personalidade/pessoa*. – Direitos humanos são, desde o iluminismo, aqueles direitos inalienáveis do ser humano que este possui já em virtude de sua existência humana e que não lhe são atribuídos em virtude de outras determinações (como raça, sexo, educação, poder econômico ou em sua qualidade como membro de um povo, nação ou igreja). A dignidade do ser humano se fundamenta na criação do ser humano à imagem de Deus e pode ser visto como base dos direitos humanos. – **(1)** Segundo Gn 1,26s., cada ser humano foi feito à imagem de Deus. Essa convicção subjaz ao Decálogo, que pretende construir a base para uma convivência pacífica em Israel e ser um sinal da promessa para o mundo inteiro. Ele formula direitos e obrigações (Ex 20,2-17; Dt 5,6-21). Paulo enfatiza a mesma dignidade de todas as pessoas sem discriminação de raça, origem, sexo ou *status* social. Fundamento da unidade é Jesus Cristo, que nos reconciliou na cruz (Gl 3,26-28). O mandamento de Jesus do amor ao próximo e a Deus pode ser visto como essência e núcleo do Decálogo. – **(2)** A combinação da herança bíblica com a antiga teoria do direito natural desencadeia um desenvolvimento que culmina em Tomás de Aquino († 1274). Para ele, a dignidade do ser humano é determinada pela liberdade do homem e sua própria existência (STh II-II q64 a2 ad 3). Argumentações posteriores do direito natural apelam aos fenômenos da ↑ *razão* e da ↑ *consciência*, aos quais apelam também politicamente F. de Vittoria († 1546) e B. de Las Casas († 1566) para pregar contra as ambições coloniais de seu tempo. Em virtude do desafio do Iluminismo, da recepção da filosofia kantiana e idealista a partir do século XVIII, que inicia um pensamento teológico transcendental, da questão dos pobres nas encíclicas sociais dos papas do século XIX e em virtude também das experiências catastróficas das duas guerras mundiais e da *shoah* no século XX, abriu-se o caminho para uma teologia dos direitos humanos baseada na dignidade do ser humano: O ser humano possui uma dignidade e direitos inalienáveis simplesmente pelo fato de ser humano, e estes antecedem qualquer legislação positiva. Aqui, a teologia da revelação fornece uma justificação que se alia a argumentações do direito natural. No âmbito acadêmico, os temas da dignidade do ser humano e dos direitos humanos pertencem primariamente à teologia moral e à ética teológica social. Do ponto de vista dogmático vale: Os direitos humanos precisam valer também na Igreja. W. Kasper reconhece na declaração DH do Concílio Vaticano II um indício de que também os círculos eclesiásticos reconheceram e afirmam a consciência moderna pela dignidade e pelos direitos humanos e sua validade universal. Em um diálogo com J. Habermas (2004), J. Ratzinger levantou a pergunta se nos tempos de hoje a teoria do direito natural ainda pode ser transmitida de modo compreensível, já que a Modernidade oferece diversas opções filosóficas que representam um desafio para o pensamento metafísico. – **(3)** Em virtude da noção de autonomia e de tendências anticlericais do Iluminismo (Revolução Francesa), o magistério da Igreja se opôs durante muito tempo a qualquer reivindicação dos direitos humanos (papas Pio VI, Gregório XVI, Pio IX). Uma abertura se deu apenas com Leão XIII e Pio XII, que resultou na Encíclica *Pacem in Terris* (1963) do Papa João XXIII (DH 3.955-3.997); nesse documento, ele reconhece expressamente a dignidade do ser humano como razão interna dos direitos humanos. O Concílio Vaticano II acata essa abordagem e a leva adiante (GS 26; 41). A declaração já mencionada sobre a liberdade de consciência e religião DH é autoexplicativa: combina o princípio subjetivo da liberdade pessoal com a pretensão de validade objetiva da verdade. – **(4)** Assim como no discurso filosófico, a fundamentação no direito natural (e, portanto, também na ontologia metafísica) da dignidade do ser humano e dos direitos humanos também é contestada no diálogo ecumênico. No entanto, a ênfase da fundamentação da dignidade do ser humano e dos direitos humanos nas teologias da criação e da revelação permitem um consenso que parte da estrutura justificativa da Bíblia. – **(5)** Além da dimensão (controversa) do direito natural em vista da dignidade do ser humano e dos direitos humanos, a fundamentação nas teologias da criação e da revelação exerce uma função permanente e insubstituível: Cada ser humano é eleito, inalienável e intocável, pois é a imagem de Deus e porque a Palavra de Deus (o *logos*) se fez homem em Jesus de Nazaré. Ao mesmo tempo, a validade dos direitos humanos confronta cada indivíduo com uma responsabilidade intransferível e com obrigações sem as quais uma ordem mundial justa não pode ser realizada. Por isso, o mandamento do amor ao próximo possui uma relevância altamente política. Em virtude de sua importância ética atual (proteção da vida humana no início e no fim, direitos de liberdade), é imprescindível discutir os temas da dignidade do ser humano e dos direitos humanos com ênfase e insistência no debate intercultural e inter-religioso.

Lit.: KASPER, W. "Die theologische Begründung der Menschenrechte". *Theologie und Kirche*. Vol. 2. Mainz, 1999, p. 229-248.

Erwin Dirscherl

Direito Canônico ↑ *unidade da Igreja,* ↑ *dimensões fundamentais da Igreja,* ↑ *Igreja,* ↑ *visibilidade da Igreja.* – O direito eclesiástico é a soma dos regulamentos jurídicos proferidos pela autoridade eclesiástica legítima para garantir o bem-estar da comunidade da fé. – **(1)** No AT, o cumprimento da lei divina era um elemento essencial para a formação de identidade do povo eleito da aliança (Dt 6 et al.). O NT não questiona esse significado fundamental (Mt 5,17; Rm 13,8-10; Gl 5,13-25); no entanto, Paulo ensina que a justificação não provém da lei, mas da graça e da fé (Rm 3,28; Gl 2,16); a fé em Jesus, o Cristo, é, portanto, a base fundamental para a interpretação da lei. – **(2)** Regras congregacionais (*canones*) existem desde os primórdios da Igreja. Sua reunião e codificação é iniciada na Idade Média e, no século XII, resulta no chamado *Decretum Gratiani*, que, por sua vez, serve como fonte para outras coleções jurídicas (Liber extra; Liber Sextus; Clementinae; Extravagantes Joh. XXII; Extravagantes communes). O número crescente de leis papais (decretais) torna necessário um resumo dos regulamentos jurídicos (*Corpus Iuris Canonici*, de 1580). Essa tendência continua e resulta no *Codex Iuris Canonici* de 1917 (CIC/1917, promulgado em 1918), elaborado a exemplo de códigos jurídicos seculares com o objetivo de criar um código homogêneo, e no código homônimo promulgado pelo Papa João Paulo II, em 1983, após o Concílio Vaticano II (CIC/1983). O CIC só tem validade para a Igreja latina; as 21 igrejas católicas orientais usam, desde 1990, o *Codex Canonum Ecclesiarum Orientalum* (CCEO). – **(3)** O texto em latim oficial do CIC/1983 existe também em uma tradução alemã. Ele se distingue do CIC/1917 pelas seguintes características: valorização da posição do bispo e dos leigos, ampliação do espaço de ação independente para os membros da Igreja, mas também uma crescente centralização romana. – **(4)** As confissões não católicas também conhecem um direito eclesiástico, que corresponde às respectivas eclesiologias. Em virtude do princípio da *oikonomia*, o pensamento jurídico ortodoxo permite uma aplicação das leis eclesiásticas às circunstâncias concretas de vida – malgrado sua pretensão de validade fundamental. Continua sem resposta teológica e ecumênica o debate iniciado por R. Sohm no final do século XIX se um Direito Canônico (como medida coerciva) concorda de todo com a natureza da Igreja. – **(5)** O significado e a validade do Direito Canônico são determinados pela natureza da Igreja como seu padrão. Para ela, como para outras instituições, os regulamentos jurídicos são imprescindíveis. O fato de a Igreja possuir uma dimensão transcendental, cujo padrão é a "lei da graça", não se opõe a isso. A graça e a forma social da Igreja não se excluem reciprocamente, além disso, é justamente o caráter sacramental da Igreja (LG 1) que exige um conjunto de regras. No entanto, o Direito Canônico – diferentemente do direito estatal – não possui um caráter coercivo por si mesmo, mas obtém sua autoridade em virtude da decisão pela fé de cada indivíduo. Uma teologia adequada da lei canônica evita um exagero meta-histórico e fortalece o princípio do "salus animarum suprema lex" (CIC/1983, cân. 1.752) como norma hermenêutica fundamental.

Lit.: DEMEL, S. *Handbuch Kirchenrecht*. Friburgo/Basileia/Viena, 2010. • LISTL, J. & SCHMITZ, H. *Handbuch des Kirchenrechts*. 2. ed. Paderborn, 1999. • LÜDICKE, N. & BIER, G. *Das römisch-katholische Kirchenrecht*. Stuttgart, 2011.

Johanna Rahner

Discernimento dos espíritos ↑ *carismas/renovação carismática,* ↑ *demônios,* ↑ *dádivas do Espírito,* ↑ *senso de fé dos fiéis,* ↑ *Espírito Santo,* ↑ *espiritualidade,* ↑ *verdade da fé.* – Em vista de uma multiplicidade de vozes e sentimentos interiores, que agem incessantemente no ser humano e que se pronunciam fortemente especialmente em decisões referentes à fé e à conduta, o discernimento dos espíritos ajuda a identificar as orientações que provêm do Espírito de Deus. Do ponto de vista antropológico, o discernimento dos espíritos é uma prova da liberdade, da consciência e da responsabilidade do ser humano. – **(1)** Os justos de Israel pedem a Deus um coração "que ouve", i.e., que obedece a Javé (Sl 77,7; 1Sm 15,22; 16,7) e se sentem seguros em Deus, que permeia seu ser, abençoando e examinando-o (Sl 131,2; 139,23s.). Ao mesmo tempo, todo o povo de Deus é chamado para distinguir profética e publicamente a verdade da mentira, a justiça da injustiça e Deus dos ídolos (Dt 30,17s.; Am 5,21-27; 1Rs 18,1-46; Is 41,24.29). O judaísmo inicial articula o discernimento dos espíritos no contexto do chamado catequético de escolher entre os "dois caminhos" do bem e do mal, entre os "dois espíritos" da verdade e do erro (regra de Qumran, 1QS 3,17-22). Duas passagens do NT são decisivas para o discernimento dos espíritos: Em 2Cor 12,10, Paulo menciona a *diakrisis pneumaton* como carisma especial de alguns poucos, mas que precisa ser posto a serviço de toda a congregação. 1Jo 4,1-6 incentiva "examinar os espíritos" com a ajuda da pergunta se eles são "de Deus", i.e., se professam a encarnação; caso contrário, são obra da profecia falsa, do "espírito do anticristo", que divide a Igreja. Ambas as passagens remetem à experiência pentecostal e, por isso, recorrem *in nuce* ao argumento trinitário: O Espírito Santo procede do centro do Pai e é, ao mesmo tempo, Espírito do Filho, que ele estabelece como revelador definitivo "que sofre contradição" (Lc 2,34). Consequentemente, a distinção dos espíritos significa também uma exposição à capacidade crítica da Palavra de Deus, para então exercitar-se passo a passo no conhecimento do bem e do mal (Hb 4,12; 5,14). Alguns critérios permitem identificar a obra do Espírito verdadeiro: a) a fé ortodoxa em Cristo (1Cor 12,3; 1Jo 4,2) e, como resultado desta, a eclesialidade verdadeira, i.e., a edificação da Igreja para a unidade no amor (1Cor 14,12; 1Jo 4,6); b) os bons frutos da conduta moral no ↑ seguimento de Jesus (Mt 7,20; Gl 5,19-23; 1Jo 2,9-11); e c) os consolos interiores em oposição ao ativismo confuso (Gl 5,22; 1Jo 3,19). – (2) A patrística retoma essa linha de argumento no "Pastor de Hermas" (século II), que destaca a diferença entre o bem e o mal em relação a impulsos interiores e a oposição entre verdade dogmática e equívoco herético em relação à doutrina eclesiástica. A doutrina dos dois caminhos, os dois espíritos ou anjos concorrentes também entram em jogo (mand. 2.2-5; 5.1,2-3; 6.1.2). A determinação dupla do conceito do espírito, que transparece também no "Pastor", exerce uma forte influência sobre o desenvolvimento posterior: espíritos como "tipos de disposições" e espíritos como "seres" pessoais sagrados ou demoníacos. Enquanto a Didaqué se concentra em qualidades falsas ou verdadeiramente proféticas e em suas avaliações (did. 11,8), a luta com os demônios, em decorrência de indagações sistemáticas, exerce um papel importante em Orígenes ([† 253/254] princ. 3,2,4) e no monasticismo inicial. A partir do século V, desenvolve-se uma doutrina espiritual das virtudes, na qual o motivo dos demônios é processado também psicologicamente. Atanásio de Alexandria († 373) evidencia que ambas as dimensões são compreendidas como intimamente interligadas: Ele interpreta a vida monástica no deserto como luta da fé contra as seduções demoníacas, que incitam sempre de novo pensamentos maus (em grego: *poneroi logismoi*) e que precisam ser purificados por meio do discernimento e refutação (v. Ant. 16-43). Para o monge e teórico monástico Evágrio Pôntico († 399), os pensamentos maus são as armas dos demônios; eles podem ser combatidos com determinação, mas também com experiência e argúcia. João Cassiano († por volta de 435) apresenta reflexões correspondentes no Ocidente e as amplia: Transforma o discernimento dos espíritos em instrumento para a formação do caráter em vista do ideal da "medida certa", que representa o alvo – também racional – do homem "esperto" (Coll. 1,16-22; 2). O termo "distinção" (*discretio*) adquire certa autonomia como categoria fundamental da formação espiritual e exerce, nesse sentido, uma influência sobre a regra da ordem de São Bento (Reg. prol. 9-13; 64,18s.) e sobre a prática de aconselhamento de Gregório o Grande († 604) (past. 3). Ele estabelece um vínculo entre uma psicologia sensível com a crença em demônios dos padres monásticos; no entanto, acrescenta aos espíritos maus de forma bem sóbria também os espíritos "da carne" e "do mundo", que cortejam o espírito humano livre, mas suscetível à tentação. Segundo ele, o discernimento dos espíritos é possível graças a uma dádiva do espírito, mas também na base de estudo, exercício e ascese (serm. 32,3,7.4,8). A teologia escolástica fortalece o elemento racional no discurso sobre o discernimento dos espíritos. Tomás de Aquino († 1274) a separa da virtude da *discretio*, da reflexão planejada, aproximando-a assim da *prudentia* e, por fim, coincide com ela; para ele, o discernimento dos espíritos é – segundo o pensamento paulino – um carisma entre muitos (STh II-II q47-56). O discernimento dos espíritos volta a assumir um papel dogmático importante em virtude dos problemas eclesiásticos nos séculos XIV e XV. A insatisfação com a instituição em decorrência de desvios evidentes fomenta a esperança de uma renovação na base de profecias e visões que surgem por toda parte. Para avaliar e refutá-las, os teólogos escrevem tratados sobre o discernimento dos espíritos. Dionísio o Cartuxo († 1471), é o melhor exemplo desse tipo: Segundo ele, a forma mais confiável do discernimento dos espíritos é uma virtude sobrenatural; ela ajuda a reconhecer a doutrina eclesiástica verdadeira em sua profundeza, sucinteza e "pontaria" (*De discretione et examinatione spirituum*). Os místicos da Idade Média tardia, como Catarina de Sena († 1380) e Jan van Ruysbroek († 1381), voltam a se concentrar no aspecto consolador. A *Imitatio Christi*, muito popular de Tomás de Kempis ([† 1471] autoria contestada), um escrito fundamental da *Devotio moderna* voltado para a interioridade, integra o tema à doutrina da graça divina, que, por meio do discernimento dos espíritos, leva o fiel do egoísmo ao altruísmo (im. chr. 3,54). Em seus *Exercícios*, Inácio de Loyola († 1556), preservando e ao mesmo tempo reinterpretando a tradição, se dedica à distinção dos espíritos (Ex. Spir. n. 169-189, 313-327, 328-336). O motivo do consolo é desenvolvido sistematicamente como teologia experimental da "escolha" individual baseada na confiança na orientação interior do Espírito Santo: Quando o sentimento de consolo em vista de uma situação provocada pela reflexão concorda com a identidade pessoal – um tipo de sentimento básico – e é vivenciado como alegria sustentada, é provável que a decisão tenha sido provocada pelo Espírito de Deus. Autores espirituais influenciados por Inácio, como G.B. Scaramelli († 1752) e A.F. Poulain († 1919), desenvolvem critérios de distinção referentes a experiências místicas e em relação à pergunta sobre o valor dogmático de revelações visionárias particulares (*Direttorio mistico*; *Des grâces d'oraison*). Em tempos mais recentes, algumas vertentes da teologia da libertação têm aplicado a doutrina do discernimento dos espíritos ao âmbito sociopolítico: O chavão da "opção pelos pobres" serve para a avaliação de teorias políticas e de suas práticas, destacando-se aqui um forte momento processual e discursivo. – (3) Até agora, o magistério eclesiástico não tem se pronunciado explicitamente sobre o discernimento dos espíritos; mas o Concílio Vaticano II chama todos os fiéis a discernirem, sob a orientação do Espírito que age no cosmo, "quais são os verdadeiros sinais da presença ou da vontade de Deus" para assim, diante das exigências do tempo, encontrar soluções verdadeiramente humanas (GS 11). – (4) Na ortodoxia, o tema continua a se desdobrar principalmente no contexto do monasticismo como tradição *patrística*, enquanto que as congregações da Reforma não o esqueceram, mas pouco o enfatizam. No discurso ecumênico, o discernimento dos espíritos se tornou relevante no contexto da pergunta se a doutrina da justificação do pecador por meio da graça deve ser compreendida com Lutero como centro, limite e identidade da teologia reformada ou se poderia ser adaptada ao pensamento católico como distintivo do cristianismo (E. Jüngel assume uma posição mais cética; G. Wenz, uma posição mais confiante). Há pouco, o conceito vem servindo também como apelo para a percepção diferenciada das práticas e teorias ecumênicas (H. Knoche). – (5) A doutrina do discernimento dos espíritos fornece um instrumentário para a conduta cristã que pode ser aproveitado tanto em termos individuais e antropológicos como em termos coletivos e eclesiológicos. Já que o dia a dia nos confronta com situações que, a despeito de uma reflexão intensiva, não permitem reconhecer claramente a conduta certa segundo a vontade de Deus, apenas a combinação de uma confiança incondicional em Deus e do risco racionalmente fundamentado da liberdade pode levar ao alvo. Nesse sentido, o discernimento dos espíritos revela que a multiplicidade da existência humana não pode ser dominada nem por um rígido "Tu deves" nem pelo "Como queres" emancipatório. Como existência fundamentalmente criatural, a existência humana permanece emaranhada em condições que não podem ser completamente compreendidas e justamente assim nos incentivam a exercermos uma influência sobre elas. A teologia dogmática precisa ainda esclarecer como devemos falar adequadamente das condições psicológicas da experiência divina, das possibilidades teológicas da psicanálise e também da dimensão demoníaca. Em relação à vida comunial na Igreja, precisamos desenvolver critérios que nos permitem transpor as experiências milenares da vida espiritual individual para as decisões da vida pública da Igreja: Como a Igreja deve se comportar diante dos novos desafios representados por novas mentalidades e circunstâncias de vida? Como as discussões dentro da Igreja sobre novas abordagens teológicas controversas podem ser conduzidas em direção a uma decisão adequada? Onde o desejo burguês afeta a lei divina, e como a capacidade de adaptação inteligente se relaciona com a necessidade de ir contra o espírito do tempo? A resposta a essas perguntas depende dos recursos teológicos e epistemológicos sobretudo ao conhecimento do *sensus fidei*, à doutrina dos *loci theologici* segundo M. Cano e à inspiração da Escritura, cuja Palavra sempre oferece o primeiro e fundamental ponto de partida para decisões eclesiais difíceis.

Lit.: a) KUSCHEL, K.-J. *Juden. Christen. Muslime.* Düsseldorf, 2007, p. 616-623. • MÜHLEN, H. "Der gegenwärtige Aufbruch der Geisterfahrung und die Unterscheidung der Geister". In: KASPER, W. (org.). *Gegenwart des Geistes.* Friburgo/Basileia/Viena, 1979, p. 24-53 [QD, 85]. • SÖDING, T. "Das Wehen des Geistes". In: NITSCHE, B. (org.). *Atem des sprechenden Gottes.* Regensburgo, 2003, p. 22-71. b) CONGAR, Y. *Der Heilige Geist.* Friburgo/Basileia/Viena, 1982, p. 290-293. • SCHÜTZ, C. *Einführung in die Pneumatologie.* Darmstadt, 1985, p. 210-225, 270-273. • BERKHOF, H. *Theologie des Heiligen Geistes.* 2. ed. Neukirchen-Vluyn, 1988, p. 103-105 [Neukirchener Studienbücher, 7]. c) SWITEK, G. "'Discretio spirituum'. Ein Beitrag zur Geschichte der Spiritualität". *ThPh*, 47, 1972, p. 36-76.

Bertram Stubenrauch

Disposição para a graça ↑ *habitação do Espírito,* ↑ *liberdade,* ↑ *graça/teologia da graça,* ↑ *indivíduo,* ↑ *justificação.* – Nos esquemas analíticos da doutrina da graça, a disposição para a graça é a preparação do ser humano para a justificação. Ela ocorre como resposta ao chamado do amor de Deus e é efetuada na conversão holística do ser humano. – (**1**) A disposição para a graça se manifesta na Bíblia no conceito da conversão (em hebraico: *shub*; em grego: *metanoein, epistrephein*). O verbo *shub* significa – em seu sentido negativo – "apartar-se" do pecado, e – em seu sentido positivo – "voltar-se" para Deus. Quando ocorre a conversão sincera, Deus concede redenção e salvação: isso é um conteúdo essencial do sermão profético (Is 30,15; 44,22; Jr 18,8; 25,5; Ez 18,28; Os 14,2-9; Zc 1,3; Ml 3,7). A iniciativa para a conversão parte de Deus: "Reconduze-nos a ti, SENHOR, e nós voltaremos" (Lm 5,21). Jeremias e Oseias veem a conversão como resposta do ser humano ao amor cortejador de Deus (na imagem do casamento: Jr 3; Os 1–3). O AT usa frequentemente a expressão "buscar Deus" (Dt 4,29; 1Cr 16,10; 2Cr 15,4; Sl 9,11; 34,11; Is 51,1; Am 5,4-6) para a preparação do ser humano para a ação salvífica de Deus. No NT, tanto João Batista como Jesus começam seus sermões com o chamado para a conversão do coração (*metanoia*), que leva à participação no reino próximo de Deus (↑ *domínio de Deus*) (Mt 3,2; 4,17). Mc 1,15 afirma uma relação imediata entre a conversão e a fé no Evangelho. Segundo Jesus em Lc 5,32, chamar o pecador para a conversão representa uma missão essencial. Na pregação apostólica, a conversão é precondição para receber o perdão dos pecados e o dom do Espírito (At 2,38) no Batismo. Enfatiza-se igualmente a conexão íntima entre conversão e fé (At 20,21; cf. Hb 6,1). O foco está na iniciativa de Deus: É de Jesus que parte o chamado dos pecadores (Mc 2,17); é Deus quem inicia toda boa obra no ser humano (Fl 1,6); é o Pai que atrai o ser humano (Jo 6,44). – (**2**) O problema da disposição para a graça se torna agudo pela primeira vez no conflito entre Agostinho († 430) e os semipelagianos. Aqui, Agostinho enfatiza que a iniciativa para a fé é uma dádiva da graça de Deus (ep. 194,30; praed. sanct. 1,2). No entanto, essa ação antecedente de Deus não exclui a ação do homem, antes a inclui (c. Iulian. 1,133). O conceito da disposição para a graça no sentido de uma preparação para a justificação só se estabelece na alta escolástica. A disposição para a graça expressa de forma comprimida o que afirma também a proposição escolástica: "Deus não nega a graça àquele que faz o que está em seu poder" (*Facienti quod est in se, Deus non denegat gratiam*). O jovem Tomás de Aquino († 1274) interpretou esse axioma como disposição positiva para a graça, ou seja, como disposição para a aceitação puramente humana (sent. II,28; IV,20). Ele supera essa posição semipelagiana em sua fase tardia: A preparação humana para a justificação é causada por uma ajuda antecedente de Deus, por um movimento interior especial de Deus (Contr. Gent. III,149; 156; STh I-II q112 a3); trata-se de uma disposição habitual e suficiente para a graça (STh I-II q113 a8). Pedro Auréolo († 1322) desenvolve o conceito da disposição negativa para a graça, fortemente defendido mais tarde pelo suarismo: Segundo este, a disposição para a graça efetuada pela força humana própria consiste no afastamento dos obstáculos para a graça por meio da evitação dos pecados. A neoescolástica refuta a disposição positiva para a graça e aceita a disposição negativa. – (**3**) Contrariando o semipelagianismo, o Sínodo de Orange (529) ressalta a iniciativa de Deus para o início do processo da justificação: a disposição humana para a justificação não é iniciada por força própria, mas com a ajuda da graça, ou seja, pela inspiração do Espírito Santo (DH 375s.). No conflito com M. Lutero († 1546), o Concílio de Trento constata em 1547: Nos adultos, o início da justificação precisa partir da graça antecedente de Deus por meio de Cristo, i.e., do chamado que recebem sem qualquer mérito próprio (DH 1.525). Os quatro atos principais da disposição para a graça (crer, esperar, amar, arrepender) só podem ser realizados pela inspiração e ajuda antecedentes do Espírito Santo (DH 1.553). O ser humano não é completamente passivo, antes o livre-arbítrio humano instigado por Deus participa ativamente desses atos preparatórios por meio de seu consentimento (DH 1.554; cf. DH 1.555-1.559). – (4) Ao contrário do agostianismo na Idade Média e do protestantismo moderno, a doutrina ortodoxa da graça enfatiza o livre-arbítrio do ser humano. A graça antecedente age de tal modo que a graça e o esforço humano se unem (em grego: *synergeia, symmachia*). O Lutero pré-reformado († 1546) aceita um livre-arbítrio cooperativo e, assim, uma disposição para a graça positiva e meritória por justiça (WA 4,261s.). Após a virada reformada, porém, exclui qualquer disposição para a graça em virtude de seu princípio "só pela graça" (*sola gratia*) (WA 56,503). Nega essencialmente qualquer força positiva ao ser humano e se fundamenta na corrupção total do ser humano pelo pecado original e na ausência completa de liberdade do arbítrio humano no processo salvífico. Durante séculos, manteve-se então a concepção equivocada: cá, o luteranismo como determinismo – lá, o catolicismo como semipelagianismo. Apenas na teologia atual manifesta-se – por meio de um retorno fundamental à acepção bíblica da justificação – também uma aproximação na questão da disposição para a graça. O lado luterano reconhece que a doutrina católica oficial sempre defendeu a primazia da graça; o lado católico, por sua vez, reconhece que os credos reformados defendem uma atividade livre do ser humano no processo da justificação. Assim, poderíamos chegar a um consenso também na questão da disposição para a graça, servindo-nos da fórmula: A preparação para a justificação se fundamenta exclusivamente na graça, mas ela não é efetuada sem uma atividade voluntária do ser humano. Já que a graça – e nesse ponto já existe um consenso – não exclui, antes inclui a personalidade do ser humano, vale para a disposição para a graça sob o aspecto da decisão pessoal: Por causa de sua graça, Deus chama o ser humano para a decisão da conversão, mas o ser humano, como ser adulto, tem a liberdade de responder com um sim ou com um não. – (5) A disposição para a graça como preparação para a justificação designa o caminho pelo qual as pessoas adultas alcançam a justificação. O conceito abstrato, escolástico e aristotelicamente fixado da disposição para a graça deveria ser substituído por expressões bíblicas que designam o início do relacionamento vivo entre Deus e o ser humano. Em termos bíblicos, a preparação para a justificação ocorre como busca de Deus, como disposição do coração, como conversão de todo coração, como anseio por Deus e a opção por Ele. Essa preparação para a justificação deve ser vista no contexto da relação entre graça e liberdade. Assim como a graça de Deus possui a iniciativa absoluta em todo evento salvífico e assim como preserva a ação autônoma da liberdade humana, aplica-se também à preparação para a justificação: Deus, na ação desmerecida do seu amor, provoca e sustenta o evento da preparação; o ser humano livre investe as forças que lhe foram concedidas por ocasião da criação para percorrer o caminho da preparação. Em termos concretos, ocorre na preparação para a justificação uma interação viva: entre o chamado amoroso de Deus e a resposta amorosa do ser humano, entre a atenção de Deus ao ser humano e a conversão do ser humano para Deus, entre a vocação de Deus e a decisão do ser humano por Deus.

Lit.: BRUNNER, E. *Dogmatik* – Vol. 3: Die christliche Lehre von der Kirche vom Glauben und von der Vollendung. Zurique, 1960, p. 312-326. • ZEINDLER, M. *Erwählung. Gottes Weg in der Welt*. Zurique, 2009. • DANZ, C. *Wirken Gottes* – Zur Geschichte eines theologischen Grundbegriffs. Neukirchen-Vluyn, 2007. • LINK, C. *Prädestination und Erwählung*. Neukirchen-Vluyn, 2009.

Georg Kraus

Distintivos da Igreja ↑ *apostolicidade da Igreja*, ↑ *unidade da Igreja*, ↑ *dimensões fundamentais da Igreja*, ↑ *santidade da Igreja*, ↑ *catolicidade da Igreja*, ↑ *visibilidade da Igreja*. – Estes se referem às características que permitem reconhecer a verdadeira Igreja de Cristo na multiplicidade das comunidades cristãs. – (1) O NT menciona, entre outras, a santidade, a unidade, o arraigamento na doutrina apostólica como características da Igreja. – (2) A patrística emprega as quatro características essenciais (*credo unam, sanctam, catho-*

licam et apostolicam Ecclesiam), mencionadas pela primeira vez no Credo Niceno-constantinopolitano, para condenar determinados grupos cristãos como heréticos: Irineu († por volta de 200), por exemplo, enfatiza a sucessão apostólica contra os gnósticos (haer. 3,2,2); Agostinho († 430), a propagação universal (a catolicidade) da Igreja contra os donatistas (Cresc. 4,61,75). Mas, como regra geral, a apologética se contenta com a refutação direta dos *theologumena* desviantes. A pergunta referente à Igreja verdadeira é tematizada pela primeira vez no século XV, na disputa com J. Hus († 1415) e J. Wyclif († 1384) (João de Ragusa [† 1443] TdE). Em João de Torquemada ([† 1468] SdE), as propriedades do credo (*proprietates*) se transformam em distintivos (*criteria*). Gregório de Valencia († 1603) as chama de *notae*. Nas disputas do século XVI, os católicos constroem uma *via notarum* própria para demonstrar a legitimidade exclusiva de sua Igreja: Segundo a vontade de Cristo, a Igreja possui distintivos definitivos; estes podem ser encontrados exclusivamente na Igreja Católica Romana. Portanto, é a verdadeira Igreja de Cristo. O número varia: T. Bozi apresenta uma lista de 100! Apenas no século XVII, eles voltam a ser reduzidos a quatro. O conceito de Igreja subjacente a eles e a crescente complexidade do movimento ecumênico (os quatro distintivos podem ser encontrados indubitavelmente também em outras comunidades eclesiásticas) levaram ao abandono desse processo argumentativo. – **(3)** Pio IX ainda defende os quatro distintivos (DH 2.888). O Concílio Vaticano aposta na via empírica (DH 3.013): A forma de manifestação da própria Igreja (propagação maravilhosa, santidade extraordinária, fertilidade inesgotável, unidade católica, perseverança invicta) é "um testemunho inabalável de sua missão divina". O Concílio Vaticano II atribui à Igreja um caráter necessariamente reconhecível ao caracterizá-la explicitamente como "sinal e instrumento" (LG 1), não ignora, porém, a possibilidade do ofuscamento dos distintivos. – **(4)** Para M. Lutero († 1546), as quatro características fundamentais do Credo não são distintivos, pois dizem respeito apenas à Igreja invisível; mesmo assim, exige que a Igreja seja reconhecível no mundo. Identifica como distintivos (*tesserae, signa, characteres*, como também CA 7, ApolCA 7 [BSLK 61,234]) a proclamação correta do Evangelho e a administração verdadeira dos sacramentos (batismo, eucaristia), por vezes, porém, chega a mencionar onze distintivos (WA 51,469-572). Os credos reformados mencionam ainda a disciplina eclesiástica (BSRK 101; 428; 740). – **(5)** A reflexão sobre os distintivos permanece imprescindível, já que, em face da pluralidade geral de espiritualidades e das múltiplas formas do cristianismo, é necessário fazer jus à vontade de Cristo como proclamador do Reino de Deus (↑ domínio de Deus) por meio de uma comunidade salvífica concreta. Isso não pode ser feito por meio da definição de uma determinada forma eclesiástica como paradigma para todas as outras, já que todas apresentam desvios das prescrições neotestamentárias pelo simples fato de não serem realizações perfeitamente puras da santidade eclesial, mas também comunidades de pecadores. Todas as igrejas históricas precisam ser analisadas com os olhos da fé quanto à medida como são reconhecíveis como povo de Deus, corpo de Cristo e templo do Espírito Santo. Nesse sentido, os distintivos da Igreja são altamente relevantes para o movimento ecumênico.

Lit.: NEEBE, G. "Kennzeichen der Kirche (notae ecclesiae)". *RGG*, 4. 4. ed. 2001, p. 927-929. • DANTINE, J. *Die Kirche vor der Frage nach ihrer Wahrheit*. Göttingen, 1980. • POTTMEYER, H.-J. "Die Frage nach der wahren Kirche". *HFTh*, 3, 1986, p. 212-241. • KEHL, M. *Die Kirche*. 2. ed. Würzburg, 1993. • NEEBE, G. *Apostolische Kirche*. Berlim, 1997. • STEINACKER, P. *Die Kennzeichen der Kirche*. Berlim/Nova York, 1982 [Theologische Bibliothek Töpelmann, 38].

Wolfgang Beinert

Doença ↑ *domínio de Deus/Reino de Deus,* ↑ *Unção dos Enfermos,* ↑ *sofrimento,* ↑ *pecado,* ↑ *teodiceia,* ↑ *mau*. – Uma doença significa vivenciar a própria constituição criatural, física, psicológica e espiritual quando se apresenta como deficiente, insuficiente, deteriorada ou alterada. Nela o ser humano é confrontado radicalmente consigo mesmo e, ao mesmo tempo, desafiado a confiar em outros (e em Deus). – **(1)** O justo de Israel que sofre em virtude de uma doença, chora e invoca a ajuda e a salvação de Deus em sua necessidade (Sl 38 e outros). Na visão do AT, a doença ameaça o relacionamento com Deus e com o próximo e leva o ser humano à proximidade da morte ou até à própria morte (Is 1,5-6; 19,22; 30,26; Jr 30,12-13). Ela é compreendida como consequência do pecado (Ex 9,14-15) ou como sinal da ira de Deus (Sl 38,2-9). No entanto, o livro de Jó deixa claro que a doença não pode ser interpretada como castigo de um ato no sentido de um contexto imediato de causa e efeito (Jó 9; cf. tb. Jo 9,2), pois pode acometer qualquer pessoa e por isso não é motivo para exclusão ou estigmatização. Deus é visto como causador da doença, mas também da cura (Jó 5,18; Dt 32,39) pela qual Ele se preocupa como um médico (Ex 15,26; Is 19,22) além de perdoar os pecados (Sl 32,1-5). Portanto, existe uma conexão e também uma diferença entre cura e salvação: A salvação não designa apenas saúde, pois visa à atenção e ao cuidado de Deus. Na mensagem e prática de Jesus, a cura de doenças, principalmente as chamadas expulsões de demônios, ocupam um lugar muito importante; o perdão dos pecados também exerce um papel aqui. Isso suscitou a pergunta sobre qual poder agia nele: Seria ele mesmo o líder dos demônios ou agia nele o Espírito Santo? Um fator determinante é: As curas ocorrem no contexto do domínio de Deus que se inicia com Jesus (Lc 11,20; cf. tb. Mc 2,17: "Não são os que têm saúde que precisam de médico, e sim os enfermos. Não vim chamar os justos, mas os pecadores"). O título "salvador" (em grego: *soter*) ressalta mais uma vez a ligação entre doença e pecado; esta, porém, não deve ser compreendida num sentido causal; não se trata apenas do bem-estar do corpo, mas do ser humano como um todo, inclusive seu relacionamento com Deus. Os crentes também devem oferecer ajuda e praticar solidariedade com os enfermos a exemplo do mandamento de Jesus e segundo Ele (Mt 25,29). O ato simbólico (posteriormente declarado sacramental) da unção representa a proximidade acolhedora e curadora de Deus principalmente na doença (Mc 6,13; Tg 5,14-15). Cabe à Igreja a responsabilidade de interceder pelos enfermos. Gl 4,13-15 e 2Cor 12,7-9 têm suscitado especulações sobre uma possível doença de Paulo. O apóstolo interpreta as dores ("espinho na carne") como advertência contra a arrogância em virtude da revelação de Cristo concedida a ele. – (**2**) A patrística gosta de representar Jesus Cristo como médico (Inácio [† após 110], Orígenes [† 253/254], Agostinho [† 430]), que efetua a salvação física e espiritual do ser humano e se identifica com o sofredor: Cristo como *medicus* e *salvator*. Atribui-se ao Espírito Santo uma eficácia semelhante. Doença significa decadência, ameaça, necessidade e impedimento e normalmente é vinculada à pecaminosidade do ser humano, já que ambos os fenômenos causam o isolamento do ser humano. Agostinho fala de um *modus deficiens*. Este pode servir para a purificação e o amadurecimento (Ambrósio [† 397], Basílio de Cesareia [† 379]). A caridade em geral e a assistência aos doentes em especial fazem parte da imitação de Cristo; isso é ressaltado também pelo Sacramento da Unção dos Enfermos, que, aos poucos, vem adquirindo contornos mais claros. A regra beneditina atribui grande importância à assistência aos enfermos: O mosteiro possui uma sala para enfermos, um *hospitale pauperum*, uma farmácia e peritos em medicina (cf. o projeto de construção do mosteiro de Sankt Gallen, século IX). Na Idade Média, encontramos hospitais para o povo dedicados, em parte, ao Espírito Santo como seu padroeiro (p. ex., em Roma e Würzburg). A invocação de santos (p. ex., de São Brás) se torna importante. Ao *homo patiens*, forçado a suportar sua doença, junta-se o *homo compatiens*, que oferece consolo e ajuda. Tomás de Aquino († 1274) interpreta a doença como uma desordem que precisa ser corrigida. Em decorrência disso, foi possível interpretar a doença de forma bastante drástica como meio de preservação da virtude, de prova, de castigo ou de melhoramento (em grego: *katharsis*). S. Kierkegaard († 1855) e a filosofia existencial se ocuparam intensivamente com o significado da doença para o autoconhecimento. K. Rahner († 1984) também reconhece nela uma ocasião para lembrar-se das questões últimas da vida e da incompreensibilidade da existência. Partindo de S. Kierkegaard († 1855), S. Freud († 1939) e C.G. Jung († 1961), E. Drewermann analisou o vínculo entre medo, desespero, pecado e emergência psicológica (neuroses) e interpretou a fé como um todo terapeuticamente (semelhantemente também E. Biser). – (**3**) O magistério vê a doença como experiência de impotência e da proximidade da morte, uma das provas mais difíceis do ser humano, que pode levar ao medo e à resignação, mas também ao amadurecimento e à conscientização. Mas Cristo, como médico verdadeiro, demonstra compaixão e cuidado pelo corpo e pela alma (Catecismo da Igreja Católica, 1500-1501). – (**4**) A ortodoxia conhece o fenômeno do "tolo doente", visto como eleito de Deus, e incentiva o respeito por ele. Nos reformadores persiste o legado da Escritura, dos padres e da Idade Média: Para M. Lutero, a doença é consequência da queda (não dos pecados individuais); o perdão dos pecados serve ao bem-estar do ser humano como um todo. Baseando-se em Mt 25,39, os reformadores afirmam que encontramos Cristo nos enfermos. – (**5**) A saúde e a doença podem ser interpretadas de múltiplas formas. O ponto de vista psicossomático (do grego: *psyche*, alma; *soma*, corpo) do ser humano como ser íntegro e total e o conhecimento da interação entre corpo e alma conquista um espaço cada vez maior na medicina. O debate na medicina sobre os conceitos "saudável" e "doente" pode aprender das reflexões teológicas sobre a cura e a salvação que a pergunta referente àquilo que o ser humano considera normal e saudável ou anormal e doente (p. ex., no caso da demência) não possui uma resposta fácil e exige uma busca conjunta por uma criteriologia adequada. Aqui precisam ser incluídas também as dimensões da salvação, da felicidade e da transcendência. As comissões de ética das universidades e dos hospitais já têm feito grandes progressos nessa área. Por outro lado, o tema *wellness*, atualmente tão em voga e que reflete uma necessidade da sociedade, representa um desafio para a antropologia teológica, pois essa tendência incentiva um bem-estar que ignora a relação entre cura e salvação. Aqui, a tradição bíblica e sua acepção holística de saúde e doença oferecem grandes chances. Além disso, podem demonstrar o significado que a referência divina possui para a autorreferência e o papel importante do tão útil *homo compatiens*.

Lit.: BEINERT, W. (org.). *Hilft Glaube heilen?* Düsseldorf, 1985. • DÖRNEMANN, M. *Krankheit und Heilung in der Theologie der frühen Kirchenväter*. Tübingen, 2003. • SCHOCKENHOFF, E. *Krankheit, Gesundheit, Heilung* – Wege zum Heil aus biblischer Sicht. Regensburgo, 2001.

Erwin Dirscherl

Dogma/proposições dogmáticas ↑ *teologia dogmática*, ↑ *epistemologia (teológica)*, ↑ *credo*, ↑ *heresia*, ↑ *magistério eclesiástico*. – O dogma (em grego: *dogma*, opinião, doutrina) é uma proposição eclesiástica de fé e doutrina que interpreta uma verdade revelada por Deus de forma normativa, esclarecedora e relacionada à atualidade, servindo-se de uma linguagem cunhada pela Igreja. Independentemente de estar contido expressa ou apenas implicitamente na Palavra de Deus, o dogma desdobra a verdade da revelação divina de forma infalível. Por isso, é conteúdo normativo e obrigatório da doutrina da fé cristã, gerando assim a união. Enquanto o dogma, como proposição definida da doutrina, é da responsabilidade do magistério eclesiástico, cabe à teologia a análise, exposição, fundamentação e aplicação situacional da proposição dogmática, que representa uma decisão científica com a pretensão de ser verdadeira. – (**1**) A resposta adequada do ser humano à autorrevelação histórica de Deus é a fé (Rm 4,11ss.; Gl 3,7). Esta abarca a vivência subjetiva da fé e um aspecto objetivo, cognitivo: O reconhecimento e a compreensão da Palavra de Deus. Já no NT encontramos a tentativa de designar e fixar o conteúdo da fé na forma de uma doutrina (2Tm 4,2-4; 1Cor 15,3-5.7; Lc 24,34; Rm 4,25; 10,9; 2Tm 2,8; Mt 16,16; Jo 11,27 et al.). – (**2**) Na Antiguidade, o termo "dogma" era usado em contextos filosóficos, políticos e religiosos. O dogma representava a formulação de uma opinião fixa, um teorema da filosofia ou um decreto de uma autoridade política ou religiosa legítima. Essas instâncias reivindicavam autoridade para suas afirmações, de forma que os dogmas eram tidos como fundamentais e inegociáveis. No NT, o termo "dogma" é usado para decretos políticos (Lc 2,1; At 17,7; Hb 11,23), o mandamento da Torá (Ef 2,15; Cl 2,13) ou sentenças disciplinatórias ou morais proferidas pelo concílio dos apóstolos (At 15,22.28; 16,4). Os padres apostólicos preservaram o significado plural do termo "dogma", usando-o também como referência aos mandamentos de Deus e dos apóstolos (Inácio, Magn. 13,1; Didache 11,3): o dogma como proposição da fé, como doutrina autoritária da fé. Vicente de Lérins († antes de 450) considerou *dogma catholicum* (doutrina tradicional autoritária) "aquilo que foi crido sempre, em todos os lugares e por todos" (commonit. 2,5). Na Idade Média, o conceito do dogma exerceu um papel apenas secundário – falava-se da *doctrina* (*catholica*) ou dos "artigos da fé" (*articuli fidei*: membros de um grande todo da fé). O Concílio de Trento usou o termo no sentido de doutrina da fé (DH 1.505) ou de doutrina em geral (DH 1.825). No século XIX, tornou-se *terminus technicus* da teologia católica. O consenso deixou de ser o único critério do dogma ou da verdade (Vicente de Lérins), e a decisão doutrinal do magistério eclesiástico assumiu uma função decisiva. Em virtude da crescente contextualização da teologia e da Igreja, a pergunta sobre a possibilidade de interpretação do dogma ou da proposição dogmática apresentava certos problemas: O que constitui o núcleo imutável da fé e o que pode ser revisto devido à sua determinação temporal? – (**3**) O termo "dogma" só veio a ser definido na linguagem eclesiástica de modo inequívoco e normativo no Concílio Vaticano I para diferenciá-lo do moderno conceito autonomista e emancipatório da liberdade: O dogma é uma proposição que está "contida na Palavra de Deus escrita ou transmitida" (DH 3.011) e que é apresentada formalmente quer pelo magistério universal e ordinário quer por uma definição papal ou conciliar, i.e., expressa definitivamente como proposta "a ser crida como revelada por Deus" (DH 3.011; 3.020; 3.041; 3.073; cân. 1.323, § 1, CIC/1917). Possui a mais alta qualificação teológica (*fides divina* ou *fides divina et catholica*), de forma que sua negação ou refutação equivale a uma heresia e é condenada como anátema (cân. 1.325, § 2, CIC/1917). O aspecto formal da definição moderna do dogma não pode ser aplicado diretamente às sentenças doutrinais dos antigos e da Igreja medieval que não foram definidas em termos formais, antes é necessário avaliar o peso e a importância das sentenças individuais. – **(4)** A princípio, os dogmas se referem à fé cristã como um todo. Nesse sentido, são de caráter ecumênico. Na acepção protestante da fé, as decisões dogmáticas dos primeiros concílios ecumênicos possuem validade irrestrita. Pelo fato de se fundamentarem nas Escrituras, representam um elemento importante do conteúdo da doutrina cristã e devem ser aceitas num espírito de obediência. Além dos dogmas da Igreja antiga, reconhece também os credos luteranos como diretrizes para a identidade da Igreja e para as proposições dogmáticas, que, segundo a acepção veteroprotestante, podem ser fundamentais ou não fundamentais, i.e., subjetivamente necessárias para a salvação, ou não. G. Calisto († 1656) acatou o conceito moderno do dogma dentro da teologia protestante, mas o neoprotestantismo do século XIX voltou a desacreditá-lo. A teologia luterana do século XX compreende o dogma como interpretação e formulação normativa de uma sentença da fé, adquirido por meio da Palavra de Deus revelada nas Escrituras Sagradas e por intermédio da ação do Espírito. No entanto, pelo fato de estar sempre subordinado à verdade salvífica das Escrituras Sagradas, não representa uma afirmação infalível. A Igreja Evangélica desconhece, além disso, uma instância ou um magistério que decida questões referentes aos dogmas. Para a ortodoxia e a Igreja Católica Romana, os dogmas representam verdades da fé provenientes da revelação e necessárias para a salvação, sendo que a Igreja oriental compreende os dogmas com uma ênfase doxológica ainda maior: a fé e os dogmas são vinculados ao culto e à liturgia.

Nas diferentes confissões cristãs, encontramos proposições dogmáticas diversas e, em parte, controversas. – **(5)** Os dogmas/as proposições dogmáticas se referem à autocomunicação de Deus em Jesus Cristo, cujo conteúdo, desde o início, precisou ser determinado para fins litúrgicos, catequéticos, apologéticos e identificatórios: em confissões de Batismo e de fé, como também em decisões conciliares. O dogma como proposição doutrinal autoritária e a proposição dogmática como sentença científica são caracterizadas em maior detalhe pelos seguintes aspectos: 1) *Doxologias*: Os dogmas/as proposições dogmáticas desdobram a verdade da revelação não de modo puramente especulativo, antes têm seu lugar na vida da fé praticada e testemunhada por toda a Igreja. São de relevância pastoral, e contanto que a verdade por eles afirmada transcenda e se estenda ao mistério maior da autocomunicação divina, representam doxologias e aclamações sustentadas e realizadas pelo Espírito Santo. 2) *Diferenças hierárquicas*: Os dogmas/as proposições dogmáticas possuem um caráter confessional e definem a identidade do cristianismo. No que diz respeito ao conteúdo significativo das proposições doutrinais dogmáticas, existem diferenças hierárquicas em termos de conteúdo, determinadas pelo significado salvífico das proposições doutrinais, de forma que os dogmas necessários (para a salvação) devem ser diferenciados dos dogmas não necessários. Nesse contexto, o Concílio Vaticano II usou o termo da *hierarchia veritatum* (hierarquia das verdades: UR 11). 3) *Auxílio para a fé*: O magistério eclesiástico não acrescenta nada de novo à mensagem apostólica (DV 4; LG 25), antes explica com a ajuda dos dogmas aquilo que, até então, pode não ter sido muito claro, aquilo que precisa ser fixado com exatidão, aquilo que foi questionado e aquilo que exige um consentimento irrevogável da fé (DH 3.683). Os dogmas são auxílios para a fé; não são, porém, seu objeto. Também não são autônomos, antes devem ser interpretados no contexto de toda a verdade revelada, ou seja, de todas as outras proposições da fé (*nexus mysteriorum inter se*: DH 3.016). 4) *Indefinições nas periferias*: Nem todas as verdades fundamentais da doutrina cristã são definidas formalmente como dogmas (dogmas materiais). Além do mais, a definição moderna do conceito do dogma só pode ser aplicada à história das proposições doutrinais da Igreja com certas ressalvas. A pergunta sobre como o dogma pode ser diferenciado nitidamente das outras doutrinas do magistério eclesiástico (DH 1.684; 1.880; 2.007s.; 2.113; 2.313) se tornou mais aguda quando, em 1998, o magistério romano introduziu como categoria nova as sentenças doutrinais "definitivas" (cân. 750; 752, CIC/2001). 5) *Defesa*: Na maioria dos casos, os dogmas foram elaborados com fins apologéticos em virtude de conflitos históricos concretos para que pudessem servir como fórmulas de proteção para a defesa contra heresias e deformações da doutrina da fé cristã. Isso se aplica em termos apenas muito restritos aos dogmas marianos de 1854 e 1950 e aos dois dogmas papais de 1870; não foram incitados primariamente por uma situação teológica de emergência ou conflito agudo. 6) *Historicidade*: Os dogmas/as proposições dogmáticas são afirmações exegéticas e estão, portanto, sujeitos às limitações humanas e à historicidade. A Palavra de Deus ocorre apenas na história e na língua humana como palavra que abarca o ser humano com toda sua contingência. Portanto, os dogmas/as proposições dogmáticas possuem seu contexto histórico, estão sujeitos a circunstâncias socioculturais, ao pensar e falar humano em dependências temporais, aos padrões situacionais e conceituais de articulação etc. (DH 4.539). Mesmo assim, os dogmas/as proposições dogmáticas são mais do que meras aproximações à verdade. Como livre aceitação da promessa de Deus e como reação a ela, eles participam da verdade da revelação. Os dogmas são sentenças infalíveis, sua verdade é autoritária, mesmo assim não esgotam por completo o mistério da fé. Seu registro deficitário da autoafirmação da verdade eterna de Deus visa ao aperfeiçoamento. Uma pergunta temática nunca pode ser respondida definitivamente. 7) *A casca e o núcleo*: Pelo fato de a Igreja transmitir o "tesouro" da fé em "vasos de barro" (2Cor 4,7), os dogmas devem ser diferenciados em relação à verdade revelada e ao modo de sua interpretação (GS 62; UR 6). "O ato da fé [...] tem seu alvo não na afirmação, mas no conteúdo" (Tomás de Aquino [† 1274], STh II-II q1 a2 ad 2). "O sentido dos sagrados dogmas" possuem validade eterna (DH 3.020; 3.043), mas a formulação dos dogmas pode ser reformada – mesmo que, a princípio, seja normativa para a linguagem usada dentro da comunidade de fé. O reconhecimento da dependência histórica da forma linguística dos dogmas representa uma das descobertas mais importantes do trabalho sistemático do século XX (DH 4.539). A teologia precisa sempre procurar aumentar a precisão e atualizar os dogmas em novos contextos e em novos hábitos linguísticos, observando, é claro, as regras hermenêuticas (*Mysterium Ecclesiae* [1973] n. 5: DH 4.539s.). No entanto, "o sistema simbólico da linguagem [...] não é apenas um revestimento externo; é, de certa forma, a encarnação de uma verdade" (Comissão Internacional dos Teólogos: IkaZ 19 [1990], p. 246-266.264). A verdade e o teor da verdade não podem ser separados, mas também não são simplesmente congruentes.

Lit.: a) MEUFFELS, O. "Verbindlichkeit und Relativität dogmatischer Aussagen". *MThZ*, 46, 1995, p. 315-327. • HOPING, H. "Wahrheit und Dogma zwischen Dogmatismus und Relativismus". *WiWei*, 46, 1983, p. 1-28, 92-107. b) RAHNER, K. "Was ist eine dogmatische Aussage?" *KRSW*, 12, 2005, p. 150-170. • FILSER, H. *Dogma. Dogmen. Dogmatik.* Münster, 2001. c) KASPER, W. "Dogma/Dogmenentwicklung". *NHThG*, 1. 2. ed., 1992, p. 292-309. • RATSCHOW, C.H. & WICKERT, U. "Dogma". *TRE*, 9, 1981), p. 26-41.

Christoph Böttigheimer

Dogmas marianos ↑ *cristologia,* ↑ *dogma/proposições dogmáticas,* ↑ *magistério eclesiástico,* ↑ *Maria,* ↑ *devoção mariana,* ↑ *mariologia.* – A doutrina da fé católica designa como dogmas marianos quatro proposições centrais sobre Maria, a mãe de Jesus. As primeiras duas (↑ maternidade divina de Maria, ↑ conceição virginal/virgindade de Maria) exemplificam afirmações fundamentais da cristologia; as duas últimas (↑ liberdade do pecado original/conceição imaculada de Maria, ↑ ascensão de Maria para a glória de Deus), proposições da soteriologia. – (**1**) Em virtude do vínculo íntimo entre Maria e Jesus, a profissão de Jesus como Cristo não pode ser formulada de modo dogmaticamente integral sem referência à mãe. Essa conexão se expressa no NT na fala sobre a conceição de Jesus por meio do Espírito. A Escritura vê em Maria uma mulher que permaneceu exemplarmente fiel à sua eleição também após o nascimento de seu filho, mesmo que isso tenha significado um processo de crescimento e amadurecimento por vezes doloroso. Por um lado, a Escritura oferece uma base explícita para os dois dogmas marianos da Igreja antiga, que enaltecem a mulher de Nazaré como mãe de Deus (DH 252) e virgem. Por outro, apresenta referências implícitas à eleição especial (*immaculata conceptio*) e ascensão de Maria (*assumptio*). – (**2**) A correspondência interna entre os dogmas marianos e o dogma de Cristo se mostra de modo particularmente claro na decisão do Concílio de Éfeso (431), que se dirige a Maria não só como parideira de Cristo, mas também como parideira de Deus (*theotokos*: DH 252), preparando assim o *theologumenon* formulado no Concílio de Calcedônia (451) sobre a indivisibilidade das duas naturezas de Cristo (comunicação dos idiomas) (DH 301s.). Desde o século III, a profissão da conceição virginal do Filho de Deus em Maria faz parte do núcleo fixo dos símbolos (DH 10; 12; 13; 14 et al.). Com sua ajuda, expressa-se a nova criação que se inicia com a encarnação de Jesus Cristo, para a qual Maria contribuiu de forma significativa. O dogma da conceição virginal serve em primeiro lugar para ressaltar a existência terrena por meio do Espírito do Redentor e, ao mesmo tempo, sua filiação divina e humanidade irrestrita. Os dois dogmas marianos formulados em 1854 e 1950 da conceição imaculada e da ascensão física de Maria para o céu focam na intensidade do relacionamento com Cristo vivido por Maria. Esses dogmas não foram formulados para esclarecer questões controversas ou refutar equívocos; pretendem antes remeter os fiéis à ação da graça de Deus, à qual a mulher de Nazaré correspondeu durante toda sua vida. – (**3**) O Concílio Vaticano II confirma a vinculação dos dogmas marianos ao dogma de Cristo, inserindo suas proposições sobre a mãe de Deus no horizonte do mistério de Cristo e da Igreja. As proposições do concílio reafirmam os dogmas marianos formulados pela Igreja antiga sobre a maternidade divina e a virgindade de Maria (LG 52). Maria é incluída no grupo daqueles que necessitam da salvação, ressaltam, porém, que foi "remida dum modo mais sublime, em atenção aos méritos de seu Filho, e unida a Ele por um vínculo estreito e indissolúvel" (LG 53). Assim, o concílio remete também aos dois dogmas marianos mais recentes, que falam da ação graciosa em Maria referente ao início e à consumação de sua vida. No entanto, o concílio não cumpre a expectativa de definir a mediação salvífica ou a participação de Maria na salvação. Em vez disso, pronuncia-se sobre as funções da "Virgem Santíssima na economia da salvação" (LG 55-59), sobre a relação entre Maria e a Igreja (LG 60-65) e sobre os traços básicos de um culto apropriado de Maria (LG 66-67). Com essa autolimitação, o concílio assume conscientemente uma posição reservada; não pretende nem apresentar uma doutrina completa sobre Maria nem decidir questões que as diversas escolas teológicas respondem de forma divergente. – (**4**) Para a Igreja oriental, a maternidade divina e a virgindade de Maria representam o dogma mariano *par excellence*. Além disso, professa a santidade incondicional de Maria, sua eleição graciosa e consumação celestial. A ortodoxia confirma, portanto, também o conteúdo dos dois dogmas marianos mais recentes, mesmo que rejeite sua dogmatização oficial por razões formais (questão papal) e em virtude de sua simpatia pelo pensamento apofático. Além disso, a doxologia – o louvor maravilhado – exerce na ortodoxia uma primazia sobre a proposição da fé definida. Com seu reconhecimento dos concílios da Igreja antiga, a teologia luterana confirma as proposições sobre a conceição virginal do Filho de Deus em Maria e a maternidade divina desta. A teologia reformada compartilha dessa posição; os dois dogmas marianos mais recentes, porém, são refutados pelos luteranos e reformados. Contestam sua fundamentação na Escritura Sagrada e criticam as circunstâncias especiais de sua proclamação. Do seu ponto de vista, é inaceitável um processo por meio do qual o magistério da Igreja Católica faz de si mesmo uma fonte da revelação. – (**5**) Os fiéis costumam subestimar em grande escala a importância dos dogmas marianos. Essa postura ignora o fato de que Maria se encontra no centro do evento salvífico e que em sua pessoa transparecem de modo destacado afirmações fundamentais do testemunho bíblico: Como mãe de Jesus, Maria está inseparavelmente vinculada à encarnação do Filho de Deus. A maneira, por exemplo, em que ela participa do evento salvífico é relevante para a teologia da graça, pois aqui se revela como a graça de Deus age num ser humano, como ela o elege, desafia, fortalece e finalmente aperfeiçoa. No contexto de uma veneração, que, ao longo dos séculos, sempre tendia ao exagero, os dogmas marianos demarcam por um lado os pontos fixos aos quais toda forma legítima do culto mariano precisa remeter; por outro, não podemos ignorar que principalmente os dogmas marianos mais recentes (conceição imaculada e a ascensão de Maria para a glória de Deus) são resultado de uma reflexão meditativa da Igreja ao longo do tempo. A mediação sistemática dos dogmas marianos precisa estar sempre atenta ao esforço de demonstrar claramente o vínculo interno entre os dogmas marianos e o mistério de Cristo. Sob essa condição, é capaz de cumprir a exigência do Concílio Vaticano II, que adverte os teólogos e pregadores de, em vista da dignidade singular da mãe de Deus, evitar tanto qualquer exagero equivocado quanto uma restrição espiritual inadequada. Segundo as afirmações do concílio, é necessário manter em vista também a dimensão ecumênica da mariologia. Nesse contexto, é necessário explicar sobretudo a questão referente à fundamentação bíblica implícita e explícita dos dois dogmas marianos mais recentes.

Proposições doutrinas eclesiásticas sobre Maria

Ano	Fontes e termos centrais	Objeto e explicação
381	**DH 150** (I Concílio de Constantinopla): "de Maria, a virgem".	**Virgindade**: Jesus Cristo, o Filho eterno de Deus, o *logos*, foi concebido e parido por Maria sem a participação sexual de um homem por meio da ação do Espírito Santo: "Maria perguntou ao anjo: 'Como acontecerá isso, pois não conheço homem?' Em resposta o anjo lhe disse: 'O Espírito Santo virá sobre ti e o poder do Altíssimo te cobrirá com sua sombra'" (Lc 1,34-35). A essas proposições sobre a conceição virginal de Maria juntam-se proposições do magistério sobre a virgindade permanente da mãe de Deus, tanto durante quanto após o nascimento do Filho de Deus.
Século V	**DH 61** (confissão batismal): "de Maria, a virgem".	
449	**DH 294** (Papa Leão I): "porque a virgindade inviolada ignorou a concupiscência".	
521	**DH 368** (Papa Hormisdas): "da santa virgem e parideira de Deus".	
553	**DH 427** (II Concílio de Constantinopla): "a santa gloriosa e sempre virgem Maria".	
649	**DH 503** (Sínodo de Latrão): "a santa e sempre virgem e imaculada Maria".	
675	**DH 533** (XI Sínodo de Toledo): "já que a virgindade intacta desconheceu o coito viril".	
693	**DH 572** (XVI Sínodo de Toledo): "da santa e inviolada sempre virgem Maria".	
1442	**DH 1.337** (Concílio de Florença): "do ventre imaculado da virgem Maria".	
1555	**DH 1.880** (Papa Pio IV): "permaneceu sempre na integridade virginal, a saber, antes do parto (*ante partum*), no parto (*in partu*) e perpetuamente depois do parto (*post partum*)".	
1965	**DH 4.127** (Concílio Vaticano II: LG 52): "em primeiro lugar da gloriosa sempre Virgem Maria".	
431	**DH 251** (Concílio de Éfeso: Carta contra Nestório): "de chamar a santa virgem parideira de Deus".	**Maternidade divina**: O dogma da maternidade divina de Maria abarca duas dimensões: Maria é verdadeiramente mãe, pois contribuiu tudo para a formação da natureza humana de Cristo; além disso, é verdadeiramente mãe de Deus, pois concebeu e pariu a segunda pessoa da deidade segundo a natureza humana (↑ união hipostática; comunicação dos idiomas).
1547	**DH 1.573** (Concílio de Trento): "por especial privilégio de Deus, como a Igreja crê a respeito da bem-aventurada Virgem".	**Concebida sem pecado original**: A Igreja ensina que Maria viveu sem pecado e sem tendência para o mal, resultando disso sua santidade pessoal e singular na história da humanidade. Em 1854, esse senso da fé da Igreja levou ao dogma segundo o qual a virgem e mãe de Deus foi preservada do pecado original a partir do primeiro momento de sua existência.
1854	**DH 2803** (Papa Pio IX): "foi preservada imune de toda mancha da culpa original".	

1950	**DH 3.903** (Papa Pio XII): "foi aceita na glória do céu em corpo e alma".	**Aceita no céu como a primeira pessoa remida**: "Depois de encerrar o curso de sua vida terrestre, a Santíssima Virgem foi elevada em corpo e alma [i.e., em toda sua existência] à glória do Céu, onde já participa da glória da ressurreição de seu Filho, antecipando a ressurreição de todos os membros de seu corpo" (Catecismo da Igreja Católica, 974).
787	**DH 600-603** (II Concílio de Niceia), aqui DH 601: "Pois a veneração da imagem se estende ao protótipo, e quem venera a imagem, venera nela a pessoa por ela representada".	**Veneração mariana**: Em virtude de sua posição singular na obra salvífica de seu Filho, Maria é venerada de modo especial, mas não é adorada. Pode ser invocada para interceder. A veneração mariana não é obrigatória nem necessária para a salvação. Mesmo assim, o II Concílio Vaticano "recomenda a todos os filhos da Igreja que fomentem generosamente o culto da Santíssima Virgem, sobretudo o culto litúrgico, que tenham em grande estima as práticas e exercícios de piedade para com Ela, aprovados no decorrer dos séculos pelo magistério, e que mantenham fielmente tudo aquilo que no passado foi decretado acerca do culto [...] da Virgem" (LG 67).
1563	**DH 1.821-1.825** (Concílio de Trento), aqui DH 1.823: "Além disso, deve-se conceder a devida honra e veneração às imagens da [...] Virgem Deípara [...], a serem tidas e conservadas [...] porque a honra prestada a elas se refere aos protótipos que representam".	
1964	**LG 66-67** (Concílio Vaticano II), aqui LG 66: "Maria [...] é com razão venerada pela Igreja com culto especial. [...] Este culto, tal como sempre existiu na Igreja, embora inteiramente singular, difere essencialmente do culto de adoração [...]".	
1964	**DH 4.173** (Concílio Vaticano II: LG 53): Maria é "saudada como membro eminente e inteiramente singular da Igreja, seu tipo e exemplar perfeitíssimo na fé e na caridade".	**Protótipo na fé**: Quando Maria é mencionada, é necessário pensar em toda a Igreja. A mãe de Deus é protótipo e exemplo dos fiéis. Por ser cheia de graça, seu caminho para Deus é o rastro seguido pela Igreja. Maria é o paradigma da graça para toda a Igreja, por isso, é companheira na fé e dos fiéis.

Elaborado por B. Wagner a pedido dos organizadores.

Lit.: a) WAGNER, M. "Ballast oder Hilfe? – Zum Verständnis der Mariendogmen heute". In: WAGNER, M. & SPENDEL, S.A. *Maria zu lieben* – Moderne Rede über eine biblische Frau. Regensburgo, 1999, p. 11-22. b) e c) BEINERT, W. "Die mariologischen Dogmen und ihre Entfaltung". In: BEINERT, W. & PETRI, H. (orgs.). *Handbuch der Marienkunde*. Vol. 1. 2. ed. Regensburgo, 1996, p. 267-363. • FIORES, S. "Maria in der Geschichte von Theologie und Frömmigkeit". In: BEINERT, W. & PETRI, H. (orgs.). *Handbuch der Marienkunde*. Vol. 1. 2. ed. Regensburgo, 1996, p. 99-266.

Regina Radlbeck-Ossmann

Domínio de Deus/Reino de Deus, I. na escatologia ↑ *apocalíptica*, ↑ *ressurreição de Jesus*, ↑ *quiliasma*, ↑ *escatologia*, ↑ *vida eterna*, ↑ *mistério da fé*, ↑ *céu*, ↑ *encarnação*, ↑ *parusia*. – Na língua alemã, os termos "domínio de Deus" e "Reino de Deus" são usados como sinônimos; no entanto, têm um foco diferente. Enquanto o termo "Reino de Deus" nos faz pensar mais em um espaço de domínio circunscrito, a expressão "domínio (real) de Deus" enfatiza mais o aspecto dinâmico da regência de Deus. Esta última corresponde ao emprego no alemão antigo, que expressa o domínio de Deus de forma verbal: "Deus se torna/é Rei". – (**1**) As raízes da profissão do reinado de Deus provavelmente se encontram em tradições não israelitas, que então são adotadas e modificadas pela teologia da corte e do templo de Jerusalém. Israel proclama que seu Deus é Rei desde o início e que não teve que lutar e conquistar seu reinado (Sl 93). O reinado de Javé se volta criticamente (no período pré-exílio) contra o domínio político dos reis de Israel quando estes não se orientam pelo reinado de Deus ou quando tentam justificar seu domínio com recurso ao Rei Javé (Sl 2; 72), mas o usam contra o povo (cf. os textos críticos aos reis como Jz 8,22s.; Is 6s.). Com a queda do reinado de Davi e em tempos de extrema opressão na época do exílio e pós-exílio, a teologia profética proclama a instituição próxima (Is 52,7-10) ou já presente do reinado de Deus no meio de Sião, que se estende do presente até um futuro definitivo (Mq 4,7; Sf 3,14s.). Nessa interpretação escatológica, a emergência do reinado de Deus evoca a esperança de uma mudança fundamental das relações existentes, dominadas ainda pela injustiça (Is 11,1-9; 61,1-3; Mq 2,1-13) e a superação da morte (Is 25,8). O Reino de Deus é descrito com imagens de um banquete festivo (Is 25,6). Opõe-se a essa perspectiva escatológica uma posição mais teocrática, segundo a qual o domínio de Deus já se realiza na situação tranquilizada do pós-exílio em harmonia com as circunstâncias existentes, no sentido de que já se manifestou historicamente nas instituições de Israel (reinado e templo; 1Cr 28,5; 2Cr 9,8). Essas correntes, que só podem ser distinguidas como tipos ideais, se misturam e se sobrepõem em muitos lugares, como, por exemplo, nos Salmos "Javé-Rei" 93-100. Eles louvam o Rei do templo de Jerusalém (Sl 93,1-4), que reina desde os primórdios (Sl 93,2) e que é Rei sobre o cosmo, Israel e os povos e cujo domínio universal se manifesta historicamente na conquista de Sião (Sl 24; 47). A percepção da injustiça é motivo para vincular o reinado de Deus ao Juízo, no qual Deus imporá sua justiça (Sl 94; 97; 99). Portanto, a manifestação escatológica do reinado de Deus ainda não ocorreu (Sl 97,1-9). Desta fazem parte o desmascaramento dos ídolos como meras imagens (Sl 96,5; 97,7.9) e a integração dos povos à adoração do Rei-Javé (Sl 100). A esperança da imposição definitiva do reinado universal de Deus e a convicção do início de sua instituição em Sião e nos justos e pobres de Israel andam juntas (Sl 97). O pensamento apocalíptico espera a vinda do reino por meio de uma crise radical, de forma que o reino escatológico de Deus apresente uma ruptura com a história anterior. O livro de Daniel espera para o fim dos dias (Dn 2,28) o surgimento do reino divino, que esmaga todos os outros reinos e perdura por toda a eternidade (Dn 2,44; 7,14.18.27). No tempo neotestamentário, o domínio de Deus tem em vista tanto o reino presente quanto o reino escatológico de Deus. O Reino de Deus ocupa o centro da proclamação de Jesus como evento dinâmico, que já abarca o presente na obra de Jesus. Jesus anuncia o domínio de Deus, e sua pessoa está indissoluvelmente vinculada a ele: Ele é o "representante terreno imediato e insubstituível do Deus que age escatologicamente" (H. Merklein). O domínio de Deus é o centro do Evangelho (Mc 1,14s.) e se manifesta nas obras de Jesus, sobretudo em seu perdão dos pecados e nas curas, como que em "eventos da ocorrência do domínio de Deus" (H. Merklein). O Reino de Deus está próximo (Mc 1,15 par.; 9,1 par.), seu advento é uma ocorrência irrefreável (Mc 4,1-20.26-32 par.); sim, já é realidade presente e vem abrindo caminho desde João Batista (Mt 11,12 par.), manifesta-se nos exorcismos de demônios realizados por Jesus (Mt 12,28 par.). Nesse sentido, o Reino de Deus já está "em vosso meio" (Lc 17,21). Ao mesmo tempo, o Reino de Deus permanece uma grandeza futura (Mt 5,4-9 par.) e é objeto da esperança e de petições (Mt 6,10 par.). Na grande expectativa da parusia, o olhar se volta para a ação soberana de Deus, que convida os seres humanos – independentemente de seu passado religioso – para o seu reino. Jesus proclama o Reino de Deus em parábolas, por exemplo, do casamento e do banquete (Mt 13,1-53; Mt 22,1-14 par.) e o desdobra programaticamente no Sermão do Monte (Mt 5–7 par.). Não descreve sua natureza, mas sim a relação dos seres humanos com Ele, para que os ouvintes se vejam incluídos aos eventos da vinda do Reino de Deus e sejam forçados a se posicionar em relação a ele. A proximidade iminente do domínio de Deus incentiva o arrependimento. Mas seu recebimento não é uma questão de mérito, mas sim da fé (Mt 21,31s.) e de aceitá-lo como uma criança (Mc 10,13-16 par.). Ao mesmo tempo, a proximidade do domínio de Deus exige uma decisão radical e uma conduta nova na imitação de Jesus (Mt 6,33 par.), que relativiza as regras morais tradicionais (Lc 9,59s. par.). É provável que Jesus tenha confirmado a expectativa do domínio de Deus também em face de sua morte iminente e vinculado seu destino a Ele (Mc 14,24s.). A interpretação de sua morte como expiação abre a possibilidade de considerar válida a oferta salvífica de Deus também na situação de sua recusa. Cada um dos evangelhos fala da proclamação de Jesus do Reino de Deus com uma ênfase distinta. Em Marcos, o Reino de Deus no presente passa para o segundo plano; ele se concentra na meta salvífica, que, por ora, só deve ser vista de modo antecipatório (Mc 9,1-9). Mateus confere um aspecto ético à mensagem do Reino de Deus por meio da reivindicação da justiça melhor (Mt 5,20) e por meio do uso mais frequente do motivo do juízo. Lucas enfatiza o prazo até o advento do reino, que deve ser aproveitado (Lc

19,11-27). Segundo a obra histórica de Lucas, a proclamação do Reino de Deus é continuada na proclamação da Igreja (At 8,12; 19,8). João vincula o domínio do Rei, que – em geral – não ocupa um papel de destaque (apenas Jo 3,3.5), aos eventos da paixão (Jo 18,36). Na proclamação paulina, o Reino de Deus apresenta traços parecidos com os da mensagem de Jesus: Trata-se de uma grandeza salvífica que se evidencia no presente (1Cor 4,20), mas é alcançada apenas no futuro (1Cor 6,9s.). Mas o tema já não tem mais tanto peso. Tematicamente, seus conteúdos são integrados à fala da justiça de Deus e da justificação. Do ponto de vista sistemático e teológico, ocorre no NT uma concentração cristológica: O representante terreno do reinado de Deus se transforma em seu portador (Mt 16,28) até ele o devolver a Deus (1Cor 15,24). Do reino de Cristo ou do Filho falam também Ef 5,5; Cl 1,13; 2Tm 4,1.18. O Apocalipse de João descreve o reinado de Deus e de seu Ungido (Ap 11,15; 12,10) mediado por sua imposição num reino milenar (quiliasma), no qual Cristo reinará com os mártires (Ap 20,1-15). De um lado, as esperanças bíblicas se voltam para uma realização do Reino de Deus dentro da história e do mundo; de outro, para um Reino de Deus cuja realização já não pode ser concebida dentro das circunstâncias históricas. A história de sua exegese tende a excluir sua referência histórica. A fala do Evangelho de Mateus do "reino dos céus" (uma expressão comum na teologia rabínica para o domínio de Deus) leva à interpretação do Reino de Deus como realidade transcendente futura no além; a tradução de M. Lutero de Lc 17,21, segundo a qual o Reino de Deus estaria "dentro de vós" [*inwendig in euch*; literalmente: "interiormente em vós"], sugere uma espiritualização. Do ponto de vista bíblico, porém, a fala do Reino de Deus é a fala de Deus em sua vinda concreta e histórica, com a qual Ele impõe sua vontade salvífica para toda a criação de forma definitiva. – **(2)** A interpretação da Igreja antiga oscila entre a compreensão do Reino de Deus como uma realidade escatológica distinta da realidade terrena atual, perdendo assim sua dimensão do presente (Irineu de Lyon [† por volta de 200]), e espiritualizações do Reino de Deus como domínio atual de Deus ou de Jesus Cristo nos corações (Orígenes [† 253/254]). Numa concentração cristológica, Jesus Cristo é identificado como Deus "em pessoa" (em grego: *autobasileia*) (Orígenes, comm. in Mt 14,7). Irineu de Lyon (haer. 5,31-36) acata concepções quiliásticas do reinado de Jesus Cristo para mediar entre as promessas terrenas e escatológicas do AT. Concepções de uma "teologia do reino" (Eusébio de Cesareia [† 339/340]) identificam o Império Romano sob o Imperador Constantino como realização do Reino de Deus. Enquanto essa interpretação política é preservada na parte oriental da Igreja, o declínio do Império Romano ocidental gera certa sobriedade na Igreja latina. Segundo Agostinho († 430), não se deve esperar uma realização histórica do Reino de Deus, nem no domínio político nem na Igreja. Apesar de esta representar a grandeza atribuída ao Reino de Deus, não é idêntica a ele. O estado de Deus (*Civitas Dei*) não se realiza numa realidade institucional, mas sim por meio de uma orientação interior do ser humano. Na Idade Média, a visão agostiniana é reinterpretada. A autocompreensão eclesiástica responde – desde Gregório VII – à sacralização carolíngia e otoniana do império secular (cf. a coroação de Carlos Magno, em 800) com a identificação da Igreja com o Reino de Deus. As tradições místicas, por sua vez, localizam o Reino de Deus na alma do ser humano. Joaquim de Fiore († 1202) entrelaça o presente e o futuro do Reino de Deus: vê o advento do tempo (do reino) do Espírito no presente e sua imposição definitiva no futuro próximo. Refutando essa expectativa, Tomás de Aquino († 1274) faz uma distinção entre a presença interior do Reino de Deus na Igreja e sua realização plena num além celestial. Orientando-se pela Contrarreforma, a Igreja do barroco se compreende como Reino de Deus na terra. No contexto do pensamento moderno, aumenta o interesse pela realização imanente (dentro da história) do Reino de Deus. Seu advento converge com o progresso imanente, que a filosofia descreve como Iluminismo, humanidade aperfeiçoada e ideal moral. O Reino de Deus como realidade reconciliada se torna uma ideia universal da razão. Adoções teológicas de concepções "secularizadas" do Reino de Deus na teologia protestante tendem a postular uma realização imanente do Reino de Deus, que pode ser alcançada na sociedade e na cultura. A identificação neoescolástica da Igreja com o Reino de Deus recalca na teologia católica outras tentativas (principalmente da Escola de Tübingen) de mediar entre a mensagem do domínio de Deus e o pensamento moderno. Com a redescoberta da dimensão do significado bíblico teocêntrico e escatológico no século XX, essa característica indedutível volta a ser ressaltada. Em tempos mais recentes, o interesse se volta para a relação entre o reino vindo de Deus e os processos históricos de libertação (teologias da libertação) e para sua mediação em símbolos históricos reais (M. Kehl; M. Knapp). – **(3)** O Credo Niceno-constantinopolitano acata, contra a acepção merceliana da delimitação do domínio de Jesus Cristo, a formulação: "cujo reino não terá fim" (DH 150; cf. DH 41). Durante muito tempo, o motivo do Reino de Deus não ocupa nenhum papel importante até o Concílio Vaticano II, quando este volta a despertar a tensão escatológica fundamentada numa orientação pelo Reino de Deus. A proclamação do domínio de Deus é apresentada como centro da proclamação de Jesus e como comissão da Igreja em todos seus membros (LG 5; 35s.). Rompe-se assim a tendência anterior de identificar a Igreja com o Reino de Deus. A Igreja, "o reino de Cristo já presente no mistério" (LG 3), é "semente e início" do reino de Cristo e de Deus na terra, mas busca, ela mesma, alcançar o reino consumado (LG 5; 9). Enquanto ressalta a fundamentação indedutível do reino a partir de Deus, reconhece, por outro lado, os esforços humanos em prol da forma do mundo como contribuição para o crescimento do Reino de Deus (GS 38s.; 93). – **(4)** Em sua doutrina dos dois reinos, a teologia luterana distingue o Reino de Deus (interior), no qual o Evangelho proclama a justificação pela graça, do reino do mundo, que, por meio da lei, precisa fornecer justiça em meio a circunstâncias seculares, marcadas pelo pecado. A teologia reformada, por sua vez, dá uma ênfase maior à figuração (mediada pela Igreja) do Reino de Deus em circunstâncias terrenas. – **(5)** A esperança do domínio de Deus e a fé na existência divina de Deus e na sua qualidade como Criador acredita que, no fim das contas, Deus não perderá o controle sobre o mundo e que Ele o criara de antemão como espaço para a realização da justiça e da plenitude divinas. Com a proclamação de Jesus da proximidade do domínio de Deus, a teologia cristã se vê desafiada a preservar a tensão entre o presente e o futuro. As interpretações cristológicas e eclesiais tendem a ignorar o "ainda não" do Reino de Deus; por outro lado, existe a tentação de negligenciar a presencialidade do Reino de Deus. A teologia mais recente procura mediar por meio do reconhecimento de realizações contestadas, mas mesmo assim eficazes do Reino de Deus no sentido de símbolos reais, que procuram alcançar sua forma plena – mesmo que através da cruz. Consequentemente, a relação entre a realização do Reino de Deus e o progresso histórico precisa ser tensional. Deus impõe seu domínio por meio de sua iniciativa soberana e não depende das condições do mundo ou do ser humano. O domínio de Deus se aproxima do ser humano de um lugar que fica além de suas próprias possibilidades; categorias do desenvolvimento e do progresso são inadequadas para descrever seu advento. Não é à toa que os textos bíblicos dão a entender que a realização do domínio de Deus está vinculada a transtornos fundamentais de dimensão cósmica, pois de outra forma a salvação divina não pode ser instaurada. Mesmo assim, os seres humanos devem corresponder ao Reino de Deus com seus atos e participar dele (Cl 4,11). As estruturas terrenas não podem erguer o Reino de Deus, mas o reino vindouro almeja uma mudança também das estruturas e instituições. Elemento constitutivo da compreensão do Reino de Deus é sua referência à realidade em todas as suas dimensões. Interpretações espiritualizantes do Reino de Deus, ao falarem do domínio interior de Deus nos corações, designam um aspecto importante, mas ignoram injustamente a realização do Reino de Deus no mundo, no qual Deus é "tudo em tudo". A fala do domínio de Deus inclui, pelo menos implicitamente, uma determinação relacional das condições de domínio terrenas. É justamente por isso que as concepções do domínio de Deus se mudam com as condições históricas e concretas de domínio. Em modelos do pensamento teocrático, o domínio de Deus é usado para justificar os sistemas de domínio existentes. A esperança do advento do reinado de Deus, porém, pode se voltar também criticamente contra formas de domínio terreno, que inevitavelmente vêm acompanhadas de injustiças. Ao substituí-las, o Reino de Deus instaurará direito e justiça para todos os seres humanos.

Lit.: a) HAAG, E. et al."Herrschaft Gottes". *LThK*, 5. 3. ed., 1996), p. 26-38. • MERKLEIN, H. *Jesus, Künder des Reiches Gottes*. 2. ed. Tübingen, 2000, p. 115-139 [HFTh, 2]. b) e c) KNAPP, M. *Gottes Herrschaft als Zukunft der Welt*. Würzburg, 1993 [BDS, 15]. c) KEHL, M. *Eschatologie*. Würzburgo, 1986. • KRAUS, H.J. *Systematische Theologie im Kontext biblischer Geschichte und Eschatologie*. Neukirchen-Vluyn, 1983. • SECKLER, M. "Das Reich-Gottes-Motiv in den Anfängen der Katholischen Tübinger Schule". *ThQ*, 168, 1988, p. 257-282.

Eva-Maria Faber

Domínio de Deus/Reino de Deus, I. na teologia ↑ *presença de Deus,* ↑ *Deus,* ↑ *ação de Deus,* ↑ *Jesus histórico,* ↑ *amor,* ↑ *mistérios da vida de Jesus,* ↑ *sacramentalidade da Igreja,* ↑ *visibilidade da Igreja,* ↑ *verdade da fé.* – A presença graciosa de Deus no mundo por Ele criado, que – pelo menos a princípio – prepara o mundo para a comunhão com Deus. Esta se desenvolverá plenamente num novo céu e numa nova terra. O domínio de Deus, ou o Reino de Deus, é a categoria central na teologia de Jesus e um critério elementar de avaliação de toda teologia cristã. – **(1)** É principalmente Isaías (6,1-11) que contrapõe o domínio de Deus, que preenche o mundo, à separação calamitosa da política e religião praticada pelo Rei Acaz. No Dêutero-Isaías (40–55), essa visão se amplia e se transforma em uma perspectiva universal de um domínio que virá para renovar o povo de Israel de forma radical. Enquanto Zacarias 12–14 localiza o domínio de Deus em Jerusalém, ou seja, o compreende como espaço para o qual todos os povos peregrinarão no fim dos tempos, Daniel 1–7 o interpreta de modo temporal e escatológico e o vê no contexto dos esquemas dos quatro reinos: No "fim dos dias" (Dn 2,28) Deus fará surgir, por meio de um juízo que relativizará qualquer poder terreno, um reino indestrutível. Os rabinos vinculam o Reino de Deus à expectativa messiânica, e assim o historicizam. Nesse contexto, é característico da teologia de Jesus sobre o Reino de Deus que todos precisam voltar-se radicalmente para ele (Mc 1,15). Apenas aquele que reconhecer a sua impotência chegará a ele. Muitas parábolas de Jesus enfatizam isso, por exemplo, a moeda perdida (Lc 15,8s.), as virgens sábias e as virgens tolas (Mt 25,1-13), o filho pródigo (Lc 15,11-32), os trabalhadores no vinhedo (Mt 20,1-16). O Reino de Deus é uma reivindicação do domínio libertador de Deus entre os seres humanos, por isso, Jesus o atribui primeira e principalmente àqueles que são marginalizados pelos poderes e potências. Quem, a despeito de resistências fundamentais, permanece firme na justiça e no amor ao próximo, vivencia sua força – assim o afirmam as bem-aventuranças do Sermão do Monte (Mt 5,2-12). O Reino de Deus remete ao próprio Deus, mas após a morte de Jesus (como afirmam já os sinóticos) ele serve também como exemplo de seu significado messiânico. Nos escritos paulinos, a conotação cristológica do conceito do Reino de Deus é reforçada; a esta, junta-se também um significado eclesiológico (Rm 14,17: o Reino de Deus no Espírito Santo; Gl 5,21; 1Ts 2,12; 1Cor 6,9s.: sem justiça e com uma postura carnal não há Reino de Deus). Os escritos joaninos também pressupõem para o Reino de Deus a fé em Cristo e sua presença simbólica tanto no presente quanto no fim dos tempos (Jo 3,5; Ap 11,15; 20,4). – **(2)** A caracterização de Orígenes († 253/254) segundo a qual o próprio Jesus é "o domínio dos céus" (em grego: *autobasileia*), ou seja, o Reino de Deus (hom. in Mt 14,7) já vai além da posição bíblica. Mas ela não consegue se impor. O que se torna popular é a relativização do Reino de Deus pela concepção de Agostinho († 430) da *Civitas Dei*, que se opõe criticamente à *civitas terrena*, ao Estado terreno e à postura por ele representada. Anuncia-se aqui o antagonismo entre imperador e papa. Nesse contexto, a Idade Média concebe o Reino de Deus como Estado ideal de um reino da paz cristão, cuja realização é empreendida pelos quiliastas e pregadores de penitências, pelos cruzados e templários, pelas repúblicas monásticas e movimentos de pobreza. Durante a Reforma, essa ideia ainda influi sobre o Reino de Deus da "nova Jerusalém" dos anabatistas em Münster. No contexto do idealismo alemão, a Escola Católica de Tübingen (J.S. Drey [† 1853]) transforma o Reino de Deus em uma grandeza ética da revelação divina histórica. A diferenciação de A. Loisy († 1940) entre o Reino de Deus na proclamação de Jesus e a Igreja concreta como sua manifestação histórica é refutada pelo antimodernismo católico em prol da ideia de uma *societas perfecta*, que seria a Igreja e a única capaz de defender o Reino de Deus contra o Estado. Com A. Schweitzer († 1965), as práticas do Reino de Deus começam a ter efeito como princípios teológicos de ação, que se dedicam a uma escatologia consequente e prática. Na teologia da libertação latino-americana (J. Ellacuría [† 1989], J. Sobrino), o Reino de Deus, como essência de uma primazia da prática, se torna o conceito decisivo da opção pelos pobres. – **(3)** Do ponto de vista magisterial, temos apenas afirmações sobre o Reino de Deus feitas pelas assembleias gerais dos bispos latino-americanos (principalmente Medellín 1968 com ênfase mariológica e a declaração "Juventude, Igreja e Transformação", de 1984, com o tema "civilização do amor" como "Reino de Deus hoje"). – **(4)** Mesmo que o Reino de Deus se realize por completo apenas no fim dos tempos, a fé ortodoxa pretende marcar a existência no aqui e no agora por meio de um *modus vivendi* que corresponda ao Evangelho. Originalmente, as concepções sobre o Reino de Deus eram uma fronteira separadora entre as grandes confissões ocidentais. Enquanto M. Lutero († 1546) atribuía o Reino de Deus ao ofício sacerdotal (e não real) de Cristo e relativizava a pretensão de poder da Igreja com sua "doutrina dos dois reinos" (↑ domínio de Deus I[4]), J. Calvino († 1564) empregou o conceito de modo teocrático; a teologia católica controversa (R. Bellarmin [† 1621]) o submeteu já na época ao pensamento político-estatal da *societas perfecta*. Após o fracasso da teologia histórica progressiva e liberal na Primeira Guerra Mundial, o âmbito protestante elevou o Reino de Deus à escatologia – A. Schweitzer († 1965) sob um ponto de vista ético, K. Barth († 1968) sob uma perspectiva cristológica; este faz da pretensão de poder teológico uma grandeza de resistência contra a política estatal totalitária (Declaração Teológica de Barmen, de 1934). No âmbito católico, o Concílio Vaticano II interpreta a Igreja como povo de Deus a partir do Reino de Deus (Concílio Vaticano II, LG 9), mas já não a identifica mais com este; isso resolve as controvérsias. – **(5)** O Reino de Deus continua a crescer a despeito da impotência do ser humano, pois possui uma qualidade escatológica. Ele é determinado por duas características: a anulação de qualquer jogo de soma zero entre pequenez e grandeza e entre advento e consumação. O reino começa em escala pequena e insignificante, mas justamente isso é o *topos* de sua grandeza, no qual ele se consuma. Por isso, seu triunfo já começou com seu advento.

Lit.: FRICK, R. *Die Geschichte des Reich-Gottes-Gedankens in der alten Kirche bis zu Origenes und Augustin*. Giessen, 1928. • SOBRINO, J. "Die Zentrale Stellung des Reiches Gottes in der Theologie der Befreiung". In: ELLACURÍA, I. & SOBRINO, J. (orgs.). *Mysterium Liberationis - Grundbegriffe der Theologie der Befreiung*. Vol. 1. Lucerna, 1995, p. 461-504. • VANONI, G. & HEININGER, B. *Das Reich Gottes*. Würzburg, 2002 [NEB, 4]. • LUTTERBACH, H. *Das Täuferreich von Münster* – Ursprünge und Merkmale eines religiösen Aufbruchs. Münster, 2008 [Geschichte des Bistums Münster 3]. • ARTUS, O. & ANTIER, G. (orgs.). *Eschatologie et morale*. Paris, 2009, esp. p. 203-222 [Théologie à l'Université, 4].

Hans-Joachim Sander

Doutrina da Trindade ↑ *apropriações*, ↑ *cognoscibilidade de Deus*, ↑ *doutrina de Deus*, ↑ *pessoas em Deus*, ↑ *fala de Deus*, ↑ *Trindade*. – Chamamos de doutrina da Trindade a fala discursivo-conceitual sobre o mistério do Deus trino, que é marcada por diversas abordagens teológicas e muitas vezes demarca o pano de fundo das formulações magisteriais. – **(1)** A Bíblia é seu horizonte; não, porém, seu *locus theologicus*. – **(2)** A doutrina da Trindade manifesta formações discursivas como as propriedades das hipóstases, em Gregório de Nazianzo († 390), ideias personalistas como a busca pelos ternários naturais, em Agostinho († 430), ou especulações metafísicas sobre as "relações subsistentes", em Tomás de Aquino († 1274). A doutrina da Trindade pode ser processada também filosoficamente, em independência total de predeterminações teológicas, como no caso da dialética de G.W.F. Hegel († 1831) ou da tríade elementar de C.S. Peirce († 1914). Pretensões político-culturais também podem impulsionar a doutrina da Trindade, como, por exemplo, o pensamento epocal de Joaquim de Fiore († 1202) – existira, segundo ele, uma época do Pai, outra do Filho e uma última do Espírito – ou a limitação do poder político ao primeiro, segundo e terceiro poder, em C.L. de Montesquieu († 1755). – **(3)** O primeiro passo decisivo do magistério ocorre no I Concílio de Constantinopla, em 381, que atribui a mesma glória divina não só ao Pai e ao Filho, mas também ao Espírito (DH 150). Toda propriedade representa Deus como um todo, o que tem consequências para a Igreja e o Batismo. Nesse sentido, o *filioque*, acrescentado ao Credo Niceno-constantinopolitano no Ocidente, representa um retrocesso teológico: faz sentido apenas em relação a uma concepção imanente (intradivina) da Trindade; em relação à Trindade econômica (salvífica), suscita a suspeita da heresia, pois aparenta sugerir uma subordinação do Espírito ao Pai e ao Filho, dos quais ele procede posteriormente. Os Sínodos de Toledo por volta de 675 (DH 528-530; 568-570) e o IV Concílio de Latrão, de 1215 (DH 803-805) refutam definitivamente o triteísmo, i.e., afirmações que ressaltam a independência das pessoas trinitárias ao ponto de serem vistas como três deuses distintos. No Concílio de Florença (1442), a doutrina das propriedades dos três capadócios se estabelece como fundamento da doutrina da Trindade (DH 1.330). – **(4)** Como "elemento essencial do consenso cristão fundamental" (W. Breuning), a doutrina da Trindade serve como base teológica para a *communio* ecumênica das igrejas. Justamente os pontos de vista confessionais divergentes podem ajudar na busca por uma elaboração adequada da doutrina da Trindade. Isso se evidencia, por exemplo, na discussão atual sobre a ênfase da unidade ou da trindade na autonomia das pessoas trinitárias, onde as posições contrárias são ponderadas por todas as confissões. – **(5)** O desdobramento da cristologia sob uma perspectiva social pelo Concílio Vaticano II (LG 1; GS 22) ainda não foi acatado pela doutrina da Trindade no Ocidente. Existem tentativas de posicionar o Espírito em termos de uma teologia da religião (como em GS 22), mas precisam ser ampliadas. A teologia política e a teologia da libertação, que recorrem à doutrina da Trindade para limitar o poder (J. Moltmann) e à tecnologia social em prol dos pobres (I. Ellacuría [† 1989]) ainda precisam fornecer sugestões discursivas para a relevância pública da doutrina da Trindade. Além disso, a articulação da doutrina da Trindade exerce um papel importante no diálogo entre as religiões.

Lit.: BOFF, L. *A Trindade, a Sociedade e a Libertação*. 3. ed. Petrópolis, 1987. • SPLETT, J. *Leben als Mitsein* - Vom trinitarisch Menschlichen. Frankfurt a.M., 1990. • MOLTMANN, J. *Trinität und Reich Gottes*. 3. ed. Gütersloh, 1994. • STUBENRAUCH, B. *Dreifaltigkeit*. Regensburgo, 2002 [Topos-plus-Taschenbücher, 434].

Terminologia da teologia trinitária

Sopro	*Spiratio*	Termo que designa o processo vital em Deus, no qual transparece o Espírito Santo em sua peculiaridade. Distingue-se: • o sopro ativo: atividade do Pai e do Filho (= por meio do Filho); • o sopro passivo: o Espírito como "resultado" dessa atividade.
Procedência	*processio*	Termo que designa o processo vital em Deus, no qual transparecem o Filho e o Espírito em sua peculiaridade. Existem, portanto, duas procedências: • o Filho do Pai (= geração); • o Espírito do Pai e Filho (por meio do Pai) (= sopro).
Natureza	*natura (ousía, em grego)*	Designação da vida divina *una*.
Noção	*notio*	Caracterização dos processos vitais em Deus, que exemplificam a "particularidade" das três pessoas como relações. São idênticos com as propriedades (↑ apropriações).
Pericorese	*circumincessio*	Termo que designa a vida intradivina e afirma que as três pessoas divinas, em sua interação relacional, se interpenetram completamente (cedere = transpor para algo).
	circuminsessio	Na terminologia latina, o "resultado" é visto como algo mais estático (sedere = estar sentado). O conceito da pericorese evidencia que a essência de Deus, em seu fundamento mais íntimo e profundo, é *amor*.
Pessoa	*persona (hypóstasis, em grego)*	Designação daquilo que distingue o Pai, o Filho e o Espírito na unidade do ser divino uno (↑ pessoas em Deus). A pessoa é o sujeito dos processos vitais divinos.
Propriedade	*proprietas*	Termo que designa as oposições relativas entre as pessoas divinas, fundamentadas no modo de dar e receber do ser divino. Fundamentam então a peculiaridade das pessoas. Resultam cinco *propriedades* (ou noções). Reconhecemos: • o Pai no fato de gerar e soprar sem origem; • o Filho no fato de ser gerado e soprar; • o Espírito no fato de ser soprado.
Relação	*relatio*	Termo que designa a atribuição das pessoas divinas dentro do ser divino uno. Nada expressa que vá além do conceito da *pessoa* (por isso, Tomás de Aquino chama as relações divinas de relações *subsistentes*), no entanto, expressa o modo da existência pessoal. Existem, então, quatro relações: gerações ativa e passiva, sopros ativo e passivo. • Pai: geração ativa, sopro ativo. • Filho: geração passiva, sopro ativo. • Espírito: sopro passivo.

Disso resulta como fórmula da doutrina da Trindade: "*sunt quinque notiones, quattuor relationes, tres personae, due processiones, una natura, nulla probatio* – na Trindade existem cinco noções (propriedades), quatro relações, três pessoas, duas procedências, uma natureza, *nenhuma prova*." Os conceitos não podem explicar o mistério, mas podem evidenciá-lo como tal.

Elaborado por W. Breuning, baseado em BEINERT, W. LKDog. 2. ed. Friburgo/Basileia/Viena, 1987, p. 519-523, aqui p. 522-523.

Hans-Joachim Sander

Doutrina de Deus ↑ *analogia,* ↑ *cognoscibilidade de Deus,* ↑ *epistemologia (teológica),* ↑ *fé,* ↑ *Deus,* ↑ *teologia natural,* ↑ *teologia negativa,* ↑ *doutrina da Trindade.* – Chamamos de doutrina de Deus a representação geral sistemática e crítica das proposições sobre Deus, que, na interação de sua autorrevelação com a razão humana, com a doutrina e a Igreja e com a interpretação contemporânea da tradição e da experiência, é apresentada de forma racional e emocionalmente compreensível. – **(1)** A crítica profética no AT se ocupa primariamente com falas e referências falsas a Deus, como, por exemplo, a oposição de Isaías contra o recurso a Deus como garantia na guerra sírio-efraimita (Is 7). No NT, o foco se volta para o problema do poder. Isso se evidencia de modo especialmente claro nas tentações de Jesus (Lc 4,1-12) e em seus exorcismos de demônios (p. ex., Mc 1,21-28). Jesus resiste a todas as formas de fala sobre Deus que pretendem elevar-se sobre a impotência humana (Mt 25,37-40; Jo 13,13-14). Ele se opõe também quando tentam recorrer a Ele mesmo como intérprete de Deus (Mc 3,10-12; Mt 27,39-44). Sua resposta a isso são a ordem de silêncio e a cruz. As tentações demoníacas de relativizar ambas podem atingir também companheiros próximos de Jesus, como, por exemplo, Pedro (Mt 16,22). Consequentemente, Paulo não se cansa de testemunhar os seus próprios erros gritantes referentes à doutrina de Deus (Gl 1,13s.) antes de seu encontro com o "Evangelho de Deus" no apostolado (Rm 1,1). Para Paulo, portanto, a verdadeira doutrina de Deus é garantida pelo próprio Deus (Gl 1,11s.). Em João, a identificação da verdadeira doutrina de Deus com Deus é realizada pela referência à fala de Deus – o verbo no início (Jo 1,1) – e qualificada como amor (1Jo 4,16). – **(2)** A doutrina de Deus da escolástica medieval acata a fala de Deus da filosofia grega (Platão [† 348/347 a.C.], Aristóteles [† 322 a.C.]). O último auge de uma teologia determinada pela metafísica é Tomás de Aquino († 1274): A doutrina de Deus é dividida nos dois tratados *De Deo uno* (sobre o Deus *uno,* que pode ser conhecido principalmente por meio da teologia natural) e *De Deo trino* (sobre o Deus *trino,* que pode ser reconhecido por meio da revelação). Essa visão é adotada pela escolástica do barroco (F. Suárez [† 1671]); ela subsiste também na neoescolástica até o século XX. A crítica iluminista relega os sistemas de afirmações positivas ao segundo plano. Agora, as tradições das teologias negativa e mística passam a cunhar a doutrina de Deus, que passa a ser determinada cada vez mais por abordagens da intelectualidade pós-moderna. Em sua relação com as formas de conhecimento das ciências naturais, com o pensamento da liberdade existencial e outras religiões, as formas de proposições positivas e negativas lutam pela doutrina de Deus. Essa disputa garante que a doutrina de Deus se desenvolva de modo discursivo e abdutivo (de experiências surpreendentes), e não de modo idealista e encerrado em si mesmo. – **(3)** Na história do magistério, o distanciamento da falsa fala de Deus vem acompanhado pelo apelo à ajuda de Deus para a doutrina de Deus. De um lado, alcança a forma trinitária da unidade de Deus – *non triplex sed Trinitas* (XI Sínodo de Toledo, por volta de 625: DH 528) – que dá continuação às premissas neotestamentárias na ocupação com as filosofias helenísticas; aqui, a doutrina de Deus não é desenvolvida a partir de si mesma, mas em oposição às heresias e meias verdades. De outro lado, enfatiza a soberania de Deus: com a ajuda de doutrinas da onipotência de um Deus criador, que não cria apenas o visível, mas também o invisível (I Concílio de Constantinopla, de 381: DH 150), e com o discurso sobre a criação a partir do nada (↑ *creatio ex nihilo*), que garante a bondade fundamental da dimensão material e física da criação (IV Concílio de Latrão, 1215: DH 800). A doutrina da cognoscibilidade certa e segura da existência de Deus pelos meios da razão (Concílio Vaticano I: DH 3.004) e da ↑ vontade salvífica universal de Deus, que vale também para aqueles que não são membros formais da Igreja (Concílio Vaticano II: GS 3.22), introduz pontos de vista esclarecedores à doutrina de Deus, das quais a teologia não pode fugir. – **(4)** Existem controvérsias entre as grandes confissões apenas em relação ao apreço de uma teologia natural em referência à doutrina de Deus. Por parte do protestantismo, ela é refutada na teologia dialética (K. Barth [† 1968], R. Bultmann [† 1976], J. Moltmann), mas volta a ser instaurada numa doutrina de Deus histórico-teológica (W. Pannenberg). Na questão da adoção ou refutação do pluralismo religioso como também da reortodoxização pós-moderna da teologia (*radical orthodoxy*), as frentes não são interconfessionais, mas intraconfessionais. – **(5)** Deve-se fazer uma distinção rigorosa entre Deus, a fala de Deus e a doutrina sobre a fala de Deus. Deus é o objeto da fala de Deus e se encontra *acima* dessa fala, apesar de Ele mesmo se relacionar a esse lugar linguístico. Esse índice indisponível, negativo e linguístico em vista de Deus representa um entendimento fundamental da doutrina de Deus. Ela exige uma investigação de suas possíveis fontes de erro, mas não se desespera com essa investigação. Decisivos são os modos controversos e precários da fala de Deus, pois devem ser ponderados mais sob o aspecto de suas fontes de erro. Isso pode ser executado pelo magistério eclesiástico em virtude de sua autoridade ou pela própria teologia por força de seus argumentos. Fazem parte da doutrina de Deus, pela qual a teologia se responsabiliza e que não foi proclamada especificamente pelo magistério, estudos extraordinários como a doutrina da satisfação de Anselmo de Cantuária († 1109), em *Cur Deus homo*, a diferença entre *lex aeterna* e *lex naturalis* na *Summa theologica* de Tomás de Aquino († 1274), a convicção de uma opção primária de Deus pelos pobres, a reprovação da guerra – também da chamada guerra justa – em nome de Deus e a justiça definitiva para as vítimas em vista de seus perpetradores. Existe na doutrina de Deus tanto do magistério eclesiástico quanto da teologia um progresso dogmático, que não se orienta pelo oportunismo das opiniões vigentes, mas que trata dos problemas dos quais os seres humanos não conseguem fugir em seu respectivo presente.

Lit.: WERBICK, J. *Gott verbindlich* – Eine theologische Gotteslehre. Friburgo/Basileia/Viena, 2007. • NITSCHE, B. *Gott und Freiheit* – Skizzen zur trinitarischen Gotteslehre. Regensburgo, 2008 [Ratio Fidei, 34]. • BERTEN, I. *Croire en un Dieu trinitaire*. Namur, 2008. • HÄRLE, W. *Spurensuche nach Gott* – Studien zur Fundamentaltheologie und Gotteslehre. Berlim/Nova York, 2008.

Hans-Joachim Sander

Dualismo ↑ *creatio ex nihilo/creatio continua*, ↑ *maniqueísmo*, ↑ *monismo*, ↑ *criação*. – O dualismo no sentido restrito designa a coexistência e oposição entre duas forças básicas, entre duas substâncias originárias ou dois princípios primordiais que não podem ser deduzidos um do outro, não são conciliáveis e não podem ser reduzidos a um. – **(1)** Tanto o AT quanto o NT são marcados pelo poder de Deus que tudo transcende e que não permite nenhum poder antidivino equivalente, que, portanto, também não permite um dualismo. No entanto, os textos de Qumran (1 QS III-IV) em primeiro lugar, mas também o AT e o NT contêm alusões ou pontos de referência dualistas. Fazem parte desses elementos refletidos principalmente em Paulo e João: o dualismo entre corpo e alma (Sb 9,15; Rm 7,22; 1Jo 2,16 et al.), o dualismo entre carne e espírito (Mc 14,38; Gl 5,16ss.; Rm 7,15ss.; Jo 6,63), o dualismo entre luz e escuridão (Ef 5,8-10; 1Ts 5,5-9; Jo 3,19ss.; 1Jo 2,9ss.), o dualismo entre verdade e mentira (Jo 8,44ss.; 1Jo 1,6) e o dualismo entre alto e baixo (Jo 3,13.31; Ef 4,8ss.; Tg 3,15ss.). As atribuições paulinas e joaninas referentes à figura e obra de Jesus, especialmente suas afirmações "Eu sou" (a verdade, a vida, a luz etc.: Jo 8,12; 14,6 et al.) esclarecem, a despeito de toda miséria, a supremacia da vontade salvífica divina. – **(2)** Na história da Igreja e ↑ na história dos dogmas, os dualismos identificados nas Escrituras têm servido como pontos de referência permanentes para dualismos heterodoxos e heréticos. Mas também influências dualistas externas (p. ex., a gnose, o masdeísmo, o zoroastrismo) têm agido dentro da Igreja. Os maniqueus alegam a existência de duas origens, uma para o mundo visível e outra para o mundo invisível, e de duas deidades, um deus do AT e outro do NT. Encontramos projeções do mundo semelhantes nos marcionistas (séculos II a V), nos paulicianos (séculos VII/VIII) e nos bogomilos (séculos IX a XV). Nos séculos XII a XIV, os cátaros e albigenses defendem um segundo princípio primordial, autônomo e antidivino. Frequentemente, o dualismo é usado também como ponto de partida (inviável) para solucionar a questão da teodiceia. – **(3)** Em todos os tempos, a Igreja se volta contra concepções dualistas: DH 1.336-1.340 contra os maniqueus, DH 800-802 contra os cátaros e albigenses. O Papa Leão XIII defende, contra o fatalismo e a predestinação resultante de alguns esboços dualistas, a dignidade do ser humano que resulta de sua liberdade (DH 3.246). – **(4)** A despeito de alguns dualismos históricos e específicos de algumas confissões (M. Lutero: *Deus absconditus/Deus revelatus*; João Calvino: a "predestinação dupla" para a salvação e para a perdição), o dualismo não representa um problema ecumênico perceptível. – **(5)** Um esboço do mundo concebido como abrangente e homogêneo que, mesmo assim, se fundamenta em dois princípios primordiais incomensuráveis, dificilmente escapará da suspeita de uma inconsistência lógica. Existem, por isso, fortes tendências monistas, que reduzem o espírito à matéria, a alma ao corpo, o âmbito mental ao âmbito neuronal, ou encontramos esboços que, sem negar o princípio primordial (muitas vezes concebido como divino), mesmo assim, fazem surgir dele duas realidades (de criação) divergentes: espírito e matéria, corpo e alma, o mental e o neuronal etc. O dualismo cartesiano (o ser humano como *res extensa* e *res cogitans*) foi, provavelmente, a tentativa fracassada de salvar o ser humano de um reducionismo monista-materialista, em virtude da expansão das ciências naturais; mesmo assim, se expressa na acepção do ser humano como máquina (J.O. de La Mettrie [† 1751]), que subsiste até hoje. Muitas vezes, as formas do dualismo entre corpo e alma ou espírito e cérebro são decididas a favor de um monismo neuronal que elimina a dimensão mental, mas sem que este seja capaz de expressar adequadamente tal dimensão. A pergunta se o dualismo no sentido da complementaridade proveniente da física quântica (a natureza ondulatória e corpuscular da mesma luz) pode ser compreendido como perspectivismo em relação ao mesmo objeto é, no mínimo, interessante. Uma teologia da criação verdadeiramente cristã é imune ao dualismo. Apesar de conhecer a diferença duradoura entre criador e criatura, conhece também sua mediação salvífica por meio da revelação, sobretudo por meio da encarnação. Disso tudo não resulta nenhum dualismo, no máximo diversos dualismos (antropológicos) por parte das criaturas que não afetam a essência.

Nos séculos XVII e XVIII, o paralelismo psicofísico foi defendido por pensadores como G.W. Leibniz, N. Malebranche e A. Geulincx. Essa teoria alega que as dimensões física e psicológica não exercem nenhuma influência recíproca, mas, segundo a doutrina da harmonia preestabelecida (Leibniz), se referem uma à outra ou são correlacionadas. Hoje, essa acepção dualista não é mais defendida. No entanto, encontramos ainda ocasionalmente um dualismo das qualidades, desenvolvido a partir do paralelismo psicofísico e representado por Theodor Fechner e Wilhelm Wundt no século XIX e no início do século XX. As posições dualistas defendidas atualmente incluem o interacionismo de Karl Popper, John Eccles e Hoimar von Ditfurth, que compreende o espírito e o cérebro como duas realidades incomensuráveis, mas que interagem uma com a outra. O espírito se serve das estruturas cerebrais físicas como o pianista se serve do piano. No entanto, essa posição dualista não explica onde e como essa interação entre o espírito e a matéria realmente ocorre.

As posições emergentistas e epifenomenalistas não precisam necessariamente ser classificadas como dualistas, pois podem ser vistas também como variantes de posições monistas.

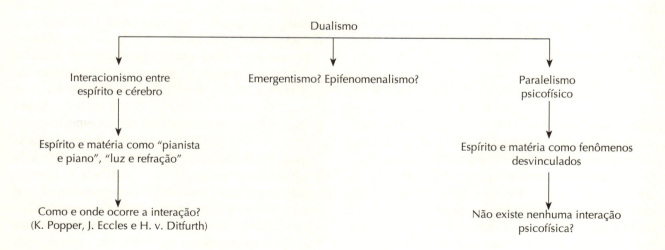

Lit.: BÖHLIG, A. *Die Gnosis* - Der Manichäismus. Zurique/Düsseldorf, 2002. • OSTEN-SACKEN, P. *Gott und Belial*. Göttingen, 1969. • POPPER, K. & ECCLES, J. *Das Ich und sein Gehirn*. Munique, 1997. • RUDOLPH, K. *Die Gnosis*. 3. ed. Göttingen, 1990. • SUNDERMANN, W. (org.). *Tagungsband der 4. Internationalen Manichäismus-Konferenz*. Berlim, 1999.

Ulrich Lüke

Eclesiologia ↑ *domínio de Deus/Reino de Deus,* ↑ *dimensões fundamentais da Igreja,* ↑ *Igreja,* ↑ *imagens da Igreja,* ↑ *ecumenismo.* – Ao contrário de uma reflexão puramente histórica ou sociológica sobre a Igreja, a eclesiologia reflete teologicamente (considerando aspectos da teologia sistemática, do direito eclesiástico e da prática) sobre sua identidade e missão. – (**1**) O NT não conhece uma eclesiologia sistematicamente refletida. Seu programa eclesiológico é um amálgama de perguntas diferentes e desafiadoras: sobre o seguimento correto de Cristo; sobre a relação entre seguimento, discipulado e Reino de Deus; sobre a normatividade da origem (apostolicidade); sobre o procedimento em caso de conflitos dentro da comunidade ou com a sociedade; sobre o relacionamento com a sinagoga e o poder estatal secular. O NT conhece uma eclesiologia implícita, mas também no modo do louvor sobre o fenômeno de que o Cristo ressuscitado se manifesta ao mundo inteiro na da Igreja e por meio dela (Ef 1,3-14; Cl 1,12-20). – (**2**) Após a chamada virada de Constantino no século IV, uma igreja formada por uma minoria se transforma cada vez mais numa potência poderosa, o que leva alguns a crer que o domínio escatológico de Deus já foi realizado (Eusébio de Cesareia [† 339]). Mas já antes disso o crescimento da Igreja causara uma reflexão sobre sua natureza e levara a um conceito da Igreja com tendências dialéticas, que diferencia entre o interior e o exterior da Igreja. Essa direção dualista é seguida por Orígenes ([† 253/254] hom. in Hieremiam 4,3) e – mais tarde – por Agostinho ([† 430] bapt. 5,37.38; civ. como um todo). Sua influência será decisiva na Igreja latina; ela leva, por exemplo, à transformação da mensagem de Jesus sobre o Reino de Deus, que conhece um "já" e um "ainda não", em uma concepção segundo a qual existem na Igreja duas esferas de vivência, a espiritual e a secular – de forma que o clero se separa cada vez mais dos leigos e reivindica para si uma relevância eclesiológica. No que diz respeito à questão da relação entre Igreja e mundo, a Idade Média latina se concentra na reflexão sobre o problema do domínio supremo. Assim, o papa está teoricamente acima do imperador, já que seu poder espiritual implica o poder secular e até mesmo o concede como feudo. Típica dessa acepção é a Bula *Unam Sanctam*, do Papa Bonifácio VIII, de 1302, que, porém, já na época era vista como exagerada: Segundo ela seria necessário "para a salvação de cada criatura, submeter-se ao bispo romano" (DH 875). No entanto, a Igreja também se seculariza, o que provoca movimentos contrários, i.e., tentativas de autonomização por parte do poder estatal e uma tendência secularizadora que perdura até hoje. Na própria Idade Média, a eclesiologia se transforma em um tipo de ciência estrutural dos plenos poderes e em um domínio do Direito Canônico, que, a partir do século XII, age de forma cada vez mais autoconsciente e chega a se estabelecer como verdadeira escolástica. Princípios de tratados decididamente teológicos sobre a eclesiologia (título *De ecclesia*) se desenvolvem já nos séculos XV e XVI. Tratam da relação entre o concílio e o centralismo romano papal e da pergunta de como se deve reagir à Reforma (João de Ragusa [† 1443]; João de Torquemada [† 1468]; título: *Eclesiologia* em Johannes Scheffler [† 1677], conhecido também pelo nome de Ângelo Silésio), mas permanecem marcadas pela apologia e teologia fundamental até a véspera do Concílio Vaticano II: Sente-se ainda por muito tempo o efeito da Contrarreforma, de forma que a eclesiologia é praticada como defesa da Igreja romana, agora relegada ao *status* de confissão, fortemente munida com os argumentos de R. Bellarmin († 1621), adversário de Lutero, suscitando assim a impressão de que a eclesiologia nada mais é do que uma apologia polêmica e a transfiguração argumentativa do papa. Seguem nessa linha também os teologúmenos eclesiológicos, que se manifestam fortemente principalmente no século XIX, como, por exemplo, o discurso sobre a Igreja como *societas perfecta* que, apesar da relativização política, consegue se impor de modo completamente autárquico e socialmente dominante (papas Gregório XVI, Pio IX e Leão XIII). O pensamento e os escritos são estritamente papistas, hierárquicos e até mesmo hierocráticos; o papa se encontra no topo de uma pirâmide e é, de certo modo, "o todo da Igreja" (CONGAR, Y. HDG, p. 89s.). A eclesiologia serve para demarcar, isolar e preservar o antigo, para disciplinar os fiéis e clérigos e também para apresentar de forma coesa os bens intelectuais da Igreja. Tudo isso atingiu seu auge no Concílio Vaticano I, mas a grande era da eclesiologia se anuncia no século XX com as decisões do Concílio Vaticano II. Desde então, a maioria das publicações científicas recorre a elas. – (**3**) Os papas Gregório XVI, com a Encíclica *Mirari vos* (1832), e Pio IX, que, em 1864, promulga o *Syllabus Errorum*, ensinam uma eclesiologia da *societas per-*

fecta. Tanto mais surpreende a virada provocada pelo Concílio Vaticano II: todos os seus textos são impregnados de eclesiologia, e as constituições LG e GS defendem explicitamente uma visão que rompe com as limitações das tradições mais antigas (padres, Idade Média), mas sem enfraquecer as mais recentes (do século XIX). Isso suscitou a impressão de que o concílio estaria defendendo duas eclesiologias contrárias sem a tentativa de reconciliá-las (A. Acerbi). Aquilo que outros têm chamado de "compromisso contraditório" (M. Seckler, O.H. Pesch) é, porém, a tentativa de vincular aspectos canônico-jurídicos da autocompreensão da Igreja a concepções comuniais e trinitárias. Determinações pós-conciliares referentes à formação dos sacerdotes esboçam o lugar e o perfil da eclesiologia em termos de uma teologia fundamental (perspectiva externa) e dogmática (perspectiva interna). – **(4)** Enquanto a reflexão ortodoxa sobre a eclesiologia se dá de forma mais indireta por meio da liturgia (sobretudo a eucaristia) e da tradição patrística e desconhece quaisquer rupturas, os protestantes, desde o início, são obrigados a justificar sua eclesiologia: M. Lutero († 1546) contrapõe os princípios da Escritura (*sola scriptura*), da fé (*sola fides*) e da graça (*sola gratia*) à dominância do jurídico e hierárquico, ou seja, àquilo que podia ser definido e estabelecido externamente. Nesse sentido, a eclesiologia protestante também apresenta um caráter secundário: A Igreja é a comunhão dos crentes, na qual o Evangelho é proclamado e ouvido, mas não é em si um instrumento salvífico. No diálogo ecumênico, surgiram divergências principalmente referentes à questão do ofício (ofício do bispo e do papa) e à pergunta se a Igreja em si já possui um efeito sacramental e, portanto, salvífico. No entanto, há convergências na determinação dogmática da essência da Igreja (documento de Lima [1982]; nos documentos do Conselho Mundial de Igrejas "Das Wesen und die Bestimmung der Kirche" [2000] e "Wesen und Auftrag der Kirche" [2005]). – **(5)** A Igreja é uma realidade social e política e, por isso, está sujeita a mudanças históricas. Mesmo assim, ela permanece um mistério salvífico e é, nesse sentido, independente das evoluções do tempo e do pensamento. Cabe então à eclesiologia a tarefa de considerar ambas as dimensões, coisa que deve fazer de forma crítica e objetiva sem ceder a simplificações ou unilateralismos. Poderíamos falar de um componente do tipo "apesar de tudo isso" que precisa impregnar a teologia dogmática. Pois desde sempre a realidade e o ideal da vida eclesiástica conflitavam um com o outro, e isso também não mudará enquanto este mundo perdurar. Portanto, parece-nos perfeitamente legítimo recorrer a determinações sociais e perguntar se e em que medida as nossas eclesiologias são adequadas para refletir o mistério da Igreja. Mas o Concílio Vaticano II deixou claro que alguns critérios precisam ser respeitados: A Igreja é, em sua essência, sacramento, *communio*, povo de Deus. Estas são formas de pensamento que exerceram sua influência ao longo das eras? A eclesiologia tem a obrigação de reunir, analisar e desenvolver as abordagens de um ponto de vista histórico e sistemático para que permaneça visível e exprimível o que a Igreja é e como ela deve ser: um "sacramento universal da salvação" (LG 25; GS 44).

Lit.: CONGAR, Y. "Die Lehre von der Kirche". *HDG* 3,3d, 1971, p. 1-127. • FRIES, H. "Wandel des Kirchenbildes und dogmengeschichtliche Entfaltung". *MySal*, IV/1, 1972, p. 223-285. • GARIJO-GUEMBE, M. *Gemeinschaft der Heiligen*. Düsseldorf, 1988. • KEHL, M. *Die Kirche*. 4. ed. Würzburg, 2001. • KRAUS, G. *Die Kirche – Gemeinschaft des Heils*. Regensburgo, 2012. • LOHFINK, G. *Braucht Gott die Kirche?* – Zur Theologie des Volkes Gottes. 5. ed. Friburgo/Basileia/Viena, 2002. • MAFFEIS, A. "Kirchliche Einheit und Weltverantwortung der Kirchen". In: WALTER, P. (org.). *Kirche in ökumenischer Perspektive*. Friburgo/Basileia/Viena, 2003, p. 487-503. • MARTINI, C.M. *Die Kirche*. Mailand, 2003. • WALTER, P. "Die deutschsprachige Dogmatik zwischen den beiden Vatikanischen Konzilien untersucht am Beispiel der Ekklesiologie". In: WOLF, H. (org.). *Die katholisch-theologischen Disziplinen in Deutschland 1870-1962*. Paderborn et al., 1999, p. 129-163 [Programm und Wirkungsgeschichte des II. Vatikanums, 3]. • WERBICK, J. *Grundfragen der Ekklesiologie*. Friburgo/Basileia/Viena, 2009.

Johanna Rahner

Ecologia ↑ *imagem de Deus*, ↑ *criação*, ↑ *preservação do mundo*. – O termo provém de E. Haeckel († 1919), que o cunhou em 1866. Ecologia designa hoje toda a disciplina biológica com orientação holística, que investiga as relações dos seres vivos entre si e seus ambientes bióticos e abióticos. Pode focar em espécies (ecologia das espécies), em unidades de procriação (ecologia populacional) e em comunidades de vivência (sinecologia) e inclui em todos os casos o ser humano e seus atos. – **(1)** Os escritos bíblicos conhecem ainda a integração natural do ser humano em seu meio ambiente. O Adão da narrativa javista, que recebe o sopro da vida de Deus, provém da *adama* hebraica, do pó da terra (Gn 2,4-7), e recebe dela sua existência (*dam* significa sangue) e seu nome. Sua tarefa de "cultivar e guardar" o jardim (Gn 2,15) pode ser vista como data mitológica inicial de toda ecologia. Por causa da culpa do homem (Gn 3,1-24), a integração paradisíaca se perde. A tradição sacerdotal, que ressalta que toda criação é boa, contém uma multiplicidade de aspectos ecológicos. A missão de abençoar e dominar a criação (Gn 1,28) não pode ser interpretada como permissão para uma conduta humana arbitrária, mas apenas como incumbência de dar continuação à ação criativa de Deus. A mitologia, também sacerdotal, do dilúvio e da arca de Noé (Gn 6-9) conhece, por um lado, a culpa da humanidade merecedora de castigo, que também afeta suas cocriaturas (Gn 6,5-8) e, por outro, o homem salvo, que só é salvo como salvador de suas cocriaturas (Gn 7-8). A tradição profética imagina em sonhos a paz animal (Is 11,6-9; 65,25; Ez 34,25-31; Os 2,20-25) a perfeição e harmonia escatológica. No NT, Jesus eleva imagens da natureza a sinais da promessa e vincula sua mensagem da esperança a sinais da plenitude da vida, a milagres na natureza (Mt 14,22-33 par.), do pão (Jo 6 par.), do vinho (Jo 2) e da cura (Jo 5 par.). Tudo isso culmina em sua passagem e superação da morte e na promessa de uma vida plena para toda a criação num novo céu e numa nova terra (Ap 21). – (**2**) Não existe, na história da teologia dogmática, um desdobramento que vá além do diagnóstico bíblico e que vise a uma ecologia num sentido mais restrito. A ecologia não é um tratado teológico tradicional. Durante muito tempo, a teologia tem defendido uma visão antropocêntrica da natureza e praticamente ignorou as implicações da teologia da criação. Isso mudou apenas em tempos recentes: em 1967, Paulo VI fundou a Comissão Pontifícia Justiça et Paz; nas dioceses existem, desde então, comissários ecológicos. – (**3**) A cognoscibilidade natural de Deus a partir das coisas criadas, formulada pelo Concílio Vaticano I (DH 3.004), faz do mundo natural um lugar e instrumento do conhecimento de Deus e assim lhe confere, além de todas as atribuições biológicas, valor e dignidade. O Concílio Vaticano II confirma essa posição. Ressalta, além disso, a dignidade especial do ser humano dotado dos dons do Espírito (DH 4.314), mas sem excluí-lo da comunidade do destino de suas cocriaturas não humanas, pelas quais deve ter um cuidado especial (também por meio de desenvolvimentos técnicos e científicos [DH 4.334ss.]). – (**4**) Desde 1983 (Conselho Mundial de Igrejas, de Vancouver), o chamado processo conciliar acionou uma iniciativa voltada para problemas ecumênicos e, ao mesmo tempo, ecológicos. Esta se deve ao reconhecimento que os cristãos não conseguirão resolver os problemas centrais do nosso tempo e do nosso mundo, se insistirem em seu partidarismo confessional, antes precisam desenvolver uma ação ecumênica conjunta e, nessa atividade compartilhada, criar vínculos também entre si. Nos níveis europeu (Basileia, 1989; Graz, 1997; Sibiu, 2007) e mundial (Seoul, 1990; Harare, 1998), tratamos desde então de três problemas intimamente interligados: da paz, da justiça e da preservação da criação. – (**5**) Um mundo com armas nucleares e com um número de combatentes em contínuo crescimento pode desencadear guerras por recursos naturais ou guerras religiosas e basicamente destruir a vida na terra. Uma exploração desenfreada de energias fósseis é capaz de desencadear uma catástrofe climática, tornar inabitáveis regiões inteiras, destruir povos e ambientes de vivência animal e vegetal. A transformação de genomas dos vírus, de seres unicelulares, de plantas e animais pela biotecnologia pode ter consequências imprevisíveis nas áreas da medicina, da biologia agrária, da economia social e até mesmo na área militar. Os três problemas mencionados acima sempre estão envolvidos. Uma teologia cristã, cuja tarefa é a busca e a restauração da paz e da justiça e que se orienta pela dignidade da criação, precisa se empenhar em uma ação ecumênica conjunta e com conhecimentos ecológicos tanto na ciência quanto na vida prática para reconhecer e cumprir a vontade de Jesus Cristo neste tempo para este tempo. A constituição de uma ética pacífica, social e ecológica adequada aos tempos e conflitos na base da imagem cristã do mundo e do ser humano é uma tarefa duradoura da teologia cristã atual com dimensões políticas mundiais.

Lit.: ALT, F. *Der ökologische Jesus* – Vertrauen in die Schöpfung. Munique, 2002. • MEADOWS, D.; RANDERS, J. & MEADOWSIS, D. *Grenzen des Wachstums* – Das 30-Jahre-Update: Signal zum Kurswechsel. Stuttgart, 2004. • SCHMITTHENNER, U. *Der konziliare Prozess* – Über Gerechtigkeit, Frieden und Bewahrung der Schöpfung. Idstein, 1998. • SCHOCKENHOFF, E. *Ethik des Lebens*. Friburgo/Basileia/Viena, 2009.

Ulrich Lüke

Ecumenismo ↑ *unidade da Igreja,* ↑ *modelos de unidade,* ↑ *credo,* ↑ *catolicidade da Igreja,* ↑ *Igreja e igrejas,* ↑ *confissão.* – Ecumenismo é o termo geral para todas as atividades e empreendimentos para o avanço da unidade dos cristãos. Por vezes, o termo é usado também incorretamente para as relações dialógicas entre as religiões. – **(1)** No NT, o termo "ecúmena" (do grego: *oikumene*, terra habitada, cultivada) tem, além de seu significado cósmico (Mt 24,14), também um significado geográfico e político como designação para o Império Romano (Lc 2,1); aponta sua universalidade e validade. Corresponde a isso a pretensão de universalidade do cristianismo, que, desde o início, teve que lutar pela sua "integridade", "identidade" e "unidade" (assim, p. ex., em vista do convívio de cristãos judeus e gentios, Gl 2; At 15). João expressa várias vezes sua preocupação com a harmonia na comunidade dos discípulos (Jo 17,11.21ss. et al.), e das epístolas de Paulo (sobretudo 1Cor 1,10-17; 11,18s.; 12,25) transparece que já a primeira geração dos cristãos era ameaçada por partidarismos e as separações resultantes (Ef 2,11-22). – **(2)** A transição do cristianismo de uma minoria perseguida para uma religião imperial sustentadora do Estado e da cultura (a partir de 381) leva a uma nova consciência da unidade e universalidade. As reuniões locais dos bispos se transformam em "concílios ecumênicos", apontando assim que toda a Igreja se orienta por um princípio comum e que a unidade é também uma questão de razão estatal. Mesmo assim, ocorrem graves conflitos no decurso da história da Igreja – também em virtude de mudanças políticas e culturais: no século V, por causa de diferenças cristológicas no Oriente; no século XI, entre Roma e Bizâncio (Constantinopla), no século XVI, por causa da Reforma. Ninguém deseja esses cismas, por isso, há tentativas de unificação. Referente à alienação entre o catolicismo e os gregos, os chamados concílios de união em Lyon (1274; DH 850-861) e Florença (1439; DH 1.300-1.308) tentam uma aproximação, mas não alcançam seu objetivo, até aprofundam o cisma. O fato de algumas igrejas orientais autônomas terem chegado a um acordo com Roma (as chamadas igrejas católicas gregas, p. ex., na atual Ucrânia) praticamente não mudaram a situação na época e apresenta hoje uma conotação basicamente negativa sob o termo do "uniatismo". Três correntes contribuem para o alvorecer da consciência ecumênica no Ocidente: a) *O humanismo* (Erasmo de Roterdã [† 1536]; os chamados "irênicos"): Reivindica-se o reconhecimento da doutrina e prática comum dos primeiros cinco séculos (*consensus quinquesaecularis*), a limitação da discussão aos "artigos fundamentais" da fé, necessários para a salvação, a ênfase nas exigências éticas do Evangelho. b) *O Iluminismo*: Insiste-se no núcleo ético de todas as religiões, na relativização dos confessionalismos e na necessidade da liberdade de consciência e religião (deísmo inglês e alemão; a "Parábola dos Anéis", de G.E. Lessing [† 1781]). c) *O pietismo*: Busca-se o consenso menos por meio da disciplina eclesiástica externa, mas mais por meio da interioridade e prática piedosa da fé (renascimento interior). As confissões são reconhecidas como manifestações concretas e históricas da Igreja una verdadeira, postura esta que, mais tarde, resultará na chamada *branch theory*: as igrejas como ramos (*branches*) do mesmo tronco. – **(3)** A postura tradicional do magistério diante do ecumenismo era a concepção defendida ainda em 1928 pelo Papa Pio XI (Encíclica *Mortalium Animos*: DH 3.683) e posteriormente reafirmada repetidamente (*Monitum*, 1948; *Instructio*, 1950) segundo a qual a unidade do cristianismo só poderia ser reestabelecida por meio do retorno dos cristãos separados para o "lar paterno comum" da Igreja Católica Romana (ecúmena do retorno). A situação mudou com o Concílio Vaticano II (LG 8,15; UR): "Elementos" da eclesialidade verdadeira são reconhecidos também fora da Igreja de Roma (consenso diferenciado), e denominações concretas são estimadas como instrumentos do Espírito Santo. O concílio desenvolve "princípios do ecumenismo" do ponto de vista católico (UR 2-5) e sugere passos concretos para sua realização (UR 6-11). Nos anos de 2000 e de 2007, a Congregação para a Doutrina da Fé volta a adotar um tom mais rígido (Declaração *Dominus Iesus*: DH 5.085-5.089; *Respostas*: DH 5.108): apenas a Igreja Católica Romana é verdadeiramente Igreja de Jesus Cristo (as igrejas orientais são reconhecidas pelo menos como "igrejas parciais"). Com isso, o modelo do retorno volta a atrair as atenções. No entanto, nas décadas antecedentes, haviam sido realizados numerosos diálogos ecumênicos bilaterais e multilaterais em nível nacional e internacional, resultando principalmente na Declaração Conjunta sobre a Doutrina da Justificação, de 1999. Desde 1988, o "Pontifício Conselho para a Promoção da Unidade dos Cristãos" é o parceiro de diálogo oficial por parte do Vaticano e coordenador do ecumenismo sob a égide católica. – **(4)** O "movimento ecumênico" no sentido mais restrito é um fenômeno da Modernidade iniciado pela teologia protestante e sustentado primariamente por ela. Isso se manifesta também na fundação de organizações confessionais mundiais: 1867, *Anglican Communion* e início das *conferências de Lambeth*; 1875, *Aliança Mundial das Igrejas Reformadas*; 1881, início das *Ecumenical Methodist Conferences*; 1889, *União da Velha Igreja Católica de Utrecht*; 1905, *Aliança Mundial dos Batistas*; 1923, *Convento Luterano Mundial*, do qual surgiu em 1947 a *Federação Luterana Mundial*. Concomitantemente, pessoas privadas realizam numerosas iniciativas ecumênicas (no início, menos no nível das lideranças eclesiásticas), que visam a duas direções: a oração conjunta e a ação conjunta. As igrejas ortodoxos logo passam a participar desses esforços, mas o fazem com resguardos evidentes; elas também apostam numa ecúmena do retorno. A *Conferência de Missão Mundial* de Edimburgo, em 1910, é considerada o ponto de partida do ecumenismo ativo (o cisma da Igreja como obstáculo para a missão): inicialmente, as perguntas referentes à "fé e constituição eclesiástica" (*Faith and Order*) são excluídas, a fim de permitir uma sondagem dos pontos comuns nas áreas social e política (*Life and Work* – conferências mundiais de Estocolmo [1925] e Oxford [1937]). O primeiro impulso para discutir também temas da fé e da constituição eclesiástica já havia sido dado em Edimburgo, a despeito de preferências divergentes, pelo bispo anglicano C.H. Brent († 1929), o que ajudou a fazer dos movimentos *Faith and Order* e *Life and Work* movimentos de origem do ecumenismo atual. Conferências decisivas para a "fé e constituição da Igreja" são realizadas em 1927, em Lausanne, e em 1937, em Edimburgo. Seus impulsos influem nos trabalhos preparativos para a fundação do "Conselho Mundial de Igrejas" em 1948, em Amsterdã: Hoje, consiste de 349 igrejas em mais de 120 países e se vê, de acordo com a fórmula cunhada em 1961, em Nova Deli, como "uma comunidade de igrejas que confessam Jesus Cristo como Deus e Salvador segundo o testemunho das Escrituras e procuram responder juntas a sua vocação comum para a glória do Deus Único, Pai, Filho e Espírito Santo". Outras assembleias gerais do Conselho Mundial de Igrejas são realizadas em Evanston (1954), Nova Deli (1961), Uppsala (1968), Nairóbi (1975), Vancouver (1983), Canberra (1991), Harare (1998) e Porto Alegre (2006). – **(5)** O ecumenismo só poderá ser bem-sucedido se todas as confissões estiverem dispostas a a) realizar reformas na própria casa e b) reconhecer nas outras aspectos genuinamente cristãos, que talvez estejam ainda insuficientemente realizados no âmbito próprio. Nem a ecúmena do retorno nem o esforço de convencer as denominações de um convívio pacífico sem consenso e interesse recíproco parecem promissores. O *mainstream* da consciência ecumênica atual nos níveis acadêmico e prático procuram alcançar uma "reconciliação nas diferenças": A unidade é comunidade na base de princípios da fé reconhecidos por todos, sendo que as acentuações e preocupações confessionais legítimas são formuladas de tal forma a tornarem insignificantes quaisquer ressalvas separadoras. De forma alguma podemos desistir completamente do ecumenismo; isso contrariaria a vontade de Jesus (Jo 17) e obscureceria ainda mais o testemunho cristão no mundo e também diante das religiões mundiais.

Lit.: FRIELING, R. *Der Weg des ökumenischen Gedankens*. Göttingen, 1992 [*Zugänge zur Kirchengeschichte*, 10]. • THÖNISSEN, W. (org.). *Lexikon der Ökumene und Konfessionskunde*. Friburgo/Basileia/Viena, 2007. • MEYER, H. et al. [vols. 1-3]. • OELDEMANN, J. et al. [vol. 4]. *Dokumente wachsender Übereinstimmung – Sämtliche Berichte und Konsenstexte interkonfessioneller Gespräche auf Weltebene*. Paderborn/Frankfurt a.M./Berlim, 1983-2012. • HARDT, M. et al. *Personenlexikon Ökumene*. Friburgo/Basileia/Viena, 2011. • KASPER, W. *Die Früchte ernten* – Grundlagen christlicher Ökumene. Paderborn, 2011.

Johanna Rahner

Educação ↑ *vida eterna*, ↑ *comunidade*, ↑ *sociedade*, ↑ *coração*, ↑ *indivíduo*, ↑ *ser humano*. – A educação descreve o processo multiplamente estratificado da formação da personalidade humana com a intenção de capacitá-la a desenvolver sua vida sob a de suas precondições naturais de forma responsável, com dignidade e liberdade, para o bem dos outros. – **(1)** Na Bíblia, Deus é o mestre e educador dos seres humanos, que quer levá-los à salvação preservando sua independência (Dt 8,5). Ele guia seu povo na graça por meio de sua Palavra, sua vontade e sua sabedoria e cuida dele por meio de homens e mulheres selecionados. O Decálogo, que enfatiza a autoridade dos pais (Ex 20,12; Dt 5,16), é de importância especial. Em face do pecado e da culpa, o amor de Deus, em seu perdão e providência, sempre volta a oferecer o caminho para a salvação (Dt 29–30). Firma uma "aliança da graça incondicional" (E. Zenger [† 1998]) com o mundo (Gn 9) e com Abraão (Gn 17). Por isso, uma interpretação (também do ponto de vista cristão) da lei veterotestamentária como expressão de "disciplina rigorosa" não é correta. Quando Jó dirige suas queixas a Deus, revela-se o potencial crítico da educação, que significa a libertação para a responsabilidade e não uma subordinação acrítica (Jó 23). Na literatura da sabedoria veterotestamentária, o "temor de Deus" se apresenta como "princípio da sabedoria" (Pr 1,7; 9,10; 15,32; Jó 28,28); faz referência a uma confiança em Deus que leva a sério também a razão como fonte do conhecimento e que visa à realização do bem. Israel conhece uma sabedoria escolar para a formação de filhos de reis e funcionários da corte, que trabalha também com a teoria da sabedoria egípcia (Pr 22,17–23,11). No tempo pós-exiliar ocorre uma teologização e personificação crescente da sabedoria, imaginada como algo que não só seduz o ser humano, mas que também o procura, ama e consola (Pr 8,22-31; Eclo 24; Sb 6,22–11,1). Como formas literárias, ocorrem o provérbio, o discurso educativo e a narrativa educativa. A sabedoria e a Torá não são apenas comissão, mas também dádiva da graça divina para uma vida bem-sucedida. O NT apresenta Jesus Cristo como "mestre" (Mt 7,28s.), que instrui os discípulos a orarem corretamente e a fazerem a vontade de Deus. Ele é o *logos* encarnado (Jo 1,1-18), que se manifestou no tempo e que, por meio do paracleto (o Espírito Santo), introduz o ser humano a toda a verdade (Jo 14,26; 15,26; 16,5-15). Nesse contexto bíblico, porém, a disciplina pôde ser compreendida também como disciplina, como instrução em obediência, como cumprimento de uma ordem, sustentados pelo mandamento e pela autoridade paterna. A prática do amor deve ser decisiva. Segundo Ef 6, a educação é compreendida como serviço e avaliada segundo a exigência do próprio *Kyrios Christus*. Tt 2,11s. remete à importância da graça na educação. – (2) Na Igreja antiga de proveniência oriental, a educação é compreendida como processo de formação, que parte do ser humano como imagem de Deus e leva à semelhança de Deus (Irineu de Lyon [† por volta de 220] haer. 2,23,2). A fé é imprescindível para esse processo. Clemente de Alexandria († antes de 221) fala do cristianismo como uma "educação em Cristo" (strom. 4,108,4; cf. 1Clem 21,8). O objetivo é a divinação (*theosis*) do ser humano, conceito este que parte de concepções neoplatônicas. A *paideia* divina lhe serve como evento da salvação, que é desdobrado em termos da teologia trinitária e da história da salvação. Agostinho († 430) enfatiza a importância do amor e da graça na educação (trin. 14,17,23), mas – devido à sua fala sobre a concupiscência – chega a conclusões ambivalentes. Reconhece no *logos*, i.e., em Jesus Cristo o *magister interior* do ser humano (conf. 7,25). Já que os cristãos têm "Deus como pai e a Igreja como mãe" (Cipriano de Cartago), a Igreja reivindica uma pretensão de educação que se manifesta sobretudo na catequese, mas também de modo político. Cristo, o Rei, Sacerdote e Pastor, instrui por meio dos bispos, que também se veem como mestres. No âmbito de personalidades determinantes, desenvolvem-se comunidades de vivência e de ensino (Ambrósio, Agostinho, Cassiodoro), e os novos mosteiros se compreendem como instituições educacionais com influência formativa sobre a cultura. Eles fazem uma contribuição importante para transformar a Igreja em uma força cultural. A justificação teológica das autoridades educativas (Igreja, pais, Estado) gera tensões nos conflitos entre Estado e Igreja. Evidencia-se que os elementos que estabilizam a autoridade se tornam ambivalentes se não implicarem, ao mesmo tempo, também potenciais críticos à autoridade. Na Idade Média, o tema da educação vem a ser tratado sobretudo no contexto da "graça assistencial" (*gratia adiuvans*) e da soteriologia, onde o motivo da *paideia* continua a exercer sua influência. A educação ocupa um papel de grande importância catequética na prática sacramental em vista dos sacramentos de iniciação. Durante o tempo da Reforma, o tema da educação se torna importante principalmente no contexto dos esforços reformatórios referentes à formação dos leigos e do clero; os teólogos reformados enfatizam a importância da maioridade e crítica à autoridade. No tempo do Iluminismo, no qual a pedagogia pretende servir também à emancipação crítico-religiosa, a Igreja é vista cada vez mais como instituição educacional. O antigo ideal formativo da *paideia* é redescoberto – como já no Renascimento – e reinterpretado. A isso se dedica também H.U. von Balthasar († 1988) em sua estética teológica e em seu desdobramento dramático da soteriologia. G. Greshake também remeteu ao modelo da *paideia* e à sua relevância soteriológica. Na antropologia de W. Pannenberg encontramos os pensamentos de J.G. Herder († 1803) sobre a "educação da humanidade", que se baseia nos temas da imagem de Deus, da razão, da experiência, da tradição e da providência divina. O próprio Pannenberg compreende a história como processo de formação do sujeito. – **(3)** Na Encíclica *Divini illius Magistri*, do Papa Pio XI, a Igreja reivindica um direito de educação que se fundamenta na comissão de ensino de Jesus Cristo segundo Mt 28,18-20 e no pensamento da "maternidade sobrenatural da Igreja". O Concílio Vaticano II enfatizou o direito da criança à educação e lembrou a obrigação primordial dos pais de educarem seus filhos. Segundo o concílio, a tarefa educacional da Igreja consiste em proclamar a todas as criaturas o caminho da salvação (GE 3), em aperfeiçoar a personalidade humana e em edificar uma sociedade melhor num mundo mais humano (GE 3). Identifica a catequese, a liturgia, as escolas e universidades como lugares de aprendizado. O Papa João Paulo II também ressaltou a ligação entre fé e desenvolvimento da personalidade, como também a função crítico-social da fé em prol de uma civilização do amor (*Catechesi tradendae*, 1979). Para ele, a educação e a evangelização formam uma unidade para avançar a justiça, a paz e a libertação – respeitando os diversos espaços culturais. – **(4)** O motivo patrístico da *paideia* interpretado do ponto de vista soteriológico é altamente prezado principalmente pelas igrejas orientais ortodoxas. No entanto, não existem graves diferenças entre as confissões. No tempo da Reforma, diferenciava-se claramente entre o Evangelho e a educação, pois apenas Deus pode operar a fé. Além disso, a crítica à autoridade eclesiástica era de importância central. – **(5)** O termo latino para a educação é *educatio* e significa "levar para fora". Isso é uma imagem adequada para o teor teológico desse tema, pois Deus "leva para um lugar aberto" (Sl 18,20a). O caminho para o Deus infinito é marcado pelo aprendizado e avanço, que serve à formação do ser humano. Educação significa acompanhamento no caminho para a realização daquilo que sou, coisa que não pode ser feita sem um vínculo com Deus e a referência ao próximo. O critério cristão fundamental para a formação do ser humano é a fala de sua natureza criada à imagem de Deus e da encarnação da Palavra divina em Jesus de Nazaré.

Lit.: PANNENBERG, W. *Anthropologie in theologischer Perspektive*. Göttingen, 1983. • GRESHAKE, G. "Der Wandel der Erlösungsvorstellungen in der Theologiegeschichte". *Gottes Heil - Glück des Menschen*. Friburgo/Basileia/Viena, 1983, p. 50-79. • LUTTERBACH, H. *Gotteskindschaft*. Friburgo/Basileia/Viena, 2003. • METTE, N. "Erziehung". *NHThG*, 1, 1991, p. 374-383.

Erwin Dirscherl

Eleição ↑ *vontade salvífica universal de Deus*, ↑ *liberdade*, ↑ *certeza da salvação*, ↑ *predestinação*, ↑ *justificação*. – A eleição de Deus é a escolha amorosa de mediadores universais da salvação, especialmente o chamado temporal e gracioso de uma comunidade ou de indivíduos para o serviço salvífico. – **(1)** Os termos bíblicos para a eleição são, no AT, a palavra hebraica *bahar* e, no NT, a palavra grega *eklegomai*. O AT só conhece uma eleição temporal. O NT fala também de uma eleição eterna. A eleição temporal é um privilégio intra-histórico; tanto no AT quanto no NT, refere-se a entidades coletivas (Israel, Igreja); raramente remete a pessoas individuais; sempre é eleição para um serviço salvífico. Assim, principalmente o livro de Deuteronômio no AT (7,6-9; 10,14s.; 14,1s. e outros) enfatiza a eleição coletiva do povo de Israel; Dêutero-Isaías (p. ex., 43,10; 49,6) a compreende de modo mais claro como função salvífica universal: O povo de Israel foi eleito por meio de uma aliança divina especial para ser o testemunho de Deus para todos os outros povos. Alguns indivíduos são chamados de eleitos: Abraão (Ne 9,7s.), Moisés (Sl 106,23), Arão (Sl 105,26), os levitas (Dt 18,5; 21,5; 1Cr 15,2), os reis (1Sm 10,24: Saulo; 2Sm 6,21: Davi; 1Cr 28,5-10: Salomão). Nas epístolas do NT, a eleição também designa o chamado divino para uma comunidade, i.e., para a Igreja (cf. 1Cor 1,2; Cl 3,12.15); esta, por sua vez, serve para a salvação de todos, ela tem um chamado missionário universal (cf. 1Pd 2,9). Os sinópticos sempre falam dos "eleitos", no plural, i.e. da Igreja eleita (Mc 13,20.22.27; Lc 18,7); Jesus Cristo é a única pessoa individual concreta a ser chamada de "eleito" (Lc 9,35: "Filho eleito de Deus"; Lc 23,35: "o Messias eleito de Deus"). João, por sua vez, enfatiza a eleição de indivíduos, ou seja, a eleição dos discípulos por Jesus Cristo (6,70; 13,18; 15,16. 19). Seu sentido inequívoco é o chamado dos discípulos de Jesus para o apostolado. A noção da eleição eterna, que não ocorre no AT, ocorre no NT apenas duas vezes de forma explícita, mais claramente em Ef 1,4: "Ele nos escolheu em Jesus Cristo antes da constituição do mundo". Também 1Pd 1,1s.: "Aos eleitos [...] segundo a presciência de Deus

Pai". Decisivo é, aqui, o aspecto cristocêntrico e eclesiológico: A eleição eterna para a salvação se fundamenta em Jesus Cristo, o objeto da eleição é a Igreja como comunidade dos eleitos. – **(2)** Na história da teologia, impõe-se a acepção de Agostinho († 430): Ele fala apenas da eleição eterna e a identifica – como *electio ex proposito* (quaest. Simpl. 1,2,6) – com a predestinação de alguns para a salvação eterna. Essa visão desdobra todo seu efeito na escolástica, onde, por exemplo, Tomás de Aquino († 1274) fundamenta a predestinação na eleição de alguns para a salvação eterna (STh I q23 a4). Em seguida, essa posição mantém sua dominância na teologia católica. – **(3)** O magistério eclesiástico nunca se pronuncia diretamente sobre o conceito da eleição pela graça. – **(4)** Os fiéis ortodoxos se sentem chamados e eleitos por Deus, mas não deduzem disso uma proposição definitiva sobre sua própria situação salvífica ou sobre as possibilidades da salvação de pessoas não ortodoxas. Em M. Lutero († 1546), a pergunta sobre o Deus misericordioso coincide com a questão da predestinação, ou seja, se eu faço parte ou não dos eleitos (WA 2,688). Segundo Lutero, o indivíduo adquire a certeza da eleição ou da salvação apenas na fé por meio da confiança incondicional na Palavra e na obra do Deus misericordioso (WA 56,401), ou seja, com vista a Jesus Cristo como forma concreta do Deus misericordioso (WA Br 6,1811). Para J. Calvino († 1564) rege, devido à sua doutrina da "dupla predestinação", um paralelismo rígido entre a eleição de alguns para a salvação eterna e a rejeição de outros para a perdição eterna (OS IV 393s.). A eleição eterna ocorre pela mera graça (OS IV 369); é uma eleição gratuita (*electio gratuita*: OS IV 382). No século XX, K. Barth († 1968) trouxe a eleição de volta ao centro da atenção com uma abordagem completamente nova, falando minuciosamente sobre a eleição pela graça como tratado fundamental (KD II/2,1-563). Barth pretende superar a dupla predestinação calvinista de modo cristocêntrico e eclesiológico: Jesus Cristo é o Deus que elege e é o ser humano eleito, que na cruz tomou sobre si a rejeição de todos os seres homens, tornando-se assim o único rejeitado. A eleição se refere primariamente à congregação (na forma dupla de Israel e Igreja), que é chamada para um serviço salvífico universal e que media ao ser humano individual a eleição ocorrida em Jesus Cristo. – **(5)** A eleição trata da mediação, não da determinação da salvação eterna de pessoas individuais. A teologia tradicional interpretou a eleição equivocadamente num sentido individualista e particularista: como escolha de pessoas individuais para a eleição, sendo que a eleição – no sentido de uma predestinação eterna – era imaginada como reservada a poucas pessoas. Seguindo uma orientação genuinamente bíblica, podemos diferenciar entre uma eleição temporal e uma eleição eterna. A eleição eterna afirma que Deus, desde toda a eternidade, escolheu Jesus Cristo como mediador absoluto da salvação e – em dependência dele – a Igreja como mediadora relativa da salvação. Essa mediação salvífica de Jesus Cristo e da Igreja é de caráter universal, i.e., foram eleitos para trazer a salvação para todas as pessoas. A limitação tradicional individualista e particularista da eleição deve ser substituída por uma eleição cristocêntrica e eclesiológica: As pessoas individuais (todas elas) são chamadas para alcançar a salvação eterna por meio de Jesus Cristo e da Igreja. A eleição de Jesus Cristo e da Igreja antecede a eleição das pessoas individuais. A eleição eterna é sinônimo de uma predestinação compreendida como universal; ela mantém um vínculo interno com a vontade salvífica universal de Deus, pois seu motivo é o amor universal de Deus para com os seres humanos. A eleição temporal de comunidades ou indivíduos é o chamado para um serviço no plano salvífico de Deus dentro da história. Os eleitos para o serviço salvífico são chamados para um relacionamento enfatizado com Deus, mas essa graça de Deus concedida gratuitamente significa sobretudo uma tarefa, uma obrigação, uma prova. Por isso, a eleição temporal para o serviço salvífico não é motivo de orgulho, pois representa uma dádiva da graça, tampouco constitui uma garantia automática e preestabelecida da salvação eterna, pois exige dos eleitos a prova no cumprimento de sua comissão.

Lit.: BARTH, K. "Gottes Gnadenwahl". *KD* II/2. 4. ed., 1959, p. 1-563. • LÖHRER, M. "Gottes Gnadenhandeln als Erwählung des Menschen". *MySal*, IV/2, 1973, p. 773-827. • KRAUS, G. *Vorherbestimmung*. Friburgo/Basileia/Viena, 1977, p. 294-297, 350-362 [Ökumenische Forschungen, 2,6]. • ZEINDLER, M. *Erwählung*. Zurique, 2009. • HÄRLE, W. *Prädestination und Willensfreiheit*. Leipzig, 2009. • LINK, C. *Prädestination und Erwählung*. Neukirchen-Vluyn, 2009.

Georg Kraus

Encarnação ↑ *cristologia*, ↑ *cristocentrismo*, ↑ *evento Cristo*, ↑ *unicidade e universalidade salvífica de Jesus Cristo*,

↑ *cristologia do Espírito,* ↑ *união hipostática,* ↑ *conceição virginal/virgindade de Maria,* ↑ *cristologia do logos.* – Encarnação é o termo usado para referir-se ao fato de que o *logos* divino se fez carne e homem em Jesus de Nazaré e à adoção irrevogável da realidade humana pelo eterno verbo divino. A encarnação designa o mistério mais profundo e o conteúdo central da fé cristã: A autorrevelação insuperável e a atenção graciosa de Deus ao homem e à sua salvação em Jesus Cristo. – **(1)** O NT desenvolve, na respectiva fase de formação da profissão e reflexão cristológica, modelos e conceitos que permitem compreender Jesus Cristo como autoafirmação e presença de Deus. O NT professa – em parte já em fórmulas cunhadas desde cedo – o evento da encarnação como humilhação e exaltação daquele que era igual a Deus (Fl 2,6-11; Cl 1,15-20; 2Cor 8,9), como revelação/epifania redentora de Deus na carne (1Tm 3,16; 2Tm 1,10; Tt 2,11; 3,4). A unidade de Jesus com o Pai (Jo 14,9) e o desdobramento salvífico de sua revelação são exemplificados por seu nascimento (Rm 1,3s.; Gl 4,4) e o envio do Filho pelo Pai à obediência da natureza criatural e da lei (Hb 5,8). Afirmações sobre a preexistência e a eternidade e o motivo da mediação da criação (1Cor 8,6; Cl 1,15-20; Hb 13,8; Jo 1,1-18; 8,58) refletem o ser eterno do Filho em Deus como sua imagem e plenitude antes da adoção da carne. Gl 3,13 e 2Cor 5,14-21 identificam a pessoa surgida na carne como Salvador e Redentor, que recebe o ser humano na filiação e cuja comunhão significa a nova criação (2Cor 5,17; Gl 2,20). Jo 1,14 exerce uma influência terminológica decisiva: O *logos* eterno está com Deus desde o início e é o próprio Deus (Jo 1,1). Essa afirmação se torna o critério de identidade da existência cristã (1Jo 4,2s.; 2Jo 7). O batismo de Jesus não efetua sua aceitação divina como Filho, mas revela sua filiação eterna, à qual corresponde o nascimento efetuado pelo Espírito de Maria (Mt 1,16.18-25; Lc 1,26-38). – **(2)** O desenvolvimento cristológico da Igreja antiga é essencialmente uma luta pela compreensão correta da encarnação do *logos*, que alcançarão seu auge e sua conclusão com a doutrina das duas naturezas do Concílio de Calcedônia (451). Desde o início, uma preocupação soteriológica ocupa uma posição central: A salvação de toda a natureza humana (contra as abstrações platônicas e gnósticas) exige que o Salvador também tenha adotado toda a natureza humana. A partir do século III, a encarnação se torna um conceito comum na reflexão e liturgia. "Carne" designa biblicamente a realidade física e histórica plena do ser humano finito, motivo pelo qual a expressão "fazer-se carne" é usada como sinônimo de "fazer-se homem" pelos padres e, a partir de Niceia (325), também pelo magistério (DH 125). Irineu de Lyon († por volta de 200) se baseia em Jo 1,14 para desenvolver o conceito da encarnação (*sarkosis*) da Palavra de Deus (haer. 3,19,2); Justino († por volta de 165) e Orígenes († 253/254) cunham termos relacionados. Imprecisões terminológicas (Orígenes, *ensomatosis, enanthropesis*) e restrições arianas e apolinaristas da semântica de "carne", aplicada não ao ser humano como um todo, mas apenas à sua corporeidade sem alma, levam à transformação do modelo *logos-sarx* (o logos se une ao homem) e a uma definição mais rigorosa dos termos pessoa (em grego: *prosopon, hypostasis*) e natureza (*physis*). A definição conceitual do sujeito da encarnação ocorre finalmente com a ajuda do conceito da hipóstase (capadócios [século IV]; Concílio de Calcedônia [451]). A teologia neocalcedônia desenvolve uma definição mais precisa do significado da profissão da humanidade verdadeira de Jesus (enipostasia, disputa dos monotelitas). O objetivo teológico de todos esses esforços terminológicos da Igreja antiga é a definição precisa da profissão de Jesus Cristo como presença de Deus e Redentor do mundo e a defesa contra uma unilateralidade platônica, gnóstica ou docética, que abstrai a presença e a redenção divina da realidade histórica concreta. A patrística e a Idade Média são marcadas pelo louvor do mistério da encarnação, em que se encontram Deus e criatura; Deus procura o ser humano em seu distanciamento de Deus com o objetivo de deificá-lo. Anselmo ([† 1109] CdH) reflete sobre o motivo da encarnação e ressalta a adequabilidade e o significado soteriológico da encarnação de Deus, que possibilita a mediação da *redemptio* (redenção) divina e da *satisfactio* (justificação) humana. Boaventura ([† 1274] Breviloq. 4,2), Tomás de Aquino ([† 1274] In Io. 1,7) e Francisco Suárez ([† 1617] de incarn., praef. 5) tematizam o termo da encarnação. Os tomistas e escotistas não concordam quanto à pergunta se a encarnação representa a reação de Deus à história fatual da perdição (tomistas) ou se Deus se teria feito homem independentemente do pecado do ser humano (escotistas) para levar a natureza humana à consumação e para se revelar. Na escolástica do barroco e na neoescolástica, o amplo significado antigo da encarnação cede seu lugar a uma visão mais abstrata. O Iluminismo e a crítica da religião reduzem a encarnação cada vez mais a uma ligação especial de Jesus com Deus. A pesquisa histórico-religiosa declara que a encarnação é um padrão religioso universal, que de forma alguma se aplica apenas a Jesus Cristo. A alegação de uma dimensão ontológico-real da encarnação é excluída como projeção ou supraestrutura mítica ou ideológica acrítica. Para G.W.F. Hegel († 1831) e F.W.J. Schelling († 1854), no entanto, o centro do cristianismo e da filosofia transparece na ideia da encarnação. Representantes da teologia liberal procuram formular a encarnação por meio de uma nova terminologia baseada em F. Schleiermacher († 1834), porém se distanciam não só do conceito, mas também de conteúdos da cristologia da Igreja antiga. Com recurso à suposição segundo a qual Jesus Cristo teria se despido de todas as qualidades divinas no ato da encarnação, os defensores luteranos da kenosis do século XIX tentam harmonizar a cristologia da Igreja antiga com a pesquisa histórica contemporânea da vida de Jesus, que alega uma consciência *a posteriori* do Filho. K. Barth († 1968) reconquista o conceito da encarnação. A teologia dogmática e a sistemática de língua alemã do século XX (K. Rahner [† 1984], H.U. von Balthasar [† 1988], W. Pannenberg, E. Jüngel, J. Moltmann, W. Kasper, J. Wohlmuth, P. Hünermann, K.-H. Menge, G. Essen busca – principalmente após o jubileu de Calcedônia, em 1951 – uma compreensão aprofundada do conteúdo cristológico da encarnação e, concomitantemente, formas compreensíveis para expressar esses conteúdos de modo adequado nos dias de hoje. – (3) Os símbolos da Igreja antiga formulam os pontos essenciais cristológicos e trinitários da confissão cristã: encarnação do *logos* eterno por meio do Espírito Santo a partir de Maria, a virgem, para o ser humano e para a sua salvação, como também a divindade e a humanidade reais do *logos* encarnado (DH 125; 150; 250). – (4) O Credo Niceno-constantinopolitano e o Credo Calcedônio representam o núcleo do credo de quase todas as confissões cristãs. Por isso, não existe na acepção da encarnação nenhuma oposição confessional; existem sim acentuações confessionais referentes sobretudo à liberdade da vontade humana de Jesus e à concepção da natureza humana (pecaminosa) adotada na encarnação. No diálogo judaico-cristão, a historicidade do relacionamento entre Deus e Israel, Deus e o mundo, Deus e sua palavra encarnada é relevante. Ajudas bíblicas para a compreensão da encarnação podem ser encontradas nos motivos da *kenosis* (esvaziamento) e da habitação de Deus, além das reflexões do início do judaísmo sobre a sabedoria preexistente ou sobre a torá como veículos da revelação de Deus. A discussão atual concorda que a encarnação não pode ser entendida de modo antijudaico, antes deve suas precondições teológicas ao judaísmo, que então são interpretadas cristologicamente. – (5) A encarnação designa a "novidade" do cristianismo, que não é um princípio, mas uma pessoa. Sujeito às condições de tempo e espaço, Jesus Cristo vive como ser humano o mesmo relacionamento, que é o Filho trinitário (W. Pannenberg). A humanidade de Jesus se manifesta na fé como existência histórica do Filho eterno, como autoafirmação de Deus. Em termos objetivos, a trindade de Deus antecede a encarnação, mas em termos epistemológicos esta representa a ponte para a reflexão da teologia trinitária. A encarnação do *logos* eterno em Jesus Cristo é a chave hermenêutica para todas as dimensões da teologia cristã: A partir daqui abre-se a perspectiva de Deus como Deus trino (autorrevelação), de seu relacionamento positivo com o mundo e sua presença salvífica nele (↑ ação de Deus no mundo), do ser humano e seu chamado (adoção e consumação da natureza humana pelo Encarnado, personalização do ser humano a partir de Deus e em direção a Deus; o ser humano como ser do vínculo voluntário com Deus) e da presença proléptica, do início do Reino de Deus em Cristo (identidade do Encarnado como mediador da criação e da redenção). Perguntas das teologias eclesiológica, sacramental e da graça precisam ser desdobradas dentro de uma teologia da encarnação: O encontro entre Deus e o ser humano e a santificação do mundo não ocorrem na anulação do mundo criatural, mas justamente na mediação pelo finito: por meio da humanidade de Jesus, por meio da presença *Christi capitis et corporis*, por meio da celebração dos sacramentos, de ouvir e aceitar a Palavra, por meio da imitação vivida e incorporada (↑ imitação de Jesus), por meio da integração dos cristãos à filiação do Filho. A criação se evidencia em sua abertura para Deus (*potentia oboedientialis*: Agostinho [† 430] Gen. ad litt. 9,17; Tomás de Aquino [† 1274] De ver. I q8 a4 ad 13) e como lugar da proximidade e presença de Deus. Uma separação deística de Deus do mundo e uma deificação global de toda a criação são impossíveis. A profissão da encarnação demarca um limite ou uma correção da ↑ teologia negativa e uma transformação da doutrina filosófica de Deus. Do ponto de vista cristão, não é possível defender a limitação das possibilidades de Deus de habitar na imanência e de se manifestar nela, tampouco a absolutização conceitual de sua transcendência, já que esta permaneceria oposta ao imanente sem possibilidade de mediação.

Lit.: RAHNER, K. "Zur Theologie der Menschwerdung". *KRSW*, 12, 2005, p. 309-322. • WOHLMUTH, J. "Jüdischer Messianismus und Christologie". *Die Tora spricht die Sprache der Menschen*. Paderborn et al., 2002, p. 160-185. • PANNENBERG, W. *Grundzüge der Christologie*. 7. ed. Gütersloh, 1990. • GRILLMEIER, A. *Jesus der Christus im Glauben der Kirche*. 2. ed. Friburgo/Basileia/Viena, 1991 [Grillmeier, 2,1]. • ESSEN, G. *Die Freiheit Jesu*. Regensburgo, 2001 [*Ratio Fidei*, 5]. • MENKE, K.-H. "Kann ein Mensch erkennbares Medium der göttlichen Selbstoffenbarung sein?" In: VALENTIN, J. & WENDEL, S. (orgs.). *Unbedingtes Verstehen? - Fundamentaltheologie zwischen Erstphilosophie und Hermeneutik*. Regensburgo, 2001, p. 42-58. • MENKE, K.-H. *Jesus ist Gott der Sohn*. 2. ed. Regensburgo, 2011. • MADRAGULE BADI, J.B. *Inkarnation in der Perspektive des jüdisch-christlichen Dialogs*. Paderborn et al., 2006. • HÜNERMANN, P. *Jesus Christus*. Münster, 1994.

Julia Knop

Entelèquia ↑ *escatologia,* ↑ *evolucionismo e criacionismo,* ↑ *teologia natural,* ↑ *presciência de Deus,* ↑ *previdência.* – Essa palavra grega provém da metafísica de Aristóteles e designa aquilo que contém um fim em si mesmo ou que permanece orientado por um fim inerente a ele mesmo. Aristóteles compreende também a alma como "primeira entelèquia de um corpo natural que possui a capacidade de viver" (de An. II. I 412 a26s.). Remete, portanto, primeiramente a fenômenos teleológicos ou intencionais daquilo que vive. – **(1)** A entelèquia não possui nenhuma correspondência conceitual bíblica. A adequabilidade da estrutura e conduta dos seres vivos lhes é dada por Deus (Eclo 43,1-33). Deus, em sua previdência, estabelece um fim também para a história de Israel e a história do mundo. Mas o fim e a consumação da esfera terrestre não são inerentes à lógica autônoma do desenvolvimento de forças e processos do mundo, antes são uma dádiva desmerecida de Deus, da qual Ele também pode privá-la. – **(2)** Os padres vinculam a ideia da adequabilidade e regularidade e também do direcionamento do mundo e da história à crença na previdência, que não corresponde ao conceito da entelèquia. Tomás de Aquino († 1274) traduz o conceito da entelèquia como *actus* ou *perfectio*, situando-o, portanto, em sua doutrina do ato e da potência. – **(3)** O magistério não usa o termo da entelèquia. O Concílio Vaticano I descreve Deus como "origem e fim de todas as coisas" (DH 3.004), fala de sua cognoscibilidade natural (DH 3.004) e da ordenação do ser humano com "um fim sobrenatural" (DH 3.005). Aproxima-se apenas um pouco do conceito da entelèquia. – **(4)** No contexto ecumênico, o conceito da entelèquia é irrelevante. – **(5)** O biólogo e filósofo natural neovitalista H. Driesch († 1941) pressupôs, baseando-se em seus experimentos com ouriços-do-mar, um fator entelequial que forma a figura. Em sua filosofia natural – uma combinação de evolução e criação –, o paleontólogo e teólogo P. Teilhard de Chardin († 1955) atribuiu uma estrutura entelequial com conotação religiosa a todo o processo evolucionário do mundo no "ponto ômega". Na biologia atual, as concepções teleológicas são normalmente redefinidas como modelos teleonômicos puramente causais que seguem o padrão da mutação e seleção. A aplicação ao ser humano como um ser que interpreta o mundo e a si mesmo e a tentativa de naturalizar e transformar conceitos finais em conceitos causais não podem ser consideradas convincentes, muito menos bem-sucedidas. Portanto, o conflito científico natural, filosófico e teológico referente à entelèquia ainda perdura.

Lit.: CONRAD-MARTIUS, H. *Der Selbstaufbau der Natur*. Hamburgo, 1944. • DRIESCH, H. *Philosophie des Organischen*. Leipzig, 1909ss. • MONOD, J. *Zufall und Notwendigkeit*. Munique, 1971. • TEILHARD DE CHARDIN, P. *Der Mensch im Kosmos*. 4. ed. Munique, 2010 [Beck'sche Reihe, 1.055].

Ulrich Lüke

Epiclese ↑ *invocação do Espírito*

Epistemologia teológica ↑ *Espírito Santo,* ↑ *hermenêutica,* ↑ *Igreja,* ↑ *revelação,* ↑ *recepção,* ↑ *teologia.* – A epistemologia teológica indaga as condições, estruturas e regras da aquisição de conhecimento teológico. Num sentido mais amplo, abarca também a teoria teológica dos princípios e das categorias, que abrange um horizonte epistemológico relativamente maior. – **(1)** O conhecimento teológico trata de um processo que ocorre na fé ou que leva à fé. "Conhecer" – no sentido de profissão e reconhecimento de Deus – é um conceito central das Escrituras (Ex 6,7; 7,5.17; 10,2; 14,4; 18,8-11; Dt 4,32-40; 7,8s.; 11,2; 1Rs 8,43; 18,37ss.; 2Rs 5,15; Os 13,4; Jr 16,21; Sl 78,3s.; Eclo 36,4s.; Mc 4,12; Jo 8,28.32.52; 13,35; 14,7.20.31; At 21,24; Rm 1,19s.28; 6,6s.; 2Cor 2,14; 2Tm 2,24ss.; Ef 1,17; 4,13; Hb 11,3; 1Jo 5,20; Ap 2,23). No NT encontramos primeiros inícios de uma reflexão sobre a natureza da revelação (Rm 10,13-15; 15,17-21; Gl 1,11s.; 1Ts 1,5s.) e primeiros critérios, normas e estruturas para o conhecimento da fé: 1) *Jesus Cristo*. Ele é a "pedra principal" (Ef 2,20; Ap 21,14), norma suprema da Igreja e de sua fé; 2) *os apóstolos e profetas*. São as primeiras testemunhas normativas do Evangelho (Ef 2,20); 3) ↑ *a sucessão apostólica (no ofício)*. No conflito com a gnose, esta se desenvolveu como critério adicional (At 14,23; 20,28; 2Tm 1,6). – (**2**) A Igreja antiga adotou e desenvolveu as normas e os critérios estabelecidos nos tempos apostólicos para a aquisição (e preservação) do conhecimento da fé, sobretudo a Escritura Sagrada como testemunho da Palavra de Deus, interpretada em vista da tradição apostólica por meio da regra da fé (*regula fidei*: Clemente de Alexandria [† por volta de 216], Irineu de Lyon [† por volta de 200], Tertuliano [† após 220], Novaciano [† por volta de 258]). No século V, o *Commonitorium*, de Vicente de Lérins († antes de 450), foi importante para o aumento da acuidade do princípio da tradição. As escolas teológicas medievais trataram de questões individuais da epistemologia teológica (teoria do ato da fé, caráter científico da teologia, relação entre revelação [*auctoritas*] e razão [*ratio*], qualificações teológicas) nas introduções às *summas* e nos comentários às sentenças, estabelecendo uma diferenciação entre conhecimento da fé e conhecimento teológico. O critério para a última era a profundeza da reflexão alcançada com a ajuda de múltiplos instrumentos metódicos. No século XIII, Pierre d'Ailly († 1420) e Jean Gerson († 1429) forneceram as primeiras investigações epistemológicas. A partir do século XVI, tornaram-se comuns as monografias temáticas sobre a epistemologia teológica, que surgiram no confronto com a Reforma em decorrência da necessidade de definir as "regras do jogo" da controvérsia. A primeira grande teoria metodológica é vinculada ao nome de Melchior Cano († 1560). Em sua obra *De locis theologicis* (publicada postumamente em 1563), recorreu à antiga teoria dos tópicos e compreendeu os *topoi* (em latim: *loci*) como instâncias vivas de testemunho, nas quais a Palavra de Deus se apresenta de forma normativa. Cano identificou dez *loci* diferentes: Os sete primeiros (Escritura Sagrada; tradições orais de Cristo e dos apóstolos; a fé da Igreja universal; os concílios; os papas como representantes do magistério hierárquico; os Padres da Igreja; os teólogos/escolásticos) são lugares de primeira ordem (*loci proprii*), pois se apoiam na autoridade da revelação (visão interna). Os outros três (a razão natural; a filosofia; a história da humanidade) são de segunda ordem (*loci alieni*), pois se apoiam na autoridade da *ratio* (visão externa). As visões interna e externa são relacionadas, mas não se misturam, e se distinguem, mas não se separam. Uma mera referência interna não seria suficiente nem útil para a fé. A Modernidade revelou, por exemplo, a importância da relação entre razão e história. A neoescolástica do século XIX estabeleceu uma ordem fixa para o legado de Cano e o vinculou e subordinou ao magistério eclesiástico. Agora, a sistemática (uma tríade) consistia dos seguintes elementos: 1) da exposição da proposição da fé definida pelo magistério; 2) da sua fundamentação nas Escrituras e na tradição; 3) da exploração especulativa com a ajuda de conclusões (problema: teologia "das encíclicas" ou "de Denzinger"). O termo "epistemologia teológica" ocorre pela primeira vez em M.J. Scheeben († 1888), influenciado por T. Stapleton († 1598) (*Handbuch der kath. Dogmatik*. Livro 1: *Theologische Erkenntnislehre*, 1873). No entanto, o título ainda não conseguiu se impor, pois a temática correspondente se encontrava presa a uma limitação de perspectiva (a epistemologia teológica como subdisciplina da teologia dogmática), e a consciência de sua autonomia fundamental ainda não havia sido desenvolvida. Nos livros teológicos do século XIX, o termo ainda não foi empregado. Isso mudou no século XX. O retorno à epistemologia teológica foi uma das razões para a mudança terminológica da apologética para teologia fundamental. Hoje, a epistemologia teológica se torna cada vez mais importante ante a perda de plausibilidade dos conhecimentos da fé e ante o aumento dos questionamentos epistemológicos críticos.

Instâncias de testemunho da Igreja

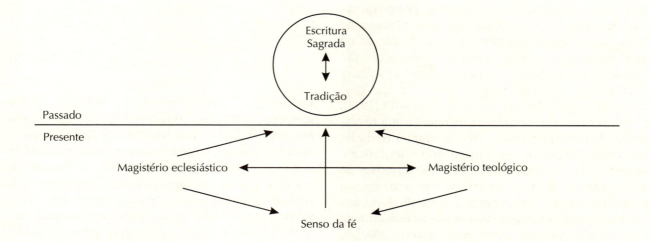

A teoria teológica dos princípios distingue entre portadores ou lugares do conhecimento da Palavra de Deus (*loci theologici*), voltados para o passado (Escritura Sagrada e tradição), e outros que agem no presente (magistério, teologia [científica] e senso da fé dos fiéis). O magistério eclesiástico e teológico, como também o senso da fé, são dimensões da Igreja como comunidade comunicativa viva e dotada do Espírito sob a Palavra de Deus. Juntamente com a Escritura e a tradição, também são instâncias de testemunho do Evangelho, mas estão intimamente vinculados a esses dois momentos. Assim, cria-se uma estrutura interativa, uma cooperação ativa na forma de uma rede epistemológica. Por isso, no caso de um conflito (inevitável), todos os meios dialógicos e conciliadores devem ser esgotados antes de uma decisão magisterial (Comissão Teológica Internacional: O magistério e a teologia [1975]). Os problemas sempre surgem quando uma instância se absolutiza à custa de outra.

(3) A partir do século XIX, o racionalismo e o fideísmo obrigaram o magistério eclesiástico a se manifestar sobre a relação entre razão e revelação (DH 3.015ss.), sobre a cognoscibilidade de Deus (DH 3.004s.; 4.196; 4.206) como também sobre a racionalidade da aceitação da fé cristã (DH 3.009s.). A acepção do Concílio Vaticano II sobre a revelação se tornou fundamental para a epistemologia teológica. A manifestação de Deus é compreendida como um evento dialógico-comunicativo, no qual o Pai se comunica por meio do Filho no Espírito Santo. A partir daí, define-se a relação entre Escritura Sagrada e tradição: Ambas são "intimamente vinculadas e participam uma da outra" (DV 9). Como instâncias de testemunho da palavra, o concílio cita (DV 8ss.; 23; PO 16; SC 16; LG 25; 50): a Escritura Sagrada; o testemunho da Igreja universal; o magistério eclesiástico; os Padres da Igreja; a vida, a doutrina e o culto cristãos; a ortopraxia. – (4) Segundo a concepção ortodoxa, a Escritura Sagrada é uma das formas de manifestação da tradição eclesiástica, que ocupa um papel extraordinário na sua exegese. Apenas a Igreja universal (ortodoxa) interpreta os livros bíblicos de modo autêntico, por meio de sua vida litúrgica, do consenso dos Padres da Igreja, das decisões dos sínodos e concílios (sobretudo os sete ↑ concílios ecumênicos do século I) e, por fim, por meio da vida dos mártires e dos santos. No Ocidente, a Reforma (século XVI) levou ao desenvolvimento de uma pesquisa monográfica autônoma dos fundamentos teológicos. Do lado evangélico, foram sobretudo F. Melâncton († 1560) e J. Gerhard († 1637) que se ocuparam com a epistemologia teológica; do lado católico, J. Eck († 1543), R. Bellarmin († 1621) e M. Cano. A normatividade das duas instâncias examinadoras e determinadoras (Escritura Sagrada e tradição) é vista de forma bem divergente: Para o protestantismo, a Escritura Sagrada é *unicum et proprium theologiae*, pois ela interpreta a si mesma. Como *norma normans non normata*, ela é o único critério da verdade do conhecimento teológico

da fé. Para o catolicismo, por sua vez, a Escritura Sagrada permanece intimamente vinculada à tradição (DH 150; DV 9). Ambos são vistos como "prumo supremo" da fé (DV 21), mas são subordinados à Palavra de Deus. No diálogo ecumênico no início da década de 1970, reconheceu-se que Escritura e tradição não são simplesmente equivalentes, mas que cabe "à Escritura [...] uma função normativa para toda a tradição posterior da Igreja" (documento de Malta: DwÜ I [1972], n. 17). No entanto, permanece incontestada a necessidade de remeter a exegese da Escritura à tradição, ao mesmo tempo em que o magistério eclesiástico é normatizado pela Palavra de Deus (DV 10). Além do mais, a maioria dos teólogos cristãos concorda em seu reconhecimento da importância dos *loci theologici* acima mencionados como instâncias de testemunho da Palavra de Deus (estudo *Communio Sanctorum* [2000], n. 42-73). Pesa no contexto ecumênico também que UR 11 ensina uma ↑ hierarquia das verdades em termos epistemológicos. – (5) A Palavra de Deus é a origem eterna do cristianismo e da Igreja e, como *principium essendi* ou *principium cognoscendi*, é também o fundamento do conhecimento teológico. A *doutrina* sobre ele demonstra as ligações estruturais referentes à aceitação e interpretação da Palavra de Deus por parte da Igreja. Nesse sentido, a epistemologia teológica é, também, uma disciplina da teologia fundamental, que normalmente lhe atribui um tratado próprio. Para as teologias fundamental e dogmática vale: Na recepção da Palavra de Deus, a teologia depende, além dos princípios de juízos lógicos (epistemologia filosófica), de inúmeras objetivações que refletem a Palavra de Deus. A própria teologia é uma objetivação – que, no entanto, permanece dependente de muitas outras. Assim, a partir de uma perspectiva parcial, testemunha-se o todo, mas sem apoderar-se do todo (isso vale até mesmo para as decisões *ex cathedra* do papa). Por isso, o conhecimento teológico da fé exige uma cultura de diálogo e conflito, que se submete à Palavra de Deus num espírito servil e que se manifesta de uma forma que permita preservar a Igreja como *communio*, como comunidade preenchida pelo Espírito.

Lit.: a) KERN, W. & NIEMANN, F.J. *Theologische Erkenntnislehre.* Düsseldorf, 1981. • SECKLER, M. "Theologische Erkenntnislehre". *ThQ*, 163, 1983, p. 40-46. • SECKLER, M. "Die Theologische Prinzipien- und Erkenntnislehre als fundamentaltheologische Aufgabe". ThQ, 168, 1988, p. 182-193. b) BEINERT, W. *Kann man dem Glauben trauen?* – Grundlagen theologischer Erkenntnis. Regensburgo, 2004. c) KAULBACH, F. "Erkenntnis/Erkenntnistheorie". *TRE*, 10, 1982, p. 144-159. • RAHNER, K. "Theologische Erkenntnis- und Methodenlehre". *SM*, IV, 1969, p. 885-892. • FRIES, H. "Die Offenbarung". *MySal*, I, 1965, p. 159-238. • KERN, W.; POTTMEYER, H.J. & SECKLER, M. (orgs.). *HFTh*, 4. 2. ed. Tübingen, 2000.

Christoph Böttigheimer

Escatologia ↑ *redenção universal,* ↑ *apocalíptica,* ↑ *ressurreição dos mortos,* ↑ *ressurreição de Jesus,* ↑ *história/historicidade,* ↑ *domínio de Deus/Reino de Deus,* ↑ *parusia.* – Desde o século XVII (no âmbito católico, desde o século XX), o termo escatologia (doutrina das últimas coisas: do grego *eschatos*, último) designa aquela parte da teologia dogmática que trata das proposições da fé sobre o esperado futuro definitivo e consumado (*eschaton*) do ser humano individual (escatologia individual), da humanidade como um todo e da história e do cosmo (escatologia universal). Com raízes na fé de Israel, a escatologia cristã não remete a um além separado do aquém, mas à consumação definitiva do mundo e da história. – (1) As experiências religiosas determinantes de Israel não se atêm aos ritmos cíclicos da natureza nem a um tempo primordial mítico, mas a eventos nos quais a proximidade e a ação redentora de Deus podem ser vivenciadas. Quando esses eventos são ligados a promessas, elas remetem para além do presente. A fé no cumprimento das promessas (Js 21,43-45) se alia, sobretudo durante a crise do exílio, ao anúncio de um novo futuro. Os profetas anunciam o esperado "dia do Senhor" como dia do juízo (Am 5,18.20; Sf 1,14-18), que se evidencia como transição para uma nova salvação – seja no sentido de um retorno aos primórdios "ideais" (Is 1,26; Os 2,16s.), seja no sentido de uma intensificação da salvação já vivenciada. Através de uma transformação fundamental, Deus concede uma salvação maior, mais constante ou definitiva (Is 43,18s.; 45,17). Ela se baseia numa renovação profunda da humanidade (Jr 31,31-34; Ez 11,19s.; 36,26s.) e é caracterizada cada vez mais por traços que abrangem os povos (Is 2,2-4,19,18-25; 25,6-8; 45,22; 49,6; 66,18-23) e integram toda a criação (Is 11,6-8; 65,25). O objetivo da esperança é a nova criação de Israel (Is 65,16b-25; Ez 37) e a manifestação do domínio real de Deus (Is 11,1-9; 52,7-10). As concepções da apocalíptica intensificam radicalmente a descontinuidade entre a história e o futuro salvífico e esperam a salvação no novo éon após a virada no "fim dos dias", quando se encerra o tempo do mundo atual.

Ao lado de amplas esperanças históricas, desenvolve-se aos poucos também a crença em um futuro salvífico do ser humano individual após a morte. O reino dos mortos do *sheol*, onde os mortos levam uma existência sombria, é inicialmente visto como separado e esquecido por Deus (Sl 88,6.11s.) e não oferece uma perspectiva para o futuro. Com a universalização do âmbito de domínio de Javé, cresce também a convicção segundo a qual seu poder se estende também ao reino dos mortos. O pensamento da sabedoria indaga a fidelidade de Deus para além da morte (Sl 73) e vê o ser humano como criado para a imperecibilidade (Sb 2,23; 3,1-4). Os escritos apocalípticos testificam a esperança de uma ressurreição dos mortos no fim dos tempos para um mundo terrestre recriado (Is 26,19; Dn 12; 2Mc 7). A proximidade do Reino de Deus e sua irrupção no presente ocupa o centro da proclamação de Jesus (Mc 1,15 par.; Mc 4,1-20.26-32 par.; Lc 10,9 par.; 11,20 par.). Os atos de Jesus já são eventos do domínio de Deus; Ele mesmo se vê – mesmo em face da sua morte – como garantia da determinação de Deus para a salvação. No debate com os saduceus, Jesus afirma explicitamente a esperança da ressurreição dos mortos (Mc 12,18-27 par.), já pressuposta em outras palavras de Jesus (p. ex., Mt 8,11 par.). Segundo a mensagem de Páscoa, a morte de Jesus não põe em dúvida sua mensagem do domínio vindouro de Deus, pois a ressurreição revela o Crucificado como reconciliador, no qual se abre para o ser humano a possibilidade da comunhão definitiva com Deus (Rm 5,1). Por isso, Paulo proclama que a virada salvífica já ocorreu (Rm 3,21). A ressurreição de Jesus é vinculada à concepção apocalíptica da ressurreição dos mortos. Ele é o primogênito entre os mortos (1Cor 15,20), o novo homem que representa a existência humana escatológica no fim dos tempos. Dado que os cristão estejam *nele*, eles também já são nova criatura (2Cor 5,17). Com o Espírito Santo, já receberam sua primeira partilha da glória (2Cor 1,22; 5,5). Ao mesmo tempo, Paulo faz valer uma "ressalva escatológica": A revelação da salvação ainda é objeto da esperança, ainda não é visível (Rm 8,18-25; 2Cor 5,7); mas ela é esperada como próxima (Rm 13,11s.; 1Cor 7,29-31). A expectativa de Jesus em relação à proximidade do reino vindouro de Deus é preenchido de modo pessoal e cristológico e agora se transforma na expectativa do retorno do Senhor na glória. As epístolas deuteropaulinas pretendem fortalecer a consciência para as dádivas (escatológicas!) já recebidas e prometem, em uma "escatologia do presente", aos fiéis já agora a participação na ressurreição de Jesus Cristo, cuja revelação, porém, ainda há de acontecer (Cl 2,12s.; 3,1-4; Ef 2,5s.). João vincula as afirmações salvíficas no presente a afirmações sobre o futuro (p. ex., Jo 5,24s.28s.), para dizer à Igreja assediada que ela pode já agora, em meio à perseguição e ao sofrimento, vivenciar a presença do Glorificado e, nele, a vida salvífica (Jo 16,16-22.33). – (2) *Desenvolvimentos no pensamento escatológico universal*: A expectativa dos primeiros cristãos em relação à proximidade da parusia de Jesus Cristo e da ressurreição dos mortos no fim dos tempos perde sua tensão com a atribuição de um sentido positivo à história. No século IV, concepções de uma "teologia do reino" (como a de Eusébio de Cesareia) interpretam a chamada virada de Constantino como início do tempo escatológico de salvação e paz. No tempo da ruína do Império Romano Ocidental, Agostinho († 430) refuta uma realização intra-histórica da salvação escatológica e intensifica assim a tensão escatológica em vista de um futuro salvífico antecipado. Apenas na Idade Média surgem novos modelos histórico-teológicos que, além da interpretação teológica das transformações históricas, diferenciam também a própria era atual. Em Joaquim de Fiore († 1202), intensifica-se o interesse por um futuro realizado dentro da história. Segundo ele, o tempo da Igreja como tempo do Filho logo virá a ser substituído pelo tempo do Espírito. O emprego desse pensamento num sentido crítico à Igreja provoca uma refutação enérgica (Papa Alexandre IV, em 1255). Mesmo que alguns de seus traços ainda subsistam na teologia franciscana (Boaventura), perde de vista o vínculo entre a teologia histórica e a escatologia, consequentemente fazendo com que esta preserve uma ênfase forte na escatologia individual e se transforme numa doutrina do "além", sem qualquer ligação especial com a história do "aquém". O motivo do Reino de Deus adquire nova relevância na teologia protestante no diálogo com esboços modernos da filosofia da história, que veem a história como progresso teleológico em direção a um alvo que pode ser identificado teologicamente. Este é visto como um ideal moral a ser almejado pelo ser humano ou como reino cultural. No âmbito católico, predomina até o século XX uma identificação eclesiológica do pensamento do Reino de Deus. Uma investigação aprofundada com o pensamento histórico da Idade Moderna e com suas categorias de desenvolvimento e progresso só ocorre em casos isolados (Escola de Tübingen, P. Teilhard de Chardin [† 1955]). Em vista de uma interpretação com tendências éticas do motivo do Reino de Deus, a escola histórico-religiosa do século XX redescobre o tema genuinamente escatológico. Afirma que o Reino de Deus no sentido bíblico não é uma grandeza moral ou cultural, mas o futuro criado por Deus, cuja realização Jesus havia esperado ainda em vida (a escatologia consequente). A estranheza dessa afirmação leva a uma reinterpretação atemporalizada (e, ao mesmo tempo, individualizante), no sentido de que (numa desmistificação das concepções do tempo) as dimensões do futuro da escatologia são limitadas ao momento atual do encontro com o Deus transcendente (K. Barth) ou ao momento presente da decisão existencial (R. Bultmann) (escatologia axiológica). A teologia mais recente voltou a valorizar a tensão referente a uma consumação futura. – *Desenvolvimentos no pensamento escatológico individual*: Contra as tendências espiritualizadoras da gnose e contra a crítica pagã, a Igreja antiga enfatiza a ressurreição como ressurreição da *carne*. Já que a história é compreendida como tempo delimitado de provação e arrependimento, os motivos do juízo e do inferno recebem um peso maior para incentivar a conduta ética. Isso expõe a escatologia ao risco de se transformar mais numa doutrina da retaliação do que do futuro salvífico preparado por Deus. Em Orígenes († 253/254), a doutrina da redenção universal é vinculada à concepção cíclica de um retorno de períodos da história mundial, e assim se torna objeto de conflitos e refutações magisteriais. A adoção da doutrina filosófica da imortalidade da alma é uma das razões que leva a uma individualização e espiritualização crescente das proposições escatológicas, que giram em torno da relação entre a imortalidade da alma e a ressurreição do corpo, em torno da natureza do corpo ressurreto e também em torno de tentativas de uma determinação mais clara do estado entre morte individual e juízo final. Especialmente desde Gregório o Grande († 604), concepções escatológicas de origem religiosa divergente (a peregrinação da alma, lugares do além) invadem os motivos cristãos. O apocalipse de Paulo, documentado pela primeira vez no século V, cujas "fabulações" Agostinho havia refutado veementemente, se torna uma fonte significativa para as concepções do além alimentadas por numerosas visões. A teologia escolástica tem um efeito amenizador, mas, na recepção da cosmologia contemporânea, tende a situar as realidades ou os eventos escatológicos em lugares específicos. Tanto na Idade Média como no tempo da Reforma surgem conflitos sobre a compreensão do período intermediário e da possibilidade de uma purificação. No século XIV, o tipo de contemplação de Deus concedido aos santos antes do juízo final é motivo de controvérsias. Baseando-se na ontologia aristotélica, numa hermenêutica insuficiente das imagens escatológicas e numa tendência especulativa e sistematizadora, a escatologia católica moderna é marcada por um pensamento objetivista que fala do futuro salvífico na forma de "últimas coisas" ou de "lugares" no além. A escatologia mais recente do século XX enfatiza a dimensão teológico-histórica da esperança cristã referente ao futuro e sua relevância para o presente: por um lado, o futuro salvífico se estende até o presente por meio de antecipações; por outro, tem também funções críticas e orientadoras em relação à atualidade (teologias políticas, teologia da libertação). Na escatologia individual, os motivos individuais são vinculados mais intimamente a seu fundamento cristológico por meio de reflexões hermenêuticas fundamentais e interpretados em categorias pessoais e relacionais. Isso gera novos impulsos referente à pergunta sobre o estado intermediário, sobre a relação entre alma imortal e corporalidade ressurreta, provoca uma reinterpretação do Juízo e da purificação como também a revisão de uma concepção simétrica do Juízo em prol da esperança para todos os seres humanos. Enquanto o século XX, em confrontos críticos com esboços abrangentes da história (como o marxismo), com sua esperança cristã referente à história como um todo, permite um diálogo, a mediação dessa esperança num tempo de uma busca mais individual parece mais difícil no início do século XXI. Ao mesmo tempo, a fé cristã é desafiada a afirmar a esperança para o indivíduo humano com sua biografia em oposição às teorias da reencarnação e às concepções holísticas (dissolução dos indivíduos humanos no universo). – (**3**) Os credos antigos documentam a crença na parusia de Jesus Cristo, no juízo sobre os vivos e os mortos, na ressurreição da carne e na vida eterna (Credos Apostólico e Niceno-constantinopolitano: DH 10-30; 150; Credo Pseudo-atanasiano *Quicumque*, do século V: DH 76). Contra concepções espiritualizadoras da ressurreição sobretudo de proveniência gnóstica, a Igreja enfatiza a identidade do corpo da ressurreição (credo *Fides Damasi*, do final do século V: DH 72; Quarto Sínodo de Toledo [633]: DH 485; credo de Leão IX [1053]: DH 684; IV Concílio de Latrão [1215]: DH 801). Todos precisarão prestar contas dos seus atos e receberão a vida eterna ou o castigo eterno (DH 72; 76; 485; 801). No contexto de disputas sobre a universalidade do pecado e a dependência da graça, a morte é definida como consequência do pecado com recurso a Rm 5,12 (Segundo Sínodo de Orange [529]: DH 372). A eternidade da consumação e do castigo eterno é ressaltada pelo Sínodo de Constantinopla (543) contra a doutrina da redenção universal de Orígenes (DH 403-411). As concepções de um lugar de purificação, no qual as almas são testadas, salvas e purificadas "como que pelo fogo", que surgem no século XII, são acatadas pelo I Concílio de Lyon (1245), que desenvolve o conceito do *purgatorium*. Existe a possibilidade da intercessão pelas almas que se encontram no purgatório (DH 838). Essa doutrina da Igreja ocidental é abordada durante os esforços de unificação com as igrejas ortodoxas (II Concílio de Lyon [1274]: DH 856; Concílio de Florença [1439]: DH 1.304). A noção de uma purificação intermediária exige uma complementação com afirmações sobre seres humanos que são recebidos no céu ou castigados no inferno ainda antes do juízo final (DH 839; 857s.; 1.305s.). No Dia do Juízo, porém, todos os ressurretos terão que se apresentar com seus corpos diante do trono do juízo de Cristo (DH 859). No século XIV, surgem incertezas na proclamação papal sobre a contemplação escatológica de Deus. Em 1334, o Papa João XXII se vê obrigado a revogar sua opinião segundo a qual a contemplação plena de Deus só seria possível após o juízo geral do mundo (DH 990s.). A doutrina segundo a qual as almas que não precisam ser purificadas desfrutariam da plena contemplação de Deus é reafirmada pelo Papa Bento XII na Bula *Benedictus Deus*, de 1336 (DH 1.000-1.002). A imortalidade da alma é defendida contra questionamentos (V Concílio de Latrão [1513]: DH 1.440s.), mas é caracterizada também como dádiva da graça (Pio V contra M. Baius [1567]: DH 1.978). No conflito com os reformadores, o Concílio de Trento reafirma a existência de um lugar de purificação e a possibilidade da intercessão, mas incentiva uma proclamação sóbria (DH 1.820). O Concílio Vaticano II reúne perspectivas da escatologia universal e da teologia histórica, de modo que a escatologia consegue reconquistar sua importância determinante para todos os temas teológicos e para a existência eclesiástica e cristã (GS 38s.; 93). A Igreja em particular é redefinida em sua tensão escatológica como povo peregrino de Deus (LG 5; 8; 9; 48-51; GS 1; 45). Ensina-se claramente também a possibilidade da salvação de pessoas que não creem e que não foram batizadas (LG 16). Diante de reflexões teológicas mais recentes sobre o estado intermediário, a Congregação para a Doutrina da Fé aponta em 1979 a necessidade de preservar o conceito da alma, a diferença entre as escatologias universal e individual e também a concepção de um estado intermediário (DH 4.650-4.659). – **(4)** As diferenças nas doutrinas escatológicas das igrejas dizem respeito à concepção do processo de purificação: A Igreja Católica Romana é a única que a defende. As diferenças teológicas referentes às concepções da imortalidade da alma (vistas criticamente pela teologia evangélica) não foram relevantes na controvérsia e no diálogo das igrejas. – **(5)** A pergunta sobre o futuro, um fim da história e uma vida após a morte encontrou diversas respostas na história da humanidade e da religião. A escatologia cristã se vê diante do desafio de mediar a esperança própria com esperanças religiosas, filosóficas e seculares não cristãs. A crença cristã na consumação salvífica no Reino de Deus está predisposta na "estrutura de esperança" do ser humano (e, justamente assim, pode vir a ser a satisfação do ser humano), mas não pode ser reduzida a uma mera extensão das esperanças humanas. Porém, a aposta em uma promessa indeduzível pode ser demonstrada antropologicamente de modo sensato no fenômeno da promessa. A escatologia se articula (já na Bíblia!) na recepção de doutrinas e motivos precedentes. Isso é evidente tanto em relação à acepção da imortalidade da alma quanto em relação às concepções vinculadas aos conceitos de juízo, purificação e inferno. Nem sempre a esperança especificamente cristã tem se destacado de modo suficientemente inequívoco dessas concepções. Na história da teologia e da piedade, um resultado concebido como duplo e simétrico do juízo (como divisão da humanidade em seres humanos que vão para o céu e outros que são mandados para o inferno) teve uma influência maior do que os princípios da fé cristã permitiriam. Isso nos remete à importância de uma *hermenêutica de proposições escatológicas*. Esta determina o *status* de proposições escatológicas, que não representam um conhecimento adicional sobre um além, mas sim uma resposta a uma promessa referente ao futuro. Elas têm seu lugar no relacionamento com Deus que, por causa da lealdade do Deus eterno, é esperado como algo que subsista à morte e à história finita. A forma futura desse relacionamento já está predeterminada na possível participação presente de Deus em Jesus Cristo e, mesmo assim, apresenta um caráter indedutível. Dado que Deus já agiu de uma vez por todas de modo salvífico (escatológico) em Jesus Cristo e no Espírito Santo, as proposições escatológicas precisam estar em harmonia com aquilo que a fé cristã professa sobre a ação de Deus já presenciada. Os motivos tradicionais da escatologia (juízo, purificação, inferno, céu) precisam ser interpretados cristologicamente (H.U. von Balthasar); a participação atual em Jesus Cristo e no Espírito é uma representação do futuro antecipado (K. Rahner). Mesmo assim, as proposições escatológicas não visam a um presente projetado (extrapolado) sobre o futuro, mas a um futuro que se aproxima do ser humano de forma indedutível (J. Moltmann). Em termos concretos, isso significa, por exemplo: a fé na criação e na encarnação precisa se defender contra quaisquer concepções segundo as quais a criação não será consumada, mas destruída ou substituída por outro mundo. O juízo não é apenas uma avaliação daquilo que foi, mas parte do novo ato criativo de Deus. Podemos falar da consumação que transcende o mundo temporal e espacial apenas por meio de uma linguagem que se nutre das experiências com o mundo temporal e espacial. A proclamação e doutrina escatológicas dependem dessa linguagem e das imagens deste mundo, mas precisa diferenciar sua verdade e seus limites. Isso vale sobretudo para as imagens que conferem uma forma e uma atração ao objeto da esperança, cuja verdade precisa ser encontrada numa interpretação simbólica, não numa exegese objetivadora. Uma concretização dos "lugares" no além não faria jus ao caráter relacional da esperança. A escatologia vive de suas relações tensionais características, que não podem ser dissolvidas. Abarca proposições individuais e universais. Conta com antecipações da salvação futura no presente (no sacramento como *signum prognosticum*, mas também em antecipações existenciais) sem ignorar o caráter ainda irrealizado da consumação salvífica definitiva e seu potencial crítico em relação ao presente. Por isso, não é possível separá-la rigorosamente da apocalíptica. A escatologia se articula de modo histórico-teológico, de forma que a história se torna significativa para o presente e para a consumação, mas a relação entre história e consumação é refratada pela cruz, pelo juízo e pela nova criação: O Reino de Deus não é resultado da história, assim como a escatologia individual também não pode ser reduzida a uma mera "doutrina da retaliação". Contra a suspeita segundo a qual a crença cristã do além serve apenas como consolação e como desculpa para não se empenhar em prol deste mundo, ou segundo a qual ela distorce a conduta dos crentes por meio de motivos egoístas, é necessário ressaltar a relação entre esperança e prática esperançosa. Visto que os cristãos veem a criação à luz de um destino eterno, eles se veem obrigados a cuidar dela. É justamente assim que os cristãos mantêm viva a esperança de uma justiça universal. Ao mesmo tempo, a escatologia, como "doutrina das promessas" (F.W. Marquardt), espera a plenitude da vida não como algo proveniente de sua origem, da ordem cósmica ou da conduta humana, mas do futuro do Reino de Deus.

Lit.: a) RAHNER, J. *Einführung in die christliche Eschatologie*. Friburgo/Basileia/Viena, 2010. • SÖDING, T. et al. "Eschatologie". *LThK*, 3. 3. ed., 1995, p. 859-880. • WISSMANN, H. et al. "Eschatologie". *TRE*, 10, 1982, p. 254-363. b) ANGENENDT, A. *Geschichte der Religiosität im Mittelalter*. Darmstadt, 1997, p. 659-758. • BEINERT, W. *Tod und Jenseits des Todes*. Regensburgo, 2000. • FISCHER, K.P. *Kosmos und Weltende*. Mainz, 2001. • FREY, J. *Die johanneische Eschatologie*. Vol. 1. Tübingen, 1997 [WUNT, 96]. • FREY, J. *Das johanneische Zeitverständnis*. Vol. 2. 1998 [WUNT, 110]. • GERHARDS, A. (org.). *Die grössere Hoffnung der Christen*. Friburgo/Basileia/Viena 1990 [QD, 127]. • HATTRUP, D. *Eschatologie*. Paderborn, 1992. • HÖHN, H.J. *Versprechen – Das fragwürdige Ende der Zeit*. Würzburg, 2003. • KEHL, M. *Eschatologie*. Würzburg, 1986. • KEHL, M. *Und was kommt nach dem Ende?* Friburgo/Basileia/Viena, 1999. • LIBÂNIO, J.B. & BINGEMER, M.C.L. *Christliche Eschatologie*. Düsseldorf, 1987. • MARQUARDT, F.W. *Was dürfen wir hoffen, wenn wir hoffen dürften?* 3 vols. Gütersloh, 1993-1996. • MOLTMANN, J. *Das Kommen Gottes*. Gütersloh, 1995. • MÜHLING, M. *Grundinformation Eschatologie*. Göttingen, 2007. • PANNENBERG, W. *Systematische Theologie*. Vol. 3. Göttingen, 1993, p. 569-694. • RATZINGER, J. [Bento XVI]. *Eschatologie*. 6. ed. Regensburgo, 2007. • SAUTER, G. *Einführung in die Eschatologie*. Darmstadt, 1995. • STUBENRAUCH, B. *Was kommt danach?* Munique, 2007. • WALTHER, C. *Eschatologie als Theorie der Freiheit*. Berlim, 1991. • WOHLMUTH, J. *Mysterium der Verwandlung*. Paderborn, 2005. • ZIEGENAUS, A. *Die Zukunft der Schöpfung in Gott*. Aachen, 1996.

Tema	Catecismo da Igreja Católica	Conteúdo	Referências bíblicas
"Creio [...] a vida eterna"	1.020	Vida eterna (↑ céu) significa estar com Deus e contemplá-lo como é, face a face – felicidade sem fim, bem-aventurança; cf. DH 1.000-1.001 par.	Dn 12,2; Mt 19,16; 25,46; Mc 9,42; Jo 3,15.36; 4,36; 6,47.55.69; 17,3; Rm 2,7; 5,21; 6,22-23; 1Tm 1,16; 6,12; Tt 1,2; 3,7; 1Pd 3,22; 1Jo 1,2; 2,25; 5,11.13.20; Jd 21 e muitas outras.
O juízo especial	1.021 a 1.022	O primeiro juízo ocorre imediatamente após a morte; aqui, a alma imortal do ser humano recebe sua recompensa eterna: bem-aventurança celestial (com ou sem purificação) ou condenação. Cristo é o ponto de referência, a partir do qual a vida é avaliada. A justiça divina examina o uso da liberdade humana e o avalia segundo seu valor eterno; cf. DH 1.000 par.	Mt 16,26; Lc 16,22; 23,43; 2Cor 5,8; Fl 1,23; Hb 9,27; 12,23.
O céu	1.023 a 1.029	"Essa vida perfeita com a Santíssima Trindade, essa comunhão de vida e de amor com ela, com a Virgem Maria, os anjos e todos os bem-aventurados, é denominada 'o Céu'. O Céu é o fim último e a realização das aspirações mais profundas do homem, o estado de felicidade suprema e definitiva" (Catecismo, 1.024); cf. DH 1.000-1.001 par.	Jo 14,3; 1Cor 2,9; 13,12; Fl 1,23; 1Ts 4,17; Ap 22,4 e muitas outras.
O lugar da purificação: o purgatório	1.030 a 1.032	"Os que morrem na graça e na amizade de Deus, mas não estão completamente purificados, embora tenham garantida sua salvação eterna, passam, após sua morte, por uma purificação, a fim de obter a santidade necessária para entrar na alegria do céu" (Catecismo, 1.030), cf. DH 1.000 par.	2Mc 12,45; Jó 1,5; 1Cor 3,15; 1Pd 1,7.
O inferno	1.033 a 1.037	"A pena principal do inferno consiste na separação eterna de Deus, o único em quem o homem pode ter a vida e a felicidade para as quais foi criado e às quais aspira" (Catecismo, 1057). "Este estado de autoexclusão definitiva da comunhão com Deus e com os bem-aventurados que se designa com a palavra 'inferno'" (Catecismo, 1.033); cf. DH 1.002 par.	Dt 32,22; Mt 5,22.29; 7,13-14; 10,28; 11,23; 13,41-42.50; 16,18; 18,9; 23,15.33; 25,31-46; Mc 9,43-48; Lc 10,15; 12,5; 16,22; Tg 3,6; 2Pd 2,4; 3,7.9; 1Jo 3,14-15; Ap 1,18.
O juízo final	1.038 a 1.041	Em 1336, o Papa Bento XII definiu de modo dogmático e normativo que "no Dia do Juízo todos os seres humanos comparecerão com seus corpos 'diante do trono de juízo de Cristo' para prestar contas de seus próprios atos, onde 'cada um receberá segundo o que houver praticado pelo corpo, bem ou mal' (2Cor 5,10)"; cf. DH 1.002 par.	Sl 1,5; 50,3; 93,15; Pr 28,5; Ct 8,6; Is 1,27; 26,9; Jr 25,31; Mt 25,31-46; Jo 5,28-29; 12,49; At 24,15; 2Cor 6,2; 2Ts 1,10; Tt 2,13; Jd 15; Ap 14,7; 15,4 e muitas outras.
A esperança do novo céu e da nova terra	1.042 a 1.050	"Ignoramos o tempo em que a terra e a humanidade atingirão a sua plenitude, e também não sabemos que transformação sofrerá o universo. Porque a figura deste mundo, deformada pelo pecado, passa certamente, mas Deus ensina-nos que se prepara uma nova habitação e uma nova terra, na qual reina a justiça e cuja felicidade satisfará e superará todos os desejos de paz que se levantam no coração dos homens" (GS 39).	Rm 8,19-23; 1Cor 15,28; Ef 1,10; 2Pd 3,13; Ap 21–22 e muitas outras.

Elaborado por B. Wagner, a pedido dos organizadores.

Eva-Maria Faber

Escritura Sagrada ↑ *epistemologia (teológica)*, ↑ *hermenêutica*, ↑ *inerrância*, ↑ *inspiração*, ↑ *cânone*, ↑ *revelação*. – A Escritura Sagrada consiste de textos que são uma representação literária da palavra da revelação de Deus. No decurso da documentação categorial da autocomunicação de Deus, esses textos foram escritos sucessivamente e, como fonte superior do conhecimento teológico, representam a norma da fé da Igreja. – **(1)** Já a Israel antiga reúne escrituras sagradas (Ne 8,1-12; 2Mc 2,13s.; 8,23). A versão grega da Bíblia hebraica (a chamada *Septuaginta*: LXX) é também a Escritura Sagrada dos primeiros cristãos (At 1,16; 17,2.11; 18,28; 2Pd 1,19-21 et al.). Jesus, que não deixou registros de próprio punho de sua proclamação, não teve qualquer dúvida em relação à autoridade da Bíblia de seu tempo (Mt 5,17-19; Jo 10,35), apesar de transcender a lei de Moisés por força de sua própria autoridade, interiorizando-a e, assim, radicalizando-a (Mt 5,21-48). Isso não questionou a normatividade da Escritura, antes reestabeleceu sua intenção original (compare Mt 19,4-9 com Gn 1,27; 2,24). Os autores bíblicos testemunharam com a palavra, que receberam oralmente e fixaram por escrito (1Cor 15,3-5; 2Ts 3,6 et al.), a autorrevelação de Deus em Jesus Cristo. O registro teve uma função normativa, pois assim pôde ser protegida contra distorções (Ap 22,18). A escrituralização do querigma apóstolico fortaleceu a fé (Jo 20,30s.; 1Jo 1,1-4) e a "confiabilidade da doutrina" (Lc 1,4) e mostrou-se altamente proveitosa nas diferentes áreas da vida eclesiástica (missão, liturgia, teologia etc.). Os autores do NT liam a Bíblia judaica como prenúncio da salvação revelada e consumada em Cristo (Lc 24,27.32.45; Jo 2,22; 20,9; Hb 1,1s.; 1Cor 15,3-5) e compreendiam sua própria palavra como *Palavra de Deus* (1Ts 2,13). Apelavam para isso à interpretação verdadeira da Escritura Sagrada judaica: A partir de agora, esta devia se orientar por Jesus Cristo (2Cor 3,6-8; Hb 1,1), ou seja, precisava ser submetida a uma releitura cristológica (Lc 4,16-30; 7,22s.). Encontravam para tal empreendimento uma ajuda no pensamento tipológico ou analógico: Adão remete a Cristo (Rm 5,12-21; 1Cor 15,45-50), a "rocha doadora de vida" durante a peregrinação no deserto aponta a relevância salvífica de Cristo (1Cor 10,1-4), e o sacrifício de Isaaac é um anúncio de sua crucificação (Rm 8,32). – **(2)** Já desde muito cedo, os livros e escritos contidos na Escritura Sagrada foram considerados "sagrados", i.e., divinos em sua origem e em seu valor. Mas a Igreja antiga estava ciente do fato de que os textos neotestamentários nem sempre podem ser compreendidos facilmente e que uma interpretação literal não esgotava seu conteúdo (cf. já 2Pd 3,16). Por isso, impôs-se um modo específico da exegese espiritual (já em 2Cor 3,6). Ao mesmo tempo, o mais tardar nas disputas arianas, evidenciou-se que, para a preservação da fé bíblica, antidistorções e ensinamentos falsos, eram necessários conceitos não bíblicos. Em consequência disso, determinados dogmas e proposições dogmáticas se tornaram normativas para a exegese das Escrituras. A diferenciação de um sentido triplo da Escritura remete a Orígenes († 253/254): Assim como o ser humano consiste de corpo, alma e espírito, os textos da Escritura também possuem uma dimensão histórica, psicológico-emocional e espiritual. Agostinho († 430) aconselhou procurar na Escritura Sagrada a fé, o amor e a esperança (doctr. christ. 1,29.40) e formulou regras hermenêuticas para sua exegese (3,30-37). A doutrina do sentido triplo foi ampliada por João Cassiano († 430/435): sua alegoria distingue o sentido histórico do espiritual, que, por sua vez, apresenta outras três categorias. Esse sentido "quádruplo" tornou-se determinante para a exegese patrística e medieval:

	Sentido literal.	Aquilo que realmente aconteceu: O quê? Como? Quando? Onde?	"Jerusalém": cidade na Palestina.
Fé	Sentido alegórico.	Aquilo que resulta para os conteúdos da fé cristã a partir de uma passagem bíblica: O que devo crer?	"Jerusalém": imagem da Igreja como lugar da mediação da fé e da presença de Deus.
Amor	Sentido tropológico (*sensus tropologicus/ sensus moralis*).	Aquilo que resulta de uma passagem bíblica para o dever: Como devo agir?	"Jerusalém": imagem da alma do fiel individual como lugar do chamado da consciência.
Esperança	Sentido anagógico (*sensus anagogicus*).	Aquilo que resulta de uma passagem bíblica referente às últimas coisas (*eschata*): Qual deve ser meu destino?	"Jerusalém": imagem da Jerusalém celestial como lugar da glória escatológica.

Cf. BEINERT, W. Heilige Schrift". In: BEINERT, W. (org.). *LKDog*. 3. ed. Friburgo/Basileia/Viena, 1991, p. 241-245, aqui p. 242.

A fórmula medieval para o método alegórico remete a Agostinho de Dacia († 1282): "Littera gesta docet; quid credas, allegoria; moralis, quid agas; quo tendas, anagogia" (a letra ensina os eventos; a alegoria revela a fé; a interpretação moral diz o que deves fazer; e a anagogia [orientação para cima] orienta teu anseio; cf. tb. Tomás de Aquino [† 1274], STh I q1 a10). O sentido *figurado*, que complementa o sentido *literal* e reconhece em toda a Escritura Sagrada referências à doutrina da fé cristã, deveria incentivar a realização dos diversos aspectos da existência cristã. A regra da fé eclesiástica (*regula fidei*) protegia a exegese de subjetivismos. Já a escolástica havia manifestado um interesse maior pelo sentido literal, mas foi na era da Reforma que a exegese bíblica alegórica entrou em sua crise definitiva, pois os reformadores reivindicavam a primazia absoluta do sentido literal (*sola scriptura*) frente a exegese autoritária do magistério: Quando lida literalmente, a Escritura Sagrada interpreta a si mesma. A hermenêutica reformada, que correu em paralelo com o interesse filológico e histórico do humanismo (Lorenzo Valla [† 1457], Erasmo de Roterdã [† 1536]), preparou o caminho para o método histórico-crítico, cujo pai espiritual foi Baruque de Espinoza († 1677). No Iluminismo, quando a identificação da Palavra de Deus com o sentido literal (propagado também pela ortodoxia luterana) foi rompida, a exegese histórico-crítica e a crítica bíblico-científica (H.S. Reimarus [† 1768], G.E. Lessing [† 1781], J.S. Semler [† 1791]) conseguiram se impor em grande parte. O reverso disso foi, no entanto, uma enfática "hermenêutica do coração", praticada pelo pietismo para a edificação espiritual. F. Schleiermacher († 1834) tentou reunir ambas as correntes com a referência a um "sujeito compreensivo", enquanto H.-G. Gadamer († 2002) desenvolveu uma hermenêutica filosófica do "consenso com a tradição" e procurou alcançar a mediação entre ambas as abordagens hermenêuticas por meio da dimensão da *applicatio* (aplicação, adesão). A teologia católica que, em virtude de sua orientação magisterial, inicialmente demonstrou pouco interesse hermenêutico e continuava a sentir uma forte obrigação perante a tradição eclesiástica passou a se ocupar amplamente com o pensamento de Gadamer a partir da segunda metade do século XX. Entrementes, o método histórico-crítico se tornou padrão também para ela, havendo um entrelaçamento com abordagens completamente novas à exegese. Trabalha com perspectivas histórico-culturais e contextuais (exegese da teologia feminista e da libertação), teológico-confessionais (exegese canônica e judaico-cristã) ou reconstrutivas (interpretação e hermenêutica do ponto de vista da história da recepção). – **(3)** O Concílio de Trento (1545-1563) decidiu que a exegese de passagens ambíguas deveria ocorrer naquele sentido inequívoco que "fora e é mantido" pelo magistério episcopal e pontifício respectivamente (DH 1.507). O Concílio Vaticano I e a epístola papal *Providentissimus Deus*, de 1893 (DH 3.281), confirmaram essa acepção (DH 3.007). A partir de 1905, a Pontifícia Comissão Bíblica apresentou exemplos de uma exegese normatizada (DH 3.372s.; 3.394-3.400; 3.505-3.528; 3.561-3.593; 3.628-3.630; 3.750s.; 3.792s.). Após uma relutância inicial, o magistério papal recomendou, além da exegese literal e espiritual, por fim também a exegese histórico-crítica (Encíclica *Divino Afflante Spiritu* [1943], de Pio XII: DH 3.825-3.831). O Concílio Vaticano II distinguiu ainda – reconhecendo plenamente o método histórico-crítico – uma exegese pneumática, que deve se orientar pelo ↑ senso da fé dos batizados, por sua experiência espiritual e pelos "sinais do tempo" (GS 4). Uma perícope deve ser contemplada a) no contexto da Escritura Sagrada como um todo ; b) segundo seu entendimento na tradição eclesiástica; c) em analogia ao depósito da fé cristã como um todo (DV 12). Juntamente com a "tradição sagrada", a Escritura Sagrada é a "suprema norma" da fé (*suprema fidei suae regula*: DV 21), e o magistério não se encontra acima dela, antes é normatizado por ela (DV 10; 12; 21; 24). – **(4)** Em todas as igrejas cristãs, a Escritura Sagrada é considerada um *locus theologicus* central. No entanto, sua relação com outras fontes de conhecimento teológico é determinada de modo divergente. A ortodoxia enfatiza fortemente a relação entre a vida da Igreja e a Escritura Sagrada. Esta não representa uma fonte da fé ao lado da tradição, antes é sua forma de manifestação, motivo pelo qual não pode ser colocada acima da Igreja nem deve ser interpretada independentemente de sua tradição. O princípio protestante da *sola scriptura* nunca foi aprovado pela ortodoxia. Os reformadores, por sua vez, insistiram na normatividade material e formal da Escritura Sagrada, de forma que o princípio da *sola scriptura*, juntamente com a fórmula exclusiva da *sola gratia*, pôde se tornar o princípio formal do protestantismo. Precondição é a autointerpretação (autopistia) da Escritura Sagrada (*scriptura interpres sui ipsius*). Segundo M. Lutero, a Escritura é "uma luz espiritual (2Pd 1,19), muito mais clara ainda do que o próprio sol" (WA 18,653,606ss.; WA 15,40s.). Em virtude de sua "clareza exterior" (WA 18,653), é a única regra da fé completamente certa para a Igreja e a teologia (*unica et certissima regula fidei*). É fonte e critério de toda verdade (*unicum et proprium theologiae principium*). Possui um centro interior naquilo que "Cristo faz" (WA DB, 7,384). Tomando isso como ponto de partida, Lutero identificou um "cânone dentro do cânone" e reorganizou o cânone. A ortodoxia luterana dos séculos XVI e XVII ressaltou essas qualificações e desenvolveu uma teoria formal das Escrituras. Segundo esta, a Escritura Sagrada possui diferentes *affectiones*: Em todas as suas proposições salvíficas, a Escritura Sagrada concorda com a revelação como um todo, contém de modo suficiente (*sufficientia*) a revelação salvífica, é verbalmente inspirada por Deus (*auctoritas*) e, portanto, pode ser compreendida a partir de si mesma (*perspicuitas*); por fim, é convincente e eficaz para todo cristão (*efficacia*). No fim do século XVII, as edições críticas da Bíblia foram fortemente incentivadas, sobretudo no pietismo (J.A. von Bengel [† 1752]). No século XVIII, tentou-se diminuir o volume material da Bíblia por meio de uma distinção entre palavras supostamente humanas e palavras divinas (J.S. Semler), enquanto que no âmbito católico o Concílio Vaticano I rejeitou qualquer tentativa de taxar a Bíblia: Todos os livros "devem ser aceitos como sagrados e canônicos" (DH 3.006). A despeito da aceitação distinta do método histórico-crítico no catolicismo e protestantismo (pesquisa da vida de Jesus, nos séculos XVIII e XIX; a tese de desmistificação de R. Bultmann, no século XX), o pensamento histórico tornou-se constitutivo de ambas as teologias. O lado protestante reconhece que a Escritura Sagrada surgiu e cresceu dentro do contexto da Igreja e só pode ser compreendida a partir deste. Por outro lado, a teologia católica reconhece que a Escritura Sagrada ocupa uma posição mais alta do que a tradição e que o magistério eclesiástico permanece subordinado a ela (DV 10). Malgrado numerosos consensos exegéticos, permanecem diferenças ecumênicas, por exemplo, quanto ao ofício de Pedro, a sucessão episcopal ou a ordenação de mulheres. – (**5**) No espaço da Igreja, a revelação divina é testificada apenas de forma mediada. Entre todos os lugares de conhecimento da Palavra de Deus, cabe à Escritura Sagrada uma posição de destaque, pois é ela que documenta a tradição apostólica constitutiva. Como testemunho primordial não inferido, ela se vê diante da tradição eclesiástica posterior, na qual o testemunho apostólico precisa ser transmitido e interpretado. Dentro do processo de entendimento teológico, cabe a ela, portanto, uma primazia qualitativa e normativa (*norma normans non normata*). No entanto, sua normatividade e autonomia não é absoluta. Na acepção do Concílio Vaticano II, a fé da Igreja é a chave hermenêutica para sua compreensão correta, e o próprio cânone possui um centro hermenêutico: "a verdade [...] documentada segundo a vontade de Deus para a nossa salvação" (DV 11). Hoje, uma exegese científica da Bíblia precisa partir do sentido literal (*sensus litteralis*), i.e., do sentido que seus autores e redatores queriam expressar. Para identificá-lo, o método histórico-crítico é imprescindível (cf. a Pontifícia Comissão Bíblica, *A interpretação da Bíblia na Igreja*, 1993). Esse método apresenta duas variantes (cf. abaixo), que devem ser combinadas: uma abordagem diacrônica (reconstrução da história do texto) e outra sincrônica (análise da estrutura textual linguística e gramática). Dado, porém, que, como livro da fé, a Escritura Sagrada possui um sentido mais pleno, que transcende o sentido literal, o significado dos textos bíblicos precisa ser interpretado à luz do evento Cristo, ou seja, precisa ser concebido também *alegoricamente* (*diferentemente*) – desafio apresentado pela múltipla estratificação (*polissemia*) dos textos bíblicos. Seu significado se revela também na meditação e na prática inspirada por ela. Segundo a compreensão cristã, a relação entre AT e NT não é de natureza aditiva. O "novo" do NT é essencialmente também uma compreensão nova do AT em vista de Jesus Cristo. Segundo a Pontifícia Comissão Bíblica (*O povo judeu e suas sagradas escrituras na Bíblia cristã*, 2001), a relação entre o NT e o AT é determinada por três fatores: continuidade (adoção e universalização da Escritura Sagrada de Israel), descontinuidade (superação da Escritura Sagrada de Israel [Hb 8,13]) e continuação (completação da Escritura Sagrada de Israel [Gl 3,8.29; 2Cor 3,13-16; também DV 16]). A chamada exegese canônica pretende acatar isso. Recorrendo a DV 12, ela compreende os textos bíblicos como tradição homogênea, constituída pela inclusão ao cânone.

Passos metodológicos da exegese bíblica

Crítica textual	Identificação de alterações no texto e reconstrução do texto mais antigo.
Crítica literária	Identificação da homogeneidade ou heterogeneidade do texto e também das partes individuais que compõem o texto ou o livro.
Análise linguística	Descrição da sintaxe, estilo, estrutura, função e horizonte de uma unidade textual.
Crítica formal e de gênero	Comparação das unidades textuais e identificação de formas que apresentem estruturas semelhantes; determinação do gênero literário e identificação de sua função ou do seu lugar na vida.
Crítica de motivos e tradição	Identificação de imagens, temas, traços e tradições idiomáticas numa unidade textual.
Crítica de transmissão	Análise do estado pré-literário, do decurso da transmissão de uma unidade.
Crítica composicional e redacional	Investigação das redações literárias – após o registro definitivo de uma unidade –, ou seja, da intenção teológica do redator.
Questão referente ao tempo e autor	Análise do tempo de criação da unidade textual e da autoria.
Exegese individual e geral	Esclarecimento de aspectos individuais (palavras, personagens, lugares, contexto etc.) e do conteúdo e da intenção da unidade textual; retorna-se ao texto canônico final.
Crítica teológica	Interpretação teológica e sistemática da unidade.

Fonte: BEINERT, W. "Heilige Schrift". In: BEINERT, W. (org.). *LKDog.* 3. ed. Friburgo/Basileia/Viena, 1991, p. 241-245, aqui p. 245.

Lit.: a) STERNBERG, T. (org.). *Neue Formen der Schriftauslegung?* Friburgo/Basileia/Viena, 1992 [QD, 140]. • KREMER, J. "Die Interpretation der Bibel in der Kirche". *StZ,* 212, 1994, p. 151-166. b) SÖDING, T. *Wege der Schriftauslegung - Methodenbuch zum NT.* Friburgo/Basileia/Viena, 1998. • 7 ; KREMER, J. "'Mitte der Schrift'. 'Einheit der Schrift' – Grundsätzliche Erwägungen zur Schrifthermeneutik". In: ESSER, H.H. & PANNENBERG, W. (orgs.). *Schriftverständnis und Schriftgebrauch.* Friburgo/Basileia/Viena, 1998, p. 43-82 [Verbindliches Zeugnis, 3]. c) REVENTLOW, H. *Epochen der Bibelauslegung.* 4 vols. Munique, 1990-2001.

Christoph Böttigheimer

Espírito Santo ↑ *invocação do Espírito/epiclese,* ↑ *carismas/renovação carismática,* ↑ *disposição para a graça,* ↑ *pneumatologia,* ↑ *Trindade.* - Chama-se de Espírito Santo aquela força viva de Deus na qual se manifesta o amor do Pai e do Filho e que, por isso, possui grandeza divina e qualidade pessoal. O Espírito Santo é tradicionalmente adorado como terceira pessoa divina da Trindade. – **(1)** A testemunha mais importante continua sendo o próprio Jesus. Durante sua vida na terra, foi *portador* do Espírito – daí o título hebraico "messias" (ungido pelo Espírito, em grego: *christos*) – e é, desde sua ressurreição e glorificação, *doador* do Espírito (Mc 1,10; Lc 4,16-21; Jo 7,37-39; At 2,33). O relato sobre o evento de Pentecostes em Jerusalém com o discurso interpretativo de Pedro enfatiza a presença permanente do Espírito Santo como fundamento da existência dos que creem em Cristo na comunhão da Igreja, do povo messiânico de Deus (At 2). Ele acata tradições do AT e do início do judaísmo e as reformula à luz da Páscoa: o Espírito (em hebraico: *ruach Jahwe;* em grego: *pneuma*) é o princípio da vida criada e sua dinâmica físico-cósmica (Sl 104,29s.; Sb 1,7); ele suscita em Israel e para Israel competências de liderança e profecias (Jz 6,34; 1Sm 10,5-13; Nm 11,25-28; Is 42,1; 63,11.14); lembra os mandamentos de Javé e os interioriza no povo de Deus (Ez 11,5); como "Espírito Santo", representa a pureza incomparável do próprio Deus (Sl 51,12-14; Is 40,13) e desce sobre toda a Israel e, por meio de Israel, sobre "toda carne" como sua dádiva escatológica (Ez 39,29; Jl 3,1-5). Principalmente Lucas se esforça em demonstrar a continuidade pneumatológica entre AT e NT: o Espírito de Javé é o Espírito de Jesus e de seu Pai celestial, presenteado à Igreja. Desde o início de sua existência terrena, Jesus é preenchido e guiado pelo Espírito (Lc 1,35;

3,21s.; 4,1; cf. Mt 1,18); suas ações e palavras são eventos do Espírito (Lc 4,16-30; cf. Mt 12,28); sua morte e ressurreição liberam o Espírito para sua ação na vida dos crentes por meio do arrependimento e do batismo (At 2,23s.32-34.37-42), por meio da inspiração dos apóstolos (15,28) e por meio da eleição de presbíteros e epíscopos (20,28). Lucas prepara o solo para reflexões trinitárias no sentido de que designa Deus, Jesus e o Espírito Santo como um único sujeito que age na história da salvação. João fala do Espírito da verdade, que parte do Crucificado e, de certa forma, dá testemunho como representante daquele que foi elevado à presença de Deus (Jo 7,39; 14,17; 15,26; 16,13; 1Jo 5,6). Ele "toma" do Filho que, por sua parte, recebeu tudo "do Pai" (Jo 16,14s.). Também em João, Jesus é, já em vida, portador do Espírito, até mesmo fonte do Espírito, que dá do *pneuma*, da "água viva", a todos que nele creem (Jo 1,32s.; 4,13s.; 7,37-39). Após a Páscoa, os discípulos recebem no Espírito seu chamado, juntamente com o poder de perdoar os pecados (Jo 20,21-23). A dimensão pessoal do Espírito Santo se expressa em João no discurso sobre o *paracleto* (em grego: *parakletos*, intercessor, advogado); ele é caracterizado por uma série de relações: Ele vem do Pai, do qual Ele "parte". Ele glorifica Jesus e é enviado por Ele. Ele "permanece" com os discípulos, Ele os instrui, os lembra, os proclama, os introduz e os leva adiante. Evidencia o mundo em seu pecado e sua descrença (cf. os chamados ditos parakléticos, Jo 14–16 passim). Para Paulo, o Espírito é a dádiva escatológica *par excellence*: Em seu poder, os crentes iniciam, a despeito da morte física, uma nova vida por meio da profissão de Cristo e do Batismo (Rm 8,11; 1Cor 12,1-11; Gl 5,25). Eles são guiados até o Cristo crucificado na glória e presenteados com a liberdade dos filhos de Deus (Rm 8,14-17; Gl 4,5ss.). Segundo Rm 5,5, o Espírito transmite o amor divino. Dado que Paulo reconhece no *pneuma* uma dádiva tanto do Pai quanto do Filho, a vida cristã recebe uma marca trinitária (1Cor 12,4-6; 2Cor 13,13). Ela conhece uma dimensão igualmente pessoal e eclesial: Nos indivíduos dotados do Espírito, a Igreja se transforma em templo de Deus (1Cor 3,16; 6,19; 2Cor 6,16) e, num sentido tanto místico quanto metafórico, no corpo de Cristo (1Cor 12,12-32a). Lá, agem as dádivas, os poderes e os serviços a mando do Espírito (1Cor 12,4-6). Por meio destes, a graça justificadora e libertadora se impõe contra o pecado e o distanciamento de Deus (Rm 8,1-17). No lugar da idolatria, da briga e do egoísmo, regem agora os "frutos do Espírito": a alegria, a bondade, o autodomínio e muitos outros (Gl 5,19-23). Paulo ressalta enfaticamente os carismas como característica de todos os batizados: Eles têm sua origem no Espírito uno, mas conferem habilidades diferentes, da força da fé profética à glossolalia (1Cor 12,1-5; Rm 12,4-8). Os carismas servem também para o conhecimento de Cristo, pois Jesus pode ser identificado como "Senhor" apenas no Espírito Santo (1Cor 12,3). – (**2**) Os padres reconhecem a ação do Espírito sobretudo na vida sacramental e ética da Igreja e no desdobramento da doutrina da fé cristã (Tertuliano [† 220] bapt. 5-8; adv. Prax. 8,7; 11,7). Justino o Mártir [† 160] fala dele em vista da inspiração da Escritura Sagrada de Israel, que recebe uma nova interpretação pneumática na Igreja (1 apol. 31,1; 38,1). A eficácia profética do Espírito é concretizada na cristologia e na teologia pastoral: Quando aqueles que apelam a essa eficácia não demonstram "o modo de vida do Senhor", seu ensinamento não tem qualquer peso (Did. 11,7-12). Contra as alegações montanistas, os teólogos da Igreja ressaltam que o Espírito não traz novas revelações, antes remete ao evento Cristo (Eusébio [† 339] h.e. 5,16,6-10). Contra as correntes gnósticas, Irineu de Lyon († por volta de 202) enfatiza a atividade do Espírito que visa à unidade: Ele parte do Deus *uno*, do Criador do céu e da terra, e agracia a humanidade *una* e indivisível, que, por meio da Igreja, é reunida para ser o povo messiânico de Deus, e age no ser humano *uno* de corpo e alma (haer. 5,1,1; 5,6,1). A localização eclesial do Espírito também se volta contra o pensamento gnóstico: "Onde está a Igreja, lá está também o Espírito de Deus" (haer. 3,24,1). Partindo de passagens bíblicas e da catequese eclesiástica do batismo, os Padres gregos do século IV ressaltam a posição divina do Espírito: Existe uma "única cura que parte do Pai e ocorre por meio do Filho no Espírito Santo" (Atanásio [† 373] ep. Serap. 1,20), e: "Em tudo, o Espírito Santo é completamente inseparável e sem distância do Pai e do Filho (Basílio, spir. 16,37). Os capadócios reconhecem no Espírito Santo uma *hypostasis* (grego: pessoa) própria que, juntamente com as hipóstases do Pai e do Filho, realiza a *ousia* ou *physis* (grego: o ser ou a natureza) de Deus (Basílio de Cesareia [† 379], Eun. 1,9; 2,28). Agostinho († 430) chama o Espírito de "a comunhão inexpressável do Pai e do Filho" (trin. 5,11), indicando assim que, como fruto do amor dos dois, também parte dos dois. O teólogo medieval Hugo de São Vítor († 1141) louva o Espírito como animador do corpo místico de Cristo (De sacr. 2,2,1); Ruperto de Deutz († 1129) acredita que diferentes dádivas do Espírito foram distribuídas ao longo da história eclesiástica (trin. 3,1-9); e Joaquim de Fiore († 1202) vê esta avançando em direção a uma era do Espírito como sua consumação (conc. 5,119). Tomás de Aquino († 1274) reflete sobre a origem do Espírito Santo. Assim como Agostinho, Tomás também identifica o Espírito com o amor mútuo e unificador do Pai e do Filho (*amor unitivus amborum duorum*); ele parte de ambos e, assim, pode ser claramente distinguido do Filho (STh I q36 a4 ad 1). Na teologia do barroco, o interesse pela ação viva do Espírito enfraquece em prol de classificações antropológicas na teologia da graça em vista da chamada *gratia creata* (a graça criada) causada pelo *pneuma*. Os teólogos do Iluminismo interpretam o Espírito Santo primariamente como *movens* para a decisão moral autônoma (J. Salat [† 1851]). Enquanto no século XIX a ação do Espírito é interpretada enfaticamente como assistência ao magistério (H.E. Mannning) ou se discute sua qualidade na relação com a razão humana (F.A. Staudenmayr, M. J. Scheeben), surgem vários focos de atenção no século XX: O Espírito causa subjetivamente a possibilidade e realidade da revelação (K. Barth [† 1968]); é o princípio de toda vida e, portanto, de toda cultura (P. Tillich [† 1965]); provoca o surgimento de variadas formas de piedade carismático-entusiástica, que podem ser experimentadas concretamente (H. Mühlen [†2006]); incentiva e capacita para a ação sociopolítica (G. Gutiérrez, J. Sobrino); representa a dimensão feminina de Deus (E. Moltmann-Wendel, E. Schüssler-Fiorenza). – **(3)** A Igreja fixou sua posição no I Concílio de Constantinopla (381): O Espírito é "Senhor e doador da vida, parte do Pai, é adorado e glorificado juntamente com o Pai e o Filho e falou por meio dos profetas" (DH 150). Define-se dogmaticamente assim tanto a divindade quanto a personalidade do Espírito. Correspondentemente, o chamado Symbolum Quicumque influente (séculos IV-VI) chama o Espírito de "Deus" e o ressalta em sua dignidade como terceira pessoa da Trindade divina; confirma-se nele também a doutrina segundo a qual Ele parte do Pai *e* do Filho (DH 75ss.). – **(4)** Mais do que o Ocidente, a tradição bizantino-ortodoxa ressalta a hipóstase (relativamente) autônoma e a vincula de forma imediata à realização da vida eclesiástica e espiritual de cunho sobretudo litúrgico-sacramental e ascético-monástico. O Espírito, que parte exclusivamente "do Pai", é destinatário explícito das orações em hinos e epicleses. Os reformadores do século XVI se fundamentam no solo da decisão do Concílio de Constantinopla, mas enfatizam outros aspectos: Segundo M. Lutero, o Espírito liberta o ser humano do egocentrismo pecaminoso para aproximá-lo da Palavra de Deus na escrita e na pregação. Destarte, o Espírito gera a fé justificadora e concede a justiça de Cristo ao indivíduo na forma da *iustitia aliena*. Em consequência disso, o Espírito é visto como dádiva interior, como *vis-à-vis* permanente da pessoa crente, a qual ele deve "guiar, consolar, vivificar e defender contra o diabo e o poder do pecado" (CA 3). Em defesa contra os ideais espiritualistas e delirantes, que pouco valorizam o momento institucional da vida eclesiástica, Lutero enfatiza a vinculação do Espírito à palavra e ao sacramento, o que, mais tarde, leva a uma forte racionalização da acepção do Espírito na ortodoxia luterana. O Espírito viabiliza, também para J. Calvino, na base da Escritura a comunhão com o Cristo glorificado, que, no entanto, fundamenta ao mesmo tempo a Igreja em sua ordem com orientação política (Inst. III,1,1; 4,2,4). Em sua luta pela santificação pessoal, o pietismo dos séculos XVII e XVIII confia na ação nos indivíduos e nos grupos do Espírito. Na Declaração Comum de 1999, o Espírito Santo é visto como princípio da justificação: Ele suscita a fé e, ao mesmo tempo, se comunica por meio dela, de forma que a graça se evidencia também na forma de boas obras (n. 15). – **(5)** O conceito cristão de Deus não pode ser separado da afirmação plena do Espírito Santo. Do ponto de vista bíblico e patrístico, oferece-se a categoria da *dádiva* como chave para seu entendimento: O Espírito é o Deus doado. De certa forma, é o êxtase de Deus, no qual se revela o quão incondicionalmente o Deus de Jesus Cristo é um Deus para o ser humano. Em vista da posição trinitária do Espírito, podemos falar da forma mais íntima ao ser humano da presença de Deus no mundo: Enquanto Pai e Filho, a despeito de toda proximidade, permanecem para o fiel "um outro", o Espírito Santo se mostra unido ao espírito humano, sem ser idêntico a ele. O conhecimento religioso em geral e o conhecimento cristão em especial – inclusive a prática correspondente – só ocorre, por isso, exclusivamente por meio do seu poder. A pergunta referente à relação entre Espírito e instituição eclesiástica é de grande relevância dogmática: Segundo a compreensão bíblica, a alternativa "Espírito *ou* instituição" leva ao equívoco; o Espírito gera a instituição, Ele lhe dá vida e sentido, o que significa por sua vez que a instituição deve ser criticada em nome do Espírito quando deixar de ser permeável para o amor de Deus para com os homens. Para o futuro do cristianismo, será importante a seleção e avaliação das *experiências* do Espírito em seu ímpeto holístico – e não apenas intelectual. Rm 5,5 continua oferecendo uma orientação importante: "o amor de Deus se derramou em nossos corações pelo Espírito Santo, que nos foi dado". Podemos falar dessa realidade apenas de modo paradoxal: O Espírito abraça e liberta ao mesmo tempo; sempre já está operando, mas precisa sempre ser chamado e invocado novamente; permanece onipresente, mas mesmo assim se mantém oculto.

Lit.: a) ASENDORF, U. *Heiliger Geist und Rechtfertigung.* Göttingen, 2004. • PRESS, M. *Jesus und der Geist.* Neukirchen-Vluyn, 2001. • VORGRIMLER, H. *Gott.* Münster, 2003, p. 50-58. • CONGAR, Y. *Der Heilige Geist.* Friburgo/Basileia/Viena, 1982. • ERLEMANN, K. *Unfassbar?* – Der Heilige Geist im Neuen Testament. Neukirchen-Vluyn, 2010. • SENN, F. *Der Geist, die Hoffnung und die Kirchen.* Zurique, 2009 [Studiengang Theologie, 6,3]. b) STUBENRAUCH, B. "Pneumatologie – Die Lehre vom Heiligen Geist". In: BEINERT, W. (org.). *Glaubenszugänge* – Lehrbuch der katholischen Dogmatik. Vol. 3. Paderborn et al., 1995, p. 1-156. • STUBENRAUCH, B. *Das Wirken des Heiligen Geistes in Kirche und Welt.* Würzburg, 2010 [Theologie im Fernkurs, Lehrbrief 12]. • CANTALAMESSA, R. *Komm, Schöpfer Geist.* Ed. rev. Friburgo/Basileia/Viena, 2007. • EWERT, D. *Der Heilige Geist.* Bornheim-Bonn, 1998. • FERLAY, P. *Gott Heiliger Geist.* Köln, 1998. • GARCIÁ MATEO, R. "Der Heilige Geist in den Ignatianischen Exerzitien". *GuL,* 80/4, 2007, p. 255-280. • FROHNHOFEN, H. "Heiliger Geist – Quelle, Ziel und Frucht unseres Gebetes". *GuL,* 71/1, 1998, p. 1-10. • BÖHNKE, M. "Die Ursprungsbeziehung zwischen Vater und Geist". *Kath(M),* 59, 2005, p. 305-325. • BÖHNKE, M. "Die komplexe Wirklichkeit der Kirche als pneumatologisches Problem". *Kath(M),* 61, 2007, p. 264-278. c) KERN, R. *Theologie aus der Erfahrung des Geistes.* Innsbruck, 2007. • HOLOTIK, G. *Pneumatologie, Spiritualität und christliche Verantwortung.* St. Ottilien, 2010.

Bertram Stubenrauch

Espiritualidade ↑ *carismas/renovação carismática,* ↑ *habitação do Espírito,* ↑ *dádivas do Espírito,* ↑ *seguimento de Jesus.* – A etimologia dessa palavra emprestada do latim lembra o Espírito de Deus, o *Spiritus Dei.* Consequentemente, esse termo designa o caminho, aberto pelo Espírito Santo, dos crentes com Jesus, o Cristo, para Deus, o Pai. Qualquer outro emprego dessa palavra – espiritualidade como inspiração existencial ou artística, como sintonia ou aura, como consciência religiosa ou profana – ocupa um papel secundário. – **(1)** O fundamento da espiritualidade israelita é a conduta prática e pessoalmente responsável segundo os mandamentos de Deus na aliança do povo por Ele eleito e na esperança de seu futuro indestrutível. Isso, porém, depende da misericórdia divina e do Espírito de Deus, da *ruah Jahwe* como força interior (Sl 1,1-6; Ez 36,27; Sb 1,1-15). Os fiéis de Israel de coração puro e conduta correspondente recebem a promessa da "santidade" e da "filiação divina" (Lv 19,2; Sb 2,18), uma presença e ligação com Deus privilegiada e desimpedida. Essa espiritualidade se manifesta concretamente na obediência à Torá e sua lei, na oração diária, no temor do Templo de Jerusalém, na atenção à palavra profética e na proclamação contínua da fé desde os primeiros pais até o presente. Centro da espiritualidade israelita é o amor a Deus (Dt 6,4s.), que se manifesta na confiança inabalável em Deus e em justiça social. Símbolo da espiritualidade veterotestamentária é Abraão. O centro da espiritualidade neotestamentária é ocupado por Jesus de Nazaré. No entanto, só o Espírito Santo nos habilita a professá-lo como mediador escatológico da salvação e "Senhor" (1Cor 12,3). Por isso, a espiritualidade neotestamentária apresenta um caráter trinitário fundamental. Segundo Paulo, o Espírito Santo é, "em virtude de sua ligação essencial com o Pai e o Filho, ao mesmo tempo dádiva e doador da salvação" (SÖDING, T. *Wehen des Geistes,* p. 44). O Espírito justifica (1Cor 6,11; Gl 4–5; Rm 6–8), i.e., Ele habita nos fiéis, os declara santos para que possam viver na fé, na esperança e na liberdade como filhos de Deus e herdeiros da promessa divina (Rm 5,5; 8,9a.14-17; 1Cor 2,15: o *homo spiritalis*). O centro da espiritualidade praticada é, também aqui, o amor (1Cor 13,13; Gl 5,6). O amor caracteriza a espiritualidade neotestamentária como essencialmente *eclesiástica*: O Espírito leva à edificação da comunidade da fé – por meio de sua habitação, seus dons e carismas, que todo batizado deve descobrir em si mesmo e cultivar para o bem do próximo (1Cor 12,12-31a). O interesse espiritual permanece sempre voltado para a vida, paixão, morte e ressurreição de Jesus. Pois o Espírito "do Filho" (Gl 4,6) o remete sempre à história pessoal do nazareno, impedindo assim uma piedade que, em vista do eterno, perde seu contato com a vida concreta e com a lembrança da "carne" e do "evento", sobretudo da cruz (Lc 1,1-3; Jo 1,1; 1Cor 1,23s.). João desenvolve um tipo de espiritualidade que se fundamenta na unidade carismática de Deus e ser humano e que mede sua intensidade pelo amor praticado: Assim como Jesus viveu a partir do Pai para fazer a sua vontade (Jo 6,38), assim também os discípulos devem corresponder à vontade de Deus e observar os mandamentos de Jesus em seu seguimento até a morte (Jo 14,15; 15,9-17; 1Jo 3,13-18). Na espiritualidade joanina, o misticismo e etos se fundem; a adoração e a oração autênticas acontecem no Espírito (Jo 4,23s.; cf. tb. Rm 8,26). A fé e o amor no Espírito respondem de modo adequado à revelação em Israel e Jesus, que exige uma resposta existencial, não filosófica. – (**2**) A ponte entre a espiritualidade de Israel e a da Igreja recém-nascida é encontrada nos Salmos, seu livro de oração, e na *ruminatio* (do latim: ruminar) meditativa particular ou comunial das palavras veterotestamentárias. Continua também a interação joanina entre misticismo e etos. 1Clem chama para a realização da vontade divina, que se revela no Espírito aos corações dos pios (21,1.4). Tertuliano († antes de 220) alerta ao perigo de insultar o Espírito recebido por meio de uma emocionalidade irrefreada ou conduta ímpia (spect. 15,2-3.8). Em analogia com a meditação das Escrituras (e por ela inspirada), a liturgia ocupa um papel central na espiritualidade patrística: os ritos sacramentais – principalmente o Batismo e a Eucaristia – são explicados de modo mistagógico e relacionados ao evento Cristo. Assim, evidenciam-se os significados objetivo e subjetivo da justificação, santificação, iluminação, proximidade de Cristo, agraciação e deificação e também o elevado *status* do martírio (p. ex., Inácio de Antioquia [† antes de 117] Rom. 4,1-2; 5,3; Cirilo de Jerusalém [† 387] catch. 16,12.16; Orígenes [† 253/254] princ. 1,3.5; Ambrósio [† 397] sacr. 3,8-10; Basílio de Cesareia [† 379] spir. 15,35-36). A exegese alegórica, voltada para a prática espiritual, exerce uma influência sobre a Igreja antiga por meio das homilias e dos tratados dos padres; exemplos disso são Agostinho (exegese dos Salmos), Orígenes, Jerônimo e João Crisóstomo (comentários sobre quase todos os escritos do AT e do NT). No monasticismo, que começa a se desenvolver a partir do século III (Padres do Deserto, Antônio [† 356], Pacômio [† 346], João Cassiano [† por volta de 435], João Clímaco [† por volta de 650]), a espiritualidade bíblico-litúrgica se mistura com interesses ascéticos, o que se expressa nas regras das diversas ordens (regras de Pacômio, Basílio de Cesareia, *regula magistri*, Bento). A espiritualidade medieval apresenta fortes influências das ordens monásticas tradicionais e das novas ordens mendicantes (dominicanos, franciscanos). Nos século XII e XIII, introduz um aspecto psicológico e místico-subjetivo à busca pela piedade (Guilherme de St. Thierry [† 1148], Bernardo de Claraval [† 1153], Antônio de Pádua [† 1231]) e fecunda a poesia espiritual. O Espírito Santo é glorificado e invocado em hinos e orações (p. ex., *Veni Sancte Spiritus*, de St. Langton, início do século XIII). A partir do século XI, manifesta-se um elemento caritativo, missionário e reformador, que se expressa no ideal da imitação de Cristo em pobreza, na administração de hospitais (Roma, Würzburg), mas também em movimentos heréticos de renascimento (valdenses, cátaros) com suas respectivas teorias. Enquanto a piedade prática e meditativa dos beguinas (com centros nos Países Baixos e na Bélgica) e o misticismo experiencial dos monastérios femininos permanecem integrados à Igreja (monastério Helfta em Saxônia-Anhalt: Matilde de Magdeburgo [† antes de 1294], Matilde de Hackeborn [† 1299], Gertrude a Grande [† 1301/1302]), a espiritualidade pneumocêntrica de Joaquim de Fiore († 1202) provoca especulações histórico-teológicas (Boaventura, Tomás de Aquino), discussões de ordem política (entre espirituais e conventuais franciscanos) e devaneios anti-institucionais (*fraticelli* franciscanos). Mesmo assim, a espiritualidade da Idade Média preserva sua forte orientação eclesiástica: Muitos tratados descrevem como a estrutura hierárquica da Igreja possibilita uma vida espiritual a partir do *pneuma* como "alma" do corpo de Cristo; falam detalhadamente das dádivas do Espírito e das virtudes (que, a partir do século XIII, são distinguidas das dádivas) (Hugo de São Vítor [† 1141] De sacr. 2,2,1; Tomás de Aquino [† 1274] STh I-II q9 a4; II-II q23 a2). No fim do século XIV, a transição para a Modernidade é anunciada pela *devotio moderna*, que visa a uma interioridade individual na base de uma atenção burguesa ao mundo e de uma leitura sistemática das Escrituras (G. Groote [† 1384]) e que encontra sua expressão literária no popular escrito devocional *Imitatio Christi*, de Tomás de Kempen († 1471; sua autoria é contestada). Na era do cisma surgem espiritualidades de cunho confessional, intimamente vinculadas aos credos e ao pensamento contrarreformista em seguimento ao Concílio de Trento, que exige a obediência espiritual também diante de decisões oficiais referentes à fé e à moral, arraigando assim a realidade da Igreja profundamente na espiritualidade praticada (CatRom, 1566). Após o Concílio de Trento e dentro do catolicismo, discute-se de modo controverso o problema (importante para a espiritualidade praticada) da relação entre graça divina e liberdade humana (Luis de Molina vs. Domingo Báñez). Personalidades de grande influência como Inácio de Loyola ([† 1556] Exercícios espirituais), Francisco de Sales ([† 1622] Philothea, Theotimus), Teresa de Ávila ([† 1582] Castelo Interior), mas também novas ordens, escolas teológicas, movimentos espirituais e também formas barrocas da piedade popular passam a determinar a expressão da espiritualidade católico-romana (jesuítas, passionistas, procissões, costumes religiosos, escolas de Roma e Tübingen, a neoescolástica nos séculos XIX e XX, movimentos bíblicos, jovens e litúrgicos no século XX, a partir da década de 1960 a renovação carismática, Opus Dei, a chamada Igreja de base). – (3) O magistério eclesiástico nunca se pronunciou em prol de um movimento espiritual individual. No entanto, tem reagido quando a instituição eclesiástica foi e é questionada em nome da piedade, quando determinados ideais foram distorcidos ou difamados ou quando determinado tema provocou perigosas brigas. Em 1256, o Papa Alexandre IV defende o ideal da pobreza dos monges mendicantes (DH 840-844). Bonifácio VIII combate grupos que se opõem a quaisquer ordens e bens eclesiásticos (DH 866). Em 1607, o Papa Paulo V concede liberdade de ensino tanto aos seguidores de Luiz de Molina quanto aos adeptos de Domingo Báñez. O Concílio Vaticano II ressalta a participação de todos os crentes na santidade do corpo de Cristo e no senso de fé da Igreja (LG 39). Renova a fundamentação trinitária da espiritualidade cristã e ressalta o caráter comunial da piedade autêntica contra as tendências individualistas na acepção da liturgia e dos sacramentos (LG 9; AG 19). Apela aos impulsos espirituais das Escrituras e dos pais e ao pensamento do diálogo: Este é importante para o ecumenismo (UR 23), para a relação da Igreja com religiões não cristãs (NA 2) e também para o convívio dos fiéis com o "mundo" e suas leis (GS 77). – (4) A vida espiritual da ortodoxia é marcada pelas tradições do primeiro milênio e, portanto, pelos padres (gregos) e pela herança dos sete concílios ecumênicos da Antiguidade. Junta-se a isso o apreço pela ascese, pelo monasticismo e pelos santos e (após graves disputas) a veneração de imagens (ícones), declarada legítima pelo II Concílio de Niceia, de 788 (DH 600-603). Sua piedade tem sido chamada de "espiritualidade dos hinos" em virtude de sua forte ênfase na liturgia (E. Jungclaussen). Além disso, a invocação direta do Espírito Santo exerce um papel importante nas igrejas do Oriente; as celebrações são iniciadas com um *sticheron*, com o pedido ao Espírito de abrir o acesso a Cristo e ao Pai e de santificar a comunhão da celebração. A ortodoxia e o cristianismo católico compartilham da devoção mariana; esta gerou formas de piedade e proposições da fé específicas no Oriente e no Ocidente (o Santo Rosário e litanias, além dos dogmas marianos dos séculos XIX e XX no Ocidente; os ícones e hinos marianos no Oriente). As comunidades protestantes enfatizam uma espiritualidade da palavra bíblica, da responsabilidade direta e individual diante de Deus, e os temas da graça e da justificação. Formas mais definidas da espiritualidade reformada se desenvolveram principalmente nos lugares em que surgiram comunidades semelhantes às ordens (Irmãos Morávios, a Comunidade de Taizé, na França, Irmandade Evangélica de Maria em Darmstadt, Irmandade de Cristo em Selbitz). Uma espiritualidade praticada de forma consciente, arraigada na oração e no louvor de Deus permanece decisiva para a reconquista da unidade da Igreja (cf. a "Semana de Oração pela Unidade dos Cristãos", inaugurada em 1908; e o Centro Ecumênico de Oração em Taizé). De importância teológica e dogmática para uma espiritualidade ecumênica são a doutrina dos carismas de Paulo (O. Cullmann [† 1999]) e as reflexões sobre a relação entre dogma ou proposição confessional e vivência espiritual (J. Arndt [† 1621], A. Brandenburg [† 1978], B. Stubenrauch). – (5) A espiritualidade é o *movens* interior da realidade cristã e, portanto, decisivo para sua teoria e prática. Imprescindível é sua orientação pela história bíblica da salvação e sua visão holística do mundo e do ser humano, que permite defender a unidade de mundo exterior e mundo interior e a "corporalidade" dos caminhos de Deus (F.C. Oetinger [† 1782]) contra espiritualizações falsas. Uma espiritualidade saudável se volta igualmente contra a deificação esotérica e a secularização naturalista das relações terrenas e suas possibilidades. J. Moltmann sugeriu compreender a espiritualidade como expressão de vitalidade (*Geist des Lebens*, p. 73s.). Isso significa redescobrir que todas as formas de piedade cristã – inclusive a imitação da cruz – servem à defesa, ao desenvolvimento e ao enobrecimento da vida – cuja fonte é o Espírito. Uma espiritualidade autêntica, portanto, protesta quando o fanatismo, uma concepção alienada da realidade e a arrogância procuram se impor, e ela incentiva introduzir a fé à política; a Igreja à sociedade; e a razão à religiosidade. Em tudo isso, procura manter uma sobriedade que, apesar de aberta ao visionário e ao inexplicável, mantém seu foco no concreto e no detalhe. Para aprofundar o pensamento dogmático, é necessário analisar e avaliar (mais do que tem sido feito até agora) os escritos e as biografias de grandes figuras espirituais (santos, líderes espirituais) e as múltiplas formas dos costumes religiosos. Além disso, precisamos voltar nossa atenção para os tesouros da liturgia, das artes plásticas, da música sacra, dos hinos e da poesia espiritual e para a riqueza da tradição homilética e catequética do judaísmo e cristianismo.

Lit.: a) ERNST, S. & KLIMEK, N. (orgs.). *Grundkurs christliche Spiritualität.* Kevelaer, 2004. • KASPER, W. *Wegweiser Ökumene und Spiritualität.* Friburgo/Basileia/Viena, 2007. • BERKHOF, H. *Theologie des Heiligen Geistes.* 2. ed. Neukirchen-Vluyn, 1988 [Neukirchener Studienbücher, 7]. • ZDENEK, K. & VOGEL, J. (orgs.). *Spiritualität am Scheideweg des Zeitalters* – Von der Moderne zur Postmoderne. Praga, 2003. b) CONGAR, Y. *Der Heilige Geist.* Friburgo/Basileia/Viena, 1982. • KÖRNER, B. *Gottes Gegenwart.* Innsbruck, 2005, p. 129-150. • RUTISHAUER, C. "Dialogoffenheit und Verwurzelung. Christliche Spiritualität zwischen Wissen und Erfahrung". *HK*, 65, 2008, p. 535-538. • BENKE, C. "Spiritualität und Leitungskultur". *GuL*, 81/2, 2008, p. 161-173. • KOLVENBACH, P.-H. "Spiritualität als apostolische Aufgabe". *GuL*, 75/4, 2002, p. 323-334. • SUDBRACK, J. "Spiritualität – Modewort oder Zeichen der Zeit?" *GuL*, 71/3, 1998, p. 198-211. c) WICK, S. *Sucht den Herrn und ihr werdet leben.* Berlim/Münster, 2006 [Theologie der Spiritualität, 10].

Bertram Stubenrauch

Esquema tempo/espaço ↑ *creatio ex nihilo/creatio continua,* ↑ *escatologia,* ↑ *criação,* ↑ *narrativas da criação,* ↑ *tempo.* – A orientação no espaço (comprimento, largura, altura) e no tempo (passado, presente, futuro) é normalmente inata aos seres vivos e é realizada de diferentes modos sensoriais (acústico, ótico, olfatório, magnético, háptico etc.). A possibilidade de uma percepção fundamentalmente errada do tempo e do espaço pode ser excluída pelo menos para a dimensão mesocósmica (o ambiente mais próximo e concreto), já que exerce uma função de ordenação fundamental para o conhecimento, a comunicação e a sobrevivência tanto do indivíduo como da espécie. Fenômenos de tempo e espaço do mundo micro e macrocósmico, ou seja, fenômenos da física quântica e da Teoria da Relatividade, no entanto, fogem à percepção plástica do mesocosmo. – **(1)** O AT compreende a criação de forma muito plástica como dádiva divina de tempo e espaço para as criaturas de Deus. O hino sacerdotal, o heptámeron (Gn 1,1–2,4a), cria por meio de Deus espaços e tempos com criaturas para as criaturas. Constitui-se assim uma imagem do mundo tipicamente oriental de três níveis com um espaço sobrenatural de Deus, um espaço terreno do ser humano e outro subterrâneo da morte. O mito javista da criação, a narrativa do paraíso (Gn 2,4b–3,24), descreve o ambiente em que Adão vive inicialmente como "biótopo" favorável ao ser humano; após a expulsão do paraíso, como biótopo também parcialmente hostil. Ambas as narrativas da criação elevam o ser humano em seu tempo e espaço à posição de colaborador do Deus que transcende infinitamente qualquer tempo e espaço. Deus cria os espaços cósmicos, biológicos e sociais (Sl 8; 19; 139). Muitos escritos do AT e do NT recorrem à imagem da habitação de Deus no meio dos seres humanos – por vezes, com atribuições ingênuas, por outras, com profunda reflexão teológica (1Cr 23,25; 2Mc 3,39; Jo 1,14; Ap 21,1-8). Deus é o Senhor do tempo, do espaço e da eternidade. – **(2)** O modelo tempo/espaço de três níveis (mundo de vivência, descida ao reino dos mortos, ascensão) e de três fases (protologia, presente, escatologia) é encontrado também no Credo Apostólico do século IV; não é, porém, conteúdo da fé. Agostinho defende uma teoria psicológica do tempo, segundo a qual o tempo seria uma categoria da consciência. Este, portanto, não surge antes do resto da criação, mas com ela, mais precisamente: na consciência humana (conf. 11,20,30). Tempo e espaço surgem com o mundo criatural e não o antecedem. A.M. Boécio († por volta de 526) contrapõe ao tempo/espaço um conceito de eternidade claramente delimitado: A eternidade é posse atemporal e, ao mesmo tempo, perfeita de uma vida ilimitada. Aqui, o conceito de "vida" é o elemento que liga o tempo e o espaço à eternidade. Tomás de Aquino (STh I q46 a2.3; q57 a3) acredita que o pensamento de uma eternidade do mundo não pode ser provado nem refutado, antes só pode ser decidido por meio da fé. O Deus eterno é imediatamente presente em todos os espaços e tempos, no passado, no presente e no futuro, ou seja, em qualquer ponto imaginável do tempo/espaço da história do mundo. – **(3)** O magistério afirma que "desde o princípio do tempo criou do nada uma e outra criação: a espiritual e a material" (DH 800; 3.002). Isso sugere uma constituição concomitante de tempo e espaço. Refutando qualquer atribuição de eternidade ou infinidade ao mundo, o magistério afirma, contra os pensadores incriminados Mestre Eckhart († 1328) e G. Bruno († 1600) e, implicitamente, também contra o pensador não incriminado Nicolau de Cusa († 1464), a limitação temporal e espacial do tempo e do espaço (DH 951-953; 3.024; com normatividade menor também o Sínodo de Colônia, n. 308, 321). – **(4)** Apesar de algumas determinações magisteriais sobre o tempo e o espaço terem sido formuladas apenas após a Reforma, não existem disputas relevantes entre as confissões. – **(5)** A Teoria da Relatividade de Einstein aparenta ter decidido as disputas entre a concepção de um espaço e de um tempo absolutos, que – do ponto de vista teológico – antecedem toda a criação e seriam independentes desta, e um espaço relacional, no qual o tempo e espaço são criados juntamente com a criação material, a favor da interdependência entre tempo/espaço e matéria – uma posição que harmoniza bem com os conhecimentos da teologia da criação. O céu é literalmente utópico – ou seja, não possui lugar – e anacrônico – ou seja, está fora do tempo. É, portanto, uma categoria relacional sem tempo e sem espaço. Em termos teológicos, a ↑ encarnação deve ser concebida como autoentrega de Deus, como *kenosis* (esvaziamento) para dentro do tempo e do espaço (cf. Jo 1,1-18 ou Gl 4,4-7; Cl 1,12-20), e como autodelimitação do Deus eterno e infinito em tempo e espaço. Do ponto de vista escatológico, todo tempo e espaço se orienta pelo reinado sem tempo e sem espaço de Deus (↑ domínio de Deus/Reino de Deus). A onipresença deve ser imaginada como presença espacial e temporal, como presença que constitui o tempo e o espaço e que os abarca, como um estar-presente e um ser-presente em todos os lugares, ou seja, como o ser em si. A causalidade não temporal e não espacial de Deus, prevista por Tomás de Aquino e refletida no conceito de W. Pannenberg do campo de força de Deus onipresente e de efeito instantâneo, é possivelmente válida também do ponto de vista da ciência natural, mas ainda precisa ser ponderada pela filosofia e teologia. Como uma janela na Igreja, que – delimitando o espaço da Igreja por dentro – gera um ambiente sagrado e empiricamente mensurável e ao mesmo tempo o abre para a luz externa, permitindo que a história da salvação brilhe no interior, assim Deus também se torna presente como o ser presente-ausente, como o ser transcendental-imanente, como o ser que está ao mesmo tempo além e dentro de todo tempo/espaço.

Lit.: BORRMANN, S. & RAGER, G. (orgs.). *Kosmologie, Evolution und evolutionäre Anthropologie*. Friburgo/Munique, 2009 [Grenzfragen, 34]. • LÜKE, U. *"Als Anfang schuf Gott..." Bio-Theologie*: Zeit. Evolution. Hominisation. 2. ed. Paderborn et al., 2001. • MÜLLER, H.A. (org.). *Kosmologie* - Fragen nach Evolution und Eschatologie der Welt. Göttingen, 2004. • PANNENBERG, W. *Systematische Theologie*. Vol. 2. Göttingen, 1991. • VAN DEN BROM, L.J. "Raum". *RGG*, 7. 4. ed., 2004, p. 62-65.

Ulrich Lüke

Estado intermediário ↑ *ressurreição dos mortos,* ↑ *purificação/purgatório,* ↑ *morte,* ↑ *imortalidade da alma,* ↑ *tempo.* – Essa expressão se refere a uma fase entre a morte individual e o dia do juízo final na história universal. – **(1)** Na Bíblia encontramos afirmações sobre o destino individual final ao lado de outras sobre a consumação universal, mas sem que houvesse uma reflexão sobre sua relação. No contexto da expectativa da parusia não há espaço para especulações sobre um estado intermediário. Segundo 1Ts 4,16, os falecidos anteriormente também são ressuscitados no dia da parusia, que aqui coincide com a ressurreição escatológica e universal. Não se pensa em um estado intermediário. Em Fl 1,21, o Apóstolo Paulo espera se reunir com Jesus Cristo imediatamente após a sua morte (cf. tb. Lc 23,43). A Bíblia faz alusões a estados intermediários apenas entre a parusia e a consumação definitiva (1Cor 15,23-28). – **(2)** A teologia da Igreja antiga foca – contra a gnose – na corporalidade e historicidade da ressurreição universal dos mortos como evento do juízo final. O destino dos mortos é compreendido como estado de espera (Justino [† 165], Irineu de Lyon [† por volta de 200], Tertuliano [† antes de 220]), que, até a Idade Média, é descrito como descanso ou permanência no seio de Abraão (cf. Lc 16,19-31). Abrem-se exceções para os mártires, que vivem na certeza da consumação plena já antes do juízo final (epístolas de Inácio [início do século II], Cipriano de Cartago [† 258]). As concepções sobre a relação corpo-alma exercem alguma influência sobre a descrição do estado intermediário. Já que o início do cristianismo ressalta a unidade de corpo e alma, supõe-se que a alma persiste apenas numa bem-aventurança fortemente diminuída: Sem corpo, ou (como em Tertuliano) com um corpo intermediário, leva uma existência não natural e deficitária até a ressurreição da carne no fim dos dias. Constata-se assim que o indivíduo não pode alcançar a salvação definitiva sem a consumação do todo. Com Agostinho († 430) e mais claramente com alguns teólogos do início da escolástica, surgem concepções segundo as quais a alma se torna sujeito da consumação (ou da purificação e do castigo) já no estado intermediário. Por fim, impõe-se a noção segundo a qual as almas passam diretamente para o céu, para um período de purificação ou para o inferno após um juízo individual, tendo, porém, que esperar até o juízo final para reunir-se com seus corpos (Tomás de Aquino [† 1274] STh III suppl. 69,2). Para evitar os problemas que surgem com a suposição de um estado intermediário (↑ [5]), a teologia mais recente (G. Lohfink, G. Greshake et al.) defende a tese da "ressurreição na morte". Pretende ressaltar a afirmação bíblica segundo a qual o ser humano uno como pessoa de carne e osso tem apenas uma esperança para a superação da morte, ou seja, a esperança da ressurreição como participação na ↑ ressurreição de Jesus Cristo. Interpreta o estado intermediário como consumação processual. – **(3)** A pergunta referente ao estado intermediário se tornou urgente para o magistério quando o Papa João XXII – seguindo uma opinião mais antiga – declarou em 1331 que as almas chegariam a contemplar Deus apenas após a ressurreição universal dos mortos e após o ↑ Juízo geral. Em 1334, revogou essa doutrina (DH 990s.). Seu sucessor Bento XII declarou (Bula *Benedictus Deus*, de 1336: DH 1.000-1.002) que com a morte se decidia o destino eterno do ser humano e que a alma entraria na contemplação de Deus ou no inferno sem tempo de espera, talvez após uma fase de purificação, mas já antes do juízo final e da recuperação do corpo. Em 1979, um escrito da Congregação para a Doutrina da Fé criticou a tese da "ressurreição na morte" (DH 4.650-4.659); reafirma a diferença entre as escatologias universal e individual, a concepção do estado intermediário no sentido tradicional e (a despeito de reconhecer os problemas vinculados a ele) o conceito da alma imortal (↑ relação corpo-alma). – **(4)** Com ocasionais referências a um "sono da alma", M. Lutero ameniza o peso do estado intermediário. Essa concepção, que não foi mantida de forma consequente, pouco influenciou a teologia protestante. Mais significativa é a refutação de uma forma específica do estado intermediário: o processo de purificação. – **(5)** A ideia de um estado intermediário permite distinguir não só aspectos da matéria, mas também aspectos temporais do processo de consumação. O direito de uma determinação temporal – a ser concebida sempre apenas de modo analógico – é controverso. Refutando-se qualquer noção temporal, o discurso sobre o estado intermediário (entre dois "pontos no tempo") se torna obsoleto. Outros pontos de vista defendem categorias temporais, contanto que se aceite a pressuposição de uma estrutura temporal (a ser compreendida analogicamente) também para o modo de existência após a morte e a ressurreição, que corresponderia à "entrada de Deus na história". Consequentemente, as consumações individual e universal não coincidem; ocorre um evento escatológico individual antes da consumação da história. A comunhão pressuposta também na liturgia eclesiástica, principalmente na oração pelos mortos, das igrejas terrena e celestial parte da "simultaneidade" de crentes terrenos, que ainda se encontram no caminho, e aqueles que já vivem na comunhão celestial com Deus. Vale também para eles a tensão entre o "já" e o "ainda não", o que pode ser explicado do ponto de vista antropológico e soteriológico: A dignidade do ser humano afirma que cada pessoa é afirmada e aceita pessoalmente por Deus. Portanto, e malgrado qualquer necessidade de uma purificação, cada indivíduo pode alcançar a consumação independentemente da consumação do todo. Trata-se da entrada na imediaticidade da presença de Deus (em termos tradicionais: da contemplação de Deus), na qual se realiza aquilo que Paulo chamou de "estar com o Senhor". Ao mesmo tempo, a existência humana envolve também o emaranhamento com outras criaturas e com o todo. Sob esse ponto de vista, o indivíduo não pode alcançar a consumação antes do todo. Ainda participam do destino daqueles que vivem na história e são afetados pelo seu sofrimento, especialmente nos casos em que este se deve à conduta própria. Nesse sentido, não podemos dizer nem mesmo da Igreja celestial que ela já teria alcançado a consumação. A suposição de um estado intermediário postula tradicionalmente que o destino individual pós-mortal se refere apenas à alma separada do corpo, enquanto a ressurreição do corpo ocorre apenas na consumação universal. Mas isso suscita a pergunta referente à totalidade dos seres humanos, caso imaginarmos a alma sem corpo no estado intermediário como algo que tenha alcançado a consumação. A tese segundo a qual a ascensão individual para a vida divina antes do juízo final abarca também o corpo não contraria a expectativa da consumação universal também para o indivíduo. Já que é o corpo que representa o enlaçamento do ser humano com a humanidade e o todo da criação, o vínculo duradouro com o mundo, com as pessoas ainda vivas e com a história estaria garantido justamente por meio da corporalidade integrada ao estado intermediário. ↑ Maria, a mãe de Jesus, da qual a Igreja afirma que ascendeu ao céu com corpo e alma, é vista como duradouramente vinculada à história em sua postura intercessória e remetida à consumação universal ainda não realizada.

Lit.: a) e c) GRESHAKE, G. "Auferstehung im Tod". *ThPh*, 73, 1998, p. 538-557. a) LÜKE, U. "Auferstehung am Jüngsten Tag als Auferstehung im Tod". *StZ*, 123, 1998, p. 45-54.

Eva-Maria Faber

Estado original ↑ *início*, ↑ *pecado original*, ↑ *escatologia*, ↑ *domínio de Deus/Reino de Deus*, ↑ *protologia*, ↑ *criação*, ↑ *pecado e culpa*. – A concepção de uma era dourada sem morte e culpa, encontrada em cosmogonias e antropogonias desde a Antiguidade, tem sua expressão especificamente bíblica nas narrativas sobre o estado original no livro de Gênesis. – **(1)** Textos explícitos são Gn 1–3. Enquanto Gn 1,1–2,4a (tradição sacerdotal S) ressalta enfaticamente a bondade da criação, a narrativa não sacerdotal J (Gn 2,4b–3,24) enfatiza a ambivalência das possibilidades da conduta humana e seu abuso. No entanto, S também conhece o pecado e as suas consequências e ilustra isso com a narrativa do dilúvio (Gn 6). A perda do bem-aventurado estado original é interpretada como castigo e usada como etiologia para explicar a condição humana. No NT, Paulo em particular recorre à história primordial (Rm 5,12-21; 1Cor 15,20ss.45-49) e desenvolve a tipologia Adão--Cristo: Assim como o primeiro Adão conduziu a humanidade da salvação (paraíso) para a perdição, assim o novo Adão, Cristo, a conduz da perdição para a salvação (o reino) consumada de Deus. – **(2)** Em Agostinho († 430), o estado original está vinculado à imortalidade e à justiça, mas também à possibilidade do pecado. Para ele, a meta salvífica deve ser a impossibilidade de pecar na comunhão perfeita com Deus (trin. 15,28.51). Tomás de Aquino († 1274) caracteriza o estado original com a subordinação total, mas harmoniosa do corpo à alma e com a orientação total do intelecto para Deus. – **(3)** As declarações do magistério sobre o estado original ocorrem normalmente no contexto da doutrina do pecado original. O magistério constata que os primeiros seres humanos eram dotados da graça salvífica, eram livres de desejos e da morte (DH 222; 372; 389; 1511s.; 1921ss.; Concílio Vaticano II: LG 2). Não afirma, porém, uma imortalidade biológica, mas uma transição em paz para a vida de Deus sem o terror da morte em virtude do pecado. – **(4)** A ortodoxia mantém conscientemente a historicidade do estado original, para assim poder compreendê-lo como fórum temporal para a provação de Adão e sua decisão (errada). Em M. Lutero, o estado original é (como também em muitos teólogos católicos antes e depois dele) caracterizado pelo conhecimento perfeito de Deus, pela alegria e segurança mais sublime e pela vida eterna. Cristo não efetua apenas a restauração do estado original, mas o supera (WA 4,19.28ss.). A tentativa – muitas vezes ingênua – de historizar o estado original e sua perda dificultou durante séculos um discurso teológico e ecumênico adequado. As controvérsias antigas sobre a pergunta se a queda de Adão teria provocado a perda da imagem de Deus (posição protestante) ou apenas de uma dádiva adicional da graça (posição católica) já não têm mais nenhuma relevância ecumênica. – **(5)** As narrativas do estado original não são histórias de uma degeneração com conotação negativa que se opõem às histórias de ascendência ou evolução de conotação positiva. Representam antes as reflexões mitológicas sobre a experiência original da autoalienação existencial do ser humano (P. Tillich [† 1965]). Não devem ser lidas apenas como história da perdição já ocorrida, mas, no sentido da tipologia Adão-Cristo, também como história da salvação ainda a ser realizada escatologicamente. O paraíso não deve ser visto apenas em retrospectiva, mas também em prospectiva como o Reino de Deus que supera o estado original. Os discursos não teológicos também apresentam mitos sobre o estado original (o estado natural em J.-J. Rousseau [† 1778], a sociedade original em K. Marx [† 1883], o bando primitivo em S. Freud [† 1939]), gerando assim um potencial científico revolucionário e sociopolítico. Aqui se manifesta um excesso interpretativo de concepções mitológicas.

Lit.: ARNETH, M. *Durch Adams Fall ist ganz verderbt...* Studien zur Entstehung der alttestamentlichen Urgeschichte. Göttingen, 2007. • DIETZ, W. "Urstand. III. Dogmatisch". *RGG*, 8. 4. ed., 2005, p. 843-848. • FEINER, J. "Der Ursprung des Menschen". *MySal*, II, 1967, p. 562-583. • HAUKE, M. *Heilsverlust in Adam*. Paderborn, 1993 [KKTS, 58].

Ulrich Lüke

Eucaristia ↑ *instituição dos sacramentos,* ↑ *cálice dos leigos,* ↑ *intercomunhão ecumênica,* ↑ *palavra e sacramento.* – O Sacramento da Eucaristia ("ação de graças") lembra, como celebração da palavra e da ceia, a ação reconciliadora de Deus em Jesus Cristo, que é recordada de forma eficaz no Espírito Santo. Além do Batismo, a celebração da Eucaristia é, desde o início da Igreja, constitutiva para a formação e preservação da identidade cristã. Os conceitos teológicos tradicionais visam sobretudo a perguntas referentes à compreensão da Eucaristia como sacrifício e ceia e à presença real de Jesus Cristo. – **(1)** No centro das contemplações bíblicas da Eucaristia encontram-se os relatos neotestamentários da Última Ceia de Jesus antes de sua morte na cruz (1Cor 11,23-25; Mc 14,22-25; Mt 26,26-29; Lc 22,15-20). A anamnese (recordação) das palavras interpretativas de Jesus na quebra e repartição do pão e no compartilhamento do cálice de vinho era visto como ponto de concentração do ato litúrgico. A tradição joanina, que também conhece uma ceia na proximidade da morte de Jesus, mas que substitui os gestos da ceia pela lavagem dos pés, merece uma contemplação separada (Jo 13,1-30). O significado da Última Ceia de Jesus com seus discípulos deve ser compreendido no contexto da tradição bíblica do motivo da ceia. Devemos recorrer às ceias pré-pascoais de Jesus com pessoas pecaminosas e penitentes (Mc 2,13-17; Mt 9,10-13; Lc 5,27-32; 15,1-2) e às ceias do Cristo ressurreto com aqueles que encontraram a fé nele (Lc 24,13-35; Jo 21,1-14). O primeiro tempo após a Páscoa relata a reunião para a quebra do pão como um ato simbólico gerador de comunhão, ao qual se vincula também uma pretensão de reconciliação social (1Cor 11,17-34; At 2,42-47). Todos os testemunhos neotestamentários oferecem uma interpretação teológica da prática da ceia de Jesus e não documentam apenas fatos históricos. Podemos reconhecer um parentesco entre Paulo e Lucas, de um lado, e entre Marcos e Mateus, de outro. Repertório básico de todos os quatro testemunhos neotestamentários são os gestos de Jesus (quebra do pão e circulação do cálice) e também um ato verbal: Jesus interpreta o pão quebrado como seu corpo e o vinho como seu sangue. Os atos verbais "Este é meu corpo/Este é meu sangue" significam: Esta é a minha pessoa em face da minha morte, que não impedirá que Deus preserve a comunhão redentora com sua criação pecaminosa. As tradições formuladas por Paulo e pelos evangelistas recorrem a modelos interpretativos judaicos. Entre estes, devemos ressaltar os conceitos da "aliança" e do "*pessach*". Enquanto Paulo e Lucas (com referência a Jr 31,31) veem a "nova aliança" fortalecida no destino sangrento de Jesus; visto que Deus escreve seus mandamentos não em tábuas, mas no coração, e promete o perdão dos pecados, Marcos e Mateus recorrem à fala do "sangue da aliança" (cf. Ex 24,8) e recordam a aliança do Sinai, que não é anulado. A proximidade temporal da morte de Jesus com a festa do *pessach* é documentada em todos os evangelhos; a cronologia joanina com a morte de Jesus no momento do abate dos cordeiros no templo parece ser mais plausível do que a cronologia dos evangelhos sinóticos, já que é pouco provável que a pena de morte tenha sido executada no próprio dia de festa. Isso significa que, muito provavelmente, Jesus não encenou a Última Ceia como ceia do *pessach* (cf. Ex 12), mas que a realizou em proximidade temporal e espiritual da festa. A tradição neotestamentária ressalta esse vínculo, pois a ceia do *pessach* e a celebração eucarística podem ser descritas de forma semelhante em muitos aspectos: Ambas recordam uma ação salvífica de Deus por meio de atos verbais e gestos de ceia; ambas tratam da recordação da redenção divina da escravidão e da morte, ou seja, de uma "transição" (este é o significado-chave da palavra *pessach*). No entanto, devemos observar também que, segundo a tradição neotestamentária, a Última Ceia se distingue da celebração da ceia do *pessach* justamente na interpretação dos atos do pão e do cálice: na ceia do *pessach*, o objeto da interpretação é o pão ázimo; na Eucaristia, é o pão quebrado; na ceia do *pessach*, os celebrantes erguem várias vezes sua própria taça, Jesus compartilha seu próprio cálice. Devemos considerar também a interpretação de Jesus de sua própria morte "para vós" (Paulo e Lucas) ou "para muitos" (Marcos e Mateus). É uma referência à morte expiatória de Jesus "em prol *dos* muitos" ("os muitos", em grego, significa "todas as criaturas"), que Ele sofre "no lugar dos muitos" seres humanos pecaminosos, para que a vontade pactual do Deus misericordioso se manifeste de modo escatológico e definitivo. Jo 6,26-66 oferece uma reflexão sobre a presença real pessoal de Jesus Cristo no pão e no vinho eucarísticos. O discurso de Jesus sobre o pão, de grande importância para a história da recepção, reflete a incerteza (que surge desde cedo) sobre a compreensão certa da presença somática real de Jesus Cristo, que logo seria objeto de mal-entendidos: Não são o corpo terreno e o sangue humano de Jesus que são ingeridos na Eucaristia. Em seguida, foi sobretudo o horizonte escatológico da comunhão eucarística com Cristo que dominou a consciência (Jo 6,51.58). O relato neotestamentário da comunhão da ceia do Cristo ressurreto com seus discípulos (Lc 24,13-35; Jo 21,1-14) é visto como testemunho da primeira prática eucarística da Igreja no primeiro dia da semana (At 20,7.11) sob o signo da esperança pascoal e da parusia próxima de Jesus Cristo. – (2) Nos primeiros tempos pós-bíblicos, estabeleceu-se nas ordens congregacionais e nos escritos teológicos a designação da ceia congregacional em memória de Jesus como "ação de graças" (*eucharistia*) (Did. 9,5; Justino [† por volta de 165] 1 apol. 66,1; Irineu [† por volta de 200] haer. 4,18,5; trad. apost. 36s. [século III]). Objeto da gratidão congregacional é a ação redentora de Deus em Jesus Cristo, recordada no símbolo da ceia por meio do Espírito Santo. Como símbolo de sua disposição para a ação de graças, a congregação oferece pão e vinho. Em relação à organização litúrgica concreta da Eucaristia, existia – malgrado a referência fundamental aos testemunhos bíblicos – inicialmente certa liberdade (permitia-se, p. ex., a celebração sem citação explícita das palavras interpretativas de Jesus; assim, p. ex., na Did.). Isso permitiu o desenvolvimento de diversos círculos rituais regionais, que, em retrospectiva, podem ser definidos como tradições orientais e ocidentais. O significado independente da liturgia da palavra em conexão com a celebração da ceia permaneceu incontestado em todas as formas. Em diferenciação das tradições festivas judaicas, a celebração na manhã do primeiro dia da semana tornou-se regra. O significado eclesial da celebração eucarística (e não a prática individual da piedade) ocupava o primeiro plano da contemplação teológica na Antiguidade: Assim, Agostinho ([† 430] serm. 227) estabelece um vínculo entre o recebimento do corpo de Cristo e a eleição da Igreja como corpo de Cristo. Na Antiguidade, o significado eclesiástico-constitutivo da celebração eucarística permaneceu o centro da atenção como um todo, mas mais tarde o interesse se transferiu para a contemplação da transubstanciação das dádivas eucarísticas (presença real) e do efeito redentor do evento (caráter sacrificial). Na história da teologia, houve desde sempre a tendência de recorrer a modelos filosóficos (historicamente determinados) na interpretação da presença eucarística de Jesus Cristo. Permaneceu intocada a visão fundamental da Eucaristia como celebração de um mistério divino inacessível para a compreensão humana, do qual a razão humana apenas pode se aproximar. Nos primeiros séculos, o esquema platônico de modelo e cópia provou sua utilidade para a descrição da presença real no evento da ceia. Mas em seguida rompeu-se a síntese entre uma compreensão simbólica e outra real da Eucaristia, que ainda havia sido preservada no modelo platônico: Enquanto os padres da Igreja oriental (grega) preferiam uma compreensão simbólica da presença eucarística de Jesus Cristo, efetuada pelo Espírito de Deus, o interesse dos padres da Igreja ocidental (latina) (sobretudo em Ambrósio [† 397] em oposição a Agostinho) se transferiu para a presença de Cristo nas dádivas transfiguradas da ceia (metabolismo). Isso acarretou grandes problemas nos tempos conseguintes, pois a presença real nos símbolos já parecia inconcebível; o simbolismo se contrapunha ao realismo. Nas chamadas primeira e segunda disputas eucarísticas, essa controvérsia existente na Idade Média foi resolvida: O contexto da primeira disputa eucarística foi marcado pela pergunta de Pascásio Radberto († 865), no quarto capítulo de seu escrito "De corpore et sanguine Domine", se o "Sacramento do cálice" ocorria "na imagem" (*in figura*) ou "na realidade" (*in veritate*). Na segunda disputa eucarística, o magistério enfatizou contra Berengário de Tours († 1088) de modo equivocado e unilateral o realismo eucarístico (DH 700). Apenas a diferenciação realizada por Tomás de Aquino († 1274) e inspirada em Aristóteles entre substância e acidentes (STh III q75-77) abriu novas possibilidades: O modelo da transubstanciação descreve uma transformação da substância (da natureza) de um ente, no qual os acidentes (a realidade externa acessível ao conhecimento humano pela visão, paladar e tato) permanecem inalterados. As reflexões da especulação escolástica sobre a permanência da substância do pão e do vinho tiveram consequências graves. A concepção auxiliar segundo a qual os acidentes do pão e do vinho subsistiriam sem a permanência de sua substância perdeu sua plausibilidade na mesma medida em que, sobretudo no nominalismo da Idade Média tardia, foram introduzidas concepções concretas à fala sobre a substância eucarística. Para a compreensão correta da doutrina da transubstanciação, é imprescindível conhecer as determinações conceituais aristotélicas – condição esta que, já na era da Reforma, não era cumprida incondicionalmente e que, após o Concílio de Trento, foi se perdendo cada vez mais. Quando hoje se fala em substâncias, as pessoas sem formação filosófica pensam em realidades que devem ser descritas em termos químicos e físicos. Na segunda metade do século XX, essa percepção motivou uma busca por novas abordagens à transformação substancial na Eucaristia (B. Welte [† 1983], P. Schoonenberg [† 1999], E. Schillebeeckx [† 2009]). Podemos incluir todos os modelos (transignificação, transfinalização, transinstituição) preocupados em redefinir a natureza do ato eucarístico sob o signo da ontologia racional (ser por meio da relação): O ato simbólico, instituído pelo próprio Jesus Cristo, da quebra do pão e da circulação do cálice determina no Espírito Santo de forma anamnésica a natureza do evento eucarístico como contexto relacional. Além da procura por um consenso teológico na descrição da presença real eucarística, considerava-se, desde o século XVI, como primordial a tarefa de compreender o caráter sacrificial da celebração eucarística. Na Idade Média tardia, essa temática ocupou um papel pouco significativo, mas veio a assumir um peso maior no tempo pós-Reforma. – **(3)** Enquanto a primeira disputa eucarística do século IX entre Pascásio Radberto (com tendências ao realismo) e Ratramno de Corbie ([† após 868] com tendências ao simbolismo) terminou sem um esclarecimento magisterial, a segunda disputa eucarística provocou primeiras decisões em vista das teses com tendência ao simbolismo de Berengário de Tours: As descrições apresentadas para sua avaliação sobre a presença eucarística real já introduziam a concepção de uma transformação da substância (DH 690; 700). O conceito da "transubstanciação" foi acatado em várias declarações seguintes do magistério em contextos de controvérsias teológicas: em 1215, no IV Concílio de Latrão (DH 802) no conflito com os albigenses e cátaros; em 1274, no II Concílio de Lyon (DH 860) no contexto da refutação das doutrinas dos "orientais"; em 1341, no escrito "Cum dudum" do Papa Bento XII contra os armênios (DH 1.018); em 1439, na Bula *Exultate Deo* (DH 1.321) sobre a união com os armênios; e em 1442, no Concílio de Florença (DH 1352), também contra uma posição dos armênios. O Concílio de Trento se ateve ao conceito da "transubstanciação", pois esta designava a transformação eucarística de modo "adequado e no sentido próprio" (*proprie et convenienter*) (DH 1.642). Segundo o cân. 2 do decreto eucarístico de Trento, a transformação é descrita de modo muito adequado (*aptissime*) como transformação da substância (*transsubstantiatio*) (DH 1.652). Em retrospectiva, ressaltou-se o fato de que o Concílio de Trento redigiu dois escritos doutrinais sobre perguntas referentes à Eucaristia: em 1551, sobre o Sacramento da Eucaristia (DH 1.635-1.661) e, em 1562, outro sobre o sacrifício da missa (DH 1.738-1.760). Evidentemente, nessa época (ainda) não era comum considerar o caráter sacrificial da Eucaristia como recordação sacramental da vida de Jesus Cristo, ou seja, tratar da sacramentalidade eucarística e da recordação do sacrifício redentor de Cristo num mesmo contexto intelectual. Uma atenção específica foi dada à questão do cálice dos leigos (DH 1.726-1.734). Todos os decretos defendem concepções e práticas teológicas existentes (como o depósito e veneração das dádivas eucarísticas da ceia, a autoalimentação do sacerdote como primeiro comungante, a participação exclusiva dos sacerdotes no cálice eucarístico e a memória eucarística na oração pelos mortos) contra as inovações reformadas. Na disputa confessional, o fato de que o sacrifício eucarístico era designado conceitualmente como recordação do sacrifício único e suficiente da vida de Jesus para a salvação da humanidade ajudou a aliviar as tensões (*memoria, repraesentatio et applicatio*: DH 1.740). A teologia eucarística só voltou a ser tema dos escritos magisteriais no final do século XIX e no século XX: Os papas incentivam os fiéis a participarem com frequência da celebração da Eucaristia (DH 3.360s.; 3.375-3.383). Em decorrência do movimento litúrgico na primeira metade do século XX, o Concílio Vaticano II (SC 47-58; LG 11) pediu a realização de reformas na liturgia da celebração eucarística: A participação ativa de todos os crentes também na execução de serviços específicos como o ofício do leitor (aspecto eclesial); a celebração da Eucaristia na língua vernacular para incentivar o envolvimento pessoal; a simplificação dos ritos em prol de uma nova transparência (aspecto antropológico); a mudança da ordem de leitura, em conjunto com um apreço dos múltiplos modos da presença de Jesus Cristo (SC 7). A celebração eucarística é designada fonte e auge de toda a vida cristã (LG 11; CIC/1983, esp. cân. 844). Os escritos papais após o Concílio Vaticano II enfatizaram, sobretudo no contexto ecumênico, a importância primordial da comunhão eclesial concreta como precondição para uma possível comunhão eucarística (cf. PAPA JOÃO PAULO II. *Ecclesia de Eucharistia*, de 2003: DH 5.094s.); devemos observar ao mesmo tempo a dimensão pastoral dessa questão, sobretudo em vista dos casais interconfessionais. Em resposta a cogitações mais recentes sobre a presença eucarística real no contexto da ontologia relacional, o Papa Paulo VI publicou em 1965 sua Encíclica *Mysterium Fidei* (DH 4.410-4.413). Nela, ele reconhece os esforços feitos para o desenvolvimento de novos conceitos na teologia eucarística, mas lembra também a herança dogmática da doutrina da transubstanciação – a transformação que independe da consciência espiritual respectiva que a compreende. – **(4)** No cristianismo ortodoxo, a liturgia divina costuma ser celebrada na manhã dos domingos. Nos dias da semana, os crentes podem participar da liturgia do dia. Assim como no âmbito reformado, a limitação das celebrações eucarísticas a determinadas horas deve ser compreendida como valorização dessa forma litúrgica da recordação de Cristo. A compreensão ortodoxa da Eucaristia reconhece como características especiais: a ênfase da celebração comunal como "Liturgia Celestial" em lembrança dos vivos e dos mortos; a (longa) celebração litúrgica que concede uma participação no mistério divino incompreensível ao ser humano; a diferenciação rigorosa entre pessoas com tarefas litúrgicas e os outros fiéis.

Em relação ao cristianismo evangélico, podemos constatar, desde o século XVI, uma tendência regressiva na frequência da celebração da Santa Ceia. Em termos teológicos, as disputas do século XVI entre as tradições luterana e reformada (ApolCA 24) foram mais graves do que as disputas entre os lados católico romano e luterano. O conflito entre os reformadores se concentrava principalmente na questão da presença (também) física (visão luterana) ou (apenas) espiritual (visão reformada) de Jesus Cristo no evento eucarístico. A controvérsia no meio evangélico teve consequências tão graves que a comunhão de púlpito e Eucaristia só pôde ser acordada em 1973, com a Concórdia de Leuenberg. Hoje vemos esforços em muitos níveis de contemplar a cristandade como uma comunidade que celebra a Eucaristia em conjunto. Em nível internacional e multilateral (diálogos entre as igrejas), as declarações de convergência acordadas em Lima (1982) pelo Movimento de Fé e Ordem (*Faith and Order*) sobre os temas do Batismo, da Eucaristia e do ofício são de relevância duradoura: Todas as tradições cristãs (a Igreja Católica Romana participa desde 1968 das conferências da *Faith and Order*) remetem à celebração instituída por Jesus Cristo, que é, sobretudo, ação de graças e que pretende preservar sua lembrança na presença do Espírito Santo; os crentes são levados a uma comunhão que alcançará sua consumação apenas no tempo escatológico (cf. tb. a chamada liturgia de Lima com orientação prática). Nos diálogos bilaterais, o tema da Santa Ceia e da Eucaristia foi tratado em diversos contextos. Depois do Concílio Vaticano II, a Igreja Católica Romana tem participado intensamente desses diálogos. Em nível internacional, a comissão católica romana e evangélica luterana apresentou em 1978 o documento "A Ceia do Senhor". Também aqui foram tratados não só assuntos teológicos e sistemáticos, mas também perguntas referentes à prática litúrgica. Nas regiões de língua alemã, o grupo de trabalho bilateral da Conferência dos Bispos da Alemanha (DBK) e a Igreja Evangélica Luterana Unida da Alemanha (VELKD) pautou como primeiro tema dialógico a pergunta sobre a "Comunhão eclesial em palavra e sacramento", levando em conta a relação existente entre proclamação da Palavra, Batismo, Santa Ceia/Eucaristia e ofício eclesiástico. O estudo "Lehrverurteilungen – kirchentrennend?" [Condenações doutrinais – divisoras de igrejas?], publicado em 1986, conseguiu demonstrar no diálogo evangélico/católico romano que todas as condenações doutrinais professadas no século XVI referentes à Eucaristia/Santa Ceia não são mais consideradas divisoras em relação às igrejas. Decisivas foram nesse contexto as elaborações referentes aos três modelos concorrentes do século XVI sobre a presença eucarística real (católico romano, luterano, reformado), que, do ponto de vista atual, são vistos como compatíveis em vista do respectivo contexto teológico dominante: Juntas, as confissões reconhecem a orientação pneumatológica da teologia eucarística protestante; juntos, os lados luterano e católico romano reconhecem que as controvérsias referentes ao conceito da substância devem ser abolidas do ponto de vista atual, pois haviam sido formuladas no século XVI sob condições que já não se aplicam hoje. Na década de 1980, houve também conversas entre as igrejas Ortodoxa e Católica Romana, nas quais as designações litúrgicas dos líderes da Igreja (papas, patriarcas) foram ponderadas teologicamente sob o ponto de vista da comunhão eclesial e eucarística. – (5) Todas as comunidades da fé cristã pretendem seguir em suas celebrações litúrgicas a ordenação de Jesus de celebrar a Ceia em sua memória. A interpretação que Ele mesmo forneceu desse evento antes do seu sofrimento e de sua morte e que foi preservada pela tradição da comunidade apostólica representa o fio de prumo normativo na formação de tradições litúrgicas. Sua recordação de Cristo remete tanto ao Jesus, que ceava com os pecadores, quanto ao Cristo ressurreto, que os discípulos reconheceram quando este quebrou o pão. Parte dos problemas ecumênicos provêm das controvérsias do século XVI sobre a compreensão da Eucaristia/Santa Ceia como "sacrifício". Consensos fundamentais já puderam ser alcançados: O sacrifício uno na cruz – a autoentrega de Jesus em amor – se faz sacramentalmente presente na celebração da Ceia da Igreja na forma de uma celebração memorativa que representa a origem. A singularidade e unicidade do autossacrifício de Jesus Cristo é o fundamento incontestado de todas as reflexões sobre o caráter sacrificial da Eucaristia. Nos atos e nas palavras da Última Ceia, a entrega voluntária de Jesus é lembrada e recordada. A celebração da Eucaristia não é um sacrifício em si, ao lado ou além da morte sacrificial de Cristo. A relação entre a presença de Jesus prometida por Ele mesmo e o evento da Ceia é vista como fundamento para um consenso nos diálogos ecumênicos. As diferenças confessionais restantes dizem respeito principalmente às noções marcadas sobretudo por concepções filosóficas da presença real de Cristo em, com e sob o signo da Ceia. Contanto que a determinação do sentido das dádivas eucarísticas da Ceia tenha sido preservada, as tradições evangélicas também afirmam a presença contínua no evento da Ceia e aceitam até mesmo a dispensação das dádivas da Santa Ceia a pessoas enfermas e idosas (Eucaristia dos enfermos) como teologicamente fundamentada. O "uso sacramental" da celebração eucarística da Ceia (*usus sacramenti*) é, portanto, o fundamento para os diálogos ecumênicos. Segundo o princípio da *lex orandi* (a prática eucarística ativa) *est lex credendi* (a fé eucarística da Igreja), deve-se dar uma atenção especial, tanto no contexto intraconfessional quanto no contexto ecumênico, à relação entre conteúdo e forma da celebração eucarística.

Lit.: a) FABER, E.-M. *Einführung in die katholische Sakramentenlehre*. 2. ed. Darmstadt, 2009, p. 98-121. • SCHNEIDER, T. *Zeichen der Nähe Gottes* – Grundriss der Sakramententheologie. 9. ed. Mainz, 2008, p. 115-183. • SATTLER, D. & NÜSSEL, F. *Menschenstimmen zu Abendmahl und Eucharistie*. Frankfurt/Paderborn, 2004. b) LEHMANN, K. & PANNENBERG, W. (orgs.). *Lehrverurteilungen - kirchentrennend?* - Vol. 1: Rechtfertigung, Sakramente und Amt im Zeitalter der Reformation und heute. Friburgo/Göttingen 1986, p. 89-124 [Dialog der Kirchen, 4]. • EKD (org.). *Das Abendmahl*. Gütersloh, 2003. c) BETZ, J. *Eucharistie in der Schrift und Patristik*. Friburgo/Basileia/Viena, 1979 [HDG, 4/4a]. • NEUNHEUSER, B. *Eucharistie in Mittelalter und Neuzeit*. Friburgo/Basileia/Viena, 1963 [HDG, 4/4b]. • SÖDING, T. (org.). *Eucharistie*. Regensburgo, 2002.

Dorothea Sattler

Evangelização ↑ *Missão/reevangelização*

Evento Cristo ↑ *cristologia,* ↑ *encarnação,* ↑ *mistérios da vida de Jesus,* ↑ *soteriologia*. – O evento Cristo não se refere a uma ocorrência isolada na vida de Jesus, mas a todo o conjunto salvífico de concepção, vida, obra, mensagem, morte, ressurreição e ascensão de Jesus, o Cristo, no qual Deus se revelou para a salvação do mundo. Por isso, o centro da proclamação cristã não é uma doutrina ou "verdade racional necessária" (G.E. Lessing), mas um evento histórico, uma pessoa e biografia, que possui um significado universal *em* (não apesar de) sua concreticidade e contingência. A fala do evento Cristo enfatiza a historicidade da autorrevelação de Deus que antecede de forma indedutível e inconcebível todo pensamento teológico abstrato e dedutivo. – (**1**) A historicidade da ação salvífica e reveladora de Deus é constitutiva para o pensamento judaico e cristão. Partindo dessa convicção fundamental, o AT desenvolve, com recurso ao motivo da personalidade corporativa (pessoa que representa uma comunidade orgânica de indivíduos; cf. Gn 18,20-33; Dt 3,23-28; 4,21s.) e da substituição (Is 53; 2Mc 6,27; 7,9.37s.; 8,21), modelos da coincidência entre pessoa concreta e transpersonalidade, que abarca e transcende a pessoa individual. Na especulação do início do judaísmo sobre Adão (retomada por Paulo em Rm 5; 1Cor 15) encontramos um motivo relacionado àquilo que caracteriza a concepção cristã da revelação como *universale concretum* e que encontra em Jesus Cristo sua figuração suprema. No NT, o significado universal de Jesus Cristo é refletido sobretudo por Paulo (mediação criativa e salvífica de Cristo: Rm 3,21-26; Ef 1,3-14; Cl 1,15-20) e João (cristologia do *logos*, especialmente Jo 1,1-18). Os sinóticos enfatizam explicitamente por meio do desdobramento narrativo da vida, morte e ressurreição de Jesus a historicidade da ação salvífica de Deus (Lc 1,1-4; 24,19; At 1,1-3; cf. 1Jo 1,1) em Jesus Cristo, cuja vida é interpretada como momento cairológico e revelação escatológica definitiva (Mc 9,2-10 par.; Lc 4,21; Ef 1,10; Hb 1,1-14). – (**2**) Desde o início, a mediação reflexiva entre a unicidade histórico-concreta do evento Cristo e a pretensão de validade universal da pessoa e da salvação de Jesus Cristo representa um dos grandes desafios da cristologia. Isso vale já na Igreja antiga para a adoção e figuração diferenciada do pensamento helenístico (sobre o *logos*). A incorporação (idealista) do evento Cristo a um autodesdobramento dialético do absoluto (G.F.W. Hegel [† 1831]) ou sua redução à demonstração de uma verdade ou ideia geral de um lado e, de outro, seu desaparecimento no mero acaso histórico, ao qual não se pode atribuir nenhum significado universal como evento histórico, representam os dois polos da unilateralidade do evento Cristo na história da teologia. – (**3**) O desdobramento e a delimitação dos símbolos da Igreja antiga evidenciam o caráter de *evento* da revelação divina e o significado da verdadeira humanidade de Jesus. Esse caráter é central para a celebração sacramental do evento Cristo, que não se limita a um esforço da consciência ou de recordação da Igreja, antes revela a vida, morte e ressurreição de Jesus Cristo em cada indivíduo e na Igreja como um todo (LG 1-17). O evento Cristo representa a autorrevelação inalcançável e definitiva de Deus (DV 4). – (**4**) Não existem diferenças fundamentais referentes à acepção do evento Cristo entre as confissões. Diversas acentuações geraram certo desinteresse pelo caráter de evento do evento Cristo, como, por exemplo, na teologia de cunho católico-escolástica, na ortodoxia luterana, no pietismo afetivo, no idealismo especulativo. Uma teologia extrema do querigma (R. Bultmann [† 1976]) transfere o centro de gravidade do evento histórico da autorrevelação de Deus para o evento Cristo no crente. – (**5**) O conceito do evento Cristo ressalta enfaticamente a "lei fundamental" da *oeconomia revelationis*: Segundo a experiência e convicção judaico-cristã, a ação salvífica de Deus ocorre no evento, na concreticidade e condicionalidade histórica, mas sem que essa forma da ação reveladora de Deus prejudicasse seu significado universal. O caráter universal, autêntico, remidor e normativo não ocorre no "desde sempre" do *mito* ou do *nous*, tampouco de acordo com uma necessidade interna da essência divina, mas no evento histórico da encarnação de Deus como ato voluntário e indedutível. O Criador divino se revela no evento Cristo como Pai de Jesus Cristo. O evento Cristo dá forma ao amor e à glória de Deus e inscreve proleticamente em sua criação a salvação e a consumação. O evento Cristo é evento do amor de Deus, que se revela no ato de sua ocorrência e que revela aquilo que ocorre. Como evento histórico, o evento Cristo permanece indedutível, não se esgota nem na lógica do pensamento humano nem na existencialidade dos fiéis.

Lit.: LÖSER, W. "'Universale concretum' als Grundgesetz der oeconomia revelationis". In: KERN, W.; POTTMEYER, H.J. & SECKLER, M. *Handbuch der Fundamentaltheologie* - Vol. 2: Traktat Offenbarung. 2. ed. Tübingen/Basileia, 2000, p. 83-94. • PANNENBERG, W. *Systematische Theologie*. Vol. 2. Göttingen, 1991, p. 433-440. • PRÖPPER, T. "'Dass nichts uns scheiden kann von Gottes Liebe...' Ein Beitrag zum Verständnis der 'Endgültigkeit' der Erlösung". *Evangelium und freie Vernunft*. Friburgo/Basileia/Viena, 2001, p. 40-56. • FABER, E.-M. "Universale concretum bei Hans Urs von Balthasar". *IkaZ*, 29, 2000, p. 258-273.

Julia Knop

Fases teológicas na reflexão sobre as duas naturezas de Cristo

Deus e o ser humano: diferenças	A sentença da Igreja	Deus e o ser humano: unidade das pessoas
Jesus Cristo é Deus segundo a divindade, de modo puro e imutável.	O *Concílio de Niceia* decidiu em 325 (cf. **DH 125-126**): **Consubstancialidade** • Jesus Cristo é **de uma só substância** com o Pai, i.e., **homoousios**, segundo a **divindade**. O *Concílio de Calcedônia* decidiu além disso em 451 (cf. **DH 301**): • Jesus Cristo é **de uma só substância** com o ser humano, i.e., **homoousios**, segundo a **humanidade**. Jesus Cristo tem **duas naturezas: perfeitamente Deus = perfeitamente homem**.	Jesus Cristo é ser humano segundo a humanidade, de modo puro e imutável, e Deus segundo a divindade, e, mesmo assim, "o mesmo".
Em Jesus Cristo, as naturezas não se misturam.	*II Concílio de Constantinopla*, de 553 (cf. **DH 421-438**).	Unidade das duas naturezas em uma hipóstase.
A dualidade das vontades e atividades corresponde às duas naturezas.	O *III Concílio de Constantinopla*, de 681, **definiu com maior precisão a doutrina das duas naturezas** (cf. **DH 553-559**).	Não existe monergismo nem monoteletismo: Uma pessoa, duas naturezas, duas vontades, duas atividades.
	O *II Concílio de Niceia* decidiu o **iconoclasmo** em 787 (cf. **DH 600-603**).	A encarnação do *logos* permite a representação pictórica do Filho de Deus.

Elaborado por B. Wagner, baseado em LEONHARDT, R. *Grundinformation Dogmatik* - Ein Lehr- und Arbeitsbuch für das Studium der Theologie. 3. ed. Göttingen, 2008, p. 282.

Evolução dos dogmas ↑ *dogma/proposições dogmáticas,* ↑ *teologia dogmática,* ↑ *história/historicidade,* ↑ *hermenêutica,* ↑ *tradição.* – A evolução dos dogmas se refere à cunhagem histórica, inspirada pelo Espírito, dos dogmas e dos testemunhos doutrinais apresentados de forma normativa pela Igreja. Os dogmas estão sujeitos a um processo interpretativo constante, que implica o desdobramento histórico e teológico das proposições doutrinais estabelecidas pela Igreja como normativas. – **(1)** Podemos falar de uma evolução dos dogmas em seu sentido verdadeiro apenas a partir da conclusão do cânone das Escrituras. Mas um desenvolvimento de pensamentos teológicos já pode ser observado dentro da própria Bíblia: no AT, por exemplo, em relação ao tratamento conferido aos mitos (em Gênesis, encontramos dois mitos reunidos em um [JHVH/El]) ou em relação à formação de uma imagem de Deus monoteísta (politeísmo: Dt 32,8; monolatria: Ex 23,13; monoteísmo: Dt 6,4). No NT, todos os evangelhos relatam o ↑ evento Cristo como cumprimento das promessas messiânicas. Segundo Jo 16,12, a revelação de Jesus é aberta, de forma que o *paracleto* prometido à Igreja se manifesta não só como intérprete de Jesus, mas também como continuador de sua revelação. No que diz respeito ao conteúdo, a revelação está completa e encerrada (cf. v. 14s.); mas a compreensão dos conteúdos da fé e sua transmissão pela Igreja pós-pascoal, não. Além do mais, evidencia-se um tipo de evolução dogmática onde a fórmula simples da ressurreição (p. ex., Rm 4,24; 10,9; At 2,32; Mt 28,7) é desdobrada em várias partes (p. ex., Rm 4,25; 6,3s.; 8,34; 1Cor 15,3-5; Lc 24,34); onde, devido a circunstâncias situacionais, foram realizadas mudanças redacionais (p. ex., quando, em virtude da reapocaliptização, a expressão "esta geração" [Mc 13,30] se transforma em "algumas" no estrato redacionalmente mais recente de Mc 9,1); ou onde se manifestam acentuações ou reinterpretações teológicas diferentes; ou até mesmo onde existem diferenças teológicas entre escritos neotestamentários individuais (Rm; Gl: justificação pela fé – Tg: piedade das obras; Mt 5,17; 23,2s.: acentuação da continuidade com o AT – Mt 5,21s., 27s., 33s., 38s., 43s.: acentuação do contraste com a tradição judaica). – **(2)** A Igreja antiga enfatizou primariamente a continuidade com a aliança antiga e defendeu a convicção segundo a qual não poderia haver uma evolução substancial, mas apenas subjetiva do depósito objetivo da fé, ou seja, apenas um aumento na *compreensão* da fé. A escolástica partiu do pressuposto segundo o qual o depósito objetivo da fé podia ser explorado por meio de um desdobramento lógico-racional (por meio da dedução aristotélica). A pergunta sobre mudanças na fé ainda não ocupava o centro da atenção teológica. Isso mudou em decorrência do Iluminismo e de uma crescente consciência histórica no século XIX. A escola católica de Tübingen acatou a noção da historicidade da verdade e a aplicou à determinação relacional entre revelação, Escritura, tradição e evolução dos dogmas. Na Idade Moderna, a teologia desenvolveu diversas *teorias* sobre a evolução dos dogmas (a evolução dos dogmas como processo de dedução, como resultado de um "senso deducional", como processo de realidade comprovada, como desdobramento ou reflexão da consciência da fé), mas sem que uma teoria específica tivesse conseguido se impor. Devido à sua falta de conclusão, é impossível existir uma teoria da evolução dos dogmas que satisfaça a todos. Hoje, enfrentamos o problema da diferenciação hermenêutica entre o assunto referido e as circunstâncias históricas dos dogmas e das proposições dogmáticas. Outro desafio é a pergunta sobre a contextualização da doutrina eclesiástica no contexto de culturas estranhas (p. ex., do chamado terceiro mundo) ou de novos desafios culturais (p. ex., da ecologia e do feminismo). – **(3)** Foi apenas no século XX que o magistério eclesiástico reconheceu explicitamente a legitimidade da evolução dos dogmas, mas fez uma contribuição importante (mesmo que indireta) para a teologia da evolução da fé já nos séculos XIX e XX, pois os dogmas marianos e papais definidos pelo magistério (1854; 1870; 1950) não são testificados explicitamente pelas Escrituras Sagradas. Enquanto o Concílio Vaticano I reconheceu (com recurso a Vicente de Lérins [† antes de 450]) apenas um aumento na compreensão, na ciência e na sabedoria, contanto que o "sentido das sagradas proposições da fé" fosse preservado (DH 3.020), o Concílio Vaticano II tratou do momento da historicidade e falou de um "progresso" na tradição apostólica (DV 8; LG 12; GS 62). A declaração da Congregação para a Doutrina da Fé, a *Mysterium ecclesiae* (1973), também faz referência expressa à historicidade dos dogmas (DH 4.539). Em oposição à teoria de uma evolução extensiva dos dogmas, os bispos alemães reconheceram, em 1967, que, em última análise, toda teoria sobre a evolução dos dogmas será insatisfatória e permanecerá em aberto enquanto o processo interpretativo da autorrevelação de Deus – que, como qualquer outro processo comunicativo, é determinado por forças das mais diversas e leis não claramente identificáveis – não estiver encerrado ("Schreiben der deutschen Bischöfe an alle, die von der Kirche mit der Glaubensverkündigung beauftragt sind", 3. ed., 1968, n. 468s.). – **(4)** De acordo com a concepção ortodoxa, os dogmas são proclamados, interpretados e aplicados pela Igreja, reconhecendo, no máximo, a possibilidade de um crescimento espiritual em relação à interpretação dos dogmas e das proposições dogmáticas, não, porém, qualquer mudança histórica que afete o próprio dogma. Para o protestantismo, os dogmas e credos são expressão da fé do ser humano. Já que decisões dogmáticas referentes à doutrina representam respostas humanas à revelação de Deus, a evolução da doutrina não representa um problema significativo. Para a ortodoxia luterana (M. Flacius [† 1575]), os desenvolvimentos dogmáticos identificáveis são expressão de um distanciamento da Igreja do Evangelho. Uma posição semelhante foi defendida pelo pietismo e, ainda nos séculos XIX e XX, por A. von Harnack († 1930) no contexto de sua crítica à helenização. – **(5)** A Palavra de Deus transmitida historicamente só pode ser expressa dentro dos limites de uma razão finita e do conhecimento e da língua humanos. Como Palavra de Deus expressa na língua dos homens, o dogma depende da interpretação: O sentido permanentemente válido de sua afirmação (DH 3.020; 3.043) precisa ser traduzido para novas situações concretas, esclarecido por novos conhecimentos e incluído a toda a doutrina da fé da Igreja. O reconhecimento da historicidade dos dogmas impede um dogmatismo fundamentalista. A teoria da evolução dos dogmas precisa se orientar pela compreensão da revelação baseada na teoria da comunicação. Devido à sua dimensão pessoal e dialógica, a evolução dos dogmas não pode apresentar um progresso ascendente contínuo, tampouco pode seguir rigidamente as leis da explicação e dedução lógicas, antes se manifesta como processo interpretativo dinâmico e aberto da autorrevelação de Deus, como evento dialógico, frequentemente acompanhado por conflitos teológicos ou reativado por estes, e que conhece também desenvolvimentos dogmáticos equivocados e "falhas doutrinais" (afirmações antecipadas sobre a necessidade salvífica da Igreja, sobre a sexualidade, a escravidão, a democracia, a pena capital, os direitos humanos etc.). Diferentemente da evolução extensiva dos dogmas, sua evolução intensiva e inferencial não trata tanto de uma diferenciação cada vez maior da revelação, antes se preocupa com a preservação da fé cristã por meio de uma reinterpretação que se concentra nos aspectos essenciais e originais dos dogmas, no sentido mais restrito, como também de toda a doutrina da fé. Nesse processo, o primeiro plano pode vir a ser ocupado não só por aspectos esquecidos, mas também por aspectos novos da mensagem salvífica cristã, e levar a consequências diversas. Existem as seguintes possibilidades: Uma proposição dogmática 1) que está contida materialmente nas fontes da revelação é expressa formalmente pelo magistério (p. ex., Maria é a mãe de Deus); 2) cujo sentido já foi reconhecido, é definida ou limitada conceitualmente (p. ex., o conceito do *homoousios* na cristologia); 3) que está contida nas fontes da revelação apenas implicitamente é desdobrada pelo magistério (p. ex., o fato de serem sete os sacramentos [Trento], a conceição imaculada de Maria [1854], a ascensão física de Maria ao céu [1950], a infalibilidade e a primazia jurisdicional do papa [Concílio Vaticano I]). No entanto, nada de novo é acrescentado aqui à mensagem da revelação (DV 4; LG 25) – "não se há de esperar nenhuma outra revelação pública" (DV 4) –, antes o aprofundamento por meio do Espírito das proposições da revelação pode levar ao reconhecimento de que uma proposição já crida representa uma verdade revelada. Essa determinação cabe ao magistério eclesiástico, sendo que, ao fazê-lo, este deve levar em consideração tanto o senso de fé dos crentes quanto a opinião da teologia científica. 4) Uma proposição dogmática, interpretada de modo específico ao longo da tradição eclesiástica, é corrigida (p. ex., o axioma "não há salvação fora da Igreja").

Lit.: a) KASPER, W. "Geschichtlichkeit der Dogmen?" *StZ*, 179, 1967, p. 401-416. • HAMMANS, H. "Die neueren katholischen Erklärungen der Dogmenentwicklung". *Conc*(D), 3, 1967, p. 50-59. • BÖHM, I. *Dogma und Geschichte*. Bad Honnef, 1987. b) RAHNER, K. "Zur Frage der Dogmenentwicklung". *KRSW*, 9, 2004, p. 18-49. • RAHNER, K. "Überlegungen zur Dogmenentwicklung". *KRSW*, 9, 2004, p. 442-471. • RAHNER, K. "Dogmen- und Theologiegeschichte von gestern für Morgen". *KRSW*, 30, 2009, p. 3-29. • RAHNER, K. & LEHMANN, K. "Geschichtlichkeit der Vermittlung". *MySal*, I, 1965, p. 727-787. • BASSE, M. "Die Dogmengeschichte als konzeptionelles Problem". *ThR*, 67, 2002, p. 105-115. c) KASPER, W. "Dogma/Dogmenentwicklung". *NHThG*, 1. 2. ed., 1991, p. 292-309.

Christoph Böttigheimer

Ex opere operato/ex opere operantis ↑ *fé*, ↑ *hilemorfismo*, ↑ *sacramento*, ↑ *palavra e sacramento*. – Esse conceito designa uma alternativa aparentemente oposicional na teologia sacramental: O efeito dos sacramentos se deve à realização regulamentada do rito (*ex opere operato*) ou será que ele se dá (apenas) em conjunto com a participação pessoal do ser humano na celebração (*ex opere operantis*)? A teologia mais recente conferiu uma nova determinação mais aprofundada ao conceito do *opus operantum*: Já não designa mais primeiramente a celebração sacramental, mas a obra realizada por Deus em Jesus Cristo, que permanece eficaz no Espírito Santo. – (**1**) Nos escritos do AT e NT encontramos, sobretudo no contexto da contrição, o pensamento segundo o qual as obras de penitência externas sem um envolvimento interno não correspondem à vontade de Deus (Jl 2,13; Am 5,21-24; Is 58,5-7; Mt 6,1-6). A afirmação na fé da proclamação do evento Cristo (*opus operantis*) é a condição básica para a aceitação na comunhão cristã. Ao mesmo tempo, a redenção efetuada por Deus em Jesus Cristo serve como fundamento para cada resposta humana e como dádiva antecipada desmerecida (*opus operatum*). O apelo para reconciliar-se com Deus pressupõe a ação redentora de Deus, que é aceita na fé (2Cor 5,14-21). – (**2**) No primeiro século cristão, foi contestada (p. ex., no conflito com o donatismo) a realidade da eficácia das celebrações sacramentais presididas por representantes de grupos cristãos que (em muitos casos apenas posteriormente) eram vistos como cismáticos ou heréticos. Nesse contexto, a convicção da eficácia das celebrações sacramentais garantida exclusivamente pela ação de Deus (*opus operatum*) ajudou a amenizar as tensões. O *opus operantis* realizado de modo insuficiente por líderes (possivelmente problematizados por bons motivos) não pode impedir que o *opus operatum* efetuado por Deus preserve sua eficácia. Foi nesse sentido que Pedro de Poitiers († 1205) introduziu pela primeira vez a distinção entre *opus operatum* e *opus operantis*. – (3) O Concílio de Trento enfatiza a realidade dos sacramentos *ex opere operato* em reação à ênfase reformada da fé humana como condição para sua celebração eficaz (DH 1.608). Apresenta uma definição limitadora do discurso *ex opere operato* em direção a uma celebração realizada de modo legítimo e correto. O horizonte teológico e soteriológico da formulação se perde de vista. – (4) A crítica reformada na compreensão católica romana de então da eficácia dos sacramentos *ex opere operato* visa ao contexto da teologia da penitência. Já no tempo da pré-Reforma (G. Biel [† 1495]), a crítica se voltava contra uma acepção para a qual apenas a participação celebrativa sacramental correspondente ao rito parecia ser decisiva. Uma participação meramente externa na realização das obras exigidas pela Igreja (incluindo os atos litúrgicos) sem uma participação interior não é desejável segundo a visão evangélica. A participação na ação redentora de Deus é efetuada apenas pelo arrependimento e pela renovação da vida, iniciada pela graça de Deus e aceita em fé confiante. – (5) A teologia sacramental católica romana mais recente enfatiza, com referências a K. Rahner († 1984), a ligação íntima entre piedade pessoal e piedade sacramental. O *opus operantis* e o *opus operatum* podem ser distinguidos, mas não podem ser separados: A promessa fundamentada na essência de Deus e expressa nas celebrações sacramentais (*opus operatum*) só se torna eficaz se os seres humanos a aceitarem e dela viverem (*opus operantis*). Tomando como base uma compreensão fundamental com orientação cristológica e soteriológica dos sacramentos é possível chegar a um consenso ecumênico: Jesus Cristo é o uno sacramento primordial que, como Palavra de Deus (*opus operatum*) reclama a resposta humana (*opus operantis*).

Lit.: a) FABER, E.-M. *Einführung in die katholische Sakramentenlehre*. 2. ed. Darmstadt, 2009, p. 38-44. • SCHNEIDER, T. *Zeichen der Nähe Gottes – Grundriss der Sakramententheologie*. 9. ed. Mainz, 2008, p. 49-53. b) e c) PFNÜR, V. "Die Wirksamkeit der Sakramente *sola fide* und *ex opere operato*". *Gemeinsame römisch-katholische/evangelisch-lutherisch Kommission – Das Herrenmahl*. Frankfurt/Paderborn, 1978, p. 93-100. d) LEHMANN, K. & PANNENBERG, W. (orgs.). *Lehrverurteilungen-kirchentrennend?* – Vol. 1: *Rechtfertigung, Sakramente und Amt im Zeitalter der Reformation und heute*. Friburgo/Göttingen, 1986, p. 81-84 [Dialog der Kirchen, 4]. • HENNIG, H. "Die Lehre vom *opus operatum* in den lutherischen Bekenntnisschriften". *US*, 13, 1958, p. 121-135. • HUOVINEN, E. "Opus operatum – Ist Luthers Verständnis von der Effektivität des Sakraments richtig verstanden?" In: PEURA, S. & RAUNIO, A. (orgs.). *Luther und Theosis*. Helsinki/Erlangen, 1990, p. 187-214.

Dorothea Sattler

Fala de Deus ↑ *analogia,* ↑ *cognoscibilidade de Deus,* ↑ *provas da existência de Deus,* ↑ *doutrina de Deus,* ↑ *teologia negativa,* ↑ *teologia*. – A fala de Deus permite fazer afirmações sobre Deus, contanto que Ele mesmo se desvele em sua ↑ revelação e os seres humanos se comuniquem com Ele e sobre Ele. Por um lado, a fala de Deus sempre vem acompanhada da impossibilidade de fazer jus a seu objeto, por outro, apresenta uma riqueza de expressão praticamente infinita. A experiência fundamental da fala de Deus é a experiência de falhar em sua tarefa, aguçando-a ao mesmo tempo pelo fato de sempre verbalizar essa falha. – (1) O problema duplo da fala e da transposição necessária da língua já se evidencia na revelação do nome bíblico de Deus JHVH: "Eu sou o 'Estou aí'" (Ex 3,14). Emprega-se a figura linguística do nome para descrever uma presença que resulta apenas pelo fato de ser abordada por meio de algo que vá além do mero nome. Alusões linguísticas adicionais são necessárias para preencher o nome de Deus com a presença do objeto designado. Por isso, Deus é uma grandeza linguística no sentido de que sua presença gera e ao mesmo tempo transcende determinado discurso. Esse fato tem gerado uma série de formas linguísticas especiais na tradição bíblica. Inclui-se aqui o chamado *passivum divinum*, no qual Deus se apresenta como único agente possível. Devemos, porém, mencionar também as parábolas de Jesus que falam de um reino identificado com o próprio Deus (↑ domínio de Deus), mas cujo espaço social ainda precisa ser desdobrado. – (2) Na história da teologia da Igreja antiga, o surgimento da heresia, a formação do cânone da Bíblia (↑ cânone) e a chamada teologia negativa representam marcos importantes da fala de Deus. A distinção ideológica de Marcião († por volta de 160) entre o Deus do AT e o Deus do NT (que ele purifica de modo antijudaico) e também a luta de Irineu († por volta de 200) contra os desvios gnósticos referentes a Deus, forçam a fala cristã de Deus a estabelecer uma distinção entre verdadeiro e falso e entre útil e enganoso. Sobretudo as disputas cristológicas com suas condenações de bispos e teólogos contribuem para a criação de critérios para uma fala ortodoxa de Deus. Desde então, nenhum discurso sobre a fala de Deus pode escapar do código binário "ortodoxo/heterodoxo", atribuindo-se à heterodoxia a tendência para a negação formal de um dogma, ou seja, para a ↑ heresia. Ao mesmo tempo, até hoje permanecem no escuro critérios importantes desse código (como os que levaram à formação do cânone da Bíblia cristã). Vertentes da teologia negativa desde Pseudo-Dionísio Areopagita (século V/VI) procuram deduzir uma perspectiva positiva da situação precária da fala de Deus, que, porém, permanece controversa até hoje. Devido à perda das pluralidades teológicas (também entre Ocidente e Oriente, o critério da ortodoxia se torna a partir da Idade Média um instrumento de disciplinamento para a fala científica de Deus. Socialmente, isso leva à inquisição, sobretudo à inquisição espanhola, e gera a luta contra os hereges na fala de Deus. Com o retorno da pluralidade inevitável em virtude do cisma da Reforma, o problema da ortodoxia é discutido amplamente de forma controversa. No antimodernismo católico, o código se vê exposto a enormes pressões na fala racional de Deus. – **(3)** A constatação do IV Concílio de Latrão (1215), segundo a qual toda fala de Deus, a despeito de toda semelhança entre Criador e criatura, é sempre caracterizada por uma dessemelhança ainda maior (DH 806), faz jus à indisponibilidade de Deus. É, porém, igualmente uma declaração de guerra à *intelligentia spiritualis* de Joaquim de Fiore († 1202), que ligava as pessoas da Trindade de modo simplificado e isolado à sua ação em épocas concretas. Distancia-se claramente também do conhecimento iniciador que promete uma certeza pura e por meio do qual os cátaros e albigenses propagavam a fala de Deus a partir do século XII como ascensão espiritual. O Concílio Vaticano I ressalta o sentido eclesiástico predeterminado da fala de Deus (DH 3.020). Sob a influência da fase neoescolástica da fala católica de Deus, o Papa Leão XIII recomenda Tomás de Aquino como intérprete confiável da tradição e como garantia de uma "sabedoria áurea" (DH 3.141). A concepção defensiva da fala de Deus alcança seu auge nas declarações antimodernistas do Papa Pio X (decreto *Lamentabili*: DH 3.401-3.466; Encíclica *Pascendi Dominici Gregis*: DH 3.475-3.502; Motu Proprio *Sacrorum Antistitum*: DH 3.537-3.550) como também na recomendação do método controverso e apologético por Pio XII (*Humani Generis*: DH 3880). Apenas o Concílio Vaticano II volta a propagar uma visão mais aberta; ensina a autocomunicação de Deus em "ações e palavras" (DV 2), exige um ponto de vista ecumênico (UR 10), uma exposição situacional da doutrina (GS 21), um conhecimento mais profundo da teologia por parte dos sacerdotes (CD 16) e ressalta a Bíblia como "alma de toda teologia" (OT 16). – **(4)** Malgrado sua ênfase apofática, a fala ortodoxa de Deus é fortemente trinitária. Ao mesmo tempo, existe uma reflexão soteriológica da fala de Deus em relação a perguntas sobre o aperfeiçoamento e a deificação do ser humano. Sua intenção visa sempre à oração e à doxologia. Devido ao reconhecimento do movimento ecumênico como "sinal do tempo" pelo Concílio Vaticano II (UR 4), a teologia controversa, a refutação estrita ou a ênfase exagerada da teologia natural e a insistência na revelação verbal passam a ser nada mais do que diferenças históricas entre as confissões. Perguntas referentes à abordagem e ao método determinam agora a imagem plural da fala de Deus e ignoram as fronteiras entre as denominações. No entanto, a controvérsia em torno da Declaração Conjunta de 1999 tendeu a ressaltar posições confessionais referentes à fala de Deus no contexto da doutrina da justificação. – **(5)** A Modernidade transformou profundamente a fala de Deus em virtude da confrontação com outras formas de conhecimento – tanto com aquelas das quais tentou se esquivar quanto com aquelas que decidiu encarar. A fala de Deus se viu exposta a uma pressão relativista, diante da qual conseguiu se posicionar positivamente apenas em parte. Permitiu que fosse recalcada da descrição objetiva da realidade pelo ponto de vista de um pensamento naturalista, que desconsidera a metafísica, para então contentar-se com a hermenêutica de textos e tradições (desde F. Schleiermacher [† 1834]). No confronto com as formas de conhecimento histórico, porém, desenvolveram-se a análise crítica de textos bíblicos e a disciplina da história dos dogmas; ambas conseguiram relativizar verdades vistas até então como inabaláveis. O intercâmbio entre teologia, antropologia, sociologia, ciências das religiões e teorias culturais gerou uma forma de conhecimento da fala de Deus que já não permite mais uma compreensão exclusivamente hermética. Mas da pressão para relativizar surgem também chances de relatividade.

Lit.: BROX, N. *Terminologisches zur frühchristlichen Rede von Gott.* Munique, 1996 [Bayerische Akademie der Wissenschaften. Sitzungsberichte der Philosophisch-historischen Klasse, Heft 1]. • TREVETT, C. *Montanism – Gender, Authority and the New Prophecy.* Cambridge, 1996. • MAY, G. & GRESCHAT, K. (orgs.). *Marcion und seine kirchengeschichtliche Wirkung.* Berlim, 2001. • THEISSEN, G. *Die Religion der ersten Christen.* 3. ed. Gütersloh, 2003, p. 339-384. • EDWARDS, M. *Catholicity and heresy in the early Church.* Farnham, 2009. • HAMMER, O. (org.). *Alternative Christs.* Nova York, 2009. • BRUSCHI, C. *The wandering heretics of Languedoc.* Cambridge 2009.

Hans-Joachim Sander

Fé ↑ *dogma/proposições dogmáticas,* ↑ *fideísmo,* ↑ *confissão de fé,* ↑ *história/historicidade,* ↑ *revelação,* ↑ *razão,* ↑ *verdade da fé.* – A fé como forma de existência religiosa significa a entrega completa do ser humano a Deus como resposta à sua autocomunicação em Jesus Cristo. Ao entregar-se incondicionalmente com todo seu ser, com razão e vontade, e com a ajuda da graça de Deus, confiando plenamente em seu poder salvífico revelado em Cristo e unindo-se ao credo da Igreja, o ser humano adquire uma segurança interior e uma certeza incondicional. – (1) A palavra hebraica *aman* (segurar-se em; ser firme, confiável, comprovado) é de importância central para a compreensão veterotestamentária da fé, que designa um processo de estabilidade interna ou um hábito de confiança, por meio do qual a existência se torna duradoura (Is 7,9). Conteúdo da fé é a confiança firme na aliança de Javé com seu povo, na ação salvífica de Deus no passado, na sua fidelidade no presente e em suas promessas para o futuro. O conteúdo da fé se cristaliza em fórmulas da fé (Dt 26,5-10; Js 24,1-13). A postura da fé é descrita por meio de derivações das raízes hebraicas *batah* (segurar-se em, confiar, esperar com confiança), *chasah* (refugiar-se, abrigar-se) e *hikach* (perseverar, ser paciente). Expressões dessa fé são a obediência e o reconhecimento das exigências de Deus (Gn 22,1s.; Dt 9,23; Sl 119,66), confiança em suas promessas (Gn 15,6; Nm 20,12; Jr 39,18; Mq 7,9; Sl 78,22), fidelidade (Is 26,2s.) e esperança (Jr 8,15; Sl 119,81). Apesar de a fé veterotestamentária apresentar uma estrutura coletiva, ela se concretiza pessoalmente. Exemplo clássico é a figura de Abraão, que obedeceu sem hesitar e confiou na promessa de Deus, e isso lhe foi imputado como justiça (Gn 15,6; Rm 4,3. 9; Gl 3,6). Ele é considerado o pai da fé (Rm 4,11), que perseverou na esperança (Rm 4,18). Moisés é descrito como libertador do seu povo para a aliança com Javé (Ex 3,16s.; Hb 11,23). A fé veterotestamentária é ilustrada de forma concreta principalmente nos profetas, nos quais a fé e a existência se fundem (Hab 2,4) e que, contanto que permaneçam fiéis ao plano salvífico de Deus, lideram, advertem e consolam o povo (Is 40,27-31). No NT, a resposta do ser humano à revelação de Deus também é chamada de fé; no entanto, as componentes da fé como forma de existência são subsumidas, ao contrário do AT, a uma única palavra: *pistis* (confiança, fé, convicção). A fé é esperança (Mc 11,24; Hb 11,9-11; 11,13-17; Rm 4,17-21; 6,8; 1Pd 1,5-9), confiança (Mc 9,24), lealdade e obediência (2Tm 4,7; Rm 1,5; 10,16; 2Cor 9,13; 10,5), entendimento (Rm 6,8s.; 10,17; Jo 1,18; 6,69; 14,9). O centro da acepção neotestamentária da fé é ocupado pelo evento Cristo: A fé como um agarrar-se a Deus se concretiza na decisão por Jesus. Mas enquanto o próprio Jesus incentiva a aceitação da sua mensagem (Mc 1,15; 11,23; Mt 11,24; 21,32, Jo 3,12 et al.) e a fé é considerada uma precondição para a compreensão de seus atos e palavras, após a Páscoa, a aceitação do *querigma apostólico* se transforma em distintivo cristão: a fé pós-pascoal apresenta uma conotação cristológica. Ela se concentra tanto na mensagem de Jesus quanto em sua pessoa como o Cristo e *kyrios* (Rm 10,9s.; 1Cor 15,2-5; Ef 1,3-13). Segundo Paulo, a fé em Cristo justifica o ser humano (Rm 1,17; 3,22; 4,13; 10,9s.; Gl 2,16; 3,15-18), i.e., a salvação de Jesus Cristo é recebida (Rm 10,9; Ef 2,8; 2Ts 2,13; Hb 11,6), e uma nova existência *em* Cristo se torna possível (Gl 2,20; 6,15). Objeto da fé em Cristo são seus atos e suas palavras, seu sofrimento, sua morte e ressurreição (1Cor 15,1ss.; 1Ts 1,9s.; Rm 10,4; Cl 2,12; Ef 1,20; Gl 1,1; Rm 4,25 et al.). A fé se fundamenta na palavra, é resultado do ouvir (Rm 10,14-21) e da ação do Espírito Santo (1Ts 1,4s.; 1Cor 2,4s.). A existência em Cristo gera uma obrigação moral (Gl 5,25; 1Cor 13,2), acentuada na epístola de Tiago em oposição a uma fé apenas teórica (2,14-16). João interpreta a fé como novo fundamento da existência vinculada à pessoa de Jesus (Jo 2,11; 3,16; 5,24; 6,31.47; 7,13). A fé leva para a luz (Jo 3,21; 1Jo 1,5; 2,8) e a vida (Jo 5,40; 6,40; 20,29), Ele é o caminho para a salvação (Jo 14,4-6; 17,3; 20,31) e concede o entendimento da verdade (Jo 14,17. 26; 16,13). À fé, que é uma dádiva divina (Jo 6,37. 44. 65), estão vinculados o conhecimento e o entendimento (Jo 6,69; 7,17; 8,31s.; 10,38; 16,30; 17,8). – (**2**) A Igreja antiga atribuiu à fé uma relevância salvífica fundamental. Devido aos ataques heréticos (gnósticos), enfatizava o conteúdo, fixado na regra da fé (*fides in regula posita est*: Tertuliano, de praescr. 13s.), sendo que a fé continha também um elemento jurídico eclesiástico. Em virtude da ênfase no nível cognitivo, era o *conhecimento* da fé que levava à contemplação de Deus e assim à união com Deus. Agostinho († 430), que ressaltou a graça como origem da fé (praed. sanct. 1-2; 3; retr. 1,23), identificou uma relação dialética entre fé e entendimento (*intellige, ut credas; crede, ut intellegis*, ep. 120). Estendeu sua reflexão teológica também à estrutura do ato da fé e diferenciou entre uma *fides qua creditur* (ato da fé) e a *fides quae creditur* (conteúdo da fé: trin. 13,2,5). Na Idade Média, o conhecimento dos objetos da fé também foi chamado de fé. Assim, a fé, como resposta humana à revelação divina, abarcava também seu conteúdo, sendo que um repertório mínimo de conteúdos era considerado suficiente para a fé salvífica (*fides implicita*). Como aceitação da revelação, a própria fé participava do evento da revelação, de forma que seu conceito teológico passou a influenciar o conceito da fé: A acepção pessoal da fé, no sentido da entrega pessoal total ao Deus de Jesus Cristo, estava correlacionada à compreensão epifânica da revelação na Igreja antiga. Segundo Agostinho, as motivações para a fé eram o milagre (ep. 120), as profecias que se cumpriram (catech. rud. 27) e a autoridade da Igreja (c. ep. Man. 5: "Seria incapaz de acreditar no Evangelho se a autoridade da Igreja não me incentivasse para isso.") Na teologia escolástica, que procurava esclarecer o conteúdo da fé com a ajuda da *ratio* e identificar razões "necessárias" (*rationes necessariae*) na fé, iniciou-se uma reflexão teológica mais intensificada sobre o ato da fé. Nesse processo, o *conhecimento* exercia um papel especial: Não se negava no lado cognitivo que a fé dependia da graça; no entanto, iniciou-se, com o reconhecimento da qualidade da fé como fundamento da teologia como ciência da fé, uma intelectualização progressiva da teologia da fé, que perdurou até o Concílio Vaticano I. Houve uma ênfase cada vez maior na dimensão cognitiva da fé, na aceitação de conteúdos.

Apenas a teologia franciscana (Boaventura [† 1274]) cultivou um pensamento místico teológico e ressaltou o momento emocional da fé e da teologia: Segundo ela, a fé não era tanto ciência (*scientia*) que transmite a Palavra de Deus à razão, mas sobretudo algo afetivo (*scientia affectiva*) que leva à sabedoria (*sapientia*) e ao sabor (*sapere*) do amor divino. Mesmo assim, a tendência intelectualizadora na compreensão da fé e da revelação conseguiu se impor: A fé foi justificada primariamente de modo racional, sendo que as verdades reveladas precisavam ser aceitas intelectualmente em virtude da autoridade de Deus. Na Idade Moderna, a teologia católica procurou comprovar sobretudo a racionalidade moral da fé, sem cair vítima do racionalismo (H. de Cherbury [† 1648], J. Toland [† 1722], I. Kant [† 1804], G.W.F. Hegel [† 1831]) ou do fideísmo (H.-F.R. de Lamennais [† 1854], L.V. de Bonald [† 1840], L.-E.M. Bautain [† 1867], A. Bonnetty [† 1879]). Além disso, discutiu-se desde o século XVI, no tratado *De analysi fidei*, a pergunta sobre a interação entre liberdade, razão e Deus no ato da fé e sobre como a segurança meramente moral de um juízo racional de credibilidade pode fundamentar a certeza da fé absoluta. O conceito da fé passou por um aprofundamento religioso em virtude do método francês da imanência (M. Blondel [† 1949], L. Laberthonnière [† 1932], L. Ollé-Laprune [† 1898], F. Brunetière [† 1906]), que identificou a interdependência entre motivação da fé e objeto da fé. A responsabilidade da fé recuperou sua orientação antropológica fundamental, de forma que a fé voltou a ser compreendida como conduta pessoal em relação à realidade de Deus. Atualmente, a teologia da fé é alvo de um interesse forte; os teólogos se concentram sobretudo na relevância da experiência para a fé, na pergunta sobre a relação entre reconhecimento de credibilidade e aceitação da fé e sobre a expressão contextual da fé. – (**3**) O II Concílio de Orange (529) lutou contra uma acepção semipelagiana da fé e enfatizou a necessidade absoluta da graça para a fé, que determina "até mesmo a inclinação para a fé" (DH 375; 377). O Concílio de Trento declarou que a fé, "o fundamento e raiz de toda justificação" (DH 1.532), ao contrário da fé fiducial de M. Lutero, não deve ser compreendida apenas como confiança "na misericórdia divina em nome de Cristo" (DH 1.533), mas como ato da razão, por meio do qual o ser humano aceita a revelação divina (DH 1.528; 1.533). O Concílio Vaticano I estendeu essa linha e definiu a fé em um sentido amplo como "obediência plena da razão e da vontade" diante da "autoridade do Deus revelador"; a fé é "uma virtude sobrenatural, por meio da qual [...] cremos, que aquilo que por Ele foi revelado é verdadeiro" (DH 3.008). A fé é gerada pelo Espírito Santo e sustentada por sinais externos de credibilidade (atos divinos, milagres, profecias, Igreja Católica: DH 3.009; 3013s.). O Concílio Vaticano II superou a limitação instrucional e teórica do conceito da fé: A fé não é apenas um ato de afirmação intelectual, mas a entrega completa do ser humano a Deus, ou seja, um processo fundamentado no evento Cristo e um evento de encontro e comunicação pessoal efetuado pela graça, i.e., pelo Espírito Santo (DV 1.5). – (**4**) É convicção de todas as confissões cristãs que apenas a fé representa uma resposta adequada à revelação divina. A pergunta, porém, sobre o papel que deve ser atribuído às boas obras foi discutido de forma controversa no tempo da Reforma. M. Lutero rejeitou a teologia escolástica da fé com suas reflexões sobre a relação entre conteúdo e exercício da fé. Refutou, entre outras coisas, a *fides implicita* (a fé implícita: WA 39,1,45) e a *fides acquisita* (a fé adquirida: WA 6,89), enfatizou a natureza graciosa da justificação (*sola gratia*) e compreendeu a fé como confiança incondicional (*fiducia*) na misericórdia de Deus (BSLK 560). No entanto, a ortodoxia luterana posterior volta a enfatizar, com F. Melâncton e J. Calvino, o conhecimento próprio (*cognitio*) na fé. Seu lado cognitivo – entendimento (*notitia*) e afirmação (*assensus*) – recuperou sua importância, e uma contribuição pessoal do crente já não era totalmente negada, mas o aspecto existencial da fé continuou a ser enfatizado no protestantismo. A despeito das controvérsias na teologia da fé, a Declaração Conjunta sobre a Doutrina da Justificação pôde ser assinada em 1999, que registra um "consenso nas verdades fundamentais da doutrina da justificação": O "pecador é justificado pela fé na ação salvífica de Deus em Cristo" (n. 25). – (**5**) A fé é uma resposta pessoal (*fides qua creditur*) à promessa salvífica do Deus que se revela na história (*fides quae creditur*). O ato da fé se deve à graça divina (DH 375-378; 396) e representa, ao mesmo tempo, uma decisão livre e responsável do ser humano (DH 3.035), que deve demonstrar sua plausibilidade à razão (1Pd 3,15; DH 3.004). A fé e a razão não se opõem uma à outra, mas se complementam: as afirmações da fé são consideradas racionais quando oferecem uma perspectiva de sentido para a realidade, quando conseguem subsistir a objeções racionais e quando demonstram sua utilidade na vida. No entanto, essa prova de credibilidade racional está sujeita aos limites da razão humana, pois apenas a revelação histórica de Deus confere à fé sua certeza total (Anselmo de Cantuária [† 1109], De Fide Trin. 2). A fé é causa efetiva da justificação e, portanto, necessária para a salvação (DH 1.532; 2.865; 3.012). Em virtude de seu caráter cognitivo, a fé leva ao verdadeiro entendimento racional: "Credo, ut intelligam" (crer para entender: Anselmo de Cantuária, Proslog. c. 1). Na fé, o ser humano adquire conhecimento de Deus como origem e destino de toda realidade, uma compreensão aprofundada do mundo e de si mesmo e a possibilidade de experiências libertadoras. Mas a fé não pode ser compreendida de forma individualista, pois permanece vinculada à revelação de Deus testemunhada na comunhão da Igreja. Assim como a Igreja, ela é de cunho histórico e escatológico: Em virtude de sua *historicidade*, suas formas de expressão sofrem mudanças; em virtude de seu caráter *escatológico*, ela se orienta pela plenitude dos tempos. A tarefa da teologia é mediar os conteúdos da revelação para a fé, enquanto cabe à Igreja a tarefa de objetivar o conteúdo da fé na forma de afirmações e fórmulas da fé com a finalidade de gerar e garantir a unidade.

Lit.: a) NEUNER, P. "Der Glaube als subjektives Prinzip der theologischen Erkenntnis". *HFTh*, 4. 2. ed., 2000, p. 23-36. • PESCH, O.H. et al. "Glaube/Glauben". *LThK*, 4. 3. ed., 1995), p. 666-685. • SCHÜTTE, H. *Glaube im ökumenischen Verständnis*. 11. ed. Paderborn, 1996. b) FRIES, H. "Der Glaube als Antwort der Vernunft". In: KESSLER, M.; PANNENBERG, W. & POTTMEYER, H.J. (orgs.). *Fides quaerens intellectum – Beiträge zur Fundamentaltheologie*. Tübingen, 1992, p. 393-404. • WELTE, B. *Was ist Glauben?* Friburgo/Basileia/Viena, 1982; c) HAACKER, K. et al. "Glaube". *TRE*, 13, 1984, p. 277-365.

Christoph Böttigheimer

Fideísmo ↑ *cognoscibilidade de Deus*, ↑ *fundamentalismo*, ↑ *existência de Deus*, ↑ *inerrância*, ↑ *revelação*, ↑ *fala de Deus*. – O fideísmo é uma atitude sociopolítica, filosófica e teológica do século XIX, que reage a mudanças nas estruturas de ordem provocadas pelas revoluções americana e francesa, negando a importância da razão para a decisão da fé ou restringindo-a ao ponto de anular a liberdade da fé. – (**1**) A Bíblia pressupõe a razão quando reconhece como culpa a falta do conhecimento de Deus (Sb 13; Rm 1,18-21). – **(2)** O fideísmo surge no anti-iluminismo francês que declara a tradição da fé como absoluto do sujeito, pretendendo assim superar a relatividade do conhecimento iluminista. Afirma que, para a subjetividade, apenas uma revelação que refute um papel essencial da razão pode ser confiável. O fideísmo vai decididamente além das preocupações da teologia romântica ou do sentimento e da intuição (F. Schleiermacher [† 1834], F.H. Jacobi [† 1819]), pois contrapõe a subjetividade crente à razão argumentativa. O fideísmo simbólico parisiense (L.A. Sabatier [† 1901], E. Ménégoz [† 1921]) interpreta a revelação de forma exclusivamente simbólica a fim de reconciliar a ortodoxia com o liberalismo. L. Bautain († 1867), o representante católico principal do fideísmo que se converteu da filosofia racionalista para a teologia, compreende os princípios epistemológicos da Escritura Sagrada de modo semelhante. Do fideísmo resulta inevitavelmente um conflito com a tradição, que insiste não só na racionalidade do ato da fé, mas também na capacidade da Igreja de fixar de maneira normativa e objetiva a forma do conhecimento da fé. O fideísmo católico se rompe nessa contradição; seu tradicionalismo falha na tradição. – **(3)** A Congregação para Bispos e Ordens exige que Bautain revogue suas teses (DH 2.765-2.769; cf. tb. DH 2.751-2.756). Condenado pelo Concílio Vaticano I (DH 3.033), o fideísmo continua a exercer uma influência na forma do tradicionalismo de M. Lefebvre († 1991) e da fraternidade de São Pio até o século XXI. Sua pretensão de poder social e intraeclesial (refutação dos direitos humanos e luta contra o pluralismo religioso) leva ao cisma. – **(4)** Uma variante do fideísmo desenvolvida pelo protestantismo renovado é o pensamento teológico da soberania de uma "ortodoxia radical". Seu programa de uma transposição da razão pela fé (*transgression of reason by faith*: J. Milbank) por meio de uma primazia metodológica atribuída à revelação em Cristo sobre outras formas de conhecimento oferece uma plataforma globalizada e sobreconfessional para utopias da autonomia da fé. Constatamos um fideísmo semelhante nos filósofos antes da virada pós-moderna para o retorno da religião (*religious turn*) como em S. Kierkegaard († 1855) e L. Wittgenstein († 1951); ambos veem a intelectualidade religiosa como independente das formas discursivas do conhecimento e como práticas existenciais e linguísticas, que encontram seu fundamento em si mesmas. – **(5)** Diferentemente do fideísmo histórico, essas variantes extremamente intelectuais do fideísmo representam a tentação subjetivista de uma fundamentação da fé muitas vezes apreciada pelos meios eclesiais, pois tenta fundamentar a fé em si mesma e reconhece, no melhor dos casos, as filosofias e sociologias seculares apenas como resultados das argumentações cristãs. Na tentativa de esquivar-se do relativismo, elas, no entanto, relativizam a capacidade discursiva da teologia em prol de um mundo intelectual peculiar.

Lit.: PENELHUM, T. *God and scepticism*. Dordrecht, 1983. • STOSCH, K. *Glaubensverantwortung in doppelter Kontingenz*. Regensburgo, 2001 [Ratio fidei, 7]. • MILBANK, J.; PICKSTOCK, C. & WARD, G. (orgs.). *Radical Orthodoxy*. Londres, 2003 [reimpr.]. • NIELSEN, K. & PHILLIPS, D.Z. *Wittgensteinian fideism?* Londres, 2005.

Hans-Joachim Sander

Filioque ↑ *Espírito Santo,* ↑ *pneumatologia,* ↑ *Trindade,* ↑ *doutrina da Trindade*. – O Filioque (em latim: "[...] e também do Filho") é uma formulação proveniente da versão latina do Credo Niceno-constantinopolitano (381), que ensina a procedência eterna e salvífica do Espírito Santo do Pai e do Filho. Caracteriza o Espírito como amor e unidade dos dois e também como dádiva dos dois. – **(1)** Para o AT não há dúvida de que a *ruach Jahwe* provém do Deus uno de Israel para agir no mundo como "Espírito do Senhor", sem estar hipostasiado – no sentido cristão dogmático (Sl 104,30; Jz 3,10; 14,6 et al.). A *ruach Jahwe* representa Deus e sua incomparabilidade apenas em poucas passagens como "Espírito Santo" (Sl 51,13; Is 63,10.11); e equiparado à "sabedoria" personificada, o *pneuma* expressa, como "sopro do poder de Deus", sua grandeza criativa e proximidade com o ser humano que inspira para o bem (Sb 7,22-27). Com o evento Cristo, a situação se apresenta de forma diferente: Segundo At 1,8a; 3,22 e Jo 14,26, Jesus prometeu o envio do Espírito, promessa esta que se cumpriu após sua ressurreição dos mortos. Apesar de Deus permanecer o doador do Espírito, o Exaltado age como mediador: O Espírito é enviado *por* Ele da parte do *Pai*. Jo 15,26 interpreta num mesmo sentido: "Quando vier o Paráclito, que eu vos enviarei da parte do Pai, o Espírito da verdade, que procede do Pai, Ele dará testemunho de mim". Ao diagnóstico joanino corresponde em

Paulo o fato de que o Espírito é chamado de "Espírito de Deus" (Rm 8,9a.11; 1Cor 3,16) e "Espírito de Cristo" ou "Espírito do Senhor" (Rm 8,9; Gl 4,6; 2Cor 3,17). Apesar de esse uso linguístico também ser determinado pela história salvífica, ou seja, pós-pascoal, ressalta justamente assim a unidade soteriológa de Pai e Filho: Juntos efetuam a salvação do mundo e juntos enviam o Espírito. Assim, torna-se compreensível também Jo 16,14, passagem segundo a qual tudo "que o Pai tem" é também do Filho e o Espírito "receberá" daquilo que pertence a Jesus e ao Pai. Segundo Ap 22,1, a água "da vida", que simboliza o Espírito, flui do "trono de Deus e do Cordeiro". – (**2**) Em fidelidade à Bíblia, tanto os autores gregos quanto os latinos enfatizam que o Espírito parte do Pai, ao qual o Filho é incluído como mediador ou testemunha da história da salvação: O Espírito parte do Pai *e do Filho* (Hilário de Poitiers [† 367] trin. 2,29; Ambrósio [† 397] spir. 1,11,120) ou *por meio do Filho* (Basileu de Cesareia [† 379] spir. 18,46s.; Gregório de Nyssa [† 394] Eun. 1; sendo confirmado por João de Damasco [† 749] fid. orth. 1,12). Agostinho († 430) encoraja uma reflexão mais minuciosa: Partindo da história da salvação, ele deduz as relações intratrinitárias: O Espírito parte *principaliter* (originalmente) do Pai, mas já que Ele, como amor recíproco entre Pai e Filho, representa sua comunhão inexprimível, os dois representam juntos a fonte do Espírito desde toda a eternidade (fid. et symb. 9,19; trin. 15,17,29). Dá-se um desconforto em relação a essa teologia apenas quando, no Ocidente, por razões antiarianas, surge uma pressão de incluir o *Filioque* ao texto do Credo Niceno-constantinopolitano. Enquanto este afirma simplesmente (de acordo com Jo 15,26) que o Espírito parte "do Pai" (DH 150), os sínodos regionais dos bispos ocidentais defendem, desde o século VI ao século IX, a expressão usada por Ambrósio *a Patre et Filio*, ainda mais concentrada na versão *Filioque* (cf. os sínodos de Braga, Friul, vários sínodos de Toledo, principalmente o terceiro de 589). A teologia carolíngia favorece o *Filioque* de modo especial, sendo que o Papa Leão III aceita a doutrina, mas rejeita sua inclusão ao credo latino. A teologia escolástica desenvolve a teologia de Agostinho e contribui com dois pensamentos: 1. Como amor próprio do "Supremo Uno", o Espírito não pode ser separado de sua autoconsciência (Pai) nem de seu autoconhecimento (Filho); assim, parte dos dois ao modo da vontade divina (Anselmo de Cantuária [† 1109] Monol. 61; Tomás de Aquino [† 1274] STh I-I q36 a2). 2. O amor do Pai e do Filho gera necessariamente o Espírito como coamado (*condilectus*); deve sua existência portanto ao amor como *nexus* entre os dois, não a uma pessoa divina individual (Ricardo de São Vítor [† 1173] trin. 6,14; Boaventura [† 1274] I sent. 13,1). – (**3**) Desde que, a pedido do Imperador Henrique II, o *Filioque* foi integrado ao credo latino pelo Papa Bento VIII em 1014 e incansavelmente defendido desde então, ele caracteriza oficialmente a pneumatologia da Igreja latina. No entanto, nunca obteve o *status* de uma *conditio sine qua non* fundamentadora da ortodoxia – a despeito de alusões correspondentes em Tomás de Aquino e muitos outros teólogos posteriores. Por isso, o Papa Bento XIV pôde proclamar em 1742 que os gregos não seriam obrigados a recitar o *Filioque*. Em 1995, o *Filioque* foi confirmado como legado da doutrina latino-dogmática do Espírito Santo em um documento vaticano (até hoje não promulgado) na base de reinterpretações propícias para a ortodoxia (US 50 [1995] 316-324). – (**4**) Em virtude da polêmica do patriarca constantinopolitano Fócio (encíclica 867; panfleto "Mystagogia" após 886: "[...] *somente* do Pai") e no contexto de outras controvérsias após a conquista de Constantinopla pelos latinos em 1204, o *Filioque* se tornou o pomo da discórdia entre Oriente e Ocidente. Segundo a convicção da Igreja oriental, a primazia do Pai como fonte exclusiva da divindade precisa ser expressamente preservada. Por respeito pelo mistério, reluta em transpor dados da história da salvação para a vida divina interior. O lado ortodoxo lembra também até hoje a proibição do Concílio de Éfeso (351) de alterar símbolos tradicionais. Portanto, o *Filioque* não encontra apenas resistências dogmáticas, mas também canônicas. No entanto, reconheceu-se a necessidade de se chegar a um consenso: Em tom reconciliador, mesmo que sem sucesso, o II Concílio de Lyon (1274) ressalta que o Espírito parte do Pai e do Filho como "um princípio", i.e., não de "dois sopros", mas de "um único" (DH 850). O chamado Concílio de União de Florença reconhece, com a Bula *Laetentur Coeli*, de 1439, no *Filioque* uma acentuação especificamente ocidental sem intenção polêmica: "Todos se referem à mesma coisa com suas diferentes expressões. Os gregos declararam que sua fala segundo a qual o Espírito Santo partiria do Pai não deve ser entendida de forma a excluir o Filho. [...] Os latinos, por sua vez, asseguraram que a formulação segundo a qual o Espírito Santo partiria do Pai e do Filho de forma alguma pretende negar que o Pai é a fonte e o princípio de toda a divindade" (DH 1.300-1.308). À acusação de que a inclusão do *Filioque* violaria uma lei canônica, a bula responde com motivos mitigantes de razão e oportunidade; no entanto, também teve um efeito apenas passageiro. Hoje, o mundo protestante precisa ser incluído no solucionamento do problema, já que aqui a posição latina tradicional foi acatada, e até mesmo confirmada, sem maiores discussões (M. Lutero [† 1546], J. Calvino [† 1564]), mas registram-se também vozes contrárias e diferenciadoras (J. Moltmann, W. Pannenberg). Sinais para um possível compromisso partiram de duas conferências do Conselho Mundial de Igrejas em Klingenberg, de 1978/1979 (textos: VISCHER, L. *Geist Gottes*. Frankfurt a.M., 1981). Ainda não sabemos se a declaração vaticana de 1995 trará frutos. Em todo caso, ela vai novamente ao encontro das preocupações gregas ao ressaltar, a despeito do *Filioque*, explicitamente a monarquia do Pai. A teologia dogmática ortodoxa mais recente refuta o *Filioque* unanimemente, mas atribui a ele um valor teológico diferenciado: refutação estrita segundo Fócio sem interesse sistemático (M. Bulgakov), apreciação como oportunidade para a contradição criativa (S. Bulgakov) ou qualificação como indício de uma decisão teológico-trinitária fundamental incompatível com a ortodoxia (V. Lossky). Aplaude-se também a proposta de Y. Congar de respeitar as diferenças como características confessionais específicas e de mantê-las lado a lado, mas de retirar o acréscimo – como o fizeram os anglicanos e a Igreja Vétero-Católica. – **(5)** No *Filioque* concentra-se uma parte considerável da história da teologia da Igreja latina. Por isso, não seria correto subestimar ou até mesmo abrir mão dos bens por ela desenvolvidos. Apesar de o ímpeto original antiariano do *Filioque* hoje já não ter mais nenhuma relevância, o acréscimo continua a exercer funções teológicas importantes. Já que, em termos de uma teologia da encarnação, Jesus Cristo é o único mediador escatológico da salvação, o Espírito precisa ser claramente diferenciado do Filho; não é um segundo Filho nem um segundo redentor. O *Filioque* ressalta isso, ainda mais que a solução da Igreja antiga grega de reconhecer o Filho como "concebido" e o Espírito como "emanado (soprado)" (capadócios, sobretudo Gregório de Nazianzo [† 390]) não basta para esclarecer a problemática. Valioso é também o legado teológico-trinitário do *Filioque*: Se, como afirma Rm 5,5, o Espírito realmente for o amor de Deus e, como *amor*, for Espírito do Pai e do Filho, então é algo natural não conceber sua origem sem o Filho. Assim, a noção trinitária de Deus adquire uma coerência que não poderia ser obtida na forma de uma parataxe (Pai, Filho e Espírito como hipóstases individuais). No entanto, precisamos estar atentos, juntamente com o Oriente, à monarquia do Pai. Nesse contexto, é preciso esclarecer que, apesar de o Pai ser o Primeiro Amante, Ele, justamente por isso, nunca existiu sem o Filho e que o Espírito é o fruto do *amor* do Pai e do Filho, i.e., que Ele deve sua existência a seu *relacionamento*. Não podemos, porém, negar um perigo relacionado ao *Filioque*: Tende a relegar cristológica e eclesiologicamente a pneumatologia ao segundo nível. Enquanto a Igreja oriental está ciente da ação do Espírito (em paralelo com Jesus) como hipóstase própria na vida da Igreja, no Ocidente, ele serve apenas como assistente de visões estruturais com orientação cristológica. Para o trabalho teológico (relevante também para o esforço ecumênico), a reflexão contínua sobre o *Filioque* só pode trazer vantagens. Existe a possibilidade de afirmarmos, com J. Moltmann, que o Espírito parte do "Pai do Filho".

Lit.: a) BAYER, A. "Das sogenannte Schisma von 1054". In: BRUNS, P. & GRESSER, G. (orgs.). *Vom Schisma zu den Kreuzzügen*. Paderborn et al., 2005, p. 27-39. • GEMEINHARDT, P. "Der Filioque-Streit zwischen Ost und West". In: BRUNS, P. & GRESSER, G. (orgs.). *Vom Schisma zu den Kreuzzügen*. Paderborn et al., 2005, p. 105-132. • LINK, H.-G. (org.). *Gemeinsam glauben und bekennen*. Neukirchen-Vluyn, 1987, p. 299-315. • STIRNEMANN, A. & WILFLINGER, G. (orgs.). *Vom Heiligen Geist*. Innsbruck, 1998, p. 42-71, 141-186 [Pro Oriente, 21]. • VISCHER, L. (org.). *Geist Gottes, Geist Christi*. Frankfurt a.M., 1981 [Beih. ÖR, 39]. b) OBERDORFER, B. *Filioque*. Göttingen, 2001 [FSÖTh, 96]. • MARSHALL, B. "The Filioque as Theology and Doctrine". *KuD*, 50, 2004, p. 271-288. • OBERDORFER, B. "Brauchen wir das Filioque?" *KuD*, 49, 2003, p. 278-292. • KOERRENZ, R. "Pneumatologie". *VF*, 41,2, 1996, p. 45-70. • BÖHNKE, M. "Die Ursprungsbeziehung zwischen Vater und Geist". *Cath(M)*, 59, 2005, p. 305-325. • CONGAR, Y. *Der Heilige Geist*. Friburgo/Basileia/Viena, 1982, p. 361-369, 449-452. c) OBERDORFER, B. *Filioque*. Göttingen, 2001 [FSÖTh, 96]. • GAMILLSCHEG, M.-H. *Die Kontroverse um das Filioque*. Würzburg, 1996 [ÖC, 45].

Bertram Stubenrauch

Fundamentalismo ↑ *teoria da evolução e fé na criação,* ↑ *poder de Deus,* ↑ *criação,* ↑ *vontade de Deus,* ↑ *recepção,* ↑ *tradição,* ↑ *verdade da fé.* – Toda concepção do mundo consiste da identificação de seus seguidores com princípios fundamentais, que pretendem explicar a proveniência da realidade (p. ex., Deus "criador do céu e da terra"). No entanto, só podem ser concretizadas, explicadas e utilizadas por meio de modelos linguísticos ("Como devemos conceber a origem?"), que estão sujeitos às condições históricas e mutáveis da língua, do pensamento e das circunstâncias respectivas (p. ex., as duas narrativas da criação pré-científicas bem distintas uma da outra, a teoria de evolução cientificamente fundamentada). O termo "fundamentalismo" designa aquela postura epistemológica que identifica um modelo específico da interpretação da realidade como única interpretação possível da realidade: A realidade só pode ser o que esse modelo afirma (p. ex., a criação foi uma obra realizada em seis dias ou 144 horas). Existe a convicção do conhecimento de toda a verdade, razão pela qual todas as outras interpretações da realidade devem ser consideradas equivocadas e, por isso, devem ser combatidas. Por isso, o fundamentalismo tende a ser fanático. A interpretação exclusiva pode dizer respeito à realidade como um todo (fundamentalismo universal) ou a uma de suas partes, como a arte ou política (fundamentalismo parcial). Portanto, o fundamentalismo é encontrado entre representantes de todas as concepções do mundo; sobretudo nas religiões com pretensão de explicação última da realidade. O fundamentalismo apresenta formas diferentes de acordo com seus respectivos axiomas. Aqui, trataremos apenas do fundamentalismo cristão. – (**1**) O destino da vida de Jesus é essencialmente determinado pela luta contra o fundamentalismo judaico contemporâneo. Ao legalismo do sábado, originalmente concebido como espaço de liberdade para a humanidade (Ex 20,9; Dt 5,12-14), agora transformado em prisão, Ele contrapõe a máxima: "O sábado foi feito para as pessoas e não as pessoas para o sábado" (Mc 2,27). A fim de dar um futuro à vontade autêntica do Criador, Ele se volta contra a prática do divórcio dos fariseus, que apelam à lei divina: "No princípio não foi assim" (Mt 19,8; cf. tb. Mt 19,3-12; Mc 10,2-12). Na Igreja pós-pascoal, surge a primeira grande crise quando alguns perguntam se a lei de Moisés é imutável em todos os detalhes (p. ex., a circuncisão dos cristãos gentios) ou se ela deve ser reinterpretada sob uma perspectiva cristológica (Paulo; cf. especialmente Gl; At 15). – (**2**) Em toda a história da teologia, encontramos não o termo, mas a problemática por ele designada. Segundo sua autocompreensão, a comunidade da fé está profundamente arraigada na tradição, de forma que quaisquer inovações na doutrina ou na prática se veem expostas a uma forte pressão de justificação. A despeito disso, a Igreja demonstrou, durante muito tempo, uma grande flexibilidade (transição para o helenismo; assimilação do pensamento germânico) e procurou proclamar o Evangelho de forma contemporânea. Doutrinas reconhecidas como heréticas, como o arianismo ou o pelagianismo, são, em sua origem, posições defendidas pela Igreja, que foram ultrapassadas pelo desenvolvimento da cristologia e da doutrina da graça, mas continuaram a ser defendidas como verdade. Um exemplo da Idade Média é a transição da proibição da cobrança de juros (com recurso a Ex 22,24; Lv 25,36s. e outros textos veterotestamentários; proibições pelo II Concílio de Latrão [1139], pelo Papa Inocêncio III [1215], pelo Concílio de Viena [1311] e outros) para o reconhecimento da economia capitalista moderna (de forma definitiva pelo Papa Pio VIII, em 1830). Amplos círculos da Igreja vivenciaram a Idade Moderna como desestabilização, secularismo e relativismo; reagiram com uma refutação cada vez mais forte de todas as correntes e posições novas (luta contras as ciências naturais modernas, o "caso Galileu", recusa de um diálogo autêntico com a filosofia moderna). Trágica foi a luta – por fim inútil – contra o chamado "modernismo" (*Syllabus*, de Pio X [DH 2.901-2.980], a Encíclica *Pascendi* [DH 3.475-3.500], o *juramento antimodernista* de Pio X, a Encíclica *Humani Generis*, de Pio XII [DH 3.875-3.899]). Após o Concílio Vaticano II, que fora realizado sob o lema do *aggiornamento* (contemporaneidade), diversos movimentos reagiram contra sua doutrina referente ao ecumenismo, à liberdade religiosa e à prática litúrgica renovada (principalmente a Fraternidade Sacerdotal de São Pio X sob a liderança do Arcebispo M. Lefebvre [† 1991]). – (**3**) Não existem pronunciamentos oficiais do magistério sobre o fundamentalismo como fenômeno. O fundamentalismo bíblico-teológico é condenado no documento da Pontifícia Comissão Bíblica "A interpretação da Bíblia na Igreja" (1993), cap. Fundamentalismo. O Papa Bento XVI se refere a este em seu escrito pós-sinodal "Verbum Domini" (2010), n. 44. – (**4**) Em decorrência das diferentes posições doutrinais, o fundamentalismo cristão apresenta peculiaridades confessionais. O termo em si provém do protestantismo norte-americano: Em 1919, grupos protestantes conservadores, criados no século XIX, se uniram na "World's Christian Fundamentals Association". O termo ocorre já antes disso no título de uma série de escritos (*The Fundamentals - A Testimony in the Truth* [1905-1915]), na qual fundamentalistas protestantes antiliberais defendem a inspiração verbal da Bíblia, o nascimento virginal de Jesus, a ressurreição, a divindade, a morte sacrificial e a parusia de Cristo. Movimentos protestantes como o pietismo, os evangélicos, o biblicismo apresentam tendências fundamentalistas. Seus pontos principais são a defesa da Bíblia como Palavra (verbalmente) inspirada de Deus (o mais famoso seria talvez o criacionismo no âmbito da teologia da criação) e uma piedade interiorizada. Durante muito tempo, o fundamentalismo católico era conhecido sob os nomes de tradicionalismo, integralismo e ultramontanismo e se concentrava na importância de um papado concebido como centralista (papismo). Advoga a obediência e a autoridade, a tradição imutável (muitas vezes no âmbito litúrgico), o paternalismo, o patriarcalismo, o pensamento apocalíptico e a crença em conspirações. Frequentemente, está vinculado também a uma piedade mariana intensificada. – Existe um consenso fundamental entre as grandes igrejas referente às ameaças à doutrina e à prática que partem do fundamentalismo. – (5) Pesquisas mostram que o solo mais fértil para o fundamentalismo é o medo existencial que resulta de uma insegurança generalizada, que procura encontrar segurança a qualquer custo e acredita encontrá-la numa tradição eclesiástico-cristã compreendida de forma estática e não histórica. Ele não busca a certeza da fé, mas a segurança na fé. Por isso, o fundamentalismo não é, no fundo, um problema teológico, mas sim psicológico que, consequentemente, foge *a limine* a qualquer indagação argumentativa. A segurança é obtida por meio de um dualismo rígido, que divide o mundo em uma parte "boa" e outra "má": O fundamentalista não hesita ao determinar qual das realidades pertence ao lado "bom"; e qual, ao lado "mal". Assim, contrapõem-se em sua visão de forma irreconciliável o equívoco e a verdade (dogmatismo), o pecado e a santidade (rigorismo), "nós" e os "outros" (elitismo), Deus e satanás (transcendentalismo). A fé cristã, por sua vez, é caracterizada pela confiança na liderança sempre atenta da Igreja por meio do Espírito Santo (Jo 16,13), que não é idêntico com o espírito do tempo [*Zeitgeist*], mas que, como espírito, pode se manifestar no tempo por meio dos sinais do tempo (GS 4). Por isso, a Igreja se encontra sob o signo da historicidade e, portanto, também da mudança em prol da fidelidade à origem (cf. Mt 13,52).

Lit.: BEINERT, W. (org.). *"Katholischer" Fundamentalismus*. Regensburgo, 1991. • KIENZLER, K. *Der religiöse Fundamentalismus*. 5. ed. Munique, 2007 [Beck'sche Reihe, 2.031]. • RIESEBRODT, M. *Die Rückkehr der Religionen*. Munique, 2000 [Beck'sche Reihe 1388]. ARMSTRONG, K. *Im Kampf um Gott*. Munique, 2004. • GLÜCKSMANN, J. *Protestantischer Fundamentalismus*. Munique/Ravensburg, 2010. • WESS, P. *Glaube aus Erfahrung und Deutung*. Salzburgo, 2010. • CASTILLO, O. *Religiöser Fundamentalismus*. Munique/Ravensburg, 2011. • LAUBER, J. *Wie Menschen zu Fanatikern werden*. Viena, 2011.

Wolfgang Beinert

Generacianismo ↑ criacionismo

Glória de Deus ↑ antropocentrismo, ↑ domínio de Deus/Reino de Deus, ↑ espiritualidade, ↑ discernimento dos espíritos. – A glória de Deus é algo pertinente à natureza de Deus e que dele irradia e, ao mesmo tempo, algo que se manifesta em toda criatura e remete a Ele. Assim, a glória de Deus é um *topos* da presença de Deus – em parte oculta, em parte revelada. – (1) O AT hebraico fala de *kabod*; o NT grego, de *doxa*. "Santo, santo, santo é o SENHOR Todo-poderoso, e toda terra está cheia de sua glória" (Is 6,3), e estes, por sua vez, "narram a glória de Deus" (Sl 19,2). Todo ser humano deve "glorificar para sempre" o nome de Deus (Sl 86,12), ou seja, deve estar sempre consciente da sua própria natureza criatural e de sua dependência de Deus. No NT, Jesus Cristo é o mediador singular da glória de Deus, tanto no tempo (os milagres de Jesus, Jo 2,11; a transfiguração de Jesus, Lc 9,28ss.) quanto no fim dos tempos (o juízo, Mt 13,26 par.; 1Cor 15,43). Em Jesus Cristo, Deus dá a glória a si mesmo e, ao mesmo tempo, ao ser humano. Cristo glorifica o Pai, e o Pai glorifica o Filho (Jo 13,31s.; 17,1-5). Na encarnação da Palavra, o ser humano é glorificado por parte de Deus, e Deus recebe de modo exemplar a glória por parte dos homens (Jo 1,14; 2Cor 4,4-6; Fl 2,6-11). Esse exemplo de Cristo, de dar a glória a Deus em tudo, deve ser seguido pelos cristãos (1Cor 6,19s.)

até a manifestação plena da glória de Deus (Cl 3,4; 2Ts 2,14; a Jerusalém celestial Ap 21,23). – (**2**) Na história da piedade e da teologia, a glória de Deus se torna um princípio hermenêutico importante para o conhecimento de Deus e do ser humano: "A glória de Deus é o homem vivo, a vida do homem, porém, é a contemplação de Deus" (Irineu de Lyon, haer. 4,20,7). Na Contrarreforma, o lema de Inácio de Loyola († 1556) "*Omnia ad maiorem Dei gloriam*" (*Tudo para a maior glória de Deus*) se transforma em ponto orientador para a piedade católica. No século XX, a teologia da criação (p. ex., no misticismo natural de P. Teilhard de Chardin) e a eclesiologia (p. ex., nos "Hinos à Igreja", de Gertrud von Le Fort) dedicaram uma atenção maior ao pensamento de uma encarnação da glória de Deus. – (**3**) Nas formulações doxológicas do NT, em parte ainda não desenvolvidas sob o aspecto da Trindade, a glória de Deus exerce um papel sobretudo na liturgia. No século V, o magistério constata que as obras e os méritos dos santos têm suas raízes na glória de Deus (DH 243). Por ocasião do primeiro processo de canonização em 993, constata também que a adoração oferecida aos santos se dirige ao Senhor (DH 675). Para o Concílio de Trento, a adoração de imagens é aceitável nos casos em que esta visa à glória da pessoa representada (DH 1.823s.). Todas as glorificações de Cristo, do Espírito Santo, de Maria, dos santos e dos anjos visam, segundo o Papa Leão XIII, exclusivamente à glória do Deus único e trino (DH 3.325). A doutrina social da Igreja declara como meta "desenvolver plenamente as capacidades [do ser humano] para o louvor e a honra do seu criador", para assim "conquistar a felicidade temporal e eterna" (DH 3.743). O Concílio Vaticano I constata que "o mundo foi criado para a glória de Deus", e todas as afirmações contrárias são declaradas anátema (DH 3.002; 3.025). O Concílio Vaticano II declara que toda a criação visa ao louvor e à glória de Deus (DH 4.162) e que toda a ação e domínio humano no mundo deve servir à glorificação de Deus (DH 4.312; 4.334; 4.343). Encíclicas pós-conciliares (DH 4.457; DH 4.641s.; 4.682; 4.814) confirmam que o ser humano, justamente por ser criado à imagem de Deus, possui uma obrigação para com a glória de Deus em todos os seus atos. – (**4**) Na vida da Igreja Ortodoxa, a glória de Deus é expressa principalmente na liturgia (Liturgia Divina, hinos, ícones), mas também na ascese (monasticismo, oração, jejum). Tanto na teologia de João Calvino quanto na de Inácio de Loyola, ou seja, em ambos os lados da divisa confessional do século XVI, ela exerce uma função decisiva, no entanto, a teologia protestante lhe deu pouca atenção devido à sua refutação das autodesignações triunfalistas por parte da Igreja Católica. Domina lá a teologia da cruz. – (**5**) Do ponto de vista da teologia da criação, a glória de Deus parte de Deus e se reflete na criação, sobretudo no ser humano e em momentos teofânicos da história. Deus não é um déspota que precise ou dependa da glória. "Dar glória a Deus" não designa um esforço da criatura por meio do qual esta daria algo a Deus que este não possui; antes se imagina isso como reflexo daquilo que a criatura não possuiria nem seria sem Deus. A existência como criatura é uma existência devedora, que, na existência humana, alcança a consciência de sua origem e de sua meta e que expressa esse conhecimento no pensamento, na fala e nos atos – também de modo ritual. Em termos soteriológicos, podemos dizer: O Deus eterno não criado e imortal dá a glória a si mesmo e ao mundo no nascimento, na cruz e na ressurreição de Jesus Cristo. Nesse serviço de Deus aos homens e no culto como resposta esperançosa do homem, a glória de Deus encontra sua manifestação plena.

Lit.: HOEPS, R. *Das Gefühl des Erhabenen und die Herrlichkeit Gottes*. Würzburg, 1989. • VON BALTHASAR, H.U. *Herrlichkeit* – Eine theologische Ästhetik – Vol. 1: Schau der Gestalt. Einsiedeln, 1961. • SCHNACKENBURG, R. *Das Johannesevangelium*. Friburgo/Basileia/Viena 1971, p. 498-512 [HThK 4,2].

Ulrich Lüke

Graça/teologia da graça ↑ *habitação do Espírito,* ↑ *eleição,* ↑ *liberdade,* ↑ *domínio de Deus/Reino de Deus,* ↑ *santos,* ↑ *Igreja,* ↑ *amor,* ↑ *natureza,* ↑ *justificação,* ↑ *soteriologia,* ↑ *motivos soteriológicos*. – O conceito da graça (*gratia*, em latim; *charis*, em grego) resume em si aquilo que expressam as palavras como "salvação", "cura", "plenitude", "felicidade", "relacionamento", "amor" e "amizade". A graça é uma dádiva de Deus e, ao mesmo tempo, consumação daquilo pelo qual o ser humano anseia em seu íntimo. O "espaço" definido da graça é a Igreja. – (**1**) "Graça" é um termo especificamente cristão. Existem, porém, também no AT diferentes termos para expressar aquilo que é designado pela palavra grega neotestamentária *charis*: favor (em hebraico: *chen*, Ex 33,12), bondade e amor (em hebraico: *haessaed*, p. ex., Gn 47,29; Sl 44,27), justiça (em hebraico:

saedaeqa, Sl 22,32), misericórdia (em hebraico: *rahamim*, Ex 33,19), fidelidade, verdade e veracidade de Deus (em hebraico: *aemaet*, Ex 34,6). Deus concede a Israel a sua amizade e bondade, sua justiça e misericórdia, promete descendentes e uma vida nova. Paulo usa o termo *charis* para designar o fruto da vida, morte e ressurreição de *Jesus Cristo*. Portanto, a graça pode ser reconhecida no próprio Jesus, em sua mensagem, no seu testemunho do Deus de Israel, em sua conduta e em seus encontros libertadores e curadores, nos quais se manifesta a novidade do Reino de Deus. Em vista da proximidade do Reino de Deus, Jesus chama para o arrependimento (cf. Mc 1,15; a expressão "Reino de Deus" ocorre quase 100 vezes nos evangelhos). O Reino de Deus assume uma forma concreta em suas palavras, seus milagres e seus atos. Isso é vivenciado principalmente pelos pobres e coletores de impostos (Lc 19,1-10), pelos marginalizados (p. ex., o homem cego de nascença que volta a enxergar, Jo 9,1-7) e pelas muitas mulheres (cf. a mulher que sofria de hemorragia, Mt 9,20 par.; a mulher siro-fenícia, Mc 7,26-30). O chamado de Jesus para o arrependimento revela não só o pecado, mas também o amor misericordioso de Deus, que se cristaliza na cruz e nos eventos pascoais. Assim, abre-se um novo espaço de vida vindo de Deus para os pecadores. Os testemunhos pascoais são declarações escatológicas; tratam da consumação da história, da salvação plena e universal. Neles se apoia a esperança da reconciliação definitiva dos seres humanos com Deus e uns com os outros. Por meio do envio do Espírito Santo, Jesus permanece presente na vida das pessoas, permitindo assim que participem da graça de Deus (Jo 1,16). Ao mesmo tempo, a comunhão dos cristãos – a *ekklesia* – se torna o "espaço de vivência" no Espírito da graça historicamente transmitida por Jesus, que Paulo interpreta como evento da "justificação" dos pecadores: "Aquele que não conheceu o pecado, Deus o fez pecado por nós, para que nele fôssemos justiça de Deus" (2Cor 5,21). Essa justiça que, no evento salvífico da cruz, se torna acessível ao ser humano – sobretudo ao pecador –, precisa ser aceita na fé por todos, tanto pelos judeus quanto pelos gentios; assim, ela se transforma em uma realidade interior e antropológica: este é o "novo homem" (Rm 6,4). Viver na graça de Deus significa ser arrancado do espaço de domínio da morte e receber a dádiva da vida verdadeira por meio do recebimento do Espírito Santo. "Estar no Espírito" significa para Paulo "estar em Cristo" (Rm 8,9; Rm 8,1), e isso é vida em liberdade. Por meio de múltiplos dons, a graça de Deus se concretiza e se torna palpável na congregação: em serviços e demonstrações de poder, em palavras e revelações, em profecias, glossolalias, atos caritativos e no amor ao próximo (cf. 1Cor 12,8-10). As epístolas deuteropaulinas resumem: A graça é o amor de Deus por nós humanos (Ef 2,4-9; Tt 3,4-7). – (**2**) O par conceitual graça e natureza, ou graça e liberdade, determina o desenvolvimento da teologia da graça. No entanto, o Oriente e o Ocidente enfatizam aspectos diferentes. Os Padres da Igreja do Oriente – confrontados com a doutrina platônica da *methexis* (participação) – falam da *theosis* e da *homoiosis*, i.e., da deificação ou assimilação do homem pecaminoso a Deus. Sua ação salvífica visa à restauração do estado original da graça. Irineu de Lyon († por volta de 202) formula: "Pois para isso a Palavra de Deus se fez homem; e o filho de Deus, filho dos homens, para que o homem se torne filho de Deus" (haer. 3,19,1). Por trás disso está o antigo pensamento da *paideia*: O processo da história da salvação, que atinge seu auge na morte e na ressurreição de Jesus Cristo, é um caminho da "educação divina" que permite que o ser humano volte a se assemelhar à imagem de Deus nele contida (*homoiosis*) e assim alcance o propósito determinado por Deus. Por isso, assim afirmam os três capadócios, o Deus trino pode habitar no espírito humano. No Ocidente, Agostinho († 430) se torna o grande mestre da graça. Ele desenvolve uma doutrina da graça no sentido mais restrito ao tematizar a problemática da "natureza" ou da "liberdade e graça". Por um lado, Agostinho a desenvolve por ocasião de sua crítica decisiva à doutrina maniqueísta (↑ maniqueísmo) do mal como fato natural, por outro, em virtude de seu conflito com a doutrina de Pelágio († por volta de 431) sobre a liberdade do ser humano como capacidade de fazer o bem em face de uma qualidade natural. Para Pelágio, o pecado de Adão não limita a liberdade para o bem; ele apenas estabelece um exemplo negativo – ao qual Deus se opõe: por meio da lei veterotestamentária, depois por meio de Jesus Cristo como exemplo da verdadeira existência humana. Por meio do ↑ seguimento de Jesus, é possível retornar ao caminho do bem. As crianças não são batizadas com a finalidade de receberem o perdão dos pecados, mas de serem santificadas em Cristo e de encontrarem a comunhão com Deus.

Em oposição a isso, Agostinho caracteriza o pecado do primeiro ser humano como início de uma história da desgraça. Ele recorre à tradução latina de Rm 5,12: *in quo omnes peccaverunt* ("no qual todos pecaram"), e entende as palavras *in quo* como referência a Adão. Portanto, o pecado de Adão se manifesta ao mesmo tempo como pecado da humanidade, que dele nasceu. Nesse sentido, todos os seres humanos sofrem suas consequências negativas. Agostinho fala da "depravação da natureza" (civ. 14,1) como consequência do pecado de Adão e estabelece uma distinção importante: O "pecado original", o *peccatum originale originans*, i.e., o pecado de Adão (compreendido como indivíduo histórico) é caracterizado como determinação livre; o pecado herdado, o *peccatum originale originatum*, i.e., o pecado que qualifica os descendentes de Adão, é uma determinação natural. Portanto, o pecado herdado ou hereditário, que toda criança adquire, não tem sua origem na vontade do ser humano, antes adere à sua natureza. O pecado original, a origem do pecado hereditário, levou o ser humano a abandonar Deus de forma fundamental; é *aversio a Deo et conversio ad creaturam* (aversão a Deus e conversão para a criatura: lib. arb. 2,19,53). O pecador é *incurvatus in seipsum*, encontra-se curvado sobre si mesmo e não está mais voltado para Deus como bem supremo. A redenção desse estado só é possível por meio do "novo Adão", por meio de Jesus Cristo e sua obra salvífica. A *visio beatifica* (a contemplação de Deus) com o anseio do ser humano pela comunhão com Deus por um lado e, por outro, a experiência da culpa e do pecado se tornam motivos-chave da teologia da graça medieval. Anselmo de Cantuária († 1109) aprofunda o pensamento da cruz; Tomás de Aquino († 1274), o discurso sobre o anseio do ser humano por Deus e da *amicitia Dei*, da amizade de Deus. Ambos os aspectos acompanharão as reflexões sobre a graça na Modernidade para além da escolástica. Anselmo (CdH 1.098) é o primeiro a desenvolver uma doutrina sistemática da redenção com sua ↑ teoria da satisfação. Segundo ele, apenas uma contraparte equivalente a Deus pode prestar "satisfação" (*satisfactio*) e restaurar a ordem salvífica (a honra de Deus) destruída pelo pecado. Mas o ser humano também precisa contribuir com sua parte, senão sua liberdade seria anulada. Assim, Anselmo chega à conclusão: Apenas um deus-homem era capaz de intervir diante de Deus em nome de todos os pecadores, um homem sem pecado e cuja morte era "não devida" a Deus (CdH II,11.14-15). Tomás utiliza Agostinho como ponto de partida, mas, com a ajuda de Aristóteles († 322 a.C.) e sua determinação metafísica da realidade, ele consegue conceitualizar a realidade do ser humano e do mundo, a existência e a liberdade do homem de forma mais aguda: O ser humano depende da comunicação com outros, em seu íntimo, porém, depende da comunhão com Deus, que encontra sua expressão sublime na *visio beatifica*. O conhecimento do ser mais supremo e mais perfeito, Deus, é o propósito último e a suprema perfeição e bem-aventurança do ser humano. Esta corresponde ao "anseio natural" (*desiderium naturale*) da criatura intelectual. Tomás recorre a reflexões que já haviam sido feitas no início da escolástica, principalmente por Pedro Lombardo († 1160). Este fizera uma distinção entre a *gratia increata*, a "graça não criada", que consiste no próprio Deus e se manifesta em sua habitação no ser humano, e a *gratia creata*, a "graça criada", que designa a multiplicidade dos dons das criaturas. O próprio Deus é amor sagrado e graça que se dá gratuitamente (STh II-II q23 a1): Por meio do Espírito Santo, que é o amor do Pai e do Filho, a Trindade habita no ser humano. O Espírito faz com que o ser humano ame Deus e – ao mesmo tempo – o próximo. Assim, a graça é, de um lado, graça não criada, ou seja, o próprio Deus ou Espírito Santo, de outro, é graça criada, que Tomás chama de "qualidade" (*qualitas*). Deus a derrama na alma, onde ela se transforma no princípio da vontade. Essa diferenciação permite um entendimento mais claro do fato de que a graça não é algo exterior ao ser humano, antes tem um efeito sobre sua autorrealização e liberdade, permanecendo assim em sua essência uma dádiva. Tomás desenvolve esse pensamento sob o tema da *amicitia Dei* (amizade de Deus, STH II-II q23 a1c; STh I-II q111-112), definida como "referência recíproca" (cf. STh I-II q110 a1): Deus nos dá sua amizade em Jesus Cristo; se aceitarmos essa dádiva, ela passa a cunhar sua conduta e autorrealização (STh I-II q26-28; STh II-II q23-28). Essa determinação relacional do evento da graça é aprofundada por meio de diferenciações: A alma do ser humano recebe, por meio da dádiva da amizade de Deus, uma "qualidade", de forma que agora consegue alcançar os objetivos sobrenaturais por si mesma. Para isso servem as chamadas "virtudes divinas infundidas" da fé, da esperança e do amor. Vale o princípio: A graça transcende a natureza humana, sua causa é sempre somente Deus (STh I-II q112 a1); mas a graça se baseia na natureza e a aperfeiçoa. Tomás distingue entre a graça que santifica (*gratia gratum faciens*), que leva o ser humano a participar de Deus no íntimo de sua alma, e a graça livremente concedida, a *gratia gratis data* (STh I-II q111 a1c), que é dada ao ser humano para que ele ajude aos outros a alcançarem a justificação e a santificação. Para Tomás, a dádiva da amizade é a maior obra de Deus. A escola franciscana toma isso como ponto de partida e interpreta, seguindo Boaventura († 1274) e J. Duns Scotus († 1308), o hábito infundido da graça como luz interior e amor. O misticismo das três grandes mulheres de Helfta – Matilde de Magdeburgo († 1282), Matilde de Hackeborn († 1299) e Gertrude de Helfta († por volta de 1302) – expressa o anseio de Deus pelo ser humano por meio de uma linguagem que, em oposição ao mundo conceitual de Tomás, emprega meios poéticos. Nos limites da língua, a gratuidade da graça se verbaliza na união mística com Deus. A escolástica barroca – por exemplo, em Francisco Suárez († 1619) – desenvolve uma doutrina da graça no sentido mais restrito de um *tratado dogmático*. Surgem assim diferentes formações sistemáticas orientadas pelos polos da graça e da natureza. Delas surgem as grandes controvérsias relacionadas à graça na Modernidade dos séculos XVI a XVIII, que acabam influindo também sobre as teologias das ordens (de proveniência agostiniana, dominicana e jesuíta). Cria-se um pensamento de "dois andares": A graça e a natureza se distanciam uma da outra e se instalam em "níveis" diferentes: aqui a natureza – lá a graça e a "sobrenatureza". As diferentes escolas teológicas, que enfatizam mais a graça ou a natureza, se combatem em virtude de seus "sistemas da graça" de cunho molinista, jansenista ou bajanista: L. de Molina, SJ († 1600) e M. Bajus († 1589) focam no ser humano autônomo e perguntam como este poderia "adquirir" a graça: Adão pode ter dependido da benevolência de Deus, mas isso fazia parte da integridade de sua natureza, com a qual dispunha soberanamente sobre os recursos da graça divina – evidencia-se uma proximidade involuntária com Pelágio. Segundo H. de Lubac ([† 1991], *Freiheit der Gnade* I, p. 25), a graça se torna "'o complemento lógico' e necessário da criação. O poder divino se põe a serviço do ser humano em vista de um objetivo humano". Com um pensamento totalmente diferente, o Bispo C. Jansen († 1638) enfatiza em seu livro *Agostinho* (publicado postumamente em 1640 e condenado em 1641 pela inquisição) o caráter desmerecido da graça e, com Agostinho, a incapacidade do ser humano sob o pecado: Apenas a graça como dádiva gratuita de Deus capacita para a virtude e para o amor a Deus. Jansen distingue entre o *adiutorium sine quo non* e o *adiutorium quo*. A primeira expressão caracteriza a graça no estado original do ser humano como graça "suficiente" (*gratia sufficiens*), que não exclui o "poder" do ser humano. Mas após a queda de Adão, a situação muda: Agora, ele está entregue ao desejo lascivo (*concupiscientia*) e depende da graça na forma do *adiutorium quo*, ajuda pela qual a *libido* é superada. Esse apoio educa o ser humano caído com a graça "eficaz" (*gratia efficax*) e só é concedida aos predestinados – o jansenismo se transforma num rigorismo moral. Nas disputas sobre a graça do século XVII, "Agostinho", o escrito jansenista, avança ao *status* de fonte teológica mais importante para o movimento de reforma do monastério de Port-Royal (A. Arnauld [† 1694], J. Duvergier de Hauranne [† 1643]). Essas disputas dividem profundamente a sociedade francesa. A pergunta decisiva diz respeito à capacidade da natureza humana, à qual se atribui um objetivo "natural", que se distingue do "objetivo sobrenatural" que Deus concede em sua graça. Para enfatizar o caráter desmerecido da graça e a liberdade de Deus como doador, distingue-se cada vez mais entre a orientação "natural" e "sobrenatural" do ser humano e fala-se menos do *desiderium naturale* (do anseio natural) e mais da *potentia oboedientialis* (a força de obedecer). A unidade tensional, que Tomás havia viabilizado com sua doutrina da "ansiedade natural do ser humano por Deus", se dissolve. Involuntariamente, cria-se o fundamento para uma imagem do ser humano "sem Deus". Esse pensamento de "dois andares" marca a teologia até o século XX; apenas a recepção de abordagens filosóficas modernas, principalmente dos filósofos da liberdade do idealismo alemão (I. Kant [† 1804] e G.F.W. Hegel [† 1831]), leva a um retorno à dimensão fundamental da encarnação na fé cristã e permite um novo olhar sobre a relação entre natureza e graça sob o lema da "autocomunicação de Deus": a liberdade do ser humano e a revelação de Deus estão intimamente vinculadas uma à outra, a graça é determinada como "medida da liberdade humana". H. de Lubac estuda as disputas sobre a graça dos séculos XVI e XVII e procura redescobrir o anseio do ser humano por Deus segundo Tomás para a teologia da graça. Esse anseio é, por um lado, um "desejo natural"; por outro, anseio "absoluto" e "desconhecido" por Deus (Freiheit der Gnade II, p. 95); constitui o chamado essencial do ser humano, que depende da "comunicação livre e doadora de um ser pessoal" (Surnaturel, p. 483). Deus, portanto, não estabelece apenas "posteriormente" um relacionamento gracioso com o ser humano: em seu amor inesgotável, já abriu desde sempre um horizonte amplo para o anseio do homem. Karl Rahner († 1984) acata a preocupação de Lubac e supera qualquer elemento extrínseco (da doutrina segundo a qual a graça seria algo exterior ao ser humano). Rahner recorre à filosofia existencial de M. Heidegger († 1976) e introduz o conceito do "existencial", ou do "existencial sobrenatural": A graça não é, então, exterior à natureza humana, antes lhe é oferecida constantemente em virtude de sua subjetividade e liberdade. A experiência da graça é experiência do Espírito.

A experiência subjetiva da graça e sua autoentrega objetiva harmonizam, sendo que cabe a Deus a prioridade de ação. Essa abordagem se torna especialmente significativa em vista da pergunta da possibilidade da salvação de não cristãos (cf. Concílio Vaticano II, declaração NA). K. Rahner fala nesse contexto dos "cristãos anônimos": A graça é compreendida como radicalização da existência humana e como seu centro, motivo pelo qual a oposição entre antropologia e teologia teocêntrica se dissolve. Rahner forneceu muitos impulsos a questões atuais na teologia da graça: às teologias contextuais (sobretudo à teologia latino-americana da libertação), ao diálogo inter-religioso e a uma nova consciência da Igreja como "espaço da graça". – **(3)** Em face da "disputa da graça" entre Agostinho e Pelágio († 431), os sínodos de Cartago (418) e Orange (529) tomam as primeiras decisões dogmáticas sobre a doutrina do pecado hereditário, que influenciam o desenvolvimento teológico posterior. O Sínodo de Cartago (418; DH 222-230) formula condenações (*canones*) de doutrinas referentes ao pecado hereditário, ao pecado original de Adão e suas consequências e à graça. Enfatiza a pecaminosidade radical e universal do ser humano e sua necessidade da graça para a realização verdadeira da liberdade que agrade a Deus. Cân. 3 formula que o ser humano depende da graça de Cristo não só para a indulgência, mas também para a evitação do pecado e, além disso, para o entendimento e o amor e para o próprio cumprimento dos mandamentos: Todo ser humano é pecaminoso e precisa rezar pelo perdão de seus pecados (DH 225). Em Cartago, a ação humana é caracterizada como independente e, ao mesmo tempo, como concessão graciosa da parte de Deus (DH 248). Mas isso não resolve os problemas teológicos. O conflito sobre a relação entre a graça e a liberdade se estende até o século VI. Principalmente nos monastérios da África do Norte e do Sul da Gália, a controvérsia é travada com os chamados "semipelagianos" (influenciados por Orígenes); entre estes, encontram-se João Cassiano († por volta de 435) e Vincente de Lérins († antes de 450), que criticam algumas posições de Agostinho e têm certeza de que o início da fé (*initium fidei*) parte do ser humano. No segundo Sínodo de Orange (529), a posição agostiniana é fortalecida e reafirmada, e o início da fé é caracterizado como dádiva da graça. Sem a graça, ninguém pode "iniciar, realizar e consumar" o bem (DH 400) – assim escreve o Papa Bonifácio II a Cesário de Arles († 542) como resposta ao sínodo. O Concílio de Trento reage nos decretos sobre o pecado hereditário em 1546, e em 1547, sobre a justificação (DH 1.510-1.516; 1.520-1.583) à doutrina da graça dos reformadores. O concílio remete explicitamente às condenações doutrinais do sínodo de Cartago, de 418, referente ao pecado de Adão e ao pecado hereditário e mantém a prática do batismo infantil. Discute sobretudo a valorização insuficiente da *gratia creata*, dos efeitos da graça sobre o ser humano. No entanto, também o Concílio de Trento ressalta que não existe justificação pelas obras, ou seja, que não existe uma autorredenção (DH 1.551). No decreto sobre o a justificação (DH 1.520-1.583), o concílio apresenta em 15 capítulos uma doutrina minuciosa sobre o tema e lhe acrescenta 33 *canones* (condenações doutrinais). O capítulo 8 explica, com recurso ao conceito da fé de Paulo (Rm 3,22. 24; Rm 1,16; Hb 11,6), como o pecador é justificado pela fé; isso acontece "porque 'a fé é o início da salvação humana'" e porque "nada daquilo que antecede a justificação, seja fé ou obras, merece a graça da justificação". O capítulo 10 fala de um "crescimento da fé" e da importância das obras nesse contexto, contanto que "a fé aja em conjunto com as boas obras" (DH 1.535). De forma semelhante a Lutero, os padres do concílio enfatizam o caráter desmerecido da graça: "Assim como a nossa justiça não é apresentada como algo que parta de nós mesmos, tampouco a justiça de Deus é ignorada ou rejeitada; pois a justiça que é chamada de nossa pelo fato de sermos por ela justificados é, ela mesma, a justiça de Deus, porque ela nos é infundida por Deus em virtude do mérito de Jesus Cristo" (DH 1.547). No ano de 1567, o Papa Pio V publica a Bula *Ex Omnibus Afflictionibus* (DH 1.901-1.980), na qual ele condena a doutrina de Baius († 1589). O decreto magisterial mais importante na longa disputa sobre o jansenismo é a bula do Papa Inocêncio X, *Cum occasione* (DH 2.001-2.007), na qual as proposições do jansenismo são refutadas; o núcleo da condenação diz respeito ao particularismo da salvação por ele defendido. – **(4)** A ortodoxia oriental cultiva um pensamento sinérgico e pneumatológico em sua doutrina da graça: Deus e o ser humano agem em conjunto no Espírito Santo sem que qualquer uma das partes perca sua liberdade. A crítica de M. Lutero († 1546) se volta contra a escola agostiniana da escolástica tardia (Gregório de Rimini [† 1358]). Seu nominalismo havia enfatizado a gratuidade absoluta da graça como também a autonomia da liberdade humana e afirmado que a graça podia ser "merecida" de modo natural (ou seja, sem a graça do amor de Deus). Lutero detecta aqui uma autorredenção e justiça própria. A causa concreta do seu protesto é o sistema de indulgências, ao qual se opõe a doutrina da "justificação somente pela graça e não pelas obras da lei" como *articulus stantis et cadentis ecclesiae*. Tanto o lado protestante quanto o lado católico professam condenações doutrinais. Contra o discurso escolástico da "graça criada", Lutero enfatiza o *extra nos* da graça: Entre o pecador e Jesus Cristo, que assumiu o lugar do pecador, ocorre uma "troca bem-aventurada"; Jesus toma sobre si o pecado e o castigo humanos e dá em troca uma justiça que supera o pecado (p. ex., WA 5,608,10-12 [Operationes in Psalmos 1519-1521]; 40/1,435,8; 437,4 [In epistolam S. Pauli ad Galatas Commentarius 1.531/1.535]). Assim, também o pecador justificado permanece *simul iustus et peccator*: santificado aos olhos de Deus, pecaminoso aos seus próprios olhos. J. Calvino († 1564) também desenvolve uma doutrina da justificação cristologicamente mediada, acrescentando a ela o conceito da predestinação: A graça é a eleição eterna de alguns para a salvação em oposição aos rejeitados (OS III, 376). A vontade foi corrompida pelo pecado, mas é renovada pelo Espírito Santo, ao qual Ele atribui uma função apenas instrumental no evento da salvação (OS III, 315). Filipe Melâncton († 1560) distingue entre a graça da palavra, que, como Evangelho, concede o perdão dos pecados, e a graça do Espírito, que, como dádiva do Espírito Santo, renova e santifica o coração. A importância da Declaração Conjunta sobre a Doutrina da Justificação (GE), assinada em Augsburg em 1999, não deve ser subestimada para o movimento ecumênico. Ela fala de um "consenso nas verdades fundamentais da doutrina da justificação" (n. 43), e declara que a justificação aponta "de modo especial para o centro do testemunho neotestamentário da ação salvífica de Deus em Cristo" (n. 17). – **(5)** Hoje, "graça" é uma palavra que não parece harmonizar muito bem com as "conquistas" de uma Modernidade pós-moderna: com a liberdade e autorrealização, com o individualismo e a impiedade de múltiplas exigências e expectativas, com as pressões da sociedade de trabalho e consumo e com a luta pela sobrevivência. A literatura moderna (J. Green [† 1998]) esboçou já várias vezes o "ser humano sem graça", acusando ao mesmo tempo a tristeza dessa existência. É interessante como, no âmbito da filosofia política, o tema da graça ressurge de forma renovada: Já não se apela mais apenas à "lógica da justiça", mas também à "economia da dádiva" (P. Ricoeur [† 2005]) como fundamento essencial para a figuração da sociedade global. Surge o tema da amizade, que pode ser aproveitado pela teologia: Por um lado, devemos focar no ser humano no exercício de sua liberdade e existência; por outro, na dádiva desmerecida do amor de Deus. Ambos os "polos" precisam ser vistos em conjunto e devem ser relacionados um ao outro. A liberdade humana se "cristaliza" e consuma na coexistência, na coexistência com Deus. A graça é o evento do encontro de Deus com o ser humano, sendo que a liberdade humana se consuma na "sintonização" com a liberdade de Deus. Um desafio cada vez maior é representado pelo fato de que as ciências neurológicas – segundo as discussões atuais sobre o chamado "novo naturalismo" – questionam cada vez mais a liberdade em si. Por isso, esse tema precisa ser incluído como prioridade na agenda teológico-filosófica. Podemos dizer: A liberdade se expressa no fato de que o ser humano se "transcende" em sua abertura para o mundo e por meio da sua busca ilimitada, ao mesmo tempo em que se depara com limites. Precisamos "iluminar" a existência da liberdade finita à luz da graça de Deus e com a ajuda de uma filosofia da "dádiva". Entra em jogo aqui o tema tradicional da "amizade de Deus": A dádiva de Deus se manifesta no exercício concreto do convívio humano. Por meio da amizade, ilumina-se a existência e a liberdade humana é posta à prova. Isso representa, no fundo, um evento de reconhecimento; o ser humano – sobretudo o pecador e o homem cheio de culpa – adquire novo prestígio perante Deus. Em tempos nos quais a graça se tornou um conceito estranho, a teologia da graça precisa, mais do que nunca, explicar como o ser humano pode *viver* a graça. Isso acontece essencialmente na comunhão e na criação de "espaços" da graça, nos quais a amizade de Deus pode ser vivenciada.

Lit.: BEINERT, W. "Kirche als Freundesgemeinschaft Jesu Christi". In: KOCH, G. & PRETSCHER, J. (orgs.). *Dimensionen der Freundschaft oder*: Wider den Egotrip. Würzburg, 1998 [Würzburger Domschulreihe, 8]. • ECKHOLT, M. *Theologie im Fernkurs*: Der Mensch in der Gnade Gottes. Würzburg, 2007 [Lehrbrief, 13]. • ECKHOLT, M. & FLIETHMANN, T. (orgs.). "*Freunde habe ich euch genannt*": Freundschaft als Leitbegriff systematischer Theologie. Berlim/Münster, 2007. • GEBARA, I. *Die dunkle Seite Gottes*. Friburgo/Basileia/Viena, 2000 [Theologie der Dritten Welt, 27]. • GRESHAKE, G. *Gnade*. Kevelaer, 2004. • GUTIÉRREZ, G. *Aus der eigenen Quelle trinken* - Spiritualität der Befreiung. Munique/Mainz, 1986. • GUTIÉRREZ, G. *Theologie der Befreiung*. 10 ed. Mainz, 1992. • DE LUBAC, H. Die Freiheit der Gnade – Vol. 1: Das Erbe Augustins. Einsiedeln, 1971. • DE LUBAC, H. *Die Freiheit der Gnade* - Vol. 2: Das Paradox des Menschen. Einsiedeln, 1971. • DE LUBAC, H. *Surnaturel*. 2. ed. Paris, 1991. • RAHNER, K. "Über das Verhältnis von Natur und Gnade". 8. ed., 1967, p. 323-346. • SCHERZBERG, L. *Sünde und Gnade in der Feministischen Theologie*. Mainz, 1992. • SIEVERNICH, M. "Gezeiten der Befreiungstheologie". In: DELGADO, M.; NOTI, O. & VENETZ, H.J. (orgs.). *Blutende Hoffnung* - Gustavo Gutiérrez zu Ehren. Lucerna, 2000, p. 100-116. • SIEVERNICH, M. *Schuld und Sünde in der Theologie der Gegenwart*. Frankfurt a.M., 1982 [FTS 29].

Modelos de solução da teologia da graça para o problema "graça e liberdade do ser humano"

	Sinergismo	Monergismo	Energismo
	Tese: Ação conjunta e egalitátria de Deus e do ser humano	**Antítese**: Ação exclusiva de Deus; passividade pura do ser humano	**Síntese**: Ação abrangente de Deus; ação integrada do ser humano
	Modelo: Lado a lado ↑ Salvação: graça + liberdade **Tipo**: apóstolo, discípulo, cristãos. A oferta salvífica de Deus oferece uma perspectiva da eternidade, que se inicia de modo concreto nessa vida com a imitação de Cristo.	**Modelo**: Um contra o outro ↑ Salvação: graça ≠ liberdade **Problema**: A graça absorve a liberdade do ser humano, o que desvaloriza a existência humana e abre o caminho para uma doutrina da predestinação rígida.	**Modelo**: Um com o outro ↑ Salvação: liberdade resulta da graça **Tipo**: Jesus Cristo; Maria, virgem e mãe de Deus. União da ação divina e humana numa verdadeira cooperação.
Deus e o ser humano: determinação relacional	Como parceiro de Deus, o ser humano precisa aceitar sua oferta da graça; esse é o verdadeiro ato de liberdade efetuado pelo ser humano a fim de alcançar a graça. A vontade humana permanece livre sob a influência da graça efetiva. A graça não é irresistível.	O ser humano não pode decidir a favor ou contra a graça, o favor de Deus; ele está completamente sujeito a ela, o que o priva de sua liberdade (sob o signo da concupiscência).	O ser humano sabe de sua inclusão no plano salvífico de Deus, reconhece a graça, como favor de Deus, e a liberdade do ser humano como os dois lados da mesma moeda.

Elaborado por B. Wagner, baseado em G. Kraus, artigo "Gnade". In: BEINERT, W. *LKDog*. Friburgo/Basileia/Viena, 1987, p. 201-209.

As doutrinas da graça geral e especial

A doutrina da graça geral: Objeto	A doutrina da graça geral: Conteúdo
Natureza da graça	Ação do amor absolutamente livre de Deus para a salvação do ser humano
Características bíblicas fundamentais	Pessoal, dinâmica, ôntica, histórica, comunial, no mundo
Determinações formais fundamentais	Desmerecida, necessária, abrangente, ilimitada
Graça em seu sentido amplo	Atos salvíficos fundamentais do Deus trino
As três grandes obras da história da salvação	**Criação**: graça criativa **Redenção**: graça redentora **Consumação**: graça consumadora
Presença trinitária	**Habitação**: comunhão pessoal do Deus trino e uno com o ser humano
A doutrina da graça especial: Objeto	**A doutrina da graça especial: Conteúdo**
Graça em seu sentido restrito	Os atos salvíficos especiais do Deus trino e uno
Fundamentação individual	Eleição de cada ser humano como imagem e filho de Deus
Mediação social	Pensamento da eleição e da aliança com Israel, o povo antigo, e com a Igreja, o povo novo de Deus
Realização individual	Justificação e santificação de cada ser humano individual
Relações na doutrina da graça e referências problemáticas na concepção atual da doutrina da graça	
Plano salvífico protológico	Predestinação
Universalidade da salvação	Vontade salvífica universal de Deus
Autonomia humana	Graça e liberdade
Ideia da recompensa	Mérito e obras
Forças básicas do relacionamento divino	Virtudes teológicas: fé, esperança, amor

Elaborado por G. Kraus, artigo "Gnadenlehre". In: BEINERT, W. *LKDog*. Friburgo/Basileia/Viena, 1987, p. 209-211 [Revisado por B. Wagner].

Margit Eckholt

Habitação do Espírito ↑ *carismas/renovação carismática*, ↑ *dons do Espírito*, ↑ *comunhão*, ↑ *coração*, ↑ *indivíduo*, ↑ *espiritualidade*, ↑ *Trindade*. – Esse conceito expressa que o Espírito Santo foi enviado ao centro da personalidade do ser humano e que sua presença ali (em latim: *inhabitatio*) presencializa, concomitantemente, o Filho e o Pai. – (1) Uma das promessas divinas centrais a Israel é a promessa de que Javé "habitará" no meio de seu povo para protegê-lo e santificá-lo (Ex 29,45; Lv 26,11s.; Ex 37,26s.). Com a valorização do indivíduo, fundamentada na piedade salmista veterotestamentária e acentuada pelas perseguições nos tempos dos selêucidas (século II a.C.), surge a adaptação individual dessa promessa, sendo que a imagem do "coração" vem a exercer um papel especial como símbolo de um relacionamento harmonioso com Deus (Sl 15,2; 16,7-9; 24,4; 51,12; 112,8). Ao mesmo tempo, a *ruach Jahwe* como força mediadora da proximidade divina aparece no horizonte de expectativa dos crentes: É o *Espírito* que arraiga neles o conhecimento de Deus e a lealdade à lei (Sl 51,12a; Ez 36,26). No contexto rabínico do início do judaísmo, espera-se a *shekina* (do hebraico: *sakan*, habitar); designa-se assim a glória inexprimível de Deus, que, sem perder nada de sua transcendência, habita de modo salvífico nos fiéis no meio de seu sofrimento. Com a transformação de antigas convicções judaicas pela fé em Cristo, o discurso sobre a presença de Deus adota contornos trinitários: O Santo de Israel imerge por meio do espírito de "Cristo", do "Filho", no coração humano (Jo 14,17 com referência a 14,23; Rm 5,5; 8,9; Gl 4,6; Ef 3,14-19). À metáfora do coração une-se a metáfora do templo, imediatamente compreensível aos ouvidos contemporâneos, que aponta que Deus, por meio do Espírito vinculado ao Filho, habita nos fiéis como num santuário (1Cor 3,16s.; 6,19; 2Cor 6,16). Paulo ressalta o caráter mediador do *pneuma* ao enfatizar que o Espírito é "dado" por Deus (Rm 5,5), é por Ele "enviado" aos corações (Gl 4,6), é "um primeiro sinal" da glória vindoura (2Cor 1,22). No entanto, esse uso linguístico também preserva a soberania transcendente do Espírito, de forma que sua habitação sempre significa também viver "no Espírito", deixar-se guiar por Ele e ser ressuscitado dos mortos por Ele (Gl 5,16.18.25; Rm 8,11). Ao mesmo tempo, o NT deixa claro que a habitação do Espírito é o amor divino de intensidade insuperável e eficácia concreta no ser humano (Rm 5,5; 1Jo 4,13-16b). – **(2)** A teologia dogmática patrística diferencia a habitação do Espírito nos fiéis da presença cósmica geral do *pneuma* (cf. Sb 1,7; 12,1; também Agostinho [† 430] conf. 10.27; Io. ev. tr. 7,12; ep. 187) e enfatiza a inseparabilidade do Espírito presente do Pai e do Filho: "Inseparabilis quippe est habitatio, quorum est inseparabilis operatio" (Habitam juntos de modo inseparável aqueles que agem em conjunto de modo inseparável; assim Agostinho, serm. 71,20,33; cf. Atanásio [† 373] Ar. 2,41s.). Segundo Ireneu de Lyon († por volta de 202), os frutos da habitação do Espírito são a humanidade e a imortalidade plenas (haer. 5,6,1; 5,8,1); segundo Clemente de Alexandria († 215), a iluminação e o conhecimento de Deus (paed. 1,25,1); segundo Atanásio de Alexandria, a deificação (Ar. 3,24,5; ep. Serap. 1,24); segundo Ambrósio († 397), a posse dos sete dons do Espírito (sacr. 3,8-10); e segundo Agostinho, a justificação pela graça (spir. et litt. 28; Ad Simpl. 1,1,7) e a participação substancial em Deus (enarr. in Ps. 146,11).

Uma conduta de vida amoral afasta o Espírito (Herm. sim. 9,108,4s.; Atanásio de Alexandria, Ar. 3,25,6). As virtudes como a paciência o fortalecem (Tertuliano [† por volta de 220] patient. 15,6s.). A teologia da Idade Média aprofunda essas abordagens tanto mística quanto discursivamente: Segundo Bernardo de Claraval († 1153), o caráter dos fiéis é transformado pela habitação do Espírito; ele a situa como modo "espiritual e oculto" da vinda de Deus entre a encarnação do Filho e seu retorno. Elredo de Rievaulx († 1167) enfatiza a assimilação da vontade divina, que ocorre no Espírito, e ensina que a vontade de Deus é idêntica a seu amor e seu *pneuma* (spec. car. 2,18,53). Tomás de Aquino († 1274) desdobra o tema em vista das comissões divinas e da relação entre o conhecimento racional de Deus e o amor emocional a Deus: Assim como o conhecido está presente no conhecedor; e o amado, no amante, assim Deus está presente no ser humano; no Espírito, o Pai dá a graça sobrenatural e não criada, que gera no ser humano a graça criada, transformadora e santificadora (STh I q38 a3). Como Boaventura ([† 1274] a habitação do Espírito significaria, segundo ele, *haberi a Deo*, estar envolto por Deus), Tomás também enfatiza, no sentido de Agostinho, que ninguém pode dispor do Santo, mas que Deus permite que seja "desfrutado" (STh I q38 a1). Com o Concílio de Trento, as perguntas sobre a relação entre a *inhabitatio* divina e a *immensitas* divina (G. Vázquez [† 1604], F. de Suárez [† 1617]) e o problema das ↑ apropriações se tornam temas muito discutidos pela teologia dogmática: Habita o Espírito de modo pessoal e insubstituível no fiel, ou essa habitação apenas lhe é atribuída? Essa pergunta ocupa os teólogos até o século XXI. Fortes são as teses de Dionísio Petávio († 1652) e M.J. Scheeben († 1888). O primeiro declara que a habitação do Espírito é uma obra própria do Espírito Santo e que é atribuída ao Pai e ao Filho apenas graças a seu vínculo com o Espírito (trin. 8,4-7). O segundo compreende a habitação do Espírito em analogia à encarnação do Filho e acredita que cada uma das pessoas divinas possui uma natureza criada inconfundível; assim, o Pai e o Filho envolvem os fiéis apenas de modo indireto por meio do Espírito (*Mysterien des Christentums*, § 30). Como a habitação do Espírito deve ser definida antropologicamente? Ela abarca e transcende as forças mais nobres do ser humano e as assemelha a Cristo (J.H. Newman). Maurice de la Taille († 1933) e K. Rahner († 1984) a compreendem como união mística da essência da alma com a essência de Deus, mas sem que os dois níveis se fundam: Por meio do Espírito, o ser humano é preparado por Deus *como criatura* no tempo para o santo (*actuation créé par acte incréé*) e assim é levado a uma *dispositio ultima*, a uma autotranscendência que se cumpre em Deus. Até hoje, discute-se a pergunta de como o caráter objetivo e subjetivo da habitação do Espírito age na alma: É necessário sentir o Espírito para sabê-lo? (A. Gardeil, J. Stöhr, M. Figura). Incontestada é a habitação do *Deus semper maior* e sua ressalva escatológica (o que foi também o grande tema das teologias místicas dos séculos XVI a XX, assim em Teresa de Ávila ou Elisabete de Dijon): Como *finis ultimus hominis* (finalidade última do ser humano), a habitação do Espírito já contém o que se desdobrará no fim dos tempos. – (3) Claramente definida é a inseparabilidade do Pai, do Filho e do Espírito em sua ação externa: por exemplo, os concílios de Latrão, de 649 (DH 501) e de Florença, de 1442 (DH 1.330). Antigos símbolos orientais afirmam a "habitação" do Espírito nos "santificados" (DH 44; 46; 48). Em termos gerais, faz parte da doutrina católica a habitação de Deus efetuada pelo Espírito como "inhabitatio substantialis sive personalis" (OTT, L. *Grundriss*. 7 ed.,1965, p. 313). O Papa Leão XIII reafirma isso na Encíclica *Divinum illud munus* (1897) e ressalta que a habitação do Espírito causa o renascimento e a semelhança de Deus, portanto, a transformação verdadeira do fiel, sendo que é principalmente assim que "desfrutamos" de Deus (DH 3.330). Na Encíclica *Mystici Corporis* do Papa Pio XII (1943), a habitação do Espírito é descrita no sentido de Tomás de Aquino como modo de presença das três pessoas divinas no fiel, onde podem ser "tocadas" por meio do conhecimento e do amor (DH 3.815). O papa lembra também a presença simultânea do Espírito no indivíduo e na Igreja como um todo e nos encoraja a corresponder eticamente a esse mistério por meio "do esforço cotidiano e ativo" (DH 3.817). Numa palestra de 1984, o Papa João Paulo II enfatizou a relação entre habitação do Espírito e recebimento dos sacramentos: a confissão e a penitência preparam seu caminho e a aperfeiçoam. – (4) M. Lutero († 1546), J. Calvino († 1564) e U. Zwínglio († 1531) conhecem a doutrina dos padres e da Idade Média, mas enfatizam que o Espírito age em primeira linha *extra nos*, i.e., como força externa. Não contestam a indivisibilidade de Pai, Filho e Espírito. Segundo M. Lutero, a habitação do Espírito apresenta três aspectos fundamentais: a) o Espírito chama para a fé por meio do Evangelho, iluminando e santificando o indivíduo e concedendo-lhe um conhecimento aprofundado por meio de dádivas externas (pregação, sacramentos, *consolatio fratrum*) e internas (confiança na cruz); b) ele integra o indivíduo à Igreja como um todo, que também é chamada, reunida, santificada e iluminada; c) ele perdoa os pecados e garante a ressuscitação dos mortos para a vida eterna (Catecismo Menor: BSLK 511-512; cf. tb. o conflito sobre a doutrina da *inhabitatio* de A. Osiander). Segundo Calvino, o Espírito concede um *testimonium internum*, que ajuda a distinguir aquilo que é, ou não, Palavra de Deus (inst. I,7,4); para ser eficaz, essa capacidade precisa "ser inulcada no coração" (inst. III,1,1). A ortodoxia luterana faz da "união com Deus – aplicada no Espírito Santo" um pensamento central de sua teologia dogmática (J. Arndt [† 1621], J. A. Quenstedt [† 1688]). O pietismo aguça os sensos para a experiência subjetiva do Espírito, que gera uma interioridade enfatizada e leva à formação de grupos e ao amor ativo (P.J. Spener). Tipicamente reformado é o vínculo íntimo entre habitação do Espírito e piedade bíblica, segundo Cl 3,16: "A palavra de Cristo permaneça em vós [...]. Sob a inspiração da graça cantai a Deus de todo o coração salmos, hinos e cânticos espirituais". Tradições ortodoxas reconhecem na ação dos santos (como também dos monges e dos ascetas) um testemunho da habitação do Espírito: O *pneuma*, como força viva da deificação (*theosis*), faz com que aqueles nos quais ele habita brilhem carismaticamente e os abençoa com o poder milagroso, de forma análoga à transfiguração de Cristo (Gregório Palamas [† 1359]; Serafim de Sarow [† 1833]). A questão referente à certeza da salvação contém certo potencial de conflito ecumênico: A habitação do Espírito e sua experiência garante essa certeza? O protestantismo e a ortodoxia tendem a responder afirmativamente, o catolicismo tende ao "não" desde o Concílio de Trento. No diálogo com a tradição palamaniana, segundo a qual o Deus trino não se dá de modo substancial, mas por meio de energias não criadas, seria necessário esclarecer se, e em que medida, podemos falar também aqui de uma "autorrevelação de Deus". – (5) A doutrina da habitação do Espírito define mais claramente um conhecimento soteriológico fundamental da fé bíblica: Deus se promete a um ser que possui "espírito" (abertura para Deus) e, mesmo assim, permanece "carne" (criatura). Cabe à teologia dogmática demonstrar que as proposições fundamentais da fé como a criação do mundo, a encarnação do Verbo, o envio do Espírito, a santidade da Igreja, a justificação dos fiéis, a ressurreição dos mortos precisam ser compreendidas como modos reais da autorrevelação de Deus, que não ocultam a diferença entre Deus e o mundo e a graça, nem ignoram o fato de que Deus, desde sempre, envolve a criatura com sua proteção. É evidente que assim se estabelecem pontos centrais para uma antropologia adequada. Seja que nos orientemos pelo teólogo indiano contemporâneo B.J.C. Kumar e seu conceito hindu do Atman, ou – com K. Rahner – pela constituição transcendente do ser humano, ou com os escolásticos pela conaturalidade com Deus, ou com os Padres gregos pela *theosis* (deificação) – resta responder à pergunta sobre o modo e as consequências com que o ser humano, como ser dotado do Espírito, é *capax infiniti* (capacitado para a infinitude). Enquanto o idealismo alemão tardio tendia a uma deificação especulativa do eu subjetivo, parece ser mais sensato, segundo 2Cor 3,17 e cogitações contemporâneas (H. Krings, T. Pröpper), recorrer ao tema da liberdade: Se conseguirmos demonstrar que Deus coopera no Espírito com a liberdade do ser humano, que não só lhe pertence, mas que é ele mesmo, então se manifesta a unidade e a diversidade de Deus e da criatura dotada do Espírito. Então poderemos explicar também por que, a despeito da habitação do Espírito, o pecado ainda é possível e como podem existir diferentes intensidades e graus no caminho pneumático da fé. Quanto mais o ser humano se abre livremente para o Espírito, que nele habita, mais claramente ele se encontra como ser cuja natureza se revela no paradoxo da infinidade doada.

Lit.: a) BERKHOF, H. *Theologie des Heiligen Geistes*. 2. ed. Neukirchen-Vluyn, 1988 [Neukirchener Studienbücher, 7]. • DILSCHNEIDER, O. (org.). *Theologie des Geistes*. Gütersloh, 1980. • LEHMKÜHLER, K. *Inhabitatio*. Göttingen, 2004. • SCHINDELE, P. "Gott in uns". In: *Cistercienserchronik*, 108, p. 2001, p. 23-32. • STÖHR, J. "Neuzeitliche Diskussionen über die Einwohnung des dreifaltigen Gottes". In: SCHMIDT, M. & RIEDLINGER, H. (orgs.). *Mystik in Geschichte und Gegenwart*. Stuttgart-Bad Cannstadt, 1998, p. 249-282. b) BINNINGER, C. *Mysterium inhabitationis trinitatis*. MthSt 2,62. St. Otti-

Os frutos do Espírito Santo

Os frutos do Espírito Santo (Gl 5,22-23)	As qualidades dos frutos do Espírito segundo Pedro Canísio	Desvios pecaminosos (*= vício ou pecado capital)
Amor	Raiz de todos os bens	Ódio
Alegria	Vida e felicidade do homem espiritual	Desconsolo, *enfado, *ira
Paz	Tranquilidade do coração	Briga, belicosidade
Paciência	Suportar as coisas difíceis	Ardor, pressa
Generosidade, amabilidade	Expectativa dos bens vindouros	Arrogância
Bondade	Querer o bem para todos	Dureza do coração, *inveja
Longanimidade, benignidade	Confiança, consolo, comedimento	Falta de compreensão
Mansidão	Controle do temperamento	Teimosia
Confiança no próximo, lealdade	Observância dos mandamentos e das promessas	Infidelidade, desconfiança, falsidade
Humildade	Exclusão da arrogância e do orgulho	Orgulho, *cobiça, *orgulho
Temperança	Referente a alimentos, mas também à tolice	*Gula, *descomedimento
Castidade	Pureza do corpo e do espírito	*Luxúria, desejos excessivos

Elaborado por B. Wagner baseado em CANÍSIO, P. *Der Grosse Katechismus – Summa doctrinae christianae* (1555). Traduzido para o alemão e comentado por H. Filser e S. Leimgruber. Regensburgo, 2003, p. 253-254.

lien, 2003 [MthSt 2,62]. • CONGAR, Y. *Der Heilige Geist.* Friburgo/Basileia/Viena, 1982, p. 223-237. • FIGURA, M. "Die Einwohnung des dreifaltigen Gottes in der Seele des Gerechten". *IkaZ*, 33, 2004, p. 245-259. • FROHNHOFER, H. "Heiliger Geist – Quelle, Ziel und Frucht unseres Gebetes". *GuL*, 71/1, 1998, p. 1-10. • LEHMKÜHLER, K. *Inhabitatio*. Göttingen, 2004 [FSÖTh, 104].

Bertram Stubenrauch

Heresia ↑ *dogma/proposições dogmáticas,* ↑ *confissão de fé,* ↑ *hierarquia das verdades,* ↑ *concílio/conciliaridade,* ↑ *cisma,* ↑ *sínodo/sinodalidade.* – Uma heresia (do grego: *hairesis*, escolha, opinião, ponto de vista, partido, preferência) é a negação livre e consciente de verdades da fé por uma pessoa batizada. – **(1)** No início do cristianismo, atribuições como heresias e ortodoxia ainda não são definidas. Enquanto o livro de Atos ainda usa o termo *haireses* em seu sentido neutro para designar diferentes escolas teológicas (At 5,17; 15,5; 26,5), mais tarde ele passa a adotar conotações negativas (2Pd 2,1; Tt 3,10: opinião doutrinal divergente; ensino falso ou heresia). Mas já Paulo havia advertido contra esse tipo de fragmentação e separatismo e incentivado a solidariedade congregacional (*sentire cum ecclesia*; 1Cor 11,18s.; Gl 5,20). – **(2)** O desenvolvimento que começa a se evidenciar nos escritos tardios do NT desemboca na concepção do início da Igreja segundo a qual a heresia seria um desvio indesejado da verdadeira doutrina, que consolida a Igreja (Inácio de Antioquia, Eph. 6,2; Trall. 6,1; Justino, 1 apol. 26,8; dial. 35,3; 51,2 et al.; Irineu de Lyon, haer. 1,11,I). Ao mesmo tempo, faz-se uma distinção mais clara entre *cisma* (divisão da comunidade eclesiástica da mesma fé) e heresia como "pensamento falso sobre Deus" (Agostinho, fid. et symb. 21). Enquanto encontramos a consciência da fé da Igreja formulada de modo positivo e decisivo na regra da fé (*regula fidei*) e nos credos, o confronto com as heresias a partir do século IV força a Igreja a refutá-las decididamente em seus sínodos e concílios por meio de condenações (*anathemata*) e juramentos. Para impô-los, a Igreja usa, após a virada, que faz do cristianismo a religião oficial do Estado, a excomunhão, o banimento ou a queima de escritos; a partir da Idade Média, usam-se preferencialmente castigos físicos e penas capitais (Papa Inocêncio III; legislação do Imperador Frederico II [† 1250]: tribunal da inquisição; morte pelo fogo de hereges condenados). A heresia já não é mais considerada uma violação eclesiológica, mas sim doutrinal. Com a Reforma e o Concílio de Trento (1545-1563), impõe se o par antitético heresia vs. ortodoxia. A heresia é, portanto, o oposto de uma tradição doutrinal claramente fixada, claramente delimitada e juridicamente avaliada, que, por sua vez, é avaliada segundo estes critérios: propagação geral (*universitas*), Antiguidade (*antiquitas*) e concordância geral (*consenio*). Já Vincente de Lérins († antes de 450) havia pensado assim: Ortodoxo é "quod ubique, quod semper, quod ab omnibus creditum est". Permanece presente, no entanto, sempre o temor do efeito da heresia, que dissolve a comunhão. – **(3)** O Concílio Vaticano II evita usar o termo da heresia segundo a intenção do Papa João XXIII, que, na abertura do concílio, expressa sua esperança de uma nova penetração da fé no espírito do tempo (*aggiornamento*). Desenvolve em seu lugar, principalmente para avançar o diálogo ecumênico, um instrumentário de avaliação com uma "hierarquia das verdades" dentro da doutrina católica referente a proposições individuais, ou seja, "de acordo com os diversos tipos de seus vínculos com o fundamento da fé cristã" (UR 11). Portanto, nem toda opinião divergente precisa ser vista como equívoco; é possível que se trate também de uma ênfase de um aspecto determinado que – tendo em vista o todo – contribui "para o entendimento mais profundo e para a representação mais clara das riquezas insondáveis de Cristo" (UR 11). – **(4)** O movimento ecumênico conscientizou a Igreja da necessidade de diferenciar entre diferenças doutrinais que realmente separam as igrejas e ênfases doutrinais que podem ser vistas como complementárias (o chamado *consenso diferenciado*). Evita-se aqui o uso do termo "heresia" por ser objetivamente problemático. Após as declarações positivas do Concílio Vaticano II sobre as igrejas e comunidades eclesiásticas não católicas, o diagnóstico da heresia só faz sentido dentro da Igreja Católica (CIC/1983, cân. 1.364). – **(5)** Mesmo que a condenação de heresias seja um resultado da obrigação eclesiástica de proclamar a doutrina autêntica, o conceito da heresia permanece problemático por vários motivos, pois a) a fé pessoal dos indivíduos transcende toda formulação da fé concreta; b) todo entendimento e toda formulação da verdade permanece determinada pela cultura; c) permanece uma dialética insuperável entre as formas plurais e legítimas da doutrina e a norma verificável, autêntica e normativa (magistério); d) o princípio da "hierarquia das verdades" não pode ser ignorado; e e) a prática da vida é a pedra de toque decisiva da fé. O desafio da Modernidade tardia, portanto, não consiste na refutação de negações explícitas de determinadas proposições da fé, mas na explicação da essência do cristianismo como fundamento espiritual comum da vida contra a mentalidade de uma religiosidade do tipo "*patchwork*" que relativiza tudo. Nesse processo, a "heresia" pode ajudar no perfilamento mais claro e controverso, como já sabia o Apóstolo Paulo: "Oportet haereses esse" (1Cor 11,10).

Lit.: BAUER, W. *Rechtgläubigkeit und Ketzerei im ältesten Christentum*. 2. ed. Tübingen, 1964. • BERGER, P. *Der Zwang zur Häresie*. Friburgo/Basileia/Viena, 2000 [Herder-Spektrum, 4.098]. • CONGAR, Y. "Die Wesenseigenschaften der Kirche". *MySal*, IV/1, 1972, p. 357-502, aqui p. 411-457. • RAHNER, K. "Was ist Häresie?" *KRSW*, 10, 2003, p. 520-556. • RAHNER, K. "Der gegenwärtige Stand der katholischen Theologie in Deutschland". *KRSW*, 22,2, 2008, p. 535-550. • RAHNER, K. "Häresien in der Kirche heute?" *KRSW*, 22,2, 2008, p. 376-395. • RAHNER, K. "Schisma in der katholischen Kirche?" *KRSW*, 24,1, 2011, p. 233-247. • BETZ, H.D. "Häresie". *TRE*, 14, 1985, p. 313-348.

Johanna Rahner

Heresias trinitárias ↑ *cognoscibilidade de Deus,* ↑ *doutrina de Deus,* ↑ *heresia,* ↑ *pessoas em Deus,* ↑ *Trindade,* ↑ *doutrina da Trindade*. – (**1**) (**2**) São esboços teológicos pós-bíblicos da Trindade que, segundo o pensamento da Igreja universal, são insuficientes e não preservam o mistério. Todos eles surgiram em reação a discursos já introduzidos sobre a fé. Dois deles se destacam e se opõem um ao outro: o modalismo e o triteísmo – ambos os conceitos foram cunhados posteriormente. – A. von Harnack († 1930) chamou de "modalismo" os esboços de Noeto († por volta de 170), de Práxeas († no início do século III) e de Sabélio (século III), nos quais a unidade de Deus se sobrepõe (ao modo do platonismo médio) a todos os outros atributos de Deus, a fim de preservar a soberania (*monarchia*) de Deus (do Pai). Por isso, essa heresia trinitária também é chamada de "monarquianismo". Do ponto de vista monarquianista, o Filho e o Espírito são modos (*modi*) de manifestação do Deus uno e único que não afetam sua essência, e o Pai é o modo criativo de Deus. Não importa como Deus se manifesta: Sempre pode ser apenas um e o mesmo. Em virtude da ausência de uma diferenciação trinitária, esse pensamento leva necessariamente a ver o Pai sofrendo na cruz de Jesus, fato usado já por Tertuliano († 220) contra Práxeas ("patripassianismo"). A vertente oposta é chamada de "triteísmo", que antepõe a diferenciação das hipóstases divinas à unidade na essência, com a intenção de introduzir as dimensões da comunicação, comunhão, liberdade e consciência individual. F. Nietzsche († 1900) atacou a questionabilidade desse tipo de argumentação como "deplorável Deus do monótono-teísmo cristão". Hoje, algumas doutrinas trinitárias que se servem do argumento comunitarista (p. ex., a de G. Greshake) são acusadas de serem triteístas; a ênfase comunitarista, inspirada pela sociologia, da comunhão seria transferida precipitadamente para a Trindade. Por vezes, a acusação do triteísmo se volta também contra os três capadócios (Basílio de Cesareia [379], Gregório de Nyssa [† 394] e Gregório de Nazianzo [† 390]), cuja doutrina das três hipóstases das pessoas trinitárias pode ser compreendida equivocadamente como fé em três deuses. – (**3**) No século VI, as igrejas monofisistas condenaram a tentativa de combinar a doutrina das duas naturezas com a doutrina da Trindade como "fé em três deuses", sendo que a independência do Filho era particularmente destacada. Nos cânones do I Concílio de Constantinopla (381) encontramos uma lista completa de heresias trinitárias (DH 151). Analogicamente, as heresias cristológicas e pneumatológicas como o arianismo (por causa da subordinação), o monofisismo (por causa da diluição da verdadeira humanidade de Jesus) e a pneumatomaquia/o macedonianismo (por causa de sua recusa de professar a divindade do Espírito) podem ser vistos como heresias trinitárias. – (**4**) Do ponto de vista ortodoxo, um desenvolvimento equivocada já se inicia em Agostinho ([† 430] trin. 15,26) em relação ao *filioque*. Na Modernidade, surgiram seitas e heresias trinitárias tanto no âmbito ortodoxo quanto no âmbito protestante (primeiro encontro dos socinianos, em 1546). – (**5**) As heresias trinitárias que foram reconhecidas, designadas e refutadas argumentativamente servem como pontos de comparação para determinar o lugar racional de uma doutrina da Trindade contemporânea e adequada. Seu conhecimento serve como ajuda para lidar com novos equívocos referentes à Trindade na disputa com vertentes esotéricas e sincretistas. No diálogo entre as religiões, isso pode ajudar a destacar com maior nitidez o específico da doutrina cristã da Trindade.

Lit.: BILBAO, G.U. *Monarquía y Trinidad*. Madri, 1996. • HÜBNER, R.M. *Der Paradox Eine* – Antignostischer Monarchianismus im zweiten Jahrhundert. Leiden, 1999. • GRESHAKE, G. *Der dreieine Gott*. 5. ed. Friburgo/Basileia/Viena, 2007.

Hans-Joachim Sander

Hermenêutica ↑ analogia, ↑ dogma/proposições dogmáticas, ↑ fé, ↑ senso de fé dos fiéis, ↑ Escritura Sagrada, ↑ magistério eclesiástico, ↑ tradição. – Chama-se de hermenêutica (em grego: *hermeneuein*, afirmar, explicar, traduzir, interpretar) a reflexão metodológica baseada nas condições, nos métodos e nos conteúdos do entendimento humano. – **(1)** Em decorrência de eventos dramáticos, o AT reinterpreta repetidamente tradições intrabíblicas, por exemplo, a experiência do êxodo durante o cativeiro na Babilônia (Is 48,6s.; 43,18; Jr 16,14s.). Segundo o NT, as palavras e os atos de Jesus o apresentam como intérprete escatológico da vontade de Deus de acordo com a tradição judaica. Após a Páscoa, os apóstolos consideram cumpridas as promessas veterotestamentárias, motivo pelo qual reinterpretam a Bíblia de Israel à luz do querigma de Cristo. Ao explicar a glossolalia, Paulo fala explicitamente do dom da tradução, da *hermeneia* (1Cor 12,10.30; 14,5.26-28). 2Pd 1,16-21 exige que a exegese ocorra em concordância com a tradição apostólica (primeira regra da hermenêutica eclesiástica), sendo que a autoridade dos apóstolos permanece subordinada e vinculada à autoridade da Escritura e "do Senhor". Como intérpretes autênticos da primeira hora (At 2,42; 16,4; 2Pd 3,15s.), os apóstolos são, por assim dizer, um "cânone ideal" da fé, de certa forma uma "bitola" pessoal. – **(2)** No decurso de sua história, a hermenêutica tem mudado seu significado repetidas vezes. Causa disso foram crises epocais, como também rupturas na tradição e transposições de fronteiras culturais. A abertura do cristianismo para os "gentios" e o espaço helenístico suscitou a pergunta de como o Evangelho poderia ser explicado dentro de um novo contexto. Orígenes († 253/254) se ocupou com o problema hermenêutico já de modo muito consciente e recorreu à interpretação da Escritura de Filo de Alexandria († 50). A Orígenes remonta também a distinção de um sentido triplo da Escritura, que corresponde à sua tricotomia antropológica: Assim como o ser humano consiste de corpo, alma e espírito, assim subjazem aos textos da Escritura uma dimensão histórica, uma dimensão emocional e psicológica e outra espiritual e intelectual. Essa abordagem se impôs quase em todo o Ocidente e Oriente, cabendo à regra da fé (*regula fidei*) proteger a interpretação contra o perigo do subjetivismo. Agostinho († 430) aprimorou a questão hermenêutica com sua referência à natureza da língua em geral como signo. É necessário observar a diferença entre o signo (*signum*) e o objeto designado (*res*) (doctr. christ.). O modelo *res-signum* marcou, como princípio fundamental, a postura hermenêutica do cristianismo até a Modernidade. João Cassiano († por volta de 435) ampliou a teoria do sentido triplo e desenvolveu a doutrina do sentido quádruplo das Escrituras (conl. 14,8); Tomás de Aquino († 1274), porém, enfatizou – dentro da interpretação alegórica da Escritura – o *sensus litteralis* (STh I q1 a10). Na Idade Média, o magistério eclesiástico tornou-se cada vez mais relevante em questões de uma interpretação considerada autêntica da Escritura e da tradição, de modo que, a partir do século XVI, a decisão doutrinária normativa veio a ser atribuída totalmente ao papa e aos bispos (Concílio de Trento [DH 1.507], Concílio Vaticano I [DH 3.018]). No Iluminismo houve uma ruptura com a tradição: A hermenêutica eclesiástica foi considerada excessivamente dogmática. O despertar da consciência histórica percebeu como problema a tensão entre a pretensão normativa e canônica dos textos da Escritura e da tradição e seu caráter literário e histórico-contingente. Em virtude disso, a questão hermenêutica se tornou mais aguda. A hermenêutica, até então uma teoria das regras de interpretação, desenvolveu-se em uma disciplina filosófica própria, que, no século XIX, apresentou-se como um conceito de compreensão da história do espírito. Foi compreendida como teoria da arte, à qual cabia investigar a reconstrução da situação linguístico-psicológica, ou seja, subjetiva do autor. F. Schleiermacher († 1834) esboçou uma primeira teoria geral da exegese, uma "teoria artística da compreensão", que incluiu o leitor em suas reflexões e recorreu a uma empatia e compreensão congenial do autor que se esconde por trás dos textos. Pois tanto no leitor quanto no autor se expressaria a mesma vida supraindividual, um "espírito objetivo" como fundamento para uma compreensão cultural supratemporal, que, ao longo do decurso da história mundial, veio conquistando níveis cada vez mais elevados. W. Dilthey († 1911) também entendeu a hermenêutica como "teoria artística do entendimento" e a transformou em uma metodologia universal das ciências do espírito. Segundo ele, o entendimento se baseia no vínculo interno entre experiência original e penetração ou congenialidade do intérprete e do objeto a ser interpretado. No século XX, M. Heidegger († 1976) introduziu uma nova orientação ontológica. Em virtude de sua analítica existencial, determinou a hermenêutica como fenomenologia do ser-aí e estendeu a pretensão do entendimento interpretativo como compreensão do *texto* à compreensão da *existência*; entendimento e existência são igualmente primordiais. H.-G. Gadamer († 2002), aluno de Heidegger, desenvolveu uma hermenêutica segundo a qual a compreensão é parte de um contexto de recepção ("círculo hermenêutico" ou "espiral hermenêutica"): A história da recepção determina também a pré-concepção; entretanto, diante do sujeito que entende, predomina aquilo que deve ser entendido – primariamente na forma de tradições, preconceitos e pré-conhecimentos. Heidegger e Gadamer inspiraram teólogos "existencialistas" como R. Bultmann († 1976), G. Ebeling († 2001) e E. Fuchs († 1983). Estes tentaram explorar o profundo significado existencial da palavra em si para a fala de Deus e de sua revelação. A chamada "nova hermenêutica" ocupou-se com a pergunta de como seria possível chegar ao fundamento histórico por trás da tradição interpretativa, ou seja, tentou responder à pergunta referente à relação entre tradição e verdade histórica. Com uma orientação mais filológica, os teólogos P. van Buren († 1998), T.J.J. Altizer, M. Hamilton, S.M. Ogden, H. Cox e C. Winter procuraram aplicar as diversas *funções* da língua (jogos linguísticos) à interpretação da Bíblia. Seus colegas J.M. Robinson, W. Pannenberg, J.B. Metz, E. Schillebeeckx († 2009), H. Kuitert, P. Schoonenberg († 1999), K. Rahner († 1984), W. Kasper e J. Moltmann desenvolveram, a partir do conceito de uma transcendência "horizontal" e "histórica" do ser humano, uma "hermenêutica ontológica": Partindo da ideia da *analogia entis*, o *ens* (como história humana ou "universal") ofereceria a possibilidade de falar na fé de uma transcendência "vertical" e "metafísica" de Deus. Esse conceito da hermenêutica, que reflete sobre a tensão entre realidade e a linguagem da fé, conseguiu integrar tanto as conquistas da filosofia da linguagem (L. Wittgenstein [† 1951]) quanto a "teoria crítica" da Escola de Frankfurt (T.W. Adorno [† 1969], M. Horkheimer [† 1973], H. Marcuse [† 1979]). Por fim, a "teologia da libertação" (R. Alves, H. Assmann [† 2008], E. Castro, G.G. Merino, J.L. Segundo [† 1996], J.M. Bonino) se inspirou numa "hermenêutica da prática": Uma nova linguagem da fé, orientada pelo dia a dia, deve ajudar a entender a verdade do Evangelho de modo "adequado ao mundo". Um desafio atual para a questão hermenêutica são o pós-estruturalismo, ou deconstrutivismo, o diálogo com outras religiões e questões levantadas dentro da Igreja e pelo movimento ecumênico (a ordenação de mulheres, a intercomunhão, o ofício episcopal, a primazia papal, a infalibilidade). – (**3**) Ao contrário dos reformadores, o Concílio de Trento determinou em relação à exegese da Escritura e da tradição que o magistério eclesiástico é sua última instância hermenêutica (DH 1.507). O Concílio Vaticano I citou como regras gerais para a compreensão de textos dogmáticos: a) a analogia; b) a interligação dos mistérios da fé (*nexus mysteriorum*); e c) o último destino do ser humano (DH 3.016). O Papa Pio XII, em sua Encíclica *Divino Afflante Spiritu*, de 1943 (DH 3.826), foi o primeiro a se abrir ao método histórico-crítico. O Concílio Vaticano II determinou a suficiência e normatividade da Escritura Sagrada (DV 9) e fez uma distinção entre a história da forma literária, ou exegese histórica, e uma "exegese pneumática", que se orienta pelo senso da fé dos batizados, por suas experiências espirituais e pelas seguintes regras objetivas: 1) unidade da Escritura Sagrada; 2) tradição viva da Igreja como um todo; e 3) analogia da fé (DV 12). – (**4**) Para a exegese patrístico-medieval, a doutrina do múltiplo sentido da Escritura era determinante, mas no fim da Idade Média o exagero da alegoria causou a perda de sua credibilidade. Os reformadores, sobretudo M. Lutero, para os quais a Escritura Sagrada era a única fonte da fé (WA 7,97,1-9; 98,4ss.) em virtude de sua autointerpretação (WA 7,97,23s.), rejeitavam a alegoria (WA 6,506,562) e reivindicavam a primazia absoluta do sentido literal (WA 5,27,8). Apelavam à doutrina da justificação como princípio interno da interpretação. Seus modelos hermenêuticos foram reunidos por M. Flacius († 1575) e processados em uma abrangente obra (*Clavis Sacrae Scripturae*, 1567). Enquanto o Concílio de Trento proclamava explicitamente o magistério eclesiástico como instância última de decisão em questões da exegese da Escritura e a ortodoxia luterana insistia de modo igualmente veemente na doutrina da inspiração verbal e na clareza da Escritura, ambas as confissões se viram confrontadas com os mesmos desafios pelo Iluminismo. No entanto, a hermenêutica protestante já havia preparado o caminho para o método histórico-crítico, de forma que foi capaz de reagir aos novos desafios de modo adequado em virtude de seu modo histórico de pensar. Hoje, já não existem diferenças fundamentais entre as confissões referentes à exegese da Escritura.

Decisões doutrinais divergentes se devem a avaliações diferentes da normatividade da tradição eclesiástica, ou seja, do papel da Igreja no processo interpretativo.

O processo hermenêutico age como mediador entre a revelação e a fé. A revelação divina (p. ex., a vontade de Deus quanto à nossa conduta no mundo) precisa ser compreendida:

a) a partir da visão do autor inspirado "em seu tempo", i.e., a partir da sua compreensão da Igreja dogmatizadora: Essa compreensão se reflete no texto (p. ex., Gn 1,28);

b) a partir do intérprete "contemporâneo" da mensagem da revelação em sua situação (p. ex., a situação ecológica no fim do século XX), que tem acesso à revelação apenas por meio do autor. Seu texto é aceito como teologicamente relevante (pré-concepção), é submetido ao processo hermenêutico (o que o texto diz, como e por que ele diz aquilo, e o que ele tem a ver comigo e com as minhas experiências?) e assim é compreendido (de forma melhor);

c) por todos que desejam crer; para isso, eles precisam da mediação oferecida pela comunhão da fé como intérprete: Inicia-se assim outro processo hermenêutico. A compreensão resultante permite o cumprimento da vontade de Deus na fé (preocupação com o mundo).

Cf. BEINERT, W. "Hermeneutik". In: BEINERT, W. (org.). *LKDog*. 3. ed. Friburgo/Basileia/Viena, 1991, p. 252-255, aqui, p. 254s.

O processo hermenêutico

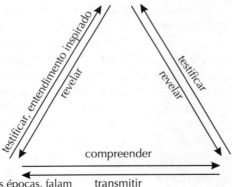

(5) Em face do caráter histórico da revelação cristã, a tradição eclesiástica da fé deve ser compreendida como processo interpretativo vivo – caso contrário, a tradição se transforma em um positivismo bíblico (biblicismo, fundamentalismo) ou magisterial (dogmatismo). A pergunta referente à exegese correta da Escritura desafia no decurso da história não só a unidade judaica (os estudiosos da Escritura dominavam sobre os sacerdotes e levitas), mas também a unidade do cristianismo – resultando em heresias e cismas. Em virtude da ambiguidade e do caráter fundamentalmente aberto dos textos bíblicos e eclesiástico-teológicos, uma abordagem hermenêutica é imprescindível. Uma conquista essencial da Modernidade consiste do reconhecimento segundo o qual os fatos existenciais do ser humano – língua, historicidade, determinação situacional etc. – influem sobre a compreensão interpretativa. Assim como o próprio autor se encontra envolvido na redação do texto e determina seu conteúdo, o texto também exerce uma influência sobre o leitor do texto, que, por sua vez, se vê exposto a seu contexto de vivência, e é parte integral do processo interpretativo. Por isso, a hermenêutica é um processo historicamente inconclusivo. Já que toda compreensão hermenêutica parte de um entendimento antecedente, cada interpretação bíblica precisa estar ciente do interesse que a orienta: A penetração existencial do conteúdo salvífico da Escritura e da tradição e sua pretensão de significado (precompreensão) e a análise de seu significado (entendimento) abrem um "círculo hermenêutico", ou uma "espiral hermenêutica", ao qual o crente sempre já se vê incluído e no qual ele pode alcançar um entendimento mais profundo da revelação de Deus. Para tanto, depende dos métodos histórico-crítico e teológico-sistemático, já que as fontes só podem ser compreendidas a partir de seu contexto sociopolítico e religioso. Quando os dois métodos cooperam de modo frutífero, a tradição eclesiástica pode se transformar em um evento espiritual duradouro. As diversas abordagens (da ciência humana, da história da cultura, as abordagem contextual, teológico-confessional, reconstrutiva) aos textos bíblicos não devem ser confundidas com os métodos.

Lit.: a) MARLÉ, R. "Hermeneutik und Schrift". In: LATOURELLE, R. & O'COLLINS, G. (orgs.). *Probleme und Aspekte der Fundamentaltheologie*. Leipzig, 1985, p. 93-111. • DANNER, H. *Methoden geisteswissenschaftlicher Pädagogik*. 5. ed. Munique, 2006. • OEMING, M. *Biblische Hermeneutik* – Eine Einführung. 2. ed. Darmstadt, 2007. • COMISSÃO PONTIFÍCIA BÍBLICA. *Die Interpretation der Bibel in der Kirche*. Stuttgart, 1995 [SBS 161]. b) BETTI, E. *Die Hermeneutik als allgemeine Methode der Geisteswissenschaften*. Tübingen, 1962. • EBELING, G. *Wort und Glaube*. 3 vols. Tübingen, 1960-1965. • SIMONS, E. & HECKER, K. *Theologisches Verstehen*. Düsseldorf, 1969. • SEIFFERT, H. & RADNITZKY, G. (orgs.). *Handlexikon zur Wissenschaftstheorie*. 2. ed. Munique, 1994. c) SCHAEFFLER, R. "Wissenschaftstheorie und Theologie". *CGG*, 20, 1992, p. 5-83. • EBELING, G. "Hermeneutik". *RGG*, 3, 3. ed., 1986, p. 242-262.

Christoph Böttigheimer

Hierarquia ↑ *ofício na Igreja,* ↑ *bispo,* ↑ *diácono,* ↑ *colegialidade,* ↑ *leigos,* ↑ *papa,* ↑ *sacerdotes,* ↑ *Sacramento da Ordem.* – Hoje, o termo (em grego: *hieros*, sagrado, *arche*, origem, ordem, domínio) designa de modo bem geral qualquer diferença funcional de níveis em um sistema estruturado; na eclesiologia, o termo designa o poder sacramental e jurisdicional cristologicamente fundamentado e diferenciado no sistema da Igreja. – (1) O NT conhece (dando continuação aos inícios veterotestamentários) a contraparte constitutiva de Deus, de um lado, e do povo de Deus, de outro, como fundamento da comunhão religiosa, de forma que, a princípio, nela não pode haver hierarquia que introduza uma desigualdade na forma de um domínio de alguns sobre os outros (cf. Mt 20,20-28; Mc 9,33-37). Mesmo assim, existe uma responsabilidade diferenciada de alguns em virtude da representação de Cristo: "Portanto, desempenhamos o encargo de embaixadores em nome de Cristo, e é Deus mesmo quem exorta por nosso intermédio. Em nome de Cristo vos pedimos: deixai-vos reconciliar com Deus!" (2Cor 5,20). Ainda no tempo do NT, desenvolvem-se concretizações de um ofício com diferentes níveis. – (2) O emprego eclesiológico da hierarquia remonta a Pseudo-Dionísio Areopagita (séculos V/VI), que identifica no céu três vezes três ordens de anjos que se refletem na ordem eclesiástica (bispo/sacerdote/diácono; monges/leigos/catecúmenos). A Igreja apresenta uma estrutura na forma de pirâmide, tendo em seu topo o papa como representante de Cristo e, abaixo dele, os bispos, sacerdotes e leigos. Isso legitimiza tanto sua unidade quanto sua liberdade frente a pretensões de domínio secular. Dentro da hierarquia, o poder da ordem vem a ser separado do poder da jurisdição: enquanto que, na Idade Média, o bispo e o sacerdote se encontram no mesmo nível em termos de ordem, o bispo possui maiores poderes de jurisdição. – **(3)** O Concílio de Trento afirma, contra os reformadores, que a Igreja é uma hierarquia "divina ordinatione instituta" (DH 1.776). O Concílio Vaticano II declara com um cuidado maior que o ofício hierárquico triplo existe "ab antiquitus" (LG 28), mas o vincula estritamente à participação no ofício e chamado de Cristo e o integra concomitantemente à comunhão eclesiástica (LG 8; 10), que assim pode ser designada como "communio hierarchica" concentrada no bispo e, por meio da comunhão dos bispos, unida ao papa (LG 23). Assim, podemos distinguir três níveis de participação no corpo da Igreja sob a liderança de Cristo:

• por meio do batismo e da crisma (leigos, sacerdotes, bispo), realizado na vida e no testemunho cristãos;

• por meio do batismo, da crisma e do comissionamento eclesiástico (leigos com missão pastoral voluntária ou profissional);

• por meio do batismo, da crisma, do comissionamento eclesiástico e da ordenação ou com plenos poderes de agir *in persona Christi capitis* (bispo, sacerdote) ou apenas como serviço (diácono).

(4) A doutrina ortodoxa da hierarquia é cristocêntrica, pois o próprio Cristo é apóstolo (Hb 3,1), bispo (1Pd 2,25), sacerdote (Hb 5,6) e diácono (Lc 22,27). No entanto, sua teologia não conhece a estrutura primacial da hierarquia, pois a imagem fundamental da Igreja é a *communio* a exemplo da comunhão trinitária. Na compreensão evangélica, existe um agir como representação da pessoa de Cristo (ApolCA 7: BSLK 240), mas não no sentido hierárquico, sacramental e ontológico, mas em virtude da recordação do Senhor em cada proclamação da Palavra de Deus, independentemente de quem a exerce. Já que a ordenação não confere dons do Espírito especiais, ela não fundamenta nenhuma primazia doutrinal em referência aos outros cristãos, que, por isso, podem assumir posições de liderança na Igreja (presbitérios, sínodos). – **(5)** A constituição sacramental fundamental da Igreja (LG 1) exige a representação e exposição simbólica do ↑ cristocentrismo inerente a ela: Cristo é a contraparte divina do povo de Deus, que nas dimensões de sua vida (sobretudo na proclamação da Palavra e na administração dos sacramentos) precisa se manifestar de forma visível na forma de representantes eleitos e empossados – nisso se fundamenta e se justifica a hierarquia da Igreja como algo que pertence de modo insuperável à essência (*esse*) da *communio*. Já que Cristo, o noivo, é a contraparte amorosa da Igreja como sua noiva, o amor trino, que nos foi dado por meio dele, é o princípio da existência da hierarquia. Onde ela é violada, onde estruturas de poder ameaçam encobri-la, a ação hierárquica perde sua referência eclesial simbólica. Seu lugar constitutivo é essencialmente uma existência na comunhão dos batizados, como formulou Agostinho († 430) de forma clássica: "Convosco, sou cristão; para vós, sou bispo" (serm. 340,1). Formas constitucionais seculares como hierarquia, monarquia, democracia etc. correspondem talvez analogicamente às estruturas eclesiásticas, i.e., não em seus princípios essenciais (p. ex., a dominação popular na democracia), mas em determinadas formas de exercício (p. ex.: eleições, plebiscitos, direitos de participação em decisões) na realização do cristocentrismo.

Lit.: BURRICHTER, B. & RIMPAU, L. (orgs.). *Diener, Herr, Herrschaft?* Heidelberg, 2009. • DOMBOIS, H. *Hierarchie*. Friburgo/Basileia/Viena, 1971. • DEMEL, S. *Handbuch Kirchenrecht*. Friburgo/Basileia/Viena, 2010, p. 296-298. • GUNDJAEV, K. *Ursprung und Entwicklung der kirchlichen Hierarchie*. Basileia, 2011.

Wolfgang Beinert

Hierarquia das verdades ↑ *cristocentrismo,* ↑ *dogma/ proposições dogmáticas,* ↑ *domínio de Deus/Reino de Deus,* ↑ *hermenêutica,* ↑ *verdade da fé.* – A hierarquia das verdades afirma que os dogmas e as proposições dogmáticas, por meio das quais a Igreja se apodera de modo reflexivo e diferenciado da revelação de Deus, apresentam uma proximidade divergente em relação ao fundamento trinitário-cristológico da fé, de forma que, em termos de seu peso qualitativo, criam uma determinada estrutura racional, mas sem que isso suspendesse sua pretensão de verdade ou sua autoridade para a fé. – **(1)** Segundo a Escritura, o evento salvífico é a autocomunicação de Deus que se desdobra na história (Dt 26,5-10; Js 25,1-13), que tem seu centro e seu auge em Jesus Cristo (Hb 1,2). A estruturação do evento da revelação corresponde à estruturação da fé cristã. Isso vale, por exemplo, em relação à mensagem de Jesus, cujo centro é o Reino de Deus (Mc 1,15); cabe a Ele a prioridade máxima (Mt 6,33). Dentro dos mandamentos, o mandamento do amor ocupa o primeiro lugar (Mc 12,28-34; 1Cor 13,13; Rm 13,8-10; Cl 3,14). Paulo fala figuradamente do construtor, do fundamento e da construção da fé (1Cor 3,10s.; 1Cor 2,2), que se ergue sobre a ressurreição de Jesus (1Cor 15,17-19). Nesse contexto, cita os elementos principais (1Cor 15,3) da proclamação cristã: a morte penitencial, o sepultamento, a ressurreição e as aparições do Senhor (1Cor 15,3-8). Paulo recorre à tradição, cujos testemunhos mais antigos (35-45 d.C.) são fórmulas confessionais querigmáticas e litúrgicas (1Ts 1,10; Rm 10,9b; 1Pd 3,18), que depois foram ampliadas (Lc 24,34; At 2,23-24; 1Ts 4,14; 1Cor 15,3-5. 7; 2Cor 5,15; Rm 4,25; 8,34; 14,9; 2Tm 2,8). A Epístola aos Hebreus cita como elementos fundamentais da proclamação cristã: o arrependimento, a fé em Deus, o batismo, a imposição de mãos, a ressurreição dos mortos, o juízo eterno (6,1s.). Na questão referente à circuncisão dos cristãos gentios, domina o pensamento da ↑ vontade salvífica universal de Deus frente à lei judaica (At 15,13-20; Gl 2,6-10), e no conflito sobre a carne sacrificada a ídolos, Paulo subordina a liberdade cristã ao mandamento do amor (1Cor 8,1-13). – (**2**) Dada a abundância de proposições da fé cristã, houve sempre durante toda a história da teologia a necessidade de lembrar-se do seu fundamento (*fundamentum fidei christianae*) e das verdades fundamentais (*articuli fidei fundamentales*); constituindo-se assim uma ponderação qualitativa das doutrinas fundamentais e não fundamentais. Quando o querigma apostólico, um tipo de dogma primordial, começou a adquirir uma forma normativa na proclamação eclesiástica, começou-se a falar, a partir do século II, da *regula fidei* ou da *regula veritatis* (regra da fé ou da verdade; p. ex., Irineu de Lyon [† por volta de 200] haer. 1,10,1). Ela preservava em termos gerais os conteúdos centrais da tradição apostólica e, no decurso da história da teologia – por motivos apologéticos e catequéticos, entre outros – adquiriu uma forma linguística cada vez mais nítida por meio de fórmulas confessionais e determinações conciliares. Dado que a *regula fidei* se refere ao núcleo da tradição apostólica, ela representa uma estrutura doutrinal mais ou menos fixa dentro de um pluralismo de teologias, que já caracteriza o tempo neotestamentário e pós-apostólico, exigindo uma ordem interior e um centro orientador. Tomás de Aquino († 1274) sistematizou os artigos da fé sob um ponto de vista puramente soteriológico. Com a ajuda dos conceitos aristotélicos, diferenciou entre *articuli fidei* como *fidei objectum per se* ou *prima credibilia* (artigos da fé como objetos primários da fé), nos quais todo cristão deve crer, e *indirecte credibilia* (objetos secundários da fé), que caracterizam aquilo que deve ser crido "*per accidens, aut secundario*": Quanto aos "artigos da fé [...] o ser humano é obrigado a tê-los expressamente como verdadeiros [...]. No entanto, quanto aos outros objetos da fé, o ser humano não é obrigado a tê-los expressamente como verdadeiros, mas apenas por inclusão [*fides implicita*] ou na prontidão do espírito" (STh II-II q2 a5). A doutrina da *fides implicita* remonta ao tempo dos padres, mas foi desenvolvida na alta escolástica; encontramos os termos conceituais da *fides explicita/implicita* apenas no século XIII (Guilherme de Auxerre [† antes de 1237]), e eles se referem à fé do indivíduo. A partir da escolástica, o magistério eclesiástico adota a prática de fazer uma avaliação dogmática das doutrinas teológicas de acordo com seu grau de certeza epistemológico (notações). A necessidade de uma estruturação dogmática das proposições da fé se reflete também nos catecismos. Assim, o CatRom (1566), publicado pelo Papa Pio V, se concentra, ignorando o não essencial (a ordem da Ave-Maria, mandamentos eclesiásticos etc.), nas quatro fórmulas essenciais da fé cristã (o *Apostolicum*, os sete sacramentos, os dez mandamentos e o Pai-nosso). No entanto, o magistério eclesiástico sempre se opôs a uma seleção arbitrária de artigos da fé, como parecia ser o caso na "doutrina dos artigos fundamentais" do protestantismo – nenhuma proposição da fé pode ser negada explicitamente. No século XIX, a neoescolástica reagiu a um suposto reducionismo quantitativo e minimalismo de conteúdos da fé com uma teologia intensivada das conclusões, que, de forma dedutiva, diferenciou os bens da fé vistos como estáticos, tornando-os assim mais abrangentes. Entretanto, uma vez compreendidos com maior clareza a dimensão viva da tradição e também o caráter histórico do dogma – a "Escola de Tübingen" teve uma influência decisiva (século XIX) –, destacou-se também a necessidade hermenêutica de uma hierarquia das verdades. Hoje, causam problemas suas muitas possibilidades de interpretação, sobretudo a pergunta referente à relevância soteriológica das verdades. – (**3**) O discurso do Concílio Vaticano I sobre o "vínculo dos mistérios da fé" (*nexus mysteriorum*) pressupunha certa segmentação dos conteúdos da fé (DH 3.016). Em sua Encíclica *Mortalium Animos*, de 1928, o Papa Pio XI refutou, contra a doutrina protestante dos artigos fundamentais, a "diferenciação [...] entre os chamados capítulos da fé fundamentais e não fundamentais" (DH 3.683) e ressaltou que, a princípio, toda a fé precisa ser professada. O Concílio Vaticano II foi o primeiro a admitir que "existe uma ordem ou 'hierarquia' das verdades dentro da doutrina católica, de acordo com o tipo distinto de sua ligação com o fundamento [trinitário e cristológico] da fé cristã" (UR 11). Nem todas as verdades têm a mesma relevância para a fé autêntica. A Igreja Católica, ressaltou o "sínodo comum" dos episcopados alemães (1971-1975), não exige uma afirmação indistinta de todas as proposições da fé, "muito menos espera isso dos outros cristãos. Aqui, abre-se um amplo campo de possibilidades ecumênicas" (OGGSB 6, Pastorale Zusammenarbeit der Kirchen im Dienst der christlichen Einheit ["Beschluss Ökumene", 1974], Bonn, s.d., 3.2.3). O juramento de fidelidade (*Iusiurandum fidelitatis*) é testemunho de uma hierarquia das proposições doutrinais orientada pelo fundamento da fé cristã, como também o é a nova fórmula da fé da *Professio fidei* (1989), introduzida para ofícios abaixo do ofício episcopal sob a ameaça de sanções penais. Em acréscimos ao Credo Niceno-constantinopolitano, foram distinguidas três categorias de verdades referentes a questões da fé e da moral: juízos infalíveis, modelos definitivos e doutrinas apresentadas como definitivas pelo magistério pontifício. – **(4)** A fala da justificação dos infiéis somente pela fé não é o núcleo apenas da teologia luterana, mas o centro do Evangelho na visão de todos os reformadores. Essa concentração dogmática se reflete na chamada "doutrina dos artigos fundamentais", desenvolvida no protestantismo do século XVI principalmente por razões apologéticas ou polêmicas. No século XVII, foi aplicada no sentido irênico em todas as confissões e, entre outros, representa o fundamento do programa de unificação eclesiástica de G. Calisto († 1656), onde a tradição da Igreja antiga serve, após a Escritura, como segundo princípio epistemológico para a determinação dos *articuli fidei* necessários para a salvação (*consensus antiquitatis*). Em sua encíclica de inauguração, *Ad Petri Cathedram*, de 1959, o Papa João XXIII citou uma regra que, durante muito tempo, foi atribuída a Agostinho, mas que, na verdade, provém do humanismo irênico: "In necessariis unitas, in dubiis libertas, in omnibus caritas" (unidade no necessário, liberdade na dúvida, amor em tudo). Com essa fórmula – citada pelo Concílio Vaticano II (UR II) – a máxima "unidade no necessário" foi incluída pela primeira vez em um documento oficial da Igreja Católica Romana. Ela ajuda a lidar de modo diferenciado com questões controversas. Assim, o Concílio Vaticano II permitiu também aos cristãos ortodoxos a participação na Eucaristia (em casos de emergência) (OE 27, independentemente do fato de suas igrejas não reconhecerem a doutrina ocidental da primazia. Hoje, o objetivo do processo ecumênico continua a ser descrito com o lema "unidade em diferença reconciliada" ou "unidade pela pluralidade", pressupondo-se que as condenações doutrinais foram superadas e que as diferenças doutrinais são compatíveis na base de um consenso fundamental. O princípio da hierarquia das verdades se reflete também na "fórmula básica" (1948) do Conselho Mundial de Igrejas, contanto que esta apresente um foco trinitário-cristológico: O Conselho Mundial de Igrejas não se vê como igreja, mas como "comunhão de igrejas que confessam o Senhor Jesus Cristo segundo a Escritura Sagrada como Deus e Salvador e que, juntas, procuram cumprir o seu chamado, para a glória de Deus, do Pai, do Filho e do Espírito Santo". O chamado relato de Malta (*Das Evangelium und die Kirche*, 1972) observou que não há contradição entre o princípio de uma hierarquia das verdades e a convicção de um "centro da Escritura" (n. 24s.); a despeito de várias tentativas, nunca foi possível detectar uma oposição confessional de essência. Com a Declaração Comum de 1999 e o "consenso em verdades fundamentais" nele formulado (n. 5; 13; 40), a Igreja Católica Romana e a aliança mundial luterana professaram a "unidade na pluralidade" e acataram o princípio da hierarquia das verdades na forma de um "consenso diferenciado". Desde então, considera-se resolvido o debate sobre um dissenso confessional fundamental. No entanto, ainda não se sabe como o centro comum da fé cristã se expressará nas diferentes áreas da existência eclesiástica. – **(5)** Enquanto que, no contexto teórico-instrucional ou teórico-informacional de uma acepção da revelação e da verdade, todas as verdades da fé possuem formalmente a mesma autoridade, uma compreensão dialógica da revelação permite certas ponderações: dogmas e proposições dogmáticas precisam ser avaliadas em relação a seu conteúdo, dependendo de sua proximidade do centro da revelação. Os dogmas apresentam um vínculo imprescindível com a autorrevelação pessoal e salvífica do Deus trino em Jesus Cristo. No entanto, seu grau de pertinência não precisa ser igual: Uma decisão dogmática pode estar contida explícita (dogmas da teologia trinitária e da cristologia) ou apenas implicitamente (p. ex., a doutrina da infalibilidade do papa, a assunção física de Maria ao céu) na revelação original (DH 3.886). Existe, portanto, um espaço para interpretações divergentes; por isso, nem toda negação herética de uma proposição da fé é, automaticamente, uma apostasia (CIC/1983, cân. 751). Além disso, nem todas as verdades da fé tradicionais possuem a mesma relevância existencial (hierarquia subjetiva das verdades). Basta uma aceitação explícita e reflexiva das verdades salvíficas centrais, fato que explica a pluralidade relativa de identidades cristãs. No entanto, a doutrina da hierarquia das verdades não deve ser entendida de forma redutiva ou seletiva. É um princípio hermenêutico: Os dogmas e as proposições dogmáticas interpretam o centro da fé cristã – o mistério trinitário – com profundidades ou densidades diversas. Hoje, atribui-se uma importância maior à busca pela "fórmula suscinta da fé" tanto para a atividade missionária quanto para a instrução religiosa. Esse debate foi travado principalmente entre 1960 e 1970.

Lit.: a) SCHÜTZEICHEL, H. "Das hierarchische Denken in der Theologie". *Cath(M)*, 25, 1971, p. 90-111. • KREINER, A. "'Hierarchia veritatum' – Deutungsmöglichkeiten und ökumenische Relevanz". *Cath(M)*, 46, 1992, p. 1-30. b) VALESKE, U. *Hierarchia veritatum*. Munique, 1968. c) THILS, G. "'Hierarchia veritatum' (Décret sur l'Oecuménisme, 11)". *RTL*, 10, 1979, p. 209-215.

Christoph Böttigheimer

Hilemorfismo ↑ *sacramento*, ↑ *verbo e sacramento*. – A doutrina medieval dos sacramentos recorreu à diferenciação filosófica aristotélica entre "matéria" (em grego: *hyle*; em latim: *materia*) e "forma" (em grego: *morphe*; em latim: *forma*) para descrever o modo de ação dos atos sacramentais: Precisam existir precondições criaturais (*hyle*) que, por força da promessa contida na palavra da proclamação (*morphe*), se tornam eficazes em um ato simbólico. – (**1**) A estrutura básica da interação entre um símbolo e sua interpretação verbal já pode ser reconhecida na tradição neotestamentária referente aos atos que, mais tarde, viriam a ser designados como sacramentos. Isso vale principalmente para o ↑ Batismo e a ↑ Eucaristia. Ambos os atos simbólicos na Última Ceia de Jesus e também na lavagem dos pés vêm acompanhados de palavras interpretativas (Mc 14,22-25; Mt 26,26-29; Lc 22,15-20; 1Cor 11,23-25; Jo 13,1-17); a ordem dada aos discípulos pelo Cristo ressurreto para o Batismo está ligada à comissão de um ato verbal específico (Mt 28,19). – (**2**) Tanto na antropologia medieval (unidade de corpo e alma: *anima forma corporis*) quanto na teologia sacramental, o hilemorfismo serviu como demonstração da unidade inseparável de um aspecto físico e espiritual. A criação da analogia entre o par conceitual agostiniano *elementum et verbum* (símbolo visível e verbo) e a diferenciação de Tomás de Aquino entre *materia et forma* (condição de possibilidade e constituição da realidade) permitiram também uma explicação da convicção magisterial, iniciada pela teologia medieval, segundo a qual são sete os sacramentos: Em ambos os pares conceituais, a palavra interpretativa (*verbum* ou *forma*) preserva, na visão teológica, sua qualidade geradora de realidade. A substituição de *elementum* (símbolo perceptível como a água, o pão ou o vinho) por *materia* (condições de possibilidade, que também podem ser determinadas no sentido pessoal) permitiu descrever também aqueles sacramentos que apresentam uma postura espiritual como *materia* (p. ex., ↑ arrependimento, ↑ confissão dos pecados e ↑ obra de penitência no ↑ Sacramento da Reconciliação). – (**3**) O decreto contra os armênios do Concílio de Florença (1439) cita três condições para a administração eficaz de um sacramento: as "coisas, que constituem a matéria, as palavras, que são a forma, e a pessoa do ministro" (DH 1.312). Tendo em vista essas três condições constitutivas para os sacramentos, todos os sete sacramentos são descritos detalhadamente (DH 1.314-1.327). O Concílio de Trento justifica a diferenciação entre o batismo e o Sacramento da Reconciliação com a determinação divergente de matéria e forma respectivas (DH 1.671). Declarações magisteriais posteriores não recorrem mais a esses conceitos. – (**4**) Na definição do número dos sacramentos, a tradição evangélica adota basicamente a tradição de Agostinho († 430), que dá preferência ao *elementum* (símbolo concreto) ante a *materia* (grandeza também pessoal) como condição constitutiva da realidade sacramental. Em conjunto com a abertura ecumênica recém-conquistada na questão referente à instituição dos sacramentos, está surgindo a possibilidade de um consenso recíproco. Aqui, o ↑ Sacramento da Reconciliação exerce um papel particularmente importante, pois a tradição protestante também considera o arrependimento e a fé precondições pessoais do evento sacramental, caso possa ser comprovado que o ato simbólico foi instituído biblicamente. – (5) A teologia atual dos sacramentos dedica grande atenção às precondições pessoais na eficácia das celebrações sacramentais. Ao mesmo tempo, volta seu olhar também para uma forma simbólica que sirva à proclamação, na qual gestos e palavras cooperam num mesmo sentido. A diferenciação entre *materia* e *forma* preserva, nesse contexto, sua relevância como ajuda analítica. No entanto, é necessário ficar atento ao perigo vinculado ao conceito hilemórfico dos sacramentos de interpretar de forma errada os sacramentos como evento individual entre doador e receptor. Símbolos e palavras se situam no todo da celebração litúrgica e na comunhão dos fiéis.

Lit.: a) GUMANN, M. "Form-Materie". In: FRANZ, A.; BAUM, W. & KREUTZER, K. *Lexikon philosophischer Grundbegriffe der Theologie*. Friburgo/Basileia/Viena, 2003, p. 144-146. • HEDWIG, K. "Form und Materie". *LThK*, 3. 3. ed., 1995, p. 1.350-1.352. b) VON BORMANN, C. et al. "Form und Materie". *HWP*, 2, 1972, p. 977-1.030. b) e c) FINKENZELLER, J. *Die Lehre von den Sakramenten im allgemeinen* - Von der Schrift bis zur Scholastik. Friburgo/Basileia/Viena, 1980, p. 139-142 [HDG 4/1a]. • NOCKE, F.J. *Wort und Geste* – Zum Verständnis der Sakramente. Munique, 1985. • SCHULZE, M. Leibhaft und unsterblich – Zur Schau der Seele in der Anthropologie und Theologie des Hl. Thomas von Aquin. Friburgo/Schw., 1992.

Dorothea Sattler

História da salvação ↑ *história/historicidade*

História dos dogmas ↑ *dogma/proposições dogmáticas,* ↑ *evolução dos dogmas,* ↑ *história/historicidade,* ↑ *recepção,* ↑ *tradição.* – A história dos dogmas é uma disciplina histórico-teológica que, com a ajuda do método histórico-crítico, investiga e representa a gênese histórica e a história da recepção dos dogmas e das proposições dogmáticas cristãs. Diferentemente da evolução dos dogmas, a história dos dogmas não procura desenvolver teorias, antes busca representar historicamente a compreensão da fé, contanto que esta sofra mudanças em virtude das circunstâncias históricas variáveis. – **(1)** Uma história dos dogmas no sentido literal da palavra só pôde ser desenvolvida a partir do momento em que o dogma não era mais visto como proposição irreversível e constante da fé. No entanto, encontramos já nas Escrituras Sagradas inícios de uma história de proposições com relevância salvífica: Enquanto Is 7,14 promete um filho à jovem esposa do rei, Is 9,5s. estende essa profecia política e faz dela uma profecia messiânica, transformando o filho assim em símbolo do Messias vindouro. Os autores neotestamentários interpretam o AT em relação ao evento Cristo, reconhecendo na profecia messiânica uma afirmação cristológica sobre o nascimento virginal (Mt 1,23). – **(2)** Dogmas e proposições dogmáticas estão sujeitos à ressalva da historicidade tanto da autocomunicação de Deus como de sua recepção pela Igreja. Esse reconhecimento se deve ao trabalho sistemático-teológico do século XX, sob a influência da crítica iluminista aos dogmas. Até então, a história dos dogmas era algo pouco desenvolvido no âmbito católico. Os dogmas eram tidos como fórmulas irreversíveis e constantes. Malgrado esse fato, encontramos os primeiros inícios de uma história dos dogmas no século XVII. De importância fundamental foi a obra dos chamados mauristas, monges beneditinos franceses, que editaram os escritos dos Padres da Igreja em mais de 400 volumes. O jesuíta Dionísio Petávio († 1652) é considerado o precursor da pesquisa histórico-dogmática, que, com sua obra *Theologia dogmatica* (5 vols., 1643-1650), queria demonstrar para a enrijecida escolástica barroca o quanto a doutrina eclesiástica estava arraigada nos escritos e na tradição, nos Padres da Igreja e no início da escolástica. Durante seu trabalho, encontrou as primeiras diferenças no desenvolvimento da doutrina trinitária e na cristologia. Uma história crítico-científica dos dogmas só veio a ser desenvolvida com o Iluminismo devido à emergente consciência histórica e à descoberta de um desenvolvimento também dos conteúdos dogmáticos. Inicialmente, a história dos dogmas atraiu principalmente o interesse teológico do protestantismo, mas veio a ser pesquisada também pela teologia católica a partir do século XX. O problema enfrentado atualmente (como também já antigamente) é a representação objetiva dos fatos, livre de ideologias e independente dos padrões interpretativos confessionais (por parte dos católicos: a história dos dogmas como história do progresso; por parte dos evangélicos: a história dos dogmas como história do desvio). No entanto, interpretações simples de ascendência ou decadência não fazem jus ao decurso histórico da história dos dogmas. Trata-se da pergunta fundamental sobre a relação entre verdade e história. Outra dificuldade é representada pela determinação do vínculo entre a autoridade da tradição e uma crítica à tradição. – (3) Fundamentando-se num conceito teórico-instrucional da revelação, o Concílio Vaticano I refutou uma noção evolucionista da verdade, ou seja, a noção do desenvolvimento (DH 3.020; 3.043; 3.541). Mas um entendimento da revelação baseado na teoria da comunicação incentivou o Concílio Vaticano II a acatar a ideia de um progresso de dogmas e proposições dogmáticas (DV 8). Em OT 16, a história dos dogmas é mencionada explicitamente como tarefa da teologia dogmática. E também o depoimento da Congregação sobre a Doutrina da Fé, a *Mysterium Ecclesiae* (1973), reconhece a historicidade dos dogmas e, assim, também sua história . – (4) Em vista dos conflitos dogmáticos, ambas as confissões são incentivadas a reunir material sobre a história dos dogmas. No início da Idade Moderna, o protestantismo costumava praticar a história dos dogmas principalmente na forma de uma crítica aos dogmas. Na primeira metade do século XIX, o método histórico-crítico veio a ser aplicado também na pesquisa da história dos dogmas (F.C. Baur [† 1860]). No início do século XX, a tentativa de A. von Harnack († 1930) de investigar o conteúdo autêntico do Evangelho com um método puramente histórico e de avaliar as manifestações históricas do cristianismo como desvios do Evangelho exerceu grande influência. Quando a teologia evangélica conseguiu chegar a uma acepção mais positiva do dogma, o aspecto ecumênico se tornou mais importante na história dos dogmas. Já que a ortodoxia não reconhece uma evolução dos dogmas no sentido mais restrito, desconhece também uma história dos dogmas. – (5) A revelação histórica de Deus só pode ser compreendida por meio de atos de conhecimento e liberdade categoriais, i.e., limitados temporal e espacialmente. Por isso, os dogmas e as proposições dogmáticas estão sujeitos à historicidade e à finitude da razão humana, à sua capacidade de conhecimento e expressão, e exigem uma apropriação interpretativa constante, justificando assim uma história dos dogmas. A mensagem da revelação precisa da interpretação contínua. Tarefa e intenção da história dos dogmas é a exposição dos fatos históricos desse processo de interpretação e a reconstrução das abordagens, motivações, impulsos, conhecimentos, decisões etc. da concepção da fé de tempos passados. Como reflexão científica sobre o processo de tradição na Igreja, a história dos dogmas faz uma contribuição histórica e ajuda a explorar o depósito tradicional da fé para o presente e o futuro com seus respectivos problemas e perguntas. A história dos dogmas não é simplesmente idêntica à história da teologia, mas tem muito em comum com esta, pois fé e doutrina exercem uma influência recíproca uma sobre a outra. Ao expor a interação recíproca, a história dos dogmas abre o caminho para uma compreensão mais profunda da doutrina da fé cristã e é, nesse sentido, uma disciplina histórica com relevância dogmática.

Lit.: a) AUER, J. "Zum Begriff der Dogmengeschichte". *MThZ*, 15, 1964, p. 156-159. • BARBEL, J. *Einführung in die Dogmengeschichte.* Aschaffenburg, 1975. b) LÖSER, W.; LEHMANN, K. & LUTZ-BACHMANN, M. *Dogmengeschichte und katholische Theologie.* Würzburg, 1985. c) HAUSCHILD, W.-D. "Dogmengeschichtsschreibung". *TRE*, 9, 1981, p. 116-125.

Christoph Böttigheimer

História/historicidade ↑ *evolução dos dogmas,* ↑ *domínio de Deus/Reino de Deus,* ↑ *encarnação,* ↑ *ser humano,* ↑ *revelação,* ↑ *tradição.* – A história é uma sequência complexa de ocorrências na base de eventos individuais, que a reflexão reconhece como tal (história da arte, da religião, da economia etc.). Em termos teológicos, a história é o meio da revelação divina. Historicidade é um conceito filosófico e remete ao fato segundo o qual o ser humano está essencialmente integrado à história: Precisa encontrar sua identidade entre determinação e liberdade. – (1) Nas Escrituras não encontramos nenhum conceito de história, mesmo assim elas a abordam. Os onze primeiros capítulos do Livro de Gênesis (Gênesis primordial) representam uma protologia e uma etiologia: Falam das origens e das causas da realidade de tal forma que se tornam visíveis os motivos do entendimento e da existência. O início não é passado, antes subjaz como precondição objetiva à história concreta e vivenciada. A partir de Gn 12, o AT relata a história de Israel como lugar da revelação divina. Compreende a história como determinada por Deus, a origem e a meta de toda história (Jt 9,5s.), e Israel professa sua fé relatando sua história (Nm 20,14-16; Dt 26,5-10; Js 24,2-13; Ne 9,6-31; Sl 44; 78; 105; 106; 136). Na fé, Deus pode ser reconhecido por meio dos eventos históricos: Ele gera a história, sustenta, julga e a orienta, de modo que passa a ser caracterizada por um aspecto teleológico, por meio de um futuro salvífico (Is), que é o próprio Deus. O aspecto futuro se manifesta sobretudo na apocalíptica. O alvo da história – o reconhecimento pessoal de Deus na manifestação do próprio Deus (Is 2,12; Ez 30,2s.; Jl 2,11; Am 5,18 et al.) – está contido em toda a história de Israel. Além disso, encontramos já no AT obras da historiografia, cujas mais antigas já testificam como Deus age por trás de toda atividade humana (1Sm 16,14; 2Sm 5,25; 2Sm 7,9-20; 1Rs 1; 2). No NT, a categoria temporal predominante é o presente, o "aqui" e o "hoje" (Mc 1,15; Lc 4,21; Gl 4,4; Rm 5,11; 2Cor 6,2), a "hora", "minha hora" (Mc 9,22; Jo 2,4; 7,30; 12,27; 17,1). O tempo se cumpre porque, com o surgimento de Jesus Cristo, a história alcança seu auge qualitativo (Mc 1,14s.; Gl 4,4; Ef 1,9s.). O tempo, o ser humano e a história encontram no aqui e no agora sua realização escatológica (Mt 1,22; 2,15; 4,14 et al.). Como "nova criação" (2Cor 5,17), o ser humano não deve mais esperar nada de decisivo da história do mundo (Rm 10,4). Mas a história ainda não chegou ao fim: A parusia de Cristo ainda não aconteceu (Mt 13,1-53; 28,20; 1Cor 1,7; 1Pd 1,7; 4,13; 2Ts 1,7), de forma que a história é caracterizada por uma direção claramente definida – para que Deus reine "sobre tudo e em tudo" (1Cor 15,28). Até a revelação, até o domínio irrestrito de Deus (Mt 6,10; Lc 11,2; 22,18; 1Cor 13,12) perdurará o tempo da Igreja (Mt 16,18) como última era da história. Até então, o mundo se encontrará em "dores de parto" (Rm 8,22), o passado e o presente perdurarão no sentido soteriológico, coexistirão ainda o éon da morte e o éon da vida (1Cor 10,11; Gl 1,4; Ef 1,21; 2,7; Hb 6,5). Isso exige uma luta diária pela obediência na fé (1Cor 9,24ss.; Fl 3,12ss.). Diferentemente do pensamento apocalíptico, no qual tudo se intensifica no avanço da história e a "doença para a morte" (S. Kierkegaard [† 1855]) acomete toda a história, a vinda do Reino de Deus desconhece qualquer drama. As parábolas de crescimento de Jesus (Mc 4,3-8.26-29.30-32; Mt 13,24-30.44-46.47-50; Lc 13,20s.) proclamam sua propagação orgânica. – (2) A fé bíblico-cristã exige desde o início uma visão geral e uma interpretação da história que compreende a revelação divina e a salvação do homem como unidade: História é uma categoria teológica fundamental. Uma representação cristã soteriológica da história já pode ser encontrada nos Padres da Igreja, que tentavam defender o cristianismo contra os judeus, os pagãos e os gnósticos, evidenciando assim que as reinterpretações cristãs não contradiziam a continuidade da vontade divina. Justino Mártir († 165) apresentou os traços básicos da história e introduziu, de acordo com as concepções quiliásticas do início do cristianismo (Irineu de Lyon [† 202], Tertuliano [† após 220]), o aspecto da esperança à visão da história, semelhantemente a Irineu, que enfatizou a unidade da história da salvação. Segundo Clemente de Alexandria († 215), a Palavra de Deus se manifesta de dois modos: O Evangelho foi preparado pelos profetas judeus e pelos filósofos gregos. A partir de Hegésipo († 180), considerado o primeiro historiador da Igreja, a Igreja desenvolveu um interesse pela sua própria história, continuada sobretudo por Eusébio de Cesareia († 339) e interpretada também sob o ponto de vista soteriológico, mas, concomitantemente, tendo em vista a história política. O primeiro grande esboço geral altamente influente do ser humano, do mundo e da história provém de Agostinho († 430), que retomou a pergunta sobre a relação entre a história da salvação e a história política (civ.). Sua acepção da história é determinada por uma filosofia do seu tempo (conf. 11-13) e da visão de uma luta entre a *Civitas Dei* e a *civitas diaboli*, entre a *civitas coelestis* e a *civitas terrena*, sendo que a *Civitas Dei* vencerá no fim dos tempos. O tempo do agora é o tempo salvífico da Igreja, é "peregrinação" (*peregrinatio*) dos crentes neste mundo. Primeiras tentativas de representar a história do mundo sob uma perspectiva puramente cristã como história de uma humanidade guiada pela providência de Deus, segundo a qual os eventos políticos são determinados em prol do cristianismo e os elementos históricos são caracterizados pela relatividade, podem ser encontradas em Paulo Orósio († 420), aluno de Agostinho. Na Antiguidade e na Idade Média predominam tentativas de esquematizar a sequência das épocas sob uma perspectiva da história da salvação – ou biblicamente (p. ex., de acordo com os sete dias da obra da criação, com as visões no livro de Daniel [Hugo de São Vítor, † 1141]) ou segundo uma teologia da Trindade (Rupertus Tuitensis [† 1129]). Um aspecto importante era a identificação da sua própria localização dentro do esquema. Os antigos historiógrafos da Igreja interpretavam biblicamente a história por eles vivenciada (Otto von Freising [† 1158]). Teologias soteriológicas da história, caracterizadas pela tríade de eras sucessivas foram desenvolvidas até a Idade Moderna (Auguste Comte [† 1857]). Houve também versões heréticas e delirantes, como as de Joaquim de Fiore († 1202), que se via no limiar da futura era do Espírito Santo. O último grande esboço especulativo da história foi criado por G.W.F. Hegel († 1831), que compreendia a história como autointerpretação do espírito absoluto e, portanto, como manifestação de Deus e da razão. Essa concepção idealista da história provocou a crítica de Karl Marx († 1883), que desenvolveu uma visão materialista da história. Outra corrente do pensamento histórico cristão parte da incognoscibilidade do plano de Deus na história (M. Lutero [† 1546], S. Kierkegaard [† 1855]). O humanismo recebeu os esboços especulativos da história com ceticismo e questionou as periodizações. Enfatizou em vez disso a vida histórica individual e reconheceu seu direito perante Deus. O Iluminismo secularizou a história e levou à antropologização do conceito da história – questionando cada vez mais a ação histórica de Deus em reação ao método histórico-crítico. Este conseguiu conquistar a historiografia e passou a dominar no historismo, que preservou sua dominância até o século XX: pretendia representar todas as manifestações da vida cultural com a maior objetividade possível no contexto de suas condições históricas e, portanto, em sua respectiva singularidade; "a história pretende apenas dizer como as coisas realmente aconteceram" (L. von Ranke [†1886]). Do lado da teologia católica, para a qual a historicidade já não representava uma dimensão teológica fundamental desde a adoção do conceito aristotélico da ciência, a Escola de Tübingen foi a primeira a reagir à crescente conscientização histórica do século XIX. Ela reconheceu a dimensão viva da tradição e compreendeu a revelação de Deus como abertura daquele espaço de liberdade dentro do qual a atividade humana geradora de história pode se desenvolver. Na teologia atual, a história e a historicidade se tornam categorias teológicas cada vez mais importantes em virtude da determinação temporal e situacional da proclamação cristã. Chavões como "inculturação" ou "*aggiornamento*" indicam a direção. Problemas recorrentes são o confronto com o passado (antijudaísmo, eurocentrismo religioso etc.) e com o futuro (interpretação correta dos sinais do tempo etc.). – (**3**) Para o magistério, a história e a historicidade se tornaram tematicamente relevantes pela primeira vez no Concílio Vaticano II. Graças à dimensão histórica, a forma salvífica da autocomunicação de Deus pode ser focada com maior clareza (LG 55; DV 2-4): O mistério de Cristo impregna toda a história da humanidade. Deus não é só Senhor da história da salvação, mas igualmente da história profana, na qual reside a autonomia do mundo (GS 41). A Igreja adentra a história (LG 9), sabe de seu vínculo com a história da humanidade (GS 1) e se vê "como realidade social da história e como elemento desta" (GS 44). – (**4**) O pensamento reformado enfatiza o caráter oculto da ação divina na história (*Deus absconditus*), causando uma perda de interesse por uma teologia da história. Por outro lado, o pensamento da história da salvação foi incentivado por meio de estudos bíblicos. Assim, surgiu na teologia dogmática protestante a "teologia federal", que empregou o conceito da "aliança" como conceito-chave na representação da relação entre Deus e o ser humano e da continuidade e descontinuidade da história da salvação no AT e no NT. No Iluminismo, a história se tornou objeto de discussão: G.E. Lessing († 1781), apesar de voltar seu foco mais para o momento histórico, defendeu ao mesmo tempo uma diferenciação entre religião e história da religião e um "cristianismo da razão". Segundo ele, a essência da história consistiria no fato de que, na ordem do tempo, a razão sucede à revelação, até esta mesma vir à razão. A teologia protestante reagiu à crítica iluminista, a) definindo a relação entre razão e fé de forma negativa, identificando entre o tempo e a eternidade uma diferença qualitativa infinita, de modo que a revelação significa a crise da razão e da história (S. Kierkegaard [† 1855], K. Barth [† 1968], R. Bultmann [† 1976]) ou b) tematizando a história como lugar de uma possível experiência de Deus (J. Moltmann, W. Pannenberg). Quando a teologia católica se deu conta da dimensão da historicidade, ela pôde voltar a falar da "revelação": A razão iluminista perdeu seu absolutismo, o conceito da revelação foi aprofundado soteriologicamente e toda a história da salvação foi vista como revelação. – (**5**) A história, como contexto refletido de eventos, é caracterizada pelo fato de que o decurso da história permanece determinado também pela decisão e pela atividade livre do ser humano. O ser humano não anula as leis e necessidades da natureza; procura, no entanto, interpretar temporalmente sua existência na liberdade de seu espírito e de sua vontade. Assim, ele molda a história, e a natureza se transforma em cultura. Como produto humano, a história se manifesta de forma ambivalente: É história do sucesso e história do sofrimento; não existe uma história do progresso puro. No entanto, a história não é só obra humana, mas também lugar da revelação divina. Deus se pronuncia em decursos espaçotemporais como poder que determina, julga e redime todos e tudo. Segundo a acepção cristã, a história é impregnada por Deus no Espírito Santo. Este não é apenas o poder da criação, mas também o poder da história; por meio dele Deus intervém na história com sua palavra e sua obra para levá-la a seu alvo escatológico – a consumação. Assim, a história é também história da salvação, o que se evidencia, por exemplo, no evento do êxodo. A autocomunicação de Deus na história alcança seu auge no evento Cristo. A encarnação do Filho de Deus é um ponto de virada na história e da própria história. Contanto que a cruz e a ressurreição antecipem o fim da história, transparece aqui o sentido geral de toda realidade: Deus confere às dimensões da existência humana e aos eventos terrenos seu sentido último e insuperável, levando a criação para a salvação, para a comunhão com Ele. A história é, em sua totalidade, a obra de Deus e, em sua essência, sua revelação indireta. Já que a verdade divina permanece integrada ao tempo e à história, ela é caracterizada pelo diálogo. Ela desafia o ser humano a dar uma resposta, que se realiza na história. Nesse sentido, nunca conseguirá esgotar por completo a plenitude da verdade e do sentido; só consegue se aproximar dela sob as condições históricas concretas, i.e., sob as categorias do tempo, da língua, das formas de pensar, da cultura etc. (perspectividade da fé). – Historicidade: Cada ser humano é determinado por decursos históricos, e cada existência humana se interpreta na história. Destarte, o próprio ser humano faz história, que ele é capaz de reconhecer por meio da autorreflexão. Cada evento do passado ajuda a determinar o evento atual, exercendo uma influência indireta (como passado encerrado) ou direta (como passado perdurador e determinador) sobre circunstâncias atuais e determinando assim também as possibilidades do futuro.

Lit.: a) WELTE, B. *Geschichtlichkeit und Offenbarung*. Frankfurt a.M., 1993. • PANNENBERG, W. et al. (orgs.). *Offenbarung als Geschichte*. 4. ed. Göttingen, 1970. b) DARLAP, A. "Fundamentale Theologie der Heilsgeschichte". *MySal*, I, 1965, p. 1-156. c) LANCZKOWSKI, G. et al. "Geschichte/Geschichtsschreibung/Geschichtsphilosophie". *TRE*, 12, 1984, p. 565-698. • MANN, G. & RAHNER, K. "Weltgeschichte und Heilsgeschichte". *CGG*, 23, 1982, p. 87-125.

Christoph Böttigheimer

Homem e mulher ↑ *ofício na Igreja,* ↑ *comunhão,* ↑ *sexualidade,* ↑ *criaturalidade,* ↑ *dogmas marianos,* ↑ *narrativas da criação.* – O ser humano existe como ser relacional na diferença entre homem e mulher. Essa dualidade o confronta com os fenômenos da dependência recíproca, do amor e da sexualidade heterossexual e também da parceria e da fertilidade. – (1) Os textos sobre a criação em Gênesis testificam que o ser humano é homem ou mulher segundo a vontade de Deus. Ambos são *imago Dei* (imagem de Deus) e de valor igual (Gn 2,18.20). De acordo com Gn 2, a diferenciação sexual do ser humano faz parte da boa criação de Deus. Pretensões de domínio e sofrimento, que podem vir a determinar a união sexual, não correspondem à ordem da criação, antes são consequência de uma ordem pervertida pelo pecado (Gn 3,16). No entanto, a narrativa da queda já foi interpretada de forma misógina dentro da própria Bíblia: "Foi pela mulher que o pecado começou, e é por causa dela que todos morremos" (Eclo 25,24). Essa tendência tem levado à subordinação ideológica e factual da mulher ao homem. A mensagem judaico-cristã, no entanto, visa ao contrário; uma imagem de Deus exclusivamente masculina é refutada, assim em Os 11,9: "Porque eu sou Deus, e não homem". Os capítulos 1 a 3 desse livro profético interpretam a relação entre Deus e seu povo com a ajuda de uma metáfora do matrimônio, cujo tema central é a fidelidade (cf. tb. Ml 2). Os temas fertilidade e descendência estão vinculados à diferença sexual. Crianças representam o futuro – um pensamento fundamental para Israel: Na dualidade de homem e mulher e por meio da paternidade, o ser humano consegue se transcender para compartilhar das promessas de Deus. Nesse sentido, o ser humano se torna um criador criado. Os evangelhos refletem sobre a relação entre o homem e a mulher de forma exemplar, por exemplo, Mc 10,2-12 ou Mt 19,3-9. Aqui, as esposas são naturalmente equivalentes aos maridos e expressamente protegidas contra teses e costumes contrários. Em muitas parábolas, os mundos de vivência do homem e da mulher exercem um papel igualmente importante (p. ex., em Mt 13,31-33), e segundo Mc 16,1-8, as mulheres foram umas das primeiras testemunhas da ressurreição de Jesus. Sua mensagem do domínio de Deus, que exige autocrítica e arrependimento, refuta de modo consequente relações de domínio injustas e, portanto, também qualquer preferência pelo homem. Paulo é uma testemunha um tanto ambivalente, pois apresenta argumentações oscilantes. Ao lado do nivelamento de diferenças religiosas, sociais e sexuais (Gl 3,28), encontramos nele também a ordem de silêncio para as mulheres em 1Cor 14,34 ou a ideia de um tipo de hierarquia de imagens em 1Cor 11,7: O homem é imagem e glória de Deus, a mulher é glória do homem. – (2) Na história da teologia encontramos diferentes modelos para a interpretação da relação entre homem e mulher:

Subordinação	A inferioridade da mulher e sua subordinação ao homem são fundamentadas com a ajuda de uma exegese bíblica correspondente e por meio da recepção da filosofia aristotélica e platônica (patrística, Tomás de Aquino).
Androginia	Cada ser humano possui ao mesmo tempo características masculinas e femininas. Esse modelo é encontrado em muitos mitos sobre o homem primordial e também em Platão (abordagens feministas e psicológicas).
Polaridade	Ambos os sexos se encontram no mesmo nível relacional, marcada, porém, por uma polaridade tensional. A filosofia romântica e idealista defende esse ponto de vista desde o século XVIII. Ainda hoje, o magistério eclesiástico recorre a ele.
Igualdade abstrata	Oposição a qualquer atribuição de características específicas a determinado sexo. Igualdade dos sexos. No contexto da emancipação da mulher no século XX, representada por Simone de Beauvoir (abordagens feministas).
Diferença e reconhecimento	Unidade na diferença na relação entre homem e mulher em detrimento de nenhum dos dois sexos. Recurso à comunicação no diálogo (de forma modificada, esta é também a doutrina atual da Igreja).

Hildegarda de Bingen († 1179) ou Matilde de Magdeburgo († 1282) se voltaram contra a subordinação da mulher ao homem, e isso nos tempos da "misoginia clerical" (O.H. Pesch), da qual nem mesmo Tomás de Aquino († 1274) estivera livre (apesar de afirmar que a mulher é igualmente criada à imagem de Deus e interpretar 1Cor 11,7 em adequação a essa postura). Na história da teologia, o paralelismo Eva-Maria (mãe da morte – mãe da vida) se encontra em analogia à tipologia de Adão e Cristo (homem velho – homem novo), contém, porém, também toda a gama de tendências pejorativas (sedutora, serva) e idealizadoras (virgem, mãe) em relação à mulher. Foi nesse contexto que, a partir de mais ou menos 1970, os movimentos feministas começaram a se manifestar na teologia para combater esses extremos. – (3) Hoje, o magistério afirma oficialmente que o homem e a mulher foram criados juntos e um para o outro (Catecismo da Igreja Católica, 371). A essa posição subjaz o modelo do reconhecimento polar: O complemento na ajuda mútua pressupõe a complementaridade na diferença e unidade. Em AA 9, o Concílio Vaticano II descreveu em maior detalhe as tarefas da mulher na Igreja (cf. tb. GS 29; 60). – (4) A ortodoxia contempla a mulher à luz do paralelismo Eva-Maria e tende, recorrendo a Gn 1,21-24, para a superioridade do homem como ser criado antes da mulher. Em tempos recentes, a teologia ortodoxa começou a se aproximar tentativamente de pensamentos feministas. Referente à doutrina da criação do homem e da mulher à imagem de Deus, existe um consenso confessional, as tradições ortodoxa e católica, porém, reclamam outros campos de trabalho para a mulher dentro da Igreja do que a tradição protestante. – (5) A discussão teológica das últimas décadas, que, há algum tempo, também trabalha com os estudos de gênero, demonstra que é absolutamente plausível falar de uma unidade na diferença sem enfraquecer ou denegrir nenhum dos dois gêneros. No entanto, o modelo da unidade na diferença não pode ser usado para reintroduzir de modo sutil clichês referentes aos papéis de cada um. Devemos lembrar aqui que o vínculo entre natureza e cultura impossibilita uma avaliação dos fatos biológicos sem interferência de sua interpretação cultural. Não existe um observador sexualmente neutro; determinadas ideias e também preconceitos influem sobre todas as determinações da relação entre os sexos. A imagem bíblica do ser humano nos oferece a chance de questionarmos e superarmos continuamente concepções estarrecidas.

Lit.: KOHLER-SPIEGEL, H. "Menschsein als Mann und Frau". BISER, E.; HAHN, F. & LANGER, M. (orgs.). *Der Glaube der Christen*. Vol. 1. Munique/Stuttgart, 1999, p. 106-129. • PESCH, O.H. *Katholische Dogmatik aus ökumenischer Erfahrung*. Vol. 1,2: Die Geschichte der Menschen mit Gott, Friburgo/Basileia/Viena, 2008, p. 161-172.

Erwin Dirscherl

Hominização ↑ *creatio ex nihilo/creatio continua*, ↑ *criacianismo/generacianismo*, ↑ *personalidade/pessoa*, ↑ *dignidade do homem/direitos humanos*, ↑ *narrativas da criação*. – Na biologia, o termo "hominização" designa o processo de transformação filogenética, por meio do qual a família dos hominídeos e a espécie recente do *Homo sapiens sapiens* evoluíram a partir dos ancestrais antropomorfos comuns dos hominídeos e dos seres humanos, ou seja, da ordem dos primatas. – **(1)** Não existe um termo bíblico que expresse aproximadamente o conceito da hominização. As duas narrativas bíblicas da criação do homem (Sacerdotal (S) e Javista (J), Gn 1–2) representariam uma contradição se fossem interpretadas como relatos do desenvolvimento biológico. No entanto, não são um relato científico ruim ou ultrapassado sobre a evolução do ser humano, mas um documento sólido e atual sobre a natureza do ser humano. Quando as narrativas bíblicas tematizam a origem do ser humano a partir de Deus, sua vida diante de Deus e para Deus e seu futuro em Deus, não falam de uma evolução biológica, mas sim de uma antropologia religiosa transmitida com a ajuda de recursos narrativos. O fato de vários elementos aparentarem confirmar descobertas biológicas (o ser humano como espécie mais recente, segundo S, ou como produto material da terra, segundo J não é prova de objetivos proposicionais idênticos). – **(2)** A pergunta referente à hominização só surgiu com as ciências naturais modernas. Segundo os conhecimentos atuais, o berço da humanidade se encontra na fenda da África Oriental. Há 10 ou 15 milhões de anos, ocorreu a separação dos gibões do ramo dos hominídeos (deviação hilobatídeos-pongídeos-hominídeos). A separação das genealogias dos chimpanzés e dos seres humanos (deviação panini-hominini) ocorreu há mais ou menos 8 a 5 milhões de anos. Acredita-se que o *Sahelanthropus Tchadensis*, com suas características simiescas que lembram o australopiteco, tenha suas origens nessa época. Os australopitecos com um volume cerebral de mais ou menos 500cm^3, que viviam há 4,5 a 1 milhão de anos, já eram hominídeos bípedes, ou seja, já dispunham de suas mãos para atividades não relacionadas à locomoção. O *Homo habilis*, com um volume cerebral de até 800cm^3, viveu há mais ou menos 2,5 a 1,2 milhões de anos e nos legou as ferramentas de pedra e osso mais antigas. O *Homo erectus*, com um volume cerebral de 800 a 1.300cm^3 (1,8 a 0,3 milhões de anos) já era um caçador de animais de grande porte que usava o fogo. Há 1,75 milhões de anos, ele se assentou também na Eurásia (p. ex., na Geórgia) e forneceu os primeiros indícios de um culto à caveira. O *Homo sapiens neanderthalensis* (mais ou menos 350 mil – 30 mil atrás), com um volume cerebral de 1.300 a 1.700cm^3, já povoou toda a Europa, conhecia cultos ao urso e à caveira, conhecia sepultamentos, criava artefatos para a caça e objetos culturais. O *Homo sapiens sapiens* surgiu há 200 a 100 mil anos, possuía um volume cerebral de mais ou menos 1.300cm^3, criou a pintura rupestre e representações plásticas, desenvolveu a agricultura e instrumentos de corte. As relações temporais, espaciais e genealógicos entre os tipos de hominídeos mencionados não são nem inequívocas nem lineares e, muitas vezes, são motivo de controvérsias entre os paleantropólogos. O conceito da hominização foi introduzido na teologia pelo jesuíta e paleontólogo P. Teilhard de Chardin († 1955). No entanto, o limiar do animal para o ser humano na hominização não pode, como acreditava, ter sido ultrapassado com a emergência de uma consciência reflexiva do ego, mas necessitou, além desta, de uma consciência da transcendência (num sentido amplo). – **(3)** As declarações do magistério sobre a criação da alma no sentido ontogenético e filogenético são as que talvez mais se encaixem no contexto do campo semântico da hominização. "Ao contrário, a alma humana subsiste por si mesma; ela é criada por Deus para ser unida a um subjacente suficientemente preparado, e sua natureza é indestrutível e imortal" (DH 3.615). Esse "subjacente" indispensável pode muito bem ser concebido em termos evolutivos; a Encíclica *Humani Generis*, de 1950 (DH 3.896), confirma isso. O magistério se pronuncia explicitamente repetidas vezes contra o traducianismo, que pressupõe uma transmissão da alma por meio dos pais geradores (DH 360; 1007), e contra a equipação da alma humana com atributos divinos (essencialmente divina, preexistente etc.) (DH 403; 455; 685). – (**4**) A questão da hominização ainda não foi tematizada no diálogo ecumênico; no entanto, poderia suscitar controvérsias dentro de uma discussão interconfessional aberta sobre a alma. – (**5**) A lógica da pergunta referente ao ser humano como unidade de alma e corpo exige que, sob o ponto de vista biológico da hominização, o tema teológico da animização não seja tratado apenas em seu sentido filogenético. A animização não é a "indução de um extra" empiricamente comprovável em um símio que assim se transforma em ser humano. A ligação entre hominização e animização tampouco visa a uma divisão de trabalho entre processos evolutivos naturais, que resultariam no corpo, e acréscimos pontuais sobrenaturais ou intervenções de Deus, que fornecem a alma, como a Encíclica *Humani Generis* (DH 3.896) aparentemente sugere. Essa "perspectiva de dois componentes" não faz jus à unidade humana formada por corpo e alma. No contexto do tema da hominização, a alma pode ser vista como símbolo da faculdade de reconhecer Deus e a transcendência conferida ao hominídeo no decurso de sua filogênese. "Ser humano é aquele que é capaz de entrar na aliança com Deus" (W. Bröker). A partir daí, o ser humano se desenvolve também no sentido ontológico não em direção ao ser humano, mas como ser humano. Portanto, não existem, do ponto de vista filogenético e ontogenético, estados inanimados exclusivos do corpo, que corresponderiam a um tipo de regresso filogenético de uma fase pré-humana. E o indivíduo genético tampouco precisa primeiro alcançar ontogeneticamente aquilo que seus pais já eram filogeneticamente quando o geraram, ou seja, seres humanos. No contexto da hominização, a alma, do ponto de vista do homem, pode ser compreendida como símbolo de sua capacidade de reconhecer Deus e a transcendência e de uma dignidade humana conferida por Deus. O hominídeo "animado por Deus" pode fazer o que não poderia fazer se não tivesse que lidar com Deus.

Lit.: BRÖKER, W. *Was ist der Mensch?* Osnabrück, 1999. • LÜKE, U. "Religion durch Evolution und/oder Evolution durch Religion?" In: LÜKE, U. (org.). *Darwin und Gott* – Das Verhältnis von Evolution und Religion. Darmstadt, 2004. • SATTLER, D. & SCHNEIDER, T. "Schöpfungslehre". In: SCHNEIDER, T. (org.). *Handbuch der Dogmatik*. Vol. 1. 2. ed. Düsseldorf, 1995, p. 120-240. • STEITZ, E. *Die Evolution des Menschen*. 3. ed. Stuttgart, 1993. • TEILHARD DE CHARDIN, P. *Die Entstehung des Menschen*. 2. ed. Munique, 2006 [Beck'sche Reihe, 1.231].

Ulrich Lüke

Humanidade ↑ *educação,* ↑ *comunhão,* ↑ *sociedade,* ↑ *hominização,* ↑ *Igreja,* ↑ *criação.* – "Humanidade" é um conceito genérico que, do ponto de vista dogmático, designa a unidade e o vínculo entre todos os seres humanos – também além da fronteira da morte. – (**1**) A expressão veterotestamentária "toda carne" (em hebraico: *kol basar*) visa à vida na criação em geral (Gn 6,17-19; 9,15-17) e, no contexto antropológico, à futilidade humana (Is 40,6; Jr 17,5). Em virtude da sequência das gerações a partir dos pais primordiais comuns, a humanidade possui uma história, um destino e um futuro comuns. A história de Israel como povo eleito representa a eleição de todos os seres humanos. As genealogias do NT (Mt 1; Lc 3,23-38) representam Jesus Cristo como meta da sequência geracional, em vista do qual e do qual a humanidade recebe sua salvação, que possibilita a reconciliação com Deus e, por isso, também uns com os outros. – (**2**) Conceitos soteriológicos como o pensamento da *paideia* ou a teoria da recapitulação de Irineu de Lyon ([† por volta de 200] haer. 1,10,1; 3,16,6 com referência a Ef 1,10) representam a orientação universal pela mensagem cristã da salvação. No contexto escatológico, os padres diferenciam entre um juízo individual e outro universal. Se essa tensão é ignorada, dá-se espaço a teorias como a doutrina da apocatástase (reconciliação universal) de Orígenes († 253/254), que exagera a ênfase no discurso universal sobre a humanidade, menosprezando assim a história da liberdade do indivíduo (que Orígenes não ignora em outros contextos). Nicolau de Cusa († 1464) fala da *comunhão* como imagem de Deus: No entanto, o indivíduo não é apenas parte do todo, mas seu representante individual, de forma que a história da humanidade vem a se expressar nas inúmeras biografias individuais. Sobretudo na era do idealismo alemão, esse pensamento se transforma no grande tema da teologia. Contra a filosofia de G.W.F. Hegel († 1831), S. Kierkegaard († 1855) desenvolve a primazia do especial sobre o geral, o que suscita outras perguntas. Enquanto a Escola de Tübingen fala de uma unidade orgânica da humanidade na multiplicidade de seus membros, aplicando assim modelos eclesiológicos à antropologia, as filosofias existencial e dialógica reivindicam a importância do indivíduo. A teologia acadêmica da atualidade alude sobretudo na doutrina da graça (↑ graça/doutrina da graça), da ↑ soteriologia e da ↑ escatologia ao pensamento da humanidade una. J. Ratzinger e W. Kasper descreveram a humanidade como uma comunhão que mantém vínculos relacionais entre si e reconhecem a *communio* da Igreja (com referências ao Concílio Vaticano II: LG 1) como uma realidade sacramental a serviço da pacificação de todos os seres humanos. Sobressaem aqui a ação caritativa e o diálogo ecumênico e inter-religioso. – (3) Por um lado, a Igreja se vê solidária com a humanidade (GS 1), por outro, sabe-se eleita para sua renovação no espírito de Jesus (GS 40). Por isso, reconhece encontrar-se no mesmo caminho de toda a humanidade, no qual compartilha do seu destino (GS 40). Apesar de toda a riqueza cultural, existe uma dignidade comum, que faz dos seres humanos provenientes dos mais diversos contextos irmãos e irmãs (Catecismo da Igreja Católica 225; 361). A humanidade una possui a mesma origem e o mesmo destino, o que cria uma ligação interna também entre a Igreja e as religiões não cristãs (NA 1; Catecismo da Igreja Católica, 360; 842). – (4) Em virtude da forte influência contínua da tradição platônica (primazia do um sobre os muitos), o discurso teológico sobre a humanidade indivisível pode ser mantido de forma menos problemática na teologia ortodoxa do que no pensamento ocidental, que atribui um peso maior à individualidade e ao grupo (sociologicamente diferenciado). – (5) A humanidade se vê ameaçada por conflitos econômicos, ideológicos, religiosos e culturais, por guerras e pelo terror. Isso exige desde já uma ação responsável que aposte na esperança, mas a vitória definitiva da paz e da justiça é reservada para o fim dos tempos e para a graça divina. A chamada filosofia pós-moderna demonstrou com sua crítica dos conceitos gerais que nem mesmo a fala sobre a humanidade – no sentido abstrato – pode permanecer inquestionável e que de forma alguma significa que isso já implica um consenso sobre a qualidade humana. As ligações sincrônicas e diacrônicas dos seres humanos formam um contexto relacional tanto no bem quanto no mal, de forma que cada um é responsável pelo outro (K. Rahner). Nesse sentido, o termo "humanidade" contribui sim para apontar a unidade na multiplicidade, como também a ameaça e a felicidade para todos. Justamente em tempos da globalização pode crescer uma nova consciência da solidariedade que não nivele – como disse E. Lévinas († 1995) – a face inconfundível de cada um por meio de afirmações totalitárias.

Lit.: DE LUBAC, H. *Glauben aus der Liebe*. 3. ed. Einsiedeln, 1992. • KASPER, W. "Kirche und neuzeitliche Freiheitsprozesse". *Theologie und Kirche*. Vol. 2. Mainz, 1999, p. 213-228.

Erwin Dirscherl

Identidade ↑ *ressurreição dos mortos*, ↑ *indivíduo*, ↑ *relação corpo-alma*, ↑ *ser humano*, ↑ *personalidade/pessoa*, ↑ *Igreja*. – O conceito de identidade representa a relação temporal entre o eu e o si mesmo, i.e., o caminho da autoconscientização humana. Em meio a todas as mudanças da vida, lembra a singularidade inconfundível e o caráter reconhecível do indivíduo e implica o autoconhecimento do ser humano em virtude de sua socialização. Analogicamente, podemos falar também da identidade de uma comunidade – por exemplo, da Igreja ou do cristianismo. – (1) Podemos encontrar a fala sobre o indivíduo sempre que se tematiza sua singularidade e eleição e também seu caminho em vista da consumação e da salvação. Uma teologia do nome se torna decisiva: Na revelação de seu nome, Deus se apresenta a Moisés como YHVH, o Deus próximo, mas indisponível da aliança (Ex 3,14); no entanto, permitiu a onomatopoese já na criação, possibilitando assim a criação da identidade dos seres vivos e do ser humano (Gn 1,5.8; 2,20; 3,20). A identidade se afirma por meio da língua; ela é concedida em virtude do fato de o homem ter sido criado à imagem de Deus e de ser chamado pelo seu nome (Is 43,1) – isso lhe concede uma validade duradoura e (implicitamente) a promessa da vida eterna. No entanto, a individuação do ser humano é ameaçada pelo pecado e pela culpa. Portanto, a identidade depende essencialmente do perdão de Deus. Toda a tradição profética remete a essa relação (p. ex., Ez 2-3). A identidade só pode ser vivida e formada dentro de uma comunidade, ou seja, por meio de relacionamentos. Símbolo disso é a eleição de Israel como povo de Deus. É nesse sentido que Jesus de Nazaré elege os "Doze" (Mt 4,18-22 par.). Assim, fundamenta a nova identidade daqueles que recebem seu Espírito e o seguem, o que, na Igreja antiga, leva à missão e ao batismo e volta o olhar para o mandamento duplo do amor a Deus e ao próximo (Rm 6 et al.). A palavra de Jesus: "Quem procura a sua vida, há de perdê-la; e quem perde a sua vida por amor de mim, há de encontrá-la" pode ser compreendida como indicação de que a busca pela identidade própria e o altruísmo em prol do próximo não representam uma contradição. – (2) Na patrística, a questão referente à identidade do ser humano está vinculada à pergunta referente à identidade do cristão, para a qual a prática do amor ao próximo permanece decisiva. Mas já que a identidade se expressa também verbalmente, a confissão e a oração conjuntas exercem um papel central. Em suas *confessiones*, Agostinho († 430) vinculou intimamente a autorreferência e a autoconsciência do ser humano à relação com Deus: Quem sonda seu íntimo, encontra o Infinito. Essa convicção gera múltiplas variações nas correntes místicas desde o tempo dos Padres. Na base das modernas filosofias da consciência (p. ex., do idealismo alemão), a teologia sistemática também investiga intensamente a problemática da identidade (Escola de Tübingen, no século XIX; H. Verweyen, entre outros, no século XX). Inspirando-se na filosofia existencial de S. Kierkegaard († 1855), o século XX faz da autorreferência e da referência divina na tensão entre tempo e eternidade, medo e desespero, fé e esperança seus temas centrais. A filosofia dialógica evita que, em meio a tanta autorreflexividade, o "próximo" seja esquecido, sem o qual ninguém pode encontrar sua própria identidade – mas sem que este seja instrumentalizado, como enfatiza o filósofo judeu E. Lévinas († 1995). Com seu pensamento da imagem de Deus "em desenvolvimento", W. Pannenberg se dedicou à pergunta da identidade e identificou a não identidade do ser humano com o pecado e a culpa. K. Rahner († 1984) atribuiu uma abertura espiritual ilimitada à identidade do ser humano, identidade esta que não pode ser concebida sem ter em vista também o não idêntico. Refere-se, de um lado, à referencialidade da qual depende a identidade própria; de outro, ao incompleto e fragmentário, transformando assim a identidade em uma questão temporal. J.B. Metz também se voltou contra a filosofia de identidade idealista de proveniência hegeliana e demonstrou, com T.W. Adorno († 1969), que processos temporais sempre ocorrem na tensão entre identidade e não identidade. O mesmo se afirma em filosofias pós-modernas e sua recepção. – (3) Para o magistério, o conceito da identidade não ocupa uma função explícita, mas se manifesta no segundo plano sempre que a estrutura da personalidade de Jesus Cristo é tematizada dogmaticamente: Ele é "um e o mesmo" (Concílio de Calcedônia) como Deus e ser humano, como Senhor terreno e ressurreto (DH 302). A identidade do ser humano se torna escatologicamente relevante quanto à pergunta de sua ressurreição física em comparação com sua vida anterior. A alma, o corpo ou todo o ser humano podem servir como portadores de identidade na unidade de corpo e alma (Catecismo da Igreja Católica, 999s.). – (4) Segundo a teologia ortodoxa, o revestimento com o Espírito Santo contribui de modo decisivo para a identidade do ser humano. Na perspectiva protestante, porém, o ser humano permanece marcado por seu *status* como pecador. Na discussão ecumênica atual, a questão da identidade possui uma relevância sobretudo eclesiológica: Existe uma "diferença fundamental" entre as confissões, ou é possível preservar uma identidade cristã conjunta? – (5) Para o ser humano, a identidade é inconcebível sem diferenças, já que, sob as condições do tempo, identidade e mudança são inseparáveis. Quando K. Rahner fala da abertura espiritual ilimitada do ser humano, assim incluindo Deus em sua definição, a identidade precisa sempre ser vista também sob o signo da incompreensibilidade. No entanto, isso não obstrui a reflexão, antes a impulsiona: Como dádiva, a identidade é, em primeiro lugar, ao mesmo tempo desafio e tarefa; em segundo lugar, a identidade possui uma natureza responsiva; é resposta àquele que chama o ser humano pelo seu nome (Is 43,1.7). A sociedade pluralista com seus fenômenos interculturais e inter-religiosos representa um desafio atual, que suscita sempre a pergunta referente à identidade própria. A relação entre judeus e cristãos também levanta questões graves e lembra uma história repleta de culpa, na qual a identidade própria foi preservada por meios de exclusão e delimitação, sem que as diferenças fossem toleradas. Precisamos nos opor a isso por meio de uma "civilização do amor" (Papa João Paulo II) e da reconciliação, o que, de forma alguma, se contrapõe à busca da identidade própria na base da fé em Deus.

Lit: METTE, N. "Identität aus Gratuität". In: BÖHNKE, M. et al. (orgs.). *Freiheit Gottes und der Menschen*. Regensburgo, 2006, p. 433-451. • PANNENBERG, W. *Anthropologie in theologischer Perspektive*. Göttingen, 1983, p. 185-303.

Erwin Dirscherl

Igreja ↑ *vontade salvífica universal de Deus,* ↑ *eclesiologia,* ↑ *domínio de Deus/Reino de Deus,* ↑ *Espírito Santo,* ↑ *distintivos da Igreja,* ↑ *Igreja e igrejas,* ↑ *imagens da Igreja,* ↑ *imitação de Jesus.* – A designação "Igreja" é de caráter simbólico-metafórico: A Igreja é a comunhão "pertencente ao Senhor" (do grego: *kyriake*). O termo greco-latino *ekklesia* conota outro contexto: a assembleia política geral dos cidadãos na cidade-estado grega (*polis*). Ambos os elementos estão presentes na acepção teológica da Igreja. – **(1)** No AT, a *ekklesia* (LXX) é a assembleia (também instituição; em latim: *institutio*) de YHVH (em hebraico: *qahal* YHVH; em grego: *synagoge*). É nesse sentido que o NT adota o termo. Normalmente, o Apóstolo Paulo usa o termo como referência a congregações locais concretas (também congregações nos lares) e suas reuniões (enquanto os escritos deuteropaulinos [Ef; Cl] já falam da Igreja como grandeza cosmológica), interpreta a *ekklesia* também o povo de Deus como um todo, reunido entre todos os povos para a proclamação do Evangelho, que não é apenas a continuação salvífica do povo de Deus veterotestamentário (Rm 9,25s.), mas uma nova criação por meio da morte e da ressurreição de Jesus Cristo (Rm 8,34) como seu corpo pneumático. Os evangelhos expressam esse vínculo de modo narrativo e simbólico: Apesar de Jesus não falar explicitamente da Igreja, fala sim de seus fundamentos: da mensagem do Reino de Deus, do chamado para a imitação, do significado escatológico dos "Doze". Do ponto de vista sociológico, desenvolvem-se sobre essa base diversos projetos de Igreja, que são avaliados criticamente pelos autores neotestamentários. Temos, por exemplo, nos dois livros de Lucas uma imagem harmônica que visa à continuidade e apresenta um objetivo parenético: Os "Doze" servem como companheiros eleitos de Jesus e destinatários primários de sua mensagem; são, portanto, figuras de legitimização e identificação da imitação autorizadas pelo Espírito Santo, representam uma ligação com o povo de Deus e a garantia para a transição correta do tempo de Jesus para o tempo apostólico. Temos também a visão de Mateus, onde figuras apostólicas individuais como Pedro já recebem um peso eclesial muito maior, apesar de encontrarmos nele já inícios de uma visão congregacional da estrutura da Igreja (aliança de congregações independentes). João, por sua vez, estabelece na figura do "discípulo amado" uma forma primordial mais carismática e até mística da Igreja. Os escritos tardios do NT (principalmente as chamadas epístolas pastorais e católicas) já pressupõem estruturas eclesiásticas estabelecidas, mas não se limitam a estas; apesar da unidade exigida teologicamente e justamente por causa dela, a Igreja é vista sob perspectivas múltiplas (cf., p. ex., 1Cor 1,2; 1Cor 11,18; 1Cor 12,17; Cl 1,24; Fm 2). – **(2)** Baseando-se no NT, os padres interpretam a Igreja com recurso a uma multiplicidade de imagens e símbolos. Normalmente, são de caráter espiritual e tipológico: A Igreja é descrita como grandeza espiritual, que reflete uma realidade cósmica que transcende a história (Inácio de Antioquia, Eph. Inscr. 9,1; Philad. 9,1; Smyrn. 1,2; 7,1s.) e preexistente (2Clem). Ela se reúne vindo de todas as direções (Did. 10), começa misteriosamente já com Adão ou Abel (Agostinho, civ. 18,5) e é a reunião de todos aqueles que vivem em justiça (Pseudo-Hipólito (?), in Dan. 1,17). Mesmo que, em sua realidade histórica, seja sempre um *corpus mixtum* (uma corporação mista) de pessoas boas e más (Agostinho, bapt., 5,37. 38; também já Orígenes, hom. in Lib. Iesus Nave 21,1; hom. in Lib. Jerem. 15,3; frgm. 48), ela representa uma realidade celestial (Clemente de Alexandria, strom. 4,66,1; 6,107,2) como símbolo espiritual da verdade e da graça (Irineu de Lyon: "Ubi enim ecclesia, ibi spiritus Deis, et ubi spiritus Dei, illic ecclesia et omnis gratia: spiritus aut veritas" – pois onde está a Igreja, está o Espírito de Deus; e onde está o Espírito de Deus, está a Igreja e toda graça: Espírito ou verdade: haer. 3,24,1). A partir dos séculos II e III intensifica-se, em virtude das disputas com grupos heréticos (gnose), o caráter institucional da Igreja. Tertuliano († após 212) a compreende, apesar de saber de sua dimensão interior (mart. 2; spect. 25; coron. 13), como "corporação", até mesmo como "associação" (apol. 39; apol. 39,21; cor. 13,1) com estruturas concretas e visíveis. Cipriano de Cartago († 258) enfatiza o ofício nela e sua dimensão jurídica (ep. 58,4; cf. ep. 55,14; 77,1), mas ressalta igualmente seu fundamento sacramental à luz da reunião eucarística. A partir do século IV, a Igreja adquire poder político. No Oriente, em virtude da ideologia bizantina do reino, isso gera uma forte aproximação entre Estado e Igreja, sendo que o Estado consegue conquistar a supremacia (cesaropapismo). No Ocidente, a Igreja também se torna "Igreja do Estado" (Igreja das massas), aqui seus dignitários também são equipados com poderes seculares; mas já que aqui, em virtude da migração dos bárbaros, a autoridade estatal se perde (temporariamente), a Igreja começa a se organizar de forma análoga ao Estado, atribuindo aos bispos – e sobretudo ao bispo de Roma – uma importância crescente. Com o reavivamento do imperialismo (romano) sobre o fundamento cristão, desenvolve-se um pensamento de concorrência, que se manifesta dramaticamente na disputa das investiduras do século XI. Determinante é a ideia da diferenciação dos dois poderes segundo o Papa Gelásio ([† 496] DH 347), que, no chamado *Dictatus papae* (1.075) do Papa Gregório VII, é interpretada a favor de uma dominação papal, i.e., eclesiástico-espiritual (ideia da *Libertas Ecclesiae*). O mundo é obrigado a reverenciar o papa como detentor da plenitudo potestas. Segundo Inocêncio III, o papa é *vicarius Christi*, de forma que, segundo o Papa Bonifácio VIII, que preside um corpo com membros nobres e menos nobres (clérigos e leigos), a "sujeição" ao papa romano passa a ser considerada uma necessidade salvífica para todas as criaturas (DH 875). O jurídico, portanto, conseguiu se impor. Junta-se a isso uma secularização crescente da autoridade eclesiástica, que mal conseguem se opor a movimentos reformadores ortodoxos ou heréticos (movimentos de leigos; cátaros, valdenses; Francisco de Assis; conciliarismo de Marsílio de Pádua [† por volta de 1343], o nominalismo de Guilherme de Ockham [† 1347]). Apesar de tudo isso, a Idade Média nunca perdeu de vista a dimensão espiritual da Igreja: Seus expoentes meditaram sobre a dimensão cristológica e sacramental como corpo de Cristo "místico" na contraparte correspondente ao corpo "verdadeiro" (eucarístico) do Senhor (Hugo de São Vítor [† 1141] De sacr. 1.2p. 2c.2) – sendo que aqui podemos registrar uma mudança de significado em virtude das disputas sobre a Eucaristia no século IX: Na patrística, a Igreja era vista como *corpus Christi verum*; e o pão eucarístico, como *corpus Christi mysticum*. A Reforma obrigou a Igreja de Roma a fornecer critérios mais sólidos para sua legitimidade. Segundo M. Lutero († 1546), a Igreja deve ser *creatura Evangelii* (WA 2,430); a Igreja verdadeira é, portanto, a Igreja dos santos, das pessoas santificadas e justificadas por Deus, cujo lado interior permanece oculto. Após a Reforma, a Igreja Católica reage com uma ênfase mais rigorosa do momento jurídico, visível e hierárquico (Cardeal R. Bellarmin [† 1621]), de modo que surgem novas alianças com o Estado (como, p. ex., com a França absolutista). No início do século XIX, teólogos como J.A. Möhler († 1838) possibilitam uma imagem eclesiástica organológica, inspirada pelo idealismo e romantismo, mas no *mainstream* teológico do século XIX outro pensamento se impõe: a Igreja como *societas perfecta*, i.e., a Igreja é, semelhantemente às comunidades seculares, uma instituição salvífica claramente organizada, mas que é superior e independente destas. Assim, o papado se apresenta como monarquia absolutista, que, no entanto, não deve funcionar como "no mundo", que é prejudicial à fé e da qual a Igreja se isola cerimonial e defensivamente (assim ainda o Papa Pio XII na Encíclica *Mystici Corporis*, de 1943). – **(3)** O Concílio Vaticano II representa um ponto de virada: A Igreja é concebida como "sacramento", como sinal e instrumento da vontade salvífica universal de Deus, voltada explicitamente para o mundo, ao qual pertence também. No entanto, ela não se esgota no mundo; antes deve manter um diálogo com ele (GS 40). Com recurso a concepções neotestamentárias, o concílio reconhece na Igreja o (novo) povo de Deus (LG 9-17), na qual existe um ↑ sacerdócio comum – em virtude da mesma dignidade de todos, fundamentada no Batismo e na Crisma (LG 10ss.). Esse sacerdócio estabelece a comunhão espiritual autêntica (*communio*), na qual os portadores de ofícios e os "leigos" cooperam (LG 18-27; 30-38; AA). A doutrina da necessidade salvífica da Igreja é contemplada de modo diferenciado (LG 16) como também sua relação com as igrejas não católicas (UR) ou com as religiões não cristãs (NA; AG). Além disso, o concílio lembra a "obrigação de ficar atento aos sinais do tempo e de interpretá-los à luz do Evangelho" (GS 40). A Igreja se vê como companheira de todos os seres humanos, cujo destino ela compartilha (GS 40), mas está ciente de que ela e o mundo são ameaçados pelo pecado e pela incapacidade enquanto ainda estiverem se aproximando do fim dos tempos (LG 48-51). – **(4)** A eclesiologia ortodoxa é mais celebrada liturgicamente do que refletida ou fixada dogmaticamente; ela se vê na continuidade dos Padres (gregos), vive em seu mundo simbólico e se concentra em representar um organismo vivo preenchido pelo Espírito Santo. A compreensão eclesiástica de Lutero (cf. Von den Konziliis und Kirchen, de 1539) é marcada pelo protesto contra as pretensões da "Igreja do papa" de ser a (única) Igreja verdadeira. O termo "Igreja", segundo Lutero – uma "palavra cega" (WA 50,625,16) –, não se refere nem a um prédio nem a uma instituição constituída, mas ao povo de Deus reunido no Espírito Santo (a Igreja como *creatura verbi*: WA 6,560). Sua característica primária é a proclamação da Palavra, sendo que outros distintivos (*notae*) se juntam a esta: o Batismo, a Santa Ceia, os ofícios, a oração, a cruz, o respeito às autoridades (seculares), o jejum (WA 50,632,32ss.; 51,482,17ss.). No entanto, essa Igreja (autêntica) se encontra em uma luta constante com a igreja falsa, da qual ela se distingue por meio da fé em Cristo, que lhe concede tanto o perdão dos pecados como também o espírito da renovação (Art.Sm. 12: BSLK 459). Felipe Melâncton († 1560) compreende a Igreja como "comunhão dos verdadeiramente crentes" (*coetus vere credentium*), cujos distintivos concretos são as "doctrinae Evangelii incorrupta professio", o "usus Sacramentorum conveniens divinae institutioni" e a "obedientia debita ministerio Evangelii" (edição de estudos VI, 212.286). Em virtude desses sinais, a Igreja não pode ser vista como *civitas Platonica*, como "Igreja invisível". Em CA 7, essa acepção se tornou doutrina oficial da tradição luterana. Lá, lemos: A Igreja sempre existente – portanto, também sob o papado – é a "reunião de todos os crentes aos quais o Evangelho é proclamado de forma pura e aos quais os sacramentos sagrados são ministrados segundo o Evangelho" (BSLK 61). Como *ministerium ecclesiasticum* necessário (CA 5.14), o ofício da pregação tem a obrigação de cuidar da proclamação do Evangelho e da administração dos sacramentos. J. Calvino († 1564) vê a Igreja à luz do pensamento da predestinação adotado de Agostinho: A Igreja é a "multidão dos eleitos" (*electorum turba*: Inst. 4,1,2) – o que não exclui a possibilidade de nela haver uma disciplina correta e claramente definida, mas inclui a de que a Igreja se manifesta de forma exteriormente reconhecível; pois seguramente não pertence a ela aquele que recusa a profissão da fé, que vive de modo não cristão e que não participa dos sacramentos. No diálogo ecumênico, surgiram diferenças referentes a temas eclesiológicos individuais: questões referentes ao ofício (principalmente referentes aos ofícios dos bispos e do papa, ao papel da mulher), ao efeito salvífico da Igreja quanto instituição (↑ sacramentalidade da Igreja). Convergências ressaltam a essência e a missão da Igreja e sua proximidade com Cristo (documento de Lima, de 1982; comissão do Conselho Mundial de Igrejas "Faith and Order": Das Wesen und die Bestimmung der Kirche, de 2000; e seu documento sucessivo Wesen und Auftrag der Kirche, de 2005). – **(5)** A Igreja não é autorrevelação de Deus, no máximo, é forma de expressão de sua paixão pelo mundo e sua salvação (WERBICK, J. Kirche, p. 36). Se essa relativização for ignorada, a Igreja corre o perigo de considerar-se importante demais e de colocar-se no lugar de Deus. Mesmo assim, a Igreja é o meio escolhido por Deus para sua ação salvífica. Ela está sujeita a uma missão concreta e, para cumpri-la, precisa sempre pedir a assistência do Espírito Santo. É marcada por uma curiosa ambiguidade: é terrena e visível, mas impregnada de transcendência; é pecaminosa, mas, mesmo assim, santa; é letárgica, mas enviada; por vezes, é narcisista e, por isso, depende de uma renovação constante. No fim das contas, o núcleo da questão da Igreja é a pergunta autocrítica referente à sua credibilidade, pois trata-se de um sinal exterior que precisa ser estabelecido para a proclamação do Evangelho (cf. o Concílio Vaticano I: a Igreja como *signum levatum*: DH 3.014).

Lit.: BULGAKOV, S. "Die Lehre von der Kirche in orthodoxer Sicht". IKaZ, 47, 1957, p. 168-200. • CONGAR, Y. & POTTMEYER, H.J. *Kirche im Wandel*. Düsseldorf, 1982. • HERMS, E. *Erfahrbare Kirche*. Tübingen, 1990. • KAMPLING, R. & SÖDING, T. (orgs). *Ekklesiologie des Neuen Testaments*. Friburgo/Basileia/Viena, 1996. • KASPER, W. *Katholische Kirche*. Friburgo/Basileia/Viena, 2011. • KEHL, M. *Die Kirche*. 4. ed. Würzburg, 2001. • KEHL, M. *Wohin geht die Kirche?* 6. ed. Friburgo/Basileia/Viena, 1997. • KÜHN, U. *Kirche*. Göttingen, 1990 [HSTh, 10]. • NEUNER, P. *Heilige Kirche der sündigen Christen*. Würzburg, 2002. • RAHNER, H. *Symbole der Kirche*. Salzburg, 1964. • RAHNER, J. *Creatura Evangelii*. Friburgo/Basileia/Viena, 2005. • RATZINGER, J. *Theologische Prinzipienlehre*. Munique, 1982. • STANILOAE, D. *Orthodoxe Dogmatik*. 3 vols. Zurique, 1990. • BERGER, K. et al. "Kirche". TER, 18, 1989, p. 198-344 [referências]. • SCHENKE, L. *Die Urgemeinde*. Stuttgart, 1990. • WERBICK, J. *Kirche*. Friburgo/Basileia/Viena, 1994. • WERBICK, J. *Grundfragen der Ekklesiologie*. Friburgo/Basileia/Viena, 2009.

Johanna Rahner

Igreja e igrejas ↑ *diálogo*, ↑ *unidade da Igreja*, ↑ *catolicidade da Igreja*, ↑ *Igreja*, ↑ *confissão*, ↑ *concílio/conciliaridade*, ↑ *ecumenismo*, ↑ *sínodo/sinodalidade*. – O verbete levanta a pergunta de como o fato da existência de muitas igrejas, que se veem como distintas umas das outras (denominações, confissões), se harmoniza com a unidade e unicidade da Igreja professada nos credos. – **(1)** Desde o início, os partidarismos têm influenciado a realidade do cristianismo (cf. 1Cor; Gl), mas já Paulo estabelece uma diferenciação quanto à pergunta se estes concordam com uma visão abrangente ou não, se levam ao cisma ou se defendem acentuações legítimas (na doutrina, na organização oficial, na prática da vida). Ou seja: o fato de existir uma pluralidade de comunidades (em grego: koinonia) nem sempre representa uma contradição ao ideal da "Igreja una". Condição decisiva é a profissão neotestamentária de Jesus como Cristo sobre o fundamento da doutrina apostólica, da *communio* da celebração da Eucaristia no Espírito Santo, como também do amor ativo (At 2,42-47). – **(2)** A Igreja antiga conhece – com fundamentos na cristologia e pneumatologia – uma estrutura de "koinonia": a Igreja é compreendida como rede de igrejas, como *communio ecclesiarum*, unida pela Eucaristia (cf. as chamadas epístolas de comunhão), por um ofício comum (colégio dos bispos baseado na ↑ sucessão apostólica), por atividades sinodais (sínodos, concílios), pelo cânone bíblico (↑ cânone) e também pela consciência de preservar a tradição cristã (em grego: *paradosis*). No século V, o modelo da chamada pentarquia reforça o momento estrutural e oficial: Os patriarcas das grandes metrópoles da Antiguidade (Roma, Constantinopla, Alexandria, Antioquia e Jerusalém) demarcam o espaço da Igreja de igrejas. Enquanto o Oriente continua a se orientar idealmente (mesmo que não numericamente) pela pentarquia (atualmente, é constituída por oito patriarcados e diversas igrejas autocéfalas [autônomas]), surge no Ocidente o papado como critério de unidade da Igreja, o que leva ao cisma com as igrejas orientais e, a partir da alta Idade Média, à centralização exclusiva em Roma. A Reforma protesta contra isso, provocando assim uma perda ainda maior da unidade eclesiástica. – **(3)** Para o Concílio Vaticano II, o recurso às tradições do primeiro milênio (a Eucaristia como centro da cristologia; fundamentação pneumatológica da ideia de Igreja) representa uma possibilidade para redefinir a relação entre Igreja local e Igreja universal de forma ecumênica. Assim, a pluralidade das igrejas, ou seja, a "Igreja local" (LG 23; 26), volta a entrar em foco, igreja esta que, segundo H.M. Legrand, é marcada por sujeitos (*église de sujet*) e vive como sujeito próprio por meio do vínculo com outras igrejas locais, representando a Igreja como um todo. A Igreja local e a Igreja universal se interpenetram mutuamente (*perichoresis*) (KASPER, W. Theologie, p. 43). No entanto, é necessário evitar dois equívocos: "1) A opinião segundo a qual a unidade das igrejas locais além de sua existência concreta já existiria como ideia substantivada, de certa forma como *universale ante rem*. 2) A opinião segundo a qual a Igreja universal representaria apenas a soma posterior das igrejas locais, administrada de acordo com padrões de organização humana, sendo que a unidade da Igreja existiria apenas nominalmente como *universale post rem*" (MÜLLER, G.L. In quibus, p. 64s.). É, portanto, a pluralidade, e não a uniformidade que caracteriza a Igreja nas igrejas (LG 32). Segundo a declaração do Vaticano *Dominus Iesus*, de 2000 (DH 5.085-5.089), completada pelas Respostas a perguntas sobre alguns aspectos referentes à doutrina sobre a Igreja, de 2007), a Igreja una de Jesus Cristo se realiza exclusivamente na Igreja Católica Romana (n. 17, em relação a LG 8 e UR 22). – **(4)** A compreensão protestante da relação da Igreja una com as muitas igrejas resulta de um impulso reformado fundamental: O ser humano individual é justificado por meio da proclamação do Evangelho na palavra e no sacramento ao aceitar a fé; assim, cria-se a comunidade dos crentes na Igreja una como também a comunidade das muitas igrejas entre si (koinonia). – **(5)** Apesar de o Concílio Vaticano II ter designado os cismas confessionais também como consequência da culpa humana (UR 3), ele sabe muito bem que é o mesmo Espírito Santo que age nas igrejas e comunidades separadas. Por isso, W. Kasper considera o *status* das igrejas confessionais justamente uma "situação de emergência histórica" que perdeu o controle sobre aquilo que, dentro da Igreja una, não teria sido nenhum problema, mas sim o caso normal. Nesse sentido, a Igreja Católica Romana também apresenta uma deficiência que ainda cabe ser superada (UR 4), já que ela mesma não é totalmente compreensível sem "as outras" (KASPER, W. *Der ekklesiologische Charakter*, p. 61). Deveríamos, portanto, seguir o exemplo do concílio e falar de uma comunhão real, mesmo que incompleta da Igreja Católica (LG 14s.; UR 3) com as "igrejas e comunhões eclesiásticas separadas" (UR 14ss.; 19ss.), que o Espírito Santo usa como meios salvíficos (UR 3). Consequentemente, a unidade da Igreja não deveria mais ser compreendida de forma monolítica, mas sim plural. Atualmente, existe o desafio de esclarecer como essa posição conciliar mais aberta pode ser harmonizada com a acepção mais rigorosa de declarações posteriores do Vaticano.

Lit.: RAHNER, K. & RATZINGER, J. *Episkopat und Primat*. Friburgo/Basileia/Viena, 1961 [QD 11]. • LEGRAND, H.M. "Die Entwicklung der Kirchen als verantwortliche Subjekte". In: ALBERIGO, G. & ACERBI, A. (orgs.). *Kirche im Wandel*. Düsseldorf, 1982, p. 141-174. • MÜLLER, G.L. "*In quibus et ex quibus*. Zum Verhältnis von Ortskirche und Universalkirche". *EGTSK*, 37, 2003, p. 59-68. • KASPER, W. "Der ekklesiologische Charakter der nichtkatholischen Kirchen". *ThQ*, 145, 1965, p. 42-62. • KASPER, W. "Zur Theologie und Praxis des bischöflichen Amtes". In: SCHREER, W.G. (org.). *Auf neue Art Kirche sein*. Munique, 1999, p. 32-48. • RATZINGER, J. [Bento XVI]. *Kirche*. Friburgo/Basileia/Viena, 2010 [JRGS, 8,1].

Johanna Rahner

Igreja local e Igreja universal ↑ *unidade da Igreja,* ↑ *dimensões fundamentais da Igreja,* ↑ *colegialidade,* ↑ *concílio/conciliaridade,* ↑ *sínodo/sinodalidade.* – Os dois termos refletem a estrutura constitucional da Igreja de Cristo, que representa uma unidade visível-invisível específica diante outras realidades como o Estado e o mundo. As dimensões da vida, porém, que constituem essa unidade (*martyria*/testemunho, *leiturgia*/celebração e *diakonia*/assistência ao próximo) se realizam sempre apenas no âmbito local. O problema relacional sistêmico, que resulta disso, é discutido desde o Concílio Vaticano II. – **(1)** Já no NT o conceito de Igreja é empregado de forma análoga, no singular para a totalidade da Igreja (p. ex., Mt 16,18; 1Cor 10,32; 12,2; Ef 1,22; Cl 1,18) e no plural para as comunidades locais (entre outros, At 16,5; Rm 16,4.16; 1Cor 11,16; 15,9; Gl 1,2.22). A conexão consiste no fato de que a Igreja – no sentido teológico – sempre só pode se manifestar na comunidade de Cristo concreta em um lugar específico: Por isso, o destinatário das cartas à comunidade em Corinto é "A Igreja de Deus (como existe concretamente) em Corinto" (1Cor 1,2; 2Cor 1,1). – **(2)** As congregações locais da Igreja antiga se compreendem nesse sentido como realizações da Igreja de Cristo, que, no entanto, dependem de instâncias intermediárias para formarem em uma *communio* das muitas congregações o povo de Deus uno. Surgem uniões de igrejas, que se agrupam em torno dos pontos de cristalização da sucessão apostólica (províncias eclesiásticas, patriarcados). O centralismo que se impõe com o fortalecimento do poder primacial romano resulta na insignificância das igrejas locais: Na acepção geral, a Igreja é apenas a Igreja universal ("a Igreja instrui, proíbe", i.e., a central romana). – **(3)** Recorrendo à ideia da Igreja antiga da "communio ecclesiarum", o Concílio Vaticano II reintroduziu o significado da Igreja local à discussão, para assim corrigir o desequilíbrio entre primaz e episcopado existente desde o Concílio Vaticano I. Os bispos são líderes de igrejas particulares (*ecclesiae particulares*) "formadas à imagem da Igreja universal (*ecclesia universalis*), das quais e pelas quais existe a Igreja Católica, una e única (*in quibus et ex quibus una et unica Ecclesia catholica exsistit*). Pelo que, cada um dos bispos representa a sua igreja e, todos em união com o papa, no vínculo da paz, do amor e da unidade, a Igreja inteira" (LG 23; cf. cân. 368, CIC/1983; sobre a relação entre bispo local e papa, cf. LG 27). Em LG, as paróquias também são designadas como congregações locais (*congregationes locales*). Devemos observar que a base das designações é de natureza espiritual (cf. tb. cân. 369, CIC/1983). O escrito *Communionis notio*, da Congregação para a Doutrina da Fé, de 1992 (DH 4.920-4.924) ressaltou contra as correntes supostamente particularistas a primazia histórica e ontológica da Igreja universal sobre as igrejas locais. – **(4)** Para a eclesiologia das igrejas orientais, o significado fundamental das igrejas locais com o primado do bispo local é um legado incontestado da teologia patrística. A Eucaristia por ele presidida constitui a congregação como verdadeiro corpo de Cristo. Cada igreja autocéfala se vê como Igreja de Cristo autônoma e plena, contanto que se encontre em comunhão com todas as outras igrejas autocéfalas. No cristianismo protestante, a Igreja se realiza plenamente onde a Palavra de Deus é proclamada, os sacramentos são ministrados corretamente e (na Igreja Reformada) a disciplina eclesiástica é observada, ou seja, na Igreja local. Esta está ligada a todas as igrejas locais, onde ocorre o mesmo. – **(5)** A luta por uma compreensão correta e contemporânea da Igreja concentrou-se temporariamente na pergunta referente à primazia da Igreja local ou da Igreja universal (controvérsia entre os cardeais W. Kasper e J. Ratzinger, em 200/2001: resumo em M. Kehl). Esta parece ser equivocada. A Igreja como *communio* só pode ser realizada localmente, sobretudo porque a Eucaristia, como representação e realização da unidade dos cristãos entre si e com Cristo (LG 3; 7; 11; 26; AG 39), só pode ser celebrada localmente. Mas já que o mesmo se realiza por toda parte na prática eclesiástica, a *communio* como participação na Eucaristia pressupõe a *communio ecclesiarum* e a constitui como Igreja una e única. Ambas as realidades são igualmente originárias: Uma nunca pode existir sem a outra; elas se interpenetram de modo pericorético. É difícil definir essa relação espiritual e sacramental em termos jurídicos, já que a Igreja não é uma formação que vive apenas nesse nível. Na linguagem eclesiástica comum, a Igreja local é a diocese. No entanto, se partirmos de uma teologia eucarística, deveríamos chamar de Igreja local num sentido analógico também as paróquias e as alianças regionais das igrejas particulares (igrejas nacionais e continentais).

Lit.: BUCKENMAIER, A. *Universale Kirche vor Ort*. Regensburgo, 2009. • DE LUBAC, H. *Quellen kirchlicher Einheit*. Einsiedeln, 1974. • FINGER, H. et al. (orgs.). *Ortskirche und Weltkirche vor und nach dem Zweiten Vatikanum*. Weimar, 2011. • KEHL, M. "Zum jüngsten Disput um das Verhältnis von Universalkirche und Ortskirchen". In: PETER, W.; KRÄMER, K. & AUGUSTIN, G. (orgs.). *Kirche in ökumenischer Perspektive*. Friburgo/Basileia/Viena, 2003, p. 81-101. • KRÄMER, P. *Kirchenrecht - Vol. 2: Ortskirche-Gesamtkirche*. Stuttgart, 1993. • WERBICK, J. & SCHUMACHER, F. *Weltkirche. Ortskirche*. Münster, 2006.

Wolfgang Beinert

Igreja universal ↑ *Igreja local e Igreja universal*

Imagem de Deus ↑ *criaturalidade*, ↑ *santos/veneração dos santos*, ↑ *homem e mulher*, ↑ *ser humano*, ↑ *relação corpo-alma*, ↑ *razão*. – A imagem de Deus significa *repraesentatio Dei* (representação de Deus) no sentido de uma representação dinâmica de Deus a ser cumprida na história e a ser realizada na responsabilidade pela própria vida, pela vida do próximo e pela natureza. Essa imagem de Deus foi conferida ao ser humano em virtude de sua condição como criatura; ela não é constituída por ele mesmo. O termo da "semelhança de Deus" também é usado na teologia dogmática. – (1) Segundo Gn 1,26-28 (tradição sacerdotal), a imagem de Deus significa uma eleição real. Por trás disso está a noção egípcia do rei, refletida na palavra hebraica *zelem* (estátua de um rei ou deus). Um segundo conceito é *demut* (semelhança). Expressa-se assim: Cabe ao ser humano a tarefa de preservar a ordem vital da criação como um rei, de manifestar o poder divino na terra como representante de Deus e de administrar o mundo, a casa atribuída a ele, como um parente ou filho de Deus (assim E. Zenger [† 2010]). Manifesta-se aqui uma antropologia funcional; o mesmo vale para a "metáfora do pastor" (Gn 1,26), no contexto do mandamento de dominar o mundo, descrito aqui pelo verbo hebraico *radah* (supervisionar). Em Israel, o "pastor" é o rei bom e justo, que se empenha em prol do povo, que protege os direitos dos fracos e assim garante uma vida bem-sucedida a todos. Em Gn 1,26-28, esse pensamento é democratizado do ponto de vista antropológico: Cada ser humano detém esse ofício de pastor, cada um é "representante" no sentido descrito. Lv 19,18 e 19,34 exigem, portanto, o amor ao próximo e ao inimigo. Jesus de Nazaré retoma esse mandato, o coloca no centro de sua proclamação e o remete ao mandamento do amor a Deus segundo Dt 6,4-5 (Mc 12,28-31 par.). Ser criado à imagem de Deus significa viver a existência humana como proexistência (existência em prol dos outros) e realizar o amor na vida concreta. No contexto da tipologia Adão-Cristo (Rm 5,12-21; 1Cor 15,49), Paulo interpreta Jesus como novo Adão, que, mediante sua obra salvífica, justifica os pecadores, confirma sua imagem de Deus e lhes promete um futuro escatológico como seres humanos celestiais. O fato de que o próprio Jesus via o ser humano como representante de Deus no aqui e no agora se expressa no dito de Lc 6,36: "Sede misericordiosos como vosso Pai é misericordioso." Segundo Cl 1,15-20, Cristo deve ser visto como "imagem (perfeita) do Deus invisível", como "primogênito de toda criatura". Sua imagem de Deus é expressada não só em relação à sua humanidade, mas também em vista de sua eterna pré-existência como "filho" e "*logos*" (cf. Jo 1,1-17). No Batismo, o ser humano é assemelhado a Cristo e alcança assim a imagem plena de Deus (Rm 6,4). – **(2)** Já muito cedo os conceitos hebraicos *zelem* e *demut* passam a ser interpretados no sentido das palavras gregas *eikon* e *homoiosis* e dos termos latinos *imago* e *similitudo* e são relacionadas ao modelo platônico do original e da cópia. Disso resulta uma interpretação ontológica dos textos bíblicos na afirmação segundo a qual a *imagem de Deus* original e ofuscada pelo pecado deva se transformar cada vez mais em *semelhança* de Deus no decurso da vida – coisa que só é possível no Espírito Santo com a ajuda da graça e em virtude da liberdade humana (Irineu [† por volta de 200], Orígenes [†253/254]). O objetivo disso tudo é a comunhão (*communio*) e a participação (*participatio*) em Deus; ele é alcançado por meio da educação (em grego: *paideia*), sendo que, por vezes, Jesus Cristo é chamado de mestre (Clemente de Alexandria [† antes de 221], Agostinho [† 430]). O bispo de Hipona reconhece no ser humano uma *imago Trinitatis* (uma representação da Trindade): Agostinho parte do fenômeno da experiência espiritual própria e interpreta as dimensões fundamentais da alma no sentido ternário. Assim, existiria no espírito *uno* a *memoria/mens* (a consciência), o *intellectus/notitia* (a razão/o entendimento) e a *voluntas/amor* (a vontade/o amor) como representação analógica do ser divino *uno* em três pessoas. Perguntas referentes às consequências do pecado (perturbação ou destruição), à predestinação, à liberdade e à graça permanecem controversas. Boaventura († 1274) compreende o mundo inteiro como *imago Dei* e vê na imagem de Deus do ser humano a capacidade para a *cognitio Dei experimentalis*, para a *experiência de Deus*. Tomás de Aquino († 1274) consegue reunir a fala da semelhança de Deus com o fenômeno da relação e, portanto, da comunhão. Pois para ele a *similitudo* cresce por meio do bem, que sempre influi sobre os outros. A imagem de Deus do ser humano não pode ser encontrada além da racionalidade e da liberdade e tem grande relevância ética. A diferença entre as imagens natural e sobrenatural de Deus é concebida no sentido de uma referencialidade recíproca, com a finalidade de fazer jus ao fenômeno da liberdade tanto divina quanto humana e ao enigma do pecado. Nikolaus von Kues († 1464) ressalta de forma ainda mais clara que o homem pode alcançar a *similitudo* de Deus apenas na comunhão. No século XIX, a Escola de Tübingen desenvolve a imagem de Deus em seu confronto com a filosofia moderna da consciência, e no século XX, surge em correntes da teologia protestante – diante da crítica religiosa de L. Feuerbach († 1872) – como também na disputa ecumênica um debate acirrado sobre a relevância ontológica da imagem de Deus (K. Barth [† 1968], E. Brunner [† 1966]): Será que o ser humano realmente consegue alcançar Deus? E, se conseguisse, ele o conseguiria em virtude de sua natureza? Segundo H. Volk († 1988), o ser humano produz sua representação de Deus não materialmente a partir de sua natureza espiritual, antes trata-se de uma relação (ou de uma função) que, bem no sentido de Barth, a Palavra de Deus concede ao ser humano como ser de corpo e alma. W. Pannenberg, inspirado por J.G. Herder († 1803), pela filosofia da identidade de G.W.F. Hegel († 1831) e de G.H. Meads († 1931), desenvolve o conceito de uma imagem de Deus "em formação". Atualmente, constatamos novas tentativas de aprofundar o pensamento da imagem de Deus e da representação em seu contexto (H. Hoping, K. Menke, E. Dirscherl). Foca-se também a proibição veterotestamentária de imagens quando se lembra que nenhum conceito da imagem do homem pode violar a transcendência, a incognoscibilidade e a liberdade da criatura dotada de espírito. O fato de que a ordem de dominar o mundo dada ao ser humano visa ao respeito e cuidado ecológico já não é mais contestado por ninguém e refuta aqueles que acusam o cristianismo do contrário. O.H. Pesch ressaltou que a imagem de Deus dá ao ser humano o poder da formação criativa da linguagem. – **(3)** O magistério reconhece na imagem de Deus o objetivo central do ser humano. Este foi criado como homem e mulher e na unidade de corpo e alma (Catecismo da Igreja Católica, 362). GS 12 retoma o motivo da *gloria Dei* (segundo Irineu de Lyon): A vida na imagem de Deus, desfigurada pelo pecado e restaurada por meio de Cristo, serve para a glorificação de Deus (cf. tb. GS 22). – **(4)** O motivo altamente prezado da *paideia* e da *homoiosis* apresenta uma forte ênfase pneumatológica na tradição ortodoxa. M. Lutero († 1546) reconhece em Jesus Cristo a única imagem de Deus. O ser humano não pode ser *imago Dei* em si mesmo, mas apenas em Cristo. Rejeita qualquer concepção de uma imagem de Deus natural; pois a imagem de Deus foi destruída pelo pecado e só pode ser readquirida por meio da justificação "da fé". – **(5)** A imagem de Deus destaca o ser humano no sentido de que seu significado já fora decidido "no início", i.e., por Deus, o Criador. O ser humano é, portanto, representante de Deus como criatura entre criaturas. Daí, a pergunta referente àquilo que o ser humano deve fazer concretamente em face dos "gemidos de toda a criação" (Rm 8,22) e do sofrimento dos próximos goza de um *status* preferencial em relação às especulações ontológicas, que também precisam comprovar sua validade na ética.

Lit.: DIRSCHERL, E. *Grundriss Theologischer Anthropologie*. Regensburgo, 2006, p. 109-155. • HOPING, H. "Gottes Ebenbild". ThQ, 185, 2005, p. 127-149. • PANNENBERG, W. *Anthropologie in theologischer Perspektive*. Göttingen, 1983. • PESCH, O.H. *Katholische Dogmatik aus ökumenischer Erfahrung* - Vol.

1,2: *Die Geschichte der Menschen mit Gott*. Friburgo/Basileia/Viena, 2008, p. 159-180.

Erwin Dirscherl

Imagem do homem ↑ *imagem de Deus,* ↑ *dignidade do ser humano/direitos humanos,* ↑ *teologia natural,* ↑ *personalidade/pessoa.* – Uma imagem do homem expressa de modo exemplar e sob determinados aspectos o mistério da existência humana. É marcada por tradições culturais e religiosas e acarreta consequências éticas diferentes (respeito à vida humana, relação entre ↑ homem e mulher, direitos humanos e dignidade do homem). – **(1)** Do ponto de vista atual, a proibição de imagens do Decálogo (Ex 20,4; Dt 5,8) está ligada à pergunta se o ser humano – em sua qualidade de imagem criatural de Deus – pode ser representado. Em todo caso, há várias metáforas (rei, pastor) que ilustram de forma concreta o pensamento da *imago Dei* e que abordam, juntamente com o mistério de Deus, a comissão e o chamado do ser humano (Gn 1,26-28). No entanto, o ser humano desfigurou sua imagem divina por meio do pecado e da culpa; por isso, tem dificuldades de (re)encontrar o sentido real de sua existência e de representá-lo por meio de imagens. Uma ajuda, porém, continuam sendo as figuras bíblicas de "Adão e Eva", nas quais se reflete a ambivalência da existência humana. Um ponto de referência é fornecido também pelos "justos" da Bíblia, que lutam com Deus, sofrem, vivem da graça e encontram a graça. Neles se revela que existe sim uma imagem de Deus existencial e concreta do ser humano, que transcende qualquer representação linguística ou artística. As histórias da Bíblia e o livro dos Salmos dão rico testemunho do fato de que também o inefável deseja se expressar por meio da língua, incentivando assim sua imitação. No NT, Jesus Cristo é exaltado como "novo Adão" e "novo homem" e também como "imagem perfeita de Deus" (Cl 1,15), introduzindo assim uma componente cristológica à pergunta da imagem cristã adequada do ser humano. Com ela, entra em jogo também a imagem veterotestamentária do "justo sofredor" e do "servo de Deus" (Is 51–53), que remete ao amor de Deus e chama para uma vida em amor. Qualquer esboço cristão da imagem do homem precisa partir desse ponto de vista. – **(2)** Agostinho († 430) projetou uma imagem trinitária do homem (espírito e alma do ser humano como *imago trinitatis*), preservando assim a incompreensibilidade da existência humana, que permanece intimamente vinculada ao mistério do próprio Deus. Esse entendimento é enfatizado implicitamente pela luta cristológica da Igreja: Quem falar da ↑ encarnação de Deus, precisa recorrer a uma imagem do homem que faça jus a essa fala e esclareça a ligação que existe entre imagem do homem e imagem de Deus. As tradições místicas também contribuíram para isso: Mestre Eckhart († 1328) medita sobre a figuração do ser humano em direção à imagem de Deus e compreende isso como processo da mais pura graça; Nicolau de Cusa († 1464) recorre à comparação patrística da alma com um espelho (p. ex., Gregório de Nissa [† 395]) para ressaltar o vínculo entre Deus e o ser humano em sua incompreensibilidade; outros apelam a imagens filosóficas do homem, falam do microcosmo do estoicismo, do ser humano como *zoon politikon* (ser social) de Aristóteles ou como *animal rationale* – o que tem desencadeado ricas discussões sobre o potencial e os limites de conceitos e imagens. A imagem do homem do Iluminismo é marcado pelo pensamento da liberdade autônoma, da dignidade do ser humano e dos direitos humanos. A crítica da religião de L. Feuerbach († 1872) discutiu a acepção da linguagem religiosa como linguagem de imagens. No século XX, a pergunta formulada já pela filosofia do Iluminismo se o homem é inimigo (*homo homini lupus*) ou amigo (*homo homini amicus*) do homem voltou a ser levantada de forma terrível, pois a ideologia nazista e outros regimes totalitários haviam gerado uma imagem do homem que pervertia radicalmente os fundamentos do humano. Atualmente, a teologia se vê desafiada a defender a imagem bíblica do homem contra os reducionismos da neurociência, que reconhece no ser humano apenas um funcionário do seu cérebro, e contra a tese do *homo oeconomicus* (do ser humano determinado exclusivamente pela economia). A situação mundial global e inter-religiosa também nos obriga a uma reflexão aprofundada. H. Merklein († 1999) levantou a pergunta do ponto de vista exegético se, no século XX em face do terror da *shoa*, a destruição da imagem de Deus não teria destruído também a imagem do homem. Segundo J. Werbick, porém, o inimaginável precisa ser expressado no imaginável. Para ele, o esforço do *image thinking* (I.U. Dalferth) significa conceber as imagens como caminhos que só se tornam acessíveis quando são percorridos. A estética teológica e também a psicologia e o estudo científico do filme e da internet ou do ciberespaço, sobretudo na recepção de T.W. Adorno († 1969), abordam o poder ambivalente e também sedutor das imagens. Aqui, existe o perigo de uma perturbação da imagem do homem, por exemplo, por meio dos jogos computadorizados que exaltam a violência. – (**3**) A Igreja defende a imagem do homem proveniente da tradição judaico-cristã. Remetemos o leitor à constituição pastoral GS (3; 12-18) e à declaração DH sobre a liberdade religiosa do Concílio Vaticano II. – (**4**) Na teologia reformada vale o princípio segundo o qual o ser humano como pecador se distanciou radicalmente de Deus. Como ser justificado no Evangelho, é *simul iustus et peccator* (justo e pecaminoso ao mesmo tempo). Portanto, precisamos falar do ser humano da mesma forma como o faz a Palavra de Deus. Os teólogos católicos e ortodoxos desenvolvem sua imagem do homem também com a ajuda de uma ↑ teologia natural. – (**5**) A busca por uma imagem do homem que não faça jus apenas ao ser humano em si, mas a cada indivíduo em toda sua singularidade e dignidade, é uma tarefa permanente da teologia. O romance "Não sou Stiller", de Max Frisch († 1991), e também a filosofia de E. Lévinas († 1995) nos deram novos impulsos para redescobrirmos a proibição bíblica de imagens em sua relevância crítico-ideológica: A singularidade do ser humano não pode ser nivelada por meio de uma imagem do homem rígida, que lhe é imposta de fora. Isso privaria o ser humano de sua transcendência e plantaria a semente da violência. Segundo W. Schoberth, a Bíblia também nos proíbe de desenvolver uma imagem cristã normativa do ser humano. Cabe antes lutarmos à luz do Evangelho contra qualquer forma de enrijecimento e defendermos a liberdade da criatura dotada de espírito. O importante é: A imagem bíblica do homem encontra sua medida em Deus. Por isso, não faz sentido ignorar a indeterminação e ambivalência da realidade humana (êxito e fracasso). Assim, a imagem cristã do homem é realista e otimista ao mesmo tempo, pois pretende capacitar o ser humano para uma ação responsável.

Lit.: MÜLLER, K. *Endlich unsterblich* – Zwischen Körperkult und Cyberworld. Kevelaer, 2011. • SCHOBERTH, W. *Einführung in die theologische Anthropologie.* Darmstadt, 2006, p. 19-26. • WERBICK, J. "Trugbilder oder Suchbilder? – Ein Versuch über die Schwierigkeit, das biblische Bilderverbot theologisch zu befolgen". *Die Macht der Bilder.* Neukirchen-Vluyn, 1999, p. 3-27 [JBTh, 13].

Erwin Dirscherl

Imagem do mundo ↑ *evolucionismo e criacionismo,* ↑ *cosmologia,* ↑ *imagem do ser humano,* ↑ *criação,* ↑ *narrativas da criação.* – Uma imagem do mundo procura esboçar uma visão geral, empírica e racionalmente fundamentada, da realidade. São levados em conta não só dados objetivos, mas também predeterminações subjetivas de natureza social, religiosa e filosófica, por meio das quais o observador absorve a imagem do mundo. Por isso, imagem do mundo e ideologia não podem ser distinguidas, ou apenas com dificuldade. – (**1**) Partindo da grandeza determinante "Deus" e levando em consideração as experiências empíricas de então, a Escritura tenta esboçar uma visão geral do mundo. Favorece uma imagem do mundo de três níveis, com um firmamento, que repousa sobre colunas ou montanhas altas e que separa as águas celestiais das águas terrenas (Gn 7,11), servindo como doador de chuva e como sustentáculo para o sol, a lua e as estrelas (Gn 1,14ss.). A terra é imaginada como plana, apoiada sobre colunas (Sl 18,8.16), mas aberta para os mundos sub e sobreterrestres. A região subterrestre contém não só as águas perigosas, mas também a *sheol* hebraica, o mundo sombrio dos mortos. Deus é o criador e preservador de tudo isso. Essa imagem do mundo fornecia um surpreendente poder explicativo para fenômenos meteorológicos e astronômicos e servia como palco para a história da salvação e da perdição. Os três níveis desse modelo (céu, terra, submundo) transparece ainda no Credo Apostólico; no entanto, não é elemento da fé cristã. – (**2**) O "Timeu" de Platão († 348/347 a.C.) e o "movedor imóvel" de Aristóteles († 322 a.C.), o estoicismo e o platonismo médio são as referências helenísticas da imagem do mundo da patrística. Refuta o panteísmo do estoicismo, mas acatou parcialmente sua especulação sobre o *logos*. O neoplatonismo, mediado por Pseudo-Dionísio Areopagita (séculos V/VI), e o aristotelismo dominam também as concepções do mundo dos teólogos medievais mais importantes (João Erígena [† 880], Alberto Magno [† 1280], Tomás de Aquino [† 1274], Pedro Abelardo [† 1142]). Ninguém contestava o geocentrismo, e a esfericidade da terra e do cosmo não era visto como algo absurdo. Guilherme de Ockham († 1347), Nicolau de Cusa († 1464) e Giordano Bruno († 1600) especulam sobre a infinitude do universo e até sobre multiversos. – (**3**) Não existem declarações do magistério sobre o tema, existem, porém, críticas aos fundamentos e às consequências de imagens do mundo da Modernidade. Refuta o deísmo (DH 2.902; 3.003), o materialismo (DH 3.022) e o panteísmo (DH 2.901; 3.001; 3.023s.). De resto, o magistério demonstra certa abertura diante das imagens do mundo que se sucedem. – **(4)** Não existem diferenças confessionais referentes a uma imagem do mundo adequada; existem, porém, influências filosóficas divergentes (platonismo, aristotelismo, empirismo) e uma busca conjunta em vista da predominância de predeterminações científicas. – **(5)** A despeito da hegemonia do pensamento científico, precisamos constatar: Não existe *a* imagem do mundo, existem antes uma multiplicidade de imagens do mundo em um processo contínuo de sucessão de concepções novas. Portanto, seria mais apropriado falarmos de um *filme* de imagens do mundo: Não é uma imagem única que explica o mundo (como numa visão divina), mas é uma sequência de imagens que se expressa por meio de suas origens e suas intenções. As partes recapitulante e antecipatória do processo de geração da imagem do mundo só representam em conjunto e com referências recíprocas uma categoria produtora de sentido. A reflexão com recurso a modelos não permite mais imagens (estáticas) do mundo, mas apenas um fluxo de imagens do mundo. Dado que a velocidade da luz permaneça uma grandeza limite insuperável, os limites do nosso conhecimento são estabelecidos pelo fato de que os eventos não detectados pela luz que lançamos sobre o passado não geram informações para o nosso presente temporal e espacial e os nossos eventos atuais não podem alcançar regiões além da área iluminada pela luz que lançamos sobre o futuro. O determinismo tão afim de prognósticos da ciência natural do século XIX e do início do século XX chegou definitivamente ao fim com o desenvolvimento da física quântica e da teoria do caos – enterrando consigo também as fantasias da onisciência e da onipotência científica. Segundo nosso conhecimento atual, o cosmo apresenta uma idade de 13,7 bilhões de anos; e a terra, de 4,55 bilhões de anos. Supomos que o universo expandirá para sempre e não retrairá em virtude da ausência da massa necessária. Apesar do recente sucesso extraordinário da física e astrofísica (p. ex., com a teoria das cordas intensamente discutida), a fixação nessas ciências como grandezas dominantes geradoras de imagens do mundo representa um constrangimento. Mas ampla é a visão da evolução, que, como já ressaltava P. Teilhard de Chardin, não conhece apenas fenômenos biológicos, mas também fenômenos cosmológicos, físicos e químicos. É um objeto de pesquisa importante não só em relação aos dados e fatos, mas também em relação aos mecanismos. O conhecimento medieval, segundo o qual o todo é mais do que a soma de suas partes, transparece novamente sob o título da "evolução" em várias disciplinas: em pesquisas sobre temas fundamentais como as condições de origem (princípio antrópico), emergência (pesquisa cerebral), complexidade, auto-organização, informação. É praticamente impossível superestimar a relevância dessas pesquisas para as antropologias e imagens do mundo teológicas e filosóficas.

Lit.: BARBOUR, I.G. *Wissenschaft und Glaube* – Historische und zeitgenössische Aspekte. Göttingen, 2003 [Religion, Theologie und Naturwissenschaft 1]. • HAWKING, S. *Eine kurze Geschichte der Zeit* – Die Suche nach der Urkraft des Universums. Reinbeek, 1992. • TEILHARD DE CHARDIN, P. *Der Mensch im Kosmos*. 4. ed. Munique, 2010 [Beck'sche Reihe, 1.055]. • VOLLMER, G. *Auf der Suche nach Ordnung* – Beiträge zu einem naturalistischen Welt- und Menschenbild. Stuttgart, 1995. • WORTHING, M. "Weltbild. IX. Naturwissenschaftlich". *RGG* 8. 4. ed., 2005, p. 1.428-1.430.

Ulrich Lüke

Imagens da Igreja ↑ *diálogo,* ↑ *eclesiologia,* ↑ *Igreja,* ↑ *Igreja e igrejas,* ↑ *ecumenismo.* – As representações da Igreja são tentativas de descrever tanto institucional quanto transcendental e espiritualmente a realidade complexa da comunidade de fé cristã e de realizá-la socialmente. – **(1) (2)** O NT recorre a uma multiplicidade de imagens para descrever a Igreja, e todas elas giram em torno de um mesmo núcleo: a tensão constante entre aproximação e distanciamento do mundo. As seguintes imagens chegaram a adquirir o *status* de clássicos: a) *(novo) povo de Deus* (Ef 4,17-24; cf. 2,11-22): a Didaquê (9,4) descreve a Igreja como movimento de reunião iniciado por Deus entre todos os povos da terra; no entanto, essa imagem teve, desde cedo, uma conotação antijudaica: O "novo" povo de Deus (a Igreja) substitui a "velha" Israel em sua validade. b) *Corpo (de Cristo)*: a imagem paulina (1Cor 12; Rm 12) é encontrada na primeira epístola de Clemente e em Inácio de Antioquia († após 110). Este acrescenta o pensamento (apenas aludido em 1Clem) segundo o qual a Igreja terrena (como corpo de Cristo) representaria, sobretudo na liturgia, a Igreja celestial (cf. mais tarde, no século VI, Pseudo-Dionísio Areopagita). c) *Casa (templo) de Deus* (epístolas pastorais): Para os padres, a congregação de Jesus Cristo representa o templo de Jerusalém, destruído no século I: agora, Deus habita nela; a reunião concreta dos batizados é o novo santuário. Apenas a partir do século V os prédios de adoração cristãos são chamados de "casa de Deus". d) *Communio Sanctorum*: Essa fórmula patrística (a comunhão dos santos) tornou-se elemento fixo dos credos da Igreja antiga. Provavelmente, essa noção se deve ao título "santos" que Paulo usa para os batizados. e) *Noiva de Cristo* (Ef 5,29-32; com recurso ao simbolismo veterotestamentário: Deus é "noivo" de seu povo Israel): Essa imagem enfatiza, de um lado, a relação íntima; por outro, a diferença entre Cristo e Igreja. f) *Igreja dos pecadores* (cf. 1Clem., Justino, Irineu, Orígenes): A Igreja é vista como *casta meretrix*, como "prostituta casta", pois é santa e pecaminosa ao mesmo tempo. Constatamos aqui certo atrito com as convicções paulinas segundo as quais a Igreja é uma "virgem pura" (2Cor 11,2), "sem mancha, sem ruga, sem qualquer outro defeito semelhante, mas santa e irrepreensível" (Ef 5,27). g) *A Igreja como mãe* (Cipriano de Cartago, unit. eccl. 4-7): A Igreja nasce – como segunda Eva – do lado do Jesus crucificado – o segundo Adão – (cf. Jo 19,34) e gera os batizados como seus filhos. h) *Pilar e fundamento da verdade*: Trata-se de uma citação de 1Tm 3,15, empregada por Irineu de Lyon contra os gnósticos (haer. 3,38,1). i) *Mysterium lunae* (o mistério da lua): a imagem provém do mundo religioso helenístico pagão e pretende expressar que a Igreja nunca brilha por si só, mas sempre por meio de Cristo. j) *Nave* (arca de Noé): Existem aqui muitas variações. O termo pode se referir ao "barquinho de Pedro", que Jesus usa para pregar (cf. Lc 5,3), ou é uma alusão à madeira da cruz, da qual é feito; é, também, referência à arca de Noé (1Pd 3,20). – A imagem oficial da Igreja no catolicismo romano foi cunhada principalmente pelas metáforas do povo de Deus, do corpo (e da noiva) de Cristo, da casa (e do templo) de Deus. Agostinho exerceu uma forte influência por meio de sua obra sobre o "Estado de Deus" (civ.), onde representa a Igreja como "colônia de peregrinos" da *Civitas Dei* celestial na terra e combina as imagens mencionadas. No século XX, no entanto, a metáfora do "corpo de Cristo" se tornou a imagem mais dominante para a Igreja, imagem esta que, ainda contemplada com ceticismo pelo Concílio Vaticano I, alcança um auge e certo encerramento na Encíclica *Mystici Corporis*, do Papa Pio XII (1943: DH 3.800-3.822). Na era pós-tridentina, essa imagem permitiu acentuações contrarreformistas: A Igreja é visível, organizada hierárquica e juridicamente (Cardeal R. Bellarmin [† 1621]); ela pode ser considerada uma instituição salvífica perfeita e exclusiva (*societas perfecta*). No século XIX, a Escola de Tübingen havia empregado essa imagem de forma semelhante, mas com um foco diferente: A Igreja é uma comunidade orgânica, de certa forma, um sistema circulatório, uma personalidade mística. No entanto, no decorrer do século XIX, ataques de fora permitiram que interpretações mais defensivas se impusessem, favorecendo a imagem da "arca", que serve como refúgio em meio ao "dilúvio da Modernidade". O "mundo" é visto como inimigo; a Igreja, como figura salvadora na forma de mãe, mestra, abrigo da salvação. As fronteiras se abrem apenas com o Concílio Vaticano II, e imagens da Igreja mais tradicionais voltam a ser empregadas (povo de Deus, noiva, mistério, comunidade orgânica). – (**3**) A fim de evitar desequilíbrios, o Concílio Vaticano II recorre conscientemente à pluralidade das imagens bíblicas (LG 5.6); no entanto, recebem uma ênfase diferente, e existem preferências: a) *A Igreja como povo de Deus*: O emprego desse título enfatiza primeiramente a dignidade fundamental e comum de todos os batizados e deve ser interpretado como sinal ecumênico: Na Igreja, todos são "leigos", ou seja, cidadãos do povo de Deus (em grego: *laos theou*) antes de qualquer diferenciação hierárquica. Todos, como povo de Deus em peregrinação, ainda estão a caminho (LG 8, passim), lembrando-se ao mesmo tempo em que existe uma continuidade entre Israel e a Igreja (em hebraico: *qahal*; em grego: *ekklesia*). O fato de, mesmo assim, a teoria da substituição (Israel é substituída pela Igreja como povo de Deus verdadeiro) exercer um papel nisso (LG 10; NA 4) é uma mancha teológica ainda não removida. Apesar disso, o concílio ressalta tanto para Israel quanto para a Igreja a eleição por Deus sem qualquer mérito precedente. b) *A Igreja como sacramento*: Em Cristo (apenas nele, pois Ele é o sacramento primordial), a Igreja cria vínculos entre os seres humanos e com Deus (LG 1). Aqui, o conceito do sacramento é empregado de modo analógico, a fim de ressaltar a visibilidade e o caráter funcional e instrumental da Igreja, que se volta conscientemente para o mundo, sem, porém, esgotar-se nele (a Igreja como *sacramentum universale* ou *sacramentum mundi*: LG 9.48). Disso resulta uma mudança na determinação relacional da Igreja Católica com outras comunidades não católicas (LG 8.15) e outras religiões ou concepções do mundo (NA 1-5; GS 1.40). Além disso, a Igreja pode ser diferenciada do mundo (independente), mas não pode ser separada dele. c) A Igreja como *communio*: Apesar de o termo em si ser empregado raramente nos documentos, representa um *leitmotiv* do Concílio Vaticano II. Ele remete à ideia neotestamentária da participação (em grego: *koinonia*; em latim: *communio*) de todos em Deus, da qual surge a comunhão (*communio*) de todos uns com os outros. Portanto, a comunhão eclesiástica não é produto de esforços humanos, mas criação de Deus mediada pelos sacramentos (LG 1.4.5) – fundamentando originalmente sem diferenciação à igualdade de todos os batizados (LG 9-17). Ao mesmo tempo, precisa ser realizada sempre de novo, pois, como a Igreja histórica, possui um caráter apenas simbólico (LG 1). Assim, porém, ela se manifesta como *communio* com Deus por meio da palavra e do sacramento, dos crentes entre si, dos bispos com o papa (*communio hierarchica*: LG *Nota praevia* 2.4) e das igrejas locais (LG 23). Após o concílio, esse conceito serviu como pensamento orientador da reforma do direito eclesiástico (Constituição Apostólica *Sacrae Disciplinae Leges*, de 1983). – (**4**) A imagem conciliar da Igreja relativiza as fronteiras confessionais até então existentes, no sentido de que a Igreja Católica Romana reconhece a *communio* já realizada, mas ainda imperfeita com as outras igrejas e comunidades eclesiásticas (LG 14s.; UR 3). Enquanto as igrejas ortodoxas recorrem às imagens da Igreja do repertório dos Padres e da Bíblia, as comunidades resultantes da Reforma assumem uma posição mais sóbria, pois veem a Igreja como instrumento e como "Igreja dos santos" oculta (M. Lutero [† 1546]), que não pode ser representada por discursos nem metáforas. – (**5**) Quem recorre a modos de fala simbólica e metafórica, não ilustra apenas, mas acessa realidades e contextos profundos de difícil descrição. Por isso, as imagens da Igreja podem e devem ser interpretadas, mas não devem ser forçadas, antes devem ser preservadas como *imagens*. Isso, porém, significa também que é necessário conscientizar-se sempre da tensão criada por representações metafóricas: Junta-se o que *realiter* não harmoniza; elas provocam e fornecem impulsos, abrem um "caminho" (J. Werbick), ampliam perspectivas, oferecem uma nova orientação e transformam internamente. As imagens devem lembrar também que a linguagem teológica é sempre insuficiente e inadequada e que os fatos por ela interpretados permanecem sempre abertos para outras interpretações, discussões e também instituições. Sob esse ponto de vista, as imagens oferecem também um potencial crítico. As descobertas da pesquisa moderna referente às metáforas podem ser úteis para a teologia dogmática.

Lit.: HÜNERMANN, P. *Kirche im Präsens*. Münster, 1995. • KASPER, W. *Theologie und Kirche*. 2 vols. Mainz, 1987/1991. • KEHL, M. *Die Kirche*. Würzburg, 1992. • NEUNER, P. *Die heilige Kirche der sündigen Christen*. Regensburgo, 2002. • MEYER ZU SCHLOCHTERN, J. *Sakrament Kirche*. Friburgo/Basileia/Viena, 1992. • WERBICK, J. *Einführung in die Ekklesiologie*. Friburgo/Basileia/Viena, 2009. • WERBICK, J. *Bilder sind Wege*. Munique, 1992. • VERWEYEN, H. *Gottes letztes Wort*. 3. ed. Regensburgo, 2000, p. 392-416. • BEINERT, W. (org.). *Kirchenbilder-Kirchenvisionen*. Regensburgo, 1995.

Johanna Rahner

Imortalidade da alma ↑ *ressurreição dos mortos,* ↑ *vida eterna,* ↑ *relação corpo-alma,* ↑ *morte,* ↑ *estado intermediário.* – Segundo 1Tm 6,16, a imortalidade é uma característica exclusiva de Deus. A teologia cristã atribui a imortalidade à alma humana como dádiva divina. – (**1**) A antropologia bíblica conhece vários conceitos para descrever o ser humano, mas estes remetem a aspectos da existência humana, não a partes de sua natureza. O conceito hebraico da alma (*nephesh*), por exemplo, designa todo o ser humano em sua vivacidade. Sob a influência helenística, a alma adquire uma autonomia maior na literatura sapiencial, que descreve o ser humano criado para a eternidade (Sb 2,23; 3,1-4; 9,15). O NT acata a imagem holística da antropologia hebraica e fala do resgate do ser humano indiviso e físico das garras da morte por meio da ressurreição de Jesus Cristo. No entanto, encontramos também aqui influências da antropologia helenística (diferenciação entre corpo e alma), mas sem atribuir à alma em si uma imortalidade salvífica (Mt 10,28 par.; 2Cor 5,1-10). – (**2**) A teologia do início do cristianismo adota a ideia helenística, defendida principalmente por Platão, da imortalidade da alma, que oferece uma solução para o problema da identidade entre o ser humano falecido e o ser humano ressuscitado. A doutrina platônica da imortalidade, porém, sofre modificações: A alma considerada divina por Platão em virtude de sua participação nas ideias é identificada pela teologia cristã (juntamente com o corpo) como criatura, que possui a imortalidade não como qualidade natural, mas apenas como dádiva da graça de Deus. A acepção platônica da preexistência da alma e de suas variantes de reencarnação pressupõe que a imortalidade não se aplica ao indivíduo humano concreto. Na concepção cristã, por sua vez, a alma só existe vinculada à singularidade de um ser humano físico; é, portanto, também "representante" de sua historicidade concreta e não pode alcançar a consumação sozinha. Mesmo assim, a Idade Média atribui à alma num estado intermediário após a morte e antes da ressurreição física de todos uma consumação provisória e individual – uma concepção um tanto problemática, pois, por um lado, ofusca que a bem-aventurança da alma se deve à ressurreição de Jesus Cristo e, por outro, suscita a pergunta sobre o que a ressurreição – a esperança verdadeira da fé cristã – ainda contribuiria para a bem-aventurança da consumação. Do ponto de vista antropológico, a visão de Tomás de Aquino († 1274) do corpo e da alma como dois princípios inter-relacionados do ser é mais apropriada. A teologia mais recente favorece uma interpretação mais dialógica do que substancial da imortalidade da alma. Existe um consenso também em relação à refutação de um dualismo entre corpo e alma e à convicção de que a suposição da imortalidade da alma não pode se desligar da esperança da ressurreição. Gera controvérsias a pergunta se o discurso da alma imortal é problemático em si mesmo e, por isso, deve ser dispensado, ou se é necessário preservar a noção da alma como portadora da continuidade e identidade pessoal também além da morte (como afirma, p. ex., J. Ratzinger). – (3) Desde a Idade Média, as afirmações sobre o destino dos mortos antes do juízo final se referem à alma (I Concílio de Lyon, 1254: DH 838; Concílio de Florença, 1439: DH 1.304-1.306); esta é expressamente compreendida como imortal (V Concílio de Latrão, 1513: DH 1.440). Mas a imortalidade é dádiva da graça (Papa Pio V contra M. Baius, em 1567: DH 1.978). Em relação às perguntas sobre o estado intermediário, um escrito da Congregação para a Doutrina da Fé, de 1979, ressalta a subsistência de um elemento espiritual após a morte como doutrina da Igreja e a vincula ao conceito da alma, a despeito da complexidade de seus significados (DH 4.653). – (4) M. Lutero († 1546) defende a imortalidade da alma, mas a interpreta de modo relacional e dialógico: Sua imortalidade não se deve à sua natureza, mas ao relacionamento fiel de Deus com o ser humano e sua vocação por meio da Palavra: Independentemente de quando e com quem Deus fale, seja na ira ou na graça, este certamente é imortal (WA 43,481,32-34). J. Calvino († 1564) defende rigorosamente a imortalidade da alma contra sua refutação na filosofia renascentista. Desde o século XX, representantes da teologia protestante têm questionado (também em oposição a uma acepção mais impertinente da imortalidade em partes da filosofia moderna) a concepção da imortalidade da alma e defendido uma "teoria da morte total", segundo a qual a morte do ser humano afeta tanto o corpo quanto a alma (K. Barth [† 1968]; E. Jüngel. *Tod*. 4. ed.,1990). Esses esboços se fundamentam em convicções especificamente protestantes: A noção (apenas indiretamente bíblica) da imortalidade da alma é uma pretensão inapropriada do homem pecaminoso, um desejo de afirmar sua realidade natural, mesmo sem a dádiva da graça. Essa crítica, porém, ignora a interpretação da imortalidade como dádiva de Deus. É também duvidoso pressupor o fim total do passado para a nova criação. – (5) Encontramos a ideia da imortalidade da alma em muitas religiões e culturas. Em face da morte, impõe-se o sentimento de que aquilo que definira um ser humano não pode ser idêntico a seu corpo em decomposição. A suposição de um princípio pessoal e espiritual, que subsiste à decadência do corpo, parece natural. Para a teologia cristã, a imortalidade da alma não representa, em si, uma concepção escatológica salvífica; esta se fundamenta na promessa da ressurreição. O motivo da imortalidade da alma é, em primeira linha, um construto que ajuda a destacar a identidade entre o ser humano morto e o ser humano ressurreto e não pode servir para minimizar a mensagem pascoal da ressurreição como mera concepção complementar. A esperança cristã se volta para o poder da ação criativa de Deus por meio da ressurreição do ser humano com alma *e* corpo.

Lit.: a) SCHERER, G.; OTT, M. & SONNEMANS, H. "Unsterblichkeit der Seele". *LThK*, 10. 3. ed., 2001), p. 432-435. • RATZINGER, J. [Bento XVI]. *Eschatologie*. 6. ed. Regensburgo, 2007, p. 90-132. b) BREUNING, W. (org.). *Seele*. Friburgo/Basileia/

Viena, 1986 [QD, 106]. • GRESHAKE, G. & KREMER, J. *Resurrectio mortuorum* - Zum theologischen Verständnis der leiblichen Auferstehung. Darmstadt, 1986. b) e c) HERRMANN, C. *Unsterblichkeit der Seele durch Auferstehung* Göttingen, 1997 [FSÖTh, 83]. • HUXEL, K. "Unsterblichkeit der Seele versus Ganztodthese?" *NZSTh*, 48, 2006, p. 341-366. • NACHTWEI, G. *Dialogische Unsterblichkeit*. Leibzig, 1986 [EthSt, 54].

Eva-Maria Faber

Indivíduo ↑ *carismas/renovação carismática,* ↑ *sociedade,* ↑ *consciência,* ↑ *imagem de Deus,* ↑ *identidade,* ↑ *relação corpo-alma,* ↑ *personalidade/pessoa.* – No contexto da constituição histórica, social e estatal da vida humana, o conceito do indivíduo visa à indivisibilidade, à singularidade e ao caráter inconfundível de todo ser humano individual. O indivíduo é marcado por responsabilidade própria, circunstâncias de vida, processos de desenvolvimento psicológico, fases de socialização e precondições genéticas. – (**1**) A singularidade de cada ser humano se fundamenta em sua criação à imagem de Deus (Gn 1,26-28). Deus chama cada ser humano pelo seu nome e usa em sua ação na história personalidades inconfundíveis que, com sua história individual, representam de modo exemplar e altruísta o povo de Israel e toda a humanidade (chamado de Abraão em Gn 12; de Moisés, em Ex 3). A ↑ liberdade e a percepção individuais e a relação com a comunidade e com Deus não representam uma oposição, fato que se manifesta principalmente na piedade salmista veterotestamentária. A visão neotestamentária de Jesus de Nazaré manifesta mais uma vez a importância da individualidade humana: Jesus se apresentou com um caráter inconfundível, serviu a Deus e ao próximo e, por meio do Evangelho, apelou à decisão livre de seus contemporâneos. O cuidado de Deus, ensina Jesus, vale para cada ser humano (Mt 6,25-32; 10,29-31), e Paulo acrescenta que o Espírito de Jesus concede múltiplos carismas e habilidades pessoais (1Cor 12). Apesar de as diferenças entre os seres humanos não terem mais nenhum significado salvífico em virtude do batismo em Cristo (Gl 3,28), elas, mesmo assim, contribuem para a diversidade, sem a qual não existiria uma unidade viva nas congregações. A mensagem pascoal do NT testifica a singularidade do indivíduo também no *eschaton*. Assim, Paulo pode afirmar que Deus dará "a cada uma das sementes o corpo que lhe é próprio" (1Cor 15,38). – (**2**) No tempo dos Padres, o termo grego *prosopon* (pessoa, em latim: *persona*) podia se referir também ao indivíduo. No estoicismo, ele qualifica o indivíduo como portador de direitos e obrigações, além de oferecer a possibilidade de identificar o portador de relações sociais. A.M. Boécio († 524) define o ser humano no sentido clássico como uma *naturae rationalis individua substantia* (substância individual de uma natureza dotada de razão); isso mostra que, já cedo, acentuava-se a individualidade insubstituível do ser humano, criando-se, porém, uma concepção do sujeito que podia ignorar a relacionalidade essencial da pessoa. Consequentemente, Tomás de Aquino († 1274) falou de uma *materia signata vel individualis* (matéria designada/designável ou individual), ligada de modo pessoal e concreto a tempo e espaço. J. Duns Escoto († 1308) reconheceu no indivíduo o *verissime ens et unum*: o ser supremamente verdadeiro e o uno. A filosofia moderna refletiu explicitamente sobre o conceito do indivíduo, incluindo em suas cogitações também a questão da individuação (o desenvolvimento do indivíduo). O Iluminismo chamou a atenção para os direitos do indivíduo frente ao Estado e à Igreja. Provocativa foi a tese de G.W.F. Hegel († 1831) segundo a qual a "astúcia da razão" reinaria no mundo e a injustiça sofrida pelo indivíduo não diria respeito à história do mundo, já que os indivíduos serviriam apenas como instrumento de seu desenvolvimento. Em reação a isso, S. Kierkegaard († 1855) colocou a existência sofrida do indivíduo no centro de seu pensamento. W. Benjamin († 1940) lembrou as vítimas individuais, facilmente esquecidas pela grande história do mundo e pelas ideologias do progresso. A filosofia dialógica ressaltou a relacionalidade do indivíduo. Segundo W. Pannenberg, o processo da formação do indivíduo parte da identidade do si mesmo, de forma que a vida do indivíduo adquire estabilidade e continuidade apenas por meio da identidade de si mesmo. Seguindo os passos de H. Krings († 2004), T. Pröpper compreende o indivíduo como uma primordialidade que se diferencia num autoconhecimento e num "ser consciente de si" [Selbst-gewusst-Sein] e que desenvolve sua identidade na base de sua peculiaridade que se manifesta justamente nessa diferença. – (**3**) O magistério trata do específico da individualidade no contexto da personalidade do ser humano. – (**4**) No debate ecumênico, a questão do indivíduo não representa um tema relevante. – (**5**) K. Rahner († 1984) reconheceu na ação individual e inconfundível do ser humano uma singularidade que não pode nem ser traduzida em proposições ou princípios universais nem subordinada a eles. Em sua liberdade, todo ser humano permanece um *individuum ineffabile* (um indivíduo inexpressável), porque Deus chama a criatura dotada de espírito pelo seu nome e dele faz o destinatário de sua autocomunicação. O ato moral, por meio do qual o ser humano responde ao chamado inconfundivelmente pessoal de Deus, ressalta a individualidade moral inexprimível de forma tão insubstituível que merece permanecer por toda eternidade. Do ponto de vista eclesiológico, isso significa que também a Igreja deve respeitar o indivíduo e sua consciência em prol da unidade na pluralidade, mesmo que isso cause conflitos. A individualidade é imprescindível também para o testemunho coletivo da fé. A teoria de J. Assmann da memória cultural (como também a ciência neurológica moderna) mostra que a memória e a lembrança são condições imprescindíveis da existência individual com consequências sociais de enorme alcance.

Lit.: ESSEN, G. "Person". ThRv, 94, 1998, p. 243-254. • HOPING, H. "Göttliche und menschliche Personen – Die Diskussion um den Menschen als Herausforderung für die Dogmatik". ThG, 41, 1998, p. 162-174. • KONERSMANN, R. "Person". IZPH, 2, 1993, p. 199-227.

Erwin Dirscherl

Indulgência ↑ *obra de penitência,* ↑ *expiação/purgatório,* ↑ *Sacramento da Reconciliação,* ↑ *pecado e culpa.* – A indulgência é uma remissão das penas temporais, que subsistem após o perdão dos pecados. Essa instituição eclesiástica só pode ser compreendida em conexão com o Sacramento da Reconciliação. Sua interpretação teológica depende da interpretação das "penas temporais", que, como consequências do pecado, continuam a existir também após a morte na expiação escatológica. Fonte de controvérsias é sobretudo a influência das instituições eclesiásticas sobre a anulação das penas temporais. – **(1)** Os escritos veterotestamentários refletem explicitamente o vínculo entre a conduta pecaminosa de um ser humano e suas consequências: A sabedoria do AT conhece numerosos exemplos para a experiência humana de que as atividades pecaminosas prejudicam de forma duradoura o convívio interpessoal: uma mentira gera desconfiança; arrogância e cobiça podem levar à ruína; a fala negativa e falsa sobre o outro causa danos à sociedade a longo prazo, que continuam a existir mesmo após o desvelamento e o perdão do pecado (cf. Eclo 20,8; 21,4; Pr 21,6; 22,8; cf. tb. 2Sm 12,10-14). A consequência penosa da ocorrência nem sempre afeta o culpado. Existe o sofrimento representativo. Já o ceticismo da literatura sapiencial refuta a noção segundo a qual uma análise do vínculo entre ato e sofrimento seria sempre possível. Os inocentes também sofrem. Essa experiência favorece a esperança humana pela justiça além do limiar da morte no juízo divino (cf. Sb 3,1-10). Nos escritos neotestamentários permanece a noção básica de um vínculo entre a conduta pecaminosa e o juízo terreno ou então celestial. Atos pecaminosos têm consequências diante de Deus e dos homens. Outro aspecto importante para a formação posterior da prática de indulgências é também a noção da comunhão dos batizados no compartilhamento das fraquezas dos membros individuais do corpo de Cristo (cf. 1Cor 12,23-27). – **(2)** O contexto histórico da evolução da doutrina da indulgência é o processo eclesiástico público da penitência, que na Antiguidade era concedido apenas uma única vez sob a imposição de severas condições de penitência à pessoa batizada que caíra no pecado. O processo previa que os penitentes (os pecadores arrependidos), após determinada a medida do seu pecado, forneceriam uma satisfação na forma de obras de penitência. Em situações concretas de ação pastoral, era possível diminuir a penitência imposta (p. ex., reduzindo-se o período de abstinência e de jejum) ou levar em conta os exercícios de penitência praticados pelos membros da Igreja. Caso o penitente morresse antes do fim do período de penitência, imaginava-se ser possível que este cumprisse a penitência restante na presença de Deus. A expiação escolástica é, portanto, em sua origem, uma concessão pastoral na qual influíram reflexões fundamentais sobre a misericórdia de Deus com os pecadores. Até a virada do primeiro milênio, a reconciliação dos penitentes só era celebrada após a conclusão da obra de penitência, uma vez ao ano, na Quinta-feira Santa. Visto que muitas vezes os trajetos eram penosos, era comum os penitentes, após terem professado sua confissão e cumprido a penitência, não comparecerem novamente para a celebração da reconciliação. Assim, desenvolveu-se a prática de, sob a condição de cumprirem a penitência, conceder-lhes antecipadamente a reconciliação e a absolvição. Nesse processo gradual da reconciliação dos penitentes com Deus, celebrada dentro do espaço da Igreja, o conceito da indulgência, relacionado ao da absolvição, designava originalmente a remissão de parte da penitência imposta pela Igreja. Esse recalque, ocorrido por volta da virada do milênio, da penitência em prol da reconciliação, celebrada sob certas ressalvas, abriu o caminho para uma crescente autonomia da obliteração das penas temporais. Juntou-se a isso a noção segundo a qual, graças ao poder de ligar e desligar dos bispos e do papa, sua oração intercessória pelos pecadores seria mais eficaz. Logo, foi selada por epístolas e, com a autoridade eclesiástica, conferida aos penitentes (inicialmente, como remissão apenas da penitência eclesiástica), de certa forma como aliviamento das condições de penitência. Essas podiam ser completamente retiradas caso um penitente demonstrasse de outro modo uma disposição motivada pela fé, por exemplo, ao participar de uma cruzada. As cruzadas são consideradas a origem da indulgência plena no século XI: O Papa Urbano II considerava a disposição voluntária de participar de uma cruzada uma penitência suficiente para todas as penas temporais. Apenas a partir dos meados do século XIII, a Igreja adotou a prática comum de conceder explicitamente a indulgência também aos mortos dentro do processo da expiação. A noção de um "tesouro eclesiástico" (as boas obras de Jesus Cristo e dos santos), do qual os responsáveis da Igreja dispunham em prol dos necessitados, foi inicialmente vista como expressão da solidariedade representativa com os penitentes; isso, no entanto, nutriu também a ideia segundo a qual um ser humano podia se servir dos méritos alheios, sem um arrependimento próprio, dado que possuísse os meios materiais necessários. – (3) Nas comunidades reformadas, que viam a instituição eclesiástica com olhos críticos (J. Wyclif [† 1384] e J. Hus [† 1415]), a prática da indulgência se tornou motivo de oposição já antes do século XVI, o que provocou reações correspondentes do magistério (DH 1.266-1.268). Na situação conflituosa do século XVI, a Igreja Católica considerava a defesa do *status quo* um desafio imposto pelo tempo. Já pouco tempo após a publicação das teses de Martinho Lutero († 1516), alguns círculos romanos tentaram justificar a legitimidade de sua prática (DH 1.447-1.449). Em 1563, o Concílio de Trento apresentou um "Decreto sobre as indulgências" (DH 1.835). O combate aos abusos (arrecadação de dinheiro que explorava o medo de uma punição divina; o obscurecimento da misericórdia de Deus; a elevação da autoridade eclesiástica acima do juízo divino) era considerado uma tarefa urgente. O texto apresentado na fase final do Concílio Vaticano II sobre a prática da indulgência não obteve uma maioria. Após o Concílio, as forças que, durante o Concílio, haviam defendido uma renovação fundamental da prática da indulgência (principalmente com base em B. Poschmann [† 1955] e K. Rahner [† 1984]) não conseguiram prevalecer na Teologia Católica Romana. O texto do concílio foi incluído praticamente sem alterações na Constituição Apostólica *Indulgentiarum Doctrina*, promulgada em 1967 pelo Papa Paulo VI (NR 690-692). A recepção teológica criticou a confirmação do efeito da indulgência conferida por uma decisão autoritária da Igreja. Ao mesmo tempo, aplaudiu-se a abolição do concedimento da indulgência em unidades de tempo (desde então, é considerada lícita apenas a distinção entre uma indulgência parcial e uma indulgência plena). Paulo VI mostrou-se basicamente aberto à noção das penas temporais como consequências do pecado. Essa visão básica caracteriza também as determinações jurídico-eclesiásticas sobre a indulgência (CIC/1983 cân. 992-997). Em 1998, o Papa João Paulo II, em seu escrito *Incarnationis mysterium*, lembrou a antiga prática eclesiástica da indulgência jubilar em vista do Ano Santo de 2000. Enfatizou em sua reflexão teológica sobretudo a questão dos efeitos sociais mundiais da culpa. – (4) Para Lutero, o abuso da prática da indulgência representava um ponto de referência importante para o desenvolvimento de sua posição teológica e eclesiológica. Duas convicções fundamentais de Lutero se solidificaram em vista da prática da indulgência: 1) Apenas a fé confiante no Deus misericordioso, que revelou em Cristo Jesus o fato de salvar da morte os pecadores como seres permanentemente pecaminosos, pode conferir a certeza da salvação. O tesouro verdadeiro da Igreja é o Evangelho da graça de Deus. 2) A penitência pessoal e existencial não pode ser substituída por obras externas. Em sua apologia à *Confessio Augustana* (ApolCA 12), Felipe Melâncton († 1560) fundamentou argumentativamente a refutação luterana da prática da indulgência com sua observação sobre a impossibilidade de justificar a indulgência com base nas Escrituras. As negociações durante o *Reichstag* de Augsburgo, em 1530, conseguiram obter ao menos uma delimitação esclarecedora da problemática: A indulgência – como também a penitência – só é efetiva no âmbito das *penas*, mas não no âmbito da *culpa*. João Calvino († 1564) situou sua crítica aguçada à prática da indulgência no contexto cristológico e soteriológico: a tradição confessional reformada considera os méritos humanos, dos quais a Igreja dispõe de modo autoritário, um questionamento inaceitável da ação salvífica exclusiva de Deus em Cristo Jesus. A temática da indulgência provocou novas discussões por ocasião da assinatura da *Declaração conjunta sobre a doutrina da justificação* (1999) e da proclamação do Ano Santo de 2000 com sua promulgação de uma indulgência. Um consenso ecumênico só será possível se também a prática da indulgência deixar claro que a indulgência não é um substituto para o processo pessoal do arrependimento e da penitência. – (5) Os teólogos católicos romanos conseguiram desenvolver uma visão claramente nova da prática da indulgência apenas no século XX. A pesquisa da história da penitência fez uma contribuição importante para isso. Um teólogo que seguiu um caminho diferente na descrição das penas foi K. Rahner. Retomou um pensamento formulado já por Agostinho († 430) e Tomás de Aquino († 1274) e cujos traços podem ser encontrados na teologia penitencial do Concílio de Trento: Existem *reliquiae peccati* (restos do pecado) que subsistem como consequências do pecado também após o perdão na absolvição e que prejudicam o convívio dos seres humanos. Apesar de suas limitações, continua válido o pensamento segundo o qual Deus poderia ter instaurado a ordem mundial de tal modo que as criaturas pudessem ser chamadas para o arrependimento pelas consequências de seus próprios atos maus. Nesse caso, as penas já não apresentam mais um caráter vingativo; não visam a uma compensação de um mal por outro, antes têm um efeito terapêutico: elas nos tornam sensíveis para o dano causado ao convívio por nós mesmos e despertam a disposição para um novo começo; causam o arrependimento verdadeiro. A partir dessa acepção, porém, já não é mais possível defender a noção de que as consequências perceptíveis do pecado na vida humana possam ser afastadas – diária e plenamente – pela assistência oficial da Igreja. Uma dispensa autoritária de um sofrimento existencial não pode ser justificada teologicamente. Mais promissoras são as abordagens que situam a prática da indulgência no horizonte do enlaçamento culposo do ser humano e do distúrbio de toda a ordem da criação e que descrevem a dimensão escatológica das consequências do pecado (O. Fuchs). Valioso é também o pensamento do sofrimento representativo causado pelas consequências do pecado. Essa é uma experiência que dificilmente pode ser vinculada à noção da concessão intercessória de uma indulgência aos mortos.

Lit.: a) SATTLER, D. "Ablass-Streit in neuer Zeit". *Cath(M)*, 54, 2000, p. 14-38. b) RAHNER, K. "Bemerkungen zur Theologie des Ablasses". *KRSW*, 11, 2005 p. 471-491. • VORGRIMLER, H. *Busse und Krankensalbung*. 2. ed. Friburgo/Basileia/Viena, 1978, p. 203-214 [HDG, 4/3]. c) BRANDT, R. *Lasst ab vom Ablass – Ein evangelisches Plädoyer*. Göttingen 2008.

Dorothea Sattler

Inerrância ↑ *epistemologia (teológica)*, ↑ *fundamentalismo*, ↑ *Escritura Sagrada*, ↑ *hermenêutica*, ↑ *inspiração*. – Na teologia, a inerrância designa a infalibilidade ou ausência de equívocos na Escritura Sagrada em consequência de sua inspiração. – (1) Segundo a convicção cristã, os escritos bíblicos foram registrados sob a inspiração do Espírito Santo (2Tm 3,16), do qual resulta sua inerrância. A justificativa bíblica para a inspiração é, portanto, ao mesmo tempo a justificativa para sua inerrância. – (2) A doutrina segundo a qual a Escritura Sagrada tem Deus como seu autor (*auctor*) faz parte das convicções já da Igreja antiga. Seu contexto vital é o conflito com o maniqueísmo. Nos *Statuta ecclesiae antiqua* (séculos V/VI), determinou-se pela primeira vez oficialmente: Deus é *auctor* da Escritura Sagrada (DH 325). Ao pensamento do *auctor* vinculava-se a pretensão de verdade bíblica. Recorreu-se ao seguinte silogismo: Deus é *auctor* da Escritura Sagrada, Deus é a verdade, portanto: Deus não pode ser o *auctor* de um equívoco, portanto: a Escritura Sagrada é *sine ullo errore* (sem qualquer equívoco). Na Modernidade, diversas descobertas científicas e arqueológicas passaram a questionar a inerrância – entrementes reduzida ao problema da ausência de equívocos –, pois várias proposições pareciam insustentáveis (p. ex., a visão geocêntrica do mundo; o ↑ monogenismo etc.). Além disso, a exegese histórico-crítica demonstrou a influência de religiões e ideologias de outros povos sobre a Escritura Sagrada e os longos processos evolutivos dos textos bíblicos. Quanto mais, porém, a inspiração e a inerrância da Escritura Sagrada eram questionadas, mais veementemente foi a defesa da neoescolástica nos séculos XIX e XX; isso, no entanto, ocorreu com uma delimitação do texto e do conteúdo do pensamento da inspiração. Apenas o Concílio Vaticano II foi capaz de dissolver o forte vínculo entre a inerrância e a ausência de equívocos, pois indagou primariamente o sentido interno da verdade inerrante. Portanto, a inerrância não se refere a proposições profanas, mas exclusivamente à verdade salvífica como intenção verdadeira da Bíblia. – **(3)** No século XIX, o magistério eclesiástico enfatizava – contra todas as contestações e limitações – a doutrina da ausência absoluta ou total de equívocos na Escritura. Nas palavras do Concílio Vaticano I: A Igreja considera os livros da Escritura Sagrada "como sagrados e canônicos" não só "porque contêm a revelação sem equívoco, mas também porque, escritos por inspiração do Espírito Santo, têm Deus como seu autor e foram entregues como tais à própria Igreja" (DH 3.006). Após o concílio, a neoescolástica desenvolveu a chamada teoria do *sine ullo errore* (ausência total de equívocos na Escritura Sagrada), confirmada também pelo Papa Leão XIII em sua Encíclica bíblica *Providentissimus Deus*, de 1893 (DH 3.292). De modo semelhante, mas cada vez mais diferenciado, pensavam também Bento XV (*Spiritus Paraclitus* [1920]: DH 3.652-3.654: distanciamento de argumentos contrários) e Pio XII (*Divino Afflante Spiritu* [1943]: DH 3.826, critérios do magistério, da doutrina dos Padres e da *Analogia fidei* precisam ser respeitados na exegese). No Concílio Vaticano II, a acepção da inspiração no sentido da teoria do *sine ullo errore* não pôde mais ser sustentada: Os livros da Escritura Sagrada "ensinam com certeza, fielmente e sem erro a verdade que Deus, *para nossa salvação*, quis que fosse consignada nas sagradas Letras" (DV 11). A pretensão de verdade da Bíblia só é válida em termos soteriológicos (ausência relativa de equívocos). Essa compreensão suspendeu as precondições, na base das quais, por exemplo, Galileu († 1642) havia sido condenado. – **(4)** Na doutrina da inerrância, refletem-se as diferentes concepções confessionais da inspiração. Quando o protestantismo afirmava a *inspiração verbal*, ressaltava-se também a inerrância absoluta da Escritura, assim, por exemplo, na ortodoxia luterana. Hoje, nenhuma igreja cristã ainda ensina a ausência absoluta de equívocos. Uma concepção indiferenciada da inerrância e, vinculada a esta, um biblicismo são características de correntes fundamentalistas. – **(5)** Inegavelmente, a Escritura Sagrada contém não só imperfeições e obscuridades, mas até contradições (p. ex., representações divergentes do Pai-nosso, das bem-aventuranças, dos relatos da ressurreição) e equívocos (segundo Lv 11,6, a lebre é um ruminante; a citação de Jeremias em Mt 27,9 é, na verdade, uma citação de Zacarias; o destino de Judas em Mt 27,3-10 em comparação com At 1,15-20 etc.). Trata-se aqui de interpretações humanas. A doutrina da Igreja sobre a Escritura Sagrada não afirma que esta exclui qualquer equívoco ou imperfeição; no entanto, diz que Deus, que é a verdade e, por isso, não pode errar ou enganar, é seu *auctor* e que, por isso, a autocomunicação de Deus testemunhada na Escritura Sagrada *para a salvação do homem* pode ser considerada absolutamente confiável e verdadeira. Mas quando a inerrância diz respeito a verdades que foram registradas para a salvação humana, isso não significa que a "verdade salvífica", no sentido de um objeto material, possa ser usada contra informações sobre verdades teóricas (p. ex., 1Tm 5,23; 2Tm 4,13.20; Tt 1,12s.; Fl 2,23), o que dividiria a Bíblia inevitavelmente em partes inspiradas e livres de equívocos e partes não inspiradas, expostas à possibilidade do equívoco. O termo "verdade salvífica" deve ser compreendido como objeto formal da inspiração da Escritura: Todas as partes da Bíblia precisam ser lidas em vista de Deus e da redenção; a Bíblia é uma unidade como um todo e mensagem salvífica como um todo.

Lit.: a) HOLTHAUS, S. (org.). *Die Unfehlbarkeit und Irrtumslosigkeit der Bibel*. Hammerbrücke, 2003. b) LOHFINK, N. "Über die Irrtumslosigkeit und Einheit der Schrift". *StZ*, 174, 1964, p. 161-181. c) ZIMMERLI, W. "Biblische Theologie. I. Altes Testament". *TER*, 6, 1980, p. 426-455.

Christoph Böttigheimer

Infalibilidade ↑ *epistemologia (teológica)*, ↑ *fé*, ↑ *senso de fé dos crentes*, ↑ *Escritura Sagrada*, ↑ *Igreja*, ↑ *magistério eclesiástico*, ↑ *concílio*, ↑ *papa*, ↑ *sínodo/sinodalidade*, ↑ *teologia*, ↑ *tradição*, ↑ *verdade da fé*. – A infalibilidade (em latim: *infallibilitas*) designa, na acepção teológica, a convicção segundo a qual a Igreja e alguns membros específicos são incapazes de se desviar completamente da verdade íntima da fé em sua doutrina e conduta (*in rebus fidei et morum*). É consequência de seu propósito de proclamar a verdade de Deus para a salvação do ser humano sob a orientação do Espírito Santo. Critérios epistemológicos são a consonância e o consenso entre as instâncias de testemunho da fé (Escritura Sagrada, tradição apostólica, magistério eclesiástico, teologia científica e o senso de fé dos fiéis). – (**1**) Os autores neotestamentários desconhecem o termo, mas conhecem o tema: Certos da indestrutibilidade (*indefectibilitas*) da Igreja em virtude de sua qualidade como povo de Deus, corpo de Cristo e templo do Espírito Santo (↑ imagens da Igreja) (cf. Mt 16,18; 18,20; Jo 16,13), eles a veem como "coluna e fundamento da verdade" (1Tm 3,15) e a si mesmos como seus proclamadores (1Jo 2,21s.; 4,2.22). Como "mestres das nações, na fé e na verdade" (1Tm 2,7), não podem (diante do perigo do anticristianismo: cf. os textos mencionados) expressar o errado, mas apenas o Evangelho de Cristo (cf. Gl 1,6-12). Paulo faz uma distinção muito clara entre esse Evangelho da verdade e suas próprias opiniões doutrinais, que têm certa autoridade, mas não reivindicam uma normatividade última (1Cor 7,25-38). – (**2**) O desejo de definir a pura verdade da fé resultou – já no NT – do surgimento de *theologumena* considerados heterodoxos. A Igreja antiga procurou chegar a essa verdade de modo colegial por meio de sínodos e concílios, cujos participantes se viam como testemunhas da fé (diacrônica que remetia aos apóstolos) de sua igreja local e que acreditavam poder reconhecer de forma normativa a verdade da fé por meio da comparação (sincrônica) com a fé das outras igrejas locais (DH 265); os defensores de outras opiniões não podiam, então, reivindicar um lugar na comunidade da fé (*anathema*, excomunhão). A verdade da fé se fundamenta, portanto, no testemunho universal – em termos temporais e locais – da Igreja (Irineu, haer. 3,4,1; Vicente de Lérins, Commonit. 2,3). Desde o século IV, os bispos romanos reivindicam, com recurso à dupla apostolicidade (os túmulos de Pedro e Paulo em Roma) e a Mt 16,18ss., uma autoridade universal especial para suas declarações doutrinais. No século XIII, Pedro Olivi († 1298) concretiza essa reivindicação como infalibilidade em assuntos de fé e moral. Desde então, discute-se vividamente se a razão da infalibilidade papal seria a infalibilidade da Igreja universal, ou vice-versa. A ameaça do conciliarismo (o concílio está acima da autoridade doutrinal do papa) e da restauração e do secularismo provocou um fortalecimento do centralismo romano e a exigência da dogmatização da infalibilidade papal (J. de Maistre [† 1821], *Du Pape*, 1819). – (**3**) O Concílio Vaticano I cumpriu essa exigência ao atribuir ao bispo romano, sob condições relativamente restritivas, "aquela infalibilidade com a qual o Redentor quis que estivesse munida a sua Igreja quando deve definir alguma doutrina referente à fé e aos costumes". Essas definições são irreformáveis (DH 3.074). Apesar do vínculo explícito com a Igreja universal (cf. tb. DH 3.069 para o passado), estabeleceu-se após o concílio a tendência de uma "infalibilização latente", ou seja, uma extensão da autoridade doutrinal papal a um máximo de sentenças "definitivas". O Concílio Vaticano II, porém, volta a integrá-la à infalibilidade da Igreja como um todo (LG 12: DH 4.130s.; LG 17: DH 4.141; LG 25: DH 1.449s.), que é vista como autoridade primária, que se articula no senso de fé (DH 4.130 = LG 12). A infalibilidade referente à doutrina se estende também ao colégio dos bispos nos casos em que, juntamente com o papa, apresenta – num concílio ou num ato extraconciliar – uma doutrina como "definitivamente obrigatória (*definitive tenendam*)" (LG 25: DH 4149). O CIC/1983 resume a doutrina conciliar em cân. 749, § 1-3. O § 3 constata: "Nenhuma doutrina deve considerar-se infalivelmente definida, a não ser que tal conste manifestamente". A ciência do Direito Canônico cita como pré-requisitos dessa certeza a explicitude, o formalismo e o formulismo linguístico (DEMEL, S. *Handbuch*, p. 444). Baseando-nos nesses critérios, constatamos, desde 1870, um único caso em que o papa empregou a infalibilidade: o dogma da ascensão de Maria para o céu (Pio XII, 1950: DH 3.903 ↑ ascensão de Maria para a glória de Deus). Para uma avaliação correta da infalibilidade do papa, devemos recorrer ao discurso do Bispo V. Gasser no Concílio Vaticano I (11 de julho de 1870: Mansi 52,1024 – 1230D) como interpretação autêntica das declarações conciliares. Segundo ele, a infalibilidade é prevista para situações de emergência eclesiástica (rompimento da unidade da Igreja), não é, portanto, elemento cotidiano da execução do ofício do papa. – (**4**) Todas as igrejas e congregações não católicas romanas concordam em sua refutação clara da infalibilidade do papa, defendem, porém – pelo menos implicitamente – a infalibilidade da Igreja, que se fundamenta na normatividade da Escritura Sagrada e da tradição e, portanto, na verdade, refutando assim todas as doutrinas que não concordam com estas e compreendendo as doutrinas próprias como relevantes para a salvação. Na acepção ortodoxa, nenhuma instituição ou pessoa individual é infalível, mas apenas a Igreja como um todo. Os concílios ecumênicos também são infalíveis apenas após serem aceitos pelos fiéis. Segundo a doutrina reformada, a Igreja, que vive e se desenvolve sobre o solo da Escritura Sagrada, se encontra infalivelmente na verdade, pois assim obedece à Palavra do Deus que não erra nem se engana. Segundo M. Lutero ([† 1546] de *servo arbitrio*: WA 18,649), a fé é preservada na Igreja a despeito de qualquer cisma. Em tempos mais recentes, o diálogo entre luteranos e católicos tem testemunhado aproximações na base do reconhecimento de um serviço da Igreja universal em prol da verdade e da unidade dentro de uma Igreja que se compreende, também em questões doutrinais, como corpo comunial fundamentado na Bíblia (estudo *Communio sanctorum*, de 2000, n. 195-198). – **(5)** Razão e fundamento da infalibilidade da Igreja é a determinação de Deus de se revelar ao ser humano em prol de sua salvação e de empregar a Igreja para tal fim. Essa autocomunicação ocorre sob o signo da verdade, já que Deus não pode enganar nem a si mesmo nem a outra pessoa. Para que essa infalibilidade possa ser eficaz, a Igreja como um todo e em todas as suas partes precisa da determinação e capacidade de proclamar a palavra e a vontade de Deus sem erros (CIC/1983, cân. 747). Assim, todo cristão batizado participa da infalibilidade. Ela se condensa e se torna fértil para o futuro nas instâncias de testemunho da fé (*loci theologici*, acima mencionados). Em sua concordância e complementação, estas são os critérios que permitem reconhecer a verdade íntima da fé. Nesse processo, cabe uma atenção especial ao magistério eclesiástico do papa e dos bispos, pois compete a eles em situações precárias a determinação última da fé para gerar a paz; sem essa possibilidade, a permanência da Igreja na verdade não pode ser garantida. Como as outras instâncias da atualidade (teologia e senso de fé), ele, com sua autoridade definitiva, é incapaz de proclamar algo diferente da fé infalível da Igreja universal. Mas já que a fé é sempre maior do que sua expressão linguística e proposicional, que é inevitavelmente determinada pela situação e pelo contexto, as decisões doutrinais apresentadas como infalíveis devem sempre ser analisadas criticamente em relação às suas justificativas (circunstâncias históricas, intenção proposicional, posição na ↑ hierarquia das verdades e no contexto geral da fé). Representam sempre apenas marcos no caminho da Igreja ao longo do tempo; como tais, porém, são imprescindíveis e precisam ser sempre integrados aos contextos vindouros maiores.

Lit.: BEINERT, W. *Kann man dem Glauben trauen? – Grundlagen theologischer Erkenntnis*. Regensburgo, 2004. • DEMEL, S. *Handbuch Kirchenrecht*. Friburgo/Basileia/Viena, 2010. • HÜNERMANN, P. *Dogmatische Prinzipienlehre*. Münster, 2003. • KLAUSNITZER, W. "Wie bleibt die Kirche in der Wahrheit". *ZKTh*, 123, 2002, p. 18-41. • POTTMEYER, H.J. "Das Unfehlbarkeitsdogma im Streit der Meinungen". In: LEHMANN, K. (org.). *Das Petrusamt*. Munique/Zurique, 1982, p. 89-109.

Wolfgang Beinert

Inferno ↑ *descida de Cristo ao submundo,* ↑ *vontade salvífica universal de Deus,* ↑ *apocatástase,* ↑ *liberdade,* ↑ *juízo,* ↑ *diabo.* – Designamos como inferno o estado escatológico da perdição, no qual o pecador se encontra quando abandona Deus definitivamente. – **(1)** As afirmações veterotestamentárias sobre o vale de *Hinnom* (Js 15,8; Jr 19,6) e a *scheol* hebraica representam o ponto de partida para as proposições do início do judaísmo sobre o inferno do fogo (*gehenna*), um lugar de punição para os pecadores. Outro motivo é o submundo, que abre sua boca (Is 5,14). Na proclamação de Jesus, como também na parênese neotestamentária (de forma concentrada em Mateus), a adoção dessas concepções representa um meio de exemplificar a seriedade da decisão para a qual a mensagem do Deus salvífico e misericordioso nos chama. Assim, demonstra-se como é importante viver de forma atenta e sincera no aqui e agora, pois o objetivo da vida pode não ser alcançado, caso no qual só restarão choro e ranger de dentes (Mt 8,12 par.). A negatividade dessa possibilidade é ressaltada por concepções sombrias: tormento no fogo (Mt 3,12 par.; 5,22; 18,8s.); mar de fogo (Ap 20,10.14s.); o verme que não morre (Mc 9,47s. com referências a Is 66,24). O ponto mais doloroso é a exclusão do banquete nupcial, símbolo da salvação (Mt 22,1-4 par.; 25,1-13). Na história da teologia, o discurso sobre a descida de Jesus aos "espíritos na prisão", aos mortos (1Pd 3,19s.; 4,6), porém, também justifica a esperança de que o Evangelho de Deus pode ser eficaz até mesmo no espaço da perdição aparente. Na avaliação das afirmações bíblicas sobre o inferno, deve-se observar a) que a possibilidade do inferno não é afirmada de forma simétrica e igualitária ao lado das boas-novas; e b) que encontramos aqui material da história das religiões, sobre o qual o contexto geral do NT lança uma nova luz. – (2) Desde o início da história da teologia, a possibilidade de uma perda definitiva da salvação é confirmada e ilustrada por meio da literatura apócrifa. O Bispo Melito de Sardes († por volta de 180), referindo-se à descida de Jesus ao reino dos mortos, confere um acento positivo às concepções do inferno de seu tempo: Todo poder das sombras é assim derrubado. Enfatiza-se, porém, concomitantemente contra a doutrina da apocatástase, a eternidade dos castigos (físicos e espirituais) do inferno. Na teologia latina, sobretudo com Agostinho († 430), as proposições sobre o inferno recebem um peso muito grande e são usadas como ilustrações ameaçadoras em advertências morais. Grande influência veio a exercer a convicção intransigente de Agostinho segundo a qual apenas poucos seres humanos seriam salvos da *massa damnata* pela misericórdia desmerecida de Deus, enquanto todos os outros se perderiam justamente (ep. 190,9-12). Aos olhos do bispo de Hipona, o inferno como castigo justo faz sentido também pelo fato de enfatizar a beleza e a ordem por meio do contraste (civ. 11,19.22s.; 21,12). Os cenários infernais cultivados ao longo da história da teologia e da piedade ocidentais e nutridos pela literatura visionária servem como advertência, mas seus traços sádicos levantam a suspeita de que surgiram também de um desejo de vingança. Com o esvaecimento dos objetivos parenéticos, surgem especulações objetivantes sobre a suposta natureza do inferno. A tese que já surgira no âmbito judaico segundo a qual o inferno seria criado por Deus (na opinião de alguns até mesmo antes do mundo) é popularizada e incluída, por exemplo, na *Divina comédia*, de Dante ([início do século XIV] Inferno 3, canto). Por vezes, o motivo do inferno serve como contraste à glória do céu. No tempo do Iluminismo, criticam-se todos os desejos de vingança, a imagem correlacionada de um Deus vingativo e as especulações sobre os castigos do inferno. Em vez disso tudo, surge a pergunta se um castigo eterno é compatível com a misericórdia de Deus, e a apocatástase volta a ser discutida. A partir do início da escolástica, a teologia encontra uma forma amenizada da exclusão da salvação no limbo (antessala do inferno sem contemplação de Deus, mas também sem castigos) para crianças que morreram sem o batismo (*limbus puerorum*) e para os justos do AT e os gentios pios. A teologia mais recente enfatiza que o inferno não foi preparado por Deus, antes se deve à decisão livre do ser humano e é, portanto, a autoexclusão da salvação (assim o Catecismo da Igreja Católica, 1033). O pessimismo salvífico agostiniano passa por uma revisão na base das posições da salvação universal do Concílio Vaticano II. H.U. von Balthasar († 1988) defendeu com muito vigor o direito de "nutrir a esperança para todos os seres humanos, afirmando ao mesmo tempo em que não nos vemos obrigados a efetuar o passo de partir das ameaças à afirmação de um inferno ocupado por nossos irmãos e irmãs, coisa que destruiria nossas esperanças" (*Diskurs*, p. 25). – (3) Provavelmente devido a formulações ocidentais (documentadas primeiramente por volta de 404), o *Apostolicum* passa a incluir a profissão da chamada "descida ao inferno" de Jesus (DH 16; 27-30). A noção de um castigo eterno é incluído nos textos dos credos a partir do século V (Credo Pseudo-atanasiano. *Quicumque*, século V: DH 76; IV Concílio de Latrão, de 1215: DH 801). Contra a acepção de Orígenes de castigos temporalmente limitados, afirma-se a eternidade do inferno (Sínodo de Constantinopla, de 543: DH 411). Em virtude da diferenciação entre juízo individual e juízo universal, pressupõe-se o início do castigo do inferno já imediatamente após a morte (BENTO XII. Bula *Benedictus Deus*, de 1336: DH 1.002). O *limbo* também é mencionado em textos do magistério (indiretamente por meio do discurso sobre os "castigos desiguais" no Concílio de Lyon, de 1274: DH 858; explicitamente na Constituição *Auctorem Fidei*, de 1794, de Pio VI: DH 2.626; cf. tb. DH 780). Com a doutrina da possibilidade de salvação de pessoas não batizadas (LG 16; GS 22), o Concílio Vaticano II cria um novo quadro de referências para a fala sobre a perdição eterna. O Catecismo da Igreja Católica confia as crianças falecidas sem batismo à misericórdia de Deus e espera sua salvação (n. 1261). Em 2007, o Papa Bento XVI aprovou a refutação da doutrina do *limbus puerorum* pela Comissão Internacional de Teólogos. – (4) A tradição protestante acata a doutrina tradicional do inferno (cf. a adoção do credo *Quicumque* em BSLK 28-31; CA 17: BSLK 72; Catecismo de Heidelberg, 52ª pergunta) como também a doutrina da descida ao inferno de Cristo, pela qual o diabo é vencido e o inferno é destruído (Fórmula de Concórdia 9: BSLK 1.049-1.053). – (5) A reflexão sistemática sobre o inferno tem a obrigação de problematizar os modos históricos da fala sobre ele. Isso diz respeito, por exemplo, à tese do inferno criado (o que faria de Deus o criador de um lugar da perdição), às descrições de Deus e de Jesus Cristo como vingador como também à noção segundo a qual os tormentos infernais dos condenados contribuem para a alegria dos salvos. Seria problemático também representar a perdição definitiva como consequência linear e implacável de uma vida malsucedida. Isso ignoraria o fato de que a escatologia cristã é mais do que uma crença estendida ao além na lei de causa e efeito. Suas proposições sobre o inferno estão sujeitas à tensão entre a confiança na vontade salvífica universal e a misericórdia de Deus (1Tm 2,4) e o respeito de Deus diante da liberdade humana. O pecador se perde definitivamente se ele se recusar a se abrir para o amor curador e relacional de Deus. No entanto, se o inferno é fundamentado na decisão negativa da liberdade humana, resta a pergunta se essa responsabilidade não é grande demais para ela. Mas mesmo em face da autorrecusa da liberdade, podemos esperar, em vista da vontade salvífica universal de Deus em Jesus Cristo, que a bondade paciente e salvífica de Deus consiga romper mais uma vez o enrijecimento negativo, de forma que o inferno, que se abre com o abandono de Deus, não se transforme em destino definitivo.

Lit.: a) PAUS, A. et al. "Hölle". *LThK*, 3. 3. ed., 1996, p. 230-236. b) VON BALTHASAR, H.U. *Kleiner Diskurs über die Hölle*. 2. ed. Einsiedeln, 2007. b) e c) SCHULZE, M. *Ist die Hölle menschenmöglich?* Friburgo/Basileia/Viena, 2008. • VORGRIMLER, H. *Geschichte der Hölle*. 2. ed. Munique, 1994.

Eva-Maria Faber

Início ↑ *causalidade*, ↑ *contingência*, ↑ *cosmologia*, ↑ *criação*, ↑ *narrativas da criação*, ↑ *criacionismo e ciência natural*. – O ser humano tem um início e, por isso, o indaga: seu início pessoal (ontogênese), o início da espécie humana (filogênese), o início da vida e, também, o início de tudo que é. Todo início verdadeiro é algo especial, não só como início numérico de uma série, mas também por ser algo diferente da série, algo que provoca e determina a série de estados e desenvolvimentos que o sucedem. Mas todos os inícios que o ser humano pode vivenciar são, por sua vez, predeterminados e remetem, pelo menos no modo investigativo, ao início ou iniciador incondicional. Se não afirmarmos a eternidade daquilo que é, ou seja, que não existe início nem fim absolutos, precisamos indicar então quem ou o que é a condição de possibilidade desse início primordial. – (**1**) A Escritura Sagrada do AT (Gn 1,1) começa com as palavras: "No (ou: como) início, Deus criou [...]". Tudo surge da palavra inicial criadora de Deus, de sua potência espiritual. O Evangelho de João no NT (Jo 1,1ss.) adota essa convicção e começa com a oração sobre Jesus Cristo: "No início era o Verbo [...] e o Verbo era Deus". Sem dúvida alguma, uma teologia que se baseia na Escritura Sagrada vê em Deus (em Pai, Filho e Espírito) o *creator* do início primordial. Jesus, como "o primeiro dos que morreram" (1Cor 15,20.23) é a personificação do início da nova criação como resultado da ressurreição e, ao contrário do primeiro Adão, que foi sujeito à morte, é chamado de "último Adão", que conduz da morte para a vida. O último livro da Escritura Sagrada, o Apocalipse, coloca, com intenção teológica, as seguintes palavras na boca de Jesus: "Sou o alfa e o ômega, o primeiro e o último, o início e o fim" (Ap 22,13). – (**2**) De acordo com a concepção cristã da criação, o início inaugurou também o tempo (Agostinho [† 430]). Essa acepção se opõe aos conceitos neoplatônicos e aristotélicos da eternidade do mundo. João Filopono († 575) se volta contra Proclo e Aristóteles com dois panfletos "Sobre a eternidade do mundo". Tomás de Aquino († 1274) demonstra contra o aristotelismo heterodoxo a necessidade lógica da posição cristã (*De aeternitate mundi*). Encontramos reflexões semelhantes nos comentários bíblicos e nas homilias de outros autores medievais (Boaventura [† 1274] Coll. Hex.). – (**3**) Condenações locais parisienses de 1270/1277 refutam a tese da eternidade do mundo. O Papa Pio XII faz o mesmo em sua Encíclica *Humani Generis*, de 1950 (DH 3.890). O magistério eclesiástico enfatiza o postulado de um início por meio de Deus, o Pai (Catecismo da Igreja Católica, 279-285; 295-297), em oposição às tendências históricas e contemporâneas de compreender o mundo como fenômeno casual. – (**4**) e (**5**) A singularidade inicial do cosmo (*Big-Bang*) não pode ser "alcançada" com meios físicos (devido ao muro de Planck). E, certamente, o início absoluto não é algo que o ser humano possa observar e medir, antes é sua própria origem inalcançável e imutável que determina de forma duradoura o ser humano e tudo que é. O cristão identifica esse início primordial de efeito duradouro como obra de Deus. Mesmo no caso de alguém negar qualquer início e fim e alegar um "retorno eterno" (F. Nietzsche) com recurso a uma eternidade de tudo que é, existe nisso uma dinâmica de mudança como "retorno eterno" do mesmo, não da mesma coisa, e assim um antes e depois, um tipo de tempo cíclico. Não precisaria essa ciclicidade aparentemente sem início ser vista como resultado de um início primordial que a determina? O início não é a postulação de um produto pronto a ser conservado; o Deus que determinou o início "cria um mundo que se cria" (Pierre Teilhard de Chardin [† 1955]). Isso vale para o mundo inanimado e animado. O início libera uma dinâmica multidimensional. Toda existência é, em seu vínculo duradouro com o início determinador, ao mesmo tempo sujeito a uma dinâmica de desenvolvimento que neutraliza o início no sentido triplo de Hegel: finalizando, preservando e superando-o. Já que nada existe sem o início que tudo determina, o início é sempre também o início do fim. Portanto, o início tem um alvo. A fé reconhece como fim aquele que determinou o início, ou seja, Deus. Assim, o início não é o início do fim num sentido exclusivamente negativo, mas o início da consumação, o início de uma nova criação. Para a fé, a ↑ ressurreição de Jesus Cristo é o início da nova criação. Assim, consegue reconhecer mesmo no fim do indivíduo, de toda vida e do mundo inteiro o início do novo ser humano e do novo mundo. Deus é o absoluto que liga o início ao fim. O início como criação designa uma dimensão antecedente à categoria do espaço e do tempo, uma dimensão fora do alcance desta, pois é ela que a estabelece. O início como nova criação escatológica designa uma realidade que suspende o espaço e o tempo na eternidade e, como tal, foge ao alcance da ciência natural. O início é, portanto, em ambos os sentidos, uma categoria que, em última consequência, não pode ser acessada pela ciência natural (enquanto não se transformar em metafísica) que opera com tempo e espaço.

Lit.: HEINZ, H. et al. *Im Anfang war der Urknall - Kosmologie und Weltentstehung*. Regensburgo, 2005. • KÜNG, H. *Der Anfang aller Dinge - Naturwissenschaft und Religion*. Munique 2005.

Ulrich Lüke

Inspiração ↑ *Escritura Sagrada*, ↑ *Espírito Santo*, ↑ *hermenêutica*, ↑ *inerrância*, ↑ *cânone*. – O termo "inspiração" (em grego: *empneusis*, inspiração, indução, sopro para dentro de algo; em latim: *inspiratio*) designa a) ativamente a autoria de Deus no desenvolvimento da Escritura Sagrada (proposição causal); e b) passivamente a condição de estar pleno do Espírito (proposição de qualidade). – **(1)** Segundo a convicção de Israel, Deus incentiva o homem a falar e a escrever. Por isso, a Torá é compreendida como Palavra de Deus. Os profetas são chamados de portadores da Palavra de Deus (Is 6,6-13; Jr 1,4-10; 20,7-9; Am 7,12-15 et al.) ou de "boca" de Deus (Is 40,5; Jr 1,9 et al.), por isso, o registro escrito das palavras pactuais (Ex 34,27; 24,4. 7) como também das palavras dos profetas se deve à iniciativa de Deus (Jr 25,13; 30,2; 36,2; 45,1; 51,60). O termo grego *theopneustos* – inspirado por Deus – ocorre pela primeira vez em 2Tm 3,16. Enfatiza o efeito dos "escritos sagrados", cuja base é a inspiração divina. Os escritos foram dados por Deus e servem para a mediação da salvação. Mc 12,36 e At 1,16 partem, tendo em vista os textos veterotestamentários, da pressuposição segundo a qual o Espírito Santo falou "pela boca de Davi", e Hb 1,1 expressa a convicção segundo a qual o Deus que falou aos pais por meio dos profetas é o mesmo que, "nestes dias", falou por meio do Filho. 2Pd 1,19-21 equipara a inspiração das Escrituras à inspiração profética e formula a máxima importante para a interpretação cristã do AT: "foi pelo impulso do Espírito Santo que homens falaram da parte de Deus." Mas o "Espírito de Cristo" age também nos profetas e nas profetisas da Igreja jovem (1Pd 1,11), e Paulo tem certeza de que suas palavras são inspiradas pelo Espírito (Rm 15,15; 1Cor 2,4; 7,40; 2Cor 4,13). – **(2)** Ao contrário de Marcião († por volta de 160) e dos montanistas, a patrística acatou a doutrina veterotestamentária e judaica (Filo de Alexandria [† por volta de 50]) segundo a qual todos os autores das escrituras bíblicas se encontravam sob inspiração divina e o Espírito de Deus age também na leitura (Orígenes, princ. 1, praef. 4; hom. in Jer 39,1; hom. in Ez 2,2). Em virtude da inspiração, a Bíblia pode ser interpretada espiritualmente. Ambrósio ([† 397] ep. 8,10) e Agostinho ([† 430] doctr. Christ. 4,9; Io. ev. tr. 1,1) reconheciam em Deus simplesmente o *auctor* da Escritura Sagrada. A partir do século II, destacaram-se duas acepções divergentes da inspiração, uma acepção mântico-extática, e outra instrumental. Sob a influência de Filo e da mântica pagã, Justino o Mártir († por volta de 165), entre outros, acreditava que os autores bíblicos teriam renunciado à sua vontade e seu juízo e se entregado à inspiração do Espírito Santo (1 apol. 36,1; Ps. Iust. coh. 8). Atenágoras de Atenas († por volta de 180), por sua vez, foi o primeiro a recorrer à comparação com um instrumento musical: "Pregaram o que o Espírito lhes inspirou, semelhante a um flautista que toca sua flauta" (leg. 9). Na escolástica, Tomás de Aquino († 1274), baseando-se na teoria aristotélica da causalidade, distingue entre um *auctor principalis* (o Espírito Santo como autor principal) e um *auctor instrumentalis* (o autor humano como causalidade instrumental: Quodl. 7 q6 a1 [14] ad 5), disponibilizando assim os elementos para uma doutrina da inspiração que viria a ser desenvolvida em maior detalhe após o Concílio de Trento: Como no caso da palavra profética, o próprio Deus se "verbaliza" na palavra da Escritura como o orador original; o autor humano, porém, é um instrumento na mão do autor divino, mas sem ser apenas passivo. No século XVI, as teorias de uma inspiração verbal no sentido mecânico (D. Bañez [† 1604] e a chamada inspiração real, segundo a qual o Espírito Santo atesta a veracidade dos conteúdos (*res*) e um livro pode se tornar Escritura Sagrada também por aprovação posterior (*inspiratio subsequens*) (L. Lessius [† 1623]) foram investigadas mais a fundo. M. Cano († 1560) foi o primeiro a fazer uma distinção entre a inspiração da Bíblia e a assistência do Espírito para os concílios e papas, no sentido de que os protege de equívocos referentes às verdades da revelação (*assistentia negativa* ou *inspiratio concomitans*). A ascensão da doutrina da inspiração a um tratado próprio só ocorreu no decurso da Modernidade e teve como objetivo garantir a autoridade da Escritura e a pretensão de verdade de suas afirmações. Em virtude de novos conhecimentos científicos, da hermenêutica histórico-crítica e das contradições e dos equívocos encontrados na Bíblia, a acepção tradicional da inspiração precisou ser modificada. Isso dizia respeito principalmente à concepção da inspiração verbal, reduzida a uma inspiração equivalente a um ditado. Na teologia neoescolástica do século XIX, a verdade da Escritura Sagrada fundamentada na inspiração foi aplicada à inerrância de todas as afirmações bíblicas, tanto em assuntos religiosos quanto profanos (teoria do *sine ullo errore* ou da inerrância absoluta). No entanto, já que a Bíblia continha imperfeições, obscuridades e erros irrefutáveis, a inspiração ou inerrância foi limitada à doutrina da fé e da moral, ou seja, distinguiu-se entre partes inspiradas e outras não inspiradas, irrelevantes para a salvação. As tentativas de conceder um espaço maior à historicidade humana da Bíblia ainda não conseguiram se impor. Isso só se tornou possível quando o Concílio Vaticano II substituiu a acepção doutrinária neoescolástica da revelação por uma compreensão dialógico-pessoal e redefiniu a relação entre causalidade divina e autoria humana. Até hoje, a concepção de K. Rahner († 1984) exerce ainda uma grande influência. Tal concepção partiu do *registro,* inspirado pelo Espírito da autocomunicação divina, da existência de uma comunidade de fé, conforme a vontade de Deus e da presença do Espírito de suas tradições religiosas, para daí deduzir a inspiração dos escritos constitutivos para essa comunidade. Um desafio permanece ainda hoje: a determinação concreta da relação entre o divino e o humano na Bíblia. – **(3)** O Concílio de Florença (1431-1445) declara: "Ela [a Igreja Católica Romana] confessa o único Deus como autor das alianças antiga e nova [...]; pois os santos de ambas as alianças falaram sob inspiração do mesmo Espírito Santo" (DH 1.334), fundamentando assim a qualidade por meio da causalidade. O Concílio de Trento (DH 1.502) e o Concílio Vaticano I (DH 3.006) também afirmam a canonicidade do AT e do NT e esclarecem a autoria ilimitada de Deus com a ajuda de categorias pneumatológicas; no entanto, não desenvolveram uma teoria própria. A Constituição Dogmática *Dei Filius* (Concílio Vaticano I, DH 3.006) refuta apenas a *inspiratio subsequens* e a *inspiratio concomitans.* No período entre os concílios Vaticano I e Vaticano II, o papado acatou também a doutrina excessiva da inspiração da ortodoxia luterana. Em sua Encíclica Bíblica *Providentissimus Deus* (1893), Leão XIII enfatizou que todo o texto bíblico fora ditado verbalmente aos hagiógrafos "com verdade infalível" (DH 3.293s.). Pio XII, porém, ressaltou também a autoria verdadeira dos hagiógrafos em seus estilos típicos de narração (*Divino Afflante Spiritu* [1943]: DH 3.830). No contexto de uma acepção dialógica da revelação, o Concílio Vaticano manteve a inspiração de toda a Escritura, mas aplicou a inspiração apenas às verdades salvíficas. Assim, rompeu o vínculo rígido entre inspiração e inerrância, além de superar a limitação doutrinária neoescolástica: "E assim, como tudo quanto afirmam os autores inspirados ou hagiógrafos deve ser tido como afirmado pelo Espírito Santo, por isso mesmo se deve acreditar que os livros da Escritura ensinam com certeza, fielmente e sem erro, a verdade que Deus, para nossa salvação, quis que fosse consignada nas Sagradas Letras" (DV 11). Sobre o modo da inspiração, afirmou apenas que a relação entre o divino e o humano deve ser compreendida de forma análoga à encarnação de Deus. "As palavras de Deus com efeito, expressas por línguas humanas, tornaram-se intimamente semelhantes à linguagem humana, como outrora o Verbo do Eterno Pai se assemelhou aos homens tomando a carne da fraqueza humana" (DV 13). Os hagiógrafos são descritos como "autênticos e verdadeiros" (DV 19). – **(4)** A convicção segundo a qual os escritos da Bíblia foram registrados sob o sopro do Espírito Santo é incontestada nas igrejas cristãs. A Igreja Ortodoxa defende, desde o tempo dos Padres, a inspiração real: Toda a Bíblia é inspirada em todo seu conteúdo e toda sua intenção. Para o registro correto e a fixação por escrito da revelação, determinados homens receberam o Espírito de Deus, mas sem que sua consciência, sua vontade ou sua capacidade de entendimento ou percepção tivessem sido anuladas. No entanto, o caráter divino-humano da Bíblia representa um mistério. Em virtude do princípio da *sola scriptura*, a inspiração ocupou um papel importante no protestantismo. Por meio dela, pretendia-se justificar um distanciamento do magistério eclesiástico e da tradição. A inspiração foi compreendida como inspiração verbal, interpretada principalmente pela ortodoxia luterana como teoria de um ditado mecanicista: O texto bíblico, inclusive a pontuação, foi ditado verbalmente aos autores. Mais tarde, no contexto de uma crítica bíblica iluminista, a inspiração também chegou a ser refutada. Entrementes, existe uma concordância entre as novas concepções da doutrina da inspiração das teologias católica e protestante. – **(5)** A Escritura Sagrada é a documentação literária pretendida e causada por Deus. Nesse sentido, é autor dos escritos bíblicos, pois, como causalidade primária (inspiração ativa), serviu-se dos hagiógrafos para o testemunho autêntico (inspiração passiva) de sua autocomunicação. Naturalmente, a individualidade e as faculdades intelectuais dos hagiógrafos influíram sobre os escritos bíblicos e explicam sua diversidade e suas diferenças. Do ponto de vista eclesiológico, a doutrina da inspiração se fundamenta no apreço conferido a textos que serviram como testemunho decisivo da fé às primeiras gerações cristãs (↑ apostolicidade da Igreja) e, por isso, foram considerados canônicos. O repertório textual e verbal foi importante nesse processo, motivo pelo qual não devemos abrir mão da inspiração verbal – não, porém, no sentido da teoria do ditado. O texto bíblico *como* texto deve ser levado a sério sem qualquer restrição, mas sem que seja identificado materialmente com a Palavra de Deus.

Lit.: a) KERN, W. & NIEMANN, F.-J. *Theologische Erkenntnislehre*. Düsseldorf, 1981, p. 58-66. • KNAUER, P. *Der Glaube kommt vom Hören*. 4. ed. Bamberg, 1984, p. 217-224. • SECKLER, M. "Was heisst: 'Wort Gottes'?" *CGG*, 2, 1981, p. 75-88. b) RAHNER, K. "Über die Schriftinspiration". *KRSW*, 12, 2005, p. 3-58. c) LIMBECK, M. "Die Heilige Schrift". *HFTh*, 4. 2. ed. 2000, p. 37-64. GABEL, H. *Inspirationsverständnis im Wandel*. Mainz, 1991.

Christoph Böttigheimer

Instituição dos sacramentos ↑ *história dos dogmas,* ↑ *Jesus histórico,* ↑ *ecumenismo,* ↑ *número dos sacramentos*. – Desde o início, a instituição por Jesus Cristo é tida como critério essencial para a designação de um ato simbólico como sacramento. Essa acepção tem mudado com a aquisição de novos conhecimentos bíblicos. Na perspectiva da teologia sistemática, é importante considerar a instituição (ou fundação) dos sacramentos no contexto da revelação pascoal e pentecostal de Deus. – **(1)** Segundo a compreensão dogmática de hoje, a tradição joanina da chaga do Cristo crucificado, da qual saem água e sangue (Jo 19,34; 1Jo 5,6), se oferece para uma fundamentação bíblica da visão teológica da instituição dos sacramentos. Na literatura patrística, esse evento é transferido para o Batismo (água) e a Eucaristia (sangue) e usado para fundamentar os sacramentos no evento do Cristo pascal. Essa visão evidencia que a pergunta sobre a instituição não trata primariamente da descoberta de palavras de comissão históricas do Jesus terrestre referentes a celebrações sacramentais específicas. Todos os sacramentos são recordações da cruz e da ressurreição de Jesus e pressupõem a eficácia do Espírito na nova existência eclesiástica. Os testemunhos neotestamentários revelam quais atos simbólicos eram considerados essenciais nesse sentido pelas primeiras congregações. Em todos os atos simbólicos, mais tarde considerados sacramentos, reconhecemos referências à vida de Jesus. Isso vale principalmente para o ↑ Batismo e a ↑ Eucaristia: A ordem de Batismo é uma palavra do Ressuscitado aos discípulos (Mt 28,19; Mc 16,15s.), no entanto, permanece incerto se o próprio Jesus, que fora batizado por João, também batizou (cf. Jo 4,1s.). Não existe praticamente nenhuma dúvida sobre a historicidade de uma ceia de despedida de Jesus com seus discípulos. Um ponto controverso é a questão se a ordem de repetição transmitida pela tradição paulino-lucaniana (1Cor 11,24; Lc 22,19) (também) representa uma lembrança de uma palavra de ordem de Jesus ou se é (apenas) um reflexo da prática eclesiástica pós-pascoal. Em termos teológicos, o que importa é que tanto o Batismo quanto a Eucaristia não repetem simplesmente atos do Jesus pré-pascoal: são formas de celebração da congregação que se reúne para a confissão e gratidão e que vivencia a presença daquele que foi salvo da morte e ressuscitado para uma vida imperdível. A proximidade de Jesus com os enfermos (Mc 6,13; Mt 5,8; Lc 9,1) e suas curas representam o contexto para o cuidado que as primeiras congregações dedicaram à Unção dos Enfermos (Tg 5,14) (↑ Unção dos Enfermos). No tempo pós-pascoal, o chamado de Jesus para o discipulado e a transferência de ministérios na comunidade dos discípulos são continuados por meio de uma organização diferenciada dos ofícios (↑ Sacramento da Ordem). O chamado de Jesus para o arrependimento e o perdão dos pecados por Ele levam à criação dos ↑ Sacramento da Reconciliação após o Batismo. Para a ↑ Crisma, são importantes a referência ao dom espiritual de Jesus para o testemunho público (Lc 4,16-30) e seu pedido pela vinda do Espírito (Jo 16,4b-15). A advertência de Jesus referente à igualdade entre homem e mulher, também diante da lei, faz parte do ↑ Matrimônio, fundamentado na teologia da criação (Mc 10,2-12). – **(2)** Nos primeiros séculos cristãos, as questões gerais referentes a todos os sacramentos não ocupavam o primeiro plano. Entretanto, Agostinho († 430) foi uma exceção, não tendo se concentrado na pergunta sobre a instituição dos sacramentos, mas na interação entre *verbum* e *elementum* (ato verbal e simbólico). Muitos teólogos concentravam sua atenção em atos simbólicos sacramentais individuais. Apenas no início da teologia escolástica, dá-se início às tentativas explícitas de fixar um uso linguístico comum na designação de determinadas celebrações eclesiásticas como sacramentos. Os teólogos passam a argumentar cada vez mais com a comissão ou a ordem de Jesus. A tradição agostiniana, dominante na Idade Média, que, além do *verbum*, menciona como *constitutivum* do conceito do sacramento também o *signum vel elementum*, vinculava a pergunta sobre a instituição dos sacramentos à pergunta sobre uma semelhança entre símbolo sacramental e seu efeito. No início, o interesse medieval pela instituição dos sacramentos se orientava pela pergunta se o emprego de elementos individuais por Jesus poderia ser usado para demonstrar sua dimensão sacramental simbólica. Essa tese é defendida por Hugo de São Vítor († 1141) e Pedro Lombardo († 1160), que, com sua enumeração dos sete sacramentos, exerceu uma grande influência sobre a definição do conceito dos sacramentos. Aqui, o evento Cristo não foi isolado, mas permaneceu integrado à descrição da ação salvífica divina. Assim, os teólogos do início da escolástica diferenciavam entre os *sacramenta Christi* (Batismo e Eucaristia), os *sacramenta Dei legislatoris* (Ordem e Penitência), o *sacramentum Dei creatoris* (Matrimônio) e os *sacramenta apostolica* (Crisma e Unção dos Enfermos). Apesar de a divisão e terminologia para a caracterização genética dos sete sacramentos apresentar uma grande variação entre os teólogos, é possível perceber pontos comuns na descrição do problema. Por um lado, concentram-se na pergunta sobre como as dimensões – testemunhadas já pelo AT – da Penitência, do Matrimônio e da Ordem podem ser concebidas adequadamente como instituídas por Jesus Cristo. Por outro, discutem a pergunta referente aos atos da obra pública de Jesus que estariam vinculados aos sacramentos individuais, sendo que a Crisma e a Unção dos Enfermos apresentavam a maior dificuldade de encontrar palavras de instituição de Jesus. Boaventura ([† 1274] Breviloq. 6,4) apresenta uma abordagem diferenciada à questão da instituição dos sete sacramentos, pois faz uma distinção entre afirmação, confirmação, consumação, iniciação ou insinuação e recepção própria. Enquanto outros teólogos discutem a possibilidade de Jesus ter instruído os apóstolos a promulgarem mais tarde aqueles sacramentos para os quais não existem palavras explícitas de instituição, impõe-se a compreensão segundo a qual todos os sacramentos precisam ter sido instituídos por Deus em Jesus Cristo. A maior contribuição para a divulgação dessa doutrina foi feita por Tomás de Aquino († 1274) e J. Duns Scotus († 1308). O pensamento central era que apenas Deus, e não a Igreja podia instituir sacramentos. A competência da Igreja diria respeito apenas à proclamação pública dos símbolos salvíficos provenientes de Deus. Diferentemente de Hugo de São Vítor, Tomás remete a autoria de Jesus à sua divindade e, em relação à sua humanidade, fala de uma causalidade instrumental ou causalidade meritória. Esse pensamento lhe permite incluir o sofrimento de Jesus na contemplação das forças que agem nos sacramentos. – (3) Enquanto a alta escolástica e a escolástica tardia discutem a pergunta se a *institutio* deve ser compreendida como *immediata* e se os sacramentos foram instituídos (apenas) *in genere* ou (também) *in specie*, o Concílio de Trento (DH 1.601) pretende refutar a contestação reformada do número dos sacramentos. Exposições sobre a instituição de sacramentos individuais podem ser encontradas em vários decretos (DH 1.637 sobre a Eucaristia; DH 1.670 sobre o Sacramento da Reconciliação; DH 1.746 e 1.752 sobre o ofício; DH 1.695 e 1.716 sobre a Unção dos Enfermos). Refuta-se a opinião segundo a qual os sacramentos poderiam ter sua origem unicamente na proclamação apostólica. No tempo pós-tridentino firma-se a convicção de que os sacramentos teriam sido instituídos de modo imediato por Jesus Cristo (DH 3.439s.). O Concílio Vaticano II acatou o vínculo desenvolvido pela teologia tradicional dos sacramentos individuais com a Igreja como sacramento fundamental (LG 1; 8), mas a definição cristológica fundamental dos sacramentos permaneceu decisiva. – (4) M. Lutero († 1546), com sua acepção cristológica dos sacramentos (Jesus Cristo como sacramento uno de Deus no sentido do testemunho das Escrituras; cf. Cl 2,2), localizou a questão da instituição na soteriologia. Seguindo a tradição agostiniana, Lutero falava apenas do Batismo e da Eucaristia como sacramentos no sentido restrito, já que estes não apresentavam apenas o *verbum* (ato verbal) e um *elementum* (ato simbólico), mas também uma palavra de instituição bíblica. Lutero identificou palavras de instituição também no caso da Penitência, por isso, ele a inclui aos três atos sacramentais simbólicos. Mais tarde, Lutero viria a enfatizar o critério segundo o qual seria necessário existir nas Escrituras uma comissão divina (*mandatum Dei*) ou uma promessa da graça (*promissio gratiae*) para o sacramento. Assim, conseguiu vencer um argumento que, ainda durante sua vida, começou a questionar a prática da confissão no âmbito evangélico. Apesar de Felipe Melâncton († 1560), na apologia da CA, ter defendido a sacramentalidade da penitência e até mesmo do ofício do pregador e ter fundamentado ambos explicitamente com uma referência ao mandamento de Deus e à promessa da graça (ApolCA 13,3s.), a fala de apenas dois sacramentos (Batismo e Eucaristia) conseguiu se impor na tradição luterana e reformada. Os credos reformados que concordam nesse ponto argumentam em primeira linha com a instituição divina apenas dessas celebrações. Na situação atual do diálogo ecumênico, vários fatores têm levado a um consenso: a referência comum à tradição bíblica, a orientação cristológica e soteriológica de um conceito análogo do sacramento, o reconhecimento da primazia do Batismo e da Santa Ceia/Eucaristia, como também os desafios pastorais que se manifestam também em vista daquelas celebrações litúrgicas que a tradição reformada não designa como sacramentos, mas que possuem uma grande importância na vida eclesiástica (Confirmação, Matrimônio, também a Unção dos Enfermos, a Ordenação e a Confissão). O estudo ecumênico *Lehrverurteilungen – kirchentrennend?* (org. de K. Lehmann e W. Pannenberg. Friburgo i. Br./Göttingen, 1986) foi capaz de demonstrar que as controvérsias disputadas no século XVI sobre a instituição dos sacramentos já não possuem mais um caráter divisório. – (5) Segundo o testemunho neotestamentário, o Transfigurado é aquele que antes fora crucificado. A ação de Deus nele é confirmação e instituição de sua proclamação em ato e palavra. Portanto, qualquer conceito baseado no evento da Páscoa referente à instituição dos sacramentos permanece vinculado à pergunta histórica sobre a vida de Jesus, na qual o amor de Deus pelo ser humano se manifestou (Tt 3,4). O movimento pré-pascoal de Jesus com a proclamação da *basileia* (Mc 1,15), de um lado, e a congregação confessional cristã pós-pascoal, por outro, são grandezas diferentes sob um ponto de vista teológico, mas também sociológico e da teoria da comunicação, e sua identidade se manifesta em atos simbólicos próprios. Seu vínculo recíproco é dado como realidade pessoal: na presença do Jesus Cristo uno, na humildade humana e na elevação pascal. O discurso teológico da instituição dos sacramentos é uma profissão da salvação fundamentada na ação criativa e redentora de Deus, que é celebrada nos sacramentos da Igreja. O processo da formação da tradição sacramental pós-pascoal deve ser descrita sob uma perspectiva pneumatológica: O Espírito de Deus efetua as formas simbólicas em memória de Jesus Cristo.

Lit.: a) FABER, E.-M. *Einführung in die katholische Sakramentenlehre*. 2. ed. Darmstadt, 2009, p. 48-55. • SCHNEIDER, T. *Zeichen der Nähe Gottes* – Grundriss der Sakramententheologie. 9. ed. Mainz, 2008, p. 44-49. b) RAHNER, K. "Kirche und Sakramente". *KRSW*, 18, 2003, p. 3-72. c) SATTLER, D. & SCHNEIDER, T. "Einsetzung der Sakramente durch Jesus Christus". In: FRALING, B.; HOPING, H. & SCANNONE, J.C. (orgs.). *Kirche und Theologie im kulturellen Dialog*, Friburgo/Basileia/Viena, 1994, p. 392-415.

Aspectos da doutrina sacramental segundo o Concílio Vaticano II e CIC/1983

Traços essenciais dos sacramentos	Explicação
1) Instituição e essência	"Os sacramentos do Novo Testamento, instituídos pelo Senhor Jesus Cristo e confiados à Igreja, uma vez que são ações de Cristo e da Igreja, constituem sinais e meios com que se exprime e fortalece a fé, se presta culto a Deus e se opera a santificação dos homens e, portanto, contribuem sumamente para fomentar, confirmar e manifestar a comunhão eclesial; por isso, os ministros sagrados e os demais fiéis devem celebrá-los com suma veneração e a devida diligência" (CIC/1983, cân. 840).
2) Referência eclesiológica	Os sacramentos como símbolos eficazes da graça de Deus são frutos do mistério da Páscoa, do qual surgiu a Igreja (cf. LG 5). Como oferta salvífica da Igreja, esquivam-se da livre disponibilidade privada; o chamado individual é, por meio deles, posto a serviço da edificação comunial da Igreja (cf. SC 26-27; LG 11).
3) Referência litúrgica	"Da liturgia [...] flui, como que de uma fonte, a graça; em medida suprema são realizadas em Cristo a santificação dos homens e a glorificação de Deus, à qual visa toda a ação da Igreja como seu alvo" (LG 10).
4) Referência às Escrituras	A palavra e o símbolo efetuam o sacramento. A fé provém de ouvir a Palavra de Deus, o que sugere fortemente o uso da língua materna na administração dos sacramentos (cf. SC 36,2).
5) Transparência	Os sacramentos participam da forma deste mundo (cf. LG 48). Com isso, o concílio se defende contra um misticismo falso que pretende reconhecer algo mágico no sacramento; os atos simbólicos devem ser compreensíveis e possibilitar sua compreensão espiritual, pois os sacramentos são um fortalecimento do cristão no tempo e no mundo.
6) Validade	"Sendo os sacramentos os mesmos para toda a Igreja, e pertencendo ao depósito divino, compete exclusivamente à autoridade suprema da Igreja aprovar e determinar o que se requer para a sua validade; [...] determinar o que concerne à sua celebração, administração e recepção lícita, e ainda ao ritual a observar na sua celebração" (CIC/1983, cân. 841).

Elaborado por B. Wagner a pedido dos organizadores.

Dorothea Sattler

Intercomunhão ecumênica ↑ *diálogo,* ↑ *Eucaristia,* ↑ *ecumenismo,* ↑ *sacramento.* – Num sentido muito amplo, a intercomunhão ecumênica pode ser compreendida como qualquer forma da *Agape* (Ceia do Amor). Enquanto essa prática é teologicamente indisputada, existem nas diversas confissões diferentes determinações referentes à comunhão eucarística sacramental. É necessário diferenciar entre as formas de intercomunhão (dos fiéis) e de intercelebração (também dos ministradores oficiais). A intercomunhão eucarística abrangente, ainda não existente entre os batizados, é vista como meta fundamental do movimento ecumênico. Na avaliação dessa situação, precisamos distinguir os obstáculos resultantes da concepção da própria celebração eucarística daqueles que resultam de contextos eclesiológicos. – (**1**) Os escritos bíblicos testificam a recordação (constitutiva do povo de Deus) dos atos históricos de Deus na forma de uma ceia. A ceia de *pessach* recorda liturgicamente o êxodo que libertou Israel da escravidão egípcia (Ex 12). Os testemunhos neotestamentários, que localizam a ceia de despedida de Jesus na proximidade temática e temporal da festa de *pessach*, se apoiam nessa tradição (Mc 14,12-16; Lc 22,7.13). A instrução anamnésica documentada por

Paulo e Lucas ("Fazei isto em memória de mim!" (1Cor 11,24-25; Lc 22,19)) incumbe à comunidade de fé no seguimento de Jesus a tarefa de preservar a unidade na comunhão eucarística. Já no tempo neotestamentário, esse tema se torna motivo de disputas (1Cor 10–11). Objeto das controvérsias é, por um lado, a pergunta referente à carne sacrificada aos ídolos (1Cor 10,14-32: Paulo recomenda uma avaliação cuidadosa da temática, mesmo que, do ponto de vista da teologia da criação, não exista razão para não comer esse tipo de carne); por outro, debate-se a questão da relação entre uma refeição para satisfazer a fome e a ceia em recordação de Jesus Cristo (1Cor 11,17-22: Paulo adverte os ricos para que não envergonhem os pobres com um opulente banquete antes da Ceia). – (**2**) Os primeiros cristãos veem a profissão de Jesus Cristo por meio do Batismo e a disposição para seu seguimento como precondições para a participação na Ceia. O período de instrução catequética, encerrado com o Batismo, conferia o direito de participar da celebração eucarística (↑ sacramentos de iniciação). No contexto da penitência canônica, a exclusão pública da comunhão eucarística era vista como ato simbólico, que expressava a contradição entre uma conduta pecaminosa e o seguimento correto de Jesus (↑ Sacramento da Reconciliação). Na história da tradição, surge frequentemente a ideia segundo a qual a ceia eucarística deve ser compreendida como reflexo terreno do banquete de núpcias celestial, para o qual apenas os justos e os fiéis ortodoxos são convidados. Existiam, porém, também movimentos medievais reformadores (cátaros e valdenses) que lembravam a comunhão de Jesus com pecadores e pecadoras, defendendo nessa base uma forma aberta da ceia eucarística sem precondições. – (**3**) Um posicionamento magisterial no sentido restrito só é encontrado no Concílio Vaticano II. O decreto sobre o ecumenismo reconhece as iniciativas que buscam uma "comunhão na celebração (*communicatio in sacris*)", mas constata que não é lícito considerá-la "como um meio a ser aplicado indiscriminadamente na restauração da unidade dos cristãos" (UR 8). O concílio favorece dois princípios: "O testemunho da unidade frequentemente a proíbe. A busca da graça algumas vezes a recomenda" (UR 8). Baseando-se nisso, a legislação católica romana pós-conciliar e determinações de execução descreveram situações pastorais individuais restritas (em casos de uma *gravis necessitas*) que permitem a participação de cristãos não católicos em uma celebração eucarística da Igreja Católica Romana apesar do fato de ainda não existir a comunhão eclesial (CIC/1983, cân. 844; CCEO, cân. 671; Diretório para a aplicação dos princípios e normas sobre o ecumenismo, n. 122-132). Algumas conferências episcopais católicas romanas (Índia, Inglaterra, País de Gales, Escócia, Irlanda, Canadá, África do Sul) concretizaram essas situações de exceção pastorais de modo a corresponder à vida em matrimônios interconfessionais: Em situações especiais (Primeira Comunhão, Crisma, Ordenação sacerdotal, Réquiem), os membros próximos da família, contanto que sejam batizados, podem participar da comunhão eucarística. Uma recepção eclesiástica universal dessas proposições ainda não ocorreu. – (**4**) A argumentação segundo a qual a comunhão eucarística exige a comunhão confessional não é estranha nem à tradição ortodoxa nem à tradição reformada. Do ponto de vista ortodoxo, não existem determinações de exceção pastoral que legitimassem a participação de cristãos não ortodoxos na liturgia eucarística ortodoxa. E também na visão evangélica, a participação de membros de outras confissões na Santa Ceia só pode ser compreendida como participação na condição de convidados, que não dispensa a busca continuada pela unidade abrangente da Igreja. Igrejas que se veem na tradição reformada lembram que é o próprio Jesus Cristo que convida para a ceia eucarística e que ninguém pode ser excluído dela se se considera chamado para dela participar. – (**5**) Na questão da intercomunhão ecumênica colidem concepções fundamentais e interesses pastorais praticamente irreconciliáveis do ponto de vista eclesiológico e da teologia sacramental. Existe uma convergência ecumênica quanto ao entendimento de que a comunhão eucarística não deve ser considerada apenas em vista dos desejos legítimos de membros individuais das igrejas (p. ex., em relação à prática adequada da vida do matrimônio e da família cristã). Mesmo assim, lamentamos que o reconhecimento, considerado possível em termos teológicos, da eclesialidade das comunidades reformadas ainda não tenha sido acatado pela Igreja Católica Romana oficial. Todas as comunidades confessionais se veem diante da tarefa de ressaltar ainda mais o vínculo bíblico entre o seguimento vivo de Cristo e a comunhão eucarística. O desenvolvimento de uma "ética eucarística", que também faça jus ao aspecto da disposição de pessoas pecaminosas para o arrependimento, se apresenta como tarefa urgente para o futuro ecumênico.

Lit.: a) INSTITUT FÜR ÖKUMENISCHE FORSCHUNG (Tübingen); CENTRE D'ETUDES OECUMENIQUES (Estrasburgo) & KONFESSIONSKUNDLICHES INSTITUT (Bensheim). *Abendmahlsgemeinschaft ist möglich* - Thesen zur Eucharistischen Gastfreundschaft. Frankfurt a.M., 2003. b) SATTLER, D. & NÜSSEL, F. *Menschenstimmen zu Abendmahl und Eucharistie.* Frankfurt/Paderborn, 2004. c) HELL, S. & LIES, L. (orgs.). *Taufe und Eucharistiegemeinschaft.* Innsbruck, 2002. • SCHMITT, C. *Kommunion trotz Trennung* - Universalrechtliche Vorgaben zur Eucharistiezulassung evangelischer Christen und ihre partikularrechtliche Umsetzung. Essen, 2007.

Dorothea Sattler

Invocação do Espírito/epiclese ↑ *habitação do Espírito*, ↑ *eucaristia*, ↑ *dimensões fundamentais da Igreja*, ↑ *espiritualidade*. – A invocação do Espírito (epiclese, do grego: *epikalein*, chamar, invocar) mostra que o Espírito Santo possui, igual ao Pai e ao Filho, uma qualidade pessoal, que é, juntamente com o Pai e o Filho, o destinatário da oração cristã, e afirma que Deus, por meio do *pneuma*, é capaz de agir no mundo e na Igreja de modo salvífico e, sobretudo, sacramental. – **(1)** O AT estabelece o fundamento para a invocação do Espírito, pois louva o Deus de Israel como uma contraparte pessoal à qual o povo sempre pode se dirigir com suas preces e ações de graça. Fontes são os Salmos ou o Profeta Jeremias, que documentam em orações de teor muito pessoal a motivação da teologia veterotestamentária como um todo: o conhecimento da relação dialógica entre Deus e o ser humano (cf. Sl 18,2s.; tb. Sl 16; 23; 73; Jr 5,3ss.; 32,17-25). A oração pela manifestação e ação de Deus, em oposição à religiosidade pagã, não pode ser nem conjuração nem magia. Isso transparece em 1Rs 18,36s.: Elias sustenta seu pedido pela intervenção de Javé como sinal contra Baal em seu testemunho e sua conversão. O NT recorre a esse fundamento, mas agora fala do Deus de Israel somente em vista de Jesus e do Espírito Santo; isso tem consequências para a doutrina da oração neotestamentária: Esta reconhece no próprio Jesus o mais nobre orador e mestre espiritual de Israel (Lc 3,21; 11,1-4; Jo 17,1-26) e enfatiza que, a partir de sua glorificação, é o mediador de todas as dádivas divinas (Jo 16,24; At 2,33). Por isso, a Igreja clama, com Israel, ao Deus dos pais (Rm 8,15; Gl 4,6), mas o faz "em nome" de Jesus (Jo 14,13s.; 15,7.16). A oração que se dirige diretamente ao *pneuma* não é documentada em nenhum lugar do NT, mas uma abundância de textos indicam que o Espírito é o mediador da salvação e da graça em analogia e em cooperação com Cristo: Os crentes são salvos e santificados no Espírito Santo (2Ts 2,13); o Espírito concede já agora os bens do mundo vindouro (2Cor 5,5); é Ele quem professa as orações nos fiéis (Rm 8,26s.) e assim os capacita a chamar Deus de Pai (*Abba*) (Rm 8,14-17; Gl 4,6); o Espírito conhece as profundezas de Deus, o que o capacita a produzir uma comunhão íntima entre Deus e o ser humano (1Cor 2,10s.; 2Cor 13,13). E, por fim: O Espírito constrói a Igreja (1Cor 12,28-31a; Ef 2,20) e faz com que sua vida cultual seja bem-sucedida; em partes do NT, esta é compreendida como sacrifício consumado em Cristo, o Filho crucificado e obediente a Deus (Rm 15,16; Hb 9,14). A acentuação da epiclese nas dimensões litúrgicas encontra aqui seu fundamento bíblico. – **(2)** Nos primórdios da Igreja, quando ainda não se distinguia em última consequência entre *logos* e *pneuma* – o foco dos celebrantes está (primariamente) no Cristo glorificado e no Espírito como poder doador de atos centrais da adoração (Batismo, Eucaristia). Normalmente, o destinatário da oração é Deus, que envia o *logos* e o *pneuma* (cf. Atanásio de Alexandria [† 373] ep. Serap. 1,12,4s.; Didasc. 6,21; trad. apost. 4). A invocação do Espírito, que se impõe a partir do século IV (Cirilo de Jerusalém [† 386/87]), se deve, entre outros fatores, à seguinte reflexão: Assim como o *pneuma* efetivou a encarnação do Filho, assim viabiliza também as transformações das oferendas da Eucaristia em seu corpo e seu sangue; e assim como o Espírito pairava sobre as águas primordiais (em alusão a Gn 1,2), assim fertiliza agora a água do batismo (Tertuliano [† após 220] bapt. 4; e, como resumo, João de Damasco [† antes de 754] fid. orth. 4,13). Além disso, a valorização dogmática pelo I Concílio de Constantinopla, em 381, do Espírito como hipóstase equivalente a Deus digna de adoração ajudou a fortalecer a epiclese do Espírito; o impulsionador disso foi, no final do século IV, a região síria com seu centro em Antioquia. Teologicamente profunda é a diferenciação – não: separação – patrística entre as epicleses de transformação e comunhão: A primeira (e mais recente) roga pela consagração das dádivas; a segunda (e mais antiga), pela consagração dos fiéis *por meio* das dádivas (cf. a epiclese da liturgia de Tiago de Jerusalém e da liturgia egípcia de Marcos;

a "liturgia divina" segundo João Crisóstomo). Desde cedo (trad. apost. 4 [século III]), a epiclese é vinculada à *anamnese*, que recorda o evento histórico de Cristo e nele fundamenta o ato sacramental da Igreja. Visto que nas liturgias sírias e na maioria das liturgias orientais a epiclese é realizada *após* as palavras de instituição, no Egito e em Roma, porém, *antes* (no cânone segundo Gregório o Grande [† 604], ela é desenvolvida apenas em rudimentos), surge um conflito constante entre Roma e as igrejas orientais a partir do século XIV: Quem possui o poder consecratório: a invocação epiclética do Espírito ou as palavras de instituição? A partir da Alta Idade Média, a teologia latina, sob a impressão da doutrina da transubstanciação, começa a indagar decididamente o momento e as palavras eficazes da consagração, o que leva a um ofuscamento da oração eucarística. Não se perde, porém, o conhecimento sobre o Espírito como cogarantia do evento sacramental. Assim, Tomás de Aquino († 1274) ressalta que, apesar de ser o próprio Cristo quem efetua a transformação por meio das palavras do sacerdote, Ele o faz *no* Espírito Santo (IV sent. d.10). A tese de Tomás de Aquino dá prosseguimento a tradições que veem a Eucaristia como eficaz *Spiritu Sancto consacrante* (Honório de Autun [† 1151], Hildegarda de Bingen [† 1170]). Além da prece pelo Espírito, conhecem também sua invocação direta (assim em Adão de São Vítor [† 1192] *sequentia* 10, e em orações extra-anafóricas da liturgia romana: *Veni, sancte Spiritus* [...] *veni et sanctifica!*) Na liturgia bizantina e eslávica existe ainda hoje o costume de iniciar os cultos com o *Sticheron*, um hino curto, no qual os fiéis pedem ao Espírito que fecunde a liturgia. – **(3)** O fundamento magisterial da invocação do Espírito é representado pelo I Concílio de Constantinopla (381) que declara que o Espírito deve ser "coadorado e coglorificado" no mesmo ato e juntamente com o Pai e o Filho (DH 150). Referente à epiclese eucarística da transformação, o Papa Nicolau escreve ao imperador romano oriental (860) que a consagração ocorreria "após a santificação pelo Espírito" (ep. 4 ad Mich.). O Sínodo de Arras enfatiza em 1025 que, em vista do "sofrimento do Senhor", a Eucaristia é um "evento do Espírito" (Mansi 19, 431 A). Desde o século XIV, os papas ressaltam – contra as igrejas orientais – que a transformação ocorre com as palavras de instituição como *forma* do sacramento, mencionando também a *virtus* do Espírito (Bento XII [1341] e Bento XIV [1741]). O Concílio Vaticano II lembra o "Espírito da filiação", que permite reconhecer e adorar o Pai na verdade (SC 6). Novas anáforas com epicleses explícitas do Espírito, que, antes das palavras de instituição, pedem pela consagração e pela reunião e santificação dos fiéis em termos gerais, se devem a impulsos do Concílio. – **(4)** A controvérsia latente desde o século XIV entre o Oriente e o Ocidente sobre o significado da epiclese em relação à consagração poderia ter sido abrandada pela observação de que a oração eucarística como um todo é epiclética (cf. o documento dialógico ortodoxo e romano católico de 1982: DwÜ II, 533). Para a teologia reformada, o problema não é tão agudo, já que, em sua acepção, o Espírito é transmitido no ato de ouvir o Evangelho e de receber o sacramento; o Espírito, por sua vez, permite que os crentes compreendam o Evangelho (cf. CA 5). O *Book of Common Prayer* (1662) anglicano e a maioria das ordens usadas atualmente pela tradição anglicana prescrevem epicleses do Espírito; a maioria das agendas evangélico-luteranas contém passagens correspondentes. Em termos interconfessionais, os movimentos carismáticos do século XX geraram uma nova consciência epiclética, que, por vezes, vai além da anamnese tradicional: Pedem que o Espírito, louvado e invocado durante o culto, crie aqui e agora algo novo, de modo espontâneo, espetacular e individualmente perceptível. Em virtude do movimento ecumênico, a invocação do Espírito adquire uma importância teológica maior: As confissões se veem unidas (com direitos iguais) como suplicantes, cientes de que qualquer santificação depende do Espírito; a oração eucarística da chamada liturgia de Lima é concebida de modo enfaticamente epiclética (DwÜ I, 545-585). – **(5)** A vida da Igreja como um todo deve ser compreendida de modo epiclético – a maneira como que essa postura fundamental se deve manifestar nos níveis das orações, dos ritos e das agendas litúrgicas é uma questão secundária. O que importa é a preservação do vínculo entre a epiclese e a anamnese. Pois a ação do Espírito exige que as grandes obras de Deus *de antigamente* sejam lembradas *para hoje*. Por isso, o teólogo ortodoxo D. Staniloae († 1993) sugeriu uma compreensão epiclética da tradição cristã, que, "segundo sua natureza, é tanto invocação do Espírito de Cristo quanto recebimento do Espírito Santo" (*Orth. Dogmatik.* Gütersloh, 1985, p. 65). Aquele que pedir continuamente o Espírito de modo epiclético e anamnético permanece protegido do estarrecimento tradicionalista e do ativismo progressista. A epiclese da comunhão, por sua vez, merece uma ênfase ainda maior pela teologia e proclamação: Cabe demonstrar que o Espírito Santo pode respeitar e superar os limites do indivíduo, a fim de criar, a partir dos *muitos,* um *único* corpo místico de Cristo. Aqui, precisamos levar em consideração tanto as abordagens contemporâneas da filosofia do sujeito quanto os anseios pós-modernos por uma dissolução integradora de demarcações personalistas tradicionais. A ↑ Doutrina da Trindade também pode tirar proveito da epiclese. Pois a prece pelo Espírito deixa claro que não são três deuses distintos ou uma comunidade dos Três que efetuam a salvação, mas é sempre o Deus único como Pai, Filho e Espírito que ouve, perdoa e age.

Lit.: a) BERKHOF, H. *Theologie des Heiligen Geistes*. 2. ed. Neukirchen-Vluyn, 1988, p. 41-46 [Neukirchener Studienbücher, 7]. • KAPPES, M. & SPIECKER, E. (orgs.). *Christliche Kirchen feiern die Taufe*. Kevelaer, 2003, p. 104. • OSTMEYER, K.-H. *Kommunikation mit Gott und Christus*. Tübingen, 2006. b) CONGAR, Y. *Der Heilige Geist*. Friburgo/Basileia/Viena, 1982, p. 464-473. • RAHNER, K. "Erfahrung des Heiligen Geistes". *KRSW*, 29, 2007, p. 38-57. • RAHNER, K. "Gebet eines Laien". *KRSW*, 29, 2007, p. 431-435. • SCHMIDT-LAUBER, H.-C. "Das Eucharistiegebet". *KuD*, 48, 2002, p. 203-237. • VAN EIJK, T. "Die Epiklese in den neuen Eucharistiegebeten der christlichen Traditionen". *IkaZ*, 96, 2006, p. 89-110. • FROHNHOFER, H. "Heiliger Geist". *GuL*, 71/1, 1998, p. 1-10. c) SCHÜTZ, C. *Einführung in die Pneumatologie*. Darmstadt, 1985.

Bertram Stubenrauch

Ira de Deus ↑ *atributos de Deus,* ↑ *fundamentalismo,* ↑ *justiça de Deus,* ↑ *violência de Deus,* ↑ *amor,* ↑ *teoria da satisfação,* ↑ *vontade de Deus*. – A expressão se refere a uma ação de Deus que o ser humano vivencia como manifestação de irritação e que é descrita como agressão divina contra situações contrárias à vontade divina; pode ser compreendida também como promessa de consolo aos oprimidos e aos que sofrem. – **(1)** No AT, a ira é uma manifestação essencial de Deus como reação a um povo pecaminoso que se desvia dele – principalmente no contexto da destruição de Jerusalém e do exílio (Is 5,25; Is 28,21; Jr 32,31; Ez 5,13). Mas Javé se apresenta também a toda a humanidade no "dia da ira" (Am 5,18-20; Is 2,10-17; Sf 1,14-16) e, segundo um número muito menor de textos, também a indivíduos (Sl 88,8; Sl 6 e 38). A ira de Deus representa um zelo intensificado que não se opõe à contínua bondade de Deus (cf. o arrependimento de Deus após sua ira: Os 11,8s.). O vínculo ao templo da ira de Deus se manifesta em Jesus no episódio da purificação do templo (Jo 2,13-16); a arrogância de uma piedade sabática hipócrita também provoca sua ira (Mc 3,5). Em Paulo, o "dia da ira" de Deus (Rm 2,5) está ligado à acusação da injustiça; faz uma distinção entre os "vasos da ira" e os "vasos da misericórdia" (Rm 9,22s.). Isso relativiza o desejo humano de vingança por meio da ira de Deus (Rm 12,19). – **(2)** Apesar de ser visto como algo muito natural na Antiguidade, a ira de Deus representava um grande problema para os teólogos cristãos; era incompatível com a mensagem abrangente do amor de Jesus. Isso levou Marcião († por volta de 160) a introduzir um dualismo que pretendia isolar a ira de Deus no AT e imunizar o NT contra ela. O debate conseguinte sobre a ira de Deus argumenta contra essa separação. Irineu de Lyon († por volta de 202), Clemente de Alexandria († 215) e Orígenes († 253/254) reconhecem nela uma medida disciplinária; no entanto, não fazem dela uma grandeza que qualifique a natureza de Deus. A apocatástase de Orígenes (↑ redenção universal) serve como discurso contrário à ira de Deus, mas não consegue se impor na Igreja latina, pois esta é dominada pela teologia de Agostinho († 430). Segundo ele, a ira de Deus – que Agostinho compreende como manifestação da justiça de Deus – provoca a condenação da maioria das pessoas (*massa damnata*), de forma que o tema é solucionado adequadamente apenas com a teoria da satisfação de Anselmo de Cantuária († 1109): Na verdade, Deus não se irrita, antes vê sua honra objetivamente manchada, o que, no sistema feudal, exigia a demonstração de um castigo desmedido. O sacrifício voluntário do Filho, porém, impede essa catástrofe. Em virtude das duas naturezas do Filho, esse sacrifício é satisfatório (pois é oferecido pelo próprio Deus) e substitutivo (pois é realizado pelo Deus-homem). Enquanto M. Lutero († 1546) resolve o problema da diferença entre a ira e a bondade de Deus em vista à ação salvífica do Crucificado, a ira de Deus se torna obsoleta em F. Schleiermacher († 1834) e A. Ritschl († 1889). Na teodramática de H.U. von Balthasar († 1988) ela ressurge como elemento dramático da salvação. A escola de teólogos de R. Schwager († 2004), distanciando-se das teorias do bode expiatório de R. Girard, traz um renascimento do tema (cf. MIGGELBRINK, R. *Gott*, 2002). –

(3) A ira de Deus se torna tema do magistério apenas *ex-negativo* na Controvérsia dos Três Capítulos, no qual a Igreja combate a ideia da apocatástase (↑ redenção universal) de Orígenes, que o II Concílio de Constantinopla (553) condena como heresia (cf. DH 433). Nem a teoria da satisfação de Anselmo – apesar de ter sido acatada e ensinada durante séculos pela Igreja – nem a fala da ira de Deus foram consagradas formalmente como doutrina eclesiástica. O tema da ira de Deus permaneceu subordinado aos temas da justificação e expiação. Ao mesmo tempo, a doutrina da ↑ vontade salvífica universal de Deus do Concílio Vaticano II tenta fazer jus ao *amor abrangente de Deus*. – **(4)** Posições fundamentalistas têm provocado controvérsias sobre a ira de Deus dentro das confissões; segundo elas, as grandes catástrofes naturais e sociais (como o tsunami no Natal de 2004) representam uma reação divina à conduta pecaminosa do ser humano; o diálogo ecumênico ignora esses posicionamentos. – **(5)** A Bíblia refuta a noção de um Deus apático, postulado principalmente pelo estoicismo; a fala da ira de Deus é, por isso, uma caracterização importante do Deus empático de Israel e de Jesus. O discurso sobre a ira de Deus se ocupa por um lado com a influência platônica sobre a imagem cristã de Deus, por outro, defende o retorno para as raízes veterotestamentárias da fala de Deus. O apelo à ira de Deus no contexto de reações a injustiças sofridas e à opressão social pode representar um perigo: nas fantasias de poder dos chamados "jovens irados", que pretendem responder à impotência com o poder da violência. Nesse caso, a ira de Deus é usada para justificar a violência extrema e onde brotam também as ideologias dos mártires terroristas. A proclamação e a teologia cristã precisam se opor a isso.

Lit.: SCHWAGER, R. *Der wunderbare Tausch. Zur Geschichte und Deutung der Erlösungslehre*. Munique, 1986. • MIGGELBRINK, R. *Der zornige Gott*. Darmstadt, 2002. • SCORALICK, R. *Gottes Güte und Gottes Zorn*. Friburgo/Basileia/Viena, 2002 [Herders biblische Studien, 33]. • VOLKMANN, S. *Der Zorn Gottes*. Marburgo, 2004. • KRUCK, G. & STICHER, C. (orgs.). *"Deine Bilder stehn vor dir wie Namen"* – Zur Rede von Zorn und Erbarmen Gottes in der Heiligen Schrift. Ostfildern, 2006. • HERRMANN, W. *Jahwe, der Furchtbare*. Neukirchen-Vluyn, 2008 [BThSt, 97]. • KRATZ, R.G. & SPIECKERMANN, H. (orgs.). *Divine Wrath and Divine Mercy in the World of Antiquity*. Tübingen, 2008 [FAT, 2,33]. • JEREMIAS, J. *Der Zorn Gottes im Alten Testament*. Neukirchen-Vluyn, 2009 [BThSt, 104]. • EISENBERG, G. *...damit mich kein Mensch mehr vergisst!* – Warum Amok und Gewalt kein Zufall sind. Munique, 2010.

Hans-Joachim Sander

Jesus histórico ↑ *cristologia,* ↑ *mistérios da vida de Jesus,* ↑ *seguimento de Jesus,* ↑ *paixão e morte de Jesus.* – O que podemos saber sobre Jesus de Nazaré? Essa é a pergunta básica da pesquisa do Jesus histórico, que, desde seus inícios, ocupa a mente dos teólogos e que surgiu com a publicação anônima por G.E. Lessing († 1781) dos "fragmentos de Wolfenbüttel", atribuídos a H.S. Reimarus († 1768). Enquanto a cristologia se ocupa com a reflexão espiritual e sistemático-teológica sobre a pessoa de Jesus de Nazaré, o verbete "Jesus histórico" contempla sua vida sob uma perspectiva histórica. – **(1)** Jesus, um judeu da Galileia, viveu e operou num tempo religiosa e politicamente agitado. Na Palestina, as escolas de Hilel e de Shamai se encontravam em seu auge. O filósofo de religião Filo de Alexandria († após 40) escrevia e ensinava em Alexandria, no Egito. Poucos anos após a morte de Jesus, nasce em Jerusalém Flávio Josefo († por volta de 100), o historiador judaico mais importante da Antiguidade. Em suas *Antiquitates Iudaicae* (93/94), relata que Jesus viveu no tempo do procurador romano Pôncio Pilatos e morreu na cruz em Jerusalém (ant. 18,3,3). Jesus vinha de Nazaré e era filho de uma família de artesãos. Seu nascimento em Belém, relatado por Mateus e Lucas (Mt 2,1; Lc 2,4-6), não pode ser comprovado historicamente, mas também não pode ser refutado com certeza absoluta. O ano de seu nascimento é incerto. Sabemos que nasceu antes da morte de Herodes o Grande, no ano 4 a.C. As informações fornecidas no início da história lucaniana de sua infância (Lc 2,1s.) indicam que teria nascido nos últimos anos de governo de Herodes. Já que a data exata do nascimento de Jesus é incerta, é impossível determinar com que idade Jesus morreu. O batismo de água por João Batista marca o início de sua atividade pública. É provável que Jesus tenha vivenciado esse evento como experiência decisiva de seu chamado. Jesus se distingue de João pelo fato de que o centro de sua proclamação não é ocupado pelo juízo da ira de Deus, mas o domínio próximo de Deus, que se inaugura com sua atividade. No início de sua proclamação, Jesus abandona sua família em Nazaré e provavelmente passa a morar primeiro na casa de Simão, o pescador. Inicialmente, o raio de ação de Jesus se limitou à Galileia. Recruta discípulos. Precisamos distinguir entre um círculo de discípulos mais estrito; e outro, mais amplo. O círculo mais íntimo é formado pelos Doze. Eles representam as doze tribos do povo de Israel, o destinatário primário da comissão de Jesus. O porta-voz dos Doze era Simão de Cafarnaum, um pescador casado. É provável que outros membros dos Doze também fossem casados. Assim como João Batista, no entanto, Jesus não era casado – como sinal "da exclusividade e totalidade de sua missão" (ROLOFF, J. *Jesus*, p. 68). O círculo mais amplo de discípulos incluía, desde o início, mulheres, entre elas Maria Madalena, à qual os evangelhos atribuem grande importância (Mt 28,1; Lc 8,2; Jo 19,25; Jo 20,1.11-18). Segundo os sinóticos, a atividade pública de Jesus dura um ano; segundo João, dois a três anos. É provável que o quarto evangelista se aproxime mais da realidade histórica, dado que Jesus tenha viajado várias vezes da Galileia para Jerusalém. Por isso, tudo indica que Jesus teria morrido no ano 30, no dia 7 de abril, pois nessa data, a véspera da Festa de Pessach caiu numa sexta-feira, na qual Jesus foi crucificado segundo João. Apesar de Jesus não ter ido a Jerusalém com o objetivo de ser morto, Ele aparenta ter provocado uma decisão e estava ciente do grande risco que corria, pois sua proclamação do domínio de Deus e sua consciência messiânica colidiam inevitavelmente com as concepções e expectativas dos sacerdotes e saduceus, que, juntamente com os fariseus, representavam o povo. Com a expulsão dos comerciantes e compradores da área do templo, o conflito se tornou mais agudo (Mc 11,15-18). A chamada purificação do templo não era uma rebelião messiânica, mas um "ato simbólico" com o qual Jesus indicava uma renovação do culto. Não sabemos se com esse ato Ele quis anunciar o fim do culto do templo – isso depende de se a palavra do templo (Mc 14,58) deve ser considerada uma das *ipsissima verba* de Jesus. De qualquer forma, suas ações em Jerusalém provocaram um conflito com as autoridades judaicas, de forma que é bem provável que os membros do sinédrio o tenham prendido e entregado a Pilatos. No entanto, é certo que, na mesma noite em que celebrou a Santa Ceia com seus discípulos, Jesus foi preso e, no dia seguinte, foi condenado à morte e executado. Por que Jesus morreu, quem teve parte em sua morte e a quem cabe a responsabilidade por ela? Podemos excluir com grande certeza uma sentença de morte formal pelo sinédrio (como sugere Mc 14,64), pois o sinédrio não possuía essa competência durante a ocupação romana. No entanto, considera-se provável que tenha ocorrido um interrogatório por membros importantes do sinédrio, liderado pelo Sumo Sacerdote Caifás, ainda na noite (Mc 14,53-65) de sua prisão (Mc 14,43 par.). Na opinião do juiz e jurista judeu Chaim Cohn († 2002), o objetivo do interrogatório diante dos membros do sinédrio era levar Jesus a desistir de sua pretensão de ser o Messias de Israel – a fim de salvá-lo; no entanto, essa teoria diminui indevidamente o conflito evidente entre Jesus e as autoridades judaicas. A tese de Cohn encontra poucos adeptos dentro da pesquisa exegética. A maioria dos exegetas acredita que os membros do sinédrio reunidos em torno do Sumo Sacerdote Caifás teriam usado um pelotão da polícia do templo e da guarda sacerdotal do palácio para prender Jesus, para então interrogá-lo e entregar a Pilatos (cf. Mt 26,59; 27,1; Lc 22,66; Jo 18,14). Por que Jesus foi entregue a Pilatos? Alguns exegetas acreditam que Jesus foi preso por causar tumultos políticos e que foi entregue às autoridades romanas ainda antes da festa de Pessach para proteger o povo judaico: "É melhor que um só homem morra pelo povo" (Jo 18,14). No entanto, isso significaria que os membros do sinédrio teriam sacrificado Jesus por motivos puramente políticos. É mais seguro partirmos, com a Escritura, de um conflito religioso entre Jesus e o sinédrio, e não de motivos meramente políticos, mas sim teológicos. A chamada purificação do templo (Mc 11,15-19 par.) foi, provavelmente, a causa imediata de sua prisão (Mc 14,58; 11,15-19). Apesar de Jesus também costumar peregrinar para Jerusalém por ocasião das grandes festas e, não devendo, portanto, ter rejeitado o templo de todo, Ele, assim como os profetas, criticava o culto exteriorizado. Jo 2,14s. – escrito após a destruição do templo no ano 70 d.C. – interpreta a purificação do templo como abolição do culto do templo, mas Jesus não refutou o culto como ordem estabelecida por Deus, Ele se opunha apenas ao significado salvífico exclusivo atribuído a ele. A palavra sobre o templo, que provavelmente pertencia ao antigo contexto da tradição referente à purificação do templo, remete na forma atual de modo evidente à ressurreição de Jesus e, portanto, não deve ser a forma original. Por isso, a acusação de Jesus ter reivindicado o reino dos judeus não pôde se basear exclusivamente na purificação ou no *logion* do templo. Devemos, antes, considerar decisivo o conflito religioso, que atingiu seu ápice no protesto de Jesus e que fora provocado pela sua crítica contra a prática piedosa e legalista, como também por sua pretensão missionária, que tanto seus seguidores quanto seus adversários entenderam como "messiânico". Portanto, não é de todo impossível que, no fim, o próprio Jesus tenha confessado diante do sinédrio (Mc 14,6s.) e durante o processo (Mc 15,2) ser o Messias de Israel e o Rei dos Judeus. Alguns exegetas, entre eles o erudito judaico D. Flusser († 2000), reconhecem já em sua identificação com o Filho do Homem uma profissão indireta de sua dignidade messiânica. Em sua obra de referência *Der historische Jesus – Ein Lehrbuch*, os exegetas evangélicos G. Theissen e A. Merz partem do pressuposto de que Jesus teria interpretado o título de "Filho de Homem" de forma messiânica e que o teria aplicado a si mesmo. Uma pretensão messiânica teria afetado o domínio político de modo imediato, já que o Messias de Israel, como rei instituído por Deus, teria a obrigação de santificar e reunir o povo (Sl 17,3s.32), no entanto, a reivindicação do reinado representava um crime punível de morte segundo a lei romana. Já que Jesus acreditava ter sido enviado a todo o povo de Israel, foi definitivamente para Jerusalém que, provavelmente, já havia visitado várias vezes por ocasião das grandes festas de peregrinação. Na época, a cidade era o centro nacional e religioso de Israel. Em Jerusalém, irrompeu o conflito decisivo, que acabou causando a morte de Jesus. A pesquisa exegética, baseando-se no consenso do testemunho dos quatro evangelhos acredita que Jesus morreu numa sexta-feira. Segundo os sinóticos, a sexta-feira era o primeiro dia do feriado da Festa de Pessach, que começa com a noite de Séder, ao escurecer. Os sinóticos partem do pressuposto segundo o qual a Última Ceia de Jesus com seus discípulos teria sido uma ceia de Pessach (Mc 14,12-16; Mt 26,17-19; Lc 22,7-13.15); então, o dia da morte de Jesus teria sido o 15º de Nissan. João determina como dia da morte de Jesus a véspera da Festa de Pessach (Jo 19,14), ou seja, o 14º de Nissan, dia no qual os cordeiros eram abatidos no templo para o Pessach. Por isso, os membros do sinédrio que interrogaram Jesus se recusaram a entrar no pretório, "para não se contaminarem e, assim, poderem comer a Ceia de Páscoa" (Jo 18,28). Segundo o quarto evangelista, o sábado e o Pessach coincidiram no ano da morte de Jesus; assim, ressalta que o dia daquele sábado foi "grande" (Jo 19,31). Durante muito tempo (desde J. Jeremias [† 1979), a exegese favoreceu a cronologia dos sinóticos, mas hoje a maioria dos pesquisadores considera historicamente mais provável a cronologia de João. A tentativa da historiadora francesa A. Jaubert († 1980) de harmonizar a cronologia dos evangelhos com recurso a diferentes calendários, ao calendário lunar oficial de Jerusalém e ao calendário solar dos essênios, não tem sido recebida com grande aprovação. A adoção do calendário solar dos essênios teria implicado uma relação de Jesus com os essênios, que hoje é considerada pouco provável. A proclamação de Jesus pouco concorda com a observância rigorosa do sábado por parte dos essênios. A narrativa sobre os preparativos da Ceia de Páscoa (Mc 14,12-16) é hoje avaliada como tardia e secundária; ela apresenta um vínculo evidente com a narrativa da busca pelo jumento para a entrada de Jesus em Jerusalém (Mc 11,2-4). Muitas vezes, o forte interesse teológico do quarto evangelista tem sido usado como argumento contra sua cronologia. Mas pesquisas mais recentes têm demonstrado que a paixão de João se interessa muito por fatos históricos, que João possuía profundos conhecimentos locais e conhecia muito bem as festas judaicas. A cronologia de João é apoiada também pelo fato de que as informações dos sinóticos dificilmente podem ser harmonizadas com as regras judaicas referentes à Festa do Pessach. Um interrogatório de Jesus pelos membros do sinédrio na noite ou manhã da Festa de Páscoa e as atividades dos acusadores judaicos diante de Pilatos são muito improváveis. Segundo a cronologia dos sinóticos, teria restado pouco tempo aos membros do sinédrio para os preparativos e a celebração da Festa de Páscoa. Segundo cálculos astronômicos, o dia 14 de Nissan – dia no qual, segundo a cronologia de João, Jesus foi crucificado – coincide com um feriado durante o reinado de Pilatos apenas nos anos 30 e 33. Se recorrermos à cronologia de Lc 3,1, João Batista dá início à sua pregação de penitência no "décimo quinto ano do governo de Tibério César" (Lc 3,1a), sendo que, segundo cálculos romanos, este teria sido o tempo entre os anos 28 e 29. Já que, segundo o testemunho dos quatro evangelhos, Jesus era intimamente ligado a Batista, o início de sua atividade pública pode ser determinada no fim de 28 ou no início de 29. Tanto no lado judaico quanto no lado cristão, o processo de Jesus tem se tornado objeto de pesquisas minuciosas. Existe hoje o consenso de que os evangelhos tendem a apresentar Pilatos numa luz mais clara; e o sinédrio, numa luz mais sombria, de absolver o procurador e jogar toda a culpa nos representantes judaicos (Mc 15,1-15). Mesmo que parte do sinédrio tenha participado ativamente da entrega de Jesus às autoridades romanas, não houve nenhuma condenação à morte por parte dos judeus. O processo contra Jesus foi um processo da justiça romana. Não foi uma instância judaica, mas sim o procurador romano Pilatos que condenou Jesus à morte. A sentença de morte foi proferida em nome do *Imperium Romanum*, não no nome do povo judaico. A acusação do "assassinato de Deus" contra os judeus se apoia nos relatos dos evangelhos. No entanto, não foi o povo dos judeus que matou Jesus; foram os membros (individuais) do sinédrio e o procurador romano Pilatos que tiraram Jesus do seu caminho. Não foi o povo judeu, mas os "poderosos deste mundo" que crucificaram "o Senhor da glória" (1Cor 2,8). A inscrição na cruz "Rei dos Judeus" (Mc 15,26) aponta o motivo da crucificação. A maioria dos eruditos acredita que esse *titulus* é autêntico. Jesus foi crucificado porque fora acusado de reivindicar o reinado, segundo a alegação dos membros do sinédrio de que Jesus teria se apresentado como pretendente messiânico real. Aos olhos de Pilatos, isso representava uma ameaça à ordem estatal. Já que a pretensão ao trono representa um crime punível de morte segundo a lei romana, ou seja, o *crimen laesae maiestatis populi Romani* (crime de lesa-majestade), Pilatos condenou Jesus à morte. Primeiro, foi flagelado pelos soldados romanos responsáveis por sua execução e então crucificado no Gólgota, na "colina das caveiras", fora dos limites da cidade (Mc 15,20-32 par.). Dado que morreu logo após sua crucificação, deve-se supor que sua flagelação foi extremamente severa. Provavelmente, Jesus foi pregado, e não amarrado, à cruz. Isso foi algo bastante comum, como demonstram os restos mortais das pessoas crucificadas em Giv'at ha-Mitvar, encontrados em 1968. É provável que uma síncope tenha causado a morte de Jesus. Quais foram suas últimas palavras? Marcos e Mateus relatam um grito de abandono (Mc 14,34.37; Mt 27,46.50), que, no entanto, fazia parte de uma oração repleta de confiança (Sl 22,2). Segundo Lucas, Jesus recitou uma oração (Sl 31,6) antes de falecer (Lc 23,46). Segundo o Evangelho de João, Jesus compreendeu sua morte como consumação de seu chamado (Jo 19,30). Como informam todos os evangelhos, o corpo de Jesus foi sepultado por José de Arimateia (Mc 15,42-47) ainda no dia de sua crucificação. O Evangelista João relata que Nicodemos também esteve presente durante o sepultamento de Jesus (Jo 19,39). Não podemos afirmar com certeza se Maria Madalena e a outra Maria também observaram o sepultamento; no entanto, essa possibilidade não pode ser excluída totalmente, já que todos os evangelhos relatam a presença de mulheres na morte de Jesus; em todo caso, devemos supor que o local de seu túmulo era conhecido. – (**2**) Desde o início, houve uma preocupação com a vida de Jesus – assim, por exemplo, Agostinho ([† 430] cons. ev.) ou Ludolfo da Saxônia ([† por volta de 1378] *Vita Christi*). A hora da pesquisa histórica moderna de Jesus veio com o Iluminismo, por um lado, para abrir novos caminhos para a fé cristã, por outro, para libertar o Jesus histórico de supostas dogmatizações. O desenvolvimento da pesquisa moderna de Jesus (*Quest for the Historical Jesus*) apresenta três fases distintas: A primeira fase (*First Quest*) começa com H.S. Reimarus († 1768), abarca a pesquisa da vida de Jesus do século XIX e se estende até W. Wrede († 1906). Segue então a fase breve de um ceticismo histórico radical (*No-Quest*); esta é representada por R. Bultmann († 1976) que acreditava ser impossível saber-se qualquer coisa certa sobre o Jesus histórico além do fato de ter vivido e morrido. A única coisa que importaria seria o querigma cristão (a proclamação), que Bultmann submeteu a uma desmistificação radical. A segunda fase da pesquisa histórica de Jesus (*New or Second Quest*) é iniciada por E. Käsemann († 1998), aluno de Bultmann, que escreveu em 1954 o ensaio epocal "Das Problem des historischen Jesus" [*O problema do Jesus histórico*], onde afirma, contra seu mestre, ser possível adquirir-se conhecimentos seguros sobre dados fundamentais da vida e proclamação de Jesus. Ao investigar o Jesus histórico a partir da tradição sinótica, Käsemann se orientou por um critério duplo de diferença: Deve ser considerado como genuinamente jesuano aquilo que não pode ser explicado nem pelo mundo judaico nem pela vida e doutrina do cristianismo antigo. Juntam-se a isso os critérios do testemunho múltiplo e da coerência. O início da terceira fase (*Third Quest*) ocorre na década de 1980. Desistindo do critério diferencial sugerido por Käsemann, tenta-se agora deduzir o Jesus histórico a partir do judaísmo de seu tempo sob consideração de fontes não canônicas (p. ex., os evangelhos não canônicos) e com a ajuda de métodos sócio-históricos. – (**3**) O credo cristão (Niceno-constantinopolitano; Apostólico) se baseia na condição de que Jesus viveu e foi crucificado sob Pôncio Pilatos. Os escritos do NT são testemunhos da fé, mas de forma alguma são irrelevantes para a pergunta referente ao Jesus histórico, como demonstrou a história mais recente da pesquisa histórica moderna da vida de Jesus. Na Constituição Dogmática *Dei Verbum* (DV), o Concílio Vaticano II afirma a historicidade dos evangelhos, mas sem preservar a teoria tradicional da inspiração verbal. – **(4)** Já que a exegese católica, desde o Concílio Vaticano II, se abriu sem ressalvas para a pesquisa histórica moderna da vida de Jesus, praticamente não existem mais diferenças confessionais. As posições se encontram em toda a teologia católica e evangélica. – **(5)** Chama atenção o fato de que, desde Käsemann, a confiança na pesquisa histórica da vida de Jesus tem aumentado e que a pesquisa foi enriquecida por abordagens metodológicas inovadoras; mas ainda hoje as respostas são divergentes. Alguns pesquisadores acreditam que nosso conhecimento sobre o Jesus histórico se limita a poucos dados fundamentais. Outros, por sua vez, acreditam ser possível esboçar uma imagem palpável do Jesus histórico desde sua proclamação pública até sua morte na cruz que apresente uma probabilidade histórica bastante alta.

Lit.: FLUSSER, D. *Die letzten Tage Jesu in Jerusalem*. Stuttgart, 1982. • FLUSSER, D. *Jesus*. 12. ed. Reinbek b.H., 1999. • GNILKA, J. *Jesus von Nazaret*. Friburgo/Basileia/Viena, 1990. • SANDERS, E.P. *The Historical Figure of Jesus*. Londres/Nova York, 1993. • VERMES, G. *Jesus der Jude*. Neukirchen-Vluyn, 1993. • CROSSAN, J.D. *Der historische Jesus*. 2. ed. Munique, 1995. • BECKER, J. *Jesus von Nazaret*. Berlim/Nova York, 1996. • COHN, C. *Der Prozess und Tod Jesu aus jüdischer Sicht*. Frankfurt a.M., 1997. • ROLOFF, J. *Jesus*. 3. ed. Munique, 2005. • THEISSEN, G. & MERZ, A. *Der historische Jesus*. 3. ed. Göttingen, 2001. • CROSSAN, J.D. & REED, J.L. *Jesus ausgraben – Zwischen den Steinen; Hinter den Texten*. Düsseldorf, 2003. • MERZ, A. (org.). *Jesus als historische Gestalt*. Göttingen, 2003. • EBNER, M. *Jesus von Nazaret*. Stuttgart, 2007. • STEGEMANN, W. *Jesus und seine Zeit*. Stuttgart, 2010. • WENZ, G. *Christus*. Göttingen, 2011 [Studium Systematische Theologie, 5]. • PUIG I TÀRRECH, A. *Jesus - Eine Biografie*. Paderborn et al. 2011. • SCHOLL, N. *Jesus von Nazaret – Was wir wissen, was wir glauben können*. Darmstadt, 2012. • LOHFINK, G. *Jesus von Nazaret – Was er wollte, was er war*. Friburgo/Basileia/Viena, 2011. • SÖDING, T. *Die Verkündigung Jesu – Ereignis und Erinnerung*. Friburgo/Basileia/Viena, 2011.

Helmut Hoping

Judaísmo e Igreja ↑ *diálogo*, ↑ *dimensões fundamentais da Igreja*, ↑ *cânone*, ↑ *Igreja*, ↑ *missão/reevangelização*. – Aqui analisaremos a relação entre os dois fenômenos *in recto* apenas sob uma perspectiva teológica e eclesiológica; os outros aspectos relacionados a ela (sociológicos, econômicos, culturais etc.) serão tematizados apenas *in obliquo*. A longa rejeição do judaísmo pela Igreja deve, por isso, ser qualificada como antijudaísmo (rejeição por motivos teológicos) e não como antissemitismo (rejeição por motivos racistas). A relação altamente tensional e, ao mesmo tempo, emaranhada se inicia no NT e se mantém no Ocidente ao longo de todos os séculos com numerosas reviravoltas. Aqui, podemos citar apenas os momentos essenciais que marcaram essa relação. – **(1)** No período descrito pelo NT do século I, podemos identificar as seguintes teses sobre a determinação dessa relação:

• O cristianismo que começa a se organizar na Igreja é percebido como religião profundamente judaica, cujos fundadores e primeiros seguidores são judeus (At 2,26.46; 3,1; 13,14 et al.).

• A profissão da Igreja de Jesus como Cristo/Messias resulta no rompimento com o judaísmo, na perseguição, morte e na exclusão da sinagoga dos cristãos (Jo 12,33-43; At 7; 8,1ss.; 12,1-5; 1Cor 15,9; Gl 1,13 et al.).

• A Igreja cresce e se torna uma "terceira potência" ao lado do judaísmo e do paganismo, no sentido de que a observância da Torá, obrigatória para os judeus (circuncisão, leis relacionadas à alimentação), é irrelevante para os cristãos (At 11,20.26; 15; Rm 3,27-31; 1Cor 10,32; Gl 1,15).

• Paulo interpreta a separação como temporária: Sob o ponto de vista escatológico, o judaísmo continua a representar o povo de Deus (Rm 9–11).

(2) O desenvolvimento no tempo pós-neotestamentário leva ao antijudaísmo dos cristãos, que chega a apresentar traços patológicos e que contribui essencialmente para o auge do ódio antissemita no holocausto do século XX. Devemos citar os seguintes pontos:

• Na patrística, a separação é aprofundada: O cristianismo e o judaísmo se veem como inimigos (Inácio de Antioquia [† após 110] Magn. 10,3).

• A decisão referente ao cânone da Igreja antiga preserva, contra Marcião († por volta de 160), os escritos judaicos hoje reunidos no AT. Isso exige uma nova hermenêutica (*interpretatio christiana*), que implica um esclarecimento da relação entre judaísmo e Igreja.

• Num nível literário, os padres se envolvem em numerosos discursos com os judeus; o tema central é a messianidade de Jesus (Justino [por volta de 165] dial. 4s.; 135,3). A Igreja é a Israel verdadeira, que substitui a antiga Israel (teoria da substituição; primeiro em Barn. 5,7; 7,5; 13,1).

• A ambivalência da postura em relação ao judaísmo é representada e influenciada por Agostinho († 430), que, por um lado, se empenha em prol de sua proteção, já que os judeus foram as testemunhas históricas de Cristo (civ. 18,46), por outro, ele os ataca rigorosamente e é o primeiro a conferir-lhes o estigma de "assassinos do Senhor" (escrito adv. Iud.).

• Um antijudaísmo explícito e expressado não mais apenas literariamente pode ser constatado a partir da segunda metade do século XII, propagado sobretudo pelas novas ordens dos dominicanos e franciscanos. Os judeus são acusados de profanação de hóstias, assassinatos rituais, conspirações para a destruição do mundo; em pogrons violentos, são expulsos das cidades. O pano de fundo é, muitas vezes, seu sucesso econômico, já que os cristãos não conseguem concorrer economicamente com eles devido à sua proibição de cobrar juros.

• O Iluminismo traz certo alívio. A racionalidade das duas religiões permite o diálogo (G.E. Lessing [† 1781], M. Mendelssohn [† 1786]). No entanto, este permanece no nível intelectual.

• Apesar de o ódio extremo contra os judeus do nacional-socialismo alemão no século XX ter origens antissemitas, ele se propaga irrefreadamente na base do antijudaísmo eclesiástico.

(3) Durante muito tempo, o magistério eclesiástico participou do antijudaísmo: Os judeus precisam se diferenciar dos cristãos em seu modo de vestir (IV Concílio de Latrão, 1215), não podem adquirir graus acadêmicos (Concílio de Basileia, 1434), não podem construir sinagogas (Sínodo de Oxford, 1222). Até a reforma do Concílio Vaticano II, as orações pelos judeus na Sexta-feira Santa os chamaram de *perfidi* (infiéis, traiçoeiros, desonestos). No Estado da Igreja não ocorreram pogrons, e muitas vezes os judeus eram os médicos pessoais dos papas, mas eram sujeitos a medidas humilhantes e obrigados a ouvir pregações; no século XIX, as crianças judias batizadas eram separadas de seus pais e criadas em lares cristãos (caso Edmondo Mortara). Uma reavaliação fundamental da relação entre judaísmo e Igreja foi feita pelo Concílio Vaticano II (LG 16, DV 14s., principalmente NA 4): refutação da teoria da substituição, do antijudaísmo teológico, da tese da culpa coletiva; ênfase da validade permanente da antiga aliança, da escatologia paulina. Numerosos documentos e declarações pontifícias dão continuidade à reabilitação e instituem diálogos (Comissão para as relações religiosas com os judeus, documento *Wir erinnern*, de 1998). – (4) A postura antijudaica e os correspondentes modos de conduta contra o judaísmo eram compartilhados por todas as confissões cristãs até o século XX. Isso tem mudado desde o holocausto. – (5) As dimensões da vida da Igreja são inconcebíveis sem suas raízes no judaísmo e não podem ser exercidas sem elas. As doutrinas fundamentais (monoteísmo, o Decálogo, ética), a compreensão abraâmica da fé, a tradição teológica (Moisés, os profetas), a vida espiritual (Salmos) demonstram que a Igreja é constituída em seu íntimo por judeus e gentios, desde que Cristo se tornou a paz de todos (cf. Ef 2,11-22). Por isso, o antijudaísmo deve ser condenado como anticristão. Sob a perspectiva da nova compreensão, uma pergunta difícil é a viabilidade da missão aos judeus. Por um lado, deve-se levar em consideração que a comissão missionária de Mt 28,18-20 é universal e não prevê nenhuma exceção; no entanto, é necessário lembrar também que a regra fundamental da missão referente à conversão para o Deus verdadeiro não pode ser aplicada ao judaísmo. Isso o exclui dos alvos missionários; no entanto, isso não afeta o diálogo sob uma ampla base comum a respeito das partes compartilhadas da Bíblia, antes o torna ainda mais necessário.

Lit.: AHLERS, R. *Der "Bund Gottes" mit den Menschen*. Hildesheim, 2004. • FRANKEMÖLLE, H. *Das Heil der Anderen* – Problemfeld: "Judenmission". Friburgo/Basileia/Viena, 2010 [QD, 238]. • HENRIX, H.H. et al. (orgs.). *Die Kirche und das Judentum*. 2 vols. Paderborn et al., 1988, 2001. • MUSSNER, F. *Traktat über die Juden*. Munique, 1979. • RENZ, A. *Beten wir alle zum gleichen Gott?* Munique, 2011. • WENGST, K. *Jesus zwischen Juden und Christentum*. Stuttgart, 2004.

Wolfgang Beinert

Juízo ↑ *ressurreição dos mortos*, ↑ *vida eterna*, ↑ *justiça de Deus*, ↑ *céu*, ↑ *inferno*, ↑ *purificação/purgatório*, ↑ *ira de Deus*. – O juízo designa os eventos no fim dos tempos, quando os seres humanos terão que prestar contas diante de Deus para assim encontrar sua salvação definitiva, contanto que se abram para a misericórdia divina. – **(1)** A esperança de Israel é que Deus realize um juízo em sua ira justa para conceder direito aos que estão sem culpa (Sl 7; 9). O destino de Sodoma e Gomorra serve como paradigma do juízo de Deus sobre os malfeitores (Gn 19,1-29; cf. Mt 11,23s. par.). Os profetas anunciam o "Dia do Senhor" como dia do juízo sobre os povos, mas também sobre Israel (Am 5,18. 20; Sf 1,14-18). Esse juízo, compreendido como algo que ocorrerá dentro da história, se manifesta como transição para uma salvação nova, mas não como continuação ininterrupta da história. Nos textos apocalípticos, o juízo adota traços escatológicos (Is 66,15s.; Dn 7,9-12). Enquanto também João Batista prenuncia o juízo como evento de rigorosa examinação (Mt 3,7-12 par.), Jesus proclama que o conselho escatológico salvífico de Deus significa graça pura para Israel: A citação programática em Lc 4,16-19 de Is 61,1s. exclui a referência de Isaías ao "dia da vingança do nosso Deus". No entanto, Jesus também mantém em vista o juízo, já que a oferta salvífica de Deus também pode ser recusada (Mc 10,31 par.; Mt 8,11s. par.). Para evitar que isso aconteça, Jesus insiste na seriedade do juízo. No entanto, é possível que tenha compreendido sua morte como juízo substitutivo, para que a oferta salvífica de Deus possa subsistir a despeito de sua ampla recusa. É principalmente Mateus que usa o motivo do juízo para criar um vínculo entre escatologia e ética: Todas as referências ao juízo final (Mt 7,21-23 par.; 13,24-30; 18,23-35; 25,31-46) tratam da pergunta referente à forma de conduta que permitirá que o indivíduo subsista ao juízo. As epístolas neotestamentárias também tratam do pensamento do juízo em contextos parenéticos com a finalidade de ressaltar a responsabilidade pessoal por sua conduta (2Cor 5,10; Hb 10,26-31). No entanto, os (pré-)conceitos terrenos são fortemente relativizados (Mt 7,1-5 par.; 1Cor 4,3); já que o Juiz julga sem acepção de pessoas (Rm 2,11; Ef 6,9; 1Pd 1,17), as medidas terrenas e as relações de domínio estão sujeitas a uma ressalva escatológica. Afirmações sobre a consternação *individual* causada pelo juízo são feitas no contexto da proclamação de um juízo *universal* (Ap 20,11-15). Sujeitos do juízo são Deus, o Pai, e (na era pós-pascoal) Jesus Cristo. – **(2)** Com intenções parenéticas, os escritos do início do cristianismo ressaltam o juízo como recompensa ou castigo pelos atos terrenos. Esse pensamento subsiste principalmente na teologia latina. Ela tende a instrumentalizar a ameaça do juízo (compreendido como vingança) para enfatizar as advertências éticas e os mandamentos eclesiásticos. A teologia grega compreende o juízo como elemento da ação educativa de Deus; ele não representa o castigo como fim em si mesmo, mas a purificação e o aprimoramento do ser humano. As afirmações bíblicas provenientes de diferentes âmbitos concepcionais (escatologia universal e individual) são ordenadas cronologicamente. Distingue-se assim claramente um juízo individual, que ocorre imediatamente após a morte, e um juízo geral no juízo final. Diante do rigor cada vez mais enfatizado do juízo (*Nil inultum remanebit*: sequência *Dies Irae* da missa fúnebre) – muitas vezes imaginado como briga entre anjos e o diabo – a misericórdia do juiz passa para o segundo plano a partir do início da Idade Média. Muitas representações artísticas do Juízo, frequentemente bastante drásticas, preservam a identidade do Juiz Jesus como Salvador, apresentando-o com seus estigmas, com a cruz e os instrumentos da paixão. A teologia recente compreende a execução do juízo mais como evento do entendimento e do juízo sobre si mesmo do que como atividade autoritária do juiz: "O Juiz nada precisa fazer, precisa apenas ser" (VON BALTHASAR, H.U. *Gericht*, p. 232). Assim, a atividade julgadora de Deus se manifesta como oportunidade para reencontrar a verdade e a justiça. – **(3)** Os primeiros credos esperam a parusia de Jesus Cristo, daquele que julga os vivos e os mortos (Credos Apostólico e Niceno-constantinopolitano: DH 10-30; 150; Credo Pseudoatanasiano *Quicumque*, do século V: DH 76). As proposições doutrinais da Idade Média pressupõem um juízo especial e individual apenas de forma implícita para o período intermediário (cf. a Bula *Benedictus Deus*, do Papa Bento XII, de 1337: DH 1.002s.) – **(4)** A tradição luterana não oculta a ira de Deus, mas a vincula à observação segundo a qual Jesus Cristo é o espelho do coração paternal misericordioso (Catecismo Maior: BSLK 660). – **(5)** A pregação cristã do juízo é mais proclamação voltada para o presente do que um anúncio referente ao futuro. Incentiva o arrependimento e a decisão, revelando as medidas do definitivo. A história do mundo será julgada no sentido da justiça de Deus em Jesus Cristo. *Ele* é a medida do juízo. Quem segui-lo encontrará – talvez de modo inesperado (Mt 25,31-46) – também a sua proximidade no juízo. Destarte, a visão do juízo divino amplia os horizontes históricos. O reconhecimento de que os critérios terrenos para o sucesso não perdurarão na eternidade tem um efeito libertador. O juízo dá a esperança às vítimas da história de que os opressores não triunfarão para sempre sobre os mais fracos. Já que o juízo individual está vinculado ao juízo universal, permanece em foco o entrelaçamento da vida individual com a humanidade como um todo e com o cosmo, evidenciando-se nisso que todos, sem exceção, necessitam da misericórdia de Deus. Referente à compreensão cristã do juízo escatológico, devemos levar em consideração dois aspectos (não equivalentes): Por um lado, o juízo demonstra respeito ante a dignidade do ser humano como pessoa responsável, que é levada a sério em suas decisões, seus atos e suas autodeterminações. Por outro, o juízo é um evento no qual vivenciamos a graça de Deus; não se trata de uma mera prestação de contas. Seu objetivo não é a vingança, antes concede uma nova criação. Em face das imagens divulgadas ao longo da história da religião (o livro com o registro de todos os atos, a balança das almas), deve-se dizer que o próprio Deus, em Jesus Cristo, colocou seu peso no prato da balança em prol dos pecadores. Suas distorções e maldades são trazidas à luz para que sejam literalmente "curadas" pela vontade salvífica de Deus. Esse caráter purificador do juízo gerou na tradição católica a concepção de um evento purificador (o purgatório). Mesmo que seja possível contemplar a purificação como processo separado, o juízo em si não pode ser reduzido a uma mera prestação de contas despida de seu poder purificador e retificador.

Lit.: a) BOUMAN, J. et al. "Gericht Gottes". *LThK*, 4. 3. ed., 1995, p. 514-522. • FABER, E.-M. "Das Ende, das ein Anfang ist – Zur Deutung des Todes als Verendgültigung des Lebens". *ThPh*, 76, 2001, p. 238-252. b) VON BALTHASAR, H.U. "Gericht". *IkaZ*, 9, 1980, p. 227-235. • FUCHS, O. *Das Jüngste Gericht*. Regensburgo, 2007. • FÜREDER, M. *Geistliche Zurechtweisung*. St. Ottilien, 1993. • REISER, M. *Die Gerichtspredigt Jesu.* Münster, 1990 [NTA NF, 23]. • ZAGER, W. *Gottesherrschaft und Endgericht in der Verkündigung Jesu.*Berlim, 1996 [BZNW, 82]. • ZEINDLER, M. *Gott der Richter*. Zurique, 2004. c) ETZELMÜLLER, G. "...zu richten die Lebenden und die Toten" – Zur Rede vom Jüngsten Gericht im Anschluss an Karl Barth. Neukirchen-Vluyn, 2001.

Eva-Maria Faber

Justiça de Deus ↑ *analogia,* ↑ *atributos de Deus,* ↑ *amor,* ↑ *teodiceia.* – A justiça de Deus remete à unidade (identidade) de Deus com a forma suprema de justiça por Ele garantida, que se manifesta nos eventos individuais da história do mundo e da salvação como força ordenadora, julgadora e determinadora. A justiça de Deus é a visão contrária à experiência da injustiça ameaçadora na política e na sociedade. Ela se opõe a essas constelações de poder por meio de uma valorização da impotência. A pergunta se a justiça terrena deve ser compreendida como contraparte da justiça transcendente de Deus que interfere no mundo ou se a justiça de Deus é resultado de visões da justiça terrena sempre gerará certa tensão. – (**1**) O Deus justo ocupa uma posição elementar na Bíblia: Usa seu poder para a imposição de justiça. O uso linguístico bíblico reivindica a justiça de Deus de forma exclusiva (Sl 5,9; Jr 23,6) e recorre a ela para avaliar outras concepções de justiça (Is 5,7; Am 5,24). Ao fazê-lo, remete a ideais sociais, culturais e políticos de justiça já existentes e os vincula aos mandamentos de Deus (sobretudo nos "Dez Mandamentos"). Por um lado, isso pode gerar problemas referentes à relação de causa e efeito (Jó 8,3), que considera justo o sofrimento causado por erros próprios e cuja concepção falha no caso do sofrimento do justo; por outro, pode significar que Deus precisa castigar seu povo para levá-lo de volta para o caminho da justiça; isso pode assumir a forma de um dilúvio devastador (Is 10,22). Em virtude de seu maior alcance quando comparado com a justiça terrena, Deus se apresenta como "sol da justiça" (Ml 3,20) sem distorcer o direito (Jó 37,23). Mas Deus só apoia o direito se este servir à justiça para os homens. Na mensagem de Jesus, a justiça de Deus se torna um indício de Deus sobretudo quando seres humanos são perseguidos em virtude da justiça (Mt 5,10). O Evangelho se opõe estritamente à justiça própria, pois "aquele que se eleva será humilhado" (Lc 18,14). Só é justificado quem for capaz de abandonar a culpa e a justiça própria. A justiça de Deus não serve como base de poder em relação aos outros, antes leva ao reconhecimento da impotência em face da culpa própria. Dela ninguém pode se gabar; só é possível arrepender-se dela. Paulo desenvolve a ↑ justificação a partir dessa forma da justiça de Deus (Rm 3,9-27), que vem acompanhada do respeito elementar pelo outro. Codificações binárias como "judeu e grego" já não podem mais ser aplicadas à pergunta referente ao "justo ou injusto", razão pela qual a justiça de Deus pode ser compreendida universalmente (segundo os resultados de uma nova interpretação de Paulo por J. Dunn: *New perspective on Paul*). Ninguém pode se gabar da justiça própria, pois todos pecaram e não alcançam a justiça de Deus. A observação: "Não há justo, nem mesmo um só" (Rm 3,10) não vale apenas para aqueles que guardam a lei de Deus, mas vale *também* para eles. A justificação ocorre exclusivamente sobre o fundamento da justiça de Deus, que culmina no sacrifício de Cristo pelas injustiças do homem e faz da fé em Cristo o lugar da justiça de Deus (Rm 3,22). Isso nos liberta para a prática de atos de justiça e para a profissão de Deus contra toda injustiça, mesmo quando esse testemunho leva à morte (os mártires como testemunhas da justiça de Deus). – (**2**) Partindo da virtude cardinal grega, cuja ideia da medida certa pretende elevar homens individuais sobre os restantes (Cícero [† 28 a.C.], off. I,7,20), a Igreja antiga faz da justiça um lugar na presença de Deus que qualifica como especiais as pessoas que sofrem injustiças por causa da fé cristã (Justino [† 165], 1 apol. 6,2). O dualismo de Marcião († 160) atribuía a categoria da justiça a um Deus criador que gera também o mal, enquanto o Deus cristão seria um Deus misericordioso; por isso, os judeus, pelo fato de buscarem a justiça, seriam incapazes de redenção (Ireneu [† por volta de 202] haer. I,27,3). Semelhantemente, a gnose considera a justiça de Deus inferior à bondade de Deus (Ireneu, haer. 1,23,3). No entanto, Ireneu e Tertuliano († após 220) insistem que Cristo aprofunda e cumpre a lei da justiça de Deus, que inclui a bondade, e reafirmam que seus castigos sustentam os bons (Ireneu, haer 3,18,7; 19,1; 5,5; 27,2; Tertuliano, ieiun. 16; adv. Val. 30,2). A teologia alexandrina confere um aspecto cristão à antiga virtude cardinal; em Cipriano († 258), esta passa a ser uma obra que apaga o pecado (Cipriano, eleem. 1,2). Apenas em Agostinho († 430) ressurge a acepção paulina segundo a qual a justiça não se faz presente nem pela natureza nem pela lei, mas apenas pela fé (Agostinho, ep. 177; ep. 186; Io. ev. tr. 26,1). Para Anselmo de Cantuária († 1109), a justiça de Deus obriga Deus a defender sua honra, que fora manchada pela queda (CdH I,11,38/40). Após a descoberta da *Ética a Nicômaco*, de Aristóteles, Tomás de Aquino († 1274) transforma a justiça em uma grandeza de ordem binária como justiça compensatória e distributiva (STh II/II q61 a1), que apoia Deus de forma positiva, enquanto que, em Mestre Eckhart († 1328), a justiça de Deus se transforma em medida do justo, que é gerado por ela como "filho da justiça" (*Buch der göttlichen Tröstung I*, edição de bolso 104). Quando, na Reforma, a justiça de Deus se torna a medida inegociável de todas as coisas, intensifica-se a metafísica da ordem na teologia católica. Ela desenvolve a justiça de Deus no sentido escatológico, dando assim um peso maior aos atos da (in-)justiça. Na teologia da libertação, a justiça de Deus volta a ser o ponto de partida para a avaliação das relações terrenas na política, cultura e religião; aqui, a justiça de Deus é praticamente sinônimo da opção de Deus pelos pobres. – (**3**) No Concílio de Trento, a justiça de Deus se torna o tema decisivo no contexto da "justificação" (decreto sobre a justificação, de 1547: DH 1.520-1.583); no entanto, não ultrapassa os limites da teologia da graça da existência humana individual. Na discussão sobre a injustiça do Concílio Vaticano II, ela se torna um lugar social de Deus, onde se cristaliza a doutrina eclesiástica do direito humano (GS 21.29). A justiça de Deus abarca aqui a escatologia e se realiza na paz que resiste à guerra; por isso, a justiça é também a ponte decisiva imanente ao mundo para as pessoas que não compartilham da fé católica (GS 39). – (**4**) Já que Deus é naturalmente visto como justo, a teologia ortodoxa não consegue compreender as disputas ocidentais sobre a justificação. A categoria do objetivo ortodoxo da deificação humana (*theosis*) não é afetada pela concepção jurídica de uma justificação divina por um lado e de um reconhecimento dos atos humanos justos (*merita*) por outro. A controvérsia referente à justiça de Deus no sentido da justificação se estende desde as acusações recíprocas no tempo da Reforma e a interpretação unilateral do Concílio de Trento até o século XX. Ela é superada apenas com a Declaração Conjunta, de 1999, cedendo espaço a um respeito mútuo diante das diferenças do outro em relação à posição própria referente à justiça de Deus. – (**5**) O Concílio Vaticano II faz da justiça de Deus como vontade salvífica universal seu problema central. O respeito humano diante da justiça de Deus relativiza as diferenças e disputas entre os cristãos e dos cristãos com outros grupos religiosos; os cristãos precisam se questionar sobre a medida em que servem à justiça dos homens.

Lit.: ELLACURÍA, I. *Fe y justicia* - Estudio introd. de Jon Sobrino. Madri, 1999. • DUNN, J. *The New Perspective on Paul*. Tübingen, 2005. • WRIGHT, N.T. *Paul*. Minneápolis, 2005. • JOHN, O. & MÖHRING-HESSE, M. (orgs.). *Heil; Gerechtigkeit; Wahrheit* - Eine Trias der christlichen Gottesrede. Münster, 2006 [Theologie: Forschung und Wissenschaft, 22]. • ANSORGE, D. *Gerechtigkeit und Barmherzigkeit Gottes*. Friburgo/Basileia/Viena, 2009.

Hans-Joachim Sander

Justificação ↑ *disposição para a graça,* ↑ *eleição,* ↑ *graça/teologia de graça,* ↑ *certeza da salvação,* ↑ *mérito,* ↑ *obras.* – A teologia dogmática católica chama de justificação o processo gracioso e redentor pelo qual o ser humano pecaminoso entra em contato com o santo Deus e assim é transformado. – (1) A justificação é um conceito central da teologia paulina dentro do horizonte das experiências de Israel com Deus e a lei de Moisés. O apóstolo interpreta o evento salvífico da nova aliança em Jesus Cristo como evento da justificação do pecador. "Aquele que não conheceu o pecado, Deus o fez pecado por nós, para que nele fôssemos justiça de Deus" (2Cor 5,21). Em grego, a natureza do pecado é *asebeia* e *adikia*, impiedade e injustiça (Rm 1,18): "Assim como o pecado entrou no mundo como por um só homem e, pelo pecado, a morte, também a morte transmitiu-se a todos os homens naquele em quem todos pecaram" (Rm 5,12) e se tornaram "escravos do pecado" (Rm 6,16). O Evangelho de Jesus, o Cristo, responde à confusão do ser humano e traz ao mesmo tempo a liberdade: "É uma força de Deus para a salvação de todo aquele que crê, em primeiro lugar do judeu, mas também do grego. Pois nele a justiça de Deus se revela de fé a fé, conforme está escrito: 'O justo vive da fé'" (Rm 1,16-17). Somente a justiça de Deus renova o ser humano e restaura a ordem da criação; ela se revelou "agora" – independentemente da lei (Rm 3,21). A cruz de Jesus é a razão da nova justiça, que leva a uma vida nova (Rm 3,21-26). – (2) Agostinho († 430) se ocupa com a justificação no contexto de sua doutrina da graça. A redenção do estado pecaminoso se torna possível por meio de Jesus Cristo, o "novo Adão", e de sua obra salvífica. A graça de Deus – e aqui Agostinho é aluno de Paulo – para o ser humano é conquistada somente por Jesus Cristo. Ele o fez em amor, humildade e servidão. Com seu sacrifício na cruz, abriu o caminho para a justificação (*iustificatio*). No entanto, o fiel também se aproxima da justificação por meio de obras. Tomás de Aquino († 1274) apresenta o processo da justificação no contexto de sua doutrina da graça: O pecador afastou-se de Deus e voltou-se para as criaturas (aqui, Tomás se apoia em Agostinho). Fazem parte da justificação do pecador o presente da amizade de Deus, o movimento (iniciado pela graça) do livre-arbítrio em direção a Deus (*conversio ad Deum*), o abandono do pecado (*aversio a peccato*) e a remissão dos pecados (*remissio peccatorum*). A justificação é um processo relacional, no qual a liberdade do ser humano é sustentada pela dádiva do amor e da amizade de Deus. Para Tomás, esta é a maior obra de Deus (STh I-II q110-112). Os nominalistas (p. ex., Guilherme de Ockham [† 1384]) ressaltam a onipotência de Deus, a liberdade sempre maior de Deus e, portanto, também a gratuidade incondicional da graça. Ao mesmo tempo, a autonomia da liberdade humana adquire contornos cada vez mais nítidos. Em virtude de seu poder absoluto (*potentia absoluta*), Deus não é obrigado a justificar o ser humano, mas este pode ter a esperança de que Deus lhe conceda a justificação por meio da ordem salvífica factual (*potentia Dei ordinata*). – (3) O Sínodo de Cartago, de 418 (DH 222-230), formula com o cân. 3 que o ser humano depende da graça de Jesus Cristo não só para a remissão, mas também para evitar o pecado, como também para o conhecimento e amor certos e para o cumprimento dos mandamentos (DH 225). O Concílio de Trento, de 1546 (DH 1.510-1.516) e 1.547 (DH 1.520-1.583), reage aos reformadores com o decreto sobre a justificação (DH 1.520-1.583) em 15 capítulos e 33 cânones (condenações doutrinais). Os capítulos 7 e 8 são especialmente importantes para o ecumenismo: A justificação não é apenas remissão dos pecados, mas também santificação, renovação do ser humano interior e instituição como herdeiro segundo a esperança da vida eterna (DH 1.528). A justificação dispensa também o Espírito Santo e se torna eficaz na dádiva da fé, da esperança e do amor (DH 1.530); uma fé sem obras é uma fé morta. No entanto, a justificação ocorre justamente por meio da fé, pois esta é "o início da salvação humana" e permanece o fundamento e a raiz de toda justificação, "sem a qual é impossível agradar a Deus (Hb 11,6) e alcançar a comunhão dos seus filhos". Os justificados "tornam-se mais justos na mesma justiça recebida pela graça de Cristo, cooperando a fé para as boas obras" (DH 1.535). O objetivo da justificação é a própria glorificação de Deus (D.H 1548). O concílio faz uma distinção entre a preparação para a justificação, o processo da justificação, o crescimento na justificação e sua consumação. – (4) Nas igrejas ortodoxas do Oriente, o conceito da deificação (*theosis*) é mais importante do que o da justificação. A deificação apresenta um caráter trinitário em geral e pneumatológico, cosmológico e pedagógico-processual em especial: O mundo como um todo é chamado para a comunhão com o Pai, o Filho e o Espírito, levando-o assim a transcender-se a si mesmo. M. Lutero († 1546) identificou nos nominalistas traços de uma autorredenção. Esta se manifesta nos excessos da prática das indulgências do seu tempo, que sugeria ser possível comprar ou conquistar a graça (justificação pelas obras). Lutero, apoiando-se em Paulo, protesta e enfatiza que a justiça de Deus se revelou exclusivamente em Jesus Cristo; este foi o único a cumprir a lei perfeitamente. O ser humano é remido quando aceita a graça de Deus como Evangelho do Cristo justo numa postura de puro recebimento. Não é por esforços ou obras, mas apenas pela fé que o ser humano recebe a graça. Assim: Ninguém pode justificar-se a si mesmo ou outra pessoa; numa "sagrada troca", Cristo atrai para si o pecado e o castigo do ser humano e dá a ele gratuitamente sua própria justiça (p. ex., WA 5,608,10-12 [Operationes in Psalmos, 1519-1521]; 40/1,435,8; 437,4 [In epistolam S. Pauli ad Galatas Commentarius, 1531/1535]). No século pós-tridentino, a doutrina da justificação se tornou a razão da separação entre o catolicismo e o protestantismo, mas no século XX alcançou-se um consenso amplo (Concílio Vaticano II; numerosos diálogos ecumênicos; comentários científicos sobre as obras de K. Barth († 1968]). De relevância especial são os diálogos entre a Federação Luterana Mundial e o Pontifício Conselho para a Promoção da Unidade dos Cristãos, que ocorrem desde 1997 e levaram à "Declaração Conjunta sobre a Doutrina da Justificação" (assinada em Augsburgo, em 31 de outubro de 1999). Esse documento fala de um "consenso nas verdades fundamentais da doutrina da justificação" (GE 43). Juntas, as igrejas professam que o próprio Cristo, e somente Ele, é a justiça salvífica e perdoadora, de forma que podemos afirmar: "somente por graça, na fé na obra salvífica de Cristo, e não por causa de nosso mérito, somos aceitos por Deus e recebemos o Espírito Santo, que nos renova os corações e nos capacita e chama para as boas obras" (DC 15). Essa formulação supera frentes antigas de conflito, segundo as quais os protestantes teriam acreditado apenas em uma atribuição da graça (justificação *forense*); e os católicos, em uma nova criação essencial (justificação *efetiva*). Segundo G. Kraus, "a justificação forense e a justificação efetiva se apresentam como dois lados da mesma realidade, no sentido de que a declaração da justificação efetua o evento da justificação. A justificação é um ato pontual, mas, em sua orientação escatológica, é também um processo que exige a prática de obras. Já que o ser humano volta a cair no pecado após a justificação, ele é *simul iustus et peccator*" (*Rechtfertigung*, p. 435). No entanto, o lado protestante precisa se perguntar se realmente consegue compreender a justificação como "renovação"; e o lado católico precisa analisar se a cooperação do ser humano pode ser concebida de modo adequado. Precisamos esclarecer também o papel da Igreja no processo da justificação. – (5) Segundo a Declaração Conjunta, a justificação é o centro da fé cristã na redenção. O que tem sido uma pedra de tropeço e motivo de condenações doutrinais é hoje um incentivo para novas reflexões – nas igrejas e congregações eclesiais individuais, mas também no ecumenismo. Justificação significa: Deus se dá livre e desmerecidamente; conduz o ser humano à liberdade e identidade verdadeiras. Vale agora traduzir essa mensagem para os horizontes de experiência de hoje em suas diferentes figurações contextuais e em vista dos muitos medos, necessidades, exigências e ausências de liberdade. Um critério para a reformulação é a busca de si próprio do ser humano. Aqui, categorias *pessoais* se tornam importantes: Deus oferece ao ser humano a sua amizade; ocorre assim um encontro entre Deus e o ser humano, e na harmonização com a liberdade divina a liberdade humana encontra sua consumação. O lugar desse encontro é a vida eclesial e sacramental, mas também o dia a dia com seus muitos vínculos e desafios. Esse aspecto diz respeito principalmente às mulheres. A declaração final do Congresso Ecumênico das Mulheres em Augsburgo (novembro de 2002) afirma: "A mensagem da justificação precisa tornar-se fértil nos contextos do mundo como motor de um convívio libertador e como figuração curadora do mundo, que extrai sua dinâmica e força sempre da dádiva da aceitação incondicional do ser humano por Deus [...]. O trabalho ecumênico sob o signo da mensagem da justificação permite a) gerar a imagem de um Deus curador, maternal e misericordioso, b) vivenciar a Igreja como comunidade narrativa, na qual a vida do ser humano pode se expressar verdadeiramente, c) viver a reconciliação na ruptura entre as igrejas e no mundo, d) renunciar ao pensamento de posse confessional para assim chegar a um convívio livre e curador entre as confissões cristãs" (Eckholt/Pemsel-Maier, Räume der Gnade, p. 12).

Lit.: ECKHOLT, M. & PEMSEL-MAIER, S. (orgs.). *Räume der Gnade* – Interkulturelle Perspektiven auf die christliche Erlösungsbotschaft. Ostfildern, 2006. • HILBERATH, B.-J. & PANNENBERG, W. (orgs.). *Zur Zukunft der Ökumene* – Die "Gemeinsame Erklärung zur Rechtfertigungslehre". Regensburgo, 1999. • KLEINSCHWÄRZER-MEISTER, B. *In allem auf Christus hin. Zur theologischen Funktion der Rechtfertigungslehre*. Friburgo/Basileia/Viena, 2007. • KRAUS, G. "Rechtfertigung". In: BEINERT, W. (org.). *Lexikon der katholischen Dogmatik*. Friburgo/Basileia/Viena, 1987, p. 434-436. • RAHNER, J. *Creatura Evangelii* – Zum Verständnis von Rechtfertigung und Kirche. Friburgo/Basileia/Viena, 2005. • SÖDING, T. (org.). *Worum geht es in der Rechtfertigungslehre?* Friburgo/Basileia/Viena, 1999 [QD, 180].

Margit Eckholt

Leigos ↑ *ofício na Igreja,* ↑ *carismas/renovação carismática,* ↑ *sacerdócio comum,* ↑ *senso de fé dos fiéis,* ↑ *sacramentos de iniciação,* ↑ *Igreja.* – No emprego linguístico eclesiástico, leigos (do grego tardio: *laikos*, latim eclesiástico: *laicus*, pertencente ao povo [*laos*] [simples, inferior]) são todos os que foram incorporados de modo irrevogável ao povo de Deus em Jesus Cristo por meio do Batismo (e da Crisma) e que, "tornados participantes, a seu modo, da função sacerdotal, profética e real de Cristo, exercem, pela parte que lhes toca, a missão de todo o povo cristão na Igreja e no mundo" (Concílio Vaticano II, LG 31); continuam sendo leigos mesmo quando são chamados para exercer uma função oficial na Igreja, e assim se tornam portadores de um ofício. O sinônimo é "crentes em Cristo". – Na língua grega comum, o termo *laos* carrega uma conotação pejorativa. Mt 27,25 e Lc 23,35 o empregam para designar a multidão que não tem qualquer noção do mistério de sofrimento de Cristo. Nas epístolas neotestamentárias, ele é usado de forma positiva com recurso à teologia veterotestamentária do povo de Deus (cf., p. ex., Lv 26,11s.; Sl 94,14; Jr 31,33; Os 2,25 et al.): Os cristãos são membros do povo de Deus renovado (Ef 1; Hb 4,9; 1Pd 2,9s.). O que separa os leigos dos não leigos são, portanto, a fé e o Batismo: Os leigos são cristãos, os não leigos são infiéis. – (2) Sob o signo da sacerdotalização, Clemente de Alexandria († 215) já introduz uma nova diferenciação, que vale até os dias de hoje: Ao contrário dos clérigos ordenados, os leigos são os não detentores (que, portanto, não precisam ser ordenados) de um ofício (strom. 3,12). A conotação pejorativa é reforçada pela acepção dos clérigos (em grego: *kleros*, lote) como homens de Deus privilegiados (pela forma de vida, roupa, insígnias, honra, garantias): Leigos e clérigos se transformam em estamentos. Os monges ocupam uma posição intermediária. Apesar de todos eles serem originalmente leigos, eles se destacam por meio de uma vida especificamente ascética: Formam um estamento cristão próprio, mas vinculado ao clero. Os príncipes (e a nobreza) também ocupam uma posição própria: Em virtude das liturgias de coroação, são ungidos do Senhor e vicários de Cristo. A diferenciação mais clara e de maior consequência é feita por Graciano ([† antes de 1160] Decr. 12,1,7, por volta de 1140), que, com recurso a Jerônimo († 419/420), fala de *duo genera christianorum* (dois tipos de cristãos), ou seja, de um lado, dos clérigos e monges participantes do ofício divino, de outro, dos leigos como cristãos por concessão, cuja interação com o mundo é apenas permitida. Já que normalmente estes eram incultos (*illiterati, idiotae*), o termo voltou a adotar a conotação pejorativa que já possuíra no grego profano. É interessante que a maioria dos movimentos medievais de reforma partem dos leigos e se voltam contra a secularização e o afastamento do cristianismo pelo clero, que já não consegue mais corresponder às exigências estamentárias (patarinos, cátaros, valdenses; os clérigos J. Hus († 1415], J. Wyclif († 1384]). Os leigos organizados em ordens de cavaleiros exercem um papel decisivo nas cruzadas e, mais tarde, em obras caritativas. Impulsos essenciais para a vida cristã partem de leigos individuais como Francisco († 1226; o ideal da pobreza), Elisabete de Türingen († 1231), Edwiges da Silésia († 1243; *caritas*), Catarina de Sena († 1380) e Brígida da Suécia († 1373; misticismo, renovação da Igreja). No modo de vida das beguinas e da espiritualidade da *devotio moderna*, a piedade cristã adquire novos aspectos. Mesmo assim, a posição dos leigos permanece completamente à sombra do clero, principalmente porque a Reforma foi interpretada como ataque maciço ao clero. No século XX, este se vê forçado a recorrer cada vez mais aos leigos para atingir as metas da Igreja: A "Ação Católica" criada para esse fim, no entanto, é tolerada apenas como ramo do apostolado hierárquico (Pio XI, 1925, após primeiras tentativas de Leão XIII). Só o Concílio Vaticano II fará dos leigos verdadeiros sujeitos da Igreja. Por meio do sistema de conselhos e diferentes iniciativas (na Alemanha: dias dos católicos, comitê central dos católicos alemães et al.), eles tentam exercer uma função ativa dentro da Igreja. – (3) Até o Concílio Vaticano II, o magistério confirma a diferenciação comum dos membros da Igreja entre clérigos privilegiados e leigos subordinados: No esquema eclesiástico do Concílio Vaticano I (não ratificado em decorrência da interrupção do concílio), a Igreja é caracterizada como "sociedade de desiguais" (n. 394); Pio X condena a "tese modernista" da participação ativa dos leigos no regimento eclesiástico (Encíclica *Pascendi*, de 1905); Pio XII rebaixa a "participação" dos leigos, instituída por Pio XI, a uma mera "colaboração" (AAS 43 [1951] 789). O Concílio Vaticano II dedica aos leigos o capítulo IV do LG (30-38) e o decreto AA fundamentado em LG. O foco está na comunhão dos estamentos na mesma comissão da Igreja universal. A qualidade específica dos leigos é a "característica secular" (LG 31): Isso, no entanto, não pode ser compreendido como atividade exclusiva, mas apenas como atributo de maior destaque, já que toda a Igreja vive em prol do mundo (cf. GS, LG 33). A reavaliação enfática dos leigos é então realizada em grande parte no CIC/1983. Lá, encontramos pela primeira vez catálogos dos direitos e das obrigações de todos os crentes (cân. 208-223) e das obrigações e dos direitos (atente à sequência!) dos leigos (cân. 224-231), que são praticamente idênticos aos primeiros. Lema é cân. 208: "Devido à sua regeneração em Cristo, existe entre todos os fiéis verdadeira igualdade no concernente à dignidade e atuação, pela qual todos eles cooperam para a edificação do corpo de Cristo, segundo a condição e a função próprias de cada um". Faz parte disso também a qualificação para determinados ofícios e tarefas eclesiásticos (cân. 228, § 1). A "instrução aos leigos" (título abreviado) promulgada em 1997 por diversos dicastérios suscita a impressão de aceitar os leigos apenas como sobressalentes ou em situações de emergência em casos de falta de clérigos ordinários. – (4) A rígida divisão estamentária na Igreja Católica Romana não existe nas outras confissões. Na ortodoxia, a grandeza decisiva é todo o povo de Deus, i.e., os batizados, os que foram ungidos com *myron* e que podem participar da Eucaristia. Ela se diferencia em virtude dos diferentes carismas. Os leigos exercem funções eclesiásticas essenciais, como catequese, liderança (em sínodos) e missão. Nas congregações eclesiásticas protestantes, a doutrina de M. Lutero do "sacerdócio comum de todos os fiéis" tornou obsoleta a doutrina dos estamentos. Apesar de existirem ministérios especiais de liderança e proclamação, conferidos por meio da ordenação, estes não constituem uma hierarquia. No entanto, falam também de portadores de ofícios em oposição aos membros não ordenados em virtude de uma ambiguidade doutrinal. – (5) Em nenhuma outra área da constituição da Igreja Católica foi necessário realizar mudanças tão fundamentais quanto na posição dos leigos. Em nenhuma outra área as dificuldades enfrentadas foram tão grandes já apenas para definir o que seria um leigo. Na verdade, até o Concílio Vaticano II ainda o definiu de forma negativa, i.e., em oposição ao clero. "O conceito de 'leigo' é, na verdade, um conceito técnico auxiliar como abreviatura para 'membro da Igreja que não é clérigo'"; o conceito que tenta ir além da designação como membro da Igreja "está predestinado ao fracasso" (KAISER, M. *Grundstellung*, p. 186). Portanto, deveríamos ser sinceros e reconhecer que, do ponto de vista teológico, o conceito de "leigo" é um "conceito dispensável" (KEHL, M. *Kirche*, p. 123). A Igreja como corpo da *communio* vive dos dons (carismas) de todos, que, como dádivas da graça, sempre possuem um significado eclesiológico imediato, ou seja, são sempre relevantes para todos os membros e para a missão da Igreja. Em decorrência disso, resultam consequências para o convívio na Igreja que tornam necessária a transição "de um direito centrado no clero para um direito que se orienta pelos leigos" (DEMEL, S. *Handbuch*, p. 405).

Lit.: BARTH, H.-M. *Einander Priester sein*. Göttingen, 1990. • BÖHNKE, M. & SCHÜLLER, T. (orgs.). *Gemeindeleitung durch Laien?* Regensburgo, 2011. • CONGAR, Y. *Der Laie*. 3 ed. Stuttgart, 1964. • DEMEL, S. *Handbuch Kirchenrecht*. Friburgo/Basileia/Viena, 2010, p. 383-389, 398-439. • GRABNER-HAIDER, A. *Das Laienchristentum*. Darmstadt, 2007. • KARRER, L.

Die Stunde der Laien. Friburgo/Basileia/Viena, 1999. • KEHL, M. *Die Kirche*. Würzburg, 1992, p. 117-125, 438-443. • KAISER, M. "Die rechtliche Grundstelung der Christgläubigen". In: LISTL, J. et al. *Handbuch des katholischen Kirchenrechts*. Regensburgo, 1983, p. 171-189. • NEUNER, P. *Der Laie und das Gottesvolk*. Frankfurt a.M., 1988.

Wolfgang Beinert

Liberdade ↑ *pecado original,* ↑ *natureza do homem como criatura de Deus,* ↑ *indivíduo,* ↑ *ser humano,* ↑ *esquema tempo/espaço,* ↑ *pecado e culpa.* – Liberdade designa a capacidade do ser humano de tomar decisões, de determinar e desenvolver sua própria vida. Isso acontece numa interação responsável com o mundo, com o outro e com Deus. A liberdade humana se deve à criação e, por isso, à liberdade e à graça de Deus. É dádiva e responsabilidade. Diferenciamos entre a capacidade fundamental para a liberdade (liberdade transcendental ou formal) e os atos individuais em liberdade (liberdade categorial ou material). – **(1)** A relação entre Deus e o ser humano se manifesta, como mostra a história de Israel, na forma de uma dramática história de liberdade: Deus concede espaço e tempo ao ser humano (Gn 1,4-5) para assim permitir que este responda em liberdade à sua Palavra. A liberdade se dá também com a criação do ser humano à imagem de Deus como representante e cocriador de Deus (Gn 1,26-28). A narrativa do paraíso aproveita o tema do pecado original para apontar a ambivalência da liberdade; seu propósito se orienta pelo bem, mas é também capaz de escolher o mal quando o ser humano nega o vínculo existente entre autonomia e teonomia e procura impor sua autoafirmação sem consideração pelo outro (Gn 3). No entanto, já que o início e o fim do ser humano são predeterminados e fogem ao seu controle, sua liberdade precisa ser compreendida como relacional. O Decálogo (Ex 20,2-17; Dt 5,6-21) pressupõe uma liberdade que encontra seus limites na liberdade de Deus e de seus próximos e que, com a ajuda da graça, é capaz de gerar paz e justiça. Assim que o ser humano se emaranha em pecado e culpa, ele põe em jogo a liberdade como orientação fundamental de sua vida e passa a depender do perdão e da libertação de Deus (renovações das alianças). Graça e liberdade estão relacionadas uma à outra assim como Deus se relaciona com o ser humano. Isso não significa uma situação de concorrência, mas a viabilização de um diálogo em amor incondicional (Eclo 17,1-26; Os 11). O êxodo também é interpretado como evento de libertação que se deve à ajuda de Deus e mostra que a liberdade não tem implicações apenas individuais, mas sempre também sociais e políticas (Ex 12,1-18,27). O NT testifica que Jesus viveu sua liberdade como amor e obediência perante Deus. Sua liberdade beneficia outros (proexistência) e assume assim – segundo a teologia nos relatos da Última Ceia – também uma função representativa (1Cor 11,17-33). Paulo louva a liberdade dos filhos de Deus, que, por meio de Cristo, foram libertos do pecado e da morte e encontraram no seu Espírito novas possibilidades de vida (2Cor 3,17; Gl 5,1). Em virtude do Batismo, os cristãos não são mais escravos do pecado, pois vivem na esperança do perdão e são capacitados para a *parresia*, para a expressão livre do testemunho da fé (At 9,26-27). Podem relativizar seus laços terrestres, i.e., firmá-los em Deus, para assim alcançar uma liberdade e soberania interna na interação com o mundo. A verdade de Cristo liberta, mas sem levar ao libertinismo, pois a liberdade cristã permanece sujeita ao mandamento duplo do amor a Deus e ao próximo (↑ *amor ao próximo/amor a Deus*) (cf. 1Cor 11). – **(2)** A Igreja antiga reconhece o significado da liberdade no fato de que o homem foi criado à imagem de Deus (como *imago Dei*), mas que ainda precisa alcançar a semelhança de Deus (a *similitudo Dei*) em uma vida orientada pela Palavra de Deus. Orígenes († 253/254) tematiza a liberdade explicitamente, mas a problematiza no contexto de suas reflexões sobre a *apocatástase* (doutrina da redenção universal). Com Agostinho († 430) surge a tensão clássica entre natureza, ou liberdade, e graça, também no contexto da problemática da predestinação. *Libertas* significa para ele sujeitar-se de forma afirmativa a Deus como origem e amor e nisso encontrar sua plenitude. No entanto, essa capacidade foi destruída pelo pecado original e não pode ser recuperada sem a ajuda de Deus. Resta apenas uma liberdade de escolha no âmbito dos assuntos cotidianos (*liberum arbitrium*). Pelágio († após 418), por sua vez, vê a liberdade como possibilidade (*posse*) de o ser humano realizar sua natureza verdadeira. Não a considera seriamente prejudicada e, por isso, acredita em sua capacidade de encontrar Deus com a ajuda da graça (*paideia*). As escolas cristológicas de Antioquia e Alexandria desenvolveram noções divergentes da liberdade humana de *Jesus* referente à obra salvífica; mas o fato de que o monoteletismo (apenas uma única vontade de Jesus, i.e., a vontade divina) não conseguiu se impor mostra a seriedade com que ambos os campos compreendiam a liberdade humana. Para Tomás de Aquino († 1274), o propósito da liberdade permanece a comunhão com Deus, e ele introduz a consciência à discussão. A seu ver, a liberdade também não foi totalmente destruída pelo pecado, mas como algo que, depois da queda, depende da graça divina. A liberdade permanece integrada ao movimento fundamental da criação: *egressus* (emana) de Deus e *regressus* (retorna) para Ele. A liberdade é recebida como dádiva, e o ser humano só é verdadeiramente livre como pessoa que ama, pois a forma fundamental da liberdade é o amor. Permanece a dificuldade de determinar a relação entre providência (*providentia*) e liberdade em termos teológicos e antropológicos. Segundo Tomás, a providência de Deus sempre já leva em consideração a liberdade do ser humano. A diferenciação entre uma causa primeira (*prima causa*) e uma causa secundária (*causa secunda*) pretende fazer jus tanto à primazia de Deus como, ao mesmo tempo, ao poder próprio do ser humano (*per se potestativus*). A filosofia do Iluminismo (I. Kant [† 1804]) e o idealismo alemão (especialmente F.W.J. Schelling [† 1854], J.G. Fichte [† 1814] e G.W.F. Hegel [† 1831]) deram novos impulsos à reflexão teológica sobre a liberdade. A Escola de Tübingen em especial se distanciou da dialética de Hegel, que, acatando e ao mesmo tempo dissolvendo o pensamento cristão, enfatizava um evento (secular) em necessidade lógica: O necessário [*das Notwendige*] é interpretado teologicamente como aquilo que afasta a necessidade [*das Not Wendende*]. No século XX, a recepção de S. Kierkegaard († 1855), da filosofia existencial e de correntes do pensamento judaico (filosofia dialógica) fertilizou a disputa referente à liberdade. No entanto, em virtude das duas guerras mundiais e do crime da *shoah*, essa discussão foi confrontada com a necessidade de uma reinterpretação fundamental, que perdura até hoje. Atualmente, a chamada filosofia pós-moderna e o debate naturalista iniciado pelas ciências neurológicas acirram a discussão. K. Rahner († 1984) não falou apenas dos níveis transcendental e categorial da liberdade, mas os interpretou também como responsabilidade na relação intercomunicativa. A graça, i.e., a autocomunicação de Deus, é a condição da possibilidade da liberdade que, realizada no tempo e no espaço, não significa apenas posse própria, mas também responsabilidade salvífica pelo próximo. Partindo de I. Kant, J.G. Fichte, K. Rahner e H. Krings, T. Pröpper desenvolveu um pensamento de liberdade que, numa teologia transcendental, parte da diferença entre liberdade formal e material e do fenômeno da decisão ilimitada ou incondicional como capacidade da autodeterminação do ser humano; esta depende do reconhecimento de outras liberdades. Seguindo o pensamento de E. Lévinas († 1995), a liberdade é compreendida como responsabilidade representativa do ser humano desde o início de sua existência. O.H. Pesch ressalta, com vista à graça e à justificação, que a liberdade significa uma abertura infinita, que se fundamenta na aceitação por Deus, repousa no perdão, desafia a consciência e inclui uma distância relativa a si mesmo, transformando-se assim em tarefa de alto risco. – (3) A doutrina da Igreja desde sempre se voltou contra o pensamento da predestinação (DH 685; 1.567) e enfatizou a liberdade do ser humano como imagem de Deus (DH 3.245-3.255). Segundo GS 17, essa dignidade exige uma ação livre e consciente e precisa ser motivada interna e pessoalmente, não podendo ser resultado de pressão ou coerção. O magistério fala também da liberdade como uma capacidade arraigada na razão e na vontade para a autodeterminação, que gera o serviço responsável em prol do bem e da justiça (Catecismo da Igreja Católica 1.731-1.734). A liberdade religiosa, reconhecida e exigida pela primeira vez pelo Concílio Vaticano II (declaração DH), ocupa uma posição importante juntamente com a liberdade de consciência, também proclamada pelo concílio (GS 73). – (4) Na tradição oriental, o tema da liberdade, radicado na teologia da criação, é encontrado no contexto de vários teologúmenos: na educação (*paideia*) e divinização (*theosis*) por meio do Espírito Santo e na participação (*koinonia, methexis*) no Deus trino. Apoiando-se em Agostinho e num processamento crítico do pensamento humanista, M. Lutero († 1546), baseando-se no princípio do *sola gratia* (*servum arbitrium*), negou uma liberdade da vontade referente à salvação. Segundo ele, o pecado destruiu não só a criação à imagem de Deus, mas também a liberdade do ser humano. A liberdade do ser humano cristão, sustentada meramente pela graça, contém também traços críticos à instituição e autoridade. A Declaração Conjunta (1999) confirma a existência de um consenso básico na compreensão da graça/justificação e da liberdade entre os pensamentos católico e luterano. No entanto, existem diferenças legítimas nas acentuações referentes à pergunta sobre a integridade da natureza humana após a queda. – (5) A liberdade é realizada temporalmente na tensão entre autonomia e heteronomia e é confrontada com o fenômeno da necessidade: O ser humano é livre, portanto, *precisa* (se) decidir. Existem, porém, também condições internas (psicológicas) e externas (neurofisiológicas) da liberdade. Isso foi apontado nos últimos anos pelas ciências neurológicas e pelos chamados naturalistas. Mas quando esses círculos afirmam que a liberdade não passa de uma ilusão, dado que o ser humano reage apenas a processos neuronais e é guiado exclusivamente por estes, empregam uma justificativa monocausal simplificada que não faz jus à complexidade do problema da liberdade – isso é discutido criticamente até mesmo dentro desses círculos. Segundo a compreensão cristã, a liberdade se deve à criação de Deus, portanto, sua origem representa um enigma que foge ao pensamento humano; ela remete a um passado e a uma profundeza que antecede o nosso pensamento. Ao mesmo tempo, a liberdade remete essencialmente ao futuro, diante do qual ela se vê obrigada a se arriscar sem conhecê-lo. O ser humano toma suas decisões no presente. Trata-se de um tempo que se encontra entre o passado e o futuro e que, por isso, é marcado tanto pela experiência quanto pela esperança. Precisamos decidir hoje o que deverá acontecer amanhã; transparece assim na liberdade um momento profético, que, no entanto, não pode ser concebido sem a graça e sem a esperança.

Lit.: BIELER, M. *Freiheit als Gabe* – Ein schöpfungstheologischer Entwurf. Friburgo/Basileia/Viena, 1991 [FthSt 145]. • BÖHNKE, M.; BONGART, M. & ESSEN, G. (orgs.). *Freiheit Gottes und der Menschen*. Regensburgo, 2006. • PESCH, O.H. *Katholische Dogmatik aus ökumenischer Erfahrung*. Vol. 1,2: Die Geschichte der Menschen mit Gott. Friburgo/Basileia/Viena, 2008, p. 129-158. • PRÖPPER, T. *Erlösungsglaube und Freiheitsgeschichte*. 2. ed. Munique, 1988. • PRÖPPER, T. *Evangelium und freie Vernunft*. Friburgo/Basileia/Viena, 2001. • SCHOCKENHOFF, E. *Theologie der Freiheit*. Friburgo/Basileia/Viena 2007.

Erwin Dirscherl

Liberdade do pecado original/conceição imaculada de Maria ↑ *pecado original,* ↑ *significado salvífico de Maria,* ↑ *dogmas marianos,* ↑ *critérios epistemológicos da mariologia,* ↑ *motivos soteriológicos.* – A doutrina da liberdade do pecado original de Maria afirma que Maria, a partir do momento de sua conceição no ventre materno (liberdade passiva do pecado original), portanto, desde o início de sua existência pessoal, foi preservada do pecado original. Essa caridade é explicada com recurso à ação especial da graça de Deus, que capacitou a mãe do Senhor a pronunciar seu "aconteça comigo" (em latim: *fiat*, Lc 1,38) e a percorrer o caminho que Deus previra para ela. – (1) Não existe nenhuma passagem na Escritura Sagrada que afirme claramente a liberdade do pecado original de Maria. Por isso, o dogma é considerado uma proposição da fé, cuja verdade e relevância só foram reconhecidas em decorrência do desdobramento do testemunho escritural. Já que a liberdade do pecado original de Maria não trata de um privilégio concedido à mãe de Deus, mas em primeiro lugar da ação da graça desmerecida de Deus, esse dogma deve ser compreendido no contexto da doutrina da graça e, por isso, se apoia no fundamento argumentativo bíblico desta doutrina. Em vista disso, a liberdade do pecado original de Maria se evidencia como evento de pura graça, conferido à mãe de Jesus por meio da eleição de Deus. Essa graça engloba toda a vida de Maria e alcança as raízes de sua existência humana. A poder dessa graça, Maria é capacitada a pronunciar seu "sim" e manter essa decisão durante toda a sua vida. Maria, que recebe a mensagem de que conceberá um filho pela ação exclusiva do Espírito Santo e que será a mãe do Redentor e que é obrigada não só a acompanhar o caminho incomum de seu Filho, mas também a aceitar a sua morte, é confrontada com desafios que transcendem a capacidade humana. Se pudesse confiar em sua força criatural, sua postura documentada nas Escrituras seria tão heroica quanto incrível. E visto que a dúvida faz parte da fé, Maria seria inalcançável para o resto dos fiéis. A doutrina da liberdade do pecado original de Maria corrige essa impressão ao enfatizar que a postura com a qual Maria aceita e suporta sua eleição não se deve a um esforço pessoal por sua parte, mas à graça antecipadora de Deus. Ela fortalece Maria no papel que lhe é atribuído dentro do plano da salvação. A eleição de Maria confirma assim que, como diz Rm 12,3, todo ser humano pode, pela graça, seguir o seu chamado. – (2) A reflexão sobre uma atribuição especial da graça a Maria se inicia já cedo. Reflexões explícitas sobre a liberdade do pecado original de Maria não ocorrem desvinculadas da doutrina do pecado original. Mesmo assim existem, ainda antes de Agostinho, reflexões que – orientadas por preocupações da teologia da encarnação – tematizam a existência especial santa e livre de pecados da mãe de Jesus. Elas são impulsionadas pelo paralelismo Eva-Maria, que remonta a Justino Mártir († por volta de 165). Esse paralelismo contrasta a conduta da primeira mãe bíblica com a conduta de Maria: Enquanto Eva cedeu às tentações de satanás, Maria o derrotou. Irineu de Lyon († por volta de 202) acredita que Maria, pela ação do Espírito Santo, foi purificada de todo pecado na hora da proclamação. Gregório de Nazianzo († 390) também defende uma "purificação preparatória" de Maria antecedente à conceição imaculada, mas não especifica quando esta teria ocorrido. Para Agostinho, a existência sem pecados de Maria é precondição da encarnação, e cita razões de conveniência: Teria sido necessário preparar em Maria uma morada digna do Senhor. No entanto, essas opiniões não permanecem incontestadas. Os padres não discordam apenas em relação ao momento dessa santificação especial; questionam, por motivos teológicos, a própria tese sobre a mãe de Deus imaculada e eternamente livre de pecados: Por um lado, partem da convicção de que apenas Deus é livre de pecados; por outro, não conseguem responder claramente como ainda se poderia falar de um significado salvífico universal de Jesus Cristo em vista da liberdade do pecado original de Maria. A opinião dos teólogos escolásticos se divide quanto à pergunta se Maria estava livre do pecado desde o primeiro momento de sua existência. Bernardo de Claraval († 1153), Pedro Lombardo († 1160), Alberto o Grande († 1280), e Tomás de Aquino († 1274) refutam essa afirmação. Sentem-se incomodados pela contradição que, em sua opinião, resulta disso para o significado salvífico universal de Jesus cristo e a necessidade da salvação para todos os seres humanos. Num conflito travado entre os dominicanos e os franciscanos, J. Duns Escoto († 1308) consegue levar a questão um passo além ao desvincular a dimensão soteriológica da dimensão cronológica. Enfatiza que Maria, assim como qualquer outra pessoa, necessitava da redenção por meio de Jesus Cristo e interpreta a eleição especial da mãe de Deus como redenção primeira e prévia, possibilitada pela antecipação dos méritos de seu filho (*praevius meritus*). Essa explicação se torna compreensível quando a obra redentora de Cristo é vista como universal também em termos temporais, de forma que não só a história subsequente, mas também a história antecedente é qualificada pela graça. As ressalvas expressadas por Tomás de Aquino e outros teólogos da alta escolástica contra uma liberdade do pecado original de Maria adiaram por muito tempo uma solidificação dessa proposição da fé. Por fim, a resolução se tornou possível não só por argumentos teológicos, mas também pelo desenvolvimento da prática pia. A Festa da Imaculada Conceição (8 de dezembro), celebrada no Oriente desde o século VI e no Ocidente a partir do século XII, teve um papel importante nesse processo. A veneração da Imaculada Conceição cada vez mais intensa nos séculos XVII e XVIII também teve um efeito incentivador. – **(3)** A falta de um testemunho explícito da proposição da fé nas Escrituras Sagradas e as opiniões conflitantes de teólogos importantes contribuíram para que essa proposição da fé não fosse fixada pelo magistério antes do século XIX. A partir do final do século XV, os papas aparentam concordar com os defensores da proposição (imaculatismo). Seguem várias declarações a seu favor. Mesmo assim, a decisão definitiva é conscientemente adiada por muito tempo. O Papa Sisto IV incentiva a crença na Imaculada Conceição (DH 1.400), mas considera plausível também a opinião contrária (a posição do maculatismo) e proíbe desacreditá-la como herética (Constituição *Grave Nimis*, de 1438: DH 1.425s.) e assim determina seu destino por séculos. Nos meados do século XIX, o Papa Pio IX considera a questão resolvida, mas antes de dogmatizá-la formalmente, consulta o episcopado mundial (1846). Uma maioria esmagadora comprova que a crença na Imaculada Conceição está profundamente radicada no povo da Igreja. Apenas alguns bispos e teólogos da Europa Central manifestam certos resguardos. No dia 8 de dezembro de 1854, o papa declara na Bula *Ineffabilis Deus*: "A doutrina que sustenta que a beatíssima Virgem Maria, no primeiro instante da sua Conceição, por singular graça e privilégio de Deus onipotente, em vista dos méritos de Jesus Cristo, Salvador do gênero humano, foi preservada imune de toda mancha de pecado original, essa doutrina foi revelada por Deus, e por isto deve ser crida firme e inviolavelmente por todos os fiéis" (DH 2.803). O Concílio Vaticano II transforma essas palavras em uma afirmação positiva e formula de modo mais sucinto:

Maria vive "desde o primeiro instante da sua conceição, com os esplendores duma santidade singular" (LG 56). O concílio designa o fundamento cristológico do dogma e também seu horizonte eclesiológico. Maria vive "remida dum modo mais sublime, em atenção aos méritos de seu Filho", ao mesmo tempo, porém, associada, "na descendência de Adão, a todos os homens necessitados de salvação" (LG 53). – (**4**) Nem a teologia ortodoxa oriental nem a teologia protestante estão dispostas a reconhecer o dogma da Imaculada Conceição de Maria. A Igreja Oriental venera Maria em seus hinos como mulher toda santa (em grego: *panhagia*) e sem pecado, rejeita, porém, todas as tentativas de explorar essas afirmações de forma racional e teológica e de fixá-las oficialmente. Transparece aqui a preocupação de reconhecer a mãe de Jesus como parte da criação que necessita de salvação. Acrescenta-se a isso o fato de que a Igreja Oriental não acatou o conceito ocidental do pecado original, antes reconhece a consequência do pecado original principalmente na mortalidade do ser humano. Por isso, a imaculabilidade de Maria não é interpretada como privilégio singular da graça, mas como coroação da interação entre a graça e o esforço humano (em grego: *symmachia*) e como expressão da intimidade voluntária (em grego: *parresia*) entre mãe e filho (redentor). Os teólogos da tradição reformada argumentam contra a proposição da liberdade do pecado original de Maria principalmente com recurso ao fato de que não existem testemunhos escriturais explícitos. Além do mais, remetem ao fato de que, na tradição, a afirmação tem sido contestada durante muito tempo. Temem também que a Imaculada Conceição eleve Maria excessivamente sobre o resto da humanidade. Advertem contra a atribuição de privilégios a Maria que poderiam pô-la em concorrência com Cristo, o único mediador da salvação. Do seu ponto de vista, as circunstâncias da proclamação do dogma também são duvidosas; o magistério romano teria se transformado em uma fonte de revelação própria. – (**5**) O dogma da Imaculada Conceição remete ao fato de que Deus agiu de forma soberana e abrangente na pessoa de Maria. Na vida da mulher de Nazaré, a eleição não representa uma data individual que adquire relevância em determinado momento de sua biografia, mas impregna toda a sua vida. Maria, que, em antecipação da obra redentora de seu filho, é santificada desde o momento de sua conceição, recebe, pela graça de Deus anterior a seu próprio agir, a força necessária para cumprir sua função na história da salvação. Assim, o dogma acata o conhecimento segundo o qual Deus acompanha e sustenta as pessoas que Ele põe a serviço de seu plano salvífico de modo especial no cumprimento de suas tarefas. A santificação que Maria vivenciou pela graça de Deus na origem de sua existência encontra sua contraparte na consumação de sua vida pela sua aceitação na glória de Deus. Assim, Maria se apresenta como aquele ser humano que é sustentado durante toda a sua vida pela graça de Deus.

Lit.: a) WAGNER, M. "Ballast oder Hilfe? Zum Verständnis der Mariendogmen heute". In: WAGNER, M. & SPENDEL, S.A. (orgs.). *Maria zu lieben* - Moderne Rede über eine biblische Frau. Regensburgo, 1999, p. 11-22. • WAGNER, M. "Auf sich beruhen lassen ohne Widerspruch? Zur Problematik und Bedeutung der beiden jüngsten Mariendogmen. *TThZ*, 112, 2003, p. 197-207. b) e c) BEINERT, W. "Die mariologischen Dogmen und ihre Entfaltung". In: BEINERT, W. & PETRI, H. (orgs.), *Handbuch der Marienkunde*. Vol. 1. 2. ed. Regensburgo, 1996, p. 267-363, aqui p. 338-341. • BUTLER, S. "The Immaculate Conception in Anglican-Roman Catholic dialogue". *EphMar*, 54, 2004, p. 447-460. • COURTH, F. "Unbefleckte Empfängnis Marias". *LThK*, 10. 3. ed., 2001, p. 376-379. • FIORES, S. "Maria in der Geschichte von Theologie und Frömmigkeit". In: BEINERT, W. & PETRI, H. (orgs.). *Handbuch der Marienkunde*. Vol. 1. 2. ed. Regensburgo, 1996, p. 99-266. • GODDEMEYER, C. "150 Jahre Dogma der Unbefleckten Empfängnis Marias am 8. Dezember 1854". *Archivum Historiae Pontificiae*, 43, 2005, p. 295-298. • HORST, U. *Dogma und Theologie* - Dominikanertheologen in den Kontroversen um die Immaculata Conceptio. Berlim, 2009. • LOHFINK, G. *Maria*. Friburgo/Basileia/Viena, 2008. • PHILIPPE, M.D. "La Vierge Marie dans son mystère d'Immaculate Conception". *Aletheia*, 30, 2006, p. 9-26. • RICHES, A. "Deconstructing the linearity of grace – The risk and reflective paradox of Mary's immaculate 'fiat'". *IJST*, 10, 2008, p. 179-194.

Regina Radlbeck-Ossmann

Linguagem ↑ *diálogo,* ↑ *cultura,* ↑ *ser humano,* ↑ *revelação,* ↑ *personalidade/pessoa,* ↑ *fala de Deus,* ↑ *razão.* – A linguagem é a) um sistema de comunicação composto de sons e sinais que capacita o ser humano para o diálogo com outros e com Deus, b) um espaço da autocomunicação de Deus que, por meio da palavra, se volta para o ser humano como seu Criador e Redentor. – (**1**) Segundo Gn 1,1-2a, a palavra divina chama o mundo do nada para a existência; Deus fala, e suas palavras se tornam realidade. Deus também designa: Na Bíblia, o nome representa a singularidade e a condição de possibilidade da identificação, ou seja, a natureza da coisa designada, permitindo assim que a palavra seja dirigida a ela e ocorra uma comunicação. O ser humano também é capacitado a designar os animais; nesse sentido, participa da fala criativa de Deus (Gn 2,19-20). A linguagem aponta personalidade; a palavra pode ser dirigida ao próprio Deus, após este ter falado diretamente com o ser humano e agora espera sua resposta (Gn 3,7-13; Ex 3,14-15). Gera-se assim um diálogo entre Deus e o ser humano, que, apesar de ser assimétrico (Deus é o primeiro a falar e origem primordial de toda fala), possibilita uma comunicação imediata principalmente por meio da oração (Sl 3–10 et al.). Segundo o NT, o evento linguístico da revelação se consumou na encarnação, na morte e na ressurreição do *logos* (verbo/razão), i.e., em Jesus de Nazaré (Jo 1,1-17). O evento de Pentecostes e sua interpretação por Pedro mostram que o sentido de eventos incompreensíveis se revela apenas por meio da palavra, i.e., por meio da proclamação (At 2,1-36). – **(2)** A exegese prosopográfica dos padres (esclarecimento das situações de fala focado nos interlocutores) evidencia claramente a conexão que existe entre linguagem e personalidade. Em suas Conf., Agostinho († 430) reflete sobre a relação entre falar, ouvir e verdade. O processo de elaboração da liturgia eclesiástica, sobretudo da doutrina dos sacramentos, evidencia a palavra (proclamação, oração) e o símbolo (gestos) como elementos constitutivos da graça. Na teologia patrística (exegese), a gramática, retórica e poesia assumem funções imprescindíveis na fala de Deus, das Escrituras e da revelação. A atualidade teológica é marcada pela recepção do personalismo dialógico, pelo pensamento judaico e fenomenológico. Partindo da linguagem e do ato linguístico, lança luz sobre a profunda dimensão da relacionalidade (receptividade e capacidade de entrega) e racionalidade humana (B. Waldenfels e B. Casper em relação a E. Lévinas [† 1995]). K. Rahner († 1984) ressaltou que a linguagem significa (de forma análoga) autocomunicação de Deus e do ser humano, e assim cunha e transforma a realidade de modo performativo. A teologia acata reflexões da filosofia da linguagem e da teoria da comunicação, também sobre a delicada relação entre linguagem e poder (semiótica, teorias dos atos da fala, pesquisa das metáforas), que revelam os limites da fala teológica de Deus, mas também novas possibilidades de abordagens à realidade (H.-J. Sander, E. Arens, J. Werbick). – **(3)** O Concílio Vaticano II contempla todo o evento da revelação cristã a partir da dimensão da palavra e da linguagem (DV 12). Isso tem consequências para a doutrina da Igreja, da ↑ tradição, do diálogo *ad intra* e *ad extra* e do modo de uma proclamação global, que exige uma variabilidade histórica e uma inculturação poliglota. – **(4)** Na liturgia e na teologia das igrejas ortodoxas encontramos as formas linguísticas da Igreja antiga, que vêm acompanhadas de reflexões filosóficas (principalmente de teólogos de origem russa). A teologia da Palavra de Deus, de M. Lutero († 1546) e seu empenho pelo uso da língua materna na liturgia revelaram a necessidade de uma linguagem compreensível na Igreja, teologia e proclamação. – **(5)** A linguagem não se limita a comunicar algo; nela ocorre também uma exposição: todo o ser humano se expõe através dela. Apenas o tempo revelará se podemos confiar em um interlocutor ou não, se realmente podemos "confiar em sua palavra". A linguagem gera proximidade, mas também distância, ela é capaz de curar ou ferir, apaziguar ou atiçar, causar guerra ou gerar paz. O Deus que, falando, se revela também se expõe ao mundo por meio de sua Palavra encarnada, e a história de Israel, a vida de Jesus e o testemunho da fé de muitos (não de todos) cristãos têm revelado que realmente podemos confiar na palavra perdoadora, julgadora e redentora de Deus.

Lit.: JANOWSKI, B. *Konfliktgespräche mit Gott.* Neukirchen-Vluyn, 2003. • WOHLMUTH, J. *Die Tora spricht die Sprache der Menschen.* Paderborn et al., 2002, p. 21-122.

Erwin Dirscherl

Magistério eclesiástico ↑ *ofício na Igreja,* ↑ *sucessão apostólica,* ↑ *bispo,* ↑ *senso de fé dos fiéis,* ↑ *hierarquia,* ↑ *colegialidade,* ↑ *concílio/conciliaridade,* ↑ *sínodo/sinodalidade,* ↑ *recepção.* – O magistério eclesiástico é uma autoridade dentro da Igreja que se fundamenta na ordenação episcopal e que serve à Palavra de Deus ouvindo, testificando, preservando e interpretando-a, o que, graças à assistência do Espírito, acontece de forma autêntica e, portanto, autoritária. – **(1)** "Doutrina(s)" e "mestre" são conceitos centrais do NT. Em todos os evangelhos, Jesus se apresenta como mestre. Ele é o grande hermeneuta da causa de Deus e se manifesta como mestre supremo (Mt 23,8-11). Após a Páscoa, Jesus é proclamado como Messias, como "o Cristo", com a pretensão de validade (Gl 1,9; 2Jo 10) e verdade (1Tm 3,15) universais. Esse conhecimento, a nova doutrina, se deve ao Espírito Santo, que "introduz a toda verdade" (Jo 14,16s.; 15,26; 16,13; 1Cor 2,6s. 13). Visto que todos os batizados receberam o Espírito, o testemunho e a proclamação da mensagem apostólica é responsabilidade de toda a congregação (Mt 18,15-20) e de todos os crentes (1Tm 3,15), mas os apóstolos exercem um papel especial (Mt 5,13; 28,18-20; Mc 3,14; Lc 10,16; 24,47s.; At 1,8; 2,42; 10,41; 20,28; 1Pd 5,1), sobretudo no que diz respeito à refutação de doutrinas falsas (1Cor 14,38; Gl 1,8; 2Tm 2,14-26; Tt 1,10-16; At 20,28; 1Jo 2,18-27; Hb 13,17; 2Pd 2-3). As epístolas pastorais enfatizam na tradição da revelação a transmissão de conteúdos individuais e cunham o termo *depositum fidei* (bens confiados: 1Tm 6,20; 2Tm 1,12-14). Assim, na fase tardia do NT, cria-se um sistema doutrinal que consiste de proposições com pretensão de verdade (1Tm 2,4-7; 4,3; 2Tm 2,25; 3,7s.; Tt 1,1. 9). Cabe aos discípulos dos apóstolos e aos portadores de ofícios proclamar essa doutrina, preservar a fidelidade à tradição e a pureza da doutrina (1Tm 6,2; 2Tm 2,13s.). – **(2)** Desde o início, sabia-se que precisava existir na Igreja uma doutrina normativa. Para isso serviu também a *regula fidei* (a regra da fé), um código de conteúdos normativos da fé. Na disputa com a gnose, surgiram outros critérios para a preservação da doutrina apostólica: o cânone das Escrituras, o ofício episcopal na sucessão apostólica, como também, nos casos de conflitos teológicos, o consenso sincrônico dos bispos em sínodos ou concílios. Na Antiguidade Cristã, a teologia e o ofício episcopal permaneciam unidos, mas a partir da escolástica, a teologia tornou-se mais importante como ciência autônoma da fé, suscitando assim a fala de um magistério duplo na Igreja (Tomás de Aquino [† 1274] Quodl. III, q4 aI[9]c; STh II-II q1 a10; sent. ds19 qu2 ar2b ra4): de um lado, havia o magistério pastoral dos bispos (*magisterium cathedrae pastoralis* ou *pontificalis*), de outro, o magistério científico dos teólogos (*magisterium cathedrae magistralis*). Cabia (e cabe) aos bispos mediar o conteúdo informativo do querigma apostólico. Cabia (e cabe) à teologia, fundamentando-se em princípios da fé e da razão, apresentar uma análise das verdades da fé e demonstrar sua coerência interna. Na Idade Média, ambas as tarefas seguiam um conjunto de leis e regras próprias irredutíveis, mas já na época o magistério pontifício (e episcopal) reivindicava o direito de determinar a fé (*determinatio fidei*), reivindicação esta aceita por Tomás de Aquino (sententialiter determinare: STh II-II q1 a10; q11 a2 ad 3). A inerrância/infalibilidade do papa em questões da fé foi tematizada pela primeira vez no século XIII (Petrus Olivi [† 1296/1298], Guido Terrena [† 1342]). No século XVI, a Reforma, recorrendo ao princípio da *sola scriptura* e ao carisma doutrinal de todos os crentes, refutou a autoridade última do magistério eclesiástico, e nos séculos XVII e XVIII, o Iluminismo fez o mesmo em nome da razão autônoma. Em contrapartida, a Igreja Católica ressaltou de modo cada vez mais determinado a importância e a autoridade do magistério eclesiástico, de forma que, a partir do século XIX, a neoescolástica chegou a desenvolver uma "teologia das encíclicas" ou "de Denzinger", que insistia e se focava exclusivamente em textos magisteriais. No Concílio Vaticano I, o magistério eclesiástico por fim se definiu de forma normativa e concedeu à autoridade papal a inerrância sob determinadas condições. Apesar de o Concílio Vaticano II ressaltar o caráter pastoral do magistério eclesiástico, sua autoridade foi fortalecida (cf. Nota praevia, LG 25). Hoje, debate-se a relação entre a verdade doutrinal permanente e a mediação contemporânea da verdade, a continuada ampliação das competências do magistério eclesiástico (CIC/1983, edição de 1998, cân. 750), a obediência em face de proposições doutrinais não infalíveis e as relações entre magistério eclesiástico, senso da fé dos fiéis e magistério da teologia. – **(3)** Segundo o Concílio de Trento (DH 1.501; 1.507), o objeto do magistério eclesiástico é a doutrina da fé e da moral (*res fidei et morum*), no entanto, o magistério eclesiástico ainda não ofereceu uma descrição exata daquilo que os mores abarcam exatamente. Na Modernidade, o foco do magistério eclesiástico se deslocou cada vez mais do testemunho da fé para as determinações da fé, da *auctoritas* para a *potestas*, alcançando seu auge no Concílio Vaticano I, que, partindo da primazia jurisdicional universal do papa, atribuiu a este o supremo poder doutrinal (DH 3.060) e lhe concedeu a inerrância sob determinadas condições (DH 3.074). Nos séculos XVIII e XIX, a teologia acadêmica, ou seja, o *magisterium cathedrae magistralis*, foi considerada parte da Igreja "ouvinte" e sujeita completamente ao magistério eclesiástico (DH 3.886), mas o Concílio Vaticano II voltou a estender a responsabilidade pela Palavra de Deus à

Igreja como um todo, de forma que a diferenciação, comum desde a primeira metade do século XVIII, entre *ecclesia docens* e *ecclesia discens* (Igreja instruidora e Igreja ouvinte) se tornou obsoleta (DV 8): A totalidade dos crentes é portadora primária da comissão doutrinal de Cristo e é caracterizada pela autoridade doutrinal infalível (LG 12) – malgrado o fato de que esta é atribuída igualmente ao colegiado dos bispos com o papa e também exclusivamente a este (LG 25). No entanto, a interpretação autêntica da Palavra de Deus é reservada exclusivamente ao magistério eclesiástico (DV 10), sendo que sua autoridade permanece integrada à dimensão da Igreja como um todo. Numa visita à Alemanha em 1980, o Papa João Paulo II ressaltou a importância da teologia acadêmica para o magistério eclesiástico, que sempre permanece subordinado à Palavra de Deus (DV 10) e cuja direção colegial ocupa o primeiro plano desde o Concílio Vaticano II (LG 22; 25). Suas tarefas são, entre outras: 1) a proclamação da fé apostólica. Não se trata de revelações novas (DV 4), mas da tradução do Evangelho para o respectivo mundo de pensamento e linguagem; 2) a preservação da tradição apostólica. A fé precisa ser defendida contra equívocos, de forma que as declarações oficiais do magistério eclesiástico possuem uma função judicial; 3) o esclarecimento e a explicação da fé (LG 25); 4) a aplicação da fé à ética e moral. Exige-se dos crentes a "obediência religiosa da vontade e da razão" (LG 25) ao magistério eclesiástico. – **(4)** A preocupação principal do aconselhamento ortodoxo é a vida espiritual em Jesus Cristo. Esta é fortalecida com a ajuda da tradição, da Escritura Sagrada, do testemunho de autoridades doutrinais não institucionalizadas (padres monásticos, *starets*) e institucionalizadas (sobretudo os cinco antigos patriarcados) e das declarações doutrinais sinodais (dos oito primeiros concílios ecumênicos, cânones eclesiásticos etc.). Nos séculos VIII e IX, a pentarquia foi fortalecida de forma especial: Os patriarcas das cinco sedes antigas eram vistos como os sucessores verdadeiros dos apóstolos e como garantias da infalibilidade eclesiástica. Em alguns autores orientais, isso aumentou também a posição de Roma: Para Theodor Abu Qurra († 820), por exemplo, o bispo de Roma é o sucessor de Pedro e a pedra da Igreja, sem o qual nenhum concílio pode ser realizado. Após o cisma entre o Ocidente e o Oriente, o papado se transformou em um grande problema, já que este passou a se compreender como portador exclusivo da verdade.

Segundo a posição protestante, a Escritura Sagrada, que possui o poder de interpretar a si mesma (*scriptura interpres sui ipsius*), é a única e suprema autoridade doutrinal (*sola scriptura*). Além disso, todos os fiéis possuem, em virtude do batismo, uma competência profética, de forma que todos compartilham da responsabilidade de proclamar corretamente a Palavra de Deus. No entanto, existe um magistério funcional (professores universitários, pastores, conselhos das igrejas, sínodos etc.). Tenta-se chegar a decisões em questões da fé de forma consensual (*magnus consensus*) na base dos credos confessionais mais importantes. Na prática, surgiram instâncias reguladoras, de modo que, no caso de desvios sérios da doutrina, processos disciplinares são possíveis. No entanto, a Igreja Evangélica não conhece estruturas eclesiais para a formulação de uma doutrina normativa, i.e., não possui um magistério comum superior. – **(5)** Apesar de a Igreja universal viver da Palavra de Deus e, por isso, a comunhão dos crentes ser o sujeito da proclamação eclesiástica, cabe ao ofício na Igreja um carisma doutrinal especial. Sobretudo o magistério eclesiástico possui a competência de interpretar a Palavra de Deus de forma autêntica e, em casos de conflito, testemunhar de forma autoritária e infalível. No entanto, o magistério eclesiástico não é uma autoridade absolutista, pois permanece subordinado à Palavra de Deus (Concílio Vaticano II) e é remetido e sujeito à fé da Igreja como um todo (Escritura Sagrada, tradição etc.). Faz parte de um processo abrangente da tradição com sujeitos autônomos de tradição, que testificam a Palavra de Deus a seu modo e aos quais, de um ponto de vista epistemológico, o magistério eclesiástico não é superior. No entanto, ele os supera em termos de competências formais de decisão, que se devem a um carisma doutrinal especial (*charisma veritatis*; DV 10). Quanto a isso, devemos observar diversas perspectivas: 1) Portadores do magistério eclesiástico são os bispos individuais (como mestres de suas igrejas locais), grêmios episcopais e o papa (mestre de toda a Igreja), que podem exercer seu magistério de duas formas (DH 3.011; LG 25): a) de modo ordinário: atividade doutrinal cotidiana, não infalível dos bispos individuais (catecismo, cartas pastorais, pregação etc.) ou do papa (encíclicas, constituição apostólica etc.). As declarações do magistério ordinário e geral são consideradas infalíveis e irreformáveis se os bispos, juntamente com o papa, apresentam uma doutrina da fé e da moral em consenso unânime e com obrigatoriedade definitiva fora de um concílio ecumênico (LG 25); b) de modo extraordinário: decisões cerimoniais dos bispos em conjunto com o papa em um concílio ecumênico ou definições em virtude do sumo poder do papa (*ex cathedra*). Objeto da infalibilidade são as questões da fé e da moral. Segundo o Concílio Vaticano II, a infalibilidade da Igreja se aplica a tudo que seja necessário para garantir "a herança da revelação divina, cuja pureza precisa ser preservada e interpretada fielmente" (LG 25). Segundo CIC, cân. 749, § 3, é necessário expressar claramente se uma declaração é vista como irreformável. 2) As declarações do magistério eclesiástico, cuja interpretação sempre precisa recorrer ao método histórico-crítico, apresentam qualidades diferentes: a) Ele se pronuncia de modo infalível quando expressa claramente a intenção de uma declaração doutrinal infalível e o magistério eclesiástico é exercido de forma colegial (consenso moral entre todos os bispos e o papa), ou quando o papa decide sozinho *ex cathedra*. b) Ele se pronuncia de forma autêntica quando se expressa de forma normativa em execução de sua autoridade, mas sem a pretensão da inerrância. Nesse caso, os argumentos estão sujeitos à avaliação pela teologia científica e outras instâncias da fé da Igreja universal. Essas declarações podem ser falíveis. É um "fato de que a autoridade doutrinal eclesiástica pode cometer ou já cometeu equívocos na execução de seu ofício" (*Schreiben der Deutschen Bischöfe an alle, die von der Kriche mit der Lehrverkündigung beauftragt sind*, 1967, n. 468). A relevância das declarações magisteriais resulta da *analogia fidei* (do contexto geral da fé cristã), da hierarquia das verdades, da autoria (p. ex., papa ou autoridades pontifícias com reconhecimento geral ou especial do papa; apenas no último caso os decretos são considerados atos do papa), dos destinatários (p. ex., grupos específicos ou a Igreja como um todo) e de desafios situacionais (defesa contra determinadas correntes). 3) Objeto da atividade normativa do magistério eclesiástico são os conteúdos da revelação, ou seja, a) de modo imediato ou direto, os *res fidei et morum* (conteúdos salvíficos da fé e questões fundamentais da conduta cristã) vinculados explícita ou implicitamente à revelação de Deus em Jesus Cristo, e b) de modo mediato ou indireto, as afirmações relacionadas aos *res fidei et morum* e que são necessários ou úteis para a interpretação e defesa da revelação. A princípio, podem ser elevadas ao *status* de dogmas. No entanto, é difícil delimitar essas "verdades de preservação", e algumas são contestadas pela teologia (normalmente, o próprio magistério eclesiástico decide em relação a estas). Atribuem-se as seguintes competências indiretas ao magistério eclesiástico: aa) conclusões teológicas: A partir de uma verdade revelada e de uma verdade natural, extrai-se um progresso de conhecimento sintético (Cristo, p. ex., é verdadeiramente humano, um ser humano possui uma vontade humana, ergo: Cristo possui uma vontade humana). Determinações doutrinais "definitivas", consideradas necessárias para a preservação e exposição do *depositum fidei*, podem, no decorrer do tempo, transformar-se em definições irreformáveis (cân. 750 CIC/1998); bb) *praeambula fidei*: Estas se referem às precondições para a aceitação responsável de uma verdade revelada (p. ex., a existência de Deus, a personalidade do ser humano); cc) *facta dogmatica*: Existem fatos acessíveis à razão humana que são precondição para uma proclamação crível da verdade revelada (p. ex., a legitimidade de uma decisão conciliar, a existência histórica de Jesus, a adequacidade do emprego de conceitos dogmáticos [p. ex., *homoousios*]). Na disputa sobre a graça no século XVII, as decisões magisteriais referentes ao sentido de uma proposição teológica também foram chamadas de *factum dogmaticum*; dd) objeto de discussão é a pergunta se a canonização também faz parte da competência indireta e, portanto, do discurso normativo do magistério eclesiástico. 4) A obrigatoriedade das declarações magisteriais não é sempre a mesma, diverge portanto também o grau de obediência exigido por elas: a) condicional é o grau de obediência exigido por aquelas declarações magisteriais que são feitas pelo magistério eclesiástico ordinário sem a pretensão de serem definitivas ou irreformáveis. No entanto, os crentes são incentivados a "aceitá-las com a obediência religiosa da vontade e da razão" (cân. 752/CIC/1998). Seria uma grande ajuda se o magistério eclesiástico expressasse de forma mais clara o grau de obediência exigido; b) incondicionais são aquelas declarações magisteriais que recorrem explicitamente à pretensão de infalibilidade. Estas devem ser cumpridas "por força da fé divina e católica" (cân. 750, § 1, CIC/1998).

Magistério ordinário

Portador do ofício	Ato magisterial	Competência	Qualidade	Grau de obrigatoriedade
Bispo individual (também o papa como bispo de Roma).	Por exemplo: sermão, escrito pastoral, catecismo.	Autoridade magisterial máxima para sua Igreja local.	Autêntico (possivelmente não infalível).	Condicional.
O papa como cabeça da Igreja.	Declarações não definitivas.	Autoridade magisterial máxima para a Igreja universal.	Autêntico (possivelmente não infalível).	Condicional.
Decisão explícita, unânime de todos os bispos (inclusive o papa).	Declarações fora do contexto de concílios ecumênicos.	Autoridade magisterial máxima para a Igreja universal.	Infalível.	Incondicional.

Magistério extraordinário

Portador de ofício	Ato magisterial	Competência	Qualidade	Grau de obrigatoriedade
Colégio de bispos (inclusive o papa) reunido num concílio ecumênico.	Definições conciliares.	Autoridade magisterial máxima.	Infalível.	Incondicional.
O papa como cabeça da Igreja.	Declarações definitivas.	Primazia magisterial absoluta.	Infalível.	Incondicional.

5) As proposições magisteriais apresentam diferentes *graus de certeza*, que determinam sua *qualificação teológica*. Desde a escolástica, o magistério eclesiástico tem desenvolvido um modelo com terminologia qualificadora que permite determinar o grau de refutação (*censurae theologicae*) ou de aceitabilidade (*notae theologicae*). Essa teoria de qualificação atingiu seu auge na teologia acadêmica neoescolástica do século XIX, apresentando níveis múltiplos e atribuições heterogêneas. Hoje, em face de uma compreensão pessoal da revelação, essa teoria já não possui mais nenhuma relevância teológica.

Qualificações teológicas

Qualidade da declaração	Nota	Censura
Verdade revelada formalmente (dogma material).	de fide divina	haeresis manifesta
Verdade revelada formalmente e definida como tal pelo magistério eclesiástico (dogma formal).	de fide divina definita	haeresis formalis
Verdade defendida pelo magistério ordinário como verdade revelada.	de fide	haeresis
Definições no âmbito de preservação da revelação.	de fide ecclesiastica definita	propositio reprobata
Declarações no âmbito de preservação da revelação.	de fide ecclesiastica	propositio falsa
Proposições provenientes diretamente do âmbito do magistério eclesiástico e não são definidas, cuja negação, porém, pode ameaçar outra verdade da fé.	fidei proximum	haeresis proximum
Declarações no âmbito de preservação, para as quais vale o mesmo.	theologice certum	sententia falsa
Sentenças da teologia científica.	sententia communis, probabilis, tolerata, pia	

6) Declarações magisteriais precisam ser *interpretadas*. Como regras hermenêuticas, devem ser observadas sobretudo a *analogia fidei* (seu lugar no contexto geral da fé) e a ↑ "hierarquia das verdades".

Fé eclesiástica e magistério

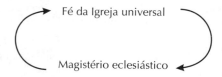

O magistério eclesiástico sempre está vinculado à fé da Igreja universal. Ele não ensina nada que, na Igreja, não seria crido como verdade direta ou indiretamente revelada por Deus. Igualmente, a Igreja aceita as decisões doutrinais do magistério eclesiástico como expressão de sua própria fé. Essa referência e recepção recíprocas são, como a própria fé, sustentadas e preenchidas pelo Espírito.

Cf. BEINERT, W. "Kirchliches Lehramt". In: BEINERT, W. (org.). *LKDoG*. 3. ed. Friburgo/Basileia/Viena, 1991, p. 315-320, aqui p. 319.

Lit.: a) KERN, W. (org.). *Die Theologie und das Lehramt*. Friburgo/Basileia/Viena 1982 [QD 91]. • SCHWAGER, R. "Kirchliches Lehramt und Theologie". *ZKTh*, 111, 1989, p. 163-182. • BÖTTIGHEIMER, C. "Lehramt, Theologie und Glaubenssinn". *StZ*, 215, 1997, p. 603-614. b) DÖSTA (org.). *Verbindliches Lehren der Kirche heute*. Frankfurt a. M., 1978. • INTERNATIONALE THEOLOGENKOMMISSION. "Thesen über das Verhältnis von kirchlichem Lehramt und Theologen zueinander". *ThPh*, 52, 1977, p. 57-61 (teses); p. 61-66 (comentário de O. Semmelroth e K. Lehmann). • LEHMANN, K. "Dissensus". In: SCHOCKENHOFF, E. & WALTER, P. (orgs.). *Dogma und Glaube*. Mainz, 1993, p. 69-87. c) LAURET, B. "Lehramt". *NHThG*, 3. 2. ed., 1991, p. 207-219. • RITSCHL, D. "Lehre". *TER*, 20, 1990, p. 608-621.

Christoph Böttigheimer

Mal, o ↑ demônios, ↑ dualismo, ↑ domínio de Deus/Reino de Deus, ↑ concupiscência, ↑ maniqueísmo, ↑ pecado e culpa, ↑ diabo, ↑ males. – A determinação do conceito do mal depende negativamente da determinação conceitual do bem. Trata-se da dimensão excluída e separada da definição do bem. Uma desgraça pode ser moralmente neutra; o mal, não, pois ele resulta de uma decisão consciente contra aquilo que foi reconhecido como bem. – (**1**) Na Bíblia (Gn 1–11), o mal é representado por imagens mitológicas e designa a perturbação da boa criação de Deus pelas criaturas (anjos, seres humanos etc.) por meio de atos e palavras. Portanto, não se fundamenta num princípio mau considerado divino, antes resulta de uma decisão híbrida da criatura capacitada para a liberdade, decisão esta que traz destruição e morte. Adão e Eva, que violam a lei de Deus, e Caim, que mata seu irmão, são os agentes primordiais do mal, que, na verdade, o praticam na tentativa de alcançar algo positivo para si mesmos. Os mitos da construção da Torre de Babel (Gn 11,1-9) e da queda dos anjos (Is 14,12-15; Ez 28,12-19) evidenciam, cada um do seu jeito, a futilidade de toda *hybris* e encenação do mal. As criaturas que se voltam para o mal não podem fugir da responsabilidade diante de Deus (Gn 3-4), mesmo assim, Deus confirma sua aceitação da criação como um todo e do ser humano pecador, por exemplo, na aliança de Noé (Gn 8,21s.). Apesar de constituir uma história da perdição, o ser humano não consegue anular a história salvífica de Deus. Jesus também é exposto à tentação do mal (Mt 4,1 par.), mas, como Novo Adão, resiste a ela e, como Novo Moisés, liberta seu povo da escravidão do mal, que traz a morte (Rm 5,12-21; 6,17-23; 1Cor 15,21s.). Ele assume a responsabilidade pela liberdade de decisão do ser humano que optou pelo mal e se voltou contra Deus. O perdão de numerosos pecados, exorcismos de demônios e curas de Jesus no NT (p. ex., Lc 10,17-20; Lc 11,20 par.) são a expressão narrativa da superação do mal e da morte e marcam o início do tempo salvífico, que encontra sua expressão insuperável na ↑ ressurreição de Jesus. Mas a superação definitiva do mal e da morte para a criação inteira ainda não aconteceu (1Cor 15,24-28). – (**2**) Em sua obra, Agostinho († 430) dedica uma atenção especial à questão do mal e o define como déficit, como ausência de ser ou do bem (conf. 3,7,12) e faz uma distinção entre o mal moral, o *malum morale*, e um mal determinado pela natureza, o *malum physicum*. Para ele, a causa do mal não é um princípio mau primordial e divino, como afirmam os maniqueístas, mas o ato de Adão, do pai da humanidade, e deduz disso o pensamento do pecado original de todos os seres humanos. Encontramos a definição conceitual do mal como privação e separação do bem também nos pensadores árabes Avicena († 1037) e Averróis († 1198) e em Tomás de Aquino ([† 1274] De ver. 12,5.6). Semelhantemente, o pensamento segundo o qual o horizonte do bem passível de ser reconhecido e desejado é infinito, já a vontade e a capacidade de conhecimento do ser humano são finitas e ficam aquém do bem; assim, tem-se também a determinação do mal como ausência do bem. – (**3**) O mal não possui um ser, uma natureza ou substância independente; pois toda criação é boa em sua origem estabelecida por Deus (DH 286; 457; 1.333). A origem do mal se encontra, portanto, na liberdade das criaturas a princípio boas; ao mesmo tempo, o mal limita essa liberdade (DH 4.317). Deus conhece o mal com antecedência, mas sem que essa presciência possa ser considerada uma causa ou aprovação do mal (DH 628; 685). Mas Ele o permite (DH 3.251). – (**4**) A questão do mal representa um problema teológico geral, mas não um problema especificamente ecumênico. – (**5**) A remissão do mal é tematizada no último pedido do Pai-nosso, que concretiza implicitamente o segundo pedido pela vinda do Reino de Deus. Quando o ser humano nega a possibilidade de um Deus bondoso e onipotente, já que este não poderia nem fazer nem permitir o mal, ele acaba colocando o próprio ser humano no banco dos réus como único ser responsável. Ao ser confrontado com essa situação, o ser humano costuma recorrer a mecanismos de desculpa pessoal e social (fase de transição para a sociedade sem classes, direcionamentos totalitários equivocados, circunstâncias de autoenganação materialista, mecanismos falhos do mercado etc.). A tentativa de uma transferência abrangente da culpa para mecanismos causais sociais e estruturais ("pecado estrutural") não pode ser bem-sucedida, pelo simples fato de o ser humano, *nolens volens*, ser o criador e preservador dessas estruturas. No entanto, isso ajuda a focar melhor o aspecto do trágico e coletivo na emergência do mal. A superação definitiva do mal e a plenitude da vida são indícios do ↑ Reino de Deus.

Lit.: DALFERTH, I.U. *Malum - Theologische Hermeneutik des Bösen*. Tübingen, 2008. • DREWERMANN, E. *Strukturen des Bösen*. 3 vols. 6. ed. Munique, 1988. • Ricoeur, P. *Das Böse*. Zurique, 2006.

Ulrich Lüke

Males ↑ *(o) mal,* ↑ *dualismo,* ↑ *domínio de Deus/Reino de Deus,* ↑ *contingência,* ↑ *maniqueísmo,* ↑ *teodiceia.* – Os males (em latim: *malum*) abarcam todas as circunstâncias contrárias à vida e ao ser humano encontradas no mundo, como sofrimento, catástrofes (naturais), culpa, maldade, desgraça, infortúnios, morte etc. O termo designa, portanto, aquilo que o ser humano vivencia como negativo. Desde G.W. Leibniz († 1716), a filosofia e a teologia fazem uma distinção tripla: os males metafísicos (*malum metaphysicum*: imperfeição do mundo *vs.* perfeição de Deus), males físicos (*malum physicum*: sua causa se encontra na natureza) e males morais (*malum morale*: sua causa se encontra na culpa humana). Este último é parcialmente idêntico com o conceito do mal. – (**1**) Enquanto Gn 1,31 destaca claramente a bondade da criação, Gn 2s. tenta explicar etiologicamente os males no mundo com a ajuda da narrativa do dilúvio: A *hybris* leva o ser humano a abandonar voluntariamente o relacionamento "paradisíaco" com Deus (Gn 3,14ss.). Sem questionar a onipotência de Deus (Is 45,5-8; Pr 16,4), o AT costuma explicar a existência dos males por meio de uma conduta criatural equivocada sem problematizar a responsabilidade universal e última de Deus. Aquilo que se apresenta como mal ao ser humano, pode ser interpretado dentro do horizonte da pedagogia de Deus (Lm 3,31-41) como castigo justo (Dt 28,15ss.) ou como provação e purificação (Sl 66,10-12). Na forma de lamentação, acusação, pedido ou esperança da salvação, os males provocam um encontro entre o ser humano e Deus. Uma mudança da conduta humana sob a ameaça do castigo divino (Jn 3,1-10) pode provocar uma mudança de postura de Deus. Frequentemente, Deus se arrepende de seus atos (Gn 8,21-9,16). Jó lamenta os males que irrompem em sua vida de múltiplas formas e se opõe expressamente à relação de causa e efeito, que seus amigos usam para condená-lo como pecador (oculto) – para preservar a bondade de Deus. Ao argumentar contra esse tipo de raciocínio, Jó se vê confrontado com a onipotência e onisciência insondável de Deus, diante das quais ele se cala (Jó 38,1ss.; 40,6ss.). Nem mesmo em face dos males cabe ao ser humano fazer um julgamento definitivo sobre Deus. O NT fala dos males de forma bem concreta sem conceitos teóricos e demonstra nas figuras de Jesus e de seus discípulos como devemos lidar e perseverar de modo bem prático em meio aos males. Sinais e milagres acompanham a proclamação do Reino de Deus (Lc 11,20) e documentam o início do Reino de Deus. Jesus refuta explicitamente a relação de causa e efeito (Jo 9,1-12). A mensagem do Reino de Deus exige e abarca o fim dos males, i.e., a cura de enfermos e possessos (Mt 8,16s.; Mc 1,32-34), a alimentação dos famintos (Mt 14,13-21; Jo 6,1-13) e até mesmo a ressurreição dos mortos (Lc 7,11-17; Jo 11,1-44). As obras misericordiosas para o afastamento dos males não são acréscimos facultativos, mas elementos essenciais do seguimento pragmático no sentido da mensagem de Jesus. A ressurreição de Jesus resulta na superação do último e maior dos males, a morte (entre outros, 1Cor 15,20-26). – (2) A teologia patrística teve que lidar com diversas imagens dualistas do mundo (priscilianismo, maniqueísmo) e refutou expressamente qualquer noção de um princípio mal rival de Deus como explicação da origem dos males. Segundo Agostinho († 430), os males não possuem uma existência independente, representam antes uma "privação de existência e bondade" (*privatio essendi et boni*: conf. 3,7,12), que, portanto, tendem ao nada (nat. b. 4) e se alimentam do bem como "parasitas" (civ. 9; 12,3). Deus, o Senhor e bom Criador que está acima de todos os males, é capaz de integrar também os males em seu plano salvífico e de usá-los para o bem. Tomás de Aquino ([† 1274] STh I q48-49) acata a doutrina da *privatio boni* e acrescenta a ela a doutrina da permissão do mal (*malum*) por Deus (STh q19 a1; q48 a2 ad 3). – (3) Desde cedo, o magistério assume uma posição contra o desprezo da natureza e do corpo praticado pelos priscilianistas e maniqueístas (DH 461-464). Refuta tanto a provocação ou interpretação de um mal como juízo de Deus (DH 670) como também a suposta incitação de um mal por Deus (DH 1.556), refuta também a noção segundo a qual todos os males seriam um castigo para os pecados cometidos (DH 1.972). Opõe-se também à alegação de alguns jansenistas segundo a qual os inocentes não passariam por qualquer necessidade, que seria sempre prova de alguma culpa (DH 2.470). O magistério acata a doutrina elaborada por Agostinho e Tomás segundo a qual os males ou o mal representaria uma falta do bem e a doutrina da permissão do mal por Deus (DH 3.251). No entanto, justifica a permissão do mal com a observação de que ela não impede bens maiores ou o bem-estar de todos, ou seja, de que ela não causaria males ainda maiores. Deus, portanto, não tolera o mal em si, mas o usa para impedir um mal ainda maior ou para incentivar um bem maior. O Concílio Vaticano ressalta a obrigação do ser humano de participar, segundo suas possibilidades, na minimização dos males em todas as suas formas no interesse do desenvolvimento pessoal e do mundo (p. ex., DH 4.333-4.339) e de assim continuar a boa obra de Deus. As encíclicas sociais dos papas, publicadas desde então, devem ser lidas sob esse ponto de vista: *Octogesimus Annus*, de 1971 (DH 4.500-4.512); *Laborem Exercens*, de 1981 (DH 4.690-4.699); *Sollicitudo Rei Socialis*, de 1987 (DH 4.810-4.819); e *Caritas in Veritate*, de 2009. – (4) A teologia ortodoxa remete os males à queda em Adão, por meio do qual o mundo perdeu sua transparência em relação a Deus e assim se transformou em tormento (D. Staniloae [† 1993]). A doutrina iniciada e apresentada por M. Lutero († 1546) e rigorosamente por J. Calvino († 1564) da predestinação dupla para a salvação e perdição ressalta a questão dos males de uma maneira que dificulta o diálogo ecumênico. Aquele que concebe a liberdade do ser humano como violada por uma exagerada causalidade universal de Deus, impõe à criatura "predestinada para a rejeição" um fardo teologicamente insustentável. – (5) Interpretações gerais dos males não fazem jus nem à liberdade do ser humano nem à liberdade de Deus. A necessidade de pensar uma diferença em relação aos graus de perfeição do Criador e da criatura resulta da ideia segundo a qual a refutação dessa suposição tornaria impossível a contraposição de Criador e criatura e faria tudo "indistintamente divino". Sob as condições da finitude, os males se apresentam como um contraste necessário ou como as partes escuras de uma pintura que, justamente por meio de sua escuridão, destacam ainda mais as partes claras. No entanto, o último pedido do Pai-nosso (que pede a libertação definitiva de todas as formas do mal) sugere a ideia de uma luz sem contrastes e sem sombras, de um dia sem noite. Diante da onisciência e onipotência de Deus, é importante não interpretar a presciência de Deus como causa dos males. Sob as condições da finitude, a onipresença dos males representa um desafio (permitido por Deus) para a humanidade do ser humano e motivo para levantar a pergunta existencial e inevitável sobre o Deus que julga e salva, que doa consolo, salvação e vida.

Lit.: CLARET, B.J. *Geheimnis des Bösen*. 2. ed. Innsbruck/Viena, 2000. • DIETRICH, W. & LINK, C. *Die dunklen Seiten Gottes – Willkür und Gewalt*. Vol. 1. 5. ed. Neukirchen/Vluyn, 2009. • DIETRICH, W. & LINK, C. *Allmacht und Ohnmacht*. Vol. 2. Neukirchen-Vluyn, 2000. • GROSS, W. & KUSCHEL, K.-J. "Ich schaffe Finsternis und Unheil" – Ist Gott verantwortlich für das Übel? Mainz, 1992. • GEYER, C.-F. *Leid und Böses in philoso-*

phischen Deutungen. Friburgo i. Br. 1983. • KREINER, A. *Gott im Leid - Zur Stichhaltigkeit der Theodizee-Argumente*. 3. ed. Friburgo/Basileia/Viena, 2005.

Ulrich Lüke

Maniqueísmo ↑ *dualismo,* ↑ *sexualidade,* ↑ *cosmologia,* ↑ *criação.* – O maniqueísmo é uma religião gnóstica e dualística fundada por Mani (* 216 em Selêucia-Ctesifonte, na Babilônia; † 276 em Bet Lapat, Gundesapor), que parte de dois princípios primordiais opostos, contrapostos como luz e escuridão, matéria e espírito, bem e mal. As perseguições sob os imperadores Diocleciano, Graciano e Teodósio I e a tolerância sob Constantino o Grande, ou a oposição do cristianismo em seu esforço de distanciamento não conseguiram impedir a ampla propagação do maniqueísmo. No Ocidente (sul da Europa e norte da África), o maniqueísmo amalgamou-se fortemente com elementos do início do cristianismo; no Oriente (Ásia Central), mais com o budismo. – **(1)** Além de analogias duais (como, p. ex., em Paulo: luz-escuridão; carne-espírito), nem o AT nem o NT fornecem confirmações para o maniqueísmo. Elementos gnósticos e dualísticos são expressamente negados em passagens centrais da Escritura (Gn 1,1-2; 4: a essência boa de toda a criação; e Jo 1,1-17: a encarnação do *logos*). – **(2)** No maniqueísmo dominam os princípios bom e mau, o reino do rei da escuridão (matéria) e o reino do rei da luz (Deus) como forças fundamentais antagônicas tanto moral quanto cosmologicamente. A alma humana é de origem divina, mas, devido à luta nem sempre vitoriosa dos poderes da luz, foi banida na matéria escura. Ela é libertada desse exílio pelo Jesus-luz, que, como juiz, separa os elementos da luz da mistura com os elementos da escuridão, os reúne e os leva de volta à sua pátria. A estrutura básica gnóstica dessa doutrina afirma (J. v. Oort): "O *nous* (a revelação celestial) salva a *psyche* (a centelha divina no ser humano) da *hyle* (da matéria ruim)". Existem, além dos dois princípios, também os três tempos: o tempo antecedente à mistura dos reinos, o tempo presente da mistura e da luta e o tempo após a separação definitiva dos reinos. A matéria, o corpo e a sexualidade apresentam uma conotação claramente negativa. O ato da geração significa a continuação da prisão da alma. A negação radical do mundo e o ascetismo, que resultam disso, são caracterizados por uma sarcofobia fundamental. O maniqueísmo foi perseguido já pelos imperadores romanos (Diocleciano [† 305], Teodósio I [† 395] e outros). Entre os papas, Leão o Grande († 461), foi o que se opôs de forma mais rígida a ele. O maniqueísmo foi visto como heresia. Mesmo assim, suas concepções ascéticas exercem uma atração também sobre muitos cristãos. Até 386, o jovem Agostinho († 430) foi adepto do maniqueísmo, mais tarde, porém, tornou-se seu adversário determinado. – **(3)** O II Concílio de Constantinopla refuta a equivalência entre Mani (e outros) e Jesus (DH 435). O Primeiro Sínodo de Braga (561) enfatiza o distanciamento do maniqueísmo e do priscilianismo e sabelianismo (DH 451-464). Ele refuta sobretudo a doutrina da substância divina das almas e dos anjos, da não criaturalidade, da eternidade e da atividade criativa do diabo. Refuta também o tratamento pejorativo que o maniqueísmo confere ao matrimônio, à geração, concepção e corporalidade. Em Sens (1240), a importância do matrimônio é reforçada (DH 718). O credo dos valdenses de 1208 (DH 790-797) também contém formulações claramente antimaniqueístas. A bula para a instituição da Festa de *Corpus Christi* (1264) ressalta a ligação entre espírito divino e carne humana, entre o espiritual e o físico (DH 847). O Concílio de Florença (1442) refuta a doutrina do maniqueísmo sobre as duas origens do visível e do invisível e a doutrina da ilusão do corpo de Jesus (DH 1.336; 1.340). Em 1888, enfatiza-se, por fim, a liberdade humana contra o maniqueísmo (DH 3.246). – **(4)** A incompatibilidade do maniqueísmo com convicções cristãs fundamentais é totalmente inquestionada no diálogo ecumênico. – **(5)** Tendências gnósticas e dualísticas da negação do mundo, da sarcofobia, do rigorismo ético existem virtualmente em todos os tempos também no cristianismo. Às vezes, acompanhavam e acompanham reivindicações justas de reforma contra uma Igreja exageradamente lenta e burguesa.

Lit.: BÖHLIG, A. "Manichäismus". *TER*, 22, 1922, p. 25-45. • KLIMKEIT, H.J. "Manichäismus". *LThK*, 6. 3. ed., 2006, p. 1.265-1.269. • KOENEN, L. & RÖMER, C.E. (orgs.). *Der Kölner Mani-Codex*. Opladen, 1988. • OORT, J. "Manichäismus". *RGG*, 5. 4. ed., 2002, p. 731-741, 738.

Ulrich Lüke

Maria ↑ *maternidade divina de Maria,* ↑ *significado salvífico de Maria,* ↑ *dogmas marianos,* ↑ *aparições de Maria,* ↑ *devoção mariana,* ↑ *mariologia,* ↑ *mediação de Maria.* – Maria é a mãe de Jesus, o Redentor. Por essa razão, recebe atenção dogmática e é objeto de veneração litúrgica. – (1) O NT demonstra um interesse crescente por Maria. Nas epístolas paulinas, as fontes mais antigas do NT, Maria é mencionada apenas em Gl 4,4, no entanto, não com o nome. A fé em Maria encontra seu fundamento nas afirmações dos evangelhos e do livro de Atos. Marcos limita suas explicações sobre Maria a duas passagens que falam da atividade pública de Jesus (Mc 3,20s., 31-35 par.; 6,1-6). Ambos os textos mostram que a atividade pública de Jesus irritava sua mãe e causava conflitos familiares. Mateus dá início a seu Evangelho com uma história sobre a infância de Jesus e fala da ↑ conceição virginal de Jesus (Mt 1,18-25). Em sua narrativa, o personagem principal não é Maria, mas sim seu noivo José. Ele recebe a visita de um anjo, que o esclarece sobre as circunstâncias especiais da maternidade de Maria. Lucas também apresenta uma história da infância de Jesus, no entanto, concentra sua narrativa em Maria, fornecendo assim o material para a fé eclesiástica em Maria. No centro de sua narrativa está o encontro de Maria com o anjo Gabriel (Lc 1,26-38) e, em seguida, sua visita à Elisabete com o chamado *Magnificat* (Lc 1,39-56). O evangelista não oculta o fato de que a eleição de Maria significava também experiências dolorosas (Lc 2,34s.). João introduz Maria nas bodas de Caná (Jo 2,1-13). A mãe de Jesus se apresenta como tipo dos intercessores, que levam as preocupações das pessoas até Jesus e esperam sua ação salvífica. A resposta de Jesus confirma a distância sugerida pelos sinópticos entre mãe e filho. À cena de Caná, que inicia a atividade pública de Jesus, contrapõe-se a cena ao pé da cruz (Jo 19,25ss.), que marca o fim da atividade terrena de Jesus. A exegese moderna interpreta também esse evento de modo tipológico: acredita que Maria represente a origem; e o discípulo preferido, o futuro da Igreja. At 1,14 comprova que, após a Páscoa, Maria faz parte da Igreja. – (2) O forte vínculo entre Maria e as atividades de Cristo fez com que o significado de sua mãe fosse incluído no esforço da Igreja antiga de definir o dogma cristológico. A partir do início do século III, os símbolos falam da conceição de Jesus na Virgem Maria pelo Espírito Santo (DH 10). Já que os símbolos possuem validade normativa para as igrejas cristãs, a afirmação sobre a maternidade divina da Virgem Maria também adquire um significado fundamental. Ela se manifesta em uma homenagem litúrgica cada vez maior (hinos marianos, preces marianas, festas marianas etc.) e numa piedade popular multiforme. Nem sempre se resiste à tentação de elevar a mãe de Jesus à posição de uma deidade feminina (p. ex., nos grupos heréticos dos marcionistas e das coliridianas). A partir do século II, percebe-se um interesse crescente pela vida de Maria, ao qual responde o Evangelho apócrifo de Tiago. Além disso, a figura de Maria desafia as artes visuais. As primeiras representações provêm da época das catacumbas (séculos II-IV). Uma forte influência parte também dos ciclos de mosaico da basílica Santa Maria Maggiore, em Roma, (432) e nas igrejas de Ravenna (séculos V-VI). Assim, Maria se torna, depois de Cristo, a figura mais representada da história da arte cristã. A partir da Alta Idade Média, os teólogos começam a perguntar pelo início e pelo fim da vida de Maria. Em reação à crítica reformada, a Reforma Católica busca uma reordenação e intensificiação da veneração de Maria. Dos meados do século XIX até os meados do século XX, constata-se uma piedade mariana intensificada. Dado o atual interesse mais contido da teologia por Maria, falta à piedade mariana praticante uma contraparte crítico-reflexiva. Isso pode ser uma das razões para a subestimação do momento afetivo na teologia e para o desenvolvimento de formas perigosas da piedade mariana. – (3) O Concílio de Éfeso (431) chama Maria de parideira de Deus (*theotokos*: DH 252). O Concílio de Calcedônia (451) acata essa formulação. Consequentemente e baseando-se nisso, o magistério eclesiástico descreve o significado salvífico de Maria em quatro dogmas: Homenageia a mulher de Nazaré como virgem e mãe de Deus e louva sua eleição antes do seu nascimento e também sua consumação celestial. – (4) Na ortodoxia das igrejas orientais, Maria exerce um papel importante na liturgia e na veneração aos santos na base dos símbolos da Igreja antiga e dos concílios de Éfeso e Calcedônia; sua eleição e consumação não são contestadas, mas também não são dogmatizadas. Os reformadores criticam uma piedade mariana que concorra com o significado salvífico de Cristo. Diante dessa concepção equivocada – também aos olhos do catolicismo –, eles confirmam os dogmas marianos da Igreja antiga, refutam, porém, categoricamente qualquer invocação direta de Maria. A redescoberta de Maria, que podemos observar atualmente nas igrejas reformadas, a reconhece como fiel exemplar, eleita e justificada não por méritos próprios, mas exclusivamente pela graça divina (documento ecumênico *Communio Sanctorum* [2000], 253-268). No diálogo interconfessional, a Igreja anglicana (2006) demonstra uma abertura restrita também em relação aos dois dogmas marianos mais recentes (conceição imaculada; ascensão de Maria para a glória de Deus). – **(5)** Do ponto de vista dogmático, a cristologia e a eclesiologia oferecem um contexto dentro do qual podemos falar de Maria. Em vista da ↑ encarnação do Filho de Deus, devemos falar tanto da eleição divina de Maria como também da conceição por meio do Espírito. A perspectiva eclesiológica deve ressaltar a fé incondicional da mãe de Deus. Maria é significativa também para a escatologia e a teologia da graça, pois encontramos nela um ser humano agraciado por Deus de forma extraordinária, referente ao qual a Igreja acredita que já tenha consumado sua vida em Deus (↑ ascensão de Maria para a glória de Deus); outras linhas podem ser traçadas a partir da ↑ pneumatologia. Dado que Maria está vinculada ao mistério da encarnação como mistério central da redenção, ela reúne em si, como formula LG 65, "e reflete os imperativos mais altos da nossa fé". Recentemente, têm surgido esboços que compreendem Maria menos como pessoa de grande fé e mais como mulher exemplar ou encarnação do feminino, até mesmo como representante da dimensão feminina de Deus. Esses conceitos podem ter a função de apontar as falhas nas imagens de Deus e do ser humano; no entanto, geram também distorções em relação à compreensão de Deus e da mãe de Deus.

Lit.: a) BEINERT, W. et al. *Maria* – Eine ökumenische Herausforderung. Regensburgo, 1984. b) BEINERT, W. & PETRI, H. (orgs.). *Handbuch der Marienkunde*. 2 vols. 2. ed. Regensburgo, 1996-1997. • HEIL, J. & KAMPLING, R. *Maria* – Tochter Sion? Paderborn et al., 2001. • MENKE, K.-H. *Fleisch geworden aus Maria* – Die Geschichte Israels und der Marienglaube der Kirche. Regensburgo, 1999. c) EILRICH, C. *Gott zur Welt bringen* – Von den Möglichkeiten und Grenzen einer protestantischen Verehrung der Mutter Gottes. Regensburgo, 2011 [Studien zu Spiritualität und Seelsorge 2].

Regina Radlbeck-Ossmann

Mariologia ↑ *cristologia,* ↑ *evento Cristo,* ↑ *Maria,* ↑ *dogmas marianos,* ↑ *devoção mariana,* ↑ *critérios de conhecimento mariológico.* – A mariologia é uma disciplina teológica que contempla de modo abrangente e sistemático as afirmações sobre a mãe de Jesus contidas na Escritura Sagrada e desdobradas na história da fé. Isso ocorre por meio da interpretação dos respectivos dogmas formais e também por meio da reflexão, definição mais exata e apresentação adequada das proposições marianas. A mariologia é, como parte da teologia dogmática, uma disciplina científica e, portanto, um "empreendimento crítico". Examina o material disponível sob o aspecto da concordância com a Bíblia e da utilidade para a fé. – **(1)** Como outros tratados da teologia dogmática também, a mariologia tem sua fonte primária na Escritura Sagrada. Apoia-se principalmente no testemunho dos sinópticos e do Evangelho de João. – **(2)** Podemos identificar cinco fases na evolução da mariologia. A primeira fase se estende da Igreja antiga até o Concílio de Éfeso (431). A despeito da constatação segundo a qual o interesse pela mãe de Jesus crescia continuamente já no NT, até o concílio, o discurso sobre a Maria é completamente integrado ao contexto das reflexões cristológicas. Na segunda fase de 431 até o século XII, a reflexão sobre Maria apresenta um foco mais eclesiológico. O paralelismo criado por Justino Mártir († 165) entre Eva e Maria na imagem de duas mães da história da salvação, das quais a primeira trouxe a perdição; a segunda, a salvação, é desdobrada repetidamente durante essa fase. Os testemunhos específicos da piedade mariana (ícones, hinos e preces) e as festas marianas, que começam a se desenvolver nessa fase, impulsionam esse desenvolvimento. A terceira fase se estende da Baixa Idade Média ao século XIX. Inicia-se com o misticismo mariano de Bernardo de Claraval († 1153) e gera cada vez mais desejos de privilégios e títulos de realeza para a Mãe de Deus, que são deduzidos das proposições dogmáticas. A essa forma meditativa da teologia juntam-se tratados mariológicos, que apresentam deduções estritamente racionais referentes à mãe de Jesus (teologia conclusiva). J. Geometres († por volta de 990) apresenta uma primeira tentativa de uma mariologia sistemática. No entanto, sua obra não é publicada. O impulso decisivo para a elaboração de uma mariologia sistemática parte, séculos mais tarde, da Contrarreforma, quando os teólogos católicos se veem desafiados a defender as proposições da fé sobre Maria contra os ataques protestantes. É nesse contexto que o teólogo siciliano P. Nigido († por volta de 1640) usa pela primeira vez o termo "mariologia". A quarta fase da mariologia é breve, mas intensa. É chamada de "século mariano" e corresponde basicamente aos períodos de governo dos papas Pio

IX a Pio XII. É nessa fase também que os dois dogmas marianos da Modernidade são proclamados (↑ liberdade do pecado original/conceição imaculada de Maria [1854]: DH 2.803; ↑ ascensão de Maria para a glória de Deus [1950]: DH 3.901). Com o apoio do magistério, a piedade mariana vive seu auge, e os trabalhos teológicos sobre Maria aumentam consideravelmente. Vale o princípio: *De Maria numquam satis* (Nunca o bastante sobre Maria!). A teologia da época parte para a busca de um princípio mariológico fundamental que permitiria a vinculação sistemática da mariologia aos outros tratados e, ao mesmo tempo, ofereceria uma estrutura para sua forma e conteúdo. O foco em temas marianos gera, porém, o perigo da mariologia se autonomizar e do recalcamento dos outros tratados dogmáticos. As investidas teológicas após a Primeira Guerra Mundial abrem caminho para uma quinta fase, que desdobra sua eficácia com o Concílio Vaticano II e provoca uma virada no desenvolvimento da mariologia. – (3) O Concílio Vaticano II desenvolve uma mariologia sistemática, mas não chega a dedicar um tratado próprio à Mãe de Deus. Em vez disso, inclui sua mariologia em suas exposições sobre a Igreja (LG 60-65). A essa decisão formal corresponde uma decisão teológica temática: Os textos conciliares se distanciam do zelo excessivo da mariologia do século anterior e, recorrendo à mariologia da Igreja antiga, encontram nela um fundamento para sua posição equilibrada. A Mãe de Deus é contemplada no horizonte de seu relacionamento com Cristo e a Igreja. A nova posição confirma a dignidade singular de Maria, mas adverte contra exageros e defende uma mariologia com sensibilidade ecumênica que possa ser entendido pelos irmãos separados como testemunho cristão autêntico. – (4) Na Igreja oriental, Maria ocupa uma função importante na liturgia e piedade; no entanto, pelo fato de preservar integralmente a doutrina dos padres, nunca desenvolveu uma mariologia sistemática. Por isso, a Igreja oriental vê a mariologia do Ocidente com certos resguardos. Dentro da teologia protestante, a ocupação com a mãe de Jesus foi intensificada também em reação à teologia feminista. No entanto, continua a negar a necessidade de um tratado mariológico. Essa postura encontra sua explicação nos princípios reformados da *sola scriptura* e *sola Christus*. – (5) Na teologia pós-conciliar, a mariologia exerce um papel inicialmente subordinado. Após os excessos do século anterior, uma moderação mariológica parece ser uma postura indicada. A exortação apostólica "Marialis cultus", publicada pelo Papa Paulo VI em 1974, tentou dar novos impulsos a uma cultivação e prática correta da mariologia. O documento apresenta as proposições sobre a mãe de Jesus num contexto trinitário, cristológico e eclesiológico. Segundo a vontade do papa, a devoção mariana deve corresponder aos aspectos bíblicos, litúrgicos, ecumênicos e antropológicos ressaltados pelo concílio. Nas últimas décadas, a reflexão sobre Maria tem recebido novos impulsos fortes da teologia da libertação e da teologia feminista. Conseguiram destruir antigos clichês sobre a imagem de Maria e desenvolver novos aspectos. No presente, o diálogo judaico-cristão está abrindo outras perspectivas. O maior desafio atual da mariologia consiste em despertar novamente o interesse pelo significado das proposições mariológicas e em superar as resistências que existem em muitos fiéis em relação aos dogmas mariológicos.

Lit.: a) MÜLLER, A. & SATTLER, D. "Mariologie". In: SCHNEIDER, T. (org.). *Handbuch der Dogmatik*. Vol. 2. 2. ed. Düsseldorf, 1995, p. 155-187. • ZIEGENAUS, A. *Das Marianische Zeitalter*. Regensburgo, 2002. b) Fiores, S. "Maria in der Geschichte von Theologie und Frömmigkeit". In: BEINERT, W. & PETRI, H. (orgs.). *Handbuch der Marienkunde*. Vol. 1. 2. ed. Regensburgo, 1996, p. 99-266. BEINERT, W. *Die mariologischen Dogmen und ihre Entfaltung*. 2. ed. Regensburgo, 1996, p. 267-363. • HEIL, J. & KAMPLING, R. (orgs.). *Maria - Tochter Sion?* Paderborn et al. 2001. • RADLBECK-OSSMANN, R. *Maria in der Feministischen Theologie*. Paderborn, 2001, p. 435-465. c) COURTH, F. "Mariologie". In: BEINERT, H. (org.). *Glaubenszugänge - Lehrbuch der katholischen Dogmatik*. Vol. 2. Paderborn et al., 1995, p. 299-398. • MENKE, K.-H. *Fleisch geworden aus Maria - Die Geschichte Israels und der Marienglaube der Kirche*. Regensburgo, 1999. • HEIL, J. & KAMPLING, R. *Maria Tochter Sion?* Paderborn et al., 2001. • BILATERALE ARBEITSGRUPPE/DBK/VELKD. *Communio Sanctorum*. 2. ed. Paderborn/Frankfurt, 2003.

Regina Radlbeck-Ossmann

Matéria ↑ *enteléquia,* ↑ *encarnação,* ↑ *relação corpo-alma,* ↑ *sacramento,* ↑ *criação.* – O termo "matéria" provém da palavra latina *mater* (mãe) e designa em termos gerais o "material" usado para construir, formar ou realizar algo. Originalmente, o termo designava madeira como material de construção (em grego: *hyle*). No sentido figurado, já desde a Antiguidade, conteúdos mentais também podem servir de material para algo, por exemplo, um desenho arquitetônico, uma ideia para um romance, o material de uma análise científica etc. O termo "matéria" de forma alguma sugere necessariamente um materialismo do tipo "blocos de madeira". – **(1)** As partes hebraicas e gregas da Bíblia não apresentam exposições filosóficas sobre o conceito da matéria – apesar da grande influência do pensamento grego a partir do século II a.C. A realidade material do mundo e do ser humano é apreciada como criação de Deus e não é contraposta ao espírito como realidade inferior ou até indesejada. Gn 1–2,4a enfatiza em cada passo da criação a qualidade positiva de toda a criação. Jo 1,1-18 (prólogo) culmina na afirmação: "E a Palavra se fez carne". João cria assim uma ligação entre o eterno e espiritual, o *logos,* e o ser humano entregue à morte, a "carne". Mesmo assim, em decorrência do neoplatonismo, uma oposição entre corpo e alma, entre carne e espírito, que opera com dualidades, conseguiu se sobrepor aos textos de Paulo e João, promovendo assim repetidamente uma desvalorização do aspecto físico-material. – **(2)** Na tradição teológica, encontramos elementos platônicos e aristotélicos – às vezes, em amalgamações especiais. Nos teólogos que se orientam por Platão (p. ex., no neoplatonismo de Agostinho), a matéria é equipada com uma função com referência ao espiritual e é vista como algo inferior ao espírito. Os teólogos que se orientam por Aristóteles (p. ex., Tomás de Aquino, STh I q66 a1-4) acatam seu ↑ hilemorfismo. Essa teoria afirma que a matéria originalmente informe, a *hyle*, ou seja, a matéria pura, depende de um princípio figurador, ou seja, da *morphe* grega, para vir a ser o que aparenta ser. Isso vale também para o ser humano, cuja alma é o princípio formador do corpo (STh I 76 q1-8: *anima forma corporis*). O conceito da matéria é relevante também para os sacramentos, objeto de intensa reflexão na escolástica, pois estes necessitam de um "objeto sensual" e da palavra teológica interpretadora. Aqui, a matéria é de certa forma o "substrato portador" daquilo que, em combinação com a palavra interpretadora, compõe o sacramento (STh III q60 a1-8). Agostinho assume uma posição semelhante (conf. 8,5,7): "A palavra se une ao elemento, e se torna sacramento." O elemento é a matéria, que se transforma em signo salvífico apenas em conjunto com a palavra. – **(3)** Já no século VI, a Igreja assume uma posição inequívoca contra o obscurecimento e o desrespeito à matéria na forma do corpo humano e suas funções (DH 461-463). Nos séculos XIX e XX, sob os papas Pio IX, Pio XII, Paulo VI e João Paulo II, o magistério eclesiástico se volta contra o materialismo, que eleva a matéria ao *status* de substância única, e também contra o materialismo dialético propagado pelo marxismo (DH 2.858; 3.022; 3.877; 3.894; NR 77: DH 4.510). – **(4)** As respostas à pergunta sobre a natureza da matéria não são objeto de controvérsias entre as confissões e podem ser motivo para uma reflexão conjunta. – **(5)** A teoria da relatividade de Einstein afirma que a matéria está entrelaçada com o tempo e o espaço. O tempo e o espaço surgem *com* a matéria e não se apresentam a ela como meros recipientes. A física relativista constata a equivalência de massa e energia e produz o conhecimento segundo o qual a energia de repouso E de cada objeto corresponde à sua massa m vezes o quadrado da velocidade da luz. Segundo a equação $E=mc^2$, a matéria é uma forma de manifestação de energia, e matéria e energia podem ser convertidas uma na outra. O princípio da incerteza de Heisenberg ($\Delta p \times \Delta q \sim h$), segundo o qual podemos medir com precisão ou o impulso ou a posição de um objeto quântico, mas não ambos ao mesmo tempo, o fenômeno da complementaridade dos aspectos ondulatório e corpuscular, grandezas limite como a constante de Planck e a velocidade da luz, as certezas "apenas" estocásticas (e não mais absolutas), estados quânticos entrelaçados, fenômenos do caos determinista etc. – tudo isso são características ou formas de manifestação da matéria que fogem à observação concreta, mesocósmica. Por fim, a matéria possui também a capacidade de evoluir abiótica e bioticamente, ou seja, a capacidade da *autopoiese* (autofiguração ou autodesenvolvimento). A fim de não perder sua credibilidade no diálogo interdisciplinar, a teologia precisa tomar conhecimento desses fatos e se ocupar com eles. A matéria não se manifesta como substrato passivo subordinado ao espírito ou à forma, como a filosofia antiga e medieval tem sugerido. Antes, aparenta ser "informada" ou "conter informações", obrigando-nos a uma reflexão filosófico-teológica. A ação de Deus no âmbito da matéria pode e deve ser identificada não só no "gabinete das curiosidades" do abstrato físico, inacessível aos sentidos, mas também no âmbito daquilo que aparentemente compreendemos fisicamente. Do ponto de vista teológico, a matéria é, malgrado sua dimensão evolutiva, em todas as suas formas de manifestação e processos o local da ação de Deus, ou seja, criação. A matéria recebe seu reconhecimento e sua confirmação também na encarnação e na doutrina dos sacramentos, que, cada um a seu modo, dependem do substrato material como "substância portadora" para que a ação salvífica de Deus e os símbolos salvíficos da Igreja possam ser vivenciados.

Lit.: AUDRETSCH, J. & MAINZER, K. (orgs.). *Vom Anfang der Welt*. 2. ed. Munique, 1990. • HAKEN, H. & WOLF, H.C. *Atom-und Quantenphysik*. 8 ed. Berlim, 2004. • HEISENBERG, W. *Der Teil und das Ganze* – Gespräche im Umkreis der Atomphysik. Munique, 1969. • PESCH, O.H. *Katholische Dogmatik aus ökumenischer Erfahrung*. Vols. 1/1, 1/2, 2. Ostfildern, 2008/2010. • WEIZSÄCKER, C.F. *Die Tragweite der Wissenschaft*. 6. ed. Stuttgart, 1990.

Ulrich Lüke

Maternidade divina de Maria ↑ *cristologia,* ↑ *significado salvífico de Maria,* ↑ *união hipostática,* ↑ *Maria,* ↑ *dogmas marianos,* ↑ *devoção mariana,* ↑ *mariologia.* – A maternidade divina de Maria remete à sua contribuição na encarnação de Cristo. Maria é mãe de Deus porque deu à luz um ser humano que é inteiramente humano e inteiramente Deus e que reuniu ambas as naturezas em sua pessoa. O conceito da maternidade divina de Maria representa o título mais fundamental e mais abrangente atribuído a Maria. Nele se evidencia que toda devoção mariana tem um fundamento cristológico. – **(1)** Os escritos do NT falam de Maria como mãe de Jesus (Lc 1,43; Mc 6,3), mas não a chamam de mãe de Deus. No entanto, o teor objetivo do título ocorre em todas as passagens em que se fala da encarnação de Deus em Jesus Cristo e em que Maria é mencionada como mãe de Jesus. Mateus e Lucas oferecem um relato mais detalhado desse fato em seus evangelhos da infância de Jesus (Mt 1,1–2,23; Lc 1,5-2,52). A reflexão sobre a compreensão de Jesus Cristo e de sua obra salvífica faz com que, ainda no tempo neotestamentário, o foco se volte cada vez mais para o filho e *também* para a mãe. – **(2)** Já que Maria, em virtude de seu papel na encarnação do Filho de Deus, se torna mãe do Redentor, a ocupação com questões cristológicas exigiu na Igreja antiga esclarecimentos também referentes à compreensão de Maria. O Credo Niceno-constantinopolitano (325), que enfatiza sobretudo a divindade do Filho, confessa apenas que o *logos* "se tornou carne e homem"; não faz menção à mãe de Jesus (DH 125). Símbolos posteriores, porém, são mais explícitos; contêm adendos que falam expressamente da ação do Espírito Santo e de Maria (Concílio de Constantinopla, 381: DH 150). No Concílio de Éfeso, de 431, a maternidade de Maria é expressa por meio do título "parideira de Deus" (em grego: *theotokos*), que, provavelmente, já era um termo corriqueiro no Egito do final do século III. A viabilização teológica é fornecida pela teoria da comunicação dos idiomas: Dada a unidade na hipóstase do *logos*, as características (em grego: *idiomata*) atribuídas a uma das duas naturezas também podem ser afirmadas em relação à outra. Constata-se um esforço de evitar uma proximidade muito grande de Maria com as deusas pagãs. Essas preocupações eram bastante realistas, pois na região mediterrânea adoravam-se muitas deusas às quais se atribuíam qualidades maternas (Artemis, Diana, Deméter, Cibele, Ísis e outras). Como demonstra a seita das coliridianas, que realmente considerava Maria uma deusa, a mistura de pensamentos pagãos e cristãos representava um perigo real. O conceito do *theotokos* reúne o aspecto espiritual e transcendente da ação graciosa divina com o aspecto material e criatural do parto. Não sabemos com certeza quem introduziu o termo à teologia. Orígenes († 253/254) o usa, como também Pseudo-Hipólito (século III), Atanásio de Alexandria († 373) e Gregório de Nazianzo († 390). Recebe fortes impulsos da teologia alexandrina. Esta o emprega para expressar a unidade de sujeito do Redentor. Nestório († por volta de 451), como representante da teologia antioquense, refuta a designação de Maria como *theotokos*, já que encontrara o termo apenas em escritos heréticos e temia que realmente apresentaria Maria como deusa. Assim, prefere o termo *christotokos* (parideira de Cristo). Já que a cristologia antioquense não foi capaz de expressar adequadamente o vínculo entre as naturezas divina e humana em Cristo, o Concílio de Éfeso confirmou o conceito superior dos alexandrinos e, com este, também o título de *theotokos*. – **(3)** O título de "parideira de Deus" é atribuído oficialmente a Maria pela primeira vez no Concílio de Éfeso (431; DH 252). A fórmula de união (DH 272), assinada em 433 por representantes das teologias alexandrina e antioquense, emprega o termo *theotokos*, como o faz também o Concílio de Calcedônia, em 451 (DH 300). Devido ao fato de que suas decisões são proclamadas como leis imperiais e se tornam o fundamento normativo da cristologia para a maioria das igrejas cristãs, o título de "parideira de Deus" permanece incontestado daí em diante. Com o esmorecimento do perigo do equívoco mítico, o título de "parideira de Deus" passa para o segundo plano em prol do título "mãe de Deus". A designação de Maria como parideira de Deus, confirmada em 433, é tida como ponto de virada para a piedade mariana: A devoção mariana litúrgica tanto quanto a não litúrgica cresce e se propaga em grande estilo. – (**4**) Nas igrejas ortodoxas, a maternidade divina de Maria representa uma proposição incontestada da fé. Dado que a teologia protestante reconhece a mariologia da Igreja antiga, a maternidade divina de Maria não é causa de controvérsia no diálogo com ela. Dentro dos credos da Igreja Evangélica Luterana, a Fórmula de Concórdia, assinada em 1577, faz referência explícita à maternidade divina de Maria (artigo 8, parágrafo 7) e confirma a relevância dessa proposição da fé para a afirmação cristológica central sobre as verdadeiras naturezas divina e humana em Jesus Cristo. – (**5**) O título "mãe de Deus", ou "parideira de Deus", faz uma afirmação em primeira linha não sobre Maria, mas sobre Jesus Cristo. O conceito serve para, partindo da encarnação de Jesus por meio de Maria, compreender o mistério de sua existência divino-humana. Jesus, que nasceu de uma mãe humana, é primeira e incontestavelmente humano. Mas já que sua conceição fora efetuada pelo Espírito, e Maria não deu à luz um mero ser humano, mas o Filho de Deus, a Igreja confessa Jesus também como Deus verdadeiro. Como mãe de Jesus, Maria está intimamente vinculada ao mistério central da redenção. Quem pretende entender esse mistério precisa necessariamente falar não só de Jesus como Filho de Deus, mas também de Maria como sua mãe. Portanto, a afirmação da maternidade divina de Maria é, em segunda linha, também uma afirmação que lança luz sobre a própria Maria. Em sua pessoa se evidencia que a salvação de Deus não ocorre sem ou contra os seres humanos, mas se apoia em sua cooperação. Maria abriu-se para esse plano e aceitou a tarefa que Deus lhe atribuiu. Por isso, ela é chamada de parideira de Deus e venerada como tal há séculos. Do ponto de vista atual, o conceito de "parideira de Cristo", sugerido por Nestório († 451), também parece sensato. Mas o alcance maior da designação de Maria como parideira de Deus enfatiza ainda mais a relação entre as naturezas divina e humana em Jesus Cristo.

Lit.: a) WAGNER, M. "Ballast oder Hilfe? – Zum Verständnis und zur Bedeutung der Mariendogmen heute". In: SPENDEL, S.A. & WAGNER, M. (orgs.). *Maria zu lieben* – Moderne Rede über eine biblische Frau. Regensburgo, 1999, p. 11-22. • SCHEFFCZYK, L. *Maria*. Augsburgo, 2003. b) BEINERT, W. "Die mariologischen Dogmen und ihre Entfaltung". In: BEINERT, W. & PETRI, H. (orgs.). *Handbuch der Marienkunde*. Vol. 1. 2. ed. Regensburgo, 1996, p. 267-363, esp. p. 309-314. • MÜLLER, G.L. *Die Frau im Heilsplan Gottes*. Regensburgo, 2002. • PENTCHEVA, B.V. *Icons and power* – The Mother of God in Byzantium. Pensilvânia 2006. • ZIEGENAUS, A. *Geboren aus der Jungfrau Maria*. Regensburgo, 2007. c) McGUCKIN, J.A. "The Paradox of the Virgin-Theotokos". *Maria*, 2,1, 2001, p. 8-25. • WESSEL, S. "Nestorius, Mary and Controversy in Cyril of Alexandria's Homily IV". *AHC*, 31, 1999, p. 11-49.

Regina Radlbeck-Ossmann

Matrimônio ↑ *comunhão,* ↑ *homem e mulher,* ↑ *sexualidade,* ↑ *sociedade,* ↑ *sacramento,* ↑ *número dos sacramentos.* – A sacramentalidade do matrimônio tem seu fundamento na teologia da criação e designa o fato de que o homem e a mulher foram criados à imagem de Deus e são chamados para a procriação em uma comunhão eterna. – (**1**) O AT tematiza múltiplas vezes a busca aprovada por Deus por um relacionamento vivo, fértil, duradouro e reconciliado. Afirmações teológicas fundamentais podem ser encontradas em ambas as narrativas da criação que, em sua alta valorização do relacionamento heterossexual, diferenciam-se claramente de mitos contemporâneos da criação. Na narrativa javista (mais antiga) da criação, a criação do ser humano (em hebraico: *adam*) só alcança seu alvo quando o homem (em hebraico: *ish*) recebe uma mulher (em hebraico: *ishah*) como companheira (Gn 2,7.19-23; 3,20). A narrativa sacerdotal (mais nova) descreve o ser humano como figura-alvo das criaturas e relaciona sua heterossexualidade com sua criação à imagem de Deus (Gn 1,27). A responsabilidade pela criação e procriação como um todo cabe ao homem e à mulher. Diferenciações na descrição de suas tarefas são encontradas nos chamados ditos penais após a queda: Aqui, como consequência do pecado, o penoso trabalho de garantir o sustento é atribuído ao homem; e a dolorosa gravidez e nascimento e o sofrimento sob o domínio do homem, à mulher (Gn 3,16-19). A grande importância da heterossexualidade do ser humano subsiste nas narrativas dos patriarcas e das matriarcas. Desde o início da tradição bíblica, a ação de Deus se manifesta no destino da vida de casais (Adão e Eva, Abraão e Sara, Isaac e Rebeca, Jacó e Raquel). Ricos e multifacetados são os dramas bíblicos que falam dos cortejos, do sofrimento causado pela infertilidade, da alegria inesperada do nascimento tardio de descendentes, das constelações relacionais com esposas principais e secundárias, do adultério, da despedida e da morte. O tema do amor heterossexual permanece presente também nos livros históricos do AT (p. ex., Davi e Betsabá: 2Sm 11-12), na profecia (Os 1-3; Jr 2-3; Ez 16; 23) e na literatura da sabedoria (Ct; Eclo 25,13-26,27; Pr 31,10-31). Surgiram também estilizações polarizantes dos papéis dos sexos, dentre as quais se destaca mais nitidamente a ideia da suscetibilidade da mulher ao pecado (Eclo 25,24). Sob a perspectiva da teologia sacramental, é de grande importância o fato de que, nos escritos veterotestamentários, a comunhão matrimonial entre homem e mulher é compreendida como uma aliança, como manifestação simbólica da essência da aliança de Deus com seu povo: da afirmação mútua da confiança, da inviolabilidade, da justiça, do direito, do amor e da misericórdia (Os 2,20-22). Na tradição neotestamentária, a comunhão heterossexual fundamentada numa teologia da criação não é questionada em lugar algum. Jesus é criado numa família, da qual, além da mãe, conhecemos também os nomes de irmãos e irmãs (Mc 6,3). A tradição bíblica da conceição imaculada de Jesus pretende enfatizar a singularidade desse evento, portanto, não contradiz ao mandamento da comunhão matrimonial para fins procriativos. O celibato tão prezado por Paulo (1Cor 7) deve ser visto no contexto de sua expectativa do retorno iminente do Cristo ressuscitado; em vista dessa esperança, Paulo acredita que os problemas relacionais não são tão importantes assim. Nas epístolas de Paulo, encontramos palavras muito claras sobre a igualdade da dignidade de homem e mulher (Gl 3,28) e sobre a estrutura pessoal e diaconal da comunhão matrimonial (1Ts 4,1-8). Essa visão retoma preocupações de Jesus, que, em sua proclamação do Reino de Deus já presente (↑ domínio de Deus), defendeu a igualdade, fundamentada na ordem da criação, de homem e mulher (Mt 19,1-9). Por isso, ele se opõe à determinação segundo a qual apenas o homem poderia se divorciar da mulher (Mc 10,2-9; Lc 16,18); no entanto, a comunhão matrimonial deve ser preservada também em tempos de dificuldades. Mas já no início da prática congregacional dos cristãos judeus, essa proibição rígida de separação não pôde ser mantida em casos de libidinagem (adultério) (cf. as "cláusulas sobre a luxúria" Mt 5,22; 19,9). Conflitos nas primeiras igrejas cristãs levaram Paulo a sugerir que o parceiro não batizado fosse liberado pacificamente dos laços matrimoniais se assim o desejasse (1Cor 7,15; tornou-se importante na história da recepção como *privilegium paulinum*). A relação cristã adequada entre homem e mulher é novamente tematizada na teologia deuteropaulina (Ef 5,21-33; Cl 3,18) e nas epístolas pastorais (1Tm 2,8-15). No entanto, ao lado das afirmações da igualdade de homem e mulher, surgem também exigências segundo as quais a mulher seria obrigada a se subordinar ao homem e não poderia reivindicar um direito de falar em público. Na história da recepção, este último ponto foi de grande importância na formação da teologia dos ofícios (↑ Sacramento da Ordem; ofício na Igreja). Ef 5,21-33 teve um efeito forte sobre a teologia sacramental. Sua fala do "mistério profundo" (*mysterion*) que marca a comunhão entre homem e mulher pôde ser aplicada também à relação entre Cristo e a Igreja e interpretada sacramentalmente (Ef 5,32). O contexto desse pensamento deixa claro que o autor se preocupava em primeira linha com a estabilização da comunhão matrimonial segundo o exemplo do relacionamento de Jesus com a Igreja, que havia se transformado em seu corpo. – (2) A teologia antiga e medieval deu pouca atenção à natureza sacramental do matrimônio. No entanto, desde cedo, o matrimônio como bem fundamental precisou ser defendido contra correntes laxistas e liberais de um lado e, de outro, contra grupos dualistas, ascéticos, que repudiavam o corpo. A partir dessa determinação intencional, Agostinho ([† 430] b. coniug.) definiu o triplo bem do matrimônio: Serve para a geração de descendentes (*proles*), fortalece na fé e na fidelidade mútua (*fides*) e se abre para uma interpretação mais profunda em vista do relacionamento de Deus com suas criaturas (*sacramentum*). A partir do início da Idade Média, a atenção passa a se concentrar menos em questões referentes ao conteúdo, voltando-se mais a perguntas referentes à forma juridicamente adequada do casamento. Nos tratados teológicos, em decorrência da interpretação das perícopes bíblicas do paraíso perdido e também das sentenças de Pedro Lombardo († 1160), o matrimônio foi contemplado principalmente sob o aspecto da pecaminosidade da concupiscência. Por meio da recepção da antropologia de Aristóteles e de sua valorização ética da comunhão entre homem e mulher, Tomás de Aquino († 1274) provocou uma mudança (STh Suppl. 49): O matrimônio cristão deve sua dignidade teológica primeiramente a seu *status* como sacramento (*sacramentum*); no nível natural, a preocupação primária é a geração de descendentes (*proles*); seguem a esta a confiança e a fidelidade na parceria (*fides*). Com referências a Hugo de São Vitor († 1141), Tomás diferencia entre a promessa verbal da fidelidade expressada mutuamente pelos os noivos (*forma sacramenti*; consenso pessoal na afirmação do amor eterno) e a realização na vida concreta do matrimônio (*materia sacramenti*; comunhão física dos noivos). Ambas as dimensões – a promessa verbal e a realização física – são elementos constitutivos do Sacramento do Matrimônio. Toda a história da teologia do matrimônio é marcada pela pergunta sobre a hierarquia entre o vínculo pessoal entre os esposos e o fruto de seu relacionamento, principalmente em relação à sua prole. Para as reflexões teológico-sistemáticas, as questões jurídicas referentes às condições de um matrimônio válido e à sua dissolução têm sido mais importantes. Aqui, o primeiro plano é ocupado pelo consenso declarado no início do matrimônio (o consentimento do homem e da mulher – com a profissão do "sim" – de prometerem o matrimônio um ao outro). – (**3**) As poucas declarações do magistério eclesiástico sobre o Sacramento do Matrimônio se preocupam em defender a bondade da comunhão sexual entre homem e mulher contra as correntes dualistas e ascéticas dos cátaros e valdenses (primeiramente no II Concílio de Latrão, de 1139: DH 718; cf. tb. DH 794). Minuciosa é a posição expressa no decreto aos armênios do Concílio de Florença, de 1439: O sétimo sacramento é justificado cristológica e eclesiologicamente com base em Ef 5,32; a promessa matrimonial é definida como causa de efeito (*forma*); o triplo bem matrimonial consiste da geração e criação de descendentes, da fidelidade mútua e da indissolubilidade, que subsiste até mesmo no caso do adultério; nesse caso, permite-se uma separação do convívio, não, porém, um novo matrimônio (DH 1.327). O Concílio de Trento defende a sacramentalidade e a indissolubilidade do matrimônio e também a prática da "separação de mesa e cama" no caso do adultério de um dos esposos como também a adoção voluntária do celibato por membros da ordem e do clero (DH 1.797-1.812). O concílio dedica uma atenção especial à questão de como os matrimônios "secretos" (*clandestinos*) devam ser avaliados (cf. o Decreto *Tametsi*: DH 1.813-1.816). O concílio defende o direito dos esposos à autodeterminação frente à tutela dos pais (matrimônios firmados *clandestinamente* permanecem válidos, contanto que não sejam declarados inválidos pela Igreja), mas introduz a obrigatoriedade da proclamação antecedente da intenção de se casar e a participação do pastor (ou de um sacerdote comissionado), que deve testemunhar e afirmar a promessa matrimonial; além disso, exige a presença de, pelo menos, duas testemunhas. Essa obrigação formal, que teve consequências de longo alcance, deve servir em primeira linha àqueles noivos cujo matrimônio firmado secretamente fracassou e que agora se veem expostos ao risco do adultério pecaminoso ou do abandono. No século XIX, aumentam as tensões entre as pretensões eclesiásticas e estatais referentes à determinação de um matrimônio legítimo. Em sua Encíclica *Casti Connubii* (1930), o Papa Pio XI se ocupa extensamente com a temática do matrimônio (DH 3.700-3.724). Enfatiza a fundamentação divina do matrimônio e reconhece ao mesmo tempo a liberdade humana na execução da realidade matrimonial. Baseando-se em Agostinho, a encíclica expõe a doutrina dos três bens do matrimônio (geração de descendentes, fidelidade pessoal e indissolubilidade devido à sua sacramentalidade). Além disso, a encíclica adverte contra os perigos contemporâneos do abuso (matrimônio à experiência; formas específicas de métodos anticoncepcionais; aborto; esterilização). No contexto de ponderações eclesiológicas (LG 11) e pastorais (GS 47-52), o Concílio Vaticano II trata da temática do matrimônio e inova: O matrimônio é designado "Igreja Doméstica"; as relações pessoais entre os esposos e em toda a família recebem grande atenção; os três bens do matrimônio não são contestados, no entanto, se recusam a uma hierarquização; predomina a orientação pelo relacionamento pessoal e duradouro dos esposos; o matrimônio cristão tem relevância social; contribui para a proteção da dignidade pessoal e representa um espaço no qual a ação social se manifesta; os métodos anticoncepcionais devem corresponder à ordem da criação, e exige-se a proteção da vida no ventre. Depois do Concílio Vaticano II, a proclamação social do pontífice se concentra nos desafios pastorais referentes à vida matrimonial (PAULO VI. Encíclica *Humanae Vitae*, de 1968: DH 4.470-4.479. • JOÃO PAULO II. Mensagem Apostólica *Familiaris Consortio*, de 1981: DH 4.700-4.716). O direito matrimonial do CIC/1983 (cân. 1.055-1.165) acata a visão do Concílio Vaticano II. Diante das tentativas do direito secular de igualar o matrimônio civil ao matrimônio eclesiástico, a tradição católica romana insiste no significado próprio do matrimônio eclesiástico sacramental. Quando necessário, este pode ser realizado e ser espiritualmente eficaz sem a participação de ordens estatais (em tempos recentes, essa questão voltou a ser significativa, já que, devido à adequação das determinações jurídicas às normas europeias, na Alemanha, o casamento civil não precisa mais anteceder obrigatoriamente o casamento eclesiástico). Aqui, precisamos levar em consideração diferenças entre as tradições reformada e católica romana. Existe uma necessidade de agir em termos pastorais, já que um matrimônio sacramental firmado na Igreja já não pode mais reivindicar direitos jurídicos em questões estatais (sistemas de imposto, direito de herança, direitos à informação e visitação em situações de emergência etc.). – (4) Segundo a tradição doutrinal ortodoxa, o matrimônio, fundamentado na teologia da criação, é, desde a Antiguidade, um dos sete mistérios (sacramentos). Importante na ortodoxia é Ef 5,22-32, que representa a dimensão eclesial do matrimônio. O abençoamento dos noivos por um padre ou bispo é elemento constitutivo do Sacramento do Matrimônio. O bem-estar social e eclesial dos noivos é visto como propósito supremo do matrimônio. Em essência, o matrimônio é tido como indissolúvel também após a morte de um dos esposos; por razões pastorais, porém, um novo matrimônio pode ser permitido, sob imposição de penitências, após a morte precoce de um dos esposos ou, no caso da infidelidade comprovada, ao esposo inocente. Diáconos e padres podem se casar antes da consagração; aos bispos, porém, o matrimônio é proibido. Na visão evangélica, o matrimônio também é, segundo os ordenamentos da Bíblia, indissolúvel. Em virtude da tendência mais forte da tradição reformada de contemplar o ser humano como criatura constantemente tentada e entregue ao pecado, existe, porém, uma abertura maior para colocar outros matrimônios sob a bênção de Deus. No século XVI, três campos temáticos exigiram um posicionamento em credos evangélicos: 1) a designação do matrimônio como "sacramento" no sentido mais restrito, para a qual, segundo a visão evangélica, falta a fundamentação da instituição por Jesus Cristo (ApolCA 23); 2) a valorização maior do celibato no nível do relacionamento com Deus (CA 23 e ApolCA 23) independentemente de uma atribuição a um ministério espiritual: A tradição reformada respeita a opção voluntária por uma vida celibatária para a proclamação do Evangelho (no sentido de 1Cor 7), no entanto, refuta a possibilidade de o celibatário assumir assim uma posição superior ou inferior na hierarquia; 3) a necessidade de uma legislação eclesiástica no âmbito da ordem da criação, cuja observação cabe a instituições seculares: A fala ambígua do matrimônio como "coisa secular" (M. Lutero [† 1546]) não contesta a concepção do matrimônio como dádiva do criador divino, antes se volta, por motivos políticos, contra as pretensões das autoridades eclesiásticas na regulamentação de processos matrimoniais. Em todos os três campos temáticos foi possível alcançar um consenso ecumênico fundamental por meio de uma orientação conjunta pela tradição bíblica e por meio da disposição para um emprego análogo do conceito dos sacramentos. Existem acordos que reconhecem a validade universal e regional para o casamento sacramental entre noivos de confissões diferentes tanto com a Igreja Ortodoxa quanto com as igrejas da Reforma. Atribui-se grande importância à preservação da respectiva identidade confessional. A pergunta sobre a confissão dos filhos deve ser avaliada com cuidado, e cabe aos pais a responsabilidade de respondê-la. – (5) Desde a década de 1970, foram publicados numerosos esboços teológico-sistemáticos (por teólogos morais e dogmáticos) nas regiões de língua alemã, baseados na teologia do matrimônio do Concílio Vaticano II, sobre o Sacramento do Matrimônio (entre outros, de F. Böckle [† 1991], V. Eid, B. Fraling, W. Kasper, K. Lehmann, J. Ratzinger, O.H. Pesch, U. Baumann), que oferecem uma fundamentação bíblica e pessoal do matrimônio como bem da criação de Deus. O que todos eles têm em comum é a preocupação com o desafio pastoral representado pelo desejo do ser humano de ter uma relação vitalícia, mas que, por variados motivos, é incapaz de viver. Chamam atenção para a necessidade de diferenciações na avaliação das circunstâncias específicas da vida (também em relação a relacionamentos homossexuais). Em termos fundamentais, somos confrontados com a pergunta se a teoria do consenso na fundamentação da sacramentalidade do matrimônio não enfatiza excessivamente o início do matrimônio (o casamento), ignorando assim o processo da vida conjugal. Existem numerosos pedidos para o acompanhamento do casal não só antes do casamento, mas também depois dele. Espera-se a resistência dos casais que seriam afetados por essas medidas; isso revela que os valores atribuídos ao casamento sacramental no espaço eclesiástico pelas pessoas divergem dos valores atribuídos a ele pela tradição dogmática. Em virtude da tradição doutrinal dogmática e das determinações do direito eclesiástico, surgem, em vista do grande número de casamentos, desafios pastorais primariamente nos seguintes âmbitos: no acompanhamento dos casais em tempos de crise; na disposição para uma contemplação diferenciada de suas biografias; no reconhecimento de novas responsabilidades em novos relacionamentos; a compreensão de toda a vida conjugal com suas interações. Mais do que em qualquer outra área, a teologia dogmática enfrenta em relação ao Sacramento do Matrimônio o desafio de buscar o diálogo com outras disciplinas teológicas e não teológicas – sobretudo com as ciências humanas – para evitar decisões que se distanciem da vida.

Lit.: a) FABER, E.-M. *Einführung in die katholische Sakramentenlehre*. 2. ed. Darmstadt, 2009, p. 176-192. • SCHNEIDER, T. *Zeichen der Nähe Gottes* - Grundriss der Sakramententheologie. 9. ed. Mainz, 2008, p. 274-307. • LEHMANN, K. & PANNENBERG, W. (orgs.). *Lehrverurteilungen-kirchentrennend?* – Vol. 1: Rechtfertigung, Sakramente und Amt im Zeitalter der Reformation und heute. Friburgo/Göttingen, 1986, p. 141-156 [Dialog der Kirchen, 4]. b) e c) KNAPP, M. *Glaube, Liebe, Ehe*. Würzburg, 1999. • BAUMANN, U. *Die Ehe* - Ein Sakrament? Zurique, 1988. • HENRICH, F. & EID, V. (orgs.). *Ehe und Ehescheidung*. Munique, 1972.

Dorothea Sattler

Mediação de Maria ↑ *unicidade e universalidade salvífica de Jesus Cristo,* ↑ *maternidade divina de Maria,* ↑ *santos/veneração dos santos,* ↑ *devoção mariana*. – O conceito remete à participação ativa da mãe de Jesus na história da salvação e lembra sua disposição de acompanhar a vida do seu Filho até sua morte e ressurreição. – **(1)** A mediação de Maria precisa ser vista dentro do horizonte estritamente afirmado pelas Escrituras Sagradas da mediação *única* de Cristo (1Tm 2,5; cf. Hb 8,6; 9,11.15). Por isso, devemos professar um *solus Christus* irrestrito. No entanto, como a Escritura expõe em muitas passagens, Deus não efetua sua salvação sem ou até mesmo contra o ser humano. As vidas dos patriarcas e dos profetas demonstra que Deus usa homens e mulheres com frequência para manifestar sua salvação no presente. Pessoas individuais são eleitas, encarregadas de tarefas salvíficas significativas e fortalecidas com sua graça (Abraão, Moisés, Davi, os profetas). Dentro dessas condições, a mediação de Maria deve ser vista como participação humana no evento salvífico divino mediado por Cristo. Este se apresenta de tal modo que os membros do corpo de Cristo são capacitados a levarem outros a Cristo dentro de suas possibilidades. Em virtude do vínculo solidário entre os seres humanos (ideia da aliança), a abertura espiritual de determinada pessoa transforma a situação salvífica para todos (1Cor 12,12-31a). Desse ponto de vista, todos os seres humanos são chamados para a participação na ação salvífica de Deus e capacitados segundo sua eleição a se tornarem mediadores da salvação divina. Já que apenas Maria é eleita e capacitada a ser a mãe do Redentor, esse objetivo fundamental do povo de Deus se cumpre em sua vida de modo singular e extraordinário. – **(2)** O pensamento da mediação de Maria remonta à Igreja antiga. Manifesta-se sobretudo no paralelismo entre Maria e Eva, que remonta a Justino († 165) e foi desdobrado por Irineu de Lyon († 202). Este afirma que as duas mulheres são as mães primordiais da perdição (Eva) e da salvação (Maria). Em vista de Maria, Irineu ressalta que ela, em virtude de sua obediência, tornou-se até mesmo a causa da salvação para si mesma e toda a raça humana (haer. 3,22,4). A partir do século V, a compreensão da mediação de Maria se expressa em formulações preposicionais: (em grego: *dia*; em latim: *per*) e no uso do verbo "mediar" (em grego: *mesiteuein*). No Oriente, encontramos o substantivo "mediadora" (em grego: *mesites*; em latim: *mediatrix*) a partir do século VIII; no Ocidente, ocorre pela primeira vez em Anselmo de Cantuária († 1109). Tomás de Aquino († 1274) confirma a ideia da mediação de Maria, no entanto, diferencia entre Cristo, o mediador perfeito da salvação, e pessoas que participam dela "como preparadores ou servos" (STh III q26 a1). – **(3)** O Concílio Vaticano acata as noções bíblicas e patrísticas e, apoiando-se na tradição posterior, enfatiza que Maria "não foi utilizada por Deus como instrumento meramente passivo, mas que cooperou livremente, pela sua fé e obediência, na salvação dos homens" (LG 56). Ao mesmo tempo, o concílio ressalta que "todo influxo salvador" da mãe de Deus se deve à abundância dos méritos de seu Filho e que sua mediação depende inteiramente da mediação universal de Jesus (LG 60). Já que Maria, ao professar "Aconteça comigo" (em latim: *fiat*: cf. Lc 1,38), cumpriu de forma perfeita sua eleição divina, ela se torna um exemplo para todos os outros fiéis. Estes mantém um vínculo com Maria na Igreja, na comunhão dos fiéis também após a sua morte e recebem assim ajuda e fortalecimento (LG 62). Mesmo que o concílio confirme a mediação de Maria, usa o título correspondente apenas com relutância. Ele o menciona apenas uma vez e o protege contra eventuais equívocos remetendo à mediação singular de Jesus Cristo (LG 62). Os padres do concílio não corresponderam ao desejo expressado repetidas vezes durante as deliberações conciliares de designar Maria como corredentora. – (4) Na teologia protestante, a fala sobre a mediação de Maria é vista com ceticismo, pois qualquer valorização indevida da mãe de Deus questiona a mediação salvífica singular de Jesus Cristo. A teologia ortodoxa também fala da mediação de Maria, mas sua compreensão do título é mais doxológica do que doutrinária. É deduzido da solidariedade de Maria com todos os seres humanos. – (5) A tese da mediação de Maria se insere na possibilidade e eficácia da intercessão por outras pessoas, considerada legítima por toda a cristandade (cf. a *Oratio fidelium* em todas as liturgias). Não se limita à Igreja terrena, antes pode ser esperada igualmente dos santos "em cumprimento de seu amor aos próximos" (Orígenes) – portanto, também de Maria, discípula perfeita de Cristo e imagem primordial da Igreja. Devido a profundidade diferenciada a ser respeitada pelo discurso sobre a mediação de Cristo, e também em virtude da situação ecumênica, a dogmatização da mediação de Maria não é aconselhável. Já que Maria cumpriu as condições humanas para a salvação do mundo com sua disposição de tornar-se mãe do Redentor, a comunidade da fé a vê com uma veneração especial e com grande confiança. Podemos dizer: Maria exerce uma função salvífica mediadora no sentido de que preparou o caminho para que a humanidade pudesse *ser* salva (*salvari*); no entanto, não salva (*salvare*) nem assiste pessoalmente na salvação.

Lit.: a) BEINERT, W. "Theologische Perspektiven marianischer Frömmigkeit". *Maria heute ehren*. Friburgo/Basileia/Viena, 1977, p. 27-45. b) BEINERT, W. "Die mariologischen Dogmen und ihre Entfaltung". In: BEINERT, W. & PETRI, H. (orgs.). *Handbuch der Marienkunde*. Vol. 1. 2. ed. Regensburgo, 1996, p. 267-363. c) COURTH, F. "Mariologie – Maria, die Mutter des Christus". In: BEINERT, W. *Glaubenszugänge* – Lehrbuch der katholischen Dogmatik. Vol. 2. Paderborn et al., 1995, p. 299-398. • MENKE, K.-H. *Fleisch geworden aus Maria* – Die Geschichte Israels und der Marienglaube der Kirche. Regensburgo, 1999.

Regina Radlbeck-Ossmann

Mérito ↑ *liberdade,* ↑ *dádivas do Espírito,* ↑ *juízo,* ↑ *certeza salvífica,* ↑ *obras.* – Na teologia da graça, o mérito corresponde, no sentido restrito da palavra, às boas obras que dão ao ser humano o direito de reivindicar de Deus atos salvíficos individuais ou a vida eterna. Em termos bíblicos, o mérito – em virtude da promessa de Deus – pode ser compreendido como *recompensa da graça*. – (1) O termo "mérito" não ocorre na Bíblia. O fundamento para a doutrina posterior é o conceito do "salário" em conexão com a concepção de uma retribuição dupla ou de um juízo segundo as obras. Mas quando o AT fala em salário, não designa nenhum direito, mas uma recompensa da graça (Is 49,4; 61,8). A eleição do povo de Israel também não se deve a um mérito especial, mas exclusivamente ao amor livre de Deus (Dt 7,7s.; 9,5s.; Ez 16,1-34; Os 11,1-4). A misericórdia de Deus age em completa liberdade (Ex 33,19). Nos sinópticos, a ideia do salário constitui parte importante da mensagem de Jesus (Mt 5,12; 10,42; 19,29; Mc 9,41; 10,28-31; Lc 6,23.35; 22,28-30). No entanto, Jesus ataca fortemente a noção calculista dos fariseus de uma justiça por méritos próprios: O salário é sempre recompensa graciosa de Deus, à qual ninguém tem direito (Mt 20,1-16; Lc 17,7-10). O conteúdo mais importante das promessas de Jesus são os bens escatológicos do Reino de Deus (Mt 5,3-12), sobretudo a ↑ vida eterna (Mt 19,19; 25,46). A ideia do salário ocupa um papel positivo também em Paulo. Com a mesma determinação com que refuta qualquer possibilidade de merecer a justificação (Rm 3,24.28) fala também do fato de que toda pessoa justificada será recompensada por suas boas obras (1Cor 3,8.14; 9,25), de que todo ser humano receberá seu salário segundo suas obras (2Cor 5,10) e de que o salário para a boa obra é a vida eterna (Rm 2,6s.; Gl 6,8s.). Mas segundo Paulo, ninguém tem direito a essa recompensa, ela se deve exclusivamente à graça (Rm 4,4s.). – **(2)** Tertuliano († 220) introduz o conceito do mérito à teologia cristã e o aplica no sentido de um direito jurídico ao pensamento cristão do salário. No Oriente, Orígenes († 253/254) é o primeiro a ocupar-se minuciosamente com a questão do mérito e adverte contra uma compreensão da vida eterna como recompensa (comm. in Rom. 4,1). Apesar da luta feroz de Agostinho († 430) contra a ênfase pelagiana do mérito humano, ele não descarta o termo. No entanto, interpreta o mérito do ser humano como obras da graça de Deus: "Quando Deus coroa os nossos méritos, na realidade não coroa outra coisa senão os seus próprios dons" (ep. 194,5,19). No século XII, a escolástica desenvolve a distinção entre o mérito de condigno e o mérito de côngruo: No primeiro caso, existe um direito à recompensa e, portanto, uma equivalência estrita entre obra e salário; no segundo caso, a recompensa é conferida livremente. Diante desse pano de fundo, Tomás de Aquino († 1274) faz as seguintes declarações fundamentais em sua doutrina definitiva do mérito (STh I-II q114): Referente à *primeira graça* (justificação) não existe qualquer mérito (a5); no entanto, a pessoa justificada pode, com a ajuda da graça de Deus, alcançar a vida eterna por meio de um mérito de côngruo (a3); um mérito de condigno para a vida eterna existe apenas na obra salvífica de Jesus Cristo (a7) e na ação do Espírito Santo (a3). A escolástica tardia defende a seguinte visão (refutada por M. Lutero († 1546]): As boas obras morais dos não justificados representam um mérito de côngruo; as boas obras dos justificados, um mérito de condigno para a vida eterna. – **(3)** O magistério formula o lema inspirado por Agostinho: "Tão grande é a bondade de Deus que ele quer que sejam méritos nossos os seus dons e que concede uma recompensa eterna por aquilo que nos doou" (DH 248). O Segundo Sínodo de Orange, de 529, opta por uma formulação igualmente dialética: "Deve-se um prêmio às boas obras, se acontecem; mas a graça, que não é devida, as previne para que aconteçam" (DH 388). O Concílio de Trento constata inequivocadamente em 1547: A justificação não pode ser merecida, pois tanto a vocação para a justificação (DH 1.525) quanto o próprio ato de justificação (DH 1.532) ocorrem puramente pela graça sem nenhum mérito anterior. No entanto, um mérito verdadeiro (*vere promerere*) será levado em conta na conquista da vida eterna; o contexto, porém, deixa claro que esse mérito é uma recompensa da graça. Seu fundamento e conteúdo são: O justificado merece "a poder da graça divina e do mérito de Jesus Cristo" um acréscimo de graça, a vida eterna e um aumento de sua glória (DH 1.582). – **(4)** A teologia das igrejas do Oriente não apresenta uma doutrina do mérito. No ocidente, a teoria do mérito da escolástica tardia se torna o ponto de ataque mais feroz dos reformadores. Para M. Lutero († 1546), a ideia de qualquer mérito representa a essência do conceito do mérito por obras e da autojustificação; segundo ele, essa noção destrói a confiança em Deus e minimiza a obra salvífica de Jesus Cristo. Mesmo assim, Lutero afirma o pensamento bíblico do salário: O salário provém da promessa graciosa de Deus, o salário para as boas obras é graça (WA 18,693-696). Os credos luteranos defendem como posição fundamental: A justificação ocorre sem qualquer mérito (CA 4); a fé dos justificados produz como fruto as boas obras – estas, porém, não apresentam nenhum caráter meritório (CA 6). ApolCA 4 refuta fortemente o conceito escolástico do mérito, mas desdobra o conceito do salário positivamente: As boas obras trazem recompensas (*praemia*) físicas e espirituais nesta vida e também depois dela; a vida eterna é uma recompensa (*merces*) em virtude da promessa. No diálogo ecumênico atual, alguns teólogos protestantes e católicos ainda reconhecem uma forte contradição em relação à doutrina do mérito. Mas a pesquisa identifica em ambos os lados um consenso básico entre às posições oficiais do Concílio de Trento e os credos luteranos. Concordâncias decisivas são: Ambos excluem absolutamente qualquer possibilidade de merecer a justificação; no caso dos justificados, existe – para as boas obras efetuadas por meio da graça – um salário no sentido bíblico, i.e., uma recompensa da graça baseada nas promessas de Deus e em virtude dos méritos de Jesus Cristo; o salário consiste de dádivas no aquém e da vida eterna. – **(5)** Já que inerem ao significado do conceito do mérito uma noção de direito e um equilíbrio entre trabalho e recompensa, não é um conceito adequado para expressar o relacionamento entre Deus e o ser humano. A teologia cristã deveria evitá-lo. Como conceito acatado pela teologia apenas no século III, desenvolveu uma dinâmica própria fatal; no sentido de uma reivindicação jurídica ou de um pagamento comercial, foi capaz de incitar uma concepção jurídica ou até mesmo calculista do relacionamento de Deus com o homem. Destarte, é incapaz de representar adequadamente essa relação. Por um lado, o ser humano não se encontra numa posição de poder reivindicar qualquer coisa de Deus; não existe uma relação de igualdade, pois o ser humano como ser criatural permanece completamente dependente de Deus. Por outro lado, um equilíbrio entre obra e salário é totalmente impossível no contexto da obra salvífica; como ser finito, o ser humano só pode realizar obras finitas, enquanto a vida eterna prometida é de caráter ilimitado. Em termos positivos podemos afirmar: 1) A fim de preservar a preocupação fundamental do conceito do mérito, podemos recorrer ao conceito bíblico do salário. A pergunta básica é: As boas obras do ser humano têm algum valor aos olhos de Deus? As promessas da recompensa da graça dão uma resposta afirmativa. 2) O importante é a perspectiva *pessoal*: Entre Deus e o ser humano existe uma relação de amor pessoal; o amor, porém, não reivindica nem calcula. Ele se dá livremente e espera ao mesmo tempo uma dádiva voluntária de um "tu", i.e.: O ser humano que ama na fé espera do Deus amoroso a dádiva da vida eterna.

Lit.: PESCH, O.H. & PETERS, A. *Einführung in die Lehre von Gnade und Rechtfertigung*. 3 ed. Darmstadt, 1994. • BEER, T. *Der fröhliche Wechsel und Streit* - Grundzüge der Theologie Martin Luthers. Leipzig, 1974, p. 61-66, 86-99, 145-161, 289-294, 301. • PESCH, O.H. *Frei sein aus Gnade* – Theologische Anthropologie. Friburgo/Basileia/Viena, 1983, p. 389-405. • PÖHLMANN, H.G. *Rechtfertigung*. Gütersloh, 1971, p. 193-214. • HILBERATH, B.J. & PANNENBERG, W. (orgs.). *Zur Zukunft der Ökumene* - Die "Gemeinsame Erklärung zur Rechtfertigungslehre". Regensburgo, 1999. • KNUTH, H.C. *Angeklagt und anerkannt* - Luthers Rechtfertigungslehre in gegenwärtiger Verantwortung. Erlangen, 2009. • PESCH, O.H. *Hinführung zu Luther*. 3 ed. Mainz, 2004, p. 297-310. • HÄRLE, W. *Menschsein in Beziehungen* - Studien zur Rechtfertigungslehre und Anthropologie. Tübingen 2005.

Georg Kraus

Messias ↑ *cristologia,* ↑ *cristocentrismo,* ↑ *Jesus histórico,* ↑ *títulos de realeza de Jesus,* ↑ *judaísmo e Igreja,* ↑ *parusia.* – Messias é a forma grecizada da palavra aramaica "o Ungido" (Jo 1,41; 4,25), que corresponde ao *mašîªh* hebraico; a Septuaginta traduz a palavra com *Christos*. Trata-se de um título de realeza, como "Filho do Homem" e "Filho de Deus". Em combinação com Jesus, "Cristo" é também usado como nome próprio. *Jesus, o Cristo,* é centro e norma da confissão cristã, inseparavelmente vinculado às esperanças messiânicas de *Israel*. O judeu Jesus de Nazaré estabelece um vínculo entre o cristianismo e o judaísmo como sua raiz. No entanto, a messianidade de Jesus também separa o cristianismo do judaísmo. – (**1**) É importante observar no messianismo veterotestamentário que a designação "o Ungido" não ocorre nos textos clássicos sobre as "expectativas messiânicas" de Israel e se torna relevante apenas no início do judaísmo. Antes disso, a expressão "o Ungido" ocorre primariamente em conexão com o rei e sua unção no rito real. As expectativas messiânicas são parte de um conjunto de diferentes expectativas salvíficas (novo êxodo, peregrinação do povo até Sião, nova criação, reinado de Deus e outras). Existem no AT textos "messiânicos" que, originalmente, não eram messiânicos, mas que são interpretados como messiânicos na *interpretatio christiana* da Bíblia de Israel. No Pentateuco, esses textos seriam o chamado protoevangelho (Gn 3,14s.), a fala de Judá (Gn 49,10) e a fala de Bileão (Nm 24,17); nos livros históricos, temos a profecia de Natã (2Sm 7,12-16), considerada a raiz da expectativa messiânica. Encontramos textos interpretados como messiânicos também nos livros proféticos (Is 7,10-17: Emanuel; 9,1-6; Ez 18.22ss.; 34,23s.; 37,22-25; Mq 5,1-5; Ag 2,20-23; Zc 3,8; 4,1-6.10-14; 6,9-15; 9,9s.) e nos salmos (Sl 2; 18; 28; 84; 89; 132). As concepções messiânicas se desenvolveram a partir das concepções bíblicas referentes ao rei e das expectativas frustradas vinculadas as reis da casa de Davi. A relação com a casa de Davi foi preservada, mas agora era vinculada à promessa de um novo Davi (Ez 34,23s.; cf. Is 11,1). O início do judaísmo também conhece uma expectativa messiânica, mas aqui ainda não conseguiu avançar e ocupar o lugar de uma ideia religiosa central (Salmos de Salomão 17 e 18). A comunidade de Qumran espera duas figuras messiânicas: um messias sacerdotal da casa de Arão e um messias real da casa de Israel, sendo que o messias real (1QS 9,10s.; 4QTest 12s.) é subordinado ao messias sacerdotal, que preside o banquete messiânico (1Qsa 2,11-15). No livro etíope de Enoque, o Filho do Homem é a figura salvífica central, o "Ungido" é mencionado apenas duas vezes (48,10; 52,4). Em 4Esdras e no Apocalipse sírio de Baruc (do tempo posterior à destruição do templo) domina, porém, o "Ungido", que é o filho de Davi e liberta Israel (4Esdras 12,31-34). As profissões mais antigas de Jesus, o Cristo, ocorrem em proposições da fé pré-paulinas (1Cor 15,3b-5; cf. Rm 1,3s.). Dos evangelistas sinópticos, é principalmente Mateus que Jesus Cristo é Filho de Davi e completamente integrado à história de Israel (Mt 1,1.16; 2,4; 11,2; 21,5). No processo contra Jesus, Pilatos constata que o nazareno é chamado de Messias pelos seus seguidores (Mt 27,17.22). Em João, a messianidade de Jesus se torna motivo de uma disputa entre cristãos e a sinagoga. Esta resulta na determinação segundo a qual todos os judeus que confessarem ser seguidores de Jesus serão excluídos da sinagoga (Jo 9,22; cf. 12,42). Se o Jesus histórico teria reivindicado o título de Messias é um tema controverso na exegese. M. Hengel († 2009), entre outros, e principalmente também pesquisadores judeus, consideram certa a reivindicação messiânica de Jesus, mesmo que estes não o reconheçam como tal. Segundo Mc 14,61, Jesus confirma sua messianidade e sua filiação divina diante do sumo sacerdote. A tese de W. Wrede († 1906) do "mistério messiânico", segundo a qual a vida não messiânica de Jesus teria sido interpretada posteriormente como messiânica, hoje já não é mais defendida. – (2) O título de realeza "Cristo" transformou-se em nome próprio já em tempos neotestamentários. As primeiras cristologias judaico-cristãs, o adocionismo e o modalismo (↑ gráfico: heresias cristológicas) apresentam a tendência de vincular a atribuição da messianidade à unção de Jesus pelo *pneuma* durante o batismo. Na patrística, a expectativa messiânica de um reino escatológico de Cristo resultou no ↑ quiliasma, que, apesar de não ter conseguido se impor, ressurge a partir da Idade Média – por exemplo, em Joaquim de Fiore († 1202) e no movimento dos anabatistas – e adquire traços políticos, sociais e revolucionários na Modernidade. Na segunda metade do século XX, ocorre uma redescoberta das dimensões cristológica e escatológica da profissão de Jesus como o Messias, por exemplo, na teologia da esperança, na nova teologia política e na teologia da libertação. Contribuíram para esse desenvolvimento o retorno da teologia cristã às suas raízes judaicas e as filosofias com influências judaicas e judaico-cristãs. – (3) Na formação da doutrina cristológica, o título de Cristo serviu como termo para a unidade pessoal de Jesus, que se fundamenta no logos preexistente e encarnado. Na disputa em torno do título *theotokos*, Nestóri († por volta de 451) sugere o emprego de *christotokos*. O Concílio de Éfeso, de 431, o refutou (DH 250s.; 252-263). Segundo a definição doutrinal do Concílio de Calcedônia (451), Cristo é o sujeito da ↑ união hipostática das naturezas divina e humana. – (4) Na questão da messianidade de Jesus não existem dissensos fundamentais entre as confissões. – (5) A profissão de Jesus como Messias apresenta várias dimensões: Enfatiza o comissionamento divino do judeu Jesus de Nazaré, que é desdobrado conceitualmente na profissão da Igreja da verdadeira natureza humana e divina de Jesus; eleva Jesus acima de todos os outros que possam trazer a salvação, no sentido de que Deus é concebido como pessoalmente presente nele; aborda a Igreja como povo messiânico da nova aliança. Faz parte da profissão de Jesus como Messias também a esperança de uma nova criação fundamentada na ressurreição de Jesus, e também do retorno de Cristo no fim dos tempos. A profissão de Jesus como Messias separa cristãos e judeus; no entanto, pode também uni-los na esperança escatológica comum. Existem inícios de uma cristologia messiânica tanto na teologia evangélica como também na teologia católica (J. Moltmann, F.-W. Marquardt, C. Duquoc). Importante para o diálogo judaico-cristão é uma cristologia que afirme seus vínculos com Israel, que, apesar de afirmar a universalidade de Cristo como Messias, reconheça o *status* especial de Israel determinado pelo conselho de Deus: Israel como um todo não chegará a Cristo por meio da missão da Igreja, mas apenas na parusia escatológica – segundo a esperança do apóstolo Paulo (Rm 11,25-36).

Lit.: SCHLATTER, A. "Der Zweifel an der Messianität Jesu". *Zur Theologie des Neuen Testaments und zur Dogmatik*. Munique, 1969, p. 151-202. • HAHN, F. *Christologische Hoheitstitel*. 5. ed. Göttingen, 1995. • GESE, H. *Der Messias*. Tübingen, 1977. • CAZELLES, H. *Alttestamentliche Christologie*. Einsiedeln, 1983. • MOLTMANN, J. *Der Weg Jesu Christi*. Munique, 1989. • BALDERMANN, I. et al. (orgs.). *Der Messias*. Neukirchen-Vlyn, 1993. • LEVINSON, N.P. *Der Messias*. Stuttgart, 1994. • THOMA, C. *Das Messiasprojekt*. Augsburgo, 1994. • STEGEMANN, E. & FRIEDLÄNDER, A. *Messias-Vorstellungen bei Juden und Christen*. Stuttgart/Berlim, 1993. • KAISER JR., W.C. *The Messiah in the Old Testament*. Grand Rapids, 1995. • MÜLLER, W. "Die Salbung Christi". *FZPhTh*, 43, 1996, p. 420-435. • WOHLMUTH, J. *Im Geheimnis einander nahe* – Theologische Aufsätze zum Verhältnis von Judentum und Christentum. Paderborn et al., 1996. • WOHLMUTH, J. *Die Tora spricht die Sprache der Menschen*. Paderborn et al., 2002. • WOHLMUTH, J. *An der Schwelle zum Heiligtum* – Christliche Theologie im Gespräch mit jüdischem Denken. Paderborn et al., 2007. • ZIMMERMANN, J. *Messianische Texte aus Qumran.* Tübingen, 1998. • HENGEL, M. & SCHWEMER, A.M. *Der messianische Anspruch Jesu und die Anfänge der Christologie.* Tübingen, 2001. • HENGEL, M. *Studien zur Christologie.* Tübingen, 2006. • CHESTER, A. *Messiah and Exaltation.* Tübingen, 2007. – FABRY, H.-J. & SCHOLTISSEK, K. *Der Messias.* Würzburg, 2002. • HOPING, H. & TÜCK, J.H. (orgs.). *Streitfall Christologie.* Friburgo/Basileia/Viena, 2005 [QD 214]. • MENKE, K-H. *Jesus ist Gott der Sohn.* 2 ed. Regensburgo, 2011, p. 147-168.

Helmut Hoping

Missão/reevangelização ↑ *vontade salvífica universal de Deus,* ↑ *apostolicidade da Igreja,* ↑ *diálogo,* ↑ *necessidade salvífica da Igreja,* ↑ *judaísmo e Igreja,* ↑ *imitação de Jesus,* ↑ *sacramentalidade da Igreja.* – No sentido mais amplo, o termo "missão" (em latim: *missio*, envio, libertação [dos gladiadores]) designa todas as atividades da Igreja resultantes de seu chamado para o sacramento universal da salvação "para a íntima união com Deus e a unidade de todo o gênero humano" (LG 1). No sentido mais restrito, refere-se à proclamação do Evangelho e à fundação de igrejas entre as pessoas que ainda não pertencem à Igreja. Quando se trata de esforços de efetuar isso entre pessoas que não podem mais ser consideradas cristãs e socializadas pela Igreja, falamos de reevangelização. – **(1)** No AT, a concepção do significado universal de Javé e da fé em Javé resulta na convicção do chamado universal de todos os povos (cf. Is 2; Mq 4; Pr 9,3-8 por meio da mediação de sabedoria). Ao mesmo tempo, a consciência da eleição singular de Israel entre todos os povos gera certa autolimitação religiosa. Esta se manifesta inicialmente também nas congregações neotestamentárias: Apenas sob a influência de Paulo, elas se abrem relutantemente para os "gentios" (At 15). A Igreja jovem recebe impulsos decisivos de Pentecostes, da convicção referente à universalidade do Reino de Deus e da comissão explícita para o trabalho missionário (Mt 28,18-20). Sob essa constelação, surge um problema que acompanha a missão (em seu sentido mais restrito) desde as epístolas pastorais: Como a abertura para a natureza e cultura dos povos, resultante da catolicidade da Igreja (tendência de Colossenses e Efésios), pode ser harmonizada com a preservação da identidade por meio da tradição própria? – **(2)** No início, a propagação do cristianismo na Antiguidade não ocorre de forma sistemática, mas por meio do contato com a cultura antiga.

Ocorre uma interpenetração dos mundos de pensamento: O helenismo se torna profundamente cristão, o cristão se torna helenístico – a medida que isso teria ocorrido é frequentemente discutida de forma controversa sob o chavão da "helenização". O foco da evangelização se volta menos para a salvação do indivíduo e mais para a presença da Igreja no mundo todo. Uma organização das atividades missionárias é empreendida pela primeira vez por Gregório o Grande († 604), que recomenda ao missionário Agostinho de Cantuária, enviado para a Inglaterra em 596, o máximo de aculturação (ep. 11,39; 56a). Na Antiguidade, a propagação do cristianismo se limitava basicamente ao Império Romano, na Idade Média ocorre a cristianização de toda o continente europeu. Agentes principais são os mosteiros, primeiro os célticos, depois, a partir do século XIII, as sucursais dominicanas e franciscanas. Seu objetivo não é mais a presença da Igreja no mundo, mas a libertação da alma individual do poder do diabo. O problema das religiões estranhas quase não se apresentava como desafio para a missão (exceções: estudo da língua árabe pelos dominicanos como treinamento para a missão; a viagem pelo Oriente de Francisco de Assis). A missão vive um terceira fase intensa de atividades missionárias a partir da era das grandes descobertas. Em virtude do direito de patronato (privilégios e direitos diante da Igreja) das grandes potências (principalmente Espanha e Portugal), a atividade missionária se amalgama de forma quase indistinguível (pelo menos para os afetados) com o colonialismo europeu. Apenas alguns poucos missionários lúcidos protestam (p. ex., Bartolomeu de las Casas († 1566]). A Sociedade de Jesus se destaca como ordem missionária; na Ásia, procura se libertar das falhas colonialistas, no entanto, provoca involuntariamente uma grande crise da missão em virtude da controvérsia dos ritos provocada na Europa. Após uma recuperação no século XIX (surgimento de muitas comunidades de ordens que se dedicam explicitamente à missão), a missão volta a cair numa situação precária com o fim do colonialismo no século XX, que provoca um questionamento radical da dinâmica não só externa, mas também interna, ou seja, da teologia da missão. Junta-se a isso uma escassez aguda de missionários do tipo tradicional. – **(3)** O magistério eclesiástico falou da missão e da reevangelização tanto sob o ponto de vista organizacional (fundação da "Congregatio de Propaganda Fide" para os assuntos missionários) quanto doutrinal (numerosas encíclicas missionárias dos papas). O Papa Bento XV foi decisivo para o desenvolvimento mais recente (exortação apostólica *Maximum illud*, de 1919): pontos principais são o incentivo do clero doméstico, o fortalecimento das novas igrejas locais, a separação entre missão e colonialismo. O Concílio Vaticano II esboça a teologia da missão a partir da característica da Igreja como sacramento universal para a união com Deus e a humanidade (LG 1; 48). O decreto correspondente AG menciona a "pregação do Evangelho" como tarefa central (AG 6). Resulta na implantação de igrejas locais dentro de uma estratégia de aculturação, na qual "Igreja deve inserir-se em todos esses agrupamentos, impelida pelo mesmo movimento que levou o próprio Cristo, na encarnação, a sujeitar-se às condições sociais e culturais dos homens com quem conviveu" (AG 10). Após o concílio, impõe-se cada vez mais o termo da evangelização (A *Propaganda Fide* é renomeada de "Congregação para a evangelização dos povos", 1967; Paulo VI, Encíclica *Evangelii Nuntiandi*, 1975). João Paulo II acrescenta o termo da reevangelização para a transmissão da mensagem cristã sob as condições de vida atuais também em sociedades secularizadas (e antigamente cristãs). Bento XVI (motu proprio *Ubicumque et sempre*) funda em 2010 o "Pontifício Conselho para a Promoção da Nova Evangelização". O documento "Diálogo e proclamação" (Pontifício Conselho para o Diálogo Inter-Religioso/Congregação para a Evangelização dos Povos, 1991) ressalta a importância do diálogo para a missão. – (4) As igrejas ortodoxas compreendem a missão não tanto como atividade externa, mas sobretudo como testemunho de Cristo que irradia da liturgia. No século XX, elas se propagam em virtude da perseguição pelo comunismo e do exílio resultante desta (principalmente na América do Norte) e também por meio da implantação intensiva de igrejas na África e na Ásia. As igrejas provenientes da Reforma tratavam o pensamento missionário com certa relutância inicial. Apenas o pietismo e a unidade dos irmãos adotaram a missão com determinação e iniciaram uma atividade missionária abrangente. No início do século XX, surgiu o pensamento ecumênico, pela primeira vez na Conferência de Missão Mundial em Edimburgo, em 1910 (sem participação católica), em consequência do reconhecimento do caráter não cristão da inevitável concorrência entre as confissões também sob influência política (aqui a proclamação anglicano-puritana, lá a franco-católica, em outras partes a américo-batista). – (5) A descolonização e o distanciamento radical do legado europeu pelo pensamento missionário no século XX, permitiu, após um período de insegurança, o amadurecimento de um novo conceito de evangelização: O objetivo primário não é nem a presença da Igreja nem a salvação da alma individual, mas a proclamação da mensagem salvífica do amor do Deus trino, para que a fé possa crescer. Essa tarefa não cabe apenas a alguns "especialistas", mas a todos os batizados. Consequentemente, acontece em todos os níveis – nos níveis teológico, pastoral, social (ajuda para o desenvolvimento), político (movimentos de libertação), às vezes, também por meio de mera presença corajosa (sociedades que não toleram a presença do cristianismo). Portanto, as tarefas fundamentais da missão ou reevangelização são:

– A estratégia dialógica: A fé se baseia na voluntariedade. Os cristãos precisam demonstrar de modo argumentativo que "anunciam aquele que venerais sem conhecer" (At 17,23) – nas grandes religiões do mundo e concepções da Modernidade. Hoje, é preciso refletir também sobre o fenômeno das outras religiões sob o ponto de vista da teologia da missão.

– Demonstração da plausibilidade Igreja como testemunha eleita do Evangelho: A fé é transmitida pelo testemunho idôneo dos proclamadores (cf. Lc 24,48; At 1,8). Uma precondição essencial da missão e reevangelização bem-sucedida é uma reforma determinada da Igreja e a promoção enérgica do pensamento ecumênico.

Lit.: AUGUSTIN, G. (org.). *Mission als Herausforderung*. Friburgo/Basileia/Viena, 2011 [Theologie im Dialog, 6]. • HEIMBACH-STEINS, M. et al. (orgs.). *Religionen und Religionsfreiheit*. Würzburg, 2010 [Judentum-Christentum-Islam, 7]. • KRANEMANN, B. et al. *Mission*. Würzburg, 2009 [EThS 38]. • NEISS, S. *Geschichte der christlichen Mission*. Erlangen, 1974. • SCHMID, H. et al. (orgs.). *Zeugnis, Einladung, Bekehrung*. Regensburgo, 2011. • SCHÜTTE, J. (org.). *Mission nach dem Konzil*. Mainz, 1967. • SIEVERNICH, M. *Die christliche Mission*. Darmstadt, 2009.

Wolfgang Beinert

Mistério da fé ↑ *analogia,* ↑ *fé,* ↑ *Deus,* ↑ *domínio de Deus/Reino de Deus,* ↑ *sacramento.* – Princípio e conteúdo do conhecimento teológico é o próprio Deus, que, a despeito de sua revelação, permanece o Incompreensível, ao qual remete a expressão do "mistério da fé". Ela não se refere à incompreensibilidade das verdades da revelação, mas à ocultação de Deus (Is 45,15), à impenetrabilidade de sua existência e ação salvífica. – **(1)** Todo o evento salvífico é manifestação de um mistério – não no sentido de uma informação intelectual retida, mas no sentido da economia divina da salvação. Na LXX, o mistério (em grego: *mysterion*) representa – no contexto da apocalíptica judaica –, entre outras coisas, a comunicação de propósitos ocultos de Deus (Sb 2,2) ou a revelação de planos divinos ocultos referentes ao futuro e ao fim dos tempos (Dn 2,18ss.; 2Ts 2,3ss.). Quanto mais a história da revelação perdura, mais claramente Deus revela seus conselhos, permanecendo, mesmo assim, o Incompreensível. No NT, o mistério é o Reino de Deus (Mc 4,11), que só é revelado aos crentes em Jesus, enquanto as outras pessoas o conhecem apenas por meio de imagens e parábolas (Mt 13,10s.). Paulo recorre à concepção veterotestamentária: o mistério divino – ou seja, o conselho oculto de Deus de efetuar a salvação por meio de Jesus Cristo – só pode ser reconhecido por meio da revelação (1Cor 2,7-10; Rm 3,21-26). O evento Cristo é o mistério salvífico de Deus (Cl 1,26s.; 2,2; 4,3; Ef 1,8-10; 3,3-12), revelado pelo Espírito de Deus (1Cor 2,10). Segundo Efésios, Cristo é o plano salvífico de Deus em pessoa, que se desdobra na Igreja – no corpo e na noiva de Cristo (Ef 1,22s.; 2,11.22; 3,10.21; 5,32). Em Apocalipse, o *mysterion* designa o sentido oculto daquelas imagens e figuras que, na visão, são contempladas pelo Cristo glorificado (Ap 1,17ss.) ou pelo anjo da revelação (Ap 17,7). Diferentemente do AT (Eclo 22,22; Tb 12,7; Jt 2,2), o NT não usa o conceito do mistério no sentido profano, mas o emprega sempre já com referência ao mistério de Cristo, contido no plano salvífico de Deus. – **(2)** Numa referência externa, a Igreja antiga acatou o conceito do *mysterion* e o aplicou tanto à doutrina como também aos serviços e ritos litúrgicos e, portanto, aos sacramentos (Tertuliano [† após 220] foi o primeiro a empregar o termo *sacramentum* para o Batismo, a Eucaristia e o Matrimônio [bapt. 1;3;9; virg. vel. 2; adv. Marc. 3,22; 4,34; resurr. 9; castit. 7; coron. 3]), já que a ação salvífica é recordada neles. Com a tradução do termo bíblico *mysterion* pela palavra latina *sacramentum*, o conceito do mistério sofreu, no decorrer do tempo, uma delimitação clara, pois já não designa mais todo o processo salvífico da autorrevelação de Deus. Havia outra tradição além desta: O caráter misterioso da fé incentivou uma teologia negativa, iniciada no século VI a.C. por Xenófanes e Heráclito, também no âmbito cristão. Em virtude do mistério de Deus, negações referentes a Deus são verdadeiras; afirmações positivas, no entanto, insuficientes. Sobre Deus só podemos dizer o que Ele não é, não porém, aquilo que Ele, de fato, é. A partir da patrística, essa posição passa a ser defendida amplamente (Clemente de Alexandria [† 215]). Segundo Pseudo-Dionísio Areopagita (séculos V/VI), é possível reconhecer o Deus desconhecido no mundo, que reflete sua glória perfeita, e é possível ascender a Ele, abstraindo dele todos os elementos terrestres, elevando-o acima de todas as coisas terrenas e vendo nele a causa de todas as coisas. João Escoto Erígena († 877) transforma essa tríade em uma tríade de teologia afirmativa, negativa e superlativa. No fim da reflexão analógica está o não conhecimento de Deus, e o entendimento teológico desemboca no mistério de Deus. Veja Nicolau de Cusa († 1464): Todo conhecimento de Deus permanece na escuridão da ignorância erudita (*docta ignorantia*). Na Idade Moderna, o conceito do mistério sofreu uma simplificação intelectualista. Foi interpretado como oposto à *ratio* (DH 3.041) a fim de imunizá-lo contra a razão. Hoje, a teologia negativa ocupa um papel importante principalmente nas correntes teológicas influenciadas pela filosofia pós-moderna. – **(3)** Segundo os enunciados do IV Concílio de Latrão, de 1215, Deus é essencialmente incompreensível (incomprehensibilis: DH 800). Como mistério profundo, é infinitamente maior do que conceitos e imagens humanas, fato pelo qual qualquer semelhança entre Criador e criatura inclui uma dessemelhança ainda maior (DH 806). O Concílio Vaticano I preservou o caráter de mistério da fé (DH 3.041), mas ensinou sua cognoscibilidade relativa por meio da razão iluminada pela fé (DH 3.016). O Concílio Vaticano II compreende a revelação divina como proclamação do "mistério" (*sacramentum*) da vontade divina (DV 2) e reconhece em Cristo o mistério em si (LG 8). – **(4)** A Igreja oriental integrou o pensamento filosófico; a Igreja ocidental, o pensamento cultual do mistério da Antiguidade. Todas as confissões reconhecem o caráter misterioso da fé e conhecem uma teologia do mistério. O termo alemão "Geheimnis" [mistério, segredo] foi usado pela primeira vez por M. Lutero († 1546) como tradução do conceito bíblico do *mysterion*. O luteranismo enfatiza no contexto da teologia do mistério principalmente a *theologia crucis*, o Deus absconso (*deus absconditus*) e a incognoscibilidade da natureza de Deus para a razão humana (M. Lutero, K. Barth [† 1968]). Desde a década de 1950, o movimento ecumênico vincula o conceito da comunhão das igrejas" ao conceito da "comunhão pela participação" (*koinonia*); remetendo assim ao mistério pessoal de Deus que foi dado aos seres humanos e que assim produz comunhão. – (5) O mistério é uma categoria fundamental do religioso. Na acepção cristã, ele revela algo sobre a cognoscibilidade e a natureza de Deus: Deus é mistério absoluto e permanece um mistério mesmo no estado da contemplação (*Deus semper maior; maior dissimilitudo*). Daí, o caráter misterioso do entendimento humano poder ser interpretado como "conhecimento atemático de Deus". O mistério de Deus é o conselho revelado de Deus de dar ao ser humano a salvação por meio de Jesus Cristo. Cristo é o mistério primordial, razão e fundamento da teologia e da fé. O conceito do mistério se refere em seu sentido mais amplo à imprecisão que adere a toda fala sobre Deus, mesmo quando se expressa um aspecto naturalmente cognoscível de Deus. No sentido mais restrito, o mistério da fé (*mysterium stricte dictum*) representa aqueles três conteúdos da fé que, a despeito da revelação divina, não podem ser compreendidos ou refletidos completamente: a encarnação, a Trindade e a autocomunicação de Deus ao ser humano com seu chamado para a glória divina. Já que, no mistério, o ser humano encontra Deus, que em sua infinidade transcende a cognoscibilidade humana, ele não é chamado apenas para o reconhecimento, mas também para a adoração de Deus.

Lit.: a) JÜNGEL, E. *Gott als Geheimnis der Welt*. 3 ed. Tübingen, 1978. b) RAHNER, K. "Über den Begriff des Geheimnisses in der katholischen Theologie". *KRSW*, 12, 2005, p. 101-135. c) RAHNER, K. "Geheimnis". *SM*, II, 1968, p. 189-196.

Christoph Böttigheimer

Mistérios da vida de Jesus ↑ *ressurreição de Jesus,* ↑ *cristologia,* ↑ *Jesus histórico,* ↑ *encarnação,* ↑ *teologia da cruz,* ↑ *batismo de Jesus,* ↑ *Conhecimento e consciência de Jesus.* – Podemos chamar de mistérios da vida de Jesus todos os eventos na biografia de Jesus, inclusive sua pré-história e sua exaltação, contanto que sejam compreendidos como concretização salvífica da encarnação de Deus. A interpretação da biografia de Jesus *como* mistério pressupõe a profissão de Jesus como o Cristo. – **(1)** Os textos bíblicos apresentam uma cristologia querigmática da vida de Jesus em forma narrativa, hínica, reflexiva ou tipológica. No contexto de uma teologia dos mistérios de Jesus, a diferenciação metodológica entre o "Jesus histórico" e o "Cristo da fé" é um tanto abstrata, pois Jesus só pode ser aceito como Cristo; e sua existência histórica, como desdobramento da economia da salvação do mistério de Deus, se essa confissão tiver seu fundamento objetivo na própria pessoa de Jesus. A indagação histórico-crítica referente a Jesus e sua autocompreensão é, por isso, imprescindível, mesmo que a afirmação "Jesus Cristo é Senhor" (Fl 2,11) permaneça uma confissão. Os sinópticos reconhecem na realidade do domínio de Deus, que se inicia na vida, atividade e proclamação de Jesus e que é inseparavelmente ligada à biografia de Jesus, o mistério central. A prática da vida de Jesus e a mensagem do Reino de Deus se interpretam mutuamente: O mistério do domínio de Deus é o mistério de Cristo e se manifesta nos mistérios da vida de Jesus. Paulo reflete sobre os mistérios da vida de Jesus no contexto de uma interpretação abrangente da missão de Jesus do ponto de vista de uma teologia da cruz. Quando fala de eventos individuais (Rm 1,3s.; 1Cor 15,3-8), deixa transparecer os inícios da formação de uma confissão (cf. tb. Fl 2,5-11; Cl 1,15-20). O mistério de Deus tem Cristo como seu conteúdo (Cl 2,2; Ef 1,9s.), portanto, pode ser chamado também de *Mysterium Christi* (Cl 4,3; Ef 3,4). Paulo desdobra o Batismo e a Eucaristia a partir do *Mysterium Christi* concentrado na cruz e na ressurreição. João acentua uma preocupação cristológica e soteriológica no padrão da revelação: Nos mistérios de Jesus transparece o mistério da pessoa de Cristo (milagres e sinais como revelação da sua glória, p. ex., Jo 2,11; 13,1-20; 19,34), que é verbalizado na fala da revelação (Jo 6,14). – **(2)** Os mistérios da vida de Jesus têm seu lugar no segundo artigo do *Symbolum*, nas catequeses de Batismo e nas homilias festivas. Na recordação dos atos salvíficos centrais de Deus no cânone eucarístico, na formação do ano eclesiástico (Natal, Epifania, Páscoa, Pentecostes), na integração de numerosas festas do Nosso Senhor Jesus Cristo vinculadas aos mistérios da vida de Jesus e em determinadas formas devocionais (p. ex., no terço), os mistérios da vida de Jesus ocupam até hoje um lugar importante na vida eclesiástica e na instrução cristã. Os padres enfatizam fortemente o significado soteriológico e pedagógico dos mistérios da vida de Jesus e ressaltam seu caráter moral-exemplar e sacramental. No contexto das disputas cristológicas, o batismo, a tentação e a transfiguração são vistos como manifestações da *oikonomia* divina em Cristo (contra Ário [336]: Atanásio [† 337], capadócios, Cirilo de Alexandria [† 444]). No contexto do Concílio de Calcedônia, a vida de Jesus se torna cada vez mais o lugar da revelação da divindade e da humanidade reais do mesmo e único Jesus. Na piedade e no misticismo da Idade Média, os mistérios da vida de Jesus têm seu lugar estabelecido com acentuações individuais nos diferentes grupos e ordens (cf. para a tradição beneditina: Honorius Augustodunensis [† por volta de 1156]; Anselmo de Cantuária [† 1109]; Ruperto de Deutz [† 1129/1130]; para a tradição cisterciense: Bernardo de Claraval [† 1153]; Elredo de Rivaulx [† 1167]; para a tradição franciscana: Francisco [† 1226]; Boaventura [† 1274]; para a tradição dominicana, sobretudo Catarina de Sena [† 1380]). Em apresentações teatrais dos mistérios e milagres, os mistérios da vida de Jesus se fazem presentes também na piedade popular. Em Pedro Lombardo ([† 1160] Sent. III), os mistérios da vida de Jesus são objeto de uma reflexão sistemática. Tomás de Aquino († 1274) diferenca entre uma teologia especulativa (STh III qq1-26) e uma teologia concreta (STh III qq27-59); expõe os mistérios minuciosamente como pontos centrais do encontro e da imitação de Cristo. Ludolfo da Saxônia († 1378) apresenta meditações sobre a vida terrena de Jesus. F. Suárez († 1617) redige um tratado abrangente sobre os mistérios da vida de Jesus. Na *devotio moderna* e em Tomás de Kempis, a imitação de Cristo é fortemente individualizada e interiorizada. Impulsionado por Garcia de Cisneros († 1517), Inácio de Loyola ([† 1556] Exercícios espirituais) e Pierre de Bérulle († 1629), o misticismo moderno espanhol e francês se concentra na contemplação dos mistérios da vida de Jesus. No século XX, em decorrência de uma reavaliação da patrística (H. Rahner [† 1968], H. de Lubac [† 1991], J. Daniélou [† 1974], H.U. von Balthasar [† 1988]) e de um pensamento focado na história da salvação (O. Cullmann [† 1999]; Concílio Vaticano II), os relatos dos mistérios da vida de Jesus são apropriados de modo renovado. O movimento litúrgico havia ressaltado o arraigamento litúrgico de uma piedade orientada pelos mistérios da vida de Jesus em oposição aos reducionismos intelectualistas e individualistas. É justamente na forma festiva da fé, mais precisamente na estrutura temporal do ano eclesiástico, que a recordação viva dos mistérios da vida de Jesus deve ser praticada (cf. a teologia dos mistérios, de O Casel [† 1948]). No século XX, os livros sobre Jesus apresentam os mistérios da vida de Jesus como acesso a Jesus, o Cristo (C. Marmion [† 1923], G. Papini [† 1956], K. Adam [† 1966], R. Guardini [† 1968], J. Ratzinger/Bento XVI). Devem ser mencionadas também a teologia dogmática com foco na história da salvação "Mysterium Salutis" e as cristologias sistemáticas de C. Schönborn, L. Scheffczyk († 2005) e A. Ziegenaus. Imagens, figuras e símbolos da arte e liturgia exercem um papel importante em J. Wohlmuth e A. Stock como formas de abordagem aos mistérios de Jesus. – (3) Os mistérios da vida de Jesus são mencionados no segundo artigo dos símbolos da Igreja antiga (DH 125; 150 et al.). O Concílio Vaticano II expõe a autorrevelação de Deus no Filho encarnado (DV 2; 4); a participação sacramental, nos mistérios da vida de Jesus (LG 7) e desenvolve elementos de uma teologia dos mistérios de Jesus (GS 22; 32; 38s.). – (4) Na teologia evangélica, a pesquisa moderna sobre a vida de Jesus e sua crítica não exercerem nenhuma influência sobre a (re)descoberta de uma teologia dos mistérios da vida de Jesus. Em decorrência da separação sistemática entre o Jesus histórico e o Cristo da fé/da proclamação, a teologia atual de língua alemã das grandes confissões demonstra certa reserva diante de uma teologia dos mistérios da vida de Jesus. – (5) Uma teologia dos mistérios da vida de Jesus visa a uma compreensão do mistério da pessoa de Jesus e de seu significado salvífico. É portanto, no sentido restrito, cristologia, interpretação da dimensão histórica da vida de Jesus como dimensão de relevância salvífica, que não apresenta apenas uma norma abstrata e exemplar, mas o empenho concreto de Deus na história para a salvação do mundo. Ao contrário da redução do mistério salvífica de Deus à encarnação e ressurreição, ressalta toda a existência histórica e corporalidade de Jesus como desdobramento de um único mistério. Os mistérios da vida de Jesus se mostram mais presentes na consciência e prática litúrgica do que na cristologia sistemática.

Lit.: GRILLMEIER, A. "Mit ihm und in ihm – Das Mysterium und die Mysterien Christi". *Mit ihm und in ihm.* 2 ed. Friburgo/Basileia/Viena, 1978, p. 716-735. • GRILLMEIER, A. "Geschichtlicher Überblick über die Mysterien Jesu im allgemeinen". *MySal*, III/2, 1969, p. 3-22. • GRILLMEIER, A. et al. *MySal*, III/2, 1969, p. 1-326. • WOHLMUTH, J. *Jesu Weg* - Unser Weg. Kleine mystagogische Christologie. Würzburg 1992. • SCHÜTZ, C. "Die Mysterien des Lebens Jesu als Prisma des Glaubens". *IkaZ*, 31, 2002, p. 8-21; 31, (2002/1); 32 (2003/1); 33 (2004/1); 34 (2005/1); 37 (2008/1); 38 (2009/1); 39 (2010/1); 40 (2011/1); 41 (2012/1). • SCHILSON, A. "Liturgie als Ort der Geheimnisse des Lebens Jesu". *IkaZ*, 31, 2002, p. 22-33. • ZIEGENAUS, A. *Jesus Christus*. Aachen, 2000, p. 281-448 [Katholische Dogmatik, 4]. • STOCK, A. *Poetische Dogmatik: Christologie* - Vol. 3: Leib und Leben. Paderborn et al. 1998. • SCHÖNBORN, C. *Gott sandte seinen Sohn* - Christologie. Paderborn, 2002 [(Amateca 7]. • RATZINGER, J. [Bento XVI]. *Jesus von Nazareth*. 2 vols. Friburgo/Basileia/Viena, 2007/2011. • MENKE, K.-H. *Jesus ist Gott der Sohn*. 2 ed. Regensburgo, 2011, p. 286-333, 475-405. • RAHNER, K. "Die ewige Bedeutung der Menschheit Jesu für unser Gottesverhältnis". *KRSW*, 12, 2005, p. 251-260.

Julia Knop

Modelos de unidade ↑ *unidade da Igreja,* ↑ *hierarquia das verdades,* ↑ *imagens da Igreja,* ↑ *ecumenismo.* – Modelos de unidade são conceitos estruturais para a unidade visível da Igreja visada pelo ecumenismo. – **(1)** Segundo o NT, a unidade da Igreja é um momento dinâmico que resulta da participação comum no Evangelho, na doutrina apostólica, na partilha de bens materiais, mas sobretudo na oração e na quebra eucarística do pão (At 2,42-47). – **(2)** O esforço nos primeiros séculos da Igreja visa menos à criação e mais à preservação da unidade da Igreja. Para esse fim, combate doutrinas e condutas falsas e desenvolve criteriologias geradoras de comunhão (Optato de Milevi [† antes de 400]; Agostinho [† 430]). O cisma entre as igrejas ocidental e oriental (a partir de 1054) incentiva a criação de novas teorias para recuperar a unidade perdida. No Ocidente, destacam-se os concílios ecumênicos (Lyon 1274; Ferrara-Florença 1438/39) ou, em vista da Reforma, a tentativa de R. Bellarmin († 1621) de fundamentar a unidade visível da Cristandade no laço triplo da fé comum, da participação sacramental comum e das estruturas oficiais indivisas (Controv. II.3.2.75). Desde as assembleias gerais do Conselho Mundial de Igrejas em Nova Deli (1961) e Nairóbi (1975), o movimento ecumênico do século XX evidenciou quatro exigências básicas (*basic requirements*) para possíveis unificações: a) o combate a preconceitos e inimizade e a suspensão de condenações (atos reconciliatórios); b) a profissão conjunta da fé una; c) o reconhecimento mútuo do Batismo, da Eucaristia e do Ofício; d) o consenso sobre as possibilidades de decisões comuns e ações em conjunto. Os modelos concretos de unidade se orientam pelas exigências básicas: a) o modelo *federativo-cooperativo*: As igrejas preservam sua autonomia e se apresentam como independentes para fora, mas agem em conjunto. Essa concepção provém dos pensamentos do "Movimento para um Cristianismo Prático", mas, na Segunda Conferência Mundial da "Comissão de Fé e Ordem" em Edimburgo (1937), foi considerada no máximo uma fase preliminar no caminho para a unidade plena. b) O *modelo de reconhecimento mútuo*: Enquanto o primeiro modelo (a) continha um forte acento missionário, este trata explicitamente da relação entre as igrejas cristãs e das criteriologias para aquilo que têm em comum. As comunidades individuais preservam seu cunho confessional, mas se reconhecem mutuamente como "verdadeira Igreja de Cristo" ou como "partes verdadeiras da Igreja de Cristo" (modelos: Concórdia de Leuenberg, de 1973; Acordo de Porvoo, de 1992). Assim, tornou-se possível falar de uma "comunhão conciliar" (Nairóbi 1975) ou de uma "diferenciação reconciliada", apresentada, por exemplo, no chamado plano de Rahner e Fries: As igrejas não precisam acatar todas as doutrinas dogmáticas que vão além do Apostolicum e do Credo Niceno-constantinopolitano, mas não podem rejeitá-las. Na base de uma igualdade estrutural mínima (ofício do bispo), elas poderiam então reconhecer-se reciprocamente como "igrejas parciais" (RAHNER, K. & FRIES, H. *Einigung*, p. 109-122). c) O *modelo da união orgânica*: As igrejas confessionais se transformam em uma unidade eclesiástica completamente nova, porém, visível. Por trás disso, está um motivo tradicional do "Movimento de Fé e Ordem" com fortes impulsos anglicanos. No entanto, não se imagina uma "Igreja unida" uniforme; antes esse modelo permite e deseja diferenças estruturais, que se complementam mutuamente (modelo das igrejas irmãs ou parciais; modelo da união cooperativa). – **(3)** A identidade eclesial da Igreja Católica Romana possui, desde o Concílio Vaticano II, uma conotação ecumênica indelével: Ser Igreja significa respeitar a prática de fé e vida de outros e estar relacionado a eles. O concílio incentiva a "perfilação dos aspectos próprios e o reconhecimento concomitante de uma pluralidade legítima na manifestação da fé cristã comum" (KOCH, K. *Wiederentdeckung*, p. 17) e lembra que o ecumenismo verdadeiro exige o arrependimento de todos. Segundo LG 8, arrependimento e identidade estão inseparavelmente vinculados; UR esboça os passos ecumênicos concretos resultantes. – (**4**) O modelo clássico de unidade da ortodoxia, defendido até hoje, é a ideia da Igreja antiga da *communio ecclesiarum* com o ofício do bispo como elemento de ligação interior e exterior. Enquanto a Igreja Católica Romana valoriza de modo semelhante a eficácia concreta do ofício do bispo – que, para ela, culmina no papado –, as comunidades eclesiásticas da Reforma se limitam ao consenso mínimo formulado em CA 7 (*satis est*): Pregação do Evangelho e administração dos sacramentos de acordo com a aliança. O ideal aqui é o modelo do reconhecimento mútuo ou da "diferenciação reconciliada". A tensão dialética entre as duas abordagens impregna o diálogo ecumênico como constante fundamental e, atualmente, parece irresolúvel. – (**5**) Uma análise mais cuidadosa revela que existem tantas unidades quanto existem igrejas e comunidades eclesiásticas. Eclesiologias com forte foco confessional tendem a transfigurar o próprio e menosprezar o (supostamente) alheio, em questões referentes a modelos de unidade. Igualmente perigosa é a autossuficiência declarada, pois causa uma estagnação no processo ecumênico ou uma redução deste a um catálogo de exigências. No entanto, a busca por modelos de unidade exige uma acribia teológica: Apenas se conseguirmos demonstrar em conjunto o que, de fato, caracteriza dogmaticamente a existência da Igreja, poderemos também formular ideais comuns de acepções de unidade que preservem o espaço para a pluralidade legítima. Nesse processo, é imprescindível investigarmos se diferentes convicções eclesiológicas fundamentais não representam apenas opções, mas também formas orgânicas que permitam tornar a essência do cristianismo mais acessível e compreensível (complementaridade das tradições; legado confessional como expressão da riqueza eclesiástica).

Lit.: BÖTTIGHEIMER, C. "Ökumene ohne Ziel? – Ökumenische Einigungsmodelle und katholische Einheitsvorstellungen". *ÖR*, 52, 1993, p. 174-187. • FREITAG, J. "Kriterien kirchlicher Einheit aus katholischer Sicht". *Cath(M)*, 60, 2006, p. 118-138. • KLAUSNITZER, W. *Kirche, Kirch(en), Ökumene*. Regensburgo, 2010. • KOCH, K. "Kircheneinheit oder Einheit der Kirche?" In: WALTER, P. et al. (orgs.). *Kirche in ökumenischer Perspektive*. Friburgo/Basileia/Viena 2003, p. 135-162. • KOCH, K. "Wiederentdeckung der 'Seele der ganzen ökumenischen Bewegung' (UR 8) – Notwendigkeit und Perspektiven einer ökumenischen Spiritualität". *Cath(M)*, 58, 2004, p. 3-21. • RAHNER, K. & FRIES, H. *Einigung der Kirchen* - Reale Möglichkeit (QD 100). Friburgo/Basileia/Viena 1983. • SANDER, H.-J. "Der Ort der Ökumene für die Katholizität der Kirche". *HthKVatII*, 5, 2006, p. 186-200. • MEYER, H. *Ökumenische Zielvorstellungen*. Göttingen, 1996, p. 88ss. [Ökumenische Studienhefte 4].

Johanna Rahner

Monismo ↑ *dualismo,* ↑ *maniqueísmo,* ↑ *matéria,* ↑ *criação.* – O conceito do monismo remete a uma distinção estabelecida por C. Wolff († 1754), que fala de monismo quando uma filosofia parte da existência de apenas um tipo de realidade, de apenas *um* gênero de substâncias, seja este identificado na matéria (monismo materialista) ou no espírito (monismo espiritualista ou idealista). Fala de dualismo quando uma filosofia pressupõe *dois* tipos de realidades, *dois* gêneros de substâncias (p. ex., espírito *e* matéria). Frequentemente, o panteísmo também é compreendido como monismo, contanto que declare toda a realidade material como divina. – (**1**) O pensamento holístico da Bíblia hebraica desconhece um dualismo de substâncias. Espírito, alma, corpo, hálito etc. são sempre aspectos do ser humano uno e completo (Gn 2,7; Dt 6,5; Dt 10,12; Dt 13,4; 1Sm 16,6; Jó 6,12; Sl 42,3; Sl 73,26; Is 58,7; Ez 11,19; cf. tb. a semântica dos lexemas hebraicos *basar, nefes, leb*). Tendências dualistas surgiram apenas lentamente com a influência helenística sobre o pensamento bíblico na Bíblia grega (limitação aos conceitos *sarx* e *psyche*). Além de qualquer antagonismo antropológico dual, encontrados sobretudo em Paulo e João (Jo 8,23; Jo 18,36; Rm 8,1-13), permanece apenas a realidade e eficácia salvífica de Deus, que abarca tudo. Desse ponto de vista, poderíamos deduzir da Bíblia, que não conhece esses conceitos e, no máximo, os concebe de modo implícito, um monismo transcendental ou metafísico. – (**2**) Ao problema do monismo subjaz a pergunta referente à relação entre unidade e multiplicidade, um dos problemas fundamentais da filosofia que também marcou a tradição cristã – da tensão entre o monoteísmo e a teologia da Trindade até à questão da teodiceia e as concepções ecumênicas de unidade. Do ponto de vista da criação, o pensamento cristão é monístico, no entanto, encontra uma abertura no evento da ↑ encarnação como aceitação do mundo inteiro por Deus para o pluralismo no mundo. – (**3**) Apesar de o termo "monismo" ocorrer apenas raramente em declarações do magistério, está implicitamente presente em inúmeros documentos que se dedicam à defesa contra heresias reais ou supostas (p. ex., o modernismo). O IV Concílio de Latrão (1215) refuta um segundo princípio primordial (DH 800-802) e opta por uma orientação no sentido de um monismo transcendental. Pouco tempo após a fundação da Aliança dos Monistas Alemães [*Deutscher Monistenbund*] (em 1906, sob a influência de E. Haeckels), o magistério (DH 3.548) se voltou contra o monismo panteísta, que resulta num abandono tácito do Deus transcendental. O Papa Pio IX (DH 2.890s.) se volta contra os representantes de um monismo materialista, que é visto como fundamento de tendências totalitárias como o comunismo e socialismo. Assim, o Concílio Vaticano I declara anátema o materialismo materialista e panteísta (DH 3.022, 3.023). Um decreto da Congregação para a Educação Católica (DH 3.613-3.617) se volta contra um monismo antropológico naturalista, que nega a existência da alma e pretende reduzir a natureza humana à dimensão física. Por fim, as declarações magisteriais (cf. p. ex., DH 2.901) se opõem a um reducionismo, que visa à substituição do monismo transcendental ou metafísico da fé cristã por um monismo materialista, naturalista ou panteísta.

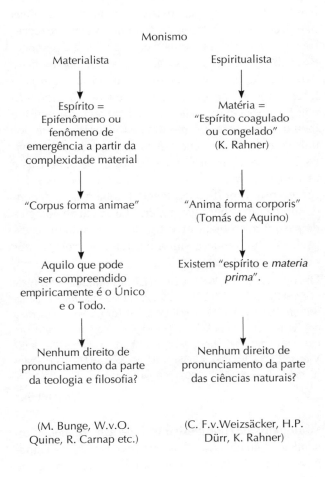

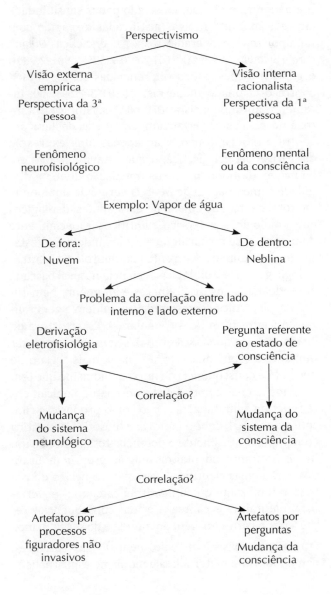

(4) Podemos identificar correntes monistas na mística, que ignoram fronteiras confessionais e até religiosas, no sentido de que existe um anseio pela união do mundo com Deus. Enquanto as tendências monistas na Igreja Católica dos séculos XIX e XX se deparavam com a resistência oficial da Igreja, os teólogos protestantes participaram ativamente em posições de liderança da fundação da Aliança dos Monistas em 1906. Essa aliança, cujo primeiro presidente foi o pastor A. Kalthoff, fundiu-se em 1922 com a União Internacional dos Pensadores Livres [Internationale Freidenker-Union]. – (5) É verdade que algumas das declarações magisteriais do século XIX e do início do século XX sobre o monismo têm demonstrado pouca sensibilidade em relação à alternativas justificadas e reagido com uma polêmica exagerada (p. ex., as encíclicas *Quanta cura* e *Syllabus*, de Pio IX [DH 2.890-2.896; 2.901-2.980]) e generalizações pouco diferenciadas (p. ex., Pio X contra o chamado modernismo: DH 3.475-3.500; juramento antimodernista: DH 3.537-3.550). No entanto, é necessário observar também que as declarações contra o monismo não eram apenas uma expressão da arrogância eclesiástica: o que estava em jogo era a imagem do homem em sua imediação divina e dignidade como imagem de Deus. O perigo de um monismo totalizante, que emana de paradigmas ideológicos epistemológicos e teórico-científicos especialmente dominantes, de forma alguma está banido. Manifesta-se em determinadas correntes da neurologia, da tecnologia genética e biológica. A ciência natural baseada em reducionismos disciplinares e altamente bem-sucedida e a técnica correspondente tendem a generalizar conceitos filosóficos (populares). Essa postura do "nada mais do que" (K. Lorenz), segundo a qual o ser humano, o espírito, a religião "nada mais seriam do que [...]", é consequência de um reducionismo que tem validade apenas como abordagem metodologicamente refletida e limitada, mas não como proposição filosófica universal. Cabe à teologia e filosofia sistemática contemplar criticamente o potencial totalizante de um monismo transcendental na religião própria (à altura dos paradigmas científicos comuns) e o perigo do potencial totalizante que o monismo categorial materialista, naturalista e panteísta e suas consequências representam para a imagem do mundo e do ser humano.

O monismo existe em (pelo menos) duas variantes, como monismo materialista e monismo espiritualista.

Ou a matéria ou o espírito é elevado ao *status* de último e exclusivo ponto de referência de toda realidade. Ambas as variantes apresentam graves consequências ideológicas. Mesmo que uma maioria dos cientistas tenda a preferir um monismo materialista em virtude de sua suposta maior acessibilidade, não há como decidir a questão na base de entendimentos puramente empíricos. Vários cientistas, filósofos e teólogos observam que toda matéria contém, desde sempre, uma "carga informacional" ou é "impregnada espiritualmente", portanto, que não é completamente "despida de espírito".

O perspectivismo leva em consideração o conhecimento segundo o qual existem (pelo menos) duas perspectivas em relação ao fenômeno espírito/cérebro: a perspectiva objetivista da 3ª pessoa e a perspectiva subjetivista da 1ª pessoa, ou seja, um lado externo neurofisiológico acessível ao neurologista e um lado interno mental acessível apenas ao sujeito. Enquanto não for possível estabelecer uma correlação segura e inequívoca ou até mesmo uma explicação de um dos dois complexos de experiência na base do outro, parece aconselhável preservar ambas as perspectivas e assim tentar fazer jus ao complexo fenômeno espírito/cérebro. O gráfico evidencia também que, dependendo de uma abordagem mental ou neurofisiológica da pesquisa, o objeto investigado sofre mudanças específicas, limitando assim a pesquisa em relação aos possíveis resultados.

Lit.: BEIERWALTES, W. *Denken des Einen*. Frankfurt a.M. 1985. • GASSER, G. & QUITTERER, J. (orgs.). *Die Aktualität des Seelebegriffs*. Paderborn, 2010. • NEUNER, P. (org.). *Naturalisierung des Geistes: Sprachlosigkeit der Theologie?* – Die Mind-Brain-Debatte und das christliche Menschenbild. Friburgo/Basileia/Viena, 2003 [QD 205]. • ROSENAU, H. & SCHÜTT, H.P. "Monismus". *RGG*, 5. 4. ed., 2002, p. 1.447-1.450.

Ulrich Lüke

Monogenismo/poligenismo ↑ *pecado original,* ↑ *comunhão,* ↑ *humanidade,* ↑ *narrativas da criação.* – O monogenismo afirma que a humanidade provém de um único casal de pais, que repassou o pecado original para as gerações posteriores. O poligenismo defende a tese segundo a qual a evolução da humanidade teria dependido de vários casais ou populações, que surgiram ao mesmo tempo em vários lugares do mundo. – (1) Diferentemente da primeira narrativa da criação, a tradição de Gn 2 parece sugerir a ideia de um único casal humano (Adão e Eva). Aqui, porém, devemos lembrar o caráter etiológico das narrativas da criação, que não descrevem fatos históricos, antes interpretam experiências de então. Do ponto de vista hermenêutico e exegético podemos dizer: O "primeiro casal humano" representa simbolicamente toda a humanidade em sua unidade e multiplicidade. Nesse sentido, exerce uma função teológica imprescindível e fundamental (queda: Rm 5,21; tipologia Adão/Cristo; paralelo Eva/Maria). – (2) O monogenismo foi discutido principalmente no contexto do pecado original e do chamado estado primordial. Agostinho († 430) parte de um casal – para ele, historicamente real –, cujos descendentes teriam herdado o pecado original por meio da geração (pecado herdado). Como tipos (promessa), Adão e Eva remetem aos antitipos (cumprimento), ou seja, a Jesus (novo Adão) e a Maria (nova Eva). Temos então aqui morte vs. vida, perdição pecaminosa vs. salvação redentora. A reflexão da Idade Média e da Modernidade também se desdobra nessa tensão. A teoria da evolução de C. Darwin († 1882) provocou intensos debates sobre o monogenismo, e o surgimento das ciências naturais modernas radicalizou a pergunta referente à relação entre fé e conhecimento (científico). Em virtude do pensamento evolucionista, o poligenismo se tornou o paradigma predominante. – (3) No início, o magistério defendeu veementemente o monogenismo, pois reconhecia em Adão e Eva, juntamente com os autores antigos, pessoas históricas individuas, e acreditava que o poligenismo – refutado ainda em 1950 por Pio XII em sua Encíclica *Humani Generis* – ameaçava seriamente a doutrina do pecado original. O Catecismo da Igreja Católica não defende mais o monogenismo no contexto do pecado herdado e original. – (4) A tradição luterana, seguindo a interpretação tradicional, também ensinava durante muito tempo o monogenismo. Hoje, também se afastou dele ou o relativizou. A ortodoxia fala, como os padres, da "unidade do gênero humano", mas refuta uma limitação do pensamento à teologia do pecado original. – (5) K. Rahner († 1984) demonstrou que a doutrina do pecado herdado e original pode ser mantida – já pelo simples fato de que nenhum ser humano existe independentemente dos outros. Esse horizonte ampliado foi viabilizado pelo diálogo entre exegese e dogmática como também entre a teologia e as disciplinas das ciências humanas, sociais e naturais.

R. Schulte observou que o monogenismo tem em vista apenas a origem do corpo, mas não a da alma, e que aqueles que ainda o defendem simplesmente ignoram as teorias mais recentes sobre o pecado herdado. A teologia católica já não se interessa mais muito pelo tema – a não ser para a refutação de um pensamento (bíblico) fundamentalista, que pouco se importa com a hermenêutica exegética e o diálogo interdisciplinar (criacionismo, *intelligent design*).

Lit.: KRAUS, G. *Welt und Mensch*. Frankfurt a.M. 1997, p. 372-375.

Erwin Dirscherl

Mortalidade ↑ *ressurreição dos mortos*, ↑ *pecado original*, ↑ *escatologia*, ↑ *criaturalidade*, ↑ *relação corpo-alma*, ↑ *morte*, ↑ *imortalidade da alma*. – A mortalidade é um marco identificatório do ser humano, que precisa se conscientizar do prazo limitado de sua vida e de seu fim irrevogável. – (1) A mortalidade confronta o ser humano com sua fragilidade e incerteza (Gn 2,17; 3,19; Sl 49; Ecl 12,7). Isso se evidencia sobretudo em situações de doença e sofrimento. Forte é a imagem do ser humano como pó e *basar* ("carne" em hebraico), ou seja, como criatura fútil (Gn 3,19; Sl 103,14). O Sl 90 contempla a perecibilidade do homem, mas deposita sua esperança ao mesmo tempo no bom êxito de sua vida pela bondade de Deus. Diante de sua existência incerta, o homem e se confia à proteção de Deus (Sl 91). Nas redações tardias do AT, a morte do justo serve como motivo para esperar a ressurreição e a vida eterna (2Mc 7,1-42). Isso leva à interpretação da mortalidade sob uma nova perspectiva, que transcende a orientação pelo aquém: O homem encontra proteção apenas em Deus, tanto cá quanto lá (Dn 12,2; 2Mc 7,9.14.23.29; Sb 2,23). Essa confiança lança luz sobre a morte substitutiva do Justo (Is 53), que significa uma pró-existência redentora. A tradição neotestamentária vê a morte como situação excepcional da decisão (1Cor 7,29-31; Rm 13,11-14). Significa morrer (espiritual ou concretamente) com o Jesus crucificado, que morreu por todos, é uma oportunidade para a assemelhação fundamentada no Batismo e que se consumara na ressurreição dos mortos (Rm 6,3-5; Fl 1,20). Em Jo 12,24 Jesus fala metaforicamente do grão que precisa morrer para trazer ricos frutos. O conhecimento desse mistério torna a vida do ser humano valiosa – para si mesmo e para os outros – justamente no momento da morte. – **(2)** Agostinho († 430) afirma que a existência temporal do homem tende ao nada (*tendere ad non esse*); mas o anseio (*desiderium*) por Deus, que a criatura dotada de espírito como imagem de Deus (*imago trinitatis*) carrega em seu coração, representa uma esperança que não engana. Desenvolve-se sobretudo na Idade Média a tradição da *ars moriendi* (a arte de morrer): os processos da morte marcam a própria vida. O ser humano pode se preparar para a morte através de exercícios que o ajudam a abrir mão da vida. Vertentes místicas, mas também ascéticas e espirituais produziram múltiplas variantes desse tema. Hoje, o tema da morte é contemplado no contexto de uma teologia da morte, da doutrina da criação e da antropologia teológica. H.U. von Balthasar († 1988) compreendeu a morte do ponto de vista cristológico e eclesial como "morte para a missão". K. Rahner († 1984), inspirado pela filosofia e ontologia existencial de M. Heidegger († 1976), interpretou a morte como situação proeminente da liberdade e identificou uma concomitância tensional de passividade e atividade. Em sua Encíclica *Spe Salvi*, de 2010, o Papa Bento XVI contrapõe ao pensamento niilista o consolo da esperança cristã. – **(3)** O magistério compreende a mortalidade como promessa do retorno ao Deus trino (GS 18) e oferece ao moribundo o Sacramento da ↑ Unção dos Enfermos e principalmente a Eucaristia como "farnel" (Catecismo da Igreja Católica 1524). – **(4)** O pensamento ortodoxo da participação mística (em grego: *methexis*) no evento salvífico destaca o motivo da "morte com Cristo" com ênfase na glorificação pascoal. Iniciativas interconfessionais na medicina paliativa, no tratamento de pacientes em estado terminal, no aconselhamento em situações de emergência e no *spiritual care* reforçam a cooperação profissional e interdisciplinar na assistência adequada aos moribundos. Uma importância especial cabe aqui também à interação inter-religiosa entre especialistas e voluntários treinados. – **(5)** Uma redescoberta da *ars moriendi* faria bem a uma sociedade que recalca e, ao mesmo tempo, comercializa a mortalidade. O convívio mais consciente e crítico com a morte evidencia o significado da temporalidade (↑ tempo) para a existência humana: Ninguém dispõe do tempo, mesmo assim, ele é predeterminado. Ele nos faz envelhecer (passividade), mas também agir e criar (atividade). Assim, o ser humano se revela na tensão entre obrigação e liberdade, entre impotência e habilitação como vagante entre os tempos (*homo viator*). Se conseguirmos integrar a mortalidade à vida de forma existencial, podemos transmitir sinais claros da esperança.

Lit.: HOPING, H. "Freiheit, Tod, Gott". *IkaZ*, 33, 2004, p. 517-534. • SILL, B. *Die Kunst des Sterbens*. Kevelaer, 2009. • WAGNER, H. "Ars moriendi als Thema der Gegenwart". *US*, 61, 2006, p. 189-192.

Erwin Dirscherl

Morte ↑ *ressurreição dos mortos*, ↑ *escatologia*, ↑ *juízo*, ↑ *relação corpo-alma*, ↑ *mortalidade*, ↑ *imortalidade da alma*, ↑ *estado intermediário*. – A morte é o encerramento definitivo da vida terrena. Dependendo da respectiva acepção da mortalidade e da esperança de uma vida eterna, a morte é interpretada diferentemente. – **(1)** A princípio, a fé de Israel está completamente voltada para a vida terrena na presença de Deus. Uma dádiva de Deus decisiva é uma vida longa em saúde, riqueza e paz até a morte do ser humano "numa feliz velhice, idoso e cumulado de anos" (Gn 25,8). Os mortos se reúnem com seus antepassados no reino dos mortos (em hebraico: *sheol*) (Gn 25,17), mas sem que isso implicasse uma visão de um futuro salvífico. Para dar à vida terrena o peso certo, os Salmos pedem por uma consciência sã da morte (Sl 39,5; 90,12). Segundo a acepção veterotestamentária, desde o início, a morte – a despeito da amargura que causa – faz parte da existência humana. Em seu sentido original, o anúncio da morte na narrativa da queda (Gn 2,17) não prediz a mortalidade, mas a morte iminente. A morte sempre é vivenciada como ameaça. Ela se manifesta já na vida como limitação da vida por meio da doença e da culpa. Por isso, a esperança de Israel se volta para o afastamento da morte (Is 25,8). A tradição sapiencial, que fala da vanidade e da volatilidade da vida (Jó 8,9; 7,7.16; 14,1s.; Ecl 6,12; Eclo 14,18), vê a morte como consequência do pecado (Eclo 25,24; Sb 2,23s.; cf. tb. Rm 5,12; 6,23; 1Cor 15,22). O fato de a cruz de Jesus de Nazaré ter se tornado um lugar da salvação representa uma virada marcante: Jesus dá sua vida pelos muitos, de modo que até mesmo a passividade da morte violenta se transforma em um ato da entrega voluntária (Lc 23,46; Jo 10,18). Assim, a morte perde seu poder (Rm 6,9) e seu aguilhão (1Cor 15,55; Hb 2,14). Também no NT a morte é um convite para compreender a vida como algo singular e valioso (Gl 6,10; Ef 5,16). Assim como a morte, a vida que precede a morte também é algo singular (Hb 9,27), que é seguida não por uma reencarnação terrena, mas pelo juízo. O critério do juízo é aquilo que o ser humano tem feito em vida (2Cor 5,10). A morte é "o último inimigo reduzido a nada" (1Cor 15,26), de modo que, no presente, ainda preserva seu caráter ameaçador (2Cor 1,8-10). Causa luto (Lc 7,11-17; Jo 11,33.35s.), que, porém, contém esperança (1Ts 4,13), pois a morte leva à comunhão definitiva com Jesus Cristo (Fl 1,20-23). Os cristãos foram libertos de sua escravidão e do medo dela, pois nada pode separá-los do amor de Deus (Rm 8,38s.; Hb 2,15); participam já no aqui e no agora da vida eterna (Cl 3,1-4; 1Jo 3,14). A Bíblia fala da morte também metaforicamente: O pecado tira a vida, separa de Deus e, nesse sentido, "mata" o ser humano (Lc 15,24; Ef 2,1.4s.; Cl 2,13; 1Tm 5,6). – (**2**) Com o esvaecimento da expectativa do parusia iminente, a morte se transforma no alvo existencial que precisa ser visado de modo consciente. O dia da morte é visto como dia do nascimento verdadeiro (por isso, as festas dos santos são normalmente celebradas na data de sua morte). A regra beneditina adverte "ter diariamente diante dos olhos a morte a surpreendê-lo" (4,47). Na Idade Média, a morte está presente em meio a vida (os anos da peste 1347-1351 mataram um terço; nas cidades, até 80 % da população). Para ajudar as pessoas na preparação para a morte, livros específicos ensinam a arte de morrer (*ars moriendi*). A hora da morte ideal é aquela que permite ao moribundo se despedir pensando no juízo e no além por meio dos sacramentos da Confissão, da ↑ Unção dos Enfermos e do *viaticum* e reconciliando-se com Deus e com os próximos por meio do perdão recíproco. Sob a influência da antropologia helenística, a morte é compreendida como separação de corpo e alma com as respectivas consequências para a compreensão da ressurreição e dos eventos pós-mortais imediatos. Outros aspectos da doutrina tradicional são a definição da morte como consequência do pecado e como encerramento do estado de peregrino (em latim: *status viatoris*). No diálogo com interpretações filosóficas e antropológicas, a teologia mais recente discute a relação ativa e passiva do ser humano com a morte. K. Rahner († 1984) compreende a morte não só como fim, mas também como consumação ativa da história individual de liberdade. A chamada "hipótese da decisão final", de L. Boros ([† 1981] *Mysterium mortis*, de 1962), postula a possibilidade de uma decisão a favor ou contra Deus *na* morte, pois é só na morte que o ser humano é capaz de exercer plenamente a sua liberdade pessoal. Assim, a história é relativizada, mas também estendida para além da morte. Outros esboços destacam a passividade que a morte impõe ao ser humano. – (**3**) A tradição magisterial vê a morte – com Rm 5,12 – como consequência do pecado (Sínodo de Cartago [418]: DH 222; Segundo Sínodo de Orange [529]: DH 372; Concílio de Trento [1546]: DH 1.511s.; Concílio Vaticano II [1965]: GS 18). A imortalidade é vista como dádiva sobrenatural da graça (Pio V contra M. Baius, em 1567: DH 1.978; cf. tb. DH 2.617). Em relação à ↑ purificação, o magistério afirma que a morte encerra o tempo da ação salvífica; a morte é o fim do estado de peregrinação (Leão X, 1520: DH 1.488). O Concílio Vaticano II parte de uma descrição antropológica da morte e constata que, em vista do caráter velado da morte, o ser humano se revolta com todo direito contra o fim definitivo de sua pessoa (GS 18). – (**4**) No século XX, alguns teólogos protestantes advertem contra o perigo de minimizar a radicalidade da morte por meio da ideia da alma imortal e, por isso, defendem uma "teoria da morte total", segundo a qual morreriam tanto o corpo quanto a alma (K. Barth [† 1968]; E. Júngel. *Tod.* 4. ed., 1990). Reconhecem, porém, que essa teoria suscita o problema da continuidade e identidade do sujeito. – (**5**) A morte é o fim da vida terrena, que a fé compreende como uma dádiva preciosa de Deus. A esperança da ressurreição não justifica o desprezo da vida e a traição do mundo por meio de uma fuga (intelectual) para um além qualquer. A consciência da inevitabilidade da morte nos instrui a aproveitar a vida, cuja singularidade precisa ser defendida contra as concepções de reencarnação. Segundo a acepção cristã, a vida foi nos dada como "estado de peregrino" para que fosse aceita e realizada em liberdade. Sob essa perspectiva, a morte possui uma função positiva para a vida (de modo que poderíamos perguntar se uma consumação da vida teria existido também para o "homem paradisíaco"), mas não devemos esquecer que ela significa o fim da vida e que, nesse sentido, remete ao pecado. A irrupção concreta da morte numa biografia de certa forma ainda incompleta e a incerteza do futuro após a morte não correspondem à vontade original do Criador. Por isso, as formas de protesto (como no existencialismo) se aproximam mais da acepção cristã da morte do que as concepções da "morte natural". Segundo a visão cristã, Jesus Cristo transformou a morte em lugar da salvação, que permite estabelecer uma relação nova e diferente com ela. Os crentes são batizados na morte e na ressurreição de Jesus Cristo (Rm 6,1-14) e, por isso, podem encarar a morte de modo diferente, praticando a morte no dia a dia e no fim da vida como entrega a Deus e ao próximo. Ao mesmo tempo, a morte representa também a esperança da comunhão plena com Jesus Cristo. Mesmo assim, a morte pode representar uma agonia também para os crentes: Jesus também sofreu o terror e o abandono em sua morte.

Lit.: a) ATZINGER, A. et al. "Tod". *LThK*, 10. 3. ed., 2001, p. 66-80; a) e c) HASENFRATZ, H.P. et al. "Tod". *TER*, 23, 2002, p. 579-638. b) RAHNER, K. *Zur Theologie des Todes*. Friburgo/Basileia/Viena, 1958 [QD 2]. • JANOWSKI, B. *Konfliktgespräche mit Gott* – Eine Anthropologie der Psalmen. Neukirchen-Vluyn, 2003. • JÜNGEL, E. *Tod*. 4. ed. Gütersloh, 1990 [GTBS, 1295]. • VORGRIMLER, H. "Der Tod als Thema der neueren Theologie". In: PFAMMATTER, J. & CHRISTEN, E. (orgs.). *Hoffnung über den Tod hinaus*. Zurique, 1990, p. 13-64 [ThBer 19].

Eva-Maria Faber

Morte de Jesus ↑ paixão e morte de Jesus

Motivos soteriológicos ↑ *cristologia,* ↑ *domínio de Deus/Reino de Deus,* ↑ *soteriologia.* – No decorrer da história da teologia, a fé cristã na renovação escatológica por meio da obra salvífica de Jesus Cristo e seu poder transformador no relacionamento do ser humano com Deus, prejudicado ou destruído pelo sofrimento, pecado e morte, é contemplada e desdobrada em diversos motivos soteriológicos. Paradigmas centrais são a redenção, a reconciliação, a expiação, a substituição e a libertação. O que todos os modelos têm em comum são suas categorias pessoais e relacionais que, todas elas, pressupõem uma concepção não fatalista da história e a iniciativa salvífica de Deus. Os motivos soteriológicos não limitam a salvação e consumação a uma perspectiva individualista; antes levam a sério o ser humano em sua existência física no mundo e em suas relações com os próximos e com Deus. – (1) A experiência básica de Israel que cunha sua autocompreensão e concepção do mundo, é a vontade salvífica e reconciliadora de Deus, que não se abala nem em face do pecado, da infidelidade e da desconfiança e que, por meio da aliança e da dádiva da Torá, oferece a oportunidade para uma vida sã. A vontade reconciliadora de Deus abarca tanto o relacionamento dos seres humanos entre si (Gn 33; 37–50) como também a relação do povo da aliança com Deus. A interpretação da desgraça como consequência do pecado marca, juntamente com a relacionalidade comunial da justiça da aliança (de importância tão central para Israel), as advertências dos profetas, que chamam o povo para o arrependimento e para a conversão, como também as formas de reconciliação. A renovação do relacionamento rompido com Deus e a solução e a solução para a situação de desgraça insuperável pelo indivíduo e pelo povo se concentra no sacrifício do dia da expiação no contexto cultual (Lv 16). Significativo fora do contexto cultual é a substituição do justo (Is 52,13–53,12). Mas as celebrações comuniais de penitência (Nm 9; Jl 1s.), confissões e pedidos de reconciliação pessoais e corporativos (Ex 32,31; Nm 1,6; Sl 32,5; 38,19), a satisfação (p. ex., Ex 21s.), a conversão e o arrependimento ativos do indivíduo e do povo (Jn 3,10 e muitos outros) representam caminhos para a reconciliação. No AT, redenção e libertação são praticamente sinônimos (em hebraico: *jasa*, ajudar, assistir, salvar; *padah*, remir, libertar do cativeiro; *gaal*, remir, salvar). As experiências da redenção e libertação são constitutivas da identidade de Israel: o êxodo do Egito (Ex 1-15) e o "novo êxodo" do exílio babilônico (Dêutero-Isaías). O ato redentor de Deus se expressa em uma multiplicidade de verbos, que, partindo da experiência positiva da proteção e intervenção divina, apontam ao mesmo tempo a necessidade humana de redenção (da perseguição, escravidão, violência, pecado, doença, morte). A ação salvífica de Deus em prol de Israel é motivo e critério para a justiça da aliança de Israel (Ex 20,2; Dt 5,6) e para seu convívio com escravos, estrangeiros e necessitados em seu meio (Ex 20,20; 23,9; Dt 10,19; 15,15; 24,18; Jr 34,8-15). As experiências da libertação de cativeiro opressão política e de sofrimento existencial e religioso (pecado, dor, morte) se fundem cada vez mais e cunham as imagens esperançosas da redenção de Israel (Is 43,1-4; 44,21-23; 55,3-5; Jr 31,31-34; Ez 34; 37). Os paradigmas soteriológicos de Israel remetem quase sempre à realidade terrena concreta. Na visão profética (p. ex., na visão do reino escatológico da paz e da migração dos povos para o Sião [Is 11; 60; 66]), porém, antecipam a reconciliação e união escatológicas dos povos para o louvor de Deus. A novidade distintiva da compreensão neotestamentária da redenção é sua vinculação escatológica a Jesus Cristo como salvação de Deus em pessoa. Paulo desdobra a reconciliação como obra de Deus, cujo motivo é o amor e cujo caminho é a morte substitutiva de Jesus Cristo na cruz (Rm 5,5-11; Rm 8,3.32; Gl 1,4; 2,20; Cl 1,13s.20.22). A acepção da cruz como fonte da salvação universal concentra o paradigma cultual e comunial da justiça da aliança na pessoa e na obra de Jesus Cristo (Rm 3,23-26; 8,3; 1Cor 1,30). A epístola aos Hebreus desdobra a obra reconciliadora de Jesus Cristo como ação do sumo sacerdote, que transcende escatologicamente o culto no templo e, por isso, o substitui em seu significado soteriológico (Hb 7,27; 9,11–10,18). As tradições eucarísticas interpretam a tradição e a morte de Jesus como instituição da nova aliança escatológica (Lc 22,14-23; 1Cor 11,23-26, cf. Jr 31,31) ou como liturgia expiatória da aliança (Mc 14,22-25; Mt 26,26-29, cf. Ex 24,8). A ideia da reconciliação, desdobrada nos paradigmas da troca de lugares ou da substituição (1Pd 3,18; Hb 9,12), da expiação (Ef 1,7; Hb 9,14s.; 1Jo 1,7; Ap 5,9) e da morte para/por causa/em prol de outro (Rm 4,25; 5,1.6.8; 8,32; 14,15; 1Cor 8,11; 15,3; 2Cor 5,14s.; Gl 1,4; 2,20) representam o centro da soteriologia paulina e de outras tradições neotestamentárias (1Pd 3,18; 1Jo 1,7; 2,2; 4,10; 1Tm 2,6). Paulo explica a reconciliação como justificação do pecador, vivenciada como transformação da existência (Rm 5,1.9s.; 1Cor 1,30; 2Cor 5,14-17; Gl 3,24; 6,15; Ef 4,24; Cl 3,9s.). O ministério apostólico é ministério da reconciliação (2Cor 5,18-21); ele se fundamenta no ato reconciliador de Deus e se evidencia no poder de Cristo. A salvação dos gentios e sua relação com o povo de Deus se expressa na fala da reconciliação do mundo (2Cor 5,19). A redenção é para todos (Rm 1,16s.; Gl 4,4s.; 1Tm 2,4); seu propósito é a consumação do universo em Cristo (Ef 1,10; Cl 1,20). O espaço concreto de experiência dessa reconciliação do cosmo e da humanidade é a *ekklesia/Igreja* (Ef 1,10-23; Gl 6,15; Cl 1,27–2,4; 3,11). Os motivos da reconciliação e da libertação fazem parte da ↑ escatologia realizada em Cristo, que dá início à nova criação já no presente. O motivo da libertação fundamenta a compreensão da redenção na filiação divina (Gl 4,4-6; Rm 8,21); e a nova vida, no Espírito (Rm 6,19s.; 8,1-17). Libertação significa liberação para a liberdade autêntica (Rm 8,21; Gl 5,1.13), libertação da lei (da necessidade de observar a lei como pré-requisito da salvação) e, é claro, da escravidão do pecado e da morte (Rm 3,23s.; 6,15-23; 7,24; Cl 1,13). Promessas ainda não cumpridas da redenção incluem: a ressurreição do corpo (1Cor 15,12; 1Ts 4,14; Jo 5,25), a vida eterna e a exaltação como filhos de Deus (Rm 8,17.21; 1Jo 3,1s.), a contemplação de Deus (1Cor 13,12; 1Jo 3,2) e a vitória sobre a morte, o diabo e os poderes da escuridão (1Cor 15,24-28; Ap 21,4). A presença, prática e proclamação do Reino de Deus por Jesus revelam a salvação divina como evento e dádiva da libertação, reconciliação e do envio. O domínio de Deus (Mc 1,15) é a mensagem da libertação *par excellence*: A atividade salvífica de Jesus visa, em curas, perdão de pecados e exorcismos, à realização da salvação no sentido integral da saúde física, psicológica e espiritual do ser humano e de seu relacionamento com Deus. Lucas projeta o tema da salvação sobre toda a vida de Jesus, desde a designação de Jesus Cristo como Salvador prometido já por ocasião de seu nascimento (Lc 2,11.30s.), passando por sua morte na cruz (Lc 24,26.46s.) até sua ↑ parusia como consumação da redenção (Lc 21,27s.). A entrega (Jo 3,16s.; 10,17s.; 15,13) e obra de Jesus revelam o mistério de sua pessoa: seu envio (Jo 9,1-12; 11,40-42), sua filiação (Mt 14,33; Jo 11,4; 17,1) e, com isso, sua capacidade e seu poder (Mc 2,9s. par.; Lc 7,47-49) de cura, reconciliação e juízo sobre o mundo (Mt 3,12 par.; Jo 3,18; 5,22.27; 16,8). Obra e mensagem de Jesus abrem o efeito libertador da cura do corpo e da alma – até mesmo na área da pusilanimidade e das preocupações, da necessidade e impotência no dia a dia individual e social – para a experiência humana (Lc 12,22-32; 18,9-14; Mc 10,13-16 par.). O sermão do monte (Mt 5,1–7,29, cf. Lc 6,20-49) revela o potencial libertador e a promessa de uma vida no poder do Espírito de Jesus Cristo. A imitação de Jesus e a comunhão com Ele permitem já agora uma participação na vida eterna (Jo 5,25s.) e o conhecimento do Pai (Jo 14,10s.20). – (2) A história da teologia e dos dogmas desdobra a profissão de Jesus Cristo como Redentor do mundo em uma multiplicidade de modelos, que recorrem à terminologia e a concepções bíblicas, que as refletem e desenvolvem de acordo com os problemas e questionamentos de seu tempo (cf. o quadro p. 454). Tipificações epocais da doutrina da redenção atribuem o paradigma da reconciliação mais à patrística ocidental e à Idade Média latina, enquanto o paradigma da libertação representa mais uma categoria soteriológica da Modernidade, que consegue integrar a virada para o sujeito e a primazia da noção da autonomia. – A patrística se vê desafiada a interpretar a ação redentora de Deus em continuidade da história da salvação e, ao mesmo tempo, a explicar a novidade, singularidade e unicidade do evento Cristo. Realiza essa tarefa por meio da apropriação reflexiva do esquema bíblico de promessa e cumprimento e por meio de uma interpretação cristológica e soteriológica do AT numa visão geral da história da salvação. Explica a renovação, edificação e cura da humanidade e de todo o cosmo por Jesus Cristo (apoiando-se em Ef 1,10) com recurso ao motivo da *recapitulatio* (em grego: *anakephalaiosis*) (Irineu [† por volta de 200], haer. 3,16,6). Os conceitos gregos da *paideia* exercem grande influência sobre a soteriologia (Clemente de Alexandria [† antes de 221], Orígenes [†253/254]). A Igreja antiga fundamenta os motivos da redenção na eclesiologia (Cipriano [† 258], Agostinho [†430]). Precondição da redenção é a dupla consubstancialidade de Jesus Cristo com Deu e os homens (Atanásio [† 373], Gregório de Nyssa [† 395], Leão o Grande [† 461]). Com Agostinho, elementos da teologia da graça e uma fundamentação da soteriologia na teologia do pecado passam a ocupar o primeiro plano. Em sua ↑ teoria da satisfação, Anselmo de Cantuária († 1109), recorrendo a categorias e *analogata* jurídicas, desenvolve uma variante significativa do motivo soteriológico da reconciliação para evidenciar o ato salvífico de Jesus Cristo. Até o presente, sua teoria têm sofrido múltiplas inversões, têm sido objeto de muitos equívocos e desenvolvimentos problemáticos (quando, p. ex., Deus é compreendido como aquele que exige a reconciliação ou satisfação por meio de um sacrifício cruento ou cuja ira precisa ser apaziguada. Mas já Anselmo deixa claro: Deus é o sujeito, não o destinatário da reconciliação (Pedro Lombardo [† 1160]); Ele reconcilia os seres humanos por meio do Mediador, que propaga a verdadeira liberdade do amor (P. Abelardo [† 1142]). Tomás de Aquino († 1274) ressalta que a rica satisfação de Cristo rompe os parâmetros de uma equivalência jurídica e que não deve ser compreendida como único motivo de sua encarnação (STh III q1 a4). A mediação de Jesus Cristo efetua a *reconciliatio*, ou seja, a reconciliação e unidade do ser humano com Deus (STh III q49 a4). O início da Modernidade volta sua atenção para o lado subjetivo da redenção: para o recebimento da justificação. Diferentemente de Anselmo, as reformulações protestantes da teoria da satisfação não falam mais da evitação do castigo por meio da satisfação, mas do sofrimento substitutivo de Cristo para a reconciliação do mundo (M. Lutero [† 1546]) e defendem a tese segundo a qual Deus teria precisado do sofrimento substitutivo de Cristo para apaziguar sua ira (F. Melâncton [† 1560]). O Iluminismo volta sua atenção para o lado ético e subjetivo da redenção. Predomina aqui o motivo soteriológico da libertação, pois promete integrar a noção de autonomia. No entanto, corre também o perigo de transformar o "uma vez por todas" do evento salvífico em mero exemplo e de subordinar a reconciliação graciosa do indivíduo à sua autonomia. O conceito da reconciliação adquire um significado especial na filosofia especulativa da história, de G.W.F. Hegel († 1831), que compreende o processo do esvaziamento de Deus e do desdobramento dialético do Espírito como evento reconciliador. A teologia atual conhece ambas as formas fundamentais: por um lado, as abordagens soteriológicas, que se orientam pelo paradigma da reconciliação, substituição e expiação e apresentam um foco cristocêntrico, trinitário ou antropológico e sociopsicológico (K. Barth [† 1968]; C. Gestrich; H.U. von Balthasar [† 1988]; K.-H. Menke; R. Schwager [† 2004]); por outro, esboços que enfatizam o motivo soteriológico da liberdade e compreendem a redenção primariamente como libertação (J.B. Metz; H. Kessler; T. Pröpper). A discussão sobre a pergunta se a morte de Jesus na cruz, que deve ser compreendida como consequência e símbolo real de sua entrega incondicional e pró-existência, também deve ser interpretada como ação para o pecador, no pecador e no lugar do pecador, tem gerado controvérsias. Subjaz a essa discussão a pergunta sobre o que Jesus Cristo fez para a salvação do ser humano que este não pôde fazer por si mesmo. Discute-se a compatibilidade dos motivos soteriológicos da libertação/liberação e da reconciliação/substituição, mas também a pergunta fundamental (F. Wagner, I.U. Dalferth, E. Biser) se a teologia do sacrifício e da expiação ainda possui um lugar na soteriologia cristã (e teologia da Eucaristia) em vista da crítica ao sacrifício de Jesus. Vale observar que a teologia cristã do sacrifício precisa acompanhar a inversão da lógica do sacrifício: Deus não recebe a expiação, Ele a cria na entrega do seu Filho, no qual coincidem a oferenda, a reconciliação e o sacrifício. – Uma teologia da libertação explícita é teologia contextual, que desvela o potencial libertador e transformador da mensagem cristã a partir da perspectiva dos oprimidos e a torna fértil no empenho pelos pobres, no empenho comunial com os pobres a seu favor. Nesse contexto, revelou-se o poder estrutural do pecado e a necessidade teológica de uma *memoria passionis* (J.B. Metz; T.R. Peters), em vista da qual uma restrição individualista destituída de história da mensagem da redenção e da prática soteriológica se manifesta não só como unilateral, mas equivocada. A categoria da *communio*, por fim, aprofunda a interpretação teológica da realidade da reconciliação e libertação, a fundamenta na teologia da Trindade e a desdobra na eclesiologia (G. Greshake). Os crimes e as catástrofes do século XX sensibilizaram a soteriologia cristã também para questões teológicas referentes a Israel e para a problemática de uma reconciliação escatológica não só entre Deus e o ser humano, mas também entre autor e vítima (J. Moltmann; J.-H. Tück; O. Fuchs; D. Ansorge; M. Remenyi). A integração da teodiceia ao contexto de uma soteriologia escatológica gera em algumas abordagens uma renovação da esperança de uma reconciliação universal (M. Striet). – (**3**) Não existem decisões doutrinais explícitas a favor de um motivo soteriológico específico. No entanto, as disputas pelagianas em torno da teologia da Trindade e da graça da Igreja antiga são (como também as disputas eclesiológicas com os movimentos reformados) fortemente marcadas por motivos soteriológicos. A profissão de Cristo como mediador único e universal, que "em prol de nós, os homens, e de nossa salvação" (DH 150) adotou a forma da carne e suportou a morte na cruz, normatiza o credo cristão como um todo e tem consequências para a avaliação de uma soteriologia concreta. A entrega de Cristo na cruz conquistou reconciliação, justificação, satisfação e redenção para a humanidade (DH 1.522s.; 1.529; 1.690). O Concílio Vaticano II relaciona a mensagem da redenção em Cristo aos desafios da atualidade: dignidade humana, liberdade da consciência, necessidade salvífica do ser humano no sentido abrangente, ↑ seguimento de Jesus como caminho para uma vida mais humana (GS 31). Os documentos de Medellín (1968 [DH 4.480-4.496]) e Puebla (1979 [DH 4.610-4.635]) e as instruções da Congregação para a Doutrina da Fé referentes à teologia da libertação (*Libertatis Nuntius*, de 1984: DH 4.730-4.741, e *Libertatis conscientia*, de 1986: DH 4.750-4.776) identificam os critérios para uma soteriologia da teologia da libertação. – (**4**) Peça central da teologia de M. Lutero († 1546) é a "alegre alternância e disputa" que conquista a justificação do pecador *sola fide, sola gratia* e *solo Christo*. Até hoje, a doutrina da reconciliação representa o centro sistemático da teologia protestante, que serve como orientação para todas as dimensões e perspectivas soteriológicas. Questões teológicas controversas referentes à compreensão e ao significado da mensagem da justificação do pecador puderam ser solucionadas na Declaração Conjunta sobre a Doutrina da Justificação, de 1999, no sentido de que agora se fala de um "consenso nas verdades fundamentais da doutrina da justificação", de modo que "os desdobramentos divergentes já não representam mais motivo para condenações doutrinais" (GE 5). – (**5**) Os motivos soteriológicos da reconciliação e da libertação representam os paradigmas centrais da doutrina da redenção; no entanto, apesar de remeterem um ao outro e se abarcarem mutuamente, geram ênfases e formas soteriológicas divergentes (cf. quadro *Motivos e acentuações da soteriologia*, p. 454). O que têm em comum é o destinatário da redenção, que é libertado e reconciliado com Deus. Enquanto o motivo soteriológico da *reconciliação* recorre sobretudo ao contexto do martírio, da substituição, da expiação, da satisfação, da justificação e da teologia sacramental (teologia da Eucaristia, teologia da penitência), o motivo soteriológico da *libertação* concentra a salvação nas perspectivas pessoal e social. O centro sistemático das diversas interpretações cristãs da redenção é Jesus Cristo como Senhor e Salvador do mundo. A redenção e a igualação escatológica a Cristo devem ser desdobradas e interpretadas a partir da pessoa do Mediador, do "*crucifixus pro nobis*" (Credo Apostólico). Uma fundamentação na teologia da Trindade é imprescindível, pois ela permite evidenciar a ação substitutiva de Cristo no drama da salvação. A reconciliação e libertação como interpretações da redenção e da salvação abarcam perguntas referentes à eclesiologia e teologia da graça, que são respondidas de formas diferentes dentro do diálogo ecumênico. A explicação de núcleos soteriológicos como reconciliação, libertação e *communio* se orienta pela celebração sacramental da reconciliação na penitência e na celebração da Eucaristia e se conscientiza da tensão escatológica entre o *já* e o *ainda não*. Quem precisa da reconciliação e redenção é o ser humano, não Deus (p.

ex., para o "êxito" do "projeto criação"), ao qual cabe a iniciativa no processo salvífico. A necessidade de redenção e aperfeiçoamento do ser humano precisa ser verbalizada nas dimensões físicas, sociais, estruturais e salvíficas do ponto de vista da teologia do pecado (original), mas sem desacreditar a profissão da bondade da criação e do Criador. A contemplação da necessidade de redenção e salvação deste mundo a partir da morte e da ressurreição do Filho de Deus evidencia todo o drama da desgraça humana e a inscreve ao mesmo tempo no horizonte das possibilidades sempre maiores de Deus, ao qual podemos confiar a redenção do mundo.

Lit.: CHRISTEN, E. & KIRCHSCHLÄGER, W. *Erlöst durch Jesus Christus.* Friburgo/Schw., 2000. • GRESHAKE, G. *Erlöst in einer unerlösten Welt?* Mainz, 1987. • GUTIÈRREZ, G. *Theologie der Befreiung.* Munique/Mainz, 1973. • GUTIÈRREZ, G. & MÜLLER, G.L. *An der Seite der Armen* – Theologie der Befreiung. Augsburgo, 2004. • HOPING, H. "Freiheit, Gabe, Verwandlung. Zur Hermeneutik des christlichen Opfergedankens". In: BÖHNKE, M. et al. (orgs.). *Freiheit Gottes und der Menschen.* Regensburgo, 2006, p. 417-431. • HOPING, H. & TÜCK, J.-H. (orgs.). *Streitfall Christologie.* Friburgo/Basileia/Viena, 2005 [QD 214]. • KESSLER, H. *Erlösung als Befreiung.* Düsseldorf, 1972. • KNOP, J. "Die Hingabe des Sohnes – Preisgabe der Liebe". In: HOPING, H.; KNOP, J. & BÖHM, T. (orgs.). *Die Bindung Isaaks.* Paderborn et al. 2009, p. 143-160. • MENKE, K.-H. *Jesus ist Gott der Sohn.* 2. ed. Regensburgo, 2011, p. 93-210, 377-475, 506-525. • PRÖPPER, T. "'Dass nichts uns scheiden kann von Gottes Liebe...' Ein Beitrag zum Verständnis der 'Endgültigkeit' der Erlösung". *Evangelium und freie Vernunft.* Friburgo/Basileia/Viena 2001, p. 40-56. • SCHENK, R. (org.). *Zur Theorie des Opfers.* Stuttgart/Bad Cannstatt, 1995. • WENZ, G. *Geschichte der Versöhnungslehre in der evangelischen Theologie der Neuzeit.* 2 vols. Munique, 1984/1986. • SCHWAGER, R. *Der wunderbare Tausch* – Zur Geschichte und Deutung der Erlösungslehre. Munique, 1986. • STRIET, M. "Streitfall Apokatastasis". *ThQ*, 184, 2004, p. 185-201. • WERBICK, J. *Den Glauben verantworten. Eine Fundamentaltheologie.* Friburgo/Basileia/Viena, 2000, p. 427-611. • TÜCK, J.-H. "Versöhnung zwischen Tätern und Opfern? – Ein soteriologischer Versuch angesichts der Shoah". *ThGl*, 89, 1999, p. 364-381. SATTLER, D. *Erlösung?* Friburgo/Basileia/Viena 2011.

Julia Knop

Narrativas da criação ↑ *antropocentrismo,* ↑ *homem e mulher,* ↑ *estado original,* ↑ *imagem do mundo.* – Narrativas da criação (chamadas de modo inapropriado também de mitos da criação) são interpretações sobre a autoria, o início e a qualidade da realidade perceptível. A teologia costuma diferenciar entre uma narrativa mais antiga do século IX a.C. (javista, J) e outra mais recente, redigida no século VI, ou seja, no tempo do exílio babilônico (fonte sacerdotal, S), cujos elementos nem sempre podem ser identificados de modo inequívoco. Por vezes, supõe-se a existência de outras redações (eloísta, javista). – (**1**) J (Gn 2,4bss.) começa com a criação de Adão (homem de terra) da *adama* (terra, em hebraico). Aqui, Deus cria o jardim de Éden, como um ambiente adequado para Adão. Além da dimensão material e terrena (feito da terra), o ser humano apresenta também uma dimensão imaterial e divina (sopro da vida: Gn 2,7), que o eleva acima das outras criaturas. Adão, que dá nome às outras criaturas (Gn 2,19s.) e que recebe a missão de cultivar e preservar a terra (Gn 2,15), se encontra no centro da criação. A criação posterior da "ajudante" a partir da costela de Adão, erroneamente interpretada como justificação para a posição subalterna da mulher, é, na verdade, a afirmação narrativa da igualdade essencial (Gn 2,2ss.) de homem e mulher e de sua dependência recíproca. A mulher (em hebraico: *isha*) faz de Adão um homem (*ish*). As narrativas da queda e da expulsão do paraíso (Gn 3), do fratricídio (Gn 4), do abuso e da recusa da responsabilidade humana ou da megalomania (Torre de Babel: Gn 11,1-9) constatam e ilustram a situação e a conduta do ser humano no horizonte da concepção de um mundo e uma natureza caídos. São projeções sobre o início e funcionam como etiologias para explicar a realidade atual, vivenciada como cheia de sofrimentos, culpa e necessidades. Ao mesmo tempo, porém, essas histórias demonstram também a repetida intervenção graciosa de Deus: O castigo mortal não é executado, a mulher – a despeito de sua culpa – é transformada em Eva, a "mãe de todos os vivos", a marca de Caim (Gn 4,15) protege o assassino, Noé (Gn 6,8) encontra perdão em meio a uma humanidade culposa. O heptâmeron (obra de sete dias) em S (Gn 1,1–2,4a) apresenta uma estrutura completamente diferente e se destaca claramente do epos babilônico *Enuma Elisch*. A forma externa (segmentação estrófica em dias, os nomes que Deus dá à sua criação, fórmula de aprovação) revela que S é um mito da criação. A soberania absoluta de Deus é documentada pelo fato de Deus criar toda realidade exclusivamente por meio de sua palavra. O termo hebraico *bara* (Gn 1,1 et al.)

nunca é usado no contexto da atividade humana, mas exclusivamente para a ação de Deus; não pressupõe nenhuma matéria prima e explicita sua incomparabilidade. Os fenômenos da natureza (céu, vento, água, sol, lua, estrelas), que na Babilônia gozam do *status* de deuses, são desmistificados e enfraquecidos, tornando-se assim acessíveis a uma pesquisa objetiva. S afirma seis vezes, em oposição à teomaquia (disputa entre os deuses) babilônica destrutiva, que toda a criação é *boa*. Após a criação do ser humano como última obra, afirma até mesmo que tudo é *muito bom*. A singularidade do ser humano, criado no mesmo ato divino como homem e mulher, se expressa também no fato de ele ser imagem funcional de Deus para todo o resto da criação. S não pretende expressar que a criação visa apenas ao ser humano como "coroa da criação"; visa também ao sábado, que se transforma em símbolo da consumação de toda a criação em Deus. – (2) Ao longo de toda a história da Igreja, as narrativas da criação têm sido interpretadas de modo quase científico como "relatos" da criação – muitas vezes misturando as duas fontes distintas. Frequentemente receberam uma interpretação tipológica a partir de uma retrospectiva neotestamentária: Cristo é o novo Adão, Maria é a nova Eva. – (3) O magistério tratou três vezes das narrativas da criação. Em 1909, a Comissão Bíblica afirmou que "não se pode duvidar do sentido literal histórico" (DH 3.514). Em 1948, o Papa Pio XII reconhece como constitutivas a existência de fontes orais e escritas para o livro de Gênesis, uma redação e ampliação editorial, a diferença entre os gêneros literários e as particularidades das formas orientais de pensamento e expressão (DH 3.863). Em 1950, a Encíclica *Humani Generis* deste mesmo papa volta a ressaltar a historicidade dos textos bíblicos (DH 3.998). A constituição dogmática DV (DH 4.201-4.235) do Concílio Vaticano II e o escrito *A interpretação da Bíblia na Igreja*, de 1993, ultrapassem em muito uma interpretação apenas histórica dos textos. – (4) Controvérsias ecumênicas surgem apenas na periferia em virtude de diversas interpretações das narrativas da criação. Existem hermenêuticas diferentes na concepção ortodoxa, de um lado, e na concepção católica e protestante, de outro (perguntas referentes à historicidade, a metaforismos, à imagem vigente do mundo, relação entre homem e mulher). – (5) As narrativas da criação da Bíblia não pretendem nem podem ser um relato coerente dos fatos da criação. Já a existência de duas narrativas e as contradições (aparentes) que surgem numa interpretação literal sugere isso, e muito provavelmente seus autores estavam cientes disso. Tentativas de adequar a obra dos sete dias à teoria da evolução por meio da reinterpretação dos dias como períodos evolucionários não fazem jus nem ao *status* atual da hermenêutica referente às narrativas da criação nem aos conhecimentos geralmente aceitos da teoria da evolução. Enquanto a narrativa javista apresenta uma imagem do mundo e do ser humano de acordo com o modelo da *natura lapsa* (natureza caída), a tradição sacerdotal segue o modelo da *oeconomia naturae* (natureza harmoniosa). A diferença entre os conceitos de J e S não precisa ser interpretada apenas como contrária, mas também como complementária. Ambas as narrativas apresentam um apocentrismo amenizado por um teocentrismo. Não representam uma ciência natural de qualidade inferior que tenta responder à pergunta da origem do mundo e do ser humano, são antes um documento de primeira qualidade sobre o sentido do mundo e da existência humana. Por isso, não devemos ignorar a perspectiva escatológica das narrativas da criação. A bondade do mundo criado por Deus se manifestará plenamente quando o Reino de Deus (como símbolo da vitória da vontade de Deus) alcançar sua consumação no *eschaton*.

Lit.: BADER, D. (org.). *Kain und Abel* - Rivalität und Brudermord in der Geschichte der Menschen. Munique, 1983. • GROH, D. *Schöpfung im Widerspruch* - Deutungen der Natur und des Menschen von Genesis bis zur Reformation. Frankfurt a. M., 2003. • ORTKEMPER, F.J. *Im Anfang schuf Gott*. Stuttgart, [s.d.]. • RUPPERT, L. *Das Buch Genesis* - Geistliche Schriftlesung. Vol. 6/1. 2. ed. Düsseldorf, 1984. • ZENGER, E. *Gottes Bogen in den Wolken* - Untersuchungen zu Komposition und Theologie der priesterschriftlichen Urgeschichte. 2. ed. Stuttgart, 1987.

Ulrich Lüke

Natureza ↑ *dualismo*, ↑ *relação corpo/alma*, ↑ *matéria*, ↑ *monismo*, ↑ *teologia natural*, ↑ *criação*, ↑ *narrativas da criação*, ↑ *preservação do mundo*. – No mundo pré-socrático, "natureza" – a *physis* – era o nome para o ser que abarcava todo ente. Aristóteles definiu o termo de modo mais restrito, atribuindo-lhe uma auto-originação e finalidade própria e destacando-o do técnico-poiético, do artificial criado pelo ser humano. A contraposição comum ainda nos dias de hoje entre *artificial* e *natural* tem sua origem aqui. Na Idade Média, a natureza era geralmente considerada a criação figurada por Deus, mas também designava já a "*natura naturans*" (Mestre Eckhart [† 1328], como, mais tarde no renascimento, Giordano Bruno [† 1600]), a natureza geradora. Ao lado desta apresenta-se a natureza gerada por Deus, a "*natura naturata*". No panteísmo, a natureza adotou funções semidivinas (Espinoza [† 1677]: *Deus sive natura*), e na ciência natural moderna, tornou-se objeto, na maioria das vezes despido de sua finalidade, de uma pesquisa exclusivamente quantificadora. Quando falamos da natureza de alguma coisa, visamos, na maioria das vezes, a uma determinação qualitativa, a alguma proposição sobre sua essência. Nesse caso, somos imediatamente confrontados com a pergunta referente à normatividade. Mas o caminho da naturalidade para a normatividade está repleto das armadilhas da falácia naturalista, que tenta deduzir pretensões éticas a partir de dados empíricos. Se compreendermos a natureza como determinação quantitativa, ela passa a possuir uma contraparte inevitável, e seria necessário indagar essa contraparte para a determinação mais exata do conceito. A natureza seria aquilo que pode ser observado? Nesse caso, esse conceito exige sempre a observação como grandeza complementar com suas condições referenciais, ou seja, o observador com suas possibilidades e limites de percepção. Pois sem este não seria possível falar do observável, que é definido como natureza. Ou seria a natureza aquilo do qual poderíamos nos aproximar de modo exato apenas por meio de um rígido reducionismo? Nesse caso, porém, o que seria das qualidades sistêmicas imprevisíveis dos níveis de complexidade e integração mais elevados que se esquivam dessa exatidão? Nem todo o conseguinte, muito menos a contingência histórica, podem ser deduzidos dos componentes fundamentais identificados de modo reducionista e talvez tidos como irredutíveis daquilo que então chamaríamos de natureza. Se a natureza fosse determinada negativamente como aquilo que não foi feito pelo ser humano, aquilo que é feito pelo homem não seria natural, mas teria o natural como sua precondição, já que o ser humano precisa recorrer àquilo que é dado naturalmente. A artificialidade baseada na naturalidade leva a uma naturalidade baseada em artificialidade. Por meio do ser humano que cria o artificial, criar-se-ia uma naturalidade secundária ou terciária, que, sob determinadas condições, não pode ser distinguida da naturalidade original. Se a natureza não for simplesmente tudo, ela precisa necessariamente de uma contraparte. Dependendo do conceito complementar ou contrastante ao da natureza, porém, este é preenchido de forma completamente diferente. Os conceitos antitéticos seriam natureza e cultura? Ou natureza e sobrenatureza ou natureza e graça? Não raramente, os conceitos da sobrenatureza ou da graça designavam na história da teologia a intervenção imprevisível de Deus contraposta à natureza supostamente previsível. Ou seriam os conceitos contrastantes ou complementares natureza e história, ou natureza e espírito? Uma comparação do conceito da natureza, que sempre se apresenta com o mesmo nome nesses pares conceituais, se revela como mera equivocação. Podemos dizer: Dependendo da contraparte conceitual, a partir da qual se invoca o conceito da natureza, assim será seu eco "natural". – (**1**) Onde a filosofia aristotélica fala da natureza, a Bíblia, que não conhece uma filosofia natural desse tipo, costuma falar da criação. Esta não é divina, mas uma realidade profana gerada pela palavra criativa soberana de Deus, cujo usufruto e exploração é explicitamente atribuído ao ser humano pela narrativa sacerdotal da criação (Gn 1,1–2,4a). A narrativa javista da criação (Gn 2,4b-24) acentua, a partir de sua perspectiva complementar, a origem natural comum das plantas, dos animais e do ser humano a partir da matéria morta (do solo do campo). Em numerosas passagens, por exemplo, nos Salmos (8; 19; 104 et al.) ou na literatura sapiencial (Pr; Sb; Eclo), a natureza (na acepção bíblica, a criação), remete em face de sua beleza, ordem, adequação, mas também em face de seu horror, à grandeza, sabedoria e justiça de Deus. Jesus também usa fenômenos da natureza e da história natural em numerosas passagens de suas parábolas como sinais da história salvífica de Deus (p. ex., Mc 4,1-20.26-29.30-32; 11,12-14). Nas epístolas neotestamentárias (Rm 1,19ss.; 8,19ss.; Cl 1,15-20; Ef 1,3-10), a natureza, ou criação, também se torna uma referência a Deus; e Deus, uma referência ao originador da natureza e criação. – (**2**) Nos séculos III a V, penetração da fé com os meios da filosofia grega antiga causa – além da integração de concepções cosmológicas à teologia da criação – tentativas teológicas de explicar a natureza (em grego: *physis*; em latim: *natura*, *substantia*) do ser humano (unidade de corpo e alma), do Deus homem Jesus Cristo (doutrina das duas naturezas) e do próprio Deus (uma natureza em três pessoas). Visto que se trata de definições conceituais metafísicas, a acepção atual, dominada pelas ciências naturais, dos conceitos da *physis*, natureza e substância não nos se aplica. Uma acepção mais próxima das ciências naturais se desenvolve apenas com a redescoberta da filosofia grega antiga no século XIII (Alberto Magno [† 1280], Tomás de Aquino [† 1274]) e com a emergência das ciências empíricas no início da Modernidade. Tomás, porém, ressalta também aqui a interdependência entre o conhecimento do mundo e da natureza e o conhecimento de Deus e da fé: "Um equívoco sobre o mundo resulta num pensamento errado sobre Deus" (Contr. Gent. 2,3). – **(3)** A pergunta referente à natureza surge sobretudo no contexto antropológico. "A elevação da natureza humana e sua exaltação à participação divina" são consideradas pelo magistério como pertencentes à natureza humana (DH 1.921). Nesse sentido, o ser humano, de certa forma, já deve ser considerado agraciado "por natureza". Também por isso a teologia tematizou desde cedo a contraparte e a relação entre natureza e sobrenatureza/graça. Desde a escolástica, vale na teologia o axioma: A graça apoia a natureza, ela não a destrói, mas a eleva e aperfeiçoa (*Gratia [prae-]supponit naturam, non destruit [sed perficit eam]*: Boaventura, II sent. d9 a1 q9 ad 2; Tomás de Aquino STh I-II q99 a2 ad 1). Da natureza do ser humano não faz parte apenas seu lado material e físico, mas também seu lado espiritual e psicológico (DH 4.653; 4.812). A segunda narrativa da criação já expressa isso de forma metafórica, quando diz que o ser humano foi feito do "pó da terra" e recebeu o sopro da vida de Deus. A despeito de toda finitude e limitação em virtude da culpa e do pecado, o livre-arbítrio e sua capacidade de fazer o bem são reconhecidos (DH 152; 1555). Mesmo que o ser humano continue a depender do fato "sobrenatural" de que Deus venha a seu encontro, ele, em virtude da constituição de sua natureza, capaz de reconhecer Deus; pois Deus é "origem e fim de todas as coisas", ou seja, Deus pode ser reconhecido na contemplação profunda da natureza (DH 3.004). – **(4)** A ortodoxia proclama e celebra a deificação (*theosis*) da natureza, já iniciada em virtude da graça da salvação. A tradição protestante original reconhece, em seguimento de Agostinho, a natureza do ser humano como corrompida e enfatiza menos a perfeição da criação e mais a necessidade da criatura de ser salva. Por isso, uma teologia natural, que se apoia na revelação de Deus na natureza e não primariamente na Escritura, não tem, diferentemente do lado católico, quase nenhum lugar nas comunidades eclesiásticas da Reforma. Mas quando se exagera o sobrenatural e reconhece a experiência da salvação "apenas pela graça", "apenas pela fé" e "apenas pela Escritura", subestima-se facilmente a possibilidade da salvação incluída na natureza (humana), justamente por ser criação. – **(5)** A natureza como criação, tanto inanimada quanto animada, é uma boa dádiva de Deus. Ela o é sobretudo na figura do ser humano como boa dádiva de Deus para o ser humano e como boa tarefa de Deus para o ser humano, que, como imagem desse Deus, deve preservar e dar forma à natureza. Essa perspectiva não permite uma avaliação puramente negativa nem da natureza em geral nem da natureza humana em especial; pois não existe uma graça sem natureza nem uma natureza sem graça. No entanto, entendimentos teológicos nos obrigam a disputas em prol da natureza como criação e da natureza humana como imagem de Deus. Essa disputa não se volta tanto contra uma ciência natural rigidamente metodológica, que pode sim ser uma valiosa fonte de conhecimento teológico, mas, mais contra um naturalismo materialista e reducionista expansivo. Já que o teólogo compreende a natureza como criação, não pode sacrificá-la nem ao ditado despótico da (bio)tecnologia, que acredita poder realizar tudo, nem à otimização do lucro financeiro. A natureza, na acepção teológica, apresenta uma mais-valia digna de ser preservada e que transcende aquilo que a ciência natural descreve como natureza. A tarefa dada ao homem na criação pode ser descrita também como desdobramento teológico e mistagógico de uma cultura da natureza.

Lit.: APPE, K. et al. *Naturalisierung des Geistes?* Würzburg, 2008. • GIERER, A. *Im Spiegel der Natur erkennen wir uns selbst - Wissenschaft und Menschenbild.* Hamburgo, 1999. • LÜKE, U.; MEISINGER, H. & SOUVIGNIER, G. (orgs.). *Der Mensch.* Darmstadt, 2007. • SCHMITZ-MOORMANN, K. *Schöpfung und Evolution.* Düsseldorf, 1992.

Ulrich Lüke

Necessidade salvífica da Igreja ↑ *vontade salvífica universal de Deus,* ↑ *santidade da Igreja,* ↑ *Igreja,* ↑ *Igreja e* *igrejas,* ↑ *sacramentalidade da Igreja.* – A pergunta da necessidade salvífica da Igreja irrompe tradicionalmente na pergunta referente à compatibilidade de duas convicções da fé: "Extra ecclesiam nulla salus" (fora da Igreja não há salvação: Cipriano de Cartago [† 258] ep. 73; unit. eccl. 6.14.17) e: "Deus deseja que todos sejam salvos" (1Tm 2,4). – (**1**) Todos os autores do NT concordam em sua profissão da mediação salvífica exclusiva de Jesus Cristo (Jo 3,3-5; 14,6; Mc 16,16; At 4,12; 1Tm 2,4-7). No entanto, está igualmente presente o pensamento básico de que a ação salvífica de Deus apresenta dimensões universais (Jo 1,3-5; 3,16; Rm 5,12ss.; 1Cor 8,6; 1Tm 2,4; também Cl 1,15-20; Hb 1,3). – (**2**) Por um lado, os primeiros padres são marcados por uma convicção básica otimista em relação à salvação, segundo a qual as "sementes do *logos*" (em grego: *logoi spermatokoi*) podem ser encontradas por toda parte (Justino, o Mártir [† por volta de 165]; Irineu de Lyon [† por volta de 200] haer. 3,24,1) e a Igreja como comunhão de todos os justos teria existido "desde Abel" (Pastor de Hermas; Clemente de Alexandria [† 215]). Por outro, afirma-se uma exclusividade um tanto brusca: a Igreja como "arca da salvação", que salva do dilúvio no mundo (Inácio de Antioquia, Philad. 3,2; Irineu, haer. 3,4,1). Encontramos o axioma "Extra ecclesia nulla salus" explicitamente quase ao mesmo tempo em teólogos gregos e latinos: Orígenes ([† 253/254] hom. in Lib. Jesu nave 3,5; Cipriano, cf. acima). Enquanto Orígenes ressalta com ele a universalidade da mediação da salvação já possibilitada em Cristo, esta adquire em Cipriano – no contexto de uma Igreja abalada por cismas e pelo conflito com os heréticos quanto ao batismo – um caráter parenético; dirige-se aos próprios fiéis *ad intra*. A doutrina da predestinação do Agostinho tardio tem um efeito fatídico sobre a questão da salvação ou perdição dos não cristãos. Fulgêncio de Ruspe ([† 532] fid. 3s.), aluno de Agostinho, a desenvolve em uma teoria (abstrata) sobre o destino eterno de todos os não cristãos ou não batizados. – (**3**) É nesse sentido que o IV Concílio de Latrão de 1215 emprega essa proposição (DH 802), e o Papa Bonifácio VIII o estende a todos os que "não se subordinam ao papa romano" (Bula *Unam Sanctam*, de 1302: DH 875). O Concílio de Florença (1442) define em consequência rígida: "Ninguém que vive fora da Igreja romana – ou seja, não apenas os gentios, mas também os judeus, os hereges e cismáticos – pode receber a vida eterna; [antes] serão lançados no fogo eterno 'preparado para o diabo e seus anjos' [Mt 25,41], caso não se integrem a essa Igreja ainda antes do fim de sua vida" (DH 1.351). Evidentemente, essas afirmações pressupõem a convicção medieval segundo a qual o mundo como um todo já é cristão e conhece apenas a rejeição culpada e consciente da Igreja. No entanto, deve-se observar posteriormente também uma direção inversa em contextos diferentes. Assim, o magistério refuta o ultra-agostinismo rigoroso de C. Jansen († 1634) com a observação de que Cristo morreu por todos (DH 2.005; 2.305) e rejeita a proposição de P. Quesnel († 1719) segundo a qual não existe qualquer graça fora da Igreja (DH 2.429), e, para justificar sua posição, o magistério recorre à ideia do batismo do desejo, desenvolvida por Ambrósio de Milão († 397), e à observação de Tomás de Aquino († 1274) segundo a qual o não conhecimento não inviabiliza a salvação (De ver. 14,11 ad 1) – posição essa acatada pelo Concílio de Trento (DH 1.524). Tomando como ponto de partida a doutrina desse concílio quanto ao *votum baptismi* (desejo do batismo) e ao "votum esse in Ecclesia" (desejo de fazer parte da Igreja), a teologia pós-tridentina (cf. R. Bellarmin [† 1621] sobre a "visibilidade da Igreja") desenvolve a figura do "votum Ecclesiae" (pensamento que deseja a Igreja), que ocorre e é eficaz também quando há um desconhecimento insuperável em relação à fé e à Igreja. A Encíclica *Mystici Corporis*, do Papa Pio XII (1943) representa neste contexto um auge e um encerramento, pois fala de uma "orientação interna" e de um "desejo inconsciente" (inscio quodam desiderio ac voto [DH 3.821]) pelo "corpo místico de Cristo", que seria a Igreja Católica Romana concreta. Na verdade, essa doutrina gerou certa contradição, pois: Basta argumentar a partir de uma interioridade indefinida e inconsciente, que talvez até poderia ser interpretada como subjetivismo semipelagiano? De qualquer modo, o magistério se viu obrigado a se distanciar de interpretações mais rígidas, mas, nas circunstâncias de então, não menos católicas (cf. o "Boston-Heresy-Case" de 1949 e a resposta da Congregação para a Doutrina da Fé: DH 3.866-3.870). No entanto, isso incentivou a discussão sistemática e também canônica do problema, motivo pelo qual o Concílio Vaticano II foi capaz de reafirmar a posição relativamente generosa do magistério: "Com efeito, aqueles que, ignorando sem culpa o Evangelho de Cristo, e a Sua Igreja, procuram, contudo, a Deus com coração sincero, e se esforçam, sob o influxo da graça, por cumprir a Sua vontade, manifestada pelo ditame da consciência, também eles podem alcançar a salvação eterna. Nem a Divina Providência nega os auxílios necessários à salvação àqueles que, sem culpa, não chegaram ainda ao conhecimento explícito de Deus e se esforçam, não sem o auxílio da graça, por levar uma vida reta" (LG 16, cf. AG 9; 11; 19; NA 2 et al.). Argumentando a partir da vontade salvífica universal de Deus e de sua ação reconciliadora em Cristo, o concílio recorre tanto ao pensamento patrístico dos *logoi spermatokoi* quanto à *Ecclesia ab Abel* e fala do chamado pascoal de todos para o aperfeiçoamento em Deus (GS 22; cf. tb. GS 10; GS 45). Daí, reconhece-se, novamente inspirado pela patrística, uma "escola para o Evangelho" (*praeparatio Evangelii*): "Tudo o que de bom e verdadeiro neles [nos não cristãos] há, é considerado pela Igreja como preparação para receberem o Evangelho, dado por Aquele que ilumina todos os homens, para que possuam finalmente a vida"(LG 16; cf. tb. AG 7). A doutrina de Tomás de Aquino († 1274) também exerce uma influência, pois, segundo ele, Cristo não é apenas a cabeça da Igreja, mas de todos os seres humanos (STh III q8 a#), motivo pelo qual a eficácia da graça divina não permanece ligada em todos os casos à ação eclesiástica sacramental (STh III q68 a2). Nesse sentido, a doutrina do concílio deve ser vista como "interpretação da história universal com fundamentos cristológicos e pneumatológicos" (KASPER, W. *Kirche*, p. 178) do pensamento católico tradicional. – **(4)** Enquanto o testemunho dos padres da tradição ortodoxa tem sempre remetido à Igreja concreta como fórum da ação salvífica divina e também hoje recusa qualquer tipo de especulação, o tema da Igreja "verdadeira" e, com isso, também a diferenciação entre as grandezas "fé" e "Igreja" se tornara importante no Ocidente em virtude da Reforma. Martinho Lutero († 1546) se defende contra a ameaça do anátema com a diferenciação baseada em Agostinho entre comunhão eclesiástica interior e exterior (*Sermo de virtute excommunicationis*: WA 1,639,2-6): A *communio spiritualis* é dada exclusivamente por Deus; o ser humano só pode excluir-se dela por conta própria, ou seja, por meio do pecado. A exclusão da Igreja pela autoridade hierárquica, por sua vez, só diz respeito a exterioridades (*externae privatio communionis*). A salvação exige apenas a fé (*sola fide*), não a Igreja (ApolCA: BSLK 189,32-36). Em Lutero, a comunhão espiritual também não é possível sem dimensões físicas e visíveis, mas estas só servem para a salvação se realmente viabilizarem a comunhão espiritual, ou seja, se forem compreendidas espiritual, sacramental e funcionalmente nesse sentido. Em F. Melâncton ([† 1560] – e na tradição confessional luterana), o foco volta para o momento institucional, para o *coetus vocatorum, qui est Ecclesia visibilis* (ed. de estudos II/2, p. 474). Ele destaca três características claras: o Evangelho puro como conteúdo da proclamação (*doctrinae Evangelii incorrupta professio*); a ministração dos sacramentos de acordo com o mandamento divino (*usus sacramentorum conveniens divinae institutioni*); e a aceitação do ofício em vista do Evangelho (*oboedientia debita ministerio Evangelii*: ed. de estudos VI, p. 212, 286). Com isso, Melâncton se reaproxima da acepção católica no sentido de R. Bellarmin, como o fará também a ortodoxia luterana. No entanto, um ponto decisivo para a tradição reformada na questão da necessidade salvífica da Igreja permanece sendo que as características essenciais dadas por Deus, i.e., o "Evangelho" e o "sacramento", precisam ser férteis espiritualmente e consequentemente comprováveis, segundo o princípio "Ubi et quando visum est Deo" (CA 5). – **(5)** Para uma resposta contemporânea adequada à pergunta referente à necessidade salvífica da Igreja, remeto à teologia de K. Rahner († 1984), sobretudo ao conceito do *existencial sobrenatural* por ele cunhado. Isso qualifica – num sentido bem escolástico – a graça primariamente como dádiva não merecida de Deus, como um fato vindo "do alto". Ao mesmo tempo, porém, entra em jogo uma "antropologia do ser humano agraciado", de forma que a graça pode ser concomitantemente compreendida como uma vocação pessoal (e, portanto, como existencial). Assim, podemos dizer: Se a graça adere ao ser humano como *ser humano*, personalidades fora da Igreja também são verdadeiramente "agraciadas". São, enquanto a verdade explícita de Cristo lhes é inacessível, de certa forma "cristãos anônimos" e, justamente como seguidores de outras religiões ou ideologias, mantêm uma relação comunial com a congregação de Cristo. Isso, porém, não torna a Igreja insignificante – muito pelo contrário: Como expressão concreta da "íntima união com Deus e da unidade de todo o gênero humano" (LG 1), ela permanece o sinal externo e inequívoco do fato de que a graça foi realmente doada, de que ela realmente age e de que, como realidade verdadeiramente humana, sempre é também social e comunicativa.

Lit.: CONGAR, Y. *Ausser der Kirche kein Heil?* Eichstätt, 1961. • KASPER, W. *Katholische Kirche.* Friburgo/Basileia/Viena, 2011. • KERN, W. *Kein Heil ausserhalb der Kirche?* Friburgo/Basileia/Viena, 1979. • RAHNER, H. *Symbole der Kirche.* Salzburgo, 1964. • RATZINGER, J. (Bento XVI). *Kirche.* Friburgo/Basileia/Viena, 2010 [JRGS, 8,1]. • SECKLER, M. *Die schiefen Wände des Lehrhauses.* Friburgo/Basileia/Viena, 1988.

Johanna Rahner

Nomes de Deus ↑ *analogia,* ↑ *cognoscibilidade de Deus,* ↑ *teologia natural,* ↑ *pessoas em Deus,* ↑ *fala de Deus.* – Os nomes de Deus ou provêm de sua autorrevelação na forma de afirmações na 1ª pessoa ou são deduzidos da experiência de homens com Deus e suas descrições poéticas, muitas vezes na forma de analogias. Os nomes de Deus resultam também da dificuldade de que Deus como grandeza pessoal não pode ser invocado sem um nome, mas de que qualquer atribuição de nome representa também uma transgressão inadmissível. – **(1)** Dessa contradição surge uma rica teologia dos nomes de Deus no AT e no NT. No entanto, nem sempre é possível atribuir de modo inequívoco os textos veterotestamentários a determinadas categorias na decodificação dos nomes de Deus. O nome de maior complexidade é dado a Moisés como revelação central de Deus: YHWH (Ex 3,14). Esse tetragrama resolve a contradição da seguinte forma: Deus pode ser invocado na forma como Ele mesmo se identifica; ao mesmo tempo, porém, cabe àqueles que usam seu nome descrever a presença daquele "que é"; ou seja, o nome de Deus exige uma teologia. O "sacrifício" de Isac trata da relação entre os dois nomes veterotestamentários principais ELHM (*Elohim*) e YHWH (Gn 22): YHWH se identifica com ELHM e deseja "revelar-se" como salvador devido à violência no nome de Deus (Gn 22,14). A proibição de imagens nos Dez Mandamentos serve também contra apropriações indevidas dos nomes de Deus (Ex 20,4). No NT, destaca-se o *abba* (bom pai) de Jesus, um título de honra com extraordinária conotação pessoal. *Abba* se distingue claramente do *pater* romano, que, como senhor sobre a vida e a morte na família representa a diferença hierárquica. Nesse sentido, a ênfase do Pai-nosso está claramente em "nosso", e não no "Pai". Além disso, o nome *Abba* pretende descrever menos as qualidades masculinas e patriarcais de Deus, antes quer apresentá-lo como pessoa de referência acessível, que irradia proximidade, calor e benevolência. O Pai-nosso expressa a santificação dos nomes de Deus por meio de um *passivum divinum*, porque apenas Deus consegue corresponder a seu nome. O emprego humano facilmente se perde no poder desse nome. Semelhantemente, o próprio Deus garante na Grande Comissão (Mt 28,19) sua presença nos nomes do Pai, do Filho e do Espírito Santo. – **(2)** Entre as teologias da Igreja antiga, destaca-se a teologia apofática do nome, desenvolvida por Pseudo-Dionísio Areopagita (séculos V/VI, obra: *Peri theion onomaton*): Seguindo o pensamento neoplatônico, o próprio Deus é uma grandeza que não pode ser denominada, no entanto, a eficácia do Deus desconhecido permanece expressamente identificável. Desde então, a teologia se encontra na tensão entre designação e transgressão. No Oriente, o palamismo medieval discute esse tema intensamente (a partir do século XIV). A briga gira em torno do problema da cognoscibilidade das energias divinas além do conhecimento teológico. No Ocidente, impõe-se a tradição da designação positiva, como nas provas da existência de Deus de Tomás de Aquino ([† 1274] "[...] todos chamam isso de Deus": STh I q2 a3). K. Rahner († 1984) reúne ambas as vertentes em seu conceito de Deus como "mistério permanente", que, mesmo assim, tem no ser humano "a abreviatura, o próprio código de Deus". – **(3)** O magistério não trata dos nomes de Deus, apesar de o problema ser ponderado com precisão extraordinária. O IV Concílio de Latrão determina em 1215 que Deus é *ineffabilis* (DH 800). Uma representação de Deus por meio de adjetivos que acessem aquilo ou quem Ele é em última instância permanece impossível. O Concílio Vaticano I acata esse entendimento no modo adverbial: Deus é superior a tudo de modo *ineffabiliter*, ou seja, de modo inefável (DH 3.001). A inefabilidade se torna signo do poder divino, e cada designação aumenta sua superioridade. O Concílio Vaticano II reconhece também a busca de outras religiões por designações para o transcendente e o mistério divino (Concílio Vaticano II, NA 2). – **(4)** Entre as confissões, os nomes de Deus não são contestados, contanto que sejam atribuídos à autorrevelação de Deus e não à teologia natural. Autores ortodoxos importantes (como, p. ex., G. Palamas [† 1359]) advertem contra as tentativas de estabelecer uma oposição entre os nomes de Deus na teologia natural e na teologia da revelação. – **(5)** A tradição mística revela que os nomes de Deus apresentam inevitavelmente uma parte inominada. No entanto, vale também que o Deus que se faz conhecido com seu nome entre os seres humanos, se faz presente de forma anônima também entre aqueles, que se recusam a esse nome. Essa onipresença transcendental confere um poder imanentemente eficaz aos nomes de Deus. Esse poder pode ser transformado facilmente na violência de um terrorismo religioso, fazendo com que Deus se torne um sério problema político para a civilização globalizada. Ao mesmo tempo, em virtude do mesmo problema, os nomes de Deus são uma grandeza unificadora das três religiões monoteístas e servem como barreira contra a violência fundamentalista. Servem também para hermenêuticas não religiosas de Deus como na filosofia pós-moderna.

Lit.: STOCK, A. *Poetische Dogmatik: Christologie*. Vol. 1: Namen. Paderborn et al., 1995. • LINK, C. *Die Spur des Namens*. Neukirchen-Vluyn, 1997 [Theologische Studien 1]. • JUERGENSMEYER, M. *Terror im Namen Gottes* – Ein Blick hinter die Kulissen des gewalttätigen Fundamentalismus. Friburgo/Basileia/Viena, 2004. • YOUNG, W.W. *The politics of praise* – Naming God and friendship in Aquinas and Derrida. Aldershot, 2007. • DALFERTH, I.U. (org.). *Gott nennen* – Gottes Namen und Gott als Name. Tübingen, 2008. • KHAMEHI, Z. (org.). *Die 99 Namen Gottes* – Zeugnisse aus Islam, Christentum und Judentum. Düsseldorf, 2008. • STUBENRAUCH, B. "Vom Namen Gottes in Israel zum Namen des Dreifaltigen". *BiKi*, 65, 2010, p. 100-104.

Hans-Joachim Sander

Número dos sacramentos ↑ *instituição dos sacramentos,* ↑ *sacramentais,* ↑ *sacramentalidade da Igreja,* ↑ *palavra e sacramento*. – A determinação do número dos sacramentos depende do conceito de sacramento que se aplica. Na tradição bíblica, existe apenas *um único* "sacramento": o "mistério" (em grego: *mysterion*) de Deus manifesto em Jesus Cristo. Principalmente *dois* sacramentos (Batismo e Eucaristia) podem ser remetidos à instituição por Jesus e apresentam um elemento sensualmente perceptível. A contagem de *sete* sacramentos na história da tradição tem um significado também simbólico (adição do número divino "três" e do número cósmico "quatro"), mas se apoia também em conhecimentos antropológicos e eclesiológicos. Outros conceitos de sacramento contemplam também *toda a criação* como lugar da manifestação de Deus no tempo e na história. – **(1)** O NT não conhece um termo geral para aqueles atos simbólicos que, mais tarde, a tradição eclesiástica incluirá na lista dos sete sacramentos. No entanto, é possível que exista também um vínculo linguístico com o testemunho bíblico, já que, nas primeiras traduções da Bíblia, a palavra latina *sacramentum* substituía o termo grego *mysterion*. O "mistério da sabedoria oculta de Deus" (1Cor 2,7) se revelou em Jesus Cristo; Ele é o "mysterion tou theou" (Cl 2,2). Jesus Cristo é o sacramento *uno* de Deus. Cada sacramento tem como fundamento a ação pascoal de Deus por meio de Jesus Cristo no Espírito Santo, por isso, a tentativa de determinar o número dos sacramentos em correspondência com as palavras bíblicas de instituição do Jesus terreno é teologicamente inadequada. Mesmo assim, desde muito cedo o ↑ Batismo, a ↑ Eucaristia, o ↑ Sacramento da Reconciliação e o ↑ Sacramento da Ordem foram considerados sacramentos em virtude das respectivas palavras de instituição. Todos os sete atos simbólicos chamados de sacramentos pela tradição (também a ↑ Crisma, o ↑ Matrimônio e a ↑ Unção dos Enfermos) apresentam vínculos com a vida de Jesus e a era bíblica da Igreja jovem. – **(2)** Para os dois primeiros séculos, não temos nenhum registro de reflexões sobre o número dos sacramentos. Na literatura patrística do século III, torna-se comum definir o Batismo e a Eucaristia como os dois *sacramenta maiora*. Até a virada do primeiro milênio, a teologia sacramental seguiu basicamente as linhas esboçadas por Agostinho († 430). Em virtude da vinculação do conceito do sacramento ao *elementum* (água ou pão e vinho) – que Agostinho compreendia de modo objetivo e concreto –, ele sofreu uma concreção que determinou sua acepção durante muito tempo: "Accedit verbum ad elementum et fit sacramentum, etiam ipsum tamquam visibile verbum" (Io. eu. tr. 80,3: A palavra se une ao elemento e o transforma em sacramento, que também deve ser [chamado de] palavra visível). Mais tarde, as sentenças de Pedro Lombardo († 1160) se tornaram influentes: nelas se encontra uma lista e classificação dos sete sacramentos (Sent. IV d2 c1). A especulação escolástica se concentrou na pergunta sobre o modo de ação dos sacramentos, definindo agora o conceito do sacramento com recurso à distinção entre *materia* e *forma* (↑ hilemorfismo). A adoção da terminologia hilemórfica permitiu uma compreensão pessoal das dimensões sacramentais. O número de sete sacramentos, que veio se impondo desde a virada do primeiro milênio, recebeu o apoio de múltiplas tentativas de classificação na escolástica. Tomás de Aquino († 1274) forneceu uma fundamentação antropológica, representando os sete signos sacramentais como estações no caminho do homem para Deus, mas descrevendo-os também como remédio para a cura ou evitação de danos (cf. STh III q65 a1). – (**3**) A definição dos sete sacramentos pela tradição latina ocidental influenciou também a teologia do Oriente cristão. Isso se evidencia no fato de que os dois concílios de União de Lyon (1274) e Florença (1439) defendem os sete sacramentos (DH 860; DH 1.310). Em 1547, o Concílio de Trento reforçou esse número, remetendo-o à instituição por Jesus Cristo (DH 1.601). – (**4**) Juntamente com a tradição católica romana, as doutrinas das igrejas ortodoxa, veterocatólica e anglicana também defendem este número de sacramentos. Declarações sobre o conceito geral dos sacramentos são raras em M. Lutero († 1546). Para ele, o critério decisivo para definir um ato eclesiástico como sacramento é (seguindo a tradição agostiniana) a presença de um *elementum* (signo sensual), que se transforma em *verbum visibile* (palavra visível) por meio do *verbum*. Nos escritos de Lutero, essa determinação concorre com a vinculação dos atos sacramentais a uma palavra de instituição (*institutio*), que sem dúvida alguma existe para o caso do ↑ Sacramento da Reconciliação, mas que não apresenta nenhum *elementum*. A preocupação de Lutero de corresponder ao testemunho da Escritura o levou também para a redescoberta do centro cristológico do conceito do sacramento. Ele descreve todos esses aspectos no escrito "De captivitate babylonica" (1520): Em correspondência com o *usus scripturae* (o emprego na Escritura), devemos falar de Jesus Cristo como sacramento uno e dos três signos sacramentais do Batismo, da Eucaristia e da Reconciliação (WA 6,501,37s.). No sentido restrito da palavra, porém, Lutero prefere falar de apenas dois sacramentos, pois, apesar de a Penitência ter sido instituída, falta-lhe o signo visível (WA 6,572,10-22). A fala dos dois sacramentos, acatada também pelo Catecismo Maior (1529) (cf. BSLK 557; 36; 691,6) se impôs na tradição confessional luterana. No entanto, os credos luteranos demonstram certa abertura em relação ao tema: ApolCA 13,4 inclui a ↑ Absolvição nos (três) sacramentos, pois existe para ela uma ordem de Deus (*mandatum Dei*) e uma promessa da graça (*promissio gratiae*) (cf. BSLK 292,24-29). As diferenças confessionais referentes ao número dos sacramentos vêm sendo discutidas desde o início do movimento ecumênico. A ideia do caráter analógico do conceito do sacramento legitima definições divergentes do número dos sacramentos, permanecendo incontestada, porém, a primazia do Batismo e da Eucaristia como *sacramenta maiora* (em oposição aos *sacramenta minora*) em toda a teologia cristã. – (**5**) Até os meados do século XX, podemos comprovar uma fundamentação cristológica do conceito sacramental na teologia católica romana. Tomando como base o consenso teológico da fala bíblica de Jesus Cristo como sacramento uno, todas as outras formas de contagem podem ser discutidas abertamente. Os dois sacramentos do Batismo e da Eucaristia se destacam em vários níveis: Têm como fundamento uma promessa bíblica, na qual um ato verbal se une a um ato simbólico sensualmente perceptível, e são de relevância especial para a Igreja (inclusão na comunhão eclesiástica por meio do Batismo e atualização da comunidade da fé na celebração da Eucaristia). Os cinco outros sacramentos recorrem à situações especiais da vida dos indivíduos para evidenciar suas referências cristológicas e soteriológicas: o início de uma parceria (Matrimônio), uma doença grave (Unção dos Enfermos), o enlaçamento com a culpa (Reconciliação), a disposição para assumir a responsabilidade pela participação na comunidade da fé (Crisma) e a entrada num ministério oficial (Ordem). Devemos diferenciar entre a determinação conceitual de um ato litúrgico simbólico como sacramento e a decisão referente à sua eficácia: Atos não sacramentais também agem no poder do Espírito Santo. As atribuições dos sacramentos à existência eclesiástica e à biografia de um ser humano têm comprovado sua utilidade ao longo da história da tradição. Outros lugares biográficos para atos sacramentais são cogitados em contextos da teologia prática (p. ex., transições no ritmo social e biológico das famílias), mas até agora não conseguiram se impor.

Lit.: a) e c) FABER, E.-M. *Einführung in die katholische Sakramentenlehre*. 2. ed. Darmstadt, 2009, esp. p. 19-71. • SCHNEIDER, T. *Zeichen der Nähe Gottes – Grundriss der Sakramententheologie*. 9. ed. Mainz, 2008, esp. p. 1-56. • KRAUS, G. "Siebenzahl und Einsetzung der Sakramente". *Den Glauben heute verantworten*. Frankfurt a.M., p. 280-299. • LEHMANN, K. & PANNENBERG, W. (orgs.). *Lehrverurteilungen; kirchen-*

trennend? – Vol. 1: Rechtfertigung, Sakramente und Amt im Zeitalter der Reformation und heute. Friburgo/Göttingen, 1986 [Dialog der Kirchen 4]. • FINKENZELLER, J. *Die Lehre von den Sakramenten im allgemeinen*. 2 vols.: HDG 4/1a; 4/1b. Friburgo/Basileia/Viena, 1980/1981. • BOFF, L. *Kleine Sakramentenlehre*. Düsseldorf, 1976.

Dorothea Sattler

Obra de penitência ↑ *indulgência,* ↑ *absolvição,* ↑ *arrependimento,* ↑ *Sacramento da Reconciliação,* ↑ *pecado e culpa,* ↑ *confissão dos pecados*. – A obra de penitência humana deve ser vista no contexto do Sacramento da Reconciliação como exigência imposta ao ser humano arrependido após a confissão dos pecados e a absolvição pelo sacerdote ou bispo. Como terceiro ato a ser realizado pelo penitente, a obra de penitência serve para a remissão das penas temporais. Ao longo da história, a obra de penitência sofreu muitas mudanças, mas sempre dominou a vontade de evidenciar o vínculo entre a celebração litúrgica e a vida do ser humano pecaminoso na vida pública da Igreja e sociedade. – **(1)** Os escritos bíblicos testificam em numerosas passagens a preocupação com uma reconciliação ativa entre seres humanos como mandamento divino (cf. Gn 33: a reconciliação entre os irmãos Jacó e Esaú). Segundo a compreensão bíblica, atos pecaminosos têm consequências que prejudicam a sociedade de forma duradoura (cf. o efeito da mentira ou da fala difamatória: Eclo 37,16-18; Pr 18,21; 26,28). Em face do sofrimento como efeito da conduta pecaminosa (relação causa/efeito), a reconciliação entre as pessoas só pode ser bem-sucedida se vier acompanhada da disposição para reparar o dano causado. Atos simbólicos considerados profissões públicas de arrependimento são o jejum, a oração e atos de caridade (Is 58,1-12; Jl 2,12-18; Tb 4,7-11; Mt 6,5-24). – **(2)** No início da história do cristianismo, discutia-se se, após o Batismo (compreendido como *primeira* penitência), existia a possibilidade de uma segunda penitência para pessoas que haviam cometido um erro grave diante de Deus e de seus próximos. A diferença em relação ao Batismo consistia no cumprimento obrigatório de uma obra de penitência antes do retorno à comunhão eclesiástica: exercícios de penitência pública (uso do cilício, jejum, vida abstinente) expressam também de forma externamente visível o arrependimento de uma pessoa batizada que caíra no pecado. Até a virada do primeiro milênio, a obra de penitência precisava ser cumprida antes da absolvição e reconciliação. Tornou-se então prática comum conceder, sob determinadas condições, a absolvição já antes do cumprimento da penitência, mas preservando a obra de penitência como elemento essencial da penitência pessoal. A forma de um exercício de penitência (meramente) simbólico sem nenhum vínculo evidente com o pecado cometido começou a se desenvolver já em tempos bíblicos e se tornou cada vez mais dominante e se concretiza ainda hoje na forma de uma oração penitencial. As exposições de Tomás de Aquino († 1274) sobre a obra penitencial no contexto de sua doutrina da *materia* do Sacramento da Penitência (STh III q84-90) tiveram um grande efeito sobre a história da teologia: Nos sofrimentos causados pelo o pecado, evidencia-se a alteração da boa ordem da criação de Deus. As penas têm um efeito terapêutico como advertência para o arrependimento. A obra penitencial não é um castigo adicional de Deus ou da Igreja, mas serve para o aperfeiçoamento e visa à reconciliação. – **(3)** As decisões do magistério sobre o Sacramento da Reconciliação e, portanto, também sobre a obra penitencial foram tomadas no contexto das controvérsias teológicas: O decreto aos armênios do Concílio de Florença (1439) considera a obra penitencial um dos três atos do penitente, que representam a *materia* do Sacramento da Penitência (DH 1.323). Cabe ao sacerdote determinar a forma da obra penitencial; normalmente consiste de orações, exercícios de jejum e doações caritativas. O Concílio de Trento defende a prática eclesiástica da penitência para a remissão das penas temporais. A obra penitencial não é uma invenção puramente humana e não conflita com a eficácia da ação salvífica exclusiva de Deus em Jesus Cristo (cf. DH 1.704; 1.712-1.715). A liturgia renovada após o Concílio Vaticano II do Sacramento da Reconciliação (*Ordo Paenitentiae*, de 1973) vê a obra de penitência como possibilidade de expressar a dimensão social da reconciliação; pretende ser uma ajuda no caminho contínuo do arrependimento e cuja forma deve corresponder à natureza dos atos pecaminosos. – **(4)** As ressalvas expressadas pela teologia ortodoxa frente à doutrina católica romana da eficácia da obra penitencial precisam ser vistas no contexto do reconhecimento da purificação escatológica e da indulgência. As obras penitenciais, chamadas de *epitimias* pela tradição ortodoxa, têm, portanto (segundo a opinião da maioria dos patriarcas), um significado puramente médico-terapêutico; servem para a cura das feridas causadas pelo pecado e pretendem causar uma melhora duradoura. A forte crítica reformada às obras penitenciais no Sacramento da Reconciliação se deve à proximidade entre os temas da penitência e da indulgência. Segundo Martinho Lutero († 1546), a melhor penitência é uma vida nova. Com isso, opôs-se à noção segundo a qual a obra penitencial teria um caráter vindicativo retroativo no sentido de um perdão divino dos pecados por meio de imposições penitenciais adicionais. Segundo Lutero, a penitência realizada após a absolvição levantaria também a suspeita de que a concessão do perdão de Deus estaria ligado a uma obra humana a ser realizada antecipadamente. Lutero refuta a obra penitencial como prática eclesiástica em desacordo com as Escrituras, que, em vez de confortar, assusta a consciência das pessoas. Considera suficientes o arrependimento e a fé confiante para uma penitência eficaz. Ao mesmo tempo, demonstra compreensão (na tradição de Agostinho) pela realidade do sofrimento como consequência do pecado, que precisa ser superado num evento de reconciliação pessoal. – **(5)** Na segunda metade do século XX, a teologia católica romana fez uma reavaliação da essência das penas temporais, que teve consequências para a acepção tanto da obra penitencial como da indulgência. Baseando-se em extensos estudos sobre a história do Sacramento da Reconciliação, K. Rahner († 1984) advogou uma virada antropológica na interpretação das penas temporais como consequências de atos pecaminosos que, por meio de atos de penitência pessoal, deveriam ser consideradas pelo menos simbolicamente e contidas com a maior eficácia possível. Nesse contexto, seria adequado desenvolver formas de obras penitenciais no sentido de uma penitência que preservasse alguma relação visível com o ato pecaminoso. No contexto ecumênico, esse ponto de vista pode abrir novos caminhos, pois o perdão divino não estaria mais vinculado a uma obra penitencial humana; expressa-se assim a busca por uma reconciliação holística. É essencial que o esforço humano pela reconciliação seja compreendido como resposta ao ato reconciliatório precedente de Deus em Jesus Cristo, que deve se manifestar na vida dos batizados de modo simbólico. A disposição dos seres humanos para gestos reconciliadores é obra do Espírito Santo.

Lit.: a) FABER, E.-M. *Einführung in die katholische Sakramentenlehre.* 2. ed. Darmstadt, 2009, p. 137-141. b) e c) SATTLER, D. *Gelebte Busse* – Das menschliche Busswerk (satisfactio) im ökumenischen Gespräch. Mainz, 1992. • VORGRIMLER, H. *Busse und Krankensalbung.* Friburgo/Basileia/Viena, 1978, esp. p. 93-99, 185-186 [HDG 4/3].

Dorothea Sattler

Obras ↑ *liberdade,* ↑ *fé,* ↑ *graça/teologia da graça,* ↑ *cultura,* ↑ *justificação.* – Para a teologia da graça, as obras são os bons atos de amor que, após a justificação, nascem da fé e fornecem o critério para o Juízo. – **(1)** No AT, o termo "obras" é normalmente empregado no louvor às obras maravilhosas do Deus criador. Quando é aplicado ao ser humano, refere-se na maioria das vezes às obras criativas do trabalho e apenas raramente aos atos éticos. Tobias resume as boas obras mais relevantes do ponto de vista veterotestamentário (Tb 3,3-19; 12,6-9) e ressalta: "É o Senhor quem dá todos os bens" (Tb 4,19). No NT, o termo raramente se aplica às obras da criação, mas com frequência às obras salvíficas de Jesus Cristo e muitas vezes às obras éticas dos cristãos batizados. Todo o NT exige e preza as boas obras (Mt 5,16; At 9,36; Rm 13,3; Ef 2,10; Cl 1,10; Tg 2,17; 1Pd 2,12). São vistas como dádiva de Deus (2Cor 9,8; Fl 1,6) ou de Jesus Cristo (Cl 3,17; 2Ts 2,17). Seu significado segue duas vertentes principais: Por um lado, servem para a honra de Deus como doador de todas as dádivas boas (Mt 5,16; 2Cor 9,8; 1Pd 2,12); por outro, são elemento decisivo do Juízo definitivo, que ocorre de acordo com as obras (Rm 2,6; 2Cor 5,10, mais precisamente: de acordo com as obras do amor (Mt 25,31-46). Quando Paulo enfatiza a justificação "somente pela fé" (Rm 1,17; 3,28) e fortemente refuta a justificação pelas obras da lei (Rm 3,20; Gl 2,16), refere-se àquelas obras "que a lei e suas exigências incitam no egoísmo de cada pessoa que não crê, obras da injustiça e obras da presunção" (SCHLIER, H. *Römerbrief,* p. 117). Paulo faz uma distinção clara entre as obras negativas da lei e as obras boas, que ele incentiva expressamente (Rm 13,3; Fl 1,6), vinculando-as intimamente à fé: A fé se manifesta no amor (Gl 5,6). A justificação pela fé produz o fruto da boa obra (Rm 7,4; 2Cor 9,10). Também para Tiago as boas obras são consequência necessária da fé viva: A fé sem obras do amor é uma fé morta; ela se aperfeiçoa apenas por meio das obras (2,14-26). – **(2)** Na história dos dogmas, as boas obras se tornam um problema teológico agudo em Agostinho († 430): Ele defende contra o pelagianismo que elas não provêm do esforço humano, mas da ação graciosa de Deus; contra o semipelagianismo, ressalta que o início da fé se deve não às boas obras do ser humano, mas apenas à ação desmerecida do amor de Deus. No início da escolástica e na escolástica tardia, a definição da disposição humana recorre a formulações semipelagianas: As boas obras, como a oração e a contrição, são vistas como causa da preparação para a justificação. A posição geral defendida pela escolástica é: A "fé formada pelo amor" (*fides caritate formata*) é o fundamento da justificação; o homem justificado pode aumentar a graça por meio de boas obras; as boas obras apresentam um caráter meritório. M. Bajus († 1589) faz uma avaliação negativa das boas obras de pecadores e não cristãos, pois, para ele, todas as obras dos infiéis são pecado. P. Quesnel († 1719) segue a mesma linha de raciocínio e afirma que a oração do pecador também é pecado. – (3) O Segundo Sínodo de Orange (529) declara contra o semipelagianismo que todas as obras humanas que preparam o homem para a justificação são dádiva da graça (DH 376) e que toda boa obra se inicia pela ação de Deus (DH 397). Em 1547, o Concílio de Trento defende contra M. Lutero († 1546) o valor positivo das boas obras (DH 1.535; 1.574; 1.582) e o aumento da graça por meio destas (DH 1.539; 1.575). Por outro lado, o concílio reafirma a preocupação fundamental de Lutero: É o poder de Cristo que provoca todo o bem nos justificados, i.e., ele precede suas obras, as acompanha e as sucede (DH 1.546); a despeito do alto valor das boas obras, o cristão não deve louvar a si mesmo, mas precisa dar toda a honra a Deus (DH 1548). Declarações dos papas enfatizam – contra Bajus ([† 1589] DH 1.925) e Quesnel ([† 1719] DH 2459) – o valor positivo das boas obras dos não cristãos e pecadores. – (4) Em sua luta pela preservação da graça e da honra de Deus, Lutero e os outros reformadores combatem vigorosamente a santificação pelas obras – dominante na época –, que defendia uma autojustificação do ser humano pelo mérito das boas obras. Lutero subordina as boas obras aos dois princípios "somente pela graça" (*sola gratia*) e "somente pela fé" (*sola fide*). As boas obras graciosas resultam necessariamente como frutos da fé, não para a honra própria, mas exclusivamente para o louvor de Deus (cf. tb. a adoção dessa posição fundamental em CA 4.6 e ApolCA 4.20). À pergunta: "Por que devemos praticar boas obras?" o catecismo reformado de Heidelberg (pergunta 86) responde com três razões: a) como ação de graças e louvor pelas boas obras de Deus; b) para a comprovação da nossa fé por meio de seus frutos; c) para a conquista do próximo para Cristo. A teologia protestante (sempre partindo do pressuposto da justificação somente pela fé) ressalta a ligação íntima entre fé e conduta ética. No ecumenismo, existe um consenso amplo entre as teologias protestante e católica: Somente a fé justifica, mas ela precisa se manifestar em boas obras do amor, pois o Juízo definitivo ocorre de acordo com as obras. A fé é o fundamento real, suas boas obras são o fundamento do conhecimento da salvação. – (5) Na teologia dogmática, o problema das boas obras se insere profundamente no contexto dos temas da graça, da justificação, da fé, do amor e do juízo. Uma reavaliação da posição da teologia católica resulta em várias proposições fundamentais: 1) *Graça e obras*: As boas obras nunca se devem a um esforço próprio do ser humano; antes são provocados e sustentados pela graça de Deus. 2) *Justificação e obras*: Na justificação, as boas obras não exercem – nem em sua preparação nem em sua execução – um papel causal; a justificação ocorre independentemente delas apenas pela fé concedida por Deus. 3) *Fé e obras*: A fé, que justifica independentemente das obras, necessariamente passa a praticar boas obras após a justificação. Existe uma unidade interna entre dádiva salvífica (*indicativo*) e obrigação salvífica (*imperativo*): A dádiva inicial da justificação pela fé exige comprovação e testemunho por meio dos atos. 4) *Amor e obras*: A fé do justificado se expressa no amor. As boas obras da fé são, portanto, atos do amor. Sem o motivo do amor, as obras da fé nada servem. 5) *Juízo e obras*: No Juízo definitivo, as obras boas ou más servirão como critério para a salvação ou para a perdição eterna do indivíduo. Apenas os fiéis que provaram ser praticantes da Palavra por meio das obras do amor a Deus e ao próximo subsistirão perante o juiz Jesus Cristo.

Lit.: KÜNG, H. *Rechtfertigung*. 4. ed. Einsiedeln, 1964, p. 80-88, p. 243-266. • PÖHLMANN, H.-G. *Abriss der Dogmatik*. Gütersloh, 1973, p. 206-208. • PÖHLMANN, H.-G. *Rechtfertigung*. Gütersloh 1971, p. 256-283. • SCHLIER, H. *Der Römerbrief*. 2. ed. Friburgo/Basileia/Viena, 1979 [HThK 6]. • MODALSLI, O. *Das Gericht nach den Werken – Ein Beitrag zu Luthers Lehre vom Gesetz*. Göttingen, 1963. • PESCH, O.H. *Theologie der Rechtfertigung bei Martin Luther und Thomas von*

Aquin. Mainz, 1967. • PETERS, A. *Glaube und Werk* – Luthers Rechtfertigungslehre im Lichte der Heiligen Schrift. Berlim, 1967. • SCHÜTZEICHEL, H. "Die guten Werke der Gerechtfertigten in der Sicht Calvins". *Cath(M)*, 53, 1999), p. 33-53. • PESCH, O.H. *Hinführung zu Luther*. 3. ed. Mainz, 2004, p. 297-310. • HILBERATH, B.J. & PANNENBERG, W. (orgs.). *Zur Zukunft der Ökumene*. Regensburgo, 1999.

Georg Kraus

Ofício na Igreja ↑ *sucessão apostólica,* ↑ *apostolicidade na Igreja,* ↑ *bispo,* ↑ *sacerdócio comum,* ↑ *diácono,* ↑ *hierarquia,* ↑ *leigos,* ↑ *papa,* ↑ *sacerdote,* ↑ *Sacramento da Ordem.* – Sob o conceito do ofício (em alemão: *Amt*, do céltico: *amb[i]aktos*, o enviado, mensageiro; em alto-alemão antigo: *ambahti*, prestação de serviço, tarefa), entende-se uma função oficial investida de certos deveres e tarefas dentro de uma comunidade. Características são uma nomeação regulamentada, uma função duradoura (não necessariamente vitalícia), o reconhecimento da comunidade (que, na maioria das vezes, se manifesta em títulos fixos), autoridade e dignidade, garantias jurídicas e financeiras. O ofício na Igreja é a concretização dessa descrição na instituição da Igreja de Cristo; nesse sentido, é uma expressão de sua essência. – **(1)** A estrutura do povo da aliança veterotestamentária prevê em primeira linha ofícios políticos (anciãos, juízes, reis) e ofícios religiosos (sacerdotes), aos quais se juntam também os profetas – no fundo, porém, essa diferenciação não é importante, pois, de um lado, todos os processos da vida são qualificados como "espirituais" em virtude de seu vínculo com Javé e, por isso, têm tarefas espirituais, de outro, tais processos são atribuídos também ao povo como um todo (Ex 19,5s.; adotado em 1Pd 2,9 para o povo da aliança neotestamentária). Assim como Jesus não fundou uma igreja em termos jurídico-formais, também não instituiu o ofício na Igreja em termos jurídico-formais. A princípio, os "Doze" também são representantes do novo povo de Deus; tornam-se líderes das novas congregações apenas após a Páscoa. No entanto, a Igreja de Pentecostes como um todo se compreende a si mesma e seu ofício, que começa a se formar logo em seguida, como inspirados pelo Espírito do seu Senhor. A Igreja como tal está sob o envio do Filho do Homem (Mc 10,45; Lc 22,27); assim, todas as suas funções (cf. Rm 12,6-8; 1Cor 12,4-11.28-31a) são fundamentalmente *diakonia*, um serviço dentro da missão geral da Igreja (1Cor 12,5.27; 2Cor 4,1; 5,18; Ef 4,12). O ofício está integrado a ela *a limine* e de forma essencial, ou seja, só cumprirá sua tarefa se permanecer fiel a seu nome (cf. acima) de ser "serviço" (em latim: *ministerium*, derivado de *minus*: menos). Nas primeiras congregações, essa teologia gera uma multiplicidade de formas e designações do ofício da Igreja (bispo, sacerdote, diácono) em virtude da missão fundamental de preservar a tradição apostólica de acordo com a situação da Igreja local. Segundo 1Pd 2,9, toda a Igreja é, no fim das contas, "oficializada". – **(2)** Com a ampliação e a solidificação da organização eclesiástica graças a seu contínuo crescimento geográfico e do aprofundamento teológico relacionado a esse processo (inclusão de novas formas de pensamento), o ofício na Igreja também é ampliado e solidificado. Os seguintes fatores exerceram um papel decisivo ao longo dos séculos:

• A limitação do ofício aos homens e uma exclusão firme das mulheres, que inicialmente eram admitidas (a partir do final do século I).

• Uma divisão em três níveis de ofício (superior) (*episcopos*/bispos; *presbíteros*/sacerdotes; diáconos). Ao lado desses, existem outros comissionamentos oficiais (*leitor, ostiário, exorcista e acólito*), mas que, ao contrário dos ofícios acima mencionados, não são instituídos por meio da imposição de mãos (a partir do século II).

• Os ofícios superiores são praticados em tempo integral (a partir do século III).

• A enfatização das tarefas do Bispo de Roma como magistrado supremo, especialmente a partir do início do século V.

• A validade dos atos oficiais independentemente da santidade do portador do ofício, já que estes ocorrem "*in persona Christi*" (mais tarde, ↑ *ex opere operato*) a partir do conflito com os donatistas do século V.

• *Iunctim* entre os ofícios superiores e o celibato (após inícios na Igreja antiga e obrigatório desde o século XI).

• A "sacerdocialização" por meio do foco na ministração da Eucaristia a partir da Idade Média.

• Vinculado a isso, a diferenciação entre os portadores de ofícios (clérigos) e os não portadores de ofícios como qualidades ontológicas (Direito

Canônico desde o século XII).

• A ênfase na vitaliciedade da nomeação para um ofício na Igreja por meio do desenvolvimento do *theologumenon* do *character indelebilis* (caráter indelével) na Idade Média.

• Uma identificação intensificada entre o ofício na Igreja e a própria Igreja com ênfase especial na função universal do ofício do bispo romano, a partir da Contrarreforma.

(3) Devido ao questionamento do ofício tradicional na Igreja por parte dos reformadores, o magistério se vê forçado a assumir uma postura em defesa do ofício no Concílio de Trento (DH 1.767-1.778): Existe um sacerdócio sacramental instituído por Cristo (DH 1.773: *a Christo [...] institutum*) com poderes plenos de consagração e absolvição, que confere uma característica inextinguível, motivo pelo qual reordenações não são permitidas. A hierarquia de três níveis (*episcopi, presbiteri e ministri,* diáconos) com o bispo no topo (plenos poderes exclusivos de ministrar os sacramentos da Crisma e da Ordem) se fundamenta numa instituição divina (DH 1.776: *divina ordinatione instituta*). A dimensão sacerdotal permanece em primeiro plano, pois o Concílio se viu incapaz de resolver o problema da jurisdição (relação papa-bispos); ele foi excluído de suas decisões. As correções necessárias são feitas apenas no Concílio Vaticano II, que fortaleceu a posição sacramental e jurisdicional do bispo (LG 21; CD 8). Ao mesmo tempo, o retorno ao sacerdócio comum de todos os fiéis leva a um fortalecimento e desenvolvimento do ofício na Igreja realizado pelos leigos, que, por motivos de uma diferenciação mais clara, é chamado de "serviço" conferido por meio de um envio (*missio*): assistentes pastorais, assistentes congregacionais, professores de religião, leitores e acólitos (Papa Paulo VI, Motu proprio *Ministeria quaedam* 1972). Devido à escassez de padres nos dias atuais, pessoas leigas passaram a executar "oficialmente" (no sentido dos critérios mencionados) numerosas atividades que antes eram reservadas à hierarquia: funções educacionais e formativas em todos os níveis, diaconia, funções de liderança nos ordinariatos. – **(4)** A compreensão ortodoxa do ofício na Igreja concorda nos pontos essenciais com a acepção católica romana; a única exceção é o ofício do papa. Figura central na ortodoxia é o bispo da Igreja local (*eparquia*). As diferenças entre as concepções reformadas e católicas sempre representaram um obstáculo considerável no caminho para o ecumenismo, sendo hoje, talvez, a última razão grave para a divisão. Além de os reformadores, e com eles todas as igrejas reformadas, rejeitarem o ofício do bispo romano como papa, refutam também o caráter sacramental do ofício na Igreja e sua fundamentação no direito divino: veem-no como parte da constituição congregacional puramente humana. O próprio Martinho Lutero († 1546) e seus primeiros seguidores ainda enfatizam, contra os batistas, certa autonomia do ofício em relação à congregação (WA 28,470; 30/3,525; 50,633). Segundo Felipe Melâncton († 1560), o portador do ofício representa Cristo (ApolCA 7,28.47). Hoje, ambas as tendências são defendidas dentro do luteranismo. O ponto de conflito real tanto com os ortodoxos quanto com os católicos é a questão da sucessão apostólica. Esta é condição imprescindível (doutrina católica ortodoxa) para que os portadores do ofício na Igreja possuam também os poderes plenos de consagração; por isso, uma intercomunhão não é possível. Novos diálogos indicam caminhos que poderiam levar a um reconhecimento dos ofícios na base de uma teologia da sucessão que leve em consideração todos os aspectos da apostolicidade. – **(5)** É inerente ao ofício na Igreja uma racionalidade dupla: por um lado, é constituído como serviço essencial da Igreja como corpo multifacetado e carente de muitos órgãos, por outro, apresenta um foco cristológico, no sentido de que ele vive completamente da vontade salvífica de Deus na diaconia por meio de Cristo. O *ministerium* (serviço) não exclui a *potestas* (poder, plenos poderes), antes a inclui, contanto que participe como autoridade na multiplicação da salvação (*auctoritas* provém de *augere*, multiplicar). Isso só pode ocorrer no consenso e na consonância com a *communio* do povo de Deus como um todo, que, como sacerdócio real, também exerce funções oficiais. Hoje em dia, elas dependem de uma regulamentação jurídica. Um assunto ainda muito delicado no diálogo intra e intereclesiástico é a pergunta referente à extensão das possibilidades do acesso das mulheres ao ofício eclesiástico.

Lit.: BEINERT, W. *Amt, Tradition, Gehorsam*. Regensburgo, 1998. • DEMEL, S. *Frauen und kirchliches Amt*. Friburgo/Basileia/Viena, 2004. • FÜHRER, G. *Das Amt der Kirche*. Neuendettelsau, 2001. • HOFFMANN, P. *Priesterkirche*. Düsseldorf, 1987. • SCHNEIDER, T.; SATTLER, D. & WENZ, G. (orgs.). *Das* *kirchliche Amt in apostolischer Nachfolge*. 3 vols. Friburgo/Göttingen, 2004-2008. • SCHILLEBEECKX, E. *Christliche Identität und kirchliches Amt*. Düsseldorf, 1981.

Wolfgang Beinert

Paixão e morte de Jesus ↑ *ressurreição de Jesus,* ↑ *Jesus histórico,* ↑ *teologia da cruz,* ↑ *teoria da satisfação,* ↑ *representação.* – A paixão e morte de Jesus estão inseparavelmente vinculadas à sua vida; esta se concentra em sua paixão e morte como entrega para a salvação do ser humano. – (1) Jesus entregou sua vida por outros em seu sofrimento e sua morte (como *sacrifice*). O significado salvífico da paixão e morte, juntamente com a ressurreição dos mortos, faz parte do querigma do cristianismo primordial (1Ts 4,4; Rm 4,25; 1Cor 15,3-5). Desde o início, o significado salvífico da paixão e da morte de Jesus foi contemplado com a ajuda de diversos modelos soteriológicos, sendo que todos eles têm em comum a convicção de que Jesus morreu pelos pecados humanos (Rm 4,25 et al.). Em vista da morte violenta sofrida por João Batista, Jesus podia contar com sua própria morte. Confiando que Deus o resgataria da morte (Mc 14,25), Jesus suportou seu sofrimento e sua morte em "pró-existência perseverante" (H. Schürmann [† 1999]). Uma fórmula bíblica que resume o significado salvífico da paixão e morte de Jesus é: "para nós" (*pro nobis*) – que tem suas origens nos primórdios da tradição. Para João, a paixão e morte de Jesus significam sua exaltação e glorificação (Jo 3,14-15; 12,32-33; 17,1.5.9). Lucas ressalta que a paixão e morte fazem parte daquele caminho de Jesus que o leva à glória no cumprimento de um decreto divino (Lc 9,22; 13,33; 17,25). No contexto da paixão, os relatos sobre a Última Ceia ressaltam o significado da paixão e da morte de Jesus como evento de reparação. Alguns exegetas acreditam que Jesus, seguindo a linha do quarto hino do servo de Deus (cf. Is 52,13–53,12) atribuiu à sua morte explicitamente um significado salvífico; outros contestam essa posição. – (2) A patrística desdobra sistematicamente a teologia da cruz neotestamentária, no entanto, não desenvolve uma soteriologia homogênea. Diferentemente da cristologia, aqui também não se estabelecem definições magisteriais. A patrística vê a vida de Jesus completamente à luz de sua paixão e morte, aspecto este que sempre foi o foco maior da soteriologia no Ocidente latino – malgrado os inícios de uma doutrina da salvação orientada pela ↑ encarnação e pelo pensamento da "deificação" (*theosis*) do ser humano. Surgem teorias sobre o logramento do ↑ diabo por Cristo, sobre a remissão dos pecadores do poder do mal e sobre o sofrimento representativo de Cristo imposto por Deus, mas estas não conseguem se impor. Na teologia ocidental, a "teoria da satisfação", desenvolvida por Anselmo de Cantuária († 1109), exerce um papel central (escrito *Cur Deus homo*). Encontramos inícios de uma teologia espiritual da paixão em Orígenes († 253/254), Agostinho († 430), Bernardo de Claraval († 1153), Inácio de Loyola († 1556) e M. Lutero († 1546). A teologia moderna supera a limitação da soteriologia tradicional à paixão e morte de Jesus e também as interpretações quietistas de seu sofrimento e de sua morte. Enfatiza o significado da vida libertadora e proexistente de Jesus, ao qual a teologia da libertação atribui também uma dimensão política. Por vezes, a exegese moderna e a teologia correspondente tendem a cair no extremo oposto em relação à soteriologia tradicional e a enfatizar exclusivamente o significado salvífico da *vida* de Jesus; sua morte é vista exclusivamente como ato de violência e resultado de um conflito político-religioso. – (3) A paixão e morte de Jesus Cristo fazem parte do depósito primordial dos credos cristãos (DH 6; 10; 30; 42 et al.). O Credo dos Apóstolos afirma que Jesus de Nazaré "padeceu sob Pôncio Pilatos" e que "foi crucificado, morto e sepultado". A referência ao prefeito romano ressalta que Jesus foi uma figura histórica, executada pelo poder romano no tempo em que Pilatos era procurador na Palestina. A proposição do credo se dirige contra as concepções gnósticas e docéticas segundo as quais Jesus não teria realmente morrido na cruz ou outro teria assumido seu lugar: Jesus aceitou voluntariamente seu sofrimento e sua morte (DH 6; 62-63; 325; 423; 442; 1.364). A paixão e a morte de Jesus representam o centro da revelação de Deus: "Deus amou tanto o mundo que entregou o seu Filho único, para que todo aquele que nele crer não morra, mas tenha a vida eterna" (Jo 3,16). Jesus foi "crucificado *para nós*" (DH 150 et al.). A morte de Jesus, o Cristo, é uma "morte sacrificial": Jesus entregou sua vida para a salvação dos homens. Essa convicção faz parte da tradição autêntica da fé da Igreja e é confirmada pelo Concílio de Trento no decreto sobre o sacrifício da missa: A morte de Jesus é o "sacrifício puro" (Ml 1,11), predesignado pelos sacrifícios da aliança antiga e recordado sacramentalmente na celebração da missa (DH 1.742-1.743). O Concílio Vaticano II reconhece no "mistério da Páscoa" (*mysterium paschale* – sofrimento, morte e ressurreição de Jesus) o centro da liturgia (SC 5-6). "Especialmente no sacrifício eucarístico, 'se opera o fruto da nossa Redenção'" (SC 2). – **(4)** A teologia liberal do protestantismo refuta a noção segundo a qual Jesus teria atribuído um significado salvífico à sua paixão e morte (assim em W. Wrede [† 1906] e A. von Harnack [† 1930]). Segundo R. Bultmann († 1976), é teologicamente irrelevante como Jesus morreu e como compreendeu sua própria morte; não exclui a possibilidade de Jesus ter sofrido um colapso moral. Segundo a opinião de M. Hengel († 2009) e P. Stuhlmacher, Jesus teria atribuído um significado salvífico à sua morte. W. Pannenberg e E. Jüngel desdobram o significado salvífico da paixão e morte de Jesus sob a perspectiva da Páscoa. – **(5)** Assim como a paixão e morte de Jesus não são meros epifenômenos de sua vida pró-existente, sua vida tampouco é um mero prelúdio à sua paixão e morte (H. Schürmann). Na paixão e morte de Jesus, comprova-se a pró-existência de sua vida e se torna realidade definitiva. A ressurreição de Jesus manifestou o significado salvífico universal de sua vida e morte (1Tm 2,1-7 et al.). Os responsáveis pela execução de Jesus, que a Igreja professa como Filho de Deus e Messias, são os membros do sinédrio e o Império Romano. O Concílio Vaticano II se distanciou da acusação de deicídio contra os judeus, acusação esta que representa uma das causas do antissemitismo: "Ainda que as autoridades dos judeus e os seus sequazes urgiram a condenação de Cristo à morte não se pode, todavia, imputar indistintamente a todos os judeus que então viviam, nem aos judeus do nosso tempo, o que na Sua paixão se perpetrou. E embora a Igreja seja o novo Povo de Deus, nem por isso os judeus devem ser apresentados como reprovados por Deus e malditos" (NA 4). O povo dos judeus – nossos "irmãos mais velhos na fé" (Papa João Paulo II) – continua na "aliança irrescindível com Deus" (cf. Rm 9,4-5; 11,1-2). O Apóstolo Paulo professa a esperança de que, no fim, "todo Israel" será salvo pelo Messias Jesus, o "Libertador de Sião" (Rm 11,25-27). O Crucificado ressurreto e Israel como um todo, que não chegará a Cristo por meio da missão da Igreja, são inseparáveis um do outro.

Lit.: BLINZLER, J. *Der Prozess Jesu*. 2. ed. Regensburgo, 1955. • FLUSSER, D. *Jesus*. 22. ed. Reinbek b. H., 2000, p. 123-140. • SCHÜRMANN, H. *Jesu ureigener Tod*. Friburgo/Basileia/Viena, 1974. • KERTELGE, K. (org.). *Der Tod Jesu*. Friburgo/Basileia/Viena, 1976 [QD 74]. • COHN, C. *Der Prozess und Tod Jesu aus jüdischer Sicht*. 2. ed. Frankfurt a.M., 1997. • STROBEL, A. *Die Stunde der Wahrheit* – Untersuchungen zum Strafverfahren gegen Jesus. Tübingen, 1980. • BETZ, O. "Probleme des Prozesses Jesu". In: TEMPORINI, H. & HAASE, W. (orgs.). *Aufstieg und Niedergang der römischen Welt*. Vol. 2. Berlim, 1982, p. 565-647. • LEHMANN, K. "Er wurde für uns gekreuzigt". *ThQ*, 162, 1982, p. 298-317. • SCHÜRMANN, H. "'Pro-Existenz' als christologischer Grundbegriff". *Acra*, 17, 1985, p. 345-361. • BOFF, L. *Jesus Christus, der Befreier*. Friburgo/Basileia/Viena, 1986. • WENZ, G. *Geschichte der Versöhnungslehre in der evangelischen Theologie der Neuzeit*. 2 vols. Munique 1984/1986. • GNILKA, J. *Jesus von Nazareth*. Friburgo/Basileia/Viena, 1990, p. 268-318. • EGGER, P. *"Crucifixus sub Pontio Pilato"*. Münster, 1997. • THEISSEN, G. & MERZ, A. *Der historische Jesus*. 3. ed. Göttingen, 2001, p. 387-414. • CROSSAN, J.D. *Wer tötete Jesus?* – Die Ursprünge des christlichen Antisemitismus in den Evangelien. Munique, 1999. • GIRARD, R. *Ich sah den Satan vom Himmel fallen wie einen Blitz* – Eine kritische Apologie des Christentums. Munique, 1999. • VERMES, G. *Die Passion*. Darmstadt, 2006. • EBNER, M. *Jesus von Nazaret*. Stuttgart, 2007, p. 143-170. • HOPING, H. *Einführung in die Christologie*. 2. ed. Darmstadt, 2010, p. 58-62, 160-162. • SATTLER, D. *Erlösung?* Friburgo/Basileia/Viena, 2011, p. 126-220.

Helmut Hoping

Palavra e sacramento ↑ *instituição dos sacramentos*, ↑ *domínio de Deus/Reino de Deus*, ↑ *hilemorfismo*, ↑ *cultura*, ↑ *relação corpo-alma*, ↑ *sacramento*, ↑ *língua*. – Este par conceitual nos convida a contemplar dois temas relevantes no contexto ecumênico: a) a relação entre a proclamação da Palavra de Deus e a celebração dos sacramentos sob o ponto de vista específico da presença de Deus e b) a eficácia de atos verbais (leitura da Escritura e recitação das palavras de instituição) nas celebrações sacramentais. – **(1)** Os escritos bíblicos testificam a eficácia criativa de palavras e símbolos, mas não contempla sua interação. Segundo o AT e o NT, os atos simbólicos precisam ser interpretados para comunicar seu sentido. Os sinais operados por Jesus (curas e outros milagres) pressupõem a fé e pretendem despertar a esperança do início do Reino de Deus. As fontes neotestamentárias registram palavras de Jesus para a continuação de atos simbólicos. O tempo apostólico pós-pascoal ressalta alguns atos simbólicos, acompanhados de palavras como símbolos eficazes para a recordação do evento Cristo (↑ Batismo; ↑ Eucaristia); outros se tornam menos importantes já na tradição bíblica (p. ex., a lavagem dos pés, Jo 13,1-15). – (**2**) Agostinho ([† 430] *verbum et elementum* – a palavra e o objeto como elementos constitutivos do sacramento) e Tomás de Aquino ([† 1274] materia et forma; a condição pessoal de possibilidade para a palavra eficaz [↑ hilemorfismo]) atribuem uma alta relevância à palavra na celebração sacramental. A palavra interpretativa se junta ao símbolo e determina o sentido do evento. A eficácia da proclamação da palavra foi contemplada com intensidades diversas pelas teologias patrística e medieval. No entanto, uma investigação mais aprofundada da relação entre palavra e sacramento só ocorreu numa confrontação crítica com as preocupações da Reforma. A Igreja Católica contrapôs uma ênfase dos sacramentos (principalmente da Eucaristia) a uma proclamação mais enfática da Palavra pela tradição evangélica. Antes do Concílio Vaticano II, o movimento bíblico procurou reaproveitar a teologia patrística da Escritura. Na base de um apreço maior da Palavra – também na Igreja Católica Romana a partir da segunda metade do século XX –, alguns teólogos (O. Semmelroth [† 1979], K. Rahner [† 1984], W. Kasper) têm apresentado conceitos com determinações explícitas da relação entre palavra e sacramento. Isso ajudou a demonstrar a utilidade de uma vinculação dos sacramentos a situações específicas da vida dos indivíduos ou da comunidade eclesiástica: Diante de desafios existenciais especiais, a palavra sacramental responde com uma promessa ou também com uma advertência. – (**3**) O Concílio de Trento não define nenhuma relação específica entre proclamação da Palavra e celebração sacramental; reconhece o valor de ambas (DH 1.532; 1.600). O Concílio Vaticano II fala das múltiplas formas da presença de Jesus Cristo na Eucaristia (SC 7). Jesus Cristo está presente também na Palavra proclamada. Vê a "mesa da Palavra de Deus" lado a lado com a mesa da ceia eucarística (DV 21). Ambos os textos conciliares pretendem vincular a proclamação da Palavra à celebração sacramental, mas sem subordiná-la a esta. – (**4**) De acordo com CA (1530) "é suficiente" (*satis est*) para a unidade da Igreja que a reunião dos crentes "pregue o Evangelho de forma pura e administre os sagrados sacramentos segundo o Evangelho" (CA 7). A Reforma redescobriu a grande importância da Escritura Sagrada para a vida da(s) Igreja(s). Ao contrário da intenção dos reformadores, a controvérsia confessional gerou um contraste entre a "Igreja da Palavra" (evangélica) e a "Igreja dos sacramentos" (católica). Ainda encontramos traços desse contraste na piedade (cristãos evangélicos costumam escolher uma passagem bíblica como lema para o Batismo e a Confirmação; muitos meditam diariamente sobre um versículo da Bíblia; o sermão costuma ter uma importância maior). A tradição católica romana gosta de celebrar a Eucaristia em ocasiões festivas; muitos fiéis católicos romanos prezam os últimos sacramentos (↑ Unção dos Enfermos). Entrementes, existem evidências claras de uma aproximação: por exemplo, as três leituras da Escritura e a homilia na celebração eucarística aos domingos ou estudos bíblicos em congregações católicas romanas; a celebração da Santa Ceia pelo menos uma vez ao mês tornou-se prática comum nas igrejas evangélicas. Por trás disso tudo manifesta-se o interesse de, juntos, reconhecer os (dois) modos, pelos quais a autorrevelação de Deus é ouvida e celebrada no âmbito da(s) Igreja(s). Subsiste, portanto, a preocupação de CA 7, que é explicitamente ressaltada em textos do diálogo ecumênico, como, por exemplo, em "Kirchengemeinschaft in Wort und Sakrament" [Comunhão eclesiástica em Palavra e Sacramento] (diálogo luterano/católico romano na Alemanha, 1984) ou em "Kirche und Rechtfertigung" [Igreja e Justificação] (diálogo luterano/católico romano internacional, 1994). – (**5**) É de importância central (não só em termos ecumênicos) compreender o evento da proclamação da Palavra e as celebrações sacramentais sob os pontos de vista cristológico e soteriológico: Jesus Cristo é o "mistério de Deus" (em grego: *mysterion tou theou*: Cl 1,15), que desdobra seu efeito salvífico por meio da Palavra e do sacramento na vida das pessoas. A ação de Deus por meio de atos simbólicos dos profetas *antes* do evento Cristo deve ser integrado (no sentido de Hb 1,1-4) ao contexto geral da realidade da revelação. Abordagens antropológicas à teologia sacramental demonstram que os períodos de transição na biografia humana podem ser acompanhados por atos simbólicos sacramentais: nascimento, doença, morte, crescimento, culpa grave. A proclamação da Palavra na leitura e na exegese pode dirigir-se à congregação apenas de modo geral, mesmo assim, as palavras familiares podem afetar o indivíduo de forma imediata, enquanto as palavras familiares das celebrações sacramentais o desafiam a conceder-lhes uma atenção renovada. Ambos os modos de ação eclesiástica, a proclamação da Palavra e as celebrações sacramentais, são eficazes no poder do Espírito Santo, que capacita as pessoas a falar, agir e ouvir. A teologia sistemática mais recente recorre às descobertas da teoria dos atos da fala, de J.L. Austin († 1960) e J.R. Searle (palavras transformam a realidade, a fala apresenta múltiplos sentidos de ação) para descrever a eficácia específica dos atos verbais e simbólicos. Acata e aplica também as pesquisas da semiótica geral como, por exemplo, a distinção entre signos como índices (signos são *signos de* algo existente, para o qual servem como um indício) e signos comunicativos (signos são *signos para* uma realidade vindoura, ainda não realizada, provocada por palavras ou signos conscientemente escolhidos). Os sacramentos são de caráter representativo: São signos de algo já existente. Os sacramentos possuem, ao mesmo tempo, um caráter comunicativo: Representam algo que só pode ser transmitido de modo dialógico. A palavra acompanhante serve a ambas as dimensões do ato simbólico sacramental.

Lit.: a) SATTLER, D. "Wandeln Worte Wirklichkeit?" *Cath(M)*, 51, 1997, p. 125-138. b) e c) MOOS, A. *Das Verhältnis von Wort und Sakrament in der deutschsprachigen katholischen Theologie des 20. Jahrhunderts.* Paderborn 1992.

Dorothea Sattler

Papa ↑ *ofício na Igreja,* ↑ *sucessão apostólica,* ↑ *apostolicidade na Igreja,* ↑ *unidade da Igreja,* ↑ *hierarquia,* ↑ *catolicidade da Igreja,* ↑ *magistério eclesiástico,* ↑ *colegialidade.* – Papa (em grego: *pappas*; em latim: *papa*, pai), originalmente um título de honra frequente para homens da Igreja em posições altas (ainda hoje usado para a cabeça dos coptos), surge pela primeira vez no início do século IV e, a partir do século VI, é usado constantemente como designação do bispo romano como cabeça da Igreja Católica Romana. Sinônimos frequentes são *Representante de Cristo, Sucessor de São Pedro, Summus Pontifex, Servus servorum Dei.* Sob o nome de *Santa Sé* ou *Sé Apostólica,* o papa (juntamente com a cúria romana) figura como sujeito do direito das gentes (chefe do *Stato della Città del Vaticano*). – **(1)** Segundo a proposição dogmática do Concílio Vaticano I, Cristo colocou Pedro como princípio da unidade e fundamento visível na liderança dos apóstolos, fato que subsiste nos bispos romanos (DH 3.051, 3.056-3.058).

Apesar de não ser possível provar uma continuidade histórica linear desde Pedro até o ofício do papa atual, existe uma identidade estrutural da tarefa (↑ [5]). A figura de Pedro, humanamente muito ambivalente (p. ex., Mc 8,33; 9,5s.; Jo 18,10s.) recebe uma atenção especial do NT: Ocupa a primeira posição em todas as listas dos Doze/dos apóstolos (Mc 3,16; Mt 10,2; Lc 6,14; cf. Jo 1,40ss.), é o "pescador de homens" qualificado (Lc 5,10), testemunha oficial da ressurreição (1Cor 15,3-5), porta-voz após a Páscoa (At 2,14-26) e líder da Igreja primordial (o chamado "concílio dos apóstolos", At 15,1-29), organizador da missão aos gentios (At 10,1–11,18). O Senhor o encarrega com tarefas eclesiológicas especiais de fundação e liderança (Mt 16,16-18; Lc 22,31s.; Jo 21,15-19). No entanto, não se encontra numa posição isolada em relação à Igreja e aos outros apóstolos. Estes possuem o mesmo poder de ligar e desligar (Mt 18,18; cf. 16,18), sendo, portanto, o fundamento permanente da Igreja (Ef 2,20; Ap 21,14). Ao lado de Pedro, encontramos Paulo num antagonismo relativo (Gl 2,14), a congregação em Israel é liderada por Pedro em conjunto com Tiago e João (Gl 2,9). Para as primeiras igrejas, ele é a garantia da unidade eclesiástica pelo fato de defender (ofício de Pedro) a catolicidade da Igreja (missão aos gentios). – **(2)** A ideia da *communio* da Igreja antiga vive da igualdade de direitos de todas as igrejas locais, no entanto surge, sobretudo diante das heresias, a necessidade de encontrar pontos fixos da unidade eclesiástica para preservar a *paradosis* (o depósito da fé transmitido). Como tais são consideradas as *sedes apostolicae,* ou seja, as sedes dos bispos de origem apostólica. Como local do sepultamento de Pedro (venerado desde os meados do século II na Colina do Vaticano) e Paulo (*Via Ostiensis*), Roma ocupa um papel especial: autoridade como princípio geográfico. Apesar de a congregação romana ainda não adquirir uma primazia jurisdicional, ganha sim uma primazia espiritual (Inácio, Rom. 3,1: líder da aliança do amor). Diferentemente das outras congregações, no século II, parece não ter existido um bispo monárquico em Roma (não é mencionado em Inácio e 1Clem). Apenas no século III, este vem a ser identificado (Cipriano [† 258] ep. 75, mas apenas a partir do século IV os titulares se chamam de sucessores de Pedro, reivindicando agora também seus plenos poderes (Dâmaso I [† 384], Sirício [† 399], Inocêncio I [† 417] e principalmente Leão I [† 461]): autoridade como princípio pessoal. Outras igrejas, sobretudo no Oriente, se opõem a isso, mas a partir do final do século IV o bispo romano adquire uma autoridade crescente na Igreja universal. Fatores que contribuem para isso: Roma é a única sede apostólica no Ocidente, é capital imperial e, desde Constantino († 337), fator político essencial (a fé unificada como fundamento do Estado). As decisões do chefe da Igreja Romana, que agora passa a ser chamado de papa, tornam-se importantes para toda a Igreja (*Tomus Leonis* no Concílio de Calcedônia: DH 290-295) com caráter de instância última. Essa tendência se intensifica na Idade Média principalmente em virtude da imposição da primazia do papa sobre os outros bispos (decretos pseudoisidorianos, por volta de 850), da veneração de Pedro pelos germânicos e da preferência dos bispos de deixar que Roma decida as disputas. O lema *Igreja como communio* é substituído pela primazia da concepção do *corpo de Cristo*, na qual o papa é o representante visível de Cristo (Inocêncio III [† 1216]: O papa é *vicarius Christi*). Assim, o papa é definido como princípio espiritual da vida das igrejas locais (*fons et origo*) como também dos cristãos individuais (BONIFÁCIO VIII. Bula *Unam Sanctam* 1302: DH 870-875) e dominador do mundo (GREGÓRIO VII. *Dictatus Papae*, 1079, n. 12: O papa pode destituir o imperador). Mesmo assim, a Igreja ocidental não se transforma em um sistema papal fechado. A partir do século IX, os canonistas contam com a possibilidade de o papa se tornar herege (*a fide devius*): constatar isso não caberia mais a ele mesmo, mas à Igreja como um todo (ou a seus representantes [↑ concílio ou cardeais]). O chamado Cisma Ocidental produz a situação da concorrência entre três papas. O Concílio de Constança (1414-1418) demonstra claramente a dependência recíproca entre papa e igrejas locais e a necessidade de providências emergenciais além de qualquer fixação jurídica (conciliarismo): Os pretendentes a papa são todos destituídos, e Martinho V é eleito (decreto *Haec sancta*, de 1415). A história do papado da Modernidade é marcada pelo choque da Reforma, na qual a alienação de longa data entre Roma (os "papas renascentistas", entre outros) e as igrejas locais leva à ruptura entre parte da Igreja ocidental e o papa, e também pelo fortalecimento do centralismo e autoritarismo papal pela Contrarreforma. O primado "transformou-se em sua postura antirreformada, não só em termos teológicos, mas também psicológicos e sociológicos, em característica de identificação da Igreja Católica, assim como a identidade das outras igrejas e comunidades se definia e ainda se define também pelo fato de não terem um papa" (KASPER, W. *Kirche*, p. 362s.). Em virtude de controvérsias dentro do catolicismo, o Concílio de Trento não conseguiu solucionar os problemas levantados. As tentativas de movimentos críticos do primado (como o galicanismo, episcopalismo e febronianismo) provocaram um fortalecimento das pretensões papais, como o fez também a tentativa de contrapor aos movimentos intelectuais, interpretados como sinais de dissolução (que, aos olhos de muitos, atingiram seu auge na Revolução Francesa de 1789), uma rocha inabalável da fé na figura do bispo romano (cf. as lutas antimodernistas sob os papas Pio IX, Pio X e Pio XII). O Concílio Vaticano I formulou os "dogmas papais", que o próximo concílio ainda aguçou em vários sentidos. A tentativa de João XXIII († 1963) de formular um papado mais contemporâneo (ecumenismo, iniciativas para a promoção da paz, reformas da Igreja, compreensão do mundo) teve que se submeter a correções pelos seus sucessores que nutriam uma acepção mais conservadora do primado. No futuro, o ofício do papa deve ser compreendido melhor "como responsabilidade especial pela comunidade eucarística na Igreja e entre as igrejas particulares [...]. Sob ambos os pontos de vista, será necessário e possível promover reformas tanto dentro da Igreja como na ecúmena" (KASPER, W. *Kirche*, p. 373). – (**3**) A doutrina católica sobre o papa e suas prerrogativas se encontra na Constituição Dogmática *Pastor Aeternus* do Concílio Vaticano I (DH 3.050-3.075), que é acatada e processada sob um ponto de vista eclesiológico universal em LG 21-23 (colegialidade) e na "Nota prévia explicativa" acrescentada a LG, juridicamente resumida em cân. 331-335, CIC/1983. Vale, portanto:

- Em virtude de seu ofício, o papa dispõe do poder ordinário supremo, pleno, imediato e universal, que pode exercer sempre e livremente (cân. 331).
- Pode impô-lo também sobre todas as igrejas particulares e suas uniões, preservando, é claro, os direitos dos bispos (cân. 333, § 1). No entanto, não existe nenhum critério jurídico que determine quando este é ou não o caso.
- Sua proclamação doutrina papal (*ex cathedra*) na doutrina da fé e da moral é infalível quando ele, como instância última (*ex sese*) em subordinação à

fé da Igreja como um todo, garante a permanência da Igreja na verdade revelada (DH 3.074, cân. 749, § 1) e essa proclamação autoritária é inequívoca (cân. 749, § 3) (↑ inerrância).

(4) O desenvolvimento histórico fez com que o papado se tornasse a marca de identificação do catolicismo; e sua refutação, característica comum de todas as outras igrejas num tipo de "ecúmena negativa". Ao ímpeto pelo poder dos bispos romanos na Antiguidade tardia, as igrejas do Oriente contrapuseram seu sistema patriarcal, dentro do qual o papa podia, no máximo, reivindicar um primado de honra (Concílio de Calcedônia, cân. 28). Após o papado da Idade Média tardia, relegado ao Ocidente após o cisma de 1054, ter ignorado durante muito tempo os sinais que pediam uma reforma (lollardos, movimentos de pobreza, J. Wyclif [† 1384], J. Hus [† 1415], G. Savonarola [† 1498] e outros), a Reforma traz o conflito definitivo: Para M. Lutero († 1546) e seus seguidores, o papa se torna o "anticristo" segundo um *topos* medieval comum (WA 6,602.605, Art. Sm. 1,4 [BSLK, 430s.], FC [BSLK 1060s.]), porque teria se elevado acima da Palavra de Deus (comércio com indulgências), estaria ignorando a mensagem da justificação e agindo contra a ordem eclesiástica (supremacia sobre os bispos). No entanto, sujeita sua refutação a condições: Caso deixasse de obstruir o Evangelho, Lutero beijaria os pés do papa (WA 40/1,181; cf. MELÂNCTON, F. Art.Sm. [BSLK, 464]). Pelo menos no início, a postura antipapal do anglicanismo se deve a reivindicações (não teológicas) de Henrique VIII. Hoje, existem esforços por parte do papa (Encíclica *Ut Unum Sint*, do Papa João Paulo II) e por parte de grupos oficiais de diálogo ecumênico (p. ex., ortodoxo/católico: documento de *Ravenna* 2007; *Steps towards a united Church* 2010; luterano/católico: *Communio Sanctorum* 2000) para encontrar pontos de consenso para uma acepção comum do papado. – (5) Cairíamos num pensamento fundamentalista se projetássemos a forma atual do papado sobre seus inícios (listas fictícias de papas em Irineu [† por volta de 202]), e faríamos o mesmo se fixássemos a forma inicial para todos os tempos (refutação total do Concílio Vaticano I como não bíblico). O pensamento histórico reconhece nas determinações originais normativas o conteúdo permanente do ofício de Pedro para a forma constitucional da Igreja e indaga apenas se este ainda está presente na forma atual do papado ("identidade estrutural",

M. Kehl). Se o papado como tal faz parte do ser (*esse*) da Igreja, proíbe-se qualquer crítica ao papado, mas abre-se espaço para uma crítica necessária, legítima e talvez até imperiosa ao pontificado, i.e., para pedidos de reforma voltados a um papa específico ou aos papas de uma época (exemplos: Bernardo de Claraval [† 1153], Catarina de Sena [† 1380], Dante Alighieri [† 1321]). Hoje existe basicamente um consenso entre os exegetas referente a Pedro sobre a "importância da responsabilidade pessoal pela comunidade e unidade da Igreja" (estudo *Communio Sanctorum*, nº 183), ou seja, pela preservação do equilíbrio entre catolicidade e unidade da *communio*. Esta está, como mostra uma contemplação eclesiológica *a posteriori* da história da Igreja, sempre ameaçada e precisa sempre ser preservada de modo pessoal. Pelo menos sob um ponto de vista histórico, o papa romano cumpriu esse papel, muito cedo já com recurso explícito ao primeiro apóstolo, e o exerceu de acordo com as exigências dos tempos. Devido a uma necessidade interna, foi necessário protegê-la definitivamente para casos de emergência eclesiástica: O Concílio Vaticano I tentou fazê-lo por meio do primado jurisdicional e da inerrância do papa em decisões doutrinais. As *possibilidades* de intervenção papal não devem se tornar *fato* de regra (discurso do Bispo Gasser, no dia 11 de julho de 1870 no concílio: Mansi 52, p. 1.204-1.230), mas limitar-se a situações de exceção. Ao mesmo tempo, permanecem sujeitos como funções da Igreja à fé (DH 3.069), constituição (condições para a execução da inerrância: DH 3.074) e doutrina (p. ex., a colegialidade dos bispos: LG 21s.). Deve-se observar também a plausibilidade social das atividades do governo. Hoje, podemos então perguntar se, no caso de um centralismo e autoritarismo forçado, o conteúdo do ofício de Pedro ainda transparece suficientemente, também sob o ponto de vista ecumênico. A autoridade última das sentenças doutrinais do papa não exclui a possibilidade de submetê-las à reflexão teológica crítica, por exemplo, referente à sua compatibilidade com a fé como um todo, à sua posição na *hierarchia veritatum* (↑ hierarquia das verdades), à intenção proposicional, às circunstâncias históricas da declaração e à sua adequabilidade contemporânea (se é ou não oportuna).

Lit.: GRUPO DE TRABALHO BILATERAL/DBK/VELKD. *Communio Sanctorum*. 2. ed. Paderborn/Frankfurt, 2003. • GRUPO DE FARFA SABINA. *Gemeinschaft der Kirchen und Petrusamt* - Lutherisch-katholische Annäherungen. Frankfurt a.M., 2010. • HELL, S. & LIES, L. (orgs.). *Papstamt*. Innsbruck/Viena, 2000. • HÜNERMANN, P. *Papstamt und Ökumene*. Regensburgo, 1997. • KASPER, W. *Katholische Kirche*. Friburgo/Basileia/Viena, 2011, p. 350-382. • POTTMEYER, H.J. *Die Rolle des Papsttums im dritten Jahrtausend*. Friburgo/Basileia/Viena, 1999 [QD 179]. • KEHL, M. *Die Kirche*. Würzburg, 1992, p. 336-384. • SCHATZ, K. *Der päpstliche Primat*. Würzburg, 1990.

Wolfgang Beinert

Parusia ↑ *apocalíptica,* ↑ *ressurreição de Jesus,* ↑ *quiliasma,* ↑ *juízo,* ↑ *domínio de Deus/Reino de Deus,* ↑ *ascensão de Cristo*. – A parusia (do grego: *parousia*, presença, chegada) designa a revelação manifesta de Deus (no NT, do Senhor Jesus Cristo) em poder e glória no fim dos tempos. O termo "retorno" é problemático, pois qualifica a "vinda" exclusivamente como evento escatológico, ou seja, como retorno após uma ausência, como se o agora fosse um tempo no qual Jesus não estaria presente. – (1) No AT, as experiências da teofania (aparição, manifestação, descida de Deus; p. ex., Ex 19,18.20) formam o pano de fundo para as expectativas da vinda de Deus em poder (Is 35,4; 40,5.10; 52,8; 60,1s.; Mq 1,3) e do início de seu domínio. A apocalíptica espera a vinda de Deus com seus santos, mas também a vinda do "Filho do Homem" (Dn 7,13s.). Jesus proclama a chegada do domínio de Deus para o futuro próximo. A expectativa escatológica iminente passa por uma transformação cristológica pessoal após a Páscoa e é, agora, a expectativa da parusia do Senhor com todos os seus ↑ santos (1Ts 3,13). É, ao mesmo tempo, a esperança da ressurreição (1Ts 4,13-18) e do juízo (Mt 25,31-46; 2Ts 1,6-10). As concepções de parusia são vinculadas à figura do Filho do Homem em glória (Mc 8,38 par.; 13,26 par.), mas também com a expectativa apocalíptica de diversos eventos escatológicos, incluindo catástrofes (Mc 13 par.; 1Cor 15,23-28). As muitas referências, por vezes apenas alusivas, à parusia de Jesus Cristo (1Ts 5,23; Tg 5,7s.; 2Pd 1,16; 1Jo 2,28), ao "dia de Jesus, nosso Senhor" (1Cor 1,8; 2Cor 1,14) e ao "dia de Cristo (Jesus)" (Fl 1,6.10), à revelação (1Cor 1,7) ou manifestação de Jesus Cristo (1Tm 6,14) evidenciam a importância central dessa expectativa para as congregações neotestamentárias. Os fiéis pedem a vinda escatológica de Jesus Cristo em orações (1Cor 16,22; Ap 22,20), que é esperada no futuro próximo (Ap 3,11; 22,7.12.20). Segundo 1Ts 4,13-18, apenas poucos dos que ainda vivem estarão mortos na parusia. Em 1Cor 15,51s., Paulo também fala ainda dos vivos na segunda pessoa do plural; mas a ressurreição dos mortos já não é mais vista como um caso de exceção. Em Fl 1,23s. e Rm 14,7-9, já se torna visível que Paulo não espera mais presenciar o retorno do Senhor em vida. Diante da expectativa do retorno iminente, os cristãos são confrontados cada vez mais com a pergunta por que o fim se atrasa tanto (demora da parusia). Desenvolvem-se várias formas de evitar uma fixação paralisante no fim. A expectativa da parusia iminente que especula com datas sofre correções (Mc 13,32 par.; At 1,6-8). A atenção se volta para tarefas que precisam ser cumpridas. Segundo Mc 13,10, o Evangelho precisa ser proclamado a todos os povos antes do fim: é o tempo do testemunho. Advertências para a vigilância e o arrependimento (Mt 25,1-13; Lc 12,35-48 par.; 2Pd 3) como o forte vínculo entre escatologia e ética no Evangelho de Mateus também chamam atenção aos desafios terrenos: Referências ao juízo final (Mt 7,21-23 par.; 25,31-46) suscitam a pergunta referente à conduta apropriada que persista ao Juízo. – (2) A vivacidade da esperança da parusia de Jesus Cristo depende da relevância da escatologia histórica universal. Dado que a ênfase tem se voltado mais para a escatologia individual, a parusia de Jesus Cristo permanece um elemento incontestado da fé escatológica, mas não determinam profundamente a existência cristã e sua concepção da fé. Apenas em tempos em que a expectativa da parusia iminente volta a emergir, a esperança da parusia também volta a adquirir um significado maior. – (3) A esperança da parusia é acatada pelas primeiras profissões da fé (DH 10-30; Credo Pseudoatanasiano *Quicumque*, século V: DH 76; Credo Niceno-constantinopolitano: DH 150). O Concílio Vaticano II inscreve na Igreja a expectativa da parusia, pois é apenas nela que, reunida com o noivo, ela se revelará em glória (LG 6; cf. LG 5; 8s.; 48-51). A liturgia é descrita como lugar da expectativa da parusia. – (4) A parusia não é um tema controverso na teologia. – (5) A expectativa da parusia de Cristo é o ponto de concentração da esperança escatológica. Seu fundamento é a promessa firmada em Jesus Cristo da vinda de Deus; seu objetivo é a manifestação da glória de Deus inseparavelmente ligada em Jesus Cristo com a criação. A vinda de Jesus Cristo na glória precisa ser vista em conjunto com sua obra na carne (i.e., em humildade e impotência) e com sua presença por meio do Espírito

Santo na vida da Igreja: A parusia é a consumação da autoentrega amorosa do Encarnado e Crucificado, não sua contraparte (vingativa). A expectativa da parusia mantém a perspectiva da escatologia universal frente à escatologia individual. A interpretação existencial da expectativa iminente da parusia como "expectativa constante" (aberta para o ímpeto imediato do Reino de Deus e na disposição para a morte) e da parusia como encontro com o Senhor na morte pessoal é legítima, contanto que não ignore a consumação universal da história na vinda definitiva do Senhor.

Lit.: a) RADL, W. & KEHL, M. "Parusie". *LThK*, 7. 3. ed., 1998, p. 1.402-1.405. • KEHL, M. "'Bis du kommst in Herrlichkeit...' Neuere theologische Deutungen der 'Parusie Jesu'". In: PFAMMATTER, J. & CHRISTEN, E. (orgs.). *Hoffnung über den Tod hinaus*. Zurique 1990, p. 95-137 [ThBer 19].

Eva-Maria Faber

Paternidade de Deus ↑ *analogia,* ↑ *atributos de Deus,* ↑ *doutrina de Deus,* ↑ *amor,* ↑ *fala de Deus,* ↑ *Trindade,* ↑ *providência.* – A paternidade de Deus é uma expressão que designa o Deus pessoal de Jesus Cristo, que permanece voltado para o ser humano como Criador bondoso, misericordioso e Doador da vida em plenitude. Recentemente, esse termo tem sido criticado por uma teologia sensível à questão dos gêneros, afirmando que nenhuma determinação antropomórfica pode ser vinculada a ele que permita a dedução de uma primazia patriarcal na sociedade e teologia. – (**1**) Os profetas veterotestamentários apresentam uma postura altamente crítica em relação a qualquer título que designe Deus como Pai (Jr 2,27); essa resistência é amenizada apenas no início do judaísmo quando o invocam em situações de necessidade (Eclo 51,10). Jesus acata essa tradição nas orações que ensina aos seus discípulos (Lc 11,1; Mt 6,9). Difere disso o modo direto e pessoal com que se dirige a Deus, que chama de *Abba*, "meu bom Pai". Submina assim a majestade e o poder, que retorna nos títulos de Pai em Paulo (Rm 15,6; 2Cor 1,3). Ambos os casos conotam inevitavelmente o gênero masculino. Ao mesmo tempo, é evidente que as condições humanas não podem ser transpostas para Deus e que a ↑ encarnação de Deus não diviniza nem o homem nem a mulher simplesmente em virtude de seu sexo. A paternidade de Deus simboliza uma vida remida, que se fundamenta no reconhecimento do Filho (Jo 14,11-13). Uma vida remida se consome também na superação da luta entre os sexos (Gl 3,28). – (**2**) O foco da cristologia no significado da filiação do *logos* revela a naturalidade com que a patrística trabalhou com a paternidade de Deus. A doutrina trinitária das propriedades dos capadócios (século IV) a elabora em maior detalhe: Representa o Deus sem origem, que, como Pai, não é gerado como o Filho nem procede como o Espírito. Na Idade Média, levantam-se vozes de proveniência mística que falam também da maternidade de Deus, às vezes até em relação à segunda pessoa da Trindade (Juliana de Norwich [† 1413]). No entanto, a paternidade de Deus subsiste como discurso dominante na Idade Média e na Modernidade até o século XX e vem a ser questionado apenas pela teologia feminista. – (**3**) Por motivos cristológicos, os primeiros concílios se concentram no relacionamento entre Pai e Filho e não falam de uma paternidade de Deus com referência específica ao gênero. Essa paternidade é vinculada à onipotência e à sua qualidade de criador (Credo Niceno-constantinopolitano: DH 150). Essa é a posição fundamental do magistério até hoje. Desviando-se da projeção do ideal moderno da personalidade sobre a imagem do Pai desde o renascimento (cf. os afrescos de Michelangelo [† 1564] na Capela Sistina em Roma), o Concílio Vaticano II ressalta que o Pai, por meio do amor de seu Filho, "revela o homem a si mesmo e descobre-lhe a sua vocação sublime" (GS 22). – (**4**) No Pai-nosso e na tradição cristológico-trinitária, a paternidade de Deus é um laço ecumênico. A questão referente ao gênero é causa de controvérsias em todas as denominações cristãs. – (**5**) A paternidade de Deus é muito mais expressão do mistério permanente de Deus do que uma realidade evidente, que pode ser antropologizada sem problemas. A masculinidade no título da primeira pessoa da Trindade não faz do gênero masculino um *locus theologicus*. Caso contrário, menosprezaria o sexo feminino, pois lhe faltaria um lugar em Deus no nível analógico; por outro lado, a encarnação de Deus não seria um fator salvífico para o sexo feminino. M. Daly († 2010) cunhou uma fórmula para esse problema: "If God is male, then the male is God" [Se Deus for masculino, então o masculino é Deus]. Quando falamos de sexo no sentido de gênero na fala de Deus, não nos referimos a padrões biológicos divinos, mas empregamos uma forma linguística que preserva a mistério da bondade de Deus e pretende libertar a humanidade de seu endurecimento vil. Consequentemente, o emprego de gênero no título usado por Jesus (*Abba*) se opõe diametralmente ao *pater* romano, que em sua casa era senhor sobre a vida e a morte e à cuja arbitrariedade o Estado não impunha nenhum limite. A existência de Deus como Pai não representa, portanto, um poder que se nutre da impotência dos outros. Mas se abríssemos mão do gênero no título de Deus, tornar-se-ia muito difícil reconhecer o significado de Deus na luta social entre os sexos. Deus estaria soberanamente acima das diferenças entre os gêneros, o que diminuiria o calor pessoal da imagem cristã de Deus.

Lit.: MAGILL, K.J. *Julian of Norwich*. Londres, 2006. • FRETTLÖH, M. *Gott Gewicht geben* - Bausteine einer geschlechtergerechten Gotteslehre. Neukirchen-Vluyn, 2006. • RIEDEL-SPANGENBERGER, I. & ZENGER, E. *"Gott bin ich, kein Mann"* - Beiträge zur Hermeneutik der biblischen Gottesrede. Paderborn et al., 2006.

Hans-Joachim Sander

Paz ↑ *vida eterna*, ↑ *comunhão*, ↑ *sociedade*, ↑ *domínio de Deus/Reino de Deus*, ↑ *céu*, ↑ *justificação*. – Paz significa mais do que a mera ausência de guerra. Paz visa a uma ordem marcada pela justiça misericordiosa de Deus que, apesar de só ser consumada no fim dos dias, já foi entregue à responsabilidade da ↑ liberdade humana como dádiva da salvação. – **(1)** Na Bíblia hebraica, a palavra *shalom* significa paz e salvação, i.e., a integridade plena da vida humana. Na narrativa do paraíso, de Gn 2, a paz é tematizada como dádiva protológica e escatológica. Seu fundamento é o diálogo bem-sucedido com Deus, com o próximo e (analogicamente) com todas as criaturas e deve ser uma característica duradoura da realidade. No entanto, a paz está ameaçada e se vê até mesmo destruída pelo pecado do ser humano; acontecem o fratricídio e a guerra. Apesar de ser essencialmente uma dádiva de Deus, a paz é também uma incumbência do homem. Assim, a aliança de Deus com Israel é designada de "aliança da paz" (Nm 25,12; Is 54,10). Em virtude do desgaste provocado pelos conflitos bélicos, cresce em Israel o anseio pela paz; os Salmos imploram por ela (Sl 46,10; 85,11), e diversos textos proféticos, messiânicos e escatológicos expressam sua esperança por ela (Jr 29,4-7; Is 2,4; Mq 4,3). Nos profetas, manifesta-se o vínculo interno entre paz, arrependimento e juízo, suscitando assim, entre outras, as grandes visões da "peregrinação dos povos" ao Monte de Sião (Mq 4,1-4; Zc 2,14-15 et al.) e da felicidade de toda a criação (Is 11,6-9). No entanto, Deus possibilita a paz já na história por meio de sua Palavra e justiça. Ele o faz por meio de seu chamado para a reconciliação em face do pecado e da culpa e por meio da dádiva do culto. Designa pacificadores, que, com toda sua existência e até a morte, dão testemunho da vontade pacífica de Deus (Sb 10–12). Segundo a literatura sapiencial, a paz depende do cumprimento dos mandamentos de Deus (Sb 3,1-9), pois apenas estes são capazes de criar justiça. No NT, Jesus é verbalizado como paz (Ef 2,14), pois na cruz Ele reconcilia Deus com os homens e traz a salvação (Cl 1,20-22). O próprio Jesus chamou de bem-aventurados aqueles que trazem a paz (Mt 5,9). A superação da maldade e da violência por meio do amor ao inimigo é parte essencial da mensagem e prática de Jesus e tem consequências sociais eminentes (Mt 5,43-47). A bênção pascoal "A paz esteja convosco" (Jo 20,19) visa à superação da morte e à vitória da vida no fim dos tempos iniciadas com o evento da ressurreição. Por isso, Paulo incentiva buscar aquilo que serve à paz (Rm 14,19). Segundo ele, o "Deus da paz" (1Cor 14,33) deve ser testificado pelo amor praticado no dia a dia. – **(2)** O discurso dos cristãos sobre a paz acarretou consequências políticas já desde cedo, gerando não só a prática da não violência, mas também reflexões sobre a guerra justa (*bellum iustum*) e o emprego da violência. Antes da chamada virada de Constantino, o serviço militar era rejeitado pela maioria (Orígenes [† 253/254], Justino [† por volta de 165], Tertuliano [† após 212]), depois passou a ser tolerado. Agostinho († 430) desenvolveu uma teologia da paz marcada pela doutrina paulina da justificação (civ. 19-22): a *civitas terrena* vivida na culpa sucumbe à vontade ao poder e, em sua interação instrumentalizada com o mundo (*uti*), não consegue fruir (*frui*) da paz eterna e divina (*pax aeterna*), que só pode ser alcançada por meio da redenção de Deus. Pois paz significa (segundo civ. 19,13) *tranquillitas ordinis* (tranquilidade da ordem) e *ordinata concordia* (harmonia regrada). Na Idade Média, surge a pergunta referente à paz "justa", necessária para que a segurança, a tranquilidade e a unidade possam garantir o *bonum commune*. Marsílio de Pádua († 1342/1343) critica em seu escrito "Defensor pacis" as pretensões de poder da Igreja como razão de muitos conflitos. A escolástica tardia aceita o desafio de refletir sobre a possibilidade da paz em face de uma pluralização crescente. Alguns indivíduos defendem a paz contra as pretensões de poder da Igreja e do Estado, muitas vezes impostas com violência, como Francisco de Assis († 1226) e Nicolau de Flüe († 1487). No tempo do conciliarismo, Nicolau de Cusa († 1464) confere à busca pela paz também um aspecto ecumênico e inter-religioso (escrito *De pace fidei*). Em T. Merton († 1968) ou R. Schneider († 1958) a paz é tematizada em decorrência de experiências existenciais. O século XX testemunha o desdobramento de uma teologia da paz justa com foco especial nos pobres e oprimidos (teologia da libertação). Em seu diálogo com o pensamento judaico, o teólogo protestante J. Moltmann fez referência à paz do sábado, que já fora instituído no mundo por Deus. Partindo das teses controversas de J. Assmann sobre a relação entre o monoteísmo e a violência e da "preleção de Regensburgo" (2006), de Bento XVI, as disciplinas acadêmicas da teologia dogmática e da teologia fundamental refletem agora de forma mais intensa sobre a relação entre religião e guerra. – (3) O Papa João XXIII (Encíclica *Pacem in Terris*: DH 3.955-3.997), o Concílio Vaticano II (GS 77-90) e o Papa João Paulo II remeteram à relação entre paz, liberdade e justiça. Com seu pedido de perdão, no ano 2000, o Papa João Paulo II reconheceu que a Igreja nem sempre tem cumprido sua responsabilidade pacificadora. O "Pontifício Conselho Justiça e Paz" representa institucionalmente a obrigação da Igreja Católica Romana de se empenhar em prol da paz mundial. O Catecismo da Igreja Católica (n. 1.829) fala da paz como obra da justiça e efeito do amor. – (4) Para o movimento ecumênico, a paz é um tema central *ad intra* e *ad extra*, em termos teológicos tanto quanto em termos éticos. Juntas – e individualmente – as igrejas tentam contribuir para o processo de unificação da Europa e da globalização. Os menonitas e os quacres praticam uma refutação radical da violência. – (5) Em tempos de conflitos globalizados, a paz se torna cada vez mais objeto das reflexões da teologia da criação, da soteriologia e da escatologia. Cabe aqui ao diálogo entre as religiões do mundo uma grande responsabilidade. Já que este exige respeito e tolerância, serve explicitamente ao avanço da paz. A capacidade pacífica dos crentes exige uma disposição para a reconciliação em face dos conflitos já superados e daqueles que ainda precisam ser superados. Vemo-nos, portanto, confrontados com a pergunta referente à liberdade e à justiça. A paz interior do ser humano e, portanto, a paz com Deus são igualmente importantes.

Lit.: a) CONFERÊNCIA DOS BISPOS ALEMÃES (org.). *Gerechtigkeit schafft Frieden*. Bonn, 1983. b) EICHER, P. (org.). *Das Evangelium des Friedens*. Munique, 1982. c) KHOURY, A.T. & HÜNERMANN, P. (orgs.). *Friede – Was ist das?* Friburgo/Basileia/Viena, 1984. • WALTER, P. (org.). *Das Gewaltpotential des Monotheismus und der dreieine Gott*. Friburgo/Basileia/Viena 2005 [QD 216].

Erwin Dirscherl

Pecado contra o Espírito Santo ↑ *vontade salvífica universal de Deus*, ↑ *apocatástase*, ↑ *cristologia*, ↑ *inferno*, ↑ *pecado e culpa*. – O pecado contra o Espírito Santo expressa que o ser humano tem a liberdade de se fechar para o amor de Deus, doado no Espírito Santo, e que Deus respeita essa liberdade sem abandonar sua vontade salvífica universal. Destaca ao mesmo tempo o significado escatológico e soteriológico da pessoa de Jesus, o chamado cristão para a conversão e a Igreja como povo de Deus messiânico. – (1) Em cada um dos evangelhos sinópticos existe uma única passagem sobre o tema: Mc 3,28-30, Mt 12,34 e Lc 12,10. O texto de Marcos é o mais detalhado: "'Eu vos asseguro que tudo será perdoado às pessoas, os pecados e até as blasfêmias que tiverem dito. Mas quem blasfemar contra o Espírito Santo jamais será perdoado, será réu de um pecado eterno'. Falou assim porque diziam que ele estava possuído de espírito impuro". Mateus e Lucas falam de blasfêmias contra o "Filho do homem", que podem ser perdoadas, de forma que a hediondez do pecado contra o Espírito Santo se torna ainda mais evidente. Hb 10,26s. faz alusões semelhantes: Aquele que pecar mesmo conhecendo a verdade do "sangue de Jesus", enfrentará um "juízo terrível"; no entanto, Hebreus não menciona o Espírito Santo. Uma série de exegetas recorre a Mc 1,8.10.12 e Mc 14,64: O próprio Jesus, que, desde seu batismo é revelado como portador do Espírito e Messias eleito por Deus, é acusado como blasfemo; isso representa um ataque ao fundamento da credibilidade de sua proclamação. Na discussão exegética mais recente, desenvolveram-se três vertentes interpretativas: Uma abordagem *antropológica e psicológica* chama atenção para os limites impostos à vontade perdoadora de Deus pela liberdade humana (L. Schenke, J. Gnilka, I. Goldhahn-Müller). Do ponto de vista *cristológico*, a blasfêmia contra o Espírito impossibilita uma visão correta da obra milagrosa de Jesus por meio de sua palavra profética, de seus exorcismos e suas curas (M. Limbeck, J. Ernst, F.J. Moloney). Para a eclesiologia, o pecado contra o Espírito significa que judeus e gentios não teriam reconhecido o significado da Igreja de Cristo, mas justamente os judeus teriam recebido uma segunda chance após a repreensão pelo Jesus terreno (J. Wellhausen, R.H. Gundry, J. Gnilka). – **(2)** Os padres dão continuidade ao *logion*, mas ampliam seu raio argumentativo. Novaciano († por volta de 258) condena a falta de disposição para pensar Deus de modo trinitário como pecado contra o Espírito (trin. 29). Orígenes († 253/254) – que posteriormente foi criticado por isto – refere a possibilidade de errar tanto exclusivamente aos batizados, já que os outros não têm o Espírito (princ. 1,3,6s.). O pensamento de Agostinho († 430) é eclesiológico quando apela ao cristão a não pecar contra a unidade da Igreja vivificada pelo Espírito (de serm. Dom. 1,22). No decorrer da reflexão dogmática, o tema se torna fértil para perguntas sobre a "classificação dos pecados, sobre a eternidade dos castigos do inferno, sobre o purgatório" e "sobre a possibilidade do arrependimento" (U. Luz, *Evangelium nach Matthäus*, p. 263). Tomás de Aquino († 1274), que analisa e avalia as vozes dos padres, explica com grande perspicácia que o pecado contra o Espírito ocorre quando alguém refuta conscientemente "aquilo que poderia ter evitado a decisão pelo pecado", ou seja, quando essa pessoa substitui a "esperança pelo desespero" ou o "temor pela soberba" (STh II-II q14 a1). Do pecado contra o Espírito Santo resultam para Tomás, que se fundamenta em Pedro Lombardo, *seis* pecados específicos contra o Espírito, ou seja, além do desespero e a soberba, a indisposição para a penitência, o endurecimento, a resistência contra a verdade reconhecida e a inveja provocada pela "graça fraternal" (ibid. 14,2). O "Catecismo Maior" de Pedro Canísio fala do abuso da misericórdia divina, do desespero referente à salvação própria, da luta contra a religião, da inveja causada pelo sucesso dos outros, a prática do mal apesar da resistência do coração e a oposição duradoura à penitência (IV, 156). Na teologia dogmática atual, o *locus de blasphemia Spiritus Sancti* não ocupa uma posição central. No entanto, os teólogos continuam a falar do endurecimento como recusa do amor de Deus (G.L. Müller) e a enfatizar o caráter *eo ipso* distorcido do pecado contra o Espírito como blasfêmia imperdoável em comparação com qualquer outro pecado (H.U. von Balthasar [† 1988]). Segundo K. Rahner († 1984), um pecado qualquer pode "coexistir com o desejo e a esperança do perdão e com a fé no fundamento desse perdão, portanto, não contém em si nenhum elemento que se opõe expressa e conscientemente a uma conversão e ao perdão. Mas é justamente isso que faz a 'blasfêmia contra o Espírito Santo'" (*KRSW* 6/1,37). – **(3)** Já que o pecado contra o Espírito Santo não provocou até agora nenhuma controvérsia eclesiológica ou dogmática, o magistério não se pronunciou sobre o tema. Em sua Encíclica *Dominum et Vivificantem*, de 1986, porém, o Papa João Paulo II lembrou a doutrina de Tomás, acrescentando que blasfêmia hoje em dia significa a perda do senso do pecado (n. 47); também "a oposição à fonte da nossa salvação", ou seja, a "rebelião" contra Deus, representaria uma blasfêmia imperdoável (exortação apostólica *Reconciliatio et paenitentia*, de 1984, n. 17). O Catecismo da Igreja Católica (n. 1.864) ensina: "quem se recusa deliberadamente a acolher a misericórdia de Deus pelo arrependimento rejeita o perdão de seus pecados e a salvação oferecida pelo Espírito Santo". – **(4)** O tema exerce uma função importante nas congregações ortodoxas, especialmente no acompanhamento espiritual dos fiéis pelos carismáticos (monges, *starets*) e no preparo para a penitência na Igreja. Insistindo na responsabilidade do indivíduo perante Deus, os autores protestantes da região de língua alemã discutiram a fundo a blasfêmia contra o Espírito em numerosas monografias publicadas nos séculos XVII a XIX; em almas sensíveis – principalmente de cunho pietista – esse tema tem causado tormentos psicológicos. Os reformadores, representantes da ortodoxia luterana e teólogos católicos da Contrarreforma identificaram a blasfêmia contra o Espírito em primeira linha nos casos em que, em pleno conhecimento da verdade, ocorria um abandono da fé. Hoje, poderíamos perguntar, com Agostinho e em defesa do movimento ecumênico e de sua necessidade, se uma forte postura antiecumênica não poderia também se transformar em blasfêmia contra o Espírito. – **(5)** A possibilidade de se opor ao Espírito Santo, que se revelou definitivamente em Jesus de Nazaré, é expressão indireta do amor incondicional de Deus: Ele não impõe seu amor, mas faz tudo para apelar constantemente ao pecador – por meio da proclamação da salvação, por meio da profissão de Cristo, por meio do chamado eclesiástico para o arrependimento, por meio do testemunho da fé viva e também por meio da caridade entre os seres humanos. A palavra profética do NT sobre a blasfêmia contra o Espírito demonstra também a gravidade escatológica da proclamação do domínio de Deus e da vontade salvífica universal de Deus: Sua palavra não retorna para Ele sem se cumprir; é no poder do Espírito que a palavra divina preserva seu caráter apelativo e, ao mesmo tempo, promissório. Por isso, o pecado contra o Espírito Santo se expressa justamente na cega rejeição do Espírito. Um risco dogmático significante se apresenta na pergunta se o conceito da blasfêmia contra o Espírito serve para descrever a relação do cristianismo com o judaísmo – coisa que, infelizmente, tem sido feita no passado. Seria possível professar um Espírito que fortalece o povo de Deus de judeus e cristãos em sua fé, sendo que o Espírito continua a nutrir a esperança dos primeiros pela vinda do Messias, enquanto o mesmo Espírito capacita os segundos a professarem o Messias "na carne", cuja negação seria perdoável? Mais cedo ou mais tarde o magistério terá que tomar uma decisão nessa questão delicada, mas urgente.

Lit.: a) BERKHOF, H. *Theologie des Heiligen Geistes*. 2. ed. Neukirchen-Vluyn, 1988, p. 81-84 [Neukirchener Studienbücher, 7]. • DIRSCHERL, E. *Grundriss Theologischer Anthropologie*. Regensburgo, 2006, p. 156-215. • HÄRLE, W. *Dogmatik*. 3. ed. Berlim, 2007, p. 456-492. • SCHEIBER, K. *Vergebung*. Tübingen, 2006. • JOÃO PAULO II. Encíclica *Dominum et Vivificantem*. Bonn, 1986 [VapS 71]. b) DEMMER, K. *Das vergessene Sakrament*. Paderborn, 2005, p. 31-50. • GRESHAKE, G. *Warum lässt uns Gottes Liebe leiden?* Friburgo/Basileia/Viena, 2007, p. 1-40. • CONGAR, Y. *Der Heilige Geist*. Friburgo/Basileia/Viena, 1982, p. 254-265. • SPAETH, M. *Gewonnene Zeit – Verlorenes Heil?* Berlim, 2007, p. 131-262. c) KNOP, J. *Sünde, Freiheit, Endlichkeit*. Regensburgo, 2007. • LUZ, U. *Evangelium nach Matthäus*. Vol. I/2: Mt 8-17. Neukirchen-Vluyn, 1990. • SCHEIBER, K. *Vergebung*, Tübingen, 2006.

Bertram Stubenrauch

Pecado e culpa ↑ *pecado original,* ↑ *criaturalidade,* ↑ *concupiscência,* ↑ *Sacramento da Reconciliação,* ↑ *pecado contra o Espírito Santo,* ↑ *tentação.* – Podemos falar de pecado apenas num contexto religioso; no sentido restrito, significa abandono de Deus (*aversio a Deo*), portanto, uma ruptura relacional e uma negação da vida, e pressupõe a liberdade do ser humano. Por isso, o pecado primordial só pode ser chamado de pecado no sentido análogo, pois precisa ser distinguido dos pecados individuais, que podem ser graves ou veniais. A culpa visa àquilo que o ser humano deve (*debitum*) a si mesmo, ao próximo e a Deus em virtude de suas limitações ou de sua responsabilidade ética pelas consequências de sua conduta. A culpa não precisa, mas pode se transformar em pecado. – (**1**) Gn 3 identifica uma relação de desgraça, cuja responsabilidade cabe ao ser humano e da qual ninguém consegue escapar. O pecado leva ao fim de um relacionamento e, em última consequência, à morte (Caim e Abel: Gn 4,1-16). Mas Deus não desiste do pecador e se preocupa com ele (Gn 3,21-22; 4,15). Faz um pacto com o homem e seu povo e o renova várias vezes (Gn 9,1-17; 15; Ex 24; 33–34; Jr 31,31.34). O contexto veterotestamentário designa a culpa do indivíduo com os termos hebraicos *hata* (violação de um mandamento de Deus), *pesha* (rebelião contra Deus) ou *awon* (desvio malicioso do caminho de Deus) (Gn 20,1-18; 26,7-11). Outros termos são *marad, bagad* ou *marah* (todos eles provenientes do campo semântico da infidelidade). *Ma* indica uma conduta irresponsável de abuso, engano e ardil. A palavra mais usada é *rasha*, que designa aquele que comete uma injustiça de forma culposa. O *zaddik*, por sua vez, é o justo que permanece fiel à justiça de Deus e à sua aliança (Sl 72; Is 53,11-12). O pecado tem uma dimensão social e afeta também Deus, pois obscurece sua glória e presença no mundo. Mesmo assim, Deus permanece bondoso e não rejeita o coração contrito, que confessa seu pecado e sua culpa e pede perdão (Sl 51,19). O NT apresenta o pecado principalmente como violação do duplo mandamento do amor a Deus e ao próximo. Jesus Cristo o perdoa – contanto que não permaneça imperdoável de alguma forma misteriosa (Mt 12,31; 1Jo 5,16) – juntamente com a culpa relacionada a ele. A ação de forças demoníacas ou satânicas não suspende a responsabilidade do indivíduo. Como o livro de Jó, Jesus também refuta um vínculo causal entre pecado e sofrimento pessoal (cf. Lc 13,1-9; Jo 9,1-3); sua missão se volta contra o pecado como um todo. Segundo as Escrituras Sagradas, o julgamento definitivo sobre a gravidade de um pecado ou de uma culpa cabe exclusivamente a Deus, que julgará com misericórdia e justiça. Consequentemente, Jesus adverte que não devemos julgar (Mt 7,1s.), pois também uma pessoa crente, que já vive em Cristo, ainda luta contra o pecado e a culpa, mas pode vencê-los (Ef 6,10-12; 1Pd 5,8-9; Rm

8,13). Em João, o pecado representa a antítese da fé, e Paulo também remete nesse contexto ao redentor Jesus Cristo, sem o qual o mundo estaria perdido. Lei, consciência e razão acusam o pecador (Rm 1,20; 2,15; 3,19; 5,13; 7,23), mas no Filho, que Deus "fez pecado por nós" (2Cor 5,21), ele encontra um fundamento firme para sua esperança. Rm 5,12-21 desdobra a relação entre pecado universal e morte universal. João fala do Cordeiro de Deus que tira o pecado escravizante "do mundo" (Jo 1,29; cf. tb. Ex 34,6-7). – (2) Os pais abordam o pecado e a culpa sob a perspectiva da redenção. Para Agostinho († 430), a soberba e o orgulho são a essência do pecado, que provoca uma *incurvatio in seipsum* (um encurvamento sobre si mesmo). Tomás de Aquino († 1274) reconhece no pecado a *aversio a Deo* (o abandono de Deus) em ato, palavra e desejo. O pecado se volta contra a lei eterna e representa um atentado contra Deus (*offensa*) e, do ponto de vista filosófico-moral, uma violação à razão. O pecado venial (*peccatum veniale*) se distingue "infinitamente" (*in infinitum*) do pecado mortal (*peccatum mortale*), que provoca um abandono radical de Deus e do seu amor; mas permanece incerto quando ocorreria um pecado mortal, pois só Deus conhece o coração do homem. S. Kierkegaard († 1855) refletiu sobre a relação entre pecado, culpa, medo e desespero, destacando nesse contexto o significado existencial da fé e da confiança (radical). Os teólogos do século XX abordam o pecado e a culpa como poder ou evento pessoal, como alienação de si mesmo e de outros ou como omissão. E. Drewermann, com recurso a Kierkegaard, investigou o contexto psicossocial do pecado e da culpa, enquanto R. Schwager († 2004), recorrendo a R. Girard, remeteu a um mecanismo fatal do bode expiatório e a uma prática social e individual culposa da imitação. K. Rahner († 1984) falou de um "existencial sobrenatural" da graça e do existencial do pecado, para demonstrar as opções de ação do ser humano. Segundo J. Werbick, a salvação não significa a resolução de todas as tensões da vida, mas a força para vencê-las. – (3) O magistério ressalta a misericórdia de Deus com o pecador (Catecismo da Igreja Católica, 1.846) e recomenda o Sacramento da Penitência. O pecado significa rebelião contra Deus e uma violação do amor, da razão, da consciência e da verdade (Catecismo da Igreja Católica, 1.849). O pecado mortal é o abandono de Deus e a destruição do amor, tudo isso precisa ocorrer de forma consciente e livre.

O pecado venial não mata o amor, mas o fere (Catecismo da Igreja Católica, 1.855). Existe também a responsabilidade pelo pecado de outras pessoas, quando este é apoiado ou permitido (Catecismo da Igreja Católica, 1.868). Ao empregar os conceitos do "pecado social" e das "estruturas pecaminosas", o Catecismo da Igreja Católica acata GS 25 e a Encíclica *Sollicitudo Rei Socialis* (1987, do Papa João Paulo II (n. 36) e também temas da teologia da libertação (n. 1.869). – (4) Do ponto de vista ortodoxo, o pecado e a culpa perdem sua força diante do brilho da graça, redenção e glorificação, mas não os subestima. O pensamento luterano, por outro lado, enfatiza a pecaminosidade do ser humano de modo que também a pessoa remida permanece um "pecador justo" (*simul iustus et peccator*). – (5) A pergunta pela origem do pecado e da culpa levanta também o problema (provavelmente irresolúvel) da teodiceia; este adquiriu uma importância nova com a "teologia após Auschwitz". Tendo em vista os agentes e suas vítimas, é difícil determinar a relação entre a reconciliação com Deus e a reconciliação entre os seres humanos. A hermenêutica precisa levar em consideração que só pode falar adequadamente do pecado e da culpa à luz da autocomunicação perdoadora de Deus, que deseja a morte do pecado, não, porém, a morte do pecador. O pecado e a culpa fazem parte da ambivalência da *conditio humana*. Em vista dos contínuos debates sobre a globalização, o discurso sobre o "pecado estrutural" é mais uma vez desafiado. Esse conceito proveniente da teologia da libertação designa o aspecto ético-social do pecado, i.e., as objetivações da conduta pecaminosa em ordens sociais. O discurso litúrgico paradoxal da *felix culpa* (culpa feliz) no *Exulet* pascoal é testemunho da esperança cristã inabalável no perdão e na justiça que transcende nossa força de imaginação.

Lit.: SCHLÖGEL, H. *Und vergib uns meine Schuld* - Wie auch wir... Theologisch-ethische Skizzen zu Versöhnung und Sünde. Stuttgart, 2007. • SIEVERNICH, M. *Schuld und Sünde in der Theologie der Gegenwart*. 2. ed. Frankfurt a.M., 1983.

Erwin Dirscherl

Pecado original ↑ *unicidade e universalidade salvífica de Jesus Cristo*, ↑ *liberdade do pecado original/conceição imaculada de Maria*, ↑ *concupiscência*, ↑ *pecado e culpa*, ↑ *batismo*. – A fala do pecado original pergunta pela origem do enlaçamento pecaminoso historicamente condicionado do ser humano – criado como bom – pelo qual ele não pode ser responsabilizado pessoalmente, já que o pecado original determina a humanidade como coletivo desde o início de sua existência. – **(1)** A narrativa do paraíso em Gn 3 pretende explicar que as falhas e as contradições da vida, o sofrimento e o mal que acontecem, não são desejados por Deus, antes devem ser compreendidos como consequência da transposição de limites pelo homem. Isso é simbolizado pela mão que colhe a fruta proibida, ação esta que, mais tarde, virá a ser interpretada como pecado original, mesmo que a expressão "pecado" não ocorra em Gn 3,14-19. Gn 3,22 nos confronta com a formulação instigante de que o ser humano, ao violar o mandamento, se tornou igual a Deus, pois agora é capaz de reconhecer o bem e o mal. Inicia-se aqui o vínculo fundamental entre autonomia e teonomia, levantando a pergunta interessante se a autonomia estaria vinculada à transgressão (C. Dohmen). A autonomia é um aspecto interior do ato e visa ao fenômeno da liberdade. Na ↑ decisão pelo bem e o mal, manifesta-se a liberdade do ser humano também em sua ambivalência. O pecado original consiste numa ruptura do relacionamento com Deus e com o próximo. Já que a morte também representa uma ruptura, ela é vinculada ao pecado desde cedo. A autonomia absoluta, que nega seu vínculo com Deus (teonomia), leva ao isolamento mortal. Isso é demonstrado pelo fratricídio de Caim, que não pode ser desvinculado da questão da teodiceia, já que Deus, ao aceitar o sacrifício de um e rejeitar o sacrifício do outro, também é responsável pelo ocorrido: Como Deus pode permitir o mal e o pecado? Mas Deus volta a procurar o ser humano após o pecado ("Adão, onde estás?": Gn 3,9) e cuida dele; o ser humano permanece acolhido na vontade salvífica de Deus. Por isso, é impossível falar isoladamente do pecado sem referência soteriológica. Já que o mal deve ser compreendido de modo relacional, a cura também deve ser vista sob o ponto de vista relacional (P. Schoonenberg [† 1999]). Os Salmos reconhecem o pecado como possibilidade do coração humano e remetem, justamente por isso, à superação do mal com a ajuda da justiça de Deus (p. ex., Sl 36). Em vista da infidelidade e do pecado do indivíduo, que afetam todos, Deus oferece sempre outra vez a chance para o arrependimento e reconciliação (Ex 33; Is 45,5-8; Sf 3,5; Jr 31,19-34; Os 11). A literatura sapiencial interpreta Gn 3 como início do pecado com graves consequências (Eclo 25,24a) e como causa da morte de todos (Eclo 25,24b), "dos pecadores" (Sb 2,24). Na apocalíptica do início do judaísmo, esse vínculo é visto como perdição. Assim como os Salmos, Jesus também enfatiza que tanto o bem quanto o mal provêm do coração do ser humano (Lc 6,45); Ele concede perdão em nome de Deus em referência a todo o povo de Israel. Paulo confronta o caráter individual e universal do pecado com o Deus misericordioso e justo. Em Rm 5,12-21 e 7,7-25, o apóstolo constrói o fundamento para o discurso cristão do pecado original. A experiência de fazer aquilo que, no fundo, não se quer fazer (Rm 7,19-21) leva em Paulo a uma personificação (também problemática) do pecado. Rm 5 descreve o pecado e a morte como poderes da perdição e ressalta que estes dominam o ser humano, porque todos são culpados. "Assim como o pecado entrou no mundo como por um só homem e, pelo pecado, a morte, também a morte transmitiu-se a todos os homens naquele em quem todos pecaram" (Rm 5,12). Paulo chega a essa conclusão não só por causa do vínculo causal entre a morte de todos e o pecado, mas também em virtude da universalidade da *graça de Deus*, que se revelou na morte de seu Filho na cruz. Já que Cristo morreu por todos, todas as pessoas que estão *extra Christum* se encontram necessariamente no pecado. Mas o Crucificado tomou para si o pecado e a morte e assim os venceu. A reflexão do início do judaísmo coloca Rm 5,12 – que mais tarde se tornaria a passagem-chave para a doutrina do pecado original – acima de Gn 2s. (M. Theobald). Interpreta Adão como símbolo da existência humana desviada e identifica uma dialética entre o poder do pecado, que determina a história, e a ação responsabilizada pelo homem; não fala ainda de um pecado herdado. O NT contrapõe a figura de Cristo à figura de Adão: Este traz a morte – no sentido representativo – para todos; aquele, a vida. Para Paulo, apenas a confiança em Cristo é capaz de prometer a salvação, e assim a fé se transforma em conceito antitético do pecado. – **(2)** Melito de Sardes († por volta de 190), Ireneu de Lyon († por volta de 200) e Agostinho († 430) falam do *peccatum haereditarium*, de um pecado, que "adere" ao ser humano como uma herança. Por isso, podem ser vistos como testemunhas iniciais da máxima segundo a qual qualquer discurso sobre o pecado original só faz sentido como antítese ao evento salvífico em Jesus Cristo (G.L. Müller). Segundo a teologia dos padres, o pecado de Adão, que cometeu o pecado original (*peccatum originale originans*) em liberdade, teve como consequência a perda da santidade e justiça humanas originais para toda a sua posteridade (*peccatum originale originatum*). A partir daí, surge a pergunta clássica sobre como o pecado de um pode transformar também todos os outros em pecadores. Cipriano de Cartago († 258) responde no contexto de sua teologia do batismo com o discurso dos "pecados alheios" (*peccata aliena*), que são perdoados às crianças, que, a princípio, não podem ser responsabilizadas pela culpa. Mas isso faz sentido? Após Cipriano, essa questão continuará a causar problemas, e os teólogos enfatizarão que o pecado original só pode ser definido como pecado num sentido analógico. Por fim, surge Agostinho (principalmente pecc. mer.; c. Iulian; corrept.; quaest. Simpl.). Ele desenvolve uma doutrina do pecado original, indagando, como Paulo e contra Pelágio († após 418), mas também em decorrência de experiências próprias, a razão do desequilíbrio interior do ser humano. Confluem aqui os seguintes três padrões argumentativos:

A universalidade salvífica de Jesus Cristo	Já que Cristo morreu para a salvação de todos os seres humanos quando estes ainda eram pecadores (cf. Rm 5,8), todos os homens são pecadores se não tiverem a redenção; eles representam uma *massa damnata*. O pecado original serve como projeção negativa da salvação universal (*sola gratia, solus Christus*).
A prática tradicional do Batismo infantil	Para que o Batismo, indispensável para a salvação, seja eficaz, faz-se necessário também o perdão dos pecados. O que acontece com as crianças que ainda não podem ter cometido pecados pelos quais possam ser responsabilizadas? O efeito do Batismo deve dizer respeito a outro tipo de pecado.
Exegese de Rm 5,12	De modo filologicamente incorreto, Agostinho lê, baseado na tradução que tinha à sua disposição: "Por meio de um único homem, no qual (em latim: *in quo*) todos pecaram, o pecado veio ao mundo; e, por meio do pecado, a morte". O correto seria: "dado que/ porque (em grego: *eph'ho*) todos pecaram [...]".

Segundo Agostinho, a natureza do pecado original, cuja consequência mais radical é a morte, é composta pelo orgulho (*superbia*) e pela concupiscência (*concupiscentia*), designada também como consequência do pecado. Baseando-se em Gl 2,21, o Padre da Igreja acredita: Quem atribui a salvação apenas à natureza humana e à sua capacidade de liberdade nega Cristo. Por vezes, percebe-se em Agostinho um dualismo com influências maniqueístas (também paulinas) entre Deus e o pecado, segundo o qual o ser humano teria perdido a liberdade de se referir a Deus como sua origem; teria restado apenas o livre-arbítrio (*liberum arbitrium*) em assuntos do dia a dia – consequências disso foram tendências negativas referentes ao corpo, sobretudo a desvalorização do ato sexual como modo de propagação do pecado. Tomás de Aquino († 1274) desmistifica o poder quase pessoal do pecado e o atribui completamente ao ser humano. O pecado é, em sua essência, *aversio a deo*, abandono de Deus. Como autorreferencialidade isolacionista (*incurvatio*), ele leva à perda relacional e assim ao declínio da natureza humana. Ao remeter o orgulho e o distanciamento de Deus, que aderem ao ser humano, à descendência de Adão, Tomás faz referência a Agostinho e ao Segundo Sínodo de Orange (529). O pecado original tem sua *materia* na concupiscência, sua *forma* é o abandono de Deus pelo espírito, que só pode reestabelecer o relacionamento com Deus por meio do Batismo. A natureza do homem permanece ordenada em direção à graça, mas está corrompida (*natura corrupta*). O termo problemático do pecado hereditário [Erbsünde], que se estabeleceu na língua alemã principalmente por meio de M. Lutero e a CA, remete a J. Geiler von Kaysersberg († 1510) e visa ao conceito agostiniano do *peccatum originale*. No século XX, representantes da teologia da liberdade (L. Boff, G. Gutiérrez) têm chamado atenção para o fato de que existem também *estruturas* pecaminosas, que geram e estabilizam situações de injustiça (opressão, exploração). Lembram assim a forma de manifestação social do pecado, que pode acometer inclusive instituições. Apesar de sermos obrigados a falar também aqui de uma acepção analógica do pecado, a fonte de toda desordem permanece sendo o ser humano. Partindo de I. Kant († 1804), M. Heidegger († 1976) e K. Rahner († 1984), que compreendia o pecado original como existencial – no qual a culpa alheia sempre já se mostra objetivamente eficaz – a teologia atual tenta compreender a origem transcendental do pecado original (P. Hünermann e H. Hoping). Essa abordagem procura encontrar a razão e a origem do pecado nas estruturas da liberdade humana. O pecado é uma desfiguração das possibilidade transcendentais, i.e., originalmente inerentes ao ser humano, de se relacionar com Deus. Mas, pergunta T. Pöpper, como podemos falar de uma liberdade transcendental antes de sua realização fatual? Não haveriam de existir antes decisões e atos históricos e concretos? Já que o pecado original não pode fazer parte da natureza do ser humano criado por Deus como bom, poderíamos falar, com H. Hoping, da "natureza histórica da recusa transcendental". O.H. Pesch defende um abandono da doutrina tradicional do pecado original, não, porém, de sua proposição teológica e cristológica fundamental: O pecado original e o pecado pessoal são idênticos em sua natureza, pois cada "ato de abandono autocomplacente de Deus" é uma contradição radical ao Criador. – **(3)** No que diz respeito à compreensão católica do pecado original, o Concílio de Trento continua sendo seu fundamento normativo (DH 1.510-1.516): O pecado original provoca a perda da santidade e da justiça originais e a morte da alma. Controversa, por ser muito agostiniana, é a formulação segundo a qual o pecado de Adão é propagado pela procriação (*propagatione*) e não pela imitação (*imitatione*) (DH 1.513); no entanto, a sentença refuta qualquer banalização pelagiana do pecado original. Segundo o concílio, o estado do pecado original (*reatus originalis peccati*) é perdoado e a natureza do pecado como *aversio* é suspensa por meio da graça concedida no Batismo. Aqui se manifesta uma oposição à acepção de M. Lutero († 1546; cf. abaixo). A concupiscência permanece presente no ser humano como "espoleta" (*fomes*) também após o Batismo. É chamada de pecado porque provém do pecado e tende para o pecado, não porque seja pecado. A proclamação doutrinal atual tem se distanciado do chamado ↑ monogenismo (proveniência da humanidade de um único casal de antecedentes) e, desde o Concílio Vaticano II, já não vê em Adão uma figura histórica, mas um símbolo (*typos*) da humanidade caída. Ao mesmo tempo, o concílio se apoia na experiência existencial cotidiana: O pecado original explica o mal real, ao qual o ser humano está comprovadamente exposto (GS 13). Com recurso a Tomás de Aquino, o Catecismo da Igreja Católica acata a imagem paulina do corpo com seus membros para ressaltar tanto a unidade da humanidade quanto seu enlaçamento no pecado. A propagação do pecado original, porém, permanece um mistério que não pode ser completamente compreendido (Catecismo da Igreja Católica, 404); além do mais, a natureza humana não está totalmente corrompida, mas apenas ferida. O Catecismo alude também ao "pecado estrutural" (teologia da libertação) (Catecismo da Igreja Católica, 408). – **(4)** Apesar de a ortodoxia falar da queda de Adão e da pecaminosidade de seus descendentes em decorrência dela, ela não conhece uma doutrina própria do pecado original. Partindo de Paulo e Agostinho, M. Lutero interpreta o pecado original como descrença, ingratidão, egoísmo e orgulho. Já que todo o ser humano é pecador (*totus homo peccator*), a concupiscência não pode ser limitada ao desejo sexual. Em seu discurso sobre o *servum arbitrium*, Lutero nega ao ser humano, servo impotente do pecado, a liberdade para a salvação. Ele se encontra exposto a uma tensão dialética mesmo após o Batismo: *simul iustus et peccator*. O pecado original já não é mais imputado, mas continua presente; o ser humano é justo com vista a Cristo, e pecador com vista a si mesmo. No diálogo com a teologia evangélica, controvérsias antigas sobre o pecado original e últimas acentuações divergentes (p. ex., a pergunta sobre a relação entre a liberdade de Deus e do homem) não são mais consideradas cismáticas. – **(5)** Em todos os modelos esboçados, a fala sobre a origem do pecado visa à sua radicalidade (*radix*, raiz) e universalidade. O importante é que o ser humano foi originalmente criado à imagem de Deus (*imago Dei*) e que foi perdoado e já não é mais pecador (no sentido do distanciamento de Deus) devido ao Batismo. O conceito da *felix culpa* (culpa feliz) no canto *Exultet* da noite de Páscoa pode nos sensibilizar para o fato de que a fala do pecado original simboliza a ambivalência da história da liberdade humana e é acolhida pela cristologia. Remeto mais uma vez a Rm 5,12: Assim como o pecado veio ao mundo por meio de um único homem (Adão), a redenção também veio por meio do Único (Cristo). Nesse sentido, a Igreja expressa no *Exultet* de forma muito consciente a culpa "salvífica" de Adão, que naturalmente só pode ser designada assim em retrospectiva. No entanto, o evento redentor não segue uma lógica da necessidade. Seu impulso é exclusivamente a liberdade da graça. Por isso, a fala do pecado original só é possível e permissível do ponto de vista do perdão já vivenciado. *Felix culpa* significa, portanto, que o ser humano, em vista de sua culpa, pode sempre confiar no perdão. Perdão este que ele não pode conceder a si mesmo.

Lit.: a) DIRSCHERL, E. *Grundriss Theologischer Anthropologie*. Regensburgo, 2006, p. 156-215. • HÜNERMANN, P. "Peccatum originale". *ThQ*, 184, 2004, p. 92-107. b) HOPING, H. *Freiheit im Widerspruch*. Innsbruck, 1990 [Innsbrucker theologische Studien, 30]. • HOPING, H. & SCHULZ, M. (orgs.). *Unheilvolles Erbe?* – Zur Theologie der Erbsünde. Friburgo/Basileia/Viena, 2009 [QD 231]. • PESCH, O.H. *Katholische Dogmatik aus ökumenischer Erfahrung* – Vol. 1,2: Die Geschichte der Menschen mit Gott. Ostfildern, 2008, p. 26-60. • SIEVERNICH, M. "Die gute Schöpfung und die Macht der Sünde". In: KEHL, M. *Und Gott sah, dass es gut war* – Eine Theologie der Schöpfung. Friburgo/Basileia/Viena, 2006, p. 279-295.

Erwin Dirscherl

Personalidade/pessoa ↑ *consciência,* ↑ *imagem de Deus,* ↑ *identidade,* ↑ *indivíduo,* ↑ *relação corpo/alma,* ↑ *ser humano,* ↑ *nome de Deus,* ↑ *pessoas em Deus*. – No emprego filosófico, "pessoa" designa o ser da existência como ser humano; sob o ponto de vista sociológico e jurídico, é o termo usado para um indivíduo em determinada função ou posição (p. ex., profissão, sujeito constitucional); em termos teológicos, indica que o ser humano é um "ser relacional" (J. Ratzinger), ao qual Deus dirigiu a sua palavra e que encontra sua identidade justamente na relação (relação consigo mesmo, com o próximo, com toda a ↑ criação, com Deus). O termo "pessoa" é usado num sentido analógico também no contexto da teologia trinitária. "Personalidade" é a totalidade dos atributos que constituem a essência da pessoa. – **(1)** A Bíblia não conhece um conceito de pessoa claramente definido, ressalta, porém, que Deus fala e que o ser humano ouve. Deus se revela na palavra, e o ser humano é capaz de responder-lhe. A LXX traduz o palavra hebraica *panim* (face de Deus) com o termo grego *prosopon* (rosto, máscara) (Ex 33,14; Jó 1,11): representa a santidade e intocabilidade do Senhor e também sua atenção voltada para o mundo. Isso vale analogicamente também para o ser humano como imagem de Deus (Gn 1,26-27). A teologia veterotestamentária do nome visa ao caráter indedutível e indisponível da pessoa de Deus e (analogicamente) do ser humano, que foi criado por Deus (cf. as genealogias em Gn 4,17-24; 5,1-32; 10; 25; cf. tb. Is 43,1). Em termos antropológicos, o nome de um ser humano remete à sua origem misteriosa, que se esquiva da reflexão discursiva. – **(2)** O desdobramento dogmático do fenômeno da pessoa encontra seu fundamento num contexto cristológico e trinitário: A mesma pessoa é Jesus, o Cristo, verdadeiramente homem e verdadeiramente Deus (uma pessoa em duas naturezas), e o Deus uno é indivisivelmente Deus, o Pai, Deus, o Filho, e Deus, o Espírito Santo (um ser em três pessoas). Sob um ponto de vista antropológico, o conceito da pessoa visa à singularidade/individualidade e à relacionalidade/comunhão e, vinculado a isso, ao fenômeno da língua, que possibilita relacionamentos. Apoiando-se e, ao mesmo tempo, diferenciando-se do termo "máscara" (do ator), a palavra *prosopon* (em latim: *persona*) pôde ser interpretada como face (falante), que possui uma realidade própria e irrepresentável. Nesse contexto, a patrística desenvolveu a exegese prosopográfica (análise de um texto em vista de suas figuras falantes; Tertuliano [† após 202]; Agostinho [† 430]). No pensamento estoico, a *persona* constitui um sujeito ao qual são atribuídos direitos, obrigações e contatos sociais. Agostinho parece velar esse último aspecto de forma monossubjetiva (a pessoa como autoconsciência e autorreflexividade: a pessoa como um "estar em si", em latim: *subsistentia*). Mais tarde, a escola medieval dos vitorinos reagirá a isso, enfatizando a relacionalidade, a *relatio*. Agostinho, porém, sabe muito bem que a *relatio* faz parte da pessoa e que, em virtude da dádiva do Espírito Santo, o ser humano se comunica com as pessoas trinitárias. A.M. Boécio († 524), por sua vez, enfatiza o aspecto individual da pessoa como *naturae rationabilis individua substantia* (natureza individual dotada de espírito). Isso abre o caminho para um pensamento que culmina na palavra de Ricardo de São Vítor († 1173) da *incommunicabilis existentia*. Para Tomás de Aquino († 1274), a pessoa é um modo de ser de dignidade máxima, caracterizada por autoconsciência, "autoposse" [*Selbstbesitz*] e liberdade. Com a *reditio in seipsum* (introspecção) a pessoa realiza sua autorrelação em referência ao outro. A Modernidade prefere o "sujeito" à pessoa, enfatizando assim implicitamente o aspecto individual e irrepresentável da pessoa. A chamada filosofia do sujeito concebe o ser humano a partir de sua autoconsciência e liberdade. R. Descartes († 1650) e J. Locke († 1704) cunham o conceito moderno da pessoa, no qual o eu "é descoberto como ponto de vista intransponível e fundamental e é colocado no centro dos esforços de determinação epistemológica" (G. Essen). Isso suscita o problema de uma absolutização do sujeito. Como precursora do pensamento personalista, a Escola de Tübingen (F.A. Staudenmaier [†1856], A. Günther [†1863]) desenvolveu contra esse perigo em G.W.F. Hegel († 1831) uma filosofia da consciência que, em prol da liberdade e criaturalidade do ser humano, enfatiza radicalmente a diferença entre Deus e a criatura e a reflete de modo pneumatológico. No século XX, o chamado personalismo dialógico (E. Gilson [† 1978], M. Blondel [† 1949], P. Wust [† 1940], R. Guardini [† 1968], E. Przywara [† 1972]) desenvolve uma acepção relacional aprofundada na base de exigências filosóficas (M. Buber [† 1965], F. Rosenzweig [† 1929], F. Ebner [† 1931], A. Dempf [† 1982], M. Heidegger [† 1976], M. Müller [† 1994], B. Welte [† 1983]). O pensamento de J. Ratzinger também é marcado pelo personalismo. K. Hemmerle († 1994) e H. Mühlen († 2006) compreenderam o ser do ser humano como "ser com" e "ser para". O pensamento de K. Rahner († 1984) continua presente no debate atual: Não defendeu nenhuma autonomia exagerada, antes demonstrou que "pessoa" significa o sujeito autorresponsável, com origem e futuro, chamado para a liberdade e responsabilidade (cósmica). G. Essen introduziu ao debate um conceito filosófico-transcendental de pessoa, que parte de W. Pannenberg, T. Pröpper, J. Rüsen e H. Krings († 2004), que coloca a liberdade e historicidade no centro e que compreende a lembrança e a narrativa como apresentações de identidade. Conceitos da teologia da alteridade (reconhecimento do outro) chamam a atenção para a assimetria metafísica na constituição das personalidades criaturais. Aqui, a temporalidade exerce uma função fundamental como categoria relacional. A subjetividade é interpretada a partir de uma disponibilidade e passividade diacrônica, que se encontra além do tempo, mas que introduz ao tempo e à liberdade responsável (T. Freyer, J. Wohlmuth, E. Dirscherl). – (3) O magistério reconhece uma analogia entre a unidade das pessoas divinas e a postura fraternal, na qual os seres humanos devem conviver (Catecismo da Igreja Católica, 1.878). A pessoa depende de relacionamentos e precisa da comunhão: "A pessoa constitui o fim último da sociedade, que está ordenada para ela" (Catecismo da Igreja Católica, 1.929).

Portanto, a dignidade do ser humano está vinculada à sua personalidade, fato do qual segue o respeito incondicional dos direitos pessoais, que são anteriores à sociedade (Catecismo da Igreja Católica, 1.930). Essas afirmações têm seu fundamento no Concílio Vaticano II, que, em GS 12, compreende a pessoa fundamentada exclusivamente em Deus. Personalidade significa solidariedade e significa aceitar o próximo como outro eu (GS 27). – (4) O pensamento ortodoxo vê, seguindo os padres e semelhantemente ao Concílio Vaticano II, a personalidade do ser humano como dádiva do Espírito, que nos conduziu à redenção e impôs novamente a intenção original da criação de Deus. A personalidade humana se cumpre apenas na conexão graciosa com o Deus trino (D. Staniloe [† 1993]). Para M. Lutero († 1546), a personalidade remete ao ser humano *coram Deo* e revela sua dependência radical de Deus. Acredita com J. Duns Scoto († 1308): *Fides facit personam* (a fé gera a pessoa). Essa máxima se volta também criticamente contra o humanismo de seu tempo e sua imagem do ser humano. – (5) O conceito da pessoa expressa a relação indispensável e salvífica do ser humano com Deus, o outro, as cocriaturas e todo o cosmo. Ao mesmo tempo, remete à liberdade e responsabilidade humana, sem ignorar a ameaça pelo pecado e culpa. Para a teologia dogmática cristã, o conceito da pessoa é imprescindível.

Lit: ESSEN, G. "Person". *ThRv*, 94, 1998, p. 243-254. • HOPING, H. "Göttliche und menschliche Personen". *ThG*, 41, 1998, p. 162-174. • KONERSMANN, R. "Person". *IZPH*, 2, 1993, p. 199-227.

Erwin Dirscherl

Pessoas em Deus ↑ *apropriações,* ↑ *presença de Deus,* ↑ *Espírito Santo,* ↑ *personalidade/pessoa,* ↑ *Trindade,* ↑ *doutrina trinitária.* – Segundo a fé cristã, as pessoas em Deus são Deus-Pai, Deus-Filho e Deus-Espírito Santo, no sentido de que estão inseparavelmente relacionados uns aos outros como um único Deus, possuindo, mesmo assim, uma individualidade indispensável. – (1) Na Bíblia, é comum que se fale de Deus de modo antropomórfico, mas ocorre num sentido inverso: Descreve-se a acessibilidade de Deus por parte do seu povo a partir de Deus. Deus não é reduzido à medida da personalidade humana. Sobretudo os Salmos fazem uso disso: Deus é rancoroso e se irrita (Sl 78,49) ou bondoso e amoroso (Sl 106,1), também é paciente e misericordioso (Sl 103,8). Pode ser vingativo – um tema não dos Salmos, mas dos profetas (Is 1,24) – e indignar-se (Am 5,21s.). Quando Jesus fala de Deus, enfatiza um imediatismo que gera uma reciprocidade pessoal. Isso se manifesta quando se dirige a Deus com o título de *Abba*, mas também na oração do Pai-nosso, que Jesus recomenda aos seus discípulos (Mt 6,9-13). A promessa da assistência do Espírito (Jo 14,16; 16,9) se fundamenta num intercâmbio pessoal entre Pai e Filho, que envia o Espírito. Assim, este também adquire uma conotação pessoal (Jo 14,26). – **(2)** A história da teologia cristã partiu de uma personalidade de Deus apenas após vários séculos. O pensamento se baseia na suposição de um plural na singularidade de Deus, que caracteriza seu ser. Surge a partir de uma sistematização com a ajuda de antigas filosofias da fórmula de Batismo documentada desde cedo: "em nome do Pai, do Filho e do Espírito Santo" (cf. Mt 28,19). Nos conflitos com as formas religiosas elitistas da gnose, as pessoas em Deus se tornam o instrumento teológico decisivo e também uma área problemática primária. Contra as tendências monarquianistas de Praxeas († início do século III) – chamadas também de modalismo pelos pesquisadores a partir do século XIX –, Tertuliano ([† 220] adv. Prax. 2,4; 15,1) desenvolve duas posições revolucionárias: Deus é *non unus sed unum,* e cada uma das três grandezas que constituem Deus é *persona*, que confere à unidade divina uma expressão própria. Supera assim a negação helenística do plural para Deus com uma reciprocidade entre plural e singular. Apoiando-se nas construções helenísticas de identidade, que dão preferência ao singular, Orígenes († 253/254) diferencia três "hipóstases" em Deus (comm. in Io. 2,6); este é o termo neoplatônico para as emanações do ser divino com diferentes qualidades ônticas. Daí, era um passo lógico caracterizar o conceito grego da *hypostasis* como o conceito do *prosopon* (em latim: *persona*), que provém do teatro e sugere diferenciações no ator mascarado, que trocava as máscaras de acordo com os papéis que representava. Tratava-se do mesmo tipo de diferenciações que a tradição bíblica de um Deus pessoal também exigia. Por fim, as diferenciações pessoais de Deus atingem seu auge decisivo na fórmula dos três capadócios: *mia ousia, treis hypostaseis* (um ser, três *hipóstases*). Agora, o *prosopon* triplo de Pai, Filho e Espírito representa uma descrição do ser de Deus, que justamente assim se torna compreensível como unidade. Para o modo de como cada pessoa caracteriza o ser uno, Gregório de Nazianzo († 390) apresenta as "propriedades": a não geração (Pai), a geração (Filho) e a procissão (Espírito). No entanto, a cristologia também se viu obrigada a desenvolver uma singularidade que fizesse jus à dualidade de homem e Deus. A fórmula de Teodoro de Mapsuéstia († 428) das duas natureza do *prosopon* uno de Jesus já resolve isso. Em Bizâncio, porém, que não queria perder a mercê dos monofisitas, esta foi refutada como puro nestorianismo. Mesmo assim, a solução de Teodoro aponta a característica principal da segunda pessoa divina: a capacidade de manter em sua essência a ligação de um plural de naturezas. Em 451, o Concílio de Calcedônia (DH 302) teve a sabedoria de afirmar essa ligação do modo negativo e demarcador (sem confusão e sem separação) e não de modo positivo e fixador. A teologia trinitária da Igreja latina, marcada fortemente por Agostinho († 430), fala de relações pessoais e imanentes na Trindade. A teologia de Agostinho inspirava-se também nas dimensões subjetivas de sua própria existência, que, ao modo da analogia, deveriam desvelar as relações imanentes das três pessoas divinas. As tríades *amans-amatus-amor* (amante-amado-amor), *memoria-intellectus-voluntas* (memória-razão-vontade) e outras caracterizam o plural singular das pessoas em Deus. Assim, a personalidade metafísica de Deus adquire um elemento subjetivista, que havia representado um problema durante séculos. As propriedades (particularidades) dos capadócios se transformam em meras apropriações das pessoas em Deus. Tomás de Aquino († 1274) corrige isso ao introduzir "relações subsistentes", sendo que a subsistência não é acidente, mas essência. O discurso da justificação, do século XVI, situa a fala de Deus em geral e das pessoas em Deus em especial dentro de um pensamento pessoal individual, de modo que agora só pode ser diferenciado com dificuldade da concepção de *vários* sujeitos humanos. Essa acepção foi fortemente contrariada pelos antitrinitários (pelos socinianos e, mais tarde, pelos menonitas), movimento este que se alimentava do humanismo e do princípio da razão. Refutavam as pessoas em Deus alegando sua irracionalidade, o que levou a violentos confrontos por parte dos reformadores (execução de M. Servet [† 1553] na Genebra de Calvino); aqui já se anunciava o campo de tensão entre fé trinitária e Iluminismo. Após essa abertura moderna, a personalidade de Deus é despida de sua Trindade e posicionada em proximidade da subjetividade do indivíduo humano. Isso, por sua vez, alimenta a acusação de L. Feuerbach († 1872) segundo a qual não era Deus que fizera o homem à sua imagem, mas sim o homem que fizera Deus à sua própria imagem, para sedar-se com essa utopia. A personalidade humana já não é mais caracterizada trinitariamente por uma empatia recíproca, mas concebida monádica e soberanamente e orientada pela imposição de direitos elementares em relação a outra personalidade. Encontramos aqui uma tendência absolutista, alheia ao conceito das pessoas divinas. A diferença entre a metafísica das pessoas da doutrina trinitária tradicional e o subjetivismo da pessoa moderna soberana surte um efeito grave: "Deus", como personalidade idealista, se transforma no caso de aplicação das pretensões de poder da liberdade humano, enquanto a personalidade trinitária de Deus leva à superação de uma personalidade que se compreende a partir da demarcação de sua liberdade. A diferença das pessoas em Deus em comparação com a personalidade humana moderna levou teólogos importantes do século XX a relativizar o emprego dessa categoria (K. Barth [† 1968], K. Rahner [† 1984]). A contrarreação acusa os admoestadores de praticarem um modalismo moderno, no entanto, não consegue superar as tendências de autorredenção do pensamento moderno do sujeito. O debate só se resolverá com a relativização das pretensões soberanas do sujeito. – (3) A introdução do conceito da consubstancialidade (*homoousios*) entre Pai e Filho pelo Concílio de Niceia, em 325 (DH 125), é de importância fundamental. A fórmula trinitária do I Concílio de Constantinopla, de 381, estabelece com sua fé no "Deus uno", no "Senhor Jesus Cristo uno" e no "Espírito Santo" (DH 150) uma diferença entre Pai e Filho, que permanece marcada pelo modo da unidade, e entre o Espírito, que é introduzido sem identificação numérica e assim se abre para uma presença plural. Ao mesmo tempo, a atribuição segundo a qual o Espírito "procede do Pai [e do Filho] e é adorado e glorificado com o Pai ao mesmo tempo" estabelece relações pessoais claras na determinação da Trindade. Em 451, o Concílio de Calcedônia oferece um novo nível de compreensão das pessoas em Deus com sua famosa fórmula cristológica "em duas naturezas", cuja diferença é preservada também na unificação da pessoa una e da hipóstase una (DH 302). Torna-se "possível, contemplar primeiro a realidade humana de Cristo e prosseguir a partir dela para as profundezas da pessoa divina" (GRILLMEIER, A. *Chalcedon I*, p. 769). O 16º Sínodo de Toledo, em 693 (DH 570) foi relativizado pela introdução do conceito da "essência de Deus" no IV Concílio de Latrão, de 1215: "três pessoas, mas uma essência" (*quidem - sed*: DH 800). – (**4**) No ecumenismo, as pessoas em Deus não são motivo de disputas – contanto que o ↑ filioque não seja verbalizado. – (**5**) Hoje, a personalidade é vista como característica evidente de Deus, que diferencia o Deus contemplado pelo cristianismo das religiões não monoteístas e, em sua concentração cristológica, também do judaísmo e do islã. Podemos nos dirigir a Deus na segunda pessoa do singular, com "Pai nosso", "Cristo Jesus", sendo que os títulos invariavelmente projetam a falsa aparência de modernos perfis de personalidade. Podemos dirigir os pedidos mais íntimos a esses perfis, falar com eles sobre necessidades internas e confrontá-los com rigorosas exigências. Pelo menos da segunda pessoa da Trindade podemos dizer que ela expressa a capacidade de interligar duas naturezas de modo que suas diferenças são preservadas. As pessoas em Deus não podem, portanto, ser compreendidas no nível metafísico de uma *physis*, mas além da metafísica na capacidade de proteger as diferenças de contradições, mas sem dissolvê-las como diferenças. Dando continuação ao pensamento de Calcedônia, devemos nos perguntar hoje se as pessoas em Deus devem ser compreendidas *também* historicamente (p. ex., numa análise estrutural sincrônica) ou *apenas* historicamente (p. ex., numa análise da liberdade). Continua importante a fórmula adverbial negativa "sem confusão e sem separação": Aquilo que pode ser afirmado positivamente sobre as pessoas em Deus sempre é acompanhado por uma consciência que relativiza: Podemos comparar a personalidade humana com a divina (sem separação), mas não estabelecer uma equivalência (sem confusão).

Lit.: GRILLMEIER, A. *Jesus der Christus im Glauben der Kirche*. Vol. 1. 3. ed. Friburgo/Basileia/Viena, 1990. • BRUNS, P. *Den Menschen mit dem Himmel verbinden* - Eine Studie zu den katechetischen Homilien des Theodor von Mopsuestia. Lovaina, 1995 [CSCO, 549]. • HÄRLE, W. & PREUL, R. (orgs.). *Personalität Gottes*. Leipzig, 2007 [Marburger Theologische Studien, 101]. • SCHAAP-JONKER, H. *Before the face of God* - An interdisciplinary study of the meaning of the sermon and the hearer's God image, personality and affective state. Münster, 2008 [Homiletische Perspektiven 6].

Hans-Joachim Sander

Pneumatologia ↑ *carismas/renovação carismática,* ↑ *Espírito Santo,* ↑ *pessoas em Deus,* ↑ *espiritualidade,* ↑ *Trindade.* – O termo designa a reflexão teológica sistemática sobre a ação e a natureza do Espírito Santo. Juntamente com a doutrina de Deus e a cristologia, a pneumatologia sonda o centro dogmático da fé cristã. – **(1)** A Escritura oferece apenas inícios de uma pneumatologia no sentido mais restrito. O AT e o NT falam primariamente e apenas de modo associativo de um poder divino chamado "Espírito" (em hebraico: *ruah*, em grego: *pneuma*, em latim: *spiritus*) e o fazem geralmente com imagens da natureza. Comparam o Espírito com vento, tempestade e o ar que respiramos, com água, fogo e animais (o pombo) (Ex 14,21; Am 4,13; Sl 104,29s.; Mc 1,10; Mt 3,11; Lc 3,16; Jo 7,38s.; 20,21-23; At 2,3). Já mais abstratas, mas também mais teológicas, são as expressões que reconhecem no Espírito a santidade de Deus (Is 63,10s.; Sl 51,13), o selo da salvação celestial (Jo 6,27; At 10,38), o amor divino (Rm 5,5), a dádiva escatológica (Jl 3,1-5; Rm 8,15) ou a paz pascoal (Jo 20,19.21; Rm 14,17). Os elementos individuais da pneumatologia bíblica são todos integrados a um contexto soteriológico: Ez 37,1-14 estabelece um vínculo entre a ação da *ruah Jahwe* e o fortalecimento de Israel em situação de emergência. A pneumatologia rabínica do início do judaísmo discute a pergunta sobre a relação entre Espírito e profecia e se ele pode ser vivenciado antes do início do fim dos tempos com a nova reunião do povo de Deus. O apóstolo Paulo reflete sobre os temas da liberdade e justificação e pergunta o que estes significam para a filiação divina dos batizados (Rm 8,14-16), para sua nova vida em Cristo (1Cor 12,12-31a) e para seu futuro escatológico (Rm 8,11.17; 1Cor 15,45b). João empreende reflexões pneumatológicas sobre o Batismo e o Reino de Deus (Jo 3,1-13), sobre o perdão dos pecados (Jo 20,21-23), sobre o conhecimento de Cristo (Jo 14,26; 15,26s.; 16,13s.) e a vida espiritual (Jo 14; 1Jo 4,13; 2,20.27). O relato de Lucas sobre Pentecostes em At 2,1-13 apresenta de forma narrativa uma pneumatologia *in nuce*, acrescentando uma interpretação específica com a composição do discurso de Pedro (At 2,14-36). Já que Paulo e João – cada um a seu modo – falam do Espírito do Pai e também do Espírito do Filho, mas sem esclarecer essas relações em maior detalhe, o pensamento teológico se viu obrigado a desenvolver uma pneumatologia trinitária. – **(2)** A reflexão sistemática se inicia no século III com Tertuliano ([† por volta de 220] adv. Prax. 30,5), Orígenes ([† 253/254] princ. 1,3) e os tratados sobre o Espírito Santo redigidos no século IV. Atanásio de Alexandria († 373) se opõe à tese dos chamados pneumatômacos (literalmente "contestadores do Espírito"), que surgem após o Concílio de Niceia (325) e que afirmam que o *pneuma* é criatura: Segundo Atanásio, o Espírito é doador da vida, iluminador e santo que, em virtude da dignidade divina, age na unidade do Pai e de forma analógica ao Filho (ed. Serap. 1,19-31). Dídimo o Cego († por volta de 398), reforça esse pensamento, remetendo à consubstancialidade do Espírito e do Pai (spir. 34-37; trin. 2,2). Basílio de Cesareia († 379) também argumenta contra os pneumatômacos. Baseando-se em programas educacionais antigos, emprega análises filosófico-gramaticais, mas se apoia principalmente na unidade triádica de ato batismal, credo batismal e doxologia batismal, segundo a qual o Espírito deve ser chamado pelo nome, professado e louvado em conjunto com o Pai e o Filho (spir. 12,28-15,36; semelhantemente Gregório de Nazianzo [† 390] or. 31,28). Encontramos aproximações pneumatológicas semelhantes no Ocidente em Mário Vitorino ([† após 363] adv. Arium 4,16-17) e numa obra madura de Ambrósio († 397). Este toma como ponto de partida o Espírito como fonte da vida, cuja substância está ligada ao Pai e ao Filho: *Dic sane et tu spiritum sanctum unius cum filio de deo patre esse substantiae, unius claritatis et gloriae* ("Diz também tu que o Espírito Santo compartilha com o Filho a substância, clareza e glória vinda do Pai": spir. 1,16,180). Impulsos de longo alcance partem de Agostinho em sua obra sobre a Trindade: Agostinho se concentra na lógica das palavras bíblicas, as quais ele reflete com grande argúcia. Destarte consegue desenvolver uma pneumatologia das relações localizada na Trindade, da equivalência das pessoas como também do amor divino, que procura se exteriorizar de forma salvífica no Espírito, nessa "dádiva" divina proveniente da eternidade; como *communio amborum* e *vinculum amoris* (princípio da comunidade dos dois e laço do amor) do Pai e do Filho, o Espírito é parte essencial do Deus uno (trin. 5,10,11; 15,16.17). Enquanto a pneumatologia dos padres mencionados vive das análises exegéticas dentro da filosofia dominante de orientação platônica, as doutrinas pneumatológicas sírias e armênias do século IV (Afraates, Efraim, liturgias armênias de Batismo) preferem a poesia (o hino) como forma de expressão. Juntam-se a isso, tanto cá quanto lá, a oração particular e litúrgica e a espiritualidade praticada, o que determina a pneumatologia ortodoxa até hoje. A fim de preservar o mistério de Deus em meio a tanta argúcia intelectual e poética, Gregório Palamas († 1359) diferencia entre a substância e as energias de Deus. Segundo ele, o Espírito não comunica nem a hipóstase própria nem a do Pai ou do Filho, mas energias não criadas, que mesmo assim são suficientes para a salvação do ser humano (Tríade 3,2,24). A questão referente ao ↑ filioque gera tensões pneumatológicas entre o Ocidente e o Oriente a partir da Era Carolíngia. Na Idade Média latina, a pneumatologia é determinada por padrões argumentativos lógico-formais. Estes pretendem demonstrar a tríade divina e a procedência do Espírito a partir do Pai e do Filho na base do axioma segundo o qual, em Deus, na "natureza suprema", apenas a reciprocidade de relações minuciosamente descritas permitiria diferenciações trinitárias (Anselmo de Cantuária [† 1109] Monol. 43; Ricardo de São Vítor [† 1173] trin. 3,2; Tomás de Aquino [† 1274] De pot. 10,5). Ao mesmo tempo, surgem novamente pneumatologias poéticas e místicas (Hildegarda de Bingen [† 1179], Matilde de Magdeburgo [† por volta de 1294], Gertrudes de Helfta [† 1301/1302]). Com fortes referências à experiência, identificam a ação específica do Espírito na história da salvação pós-bíblica e as profundezas da alma humana preenchida por Deus. A teologia da graça medieval também fala detalhadamente do Espírito. A identificação da *caritas* humana com o Espírito Santo em Pedro Lombardo († 1160) incentiva teses pneumatológicas corretivas, sobretudo a diferenciação mais tarde especificada terminologicamente pela teologia acadêmica entre a *gratia increata* e a *gratia creata* (Tomás de Aquino, STh I-II, q112 a1; e ibid., q110). A partir daí, a pneumatologia é cada vez mais funcionalizada; a teologia da graça, a cristologia ou a eclesiologia se apoderam dela. Joaquim de Fiore († 1202) a coloca a serviço de especulações histórico-teológicas ou de esperanças pacíficas messiânicas e pneumáticas. No início do século XIX, a doutrina do Espírito do cristianismo inspira filósofos como Hegel e Fichte, cujas abordagens compreendem o absoluto do divino pneumatologicamente como processo dialético no drama da história do mundo, da experiência do eu e do amor. J.A. Möhler († 1838) e M.J. Scheeben († 1888) apresentam esboços independentes: Em 1825, Möhler desenvolve uma doutrina pneumatológica da Igreja, Scheeben interpreta a habitação do Espírito na alma humana justificada como seu *proprium* em analogia com a encarnação do Filho (*Mysterien des Christentums* § 30). Representações pneumatológicas gerais surgem no âmbito do Concílio Vaticano II e nas décadas seguintes, sendo que os dois volumes da obra francesa de Y. Congar (Paris, 1979/1980) e amplas passagens em H.U. von Balthasar († 1988) e H. Mühlen († 2006) se destacam. No ensino acadêmico também ocorre uma mudança: A pneumatologia passa a ser ensinada cada vez mais como um tratado próprio ao lado da doutrina de Deus e da cristologia. Abordagens feministas e da teologia da libertação apresentam uma pneumatologia reformulada, que se baseia em análises políticas e sociais. Contrapõe à realidade da opressão, pobreza e discriminação o Espírito do protesto e da resistência em nome do Crucificado (J. Comblin). – **(3)** Não existe uma pneumatologia definida pelo magistério, existem, porém, dados pneumatológicos fundamentais, que fazem parte do depósito normativo da fé da Igreja. Devemos mencionar o "Tomus Damasi", de 382, que refuta heresias pneumatológicas em concordância com as decisões conciliares de Niceia (325) e Constantinopla (381) e ressalta "que toda criatura deve adorar o Espírito Santo como o Filho e o Pai" (DH 177 [o correto é DH 174]). Desde o século XIX, os papas têm apresentado pneumatologias *en miniature* em suas circulares: Em "Divinum illud", de 1897 (DH 3.325-3.331), o Papa Leão XIII medita sobre a ↑ habitação do Espírito nos justos, que leva à santificação pessoal; em "Spiritus Paraclitus", de 1920 (DH 3.650-3.654), Bento XV lembra a doutrina tradicional da inspiração da Escritura, e Pio XII, que acata essa posição (*Divino Afflante Spiritu*, de 1943: DH 3.825-3.831), ensina em *Mystici Corporis*, de 1943 (DH 3.807), que o Espírito Santo é a alma da Igreja, que conecta cada indivíduo com Cristo. Apesar de não apresentar nenhuma pneumatologia própria, o Concílio Vaticano II estabelece um vínculo entre a fala do Espírito e temas centrais da fé, abrindo assim o caminho para uma nova orientação pneumatológica. Em sua Encíclica *Dominum et Vivificantem*, de 1986 (DH 4.780-4.781), o Papa João Paulo II medita sobre a natureza do Espírito como amor divino doado; o chama de "dádiva como pessoa" (n. 10: DH 4.780). – **(4)** Em 1620, o teólogo calvinista J.H. Alsted aplica o conceito da pneumatologia à doutrina de Deus, dos anjos e da alma humana. Por volta de 1900, teólogos protestantes como W. Kölling e K. Hollensteiner conferem contornos mais nítidos à pneumatologia como doutrina específica do Espírito Santo como terceira pessoa divina. Preocupações ecológicas e o diálogo com as ciências naturais também influem na pneumatologia (J. Moltmann, W. Pannenberg, M. Welker, D. Ritschl). Entre as confissões existe um consenso referente ao fato de que a sensibilidade para a ação viva do Espírito deve ser incentivada e de que a reflexão pneumatológica precisa ser aprofundada. Movimentos evangélicos, pentecostais e carismáticos do presente, que representam um desafio para a pneumatologia tradicional, evidenciam a urgência dessa preocupação. No ecumenismo, os progressos dependem amplamente de uma nova reflexão da pneumatologia. A pergunta se o Espírito gera estados habituais e permanentes nos fiéis ou se – por exemplo, por meio da Palavra – opera neles sempre de forma atualizada continua a gerar um potencial explosivo. Quanto a isso devemos nos conscientizar dos pensamentos pneumatológicos apresentados por teólogos protestantes da atualidade como H. Berkhof, G. Ebeling († 2001), W. Pannenberg, J. Moltmann, M. Welker e pelos teólogos ortodoxos P. Evdokimov († 1970), V. Lossky († 1958) e J. Meyendorff († 1992). – **(5)** Alguns advertiram contra o perigo de elevar a pneumatologia ao *status* de um tratado equivalente à cristologia e à doutrina de Deus (G.L. Müller, tzt D7, 10). Isso é correto no sentido de que a teologia cristã têm seu fundamento permanente e insuperável em Jesus de Nazaré. Mas não podemos ignorar o fato de que a contemplação da Palavra encarnada depende de uma sensibilidade pneumática, sem a qual seria impossível desenvolver uma doutrina completa de Deus e de Cristo. Cabe, portanto, à pneumatologia lançar luz sobre o distintivo cristão como elemento estrutural interno da teologia, e isso significa: A pneumatologia só pode ser concebida em termos estritamente trinitários. Após a renovação da doutrina da graça realizada pela teologia católica desde o Concílio Vaticano II, o amplo campo da antropologia teológica se oferece atualmente como ponto de partida para reflexões pneumatológicas aprofundadas. Precisa ser demonstrado que o Espírito como "amigo mais íntimo do bom-senso" (K. Barth) aproxima a teologia da vida e a torna existencialmente relevante. A pneumatologia é de importância vital para uma ↑ eclesiologia integral, para enfraquecer o antagonismo do espiritualismo e institucionalismo, que se manifesta também em ↑ imagens da Igreja de cunho confessional. Uma pneumatologia sólida precisa manter presente o aspecto holístico da fé cristã contra os reducionismos metodológicos e doutrinas precipitadas de diferenciação, devendo, por isso, operar de modo interdisciplinar e pastoral: O que a filosofia, as ciências naturais, a poesia, a literatura, a música e as artes plásticas revelam sobre Deus e o ser humano? Como as concepções pneumatológicas tradicionais podem ser reformuladas em vista de um crescente ceticismo em relação a Deus e à Igreja e sob as condições de um mundo de vivência cada vez mais complexo? A pneumatologia encontra outro desafio na irracionalidade e nos anseios pelo numinoso indeterminado. Aqui, precisamos discutir a pergunta levantada por M. Welker se, no contexto de uma pneumatologia renovada, já não teria chegado a hora para se despedir da "metafísica da Europa velha", do "personalismo dialógico" e do "moralismo social" marcado pelo Iluminismo (*Gottes Geist*, p. 50-53). A pneumatologia precisa encontrar sua forma genuína no encontro com o próprio *pneuma* indisponível e incompreensível e reafirmar sua independência de sistemas prefigurados. É errado acreditar já sabermos o que, na verdade, ainda devemos aprender do *pneuma*. O rico campo da história cristã da espiritualidade e piedade, da hagiografia e da *caritas* cristã e também a história das religiões em geral representam lugares imprescindíveis de aprendizagem para a pneumatologia.

Lit.: a) EWERT, D. *Der Heilige Geist.* Bornheim/Bonn, 1998. • ISENEGGER, M.T. *Er aber wird gehaucht.* Hauteville, 1997. • GROSSMANN, S. (org.). *Handbuch Heiliger Geist.* Wuppertal, 1999. • CONGAR, Y. *Der Heilige Geist.* Friburgo/Basileia/Viena, 1982. • ERLEMANN, K. *Unfassbar?* – Der Heilige Geist im Neuen Testament. Neukirchen-Vluyn, 2010. b) STUBENRAUCH, B. "Pneumatologie – Die Lehre vom Heiligen Geist". In: BEINERT, W. (org.). *Glaubenszugänge* – Lehrbuch der katholischen Dogmatik. Vol. 3. Paderborn et al., 1995, p. 1-156. • STUBENRAUCH, B. *Das Wirken des Heiligen Geistes in Kirche und Welt.* Würzburg, 2010 [Theologie im Fernkurs, Lehrbrief 12]. • HENNING, C. *Die evangelische Lehre vom Heiligen Geist und seiner Person.* Gütersloh, 2000. • HILBERATH, B.J. *Pneumato-*

logie. Düsseldorf, 1994. • PRESS, M. *Jesus und der Geist*. Neukirchen-Vluyn, 2001. • KARKKAINEN, V.-M. *Pneumatology*. Grand Rapids, 2002. • HOLOTIK, G. *Pneumatologie, Spiritualität und christliche Verantwortung*. St. Ottilien, 2010. • SENN, F. *Der Geist, die Hoffnung und die Kirchen*. Zurique, 2009, p. 25-114 [Studiengang Theologie 6,3]. c) ASENDORF, U. *Heiliger Geist und Rechtfertigung*. Göttingen, 2004. • KERN, R. *Theologie aus Erfahrung des Geistes*. Innsbruck, 2007. • ROGERS, E. *After the Spirit*. Cambridge, 2005.

Bertram Stubenrauch

Poder de Deus ↑ *atributos de Deus,* ↑ *fundamentalismo,* ↑ *violência de Deus,* ↑ *domínio de Deus/Reino de Deus,* ↑ *ação de Deus,* ↑ *teologia negativa,* ↑ *vontade de Deus.* – A expressão "poder de Deus" designa os modos e as possibilidades de ação de Deus, que, em virtude de sua soberania transcendente, pode intervir em assuntos criaturais e que, por vontade própria e livre, pode se vincular a relações de limitação e impotência no mundo. O poder de Deus é desafiado por utopias cósmicas e políticas de onipotência (↑ deísmo e absolutismo) e questionado pelo sofrimento humano e autodeterminação subjetiva (↑ teodiceia e ↑ ateísmo). A isso subjaz o problema se a impotência é inevitável para Deus e em que medida é possível fazer política com o poder de Deus. – **(1)** O AT comprova o poder de Deus com a criação por meio da palavra (em hebraico: *bara*, criar, gerar de modo soberano: Gn 1,1), o que se opõe às lutas entre os deuses dos mitos da criação do antigo Oriente. Êxodo e os Dez Mandamentos lhes contrapõem a história de um povo de Deus politicamente insignificante em meio a teocracias imperiais (Ex e Dt). Contrariando a lógica da causalidade, o poder de Deus rompe a onipotência do sofrimento de Jó. Jesus transforma o poder de Deus em domínio de Deus, evidenciando-o como espinha dorsal de um espaço de vida feito de amor e misericórdia (Sermão da Montanha: Mt 5,7; Mt 7,7-12). Com a ↑ ressurreição de Jesus, ele transcende o poder da morte (Rm 14,9; 1Cor 15,55). Em Apocalipse, representa o fim da história do mundo dominada por forças e poderes ambivalentes e maus (Ap 21,4s.). – **(2)** Em oposição à crença no destino, religiões de mistério e dualismos platonizantes, a teologia patrística luta e consegue harmonizar o poder de Deus e a impotência humana, que, apesar de ser coerente do ponto de vista cristológico, rompe sua unidade e a separa em uma trindade econômica (capadócios) e uma trindade imanente (Agostinho [† 430]). No que diz respeito ao problema do mal (dualismo) e do pecado original (predestinação), o discurso sobre o poder de Deus na teologia latina é dominado por teoremas neoplatônicos (Escoto Erígena [século IX: a impreensibilidade da *rationes Dei*) até a escolástica optar pela razão aristotélica. A prova ontológica da existência de Deus de Anselmo de Cantuária († 1109) é notável pelo fato de ele dar preferência ao comparativo para o poder de Deus, em vez do positivo e superlativo (*quo nihil maius cogitari possit*). Na Modernidade, essa abordagem volta a ser abandonada em prol do superlativo (*mundus optimus*, o Deus relojoeiro), levando o poder de Deus (G.W. Leibniz [† 1716], R. Descartes [† 1650]) a se emaranhar cada vez mais no problema da teodiceia (F.M.A. Voltaire [† 1778], I. Kant [† 1804]). A vinculação da vontade ao poder gera a oposição entre ser humano e poder de Deus (F. Nietzsche [† 1900], J.-P. Sartre [† 1980]) e impulsiona ao mesmo tempo transformações do poder de Deus para dentro do Estado (teologia política em C. Schmitt [† 1985]). Nos confrontos entre direitos humanos (democracia) e direitos de Deus (teocracia), chocam-se conteúdos de onipotência secular e sacras, conflito este reforçado pelo retorno das religiões ao âmbito público global. Até agora, o poder de Deus foi apenas pouco tratado no contexto de cosmologias e teorias da evolução científicas, sabemos apenas dos becos sem saída do teísmo (*intelligent design*, ateísmo metodológico). Resumindo podemos dizer: A teologia patrística opõe a *trinitas* de Deus aos dualismos do pensamento antigo (p. ex., espírito vs. matéria); a teologia medieval, a existência de Deus à tolice religiosa; a teologia moderna, a liberdade de Deus à religião interditiva. – **(3)** A doutrina da ↑ *creatio ex nihilo* (IV Concílio de Latrão: DH 800) supera estruturalmente o dualismo e compreende o poder de Deus como forma da onipotência criativa. Com a doutrina da ↑ vontade salvífica universal de Deus, o Concílio Vaticano II transforma o poder de Deus em uma visão libertadora da presença de Deus no mundo (NA 1,5; GS 2,22; AG 3). – **(4)** Segundo a compreensão da Igreja Ortodoxa, o poder de Deus deve ser praticado como poder dos santos (hierocracia). Entre as confissões ocidentais, o que gerou controvérsias não foi a pergunta referente à supremacia do poder de Deus, mas a pergunta se ele fortaleceria o Estado e a cultura ou a Igreja e a religião. Desde as teologias dialéticas, transcendentais e políticas, a oposição foi superada em prol da liberdade humana e da resistência social. – (5) A filosofia processual (C. Hartshorne [† 2000]), a filosofia feminista (M. Daly [† 2010]) e a filosofia judaica "após Auschwitz" (H. Jonas [† 1993]) transformaram o tema da onipotência em uma grandeza crítica de um poder de Deus de natureza teísta. Por outro lado, ele é redefinido de modo pós-teísta em combinação com o martírio (D. Bonhoeffer [† 1945], O. Romero [† 1980], F. Jägerstätter [† 1943]) como poder na impotência e em combinação com o misticismo como desconstrução linguística de reivindicações de poder.

Lit.: HAILER, M. *Gott und die Götzen* – Über Gottes Macht angesichts der lebensbestimmenden Mächte. Göttingen 2006. • STOSCH, K. *Gott. Macht, Geschichte* – Versuch einer theodizeesensiblen Rede vom Handeln Gottes in der Welt. Friburgo/Basileia/Viena, 2006. • METZ, J.B. *Memoria Passionis* – Ein provozierendes Gedächtnis in pluralistischer Gesellschaft. Friburgo/Basileia/Viena, 2006. • KRATZ, R.G. (org.). *Vorsehung, Schicksal und göttliche Macht.* Tübingen, 2008. • RANIERI, J.J. *Disturbing revelation* – Leo Strauss, Eric Voegelin, and the Bible. Colúmbia, 2009. • MOONEY, H.A.-M. *Theophany* – The appearing of God according to the writings of Johannes Scottus Eriugena. Tübingen, 2009.

Hans-Joachim Sander

Predestinação ↑ *vontade salvífica universal de Deus,* ↑ *eleição,* ↑ *liberdade,* ↑ *graça/doutrina da graça,* ↑ *presciência,* ↑ *providência.* – Predestinação ou predeterminação é a decisão de Deus, tomada desde a eternidade e gerada por seu amor, por meio da qual Ele determina uma ordem salvífica histórica com a finalidade de oferecer a todos os seres humanos a salvação eterna. Esse plano salvífico histórico contém como objetivo salvífico a glória eterna dos filhos de Deus, como caminho da salvação a mediação salvífica absoluta de Jesus Cristo, a mediação salvífica relativa da Igreja e a fé e o amor como critérios da salvação. – (**1**) A predestinação é um termo exclusivamente neotestamentário (Paulo). "Predeterminar" (em grego: *proorizein*) ocorre apenas seis vezes e – com exceção de At 4,28 – somente em epístolas paulinas e deuteropaulinas (Rm 8,29.30; 1Cor 2,7; Ef 1,5.11). Entre os termos de sentido semelhante, encontramos como mais importantes: "intenção" ou "conselho" (*prothesis*: Rm 8,28; 9,11; Ef 1,11; 3,11; 2Tm 1,9) e eleição eterna (Ef 1,4). Os *loci classici* são Rm 8,28-30 e Ef 1,3-14. Objeto da predestinação eterna não é o ser humano individual, mas uma ordem salvífica e o alvo salvífico oferecido a todos os seres humanos. Rm 8,30 apresenta um plano salvífico de Deus: Segundo a predestinação eterna, todos que alcançam a salvação percorrem em seu caminho histórico as fases da vocação e justificação até chegarem à glória. Isso foi predeterminado desde toda eternidade. Esse caminho salvífico passa pelo mediador Jesus Cristo e, em dependência dele, pela Igreja (Ef 1,3-14; 2,10; 3,9-11); por parte do ser humano, passa pelos critérios salvíficos da fé (Ef 1,13) e do amor (Rm 8,18; 1Cor 2,7; Ef 1,18). Passagens com referências à predestinação em João chamam a meta final predeterminada sempre de "vida eterna" (3,15; 6,40; 12,50). A teologia clássica da predestinação sempre apelava a Rm 9-11 como prova da predestinação "dupla" da eleição ou condenação. No entanto, nem aqui nem em qualquer outro lugar a Bíblia fala de uma predestinação para a perdição eterna. O destino do indivíduo só se decide no ↑ Juízo escatológico (Lc 20,17s.; 1Pd 2,7s. et al.). – (**2**) Na história dos dogmas, Agostinho († 430) foi o primeiro a desenvolver uma doutrina sistemática da predestinação em virtude de seu antipelagianismo e de sua doutrina do pecado original. A fim de garantir a eficácia exclusiva da graça, ensina a predestinação como "a presciência e a preparação dos benefícios de Deus, pela qual com certeza se salvam os que se salvam" (persev. 14,35). Apenas poucos da massa dos pecadores (*massa damnata*), perdida em virtude do pecado original, são separados para a vida eterna. A predestinação é, portanto, não merecida (*gratuidade*), infalível (*infalibilidade*) e só se aplica a uma parte pequena da humanidade (*particularidade*). O presbítero Lúcido († após 474) defende uma predestinação "dupla"; no século IX, o Monge Gotescalco († 869) também adota essa posição, mas o Arcebispo Incmaro de Reims († 882) a refuta. Para Tomás de Aquino († 1274), a predestinação como caso especial da providência de Deus é "um plano existente no Espírito de Deus da ordenação de poucos para a salvação eterna" (STh I q23 a2; cf. STh I q22s.; III q24); o livre-arbítrio dos predestinados é causa segunda de sua salvação. Imagem original e causa da predestinação é Cristo. A reprovação (*reprobatio*) é um ato explícito da vontade de Deus, que consiste na confissão da culpa humana e da condenação como seu castigo. A infalibilidade da predestinação é o motivo da controvérsia entre J. Duns Scotus († 1308) – a infalibilidade é garantida por uma determinação antecedente da vontade de Deus – e Guilherme de Ockham († 1384) – a infalibilidade não é predeterminada, pois a predestinação se fundamenta na presciência divina dos futuros eventos contingentes – e também de uma disputa na Universidade de Leuven (1465-1475). A escolástica barroca e a neoescolástica diferenciam entre uma predestinação "para a graça", que ocorre sem presciência dos méritos humanos (*ante praevisa merita*), e uma predestinação "para a glória". Segundo os tomistas, esta ocorre sem a presciência dos méritos; segundo os molinistas, com essa presciência. C. Jansen († 1638) e P. Quesnel († 1719) defendem um particularismo extremo da predestinação: Apenas os eleitos são agraciados. – **(3)** No século V, o magistério se vê obrigado a se manifestar pela primeira vez contra a "doutrina" da predestinação dupla para o mal (DH 1.556; 1.567); ninguém é capaz de conhecer sua predestinação sem revelação especial (DH 1.540). – **(4)** A Igreja Ortodoxa Oriental se atém à posição bastante inequívoca (até Agostinho) da patrística, segundo a qual a predestinação para a salvação eterna ocorre em virtude da presciência divina dos atos do livre-arbítrio humano. Na Reforma, a doutrina da predestinação adquire uma importância central. Para M. Lutero ([† 1546] De servo arbitrio 1525), a predestinação absoluta é um sustentáculo fundamental para sua doutrina da justificação. A incondicionalidade da predestinação resulta da eficácia exclusiva de Deus e da corrupção total do homem pecaminoso. Deus opera a salvação e a maldição de modo igualmente incondicional. A doutrina da predestinação se torna um distintivo da Igreja Reformada. Segundo J. Calvino ([† 1564] Inst. 1559), Deus atribui com antecedência a salvação a uma parte da humanidade; à outra, a condenação, de forma que Ele efetua não só as boas ações dos eleitos, mas também a má conduta dos condenados. Apenas K. Barth († 1968) vem a modificar a doutrina da predestinação dupla (KD II/2): O próprio Jesus Cristo é a predestinação dupla. Todos os seres humanos são eleitos nele; e já que tomou sobre se a condenação como representante de todos os seres humanos e assim se tornou o *único* condenado, não existem mais outros condenados. A mediação da eleição ocorre por meio da Igreja. No diálogo ecumênico atual, começa a transparecer um consenso básico: A predestinação faz parte das Boas-Novas; como plano salvífico, ela deve ser interpretada sob um ponto de vista cristológico e eclesiológico e apresenta uma orientação universal. Persiste um dissenso quando a doutrina da predestinação "dupla" é defendida. – **(5)** A teologia dogmática católica de hoje defende, orientando-se pela Bíblia, as seguintes perspectivas básicas: Tanto a predestinação dupla quanto a predestinação simples são rejeitadas; não existe uma predestinação absoluta antecedente de seres humanos individuais para a salvação ou condenação eterna; a sentença definitiva sobre o destino eterno do ser humano individual só ocorrerá no juízo final. O conceito da predestinação contém um plano salvífico protológico de natureza universal, cristocêntrica e eclesiológica. O amor universal de Deus predeterminou desde sempre: A salvação eterna como meta final está aberta para todos os seres humanos; a realização concreta da salvação eterna ocorre por mediação, i.e., Jesus Cristo age como mediador absoluto por meio de sua obra salvífica universal, e a Igreja age como mediadora salvífica relativa (dependente de Cristo) por meio de seu serviço salvífico universal. O ser humano individual pode agir em liberdade de forma salvífica por meio da dádiva e da tarefa da fé e do amor. A predestinação é Evangelho ao fundamentar a salvação dos seres humanos no amor universal, absoluto, inabalável e fiel de Deus, dando assim aos fiéis uma certeza última de sua esperança escatológica.

Lit.: BARTH, K. "Gottes Gnadenwahl". *KD*, II/2. 4. ed., 1959, p. 1-563. • SCHWARZWÄLLER, K. *Das Gotteslob der angefochtenen Gemeinde* – Dogmatische Grundlegung der Prädestinationslehre. Neukirchen-Vluyn, 1970. • LÖHRER, M. "Gottes Gnadenhandeln als Erwählung und Rechtfertigung des Menschen". *MySal*, IV/2, 1973, p. 767-830. • AUER, J. *Das Evangelium der Gnade*. Regensburgo, 1970, p. 53-70 [KKD 5]. • KRAUS, G. *Vorherbestimmung*. Friburgo/Basileia/Viena, 1977 [Ökumenische Forschungen, 2,6]. • GRESHAKE, G. *Gnade*. Mainz. 2004. • FABER, E.-M. *Du neigst dich mir zu und machst mich gross* – Zur Theologie von Gnade und Rechtfertigung. Kevelaer, 2005. • LINK, C. *Prädestination und Erwählung* – Calvin-Studien. Neukirchen-Vluyn, 2009.

Georg Kraus

Preexistência de Cristo ↑ *cristologia do Espírito*, ↑ *união hipostática*, ↑ *encarnação*, ↑ *cristologia do Logos*. – A expressão "preexistência de Cristo" designa o ser de Cristo como eterno Filho de Deus, como Palavra equivalente a Deus antes da criação do mundo e do nascimento no tempo como filho de Maria. A preexistência de Cristo evidencia que a salvação fundamentada na pessoa e na história de Jesus não pode ser deduzida da história humana, mas que se fundamenta no Deus eterno. – (**1**) A doutrina da preexistência de Cristo encontra suas precondições históricas na especulação sapiencial do AT e do início do judaísmo com sua tendência de hipostasiar a sabedoria criada (Pr 8,22-36; Sb 9; Eclo 24,1-22), mas também na filosofia da religião de Filo de Alexandria († após 40), que identifica a sabedoria com o Logos (fug. 108-112; conf. 146-149; migr. 174s.). A preexistência de Cristo como Filho do Homem segue da convicção de sua vinda do céu (Dn 7,13; 1En 46; 48,2s.; 62,7). As proposições sobre a preexistência de Cristo surgiram, segundo H. Merklein († 1999), provavelmente "em decorrência de uma reflexão sobre o significado salvífico da morte de Jesus". Pois tanto as fórmulas de comissão do NT (Gl 4,4s.; Rm 8,3s.; Jo 3,16s.; 1Jo 4,9) quanto os hinos cristológicos (Cl 1,20; Fl 2,8; Hb 1,3) possuem um sentido soteriológico. A preexistência de Cristo inclui um relacionamento singular entre Cristo e Deus. Cristo é "esplendor de sua glória e imagem expressa de seu ser" (Hb 1,3), "imagem do Deus invisível" (Cl 1,15), "*Logos*" de Deus (Jo 1,1) e Filho unigênito (em grego: *monogenes*, em latim: *unigenitos*) do Pai (Jo 1,14). Paulo vincula a concepção da preexistência de Cristo com a mensagem da cruz (Fl 2,8) e o conceito da missão (Rm 8,3; Gl 4,4s.). Em João, a missão do Filho (Jo 3,16s.), que precisa ser concebida juntamente com sua exaltação na cruz (Jo 3,14; 12,27-33), também está ligada à preexistência de Cristo. O reconhecimento da preexistência de Cristo ampliou a cristologia, que originalmente apresentava dois níveis (humilhação, exaltação), conferindo-lhe um terceiro nível (preexistência, humilhação, exaltação). – (**2**) Os exegetas de Fl 2 ressaltam a preexistência de Cristo em vista de sua exaltação e fundamentam assim sua dignidade de *kyrios* (Inácio de Antioquia [† após 110], Diogn., 1Clem 16,2; Atanásio de Alexandria [† 373] Ar. 1,41; 3,39). Na cristologia da preexistência, de Justino Mártir ([† por volta de 165] 1 apol. 63,15) e de Orígenes ([† 253/254] Cels. 6,17; 7,16.65; in Io. 28,18) domina Cl 1,15-20: O "primogênito" é o Filho que está com o Pai já antes de qualquer tempo. Na "cristologia do Espírito" de alguns padres, o Filho preexistente é chamado de *pneuma* (Inácio de Antioquia [† após 110], Magn. 15,2; Pseudo-Hipólito (?) [século III], Noet. 16; Clemente de Alexandria [† antes de 221] paed. 2,19,4; Tertuliano [† antes de 220] or. 1,1; adv. Prax. 26,4). Já nos padres pré-nicenos não existe qualquer dúvida referente à existência divina do Filho (Inácio de Antioquia, Eph. 7,2; Justino Mártir, 1 apol. 65; Irineu de Lyon [† por volta de 200] haer. 4,16,7; Orígenes, princ. 1,3,5). Lactâncio († por volta de 325) distingue um nascimento duplo de Cristo: antes da criação do mundo em Deus, depois "na carne" durante o reinado de Augusto (epit. 38,2; inst. 4,8,1-2). Em seu "Tomus Leonis", o Papa Leão I fala do nascimento duplo de Cristo, do nascimento "divino eterno" e do nascimento "temporal" (ep. ad. Flav. c. 2). Hilário de Poitiers († por volta de 366) faz uma distinção entre preexistência, *kenosis* e exaltação de Cristo (tin. 9,6). – (**3**) O Concílio de Niceia (325) ensina – contra Ário, que, apesar de reconhecer a mediação do *Logos* na criação, não lhe atribui uma preexistência eterna equivalente ao do Pai – a unidade substancial do Filho com o Pai em virtude de sua geração eterna do Pai (DH 125-126). A convicção da preexistência do *Logos* divino serve como fundamento para a doutrina da união hipostática, desdobrada pelo Concílio de Calcedônia (451) e em Constantinopla, em 553 e 680/681 (DH 301; 422; 555; cf. tb. DH 357; 504; 536; 572; 681; 852). Antes disso, uma definição doutrinal voltada contra Nestório († por volta de 451) já havia permitido a veneração de Maria como parideira de Deus, pois havia dado à luz o Filho preexistente (DH 250-251; 252). Em algumas profissões de fé do século IV, encontramos ao lado da expressão "o Filho primogênito" (cf. Jo 1,18) também o título de "o primogênito de toda criatura (cf. Cl 1,15: DH 40; 50-51; 60). – (**4**) Enquanto K. Barth († 1968) manteve a preexistência de Cristo na base da fé trinitária da Igreja, R. Bultmann († 1976) refutou a cristologia neotestamentária da missão e da preexistência de Cristo e o pensamento da encarnação como "mitológicos". Já A. von Harnack († 1930) havia compreendido a concepção da preexistência de Cristo como uma distorção helenística da fé. Em H. Braun († 1991), a cristologia da preexistência se transforma em uma função da fé, que é reduzida a uma "co-humanidade". No pensamento de D. Sölle († 2003), a cristologia da preexistência se dissolve numa teologia não deísta. Assim como Bultmann, J. Hick e J. Mackey também reconhecem na cristologia da preexistência uma forma de representação mitológica que afirma de modo poético o significado da pessoa de Jesus para os cristãos. I.U. Dalferth, porém, observou que a "autoconscientização" ou o "autodesvelamento" de Deus em Jesus Cristo não podem ser concebidos como autoafirmação definitiva de Deus sem o modelo da teologia da encarnação. – (5) O teólogo católico K.J. Kuschel defende uma variante da relativização da cristologia da preexistência representada por Hick e Mackey. Kuschel também fala de uma "poesia das proposições sobre a preexistência" e, como H. Küng, quer retornar à situação anterior ao Concílio de Niceia (325). P. Schoonenberg († 1999) mantém o pensamento da preexistência, mas parte de uma personalização da Palavra divina em virtude da encarnação. Mesmo que um conceito metafísico-substancial da preexistência de Cristo resulte em aporias, a maioria dos teólogos sistemáticos católicos acredita que a noção da preexistência de Cristo constitui um elemento imprescindível da cristologia. A Palavra de Deus existe desde toda eternidade como *verbum incarnandum*, para então revelar o amor de Deus no tempo como *verbum incarnatum*. A encarnação de Deus no Filho é expressão de sua *kenosis* (esvaziamento) e da revelação de seu mistério. Assim, a história concreta de Jesus com a cruz encontra sua precondição na preexistência de Cristo, o unigênito do Pai. Uma cristologia sistemática, fundamentada na Bíblia, precisa partir "de baixo", mas precisa ser obrigatoriamente completada por uma "cristologia de cima".

Lit.: LÖSER, W. "Jesus Christus". *IkaZ*, 16, 1977, p. 31-45. • HENGEL, M. *Der Sohn Gottes*. 2. ed. Tübingen, 1977. • BRAUN, H. *Jesus*. 3. ed. Stuttgart/Berlim, 1978. • MERKLEIN, H. *Studien zu Jesus und Paulus*. Vol. 1. Tübingen, 1987, p. 247-276, 409-453. • HABERMANN, J. *Präexistenzaussagen im Neuen Testament*. Frankfurt a. M. et al. 1990. • HENGEL, M. *Präexistenz bei Paulus? - Jesus Christus als Mitte der Schrift*. Berlim/Nova York, 1997, p. 479-518. • KÜNG, H. *Christ sein*. 6. ed. Munique, 1983. • KUSCHEL, K.-J. *Geboren vor aller Zeit? - Der Streit um Christi Ursprung*. Munique, 1990. • SCHOONENBERG, P. *Der Geist, das Wort und der Sohn*. Regensburgo, 1992. • LAUFEN, R. (org.). *Gottes ewiger Sohn - Die Präexistenz Christi*. Paderborn, 1997. • MENKE, K.-H. *Jesus ist Gott der Sohn*. Regensburgo, 2008, p. 168-203. • FUNGULA KWILU, F. *Präexistenz Christi*. Regensburgo, 2008.

Helmut Hoping

Presciência de Deus ↑ *atributos de Deus,* ↑ *justiça de Deus,* ↑ *sofrimento,* ↑ *predestinação,* ↑ *teodiceia,* ↑ *providência.* – O discurso sobre a presciência de Deus remete à capacidade, coincidente com a natureza e eternidade de Deus, de conhecer decisões e sequências causais antes de seu tempo. – (1) O tema surge já em Dêutero-Isaías: A profissão de Javé como único Deus ressalta sua soberania sobre todos os tempos, que se apresenta como plano minucioso: "Desde o princípio eu anunciei o futuro, e desde tempos remotos, o que ainda não tinha acontecido. Eu disse: 'Meu plano se realizará e tudo o que me agrada executarei'" (Is 46,10). Essas palavras não pretendem ser uma ameaça (apesar de se dirigirem àqueles que se encontram no exílio), mas uma promessa salvífica (Is 46,12s.): Por causa da presciência de Deus, podemos confiar nele. O pensamento de Paulo é parecido (Rm 8,28-30), que interpreta o tema do ponto de vista cristológico: A presciência de Deus significa ser eleito para a existência em Cristo, o que, por sua vez, qualifica o envio e o destino de Jesus; Deus o elegera já antes de qualquer criação (1Pd 1,20). – (2) Em conexão com uma introspecção radical na situação existencialmente incerta do ser humano, surge da presciência de Deus o problema da predestinação. Agostinho († 430) é o primeiro a ocupar-se com ele para ressaltar – contra Pelágio († após 418) – a não disponibilidade da graça. Nesse conflito, Agostinho aguça ainda mais a sua visão: Deus previu a salvação para alguns homens, ignorando outros. Para Agostinho, Esaú já estava condenado ainda antes de nascer, "ou seja, antes de poder tornar-se culpado". O caso de Judas é parecido: foi entregue ao mal, mas comete o mal por vontade própria. Tomás de Aquino († 1274) adota de Agostinho a concepção básica de uma predestinação para a graça, mas aplica esse pensamento apenas à predestinação para a salvação. Considerava inadequado falar de uma predestinação para a perdição em nome da presciência de Deus. Na disputa católica sobre a graça, na era do barroco, entre os dominicanos e jesuítas, L. de Molina († 1600) introduz uma *scientia media*, que lhe permite harmonizar a presciência de Deus e a liberdade humana para preservar sua autonomia: Conhecendo as decisões das criaturas, Deus cria as circunstâncias de acordo com seu conselho para a pessoa em questão. A descoberta da relatividade do tempo, que não pode ser concebido sem o espaço, questiona a presciência de Deus como indício da eternidade; no entanto, ela pode sobreviver como promessa graciosa no contexto da relação inabalável de Deus com o mundo. – (3) O Concílio Vaticano I afirma a "manifestação" (Hb 4,13) de todas as coisas aos olhos de Deus (DH 3.003), e o Concílio Vaticano II remete aos sinais que refletem seu conselho no tempo (GS 11). – **(4)** A esperança ortodoxa de um aperfeiçoamento do ser humano e do mundo inclui uma presciência de Deus das correntes causais no mundo. Com M. Lutero († 1546) e J. Calvino († 1564), o vínculo entre a presciência de Deus e a predestinação volta a dominar o discurso. Calvino formula a predestinação "dupla": "Chamamos predestinação ao decreto eterno de Deus pelo qual determinou o que quer fazer de cada um dos homens. Porque Ele não os cria com a mesma condição, mas antes ordena a uns para a vida eterna, e a outros, para a condenação perpétua. Portanto, segundo o fim para o qual o homem é criado, dizemos que está predestinado à vida ou à morte" (Inst. 3,21,5). Quanto a isso devemos observar: Esse texto é expressão da certeza e da fé em Deus, não é uma negação da liberdade humana. Pois a liberdade pode servir para evidenciar a respectiva liberdade pessoal; isso gera humildade em vista do mérito próprio, mas também a coragem de se empenhar em prol do melhoramento da situação terrena. M. Weber († 1920) reconheceu nisso (num provável equívoco) um impulso para o capitalismo moderno. A doutrina calvinista da predestinação transforma a presciência de Deus em um problema ecumênico; sua interpretação cristológica no sentido de uma doutrina da ↑ redenção universal em K. Barth († 1968) aponta o caminho para uma perspectiva mediadora. – **(5)** Deus possui três capacidades integrais: onipotência, bondade, onisciência. Todas elas se reúnem na presciência de Deus. Se ignorarmos um desses três atributos, a presciência de Deus se transforma em uma predestinação dupla exageradamente poderosa e faz de Deus um ser ardiloso que destina o ser humano para a perdição a despeito de seu conhecimento e suas capacidades. Em conexão com a onipotência e a bondade de Deus, sua presciência abrangente representa uma característica da soberania de Deus, que serve para a salvação do ser humano e do mundo, mesmo quando o contrário parece ocorrer. A presciência de Deus não é simplesmente uma forma de conhecimento superior, imune às condições do tempo e da liberdade humana, mas o princípio de ação divina para a salvação na história; não é apenas a presciência, mas também a vontade de Deus que abarca completamente a liberdade. A presciência de Deus, compreendida como onisciência, nutria até agora o discurso clássico sobre a soberania de Deus, para o qual uma metafísica da eternidade é imprescindível. Ao perder sua plausibilidade desde a Modernidade, a soberania dessa onisciência se tornou implausível em virtude do problema da teodiceia. No modo da predestinação, este é um clássico discurso teológico do sujeito, que depende de um tipo de confirmação divina para a autotranscendência do sujeito. Ao perder a plausibilidade também dessa dependência, o que ocorreu no modernismo tardio, a pergunta se alguém está predestinado para o bem ou não se torna irrelevante. O ser humano não se vê ameaçado nem elevado no uso de sua liberdade. Em vista dos abismos da liberdade humana, a presciência de Deus só preserva uma relevância como sinal da solidariedade divina permanente no tempo (cf. GS 11).

Lit.: CRAIG, W.L. *Divine foreknowledge and human freedom*. Leiden, 1991. • SEDMAK, C. *Vorherwissen Gottes, Freiheit des Menschen, Kontingenz der Welt*. Frankfurt a.M., 1995. • POE, H.L. *What God knows* – Time, eternity, and divine knowledge. Waco, 2005. • METCALF, T. "Omniscience and maximal power". *RelSt*, 40, 2004, p. 289-306. • SCHMIDT, A. "Endliche Freiheit in der Zeit und ewiges Wissen Gottes". *JRPh*, 3, 2004, p. 7-25. • ZEINDLER, M. *Erwählung. Gottes Weg in der Welt*. Zurique, 2009.

Hans-Joachim Sander

Presença de Deus ↑ *ateísmo*, ↑ *cognoscibilidade de Deus*, ↑ *ação de Deus*, ↑ *amor*, ↑ *teologia negativa*. – Esse conceito designa a presencialidade de Deus no mundo e seu interesse amoroso por ele, compreendida também como presença de Deus *que pode ser experienciada*. Deus não está sujeito à relatividade do tempo e está separado dele, mas dispõe de um índice temporal e se serve dele: Por um lado, Ele não é criado nem perece; por outro, sua presença – que o ser humano pode vivenciar, mas nunca dominar – é essencial (onipresença e autocomunicação). – **(1)** O tetragrama IHVH (Ex 3,14) coloca Deus na presença do tempo humano e relativiza ao mesmo tempo o acesso a ele, já que isso exige conceitos próprios. Não basta dizer que IHVH existe de alguma forma, é necessário indicar também onde Ele se encontra. Por isso, a presença de Deus tem um significado espacial local e um significado temporal universal. Quando ocorre a ausência de um desses elementos, a presença não é compreendida; disso resulta, por exemplo, a crítica ao templo (Jr 7,3-11; Mt 21,12-14). Para os profetas, as catástrofes históricas, como a queda de Jerusalém e o exílio, mas também situações felizes vivenciadas por Israel, são provas da presença de Deus (Is 7,17-20; Ez 36,24). As curas e a refiguração do relacionamento entre Deus e o ser humano no Reino de Deus resultam igualmente num presente que pertence de modo imediato a Deus e a todos os seres humanos (Lc 11,20). O fracasso de Jesus na cruz remete a uma presença de Deus que se revela justamente ali (Mc 15,38s.); no NT, sempre apresenta uma forma cristológica, cuja descrição, na Idade Moderna, se torna mais densa nos níveis magisterial e teológico. – (2) A presença de Deus se torna tema de interesse apenas no pensamento histórico da Idade Moderna. Antes, está presente no discurso sobre o próprio Deus, sobre a criação no Espírito Santo, sobre a redenção e a graça (↑ dádivas do Espírito) e também sobre a *visio beatifica* como consumação que transcende o tempo (cf. Tomás de Aquino [† 1274]: STh I q8; Comp. theol. c. 135). Com o deslocamento da atenção para o sujeito individual, surge então a pergunta crítica sobre a presença de Deus – seja como problema intelectual resultante de experiências de impotência (teodiceia: G.W. Leibniz [† 1716]), como assunto exagerado, aberto ou projetado (filosofia do Iluminismo e crítica ao cristianismo: F.M.A. Voltaire [† 1778], I. Kant [† 1804], L. Feuerbach [† 1872]), como desafio político (revolução norte-americana, interpretada como forma da presença de Deus) ou na negação da presença de Deus como tentativa de acalentar os oprimidos em K. Marx ([† 1883] ↑ ateísmo). No contexto triplo de interioridade segundo a teologia romântica (F. Schleiermacher [† 1834]), do existencialismo segundo a teologia pós-idealista (S. Kierkegaard [† 1855]) e da consciência histórica segundo a teologia liberal (D.F. Strauss [†1874]; A. v. Harnack [†1930]), desenvolvem-se discursos sobre a presença de Deus impulsionados pela redescoberta do misticismo medieval, especialmente do Mestre Eckhart(† 1328) e de Matilde de Magdeburgo († 1299), e pela renascença de Agostinho (J.H. Newman [†1890]). Estes já haviam encontrado a presença de Deus em sua ausência – defendido com veemência por João da Cruz (†1591) – e formulada a proximidade de Deus para além de qualquer autoconsciência (Agostinho [† 430]: *Deus interior intimeo meo*; conf. 3,6,11). Depois do autoritarismo retardante da neoescolástica em face da industrialização e modernização das sociedades, inicia-se também um discurso católico sobre a presença de Deus nas qualidades do sujeito (apologética da imanência, na França, e virada antropológica, na Alemanha). A busca pela presença de Deus ocorre entre os polos do mistério e da anonimidade na existência de basicamente todos os seres humanos (K. Rahner [† 1984]). Ambos relativizam as utopias até então populares sobre a presença de Deus, que a localizavam na superioridade absoluta dos príncipes pela graça de Deus ou na hierarquia da Igreja por meio de representações exageradas, nas quais se manifestavam apenas pretensões de poder pouco disfarçadas. A presença de Deus permanece sempre misteriosa, por isso, a teologia se vê constante e inevitavelmente confrontada com o desafio religioso da ação anônima de Deus. A presença de Deus em outras religiões e processos sociais de humanização permanecem perguntas ainda sem respostas. – (3) A presença como enunciado sobre Deus é uma descoberta relativamente nova para o magistério. O Concílio Vaticano II vincula a presença de Deus à Igreja, que é "símbolo e instrumento" para o relacionamento de Deus com o ser humano no aqui e no agora (LG 1), a identifica em eventos históricos significativos, nos "sinais do tempo" (GS 11), e a compreende como palavra pessoal direcionada ao ser humano (DV 1). Antes disso, o magistério bloqueara qualquer possibilidade teológica de compreender a presença de Deus de modo histórico, pois se limitara decididamente à presencialidade não histórica de Deus nas provas da existência de Deus e nos milagres (cf. decisão antimodernista DH 3.538s.) ou à cognoscibilidade lógica por meio da revelação natural (Concílio Vaticano I: DH 3.005). – (4) A teologia ortodoxa reconhece a presença de Deus principalmente na celebração da liturgia e sua forma diáfana (translúcida) nos ícones. Na Idade Moderna, existiam grandes diferenças entre as confissões ocidentais em relação à presença de Deus. Ao anseio pelo Deus da graça em M. Lutero († 1546), ao pensamento da predestinação em J. Calvino († 1564), à ênfase da experiência no pietismo e ao sentimento enaltecedor da "dependência absoluta" em Schleiermacher se contrapunham a indiferença diante da vontade de Deus em Inácio de Loyola († 1556), a grandeza "Deus" de ordem régia no antijansenismo católico, a soberania da hierarquia na *societas perfecta* e o papismo do ultramontanismo. Na Modernidade, as diferenças são superadas por afirmações sociais conjuntas, declarações teológicas de um consenso diferenciado (p. ex., a Declaração Conjunta de 1999) e o movimento interconfessional do despertar religioso global. – (**5**) O estabelecimento de um vínculo entre história e existência introduziu a relatividade à concepção da presença de Deus: Ela é marcada pela impossibilidade de expressar o mistério de Deus e pela imponderabilidade da vida. As relativizações consequentes do tempo cosmológico num espaço-tempo curvado e a auto-organização caótica (A. Einstein [† 1955], I. Prigogine [† 2003]), da compreensão por alteridades internas e externas em diferenças inevitáveis (E. Lévinas [† 1995], J. Derrida [† 1995]), da verdade pela onipresença do poder como augúrio discursivo (M. Foucault [† 1984]), da sociedade pelas diferenças sutis de tipos habituais do capital (de potenciais de formação social: P. Bourdieu [† 2002]) e do sujeito pela pluralidade de circunstâncias de vida globalizadas tornam inevitável a relatividade do discurso sobre Deus. Sem essa relatividade, resta apenas a alternativa do fundamentalismo.

Lit.: DALFERTH, I.U. *Gedeutete Gegenwart* – Zur Wahrnehmung Gottes in den Erfahrungen der Zeit. Tübingen, 1997. • DELGADO, M. & KUSTERMANN, A. (orgs.). *Gottes-Krise und Gott-Trunkenheit*. Würzburgo, 2000. • KEUL, H. *Wo die Sprache zerbricht* – Die schöpferische Macht der Gottesrede. Mainz, 2004. • MEUFFELS, O. *Gott erfahren* – Theologisch-philosophische Bausteine zur Gotteslehre. Tübingen, 2006. • OGDEN, S. *The presence of God in the world*. Berna, 2007. • LEIDHOLD, W. *Gottes Gegenwart* – Zur Logik der religiösen Erfahrung. Darmstadt, 2008.

Hans-Joachim Sander

Preservação do mundo ↑ *ressurreição de Jesus,* ↑ *creatio ex nihilo/creatio continua,* ↑ *escatologia,* ↑ *soteriologia,* ↑ *providência.* – Do ponto de vista da criatura finita em tempo e espaço, dá-se a impressão de que a criação do mundo como primeira iniciativa de Deus, o Criador, é algo que se encontra no passado distante, e o fim do mundo como última iniciativa de Deus é algo que ocorrerá em um futuro indeterminado e que, por isso, deve-se postular entre essas duas iniciativas mais uma iniciativa divina, ou seja, a preservação do mundo, já que, sem ela, o mundo voltaria ao nada. – (**1**) O livro de Gênesis concebe a criação do mundo (heptâmero, a narrativa de Adão e Eva em Gn 1–3) e a preservação do mundo (Noé e o dilúvio, Gn 6,1-9,29) de forma muito concreta e não filosófica e especulativa. Deus cria não só por meio das suas palavras (Gn 1,1-2,4a) e atos criativos (Gn 2,4bss.) um meio ambiente e suas criaturas, mas permanece próximo da sua criação como seu preservador: "Ponho meu arco nas nuvens, como sinal de aliança entre mim e a terra" (Gn 9,13). Deus renova permanentemente a "face da terra" (Sl 104,30) e faz surgir e perecer o ser humano (Sl 90,1-6). Os escritos tardios do AT – a literatura sapiencial com influências helenísticas (p. ex., Sb 11,24s.) – também conhecem a criação e preservação do mundo por Deus, opondo-se assim às concepções gregas (o atomismo de Epicúrio [† 271 a.C.]; a eternidade da matéria em Aristóteles [† 322 a.C.]). O hino colossense (Cl 1,16ss.) reconhece em Cristo o Criador e Preservador do mundo; Atos vincula a perspectiva da criação com a visão salvífica da morte e da ressurreição de Jesus e, portanto, com o conhecimento da preservação divina do mundo: "É nele que vivemos, nos movemos e existimos" (17,24-33, aqui 28). Encontramos a ideia da preservação do mundo também nos evangelhos (Mt 28,16-20) no contexto do envio dos discípulos pelo Ressurreto. – (**2**) Os cristãos adotam o título "pantokrates" do deus grego Zeus e o transferem para o Deus judaico YHVH, fundindo as concepções do pantocrata do estoicismo com as convicções veterotestamentárias. O pantocrata não é apenas o criador do mundo, ele também o preserva e aperfeiçoa. Assim, o pensamento da preservação do mundo é incluído aos credos de Niceia (325 [DH 125]) e Constantinopla (381 [DH 150]). Tomás de Aquino refletiu sobre a preservação do mundo sob o verbete da "orientação do mundo" (STh I q103.104). Ressalta que "o ser de toda criatura depende de Deus, de forma que não persistiria um único momento, mas voltariam ao nada se não fossem preservados no ser pela atividade da força divina" (STh I q104 a1). Concebe a preservação do mundo não como segunda iniciativa posterior à criação do mundo: "A preservação das coisas no ser por Deus não ocorre por meio de alguma atividade nova, mas por meio da continuação da atividade por meio da qual concede o ser, e essa atividade é sem movimento e sem tempo" (STh I q104 a1 ad 4). – (**3**) Seguindo a linha dos símbolos veterocristãos, o Concílio Vaticano I também enfatiza a preservação do mundo (DH 3.003). O Concílio Vaticano II introduz o Espírito Santo ao tema: Ele preenche a terra e transmite sinais verdadeiros da presença e do conselho de Deus (DH 4.311); ele dirige "o curso do tempo em admirável providência" e renova "a face da terra" (DH 4.326). O ser humano possui uma autonomia na figuração do mundo, mas depende também de Deus; sem essa dependência do Criador, a criatura voltaria ao nada (DH 4.336). – **(4)** A preservação do mundo sempre fez parte do depósito da fé ortodoxa e é confirmada também por M. Lutero e J. Calvino. Não existe uma controvérsia ecumênica referente a esse tema. – **(5)** Tomás esteve completamente certo ao postular a identidade da criação do ser e da preservação no ser – mesmo que, segundo os conhecimentos da física moderna, tenha recorrido à imagem incorreta da simultaneidade da irradiação solar e do efeito da luz em lugares distantes. A criação e a preservação do mundo não resultam de duas iniciativas divinas parciais sucedentes e deficitárias em si, mas do mesmo ato simultâneo e instantâneo de sua ação no mundo. A "teoria do campo", de W. Pannenberg – emprestando da física a imagem do campo de força de efeito instantâneo para ilustrar a ação de Deus concomitantemente criadora e preservadora – tenta evidenciar isso. A partir de Tomás, as reflexões teológicas sobre a preservação do mundo apresentam uma homogeneidade surpreendente. Além da dimensão criatural, devemos manter em vista também as dimensões soteriológica e escatológica. A ↑ encarnação é expressão da vontade divina de preservar o mundo. Nesse sentido, Cristo é a promessa salvífica de Deus para um mundo perdido e sem salvação, e só assim se torna possível um novo mundo num novo céu e numa nova terra. O fim de toda finitude, a morte da morte, a eternidade do bem liberto do tempo terrestre passam então a ser expressão da preservação do mundo em uma realidade santificada por Deus.

Lit.: BEUTTLER, U. *Gott und Raum* - Theologie der Weltgegenwart Gottes. Göttingen, 2010 [FSÖTh, 127]. • BEUTTLER, U. *Gottesgewissheit in der relativen Welt* (Forum Systematik 27), Stuttgart, 2006 [Forum Systematik, 27]. • LÜKE, U. *"Als Anfang schuf Gott..."* – Bio-Theologie, Zeit, Evolution, Hominisation. 2. ed. Paderborn et al., 2001. • PANNENBERG, W. *Systematische Theologie*. Vol. 2. Göttingen, 1991. • POLKINGHORNE, J. *Theologie und Naturwissenschaften*. Gütersloh, 2001.

Ulrich Lüke

Protologia ↑ *início,* ↑ *creatio ex nihilo/creatio continua,* ↑ *pecado original,* ↑ *cosmologia,* ↑ *narrativas da criação,* ↑ *estado original.* – Protologia designa a doutrina do início (em grego: *protos*, o primeiro) e da origem ou do estado original do mundo e da humanidade. Surgiu como complemento à escatologia, apoiando-se nela, e permanecendo vinculada a esta. – **(1)** Servem como base veterotestamentária num sentido mais restrito o hino sacerdotal da criação (heptâmeron, Gn 1,1-2,4a) e o mito javista da criação (narrativa de Adão e Eva, Gn 2,4b-3,24). Numerosas passagens do NT também são relevantes para a protologia, no sentido de que a ampliam do ponto de vista cristológico e a vinculam à escatologia. Fazem parte dessas passagens as afirmações hínicas, que louvam a criação e a redenção ou a nova criação por meio de Cristo (Fl 2,6-11; Cl 1,15-20), como também as tipologias de Adão e Cristo (Rm 5,12-21; 1Cor 15,45). Uma importância especial cabe ao prólogo de João (Jo 1,1-18), que se apoia no hino da criação (Gn 11,1) e amplia a protologia em termos soteriológicos e escatológicos por meio do pensamento da ↑ encarnação. – **(2)** Os Padres da Igreja acrescentaram, por vezes de modo problemático, à protologia inicial a doutrina da *creatio continua*, da *creatio ex nihilo* e a doutrina do pecado original (Agostinho [† 430]). – **(3)** Sobre as decisões magisteriais referentes à protologia, cf. ↑ *creatio ex nihilo/creatio continua*. – **(4)** A protologia, apesar de ser objeto de reflexão mais intensa por parte do lado ortodoxo e católico do que do lado evangélico, não tem gerado controvérsias. – **(5)** Uma protologia de proveniência cristã não pode se satisfazer com especulações baseadas no AT sobre a origem e o estado original. Precisa contemplar e interpretar o início à luz da soteriologia e da escatologia cristãs. Para isso, não nos parece necessário recorrer a dois esboços separados – a protologia supralapsária, que parte do estado antes da queda, concebe o *eschaton* como nova criação; a protologia infralapsária, que parte do estado pós-queda, imagina o *eschaton* como restauração do estado original. Contanto que o hino da criação (obra de sete dias), que ressalta a qualidade de toda a criação, e o mito da criação (narrativa de Adão e Eva), que enfatiza a deficiência moral e temporal da criação e do ser humano, não sejam interpretados de modo alternativo ou contrastante, mas complementário, resulta uma imagem mais clara do ser humano e de seu mundo. Em todo caso, o evento salvífico em Cristo precisa ser visto como ponto de partida, centro e meta de uma protologia cristã, pois Cristo (cf., p. ex., Cl 1,15-20; Jo 1,1-18) precisa ser concebido protologicamente como Criador anterior a todo tempo, soteriologicamente como Salvador no tempo e escatologicamente como Redentor e Consumador após o tempo.

Lit.: BEINERT, W. *Christus und der Kosmos* – Perspektiven zu einer Theologie der Schöpfung. Friburgo/Basileia/Viena, 1982. • HAUKE, M. *Heilsverlust in Adam* – Stationen griechischer Erbsündenlehre. Paderborn, 1993. • SCHUPP, F. *Schöpfung und Sünde*. Düsseldorf, 1990. • SCHWAGER, R. *Erbsünde und Heilsdrama* – Im Kontext von Evolution, Gentechnologie und Apokalyptik. 2. ed. Münster, 2004. • WAGNER, H. "Protologie". *LThK*, 8. 3. ed., 2006, p. 668-669.

Ulrich Lüke

Provas da existência de Deus ↑ *ateísmo,* ↑ *cognoscibilidade de Deus,* ↑ *fideísmo,* ↑ *doutrina de Deus,* ↑ *fala de Deus,* ↑ *razão.* – Provas da existência de Deus são modelos de sequências de pensamentos lógicos e argumentativos que representam a existência e algumas características fundamentais de um Deus metafísico como não contrárias à razão humana (hoje, fala-se mais em evidências da existência de Deus). As provas da existência de Deus são um distintivo de qualidade daquelas teologias medievais cujos discursos alcançavam o auge da filosofia de seu tempo. – (**1**) A Bíblia desconhece provas da existência de Deus no sentido clássico. Há indicações apenas esporádicas de que o ser humano pode conhecer Deus por meio de discursos racionais (principalmente na literatura sapiencial; a passagem-chave paulina é Rm 1,20: "a criação do mundo, o invisível de Deus – o eterno poder e a divindade – torna-se visível à inteligência através de suas obras"). Nas provas da existência de Deus, a filosofia e a teologia unem forças como nunca antes e nunca depois. – (**2**) Na Antiguidade, a teologia cristã precisou superar a mistagogia da filosofia neoplatônica, que desprezava a materialidade (carne e corpo) em prol de uma ascensão exclusivamente espiritual; cada tentativa de provar a existência de Deus se proibia, pois podia gerar equívocos cristológicos. Na Idade Moderna, as provas da existência de Deus perderam seu poder argumentativo e seu brilho, pois imaginavam Deus como objeto metafísico inquestionável, apesar de a metafísica ter perdido qualquer relevância na era do sujeito. O dito de Filipe Melâncton († 1560), segundo o qual os mistérios de Deus deveriam ser "adorados e não investigados", mostrou-se profético. Na Idade Média, porém, as provas da existência de Deus representavam a via áurea para encontrar uma linguagem para Deus, recorrendo ao melhor material intelectual disponível – como Tomás de Aquino († 1274) demonstrou com as "cinco vias" (*quinque viae*). Algumas dessas provas da existência de Deus conseguiram exercer uma influência argumentativa ainda sobre a Modernidade, sobretudo a chamada prova "ontológica" da existência de Deus de Anselmo de Cantuária († 1109): Algo referente ao qual não se pode conceber nada maior precisa existir necessariamente, caso contrário não seria possível determiná-lo como o maior possível. A despeito da crítica de I. Kant († 1804), segundo a qual a dedução da existência a partir de sua concepção seria ilusória, a necessidade de uma grandeza comparativa no argumento de Anselmo mostrou-se determinante: Para que se possa falar da existência de Deus, é necessário partir de uma (outra) grandeza inevitável. No *Neglected Argument*, de C.S. Peirce († 1914), o comparativo volta a ser empregado como contemplação (*musing*). – (**3**) A posição magisterial nunca foi além de afirmar a possibilidade da demonstração de Deus com argumentos racionais (Concílio Vaticano I: DH 3.026). – (**4**) Demonstrações da existência de Deus a partir da perfeição do mundo e do ser humano podem ser encontradas também na teologia ortodoxa, frequentemente com referências aos autores patrísticos. Além disso, argumenta com a experiência religiosa do coração. Os ataques católicos neoescolásticos ao discurso de Kant sobre Deus pretendiam resgatar as provas da existência de Deus em face do sujeito. Na teologia protestante, por sua vez, o discurso histórico substituiu as provas da existência de Deus e relativizou suas formas de pensamento supra-histórico. Apenas o Concílio Vaticano II conseguiu superar esse hiato ao abrir mão das provas da existência de Deus em prol de uma história de Deus, interpretada pastoralmente em vista dos direitos humanos. – (**5**) Em sua prova ontológica da existência de Deus, Anselmo expressa o caráter do discurso sobre Deus de forma concisa: Se quisermos tematizar Deus com a intenção de demonstrá-lo, precisamos recorrer à diferença de uma contraparte inevitável e dotada de poder. A realidade e pluralidade de grandezas que, em virtude de sua abordagem intelectual, existencial e política, exigem uma confrontação, abrem o caminho para entender o que uma existência de Deus poderia significar. Essa referência levou a um renascimento filosófico e científico-cultural das provas da existência de Deus naquelas filosofias mais recentes que debatem os limites linguísticos de proposições racionais. As provas da existência de Deus se transformam em instrumentos de calibração das maneiras de pensar o imponderável.

Lit.: MÜLLER, K. *Gott erkennen* - Das Abenteuer der Gottesbeweise. Regensburgo, 2001. • HILTSCHER, R. *Gottesbeweise*. Darmstadt, 2008. • BROMAND, J. & KREIS, G. (orgs.). *Gottesbeweise*. Frankfurt a.M., 2009. • RÖD, W. *Der Gott der reinen Vernunft* - Ontologischer Gottesbeweis und rationalistische Philosophie. Munique, 2009 [Beck'sche Reihe, 1876]. • WÖRTHER, R.M. *Q.E.D.- Das kleine Handbuch der Gottesbeweise*. Würzburgo, 2009.

Hans-Joachim Sander

Providência ↑ *redenção universal,* ↑ *atributos de Deus,* ↑ *justiça de Deus,* ↑ *sofrimento,* ↑ *poder de Deus,* ↑ *predestinação,* ↑ *teodiceia,* ↑ *presciência de Deus,* ↑ *vontade de Deus.* – O tema da providência aborda a visão extratemporal de Deus sobre a história da salvação como um todo com a intenção de ordenar os decursos e destinos individuais visando ao objetivo supremo da bem-aventurança criatural sem ignorar a liberdade do ser humano. – **(1)** Deus não só conhece com antecedência o que acontecerá com o povo eleito, Ele também o sustenta durante os eventos do êxodo, do exílio e do retorno (Ex 14,14; Ex 23,20; Dt 32,10-12; Sl 23; Is 4,3; Is 9,1; Is 40,11; Is 57,18; Ne 2,20). O mesmo se aplica aos pios que têm temor de Deus, razão pela qual a literatura sapiencial expressa a convicção de que a providência de Deus abre um caminho seguro para eles. Deus é capaz de salvar "de todo perigo" (Sb 14,4). No entanto, em sua presciência, também castiga os malfeitores com antecedência; são "excluídos pela providência eterna" (Sb 17,2). O termo não ocorre no NT, conhece, porém um "plano divino", no qual todos que creem em Deus e em seu Filho (e que Ele elege de modo predeterminante) podem confiar (Rm 8,28-32). Podemos identificar um interesse judaico pela providência nos círculos no mundo helenístico (Filo de Alexandria [† por volta de 40] e Josefo Flávio [† após 100]) que sofreram alguma influência do estoicismo. Aqui, a providência significa a grandeza de ordem do macro e do microcosmo à qual o ser humano se submete sem a esperança de uma transformação salvífica radical da história. Esta é uma promessa da ↑ escatologia neotestamentária, que garante a presença de Deus e que é necessária para a vida e a história. – **(2)** A acepção de Sêneca († 65) da providência como princípio de ordem cósmica retorna nos padres gregos da Igreja (p. ex., Clemente de Alexandria [† 215]). Gregório de Nazianzo († 390) diverge dessa interpretação; ele opõe a providência ao acaso cego do cosmo, representado – a seu ver – pelo Imperador Juliano o Apóstata († 363). Agostinho († 430) combina a liberdade da vontade com a providência como representação do Uno e Supremo, à qual ele subordina a liberdade da vontade; a liberdade verdadeira é, então, uma sujeição à providência. A escolástica faz da providência uma proposição teológica fundamental ao reinterpretar a doutrina aristotélica da causalidade do ponto de vista da teologia da criação, de forma que Deus vem a dominar a história por meio da providência como causa final. Na filosofia acadêmica da Modernidade, a providência é um importante argumento da filosofia natural no contexto do debate sobre a teodiceia. Chr. Wolff († 1754) reconhece nela a garantia para o vínculo entre os objetivos naturais das coisas; a providência garante o melhor dos mundos possíveis. No modo da tríade de *conservatio, concursus* e *gubernatio,* seu conceito domina a teologia barroca, que fala de uma *providentia universalis, specialis et specialissima*. Defendido nessa forma ainda por I. Kant em sua fase pré-crítica († 1804), mais tarde, a providência não conseguirá prevalecer contra a razão crítica. Para F. Schleiermacher († 1834), a providência se manifesta no "sentimento de dependência total". A teologia liberal protestante ignorará o tema. Interpretada cristologicamente por K. Barth († 1968) no século XX, a providência é redescoberta por uma teologia que opera com os teoremas da física quântica. A providência se transforma em conceito de uma teologia da criação na era da pós-causalidade; o princípio antrópico (a criação converge no ser humano) é sua demonstração (J.C. Polkinghorne). – **(3)** Apesar de o Credo Niceno-constantinopolitano destacar a onipotência de Deus, o Criador, o magistério se dedica ao tema da providência apenas sob a pressão da Modernidade. Enquanto o "Sílabo", de 1864, ainda fala de um vago *providentissimum Numen divinum* (DH 2.901), o Concílio Vaticano I compreende a providência como responsabilidade geral de Deus por toda a criação (DH 3.003). O Concílio Vaticano II reconhece nela um conselho divino (GS 2), que leva o mundo à consumação. – **(4)** A visão ortodoxa da providência se fundamenta na doutrina de Irineu de Lyon († por volta de 202) da restauração da criação em Cristo como cabeça de toda a humanidade (em grego: *anakephalaiosis*; em latim: *recapitulatio*). Os reformadores subordinam a providência à graça de Deus e a transformem em instrumento soteriológico. A providência verdadeira é a justificação, que permite resistir à pressão da predestinação. Com a cristologização de suas proposições por K. Barth – a predestinação como expressão da eleição universal em Cristo –, a providência perdeu seu caráter separador. – (5) À esperança humana corresponde a providência divina. Esta gera a confiança na solidariedade de Deus nas imprevisibilidades da história pessoal e social, confiança esta que oferece sustento também em tempos de sofrimento e confrontação. Hoje, as formas secularizadas do discurso sobre a providência representam os desafios mais importantes para uma teologia da providência. A economia dos mercados livres fala, seguindo a tradição liberalista de A. Smith († 1790), de uma "mão invisível" (*invisible hand*) anônima que leva tudo a um fim positivo mesmo quando irrompem crises econômicas de escala global. Do ponto de vista político, a base de poder representada pelas religiões globalizadas ameaça reintroduzir a antiga ideia de J. de Maistre († 1821) de recorrer à providência para preservar a dominação política. Já o assassino em massa Hitler apelou à providência para justificar suas grandes guerras; inicialmente, sua argumentação recebeu o apoio até de bispos que, mais tarde, se opuseram ao regime (p. ex., o Bispo C.A. von Galen [† 1946], de Münster). Nos fundamentalismos cristãos de origem norte-americana, o capitalismo e a política se fundem e formam uma política providencial de escala mundial, que acredita ser capaz de determinar o decurso da história por meio de jogos de poder. A teologia se vê obrigada a se opor ativamente contra esse tipo de desvios.

Lit.: PLATHOW, M. *Ich will mit dir sein* – Kreuzestheologische Vorsehungslehre. Berlim, 1995 [Wissenschaftliche Schriftenreihe Theologie 1]. • POLKINGHORNE, J.C. *An Gott Glauben im Zeitalter der Naturwissenschaften*. Gütersloh, 2000. • WEBB, S.H. *American providence* – A nation with a mission. Nova York, 2004. • SCHRAGE, W. *Vorsehung Gottes?* Neukirchen-Vluyn, 2005. • SMITH, C. *Adam Smith's political philosophy*. Londres, 2005. • ALBRIGHT, M. *Der Mächtige und der Allmächtige* – Gott, Amerika und die Weltpolitik. Munique, 2006. • BUCHER, R. *Hitlers Theologie*. Würzburgo, 2008. • DREWS, F. *Menschliche Willensfreiheit und göttliche Vorsehung bei Augustinus, Proklos, Apuleius und John Milton*. 2 vols. Frankfurt a. M., 2009. • BUCHHOLZ, R. *Enjoy capitalism* – Zur Erosion der Demokratie im totalen Markt. Würzburg, 2009.

Hans-Joachim Sander

Purgatório ↑ *purificação/purgatório*

Purificação/purgatório ↑ *juízo,* ↑ *indivíduo,* ↑ *morte,* ↑ *imortalidade da alma,* ↑ *condição intermediária.* – O postulado de uma purificação após a morte (em latim: *purgatorium*) é expressão da esperança de que o caráter fragmentário e imperfeito da vida humana vivencie um amadurecimento e uma cura na consumação salvífica de Deus. – (1) Segundo a compreensão da exegese atual, as passagens bíblicas clássicas não conseguem fundamentar a doutrina de uma purificação pós-mortal, mas contribuíram para sua evolução. Segundo 2Mc 12,32-46, a descoberta da infidelidade religiosa de soldados judaicos mortos no campo de batalha e junto dos quais foram encontrados amuletos pagãos ocasionou um culto de intercessão. Acreditava-se, portanto, que o desmerecimento da salvação dos mortos poderia ser anulado pela intercessão penitente. O motivo da parábola da prisão, na qual se paga uma culpa (Mt 5,25 par.), é visto já por interpretações da Igreja antiga (Cypr. ep. 55,20) como referência a um estado intermediário após a morte. Alusões bíblicas (Ml 3,2s.19; Is 31,9; 66,24; Dn 7,9-11) são usadas para fundamentar a suposição segundo a qual seria necessário passar por um fogo purificador, sobretudo, porém, a esperança paulina de que os seres humanos poderiam ser salvos no Dia do Juízo "como quem passa pelo fogo" (1Cor 3,15). – (2) Duas perspectivas contribuem para o desenvolvimento de um pensamento de purificação pós-mortal na Igreja antiga: Por um lado, supõe-se, no contexto do surgimento da prática de penitência, uma purificação antecedente à consumação no sentido de uma penitência pós-mortal realizada por meio de um "fogo purificador" (Agostinho [† 430] *ignis purgatorius* [enchir. 69]). Devido ao fato de que cristãos morriam sem terem completado suas obras de penitência, a ordem terrena foi estendida para o além. Por outro lado, entra em foco a comunhão dos fiéis (*communio sanctorum*) em seu vínculo com os mortos. Isso permite que os vivos intercedam pelos mortos. A partir da Antiguidade Tardia e sob a influência da literatura de edificação místico-visionária – mais tarde contida pela teologia escolástica –, o pensamento de purificação se objetiviza no sentido de um *lugar* de purificação (em latim: *purgatorium*). Os castigos (determinados judicialmente) são imaginados de forma drástica ao modo de torturas infernais. Ao mesmo tempo, cresce o interesse dos vivos pela possibilidade de intercessão: preces, missa das almas, indulgências ou doações são consideradas apropriadas para obter um abreviamento do tempo de castigo dos mortos. Propaga-se um pensamento enfaticamente jurídico que procura taxar a tortura, sua duração como também o preço de sua remissão precoce. Pressupõe-se uma acepção de castigo que enfatiza a compensação externa pelo pecado sem preocupação terapêutica. A teologia mais recente foca no sentido da purificação e em sua inclusão ao encontro dialógico entre Jesus Cristo e o ser humano pecaminoso. – (3) O I Concílio de Lyon (1245) subsome as concepções de uma purificação pós-mortal sob o conceito (de conotação espacial) do *purgatorium*: As almas são testadas "como que pelo fogo", salvas e purificadas; é possível ajudá-las por meio da intercessão (DH 838). Essa doutrina genuinamente ocidental é tematizada durante os esforços de reunificação com a ortodoxia (II Concílio de Lyon [1274]: DH 856; Concílio de Florença [1439]: DH 1.304). Apesar de o Concílio de Trento (1545-1563) defender a ideia da purificação contra os reformadores e afirmar que as missas para os mortos devem ser oferecidas como sacrifícios de penitência, adverte também que "questões mais difíceis e sutis" devem ser evitadas (DH 1.743; 1.753; 1.820). – (4) As igrejas ortodoxas descrevem a permanência dos mortos antes do juízo final na *sheol* com diferentes graus de bem-aventurança; os vivos podem rezar pelos mortos, "castigos" são vistos como processos de disciplina e cura. As comunidades eclesiásticas protestantes (Art.Sm. II,2: BSLK, 420-422. • ZWÍNGLIO. *Ratio fidei* 12; Confessio Helvetica posterior 26. • CALVINO, J. Inst. III,5,6-10) refutam a concepção de uma purificação pós-mortal como contrária às Escrituras; ela contradiria a mensagem da justificação por meio da graça somente pela fé. A suposição de processos de castigo e disciplina no além é refutada como forma sutil do mérito pelas obras: Suscitaria a impressão segundo a qual a consumação após a morte precisa ser conquistada, além disso, obscureceria a suficiência exclusiva da obra redentora de Jesus Cristo. Pelo mesmo motivo refutam também a missa pelos mortos (CA 24: BSLK 93s.; ApolCA 24: BSLK 373-377) e a oração pelos mortos é praticada apenas condicionalmente. – (5) O ser humano é chamado para corresponder em vida à promessa salvífica de Deus, para estender-se em direção à comunhão com Jesus Cristo (Fl 3,13) e crescer nela (Ef 4,15). A morte interrompe esse processo. Ela revela a dívida em aberto do ser humano, suas perdas e seus estragos. Compreendida como encontro com o juiz bondoso e curador, a purificação pós-mortal é um aspecto do *juízo*, que ressalta seu lado terapêutico. A visão antropológica atual fala de um pós-amadurecimento do ser humano. Trata-se de um "processo de integração" que permite a inclusão também daquilo que ainda não havia adquirido uma forma de vida correspondente a Deus. Por isso, a morte não é *apenas* fim, mas ao mesmo tempo início da consumação definitivamente bem-sucedida e abrangente da própria forma de vida. Segundo a acepção católica, os indivíduos não são abandonados nesse processo, antes são acompanhados pela oração de seus parentes ainda vivos e de toda a Igreja. A intercessão não visa a uma mudança de opinião de Deus (como se os seres humanos fossem mais misericordiosos do que Deus), tampouco é capaz de "abreviar" ou até mesmo suspender o processo de purificação. A intercessão é, sim, um ato de solidariedade que sustenta os mortos durante a purificação.

Lit.: a) b) c) MERKT, A. *Das Fegfeuer*. Darmstadt, 2005. b) e c) BÄTZING, G. *Kirche im Werden* – Ekklesiologische Aspekte des Läuterungsgedankens. Trier, 1996 [TThSt, 56]. • MEHRING, L. *Die Sehnsucht des Menschen nach Heil zwischen Reinkarnations-Faszination und Auferstehungs-Hoffnung*. Altenberge, 1993 [MthA, 24].

Eva-Maria Faber

Quiliasma ↑ *apocaliptismo,* ↑ *anticristo,* ↑ *escatologia,* ↑ *domínio de Deus/Reino de Deus*. – O quiliasma (grego: *chilioi*, mil) ou milenarismo (latim: *mille*, mil) designa a ideia de um reino milenar terrestre, durante o qual o Messias reinaria com os justos antes da última consumação do mundo. – (1) Segundo Ap 20,1-15, os mártires que morreram por sua fé obtêm, após a "primeira ressurreição", o domínio com Cristo durante mil anos. Decorrido esse período, satanás (que se encontrara amarrado durante esses mil anos) é libertado para ser vencido definitivamente. Seguem então a ressurreição dos mortos e o Juízo, a destruição na segunda morte das pessoas não registradas no livro da vida e a salvação dos justos para o novo mundo de Deus. Concepções análogas de um tempo intermediário delimitado são encontradas também no pensamento apocalíptico do judaísmo. – (2) Na Igreja antiga, a crença no quiliasma é generalizada. Irineu de Lyon ([† por volta de 200] haer. 5,31-36) o acata com intenções antignósticas para expressar a salvação como consumação da boa criação de Deus. No reino milenar, as promessas concretas e históricas do AT se cumprirão. Ao mesmo tempo, é também a era de uma nova adaptação a Deus e à glória definitiva. Em decorrência de Orígenes ([† 253/54] princ. 2,11), o quiliasma é refutado como interpretação demasiadamente secular e sensual das promessas, que devem ser compreendidas alegórica e espiritualmente. As deduções modais da suposição de um domínio delimitado de Cristo são problematizadas. Agostinho († 430) interpreta o reino milenar remetendo-o à Igreja, eliminando assim qualquer possibilidade de uma era de consumação intra-histórica. Na Idade Média, a teologia histórica de Joaquim de Fiore († 1202) revivifica a esperança de um reino da consumação intra-histórica (o reino do Espírito, identificado com o reino de Cristo segundo Ap 20,1-15). Os adversários do quiliasma (destacamos aqui Tomás de Aquino em virtude de sua importância para a história da recepção) identificam, com Agostinho, a Igreja como figura salvífica suprema dentro da história, Igreja esta que, sem a mediação de qualquer fase salvífica intra-histórica, passa diretamente para a consumação definitiva. Depois disso, os motivos quiliásticos ocupam um papel importante apenas em movimentos isolados às margens da Igreja institucional. O abandono das esperanças históricas concretas pela proclamação da fé cristã leva a uma adoção de utopias e concepções políticas do mundo. Isso, por sua vez, suscita um novo interesse por motivos quiliásticos na teologia atual, que pretende preservar, dentro da escatologia e teologia histórica, a dinâmica de um "mais" intra-histórico, não da autocomunicação de Deus, mas da realização de seu reino e na aceitação da salvação (M. Kehl), ou seja, para fundamentar uma escatologia processual para a mediação da história mundial e da consumação após o retorno de Jesus Cristo (J. Moltmann). – (**3**) O magistério se posicionou em relação ao quiliasma apenas em um decreto do Santo Ofício de 1944: Ele não pode ser ensinado com certeza (DH 3.839). – (**4**) A Confissão de Augsburgo refuta o quiliasma (CA 17) em reação ao quiliasma dos reformadores radicais (anabatistas). Atualmente, o pensamento quiliástico é encontrado, por exemplo, no movimento pentecostal e nos adventistas. – (**5**) Na tradição cristã, o quiliasma representa o aspecto concreto da esperança escatológica dos cristãos e se apoia na encarnação. Mantém viva uma esperança intra-histórica, esperança essa, porém, que, dentro da fé cristã, não pode se concentrar num progresso da comunicação salvífica de Deus, já que esta ocorreu de uma vez por todas e de forma insuperável em Jesus Cristo e no Espírito Santo. Mas a existência cristã permanece orientada por um "quanto mais" comparativo do crescimento na plenitude da salvação. Esse "quanto mais" da realização salvífica se encontra sob o signo da cruz e sempre ocorrerá de forma refratada. Diferentemente das utopias seculares, ele não visa a um esboço contrário ao presente, como se este fosse completamente desprovido de salvação, nem a uma realização totalmente intra-histórica da salvação, que pressupõe a superação dos condicionamentos da história e, sobretudo, da fronteira da morte.

Lit.: a) LAUB, F.; KEHL, M. & BAUMGARTNER, H.M. "Chiliasmus". *LThK*, 2. 3. ed.,1994, p. 1.045-1.049. • BÖCHER, O. et al. "Chiliasmus". *TRE*, 7, 1981, p. 723-745. b) KEHL, M. *Eschatologie*. Würzburg, 1996, p. 168-212. • MOLTMANN, J. *Das Kommen Gottes – Christliche Eschatologie*. Gütersloh. 1995, p. 150-284.

Eva-Maria Faber

Razão ↑ *diálogo*, ↑ *imagem de Deus*, ↑ *indivíduo*, ↑ *ser humano*, ↑ *língua*, ↑ *teologia*, ↑ *tolerância*. – A razão é vista como capacidade intelectual suprema do ser humano que regula o pensamento e a conduta para a percepção do mundo e a orientação na realidade. A razão é a condição da possibilidade de compreensão também no sentido religioso, pois abre o pensamento para a transcendência e para Deus. – (**1**) A Bíblia localiza a razão no coração, pois as funções emocionais e noéticas formam uma unidade (Ex 35,21; 36,2; Sl 27,8; 64,7). O coração "que ouve" representa a sabedoria e a possibilidade de ouvir a Palavra de Deus (Dt 4,39; Br 2,30; Jr 12,11). Por isso, não existe contradição entre razão e fé. Os estratos mais recentes do AT, que demonstram a influência de pensamentos helenísticos, o *logos* apresenta o sentido duplo de palavra e razão (Sb 6–7), expressando assim a compatibilidade entre racionalidade filosófica e fé. Em Paulo observamos certo atrito, pois, apesar de reconhecer completamente o *nous* grego (intelecto, razão), sabe que este não leva a Deus ou que até pode se pronunciar contra ele (1Cor 14) por causa do pecado de Adão. A sabedoria de Deus, que se manifesta justamente na tolice da cruz, impõe limites à sabedoria do mundo – e, portanto, também à razão (1Cor 1,18–2,16). – **(2)** Os padres investem no debate iniciado por Platão sobre a relação entre *logos* e mito e reconhecem nela uma oposição. Acatam a visão aristotélica do ser humano como *animal rationale*, mas tratam da razão não como grandeza autarca, mas receptiva. Conferem o mesmo tratamento ao pensamento estoico, que sabe da participação da razão humana na razão divina, de forma que uma conduta segundo os princípios do bem se torna possível. Combatem o racionalismo da gnose, que busca a salvação no conhecimento e apresenta uma tendência para dualismos exclusivos, e enfatizam em seu lugar a relação entre razão e amor. Anselmo de Cantuária († 1109) desdobra um racionalismo teológico, no qual a razão da fé oscila entre a cognoscibilidade e incognoscibilidade de Deus. Para Tomás de Aquino († 1274), a abertura da razão para Deus, que é *capax dei*, i.e., capaz de ouvir Deus, é decisiva. Já identifica um problema que, no debate moderno, gerará alguma tensão entre a teologia e a filosofia: O apelo a uma autoridade é, para o pensamento filosófico, o elemento de justificação mais fraco (*locus infirmissimus*); para a fé, porém, um elemento altamente eficaz (*locus efficacissimus*). R. Descartes († 1650), que busca uma certeza última do conhecimento da razão na autoconsciência e ainda conhece o recurso a Deus, e o Iluminismo transformam o discurso sobre a razão autônoma em desafio para a teologia. Quando a Escola de Tübingen passa a se ocupar com I. Kant († 1804) e o idealismo alemão, surgem conflitos com o magistério que cumulam na crise do modernismo do século XX. Um grande problema, que perdura até hoje, não é só a questão referente à autoridade de Deus, mas também referente à autoridade da Igreja. Partindo de K. Rahner († 1984), a teologia transcendental desenvolveu uma racionalidade que se encontra em meio à tensão entre autonomia e teonomia e que procura corresponder aos dois lados. Hoje, a pergunta levantada por J.-F. Lyotard († 1998) e pela chamada filosofia pós-moderna sobre as diferentes formas da racionalidade é discutida também pela teologia. Já não podemos mais falar da razão no singular. J. Ratzinger admitiu isso num diálogo com J. Habermas: O conceito ocidental da razão dificilmente pode ser comunicado e mediado interculturalmente. Grande peso tem a fala da razão comunicativa, desdobrada por E. Arens a partir de J. Habermas. J.B. Metz ressaltou a razão em sua função de recordar o sofrimento, opondo assim criticamente o pensamento judaico e bíblico ao pensamento helenístico. No diálogo com H. Blumenberg († 1996), a teologia discute novamente a relação entre mito e *logos*, que ambos podem servir como instrumento de orientação no mundo. H. Verweyen, T. Pröpper, K. Müller, M. Striet e G. Essen se empenham na busca por uma fundamentação última de proveniência transcendental, na qual o conceito da razão prática, de I. Kant, continua a ocupar uma função importante. A comunicabilidade da fé é o foco da hermenêutica de K. Wenzel, G.M. Hoff e M. Böhnke, da análise linguística de H.-J. Sander e da fenomenologia de J. Wohlmuth, T. Freyer e E. Dirscherl. – **(3)** Para o magistério, a razão representa a capacidade de reconhecer, compreender e aplicar a ordem imposta ao mundo por Deus (Catecismo da Igreja Católica, 1.704). O Concílio Vaticano II já havia se pronunciado nesse mesmo sentido (GS 16). Reafirma a visão do Concílio Vaticano I, segundo a qual Deus "pode ser conhecido com certeza pela luz natural da razão humana, a partir das coisas criadas" como "princípio e fim de todas as coisas" (DH 3.004); o Deus trino, porém, só pode ser conhecido por meio da fé. Os papas João Paulo II (Encíclica *Fides et Ratio*, 1998: DH 5.075-5.080) e Bento XVI (*Preleção de Regensburg,* 2006) se manifestaram repetidamente sobre a relação entre razão e fé e ressaltaram que não existe contradição entre elas. Em Bento XVI, transparece um conceito dialógico da razão com forte influência de João: O vínculo entre a palavra e a razão é de tal natureza que o ser humano pode reconhecer a verdade e suas máximas de ação apenas de modo comunicativo por meio da Palavra de Deus em Jesus Cristo, mas também por meio do diálogo com as ciências e outras religiões e culturas. Extraordinário é a proposição citada e reforçada por Bento: "Não agir de acordo com a razão é contrário à natureza de Deus" (Preleção de Regensburgo). – **(4)** O pensamento ortodoxo demorou em se ocupar com conceitos atuais da racionalidade, pois continua a valer nele o paradigma platônico. No protestantismo, a teologia dialética de K. Barth († 1968) aguçou – a partir da postura cética de M. Lutero († 1546) – de forma controversa a pergunta referente à relação entre fé e racionalidade em oposição à teologia liberal e ao legado de F. Schleiermacher († 1834). Para E. Troeltsch († 1923), P. Tillich († 1965), W. Pannenberg e I.U. Dalferth, o problema do incondicional representa o desafio central de uma fala racional de Deus. – (**5**) A razão permite uma reflexão crítica e intelectual fundamentada numa percepção sensual. Serve como orientação e expressa a reivindicação incompreensível e inegociável de Deus, sob a qual o ser humano se encontra como sujeito ciente de si mesmo desde o início. A razão é essencialmente dialógica, i.e., relacional, no sentido de que não é capaz de responder de forma autônoma à sua busca permanente (pela verdade, pela primeira e última razão de sua existência, pelo significado e sentido da vida). A razão é culturalmente determinada e depende do ouvir, ver, falar, figurar, sentir e da fé. Sem a multiforme luta teológica pela tensão produtiva entre fé e razão, à qual devemos incluir também as filosofias pós-modernas, o ↑ fideísmo e o ↑ fundamentalismo prevaleceriam na Igreja.

Lit.: WENZEL, K. (org.). *Die Religionen und die Vernunft*. Friburgo/Basileia/Viena, 2007. • DALFERTH, I.U. *Jenseits von Mythos und Logos* – Die christologische Transformation der Theologie. Friburgo/Basileia/Viena, 1993 [QD, 142]. • LOTZ, C. *Zwischen Glauben und Vernunft*. Paderborn et al., 2008. • WERBICK, J. *Den Glauben verantworten* – Eine Fundamentaltheologie. Friburgo/Basileia/Viena, 2000, p. 185-224. • RATZINGER, J. "Vorpolitische moralische Grundlagen eines freiheitlichen Staates". In: SCHULLER, F. (org.). *Grundsatzreden aus fünf Jahrzehnten*. Regensburgo, 2005, p. 157-169. • VERWEYEN, H. *Theologie im Zeichen der schwachen Vernunft*. Regensburgo, 2000.

Erwin Dirscherl

Recepção ↑ *evolução dos dogmas*, ↑ *senso de fé dos fiéis*, ↑ *magistério eclesiástico*, ↑ *concílio/conciliaridade*, ↑ *tradição*. – A teologia dogmática chama de recepção (do latim: *recipere*, aceitar, absorver, adotar) aquele processo teológico por meio do qual a comunidade da fé reconhece e acata uma decisão autoritária do magistério eclesiástico como verdadeira, normativa e benéfica para a fé. – (**1**) O NT compreende a fé no Evangelho (1Cor 11,23; 15,1-3; Gl 1,9-12; 1Jo 1,1-5) e a formação de congregações (At 2,37-42) como atos da recepção. Todos os fiéis participam da recepção, pois foi-lhes conferido o Espírito Santo (Jo 14,17; 16,13; 1Cor 2,16; Ef 1,18; 1Jo 2,20) e a Igreja é constituída como *communio* (1Cor 1,9; At 2,42; 1Jo 1,3). – (**2**) A recepção é elemento constitutivo da tradição eclesiástica. Já a história do cânone, como processo do reconhecimento dos escritos que testificam a Palavra de Deus, faz parte da história da recepção da Igreja universal. O mesmo vale em relação à tradição da Igreja como um todo: A normatividade das decisões doutrinais se fundamenta em sua recepção pela comunidade indivisa da fé. Vincente de Lérins († antes de 450) menciona como critérios ideais da tradição verdadeiramente católica a universalidade, a idade e o consenso claramente professado (VINCENT. Ler., 2,5). Na realidade, os concílios e sínodos tornaram a recepção um processo muitas vezes complexo, já que a aceitação das decisões conciliares pela Igreja universal ou igrejas parciais se iniciava apenas anos depois. O Concílio de Niceia (325), por exemplo, só foi reconhecido pelo Concílio de Constantinopla (381); e este, apenas em 519 por Roma; o II Concílio de Niceia (787) só foi confirmado pelo Papa Leão IX em 1053. Alguns sínodos locais, como os sínodos de Antioquia ([269] contra Paulo de Samósata), de Cartago ([418] contra os pelagianos) e Orange ([529] doutrina da graça) vieram a exercer uma influência em toda a Igreja em virtude de sua recepção. Em outros casos, a recepção ocorreu apenas de forma seletiva: O Concílio de Calcedônia (451), por exemplo, acatou apenas a parte dogmática do *Tomus Leonis* (DH 290-295). De importância teológica e epistemológica são também os casos de não recepção: A Igreja Oriental refuta ainda hoje o acréscimo do ↑ filioque ao credo; entrementes, o magistério eclesiástico professa visões teológicas que haviam sido reputadas antigamente por ele (direitos humanos, liberdade religiosa, movimento ecumênico, diálogo inter-religioso etc.), e os fiéis ignoram hoje declarações do magistério sobretudo no campo da moral sexual. – (**3**) A despeito das exigências do conciliarismo e galicanismo, o magistério eclesiástico nunca subordinou a validade de suas decisões à sua recepção pela comunidade da fé (DH 3.074). A recepção não representa, portanto, um ato jurídico, antes expressa algo sobre a eficácia e o benefício das decisões das autoridades eclesiásticas. O Concílio Vaticano II não menciona explicitamente o conceito da recepção, no entanto, recorre a ela em diferentes contextos: A recepção da fé é um ato livre (DH 10), e o "progresso" da "tradição apostólica" só pode ser bem-sucedido por meio da "meditação e do estudo dos fiéis", que o magistério eclesiástico precisa levar em consideração (DV 8). Os fiéis têm o direito e a obrigação "de manifestar aos sagrados pastores a sua opinião acerca das coisas atinentes ao bem da Igreja, e de a exporem aos restantes fiéis" (CIC/1983, cân. 212, § 3). Existe também uma forma de poder colegial (↑ colegialidade) por parte do colégio de bispos sobre toda a Igreja, contanto que o papa aceite livremente o ato conjunto dos bispos (LG 22; CD 4). – **(4)** O fato de existirem confissões no cristianismo demonstra – de certa forma *ex facto* – a importância que a recepção possui em termos teológicos e eclesiais. Particularidades confessionais podem complementar-se reciprocamente, enquanto não contradizerem à afirmação central da esperança cristã e assim comprovarem não ter nenhum efeito separador do ponto de vista de qualquer confissão. Por isso, o objetivo do processo ecumênico é possibilitar a aceitação das doutrinas confessionais particulares como expressão da fé autêntica. A falta de recepção de consensos e convergências teológicas, porém, representa um obstáculo nesse caminho (o chamado texto de Lima [1982] foi enviado às igrejas, mas estas, em vez de acatá-lo, o criticaram). Enquanto a Igreja Católica considera a recepção juridicamente irrelevante em relação à validade de decisões conciliares, a Igreja oriental confere à recepção um papel muito mais importante para a normatividade de seus decretos. É a recepção que decide se e em que medida uma proposição dogmática concorda com a fé da Igreja. – **(5)** A recepção na fé está correlacionada à revelação de Deus. O povo de Deus se constitui por meio da aceitação na fé da Palavra de Deus e, por isso, precisa ser visto como uma comunidade de recepção. No entanto, a recepção, como processo eclesiástico importante, só se tornou objeto do interesse teológico no século XX. A recepção da mensagem da revelação na fé viva representa um processo aberto, no qual todos os membros da Igreja são vistos como sujeitos e que é sustentado essencialmente pelo senso de fé dos fiéis. Na recepção, recepção parcial ou não recepção, expressa-se, portanto, a fé da Igreja. O evento da recepção representa um processo criativo, do qual participam também a interpretação, a crítica e o enriquecimento graças a novos conhecimentos. A diferenciação entre doutrina falsa e verdadeira, mas também entre crítica legítima e nociva exige instâncias de execução para a recepção e critérios para seu manuseio. Um problema relativamente novo surge com a recepção teológica de testemunhos de concepções divinas não cristãs à luz do Evangelho. Dado que isso causará mudanças na própria teologia cristã, surge a suspeita do sincretismo juntamente com a preocupação pela identidade cristã. Esta só pode ser preservada se o processo da recepção teológica ocorrer na forma de uma integração sistemática ciente de seus limites e de suas chances.

Lit.: a) LENGSFELD, P. & STOBBE, H.-G. (orgs.). *Theologischer Konsens und Kirchenspaltung*. Stuttgart, 1981. • BEINERT, W. (org.). *Glaube als Zustimmung* - Zur Interpretation der Rezeptionsvorgänge. Friburgo, 1991. b) "Die Lehrautorität der Gläubigen". *Conc*(D), 21, 1985, p. 235-293. • BEINERT, W. "Die Rezeption und ihre Bedeutung für Lehre und Leben der Kirche". In: PANNENBERG, W. & SCHNEIDER, T. (orgs.). *Schriftauslegung, Lehramt, Rezeption*. Friburgo/Basileia/Viena, 1995, p. 193-218 [Verbindliches Zeugnis, 2]. c) GRILLMEIER, A. *Mit ihm und in ihm*. Friburgo, 1975, p. 303-370. • PEMSEL-MAIER, S. *Rezeption*. Würzburg, 1993.

Christoph Böttigheimer

Redenção ↑ *soteriologia*

Redenção universal ↑ *vontade salvífica universal de Deus,* ↑ *unicidade e universalidade salvífica de Jesus Cristo,* ↑ *juízo,* ↑ *céu,* ↑ *teologia da cruz.* – A apocatástase, ou redenção universal (em grego: *apokatastasis*, restauração) representa a esperança da integração de toda a criação à salvação definitiva. – **(1)** O teor designado pelo conceito da *apokatastasis* (At 3,21; formas verbais Mc 9,12 par.; At 1,6) precisa ser deduzido de uma perspectiva bíblica holística: A Escritura nos apresenta no conceito do juízo não só a esperança de uma consumação salvífica, mas também a possibilidade de um fracasso definitivo. No entanto, testifica também (de modo até muito mais enfático) a vontade salvífica de Deus para todos os seres humanos (1Tm 2,4; Rm 11,32), sua paixão por eles (Os 11,8s.), a disposição de ir à procura dos pecadores como pessoas "perdidas" (Mc 2,16s. par.; Lc 15; 19,10) e de perdoá-las (Mt 18,21s. par.). Ao mesmo tempo, o NT professa o significado salvífico universal de *Jesus Cristo*, que veio para salvar os pecadores (1Tm 1,15; 1Jo 2,2). Nele, encontramos o fundamento da salvação para todos (Jo 12,32; Rm 5,18s.; 1Cor 15,20-22), de forma que Paulo fala do "transbordar" da graça e de sua superioridade diante do pecado (Rm 5,15. 20; 2Cor 4,15). A um contexto pecaminoso universal corresponde, portanto, a universalidade do evento da redenção (Rm 1,18-8,39). Visões do futuro que se baseiam na exclusão do "estranho" e do "mal" se encontram lado a lado de imagens de esperança que enfatizam a integração justamente do "estranho", até mesmo dos "animais maus" (Is 2,2-5; 11,6-9; 66,18-22), e a inclusão universal de todas as criaturas à salvação de Jesus Cristo (Fl 2,9-11). A Bíblia, além de levar a sério a liberdade humana, fala também dos recursos de Deus que são maiores do que os dos homens (Mc 10,23-27 par.); por isso, os cristãos devem adotar a postura de Deus e rezar por todas as pessoas (1Tm 2,1). – (**2**) Argumentando do ponto de vista cósmico-universal e processual, a teologia grega defende a noção segundo a qual Deus levará toda a criação para a salvação por meio de um processo de educação e expiação. Partindo da convicção de que o arrependimento e a pena não são fins em si mesmos, antes têm um efeito educacional, as palavras bíblicas sobre o inferno são interpretadas terapeuticamente. Em Orígenes de Alexandria († 253/254), essa acepção levou a especulações problemáticas sobre a preexistência das almas humanas e a sequência cíclica recorrente de criação, queda e redenção. Consequentemente, não encontramos nele nem o castigo eterno nem a salvação eterna; surge a possibilidade de "uma alternância eterna entre bem-aventurança e infelicidade" (Agostinho [† 430] civ. 21,17). A doutrina de Orígenes é condenada, mas sem que isso tivesse levado ao fim definitivo da doutrina da apocatástase no Oriente (elementos dela são encontrados, por exemplo, em Gregório de Nissa [† 394]). Isso impede, entre outras coisas, a fala da ↑ descida de Cristo ao reino dos mortos (ao submundo) para a libertação não só dos justos da aliança antiga, mas de toda a humanidade. No Ocidente, a expectativa da tortura eterna no inferno, defendida sem hesitação e ignorando suas consequências problemáticas, foi reforçada principalmente por Agostinho, mas a tradição latina também conhece uma forte ênfase na misericórdia divina (p. ex., em Ambrósio, Jerônimo, na teologia mística), que relativiza o conceito da perdição eterna para uma parte maior ou menor da humanidade. A teologia mais recente, ao seguir essa vertente, corrige acepções demasiadamente simétricas do resultado duplo do juízo divino. Disso resulta quantitativamente a esperança para todos os seres humanos; e qualitativamente, a refutação da noção segundo a qual Deus *deseja* positivamente que algumas ou até mesmo muitas criaturas se percam. Já que, em vista do Evangelho, o céu e o inferno não são alternativas igualmente possíveis para o êxito da vida humana, a perdição eterna só pode se basear numa autoexclusão da salvação. Nesse sentido, a apocatástase não é ensinada explicitamente, mas é conteúdo da esperança. Assim, H.U. von Balthasar († 1988) se sentiu expressamente incentivado a estabelecer novos marcos de luz em vista do abandono do Crucificado por Deus e de sua descida ao reino dos mortos. Diferentemente de Tomás de Aquino, no qual a descida de Jesus ao inferno só vai até o inferno dos "justos" (STh III q52 a2), Balthasar relaciona a redenção justamente aos "perdidos": "Se a redenção não é a superação do inferno, i.e., da morte eterna, que ameaça o pecador (e quem não é pecador?), então ela nada é e nada conquistou" (*Eschatologie in unserer Zeit*, p. 61). – (**3**) O Imperador Justiniano († 565) refuta a noção segundo a qual o castigo de espíritos maus e pessoas ímpias seria apenas temporal e limitado pela apocatástase. Seus anatematismos (ameaças de excomunhão) são proclamados pelo Sínodo de Constantinopla, em 543 – ratificados apenas posteriormente – (DH 411), e acatados pelo II Concílio de Constantinopla, em 553 (DH 433). A análise dos anatematismos e de seu contexto teológico revela: A condenação da doutrina da apocatástase se refere a um modelo intimamente vinculado à noção da preexistência das almas, a uma desvalorização da fisicalidade supostamente secundária para as almas e a uma acepção cíclica da história. Uma refutação da apocatástase também está implicitamente contida nas afirmações sobre a eternidade do castigo e da perdição (IV Concílio de Latrão, de 1215: DH 801). Por outro lado, nenhum ser humano é declarado definitivamente perdido. – (**4**) As igrejas ortodoxas mantêm a condenação da apocatástase pelos anatematismos conciliares. No entanto, a ortodoxia permanece marcada pelas teologias próximas à apocatástase – como a de Gregório de Nissa. Um pensamento cósmico-doxológico e a grande importância atribuída à ressurreição de Jesus e à sua descida aos mortos (motivo do ícone pascoal) mantêm viva uma esperança universal na tradição ortodoxa. Na tradição dos credos protestantes, defende-se expressamente a distinção entre eleitos e condenados no contexto da doutrina da predestinação. Inícios de relativizações podem ser encontrados em Ulrico Zwínglio († 1531) e, principalmente, nos batistas, que, com sua refutação do batismo de crianças, enfraquecem a necessidade salvífica dos sacramentos. Círculos pietistas e F. Schleiermacher († 1834) defendem uma doutrina da apocatástase. Baseando-se na empatia dos santos com os condenados, Schleiermacher exclui a possibilidade de que estes últimos existam. Em alguns teólogos protestantes existe, como alternativa para a doutrina da apocatástase, a "doutrina da aniquilação", que nega a ressurreição universal dos mortos; aqui, a noção de um inferno se torna supérflua, pois os ímpios são aniquilados na morte. Numa perspectiva cristológica, K. Barth († 1968) chama Jesus Cristo de o único rejeitado, que voluntariamente tomou sobre si a rejeição de todos os outros: "Sabemos apenas da existência de *uma única* pessoa assim abandonada, de *uma única* pessoa perdida, Jesus Cristo, e este se perdeu (e foi reencontrado) para que, além dele, ninguém se perdesse" (KD II/2 [Zollikon-Zurique 1946], p. 551). J. Chr. Janowski defende a revisão fundamental de uma escatologia dualizadora. – **(5)** Uma avaliação sistemática da apocatástase deve partir dos motivos de sua rejeição pela Igreja antiga: A noção da preexistência da alma e da apocatástase como seu retorno para o estado original entrega a história à indiferença e questiona o valor e a seriedade da existência física do ser humano. Acepções cíclicas da história negam à apocatástase a possibilidade da consumação salvífica, pois nenhuma salvação integradora é definitiva; assim como o castigo, também a bem-aventurança permanece sempre temporária. Mas isso ainda não resolve o problema em si. É preciso investigar também as objeções contra um possível "inferno eterno". Em todo caso, a Bíblia não ensina a simetria de duas possibilidades do fim do tempo: salvação ou rejeição. Uma escatologia dualizadora transformaria o *bem salvífico* "ressurreição e juízo" em uma grandeza neutra referente à salvação. Por isso, devemos lembrar: A vontade salvífica de Deus é preferencial e universal. Na interpretação do motivo do inferno, nem uma interpretação teocêntrica nem uma interpretação antropocêntrica pode ser satisfatória. No primeiro caso, a diferenciação não só entre o bem e o mal, mas também entre seres humanos definitivamente bons e definitivamente maus, ou seja, perdidos, precisaria ser atribuída a Deus. No segundo caso, a autoexclusão voluntária do pecador assumiria traços prometeicos. O bem salvífico da consumação fracassaria aqui, o pecado seria eternalizado e, em face das torturas correspondentes e do problema de sua proporcionalidade, a problemática da teodiceia seria agravada. No fim, Deus seria confrontado com uma tragédia pessoal. Devemos lembrar que a apocatástase não trata de uma reconciliação com o mal. O que constitui a importância do juízo e do evento da expiação é justamente isso: Aqui, preservam-se tanto a liberdade humana quanto a vontade salvífica universal de Deus. Apenas na oscilação entre essas duas grandezas é que transparece o modo com que a graça provoca uma nova criação, não ignorando a liberdade do ser humano, mas *cooperando com ela e firmando-se* nela. Assim, podemos pelo menos ter a esperança "justificada" de que, algum dia, ela se estenderá a todas as criaturas.

Lit.: a) BREUNING, W. "Apokatastasis". *LThK*, 1. 3. ed., 1993, p. 821-824. • JANOWSKI, J.C. "Eschatologischer Dualismus?" *JBTh*, 9, 1994, p. 175-218. b) BALTHASAR, H.U. *Eschatologie in unserer Zeit*. 2. ed. Einsiedeln, 2010. • BALTHASAR, H.U. *Kleiner Diskurs über die Hölle*. 2. ed. Einsiedeln, 2007 [Kriterien, 1].)• BALTHASAR, H.U. *Was dürfen wir hoffen?* 2. ed. Einsiedeln, 1989 [Kriterien, 75]. b) e c) JANOWSKI, J.C. *Allerlösung*. Neukirchen-Vluyn, 2000 [NBST, 23]. • ROSENAU, H. *Allversöhnung*. Berlim, 1993. • SACHS, J.R. "Current Eschatology". *TS*, 52, 1991, p. 227-254.

Eva-Maria Faber

Reevangelização ↑ *Missão/reevangelização*

Reino de Deus ↑ *domínio de Deus/Reino de Deus*

Relação corpo-alma ↑ *ressurreição dos mortos*, ↑ *habitação do Espírito*, ↑ *comunhão*, ↑ *consciência*, ↑ *coração*, ↑ *identidade*, ↑ *indivíduo*, ↑ *ser humano*, ↑ *espiritualidade*. – A relação corpo-alma designa a constituição espiritual e material e fundamentalmente intercomunicativa do ser humano como criatura, que, em responsabilidade insubstituível, está livremente referido a Deus, ao próximo e ao mundo. – **(1)** O AT caracteriza o ser humano por meio de metáforas que ressaltam sua criaturalidade, sua vitalidade, sua temporalidade e mortalidade: Adão foi tirado da terra (em hebraico: *adama*) e é, por isso, um ser concreto de carne e sangue que vive na terra deste mundo. O termo "carne" (em hebraico: *basar*) remete ao corpo do ser humano e do animal (cf. Sl 38,4; Jó 4,15), *kol-basar* (toda carne) se refere à humanidade ou aos seres vivos como um todo; ao mesmo tempo, *basar* expressa a impotência e futilidade do ser humano (cf. Is 40,6; Jr 17,5). A fala de "coração e rins" ou do "sopro" (em hebraico: *ruach*) descreve processos emocionais e espirituais. Assim, transparece na Bíblia uma imagem holística do ser humano, mas que, mesmo assim, permite uma contemplação específica das dimensões físico-vegetativa, emocional, mental-racional e voluntária. O aspecto físico não é menosprezado por meio de um dualismo. O coração carnal, que Deus deu ao ser humano, também é sinal de sua sensibilidade e capacidade de perguntar pela palavra e vontade de Deus (Ez 11,19; 36,26). Nesse mesmo contexto devemos ver também a fala do "sangue" do ser humano, que implica uma "rede quase infinita de significados flutuantes" (H.U. von Balthasar [† 1988]): Do ponto de vista ritual, o sangue é uma palavra simbólica tanto apotropaica (que evita danos) quanto comunicativa (em relação à aliança); do ponto de vista existencial, ele aponta a vitalidade e a capacidade de servir como sacrifício (em grego: *martyria*) do ser humano e pode designar também a morte. Quando a palavra *basar* ocorre juntamente com o termo *nefesh* (vitalidade, normalmente traduzido como "alma"), designa todo o ser humano dotado de vida e força de ação em sua orientação por Deus (Sl 103,1-2); *nefesh* – reproduzido também como "garganta" aponta igualmente para *ruach* e tematiza o ser humano de maneira realística com suas necessidades e seu prazer de viver (Gn 2,7). O fato de, mesmo assim, ou justamente por isso, ter sede de Deus e orar a ele, é lembrado por Dt 6,5: "Amarás o SENHOR teu Deus com todo o coração, com toda a alma, com todas as forças". A concepção de uma alma imortal, que perdura além da morte, só pode ser mantida nesse contexto de modo dialógico, no sentido de que o cuidado gracioso, perdoador e criativo de Deus continua (Is 25,8). O conceito bíblico da alma não pode, portanto, ser compreendido platonicamente como substância puramente espiritual que basicamente dispensa qualquer corporeidade (cf. Sl 102; 103,15-17). No NT, a fala da encarnação do verbo de Deus (do *logos*, em Jo 1,14) fixa a dimensão física da criatura dotada de espírito. Isso vale também quando a teologia paulina aparenta afirmar uma oposição entre carne e espírito (p. ex., Gl 5,13-26): O ser humano como um todo é criado por Deus e como um todo se compromete ao bem. Se é que existe qualquer dualismo em Paulo, este seria encontrado entre os conceitos da vida e da morte ou entre Deus e o mundo. No sentido veterotestamentário, o ser humano é alma como contraparte de Deus, e é corpo porque sua relação com Deus só pode ser vivida verdadeiramente por meio do relacionamento com os outros e com o mundo (Gn 1,26-28; 2,7). Para Paulo, a ressurreição de Jesus Cristo da morte se evidencia mais uma vez que o ser humano vem a Deus como um todo (1Cor 15,35-58). O apóstolo espera um corpo ressurreto pneumático (em grego: *soma pneumatikon*), que, no *eschaton*, levará de modo inexprimível o ser humano à perfeição físico-espiritual (v. 44). – **(2)** Irineu de Lyon († por volta de 220) defende a visão positiva da corporalidade do ser humano contra um legado platônico e neoplatônico que havia levado a um dualismo radical na gnose. Esta apresentava dois níveis ontológicos e era extremamente somatofóbico. Irineu, por sua vez, enfatiza a *salus carnis*, a salvação "da carne", i.e., do ser humano como um todo, ao qual a *oikonomia* (a história da salvação) abrangente e indivisível serve para a ressurreição física. Agostinho († 430) também se ocupa com os padrões de pensamento platônico, segundo os quais a relação corpo-alma representa, entre outras coisas, a relação entre unidade e multiplicidade e até mesmo a tensão entre ser (vida) e não ser (morte). Para o bispo de Hipona, a questão da identidade pessoal, a despeito da mutabilidade, permanece vinculada ao fenômeno do tempo, no qual o ser humano se expressa de modo inconfundível por força de sua *distentio animi* (um tipo de referencialidade espiritual tensional do mundo), apesar de sua vida se esvaecer (conf. 11); destarte, a relação corpo-alma é vista sob um aspecto essencialmente dinâmico. No entanto, Agostinho reconhece a imagem de Deus apenas na alma espiritual do ser humano: na tríade formada pela *memoria* (consciência), pelo *intellectus* (pensamento) e pela *voluntas* (vontade), transparece a vida divina (trin. 9.10). Agostinho, porém, (a despeito de seu passado maniqueísta) não exagera nem monística nem dualisticamente a preferência platônica do espiritual ante a corporalidade. Alma e corpo designam duas dimensões diferentes da existência humana, que não podem ser separadas na vivência concreta. Tomás de Aquino († 1274) reúne elementos platônicos com elementos aristotélicos. Cunha o axioma *anima forma corporis* (a alma como molde do corpo). Isso significa: A alma do ser humano se expressa por meio de sua corporalidade e assim, de certa forma, se torna visível; ou seja, ela precisa do corpo para se comunicar e vivenciar a realidade do mundo. Por outro lado, o corpo se torna a expressão individual de uma personalidade humana no tempo e no mundo apenas por meio da alma. Por isso, o aspecto físico do ser humano se distingue de outras realidade vegetativas. O ser humano possui a faculdade da *perceptio experimentalis* (percepção experiencial) e assim pode elevar-se a Deus como ser humano deste mundo. Tomás se apoia em uma tradição que, proveniente dos padres e inspirada pela escola monástica de Bernardo de Claraval († 1153), interpreta a *sapientia* (sabedoria) como uma experiência do *sapor divinus* (sabor de Deus). Junta-se a isso um elemento pneumatológico: Como dádiva de Deus, o Espírito Santo capacita a alma humana a experimentar o sagrado de modo quase experimental e sensual, possibilitando assim a vida sacramental da Igreja. Também aqui a corporalidade é garantia da abertura para o mundo e da capacidade comunicativa da alma e é por ela elevada acima de si mesma. Mais tarde, o Mestre Eckhart († 1328) falará (mesmo que novamente com forte ênfase platônica) da centelha da alma (*scintilla animae*), com a qual a criatura dotada de espírito penetra nas profundezas de Deus; na *apex mentis* (no ápice da alma) ocorre o contato imediato com Deus e uma doação renovada daquilo que cabe ao ser humano por direito de sua origem. No século XX, K. Rahner († 1984) reanalisou o pensamento de Tomás de Aquino e, de um ponto de vista da teologia transcendental, falou da alma espiritual humana como força de imaginação: O conhecimento pré-reflexivo do ser humano como um todo impregna a corporalidade e assim a abre para o todo da criatura; a realidade cósmica pode, portanto, ser compreendida como "extensão do corpo" do ser humano, que em sua unidade de espírito, corpo e alma vive em liberdade e em uma relacionalidade imprescindível. J. Ratzinger iniciou um conceito dialógico da alma: Para ele, possuir uma alma significa ser parceiro no diálogo com Deus – ao ouvir, responder e testemunhar de modo holístico. – (3) Partindo de GS 14, o Catecismo da Igreja Católica enfatiza, que o ser humano é "um" em corpo e alma (§ 364). Refere-se assim ao discurso tradicional da *anima forma corporis* (cf. DH 902) e constata que o espírito e a matéria no ser humano não devem ser vistos como duas naturezas unidas, mas como uma única natureza. – (4) A tradição ortodoxa reflete sobre corpo e alma no contexto da relação entre micro e macrocosmo. Como representante do mundo, o espírito e a matéria são um só no ser humano. Apesar de existir uma clara preferência platônica pelo espiritual e celestial, a relação corpo-alma é reconhecida positivamente em vista do pensamento sacramental. A teologia protestante também sabe da unidade de corpo e alma do ser humano. No entanto, M. Lutero († 1546) não se interessava muito por especulações conceituais. Vê o ser humano como um todo *coram Deo*. – (5) Em virtude do debate atual sobre a mente e o cérebro (*mind-brain*), o tema da relação corpo-alma se tornou altamente relevante. O que está em jogo aqui é a questão da singularidade do ser humano em sua dignidade e responsabilidade como ser livre. Devemos lembrar que o ser humano, em virtude de sua referência ao próximo e outras criaturas, não pode ser concebido nem como puramente espiritual e transcendental nem como puramente físico e natural. Isso suscita a pergunta sobre sua origem: Quem inseriu o ser humano nessa tensão entre espírito e carne, entre mundo e alma, e por que o fez? A Bíblia responde com a atividade criativa de um Deus que se comunica de tal modo que pode ser encontrado tanto no exterior (mundo, natureza, próximo) como no interior (coração, consciência, alma) do ser humano.

Lit.: KLÄDEN, T. *Mit Leib und Seele*. Regensburgo, 2005 [Ratio fidei, 26]. • KLÄDEN, T. "Die aktuelle Debatte um das Leib-Seele-Problem". *ThRv*, 102, 2006, p. 183-202. • NEUNER, P. (org.). *Naturalisierung des Geistes: Sprachlosigkeit der Theologie?* - Die Mind-Brain-Debatte und das christliche Menschenbild. Friburgo/Basileia/Viena, 2003 [QD, 205].

Erwin Dirscherl

Religião ↑ *ateísmo,* ↑ *Deus,* ↑ *domínio de Deus/Reino de Deus,* ↑ *revelação,* ↑ *fala de Deus.* – A religião é a vinculação duradoura a um poder que transcende o ser humano e o mundo ou que os fundamenta em sua profundeza. Essa definição – necessariamente muito vaga – contém legados de três tradições diferentes: o culto estatal romano, que precisava ser observado rigidamente e com precisão independentemente da fé pessoal (em latim: *religere* segundo Cícero († 43 a.C.]); uma espiritualidade da ligação permanente com Deus (*religare*, origem em Lactâncio († 325]), exercitada especialmente pelos monges (por isso, os "*religiosi*"); e o sistema de valores europeus da Modernidade, que subsome todas as concepções espirituais, transcendentais, místicas e cósmicas da humanidade sob o conceito da religião. – (1) Na Bíblia, o termo ocorre apenas em 1Mc 2,19.22, 2Mc 15,17 e em At 25,19 e 26,5. Serve para estabelecer uma diferença entre a fé em YHVH e outros cultos e é usado também por Jesus frente aos representantes das práticas por ele criticadas da fé judaica comum. – (**2**) O escrito *De vera religione* (390), de Agostinho († 430), no qual ele justifica um emprego do conceito da religião que transcende seu uso no maniqueísmo e no neoplatonismo, foi determinante para o conceito cristão da religião. O conhecimento do Deus verdadeiro, que é possível também por meio da filosofia, é vinculado à adoração de Deus e a conteúdos dogmáticos. No contexto da polêmica em torno do altar de *Victoria* na cúria do senado romano (357-394), no qual os senadores eram obrigados a oferecer um sacrifício antes de qualquer reunião e cuja preservação foi motivo de um conflito entre o prefeito romano Símaco e Ambrósio de Milão († 397), Agostinho considera uma religião *verdadeira* aquela que "adora apenas um único Deus"; isso ocorre plenamente apenas no culto cristão. Na base desse pensamento, que Agostinho aprofunda em sua obra tardia *De civitate Dei*, a religião cristã é considerada a única religião verdadeira em oposição a todas as outras religiões como religiões *falsas*, sobretudo em oposição ao islã e judaísmo. Esse pensamento prevalece até a Modernidade. A segunda obra principal de Tomás de Aquino († 1274), *Summa contra gentiles*, permanece fiel a esse raciocínio. M. Lutero († 1546) também recorre a ele para condenar o judaísmo. O antijudaísmo eclesiástico comprova a pretensão de poder social dos defensores da *vera religio*. Em virtude dessa postura, o Ocidente cristão vincula o conceito da religião ao singular, fato que resulta nas guerras religiosas da era barroca. Todas as outras tradições precisam se submeter à pretensão religiosa exclusiva do cristianismo e são apenas toleradas. No Iluminismo, a crítica da religião suscita um novo tema: Em princípio, a religião não pode ser verdadeira, pois – no melhor dos casos – é uma fase de transição a caminho de um absoluto que é acessível apenas a uma filosofia da razão. A religião cristã se torna modelo exemplar de uma reivindicação questionável da verdade que não convence histórica nem intelectualmente. Por isso, as ciências da religião do século XIX adotam perspectivas que se distanciam rigorosamente de qualquer teologia e juízo religioso. Isso abre o caminho para uma compreensão funcional e social da religião, praticada pela sociologia da religião moderna. – (**3**) O magistério trata da religião como fenômeno independente e realidade humana pela primeira vez por ocasião do Concílio Vaticano II em sua declaração sobre a relação da Igreja com religiões não cristãs (NA). Até então, dominara a concepção agostiniana da *vera religio*, reivindicada pela Igreja contra toda *religio falsa* (assim ainda o Concílio Vaticano I: DH 3.014). A transição da ideia de uma religião verdadeira singular para a realidade de muitas religiões, das quais não se pode fugir em nome de Deus, vincula o conhecimento sobre a universalidade de Deus ao pensamento da humanidade. A religião é ensinada como expressão imprescindível da *condition humaine*: As pessoas esperam receber respostas das religiões do mundo às perguntas mais íntimas e profundas (NA 1). Por isso, a Igreja "nada rejeita do que nessas religiões existe de verdadeiro e santo" (NA 2), mas prossegue firme em seu próprio caminho para a verdade em Cristo. A *vera religio* é substituída pela figura viva de Cristo como uma verdade que rompe com a oposição tradicional frente ao islã (NA 3) e impossibilita o antijudaísmo eclesiástico (NA 4). O magistério pós-conciliar do Papa João Paulo II aprofunda essa abordagem nas orações de paz de Assis (1986; 2002; 2011 com o Papa Bento XVI) e no respeito profundo pelo judaísmo como pátria religiosa de Jesus. – (**4**) No século XX, o conceito da religião recebe a atenção principalmente da filosofia religiosa ortodoxa. As experiências em ditaduras ateístas, mas também os contatos ecumênicos na emigração, mudaram seu ponto de vista. Nem a propagação confessional de uma *vera religio* (Concílio Vaticano I), nem o estabelecimento liberal de uma religião cristã como "religião das religiões" (F. Schleiermacher [† 1834]), nem mesmo a substituição da religião pela revelação, ou seja, pelo cristianismo sem religião (K. Barth [† 1968], D. Bonhoeffer [† 1945]) conseguiram se impor como posições ecumênicas controversas ou consensuais. As teologias relativistas da religião, o ceticismo de uma teologia pluralística da religião ou as pretensões de verdade de uma teologia pós-moderna da ortodoxia (*radical orthodoxy*) também não tiveram êxito. No entanto, nenhuma confissão pode se esquivar das precondições sociológicas de uma religião pública e também política (*public religion*), antes precisa apostar sempre na garantia da liberdade religiosa. – (**5**) Em virtude de seu caráter público, a religião como modo de conduta humana é submetida a uma pressão normativista e atacada pela crítica eurocêntrica da religião. Nem mesmo as concepções do mundo que não se compreendem como religião conseguem se esquivar disso. Um conceito analítico preciso surge apenas com a sociologia da religião (É. Durkheim [† 1917], M. Weber [† 1920], M. Mauss [† 1950], N. Luhmann [† 1988], O. Bourdieu [† 2002]). Relevante sob um ponto de vista teológico é a diferença entre religião e Deus: Apesar de ser uma grandeza religiosa, Deus não é uma grandeza para todas as religiões, pois existem também convicções não teístas. Na história da religião, Deus é um "fenômeno tardio" (G. vand der Leeuw [† 1950]), que se contrapõe à religião; mesmo a sim, a fé em Deus não pode abandonar as religiões. A ciência e a sociologia da religião substituíram a crítica religiosa e a secularização como discursos determinantes para o conceito teológico da religião. O criticismo inicial da ciência da religião é minado por uma "teologia das religiões", que tem se dedicado à relativização das pretensões de verdade de qualquer forma de *vera religio* e que, ao ser substituída pela chamada teologia comparativa, compreende sua própria tradição religiosa a partir dos discursos de outras religiões. Após o colapso da tese da secularização provocado pela grande sensibilidade política do problema da religião, a idealização secular da religião como assunto particular é substituído pelo conceito de uma religião pública (*public religion*), que acata as forças religiosas para a solução de problemas sociais. Nem o uso exclusivamente privado nem a funcionalização imperial de seu poder de mobilização fazem jus ao tema da religião. Não há como escapar de sua pluralidade no contexto da globalização.

Lit.: CASANOVA, J. *Europas Angst vor der Religion*. Berlim, 2009. • TAYLOR, C. *Ein säkulares Zeitalter*. Frankfurt a.M., 2009. • CLOONEY, F.X. *Hindu God, Christian God* – How reason helps break down the boundaries between religions. Nova York, 2001.

Hans-Joachim Sander

Ressurreição de Jesus ↑ *ressurreição dos mortos*, ↑ *ascensão de Jesus*, ↑ *teologia da cruz*, ↑ *parusia*, ↑ *paixão e morte de Jesus*. – Para a fé cristã, a ressurreição de Jesus representa a ação criativa de Deus no Jesus crucificado e sepultado, que foi levado da morte para uma vida nova. A ressurreição não designa o retorno de um morto para este mundo (cf. Rm 6,9; At 13,34-37), mas a salvação definitiva de Jesus da morte. Na ressurreição, cumpriu-se com antecedência a esperança da ressurreição escatológica na pessoa de Jesus. A ressurreição manifestou o Crucificado como Filho de Deus (At 13,33; Rm 1,3s.; cf. Gl 1,16), o revelou definitivamente como Messias (At 2,32-36) e *kyrios* (Fl 2,9-11), no qual se apresenta a possibilidade da salvação para todos os seres humanos (Rm 4,25). – (**1**) O testemunho neotestamentário da ressurreição de Jesus é múltiplo: Além de fraseologias e fórmulas da fé (↑ a), ele abarca também narrativas sobre o Ressurreto (↑ b) e o túmulo vazio (↑ c). Encontramos, ao lado destas, referências à ressurreição em afirmações sobre a importância salvífica da morte de Jesus, do Batismo, da esperança cristã referente ao futuro e da Igreja (2Cor 5,14s.; Rm 4,24s.; 6,4; 1Pd 1,3; 1Cor 15,12-58; 16,22; Fl 2,6-11; 1Tm 3,16; Ap 1,12-20; 22,20). O querigma da ressurreição de Jesus deve ser compreendido no contexto da esperança apocalíptica da ressurreição (Dn 12,2; 2Mac 7,9. 14; 12,43s.) e da concepção da imortalidade (Sb 3,14) na era inicial do judaísmo, mas sem que pudesse ser deduzido disso. Para designar a ressurreição de Jesus, as Escrituras recorrem basicamente a dois conceitos gregos: ao *egeirein* puramente transitivo (ressuscitar) e ao *anastanai* transitivo e intransitivo (fazer levantar, levantar). A expressão *aneste* (ele se levantou) afirma que Jesus não está mais entre os mortos, mas vive. Nesse sentido, a forma verbal *egerthe* deve ser traduzida de modo medial, segundo J. Kremer et al.: "Ele ressuscitou", e não: "Ele foi ressuscitado". É claro que na acepção judaica isso pressupõe uma ação de Deus. O Jesus histórico compartilhava da esperança de uma ressurreição escatológica dos mortos, defendida também pelos fariseus de seu tempo. Na Última Ceia com seus discípulos antes da sua morte, Jesus expressou a esperança de ser salvo da morte para entrar na consumação do reino (Mc 14,25; Mt 26,29). – a) *Fórmulas da fé*: Mesmo que a fonte "Q" (uma coleção de palavras de Jesus) não fale da ressurreição, o escrito mais antigo do NT (por volta do ano 50) a testifica: 1Ts 1,10; 4,14. O evento da ressurreição é articulado de formas diferentes: "Deus o ressuscitou dos mortos" (1Ts 1,10; Rm 10,9); "foi ressuscitado" (1Cor 15,4); "voltou à vida" (1Pd 3,18; Rm 14,9); "ressuscitou" (1Ts 4,14); "entrou na sua glória" (Lc 24,26); foi "exaltado" (Fl 2,9; At 2,33; 5,31) e "glorificado" (Jo 6,39; 12,15; 17,1); foi "para junto do Pai/retornou para o Pai" (Jo 17,13). Na ressurreição de Jesus, Deus comprova seu poder criativo e sua lealdade à aliança, pois é Deus, ou seu Espírito, que "ressuscitou Jesus de entre os mortos" – esta é profissão quase idêntica da ressurreição de Jesus no *corpus paulinum* (Rm 4,24; 8,11; 2Cor 4,11; Gl 1,1; Ef 1,20; Cl 2,12). O Cristo ressuscitado é o primeiro dos que morreram (1Cor 15,20), o primogênito dos mortos (Cl 1,18) e de muitos irmãos (Rm 8,29). A salvação fundamentada na morte e ressurreição de Jesus é conferida no Batismo (Rm 6,4; cf. Ef 2,6) e na fé (Gl 2,20; 3,26s.). Em Cristo, o crente é feito uma nova criação (2Cor 5,17; cf. Gl 6.15). Aquele que crê em Cristo, viverá, porque Cristo é a ressurreição (Jo 11,25s.; cf. 6,39). Desde a ressurreição de Jesus, podemos falar de Deus adequadamente apenas com referência ao Crucificado ressuscitado e ao Espírito, pelo qual Ele foi ressuscitado. Existe uma relação indissolúvel entre a mensagem da ressurreição de Jesus e a confissão trinitária. b) *Narrativas das aparições*: As narrativas das aparições do Ressurreto documentadas nos evangelhos (Mt 26,9s.; 28,16-20; Mc 16,9-20; Lc 24,13-35; 24,36-53; Jo 20,11-18; 20,19-23; 20,24-29; 21,1-14; 21,15-23) apresentam uma forma narrativa, mas contêm, semelhante ao testemunho transmitido por Paulo (1Cor 15,3-8), um núcleo histórico. As tentativas de explicar as narrativas de aparição como fórmulas de legitimização sem fundamento experiencial extraordinário ou de reduzi-las, como em E. Schillebeeckx († 2009), a experiências de conversão comprovaram ser insustentáveis. O Crucificado ressurreto se manifestou aos apóstolos, a suas discípulas e seus discípulos em visões e audições: O aoristo *ophte* ("Ele apareceu": 1Cor 15,5-8) ocorre na LXX frequentemente no contexto de teofanias e angelofanias, mas também em visões proféticas. Para Paulo, sua experiência de Damasco (1Cor 15,8) também representa uma aparição do Ressurreto. Hoje em dia, confere-se um valor histórico maior às narrativas das aparições do Ressurreto às mulheres, sobretudo a Maria Madalena, do que se fazia antigamente. c) *Narrativas do túmulo vazio*: Apesar de sua idade ainda ser contestada pela pesquisa (Mt 28,1-8; Mc 16,1-8; Lc 24,1-12; Jo 20,1-10) e elas apresentarem elementos narrativos e divergirem entre si, não podem simplesmente ser descartadas como lendas. Um núcleo histórico desses relatos é incontestável. O túmulo vazio, em combinação com as aparições do Ressurreto, pôde ser compreendido como testemunho da ressurreição física de Jesus. Visto isoladamente, o túmulo vazio é ambíguo; permite a possibilidade de o corpo ter sido roubado: esta a acusação do sumo sacerdote contra os discípulos de Jesus (Mt 28,11-15). Por isso, o túmulo vazio não é considerado uma "prova" no sentido restrito da palavra, mas um "sinal" de que Jesus ressuscitou e vive. Segundo a acepção judaica da ressurreição dos mortos (compartilhada pelos fariseus), uma pessoa ressurreta não se encontra mais no túmulo. Paulo, um aluno dos fariseus (At 23,6; cf. Fl 3,5), deve ter visto isso da mesma forma. A noção segundo a qual a ressurreição de Jesus preserva o seu corpo e o protege contra a decomposição (At 2,23-31) é encontrada também nas igrejas de língua grega. É improvável que o túmulo de Jesus tenha sido confundido. Todos os evangelhos relatam de modo unânime que o corpo de Jesus havia sido sepultado num túmulo individual por José de Arimateia (e Nicodemos, segundo o Evangelho de São João), cuja localização os discípulos de Jesus conheciam (Mt 27,1-8; Mc 15,42-47; Lc 23,50-56; Jo 19,38-42). A ressurreição de Jesus e o envio do Espírito (Jo 20,22s.; cf. 1Cor 12–14; At 2) levaram à constituição da Igreja como povo de Deus da nova aliança com as celebrações do Batismo (Mt 28,19; cf. 1Cor 12,13) e da Eucaristia (1Cor 11,20. 23-29; 10,16s.), do perdão dos pecados (Jo 20,23) e da palavra e do ministério da reconciliação (2Cor 5,18ss.). Devido ao vínculo estabelecido pelo Espírito com o Cristo ressurreto, a Igreja é chamada de seu "corpo" (1Cor 12,12s.; Rm 12,5). Vista em conjunto com a ascensão, a ressurreição de Jesus revela a unidade do Filho com o Pai divino no céu e fundamenta o reinado escatológico do Filho. Este pressupõe sua parusia e a função de Cristo como juiz escatológico sobre os vivos e os mortos. Graças à ressurreição, Cristo participa de modo extraordinário do poder de Deus. Isso se expressa não só em sua invocação como *kyrios*, mas também na adoração do Senhor ressurreto (Fl 2,10; cf. Lc 24,52; Mt 28,9.17; Jo 20,28). Ao contrário dos dois relatos da ascensão de Cristo (Lc 24,51; At 1,9-13), a ressurreição e a glorificação de Cristo são consideradas uma unidade. Em João, a "glorificação" abarca todo o evento de morte, ressurreição e elevação. – (**2**) A ressurreição de Jesus é considerada um elemento central da fé desde o início. Até o tempo do Iluminismo, a ressurreição de Jesus era incontestada e não representava um tema para a reflexão teológica. Esteve profundamente arraigada na vida litúrgica da Igreja: como lembrança da ressurreição de Jesus no "primeiro" dia da semana, ou no "oitavo dia" (Barn. 15,8s.), no "domingo" (Justino Mártir [† 160] 1 apol. 67,7), ou no "dia do Senhor" (Ap

1,10; Inácio de Antioquia [† após 110] Magn. 9,2). A ressurreição de Jesus significa a renovação do primeiro dia da criação (Barn. 15,8s.; Justino, dial. 41,4; 138,1). A celebração da Eucaristia é lembrança da morte e da ressurreição de Jesus (Inácio, Ef 20; trad. apost. 4). Nas vigílias privadas, encontramos a lembrança da ressurreição de Jesus na noite profunda (Const. Apost. 8,34; trad. apost. 41). O lugar litúrgico da crença na ressurreição de Jesus se manifesta também no vínculo indissolúvel entre Credo e Batismo (trad. apost. 21) e no rápido surgimento de uma celebração da noite de Páscoa com uma homilia pascoal, testificada por Melito de Sardes († por volta de 190). No entanto, a ressurreição de Jesus não representa o tema principal da cristologia do início da Igreja. Em seu centro está a encarnação. Pois Jesus se torna Filho de Deus não apenas com a ressurreição, como acreditava Paulo de Samósata († após 272): Ele o é desde o início. Por isso, uma cristologia da ressurreição levantava suspeitas. Mas por meio da ressurreição Jesus se revelou e foi glorificado como Filho de Deus. Frente ao gnosticismo, os Padres da Igreja enfatizam o aspecto físico da ressurreição de Jesus e da ressurreição geral dos mortos. A gnose se distanciou da existência concreta física de Jesus e espiritualizou a ressurreição como ascensão espiritual ao mundo celestial (p. ex., Rheg. 45,14-23). A ressurreição escatológica da carne é fundamentada mais em sua encarnação do que em sua ressurreição. A ressurreição de Jesus dá início à ressurreição geral dos mortos para a imperecibilidade (Atanásio de Alexandria, incarn. 20). No fim, toda a criação alcançará em Cristo a vida eterna de Deus (Gregório de Nissa, or. Catech. 32,3). Orígenes († 253/254) vincula a ressurreição de Jesus à esperança da consumação de todos que esperam Cristo e a reunião daqueles que alcançaram a consumação no Filho (hom. in Lev. 7,2). Na teologia escolástica, as teorias da encarnação atraem mais atenção do que a ressurreição de Jesus. Quando é tematizada, indaga-se não seu significado soteriológico, mas a constituição ontológica do corpo ressurreto. Em Tomás de Aquino († 1274), a ressurreição é tratada no contexto dos mistérios da vida de Jesus (STh III q53-59). Dando continuação a Agostinho (civ. 20,6,2), Tomás vê a ressurreição de Jesus como causa da ressurreição dupla do ser humano, da ressurreição espiritual por meio da fé, do Batismo e da conduta cristã, e da ressurreição física no futuro (STh III q56 a1-2). – **(3)** Os credos da Igreja antiga fixam e integram profundamente a ressurreição de Jesus à sequência salvífica do caminho de Jesus. Por isso, encontramos a profissão da ressurreição da carne na maioria dos credos da Igreja antiga (DH 1-76). – **(4)** Cabe a Martinho Lutero († 1546) o mérito de ter concentrado a cristologia na cruz e na ressurreição de Jesus Cristo como evento salvífico central. Em F. Schleiermacher († 1834), no entanto, a ressurreição de Cristo passa completamente para o segundo plano. Ele não a considera "um elemento autêntico da doutrina de sua pessoa". Os discípulos de Jesus teriam reconhecido nele o Filho de Deus – independentemente da luz que sua ressurreição lança sobre sua pessoa (*Der christliche Glaube*. 2. ed. Berlim, 1831, p. 282). K. Barth († 1968) redescobre a ressurreição de Jesus como centro e fundamento da teologia cristã (KD IV/3,1,47). Na teologia evangélica atual, existe, em parte, a tendência de afirmar a decomposição do corpo de Jesus (G. Lüdemann) ou de considerá-la compatível com a crença na ressurreição do Crucificado (I.U. Dalferth). A desconstrução histórica das aparições como projeções doentias e visionárias por G. Lüdemann, que mais tarde renunciou à fé, resulta numa tese de autoenganação por parte dos discípulos. A posição de Lüdemann foi contestada pela teologia evangélica (U. Wilckens, W. Pannenberg). A cristologia de Pannenberg é decididamente uma "cristologia da ressurreição de Jesus": A reivindicação do Filho de Deus é confirmada pela sua ressurreição; é a antecipação (*prolepse*) do fim da história e autorrevelação escatológica de Deus. G. Ebeling († 2001) contempla o significado soteriológico da ressurreição de Jesus: o ser humano é incluído na vida eterna de Deus por meio da ressurreição; no entanto, o Senhor glorificado permanece também aos olhos de Deus, o Pai, o homem "por nós" crucificado. – **(5)** A ressurreição de Jesus representa mais do que a importância salvífica da morte na cruz (assim, R. Bultmann [† 1955]). A ação de Deus no Crucificado e Sepultado é um ato sem analogia; ela não ocorre num espaço além da história humana, não em algum tipo de "super-história". A ressurreição de Jesus é, como encarnação de Deus em seu Filho, um evento histórico (diferentemente G. Essen). A ressurreição de Jesus tem como consequência o túmulo vazio, que, visto isoladamente, permanece ambíguo, mas, contemplado juntamente com as aparições do Ressurreto e a fé pascal dos discípulos, é um sinal da ressurreição física de Jesus. Assim como a fé pascoal, o túmulo vazio pertence ao contexto historicamente verificável da obra singular de Deus no Crucificado e Sepultado. Apenas se insistirmos na corporalidade da ressurreição de Jesus, cujo corpo não sofreu qualquer decomposição, podemos excluir o docetismo cristológico tão frequente hoje em dia, que espiritualiza a ressurreição de Jesus. Assim, H. Kessler acredita como G. Lüdemann que o corpo de Cristo teria se decomposto no túmulo. G. Greshake não vai tão longe, mas considera os restos mortais de todas as outras pessoas como excluídos da salvação. Contra estes, L. Scheffczyk († 2005) e outros teólogos católicos (na teologia evangélica, principalmente W. Pannenberg e J. Moltmann) enfatizam a consumação da matéria como um todo. Por meio da ressurreição de Jesus, Deus conduziu toda a vida humana mortal "à perfeição" (Hb 5,9). No entanto, a unidade perfeita de Jesus com Deus precisa ser concebida de tal modo que a divindade de Jesus não se constitua apenas com sua ressurreição, mas que sua natureza humana mesmo assim se manifeste completamente nela. Com sua ascensão para a presença de Deus em sua corporalidade transfigurada (1Cor 15,44s.; Fl 3,20s.), Cristo adquire uma nova relação ilimitada com o mundo. O Senhor elevado está completamente com Deus e, ao mesmo tempo, com os seres humanos por meio do seu Espírito, principalmente na Eucaristia, na qual Ele se doa em sua corporalidade transfigurada (corpo e sangue). Apesar de a ressurreição de Jesus representar uma ação singular de Deus efetuada no Crucificado e Sepultado, a Sexta-feira Santa, o Sábado de Aleluia, a Páscoa, a Ascensão e o Pentecostes representam um mistério inseparável, ou seja, o *pascha* (gr.) ou o *transitus Domini* (lat.), a passagem pela morte para a vida, por meio da qual Cristo abriu o caminho para uma vida nova. G.E. Lessing († 1781) (*Über den Beweis des Geistes und der Kraft*, 1777) não acreditava que os testemunhos escritos da ressurreição de Jesus representassem o fundamento verdadeiro da fé pascoal dos cristãos posteriores. Lessing defendia a tese segundo a qual apenas os primeiros discípulos teriam experienciado as "provas do espírito e da força", sendo que estas, "agora, se perderam completamente", de forma que os cristãos posteriores nada têm "além de notícias" sobre aquilo que os outros vivenciaram. A fé cristã não é apenas uma fé em autoridades, mas se fundamenta na experiência da presença do Senhor glorificado na tradição viva da Igreja e suas celebrações cultuais. A experiência de sua presença no poder de seu Espírito, na palavra e no sacramento, na comunhão com os fiéis e nos mais humildes que necessitam da nossa ajuda engloba a realidade da ressurreição de Jesus. O evento da ressurreição de Jesus permanece incompleto até que a nova vida do Ressurreto em Deus abarque o mundo inteiro e Deus se torne "tudo em tudo" (1Cor 15,28).

Lit.: KOCH, G. *Die Auferstehung Jesu Christi*. 2. ed. Tübingen, 1965. • MARXSEN, W. *Die Auferstehung Jesu als historisches und theologisches Problem*. 3. ed. Göttingen, 1965. • PANNENBERG, W. *Grundzüge der Christologie*. Göttingen, 1964, p. 47-112. • PANNENBERG, W. *Systematische Theologie*. Vol. 2. Göttingen, 1991, p. 385-405. • LEHMANN, K. *Auferweckt am dritten Tag nach der Schrift*. Friburgo/Basileia/Viena, 1968 [QD, 38]. • BALTHASAR, H.U. *Theologie der drei Tage*. Einsiedeln, 1969. • KASPER, W. *Jesus der Christus*. Friburgo/Basileia/Viena, 2007, p. 191-242 [WKGS, 3]. • VÖGTLE, A. & RESCH, R. *Wie kam es zum Osterglauben?* Düsseldorf, 1975. • SCHEFFCZYK, L. *Auferstehung*. Einsiedeln, 1976. • KREMER, J. *Die Osterevangelien - Geschichte um Geschichte*. 2. ed. Stuttgart, 1981. • KREMER, J. *Das Evangelium von Jesu Tod und Auferstehung*. Stuttgart, 1985. • KESSLER, H. *Sucht den Lebenden nicht bei den Toten*. 2. ed. Düsseldorf, 2002. • KESSLER, H. "Auferstehung Christi". *LThK*, 1. 3. ed., 1993, p. 1.182-1.190. • OBERLINNER, L. (org.). *Auferstehung Jesu - Auferstehung der Christen*. Friburgo/Basileia/Viena, 1986 [QD, 105]. • HOFFMANN, P. *Zur neutestamentlichen Überlieferung von der Auferstehung Jesu*. Darmstadt, 1988. • MOLTMANN, J. *Der Weg Jesu Christi*. Munique, 1989. • LÜDEMANN, G. *Die Auferstehung Jesu*. Stuttgart, 1994. • WILCKENS, U. *Hoffnung gegen den Tod - Die Wirklichkeit der Auferstehung Jesu*. Neuhausen/Stuttgart, 1995. • ESSEN, G. *Historische Vernunft und Auferweckung Jesu*. Mainz, 1995. • DALFERTH, I.U. "Volles Grab, leerer Glaube?" *ZThK*, 95, 1998, p. 379-409. • THIEDE, C.P. & LÜDEMANN, G. *Die Auferstehung Jesu*. Basileia, 2001. • HOPING, H. *Einführung in die Christologie*. 2. ed. Darmstadt, 2010, p. 62-89. • MENKE, K.-H. *Jesus ist Gott der Sohn*. 2. ed. Regensburgo, 2011.

Helmut Hoping

Ressurreição dos mortos ↑ *apocaliptismo*, ↑ *ressurreição de Jesus*, ↑ *escatologia*, ↑ *vida eterna*, ↑ *julgamento*, ↑ *morte*, ↑ *imortalidade da alma*. – A ressurreição dos mortos designa, juntamente com o conceito do "ressurgimento dos mortos", a esperança fundamentada na Páscoa da vida eterna em virtude da ação criativa de Deus no Espírito Santo. – (**1**) Com a esperança crescente de uma vida absolutamente plena em Deus, surge no apocaliptismo do início do judaísmo o motivo da ressurreição dos mortos. Seu fundamento é a esperança de uma restauração intra-histórica de Israel como povo de Deus, que Ez 37 descreve de modo pictórico e visionário como a ossada revivificada dos mortos há muito sepultados. Mas segundo Is 25s., a renovação de Israel abarca também a destruição da morte (Is 25,8) e a ressurreição dos mortos como povo escatológico de Javé sob o reinado de Deus (Is 26,19). Aos sacrílegos, porém, a ressurreição é negada (Is 26,14). Segundo Dn 12, os mortos despertarão ou ressuscitarão no final dos dias para receberem sua partilha na herança: vida eterna ou vergonha. 2Mc 7 tematiza a ressurreição em vista do destino dos mártires, que assim participarão da vida plena do povo de Deus, do qual haviam sido separados precocemente. No judaísmo do tempo de Jesus, a expectativa da ressurreição dos mortos é uma crença amplamente arraigada e integrada ao segundo pedido da *Amidá*; no entanto, não é incontestada. Segundo escritos do início do judaísmo (Enoque etíope, 4Esdras, syrBar), a ressurreição dos mortos é um evento escatológico que ocorre *neste* mundo. Jesus proclama o Reino de Deus como início do futuro que transcende a vida atual (Mt 5,3-12; Mc 8,35 par.). Na briga entre os fariseus e saduceus, Jesus defende contra os últimos a convicção da ressurreição dos mortos (Mc 12,18-27 par.). Para os cristãos pós-pascoais, a ressurreição de *Jesus* é o início da ressurreição geral dos mortos (Mt 27,51-53) e, por isso, razão da certeza definitiva de que todos os mortos ressuscitarão (1Cor 6,14; 15; 2Cor 4,14; 1Ts 4,13-18). Segundo 1Cor 15,12-28, a relação entre a ressurreição de Jesus e a ressurreição de todos é como a relação entre o primeiro fruto e a ceifa. A comunhão atual com Jesus Cristo nos dá a esperança de que, com Ele, também alcançaremos a ressurreição dos mortos (Fl 3,10s.), evento já fundamentado (Rm 6,5. 8; 8,11) e realizado (Ef 2,4-6; Cl 2,12; 3,1) no Batismo. O evento da ressurreição se deve ao poder criativo de Deus (Rm 4,17; Hb 11,19) e do Espírito Santo (Rm 8,11). Esperamos a ressurreição do ser humano *completo*. Contra os cristãos em Corinto, que imaginavam uma ressurreição meramente espiritual, Paulo enfatiza a materialidade da existência futura, que procede do corpo terreno, mas, mesmo assim, não pode ser comparado a este (1Cor 15,35-58); 2Cor 5,1-10). À esperança da ressurreição do corpo se relaciona a pretensão de corresponder à salvação também na existência terrena atual (1Cor 6,12-20). Já que no NT predomina a interpretação da ressurreição como evento *salvífico* e, portanto, como *bem salvífico* universal, surge uma tensão em relação àquelas afirmações que apostam numa ressurreição para a salvação ou para a perdição eterna. No entanto, o NT alude à ressurreição como algo limitado aos justos apenas em passagens isoladas (Lc 20,35; Jo 6,39; 11,25c). – **(2)** A esperança do cristianismo antigo em relação à ressurreição dos mortos se concentra num evento escatológico, comunial e físico, distanciando-se assim tanto de refutações fundamentais quanto da dedução da ressurreição a partir da alma imortal. A profissão explícita da ressurreição da carne (*resurrectio carnis*) abarca a dimensão relacionada ao mundo da esperança futura e é justificada com o caráter encarnador da ação salvífica de Deus em Jesus Cristo. Em reação ao questionamento gnóstico da salvação da carne, esta é enfatizada ao ponto da alegação fisicista, segundo a qual o corpo terreno concreto e material seria idêntico ao corpo da ressurreição. Ignora-se assim tanto a incomparabilidade do corpo da ressurreição quanto a dimensão sobreindividual da ressurreição. A acepção segundo a qual as feridas dos mártires contribuem para a beleza do corpo transfigurado afirma uma visão holística da consumação. No entanto, esta se vê cada vez mais relativizada por uma ênfase platônica na alma imortal, de modo que a diferença assim gerada entre a escatologia individual e a universal precisa ser harmonizada, postulando-se uma condição intermediária: Imediatamente após a morte, a alma imortal alcança o estado de uma "bem-aventurança" temporária no aguardo de sua reunificação com o corpo, que ocorrerá apenas na ressurreição por ocasião do juízo final. De certa forma, a ressurreição é rebaixada a uma afirmação complementar sobre a preservação do corpo, o que obscurece a importância soteriológica da ressurreição como ação salvífica e criativa de Deus. A acepção da alma e do corpo como dois princípios do ser em Tomás de Aquino ([† 1274] e já em Orígenes [† 253/254]) é mais bíblica: Como fator figurador (em latim: *forma*) do corpo, a alma é o ser individual, espiritual e pessoal do ser humano; a partir da matéria (*materia*) das possibilidades terrenas, ela cria o corpo como expressão própria (*anima forma corporis*). Para a ressurreição dos mortos isso significa: O padrão presente na alma permite dar forma também ao corpo transfigurado na materialidade nova e transformada sem a necessidade de recorrer aos mesmos elementos materiais. Assim, viabiliza-se a acepção da igualdade do corpo (e, com isso, da personalidade individual) sem uma identidade fisicista. Na teologia da Idade Moderna, a crença na ressurreição agora perde em importância para a crença na imortalidade da alma. Em tempos mais recentes, o desafio tem consistido em defender a esperança genuína da ressurreição contra as doutrinas da reencarnação. – **(3)** Os credos da Antiguidade enfatizam a ressurreição da *carne* e a vida eterna (os credos apostólico e niceno-constantinopolitano: DH 10-30; 150). Todos participam da ressurreição: para a vida eterna ou para a perdição (Credo Pseudoatanasiano *Quicumque*, século V: DH 76). Desde muito cedo, enfatiza-se concomitantemente (com propósitos antignósticos) que o ser humano ressuscitará na mesma carne em que vive (credo *Fides Damasi*, final do século V: DH 72; Quarto Sínodo de Toledo, 633: DH 485; credo de Leão IX, 1053: DH 684; IV Concílio de Latrão, 1215: DH 801). – **(4)** A ressurreição dos mortos é a mensagem inequívoca de todas as tradições confessionais; portanto, não representa um tema controverso no ecumenismo. – **(5)** A esperança cristã da ressurreição dos mortos se fundamenta na crença na ressurreição pascoal de Jesus como evento salvífico de importância para o cosmo e para a humanidade. Os batizados participam desde já deste destino e, por meio da ação criativa renovadora do Espírito Santo, são conduzidos para a ressurreição através da morte. De acordo com a relação interna entre criação e redenção, com a antropologia bíblica holística, com o caráter encarnador da ação salvífica de Deus em Jesus e com os sacramentos da Igreja, a esperança cristã se volta para o futuro da criação como um todo num novo céu e numa nova terra. Isso abarca a transfiguração do corpo (humano), no qual a existência humana se realiza de modo simbólico. Se a pessoa ressuscitada não necessitasse de um corpo, então este, desde sempre, ou teria sido apenas uma apêndice insignificante ou a existência humana não seria transformada pela ressurreição, mas se tornaria algo completamente diferente. A ressurreição do corpo significa, portanto, que o ser humano *como um todo* tem um futuro – com sua biografia e todos os seus relacionamentos. Essa acepção pessoal do corpo da ressurreição abarca também sua dimensão material, já que esta também faz parte da boa criação de Deus e, por isso, precisa ser incluído na consumação pascoal. Contra a espiritualização da consumação, devemos afirmar com 1Cor 15,35-55 que o corpo transfigurado se relaciona ao corpo terreno como uma planta desenvolvida se relaciona à semente. A expectativa segundo a qual o juízo segue à ressurreição dos mortos não pode nos levar a ver a ressurreição apenas como fase preliminar neutra da salvação ou perdição. A ressurreição visa à participação na vida de Deus e é um evento salvífico para todos. A possibilidade de não obter essa participação não representa uma alternativa simétrica à ressurreição para a vida de Deus.

Lit.: a) HOHEISEL, K. et al. "Auferstehung der Toten". *LThK*, 1. 3. ed., 1993, p. 1.191-1.207. b) e c) GRESHAKE, G. & KREMER, J. *Resurrectio mortuorum* - Zum theologischen Verständnis der leiblichen Auferstehung. Darmstadt, 1986. b) KESSLER, H. (org.). *Auferstehung der Toten*. Darmstadt, 2004. • LÜKE, U. "Auferstehung am Jüngsten Tag als Auferstehung im Tod". *StZ*, 123, 1998, p. 45-54. • SELLIN, G. *Der Streit um die Auferstehung der Toten*. Göttingen, 1986.

Eva-Maria Faber

Retorno de Cristo ↑ parusia

Revelação ↑ *dogma/proposições dogmáticas,* ↑ *teologia dogmática,* ↑ *mistério da fé,* ↑ *história/historicidade,* ↑ *fé,* ↑ *Igreja,* ↑ *verdade da fé.* – "Revelação" (em grego: *apocalypsis*, revelação; em latim: *revelatio*, desvelamento) significa na acepção cristã a ação salvífica de Deus voltada para o mundo, que revela seu ser mais íntimo e subsistente e que pode ser reconhecido e descrito de modo existencial e intelectual pelo ser humano. – **(1)** Os eventos bíblicos se apresentam como um único processo abrangente da manifestação histórica da vontade salvífica divina. A Bíblia relata numerosos fenômenos da revelação de Deus e registra seus conteúdos. O diálogo é a forma típica de muitos eventos de revelação, de modo que toda a história da revelação pode ser interpretada como um encontro dialógico interpessoal. O AT, que não conhece um conceito de revelação próprio, testifica uma multiplicidade paradigmática dos modos de manifestação e experiência de Deus. a) *Ordem da criação*: Quando Deus fala, Ele age e se revela de modo criativo. Sua Palavra é palavra criativa que se manifesta poderosamente na história (Gn 1,1), de forma que o Criador pode ser reconhecido a partir da criação e das criaturas (Sb 13,1-7; Sl 19,2).

b) *Experiências com Deus*: Estas acontecem na forma de teofanias cósmicas (Gn 18; Ez 1,4ss.; Ex 3,4–4,17; 34,5-9; 1Rs 19,11-13; Dn 7,9ss.), angelofanias (Gn 28,12; Js 5,13ss.), audições (Gn 12,1-3; Ex 3; 19,3ss.; Nm 22–24), visões (Is 6,1-13), oráculos (Jr 8, Ez 23, Mq 6, Sl 5; 16; 27), lançar a sorte (Js 7,14ss.; 1Sm 10,17-27; 14,41s.), presságios (Ex 4,2ss.; 7,9ss.; Jz 6,17ss.; Is 7,10), necromancia (1Sm 28,6), sonhos (Gn 20,6). c) Experiências históricas: Desde o início, a história de Israel é marcada pela manifestação e intervenção de Deus: em Abraão (Gn 12,7; 17,1s.; 17,3-14; 18,1-10), Isac (Gn 26,2s.), Jacó (Gn 35,1-10), Moisés (Ex 3,2-14). Principalmente no evento do êxodo (Ex 3; Dt 26,5-9; Js 24,1-13) é que Deus demonstra sua grandeza, seu poder e sua força (Ex 9,16; Sl 77,15; 106,8; 145,12). Cabe primariamente aos profetas o dom e a tarefa de interpretar os eventos de tal forma a fazer transparecer seu conteúdo revelatório. Os eventos históricos veterotestamentários remetem para algo além de si mesmos, motivo pelo qual Israel espera pela manifestação plena de Deus, que encerrará a história (Is 25,6-8; 40,5; 52,7-10). d) Alianças: Nelas (Gn 17,1-14; Ex 19–24; 32–34; 1Sm 12; 2Sm 6) Israel se constitui como povo que, desde o início, foi eleito como propriedade de Deus (Gn 17; Ex 6,7). Diversas alianças se transcendem em direção a uma "nova" aliança eterna (Jr 31,31-34; 32,37-41). O mostrar-se do Deus oculto (Is 45,14) é definido no AT mais precisamente como revelação de sua vontade salvífica (Is 56,1), de seu poder salvífico (Sl 9,17; 75,2) e de sua glória salvífica (Is 6,3; Sl 57,6; 97,6; Nm 14,21; Is 42,8). Javé é reconhecido como "Deus de Israel" (Dt 6,4; Lv 11,44; Mq 6,8; Os 6,6), Senhor da história de Israel (Ex 3,6; Os 12,10; 13,4) e de todos os povos, como Criador do céu e da terra (Sl 104), como Deus pessoal (Ex 3,6-17; 20,2; Sl 28,1s.). No NT também encontramos uma pluralidade de fenômenos revelatórios (sonhos, visões, milagres, angelofanias, cristofanias etc.), que, porém, não são tipologizados nem subordinados a um conceito homogêneo de revelação. Registram-se uma consciência revelatória pronunciada e diferentes reflexões sobre processos revelatórios: Deus se revelou "muitas vezes e de muitas formas", nesse fim dos tempos, porém, de modo definitivo e insuperável em Jesus de Nazaré (Hb 1,1s.; Mt 16,17; 1Cor 2; Gl 1,12). Jesus é o auge e encerramento da revelação histórica de Deus. Ele não só fala de Deus, mas é, Ele mesmo, a Palavra de Deus (Jo 1,1-18); como israelita crente e como mestre da fé, porém, remete à Bíblia judaica, sem invocar pateticamente apenas o extraordinário. A teologia paulina determina que Jesus Cristo é o ápice e o cumprimento da revelação veterotestamentária: Cristo é conteúdo (Rm 3,21-23; Gl 1,16; Ef 3,4s.; 1Tm 3,16), resumo (Rm 3,25; 16,2s.; 1Cor 15,28; Ef 1,10; 3,9-11; Fl 2,6-11; Cl 1,15-20) e consumação da revelação divina (2Cor 1,20; Ef 3,6). A epifania de Deus é superação de todos os modos revelatórios: Por meio dele, o amor de Deus se manifestou (Rm 8,31-39; Jo 1,1-5; 1Jo 4,9.16), portanto, também sua justiça (Rm 3,21 f), graça (Tt 2,11), bondade e benevolência (Tt 3,4), a vida (1Jo 1,2). Paulo aplica o conceito da revelação tanto à autocomunicação de Deus na criação (Rm 1,19) como também ao evento salvífico como um todo (Rm 3,21), que abarca tanto a primeira vinda de Jesus Cristo na carne (1Tm 3,16) como também sua parusia (Cl 3,4; 1Pd 5,4; 1 Jo 2,28; 1Tm 6,14; 2Tm 4,1.8). João e Lucas ressaltam o tema da glória como forma da manifestação de Deus em Jesus Cristo (Jo 1,14; 2,11; Lc 2,14; 9,32; 24,26; At 22,11; Rm 6,4; 2Cor 3,18; 2Cor 4,4; 1Tm 1,11; Tt 2,13 et al.). Cristo é reflexo da glória de Deus e imagem de seu ser (Hb 1,3; 2Cor 4,4; Cl 1,15), mediador e plenitude da revelação (Jo 8,12; 11,25; 14,6). O conceito da revelação não se aplica apenas à ação de Deus, mas também a seu ser: Ele se revela de modo trinitário nas relações de Jesus com o Pai (Mt 10,32s.; 11,27; Lc 10,22; Jo 14,9.20 et al.) e com o Espírito Santo (Mt 3,16; 12,32; Jo 14,16-26). – (**2**) Na história da teologia, podemos distinguir três paradigmas da teologia da revelação: a) *O paradigma epifânico*: A ação salvífica de Deus é compreendida como unidade já na Escritura e é resumida no conceito da epifania: A realidade salvífica se *mostra* e culmina no evento Cristo (Jo 1; Hb 1,1; Tt 3,4). Não se excluem componentes cognitivos e doutrinais, mas o aspecto cognitivo tornou-se mais importante com a helenização do cristianismo. b) *O paradigma teórico-instrucional*: Teve seu início no final da patrística, alcançou na escolástica medieval seu desenvolvimento sistemático pleno, dominou claramente na teologia acadêmica neoescolástica do século XIX e subsistiu até o Concílio Vaticano II: Deus equipa os homens com conhecimentos sobre a salvação, de forma que o resultado da revelação é reconhecido em "verdades reveladas". Essa compreensão pode (sem que isso seja uma exigência imprescindível) ser restringida doutrinalmente (transmissão de uma doutrina sobrenatural) e/ou conceitualmente (influência divina de proposições doutrinais sobre a razão humana). A revelação e a história salvífica não são mais concebidas como idênticas. Além disso, o *conteúdo* da revelação, que permanece inacessível à razão, pode ser distinguido do *fato* da revelação, que pode ser demonstrado racionalmente. Assim, a apologética escolástica negava o entendimento das verdades reveladas por meio da razão natural e concentrava-se nos critérios externos de sua facticidade (no entanto, não existia um consenso geral sobre seu manuseio adequado). O modelo instrucional entrou em crise no tempo do Iluminismo, quando muitos consideraram impensável por motivos epistemológicos e soteriológicos a possibilidade de uma revelação sobrenatural positiva que transcendia o entendimento da razão e quando o método histórico-crítico abalou as figuras de argumentação tradicionais. A religião não devia mais se fundamentar em revelação e obediência, mas na razão autônoma. G.E. Lessing († 1781), para o qual a razão era conteúdo imprescindível da revelação e que compreendia a revelação como forma histórica da razão, se voltou contra os esforços dos adversários cristãos do Iluminismo nos séculos XVII e XVIII de imunizar a revelação sobrenatural contra a razão e de restringir a responsabilidade racional da fé aos fatos objetivos da revelação. I. Kant († 1804) e J. G. Fichte († 1814) também acreditavam que a revelação precisava ser submetida ao controle da razão. O chamado semirracionalismo acreditava poder compreender racionalmente as verdades da revelação após sua publicação indedutível (G. Hermes [† 1831], A. Günther [† 1863], J. Frohschammer [† 1893]). O tradicionalismo antirracional, ou ↑ fideísmo, por sua vez, ressaltava a incapacidade da razão de lidar de forma autônoma com as verdades morais e religiosas; uma "revelação primordial" ou uma "fé sobrenatural" eram consideradas imprescindíveis para tornar as proposições religiosas epistemologicamente acessíveis (H.-F. R. de Lamennais [† 1854], L.-E.-M. Bautain [† 1867], A. Bonnetty [† 1879]). A revelação também foi vista por alguns como experiência puramente interior, subjetiva e irracional (F. Schleiermacher [† 1834], R. Otto [† 1937], A. Loisy [† 1940], G. Tyrell [† 1909]] – todas essas abordagens foram refutadas pelo magistério eclesiástico [DH 2.738-2.740; 2.751-2.756; 2.765-2.769; 2.775-2.786; 2.811-2.814; 2.828-2.831; 2.890-2.896; 3.308-3.020]). Até o Concílio Vaticano II, a teologia acadêmica católica manteve o modelo instrucional da neoescolástica, confirmado ainda pelo Concílio Vaticano I. A chamada teologia dos dois níveis distinguia uma ordem dupla de conhecimento: O conteúdo da revelação sobrenatural – um sistema de verdades proposicionais – deve ser crido não em virtude de um entendimento interior da verdade, mas em virtude da autoridade do Deus revelador, que não pode errar nem se iludir. Para a cognoscibilidade do fato revelatório, os critérios subjetivos (o anseio religioso) não são importantes, tampouco como os critérios objetivos internos (atributos da doutrina revelada). O que importa são exclusivamente os critérios objetivos externos, sobretudo 1) os milagres, 2) as profecias cumpridas (ressurreição) e 3) a credibilidade das testemunhas da revelação (martírio). Nas décadas de 1920 e 1930, a apologética neoescolástica, que havia se estarrecido em demonstrações formalistas, foi superada. Mas já antes disso, J.A. Möhler († 1838), J.S. Drey († 1853), M.J. Scheeben († 1888) e J.H. Newman († 1890) haviam enfatizado o caráter místico e dinâmico da revelação. Entre as duas guerras mundiais, os teólogos franceses foram decisivos para uma nova concepção da teoria da revelação: M. Blonder († 1949) e J. Maréchal († 1944) escolheram uma abordagem filosófico-transcendental e uma apologética imanente, indagando as condições de conhecimento da existência humana e analisando assim as estruturas da revelação. c) *O paradigma participativo da teoria da comunicação*: Revelação significa autocomunicação real da realidade de Deus. O evento salvífico e o evento da revelação representam uma unidade e se interpretam reciprocamente. A revelação é igualmente doutrina salvífica e dádiva salvífica. Entre o Concílio Vaticano I e o Concílio Vaticano II, essa teoria foi desenvolvida principalmente por K. Barth († 1968) do lado evangélico reformado. Do lado católico, devemos mencionar os teólogos K. Adam († 1966), K. Eschweiler († 1936), R. Guardini ([† 1968] introdução da categoria personalista), H.U. von Balthasar ([† 1988] a revelação como precondição de todo pensamento teísta), A. Rademacher († 1939), G. Söhngen († 1971), K. Rahner ([†1984] demonstração da abertura do ser humano para a revelação divina) e a *théologie nouvelle* francesa (ênfase na historicidade da revelação). Atualmente, dentro de uma orientação mais forte pelo contexto, enfatiza-se o elemento da promessa na teologia da esperança (J. Moltmann), da redenção na teologia da libertação (G.

Gutiérrez Merino, L. Boff, J. Sobrino) e da historicidade na teologia processual (C. Hartshorne [† 2000], J.B. Cobb, D. Griffin, M. Suchocki). – (3) O magistério chegou a tratar em maior detalhe a temática da revelação pela primeira vez no Concílio Vaticano I (DH 3.004-3.007; 3.026-3.029). O concílio contrapôs ao otimismo racional da Modernidade, que tratava o tema da revelação com hostilidade, a subordinação da razão criada à revelação sobrenatural, à criaturalidade do ser humano e à sua dependência total do mistério divino. Sua postura antifideísta ressaltava a plausibilidade da revelação natural para a razão humana e a racionalidade da aceitação da fé. A revelação cosmológica (↑ teologia natural) antecede a revelação sobrenatural e a integra. Assim, qualquer conhecimento de Deus é compreendido como revelação, independentemente de como e através de que ela ocorra. A ênfase, no entanto, está no aspecto cognitivo (DH 3.005; 3.008; 3.015; 3.032): A revelação se apresenta como "doutrina da fé" divina (DH 3.020), como "doutrina revelada" (DH 3.042), como "depósito da fé" (*depositum fidei*: DH 3.070), como evento informacional ao qual a Igreja deve conhecimentos que ela deve preservar e interpretar fielmente (DH 3.070). O Concílio Vaticano II optou por outra abordagem (DV 2-6): Deus, que em sua bondade quis comunicar-se a si mesmo, não se abre apenas para o conhecimento cognitivo do ser humano, mas lhe dá acesso também à sua realidade salvífica. A revelação não é um processo conceitualista e intelectualista, mas um processo pessoal e soteriológico, um evento por meio do qual o ser humano participa da vida eterna de Deus. O Concílio Vaticano II não acatou a diferenciação tradicional entre as revelações natural e sobrenatural, pois o evento da revelação permanece inscrito no horizonte de uma história salvífica de múltiplos estratos, que abarca toda a realidade. As obras e as palavras do Deus revelador estão entrelaçadas: As obras confirmam a palavra, a palavra interpreta as obras. A revelação apresenta, além disso, um caráter trinitário: Ela parte de Deus, o Pai, encontra o ser humano por meio de Cristo e concede a comunhão com Deus no Espírito Santo. – (4) Em virtude das declarações do Concílio Vaticano I, a teologia natural havia se tornado um tema controverso no século XX. Partindo da pecaminosidade do ser humano e de sua justificação por Deus em Jesus Cristo, o protestantismo afirmava que a incapacidade da razão para o encontro com Deus (M. Lutero [† 1546]) ou a impossibilidade de qualquer conhecimento racional de Deus (K. Barth [† 1968] KD II/I, § 26). Já que o Concílio Vaticano II superou a doutrina dos dois níveis e a teologia católica (R. Guardini, H.U. von Baltasar, G. Söhngen, K. Rahner, E. Biser, H. Küng) voltou a reconhecer que a teologia natural não abre um caminho incondicional para Deus, antes pretende demonstrar a relação com Deus como algo que leva o ser humano à razão, a controversa é vista como basicamente resolvida. Semelhante à teologia católica após o Concílio Vaticano II, a Igreja Ortodoxa também não faz uma distinção entre revelação natural e revelação sobrenatural. A revelação natural e universal de Deus no cosmo e no ser humano (natureza, história, razão, consciência) é reconhecida e compreendida totalmente à luz da revelação sobrenatural, que é o caso especial e a especificação daquilo que foi naturalmente reconhecido. Apesar de o conteúdo da revelação objetiva externa estar encerrado, ela continua sendo, mesmo assim, um evento dinâmico, no sentido de que Cristo continua operando como Criador e leva os fiéis no Espírito Santo à deificação com a ajuda da Igreja, da Escritura Sagrada e da tradição dos Padres da Igreja. – (5) A revelação é um conceito-chave central da fé cristã e é de relevância fundamental como categoria epistemológica básica. A revelação precisa ser interpretada de forma radicalmente teocêntrica, ou seja, ela precisa ser remetida a Deus, cujo próprio ser significa revelação e é, ao mesmo tempo, o conteúdo da revelação. O ser de Deus é uma realidade comunicativa nas relações do Pai, do Filho e do Espírito. Na história da revelação, a comunhão divina amorosa se abre para o ser humano, para acolhê-lo em si. Assim, a autorrevelação de Deus concede uma participação real nos *bona divina*, que se transformam em realidades sociais (congregação, Igreja etc.). Deus chama o ser humano pelo nome, faz dele um "tu", de forma que, como destinatário do evento revelatório, deixa de ser apenas objeto e passa a ser também sujeito, pessoa e parceiro, que responde a Deus e assim assume responsabilidade por si mesmo e pelo próximo. Todo conhecimento autêntico de Deus é, portanto, conhecimento da revelação, e a fé na revelação é expressão da confiança na autenticidade do conhecimento humano de Deus. Nele Deus se manifesta como o transcendente absoluto, cuja revelação não o priva de sua transcendência, antes a comprova. Devemos distinguir entre o conteúdo da revelação e as reações testemunhais a ela e suas interpretações humanas, que são sempre determinadas sócio e culturalmente. Por isso, a revelação depende da contínua interpretação na Igreja e por meio da Igreja (↑ Escritura Sagrada, ↑ tradição, ↑ magistério eclesiástico, ↑ senso de fé dos fiéis e ↑ teologia), que o Espírito Santo leva à verdade plena, sem que deixasse de se abrir para o Deus sempre maior (↑ epistemologia [teológica]). Apenas aquilo que se fundamenta na revelação de Deus pode reivindicar validade na Igreja.

A revelação como princípio epistemológico na teologia

Objeto	Revelação histórica
Condição de possibilidade	*Processiones Dei ad extra* e espiritualidade do ser humano
Motivo	A vontade salvífica de Deus
Realização	Na palavra e na obra dentro da aliança com o ser humano; seu ápice é o evento Cristo
Destinatário	O ser humano livre, que se transcende a si mesmo
Aceitação	Pela fé
Significado dogmático	Regra hermenêutica fundamental de todo conhecimento teológico
Conteúdo	"Deus [...] e os decretos eternos da Sua vontade a respeito da salvação dos homens" (DV 6)

Cf. BEINERT, W. "Offenbarung". In: BEINERT, W. (org.). *LKDog*. 3. ed. Friburgo/Basileia/Viena, 1991, p. 399-403, aqui p. 403.

Evolução do conceito da revelação

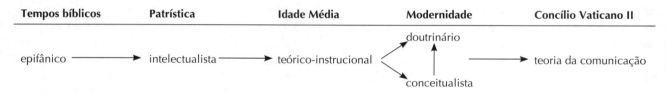

Lit.: a) WALDENFELS, H. *Einführung in die Theologie der Offenbarung*, Darmstadt, 1996. b) EICHER, P. *Offenbarung - Prinzip neuzeitlicher Theologie*. Munique, 1977. • SCHMITZ, J. *Offenbarung*. Düsseldorf, 1988. c) SECKLER, M. "Der Begriff der Offenbarung". *HFTh*, 2. 2. ed., 2000, p. 41-61. • HERMS, E. "Offenbarung". *TRE*, 25, 1995, p. 146-210.

Christoph Böttigheimer

Sacerdócio comum ↑ *ofício na Igreja*, ↑ *dádivas do Espírito*, ↑ *leigos*, ↑ *seguimento de Jesus*, ↑ *sacerdote*. – O sacerdócio comum (antigamente chamado de modo impreciso de "sacerdócio geral") designa a participação de todos os batizados no ministério salvífico de Jesus Cristo para o mundo. Distingue-se deste a inclusão sacramental do chamado sacerdócio especial, ordenado ou oficial aos serviços atribuídos a Cristo como cabeça na Igreja e para a Igreja. Além do Batismo, a admissão para o sacerdócio especial requer o cumprimento de outras condições (p. ex.: sexo masculino; uma formação específica; o celibato no âmbito da Igreja latina). – (1) O termo em si não ocorre na Bíblia, mas seu teor é bíblico. Seu fundamento é a característica vétero e neotestamentária do evento salvífico como aliança entre Deus e o povo eleito de Israel e, de forma ainda mais explícita, da Igreja, sendo que os membros da aliança assumem uma responsabilidade pelo processo da ação de Deus na história. Assim como os membros da aliança no AT (Ex 19,6; Is 61,6), todos os seguidores de Cristo também são apresentados como sacerdócios reais no NT (1Pd 2,5.9; Ap 1,6; 5,10; 20,6), cuja tarefa é oferecer sacrifícios espirituais e proclamar os atos de Deus. Esse sacerdócio, porém, existe apenas em analogia ao sacerdócio verdadeiro e (segundo a cristologia de Hebreus) único de Jesus Cristo, com o qual ele mantém um vínculo íntimo (cf. Hb 4,16: por causa dele, podemos nos aproximar "do trono da graça"; cf. tb. 6,19s.; 9,15; 10,9-15). – (2) Durante muito tempo, a teologia neotestamentária foi incapaz de desdobrar uma história da recepção relativa a esse tema específico. O sacerdócio ordenado, que surgiu no século II, e a clericalização, que atingiu seu auge na Idade Média, obscureceram o sacerdócio comum, apesar de a ideia referente a ele nunca ter desaparecido por completo (cf., p. ex., Tomás de Aquino [† 1274] STh III q22 a6 ad 19; Suppl. 31,1 ad 1; contr. Gent. 4,73). Para a postura da Igreja, torna-se decisivo o caráter indelével da ordem, já que apenas este confere a autoridade de executar o sacrifício sacramental da Eucaristia. O sacerdócio comum passa a ser apenas uma dependência passiva de seus portadores; é espiritualizado e visto como sacerdócio da vida na graça frente ao sacerdócio sacramental, que possui plenos poderes hierárquicos diante do povo da Igreja, que se submete a ele em obediência. O ataque de M. Lutero († 1546) contra o sacerdócio ordenado (↑ [4]) incentivou a Contrarreforma a se concentrar justamente no sacerdócio ordenado, cujos membros eram praticamente identificados com a Igreja. Apenas os movimentos de renovação no tempo entre as duas guerras mundiais do século XX causaram um reavivamento da doutrina bíblica. – (3) O Concílio Vaticano II acatou com força essas tendências: No sacerdócio comum, manifesta-se o caráter comunal da Igreja na prática da vida eclesial: A igualdade de todos os membros do povo de Deus se apoia em sua qualidade sacerdotal, em virtude da qual existe também o sacerdócio ordenado como serviço representativo-sacramental da equipação para o serviço salvífico da Igreja universal (LG 9-11, 34; AA 3; PO 2; AG 15). Este se distingue em sua essência (*essentia, non gradu tantum*: LG 10) do sacerdócio comum, que não é causa da validade sacramental da ordem e, por isso, não pode ser deduzido dele. Após o concílio, várias tentativas são feitas para romper com a espiritualização do sacerdócio comum em prol de uma responsabilidade ativa dentro da Igreja universal por meio da instituição de diversos grêmios leigos (sistema de conselhos). – (4) As investidas de Lutero contra o sacerdócio ordenado (a partir de 1520, principalmente WA 6,407ss.; 7,26ss.; 12,178ss.) refletem sua preocupação em recuperar a doutrina bíblica do sacerdócio comum, que, segundo ele, é sinônimo da existência cristã e, por isso, se encontra arraigado na justificação concedida aos cristãos. A ordenação seria, portanto, nada mais do que um chamado fundamentado na Igreja para preservar a ordem geral e para um serviço que, a princípio, caberia a todos os membros da Igreja. – (5) A doutrina do Concílio Vaticano II sobre o sacerdócio comum tornou obsoleto "o discurso tradicional de dois estamentos separados, dos clérigos e do chamado povo 'comum' e 'simples' (*plebs*), que não possui competências nem conhecimentos em assuntos referentes à Igreja" (KASPER, W. *Kirche*, p. 293). O fato de o povo de Deus ser guiado pelo Espírito se manifesta na sua pluralidade de dádivas, entre as quais figura o sacerdócio oficial vinculado à ordenação, mas que, como carisma, não se destaca dos outros carismas como algo singular, antes forma uma unidade orgânica com estes (a Igreja como corpo de Cristo) e, graças à sua autonomia, age em cooperação com estes para a santificação do mundo em Cristo. Os membros do sacerdócio ordenado são, para sempre, também incluídos ao sacerdócio comum, contanto que o Batismo continue válido neles como condição de admissão. Isso se manifesta no fato de que eles não podem administrar a si mesmos os sacramentos da Penitência, da Unção dos Doentes e da Ordenação.

Lit.: BARTH, H.M. *Einander Priester sein, Allgemeines Priestertum in ökumenischer Perspektive*. Göttingen, 1990. • HINTZEN, G. "Das gemeinsame Priestertum aller Gläubigen und das besondere Priestertum des Dienstes in der ökumenischen Diskussion". *Cath(M)*, 45, 1991, p. 44-77. • KASPER, W. *Katholische Kirche*. Friburgo/Basileia/Viena, 2011, p. 285-294. • KOCHANOWICZ, J. *Für euch Priester, mit euch Bischof*. Frankfurt a.M. 2000. • MITTERSTIELER, E. *Das wunderbare Licht, in dem wir leben*. Würzburg, 2011. • SCHÄFLER, M. *Das gemeinsame Priestertum der Gläubigen und seine Bedeutung in der Kirche*. Munique, 2007.

Wolfgang Beinert

Sacerdote ↑ *ofício na Igreja*, ↑ *sacerdócio comum*, ↑ *hierarquia*, ↑ *leigos*, ↑ *Sacramento da Ordem*. – O sacerdote (em latim: *sacerdos*, de *sacer*, sagrado) é, na acepção religiosa, uma pessoa que exerce funções mediadoras entre uma comunidade religiosa e a deidade; possui uma formação específica para isso, é ordenada e possui uma posição de destaque (roupa, título, estilo de vida [p. ex., o celibato]) e atua em campos reservados (na maioria das vezes, de natureza cultual: p. ex., sacrifícios, consagrações). Na acepção católica, o sacerdote (em grego: *presbyteros*, o mais velho) é detentor de um determinado nível de ordenação no ofício tripartido, que exerce suas funções (sacramentais) *in persona Christi*. – (**1**) Na Escritura Sagrada, a mediação sacerdotal é atribuída ao povo da aliança como um todo em relação a toda a humanidade: No AT, Abraão é uma bênção para todos os povos (Gn 12,2s.; cf. 18,18; 22,17s.). Com essa aliança, Javé destaca Israel entre todos os povos para todos os povos, para que lhe pertença "como um reino de sacerdotes e uma nação santa" (Ex 19,5s.). Nesse contexto, forma-se ao longo de um desenvolvimento complexo um sacerdócio especial, cujas tarefas englobam a instrução na fé (Lv 10,10; Jr 2,8; 18,18; Mq 3,11), o manuseio do oráculo (Dt 33,8), a oferta de sacrifícios (Lv 1–7), as bênçãos (Dt 10,8; 21,5), o serviço no templo (Nm 1,53; 3,28; Jr 20,1s.) e processos jurídicos (Dt 17,9; 19,16s.). O NT adota a orientação sacerdotal do povo da aliança do AT para o novo povo de Deus dos batizados (em grego: *hierateuma*) (1Pd 2,5.9; Ap 1,6; 5,10; 20,6). Do ponto de vista da ciência das religião, não existe mais um sacerdócio especial, pois Cristo, por meio da sua morte, se tornou (sumo) sacerdote e sacrifício uma vez por todas e de modo insuperável (Hb 5,1-10; 7; 8,1-6). A terminologia sacerdotal (em grego: *hiereus*, em latim: *sacerdos*, sacerdote) é cuidadosamente evitada; os portadores de ofícios na Igreja antiga recebem títulos administrativos (*presbyter*, termo emprestado da estrutura da sinagoga judaica; *episkopos*, instrutor; *diakonos*, garçom, terapeuta: cf. At 11,30; 14,23; 15; 20,17-38; 1Tm 4,14; Tg 5,14; 1Pd 1,5-4). – (**2**) Malgrado essas predeterminações claras, a constituição da Igreja reintroduz já após pouco tempo, a começar com 1Clem, o sistema sacerdotal: a partir do século III, todos os bispos são chamados de sacerdotes; a partir do século V, todos os presbíteros. A separação entre os portadores de ofícios, agora chamados de clérigos, e os leigos é ampliada cada vez mais, pois apenas os sacerdotes possuem a autoridade de consagrar as dádivas eucarísticas. Esta separação é compreendida ontologicamente – os sacerdotes pertencem a um diferente gênero de cristãos do que os leigos. Pano de fundo disso é a teoria da sucessão apostólica (apóstolos – bispos – sacerdotes): A representação oficial de Cristo inclui também a representação do *Christus sacerdos*, que é recordado sacramental e sacerdotalmente na Eucaristia. Assim, a ideia do sacerdócio é cultualmente restringida: Ser sacerdote significa possuir o "poder" de "apresentar o sacrifício a Deus e de celebrar a missa" (Pontifical Romano-Germânico [século X] 16,35). A consequência disso foi, entre outras coisas, uma desvalorização do bispo: O que o destacava do sacerdote era apenas uma jurisdição maior, mas possuía o mesmo poder sacerdotal. – (**3**) O Concílio de Trento tenta enfatizar a superioridade hierárquica do bispo (DH 1.768), mas concentra o sacerdócio novamente no poder de consagrar e perdoar (DH 1.771), de forma que a glorificação e exaltação ontológica do sacerdócio aumentou ainda mais no tempo pós-conciliar (CatRom II,7: Os sacerdotes são chamados "com todo direito não só de anjos, mas de deuses"). O Concílio Vaticano II empreendeu uma reavaliação: Inspirando-se na perspectiva fundamental da Bíblia, orienta-se pelo sacerdócio fundamentado no Batismo de todos os fiéis (*sacerdotium commune*), em vista do qual o sacerdócio especial ou oficial (*sacerdotium ministeriale seu hierarchichum*: LG 10) se entende como serviço. A plenitude do sacerdócio é o ofício do bispo como nível especial de consagração sacramental (LG 21, 26; CD 15). O concílio continua a enfatizar o vínculo do sacerdote com a eucaristia, mas este já não é mais apenas a recordação de Cristo, mas também a representação da congregação (LG 10; PO 2). Existe assim na Igreja uma verdadeira igualdade entre todos, pois todos participam do triplo ofício sacerdotal de Cristo (LG 31s.; cân. 204, § 1 CIC/1983). Mesmo assim, existe uma diferença "na substância, não só de grau" (*essentia, non gradu tantum*: LG 10) entre sacerdócio comum e sacerdócio oficial, pois este não é compreendido como forma suprema do sacerdócio comum, mas como serviço que este deve prestar ao primeiro em virtude de uma vocação especial. Afirma-se assim justamente nenhuma diferença ôntica em relação aos leigos. A reordenação do Direito Canônico (CIC/1983) empreendeu a aplicação jurídica das determinações conciliares (principalmente cân. 232-293). O sacerdote não é mais chamado de *sacerdos*, mas de *presbyter*. Falta ainda esclarecer completamente a relação entre bispo e sacerdote: Evidentemente, este recebe com sua ordenação uma série de direitos que, na verdade, são reservados ao bispo, mas que podem ser transferidos para o sacerdote (cf. cân.

9, 884, 1.169). O bispo é legislador exclusivo (cân. 391, § 2), ministrador da Ordem (cân. 1.012) e participante do magistério (cân. 749-754). Condições de admissão para o sacerdócio são na Igreja latina o celibato e o gênero masculino (cân. 1.024). – **(4)** No Oriente cristão, o sacerdote (*hiereus*) é o bispo, mas este pode ser representado temporária ou permanentemente pelo presbítero. A grande influência do monasticismo, que originalmente era um movimento de leigos, aproximou o sacerdócio da vida monástica, sendo que apenas o bispo é obrigado a permanecer no celibato. Como na Igreja latina, o sacerdócio é reservado aos homens. Os reformadores combateram a clericalização, apelando à doutrina bíblica sobre a qualidade sacerdotal do povo de Deus como um todo. A doutrina da justificação os impede de aceitar um papel mediador dos sacerdotes. Não existem, portanto, estamentos ontologicamente distintos (sacerdócio especial – comum, i.e., clero – leigos), mas apenas vocações e ofícios temporários na Igreja. M. Lutero († 1546) defendeu em diferentes períodos tanto a teoria da instituição (os ofícios são instituídos por Cristo: *Von den Konziliis und Kirchen*, 1539: WA 50,632) como também a teoria da transferência (os ofícios são concedidos por meio da vocação e ordenação por toda a congregação: 1523, WA 11,408-416). Hoje, ambas as teorias são defendidas; a segunda é motivo de problemas consideráveis nos diálogos ecumênicos. Em 1943, as primeiras mulheres evangélico-luteranas foram ordenadas como pastoras; em 1992, a primeira mulher foi ordenada como bispa. – **(5)** Segundo a Escritura Sagrada, o sacerdócio possui uma estrutura fundamentalmente eclesial-corporativa: O poder do Batismo, ele compete a todos os membros da Igreja. O sacerdócio comum é, portanto, primário, mas possui uma orientação cristológica: Por um lado, a morte na cruz superou o sacerdócio histórico-religioso, por outro, a Igreja é incluída pelo Sumo Sacerdote, que também é o sacrifício, em seu ofício. A Eucaristia como recordação desse evento é, por um lado, representação do sacrifício pelo sacerdote oficial, que age "in persona Christi capitis" a serviço do povo de Deus como um todo, por outro, é representação do povo de Deus sacerdotal na comunidade espiritual e no ↑ seguimento de Jesus, que se manifesta nos diferentes carismas (↑ carismas/renovação carismática) dos batizados. A diferença definitiva e fundamental entre estes e os ofícios não ocasiona uma diferença essencial, mas uma afinidade igualmente definitiva e fundamental como serviço à mesma missão universal da Igreja. Atualmente, a escassez catastrófica de sacerdotes em grandes partes do mundo suscita questionamentos referentes à validade das condições de admissão. Sem nenhuma dificuldade dogmática, o vínculo entre o celibato e a Ordem poderia ser modificado ou abolido como regulamente meramente disciplinar, válido apenas para a Igreja particular latina. Mais problemática é a admissão de mulheres à Ordem. O Papa João Paulo II tentou encerrar "definitivamente" essa discussão, que ele considerava dogmática (exortação apostólica *Ordinatio Sacerdotalis*, de 1994, n. 4), mas isso tem passado praticamente despercebido até agora.

Lit.: BECKER, K.J. *Wesen und Vollmachten des Priestertums nach dem Lehramt*. Friburgo/Basileia/Viena, 1970 [QD, 47]. • GRESHAKE, G. *Priestersein*. 5. ed. Friburgo/Basileia/Viena, 1991. • GRESHAKE, G. *Priestersein in dieser Zeit*. Würzburg, 2010. • JOÃO PAULO II. Exortação apostólica pós-sinodal *Pastores Dabo Vobis*. Bonn, 1992 [VApS, 105]. • VELKD. *Allgemeines Priestertum* – Ordination und Beauftragung nach evangelischem Verständnis. Hannover, 2004. • WEINBERGER, W. *Voraussetzungen für die Zulassung zum Priestertum*. Berlim, 2011 [KStT, 56].

Wolfgang Beinert

Sacramentais ↑ *instituição dos sacramentos*, ↑ *Ex opere operato/ex opere operantis*, ↑ *hilemorfismo*, ↑ *sacramento*. – Chamamos de sacramentais as liturgias eclesiásticas que gozam de alta estima em virtude de seu arraigamento bíblico, de seu significado na vida dos batizados ou também de seu testemunho na história e de sua familiaridade no dia a dia das congregações. A tradição distingue entre benedicções, consagrações e exorcismos. Por um lado, essa divisão é útil, por outro, precisa ser completada; isso se evidencia na liturgia fúnebre, que ocupa uma posição muito alta na vida das congregações. – **(1)** O AT dá testemunho da procura por formas de expressão que permitam interpretar, por meio de símbolos e palavras, situações específicas na vida do povo de Israel, sobretudo em crises existenciais. As bênçãos ocorrem com grande frequência, por exemplo, a bênção do primogênito (Gn 27), dos noivos (Tb 10,11-12) ou de toda a comunidade de fé (Nm 6,22-27). A comunidade se reúne para dar graças pela terra, pela ceifa e sobretudo pelo caminho para a liberdade (Dt 26,1-11). Rituais de sacrifício (holocausto, sacrifício de abate) servem para fortalecer a comunidade e como proteção contra o mal. O sepultamento dos mortos é expressão de uma postura altruísta (Tb 1,16-18). Os escritos neotestamentários acatam a riqueza da tradução litúrgica judaica e integram as formas individuais ao contexto da proclamação de Cristo. As curas de Jesus englobam também os exorcismos (Mc 1,21-28; 5,1-20; 9,14-29 et al.); apontam o fim do domínio do mal e o advento do Reino de Deus (↑ domínio de Deus). Os abençoamentos de crianças também tiveram uma grande influência sobre a história da recepção. – (2) A história do cristianismo apresenta numerosos atos litúrgicos que, a despeito de critérios específicos (instituição por Jesus Cristo; símbolo material e interpretação verbal; relevância eclesial e antropológica), não eram considerados sacramentos. Durante muito tempo, a lavagem dos pés (dos discípulos por Jesus, Jo 13,1-20) aparecia em listas dos sacramentos e preservou até hoje sua forma litúrgica em algumas tradições cristãs. Os sacramentais praticados hoje em dia remetem, muitas vezes, a uma tradição antiga e apresentam particularidades regionais. Alguns atos litúrgicos foram integrados à celebração do Batismo (bênção da criança e dos pais) ou da Eucaristia (ações de graça; consagração de lugares e instrumentos litúrgicos). Os exorcismos e a missa fúnebre preservaram sua independência. – (3) O Concílio de Trento defendeu os sacramentais com argumentos antropológicos e eclesiológicos (DH 1.613; 1.746; 1.757; 1.775). O Concílio Vaticano II (SC 60-82) recorreu a argumentos cristológicos e soteriológicos (SC 61) e aproximou os sacramentais dos sacramentos. No entanto, insistiu numa distinção clara entre os sete sacramentos e os muitos sacramentais, cujo desenvolvimento é determinado por necessidades pastorais. O concílio visava a uma reforma dos sacramentais para que os fiéis pudessem compreender melhor o sentido dessas celebrações (SC 62-63). O concílio expressou explicitamente seu desejo de uma participação ciente e ativa dos fiéis nos sacramentais e reconheceu a necessidade de novos sacramentais conforme as exigências dos tempos (SC 79). Os sacramentais podem ser executados também por leigos (SC 79). Os livros litúrgicos pós-conciliares das regiões de língua alemã acatam esses desejos reformatórios. – (4) A Igreja Ortodoxa conhece numerosas formas de celebração litúrgica que remetem a uma longa tradição (p. ex., a bênção de alimentos, ícones e lugares). A tradição protestante indaga se os sacramentais não colocam em primeiro plano a ação da comunidade eclesiástica em vez da dádiva desmerecida de Deus. Além da procura por uma fundamentação bíblica (que, em alguns sacramentais, existe sem qualquer dúvida), a crítica se volta também contra a confusa multiplicidade dos sacramentais que poderia sugerir ao fiel que precisa temer pela sua salvação caso não usufruísse de todos eles. A concentração ecumênica na fundamentação pascoal e pentecostal das celebrações litúrgicas e o reconhecimento de desafios pastorais abrem novos caminhos para um consenso. Isso vale principalmente para as benedicções e unções de pessoas, que já podem ser celebradas na comunidade ecumênica. As benedicções de objetos (sinos ou veículos) com água-benta são tema de controvérsias ecumênicas. Aqui vale manter em vista as pessoas relacionadas a esses objetos. – (5) A diferenciação exata pela teologia sistemática entre os sacramentais e os sete sacramentos é difícil. De pouco utilidade é a diferenciação entre a instituição dos sacramentos por Jesus Cristo e a criação dos sacramentais pela Igreja, pois ambas as tradições têm seus fundamentos na Páscoa e no Pentecostes e ambas são vivenciadas no espaço da Igreja. Igualmente problemática é a referência escolástica ao efeito dos sacramentos ↑ *ex opere operato* (em virtude do ato sacramental executado) e dos sacramentais ↑ *ex opere operantis* (à medida da disposição pessoal das pessoas que participam da celebração). Em ambas as formas de celebração litúrgica, a promessa da ação salvífica de Deus antecede a resposta humana, que, por sua vez, é causada pelo Espírito de Deus. Um êxito maior prometem as reflexões pastorais sobre os temas existenciais da vida humana incluídos nos sacramentais: a libertação das garras do mal (exorcismos), a benedicção da vida (bênçãos), a entrega a um ministério (consagrações, p. ex., de abades e abadessas), como também a despedida de uma pessoa falecida na esperança da vida eterna (sepultamento).

Lit.: a) e c) SCHILSON, A.; BERGER, R. & REINHARDT, H.J.F. "Sakramentalien". *LThK*, 8. 3. ed., 1999, p. 1.452-1.455. • MESSNER, R. "Sakramentalien". *TER*, 29, 1998, p. 648-663. • KLEINHEYER, B.; SEVERUS, E. & KACZYNSKI, R. *Sakramentliche Feiern*. Vol. 2: GdK 8/2. Regensburgo, 1984.

Dorothea Sattler

Sacramentalidade da Igreja ↑ *santidade da Igreja,* ↑ *distintivos da Igreja,* ↑ *Igreja,* ↑ *visibilidade da Igreja*. – O conceito designa o poder salvífico dos atos da Igreja visível e concreta. – (**1**) O emprego veterotestamentário do termo "sacramento" (em grego: *mysterion*; em latim: *sacramentum*) tem suas origens na filosofia profana e também no paganismo (com conotação negativa) (Tb 12,7.11; Sb 14,15.23). No emprego bíblico, conota também o "mistério" insondável de Deus e sua revelação: Os mistérios podem ser compreendidos pelos homens bons e sábios, mas permanecem ocultos aos maus (Sb 2,22; 6,22). A apocalíptica emprega o termo de forma semelhante (Dn 2,28s.44.47). O NT confere um sentido cristológico ao conceito: Agora, os mistérios da vontade salvífica de Deus podem ser compreendidos em Jesus Cristo (Mc 4,11; Rm 16,25; 1Cor 2,7). Nesse cristocentrismo rigoroso, as referências à sacramentalidade da Igreja são de importância secundária: Paulo compreende a Igreja como "corpo de Cristo", subordinando-a funcionalmente ao evento salvífico em Jesus de Nazaré (Rm 12,12; 1Cor 12,12-31a). Efésios 1,3-14 e Cl 1,12-20 focam na ideia segundo a qual a Igreja recorda e torna visível universalmente o que aconteceu em Cristo e continua a acontecer. – (**2**) Tertuliano († 220) traduz a palavra grega *mysterion* com o termo latino *sacramentum*, que passa a se impor (mart. 3,3,2; spect. 24,4; adv. Marc. 4,34,5; 5,8,3), mas apenas poucos padres aplicam o termo "sacramento" à própria Igreja (Cipriano de Cartago [† 258] unit. eccl. 7; ep. 66,8). Mantém-se a convicção de que a Igreja e suas atividades dependem completamente da ação de Cristo e que precisam ser distinguidas deste: Cristo age, a Igreja manifesta isso. Voltam a falar da sacramentalidade da Igreja no sentido restrito apenas J.A. Möhler († 1838) e M.J. Scheeben († 1888), no século XIX; opõem-se a uma juridificação da ideia da Igreja a fim de preservar sua dimensão espiritual, no entanto, aceitam o perigo de que a Igreja seja hipostasiada como instituição salvífica exclusiva, como "signum levatum" (signo erguido). No século XX, O. Semmelroth († 1979) e K. Rahner († 1984) aprofundam o pensamento da sacramentalidade da Igreja, mas ressaltam expressamente a primazia cristológica. – (**3**) O Concílio Vaticano II acata essas reflexões: "A Igreja, em Cristo, é como que o sacramento, ou sinal, e o instrumento da íntima união com Deus e da unidade de todo o gênero humano" (LG 1). Aqui vale observar: a) a Igreja não é um "oitavo" sacramento, tampouco é idêntica a Cristo, antes precisa ser transparente para Ele; o "sacramento primordial" e símbolo real da ação salvífica de Deus é o próprio Cristo (cf. Agostinho, ep. 69,6). b) Nesse sentido a Igreja deve ser vista de modo relacional, ou seja, ela se relaciona com Deus e com o mundo; em termos funcionais, está a serviço do evento salvífico de Deus para o mundo. c) Todavia, a Igreja é visível e justamente por isso um símbolo terreno de outra realidade. É instrumento para o encontro de Deus com o homem e toda a humanidade; sua orientação é, portanto, universal (*universale salutis sacramentum*: LG 48) com ligação íntima à humanidade (*humanae salutis sacramentum*: LG 59). d) Como sacramento a Igreja não deve ser compreendida de nem de modo individualista nem platônico-espiritual, mas de modo que nela se reúnem elementos humanos e divinos (LG 8). e) A Igreja apresenta um caráter histórico, de modo que podem existir expressões variadas de seu ministério, fato que o concílio indica com a ajuda de imagens (bíblicas) (LG 5-7). f) A obra da Igreja é de caráter escatológico; ainda está marcada pelo pecado e pelo fracasso e necessita da purificação constante por meio da conversão (LG 8). Portanto, a Igreja ainda possui o corpo deste mundo, que perecerá (LG 48). – (**4**) A teologia protestante demonstra certo ceticismo diante da sacramentalidade da Igreja, pois teme que possa ser interpretada errada de modo institucionalista, legalista, clericalista, racionalista ou objetivista (como sacramentalismo; assim também as advertências de K. Rahner). No entanto, devemos ressaltar que Cristo possui um "prius" claro em relação à Igreja, que a ação da Igreja é um "evento verbal", pressupondo, portanto, relacionalidade (a não identidade da Palavra de Deus e proclamação da Igreja) (JÜNGEL, E. *Kirche*, p. 449), que, por fim, o sacramento não é uma obra de mérito eclesiástico, ou seja, não é uma disponibilização instrumentalizada da graça (PESCH, O.H. *Dogmatik*, p. 358). – (**5**) A origem de qualquer forma de sacramentalidade é a ação salvífica do Deus trino, a autorrevelação do Pai por meio de Jesus Cristo e o Espírito Santo. Quando atribuímos a sacramentalidade à Igreja como característica de sua essência, não fazemos nenhuma afirmação sobre sua qualidade, antes destacamos o fato de sua dependência. Sendo "signo", a Igreja é necessariamente também "instrumento" em todas as suas dimensões. A sacramentalidade da Igreja significa instrumentalidade e, portanto, relacionalidade e relatividade. A Igreja "sacramental" aponta para Deus e, por isso, é obrigada a fazer de tudo para preservar sua transparência em relação a Deus em suas estruturas, doutrinas e condutas. "Quem, portanto, pretendesse absolutizar a instituição eclesiástica" como se "ela mesma fosse a salvação, desfiguraria a Igreja e ameaçaria assim seu significado salvífico" (SEMMELROTH, O. *Gottesvolk*, p. 343).

Lit.: JOHANN-ADAM-MÖHLER-INSTITUT (org.). *Die Sakramentalität der Kirche in der ökumenischen Diskussion*. Paderborn, 1983. • GEMEINSAME RÖMISCH-KATHOLISCHE/EVANGLISCH-LUTHERISCHE KOMMISSION. *Kirche und Rechtfertigung*. Friburgo/Basileia/Viena, 1994. • JÜNGEL, E. "Die Kirche als Sakrament?" *ZThK*, 80, 1983, p. 432-457. • NEUNER, P. "Kirche zwischen Sakramentalität und Sünde". *ÖR*, 43, 1994, p. 390-404. • PESCH, O.H. *Dogmatik im Fragment*. Mainz, 1987. • RAHNER, K. "Grundlegung der Pastoraltheologie als praktischer Theologie". *HPTh*, 1, 1964, p. 117-148. • MEYER ZU SCHLOCHTERN, J. *Sakrament Kirche*. Friburgo/Basileia/Viena, 1992. • SEMMELROTH, O. "Das neue Gottesvolk als Sakrament des Heils". *MySal*, IV/1, 1972, p. 309-356.

Johanna Rahner

Sacramento ↑ *instituição dos sacramentos,* ↑ *Ex opere operato/ex opere operantis,* ↑ *domínio de Deus/Reino de Deus,* ↑ *sacramentalidade da Igreja,* ↑ *palavra e sacramento,* ↑ *número dos sacramentos*. – Um sacramento é o "mistério" (em grego: *mysterion*) da sua própria natureza em Jesus Cristo, revelado por Deus no tempo e na história e recordado ritualmente por meio do Espírito Santo no espaço da Igreja. Na história da tradição, o conceito passou por um longo processo de definição teológica durante o qual foi aplicado a atos simbólicos individuais por meio dos quais a fundamentação da comunidade eclesiástica e a promessa divina podem ser vinculadas a situações específicas da vida de um ser humano. – (**1**) O NT não conhece um termo geral para os atos simbólicos que a tradição eclesiástica mais tarde veio a chamar de sacramentos. No entanto, existe um vínculo linguístico com o testemunho bíblico, pois em antigas traduções da Bíblia, o termo latino *sacramentum* representa a palavra grega *mysterion*, encontrada nos escritos mais novos do AT (Dn 2,18s.27-30.47; Eclo 27,16s.21; Tb 12,7.11; Sb 2,22; 2Mc 13,21 et al.), nos evangelhos (Mc 4,11) e nas epístolas do NT (1Cor 2,7-10; Rm 16,25s.; Cl 1,26s.; 2,2; Ef 1,8-10; 3,3-7.8-12). Não se usava o termo *mysterion* para designar celebrações litúrgicas (aparentemente, para diferenciar-se de religiões de mistérios da Antiguidade), mas para designar (em Dn 2 num contexto escatológico-apocalíptico) o conselho salvífico de Deus, que foge à compreensão humana, permanecendo assim um mistério de Deus (Sb 2,22). Nos evangelhos, a palavra *mysterion* ocorre uma vez na fala do Reino de Deus (Mc 4,11): O mistério do Reino de Deus foi confiado aos discípulos, pois têm conhecimento dos planos salvíficos de Deus. A concentração cristológica da fala do "mistério de Deus" (apenas as pessoas que seguem a Jesus são capazes de perceber o início do domínio de Deus) se manifesta de modo muito mais claro nos escritos paulinos: A "sabedoria divina, misteriosa, escondida" (1Cor 2,7) se revelou em Jesus Cristo; Ele é o *mysterion tou theou* (Cl 2,2), "oculto desde os séculos em Deus, criador de todas as coisas" (Ef 3,9). Jesus Cristo é o sacramento *uno* de Deus. Aquele que aceita esse testemunho na fé, é tocado pela palavra da proclamação, prova da presença pneumática do Deus-Homem no espaço da Igreja. A tarefa da congregação é proclamar o mistério de Deus – Jesus Cristo – aos povos (Cl 1,27s.). Visto que todo sacramento tem como seu fundamento a ação pascoal de Deus em e por meio de Jesus Cristo no Espírito Santo, a tentativa de vincular o uso do conceito do sacramento a uma palavra de instituição do Jesus terreno não é teologicamente adequada. Mesmo assim, é viável perguntar pelo significado dos atos simbólicos (que mais tarde viriam a ser chamados de sacramentos) na vida de Jesus e na era apostólica. – (**2**) Enquanto os padres apostólicos usavam a palavra *mysterion* no sentido bíblico para designar os mistérios salvíficos de Deus (em Inácio de Antioquia [† 117], focados no nascimento, na morte e na ressurreição de Jesus Cristo), os apologetas do século II (principalmente Justino [† 165]) tendem a chamar de sacramento também a recordação ritual dos mistérios salvíficos. Esse desenvolvimento resulta do conflito com a gnose e religiões de mistério pagãs. Do ponto de vista linguístico, foi decisivo o fato de as traduções latinas norte-africanas da Bíblia, mas também a ítala, reproduzirem a palavra grega *mysterion* com o termo latino *sacramentum*. Tertuliano († por volta de 220) e Cipriano († 258) foram os principais responsáveis pela propagação desse termo. Apesar de Tertuliano ainda usar o conceito amplo e salvífico do sacramento, é evidente o seu esforço de aplicar o conceito do sacramento também ao Batismo e à Eucaristia (adv. Marc. IV 34). Até então, o termo *sacramentum* apresentava também um significado profano: No domínio militar, designava o juramento de lealdade; no âmbito jurídico, determinada quantia monetária que precisava ser depositada como garantia para o caso da derrota em um processo. Ambos os empregos têm em comum a ideia da responsabilidade pessoal. Na literatura dos padres do século III, torna-se comum definir o Batismo e a Eucaristia como *sacramenta* (p. ex., em Cipriano [† 258] unit. eccl. 15). Esse emprego linguístico, porém, de forma alguma é exclusivo, pois outros atos rituais da Igreja (p. ex., a lavagem dos pés) também são chamados de *sacramenta*. Além disso, preserva-se inicialmente o significado amplo do conceito do sacramento. Encontramos o uso analógico de *sacramentum*, por exemplo, em Agostinho († 430). Segundo ele, *sacramentum* pode designar qualquer realidade que possa ser vivenciada de modo histórico e categorial, i.e., de modo sensual, cujo significado, porém, transcende a percepção imediata. Consequentemente, Agostinho define o conceito do sacramento primeiramente de forma cristológica (nat. et grat. 2,2). Apesar de estar disposto a chamar de *sacramenta* todos os atos rituais da Igreja, Agostinho atribui um significado muito maior aos sacramentos do ↑ Batismo e da ↑ Eucaristia. Define o conteúdo do conceito mais restrito do sacramento no contexto do Batismo: "Accedit verbum ad elementum et fit sacramentum, etiam ipsum tamquam visibile verbum" (Io. ev. tr. 80,3: Unindo-se a palavra ao elemento, nasce o sacramento, que também é palavra visível). E também no evento eucarístico, a "palavra da fé" (*verbum fidei*) constitui o efeito sacramental por meio do poder do Espírito Santo presente na Igreja. Graças à vinculação do conceito do sacramento ao *elementum*, que Agostinho compreende como objeto palpável (água, pão e vinho), esse conceito sofreu uma concretização que o determinou por muito tempo. A diferenciação de Agostinho entre "signo externo" (*signum*) e "efeito interno" (*res*) também exerceu uma grande influência sobre o desenvolvimento teológico posterior: Agostinho compreendeu como *res sacramenti* a redenção efetuada no evento Cristo. Até a virada do primeiro milênio, a teologia sacramental seguiu basicamente o caminho traçado por Agostinho. Em decorrência disso, o conceito do sacramento permaneceu analógico também no início da Idade Média, que concebia o evento Cristo como fundamento e fonte da realidade sacramental. Durante muito tempo, não houve consenso em relação ao número dos sacramentos. Uma reflexão mais profunda do conceito do sacramento ocorreu na escola de São Vítor, em Paris, e em Pedro Lombardo († 1160). Hugo de São Vítor († 1141) conferiu ao conceito do sacramento uma nova orientação ao designar três precondições constitutivas: o signo sensual (*elementum*), a graça invisível (*gratia*) e a instituição divina (*institutio*). A coleção de sentenças de Pedro Lombardo, que contém uma enumeração e classificação dos sete sacramentos (Sent. IV d2 c1), também teve uma grande influência sobre o desenvolvimento posterior. A especulação escolástica concentrou-se na pergunta referente ao efeito sacramental, recorrendo à diferenciação entre *materia* e *forma* para definir o conceito do sacramento (↑ hilemorfismo). Existia um amplo consenso entre os teólogos da alta escolástica referente às palavras proferidas na execução sacramental (*forma*), mas havia diferenças consideráveis quanto à concretização da materia de sacramentos individuais (principalmente no ↑ Sacramento da Reconciliação, no ↑ Sacramento da Ordem e no ↑ matrimônio). A substituição do conceito concreto do *elementum* pela categoria da *materia* provocou uma ampliação do uso linguístico: agora, tornara-se difícil definir como sacramento atos rituais que não apresentassem um *elementum*. O emprego do conceito da *materia* amenizou essa dificuldade, pois viabilizou a inclusão de posturas internas e de gestos sem o emprego de objetos até então considerados constitutivos do sacramento. A adoção da terminologia hilemorfista abriu assim a possibilidade de uma compreensão mais pessoal e dinâmica dos atos sacramentais. Na alta escolástica, a tradição sofreu outra modificação quando se acrescentou um terceiro membro intermediário à diferenciação agostiniana entre *signum* ou *sacramentum tantum* (o signo) e *res sacramenti* (o efeito): o *res et sacramentum*. Este se refere a um primeiro efeito ainda vinculado ao signo (a presença de Cristo nas dádivas da Eucaristia, p. ex.). A partir da virada do primeiro milênio, o número de sete sacramentos começou a se impor e foi sustentado por numerosas tentativas de classificação na escolástica. Tomás de Aquino († 1274) forneceu uma justificação antropológica, compreendendo os sete signos sacramentais como estações do caminho do ser humano para Deus, mas descrevendo-os também como remédios para a cura ou evitação de danos (STh III q65 a1). A recepção da teologia sacramental medieval na Modernidade provocou uma controvérsia sobre o modo de efeito dos atos sacramentais. Os tomistas defendiam a tese de um efeito físico: segundo eles, o sacramento gerava a graça por ele designada de modo imediato e direto. Os escotistas, por sua vez, defendiam um efeito (apenas) mediado e moral dos sacramentos, cuja execução motivava Deus a conferir o efeito respectivo. Essa aporia não pôde ser resolvida de forma satisfatória com a terminologia neoescolástica do século XIX. No início do século XX, o movimento litúrgico e a renovação catequética, concentrando-se na dimensão comunial das celebrações sacramentais e no caráter simbólico do evento litúrgico, exerceram uma grande influência sobre a doutrina sacramental católica romana. Nesse contexto, a teologia dos mistérios, de O. Casel († 1948), exerce um papel importante: A congregação reunida celebra um evento simbólico-cultual e acessa desse modo o espaço de vivência divina. – (3) A definição do número dos sacramentos na tradição latino-ocidental exerceu uma influência também sobre a teologia no Oriente cristão. Isso se evidencia no fato de que os dois concílios de união de Lyon (1274) e Florença (1439) ensinam que existem sete sacramentos (DH 860; 1310). O decreto armênio fortemente marcado pelo tomismo do Concílio de Florença com suas proposições sobre a *materia*, os ministradores e o efeito do sacramento pode ser visto como resumo da especulação escolástica. Seu grau de generalização e formalização, porém, já não permitem mais reconhecer o tamanho do esforço necessário para subsumir as diferentes práticas rituais da Igreja cristã sob um conceito geral. O decreto do Concílio de Trento, de 1547, sobre os sacramentos expõe sua posição referente a perguntas gerais (DH 1.601-1.613). As declarações se referem à compreensão supostamente reformada dos sacramentos; desde o início, são apresentadas no contexto da doutrina da justificação (↑ justificação) (DH 1.600). O número de sete sacramentos (DH 1.601) é defendido com referência à sua instituição por Jesus Cristo, mas reconhece-se também uma diferença em seu status (DH 1.603) e sua superioridade em relação aos atos simbólicos divinos no AT (DH 1.602). A fala da necessidade salvífica dos sacramentos (DH 1.604) precisa ser interpretada no contexto da refutação de um efeito meramente fortalecedor (DH 1.605). Cân. 6 (DH 1.606) se opõe à redução dos sacramentos a atos meramente humanos para o fortalecimento da própria fé. Cân. 7 e cân. 8 falam do efeito sacramental, que – no que diz respeito a Deus – se aplica a todos (DH 1.607, mas está sujeito à realização do ato sacramental (eficácia ↑ *ex opere operato*: DH 1.608). Importante é também cân. 12 (DH 1.612), segundo o qual o evento sacramental preserva sua independência da constituição moral do ministrador. Cân. 9 trata do ↑ *character indelebis* (conferido no Batismo, na ↑ Crisma e na Ordem), que é compreendido como serviço e obrigação duradouros do receptor do sacramento (DH 1.609). Os cânones 10, 11 e 12 tratam da pergunta referente ao ministrador do sacramento (DH 1.610-1.612) e enfatizam nesse contexto a vocação especial de pessoas individuais para a proclamação da Palavra e a administração dos sacramentos; ressaltam a necessidade de uma correspondência entre a intenção do ministrador e a norma eclesiástica. Cân. 13 proíbe mudanças pessoais na realização dos ritos sacramentais por pastores não autorizados (DH 1.613). A redescoberta da dimensão litúrgica das celebrações sacramentais se reflete nos textos do Concílio Vaticano II (principalmente SC 26s.; 59; 61; LG 11): O concílio deseja uma reforma das celebrações litúrgicas na comunhão dos fiéis. A renovação deve se orientar pela tradição bíblica e tornar transparente a relação entre piedade pessoal e piedade sacramental. Deve-se atribuir à redescoberta do significado socioeclesial das celebrações sacramentais também as declarações do Concílio Vaticano II sobre a (↑ sacramentalidade da Igreja (LG 1; 8; 48) com uma fundamentação cristológica e especificação pneumatológica do conceito do sacramento: A Igreja e Jesus Cristo são "sacramento" de modos diferentes. Enquanto a existência sem pecados da natureza humana de Jesus Cristo permite a presença imperturbada da promessa divina, o Espírito divino não pode operar nas estruturas sociais da Igreja sem danos causados pelo pecado. – (4) A disputa dos séculos XVI e XVII no Ocidente latino sobre a doutrina tradicional dos sacramentos influenciou também o desenvolvimento da teologia ortodoxa no Oriente. Esta se viu desafiada a esclarecer sua postura em escritos confessionais (*confessiones*). Após um período de adoção consciente de pensamentos reformados, a *Confessio Orthodoxa* (sete *mysteria*, terminologia hilemorfista), redigida entre 1638 e 1642 por P. Mogilas de Kiev em aproximação da posição católica romana, passou a determinar a tradição doutrinal ortodoxa. No século XIX, ela se libertou da influência ocidental para ressaltar suas próprias raízes: foco nos mistérios, ênfase da epiclese, caráter simbólico no número sete. No tempo do Concílio Vaticano II, a doutrina ortodoxa exerceu uma influência sobre a teologia católica romana (redescoberta das dimensões pneumatológica e eclesiológica dos atos sacramentais). O entendimento de M. Lutero († 1546) segundo o qual a promessa de Deus (*promissio*) se cumpre na palavra do perdão dos pecados e sua obra justificadora no ser humano ocorre exclusivamente por meio da fé (*sola fide*) afetou também suas reflexões sobre o sacramental: Os sacramentos apresentam uma estrutura verbal, são palavras salvíficas de Deus para o ser humano desmerecedor, cujo efeito se manifesta na fé. Afirmações sobre o conceito geral dos sacramentos são raras em Lutero, além disso, suas reflexões sobre o conceito e o número dos sacramentos apresentam modificações ao longo do tempo. Para ele, o critério principal para designar um ato eclesiástico como sacramento é a presença de um signo sensual (*elementum*), que, por meio da palavra (*verbum*), se transforma em "palavra visível" (*verbum visibile*). Nos escritos de Lutero, essa definição compete com a vinculação dos atos sacramentais a uma palavra neotestamentária de instituição (*institutio*), que indubitavelmente existe no caso do ↑ Sacramento da Reconciliação, mas que dificilmente permite a identificação de um *elementum*. A preocupação de Lutero de corresponder ao testemunho bíblico levou também à redescoberta do centro cristológico do conceito do sacramento. Esses aspectos encontram-se no escrito "De captivitate babylonica" (1520), que adverte primeiro o *usus scripturae* (o uso bíblico da palavra) e então fala do sacramento uno Jesus Cristo e dos três signos sacramentais do Batismo, da Santa Ceia e da Reconciliação (WA 6,501,37s.). Na opinião de Lutero, porém, a fala de apenas dois sacramentos corresponderia mais ao sentido restrito da palavra, já que a penitência não apresenta um signo visível (WA 6,572,10-22). A fala dos dois sacramentos, que reencontramos no Catecismo Maior (1529) (BSLK 557,36; 691,6), conseguiu se impor na tradição luterana, apesar de o próprio Lutero ter demonstrado em sua obra tardia a disposição de chamar de sacramento também a celebração da Reconciliação em virtude de sua instituição bíblica (WA 54,427,26). Os credos luteranos apresentam certa abertura nessa questão: ApolCA 13,4 inclui a Absolvição aos (três) sacramentos, pois reconhece um mandado de Deus (*mandatum Dei*) e uma promessa da graça (*promissio gratiae*) (BSLK 292,24-29). Essa posição já é sugerida como doutrina luterana pela disposição de CA 9-13. Segundo CA 7, a proclamação do Evangelho e também a administração correta dos sacramentos são de importância constitutiva para a Igreja. F. Melâncton († 1560) conferiu um caráter próprio à definição dos sacramentos como ritos e cerimônias da congregação – aspecto este que é ainda mais palpável na tradição dos credos reformados. U. Zwínglio e J. Calvino concordam que os atos sacramentais apresentam um significado eclesial; no entanto, sua compreensão é caracteristicamente distinta: Zwínglio († 1531) recorre ao significado etimológico do *sacramentum* e compreende os sacramentos como sinais públicos da iniciação e do comprometimento de não voltar para a vida antiga. Como sinais de confissão, os sacramentos são atos humanos, por meio dos quais a Igreja se certifica da fé do indivíduo, não são, portanto, instrumentos da graça de Deus. Calvino teve uma influência maior sobre tradição reformada († 1564). Ele compreende os sacramentos como dádivas de Deus, como selos externos de sua promessa, que se tornam necessários em virtude da ignorância, da indolência e da fraqueza da existência humana. Por isso, chama de sacramentos num sentido mais amplo todos os sinais (vétero e neotestamentários) que afirmam a verdade da promessa divina; sua eficácia pressupõe a fé fundamentada pelo Espírito de Deus na palavra da proclamação. Diferentemente da tradição luterana, ele refuta um vínculo entre o efeito divino salvífico e os elementos terrenos: A eficácia dos atos sacramentais é garantida pela abertura do coração para as dádivas da graça divina. Desde o início do movimento ecumênico, as diferenças confessionais sobre o significado, o número e o efeito dos sacramentos têm sido tematizadas nos diálogos. Na década de 1970, o interesse se concentrava na determinação da relação entre "palavra e sacramento", mas a partir dos meados da década de 1980 transparece outra ênfase: Agora, o tema "Igreja e sacramento" passa a ocupar um espaço cada vez maior. Dois documentos alemães conseguiram aproximar as posições luterana e católica romana: "Kirchengemeinschaft in Wort und Sakrament" [Comunhão das Igrejas em Palavra e Sacramento] (1984) e "Lehrverurteilungen – kirchentrennend?" [Condenações doutrinais – separadoras de igrejas?] (1986). Trataram de perguntas referentes às características constitutivas do conceito dos sacramentos, à relação entre fé e sacramento, ao efeito sacramental, ao *character indelebilis*, aos ministradores dos sacramentos e à mutabilidade das formas sacramentais. Apesar das múltiplas formas confessionais das reflexões na teologia sacramental, surgiram aspectos comuns no passado mais recente, que podem ser formulados como convergências no diálogo ecumênico: O foco cristológico do conceito do sacramento e a ênfase do caráter verbal e proclamador dos atos sacramentais acata uma preocupação que se preservou na tradição reformada e que se tornou domínio público da teologia sacramental mais recente. A recordação inerente aos conceitos católicos romanos da dimensão socioeclesial do Evangelho e o fundamento situacional e pessoal dos atos sacramentais repercutiu em posicionamentos ecumênicos. A recepção em todas as confissões do conceito do símbolo evidenciou as raízes antropológicas das celebrações sacramentais. Em vista de perguntas urgentes na pastoral dos sacramentos, aumentou a sensibilidade para a necessidade de tornar compreensível o sentido das celebrações sacramentais. Existe um grande consenso na convicção segundo a qual já não podemos (mais) falar de uma "Igreja (evangélica) da Palavra e de uma "Igreja (Católica Romana) dos Sacramentos". No entanto, o conceito analógico do sacramento favorecido pelo lado católico romano (de forma alguma alheio à tradição protestante) ainda suscita certo ceticismo no âmbito evangélico. Se as diferentes confissões manterem em vista fato de que a fala da sacramentalidade da *Igreja* é um ponto de vista de especificação pneumatológica que enfatiza a primazia do evento Cristo, essa fala poderia ter um efeito ecumênico amenizador sobre a tentativa de determinar o número dos sacramentos. A natureza analógica do conceito do sacramento legitima tanto seu emprego linguístico mais restrito como também seu uso mais amplo. Permanece incontestada a primazia do Batismo e da Eucaristia como *sacramenta maiora* (sacramentos mais importantes em contraposição aos *sacramenta minora*) em toda a teologia cristã. – (5) Até os meados do século XX, a teologia católica romana foca no centro eclesiológico do conceito dos sacramentos, para o qual já haviam contribuído os teólogos da Escola de Tübingen (J.A. Möhler [† 1838], J.E. Kuhn [† 1887], P. Schanz [† 1905]), mas também M.J. Scheeben († 1888). A consolidação dessa perspectiva só ocorreu por meio de O. Semmelroth (†1979) e K. Rahner († 1984). Ainda antes do Concílio Vaticano II, esses dois teólogos contribuíram também para uma fundamentação cristológica do conceito dos sacramentos. A vinculação (posterior) da dimensão eclesiológica do sacramento ao evento Cristo como origem e centro de toda realidade sacramental se expressou no uso exclusivo da expressão "sacramento primordial" para Jesus Cristo e na designação da Igreja como "sacramento fundamental ou sacramento-raiz" dos atos sacramentais individuais. E Schillebeeckx († 2009) contribuiu para a propagação de um conceito cristológico dos sacramentos. O fundamento antropológico-pessoal dos atos sacramentais só atraiu o interesse dos teólogos após o Concílio Vaticano II. K. Rahner lembrou a necessidade da participação pessoal no sacramento como precondição para sua fertilidade. J. Ratzinger estabeleceu relações entre as celebrações sacramentais e os eventos extraordinários na vida humana. Criou assim a base para a análise de motivações situacionais para as celebrações sacramentais na teologia pastoral. A teologia sacramental atual leva em consideração tanto aspectos da ciência social (os sacramentos como celebrações comunicativas em uma comunidade que precisa se certificar sempre de novo de seu fundamento divino) quanto aspectos simbólicos (os sacramentos como atos simbólicos, nos quais um significado interno se desdobra num gesto externo) e biográficos (os sacramentos como oportunidade para a interpretação de transições na biografia de uma pessoa).

Teologia e Direito Canônico referente aos sacramentos

Sacramentos	Ministrador oficial	Receptores
• De iniciação: Batismo, Crisma, Eucaristia. • Cura: Penitência, Unção dos Enfermos. • Da *communio* eclesial: Ordem, Matrimônio.	"Para realizar tão grande obra, Cristo está sempre presente na sua igreja, especialmente nas ações litúrgicas [...] na pessoa do ministro [...] nos Sacramentos, de modo que, quando alguém batiza, é o próprio Cristo que batiza" (SC 7).	"Deus difundiu a sua caridade nos nossos corações, por meio do Espírito Santo, que nos foi dado (cf. Rom. 5,5). [...] Para que esta caridade, como boa semente, cresça e frutifique na alma, cada fiel deve ouvir de bom grado a palavra de Deus, e [...] participar frequentemente nos sacramentos" (LG 42).
Batismo (em latim: *baptismus*).	Bispo, sacerdote ou diácono são ministradores ordinários. Em casos de emergência, cada um, até mesmo a pessoa não batizada, possui o direito de batizar no sentido da Igreja.	Toda pessoa não batizada; no Batismo de adultos, o catecumenato precede o Batismo como introdução intensiva à fé da Igreja.
Crisma (em latim: *confirmatio*).	O bispo local é o ministrador original; no entanto, pode delegá-la a um sacerdote (sobretudo aos párocos na iniciação de adultos, quando esta ocorrer em sua paróquia).	Toda pessoa batizada que pretende percorrer seu caminho cristão dentro da Igreja Católica; precondições para um recebimento frutífero são uma fase de preparação catequética e o Sacramento da Reconciliação.
Eucaristia (em latim: *eucharistia*).	Bispos e sacerdotes agem "na pessoa de Cristo"; sem seu serviço a celebração da Eucaristia não é possível.	Toda pessoa católica com preparo devido (p. ex., a Penitência); as crianças podem participar, dado que entendam seu significado.
Penitência (em latim: *paenitentia*).	Cardeais no mundo inteiro, bispos e sacerdotes que possuem autorização para a absolvição.	Toda pessoa católica que se arrepende de seu pecado, confessa (plenamente) os pecados graves e demonstra a disposição para a satisfação dos danos causados.
Unção dos Enfermos (em latim: *unctio infirmorum*).	Bispos e sacerdotes.	Toda pessoa católica em perigo de vida em virtude de uma doença ou idade avançada.
Ordem (em latim: *ordo*) • Ordenação de bispos. • Ordenação de sacerdotes. • Ordenação de diáconos (vale também para o diaconato permanente).	Bispo assistido por dois bispos. Bispo. Bispo.	O sacerdote nomeado bispo pela Santa Sé. O diácono admitido para a ordenação de sacerdote (regulamentações especiais). O candidato admitido para a ordenação de diácono no primeiro nível da Ordem.
Matrimônio (em latim: *matrimonium*).	O noivo e a noiva ministram o sacramento um ao outro; o bispo, sacerdote ou diácono professa a bênção da Igreja sobre essa união como *testis originalis*.	Noivo e noiva (contanto que nada impeça o matrimônio).

Elaborado por B. Wagner a pedido dos editores.

Lit.: a) e c) FABER, E.-M. *Einführung in die katholische Sakramentenlehre*. 2. ed. Darmstadt, 2009, esp. p. 19-71. • SCHNEIDER, T. *Zeichen der Nähe Gottes – Grundriss der Sakramententheologie*. 9. ed. Mainz, 2008, esp. p. 1-56. • COURTH, F. *Die Sakramente*. Friburgo/Basileia/Viena, 1995. • LIES, L. *Sakramententheologie*. Graz, 1990. • HEMPELMANN, R. *Sakrament als Ort der Vermittlung des Heils*. Göttingen, 1992. • LEHMANN, K. & PANNENBERG, W. (orgs.). *Lehrverurteilungen-kirchentrennend?* – Vol. 1: Rechtfertigung, Sakramente und Amt im Zeitalter der Reformation und heute. Friburgo/Göttingen, 1986 [Dialog der Kirchen 4]. • FINKENZELLER, J. *Die Lehre von den Sakramenten im allgemeinen*. 2 vols.: HDG 4/1a; IV/1b. Friburgo/Basileia/Viena, 1980/1981.

Dorothea Sattler

Sacramento da Ordem ↑ *ofício na Igreja,* ↑ *sucessão apostólica,* ↑ *bispo,* ↑ *character indelebilis,* ↑ *diácono,* ↑ *sacerdote.* – O Sacramento da Ordem (em latim: sacramentum ordinis; do latim: *ordo*, estamento, classe, ordenação, constituição) designa a transferência sacramental do ofício na Igreja, que se divide nas três formas do episcopado, presbiterado e diaconato. – **(1)** Os escritos veterotestamentários documentam muitos casos da escolha divina de pessoas específicas para determinadas tarefas: Abraão é chamado para ser uma bênção para todos os povos por meio do seu testemunho pela verdade das promessas de Deus (Gn 12,1-3). Os juízes impõem a lei na terra e defendem a verdadeira fé em Deus (Jz 5; 1Sm 3). Reis chamados por Deus tratam dos assuntos políticos e devem ser ao mesmo tempo eruditos que temem a Deus (2Sm 7). Os sacerdotes cumprem obrigações rituais, mas transmitem também por meio da instrução o verdadeiro conhecimento de Deus (Dt 21,54; Ml 2,7). Deus elege profetas para lembrar o povo de sua preocupação com os pobres (Am 2,6-7a). Mestres da sabedoria são eleitos porque lembram os valores autênticos da vida em face da morte (Sb 7). O fundamento de qualquer ofício na congregação de fé judaica e cristã é o chamado por Deus. "Serviço" (em grego: *diakonia*) é a palavra-chave neotestamentária para todas as atividades oficiais (2Cor 4,1; 5,18; Rm 11,13; Cl 4,17; 2Tm 4,5 et al.). Os escritos neotestamentários revelam uma evolução na realidade dos ofícios: Como ponto de partida seve a pressuposição praticamente incontestada segundo a qual Jesus teria eleito um círculo especial de confidentes, para que estes participassem de sua missão (Lc 10,1-20; Mc 3,13-19 par.). O ponto de referência primário para o ofício na Igreja é, como em todos os sacramentos, o evento pascoal: Apóstolos – e, portanto, participantes do ofício apostólicos – são primeiramente as testemunhas do Ressurreto (1Cor 15,3-11; Jo 20,17-18: Maria Madalena, segundo a tradição a "apóstola dos apóstolos", a testemunha do ressurreto enviada aos apóstolos; segundo Rm 16,7, também Júnia). Em Lucas encontramos uma identificação direta do apostolado com o grupo dos Doze (Lc 6,13; At 1,15-26). O vínculo entre o ministério de Jesus Cristo e o serviço em seu seguimento se manifesta sobretudo em relação ao perdão de Deus: "No lugar de Cristo" e em virtude da advertência do próprio Deus, os portadores do ofício pedem que as pessoas se reconciliem com Deus (2Cor 5,18-20). A participação na proclamação das palavras e dos atos de Jesus e na fundação de igrejas pode ser vista como centro da doutrina neotestamentária do ofício. A disposição para entregar sua vida no serviço da proclamação é a precondição pessoal do seguimento de Jesus. A forma concreta da realidade dos ofícios varia e depende de fatores temporais: Durante as primeiras décadas, em vista da expectativa da ↑ parusia iminente, houve uma concentração naquelas dádivas do Espírito na vida congregacional que contribuíam para uma rápida propagação do Evangelho: profecia, diaconia, instrução, liderança, cura, consolação e repreensão (1Cor 12; Rm 12). A sugestão de Paulo de viver em celibato também deve ser atribuída à expectativa da parusia iminente; todas as forças devem ser investidas na proclamação das boas-novas (1Cor 7). No entanto, já na era neotestamentária, torna-se evidente que as congregações precisam preparar para uma existência eclesiástica mais longa. Agora, evidenciam-se as vantagens de uma estrutura mais estável para os ofícios. No NT, encontramos uma ordem helênico-judaica (diáconos e epíscopos) e outra judaico-palestinense (presbíteros). Esses tipos se fundem e formam a base para o ofício tripartido posterior (1Tm 3,1-13; 5,17). A forma da transferência do ofício por meio da imposição de mãos e da oração, já frequente no AT, é acatada (At 13,2s.; 14,23; 1Tm 4,14; 5,22; 2Tm 1,6; cf. tb. Nm 8,10; 27,18-20; Dt 34,9). No início da proclamação do Evangelho, a missão, a diaconia e a fundação de igrejas faz parte do ofício; perguntas referentes à presidência de celebrações eucarísticas ainda não ocupam o primeiro plano. – **(2)** Nos primeiros séculos, a ordem dos ofícios eclesiásticos ainda é marcada por uma variabilidade situacional. Nos centros importantes do cristianismo (Corinto e Roma), existiam ainda no século II uma ordem colegial e presbiterial dos ofícios. Mesmo que, já nos escritos neotestamentários tardios, transpareça uma diferenciação entre o serviço de liderança episcopal e os serviços subordinados dos presbíteros e diáconos (trad. apost. [século III] em referência a Roma), esta permanece difusa. A partir do século IV aumenta o número de documentos que atribuem ao bispo a ordenação de presbíteros e diáconos por meio da oração e imposição de mãos. A participação dos diáconos e (no domínio da liturgia oriental por mais tempo ainda) das diáconas no Batismo de adultos contribui para a autonomia desse serviço. Além dos serviços na congregação, devemos mencionar também o monasticismo com seus ideais ascéticos. No início da Idade Média o ofício sacerdotal se concentrava em presidir a Eucaristia. A entrega dos instrumentos litúrgicos (patena e cálice) e a unção das mãos são elementos constitutivos da transferência sacramental do ofício. Em virtude de indagações protestantes, o rito da ordenação foi reformado, e a oração e a imposição das mãos recebeu um novo significado. No entanto, a teologia católica romana continua a orientar o ofício sacramental pela Eucaristia e a presidência eucarística. Por isso, a instituição do Sacramento da Ordem é, ainda hoje, vinculado à Última Ceia de Jesus. Atualmente existem esboços que veem a proclamação em palavra e atos como tarefa fundamental do ofício e que, a partir daí, atribuem tarefas específicas ao bispo, sacerdote e diácono. – (**3**) O magistério fez declarações sobre o ofício apenas após muito tempo, já que a importância dos serviços eclesiásticos não era contestada, e, portanto, não havia necessidade de estabelecer definições conceituais. Decisões conciliares são tomadas apenas em contextos de disputas controversas: O decreto aos armênios do Concílio de Florença (1439) trata, em sua representação dos sacramentos, também da Ordem (DH 1.326); a orientação do ofício sacramental continua a se orientar pela Eucaristia e, portanto, também pela função presbiterial. Essa acentuação persiste também na era da Reforma: O Concílio de Trento (DH 1.763-1.778) defende a importância do serviço eucarístico e o poder oficial de ligar e desligar (↑ Sacramento da Reconciliação) como tarefas que não podem ser subsumidas ao ponto de vista da proclamação do Evangelho (DH 1.771). Reafirma de modo apologético a instituição do ofício por Jesus Cristo (DH 1.773) e descreve a hierarquia (*hierarchia, divina ordinatione instituta*), instituída por Deus, dentro do ofício tripartido (DH 1.776); confirma também o *status* especial dos bispos, principalmente em vista da Crisma e da Ordem (DH 1.777). Após reformas pré-conciliares, que haviam definido a imposição de mãos como *materia*; e a oração como *forma* do Sacramento da Ordem (↑ hilemorfismo) (Papa Pio XII, Constituição Apostólica *Sacramentum Ordinis*, de 1947: DH 3.857-3.861), o Concílio Vaticano II inseriu o Sacramento da Ordem ao contexto maior da proclamação do Evangelho em uma sociedade cada vez mais secularizada (LG 25). O concílio lembra que, desde os primórdios, o ofício eclesiástico *uno* tem sido exercido em diferentes "ordens" (LG 28); esse fato histórico abre também perspectivas ecumênicas. O concílio compreende o ofício sacramental rigorosamente a partir do ofício episcopal, ao qual os ofícios do sacerdote e do diácono são subordinados (LG 18-21). Na ordenação do bispo ocorre a transferência da "plenitude do Sacramento da Ordenação" (LG 21; LG 26). A tarefa primária do bispo é a proclamação do Evangelho (LG 12; 25). Todas as outras tarefas são subordinadas a esse serviço fundamental (LG 20). O ofício do diácono é valorizado (LG 29). Ao mesmo tempo, o serviço sacerdotal preserva seu significado tradicional com sua orientação pela Eucaristia (LG 28). A diferenciação feita pelo concílio entre o ↑ sacerdócio comum de todos os batizados e o ofício especial do indivíduo ordenado "em essência e não apenas em grau" (LG 10) evita a diferenciação em grau de "santidade" individual; antes, pretende encontrar a diferença num nível fundamental: diferentemente do fiel batizado individual, os portadores de ofício exercem um serviço *a serviço* dos serviços: lideram e coordenam grupos, encorajam o indivíduo para seu empenho, examinam os dons e garantem a unidade da congregação. – (**4**) No diálogo da Igreja Católica Romana com a ortodoxia, a colegialidade dos Bispos em relação ao bispo de Roma (papa) é um tema controverso. Já que todos os ofícios nas igrejas ortodoxas e na Igreja Católica Romana são reconhecidos como participantes da sucessão apostólica, não existem ressalvas referentes à validade de suas celebrações eucarísticas (UR 16). O diálogo, porém, com as tradições reformadas é difícil desde o século XVI (UR 22). Isso se deve também à decisão dos reformadores de permitir a sucessão *presbiterial* (sacerdotes –

e não o bispo – ordenam sacerdotes) como "regra de emergência", quando, no âmbito da Reforma de Wittenberg, não foi possível encontrar um bispo regularmente ordenado para a nova congregação confessional. Recorrendo aos inícios do desenvolvimento dos ofícios e estatutos congregacionais da Igreja antiga, os reformadores defenderam esse passo com a finalidade de garantir a proclamação do Evangelho. No norte da Europa, todas as igrejas nacionais com constituição episcopal aderiram à confissão reformada; Roma, porém, não reconhece seus ofícios, pois, do ponto de vista católico romano, sua celebração não afirma a comunhão com o Bispo de Roma. Acusa também erros formais. Em numerosos diálogos bi e multilaterais em níveis nacionais e internacionais (declarações de convergência de Lima, de 1982; *Das geistliche Amt in der Kirche* 1981; *Lehrverurteilungen – kirchentrennend?*, 1986; *Die Apostolizität der Kirche*, 2006; *Das kirchliche Amt in apostolischer Nachfolge*, 2008), ocorreram aproximações que despertam a esperança de os ofícios serem reconhecidos reciprocamente. No âmbito reformado, os diálogos com a Igreja Anglicana têm levantado a possibilidade de diferenciar o ofício do bispo na forma do "epíscopo" (serviço de liderança suprarregional) do ofício do pároco com influência local. Existe a possibilidade de um consenso ecumênico se os aspectos pneumatológicos receberem uma importância maior: ofícios que têm comprovado sua eficácia graças ao Espírito Santo no testemunho do Evangelho e na diaconia podem ser reconhecidos como apostólicos por meio de um juízo espiritual. – (5) A teologia dogmática atual entrelaça suas reflexões sobre o Sacramento da Ordem com outras disciplinas teológicas: com a exegese, em vista das múltiplas formas dos testemunhos bíblicos; com a história da Igreja, para adquirir uma visão mais completa dos condicionamentos históricos do ofício; com a teologia pastoral, para entender as exigências concretas ao ofício. Uma diferenciação mais clara (segundo seu conteúdo) dos serviços de diáconos, sacerdotes e bispos seria útil não só em vista de uma divisão das tarefas. Os atos de Jesus podem ser vivenciados em cada forma do ofício sacramental: seu ministério entre os mais pobres, sua preocupação com a unidade da comunidade, sua visão para além do âmbito da congregação local. Uma realidade dos ofícios diferenciados de acordo com suas tarefas específicas não contradiz ao discurso da unidade no ofício sacramental. Existem perguntas abertas referentes às condições de admissão para o ofício ordenado: A exigência eclesiástica do celibato não possui relevância dogmática, pois trata-se de uma regulamentação disciplinar apenas para o clero do rito latino. A questão da ordenação sacramental de mulheres, porém, apresenta uma qualidade dogmática. Qualquer debate deve visar a uma posição teológica convincente que respeite a Escritura e a tradição.

Lit.: a) FABER, E.-M. *Einführung in die katholische Sakramentenlehre*. 2. ed. Darmstadt, 2009, p. 150-175. b) GRESHAKE, G. *Priester sein*. 5. ed. Friburgo/Basileia/Viena, 1991. • BRANTZEN, H. *Lebenskultur des Priesters* – Ideale, Enttäuschungen, Neuanfänge. Friburgo/Basileia/Viena, 1989. • OTT, L. *Das Weihesakrament*. Friburgo/Basileia/Viena, 1969 [HDG, 4/5]. c) SCHNEIDER, T. & WENZ, G. (orgs.). *Das kirchliche Amt in apostolischer Nachfolge* – Vol. 1: Grundlagen und Grundfragen. Friburgo/Göttingen, 2004 [Dialog der Kirchen, 12]. • SATTLER, D. & WENZ, G. (orgs.). *Das kirchliche Amt in apostolischer Nachfolge* – Vol. 2: Ursprünge und Wandlungen. Friburgo/Göttingen, 2006 [Dialog der Kirchen, 13]. • SATTLER, D. & WENZ, G. (orgs.). *Das kirchliche Amt in apostolischer Nachfolge* – Vol. 3: Verständigungen und Differenzen. Friburgo/Göttingen, 2008 [Dialog der Kirchen, 14].

Dorothea Sattler

Sacramento da Reconciliação ↑ *absolvição,* ↑ *obra de penitência,* ↑ *instituição dos sacramentos,* ↑ *contrição,* ↑ *pecado e culpa,* ↑ *confissão dos pecados,* ↑ *batismo.* – O Sacramento da Reconciliação é, além do Batismo, o segundo sacramento no qual celebramos a promessa divina do perdão (segunda penitência, em latim: *paenitentia secunda*). Distingue-se do Batismo pela situação existencial transformada: Um cristão já batizado reconhece a contradição entre sua profissão batismal e sua conduta pecaminosa, sendo novamente chamado para o arrependimento (fundamento antropológico do sacramento). Portanto, o ser humano pecaminoso pode contar com o perdão de Deus também após o Batismo (fundamento soteriológico do sacramento). – **(1)** Os escritos bíblicos mostram que as comunidades de fé judaica e cristã expressam seu reconhecimento de terem pecado contra Deus e o próximo por meio de símbolos. Um reconhecimento sóbrio do pecado ocorre principalmente nos Salmos (Sl 32; 38; 40; 51 et al.). Existem formas de penitência individual e comunitária (Jl 1–2; Ne 9). Exercícios externos de penitência (vestimentas, jejum, abstinência) correspondem à postura interna (Am 5,21-24; Os 6,6; Is 58,5-7). A crítica profética adverte para uma vida em observância autêntica dos mandamentos de Deus (de forma concentrada no Decálogo). O NT expressa claramente que toda a comunidade cristã deve contribuir para que a vida de seus membros seja um testemunho da presença efetiva do Espírito de Deus (Mt 18,15-20). Efésios adverte a congregação a um estilo de vida digno de sua vocação (Ef 4,2). A autoridade de excluir membros individuais da congregação e de suspender esse banimento é conferida aos apóstolos (Mt 18,18) e, de modo especial a Pedro (Mt 16,19), para manter o mal longe da comunidade cristã. Esta deve ser uma luz do amor de Deus. Na Páscoa, o Cristo ressurreto se mostra aos discípulos e lhes confere o poder do Espírito Santo para seu serviço pacífico da reconciliação (Jo 20,22s.). Segundo Paulo, a libertação das garras do pecado, concedida por Deus em graça e aceita na fé, deve se manifestar no convívio reconciliado dos batizados (Rm 6,7-11). Levando em conta a expectativa da ↑ parusia iminente, compreendemos que inicialmente era quase inimaginável aceitar outra oportunidade de penitência após o batismo para pecados graves. Desde os primórdios, o assassinato, a luxúria e o desvio da fé eram vistos como imperdoáveis. No entanto, a lembrança do costume de Jesus de dedicar-se aos pecadores e às pecadoras com grande misericórdia (cf. a inclusão tardia da perícope da mulher adúltera [Jo 7,53-8,11] ao cânone) motivou o abandono dessa linha rígida. – (2) A legitimidade da penitência em casos de pecados capitais foi contestada até o século III. Uma segunda possibilidade para um arrependimento e reconciliação acompanhados pela Igreja, porém, se impôs em vista do grande número daqueles que haviam negado sua confissão batismal durante as perseguições do século III. O Ocidente tendia a ver a penitência como algo semelhante a um processo jurídico. Sua ligação íntima com o batismo sugeria representar liturgicamente a penitência concedida uma única vez como ato de exclusão e reinclusão à congregação. Uma característica da prática canônica da penitência na Antiguidade era, portanto, seu caráter público: A exclusão da comunidade eucarística ocorria como consequência do pecado grave; esta era seguida por uma confissão litúrgica da culpa e a aceitação do pecador em seu estado de penitente. Por meio de exercícios por vezes longos e extenuantes, os penitentes demonstravam sua nova postura. O processo se encerrava com a reconciliação do pecador com a congregação, demonstrada pela imposição das mãos pelo bispo, e sua participação plena na eucaristia. No entanto, desenvolveram-se já na Antiguidade práticas que distorciam a penitência única e pública no sentido original – a preocupação com a credibilidade da congregação. O medo da possibilidade de depender mais uma vez de um processo penitencial rigoroso antes da morte fomentou a tendência de expor-se a ele apenas em idade avançada. A dimensão eclesial tornou-se menos importante quando, no século IV, o cristianismo se tornou Igreja popular e ficou mais difícil impor a seriedade original da ética cristã. No entanto, a prática da reconciliação pública subsistiu em livros litúrgicos na forma da *paenitentia solemnis*. No início da Idade Média, impôs-se uma nova forma de penitência que podia ser praticada com maior frequência e também no caso de desvios menores. Era um legado da vida comunitária monástica e conquistou o continente europeu graças à missão irlandesa e escocesa a partir dos séculos VII e VIII. A nova forma penitencial distinguia-se da antiga em termos de frequência (repetibilidade ilimitada), de hora (ausência de adiamentos em virtude do medo de castigos penitenciais duros e duradouros), de referência existencial (também pecados menos graves), de processo (não público, significado alterado da confissão do pecado como ato de vergonha pessoal e como fundamento para taxas de penitência adequadas) como também em termos da causa de sua eficácia (exercício do poder espiritual pelo confessor). A confissão do pecado determinava a obra penitencial, cuja determinação era facilitada por informações detalhadas fornecidas por livros penitenciais (listas de "taxas" para os pecados individuais). Os processos de comutação e redenção desenvolvidos nesse contexto (troca de uma obra penitencial por outra, considerada mais leve) contribuíram para uma denigração do ato penitencial, que, a partir da virada do primeiro milênio, já não era praticado mais *antes* da reconciliação do penitente (normalmente, numa celebração conjunta na Quinta-feira Santa), mas apenas *depois* desta. Algumas tentativas da Reforma Carolíngia de retornar à prática penitencial canônica da Igreja antiga não tiveram êxito. Por isso, a reflexão iniciada no início da escolástica sobre os efeitos dos elementos individuais no processo penitencial já não se referia mais à penitência pública, mas pressupunha a coincidência da confissão e reconciliação, que originalmente eram separados pelo tempo de penitência. Os teólogos do início da escolástica investigaram sobretudo a função da imposição das mãos pelo sacerdote. Havia necessidade de esclarecimento porque a absolução, que agora era conferida *antes* do encerramento da penitência, já não podia ser mais considerada um encerramento público do processo penitencial no sentido de uma readmissão jurídica para a comunidade eucarística. Alguns teólogos (como Pedro Abelardo [† 1142], Pedro Lombardo [† 1160] e G. Biel [† 1495]) atribuíram à absolvição apenas uma função *declaratória* (proclamação pública do perdão já efetuado por Deus), pois acreditavam que a culpa era anulada por meio da contrição. Outros teólogos (principalmente na escola parisiense de São Vitor) apresentam primeiros inícios de uma eficácia *causal* da absolvição. Mas foi Tomás de Aquino († 1274) que conseguiu expressar em conceitos convincentes a importância imprescindível das precondições pessoais para a penitência: Os atos do penitente (contrição, confissão, obra penitencial) abrem o caminho para um processo frutífero de reconciliação, confirmado de forma eficaz pela absolvição (*forma* do sacramento). A adoção do ↑ hilemorfismo aristotélico pela teologia penitencial enfatizou os atos visíveis do penitente (*materia*). Nesse contexto, diminuiu também o apreço por uma confissão geral e silenciosa, cuja eficácia nunca havia sido fundamentalmente questionada. No entanto, a valorização da confissão pessoal permitiu um grande respeito da teologia medieval pela confissão leiga. Para Tomás de Aquino, esta representava uma obrigação em casos de emergência (na ausência de um sacerdote). Apesar de a teologia da Idade Média tardia contestar expressamente a sacralidade da confissão leiga, nunca duvidou de seu alto valor espiritual e eclesial. O século XX testemunhou uma intensa pesquisa científica da prática penitencial eclesiástica e, sobretudo, patrística. Disso resultou uma redescoberta da dimensão socioeclesial da penitência. Pouco antes do Concílio Vaticano II, o movimento litúrgico promoveu uma nova consciência para o caráter festivo dos atos cultuais. Isso incentivou os esforços para uma nova forma de celebrações penitenciais, que surgiram na década de 1950 primeiro nas regiões de língua francesa. – **(3)** Na Antiguidade, encontramos poucas declarações do magistério sobre o Sacramento da Reconciliação. A nova forma de penitência, compreendida mais em termos terapêuticos, era fortemente contestada, como mostra o Terceiro Sínodo de Toledo (589-590) que proibiu expressamente a repetição de processos em sua própria região. Juntamente com a participação anual obrigatória na comunhão eucarística da Páscoa, estabeleceu-se também a obrigação de uma confissão anual diante do sacerdote, formulada pela primeira vez nas determinações do IV Concílio de Latrão, de 1215 (DH 812), e lembrada e fundamentada novamente pelo Concílio de Trento em vista da ênfase reformada da confissão voluntária (DH 1.682s.; 1.708). Podemos reconhecer uma adoção da teologia penitencial de Tomás de Aquino no decreto aos armênios do Concílio de Florença, de 1439 (DH 1.323). A teologia penitencial do Concílio de Trento, desafiada pela teologia protestante, procurou garantir a legitimidade e a subsistência da prática penitencial vigente. Os *canones* penitenciais do concílio (DH 1.701-1.715) ensinam a sacramentalidade da penitência (*canones* 1-3), definem a *materia* como contrição, confissão e satisfação e falam também do poder oficial (absolvição sacerdotal). As tentativas de aplicar o conceito do Sacramento da Reconciliação também às celebrações penitenciais na congregação sem a confissão individual tiveram uma influência de grande alcance (cân. 7 [exigência de confessar individualmente todos os pecados capitais] e cân. 9 [a absolvição sacramental como ato jurídico]). Cân. 6 demonstra o pouco conhecimento que Trento tinha da prática penitencial da Igreja antiga, pois parte do pressuposto de que a Igreja teria exigido desde o início a confissão secreta diante do padre segundo a instituição de Cristo. Em tudo, porém, manifesta-se a preocupação pastoral dos padres tridentinos; esta se manifesta, por exemplo, na ênfase da eficácia terapêutica do Sacramento da Penitência: as imposições penitenciais devem ser escolhidas de tal modo que tornem as pessoas mais cuidadosas e atentas e curem os efeitos penosos do pecado (DH 1.690). A obra de penitência deve proteger a nova vida da graça e servir como remédio contra a fraqueza dos pecadores (DH 1.691). O novo apreço pela dimensão socioeclesial do Sacramento da Penitência se manifesta também nos documentos do Concílio Vaticano II (SC 26s.; 109s.; LG 11; PO 5). O "Ordo Paenitentiae", de 1973, acata essa preocupação, mas enfatiza ao mesmo tempo a legitimidade de múltiplas formas da penitência eclesial. Esta pode ser celebrada: 1) como reconciliação para pessoas individuais; 2) como celebração comunial da Reconciliação com a confissão e absolvição das pessoas individuais; 3) em determinadas situações de emergência como confissão e absolvição gerais. Missas penitenciais não são consideradas sacramentais, pois nela a confissão geral é um elemento de regra e a atividade sacerdotal se limita a preces de intercessão. Mesmo assim, são recomendadas (principalmente para os períodos de advento e jejum). Nos escritos papais e episcopais pós-conciliares (João Paulo II, *Reconciliatio et Paenitentia* 1984; Conferência dos Bispos Alemães, *Umkehr und Versöhnung im Leben der Kirche* 1997) o valor do Sacramento da Reconciliação é justificado com argumentos antropológicos e eclesiológicos. – (4) A combinação dos pensamentos de alguns padres da Igreja (principalmente de Orígenes [† 253/254] e Atanásio [† 373]) com a prática do acompanhamento espiritual de monges ascéticos resultou numa ênfase peculiar no cristianismo oriental: compreende o arrependimento e a reconciliação como processo individual, no qual o efeito terapêutico curador ocupa o primeiro plano. Na Igreja Ortodoxa, a Penitência é um dos sete sacramentos; é celebrada sobretudo na preparação para a liturgia eucarística. Até o fim de sua vida, M. Lutero († 1546) expressou um grande apreço pela confissão individual, que, segundo ele, faz parte do centro da vida da Igreja. Em sua aflição causada pelo pecado, via a absolvição como forma fundamental do Evangelho – como promessa do perdão dos pecados meramente pela graça de Deus. A crítica de Lutero a elementos específicos da prática penitencial da Igreja precisa ser vista no contexto de sua luta contra o comércio de indulgências. Esta suscitava a impressão de que pessoas (com grande poder aquisitivo) podiam comprar o perdão de Deus por meio de obras de piedade. Lutero se voltou contra uma prática penitencial puramente exterior e defendeu uma combinação de arrependimento autêntico e penitência eclesiástica. Partindo dessa compreensão pessoal e existencial da penitência, Lutero refutou a obrigação da confissão anual e lutou pela causa da "liberdade da confissão". A exigência de uma confissão completa só geraria escrúpulos. Por isso, a refutou. Lutou veementemente contra a imposição de obras penitenciais *após* a absolvição, pois reconhecia nisso uma ameaça contra o efeito libertador e feliz do perdão. Na pergunta referente à sacramentalidade da confissão individual, Lutero oscilou: O cunho agostiniano de seu conceito sacramental o fez duvidar se o *elementum*, citado por Agostinho como precondição para o sacramento juntamente com o *verbum*, realmente estaria presente na Penitência. Em seus últimos anos de vida, porém, Lutero tendeu a compreender a Penitência como sacramento autêntico, já que em seu caso a instituição por Jesus é bem documentada pela Bíblia. A celebração da Penitência possui uma história peculiar na comunidade da confissão reformada: J. Calvino († 1564) apreciava muito a dimensão eclesial da penitência e se empenhou pela criação de formas congregacionais de penitência. Isso o levou – ainda mais do que Lutero – a um questionamento da sacramentalidade da penitência. Hoje, a ligação estabelecida ainda na era da Reforma entre a penitência e o processo rigorosamente regulamentado para a averiguação da capacidade de participar da Eucaristia por meio do "interrogatório confessional" ("disciplina eclesiástica") é vista como motivo principal para a perda da confissão individual no domínio evangélico. Nos séculos XIX e XX, muitas comunidades espirituais protestantes reavivaram a prática da confissão individual ("movimento evangélico para a confissão"). A tradição luterana possui uma agenda própria para a confissão individual. As jornadas da Igreja Evangélica oferecem confissões com a possibilidade da absolvição. Nos diálogos entre a Igreja Católica Romana e as igrejas da Reforma, realizados durante as últimas décadas, sobre questões referentes à doutrina da justificação, a atenção se voltou também para os sacramentos do Batismo e da Penitência. Existem diálogos ecumênicos sobre a confissão também entre as igrejas ortodoxas e algumas igrejas reformadas. Todas as tradições cristãs destacam hoje o aspecto terapêutico da penitência. – (5) Por volta de 1970, foi diagnosticada uma crise do Sacramento da Penitência no âmbito católico. Em vista disso, deve-se levar em consideração não só o crescente distanciamento da Igreja, mas também a desvinculação do Sacramento da Penitência da participação na comunhão eucarística. A teologia tem feito numerosas tentativas de situar de maneira nova a multiplicidade das formas de penitência na vida das congregações. Novos desafios resultaram também do diálogo científico com a psicoterapia, que incentivou uma avaliação mais positiva da dimensão terapêutica do Sacramento da Penitência. Contribuições mais recentes estabelecem relações entre o chamado para o arrependimento e a reconciliação e as situações de vida concretas do ser humano.

Lit.: a) FABER, E.-M. *Einführung in die katholische Sakramentenlehre*. 2. ed. Darmstadt, 2009, p. 122-141. • SCHNEIDER, T. *Zeichen der Nähe Gottes* – Grundriss der Sakramententheologie. 9. ed. Mainz, 2008, p. 184-215. b) MESSNER, R. *Feiern der Umkehr und Versöhnung*. Regensburgo, 1992, p. 9-240 [GdK, 7/2]. • WERBICK, J. *Schulderfahrung und Busssakrament*. Mainz, 1985. c) VORGRIMLER, H. *Busse und Krankensalbung*. 2. ed. Friburgo/Basileia/Viena, 1978 [HDG, 4/3]. • SATTLER, D. *Gelebte Busse* – Das menschliche Busswerk (satisfactio) im ökumenischen Gespräch. Mainz, 1992.

Dorothea Sattler

Sacramentos de iniciação ↑ *instituição dos sacramentos,* ↑ *Eucaristia,* ↑ *Crisma,* ↑ *sacramento,* ↑ *Batismo,* ↑ *número de sacramentos*. – Chamamos de iniciação a admissão de um ser humano na comunhão eclesiástica. Ela exige o arrependimento e a fé em Jesus Cristo. Assim como outras religiões também, o cristianismo conhece ritos de iniciação. Estes são o Batismo, a Crisma e a Eucaristia. – **(1)** O AT relata ritos de iniciação, que são observados até hoje na comunidade de fé judaica e que influíram sobre a tradição cristã: a circuncisão dos descendentes masculinos, lavagens, exercícios para a prática da leitura da Escritura. Enquanto a circuncisão logo foi considerada uma condição não necessária para a existência cristã (Gl 5,1-12), o banho e a instrução catequética antecedente preservaram seu significado no contexto do batismo. Em virtude do processo múltiplo de diferenciação entre as congregações judaico-cristãs e gentio-cristãs, o NT não conhece um conceito homogêneo de iniciação. Fundamental é a fé no Cristo Jesus ressurreto e no envio do Espírito: A pessoa se torna membro do corpo de Cristo por meio do batismo (1Cor 12,12-31), participa do relacionamento de Jesus com Deus (Gl 4,1-7) e recebe o poder do Espírito Santo para uma conduta cristã (Rm 12,9-21). Podemos atribuir determinadas formas de celebração a esse processo pessoal da fé. – **(2)** A forma fundamental da iniciação cristã é o batismo, que é precedido por fases de catecumenato. Os primeiros séculos não oferecem nenhum registro de um vínculo temporal entre o batismo e a celebração da eucaristia, no entanto, existe uma ligação entre os dois eventos: Pessoas que se converteram para Cristo (e que, portanto, provavelmente foram batizadas) podem participar da celebração eucarística. Houve uma reflexão mais intensa sobre a relação entre Batismo e Crisma (reafirmação do batismo por meio da imposição de mãos e unção); esta se desenvolvera independente, mas paralelamente ao batismo infantil. As primeiras reflexões sobre o evento total da iniciação são encontradas nas catequeses mistagógicas de Cirilo de Jerusalém († 386). Na tradição litúrgica oriental e ocidental, desenvolveram-se em seguida dois modelos: os ritos orientais preservam a unidade da iniciação e o costume de administrar o batismo, a crisma e a eucaristia (com pão mergulhado em vinho) também a recém-nascidos na mesma celebração; no rito ocidental surge, em virtude de circunstâncias antropológicas, uma separação temporal (não teológica) entre Batismo e Crisma e a possibilidade de, devido à alta estima da Idade Média pela eucaristia, administrar este sacramento ainda antes da crisma. – **(3)** Os primeiros pronunciamentos magisteriais referentes à iniciação ocorrem no Concílio Vaticano II. Apesar dos muitos posicionamentos referentes aos sacramentos do Batismo, da Crisma e da Eucaristia pronunciados já antes do concílio, seu vínculo interno só foi refletido bem tarde. É significativo que o termo "iniciação" seja empregado pela primeira vez com destaque no decreto missionário do concílio (AG 14): Este exige um longo período de catecumenato, durante o qual os candidatos à conversão são introduzidos às formas fundamentais da existência cristã. A descrição concreta da iniciação sacramental parte da sequência clássica do Batismo (morrer e ressuscitar com Cristo), Crisma (receber o Espírito da filiação) e Eucaristia (celebrar a memória da morte e da ressurreição de Jesus Cristo). A constituição litúrgica do concílio visa – partindo da Crisma – a um esforço intensificado para unir todos os três sacramentos de iniciação (SC 71). – **(4)** No diálogo ecumênico, a temática da iniciação está intimamente ligada à questão da legitimidade do batismo infantil. Juntas, todas as confissões defendem a regra do batismo de adultos, segundo a qual o Batismo, a Crisma/Confirmação e a Eucaristia/Santa Ceia são celebrados numa vinculação íntima e na sequência teologicamente adequada. Na tradição evangélica, torna-se cada vez mais comum (por motivos pastorais infantis e juvenis como na Igreja Católica) celebrar a Eucaristia antes da Confirmação. O voto a favor da eucaristia infantil pode ser comparado com o apreço católico pela primeira comunhão. Apesar de todo respeito pela unidade fielmente preservada da iniciação na Igreja Ortodoxa, permanece a pergunta referente ao significado do catecumenato nela. As liturgias ocidentais abriram mão do catecumenato pré-batismal em virtude do batismo infantil; é indicado realizá-lo mais tarde. No momento, existem reflexões referentes à um preparo ecumênico para a primeira celebração da Eucaristia/Santa Ceia. Continua difícil a determinação da idade, que, no contexto evangélico, está ligada ao forte vínculo entre Confirmação e primeira Eucaristia. – **(5)** A diferenciação feita na tradição litúrgica ocidental entre a iniciação (correspondente à biografia) de crianças (celebrações separadas de Batismo, primeira comunhão e Crisma) e a iniciação de adultos (unidade da celebração de Batismo, Crisma e Eucaristia) reflete um embaraço; este poderia ser solucionado se cada um dos conceitos fosse confirmado individualmente sem comparação crítica. Quando crianças são batizadas, exige-se uma iniciação processual. No batismo de adultos, é apropriado incluir a Crisma e a participação na Eucaristia à mesma celebração.

Lit.: a) FABER, E.-M. *Einführung in die katholische Sakramentenlehre.* 2. ed. Darmstadt, 2009, p. 75-97. b) KLEINHEYER, B. *Sakramentliche Feiern* – Vol. 1: Die Feiern der Eingliederung in die Kirche. Regensburgo, 1989 [GDK, 7/1]. • JILEK, A. *Eintauchen, Handauflegen, Brotbrechen* - Eine Einführung in die Feiern von Taufe, Firmung und Erstkommunion. Regensburgo, 1996. • MESSNER, R. *Einführung in die Liturgiewissenschaft.* Paderborn et al. 2001, p. 59-149. c) KASPER, W.; BIESINGER, A. & KOTHGASSER, A. (orgs.). *Weil Sakramente Zukunft haben* – Neue Wege der Initiation in Gemeinden. Ostfildern, 2008. • RIEDEL-SPANGENBERGER, I. *Die Sakramente der Initiation in der kirchlichen Rechtsordnung.* Paderborn et al., 2009 [Kirchen- und Staatskirchenrecht 10].

Dorothea Sattler

Santidade da Igreja ↑ *santos/veneração de santos,* ↑ *necessidade salvífica da Igreja,* ↑ *distintivos da Igreja,* ↑ *pneumatologia,* ↑ *sacramentalidade da Igreja.* – Segundo o Credo Niceno-constantinopolitano, a santidade é, após a unidade, a segunda característica essencial da Igreja de Cristo. É primariamente consequência da proximidade de Deus, concedida a ela por meio de Cristo e do Espírito Santo, da qual surge, em segundo lugar, a obrigação de exercer a santidade de forma existencial. – **(1)** No contexto bíblico, a santidade é consequência da eleição por Deus, o único santo (Ex 19,6). A relação com a santidade de Deus possibilita, portanto, a santidade da criatura, o que vale igualmente para o amor de Cristo e a comunhão eclesiástica santificada pelo Espírito Santo (Ef 5,25ss.). Mesmo assim, existem pecaminosidade, errância e culpa na Igreja, por isso, é necessário esforçar-se pelo caminho certo dentro do contexto da eleição santificadora (cf. a parábola da erva daninha, Mt 13,24-40; ameaças à Igreja jovem, At 5,3-11). – **(2)** Quando os credos da Igreja antiga falam da *communio sanctorum*, referem-se originalmente à participação nas *sancta*, nas dádivas sagradas (Eucaristia). A partir disso, o foco se volta para a comunhão dos *sancti*, dos santificados. Mesmo assim, os santificados se sentem ameaçados pelo pecado, que tem um efeito também sobre a coletividade. Assim, a Igreja é, segundo os padres, uma "prostituta casta" (*casta meretrix*), santa e pecaminosa ao mesmo tempo. Apenas os grupos sectários enfatizam o ideal de uma santidade exclusiva e rigorosa (maniqueus; donatistas, o Tertuliano tardio [† 220]). A esse rigorismo opõe-se o conceito duplo da Igreja de Agostinho († 430): Neste tempo do mundo, no qual o juízo final ainda não ocorreu, a Igreja permanece sendo um *corpus permixtum*: vivem nela santos e pecadores, mas como "noiva de Cristo" e "vaso do Espírito Santo" ela permanece sustentada e afirmada por Deus; é santa e, por isso, santificadora. Apenas um milênio mais tarde, a teologia católica abandona esse conceito dialético da santidade por motivos apologéticos. Assim, o CatRom (1566) – apesar de continuar a se orientar pela ideia agostiniana do *corpus permixtum* – chama a Igreja em uma perspectiva fortemente exteriorizada de "santa" porque dispõe dos "meios para a santidade" (CatRom I,X,7s.; I,X,15): Apenas ela possui "o serviço sacrifical legítimo e o uso são dos sacramentos [...] por meio dos quais age a verdadeira santidade como que por meio de instrumentos eficazes da graça divina" (I,X,15). – **(3)** Segundo o Concílio Vaticano II, a Igreja só pode ser chamada de santa a partir da santidade de Deus e afirmada como sinal e instrumento visível e confiável da salvação (LG 1). No entanto, ela o é sob uma perspectiva enfaticamente soteriológica: por meio do seu chamado, sua tarefa, sua comissão, sua ação. Ela o é também como testemunha do evento Cristo e como comunhão da proclamação indelevelmente vinculada ao Senhor, não, portanto, por si mesma ou por mérito próprio (LG 8). Do ponto de vista terreno, ainda lhe adere a imperfeição (LG 40), o que solapa qualquer identificação errônea e indistinta da Igreja com Cristo e refuta a tendência de mistificá-la (eclesiolatria). O concílio constata: A Igreja precisa *tornar*-se o que é e, portanto, estar sempre disposta a renovar-se constantemente (*ecclesia semper purificanda*); sua consumação e santidade plena lhe é prometida apenas para o *eschaton* (LG 48-51. 65). – **(4)** Para os reformadores, a Igreja também é santa, é *communio sanctorum*. Afirma Lutero († 1546): A Igreja é "a congregação ou reunião das pessoas santas, pias e crentes na terra, que é reunida, sustentada e regida pelo mesmo Espírito Santo e é multiplicada diariamente nos sacramentos e na Palavra de Deus" (WA 7,219,2). A comunhão dos santos é essencialmente comunhão dos santificados, dos pecadores justificados. Mas Lutero usa também argumentos da teologia da graça: Assim como o fiel individual justificado, a Igreja é concomitantemente santa e pecaminosa, "simul iusta et peccatrix"; o que se vê nela é o pecado: "facies ecclesiae est facies peccatricis" (*Praelectio in psalmum* 45: WA 40/2,560,10). Destarte, ela também exerce a função de um hospital e sanatório (*Ad Romanos*: WA 56,272,11ss.; 56,275,26ss.), no qual as pessoas podem recuperar sua saúde em virtude da justiça *divina*. Resumindo: A Igreja é *creatura Evangelii* – realidade apenas na Palavra de Deus, não por si mesma nem para si mesma; não é uma instituição intocável, onticamente santa e santificadora, mas estritamente relativizada como *ecclesia semper reformanda*. Deve proclamar a justificação sem cessar, não executá-la. É o Espírito Santo que cria a santificação em e por meio da Igreja. Por isso, na disputa ecumênica, o lado protestante reivindica com veemência a afirmação da pecaminosidade da Igreja como contrapeso à fala de sua santidade (declarações *Communio sanctorum*, de 2000; *Essência e missão da Igreja*, de 2005). No diálogo, as partes ortodoxa e católica romana se mostram decididamente relutantes diante dessa eclesiologia dialética, institucionalmente distanciada e inspirada na teologia da justificação. – **(5)** O discurso sobre a santidade e a pecaminosidade da Igreja não pretende expressar um emaranhamento paradoxal do pecado visível e da graça invisível, mas sim criar uma ligação entre afirmações sobre o ser e o dever. A santidade e a pecaminosidade não são verdades da fé ou qualidades essenciais da Igreja na mesma medida; o pecado é um fenômeno que se manifesta na Igreja, algo que afeta sua essência, mas também a contraria. Por isso, a Igreja só pode ser "sujeito" da renovação e da purificação (LG 65) quando se vê também como "sujeito" do pecado e da culpa e toma todas as medidas para lutar contra o ofuscamento de seu brilho. Isentar a Igreja "verdadeira" do pecado, e afirmar que apenas as pessoas que nela estão pecam, significaria defender um "conceito idealista da Igreja" (RAHNER, K. *Kirche der Sünder*, p. 308), que separa a instituição dos seres humanos. Ocultar-se-ia assim o fato de que o "vaso do Espírito Santo", a "única Igreja salvífica", é justamente a "noiva de Cristo", que consiste de seres humanos (p. 310). O discurso sobre a santidade da Igreja ressalta, portanto, primeiramente a fidelidade imutável de Deus e o poder da sua promessa, que criam uma realidade santa mesmo quando muitos fatos parecem contradizê-la. Uma teologia faz jus a esse fato apenas quando leva o chamado para o arrependimento tão a sério quanto a gratidão por aquilo que Deus faz, fará e fez para a Igreja, na Igreja e com a Igreja. Em outras palavras: A confissão da culpa e o louvor de Deus precisam andar juntos para que a Igreja não seja mistificada, mas também não menosprezada.

Lit.: BALTHASAR, H.U. "Casta meretrix". *Balthasar*, S 2, p. 203-305. • KEHL, M. *Die Kirche*. 4. ed. Würzburg, 2001. • NEUNER, P. *Heilige Kirche der sündigen Christen*. Würzburg, 2002. • RAHNER, K. "Kirche der Sünder". *KRSW*, 10, 2003, p. 82-95. • RAHNER, K. "Sündige Kirche nach den Dekreten des Zweiten Vatikanischen Konzils". *Rahner*, S, 1965, p. 321-347.

Johanna Rahner

Santos/veneração de santos ↑ *graça/doutrina da graça,* ↑ *Espírito Santo,* ↑ *santidade da Igreja,* ↑ *nome de Deus,* ↑ *imitação de Jesus,* ↑ *justificação*. – Santas (origem etimológica incerta: *completo/inteiro* ou *consagrado*; em hebraico: *qadoš*, em grego: *hagios*, em latim: *sanctus*) são aquelas pessoas que a) são explícita ou implicitamente vinculadas a Deus ("os justos da aliança antiga", como Abraão, Moisés, Judite, "gentios santos", como o Imperador Trajano na acepção medieval); que b) na fé e como batizados, participam do Deus trino por meio de Cristo (segundo Paulo, os membros da Igreja); e que c) segundo uma sentença eclesiástica oficial (canonização), realizam a imitação de Jesus Cristo na doutrina e na vida de modo especial. Dado que toda santidade é possibilitada pela graça de Deus, os santos são honrados e venerados. – (**1**) No AT, a passagem mais antiga e, ao mesmo tempo, mais decisiva para o adjetivo é Is 6,3: Deus é triplamente, ou seja, absolutamente santo, de forma que a santidade se torna nome da essência de Deus, em combinação com atribuições como reino (Is 43,15), poder (Is 41,20), justiça (Is 5,16), glória e honra (Sl 22,4; 78,41; 99 et al.), incomparabilidade (1Sm 2,2). *Nada* além de Deus é santo. Diante de sua pureza, todos os outros seres são impuros; diante de sua sublimidade, todo o resto é profano. Nos escritos tardios, o Espírito de Deus é continuamente chamado de santo (Is 63,10s.; Sl 51,13). No entanto, considera-se também que *tudo* que participa ou pertence a Deus é santo. Por isso, Isaías o chama de o "Santo de Israel" (1,4; 5,10 – em 25 passagens ao todo): Por meio de sua eleição graciosa e gratuita, Ele santifica o povo na aliança. Essa santificação pode ocorrer também quanto ao tempo (sábado Gn 2,3; datas festivas Lv 23,4ss.; jubileu Lv 25,12), ao espaço (a terra de Canaã/Israel Ex 15,3; Is 11,9), a objetos (tabernáculo, instrumentos, vestiário Ex 30,23-32; 40,9-11; Lv 8,10ss.; frutas e animais Ex 13,2.12ss.; Ne 10,37) e a pessoas (sacerdotes Ex 30,23-32; 40,13ss.; nazireus Nm 6,8). No NT, "santo" é uma das palavras mais frequentes (233 ocorrências), com referências a Cristo (Mc 1,24s.; Lc 4,34; Jo 6,69), ao Espírito de Deus (*pneuma hagion* – expressão fixa), à Igreja (Ef 5,25ss.) e aos cristãos (1Ts 4,3; Rm 6,19; 1Pd 2,9). Na abertura de suas epístolas, Paulo chama os membros das congregações de santos (Rm 1,7; 1Cor 1,2; 2Cor 1,1). A santidade não se refere necessariamente a qualidades éticas, como mostra a denúncia da vida na imoralidade de alguns cristãos, mesmo que a santidade incentive a santificação da vida (1Pd 1,15s.; 1Ts 4,3.7). – (**2**) O tamanho da graça de Deus, por um lado, e a determinação de seguir Cristo, por outro, levam, já muito cedo, à representação das testemunhas de sangue (mártires) como cristãos exemplares, ou seja, santos, que são venerados por isso e logo se tornam objeto dos pedidos de intercessão. O primeiro exemplo documentado da veneração de um santo é o caso do Bispo Policarpo de Esmirna (Mart. Polyc., por volta de 160). Com Orígenes († 253/254), inicia-se a fundamentação teórica da invocação dos santos: Como amigos de Deus, possuem o privilégio da liberdade de expressão (em grego: *parrhesia*) em sua presença; como membros da Igreja, são obrigados a cumprir o dever do amor ao próximo.

Como formas de veneração, surgem o culto sepulcral, a consagração de igrejas, a celebração do dia da morte (como *dies natalis*, o *aniversário* como dia da consumação), elevação das relíquias para a "honra dos altares", representações pictóricas e inscrições (primeiros grafites em San Sebastian, Roma), peregrinações, adoção do nome do santo do dia de nascimento. Da adoração dos mártires surge, ainda durante os três primeiros séculos, a adoração dos *confessores* (cristãos dispostos a pagar seu testemunho com a morte, mas que não tiveram que fazê-lo) como santos. A partir do século IV, esse caráter é atribuído primeiro aos ascetas, monges e virgens (martírio sem sangue) e, mais tarde, a todos os cristãos de vida exemplar. A veneração dos santos e a confiança em sua intercessão se manifestou (primeiramente em Ambrósio [† 397]) na escolha de determinados santos como padroeiros de nações, tribos, dioceses, cidades, profissões e estamentos, associações, ordens e como intercessores para problemas específicos (culto aos [quatorze] santos auxiliares). Para evitar abusos, primeiro os bispos, depois, cada fez mais e, por fim, exclusivamente, o papa (desde Alexandre III [1481]) submeteram a veneração dos santos à sua aprovação. A canonização de Ulrico de Augsburgo († 973) por João XV (993) foi a primeira canonização pontifícia. Aos poucos, desenvolveu-se na base da diferenciação entre *beatus* (beato) e *sanctus* (santo) um procedimento em etapas: A beatificação permite apenas uma veneração delimitada (local, diocese, país, ordem); a canonização, o culto da Igreja universal. Repetidas tentativas das autoridades eclesiásticas, principalmente a partir da Idade Média tardia, de canalizar exageros na devoção dos santos e expectativas e formas de intercessão excessivas não tiveram o êxito esperado: Isso provocou o protesto dos reformadores. No século XX, o Papa João Paulo II incentivou a devoção dos santos por meio de um número imenso de canonizações, também de pessoas do passado recente, que nem sempre eram incontestadas. – (**3**) Apelando ao II Concílio de Niceia, de 787 (DH 600) e ao Concílio de Florença, de 1439 (DH 1.304), o Concílio de Trento declarou em 1563, no "Decreto sobre a invocação, a veneração e as relíquias dos santos e sobre as imagens sagradas" (DH 1.821-1.829), quanto ao protesto reformado em relação à veneração dos santos: "É bom e útil (*bonum atque utile*) invocá-los suplicantes e recorrer às suas orações e a seu poder e auxílio, para obter benefícios de Deus por seu Filho Jesus Cristo, nosso Senhor, que é nosso único salvador e redentor" (DH 1.821). Portanto, cabe ao cristão decidir como deseja venerar os santos, mas é, em última consequência, adoração a Deus e testemunho da mediação exclusiva de Cristo. O Concílio Vaticano II (LG 48-69) integra os santos e a devoção dos santos de modo ainda mais explícito à orientação cristológica fundamental da Igreja como *communio*, i.e., como *communio Sanctorum* (comunhão dos santos). O processo da canonização é regulamentado pela Constituição Apostólica *Divinus Perfectionis Magister* (1983), acrescentada às edições do CIC/1983. Parece-se com um processo que resulta não numa sentença, mas em uma recomendação ao papa, que então tem toda liberdade de decidir sobre a respectiva canonização. – **(4)** Na ortodoxia, a devoção dos santos é altamente prezada: Os santos são vistos como participantes da santidade de Deus, como "filhos e herdeiros de Deus" (João de Damasco [† antes de 754], fid. orth.) que concluíram o processo da deificação. A graça do Espírito Santo concedida a eles passa também para seus restos mortais (veneração das relíquias) e imagens (veneração dos ícone), que, portanto, podem ser venerados em vista dos santos. A devoção pública dos santos requer a canonização episcopal. A Reforma não refuta os santos no sentido neotestamentário nem sua veneração, mas se opõe à sua invocação com fins intercessores, pois vê ameaçada a mediação exclusiva de Cristo (1Tm 2,5). CA 21 recomenda a memória dos santos como exemplos da vida cristã e como testemunhos da justificação por meio de Deus. Em tempos mais recentes, a reflexão evangélica voltou a se ocupar com o tema dos santos (biografias, padroados eclesiásticos, calendário dos santos). Ecumenicamente aberto se mostra o documento luterano e católico "*Communio Sanctorum* – a Igreja como comunhão dos santos", do ano 2000 (n. 229-252, em seguida fala separadamente sobre ↑ Maria e a ↑ devoção mariana: n. 253-268). – **(5)** As pedras angulares do tema "santos e devoção dos santos" são a doutrina da graça (Deus concede participação na sua santidade) e a eclesiologia (a Igreja como *communio*). Os santos são o Evangelho vivo do amor justificador de Deus por Cristo, que se realiza em sua imitação. Dado que este sempre se concretiza na forma da aliança, a imitação se realiza também além das fronteiras da morte na solidariedade dos santos com todos os cristãos – esta é a base da devoção dos santos e de sua invocação. A confiança em sua intercessão não representa uma tentativa de minar ou circundar a mediação de Cristo, mas, ao contrário, o testemunho explícito de que no corpo de Cristo a cabeça e os membros não se encontram separados – nem ontológica nem executivamente. Em todas as liturgias cristãs, mantém-se vivo esse pensamento na *Oratio fidelium* (prece intercessora). A pergunta se ele vale também além da fronteira da morte, não diz respeito a uma teologia da graça ou da Igreja, mas sim à escatologia, que depende da fé em uma vida além da morte. A relevância dos santos para a teologia reside também no fato de que eles são representantes especialmente qualificados do ↑ senso da fé dos fiéis, dos quais, muitas vezes, partem impulsos proféticos e inovadores para a Igreja – o que nem sempre faz deles pessoas muito populares em vida.

Lit.: BEINERT, W. *Die Heiligen heute ehren*. Friburgo/Basileia/Viena, 1983. • MÜLLER, G.L. *Gemeinschaft und Verehrung der Heiligen*. Friburgo/Basileia/Viena, 1986. • ANGENENDT, A. *Heilige und Reliquien*. 2. ed. Munique, 1997. • SCHULZ, W. *Das neue Selig- und Heiligsprechungsverfahren*. Paderborn, 1988. • ELIADE, M. *Das Heilige und das Profane*. Berlim, 2008. • ANGENENDT, A. & LUTTERBACH, H. *Die Gegenwart des Heiligen und Reliquien*. Münster, 2010.

Wolfgang Beinert

Seguimento de Jesus, I. Do ponto de vista antropológico ↑ *carismas/renovação carismática*, ↑ *cristologia*, ↑ *decisão*, ↑ *liberdade*, ↑ *santos/veneração dos santos*, ↑ *coração*, ↑ *amor ao próximo e amor a Deus*, ↑ *espiritualidade*. – O seguimento de Jesus é a essência da existência cristã na obediência responsável ao Evangelho. Pode manifestar-se nas mais diversas formas e é, normalmente, vivido na comunhão. – **(1)** O próprio Jesus Cristo segue o chamado de Deus, o Pai, como fiel do povo de Israel (cf. Mt 1) e, por ocasião do seu batismo, é confirmado em sua obediência de filho (Mc 1,9-11 par.). Ele, por sua vez, chama outras pessoas para que "estejam com Ele" e as quais Ele "envia" para a pregação (cf. Mc 1,17; 3,14; Mt 16,24-28 par.). O seguimento de Jesus gera comunhão e se orienta pelo mandamento duplo do amor a Deus e ao próximo (também no sentido do amor ao inimigo) (Mt 5,43-48). Para a Igreja, os "apóstolos" atribuem uma importância especial ao seguimento de Jesus (Lc 6,13; Gl 2; 2 Pd 1,12-21). A obediência a Deus pode, como demonstram as vidas de Jesus e dos seus apóstolos, significar a entrega da própria vida. A tradição joanina é representada em sua essência pelo mandamento do amor (Jo 15,9-17). A literatura paulina e deuteropaulina fala da "imitação" do Senhor (em grego: *mimesis*, em latim: *imitatio*), que se fundamenta na fé e no Batismo e permanece marcada pelos eventos da cruz, da justificação e da ressurreição. Em vista das dádivas do Espírito vindas de Deus (carismas), 1Cor 12,4-11 desdobra os diferentes caminhos do seguimento de Jesus. – **(2)** Nos primórdios da Igreja, o seguimento de Jesus também significa essencialmente o martírio no sentido de um testemunho da fé, que pode levar até à morte. A pluralidade das possíveis formas de seguimento de Jesus, apontada pelo NT, agora se diferencia ainda mais. Assim, desenvolve-se uma rica tradição monástica, da qual nascem repetidamente, sobretudo no Ocidente, novas ordens. Estas seguem os passos de Jesus por meio da contemplação ou ação (uma atenção ativa voltada para o mundo). Uma teologia dos conselhos evangélicos (pobreza, obediência, celibato/virgindade) surge também no contexto da teologia dos ofícios. O seguimento de Jesus é compreendido como conformidade (*conformatio*) a Jesus Cristo (p. ex., Bernardo de Claraval [† 1153]) e, em Francisco de Assis († 1226) e no chamado movimento da pobreza, é vivido como prática radical da solidariedade com os pobres. Vertentes místicas incluem cada vez mais um momento de experiência espiritual e também racional ao seguimento de Jesus (como, p. ex., Boaventura [† 1274], que fala do *itinerarium mentis in Deum* [viagem da alma para Deus]). A chamada *devotio moderna* (final do século XIV até o século XV) desdobra uma rica história de recepção com o livro "Imitatio Christi", de Tomás de Kempen († 1471), que dá impulsos iniciais a uma mística do cotidiano. O amor prático, a oração, a liturgia e o ano eclesiástico se tornam elementos estruturais importantes (referente a isso, K. Hemmerle [† 1994] falou de um "seguimento refletido"). Na segunda metade do século XIX, o desenvolvimento do chamado catolicismo leigo intensifica o pensamento segundo o qual todos os membros da Igreja são chamados para o seguimento de Jesus no dia a dia, na profissão ou na política. As teologias políticas e feministas das décadas de 1960 e 1980 acentuaram a dimensão socialmente liberadora e crítica à sociedade e Igreja do seguimento de Jesus (J.B. Metz, J. Moltmann, E. Moltmann-Wendel, L. Schottroff). Muitas abordagens contemporâneas recorrem a *theologumena* tradicionais: Seguimento de Jesus como caminho compartilhado (K. Hemmerle, J. Ratzinger/Bento XVI, J. Werbick), como representação (K.-H. Menke, H. Hoping, E. Dirscherl), como imitação (R. Schwager, J. Palaver), como poder de ação (G. Gutierrez, J. Sobrino, L. Boff). Em todas elas, as implicações éticas concretas (opção pelos pobres e contra a violência, a crítica contra a prática religiosa pervertida) ocupam o primeiro plano. Além disso, podemos constatar uma nova atenção voltada para a espiritualidade do seguimento de Jesus, que se inspira em impulsos de K. Rahner († 1984) ou H.U. von Balthasar († 1988) como também na rica herança das tradições místicas e monásticas. – **(3)** Apesar de o Concílio Vaticano II ter reconhecido expressamente o ímpeto monástico do seguimento de Jesus, ressaltou que existem outras formas da vida espiritual equivalentes (AA 4; LG 39-46). LG 8 chama a atenção da Igreja para o cuidado pelos pobres e sofridos. A formação de novos movimentos espirituais, que ainda precisam se provar, é apoiada tanto pelo concílio como pelos papas. – **(4)** O seguimento de Jesus ocupa uma posição central também nas igrejas e congregações ortodoxas e protestantes: A ortodoxia preza e preserva sobretudo a vida monástica e a ideia da *mimesis*; o protestantismo fala, com M. Lutero († 1546) do seguimento de todos os batizados segundo a existência de Jesus Cristo sob a cruz. – **(5)** As metáforas do "caminho" e do "rastro" são muito úteis para as pessoas de hoje em dia em sua tentativa de compreender o seguimento de Jesus como evento temporal processual, que se realiza ou individualmente ou em grupos como resposta ao chamado divino. A chamada "perícope de Emaús" (Lc 24,13-35) mostra, porém, que a presença do Senhor ressurreto se revela apenas posteriormente. A recordação e a reflexão são necessárias para assegurar-se da presença de Jesus, pois ela sempre já antecede à determinação e à ação dos cristãos. Ao mesmo tempo, é imprescindível preservar e reinterpretar sempre de novo, num nível intelectual quanto existencial, os rastros que Jesus Cristo deixou no mundo e dos quais a Escritura Sagrada e a tradição da Igreja dão testemunho. Dessa forma, lançam sua luz sobre o presente e podem servir como orientação para muitas pessoas, que, na melhor das hipóteses, conhecem o cristianismo apenas de longe.

Lit.: METZ, J.B. *Zeit der Orden?* - Zur Mystik und Politik der Nachfolge. 6. ed. Friburgo/Basileia/Viena, 1993. • OOL, P. J.M.A. *Befreiende Praxis der Nachfolge*. Würzburg, 2000.

Erwin Dirscherl

Seguimento de Jesus, II. Do ponto de vista cristológico ↑ *carismas/renovação carismática,* ↑ *dádivas do Espírito,* ↑ *sacerdócio comum,* ↑ *dimensões fundamentais da Igreja,* ↑ *teologia da cruz.* – "Seguimento de Jesus" é uma fórmula abreviada para a dimensão de vida específica do cristão na comunhão da Igreja, que, por isso, deve compreender-se em sua existência histórica como comunhão no seguimento de Jesus. – **(1)** O substantivo "seguimento" não ocorre no NT, apenas sua forma verbal *akolouthein* (acompanhar, aderir, compreender), mas apenas em Ap 14,4 e nos evangelhos. Originalmente, o termo "seguimento" designa, como também na Antiguidade, a forma de vida dos alunos ou discípulos, que acompanhavam seu mestre em suas caminhadas (cf. a relação entre Elias e Eliseu, em 1Rs 19,19-21; as escolas rabínicas no judaísmo; os antigos filósofos vagantes como Apolônio de Tiana) e assim se submetiam à influência de sua personalidade. Jesus também chama pessoas de diversos estratos sociais, inclusive mulheres, para que elas o sigam (Mc 1,16-20; 2,13s.; Lc 5,1-11; 8,1-3 et al.). Estas são confrontadas com exigências muito radicais: devem abandonar família e matrimônio (Mt 19,12; Mc 10,29), sua segurança financeira (Lc 7,36: dependência da hospitalidade), a realização profissional (Mc 2,14), a existência "burguesa" (Mt 6,25-34). Cada vez mais, o seguimento verdadeiro se revela como seguimento da cruz (Lc 14,27 par.; Mc 8,34 par.), ou seja, como seguimento autêntico, como destino compartilhado em oposição ao *status* temporário de aluno. Após a Páscoa, a palavra que passa a representar essa qualidade é a "imitação" (em grego: *mimesis*, imitação, cópia, representação), que, porém, não deve ser compreendida como cópia minuciosa do destino de Jesus, mas como sua projeção sobre as respectivas circunstâncias de vivência dos portadores dos carismas: cf., por exemplo, 1Cor 4,12-16; 2Cor 4,8-11; Ef 4,32–5,1; Fl 2,3-11; 1Pd 2,19-24. Resumindo, podemos dizer: O seguimento é idêntico com o *status* de batizado, ou seja, com a vida na Igreja como morte e ressurreição em Cristo (Rm 6,3-14). – **(2)** Na história da Igreja, tenta-se corresponder à imagem de Cristo do NT nas diferentes épocas e nas diferentes situações da vida – com a prontidão para o martírio em tempos de perseguição, a existência monástica na pobreza, o celibato e obediência no fim da Antiguidade, a modéstia no pauperismo (Francisco de Assis [† 1226], a *Devotio moderna* (obra *Imitatio Christi*, de Tomás de Kempen [† 1471]) do fim da Idade Média, o ideal inaciano da obediência, na assistência social da Modernidade (as comunidades apostólicas do século XVIII) e, por fim, com as teologias de libertação com sua "opção pelos pobres" no segunda metade do século XX. Como resumo de todas essas formas serve a máxima de Jerônimo († 419/420): "Nudum Christum nudus sequi" (seguir despidos ao Cristo despido: ep. 125,20; cf. ep. 52,5; de modo semelhante já em Cirilo de Jerusalém [† 386/387] myst. 2,2). – **(3)** O Concílio Vaticano II focou o significado eclesiológico do seguimento de Jesus: "Nos vários gêneros e ocupações da vida, é sempre a mesma a santidade que é cultivada por aqueles que [...] seguem a Cristo pobre, humilde, e levando a cruz [...]. Cada um, segundo os próprios dons e funções, deve progredir sem desfalecimentos pelo caminho da fé viva" (LG 41; cf. tb. PC 1; AA 4; GS 43). – **(4)** Todas as confissões cristãs têm tentado obedecer ao chamado explícito do NT para o seguimento de Jesus e têm encorajados seus membros para o discipulado. M. Lutero acentua o caráter da graça sob a luz da mensagem da justificação: "Não é o seguimento que cria filhos de Deus, mas é a filiação divina que cria seguidores" (WA 2,518). O pietismo, mas também teólogos com S. Kierkegaard ([† 1855] "Apenas o seguidor é cristão verdadeiro": *Prática do cristianismo* 3,6) ou D. Bonhoeffer († 1945) ressaltam o ponto de vista da teologia da cruz. – **(5)** A temática do seguimento de Jesus é a consequência ética do caráter pessoal do cristianismo. A biografia do indivíduo como também da comunidade da fé não é determinada por nenhum programa temático – o próprio Jesus Cristo é o caminho, a verdade e a vida (Jo 14,1-14): A biografia cristã é, portanto, seguimento de Jesus. Esta já encerra sua forma: Não é nem cópia fundamentalista da vida de Jesus nem interiorização espiritualista do encontro com o "noivo da alma", tampouco ativismo sociopolítico para o melhoramento das condições do mundo; é, antes, o esforço constante de, na graça de Deus, participar da construção do seu reino com seus próprios dons e segundo as exigências do tempo (que, naturalmente, podem resultar numa interiorização maior ou numa opção mais decisiva pelos pobres).

Lit.: BEINERT, W. *Nachfolge genügt*. Graz, 1980. • BETZ, H.D. *Nachfolge und Nachahmung Christi im Neuen Testament*. Tübingen, 1967 [Beiträge zur historischen Theologie, 37]. • BONHOEFFER, D. *Nachfolge*. Gütersloh, 2008 [DBW, 4]. • DELGADO, M. (org.). *Nachfolge Jesu und Option für die Armen*. Stuttgart, 2009. • HENGEL, M. *Nachfolge und Charisma*. Berlim, 1968. • KAMPHAUS, F. & FELGER, A. *Hinter Jesus her*. Friburgo/Basileia/Viena, 2010.

Wolfgang Beinert

Senso de fé dos crentes ↑ *fé*, ↑ *Espírito Santo*, ↑ *sacerdócio comum*, ↑ *recepção*, ↑ *tradição*, ↑ *verdade da fé*. – O senso de fé é um ↑ carisma concedido a todo o povo de Deus, que garante sua concordância inequívoca com os conteúdos da fé manifestados na revelação. – **(1)** O "Espírito de Cristo" (1Cor 2,16) é dado aos fiéis, para que ele ilumine "os olhos" de seus corações (Ef 1,18) e os apresente a toda a verdade (Jo 14,17; 16,13). Essa dotação do Espírito é conferida a todos os que estão na Igreja (Jo 16,17; 1Jo 2,20; At 2,16-18). Com sua ajuda, todos reconhecerão o Senhor (Hb 8,10s.), receberão sabedoria e entendimento (Cl 1,9) e serão capacitados para a proclamação dos "grandes atos" de Deus (1Pd 2,9). Por isso, decisões importantes eram tomadas em conjunto na Igreja antiga (At 1,15-26), em que a consciência do senso da fé era fortemente desenvolvida. Por um lado, o argumento consensual já possuía peso na filosofia grega e foi acatado pela teologia cristã, onde foi desenvolvido principalmente por Vicente de Lérins († antes de 450) num sentido diacrônico (*antiquitas*) e sincrônico (*universitas*): "O que foi crido em todos os lugares, sempre e por todos" (Commonit. 2,5) deve ser considerado doutrina tradicional e autoritária. Por outro lado, a dotação do Espírito dos fiéis precisava ser considerada também teologicamente no contexto de uma eclesiologia da *communio*, fato evidenciado pela participação de leigos nos concílios e na eleição dos bispos. Cipriano de Cartago († 258) exigiu que "nada fosse feito sem [...] o consentimento do povo" (ep. 14,4), e também Agostinho († 430) defendeu a função de profeta e mestre de todos em virtude do Espírito que lhes foi dado: "Temos [...] Cristo como mestre interior, que ensina a mim o que digo, e também a vós" (Io. ev. tr. Ioh. 20,3). No século IV, foi provavelmente graças ao senso de fé dos crentes que o dogma da filiação divina de Jesus foi impedido de ser deturpado pelo arianismo (segundo J. H. Newman). Tomás de Aquino († 1274) compreendeu o senso de fé, sujeito às Escrituras e à doutrina da Igreja, como *connaturalitas ad res divinas per caritatem*, como uma relação natural com as coisas de Deus em virtude do amor (STh II-II q45 a.2c), e também Melchior Cano († 1560) identificou no contexto de sua doutrina dos *loci theologici* (1543-1550) o todo da Igreja como instância fundamental do testemunho da fé. Com o recalcamento da Igreja comunal pela Igreja hierárquica, o senso da fé passou para o segundo plano. No século XVIII, foi compreendido como mera oitiva passiva da doutrina oficial. Apenas nos séculos XIX e XX, J.A. Möhler († 1838), M. J. Scheeben († 1888) e J.H. Newman († 1890), em decorrência de pesquisas no âmbito da história dos dogmas, voltaram a enfatizar o senso da fé dos fiéis como fonte autônoma de conhecimento teológico. Ao mesmo tempo, o magistério eclesiástico também recorreu ao argumento consensual, já que os dois dogmas marianos mais recentes, de 1854 e 1950 (↑ *dogmas marianos*) não podiam ser fundamentados apenas biblicamente. Um problema teológico é hoje sobretudo a pergunta referente à cognoscibilidade do senso de fé dos crentes, a seu valor teológico e ao modo do processo de recepção. – **(3)** Enquanto a essência do senso de fé sempre esteve presente na vida da Igreja, ele, mesmo assim, nunca se tornou tema explícito de proposições magisteriais – com exceção do último concílio. Até lá, qualquer referência ao consenso ou à unanimidade dos fiéis era superficial (Concílio de Trento: DH 1.637; dogmas marianos mais recentes) sem tratamento teológico aprofundado. O Concílio Vaticano II, porém, atribuiu grande importância à experiência de todos os fiéis. Sua comunidade preserva de forma imperdível a fé tradicional graças ao senso de fé sobrenatural (*sensus fidelium*) e não pode cometer equívocos na fé (LG 12). O senso de fé e a infalibilidade da fé do povo como um todo são frutos da "unção do Santo" (1Jo 2,20), e a infalibilidade na fé se manifesta quando todos os fiéis expressam "sua concordância geral em assuntos da fé e da moral" (LG 12). O senso de fé não é, portanto, produto da infalibilidade da doutrina oficial e hierárquica, mas sim o fundamento desta, motivo pelo qual os bispos "reconhecem e incentivam a dignidade e a responsabilidade dos leigos na Igreja", devendo servir-se "de seu sábio conselho" para o bem da Igreja e de sua missão ao mundo (LG 37). Por outro lado, os leigos possuem um apostolado próprio (AA 2s.) e têm a obrigação de "declarar sua opinião em questões que dizem respeito ao bem-estar da Igreja" (LG 37; cf. CIC/1983, cân. 212, § 3; LG 51). Tornou-se, portanto, obsoleta a distinção entre os "leigos" como meros "ouvintes" e os "clérigos" como "mestres" (escola romana, século XIX). O senso de fé dos crentes não é apenas um eco do magistério eclesiástico. – (4) Nas decisões dos concílios ecumênicos, o senso de fé dos crentes como instância teológica de recepção e testemunho exerceu, desde o início, um papel importante. No século XVI, os reformadores, que ainda não conheciam o conceito do senso de fé, enfatizaram, contra o magistério romano, (além da suficiência das Escrituras) o sacerdócio comum, ao qual caberia originalmente o entendimento da fé em virtude de sua sensibilidade espiritual. A teologia ecumênica atual atribui, juntamente com o conceito da recepção no contexto da superação de disputas teológicas controversas, ao senso de fé uma importância maior. Na teologia ortodoxa, que sempre foi sensível a assuntos pneumatológicos, o senso de fé sempre usufruiu de um respeito especial, não só referente à recepção de decisões conciliares, mas em todas as áreas da vida eclesiástica. – (5) A Igreja se constitui como povo, que possui qualidades messiânicas, pneumáticas e escatológicas e que está sujeito à Palavra de Deus. Por isso, todos os batizados têm responsabilidade passiva e ativa pelo Evangelho. O senso de fé dos crentes se articula na ação conjunta dos batizados e adota uma forma social no consenso da fé, que se expressa em todos os níveis da vida eclesiástica. Ele é fundamento do magistério eclesiástico, que, por sua vez, representa uma instância autônoma e normativa da fé, mas que precisa corresponder ao senso de fé. Já que todos os fiéis participam do ofício profético de Cristo, podemos falar deles como sendo um tipo de autoridade doutrinária. Mas essa também permanece duradouramente remetida às outras instâncias da fé (Escrituras, tradição, teologia científica, magistério hierárquico). Mesmo assim, os leigos deveriam ter o direito de participação no processo eclesiástico da busca pela verdade, e precisamos encontrar formas organizacionais que lhes deem a possibilidade de se articular audivelmente e participar de forma responsável nos processos de decisão.

Lit.: a) WIEDERKEHR, D. (org.). *Der Glaubenssinn des Gottesvolkes*. Friburgo/Basileia/Viena, 1994 [QD, 151]. • KOCH, G. (org.). *Mitsprache im Glauben? – Vom Glaubenssinn der Gläubigen*. Würzburg, 1993. b) OHLY, C. *Sensus fidei fidelium*. St. Ottilien, 2000. • SCHMUKER, R.W. *Sensus fidei*. Regensburgo, 1998 [Theorie und Forschung, 560]. c) WOHLMUTH, J. "Sensus fidei (fidelium)". *PthI*, 22, 2002, p. 17-35.

Christoph Böttigheimer

Ser humano ↑ *antropologia (teológica)*, ↑ *pecado original*, ↑ *criaturalidade*, ↑ *sociedade*, ↑ *graça/teologia da graça*, ↑ *imagem de Deus*, ↑ *hominização*, ↑ *identidade*, ↑ *indivíduo*, ↑ *relação corpo-alma*, ↑ *homem e mulher*, ↑ *imagem do homem*, ↑ *dignidade do ser humano/direitos humanos*, ↑ *criação*. – O ser humano (em latim: *homo sapiens sapiens*) é um ser relacional criatural que, em virtude de sua constituição física e espiritual como homem ou mulher, possui a capacidade de refletir sobre si mesmo, ouvir a Palavra de Deus e responder a ela em liberdade e responsabilidade. – (1) Aos olhos da Bíblia, o ser humano é uma criatura de Deus, que vive em comunhão e assim é desafiado para a liberdade (Gn 1,26-28; 2,7). O ser humano foi criado por meio da Palavra de Deus e é, por isso, endereçado e chamado para uma vida de responsabilidade em relação ao próximo e ao mundo (doutrina da *imago Dei*, Gn 1,26-28). A vida humana se realiza no tempo (limitado) e é caracterizada pela singularidade e é irrepetível. Eticamente, é determinada pelo amor a Deus e ao próximo (Lv 19,17-18). Ao ser humano foi dada a promessa da perfeição, mas não por mérito ou força própria, mas em virtude da atenção divina, que se inicia na história e remete a um futuro salvífico (teologia da aliança; Sl 31 et al.). A morte continua a ser percebida como ameaça e negação da vida, mas não exclusivamente como catástrofe. Uma ameaça à vida são também o pecado (pecado original) e a culpa do ser humano, que podem levar ao fracasso de seu chamado para a liberdade e obstruir o acesso às promessas de Deus (Gn 3; 4; Sl 25). Aqui se manifesta a possibilidade do ser humano de se arrepender e receber a graça para uma nova vida. O NT compreende a existência humana completamente do ponto de vista de Jesus Cristo e a remete a Ele. Cristo não é apenas Messias e Filho de Deus, mas também o "novo Adão" que demonstra como Deus queria que o ser humano fosse desde o início (Rm 3; 5–6). Em Cristo, o ser humano alcança a salvação (Cl 1,12-20), e o discurso teológico sobre o fato de que nele Deus se fez homem (Jo 1) revela toda a profundidade da existência humana. – (2) Os debates cristológicos dos primeiros séculos tratam da encarnação de Deus empregando sempre conceitos antropológicos da filosofia. Imagens dicotômicas (divisão entre corpo e alma) ou tricotômicas (diferença entre corpo, alma e espírito) do ser humano exercem forte influência sobre as correntes do pensamento teológico; mas o pensamento holístico da Bíblia também volta a se manifestar sempre. O axioma *gloria Dei vivens homo* (a glória de Deus é o homem vivo: Irineu de Lyon [† por volta de 200]), remete à conexão entre a vida humana bem-sucedida e a glorificação de Deus. Em suas reflexões sobre o ser humano como *imago trinitatis* (imagem da Trindade), Agostinho († 430) favorece um pensamento que verbaliza a transcendência do ser humano e assim consegue avançar e chegar ao fenômeno da autoconsciência e da temporalidade. Na história do espírito do Ocidente, a liberdade (vontade) e a reflexão (razão) são vistas, desde a escolástica medieval, como características extraordinárias do ser humano como *animal rationale* (ser racional). Na Modernidade, o humanismo aprofunda esse pensamento. As filosofias transcendental e da liberdade de I. Kant († 1804) e do idealismo alemão têm exercido uma influência determinante até hoje. Correntes do chamado personalismo dialógico têm refletido sobre o ser verbal [*Wort-Wesen*] (M. Buber [† 1965]; F. Ebner [† 1931]; R. Guardini [† 1968]). Com o surgimento da psicanálise (S. Freud [† 1939]; C.G. Jung [† 1961]) a partir das raízes da filosofia da consciência, o foco se volta cada vez mais para o inconsciente. São feitas repetidas tentativas de definir o ser humano, mas falham em virtude do fato de não conseguirem superar a inacessibilidade do ser humano a si mesmo. Décadas antes, E.H. du Bois-Reymond († 1896) já havia expressado isso da seguinte forma: *Ignoramus ignorabimus*. O crime da *shoah* deixou rastros profundos no discurso teológico sobre o ser humano. Testemunhos disso são, por exemplo, a recepção de Walter Benjamin († 1940) ou E. Lévinas († 1995) por J.B. Metz, H. Peukert ou J. Wohlmuth: O que acontece quando o ser humano se torna vítima? Atualmente, impõe-se cada vez mais um pensamento naturalista (neurociência), ao qual a teologia se opõe com veemência. – (**3**) O magistério eclesiástico ressalta incansavelmente em muitos lugares que o ser humano, como criatura e imagem de Deus, possui uma dignidade especial: É pessoa, depende da comunhão e age criativamente como *cooperator Dei* (funcionário de Deus). Ao mesmo tempo, vê-se ameaçado pelo pecado e pela morte e necessita da redenção de Deus. Para impedir pensamentos equivocados de autonomia, a Igreja lembra a fragilidade do ser humano e seu equipamento da graça (sumário DH, registro sistemático C4 [DH 1.554-1.585]). – (**4**) A ortodoxia enfatiza a relação (místico-sacramental) entre o ser humano e o Deus trino e ressalta o pensamento patrístico da participação, que recentemente vem a ser compreendido de forma cada vez mais relacional (D. Staniloae [† 1993]). Os reformadores veem o ser humano na tradição agostiniana como pecador *coram Deo*, que estaria perdido sem a justificação divina e que, por meio do batismo, se transforma em "pecador justo" (*simul iustus et peccator*). Esse pensamento vem acompanhado de conceitos relacionais e dialéticos: Apenas a Palavra de Deus faz do ser humano aquilo que é. Abordagens ontológicas à natureza do ser humano são vistas com ceticismo – ao contrário da tradição católica. Controversos são também conceitos binários como "pecado/justificação", "natureza/graça" e a pergunta referente às consequências do pecado original. – (**5**) Se afirmarmos com W. Bröker que – partindo dos temas da imagem de Deus e da encarnação – a medida do ser humano não é o próprio ser humano, mas Deus, isso tem consequências para a avaliação de teorias (ou ideologias) que desvalorizam o ser humano ou o interpretam de forma puramente funcional. Para K. Rahner († 1984), o ser humano permanece um grande ponto de interrogação para si mesmo – mesmo que ou justo porque só pode compreender sua natureza em vista de Deus. Se o interpretarmos apenas como momento de um desenvolvimento dialético ou como parte de uma totalidade que o encobre, ele é privado de sua singularidade e dignidade.

Lit.: DIRSCHERL, E. *Grundriss Theologischer Anthropologie*. Regensburgo, 2006. • BRÖKER, W. *Was ist der Mensch?* Osnabrück, 1999. • FREVEL, C. (org.). *Biblische Anthropologie*. Friburgo/Basileia/Viena, 2010 [QD, 237]. • FREVEL, C. & WISCHMEYER, O. *Menschsein* - Perspektiven des Alten und Neuen Testaments. Würzburg, 2003. • LÜKE, U. *Das Säugetier von Gottes Gnaden* - Evolution, Bewusstsein, Freiheit. 2. ed. Friburgo/Basileia/Viena, 2007. • PESCH, O.H. *Katholische Dogmatik aus ökumenischer Erfahrung* - Vol. 1,2: Die Geschichte der Menschen mit Gott. Friburgo/Basileia/Viena, 2008, p. 3-288. • PRÖPPER, T. *Theologische Anthropologie*. 2 vols. Friburgo/Basileia/Viena, 2011. • SAUTER, G. *Das verborgene Leben* - Eine theologische Anthropologie. Gütersloh, 2011. • SCHOBERTH, W. *Einführung in die Theologische Anthropologie*. Darmstadt, 2006.

Erwin Dirscherl

Sexualidade ↑ *diálogo,* ↑ *comunhão,* ↑ *identidade,* ↑ *homem e mulher,* ↑ *dignidade do ser humano/direitos humanos.* – O termo focaliza a diferença entre homem e mulher e a sexualidade do ser humano como expressão do amor responsável. Contempla a corporalidade e sua estrutura impulsiva. – **(1)** Gn 1,27 fundamenta a sexualidade no evento da criação: Homem e mulher possuem a mesma dignidade como imagem de Deus. As genealogias de Gn 5,1-32 e Gn 11,10-26 mostram como a bênção da multiplicação segundo Gn 1,28 e 9,1 se manifesta, dando acesso à ↑ história e ao futuro por meio da fertilidade e da descendência. Gn 3 reflete a experiência de que também a boa dádiva da sexualidade está sujeita à ambivalência da existência humana quando visa à autonomia absoluta. Assim, estabelecem-se relações de domínio, limites são transpostos, e a sexualidade é pervertida. Os regulamentos referentes à impureza e pureza de Lv 18-20, que, como mandamentos e proibições, visam à santificação da vida em face da proximidade do santo Deus, são uma reação a essa ambivalência. No entanto, o ser humano deve viver sua sexualidade de forma responsável; se não o fizer, precisa assumir a culpa pelas consequências negativas. O fenômeno da impureza remete a transposições de limites que pretendem nivelar as diferenças predeterminadas. Sob essa perspectiva, fenômenos como a sodomia, o incesto ou a fornicação são condenados como ameaças fatais às relações sociais e ao relacionamento com Deus. No relacionamento de confiança e ajuda mútua, na entrega e no cuidado, a sexualidade pode ser bem-sucedida (Gn 24,67; 1Sm 1,5). Nisso se baseia também o encontro amoroso por meio do toque, do carinho e da sensualidade (Rt 3). O Cântico dos Cânticos usa ricas metáforas e imagens para expressar o erotismo, o desejo e a sexualidade como manifestações do amor matrimonial entre homem e mulher (p. ex., Ct 7). Existe, portanto, dentro da própria Bíblia, uma crítica a um código de pureza que poderia ser compreendido como hostil à sexualidade. No entanto, a percepção da sexualidade na Bíblia ocorre de uma perspectiva masculina. A despeito de consideráveis passos em direção a uma equivalência de homem e mulher, não há como negar que existe uma dominância patriarcal. Isso se evidencia, por exemplo, na valorização da geração de descendentes *masculinos* em detrimento da sexualidade vivida em confiança e respeito (Gn 16: relação sexual de Abraão com Agar; Gn 38: narrativa de Tamar). A despeito da prática de Jesus e de sua alta estima pelas mulheres no círculo de seus discípulos e da afirmação de Gl 3,28, percebe-se no NT uma subordinação das mulheres que veio a marcar a história da teologia. Mt 19,4-6 oferece uma interpretação das afirmações inequívocas de Gn 1–2: Jesus recorre à promessa do início e localiza a sexualidade no vínculo entre homem e mulher, que se tornam "uma só carne". Problemas com a luxúria não são atribuídos à sexualidade em si, mas ao seu uso pecaminoso (1Cor 6,12-20). – **(2)** A sexualidade – contanto que seja heterossexual e permaneça dentro da relação matrimonial – é avaliada como algo fundamentalmente bom; depreciações gnósticas e dualistas são refutadas (Irineu de Lyon [† por volta de 200] haer. 5,6,1). Também os escritos de Clemente de Alexandria († antes de 221) ou Tertuliano († após 212) se distanciam de pretensões ascéticas exageradas, refutando, ao mesmo tempo, tendências antinomistas. O ideal monástico submete a sexualidade a um campo de tensão. Jerônimo († 419/420) chama a sexualidade matrimonial de torpe caso não seja praticada com a finalidade da procriação (em Gl 3,5.19-21). No contexto da doutrina do ↑ pecado original e do discurso sobre a ↑ concupiscência, Agostinho († 430) faz uma avaliação negativa da sexualidade. Ele exige uma sexualidade controlada pela *ratio* (civ. 14) e vê na vergonha um incentivo para reconhecer que a sexualidade, como força da irracionalidade, é capaz de desviar a atenção do bem supremo. Conceitualmente, distinguia-se entre a *caritas* e o *eros*, entre o amor ao próximo e o amor sexual. A relação entre a sexualidade e os ideais de pureza causou distorções frequentes, mas o misticismo medieval, com uma presença forte das mulheres, verbaliza cada vez mais experiências que desembocam num tipo de misticismo do amor e emprega livremente imagens eróticas a exemplo do Cântico dos Cânticos (p. ex., Matilde de Magdeburgo [† por volta de 1282]). Tomás de Aquino († 1274) trata da sexualidade no contexto de sua doutrina das virtudes (STh II-II). Ele se distancia de Agostinho e de Pedro Lombardo († 1160) ao considerar a sexualidade uma dádiva paradisíaca e, portanto, como algo bom; ela faz parte da natureza humana. No entanto, em virtude dos conhecimentos biológicos do seu tempo, Tomás mantém a opinião segundo a qual a mulher é submissa ao homem (STh I q92 a1 ad 2); mas sugere e incentiva uma *socialis coniunctio* no sentido de uma "suprema amizade" (STh II-II q25 a7). – **(3)** Referente à doutrina moral e à disciplina penitencial, a tradição magisterial também apresenta certa depreciação da sexualidade e do matrimônio; atribui um valor maior à virgindade (DH 1.810). Em sua encíclica *Casti Connubii* (1930), o Papa Pio XI defendeu a orientação agostiniana referente ao matrimônio, mas falou também de finalidades de "segunda ordem", entre as quais incluiu também a ajuda e o amor mútuo e a satisfação do desejo (DH 3.718). O Concílio Vaticano II confirma essa posição, mas incentiva um convívio responsável com a sexualidade e já não advoga mais um pessimismo sexual (GS 51). Incontestável em termos magisteriais é a igualdade da dignidade de homem e mulher (Catecismo da Igreja Católica 369). A sexualidade afeta "todos os aspectos do ser humano na unidade de seu corpo e de sua alma" e determina a vida emocional. Essencial é a capacidade de amar, de gerar filhos e de estabelecer vínculos relacionais. A diferença e a complementação, i.e., a ajuda mútua deve caracterizar o relacionamento entre os sexos (cf. Catecismo da Igreja Católica 2.332). – **(4)** Não existem pontos de divergência no diálogo ecumênico. Para todas as confissões, a avaliação positiva da sexualidade depende da avaliação positiva da corporalidade. No contexto de reflexões sobre o pecado (pecado original), houve certas depreciações da sexualidade também em correntes da teologia protestante. – **(5)** Em virtude da recepção da pesquisa dos *gender studies* nas ciências humanas e da teologia feminista, a sexualidade abandonou seu lugar tradicional na ética teológica, na doutrina da criação e na antropologia e se tornou tema de reflexões sistemáticas. O horizonte se estende da doutrina de Deus e da cristologia até a perguntas referentes à teologia dos ofícios (diaconia, sacerdócio da mulher). Nisso tudo, o ideal da igualdade dos gêneros preserva uma importância central e orientadora, mas sem que se perdessem de vista as diferenças. Já que o ser humano como ser físico e espiritual não pode ser reduzido nem a seu aspecto físico nem à sua espiritualidade, as diferenças entre os gêneros só podem ser tratadas de forma holística e dialógica. Discutiu-se de forma controversa se Jesus Cristo, como *logos* encarnado, só pode ser representado oficialmente por homens, mesmo que no nível do sacerdócio comum exista o consenso de que as mulheres são igualmente chamadas para a representação de Cristo no sentido de seu triplo ofício como sacerdote, rei (pastor) e profeta. No contexto da hamartiologia e da doutrina do pecado original, existem esforços que visam à superação definitiva das opiniões negativas referentes à sexualidade e ao papel da mulher. Já que a sexualidade concretamente vivida permanece ameaçada pelo pecado e pela culpa e existe a possibilidade de ela falhar ou ser bem-sucedida, é absolutamente necessário que se exija constantemente seu uso responsável e uma comunicação dialógica sobre seu significado.

Lit.: AMMICHT QUINN, R. *Körper, Religion, Sexualität*. Mainz, 1999. • FREVEL, C. & WISCHMEYER, O. *Menschsein*. Würzburg, 2003, p. 42-48. • FRALING, B. *Sexualethik*. Paderborn et al., 2002. • FUCHS, E. "Sexualität". In: EICHER, P. (org.). *Neue Summe Theologie* – Vol. 2: Die neue Schöpfung. Friburgo/Basileia/Viena, 1989, p. 306-339. • KOHLER-SPIEGEL, H. "Menschsein als Mann und Frau". In: BISER, E.; HAHN, F. & LANGER, M. (orgs.). *Der Glaube der Christen*. Vol. 1. Munique/Stuttgart, 1999, p. 106-129. • ORTH, S. (org.). *Eros, Körper, Christentum*. Friburgo/Basileia/Viena, 2009.

Erwin Dirscherl

Significado salvífico de Maria ↑ *cristologia,* ↑ *encarnação,* ↑ *devoção mariana,* ↑ *mariologia,* ↑ *mediação de Maria.* – O discurso sobre o significado salvífico de Maria descreve o papel que Maria ocupa no plano salvífico divino. Esse discurso deve levar em conta as perspectivas da teologia da encarnação, da eclesiologia e da escatologia. Maria é uma mulher, cuja eleição graciosa possibilitou a encarnação do Filho de Deus, que, em sua abertura crente para a Palavra e a ação de Deus, se tornou a imagem primordial da Igreja e que, partindo de sua própria perfeição, intercede pela salvação dos seres humanos. – **(1)** Ao longo do período de tradição do NT, a compreensão do significado salvífico de Maria cresce consideravelmente. Paulo se contenta com a referência ao nascimento do Filho de Deus "da mulher" (Gl 4,4). O que importa aqui ao apóstolo é o fato da encarnação, que ele ressalta com a referência à mãe de Jesus. Segundo Marcos, os habitantes de Nazaré identificam Jesus como filho de Maria. A referência ao pai, que se esperaria encontrar numa cultura patrilinear, não ocorre; isso prova que, por volta do ano 70, a mãe de Jesus era uma personalidade conhecida e prezada na congregação de Marcos. O Evangelho da infância segundo Mateus (Mt 1,1–2,23) volta o foco para José, tanto na genealogia (Mt 1,1-17) quanto na descrição das circunstâncias do nascimento (Mt 1,18-25), mas concentra a veneração dos astrólogos na criança e na mãe (2,1-12). A partir de então, o evangelista usa a expressão "a criança e sua mãe" como topos fixo para ressaltar a ligação extraordinária entre Jesus e Maria. Dentro dessa concepção teológica e em comparação com a versão original de Marcos, Mateus dá muito menos valor à incompreensão com a qual a família de Jesus reage à sua aparição pública. O significado salvífico de Maria se encontra mais desenvolvido no terceiro Evangelho. Para Lucas, o agente não é José, mas Maria. Ela recebe a visita do anjo e é venerada com o título de "cheia de graça", que ressalta sua posição de destaque já no início do Evangelho. No diálogo de Maria com o anjo, Lucas a apresenta como mulher crente, que se abre para o chamado de Deus em livre autodeterminação (Lc 1,26-38). No encontro com Elisabete, Maria também é chamada de "cheia de graça". Assim como na cena da proclamação, sua resposta revela que está disposta a integrar-se ao plano salvífico de Deus com seus eventos revolucionários. Torna-se evidente que o fundamento para sua bem-aventurança não é representado apenas pela sua maternidade física, mas sua disposição de ouvir e aceitar a palavra de Deus (Lc 1,39-56). No esforço de apresentar a mãe de Jesus como discípula perfeita, Lucas também enfraquece o motivo da incompreensão encontrado em Marcos. Em virtude do relacionamento muito próximo de Maria com seu filho, ela vivencia – em cumprimento das profecias de Simão – a rejeição de Jesus em Israel e sua morte como dor que penetra sua alma (Lc 2,34s.). João destaca o início e o fim da obra pública de Jesus por meio de encontros entre mãe e filho. Essas posições de destaque mostram que Maria exerce uma função importante também na concepção do quarto Evangelho. No casamento de Caná (Jo 2,1-11), Maria representa todos aqueles que esperam e vivenciam ricamente a salvação de Deus no relacionamento com Jesus. Na exegese, a cena ao pé da cruz é compreendida mais em termos teológicos do que históricos, no sentido de que a mãe de Deus se apresenta como primeira discípula ao lado do discípulo preferido, que, por sua vez, representa exemplarmente o futuro da Igreja. – (2) A Igreja pós-neotestamentária explica a função soteriológica de Maria dentro do plano salvífico divino com recurso ao paralelo entre Eva e Maria, desenvolvido por Justino († por volta de 165) e desdobrado por Irineu († 202; haer. 3,22). Atribui-se a Maria uma causalidade salvífica análoga a de Eva em relação à perdição. A conduta das duas mães primordiais reflete a gama da conduta humana em relação a Deus. A tipologia das duas mulheres se transforma em *topos* da patrística. Esta interpreta Maria como "nova Eva" e reconhece em sua obediência uma prefiguração da Igreja como novo povo de Deus. Os padres dos séculos IV e V tentam explicar ao mundo a doutrina da encarnação do *logos*. Evidencia-se que o dogma de Cristo só pode ser expressado adequadamente se a participação de Maria no evento salvífico for levada em conta. Contra a cultura pagã determinada pelo platonismo e suas objeções contra a encarnação, os padres enfatizam a humanidade verdadeira de Jesus com recurso à maternidade biológico-humana de Maria. Aos questionamentos de sua divindade, respondem com a referência à conceição virginal. Nos símbolos da Igreja, Maria é apresentada como a eleita e como mulher a serviço da salvação. O Concílio de Éfeso (431) usa o título de nobreza "parideira de Deus" (em grego: *theotokos*) para expressar a unidade do sujeito do Salvador (DH 252). No contexto dessa definição, os padres louvam Maria como "fundamento da salvação" (Stefano de Fiores, 120-122). Em consequência dos esclarecimentos teológicos, o significado salvífico de Maria se desdobra na devoção mariana. A partir do século III, surgem invocações da mãe de Deus. São prova de que o significado salvífico de Maria não é atribuído apenas à encarnação, mas que possui também uma atualidade. As orações se nutrem da certeza de que Maria vive com Deus e, por isso, se encontra numa posição de ajudar de modo eficaz. Essa convicção se concretiza em títulos como "mediadora", "intercessora", "rainha" e "padroeira". Impulsos marcantes partem dos sermões marianos de Bernardo de Claraval († 1153), que interpreta o vínculo tradicional entre Maria e a Igreja como subordinação da Igreja a Maria. A partir da Idade Média tardia, a reflexão cada vez mais intensa sobre o significado salvífico de Maria corre o perigo de exagerar a ação da mãe de Deus em detrimento da monocausalidade divina em relação à salvação. Os teólogos do humanismo e do Iluminismo tentam corrigir esse desenvolvimento, mas são fortemente criticados. Na primeira metade do século XX, grande parte dos eruditos da mariologia se atém ao princípio *De Maria numquam satis* (Sempre mais Maria!). Paralelamente, surge em outros a concepção de uma mariologia que parte da história da salvação e que visa determinar o lugar e o significado de Maria no evento salvífico. Essa nova corrente integra Maria mais ao grupo dos fiéis. – (**3**) Essa perspectiva alterada em relação a Maria determina as discussões no Concílio Vaticano II. O Papa Paulo VI o confirma ao condecorar Maria com o título de "Mãe da Igreja" no fim do terceiro período conciliar. Esse predicado, que remonta ao século XI, já havia sido usado em documentos pontifícios, mas nunca havia sido incluído à versão final dos decretos com os quais o concílio descreve Maria. Este desenvolve (LG 52-69) uma imagem do significado salvífico de Maria fortemente fundamentada na Bíblia. O concílio acata proposições exemplares da tradição, mas evita exageros. Remete ao significado essencial da mãe de Deus para a encarnação do Filho de Deus e a seu acompanhamento até a morte. Além disso, o concílio lembra a importância da mãe de Deus para a Igreja reunida no dia de Pentecostes e reafirma que Maria continua a interceder na consumação celestial pelos irmãos e pelas irmãs de seu Filho. O concílio cita os títulos tradicionais como intercessora, assistente e mediadora, mas enfatiza ao mesmo tempo em que a eficácia de Maria se fundamenta na abundância dos méritos de Jesus Cristo (LG 60). Seguindo esse pensamento, o concílio classifica o significado salvífico da mãe de Deus no contexto de uma participação geral da criatura no plano salvífico de Deus. – (**4**) A teologia protestante segue a concepção da Igreja antiga do significado salvífico de Maria em sua orientação pela teologia da encarnação. M. Lutero († 1546) se viu desafiado a se opor à piedade mariana contemporânea, já que, em sua opinião, elevava o significado salvífico da mãe de Jesus em detrimento do significado salvífico exclusivo do Filho; no entanto, sua interpretação do *Magnificat* (Lc 1,46b-55) reconhece em Maria uma mulher eleita em sua humildade, que, em virtude da graça divina, alcançou um significado salvífico. Para ele, Maria é exemplo da fé e da virtude. Aqui, insinua-se uma dimensão eclesiológica no sentido de que Maria transparece como imagem primordial da Igreja. Invocações da mãe de Deus que pedem sua ajuda e intercessão são rejeitadas pelo protestantismos. O discurso sobre a mediação salvífica de Maria também é tratada com grande ceticismo; ela pode ser interpretada de modo perigosamente equivocado. No entanto, existe um consenso entre as confissões em relação à participação biblicamente testemunhada das criaturas na salvação divina. – (**5**) O significado salvífico de Maria se baseia na informação bíblica fundamental segundo a qual a história de Deus com o ser humano precisa da participação da criatura que deve ocorrer por decisão própria e livre. Cada ser humano é desafiado de modo insubstituível. A eleição de Maria como mãe do Salvador a inclui ao auge do evento salvífico: a encarnação do Filho de Deus. Maria cumpre a sua vocação e assim se transforma em imagem exemplar do ser humano que se põe a serviço da salvação de todos. Seu vínculo com todos os membros da Igreja, fundamentado em Cristo, faz com que ela se empenhe em prol da salvação de todos também na consumação celestial. A questão referente à participação de Maria na salvação foi o tema central da mariologia entre 1910 e 1960. Discutiu-se em que sentido Maria deve ser vista como "mediadora" da salvação e "corredentora". Ambos os títulos ocorrem frequentemente na tradição dos hinários e também nos documentos pontifícios. No entanto, ambos os títulos apresentam certa problemática, ou seja, esses títulos ameaçam obscurecer a posição singular de Jesus Cristo como mediador exclusivo. Em vista disso, uma mediação de Maria só pode ser concebida de modo teologicamente correto no sentido de uma participação subordinada à mediação primária de Cristo. Nesse sentido, a participação de Maria no evento da salvação serviria como modelo para aquilo que se exige de todo fiel, ou seja, que ele compartilhe com outros a salvação que ele mesmo recebeu de Jesus Cristo e que assim, ↑ na imitação de Jesus Cristo, contribua para sua salvação. Nesse sentido sóbrio, o Concílio Vaticano II emprega o título de "mediadora" apenas em uma única passagem (LG 62) e o faz com todo cuidado. No entanto, o concílio não corresponde ao desejo de chamar Maria também de "corredentora", apesar do pedido explícito de um grupo de bispos. Essa reserva dos padres conciliares é testemunho de sua consciência em relação aos possíveis equívocos teológicos causados por esse conceito e pode ser vista como expressão de sua sensibilidade ecumênica.

Lit.: a) WAGNER, M. "Ballast oder Hilfe? – Zum Verständnis der Mariendogmen heute". In: WAGNER, M. & SPENDEL, S.A. (orgs.). *Maria zu lieben* – Moderne Rede über eine biblische Frau. Regensburgo, 1999, p. 11-22. b) e c) BEINERT, W. "Die mariologischen Dogmen und ihre Entfaltung". In: BEINERT,

W. & PETRI, H. (orgs.). *Handbuch der Marienkunde.* Vol. 1. 2. ed. Regensburgo, 1996, p. 267-363, aqui p. 338-341. • ST. DE FIORES. "Maria in der Geschichte von Theologie und Frömmigkeit". In: BEINERT, W. & PETRI, H. (orgs.). *Handbuch der Marienkunde.* Vol. 1. 2. ed. Regensburgo, 1996, p. 99-266. • HAUKE, M. *"Mittlerin aller Gnaden".* Regensburgo, 2004. • WAGNER, M. *Die himmlische Frau.* Regensburgo, 1999.

Regina Radlbeck-Ossmann

Sínodo/sinodalidade ↑ *ofício na Igreja,* ↑ *unidade da Igreja,* ↑ *senso de fé dos crentes,* ↑ *Igreja,* ↑ *Igreja e igrejas,* ↑ *concílio/conciliaridade.* – Sinodalidade é um conceito estrutural eclesiológico que aponta o fado de que a Igreja como comunhão (*communio*) e como povo de Deus depende da participação e inclusão de todos os batizados para a realização de seu ministério salvífico. Por isso, os sínodos (do grego: *synodos*, assembleia) ou concílios (do latim: *conciliare*, convocar, reunir) eram e são realizados como reuniões assessórias ou deliberativas. – **(1)** O modelo primordial neotestamentário para os sínodos é o "concílio dos apóstolos" (At 15 com Gl 2,1-10): Questões importantes são analisadas e decididas em uma assembleia. – **(2)** A Igreja antiga se compreende como *uma* Igreja na comunhão (em grego: *koinonia*) de *igrejas* (em latim: *communio ecclesiarum*). Por isso, os sínodos são parte natural da realidade eclesiástica já nos primeiros séculos. Convoca sínodos regionais ou particulares, por vezes, até concílios gerais (ecumênicos). Na Modernidade, a Guerra das Investiduras, o conciliarismo (tese da superioridade de um concílio em relação ao papa) e a Reforma relegaram a sinodalidade ao segundo plano em prol de uma concepção hierárquica, centralista, ou seja, papista da Igreja. – **(3)** O Concílio Vaticano II relativiza a concepção centralista anterior da Igreja, comparável a uma pirâmide, e introduz o conceito-chave estrutural da *communio* (LG 4): Todos os crentes são sujeito (*communio fidelium,* ↑ sacerdócio comum, *sensus fidelium*: LG 9-13); valorização da Igreja local em conjunto com a *communio ecclesiarum* da Igreja universal (LG 23, 26); relacionalidade do conceito da Igreja também em relação a comunidades não católicas (*communio non plena*: LG 8; 14s.; UR 3). Isso afeta também a dimensão prática: Por meio de um sistema de conselhos sugerido pelo concílio, a sinodalidade deve voltar a ser o princípio de ação da Igreja como um todo. – **(4)** A ortodoxia cultiva uma concepção da Igreja altamente comunial (eclesiologia da *koinonia*), que desde sempre atribuiu um espaço amplo ao princípio da sinodalidade. Na base de igrejas locais autônomas (autocéfalas) de direitos iguais, as decisões fundamentais são tomadas de forma colegial pelos sínodos episcopais ou, quando estes não conseguem chegar a uma conclusão, pelo "Sínodo Sagrado" (representantes do colégio episcopal). As decisões precisam ser confirmadas pelo povo da Igreja (na Rússia, o princípio *sobernost'*: esse conceito geral dialético designa, ao mesmo tempo, catolicidade e sinodalidade – a primeira se realiza na última). Nas igrejas e comunidades protestantes, os sínodos são parlamentos (compostos por clérigos e leigos) da autoadministração eclesiástica em diferentes níveis (*Landeskirche* [Igreja de uma região], distrito, decanato) que possuem competências legislativas e também doutrinais. São elemento indispensável da identidade eclesiástica principalmente em comunidades presbiterianas, reformadas e unidas. – **(5)** Até agora, o impulso sinodal vinculado à teologia da *communio*, do Concílio Vaticano II, foi aplicado apenas de forma rudimentar às estruturas jurídicas. O Direito Canônico da Igreja Católica conhece o sínodo dos bispos como órgão de consultação do papa (CIC/1983, cân. 342ss.) e o sínodo diocesano como instrumento de consultação do bispo (cân. 460ss.), mas esses órgãos não possuem nenhuma competência de decisão autônoma – e isso continua a ser objeto de discussões teológicas e canônicas. No que diz respeito à relação entre Igreja universal e Igreja local (e, portanto, à questão da ↑ colegialidade episcopal), nem mesmo o concílio conseguiu conceber a primazia papal de forma consequente como "primazia da *communio*" (H.J. Pottmeyer). Mas é esta a direção que a reflexão teológica precisa seguir, caso queira recuperar o ideal veteroeclesiástico da sinodalidade. "A Igreja é uma comunidade de comunidades, e cada uma dessas comunidades da Igreja local como também a Igreja como um todo é uma comunidade de pessoas, na qual cada indivíduo é chamado a viver sua eclesialidade e a contribuir para a missão da Igreja" (H.J. Pottmeyer, *Weg*, p. 309s.). O escrito da Congregação para a Doutrina da Fé *Communionis Notio*, de 1992 (DH 4.920-4.924), constata: "Por isso, a fórmula do Concílio Vaticano II: A Igreja na e a partir das igrejas (*Ecclesia in et ex Ecclesiis*), é inseparável destoutra: As Igrejas na e a partir da Igreja (*Ecclesiae in et ex Ecclesia*)." G.L. Müller adverte, porém, que na exegese desses *theologumena* deve-se evitar: "1) A acepção segundo a qual a unidade das igrejas locais exista além de sua existência concreta como ideia substantivada, como universal já *ante rem*. 2) A acepção segundo a qual a Igreja universal seria apenas a soma posterior das igrejas locais, administrada de acordo com padrões organizacionais humanos, na qual a unidade da Igreja exista, de modo nominalista, apenas como universal *post rem* [...]. Na verdade, a unidade da Igreja se realiza na concreticidade local", como também "cada Igreja local nada mais é do que a Igreja universal *in loco*. Essa reciprocidade é a *communio* católica da Igreja, que se constitui como *communio ecclesiarum*" (*In quibus*, p. 64s.). Continua em aberto (50 anos após o concílio) também a pergunta o que a sinodalidade reconquistada significa para a relação entre clero e ↑ "leigos" e para a participação destes na liderança da Igreja. Do ponto de vista histórico, os leigos sempre têm assumido funções dentro da Igreja. Basta lembrar os imperadores bizantinos, aos quais cabia a presidência dos concílios, os participantes sem ofícios com direito ao voto ativo nos sínodos, os representantes legais na Idade Média, que possuíam amplos poderes, mas também os cardeais da cúria, que, ainda no século XIX, operavam sem terem sido ordenados sacerdotes ou bispos. Segundo a lógica do concílio, o Batismo e a Crisma conferem ao leigo um envio e uma autoridade independente, fato que corresponde organicamente aos princípios sociais – sobretudo ao princípio da subsidiariedade – propagados pela Igreja Católica. Aqui, vale aprofundar os impulsos existentes (a despeito de tendências retardantes), como aquele dado pelo Papa João Paulo II: "O Concílio Vaticano II, que nunca usou o termo 'subsidiariedade', contudo encorajou a partilha entre os organismos da Igreja, iniciando uma nova reflexão sobre a teologia do Episcopado que está a dar os seus frutos na aplicação concreta à comunhão eclesial do princípio da colegialidade" (exortação apostólica pós-sinodal *Pastores gregis*, de 2003, n. 56).

Lit.: FREITAG, J. "Vorrang der Universalkirche?" *ÖR*, 44, 1995, p. 74-92. • MÜLLER, G.L. "In quibus et ex quibus. Zum Verhältnis von Ortskirche und Universalkirche". *EGTSK*, 37, 2003, p. 59-68. • POTTMEYER, H.J. "Der mühsame Weg zum Miteinander von Einheit und Vielfalt im Verhältnis von Gesamtkirche und Ortskirchen". In: FRANZ, A. (org.). *Was ist heute noch katholisch?* QD, 192, 2001, p. 291-310. • SCHATZ, K. "Primat und Kollegialität". *IkaZ*, 27, 1998, p. 289-309. • WERBICK, J. "Subsidiarität, Partizipation, Solidarität". In: WERBICK, J. & SCHUMACHER, F. (org.). *Weltkirche, Ortskirche*. Münster, 2006, p. 41-61.

Johanna Rahner

Sociedade ↑ *comunhão*, ↑ *domínio de Deus/Reino de Deus*, ↑ *indivíduo*, ↑ *cultura*, ↑ *humanidade*. – O termo sociedade designa o contexto social de pessoas contemporâneas, que pode ser descrito por atributos e estruturas características e normalmente pertence a um determinado Estado ou espaço cultural. A sociedade possui relevância dogmática como grandeza antropológica e eclesiástica significativa. – (**1**) Em Israel desenvolvem-se inicialmente ordens sociais marcadas por diversas tradições culturais e religiosas. Com a emergência do monoteísmo, a pergunta sobre a vontade e a Palavra de Deus se torna decisiva, fato que se evidencia no livro de Levíticos – o centro do Pentateuco –, que documenta a constituição de Israel como povo sagrado, em cujo meio habita o próprio Deus (E. Zenger [† 2010]). As teologias da aliança e do povo de Deus definem o AT em múltiplos níveis e exercem uma influência sobre a ordem estatal. A pergunta referente ao direito – à justiça de Deus e dos homens – ocupa um papel central (Ex 20–23; Lv 17–26; Dt 5; 12–28): estruturas de domínio e formas de convívio devem orientar-se pelos princípios (fundamentados na Torá) do amor a Deus e ao próximo (Lv 19,18). A crítica dos profetas ao Estado, culto, domínio e sociedade condena a culpa social (opressão) e o fracasso social (marginalização) como algo contrário ao domínio de Deus (p. ex., Jr 3–5), cuja preocupação se volta expressamente para os pobres, os fracos e necessitados (Am 4,1-3). Seu destino se transforma em barômetro de uma sociedade humana e justa. A apocalíptica do início do judaísmo remete à ambivalência da sociedade corrompida e espera a intervenção de Deus (Dn 7). A despeito da responsabilidade de todos pela sociedade, a responsabilidade especial de determinados indivíduos exerce uma função importante. Esse princípio vale também para a prática de Jesus e sua mensagem da *basileia*, cujo centro é ocupado pelo mandamento duplo do amor a Deus e ao próximo (Mc 12,38-31 par.). No entanto, Jesus relativiza vínculos sociais tradicionais (no Estado, no matrimônio e na família) para manifestar em sua própria pessoa a nova forma social do domínio de Deus (assim Paulo em Gl 3,26-29). Isso viabiliza uma liberdade interior frente às estruturas do mundo e uma prática do amor capaz de corresponder à vontade de Deus. – (2) A relação entre sociedade e cristianismo sempre foi (e é) marcada por influências recíprocas e se transformou de forma fundamental desde a chamada virada de Constantino. Podemos distinguir diversas fases (cf. o quadro a seguir). Em seu livro monumental sobre o Estado de Deus (*civitas caelestis*), que ele contrasta com o Estado terreno (*civitas terrena*), Agostinho († 430) reflete sobre a relação tensional entre a sociedade e o cristianismo. Sua visão é marcada pela tradição bíblica, pelas filosofias aristotélica, platônica e estoica e também pela cultura jurídica romana; o ser humano é compreendido como ser da sociedade (*zoon politikon*). A escolástica refina a argumentação baseada no direito natural e amplia a doutrina do *bonum commune* (ideia do bem-estar social). A autodesignação dos jesuítas no século XVI como *Societas Jesu* expressa no contexto da ordem eclesiástica o vínculo pessoal por meio de uma espiritualidade e imitação de Cristo comuns. No século XIX, a Igreja intensifica sua preocupação com a questão social, e a teologia enfrenta o desafio da formação de teorias modernas (contrato social, filosofia iluminista, compreensão da liberdade) no contexto da secularização, autonomia e distância social da Igreja. Surgem aqui debates acirrados sobre a relação entre sociedade, democracia e Igreja. A teologia política (J.B. Metz), a teologia da esperança (J. Moltmann) e a teologia da libertação (L. Boff, C. Boff, G. Gutierrez, J. Sobrino) demarcam iniciativas do século XX que apostam no poderoso aspecto social da Palavra de Deus. A fé adquire um significado eminentemente político e desenvolve uma força social transformadora. Crítica a estruturas de domínio e reivindicações de liberdade em vista de estruturas injustas e pecaminosas são os focos principais dessas teologias; com uma forte orientação exegética, sua atenção se volta para a prática social de Jesus, para a tradição do êxodo de Israel e para a herança profética, o que se transforma em "recordação perigosa" (J.B. Metz, com recurso a W. Benjamin [† 1940]). Apesar dos conflitos com o magistério, alguns *topoi* centrais da teologia da libertação conseguiram se impor, enfatizando-se sempre a transformação pacífica da sociedade no espírito de Jesus. – (3) Nas encíclicas papais *Rerum Novarum* (1891: DH 3.265-3.271), *Quadragesimo Anno* (1931: DH 3.725-3.744), *Mater et Magistra* (1961: DH 3.935-3.953), *Populorum Progressio* (1967: DH 4.440-4.469), *Laborem Exercens* (1981: DH 4.696-4.699) e *Centesimus Annus* (1991: DH 4.900-4.914), o magistério se ocupou profundamente com uma teologia da sociedade e avançou a proclamação social da Igreja. Com sua Encíclica *Caritas in Veritate*, de 2009, Bento XVI retomou essa tradição e analisou a ligação entre amor e verdade. Em termos fundamentais, o magistério ressalta os ideais socialmente relevantes da personalidade, solidariedade e subsidiariedade. Segundo o Concílio Vaticano II, os cristãos têm uma responsabilidade social, que vem aumentando com a globalização crescente (GS 3; 26; 30). Enfatiza o papel imprescindível da família e concede uma autonomia relativa à sociedade (GS 36). A declaração conciliar sobre a liberdade de religião (DH) corresponde aos desenvolvimentos recentes na sociedade moderna. O ser humano é compreendido como ser social que preserva, também na coletividade, a sua singularidade e responsabilidade pessoal (Catecismo da Igreja Católica, 1.878-1.885). Em face das correntes migratórias e interações internacionais, as diferentes sociedades devem cultivar uma comunicação intercultural e inter-religiosa e criar mecanismos de diálogo para a regulamentação de conflitos. – (4) Na teologia ortodoxa, as teorias sociais se orientam pelo personalismo: A igualdade das pessoas físicas na sociedade é compreendida como reflexo da igualdade das pessoas trinitárias. A tradição protestante vê com ceticismo as figuras argumentativas do direito natural nas teorias sociais e enfatiza a primazia das Escrituras também em questões sociais. Por isso, já nos tempos de M. Lutero († 1546), surgiram diferenças nas avaliações éticas dos desafios sociais (p. ex., na questão da tolerância); o reformador veio a discutir com Erasmo de Roterdã († 1536) sobre a relação entre Estado, sociedade e Igreja. – (5) Além do fenômeno do surgimento de uma nova "sociedade mundial" (N. Luhmann [† 1998]) em virtude de interações em nível internacional, constatamos atualmente também uma pluralização e autonomização de partes da sociedade, que resultaram num vínculo menos rígido entre cultura, estrutura social e personalidade. A reivindicação de justiça social e liberdade, de solidariedade e subsidiariedade, porém, não perdeu nada de sua relevância e adquiriu uma dinâmica até global. E. Lévinas († 1995) observou que uma sociedade só pode permanecer humana se cada indivíduo se conscientizar do fato de que, em relação "ao outro", ele possui mais obrigações do que direitos. Sob essa perspectiva, a sociedade passa a ser um tipo de graça, já que os muitos "outros" podem ajudar-se reciprocamente a realmente cumprir sua responsabilidade pessoal. As sociedades modernas e pós-modernas apresentam uma tensão entre unidade e pluralidade, entre identidade e comunidade, entre fundamentalismo e libertinismo. Assim, torna-se imprescindível lidar com a pergunta de um equilíbrio de consensos necessários e dissensos igualmente necessários.

Igreja antiga	Vida na minoria. "Sociedade de contraste". Formação de estruturas próprias.
Após a chamada virada de Constantino	A Igreja como grandeza decisiva na sociedade. Envolvimento em processos de conflito e violência. Estado e Igreja estão interligados como império. Empenho social e político da Igreja. A Igreja como *societas perfecta*.
Idade Moderna	Após Reforma, Contrarreforma e o princípio *cuius regio eius religio*, início da Guerra dos Trinta Anos; em consequência desta, distanciamento entre Estado, sociedade e religião. Em virtude do Iluminismo, da Revolução Francesa e da secularização, a Igreja perde apoio e poder políticos. Empenho da Igreja na educação e no sistema de bem-estar social. Empenho político dos leigos a partir do século XIX.
Atualidade	Choque das duas Guerras Mundiais e da *shoah*. O Concílio Vaticano II reconhece a autonomia da sociedade e corrige a posição negativa do Concílio Vaticano I referente aos desafios da Idade Moderna (direitos de liberdade, democracia). Sociedade pluralizada, individualizada e secularizada em virtude de migração e multiculturalidade. Igreja como instância moral a serviço da paz, da justiça e da humanidade. No século XIX, a Igreja recorre cada vez mais aos recursos das mídias. Conflito em relação à teologia da liberdade como indício de uma relação tensional entre Igreja e realidade política.

Lit.: KASPER, W. "Kirche und neuzeitliche Freiheitsprozesse". *Theologie und Kirche*. Vol. 2. Mainz, 1999, p. 213-228. • LAUX, B. *Exzentrische Sozialethik* - Zur Präsenz und Wirklichkeit christlichen Glaubens in der modernen Gesellschaft. Münster, 2007.

Erwin Dirscherl

Sofrimento ↑ teologia da cruz, ↑ purificação/purgatório, ↑ pecado e culpa, ↑ teodiceia, ↑ mau. – O sofrimento é uma das experiências existenciais fundamentais do ser humano e significa: a) a diminuição da qualidade de vida vivenciada como dolorosa, aceita ativa ou passivamente, que confronta com a questão do sentido da vida; ou b) o ferimento suportado conscientemente em prol de Deus, do próximo ou do bem. – **(1)** O sofrimento é onipresente na vida do povo de Israel e provoca a pergunta referente a seu sentido e origem (Sl 38; 41; 43; 44; Lm). Como demonstra o livro de Jó, Deus também é destinatário da lamentação, no entanto, refuta uma relação de causa e efeito, mesmo que a narrativa do paraíso (Gn 3) remeta à pecaminosidade do ser humano, cuja consequência é o sofrimento. Em situações de doença, de ameaça de morte ou guerra, o clamor por conforto se eleva em voz tão alta quanto a lamentação (Jó; Sl 22; 28; 54). Exemplo disso é o livro de Jó, que questiona radicalmente explicações tradicionais e precipitadas do sofrimento (Jó 6; 9–10; 12–14): O sofrimento não parte da vontade de Deus, muito menos quando se trata do sofrimento dos justos. Mesmo assim, sofre. Para quê? Sofrimento pode indicar distância de Deus ou castigo e intensificar ao mesmo tempo o clamor por Deus (Sl 51,13 et al.). O Sl 22, citado também por Jesus na cruz (Mc 15,34), não fornece uma resposta racional, antes deposita sua esperança num Deus redentor e justo, que desvendará "o porquê" do sofrimento e acabará com ele no *eschaton*. No contexto veterotestamentário dos chamados hinos do servo de Deus (Is 53) e enfaticamente em vista da agonia de Jesus na cruz, a teologia do início do cristianismo atribui ao sofrimento um significado salvífico e representativo e apresenta uma concepção de amor que demonstra seu valor justamente no sofrimento. Evidencia-se aqui então o vínculo misterioso entre sofrimento, paixão, amor e atividade e passividade amorosas, que ajuda a aceitar e a superar o sofrimento. A mensagem de Jesus do raiar do ↑ domínio de Deus e a prática de suas curas narram um empenho divino contra o sofrimento realizado na tensão entre o "já" presente e o "ainda não" escatológico. Em tempos de extrema aflição, injustiça gritante e perseguição ameaçadora, a tradição apocalíptica da Bíblia (Dn 7-12; Ap) anseia pelo fim da história com a revelação definitiva do Deus justo e redentor. A interrupção da história, expressada por meio de visões, pretende fornecer consolo, esperança e coragem e ajudar a confiar no fim (próximo) da aflição. – (2) Na tradição patrística, o sofrimento é interpretado como consequência da ↑ imitação de Jesus, como expressão dramática do amor ou como situação de provação, que desafia a fé e a esperança (Tertuliano [† após 212] scorp. 9; Cipriano [† 258] ep. 58,3; Leão o Grande [† 461] serm. 85,1). Isso vale tanto para o sofrimento ativo do martírio como para o sofrimento passivo em situações de tristeza. O misticismo medieval da paixão reconhece no sofrimento uma estação no caminho da alma para Deus (Bernardo de Claraval [† 1153], Lutgarda de Tongeren [† 1246], Matilde de Magdeburgo [† 1282]); aqui, a conexão entre sofrimento, paixão e amor exerce uma função especial. De um lado, o sofrimento precisa ser aceito como uma necessidade, de outro, a desgraça precisa ser superada; no entanto, não foi fácil encontrar critérios para distinguir as duas dimensões (Francisco de Assis [† 1226], Boaventura [† 1274]). O consolo exerce um papel extraordinário no sofrimento – o que não valia apenas para o misticismo, mas também para o dia a dia da Igreja na *caritas* (assistência aos enfermos) e na *ars moriendi* (acompanhamento na morte). Para Tomás de Aquino († 1274), o sofrimento leva, sob uma perspectiva epistemológica, à formação do mundo no intelecto humano e o torna mais aguçado em sua referência à realidade. A escatologia do seu tempo fala do purgatório como sofrimento passageiro e purificador no caminho para a consumação, que não conhecerá mais nenhum sofrimento. No século XX, D. Bonhoeffer († 1945) refletiu sobre a relação tensional inerente ao sofrimento entre "resistência e entrega" em face do terror nacional-socialista. Há muito, J.B. Metz reivindica uma "teologia após Auschwitz" que demonstre uma sensibilidade frente ao sofrimento e ajude a lembrar sempre a história do sofrimento dos judeus europeus e das outras numerosas vítimas da violência, resgatando-os do esquecimento (*memoria passionis*). Metz tem falado ainda de um sofrimento em Deus, para não ter que dizer que também o próprio Deus sofre e para criar uma sensibilidade para a conexão interna entre sofrimento e a questão de Deus. O sofrimento do próximo é interpretado como apelo de lutar solidariamente contra ele, e o sofrimento infligido por seres humanos a seres humanos é condenado como mal pecaminoso. As teologias da libertação acataram esses aspectos e os combinaram com a "opção pelos pobres". O fato de existir também um sofrimento em virtude da Igreja foi articulado por H. Thielicke († 1986) por parte dos protestantes e por H. Fries († 1998) por parte dos católicos. Esse pensamento já esteve presente anteriormente em tradições místicas. K. Rahner († 1984) apontou a diferença biográfica do sofrimento e, consequentemente, aos diferentes padrões legítimos de interpretação e resistência, insistindo, porém, numa última incompreensibilidade do sofrimento. H. U. von Balthasar († 1988) descreveu o sofrimento como processo dramático intradivino ("a dor de Deus"), que fundamenta o sofrimento da criatura de modo empático. G. Greshake reconhece no sofrimento o preço do amor. – (3) O Concílio Vaticano II ensina: O sofrimento é consequência do pecado original, mas é capaz de adquirir um novo sentido quando é compreendido como participação no sofrimento de Cristo ou como imitação da cruz (GS 41). O concílio lança um apelo para a oração pelos cristãos de todas as denominações em situação de sofrimento (OE 30). Segundo o Catecismo da Igreja Católica, n. 164, a experiência do sofrimento pode abalar a fé e se transformar em grave tentação. O Papa João Paulo II incluiu em seu pedido de perdão do ano 2000 também o sofrimento que a Igreja tem causado às pessoas de outras religiões, culturas e confissões e ainda aos hereges católicos. – (4) Na face do sofrimento de todo tipo, a tradição oriental se apoia no conforto e no fortalecimento pelo Espírito Santo. Para a tradição luterana, o sofrimento e a tribulação são situações nas quais se revela o poder de Deus na impotência humana ou na tentação; o sofrimento pode levar à confiança na Palavra de Deus que provém da boca do Filho de Deus sofredor (*theologia crucis*). – (5) Enquanto perdurar a história, não poderemos atribuir um sentido último independente da situação concreta e individual ao sofrimento. Apenas no *eschaton*, assim esperamos, Deus talvez revele o sentido do sofrimento. Em face das experiências de sofrimento no aqui e no agora, não existe outra possibilidade senão respeitar sua incompreensibilidade. No entanto, como demonstra o livro de Jó, também não devemos aceitá-lo passivamente ou menosprezá-lo de modo intelectualista. Além disso, existe a possibilidade de um ser humano reconhecer posteriormente o que significou e talvez ainda significa seu sofrimento. Nesse caso, a pergunta retrospectiva ou voltada para o presente do "porquê" talvez ceda à pergunta do "para quê", que espera um futuro melhor no sofrimento. O pensamento hebraico sugere essa postura, pois Sl 22,2 pode ser adequadamente traduzido da seguinte forma: "Deus meu, Deus meu, *para que* me abandonaste?" (C. Dohmen). A esperança de um caminho para o futuro pode se ater a isso – a despeito de toda escuridão.

Lit.: BÖHNKE, M. et al. *Leid erfahren, Sinn suchen* – Das Problem der Theodizee. Friburgo/Basileia/Viena, 2007 [Theologische Module, 1]. • KREINER, A. *Gott im Leid*. Friburgo/Basileia/Viena, 2005. • STEINS, G. (org.). *Schweigen wäre gotteslästerlich*. Würzburg, 2000.

Erwin Dirscherl

Soteriologia ↑ *cristologia*, ↑ *escatologia*, ↑ *graça/doutrina da graça*, ↑ *teologia da cruz*, ↑ *justificação*, ↑ *teoria da satisfação*, ↑ *motivos soteriológicos*, ↑ *substituição*. – Soteriologia é o tratado sistemático da redenção (em grego: *soteria*) de todas as pessoas por Jesus Cristo. Sua reflexão central tem como objeto a salvação, que designa Deus e sua relação dramática com o mundo e a história. A soteriologia disserta sobre a ação salvífica divina, que antecede à vontade e capacidade humana e que pretende agir na vida do indivíduo. – **(1)** Todas as categorias centrais da soteriologia têm raízes bíblicas. A soteriologia neotestamentária recorre a concepções veterotestamentárias da salvação, que então interpreta do ponto de vista cristológico. O desenvolvimento da cristologia no NT e na Igreja antiga pode ser visto como reação intelectual à profissão de Cristo *como Redentor*. Os conceitos neotestamentários de entrega, sacrifício, expiação, substituição, redenção e superação da morte abordam o ato redentor de Cristo. Os conceitos da salvação, justificação, reconciliação, santificação, perdão, socorro, libertação, nova criação, renascimento, vida e aliança nova e eterna servem para esclarecer o dom salvífico. Os bens salvíficos ainda pendentes são a ressurreição física, a vida eterna, a contemplação de Deus, a comunidade dos santos, a derrota definitiva da morte, o novo céu e a nova terra. Cristo reestabelece o relacionamento do ser humano com Deus, que foi rompido pelo pecado. Por meio do Espírito Santo, ele habilita seus discípulos para a participação em sua filiação. A soteriologia ocorre no NT na forma de credos, narrativas e reflexões que estabelecem uma relação entre a obra salvífica, a pessoa e a história de Jesus Cristo, que a interpretam num sentido cristológico e soteriológico dentro do contexto da história salvífica da Bíblia. A soteriologia neotestamentária tem suas raízes na proclamação de Jesus, em sua prática, paixão, morte, ressurreição, em suas apresentações aos discípulos e na ascensão. Relevância especial cabe às afirmações de Jesus sobre si mesmo e às profissões da Igreja primordial, que identificam a salvação, a proximidade e o perdão de Deus com sua pessoa (p. ex., 1Cor 1,30; Ef 2,14; Jo 14,6; Cl 1,27; 1Jo 5,20). Importantes são também as chamadas fórmulas "*hyper*" (do grego: *hyper*, para, em prol de), que compreendem a vida e a morte de Jesus como pró-existência e autoentrega para a salvação dos muitos (Rm 4,25; 5,6.8; 14,15; 1Cor 8,11; 13; 15,3; 1Pd 2,21; 3,18; Jo 3,16; cf. tb. as palavras eucarísticas de Mc 14,24; Mt 26,28; Lc 22,19s.; 1Cor 11,24s.). – **(2)** A história da teologia conhece uma multiplicidade de conceitos e expressões diferentes da soteriologia: as concepções gregas da *paideia* na patrística oriental; categorias jurídicas na Igreja latina da patrística e da Idade Média; conceitos modernos de subjetividade e liberdade (tipologia segundo G. Greshake, 1983; cf. o quadro p. 454). A soteriologia da patrística (principalmente no Oriente) se desdobra no contexto da reflexão sobre o cosmo e o *logos* do platonismo e do estoicismo e recorre à concepção platônica da *paideia*: O ser humano desenvolve sua humanidade plena por meio da imitação (*mimesis*) de uma imagem primordial/um paradigma normativo. A redenção é explicada como processo de libertação e conhecimento por meio do *Christus magister* ou *Christus exemplum* (Clemente de Alexandria [† antes de 221], Orígenes [† 253/254]). Não se trata de uma orientação externa, mas da participação efetiva (*methexis*) no ser divino e da recuperação da imagem divina no ser humano. Redenção significa deificação (em grego: *theosis*, em latim: *deificatio*; não apoteose!) do ser humano (Atanásio [† 373], Gregório de Nazianzo [† 390]), i.e., sua elevação para a humanidade plena e a renovação da natureza humana corrompida pelo pecado e pela mentira. A revelação em Cristo e sua mediação sacramental habilitam para a participação na vida divina, na realidade da vida do Filho (*koinonia*). A soteriologia preserva seus fundamentos na cristologia da encarnação e na economia da salvação; a teologia e a economia da salvação formam uma unidade interna. A cruz tem um efeito salvífico porque o Encarnado consuma a *forma servi* (Fl 2,7) para oferecer à humanidade a vida nova. Assim, todos os que vivem no ↑ seguimento de Jesus e adotam a *forma Christi* se tornam semelhantes à imagem primordial de Cristo. O Redentor reúne em si o movimento descendente de Deus para o ser humano (amor, graça, santificação) e a dinâmica ascendente do ser humano em direção a Deus (obediência, sacrifício, substituição). Apesar das categorias gregas, a soteriologia cristã da Antiguidade enfatiza a historicidade da dinâmica do *logos*, sua encarnação real e a relação salvífica e ontológica entre Deus e o homem. No Ocidente, a patrística (Tertuliano [† após 212]) e sobretudo a Idade Média latina desenvolvem categorias jurídicas, morais e antropológicas que interpretam o evento salvífico a partir de uma perspectiva estaurológica como ato de substituição ou satisfação expiatória. No contexto da *iustitia Dei*, o sacrifício na cruz significa o reestabelecimento da relação rompida com Deus e a renovação da aliança. A ↑ teoria da satisfação, de Anselmo de Cantuária († 1109), para o qual a redenção significa satisfação e evitação do castigo divino, passa a exercer grande influência. Em relação ao sacrifício na cruz, a soteriologia medieval distingue entre a possibilitação objetiva da redenção e sua aceitação subjetiva, mediada pelos sacramentos. Essa diferenciação, fortalecida pela crise da Reforma, se expressa no desenvolvimento dos tratados dogmáticos da cristologia e da soteriologia e da teologia da graça. O aspecto objetivo e supraindividual enfatizado pela patrística e pela Idade Média passa a ocupar o segundo plano, cedendo seu lugar ao relacionamento individual com Deus e seu acesso à salvação. A filosofia do Iluminismo compreende o sujeito humano e sua liberdade como insubstituíveis, a razão é a medida suprema. Questiona criticamente o sofrimento expiatório como fundamentação supranatural da religião, da revelação e da salvação divina. A contraparte antropológica da soteriologia, a necessidade salvífica do ser humano como necessidade de Cristo (*peccatum originale* ↑ pecado original), também entra em crise. É privada de sua fundamentação na teologia do pecado e interpretada como localização natural, o que evoca o mal (G.W. Leibniz [† 1716]). Consequentemente, a dimensão ética e subjetiva da redenção passa a ocupar o primeiro plano. O que importa não é o mestre, mas a doutrina racional (G.E. Lessing [† 1781], I. Kant [† 1804]). A soteriologia especulativa e idealista identifica a religião com a redenção. Discorre sobre a liberdade não em vista do sujeito individual, mas como esboço geral especulativo, que apresenta o desdobramento dialético do Espírito de Deus como algo redentor (G.W.F. Hegel [† 1831]). A soteriologia individual e existencial do século XIX enfatiza o contato entre autoconsciência e redentor, no entanto apresenta grandes dificuldades de mediar entre o significado do evento histórico da cruz e a libertação do indivíduo (F. Schleiermacher [† 1834], teologia liberal). O século XX desdobra a soteriologia em dois ou três paradigmas (como, p. ex., em K.-H. Menke): a) o modelo cristocêntrico da reconciliação e *substituição* (K. Barth [† 1968]; H.U. von Balthasar [† 1988]; R. Schwager [† 2004], C. Gestrich) e seu desdobramento eclesiológico no modelo da *communio* (G. Greshake) e b) o modelo antropocêntrico da *libertação* (J.B. Metz; abordagens da teologia feminista e da libertação; H. Kessler; T. Pröpper). Enquanto os representantes do primeiro tipo falam de uma substituição exclusiva ou inclusiva do remidos pelo redentor, os representantes da vertente antropocêntrica ressaltam a relação entre soteriologia e *soteriopraxis*, identificando assim a prática libertadora dos remidos como característica constitutiva da soteriologia. O modelo eclesiocêntrico, por sua vez, vive da analogia entre *communio* e Trindade: a *communio* eclesiástica cristã é vista como projeção criatural da unidade trinitária vivida por Cristo no Espírito Santo e, por isso, como critério da vida cristã. T. Pröpper desenvolve um modelo que procura integrar as preocupações da soteriologia existente e oferecer uma resposta aos problemas remanescentes. Procura estabelecer uma relação de determinação recíproca entre uma atribuição do ato salvífico de Deus (graça) e a resposta humana (liberdade) como causa e efeito. – **(3)** A soteriologia não é objeto de uma decisão doutrinal explícita. Mas como mostram os símbolos da Igreja antiga, a profissão de Cristo como único mediador da salvação normatiza todas as afirmações teológicas. A morte de Jesus na cruz superou o pecado de Adão e suas consequências (DH 1.513) e adquiriu uma nova justiça, a vida eterna e a reconciliação para todos os seres humanos (DH 1.522s.; 1.529). O sacrifício cruento na cruz está presente de modo incruento na Eucaristia (DH 1.739-1.743; 1.751-1.754). A dádiva da participação na redenção ocorre por meio dos sacramentos (Concílio Vaticano II: SC 5-7) e a realização existencial do relacionamento com Deus na fé, esperança e amor. Cristo é o mediador único e universal da salvação (Concílio Vaticano II: LG 62; NA 2; DV 2-5; Declaração *Dominus Iesus*, de 2000: DH 5.085-5.089). A salvação de Cristo liberta o ser humano para a humanidade plena por meio da participação no amor de Deus (PAPA JOÃO PAULO II. Encíclica *Redemptor hominis*, de 1979: DH 4.640-4.645). Em 1997, foi publicado o estudo "Deus, o Redentor", da Comissão Internacional de Teologia e aprovado pela Congregação para a Doutrina da Fé, como "ponto de referência" da discussão soteriológica. Em 1999, a Declaração Conjunta sobre a Doutrina da Justificação identifica um "consenso nas verdades fundamentais da doutrina da justificação" referente à questão da apropriação (GE 5), de modo que "os desdobramentos divergentes não servem mais como motivo para condenações doutrinais". – **(4)** A controvérsia do século XVI não gira em torno da obra redentora de Cristo em si, mas da apropriação subjetiva (teologia da graça, doutrina da justificação). A crítica reformada se volta contra posições, equívocos e desequilíbrios da teologia e prática católica dos sacramentos e das indulgências. A soteriologia reformada se encontra no limiar para o tipo moderno da soteriologia. Por um lado, coloca o sujeito em primeiro plano, por outro lado, se orienta pela antropologia pessimista de Agostinho († 430). M. Lutero († 1546) acata a interpretação medieval do evento redentor como reestabelecimento da justiça divina. Interpreta o sofrimento de Jesus (diferentemente de Anselmo) como sofrimento punitivo, não como satisfação, de forma que ocorre uma separação entre a justiça e a misericórdia de Deus. Lutero enfatiza radicalmente a condição da perdição e a necessidade de salvação do ser humano. A ira de Deus se descarrega na cruz sobre o homem sem pecado, que supera o pecado, a morte e o diabo. Essa justificação e nova criação podem ser vivenciadas *sola gratia* na tensão entre total autocondenação (*totus peccator*) e certeza da salvação (*totus iustus*). J. Calvino ressalta o *officium mediatoris* de Cristo e o desdobra na doutrina do ofício triplo de Cristo como profeta, rei e sumo sacerdote, que se torna importante na ortodoxia luterana. O sacrifício expiatório de Cristo é integrado ao decreto divino da predestinação. A Confissão de Westminster (1647) e (com resultado diferente) o Sínodo de Dordrecht (1819) discutem a questão da predestinação dupla. O sínodo declara a suficiência do significado salvífico de Cristo para todos, mas sua eficiência apenas para os eleitos. – **(5)** A profissão de Jesus Cristo como Redentor do mundo representa o *specificum christianum* e orienta a reflexão teológica como critério imprescindível de identidade do cristianismo: afirma a dependência de toda a criação e de sua salvação de Cristo, a dependência do ser humano de Cristo, a unidade da história da salvação e a substituição como princípios fundamentais da realidade. Hoje, a soteriologia cristã se vê diante do desafio de acatar não só a tradição das confissões e reflexões da cristandade, mas também as indagações filosóficas e as conquistas intelectuais da Modernidade. Vale tornar compreensível o *extra nos* da redenção na morte de Jesus Cristo que liberta para uma prática em conformidade com o ser humano e com Deus. O empenho histórico de Deus no Crucificado para a salvação do mundo é a medida da fé e da teologia; a pessoa (não só o tema) de Jesus precisa de seguidores. Sem um fundamento cristológico, o significado (salvífico) de Jesus se reduz a uma função catalisadora para a consciência divina do ser humano; nesse caso, Jesus Cristo só pode ser visto como exemplar muito bem-sucedido, mas substituível da virtude. No diálogo teológico-religioso, a soteriologia é imprescindível e designa o ponto mais crítico desse diálogo. As concepções ateístas, agnósticas, deístas e antirreligiosas representam um desafio especial, pois condenam a soteriologia cristocêntrica do cristianismo como ideologia ou sobrecarga incompreensível para uma existência iluminada. Mas quando a proximidade de Deus pode ser vivenciada e compreendida não como concorrência, limitação ou mera imaginação, mas como enriquecimento, salvação e libertação, o seguimento de Cristo se revela como libertação para a plena liberdade humana, que promete tornar-se sã individual e socialmente.

Paradigmas dominantes e horizontes de pensamento da soteriologia

	Patrística	Idade Média	Modernidade
Perspectiva cristológica dominante.	Encarnação do *logos*.	Mistério da Páscoa: cruz e ressurreição de Jesus Cristo.	Vida e proclamação (proexistência) de Jesus Cristo.
Cristo como: (Segundo G. Aulén.)	Christus magister. Christus victor.	Christus victima.	Christus exemplar.
Relação Cristo-pecador: (Segundo A. Ritschl.)	Mística.	Jurídica.	Ética.
Contexto em que se desdobra a redenção: (Segundo G. Greshake.)	Conceitos da *paideia*.	*Ordo*.	Autonomia e liberdade.
Redenção como: (Segundo G.L. Müller.)	Deificação (*theiosis*).	Satisfação (*satisfactio*); justificação.	Emancipação, libertação integral.
Perspectiva voltada para:	A consumação do cosmo.	*Iustitia*; *ordo* da criação e redenção.	História, sujeito.

Motivos e acentuações da soteriologia

	Reconciliação	Libertação
Ação salvífica como:	Substituição (exclusiva/inclusiva) do pecador, satisfação.	Solidariedade com a vítima.
Interpretação da paixão e da cruz como:	Dádiva, expiação, sacrifício.	Presencialidade de Deus, proexistência.
A salvação ocorre como:	Justificação.	Reconhecimento, liberação.
Perspectiva voltada para a relação:	Soteriologia – teologia sacramental, liturgia (Eucaristia, Penitência).	Soteriologia – antropologia; teologia da libertação (*soteriopraxis*).
Preocupação especial:	Cristocêntrico; significado da ação salvífica de Cristo, que antecede a ação do ser humano.	Antropocêntrico; necessidade da participação voluntária no evento salvífico; *memoria passionis*.

Lit.: BIELER, M. *Befreiung der Freiheit* - Zur Theologie der stellvertretenden Sühne. Friburgo/Basileia/Viena, 1996. • CHRISTEN, E. & KIRCHSCHLÄGER, W. *Erlöst durch Jesus Christus*. Friburgo/Schw, 2000. • GRESHAKE, G. "Der Wandel der Erlösungsvorstellungen in der Theologiegeschichte". *Gottes Heil* - Glück des Menschen. Friburgo/Basileia/Viena, 1983, p. 50-79. • GUTIÉRREZ, G. *Theologie der Befreiung*, Munique/Mainz, 1973. • COMISSÃO INTERNACIONAL DE TEOLOGIA. *Gott der Erlöser*. Einsiedeln/Friburgo, 1997. • HOPING, H. & TÜCK, J.H. (orgs.). *Streitfall Christologie*. Friburgo/Basileia/Viena, 2005 [QD 214]. • KESSLER, H. *Erlösung als Befreiung*. Düsseldorf, 1972. • KRAUS, G. "Das Heilswerk Jesu Christi: Soteriologie". *Jesus Christus* - Der Heilsmittler. Frankfurt a.M./Friburgo i.Br., 2005, p. 472-561 [Grundrisse zur Dogmatik, 3]. • MENKE, K.-H. "Stellvertretung, Befreiung, Communio". *ThPh*, 81, 2006, p. 21-59. • METZ, J.B. "Erlösung und Emanzipation". *Glaube in Geschichte und Gesellschaft*. 5. ed. Mainz, 1992, p. 120-135. • PRÖPPER, T. *Erlösungsglaube und Freiheitsgeschichte*. 3. ed. Munique, 1991. • WENZ, G. *Geschichte der Versöhnungslehre in der evangelischen Theologie der Neuzeit*. 2 vols. Munique, 1984/1986. • SCHWAGER, R. *Der wunderbare Tausch* - Zur Geschichte und Deutung der Erlösungslehre. Munique, 1986. • WERBICK, J. *Den Glauben verantworten* - Eine Fundamentaltheologie. Friburgo/Basileia/Viena, 2000, p. 427-611. • WIEDERKEHR, D. *Glaube an Erlösung*. Friburgo/Basileia/Viena 1976. • STUDER, B. *Gott und unsere Erlösung im Glauben der Alten Kirche*. Düsseldorf, 1985. • SATTLER, D. *Erlösung?* Friburgo/Basileia/Viena 2011.

Julia Knop

Substituição ↑ *comunhão,* ↑ *indivíduo,* ↑ *paixão e morte de Jesus,* ↑ *teoria da satisfação,* ↑ *soteriologia,* ↑ *motivos soteriológicos.* – A substituição é um conceito central da soteriologia e designa o empenho pessoal de Jesus no lugar e em prol do pecador. A substituição pode ser compreendida também como chave para a interpretação da realidade e salvação cristãs (relações entre as pessoas da Trindade; relação Criador/criação; graça-liberdade, Cristo-Igreja). – (**1**) Não encontramos nenhum termo equivalente nos escritos veterotestamentários, mas o assunto por ele designado é tematizado em várias dimensões de vivência e pensamento da Bíblia (reino, profecia, culto e direito, antropologia). Podemos identificar a influência de várias concepções diferentes: a representação de Deus pelo rei (Jr 26,19; Sl 72 et al.) e pelo ser humano (Gn 1,26s.; Eclo 17,3s.; Sb 2,23); a representação do povo/dos seres humanos por um indivíduo como personalidade corporativa (rei, profeta, sacerdote e outros); a importância de "sobreviventes santos" para Israel (Is 1,9; 10,21); a intercessão e a luta de um por muitos (Gn 18,20-33; Ex 32,7-14.30-34; 2Rs 19,4; Is 37,4; Jr 7,16; 15,15-20); a defesa e o martírio por outros (Sl 106,23.30; Ez 13,5; 22,30; Jr 27,18; Zc 12,10-13,1); a inocentação do pecador por meio do sacrifício e da expiação (Lv 4; 16); o assumir do pecado de outra pessoa (Lv 19,17; Is 53,12; Lm 5,7; Ez 4,4); resgates (Ex 21,30; Mc 10,45). A teologia da substituição desdobrada na 4ª poesia do Servo (Is 52,13–53,12), segundo a qual o justo intercede pelos culpados e assume as consequências do pecado alheio, é única no AT. Mesmo assim, podemos falar da substituição como lei estrutural da história bíblica da salvação e perdição: A presença salvífica de Deus no mundo é mediada por indivíduos, cujas ações servem como ponto de entrada para a salvação, que, porém, também pode ser impedida por eles. Na vida, paixão e morte pró-existentes de Jesus Cristo, essa lei estrutural se cumpre: Sua autoentrega tem um efeito salvífico para todos e em prol de todos (Rm 6,10; 1Pd 3,18; Hb 7,27; 9,12; 10,10). Paulo vincula os motivos tradicionais da expiação cultual e da "morte por" com os motivos da reconciliação e da justificação (Rm 3,25-30). O homem sem pecado morre pelos pecadores (Rm 8,3) e ímpios (Rm 5,6); em sua morte ocorrem a reconciliação e a nova criação (Rm 5,1.10; 2Cor 5,17s.): João narra a substituição de Jesus atribuindo-lhe diferentes papéis: o bom pastor morre pelas ovelhas (Jo 10,11.15); o amigo, pelos amigos (Jo 15,13); Jesus dá sua carne para a vida do mundo (Jo 6,51). Motivos de expiação aqui aludidos (também Jo 1,29) são desdobrados em 1Jo 2,2; 4,10 e em Hb 7-10 (com referências a Lv 4 e 16). Mesmo que nem toda proposição sobre a substituição apresente o motivo da expiação, a substituição é uma categoria central de interpretação da morte de Jesus no sentido da mediação soteriológica. Importantes do ponto de vista semântico são as afirmações que exemplificam a "morte de Jesus para" (fórmulas com *hyper, peri, dia*): Rm 4,25; 1Cor 15,3. O sujeito ativo da substituição expiatória é o Encarnado (Gl 1,4; 3,13) ou o Pai (2Cor 5,21). A morte de Jesus é interpretada como processo e ato de reconciliação (Rm 3,21-26; Hb 7–10). A morte de Jesus tem um efeito substitutivo, mas sem que a pessoa substituída fosse simplesmente ignorada: Oferece ao pecador justificado a possibilidade de voltar a ser fiel à aliança (Rm 6,10-23). Do ponto de vista da teologia da expiação, a substituição possibilita a solidariedade salvífica, o envio e o seguimento (Mc 10,41-45 par.; 1Pd 2,21-25). As pessoas que receberam o poder de Cristo podem curar e perdoar pecados em seu nome (2Cor 5,20; Mc 6,7.12 par.; Mt 16,19; 18,18; Jo 20,22s.). Segundo 1Tm 2,1-6, a substituição de Cristo se fundamenta na vontade salvífica universal de Deus e tem consequências para a prática cristã da oração intercessora e substitutiva. A integração ao corpo eclesial de Cristo significa morrer e ressuscitar com Cristo (Rm 6,8; Gl 2,19; Cl 3,13), para então ter uma pró-existência em prol do próximo por meio do Espírito (1Cor 12,3-13) e completar o que nos falta dos sofrimentos de Cristo (Cl 1,24). Não sabemos se o próprio Jesus compreendeu sua morte como substituição no sentido expiatório, mas podemos supor isso em virtude da proximidade entre o paradigma da substituição e as fórmulas de entrega (Rm 3,25; 8,32) e em vista do seu conflito referente ao templo, que ele despe de sua função mediadora exclusiva da salvação (Mc 11,15-19 par.; cf. Mc 2,1-12 par.). Nesse contexto, devemos mencionar também as tradições eucarísticas, segundo as quais a morte de Jesus representa uma liturgia da aliança, i.e., a instituição de uma nova aliança. As interpretações da Eucaristia (Mc 14,22.24; Mt 26,26.28; Lc 22,19s.; 1Cor 11,24s.) e as palavras de Jesus sobre o Filho do Homem como "resgate de muitos" (Mc 10,45) costumam ser relacionadas à ideia da expiação substitutiva. – (**2**) Os termos latinos para a substituição (*vica-*

riatio, substitutio, subrogatio, procuratio, repraesentatio, locitenentia) surgem em diversos contextos jurídicos e teológicos, por exemplo, na soteriologia e na teologia eucarística (presença de Cristo), mas também na ↑ eclesiologia e na teologia dos ofícios (*vicarius Christi*; agir *in persona Christi capitis*). Devemos mencionar também a teologia da oração (intercessão) e a ↑ espiritualidade (Mt 25). A teologia patrística aborda o tema da substituição em seu discurso sobre a "troca maravilhosa": Cristo se faz homem para que os homens possam se tornar filhos de Deus (Irineu [† por volta de 200] haer. 4,33,4; Gregório de Nazianzo [† 390] or. 1,5). A Idade Média cunha o motivo da substituição no contexto da teoria da satisfação e o trata do ponto de vista da eclesiologia e da teologia dos sacramentos (administração do "tesouro da Igreja": indulgências, tributos e penitências). Irmandades sacramentais dos séculos XII e XIII, o misticismo da paixão da Idade Média, a devoção do Sagrado Coração de Jesus e a piedade sacrificial da Modernidade, principalmente do século XIX (Teresa de Lisieux [† 1897]) revigoram o motivo da substituição – por vezes, de forma problemática. Na filosofia, o tema da substituição é analisado na questão da proporcionalidade de unidade e diferença entre realidades substituídas e substitutivas (dialética platônica de original e cópia; doutrina da *analogia entis* na escolástica; na Modernidade, também em G.W.F. Hegel [† 1831], na teoria interpessoal de J.G. Fichte [† 1814], no personalismo dialógico, em E. Lévinas [† 1995]). No século XX, o intérprete de Barth, H.U. von Balthasar († 1988), concentra sua teologia no conceito da substituição: A redenção capacita o recebedor da justificação a repassar aquilo que recebeu. Balthasar compreende a história da salvação como concretização progressiva do envio de Israel em Cristo como representante, cuja substituição inclui os representados e os capacita para a aceitação de sua missão individual. Além de H.U. von Balthasar, J. Ratzinger e W. Kasper, K.-H. Menke também desdobra a conexão entre as substituições cristológica e eclesiológica, conexão esta que representa uma particularidade da soteriologia católica. Outros teólogos, entre eles também K. Rahner († 1984), evitam o conceito da substituição, pois acentua unilateralmente a ação de Cristo sem a participação do pecador. – (**3**) Os símbolos da Igreja antiga ressaltam o significado salvífico da vida e morte de Jesus (DH 150 et al.), mas não desenvolvem uma cristologia explícita da substituição. Mesmo assim, a ideia da substituição transparece nas declarações do Concílio de Trento sobre a morte de Cristo como sacrifício, expiação e *causa meritoria* da justificação (DH 1.529; 1.690). O Concílio Vaticano II desdobra o motivo da substituição em relação a Cristo (GS 22), à Igreja (LG 1; 9; 26; 48) e nas exposições sobre a Ordem (PO 2 et al.). – (**4**) Segundo M. Lutero († 1546), Cristo, numa "alegre troca e disputa" (WA 6,608,6; 10/3,356,21), ocupa pessoalmente o lugar do ser humano para justificá-lo perante Deus. J. Calvino († 1564) explica a paixão de Cristo como sofrimento substitutivo satisfatório e emprega pela primeira vez o conceito da *repraesentatio* para interpretar a morte na cruz. Em F. Melâncton († 1560) e em tratados sistemáticos até o século XVIII o motivo da substituição concorre com o motivo do mérito. H. Grotius († 1645) fala do *vicarius poenae* e descreve a intercessão de Cristo pela primeira vez como *subrogatio*. I. Kant († 1804) leva o conceito da substituição a uma crise qualificada; ressalta a impossibilidade de substituir a pessoa em questões de culpa e perdão e interpreta a "troca de lugares" sob uma perspectiva ética. A. Ritschl († 1889) é o primeiro a realizar uma distinção conceitual entre substituição exclusiva e inclusiva. Para K. Barth († 1968), a substituição é o motivo teológico central desde a teologia da criação até a doutrina da reconciliação e expressão da alternativa protestante à tese católica da *analogia entis* entre Criador e criatura. E. Brunner († 1966), H.-J. Iwand († 1960), D. Bonhoeffer († 1945), F. Gogarten († 1967) e D. Sölle († 2003) refletem criticamente o conceito da substituição de Barth. H. Vogel († 1989), P. Althaus († 1966), O. Cullmann († 1999), W. Pannenberg e J. Moltmann empregam o conceito da substituição para justificar a exclusividade e universalidade salvífica de Jesus Cristo, ou seja, significado salvífico universal do evento Cristo. C. Gestrich eleva a substituição ao patamar de uma categoria fundamental, capaz de explicar a realidade como um todo sob a perspectiva da teologia da revelação e da filosofia da religião. I.U. Dalferth refuta a categoria da substituição. – (**5**) Diferentemente de coisas ou funções, pessoas não podem ser substituídas – são representadas. No entanto, a substituição capacita a pessoa representada a voltar a ocupar e preencher a sua posição. Na soteriologia, a dimensão exclusiva da substituição designa a ação de Jesus Cristo, que, em vista da cegueira humana causada pelo pecado, transcende o "humanamente possível" e abre aquilo que Paulo chama de "nova criação". A dimensão inclusiva remete ao "revestir-se de Cristo", à inclusão do homem justificado na autoentrega de Cristo, ou seja, no modo do recebimento da justificação: Salvação e graça não são algo individualista, mas envio, vocação, capacitação e participação substitutiva na solidariedade salvífica de Jesus Cristo.

Lit.: BIELER, M. *Befreiung der Freiheit* - Zur Theologie der stellvertretenden Sühne. Friburgo/Basileia/Viena, 1996. • GESTRICH, C. *Christentum und Stellvertretung*. Tübingen, 2001. • JANOWSKI, B. *Stellvertretung*. Stuttgart, 1997. • MENKE, K.-H. *Stellvertretung*. 2. ed. Einsiedeln/Friburgo, 1997. • MERKLEIN, H. "Der Sühnegedanke in der Jesustradition und bei Paulus". In: GERHARDS, A. & RICHTER, K. (orgs.). *Das Opfer*. Friburgo/Basileia/Viena, 2000, p. 59-91 [QD, 186]. • SCHAEDE, S. *Stellvertretung*. Tübingen, 2004.

Julia Knop

Sucessão apostólica ↑ *ofício na Igreja,* ↑ *apostolicidade da Igreja,* ↑ *bispo,* ↑ *colegialidade,* ↑ *papa,* ↑ *Sacramento da Ordem.* – A sucessão apostólica representa um elemento central na preservação da apostolicidade da Igreja. Abarca um elemento pessoal e colegial (sucessão e comunhão no episcopado ou em serviços dele derivados) como também um aspecto de conteúdo (fidelidade à tradição doutrinal) como *viva vox Evangelii*. – (**1**) Apesar de o NT não conhecer nenhuma reflexão explícita sobre a sucessão de funções apostólicas e de lideranças eclesiásticas, ele demonstra uma preocupação com a herança apostólica e documenta a transição do tempo apostólico para a era pós-apostólica: Assim, Paulo se despede com um discurso (redigido por Lucas) da Igreja de Mileto (At 20,28). Com recurso a escritos pseudoepigráficos, o apóstolo é explicitamente usado como garantia para a tradição eclesiástica. Os escritos tritopaulinos se fundamentam numa sucessão apostólica pessoal por meio da imposição de mãos (1Tm 4,14) como também na fidelidade à doutrina dos apóstolos (1Tm 1,10; 4,6. 16; 2Tm 4,3ss.; Tt 2,1. 7). – (**2**) A concepção concreta de uma sucessão apostólica se expressa de modo tangível pela primeira vez em 1Clem 42,1-4: Deus envia Cristo; este, os apóstolos; estes, seus sucessores. A fundamentação teórica é fornecida por Irineu de Lyon († por volta de 200), para o qual o desenvolvimento do episcopado garante a fidelidade à tradição (haer. 3,3,1; 4,1; 4,33,8; cf. tb. Tertuliano [† 220], de praescr. 20; 21,4; 32,1.3). Reconhece nele também a obra do Espírito Santo, que opera *em* e *para* a Igreja como um todo: "Onde está a Igreja, está também o Espírito de Deus; e onde está o Espírito de Deus, estão a Igreja e toda graça; o Espírito, porém, é a verdade" (haer. 3,26,1). Pseudo-Hipólito (?) (século III) relata que as ordenações são realizadas diante da congregação de forma epiclética, ou seja, sob invocação do Espírito Santo (trad. apost. 2s.; 7s.; cf. tb. Basílio o Grande [† 379] spir. 9,20d). Segundo Eusébio de Cesareia († 339/340), existiam desde cedo listas de sucessão (questionáveis, do ponto de vista atual) referentes a determinados episcopados e congregações locais (Hegésipo [século II]; Eusébio, h.e. 4,1,4s.; 22,1-3). Na Idade Média, o vínculo pneumático entre episcopado e Igreja universal esvanece, no sentido de que o bispo é visto cada vez mais como portador de um poder (*potestas*) que ele recebe *iure divino* exclusivamente de seus antecessores (BEINERT, W. *Apostolisch*, p. 291). – (**3**) O Concílio Vaticano II reconhece, seguindo a tradição patrística, a sucessão apostólica na Igreja como um todo – a princípio independentemente da questão do ofício (LG 8; UR 2s.). No entanto, o chamado e o envio de todos remetem ao bispo que, como portador individual do ofício, não pode ser identificado apostolicamente (teoria da *pipeline*), mas pertence a um *colegiado* de ofício que provém do colegiado *apostólico* (LG 22). Além do mais, o colegiado dos bispos permanece integrado ao ↑ sacerdócio comum de todos os batizados e à sua participação no ofício profético de Cristo com sua comissão correspondente no mistério da Igreja (LG 11s.). Podemos dizer: Na sucessão episcopal, a sucessão apostólica é símbolo e expressão, mas não o elemento constitutivo exclusivo da sucessão da Igreja universal. – (**4**) Com a Reforma, o momento episcopal da sucessão apostólica passa para o segundo plano e cede seu lugar à questão da lealdade à fé apostólica (a importância da Escritura como *auctoritas apostolica*), reconhecendo-se, porém, ao mesmo tempo uma sucessão presbítera. Por isso, a questão do ofício faz parte da agenda ecumênica: Quais formas de sucessão são imprescindíveis para a Igreja? Se o episcopado hierárquico é visto como *conditio sine qua non*, a sua ausência resulta necessariamente na perda da qualidade de Igreja (cf. a declaração *Dominus Iesus* 2000, n. 16s.; João Paulo II, Encíclica *Ecclesia de Eucharistia* 2003, n. 26ss.). No entanto, a tradição católica também conhece uma sucessão presbiteral (Jerônimo, evang. 146; Cassiano, Coll. 4,1; regras de excessão: DH 1.145s.; 1.290; 1.435); os reformadores, por sua vez, também reconheciam a tradição episcopal, mas que, por falta de oportunidade, não pôde ser realizada (CA 28,77; ApolCA 14,1s.; Art.Sm. 10, Tract. 66; FCSoldecl. 10,19). A postura ortodoxa pode servir como posição mediadora: A questão em pauta não é o bispo como figura autônoma, mas as congregações, para as quais e com as quais ele tem a obrigação de preservar a *traditio apostolica* (diálogo ortodoxo e católico romano, documento sobre o Sacramento da Ordem, de 1988, § 45 [Dw6U II, 563]). O bispo é, de certa forma, o "forno", ou seja, expressão simbólica da sucessão das igrejas locais. É eleito pelos fiéis para que a *communio fidelium* permaneça visível como quadro abrangente da *communio episcoporum*. Segundo J. Ratzinger, o lado católico deve se empenhar para reconhecer não só o caráter apostólico do *ofício* episcopal da proclamação, mas também da *palavra* da proclamação (*Volk Gottes*, p. 119). – (F) A sucessão apostólica, que deve ser concebida menos em termos formais e oficiais e mais em termos existenciais de conteúdo (*vita et traditio apostolica*), remete a Igreja continuamente à sua origem, que permanece o padrão imprescindível para sua vida e sua fé. Nas palavras de W. Kasper: "Em última análise, a continuidade e a identidade na fé apostólica são obra do Espírito Santo. A sucessão apostólica dos bispos é um símbolo e instrumento usado pelo Espírito Santo para esse fim, mas não é 'objeto' (*res*) da continuidade e identidade na fé apostólica" (*Kirche*, p. 273). O ofício é, portanto, expressão simbólica, mas também necessária da Igreja que se vê na *traditio apostolica*, na qual todos os batizados são responsáveis pela mediação autêntica da fé. Em termos dogmáticos, essa questão se expressa na eclesiologia da *communio* do Concílio Vaticano II. Cabe, porém, partir também da celebração da Eucaristia e visualizar a própria congregação como parte da sucessão apostólica, cujo símbolo externo é o portador do ofício (o bispo). Se conseguíssemos usar os sínodos para criar uma rede de relacionamentos mais fina entre os portadores desse ofício, seríamos capazes de romper também as limitações isolacionistas, reconhecer convergências ecumênicas e explicar melhor a imprescindibilidade do ofício.

Lit.: BEINERT, W. "Apostolisch". In: SATTLER, D. & WENZ, G. (orgs.). *Das kirchliche Amt in apostolischer Nachfolge*. Vol. 2. Friburgo/Göttingen, 2006, p. 274-303. • BÖTTIGHEIMER, C. "Apostolische Amtssukzession in ökumenischer Perspektive". *Cath(M)*, 51, 1997, p. 300-314. • KASPER, W. *Katholische Kirche*. Friburgo/Basileia/Viena, 2011. • KASPER, W. *Die Früchte ernten - Grundlagen christlichen Glaubens im Ökumenischen Dialog*. Leipzig/Paderborn, 2011. • OELDEMANN, J. *Die Apostolizität der Kirche im ökumenischen Dialog mit der Orthodoxie*. Paderborn, 2000. • RATZINGER, J. (Bento XVI). *Kirche*. Friburgo/Basileia/Viena, 2010 [JRGS, 8,1]. • REMMERS, J. "Apostolische Sukzession der ganzen Kirche". *Conc(D)*, 4, 1968, p. 251-258. • SCHMITHALS, W. "Der Kanon, die Apostolische Sukzession und die Ökumene". *Berliner theologische Zeitschrift*, 22, 2005, p. 267-283. • SCHNEIDER, T.; SATTLER, D. & WENZ, G. (orgs.). *Das kirchliche Amt in apostolischer Nachfolge*. 3 vols. Friburgo/Göttingen, 2004-2008.

Johanna Rahner

Tempo, I. Antropológico ↑ *vida eterna*, ↑ *história/historicidade*, ↑ *criaturalidade*, ↑ *identidade*, ↑ *esquema tempo-espaço*, ↑ *tradição*. – O tempo é a) a duração, fisicamente medível por meio de movimentos, na qual o ser humano vivencia o passado, o presente e o futuro; b) o tempo "interior", determinado antropologicamente, no qual o ser humano toma suas decisões, "preenchendo" assim o tempo quantitativo e conferindo a ele um sentido humano. Sob o ponto de vista da teologia dogmática, o tempo é a relação criatural entre Deus e o homem, na qual se decide o futuro definitivo da criatura. – (**1**) Gn 1,3-5.14-18 representa a criação do tempo por meio da alternância entre luz e escuridão e por meio do curso dos astros. A experiência temporal é marcada por dias festivos, existem um tempo para o trabalho e um tempo para o descanso (Gn 2,2-3). O decurso do ano marcado pela semeadura e ceifa em Israel motiva a celebração das dádivas da natureza como dádivas de Deus (Festa das Primícias, Dt 16,9-12; Festa dos Tabernáculos, Dt 16,13-15). A Festa da Libertação (*pessach*) une o ritmo do tempo à lembrança da ação redentora de Deus no Êxodo (Dt 16,1-8). O salmista sabe que o tempo está nas mãos de Deus (Sl 31,16), a sabedoria reconhece nele a "hora", que possui uma relevância existencial diferente para cada um (Ecl 3,1-8). A oferta da aliança aproxima o Deus eterno de seu povo de maneira perdoadora e redentora. Por isso, a teologia pode falar de um tempo ou de uma história salvífica. A passagem de Deus por Moisés (Ex 33,18-23) remete a uma experiência no tempo: Moisés não vê uma parte do corpo de Deus ("as costas"), antes o vê "posteriormente" (C. Dohmen). A presença de Deus é indisponível e revela seu significado na lembrança. Por isso, a recordação do passado é de importância fundamental para prosseguir para o futuro. No NT, o tempo salvífico de Israel se "cumpre" com a proclamação do Evangelho do Reino de Deus (Mc 1,15). O *kairos* (a hora certa) chegou para decidir-se definitivamente por Deus e assim conquistar a vida (Mt 24,45; Lc 12,42; Jo 7,6). Mas para isso é preciso reconhecer os "sinais do tempo" (Lc 12,56). A literatura apocalíptica do AT e do NT (Dn; Ap) fala figuradamente dos éons; trata-se de esboços escatológicos que anseiam o fim do tempo (histórico) e que pretendem fornecer esperança, advertindo ao mesmo tempo contra as tentativas de calcular o fim. – (**2**) Em suas "Confissões", Agostinho († 430) refletiu de forma tão fundamental e produtiva sobre o tempo que seus pensamentos têm influenciado as reflexões até hoje: Os modos do passado, do presente e do futuro, que o espírito humano pode contemplar de forma sincronizadora, são para ele um indício da qualidade eterna da alma humana. A *distentio animi* (a divergência temporal da alma) ocorre sempre no presente, imaginado como ponto sem extensão e relacionado de forma complexa ao passado, ao futuro e à eternidade. Para encontrar o sentido do tempo, é necessário recorrer ao tempo da *memoria*. O tempo imaginado e o tempo real coincidem (conf. 9-11 et al.). Para Tomás de Aquino († 1274), os sacramentos como *signa rememorativa, repraesentativa et prognostiva* (signos memorativos, representativos e promissores) são lugares extraordinários para o conhecimento do tempo. Joaquim de Fiore († 1202) acreditava reconhecer na fala das três fases imperiais sucessivas em analogia à ordem das pessoas da Trindade uma lei histórica, que foi refutada pelo magistério. R. Descartes ([† 1650] *Meditationes*) tentou resolver o problema de como o ser humano preserva sua identidade no tempo; é o próprio Deus que, como Criador, preserva o sujeito no ser a cada momento. A filosofia de G.W.F. Hegel († 1831) transforma o "tornar-se" no paradigma do tempo, no qual se realiza o desdobramento do espírito absoluto. S. Kierkegaard († 1855) aposta tudo no futuro como modo verdadeiro da liberdade humana: O ser humano se encontra entre o tempo e a eternidade e precisa suportar existencialmente essa tensão como um "si mesmo". Compreende o presente como "instante" que exige uma decisão.

Baseando-se em Heidegger e Kierkegaard, K. Rahner († 1984) descreveu o tempo como espaço de liberdade que pretende levar ao futuro pleno com Deus. Em J.B. Metz retornam o motivo agostiniano da recordação (que Metz chama de "perigosa") e o pensamento urgente de W. Benjamin († 1940) segundo o qual as *vítimas* da história não podem ser esquecidas, se quisermos conquistar um futuro humano. Segundo E. Lévinas († 1995), o tempo nos confronta com um passado remoto e com uma diacronia, pois a origem e o fim do tempo não podem ser sincronizados. Em virtude da proximidade do outro, experimentamos o tempo não só como prazo até a morte, mas também como espaço de amor e responsabilidade. J. Wohlmuth reconhece no tempo uma "dádiva"; recorre não só a Lévinas, mas também a J. Derrida († 2004) e J.L. Marion. – (**3**) O Concílio Vaticano II nos encoraja a investigarmos os "sinais do tempo" e a interpretá-los à luz do Evangelho (GS 4). O tempo se iniciou com a ↑ *creatio ex nihilo* (criação a partir do nada) (Catecismo da Igreja Católica, 338). – (**4**) Para a teologia ortodoxa, o tempo é um indício da criação, na qual se revela também a eternidade de modo mimético (Platão). De K. Barth († 1968), que compreendeu o *kairos* em Cristo como ponto de encontro do tempo e da eternidade, partiram impulsos para E. Jüngel, J. Moltmann e W. Pannenberg. Estes veem o tempo como *creatura verbi* (criatura da palavra divina) e como meio da autorrevelação divina. Isso pode resultar numa recepção problemática de Hegel se o tempo é compreendido como manifestação do absoluto e não como algo radicalmente "interrompido" ou sustentado pela "diferença total" da eternidade. – (**5**) O tempo se estende e se abre em sua finitude para a eternidade de Deus, que, por meio de sua palavra e sua sabedoria – por meio do Filho e do Espírito –, entrou no tempo e nele permanece presente. O tempo do ser humano adquire seu sentido por meio daquilo que nele acontece, de forma que remete para além de uma determinação meramente objetiva e empírica. O fenômeno do presente intangível nos confronta com a proximidade de Deus e do próximo, que sempre ocorre como graça e só pode ser contemplada e interpretada posteriormente. Nesse sentido, existe um verdadeiro "re-fletir", no qual se revela também que sempre já precisamos nos decidir hoje, sem sabermos exatamente o que acontecerá amanhã ou quais serão as consequências. Vale, portanto, ater-nos ao *kairos* nessa abertura e viver na base daquela esperança que professa um Deus que deseja a salvação de todos.

Lit.: ARENS, E. (org.). *Zeit denken* - Eschatologie im interdisziplinären Diskurs. Friburgo/Basileia/Viena, 2010 [QD, 234]. • FREYER, T. *Zeit* - Kontinuität und Unterbrechung. Würzburg, 1993 [BDS, 13]. • MOLTMANN, J. "Der 'eschatologische Augenblick'". In: ROHLS, J. & WENZ, G. (orgs.). *Vernunft des Glaubens*. Göttingen, 1988, p. 578-589. • WOHLMUTH, J. *Mysterium der Verwandlung*. Paderborn et al. 2005, p. 49-73.

Erwin Dirscherl

Tempo, II. Escatológico ↑ *apocalíptica,* ↑ *vida eterna,* ↑ *história/historicidade,* ↑ *domínio de Deus/Reino de Deus,* ↑ *purificação/purgatório,* ↑ *parusia,* ↑ *estado intermediário*. – A conclusão de Agostinho segundo a qual o tempo não pode ser totalmente compreendido (conf. 11) se reflete em dificuldades insuperáveis na tentativa de defini-lo. A pergunta fundamental é se o tempo representa um fato objetivo do mundo como atributo medível do tempo ou se ele se constitui subjetivamente na percepção humana como forma pura da contemplação humana (I. Kant) e como esses dois aspectos se relacionam um ao outro. – **(1)** O AT não costuma empregar o conceito do tempo para um período formalmente definido; prefere usá-lo para um tempo com determinado conteúdo. Normalmente, existe tempo *para* algo: o tempo para recolher o gado (Gn 29,7), o tempo de necessidade e sofrimento (Jr 30,7), o tempo do amor (Ez 16,8; cf. tb. Ecl 3,1-8). Apesar de Israel se orientar também pelo tempo natural com seus ritmos cíclicos (Gn 8,22; Sl 104,19-23), sua acepção do tempo é marcada pela experiência da irreversibilidade e singularidade de um evento. As raízes dessa compreensão do tempo como algo irrepetível e que apresenta uma orientação e, portanto, como "linear" se encontram na atenção voltada para eventos extraordinários, cuja relevância duradoura se contrapõe a uma acepção do tempo como mero tempo de decurso. A recordação de eventos passados, interpretados religiosamente (Ex 12,14) e sua orientação por um evento prometido, remetem a fé à história e apontam para a futura ação salvífica de Deus. O pensamento apocalíptico distingue épocas qualitativamente distintas (éons) na expectativa de um "fim dos dias" (Dn 2,28s.) e de um novo futuro após uma profunda ruptura no curso da história. A eternidade de Deus, compreendida não como atemporalidade, mas como continuidade e simultaneidade que abarca todos os tempos (Sl 102,28; Is 41,4; 44,6), contrasta com a finitude humana (Sl 39; 90). Na presença simultânea de diferentes conceitos do tempo, o NT também foca no "tempo certo" para algo (Mt 24,45) e no tempo (*kairos*: Mc 1,15; Jo 7,6.8) ou na hora (Jo 2,4; 4,23; 13,1) significativa para o ser humano em vista de Deus. É o tempo em que Jesus Cristo criou "uma vez por todas" (Hb 7,27; 9,12 et al.) a redenção (↑ soteriologia). A fé na consumação do tempo em Jesus Cristo (Gl 4,4; Rm 3,21) e no envio escatológico do Espírito (At 2,1-36) leva os fiéis como congregação a compreender que se encontram no fim dos tempos, que espera a parusia do Senhor para um futuro próximo (1Ts 1,9s.; 1Pd 1,3-25). Vale já para o presente: "O que é velho passou, e um mundo novo nasceu" (2Cor 5,17). Característica da acepção neotestamentária do tempo é, portanto, a orientação pelo evento salvífico, que, como evento concreto, determina a história universal e a reverte. Ao primeiro Adão se contrapõe agora o último Adão (Jesus Cristo), de modo que a origem de Adão é ultrapassada pela determinação de um ser humano futuro (1Cor 15,42-50). O que define a existência humana e o mundo não é sua origem, mas seu destino; a perspectiva protológica (que se orienta pelo início) é substituída pela perspectiva escatológica. – **(2)** O conceito do tempo da tradição teológica é marcado pela contraposição (platônica) entre eternidade e tempo. O eterno é o "outro" atemporal em relação ao tempo. Diante do eterno, daquilo que está fora do tempo, o temporal se apresenta como modo deficiente do ser. Essa incomensurabilidade é amenizada pela determinação relacional que compreende o eterno como fundamento do tempo. Se definirmos a eternidade (sob a influência de Plotino) como posse plena e perfeita da vida ilimitada (A.M. Boécio [† 524/526]), então a eternidade não é o oposto do tempo, mas uma simultaneidade daquilo que, em virtude da finitude das criaturas, se divide no tempo nos modos do passado, do presente e do futuro. Agostinho († 430) acrescenta a esse conhecimento o apelo de escapar dessa distensão (*distentio*) no âmbito das mudanças por meio de uma extensão (*extensio*) em direção ao eterno. Remetendo ao pensamento bíblico, a teologia mais recente enfatiza a interdependência entre eternidade e tempo. Na perspectiva das teologias trinitária, processual e da encarnação, a vida de Deus é vista (analogicamente) como temporalmente constituída e, por isso, possui domínio sobre o tempo. No diálogo com o pensamento progressista da Modernidade e ideologias seculares do século XX (a filosofia da esperança, de E. Bloch), a teologia destaca o caráter específico do futuro esperado pelo cristão não como algo futuro (que pode ser prognosticado a partir do presente), mas como algo adventício (vindo de Deus) (J. Moltmann). De modo mais fundamental ainda, vê o futuro como precondição teológica do tempo (teologia processual). Opondo-se às tentativas "sincronizadoras" de libertar o tempo e a eternidade de sua oposição, alguns teólogos recorrem às filosofias da alteridade para remeter a experiência temporal à experiência do outro, refutando assim o suposto domínio do sujeito sobre o tempo (T. Freyer; J. Wohlmuth). J.B. Metz postula na tradição do pensamento apocalíptico a percepção da natureza catastrófica do tempo em seu caráter de descontinuidade (ruptura). Uma teologia sensível à problemática do tempo precisa cultivar a recordação do passado e do futuro, lembrando-se da paixão de Jesus e da história da humanidade (↑ sofrimento, teologia da cruz) e interpretando o mundo no horizonte de um tempo limitado. – **(3)** A doutrina da Igreja fala do tempo no contexto da criação do mundo "desde o início dos tempos" por Deus, que não tem início (IV Concílio de Latrão 1215: DH 800; Concílio Vaticano I 1870: DH 3.002). – **(4)** A acepção teológica do tempo não é um tema controverso. – **(5)** A visão especificamente teológica do tempo diz respeito à sua relação com o Deus eterno, que se revela como Deus com domínio sobre o tempo e a história. Sua "eternidade temporal" (uma eternidade que não significa nem ausência nem infinitude do tempo) precisa ser pressuposta se quisermos compreender Deus como fundamento de uma criação temporal. A temporalidade das criaturas, por sua vez, não representa uma realidade deficiente, mas deve ser vista positivamente como condição de possibilidade para uma autorrealização finita. O ser humano é o ser da liberdade histórico-temporal, que se realiza no finito dentro de um tempo limitado, mas que mesmo assim é capaz de alcançar o definitivo como liberdade incondicional. Essa imagem do mundo e do ser humano (que precisa ser defendida contra as teorias de reencarnação) se deve também à fé na ↑ encarnação do *logos* divino. Nascido de Deus antes de todos os tempos, ele se submeteu às leis do tempo (Prefácio do Natal II). Compartilha assim das condições da existência humana de não poder agarrar-se ao presente e de ser forçado a viver uma vida voltada para a abertura e a escuridão de um futuro velado. Assim, a temporalidade do Encarnado se transforma em forma de manifestação de sua relação eterna com o Pai. A experiência de vivenciar, mesmo que apenas parcialmente e de modo passageiro, como unidade simultânea aquilo que está separado pelo tempo (p. ex., na melodia: Aug. Conf. 1,28,31) pode ser visto como antecipação da participação futura na eternidade divina. Isso suspende a relativização inevitável da experiência individual na sequência temporal, não, porém, a vivacidade vivenciada no tempo. De toda forma, qualquer proposição escatológica precisa levar em conta a diferença fundamental entre a eternidade e a experiência terrena da temporalidade. Entre todas as diferentes dimensões do tempo, cabe ao futuro uma primazia em diversos aspectos. Para o ser humano, é de caráter ambivalente: ele não pode ser controlado e representa uma possível ameaça, pois abarca o perigo do fim da vida; ao mesmo tempo, representa também o grande campo das possibilidades e é, nesse sentido, o motivador da ação humana. A fé bíblica enfrenta o velamento do futuro com a promessa de Deus, que, com domínio sobre o futuro, chama a criação para a vida e a consuma.

Lit.: a) ACHTNER, W.; KUNZ, S. & WALTER, T. *Dimensionen der Zeit*. Darmstadt, 1998. b) DALFERTH, I.U. *Gedeutete Gegenwart* – Zur Wahrnehmung Gottes in den Erfahrungen der Zeit. Tübingen, 1997. • FABER, R. "Zeit, Tod, Neuheit, Gedächtnis – Eschatologie als Zeittheologie". *FZPhTh*, 49, 2002, p. 189-213.313-327. b) e c) ARENS, E. *Zeit denken* – Eschatologie im interdisziplinären Diskurs. Friburgo/Basileia/Viena, 2010 [QD, 234]. • FREYER, T. *Zeit* – Kontinuität und Unterbrechung. Würzburg, 1993 [BDS, 13]. • JACKELÉN, A. *Zeit und Ewigkeit*. Neukirchen-Vluyn 2002. • LÜKE, U. *Bio-Theologie. Zeit, Evolution, Hominisation*. 2. ed. Paderborn et al., 2001.

Eva-Maria Faber

Tentação ↑ *decisão*, ↑ *pecado original*, ↑ *liberdade*, ↑ *concupiscência*, ↑ *seguimento de Jesus*, ↑ *pecado e culpa*, ↑ *presciência de Deus*. – Na teologia dogmática, tentação significa provação ou prova do relacionamento pessoal com Deus ou da fé. Exige uma decisão e também está vinculada ao pecado. – **(1)** Já no AT os fenômenos da tentação, da prova da fé e do pecado são interligados. O motivo de deixar a tentação partir – segundo a acepção antiga – do animal mais inteligente da criação se encontra na tensão entre autonomia e teonomia do ser humano (Gn 3), que retorna em muitas variações: o conflito entre Caim e Abel (Gn 4), a construção da Torre de Babel (Gn 11,1-9), o bezerro dourado (Ex 32). Tensas são também a narrativa do sacrifício de Abraão (Isaac: Gn 22) e a história de Jó: Mesmo que aqui "satanás" (↑ diabo) se apresente como tentador, é o próprio Deus que põe a fé de Jó à prova (Jó 1,6-13). O conflito entre Caim e Abel também é provocado por Deus, pois reconhece apenas o altar de Abel (Gn 4). Além do difícil extrato exegético dessas cenas, apresenta-se aqui ao pensamento judaico e cristã a questão da teodiceia (↑ teodiceia): Deus e o relacionamento com ele confrontam o homem com um aspecto enigmático. No que diz respeito ao NT, devemos mencionar a tentação de Jesus e o Pai-nosso: Jesus é tentado no deserto – e prevalece. Deus significa tudo para Ele, por isso, consegue percorrer o caminho para a cruz (Mt 4,1-11), a despeito de outras tentações e questionamentos (cena no Monte das Oliveiras). O Pai-nosso contém a oração até hoje intensamente discutida: "Não nos deixeis cair em tentação!" (Mt 6,13). Novamente, o foco se volta para a prova da fé e a decisão pessoal e livre. Em 1Cor 10,13, Paulo lembra a promessa segundo a qual ninguém é tentado além de suas forças. – (**2**) Orígenes († 253/254) lembra que a tentação não ajuda a esclarecer apenas a relação com Deus, mas também consigo mesmo (or. 29). Para os padres, o Espírito de Deus, que sustenta o fiel na tentação, é mais forte do que qualquer força demoníaca (↑ demônios). A tentação é o grande paradigma dessa convicção. Assim, os Padres do Deserto (anacoretas) reconhecem no deserto um lugar da provação e da purificação. Atanásio de Alexandria († 373) recorre ao exemplo do egípcio Antônio († por volta de 356) para demonstrar o quanto os "conselhos evangélicos" – o jejum, a oração e a ascese – podem ajudar em toda tentação (*Vita Antonii*). Agostinho († 430) encontra consolo no conhecimento de que Jesus venceu a tentação "por nós". Nos debates cristológicos entre os antioquenos e alexandrinos, isso suscita a pergunta se Jesus foi vitorioso como ser humano ou como Deus, e se a liberdade humana permanece capaz de fazer o bem por meio da graça também em vista do pecado. O problema bíblico segundo o qual o próprio Deus provoca a tentação foi tratado com hesitação; o Pai-nosso seria mais adequado para pedir que Deus nos livre da tentação. Em sua doutrina das virtudes e da graça, Tomás de Aquino († 1274) enfatiza a participação humana na superação da tentação e provação. H.U. von Balthasar († 1988) compreende a tentação (a partir de S. Kierkegaard [† 1855]) como momento interior da liberdade, que dramaticamente precisa ser formada no decurso de uma biografia (teodramática). Em sua recepção de R. Girard, R. Schwager († 2004) apresenta a tentação no contexto do seguimento de Jesus. – (**3**) O Catecismo da Igreja Católica afirma: A tentação de Jesus revela o novo Adão, que permanece fiel e vive em obediência ao Pai. Os pecados são "fruto do consentimento na tentação" (Catecismo da Igreja Católica, n. 2.846). Com referência a Tg 1,13, refuta a interpretação segundo a qual o próprio Deus levaria à tentação (n. 2.846). A mentira e a tentação levam à ilusão, e não à verdade. A decisão do coração é necessária para resistir à tentação no poder do Espírito Santo (n. 2.848). – (**4**) Na tradição ortodoxa, fortemente arraigada na tradição monástica da patrística, a tentação de Jesus exerce um papel eminentemente cristológico e soteriológico. Para M. Lutero († 1546), o ser humano, como "pecador justo" (*simul iustus et peccator*), permanece confrontado com a tentação, que o adverte contra um sentimento falso de segurança e o chama para decidir-se entre Deus e ídolo. Juntamente com a patrística, Lutero diferencia entre uma tentação por Deus, que submete o fiel a provações para doar-lhe a salvação, e uma tentação por satanás, que pretende destruir. – (**5**) Para D. Bonhoeffer († 1945), a era do nacional-socialismo alemão representava uma tentação "pseudomessiânica", à qual precisava se opor decididamente. Em sua experiência concentra-se o que a tradição cristã tem desenvolvido: a dimensão interna (psicológica) e externa (sociopolítica) da tentação, a luta existencial, a visão ofuscada de Deus, a provação em vista da própria fraqueza – e em meio a tudo isso, mesmo assim a graça, a proximidade divina e a providência, o exemplo de Cristo. O tema da tentação pode ter um efeito muito produtivo sobre o discurso teológico da liberdade.

Lit.: AURELIUS, E. "Versuchung". *TRE*, 35, 2003, p. 44-70.

Erwin Dirscherl

Teodiceia ↑ *liberdade*, ↑ *justiça de Deus*, ↑ *ação de Deus*, ↑ *amor*, ↑ *poder de Deus*, ↑ *males*, ↑ *razão*, ↑ *consentimento de Deus*. – O termo foi cunhado por G.W. Leibniz (*Essais de Théodicée*, 1710) e é formado pelas palavras gregas *theos* (Deus) e *dike* (justiça, processo jurídico, sentença). Trata da apologia do Deus absolutamente bom, ciente e poderoso em face da presença inegável do sofrimento e do mal no mundo. – (**1**) O AT conhece duas estratégias para defender Deus em vista do sofrimento humano aparentemente injustificado: Existem pecados ocultos que apenas Deus conhece (Ez 18,4; 2Cr 35,21s.), ou há a necessidade de pagar pelos pecados da geração anterior (Jr 16,11; 2Rs 23,26). Jó se opõe a essas acepções e insiste que o sofrimento humano ocorre também na ausência de qualquer culpa e assim manifesta o conselho insondável de Deus. O NT refuta com a autoridade de Jesus (Lc 13,1-5; Jo 9,1-3) a relação veterotestamentária de causa e efeito e nega (mesmo que o conceito da teodiceia seja deduzido de Rm 3,4) com a autoridade de Paulo (Rm 9,20s.) o direito do homem de litigar contra Deus. A resposta do NT à questão da teodiceia se encontra na referência à crucificação de Jesus, na qual o próprio Deus por meio do "Filho" totalmente sem culpa toma sobre si a culpa do mundo, suportando o máximo de sofrimento humano. Nesse esvaziamento total (*kenosis*), Deus arraiga ao mesmo tempo seu poder e sua bondade absolutos. – (**2**) Irineu de Lyon († por volta de 200) tenta amenizar a tensão entre a bondade e o poder absoluto de Deus e o sofrimento do mundo por meio da ideia de uma pedagogia divina imposta ao ser humano finito. O Agostinho tardio († 430) estabelece os fundamentos da doutrina da predestinação dupla para a salvação ou perdição, que, mais tarde, é desdobrada pelo calvinismo, mas que não diminui o escândalo representado pelo problema. Tampouco a marginalização do mal como "ausência do bem" ou a redução da responsabilidade de Deus a um mero consentimento conseguem explicar o surgimento do mal em face de um Deus bom, onisciente e poderoso. Já antes de Leibniz, os jesuítas já discutiam a pergunta se o mundo, em vista da onisciência, do poder e da bondade de Deus e em vista da liberdade e do conhecimento finitos do ser humano, não seria, mesmo assim, o melhor de todos os mundos possíveis. – (**3**) O magistério eclesiástico não oferece uma solução doutrinal ou dogmática para o problema da teodiceia. No entanto, tem ressaltado desde o século IV até o século XXI o poder ilimitado de Deus (Credos Niceno-constantinopolitano e Apostólico: DH 70; 75; 428; 461; 703; 1.782), sua onisciência (DH 1.782; 1.784) e sua bondade (DH 75; 706s.; 1.783), portanto, os fundamentos do problema. Solucionar o problema por meio da negação de uma dessas características é inconciliável com a doutrina da Igreja. – (**4**) Existem, tanto do lado católico quanto do lado protestante, diferentes tentativas de solucionar o problema da teodiceia, que são debatidos tanto intra quanto interconfessionalmente; um conflito inexiste, existe no máximo uma necessidade de consulta recíproca. – (**5**) As tentativas de H. Jonas, D. Sölle e outros de salvar a bondade de Deus por meio da negação de seu poder levam a consequências heterodoxas. Quem quiser evitar isso pode seguir K. Barth em sua recusa fundamental de qualquer tentativa de solucionar o problema da teodiceia como arrogância teológica ilícita, pois seria algo que só diz respeito a Deus, ou como subordinação cínica do sofrimento alheio a um sistema construído para resgatar a racionalidade de Deus e do homem. Pode, porém, com I. Kant, reconhecer a incapacidade humana de alcançar um conhecimento quase divino. Pode também optar pela variante ateísta, segundo a qual qualquer crença em Deus se torna obsoleta; nesse caso, porém, precisa lidar com a questão ainda mais aguda da *antropodiceia*, pois sem Deus o último responsável pelo mal e pelos males no mundo passa a ser o homem. Não existe, então, uma justiça abrangente e definitiva; o assassino triunfa sobre sua vítima, cujo sofrimento não é vingado. A variante teísta não pretende explicar o sofrimento ao sofredor, antes permanece ao lado do sofredor e atura seu sofrimento com ele. Faz isso em vista da *kenosis* e da paixão de Deus em Jesus Cristo. Agarra-se à definição "Deus é amor" (1Jo 4,16) e espera sua comprovação na escatologia, quando o amor de Deus superará a insensatez da morte.

Lit.: GEYER, C.F. *Die Theodizee*. Stuttgart, 1992. • JANSSEN, H.-G. *Gott, Freiheit, Leid*. Darmstadt, 1989. • METZ, J.B. (org.). *Landschaft aus Schreien*. Mainz, 1995. • SPARN, W. "Theodizee, V. Dogmengeschichtlich; VI. Dogmatisch". *RGG*, 8. 4. ed., 2005, p. 228-235. • WAGNER, H. (org.). *Mit Gott streiten* – Neue Zugänge zum Theodizee-Problem. 2. ed. Friburgo/Basileia/Viena, 1998 [QD, 169].

Ulrich Lüke

Teologia ↑ *fideísmo*, ↑ *fé*, ↑ *senso de fé dos fiéis*, ↑ *Deus*, ↑ *doutrina de Deus*, ↑ *magistério eclesiástico*, ↑ *revelação*, ↑ *fala de Deus*, ↑ *teólogos*. – Cabe à teologia refletir de modo metodológico, sistemático e estritamente científico os conteúdos da fé, com o objetivo de comunicá-los à razão humana de forma contemporânea, prática e orientada para o futuro. – **(1)** No AT, Deus é vivenciado como contraparte pessoal ativa e comunicativa (Dt 6,4), diante da qual o povo de Deus mantém uma relação dialógica (Sl 28,1s.). Javé fala, age livremente, salva, cura, concede misericórdia e conhecimento – pressupondo assim um relacionamento pessoal entre sujeito e objeto (Ex 29,46; Dt 29,5; Js 4,14; 1Rs 8,43.60; Jr 31,34 et al.). O NT é, em primeira linha, uma profissão da fé em Jesus, o Cristo e Filho de Deus. Sob essa perspectiva, apresenta uma teologia; e, já que essa profissão é inesgotável, também diferentes concepções teológicas. Além do mais, os atos de compreender e reconhecer assumem um papel especial na forma de uma referência existencial à pessoa de Jesus Cristo (Mc 13,11; Lc 24,45). Segundo João, a comunhão com Jesus se expressa numa comunhão do conhecimento: Jesus traz o conhecimento verdadeiro e definitivo sobre Deus (Jo 8,32; 14,17), pois Ele conhece o Pai, "que o enviou" (Jo 17,3). Segundo Paulo, a pessoa de Jesus desafia o intelecto (Rm 1,1-11,36; 1Cor 2,15), e o apóstolo faz questão de destacar a racionalidade do fundamento da existência cristã (At 26,25), recorrendo a experiências naturais de Deus e a conhecimentos encontrados sobre Ele na natureza e na história (Rm 1,19-20). Paulo vê na "apologia" do Evangelho uma de suas grandes tarefas (Fl 1,7.16; 2Tm 4,16) e se legitima também com a ajuda da razão como testemunha do Evangelho diante do povo (At 22,1) ou da congregação (1Cor 9,3; 2Cor 12,19). 1Pd 3,15 ressalta a racionalidade da fé cristã em si. – **(2)** O estoicismo distingue três tipos de teologia: 1) *Theologia mythica* (narrativas de deuses). É assunto dos poetas, seu lugar é o teatro. 2) *Theologia civilis* (a adoração pública dos deuses). É assunto dos legisladores, seu lugar é a *polis*. 3) *Theologia physica* (teologia natural). É assunto dos filósofos, seu lugar é o cosmo (M. Varro [† 27 a.C.] *Antiquitates rerum humanarum et divinarum*). Os padres e escritores da Igreja (Tertuliano [† por volta de 220] nat. 1,1,9-9,1; Agostinho [† 430] civ. 4,27; 6,5-10.12; 7,5s.; Eusébio [† por volta de 340] praep. 4,1,1-4 et al.) adotaram esse padrão, mas também o criticaram, pois relutavam em aplicar o conceito da teologia à fala do Deus cristão (o conceito conseguiu se impor apenas nos séculos IV e V). Agostinho († 430) compreendia a reflexão cristã de modo geral como *vera philosophia* ou *vera religio* (ver. rel), mas logo se estabelece a distinção entre *theologia* (doutrina da natureza de Deus) e *oikonomia* (doutrina da ação salvífica de Deus). Agostinho definiu a teologia como "ratio sive sermo de Divinitate" (civ. 8,1), como ciência e fala de Deus, e vinculou a *theologia naturalis* à *theologia civilis*. O conceito da teologia adquiriu uma importância decisiva em Pseudo-Dionísio Areopagita (séculos V/VI), que distinguia na fala de Deus as abordagens catafática (afirmativa), apofática (negativa) e mística (especulativa) (p. ex., d.n. 7,3). A tentativa dos padres de perscrutar a fé racionalmente (*intellectus fidei*) veio a servir como fundamento do programa escolástico de perguntar por razões em questões de fé. Para isso, Anselmo de Cantuária († 1109) cunhou as fórmulas: "Credo ut intelligam" (Proslog. c.1) e "fides quaerens intellectum" (o título original de seu *Proslogion*). Nos meados do século XII, quando o aristotelismo começou a exercer uma influência sobre a teologia latina, surgiu a pergunta se ele não diluiria a fé ou caricaria a cientificidade. Tomás de Aquino († 1274) respondeu: Do ponto de vista científico-teórico, teologia cristã é uma ciência da fé, que – como ciência secundária (*scientia subalterna*) – permanece subordinada à ciência primária "de Deus e dos santos". Apesar de encontrar seus princípios e axiomas na revelação, a razão os identifica (com a ajuda de Aristóteles, entre outros), classifica e aplica de tal modo que permitam falar sobre a fé de modo argumentativo, intersubjetivo e reproduzível. Já que, desde Pedro Abelardo († 1142), havia se tornado comum chamar de *theologia* não só a fala temática direta de Deus, mas também a análise da história salvífica cristã, a questão de Deus corria perigo de ser particularizada. Por isso, Tomás compreendeu a teologia do ponto de vista teocêntrico: Todas as questões particulares devem ser tratadas sob o princípio formal abrangente "Deus" – *sub ratione Dei* (STh I q1 a7c). Boaventura († 1274) e João Duns Escoto († 1308; ambos da escola franciscana), porém, se distanciaram de Tomás e compreenderam a teologia não como ciência (*scientia*), que transmite a Palavra de Deus racionalmente, mas como sabedoria (*sapientia*), que permite superar o conhecimento filosófico das coisas divinas e humanas e alcançar primeiro a fé teológica na Palavra de Deus e assim a união amorosa com Deus. A sabedoria verdadeira seria, segundo eles, o amor, que alcança seu objetivo no conhecimento e na "degustação" (*sapere*, degustar, experienciar) imediatos de Deus. Além disso, seria uma questão prática. Após o desmoronamento da síntese medieval de fé e pensamento na alta escolástica (e mais tarde) (Guilherme de Ockham [† 1349]), a teologia da Modernidade se esforçou a recuperá-la, mas sem negar a separação duradoura entre teologia e filosofia. O Iluminismo questionou a cientificidade da teologia em nome de uma razão autônoma, que fez surgir nos séculos XVIII e XIX concepções racionalistas ou fideístas da teologia (J. de Maistre [† 1821], L. de Bonald [† 1840]). Hoje, a relação entre teologia e filosofia é debatida de modo controverso: Enquanto alguns (T. Pröpper, K. Müller, H. Verweyen) continuam a defender a unidade de teologia e filosofia de um ponto de vista filosófico-transcendental e tentam alcançar uma "justificação última", outros (J.B. Metz, E. Arens, T. Ruster) já apostam numa concepção teológica hermenêutico-narrativa ou prática. – (3) O Concílio Vaticano I se distanciou do racionalismo e do fideísmo: A fé não é obra da razão, tampouco pode ser reduzida a esta. No entanto, a fé não foge à abordagem científica. O Concílio Vaticano I conhece três meios, pelos quais a razão pode alcançar um conhecimento aprofundado da fé (DH 3.016): a descoberta 1) da correspondência entre experiência do mundo/do eu e os conteúdos da fé (*analogia entis*), 2) dos vínculos dos conteúdos da fé entre si (*nexus mysteriorum inter se*) e 3) do significado dos mistérios da fé em vista do objetivo último do ser humano (*ultimus finis hominis*) – transparece pela primeira vez uma teologia intrinsecista (entrelaçamento de natureza e graça), refletindo uma virada antropológica na teologia. Esta é intensificada durante o Concílio Vaticano II (GS). Ao mesmo tempo, concede aos teólogos "uma justa liberdade de investigação, de pensamento e de expressão da própria opinião, com humildade e fortaleza" (GS 62; LG 37; UR 4; CIC/1983, cân. 280). Os critérios de uma boa teologia são: pontos de vista ecumênicos (UR 10), estudo das Escrituras (DV 23s.), atenção aos "sinais do tempo" (GS 4), natureza dialógica (GS 3; 21; 25; 40; 43; 56; 85; 92), consideração da filosofia (OT 13-18). João Paulo II confirmou em 1980, durante sua primeira visita pastoral à Alemanha, que a teologia acadêmica "é livre na aplicação de seus métodos e análises" (VApS 25A, p. 172). No entanto, foi ele também que estendeu a reivindicação magisterial da decisão infalível também às áreas secundárias da proclamação da fé. Foram promulgadas "doutrinas definitivas" em questões teológicas contestadas, que agora são vistas como irreformáveis, irrevogáveis e imutáveis (CIC/1983, edição 1998, cân. 750). – (4) A partir dos séculos VII e VIII, a teologia do Oriente cristão se orientou por um profundo tradicionalismo referente aos padres gregos. Apenas os conflitos com Roma no início da Idade Média conseguiram dar-lhe novos impulsos. No bizantinismo tardio, desenvolveu – como contrapeso para a escolástica latina – o chamado hesicasmo (do grego: *hesychia*, silêncio interior), uma forma do misticismo monástico. No século X, o Ocidente procurou exercer uma forte influência sobre a eclesiologia ortodoxa – sem muito sucesso. O liberalismo do século XV nutriu ainda mais a resistência da ortodoxia contra o Ocidente "herético". Após 1453 (queda de Constantinopla), um impulso antilatino levou a Igreja oriental a preservar toda a tradição bizantina. A partir do século XVII, o pensamento católico romano e protestante voltou a influenciar fortemente a teologia ortodoxa, mas no século XIX, o espírito liberal dos jovens intelectuais forçou a antipatia contra os latinos. A teologia protestante criticou o racionalismo da escolástica tardia e enfatizou o aspecto prático: A teologia se põe completamente a serviço da dádiva divina da salvação. Segundo M. Lutero († 1546), um homem só se torna teólogo por meio da oração (*oratio*), da reflexão (*meditatio*) e da tentação (*tentatio*) (WA 50,658,29-659,4). A ortodoxia luterana ampliou (ou recalcou) essa acepção monástico-medieval da teologia, acrescentando um ponto de vista teórico-escolástico, mas o ideal de uma *scientia practica* subsistiu. O Iluminismo europeu confrontou a teologia evangélica com os mesmos problemas enfrentados pela teologia católica. As aproximações ecumênicas mais recentes revelaram que as teologias católica romana e ortodoxa têm muitos pontos em comum, pois ambas enfatizam o princípio da tradição – mais do que o faz o protestantismo. Além disso, pelo menos determinadas vertentes de todas as teologias confessionais reconhecem sua corresponsabilidade nos cismas da Igreja e sua obrigação ecumênica. – (5) Já que a verdade foi atribuída à razão humana, esta precisa se esforçar a perscrutar racionalmente a fé, ainda mais que a revelação de Cristo reclama para si uma pretensão de verdade universal, que só pode estar fundamentada e transmitida racionalmente pelo *logos*. A mensagem cristã só pode ser compreendida por meio do discurso racional de forma que a fala de Deus possa ser compreendida como algo que "diz respeito a cada um incondicionalmente" (P. Tillich [† 1965]). Podemos afirmar para a ciência da fé: A fé cristã não destrói a ciência, mas também não pode se esquivar dela. A teologia deve reunir aquilo que a princípio parece inconciliável, ou seja, a fé e o conhecimento, numa tensão audaciosa e pragmática:

Deus	Ser humano
Transcendência	Imanência
Teonomia	Autonomia
Normatividade	Relatividade

Se essa união tensional não é alcançada, surgem perigos nos polos respectivos:

Essencialismo	Existencialismo
Objetivismo	Subjetivismo
Negligência da história	Historismo, antropocentrismo
Refutação do secular	Secularismo

BEINERT, W. "Theologie". In: BEINERT, W. (org.). *LKDog*. 3. ed. Friburgo/Basileia/Viena, 1991, p. 494-502, aqui p. 496.

Os elementos principais da teologia são: 1) *Deus*. Ele é o objeto formal da teologia, seja diretamente como tema, seja indiretamente no que diz respeito ao mundo e ao ser humano *em relação a* Deus. 2) *Revelação*. A teologia como ciência da fé reflete sobre a autorrevelação divina. Nesse sentido, afirma a religião e se movimenta dentro da religião. Como elemento da autorrealização da religião cristã, ela se distingue das ciências sobre as religiões (filosofia da religião ou ciência da religião). 3) *Fé*. Dado que a fé cristã é racional (ou seja, compatível com a razão, em latim: *rationabilis*), ela possui uma relevância constitutiva para a ciência. A fé é sujeito da teologia e, ao mesmo tempo, seu objeto. Como qualquer outra ciência, a teologia também parte de opções orientadoras e de decisões fundamentais, sob cujo fundamento desdobra sua racionalidade científica e instrumental. 4) *Cientificidade*. A teologia como reflexão orientada pela razão desdobra metódica e sistematicamente aquilo que está contido na própria fé. Partindo da revelação divina, trabalha de modo estritamente racional, discursivo e argumentativo, mantendo assim um diálogo com as outras ciências, sobretudo a filosofia (*universitas litterarum*). 5) *Função*. A teologia serve de modo científico à Palavra de Deus. Por isso, pode indicar à razão o caminho para a sabedoria de Deus. 6) *Abertura*. Em virtude do persistente caráter misterioso de Deus, o objeto da teologia é insondável – em correspondência com a razão também indefinida. Portanto, a teologia é necessariamente determinada pela perspectiva, história, situação e contexto. 7) *Liberdade*. A liberdade da teologia é consequência de sua cientificidade, mas é limitada por uma precondição subjetiva (*fides qua*) e por outra objetiva (*fides quae*) – uma ciência sem pressupostos inexiste. A teologia só pode ser compreendida como liberdade para o desdobramento autônomo e científico na base da tradição eclesiástica da fé. A execução interna da teologia segue a lógica e metodologia científicas. 8) *Pluralidade*. Do perspectivismo, da liberdade e historicidade da teologia segue sua pluralidade (UR 17): diferentes abordagens, vertentes, concepções, escolas, regionalismos, teologias particulares (p. ex., da libertação, do mundo etc.). As divergências são legítimas, contanto que permaneça visível uma convergência referente ao centro da fé. 9) *Eclesialidade*. Do princípio do fato de a teologia se movimentar dentro da religião segue também sua eclesialidade como precondição fundamental. Com a profissão do povo da Igreja (o sujeito verdadeiro da teologia), a teologia professa aquilo que é alvo de sua reflexão. Sob esse aspecto, o ecumenismo se torna mais importante ainda.

Lit.: a) SECKLER, M. "Theologie als Glaubenswissenschaft". *HFTh*, 4. 2. ed., 2000, p. 132-184. • SECKLER, M. (org.). *Lehramt und Theologie*. Düsseldorf, 1981. • RAHNER, K. & FRIES, H. (orgs.). *Theologie in Freiheit und Verantwortung*. Munique, 1981. • LANGTHALER, R. *Theologie als Wissenschaft*. Frankfurt a.M., 2000. b) HÄGGLUND, B. *Geschichte der Theologie*. 3. ed. Gütersloh, 1997. • COMISSÃO TEOLÓGICA INTERNACIONAL. "Magistério e Teologia" (1975). *ThPh*, 52, 1977, p. 57-66 (tb. in: DEUTSCHE BISCHOFSKONFERENZ (org.). *Arbeitshilfen*, 1991 [Theologie und Kirche – Dokumentation, n. 86]. • LEHMANN, K. "Dissensus – Überlegungen zu einem neuen dogmenhermeneutischen Grundbegriff". In: SCHOCKENHOFF, E. & WALTER, P. (orgs.). *Dogma und Glaube - Bausteine für eine theologische Erkenntnislehre*. Mainz, 1993, p. 69-87. c) Manuais e léxicos.

Organização da teologia
As quatro tarefas fundamentais do processo intelectual na ciência da fé:

	Tarefa	Aspectos	Disciplinas
Teologia bíblica	Fundamentação construtiva e interpretação da fé e da Igreja.	Trabalho nas Escrituras Sagradas como fundamento da Igreja.	Ciências introdutórias, exegese do AT e NT.
Teologia histórica	Reflexão crítica dos tipos linguísticos e modos de fala da fé.	Acompanhamento crítico da multiplicidade da vida eclesiástica na história.	História da Igreja (da Antiguidade com a patrologia, da Idade Média e da Modernidade), história dos dogmas.
Teologia sistemática	Desdobramento cognitivo e mediação do conteúdo da Palavra de Deus.	Conhecimento e compreensão na fé.	Propedêutica teológico-filosófica, teologia fundamental, teologia dogmática, teologia moral, doutrina social da Igreja, Direito Canônico.
Teologia prática	Autoexaminação científica da vida eclesiástica.	Verdade da fé, diz respeito à compreensão do mundo como um todo.	Pedagogia religiosa, catecismo, teologia pastoral, ciência litúrgica, homilética.

Cf. BEINERT, W. "Theologie". In: BEINERT, W. (org.). *LKDog*. 3. ed. Friburgo/Basileia/Viena, 1991, p. 494-502, aqui p. 497.

Dependendo de sua ênfase, o Direito Canônico, ciência litúrgica e doutrina social da Igreja podem ser atribuídos à teologia prática, histórica ou sistemática.

Resumo dos períodos da história da teologia e dos dogmas

Século	Período	Representantes	Características
I-VII	\multicolumn{3}{c}{Antiguidade eclesiástica}	
I	Padres apostólicos.	1Clem, Inácio, Policarpo, epístola de Barnabé, Pastor de Hermas, Didaquê.	Parênese, cristocentrismo, orientação escatológica, método alegórico.
II	Apologetas.	Aristides, Tatiano, Atenágoras de Atenas, Justino Mártir, Teófilo de Antioquia, epístola a Diogneto.	Conflitos jurídicos, históricos e filosóficos com ataques à fé pela filosofia grega (diferentes formas do platonismo), primeiros resultados na cristologia.
II/III	Formação da teologia sistemática.	Tertuliano, Clemente de Alexandria, Orígenes, Irineu de Lyon, Hipólito.	Elaboração da regra da fé contra a gnose, o montanismo, o marcionismo e quiliasma; tentativa de uma síntese do pensamento da fé; desenvolvimento da terminologia teológica; método alegórico.
III/IV	Surgimento das escolas de teologia no Oriente.	*Alexandrinos*: Orígenes, Atanásio, Cirilo de Alexandria. *Capadócios*: Basílio, Gregório de Nazianzo, Gregório de Nissa. *Antioquenses*: Teodoro de Mopsuéstia, Cirilo de Jerusalém, João Crisóstomo.	Pensamento especulativo-espiritualista, ênfase da divindade de Jesus; platonismo médio – exegese alegórica. Desenvolvimento do misticismo cristão, teologia trinitária. Teologia empírico-positiva, exegese histórico-crítica, ênfase da humanidade de Jesus; aristotelismo – exegese histórico-gramatical.

Século	Período	Representantes	Características
IV/V	Auge da patrística.	Eusébio de Cesareia, Hilário de Poitiers, Efraim o Sírio, Jerônimo, Ambrósio, Leão o Grande, Agostinho, Dionísio Areopagita.	Oriente: elaboração dos dogmas cristológicos e trinitários contra as heresias do arianismo, monofisismo e nestorianismo. Ocidente: orientação mais prática. Fundamentação do dogma soteriológico contra os donatistas e pelagianos.
VI/VII	Patrística tardia.	Gregório o Grande, Isidoro de Sevilha, Máximo o Confessor, Boécio, João de Damasco, Severo de Antioquia.	Organização do trabalho teológico até então e sua mediação por meio de coleções de citações.
VIII-XV	Idade Média eclesiástica [Ocidente]		
VIII/IX	Teologia carolíngia.	Beda o Venerável, Alcuíno, João Escoto Erígena, Walafrido Strabo.	Mediação da teologia patrística à Idade Média, orientação prática, análise da Eucaristia e da doutrina da predestinação.
XI/XII	Monasticismo.	Bernardo de Claraval, Ruperto de Deutz, Hugo e Ricardo de São Vítor, Mestre Eckhart.	Processamento dos elementos ascético--contemplativos da tradição patrística.
XI/XII	Início da escolástica.	Anselmo de Cantuária, Gilberto Porreta, Anselmo de Laon, Pedro Abelardo, Pedro Lombardo.	Análise do depósito da fé a partir de suas razões internas e necessárias (*fides quaerens intellectum*); o argumento (*quaestio*) substitui a *auctoritas* patrística; problema dos universais; ênfase na doutrina eucarística e na soteriologia.
XIII	Alta escolástica.	Alberto o Grande, Alexandre de Hales, Tomás de Aquino. Boaventura, Duns Escoto.	Adoção da filosofia de Aristóteles para o esclarecimento dos conteúdos da fé, teologia conceitualista e intelectualista, elaboração de grandes sínteses nas *summas*. A tradição franciscana pratica uma teologia voluntarista-mística (primazia da vontade).
XIV/XV	Escolástica tardia.	Guilherme de Ockham, Gabriel Biel.	Fé e conhecimento se distanciam um do outro; surgimento do pensamento positivo com tendências individuais.
XVI	Reforma e Contrarreforma.	Martinho Lutero, Felipe Melâncton, Erasmo de Roterdã, João Calvino, Cajetan de Vio, A. Contarini, R. Bellarmin, J. Sadolet, Ambrósio Catarino.	Partindo do princípio das Escrituras, os reformadores desenvolvem a doutrina da justificação (Lutero) e da predestinação (Calvino). Os contrarreformadores recorrem não só às Escrituras Sagradas, mas também ao magistério e à tradição.
XVI-XX	**Modernidade eclesiástica**: *Teologia católica*		
XVII	Teologia controversa.	Pedro Canísio, J. Eck, T. Stapleton, Sartorius, G. Calisto	Defesa da própria confissão contra as outras, sem necessariamente uma intenção polêmica.

XVII	Escolástica barroca.	G. Vázquez, F. Suárez, Gregório de Valência, M. Cano, D. Petávio.	Teologia como metafísica das verdades da fé, fundamentação da metodologia teológica, divisão da teologia em disciplinas.
XVIII/XIX	Neoescolástica.	F. Kleutgen, C.-R. Billuart, C. Schrader, J.B. Franzelin, G. Perrone.	Pensamento restaurativo sem força de criar sistemas, positivismo magisterial defensivo, luta contra o Iluminismo.
XIX	Movimentos de renovação.	Escola católica de Tübingen (J.A. Möhler, S. Drey, J.E. Kuhn), J.H. Newman, M.J. Scheeben, H. Schell, I. Döllinger, A. Gardeil, P. Rousselot, M. Blondel.	Reconhecimento da historicidade fundamental da teologia, disputa com o idealismo alemão e o racionalismo; processamento do problema da subjetividade na disputa com o modernismo.
XX	Teologia entre as guerras mundiais.	Théologie nouvelle (H. de Lubac, J. Daniélou, H. Bouillard), R. Guardini, G. Söhngen.	Descoberta das tradições teológicas não escolásticas (Bíblia, patrística, ecumenismo, liturgia); método histórico-crítico na exegese e teologia dogmática; diálogo com as ciências humanas.
XX	Teologia da era conciliar e pós-conciliar.	K. Rahner, H.U. von Balthasar, Y. Congar, E. Schillebeeckx, J. Ratzinger, H. Küng, W. Kasper	Processamento da teologia do Concílio Vaticano II; orientação antropocêntrica, pragmática, ecumênica; desenvolvimento de teologias regionais e contextuais; orientação salvífica; disputas com o existencialismo e marxismo; discussão das descobertas da teoria da ciência e da filosofia da linguagem.
XX/XXI	Teologia da atualidade.	J.B. Metz, L. e C. Boff, J. Sobrino, E. Cardenal, Dom Helder Camara, E. Schüssler-Fiorenza, E. Moltmann-Wendel, E. Biser, H. Waldenfels.	Reflexão sistemática e prática sobre a culturalidade da fé: teologia política, teologia da libertação, teologia feminista, teologia hermenêutica, teologia contextual.
XVI-XX		**Modernidade eclesiástica**: *Teologia evangélico-luterana*	
XVI/XVII	Ortodoxia luterana.	M. Chemnitz, L. Hutter, J. Gerhard, A. Calov, D. Hollaz.	Sistematização da teologia luterana na base dos credos e da tradição da Igreja antiga considerando a filosofia neoaristotélica; muitas disputas confessionais.
XVII/XVIII	Pietismo.	Ph.J. Spener, A.H. Franke, N.L. von Zinzendorf.	Concentração da teologia na questão da salvação, desconsiderando a problemática filosófica; a experiência como fundamento da fé; adoção de elementos místicos.
XVIII	Iluminismo.	H. de Cherbury, M. Tindal, J. Carpov, S.J. Baumgarten, J.S. Semler, H.S. Reimarus.	Os princípios da razão humana (racionalismo), vista como equivalente à revelação, são desdobrados sob a influência dos sistemas filosóficos dos séculos XVII e XVIII, das ciências naturais e jurídicas (H. Grotius, S. Pufendorf). A ética passa a ocupar o núcleo do cristianismo.

Século	Período	Representantes	Características
XIX	Teologia do século XIX.		Nos confrontos com os sistemas filosóficos contemporâneos surgem vertentes bem divergentes, que vão do confessionalismo estrito e se estendem até o ateísmo.
		F. Schleiermacher.	A verdade cristã se fundamenta na autoconsciência cristã, por isso, a teologia dogmática se transforma em representação descritiva dessa autoconsciência.
		Hegelianos, Ph. Marheineke, K. Daub, D.F. Strauss, L. Feuerbach, B. e E. Bauer.	Sob a influência de Hegel, a religião é vista como fenômeno do espírito humano. Nos "hegelianos esquerdistas", o pensamento dialético leva à negação da divindade de Cristo ou até mesmo de Deus (como projeção humana).
		Neoluteranos (F.J. Stahl, T. Kliefoth, W. Löhe, A.F.C. Vilmar).	Orientação estritamente confessional com ênfase especial da eclesiologia (instituição).
		Escola de Erlangen (A. Harless, Joh. W. Fr. Höfling, G. Thomasius, H. Olshausen, Joh. C.K. Hofmann).	Parte do renascimento do ser humano na fé e apresenta concordâncias entre as Escrituras Sagradas e a experiência salvífica individual; de cunho conservador; estudo teológico bíblico.
		S. Kierkegaard.	Compreende o cristianismo como imitação existencial de Cristo no sofrimento e na tentação.
		Protestantismo liberal (Escola de Tübingen: F.C. Baur, H.J. Holtzmann, A. Ritschl, A. von Harnack, W. Herrmann).	Introdução definitiva da exegese histórico-crítica, refutação da ideia de uma revelação geral; a teologia dogmática é apenas a descrição histórica da fé.
		M. Kähler, A. Schlatter.	Teologia com orientação bíblica e salvífica.
		Escola da história da religião (E. Troeltsch, J. Weiss, A. Schweitzer, H. Gunkel).	Dentro da história da humanidade, o cristianismo é apenas a forma mais elevada de uma religião pessoal.
XX	Teologia do século XX.	Teologia dialética (K. Barth, E. Thurneysen, E. Brunner, F. Gogarten).	O protesto contra a forma liberal e histórico-religiosa do protestantismo destaca a diferença absoluta de Deus e sua proclamação.
		Teologia existencial (R. Bultmann, P. Tillich, E. Käsemann, G. Ebeling, J. Moltmann).	A despeito de ênfases particulares divergentes, é caracterizada pela visão do cristianismo como chamado dirigido à existência humana que precisa ser radicalmente traduzido para o pensamento atual.
		E. Jüngel, W. Pannenberg, J. Moltmann.	Teologia do verbo como teologia da cruz; tentativa de remeter proposições científicas às teológicas, e vice-versa.

[Oriente cristão]			
Diferentemente da teologia ocidental, o Oriente cristão não permite uma identificação clara de períodos ou vertentes teológicas. Uma característica constante da teologia oriental é a preservação e transmissão do legado patrístico (principalmente de João de Damasco). No entanto, é possível identificar diferentes impulsos de alguns teólogos.			
XI/XIV	Teologia mística.	Simão, o novo Teólogo, Gregório Palamás.	Nenhuma sistematização da doutrina; apenas a teologia apofática ("negativa") é capaz de se expressar sobre o Deus inexprimível.
XVII	Confronto com o pensamento ocidental.	Kyrillos Loukaris, Pedro Mogila, Dositeu.	Tentativa da recepção crítica de posições católicas romanas e protestantes.
XIX	Teologia eslavófila.	A. Chomjakow, Filareto de Moscou, A. Chrapovickij, M.M. Tareev.	Desdobramento da eclesiologia ortodoxa; interpretação moral da doutrina cristã.
XX	Teologia neopatrística.	W. Lossky, G. Florovskij, J. Meyendorff, A. Schmemann, N. Afanassiev, I. Zizioulas, N. Nissiotis.	Fim da orientação ocidental; retorno aos fundamentos patrísticos com foco na eclesiologia e doutrina eucarística.

Cf. BEINERT, W. "Theologie". In: BEINERT, W. (org.). *LKDog*. 3. ed. Friburgo/Basileia/Viena, 1991, p. 494-502, aqui p. 497-502.

Christoph Böttigheimer

Teologia da cruz ↑ *ressurreição de Jesus*, ↑ *Jesus histórico*, ↑ *paixão e morte de Jesus*, ↑ *teoria da satisfação*, ↑ *soteriologia*, ↑ *motivos soteriológicos*. – A teologia da cruz designa um programa teológico cujo ponto de partida e critério orientador é a morte de Jesus na cruz como evento salvífico decisivo, que indica como escândalo do *Christus crucifixus* não o caráter oculto de Deus, mas a revelação de seu amor e da sua presença, de modo que a reflexão teológica precisa partir da cruz e ser normatizada a partir da cruz. Contanto que a teologia da cruz leve a sério a loucura da cruz (1Cor 1,21.23), ela pode ser compreendida como alternativa crítica à theologia naturalis. – **(1)** Paulo resume a proclamação cristã na palavra da cruz: "Pois resolvi nada saber entre vós a não ser Jesus Cristo, e este crucificado" (1Cor 2,2). O hino filipense (Fl 2,6-11) demarca com o esvaziamento de Cristo "até à morte na cruz" o ponto de partida da teologia da cruz do início do cristianismo. Na paixão e morte do Filho, a misericórdia e a compaixão de Deus se concentram diante do povo amado; o sofrimento e a morte de Jesus são uma autointerpretação de Deus. No entanto, a morte de Cristo na cruz precisa ser justificada teologicamente com Gl 3,13, já que, segundo Dt 21,23, a morte na cruz e a maldição de Deus coincidem. Paulo tem consciência do *skandalon* da palavra da cruz (1Cor 1,23), que impregna toda a sua cristologia. A epístola aos Hebreus ressalta a fraqueza de Jesus, que não questiona, mas caracteriza sua filiação divina (Hb 4,15; 5,2.8; 2,18). O sofrimento proexistente de Cristo se manifesta de forma mais aguda em seu conflito no Monte das Oliveiras (Mc 14,32-42 par.) e no grito de abandono na cruz (Mc 15,34), que expressa o extremo religioso do ser humano e, portanto, também o máximo da *kenosis*. Mesmo assim, a morte de Jesus não deve ser limitada a esse grito; para uma exegese adequada devemos recorrer a todo o Sl 22, citado também pelas narrativas da paixão documentadas em Mateus e João. A afirmação do oficial romano em Marcos ("Verdadeiramente, este homem era Filho de Deus": Mc 15,39) é teologia da cruz na forma de uma confissão, que também interpreta a cruz como revelação de Deus. – **(2)** A teologia do início do cristianismo e da Igreja antiga se vê diante do desafio de defender contra o pensamento judaico o *skandalon* da cruz como evento da salvação (cf. Dt 21,23). No final do século II, tornam-se comuns as interpretações que recorrem a motivos veterotestamentários como *testimonia crucis*: à árvore da vida, à madeira da arca, ao bastão de Moisés, à cobra de bronze, ao sacrifício de Isac – assim em Justino ([† por volta de 165] dial. 89; 91; 94ss.) e Tertuliano ([† após 212] adv. Iud. 10,1-5,17,4). Inácio de Antioquia († após 110) insiste, contra as minimizações gnósticas (cruz de luz, crucificação sem sofrimento real), na realidade da paixão e da cruz de Cristo como centro da fé cristã (Trall. 9,1; Smyrn. 1,1s.; cf. Irineu de Lyon, haer. 5,18,1). Para tornar a cruz compreensível num contexto pagão, ela é apresentada como símbolo cósmico (Justino Mártir, 1 apol. 55,3) ou como símbolo da vitória (Tertuliano, adv. Marc. 4,20,5). Gregório de Nissa († 395), por fim, reúne as interpretações cósmica e bíblica da cruz. A disputa dentro do cristianismo sobre a compreensão da cruz enfrenta o problema de reunir as categorias determinantes do conceito metafísico de Deus (incapacidade de sofrer e imutabilidade) com as proposições soteriológicas centrais (sofrimento na cruz do Filho de Deus) sem abrir mão das conquistas da cristologia e da teologia trinitária dos primeiros séculos. No centro da atenção está a capacidade de sofrimento de Cristo como o *logos* divino encarnado (já Irineu, haer. 3,16,6). Deus não conhece o sofrimento e, mesmo assim, sofre no Filho. A formulação mais afiada – "uma pessoa da trindade sofreu na carne" – provém de um contexto sírio-monofisista e é acatada por Filoxeno de Mabbug († 523) e Severo de Antioquia († 538). Uma saída dessa situação paradoxa de insistir no sofrimento representativo de Jesus na cruz, sem submetê-lo a uma necessidade ou dependência, foi encontrada na diferenciação do sofrimento involuntário como sinal da impotência e dependência do sofrimento voluntário do Filho para o bem da salvação do ser humano (Gregório de Nissa). A partir da reviravolta de Constantino, a cruz passa a ocupar o centro tanto teológica como iconograficamente em sua realidade objetiva como símbolo da vitória, sendo que, no decorrer da Idade Média, indaga-se cada vez mais seu significado para o indivíduo. A história da recepção foi marcada pela visão de Bernardo de Claraval († 1153), que faz a experiência mística de ser abraçado pelo Crucificado, fato que passa a ser fonte pictórica do misticismo da cruz e de sua reflexão. Algo semelhante vale para a visão do *Crucifixus*, de Francisco de Assis († 1226). Na escolástica, o primeiro plano é ocupado pela reflexão sobre a necessidade, o sentido e o significado da cruz de Cristo (Pedro Lombardo [† 1160] Sent. 3,16,19s.; Tomás de Aquino [† 1274] STh III q46-50), mas sem que se tornasse fundamento para a construção de uma teologia da cruz explícita. Na soteriologia, o sofrimento e a morte voluntários de Cristo significam satisfação e oferecem um exemplo ético de paciência. Para Boaventura († 1274), o Crucificado é a porta que leva à salvação, é centro de pedra angular do universo (Itin. prol. 7). A Idade Média tardia cunha na literatura espiritual e nas artes plásticas a piedade da cruz e o misticismo do sofrimento; a compaixão é vista como imitação da cruz (*Devotio moderna, Imitatio Christi*). M. Lutero († 1546) (↑ [4]) desenvolve uma teologia da cruz como esboço alternativo a uma *theologia gloriae (scholastica)* ou *naturalis* e assim estabelece uma contraposição estrita entre dois caminhos do conhecimento (1Cor 1,18 *vs.* Rm 1,20). Acentuações contrarreformistas deixam pouco espaço para uma teologia da cruz enfática e soteriologicamente aprofundada, que, no entanto, permanece presente como dimensão espiritual de profundidade, como, por exemplo, no misticismo espanhol do século XVI (Inácio de Loyola, Teresa de Ávila, João da Cruz). Nos esboços dogmáticos católicos do século XX, a teologia da cruz entra em foco principalmente em E. Przywara e H.U. von Balthasar. Abordagens da teologia da libertação tematizam o vínculo entre o sofrimento de Cristo e dos pobres. Na década de 1990, discute-se a questão se e como a morte na cruz pode ser compreendida como lugar da revelação e da cognoscibilidade de Jesus como o Cristo, cuja vida pró-existente não é corrigida, mas sim confirmada pela ressurreição (H. Verweyen). – **(3)** Credos e sínodos ressaltam a fatualidade e voluntariedade do sofrimento e da morte de Jesus (DH 6; 62s.; 150; 423; 442; 502). O Deus incapaz de sofrer se tornou um ser humano capaz de sofrer; na cruz não foi Deus quem sofreu, mas o Filho de Deus na carne (DH 196s.; 294; 801; 1.337). Em 534, após superar o ceticismo inicial ante formulações como "uma pessoa da trindade sofreu" ou "Cristo como 'Deus que sofreu na carne'", o Papa João II as reconhece como proposições cristológicas ortodoxas com recurso a Cirilo de Alexandria ([† 444] DH 263). O II Concílio de Constantinopla (533) define a subsistência da natureza humana de Jesus na hipóstase de *logos*, de modo que Jesus Cristo deve ser professado "um só e o mesmo [...], ao qual pertencem tanto os milagres como os sofrimentos que voluntariamente suportou na carne" (DH 423). – **(4)** A partir da disputa de Heidelberg, em 1518 (WA 1.350-374), M. Lutero desenvolve uma *theologia crucis* (tese 24) como genuína hermenêutica teológica protestante, o termo em si, porém, ocorre apenas raramente. Para ele, a morte de Jesus Cristo na cruz é uma teofania na contradição, "teologia e conhecimento de Deus verdadeiros" (tese 20) *sub contrario absconditum*. Para Lutero, a teologia da cruz é teologia da encarnação radicalizada em termos soteriológicos. Toda conduta e todo conhecimento puramente humano é pecaminosamente errado; o único caminho para a salvação e para o conhecimento é a cruz (WA 1,362s.; 5,70), na qual o próprio Deus participa do sofrimento humano. Com isso, volta-se (a partir de 1530 com recurso explícito à comunicação dos idiomas [↑união hipostática]) contra um axioma filosófico de apatia e contra supostas tendências pelagianas na teologia da graça e na epistemologia dos seus tempos. Lutero vê a cruz de Cristo como radicalização da *kenosis* e como *sacramentum* de toda salvação, na qual a ira divina em face do pecado se descarrega sobre o Filho, que se tornou pecado e maldição (2Cor 5,21; Gl 3,13). Em J. Calvino († 1564) e U. Zwínglio († 1531) não encontramos uma teologia da cruz desenvolvida de modo comparável. Antes enfatizam a transcendência do *logos* ante a humanidade de Jesus; a cruz é razão de toda salvação e se manifesta na vida cristã como imitação de Cristo. No século XVII, irrompe um conflito dentro da tradição luterana entre os teólogos de Tübingen e Giessen em virtude de um conceito de *kenosis*, segundo o qual a divindade do *logos* estaria encoberta e oculta. No entanto, a própria *kenosis* da deidade do *logos* não é tema. Os teólogos luteranos defensores da *kenosis* do século XIX (G. Thomasius e outros) querem problematizar a acepção tradicional da imutabilidade de Deus em prol de sua ação na história. A combinação proposta por G.W.F. Hegel († 1831) da teologia da cruz com a teologia trinitária e sua sujeição à dialética do processo salvífico ou sua inclusão na lógica do espírito absoluto e da história representam uma fase marcante no desenvolvimento. A "Sexta-feira Santa especulativa" como negação do esvaziamento de Deus e como autoconscientização reconciliadora do espírito absoluto integram a cruz em sua contingência e singularidade ao processo da autocomunicação de Deus na consciência humana. S. Kierkegaard († 1855) e a teologia dialética do século XX se afastam disso: A singularidade histórica e o escândalo da cruz não podem ser resolvidos de forma especulativa. Apenas o salto da fé que se lança no poder da reconciliação divina no paradoxo da cruz seria capaz de construir uma ponte sobre o abismo infinito existente entre Deus e o homem. No século XX, a expressão *theologia crucis* se transforma em *terminus technicus*, em lema e princípio regulador de várias teologias protestantes (M. Kähler, P. Althaus, K. Barth, H.-J. Iwand, G. Ebeling, J. Moltmann, E. Jüngel). Como "irmã gêmea" da doutrina da justificação (P. Althaus), a teologia da cruz se torna uma metateoria da teologia e é contraposta de forma polêmica à teologia liberal. – **(5)** Na cruz há salvação, na cruz há vida, na cruz há esperança. Os cristãos professam no Cristo crucificado e ressurreto o Deus vivo. A cruz de Jesus é o símbolo central da fé e da existência cristã; ele confere à fala de Deus a firmeza contra a tentação de procurar Deus além do sofrimento, da humilhação e da história humana. Ela evidencia Deus como aquele que se torna presente como redentor no sofrimento, que cura e completa sem ignorar a realidade e amargura do sofrimento humano. A teologia da cruz é teologia da revelação, mas sem que esta pudesse ser usada contra uma teologia filosoficamente fundamentada. Como *specificum christianum*, a cruz não pode ser refletida separadamente, mas sempre em conjunto com as teologias da encarnação e da trindade. Como hermenêutica teológica, a cruz representa um corretivo contra o triunfalismo teológico, seja este cristológico, antropológico, eclesiológico ou epistemológico.

Lit.: LOEWENICH, W. *Luthers Theologia crucis*. Munique, 1929. • BALTHASAR, H.U. "Mysterium Paschale". *MySal*, III/2, 1969, p. 133-326. • MOLTMANN, J. *Der gekreuzigte Gott*. 5. ed. Munique, 1987. • JÜNGEL, E. *Gott als Geheimnis der Welt*. 6. ed. Tübingen, 1992. • BLAUMEISER, H. *Martin Luthers Kreuzes-*

theologie. Paderborn, 1995. • VERWEYEN, H. *Botschaft eines Toten - Den Glauben rational verantworten*. Regensburgo, 1997. • KORTHAUS, M. *Kreuzestheologie*. Tübingen, 2007. • THIEDE, W. *Der gekreuzigte Sinn* - Eine trinitarische Theodizee. Gütersloh, 2007. • MERKLEIN, H. "Das paulinische Paradox des Kreuzes". *Studien zu Jesus und Paulus*. Vol. 2. 2. ed. Tübingen, 1998, p. 285-302. • TÜCK, J.-H. "Religionskulturelle Grenzüberschreitung? - Navid Kermani und das Kreuz". *IkaZ*, 38, 2009, p. 220-233.

Julia Knop

Teologia dogmática ↑ *dogma/proposições dogmáticas,* ↑ *epistemologia (teológica),* ↑ *hierarquia das verdades,* ↑ *fala de Deus,* ↑ *recepção,* ↑ *teologia*. – A teologia dogmática é uma subdisciplina da teologia sistemática, que – com recurso às Escrituras Sagradas, à tradição eclesiástica e aos dogmas formais – pretende penetrar metodicamente a fé da Igreja como um todo, o magistério eclesiástico com a razão iluminada pela luz da fé e as verdades salvíficas cristãs, representando-os sistematicamente e desenvolvendo assim uma nova forma da fé. A teologia dogmática precisa ser distinguida do dogmatismo, que defende o próprio sistema desprezando a liberdade do pensamento e o progresso científico. – **(1)** Como disciplina da teologia, a fundamentação bíblica da teologia dogmática resulta da fundamentação bíblica da teologia como um todo: Em seu sentido mais amplo, a teologia significa a fala de Deus. Nesse sentido, toda a Escritura Sagrada é teologia. A definição da teologia como ciência da fé, na qual a relação entre fé e conhecimento ocupa um papel central, pode recorrer a afirmações bíblicas que falam da racionalidade da fé cristã (At 26,25; Rm 12,1; 1Pd 3,15). – **(2)** Na virada do século XVI para o século XVII, ocorreu, em virtude do humanismo e do Iluminismo, uma multiplicação das disciplinas na teologia com tendências centrífugas. Causas da autonomização da teologia dogmática foram, entre outras, a crítica aos dogmas e a acusação de dogmatismo no tempo do Iluminismo. A expressão *theologia dogmatica*, que veio a substituir designações que se referiam à teologia como um todo (*doctrina, sacra doctrina, sententiae, summa theologia*), foi usada pela primeira vez em 1661, pelo teólogo luterano L.F. Reinhart ([† 1688] *Theologia christiana dogmatica*) e pelo irenista luterano G. Calisto († 1656), que, com sua distinção entre teologia dogmática e ética teológica, possibilitou a independência desta dentro das disciplinas teológicas. A partir do final do século XVII, a expressão *theologia dogmatica* ocorre com frequência crescente na teologia católica. Originalmente, a expressão *theologia dogmatica* designava a exposição da doutrina eclesiástica como resumo de assuntos individuais teologicamente relevantes (*loci*). A preocupação da teologia sistemática, que, no século XVIII, se impôs como nome para a teologia dogmática, era demonstrar que esses assuntos eram interligados. No século XIX, a teologia dogmática desenvolveu, sobretudo através da Escola de Tübingen e sua consciência histórica, uma abordagem baseada na história da salvação. Hoje, ela enfrenta problemas, por um lado, devido à perda da metafísica, da qual a teologia dogmática depende em sua tentativa de pensar as instâncias últimas; por outro, é confrontada com a pergunta sobre como a teologia dogmática, marcada tradicionalmente pelo Ocidente, pode se abrir para outros espaços culturais, para novas abordagens e novos padrões de pensamento. – **(3)** No contexto da reorganização das disciplinas teológicas, o Concílio Vaticano II estabeleceu diretivas também para a teologia dogmática: Deve se orientar pela Bíblia, patrística e história da Igreja e, "com São Tomé como seu mestre", penetrar e iluminar de forma especulativa os mistérios da salvação como um todo (OT 16), respeitar a hierarquia das verdades e trabalhar mantendo em vista a recepção ecumênica (UR 11).

A teologia dogmática pretende oferecer uma introdução à plenitude da revelação de Deus em Jesus Cristo, por isso possui uma importância central. Sua estruturação pode ser realizada na base de diversos princípios, de modo que não existe um padrão único. No entanto, sua divisão em tratados é amplamente utilizada:

Estruturação da teologia dogmática

Fundamentação da teologia dogmática	Introdução à teologia dogmática
Doutrina de Deus.	Representação da unidade e Trindade de Deus segundo sua revelação na história da salvação.
Doutrina da criação.	Representação do início fundamentador da história da salvação e dos fatos relacionados a ele.
Cristologia/soteriologia	Exposição do mistério de Jesus de Nazaré como Filho de Deus e Redentor do mundo.
Doutrina da graça.	Doutrina da salvação de Deus como graça no mundo.
Eclesiologia.	Doutrina da Igreja como símbolo e instrumento da ação salvífica de Deus no mundo.
Doutrina dos sacramentos.	Representação dos sete sacramentos individuais como meios concretos do serviço salvífico da Igreja.
Escatologia.	Doutrina das últimas coisas, da consumação do mundo, do ser humano e da história em Deus.
Mariologia (é tratada no contexto de um dos tratados mencionados acima ou como tratado independente).	Doutrina de Maria como concreção da ação salvífica de Deus em Jesus Cristo.
Antropologia teológica.	Representação da essência do ser humano à luz da autocomunicação de Deus.
Pneumatologia.	Doutrina da essência e da ação do Espírito de Deus na história.

Cf. BEINERT, W. "Dogmatik". In: BEINERT, W. (org.). *LKDog.* 3. ed. Friburgo/Basileia/Viena, 1991, p. 91-95, aqui p. 93.

(4) Durante muito tempo, o conceito da teologia dogmática tem sido considerado controverso. Desde os meados do século XX, ele volta a ser usado cada vez mais pelos teólogos evangélicos (K. Barth [† 1968], G. Ebeling [† 2001], W. Trillhaas [† 1995], F. Mildenberger, G. Schneider-Flume e outros), e em 1984, E. Schlink († 1984) até se aventurou a escrever uma "Teologia dogmática ecumênica", que desdobra os conteúdos da doutrina cristã na base do consenso teológico existente em relação ao Evangelho e só então os relaciona às manifestações específicas das diferentes confissões. Diferentemente da teologia dogmática evangélica, a teologia dogmática tanto católica quanto ortodoxa atribui uma autoridade dogmática à tradição. Na ortodoxia, a obra "De fide orthodoxa", de João de Damasco († por volta de 750), foi, durante muito tempo, considerada a representação sistemática normativa da fé cristã. Apenas a partir do século XVIII surgem novas teologias dogmáticas ortodoxas independentes. Já que estas interpretam os dogmas como fórmulas abstratas da doutrina, facilmente entram em conflito com a identidade ortodoxa, segundo a qual a fé (a ortodoxia) se manifesta na prática da vida cristã (ortopraxia). – (5) A teologia dogmática pretende explorar na íntegra a autorrevelação de Deus em Jesus Cristo testemunhada pelas fontes da revelação e representar sistematicamente o conteúdo da fé de tal forma que ele se torne fértil para a vida concreta da Igreja. Os dogmas formais da Igreja, que expressam de modo normativo as verdades individuais e centrais da fé, são desdobrados sob a perspectiva da história da salvação e interpretados e fundamentados sistematicamente. Além do mais, a riqueza de toda a tradição cristã (Padres da Igreja, doutrina, vida, liturgia etc.) é revista, resumida e sistematizada de tal forma que o teor da fé possa ser reconhecido e compreendido nas afirmações temporais da tradição (epistemologia teológica), i.e., de tal forma que respeite os critérios da razão humana. A tarefa hermenêutica e a penetração especulativa da verdade da revelação nunca são uniformes, mas sempre pluriformes. Esse é o fundamento das diversas abordagens e escolas teológicas, que exis-

tem desde a Antiguidade (a teologia dogmática liberal, dialética, existencial, feminista, africana, da teologia da libertação etc.).

Lit.: a) BEINERT, W. *Dogmatik studieren*. Regensburgo, 1985. • SCHRÖDER, C. "Dogmatische Entwürfe im Vergleich". *VF* 45,4, 2000, p. 56-83. b) KASPER, W. "Dogmatik". *NHThG*, 1. 2. ed., 1992, p. 310-320. • SAUTER, G. et al. "Dogmatik". *TER*, 9, 1981, p. 41-116. c) cf. a) e as obras atuais da teologia dogmática mencionadas no início deste livro.

Christoph Böttigheimer

Teologia natural ↑ *analogia,* ↑ *cognoscibilidade de Deus,* ↑ *provas da existência de Deus,* ↑ *doutrina de Deus,* ↑ *fala de Deus,* ↑ *razão.* – A teologia natural desenvolve sistemas de pensamento sobre Deus, contanto que possam ser construídos a partir das possibilidades da razão humana e de seu encontro com a natureza – ao contrário da ↑ revelação transmitida pela graça e interpretada com a ajuda da graça. A teologia natural é chamada também de "filosofia primeira" ou identificada com a disciplina filosófica da metafísica. – **(1)** As posições bíblicas não podem ser medidas com a dicotomia moderna de natureza e graça. Passagens marcantes de revelação bíblica podem, por isso, apresentar elementos de uma teologia natural sem as marcas do discurso da graça, como, por exemplo, a referência à "voz do silêncio esvanecente" (tradução de Buber e Rosenzweig), em 1Rs 19,12, ou aos "lírios do campo", em Lc 12,27. Traços de uma teologia natural são encontrados também em escritos sapienciais do AT (Pr, Ecl, Sb, Eclo) e, como passagem principal, em Rm 1,18-20. Onde predomina o discurso da graça, como acontece com frequência em Paulo, não encontramos exemplos de uma teologia natural. – **(2)** Em *De Civitate Dei*, Agostinho († 430) recorre ao conceito de uma teologia *physiko*, de Varro († a.C.), que se destaca da teologia mística (poesia) e da teologia civil (culto estatal) e defende uma doutrina filosófica de Deus. Agostinho emprega a teologia natural para sua doutrina da criação, que não precisa temer o conhecimento filosófico (ver. rel. 18,16,97; civ. 5,9). Contanto, porém, que a graça represente a essência do *crede, ut intelligas*, i.e., uma fé que leva ao conhecimento, o cosmo (como *liber naturae*) provém do mesmo autor que escreveu também o *liber scripturae* (trin. 14,15; Gen. ad litt. passim; conf. 7,9). Seguindo essa linha, a teologia natural atinge seu auge na escolástica, pois, fundamentando-se naquilo que foi reconhecido naturalmente, fala de forma positiva de Deus, concentrando esse processo nas provas da existência de Deus de Tomás de Aquino ([† 1274] STh I q2 a3). Aquilo que pode ser reconhecido de modo sobrenatural deve ser separado disso. Nas ciências naturais da Modernidade, pesquisadores renomados como G. Galilei († 1642) e I. Newton († 1726) apelam, numa base empírica e matemática, à teologia natural para conferir uma pretensão de conhecimento integral às suas descobertas; compreendem a graça a partir da natureza. A neoescolástica do final do século XIX investe na teologia natural como alternativa à teologia liberal, que se apoia na história, e com ela refuta os positivismos da revelação decorrentes de K. Barth († 1968). Ao mesmo tempo, reivindica assim autoridade sobre qualquer conhecimento secular sobre a natureza. A isso se opõem a *Nouvelle Théologie* da França no século XX e o respeito readquirido antes do Concílio Vaticano II às teologias não católicas que reconhecem a relatividade de toda natureza. O que se apresenta como *natural theology* no âmbito de língua inglesa e se expressa na criação de instituições como os *Gifford Lectures*, só pôde ser desenvolvido por meio desse concílio: o reconhecimento do valor social, da integridade moral e da honestidade intelectual da penetração cristã do mundo. – **(3)** A teologia natural cunha as doutrinas do Concílio Vaticano I sobre a revelação natural, ou seja, o conhecimento claro e seguro de Deus por meio da razão (DH 3.004). A autocomunicação de Deus em palavras e atos, à qual remete o Concílio Vaticano II, transcende a teologia natural em direção a uma presença de Deus na história, que tem sua localização no tempo e "preenche toda a terra" (GS 11). Encontramos sinais reais dessa presença no chamado do ser humano para a figuração humana do mundo. – **(4)** Nas representações ortodoxas, as formas de pensamento de uma teologia natural se orientam pelas proposições da revelação. O fato de que Deus pode ser reconhecido em seus inícios com os meios da razão não deve diminuir seu mistério permanente. Se a Bíblia é vista como a Palavra revelada, isso exige uma *theolgia revelata*, que se contrapõe à *theologia naturalis*. Essa é a solução encontrada pelas ortodoxias luterana e reformada, sobretudo em K. Barth. No entanto, se existir de fato uma revelação natural, esta precisa ser confirmada também pela Bíblia; essa é a posição da ortodoxia católica. – **(5)** A diferença entre natureza e graça é característica da fala de Deus. Funciona como uma codificação binária, típica da Modernidade, mesmo que tenha uma origem medieval com precursores antigos (Tertuliano [† 220]). No entanto, nenhuma teologia pode ser praticada apenas a partir de um dos dois polos: Concebido exclusivamente sob o ponto de vista da graça, Deus só pode ser discutido sob a precondição de sua autorrevelação; visto exclusivamente a partir da natureza, transparece apenas aquilo que pode ser reconhecido de forma real ou supostamente sem referência a Deus (as realidades do universo; os mundos de vivência humana; a biologia objetivada). O poder de convicção da teologia natural depende essencialmente do rompimento da codificação binária da natureza e da graça em prol de uma referencialidade recíproca e de uma análise crítica – ou seja, também sujeita à falseabilidade – do autodesvelamento de Deus na base de formas reconhecidas de conhecimento contemporâneo.

Lit.: ENDERS, M. *Natürliche Theologie im Denken der Griechen*. Frankfurt a.M., 2000. • KOCK, C. *Natürliche Theologie*. Neukirchen-Vluyn, 2001 [Neukirchener theologische Dissertationen und Habilitationen, 31].

Hans-Joachim Sander

Teologia negativa ↑ *analogia,* ↑ *cognoscibilidade de Deus,* ↑ *doutrina de Deus,* ↑ *teologia natural,* ↑ *fala de Deus.* – A teologia negativa se refere a um modo de discurso teológico que fala daquilo que Deus, em virtude de sua transcendência absoluta, não é e, por isso, só pode ser expressado indiretamente – de certa forma, no espelho da própria insuficiência. As teologias negativa e natural representam as duas estratégias primárias e, ao mesmo tempo, contrárias para vincular a filosofia à teologia, e vice-versa. – (1) O *passivum divinum* e a proibição de imagens são as contribuições especificamente bíblicas para a teologia negativa. Após uma fase da veneração de imagens de Javé (nos santuários de Betel, Dã e Samaria), impõe-se o culto sem imagens de Jerusalém, confirmado também para os tempos helenístico e romano (Pompeu [† 48 a.C.] – segundo Tácito [† 120]). A proibição de imagens (Dt 5,8) serve como explicação para o exílio. Ao mesmo tempo, aponta um problema central no modo de lidar com Deus: Aparentemente, as imagens plásticas dão acesso ao poder de Deus àqueles que criam essas imagens. As proibições de representar Deus por meio de imagens são relativizações daquilo que se diz sobre Deus; apostam na impotência humana para preservar a integridade do poder de Deus. O *passivum divinum* (em vez do nome de Deus usa-se o passivo gramatical), que originalmente era um *passivum regium*, representa uma forma bíblica especial da teologia negativa. Assim, a oração "Felizes os que choram, porque serão consolados" (Mt 5,4) integra um poder transcendente às relações terrenas de impotência, sobre o qual apenas Deus dispõe. – (2) Originalmente desenvolvida na Alexandria antiga com sua mistura típica de reflexões judaicas (Filo de Alexandria [† por volta de 45/50]), neoplatonismo (Amônio Sacas [† 242/243], Plotino [† 270]) e fé cristã (Orígenes [† 253/254], Clemente de Alexandria [† 215]), a teologia negativa alcança um primeiro auge no chamado Pseudo-Dionísio Areopagita (séculos V/VI): Em sua análise da extensão proposicional dos nomes de Deus, distingue três formas fundamentais do pensamento e da fala teológica: afirmações positivas (*via positiva*), afirmações de negação (*via negativa*, apófase) e afirmações de transcendência (*via supereminentiae*). Segundo o pensamento fundamental neoplatônico, Deus, o Uno, se encontra além de todo ser, e só pode ser aproximado no pensamento por meio da hipertrofia negadora (*hyperagnostos*). Essa adaptação cristã da filosofia neoplatônica torna a teologia inevitavelmente negativa, pois exige que se neguem aqueles atributos a Deus que o definem como algo evidentemente exprimível e, com isso, como ente evidente. Na Idade Média, elementos místicos em Mestre Eckhart († 1328) dão continuação à teologia negativa: Em virtude do arrebatamento da língua e do pensamento por Deus, que cria na alma o mundo inteiro de forma misteriosa, só é possível preservar a tranquilidade no reconhecimento não reconhecedor. Até o século XX, a teologia negativa estava intimamente vinculada à doutrina da analogia – dessemelhança ainda maior em toda semelhança na representação de Deus. Então, é transformada pela filosofia da linguagem impulsionada por L. Wittgenstein († 1951); o rompimento da língua, fato que a fala de Deus não pode ignorar, passa a determinar o estilo de sua preocupação. Aqui, a teologia negativa se encontra com a arte da poesia moderna de falar sobre aquilo que não possui fala (I. Bachmann [† 1973], P. Celan [† 1970]) e com os teóricos pós-modernos (J. Derrida [† 2004]) que enfatizam a diferença inevitável entre todo ato designativo e aquilo que fora anteriormente discorrido. – (3) Não existem declarações magisteriais que se aplicam diretamente à teologia negativa. No entanto, o problema transparece na caracterização da religião pelo Concílio Vaticano II: Indaga o "mistério último e inefável que envolve a nossa existência, do qual vimos e para onde vamos" (NA 1). – (**4**) Chamada aqui de *teologia apofática,* a teologia negativa exerce uma função importante no âmbito da Igreja Ortodoxa Oriental, sendo que é justamente o reconhecimento da inefabilidade que conduz a uma experiência intelectual e existencial de Deus como mistério (textos litúrgicos; teologia monástica mística; G. Palamas [† 1359]). As frentes em relação à teologia negativa não seguem as demarcações das confissões. É representada por teologias que trabalham com a negação e o misticismo (E. Przywara [† 1972]) e é refutada por aqueles que advertem contra aporias por motivos transcendentais e racionais (K. Rahner [† 1984], E. Jüngel). – (**5**) Hoje, a teologia negativa é praticada na base de dois fundamentos: por um lado, na linha da tradição mística, que inclui também a recepção da poesia moderna com sua ruptura linguística (I. Bachmann, P. Celan); por outro, com uma combinação de virada linguística (*linguistic turn*) e hermenêutica da diferença. É contestada na base de uma teoria da liberdade, pois alega-se que, na incompreensibilidade insuportável, a relevância humana seria sacrificada à fala de Deus; em virtude do Deus que se dá em prol da liberdade da compreensão, que mesmo assim não deseja ser livre da compreensão positiva da liberdade humana, a "finitude não pode ter a última palavra sobre o ser humano" (STRIET, M. *Offenbares Geheimnis*, p. 18). Manifesta-se uma nova fase da teologia negativa na diferença entre linguagem fixada e a abertura do inexprimível.

Lit.: MACHOLZ, C. "Das 'Passivum divinum' – Seine Anfänge im Alten Testament und der 'Hofstil'". ZNW, 81, 1990, p. 247-253. • LOSSKY, V. *Théologie négative et connaissance de Dieu chez Maître Eckhart.* 3. ed. Paris, 1998. • STOLINA, R. *Niemand hat Gott je gesehen* – Traktat über negative Theologie. Berlim/Nova York, 2000 [Theologische Bibliothek Töpelmann, 108]. • STRIET, M. *Offenbares Geheimnis* – Zur Kritik der negativen Theologie. Regensburgo, 2003 [Ratio fidei, 14]. • MATTER, P. *Gott, die verborgene Zukunft der Welt.* Viena, 2004. • DERRIDA, J. *Wie nicht sprechen – Verneinungen.* 2. ed. Viena, 2006. • KÖCKERT, M. "Die Entstehung des Bilderverbots". In: GRONEBERG, B. & SPIECKERMANN, H. (orgs.). *Die Welt der Götterbilder.* Berlim, 2007, p. 272-290 [BZAW, 376]. • BRUCKMANN, F. *Die Schrift als Zeuge analoger Gottrede.* Friburgo/Basileia/Viena, 2008. • HALBMAYR, A. & HOFF, G.M. (orgs.). *Negative Theologie heute?* Friburgo/Basileia/Viena, 2008 [QD, 226]. • KÖCKERT, M. "Vom Kultbild Jahwes zum Bilderverbot". ZThK, 106, 2009, p. 371-406. • BRÜNDL, J. *Gottes Nähe* – Der Heilige Geist und das Problem der Negativität in der Theologie. Friburgo/Basileia/Viena, 2010.

Hans-Joachim Sander

Teólogos ↑ *epistemologia (teológica),* ↑ *senso de fé dos fiéis,* ↑ *Escritura Sagrada,* ↑ *hermenêutica,* ↑ *magistério eclesiástico,* ↑ *teologia,* ↑ *tradição.* – Teólogos (homens e mulheres) são cientistas que, em virtude de um envolvimento pessoal e de uma participação afirmativa na causa da fé cristã, praticam a teologia como ciência da fé cristã. A epistemologia considera seu consenso um *locus* da tradição apostólica. Distinguimos os seguintes grupos:

	Ortodoxia	Reconhecimento eclesiástico	Santidade	Membro da Igreja antiga
Padre da Igreja	+	+	+	+
Autor da Igreja	0	0	0	+
Mestre da Igreja	+	+	+	-
Teólogo	+	+	0	-

Legenda: + = necessário; 0 = não necessário; – = não é critério

Cf. BEINERT, W. "Theologen". In: BEINERT, W. (org.). *LKDog.* 3. ed. Friburgo/Basileia/Viena, 1991, p. 491-493, aqui p. 491.

(1) Os eventos revelatórios na história de Israel contêm uma componente cognitiva (Ex 4,12-15; Lv 10,11; Dt 4,14 et al.), por isso, o "mestre" é considerado muito importante no AT. "Doutrina", "mestre" e "doutrinas" são conceitos centrais do NT. Todos os evangelhos representam Jesus como mestre, Ele é "o Mestre" *par excellence* (Mt 23,8-11; Jo 13,13), com "alunos" e "discípulos" – títulos estes que designavam os cristãos da Igreja primordial. Segundo Mt 13,52, cada um que foi instruído "na doutrina do Reino de Deus" é considerado perito (escriba). O NT distingue a instituição dos "Doze" do círculo de discípulos, pois receberam uma missão especial de Jesus (Mc 3,14; Mt 10,1; Lc 6,13). Após a Páscoa, são chamados de "apóstolos" (Lc 6,13) e participam da missão de Jesus como testemunhas da sua ressurreição (Jo 20,21; At 4,18; 5,21.42; 13,16). No contexto da missão universal da Igreja (Mt 28,19s.; At 1,8), há também profetas e muitos outros "mestres" além dos apóstolos (At 13,1; 1Cor 12,28ss.; Ef 4,11), que transmitem a herança de Jesus e refutam as doutrinas falsas graças a seus dons do Espírito e seu conhecimento pessoal (Rm 16,17; 1Tm 1,3-10; 6,2s.; 2Tm 4,3; Tt 1,9; 2,1; Tg 3,1; 1Pd 2,19). – (2) Os teólogos da Igreja antiga possuem uma importância especial em virtude de sua proximidade às origens e de sua participação significativa nas decisões doutrinais fundamentais. Destacam-se entre estes a partir do século II os chamados apologetas, que tentavam demonstrar a racionalidade interior da fé cristã com recurso à antiga ↑ teologia natural e aos instrumentos intelectuais da filosofia helenística. A partir da Antiguidade Tardia, tanto no Oriente quanto no Ocidente todos os Padres da Igreja se tornam fontes literárias para as decisões teológicas, aos quais o magistério eclesiástico recorre com frequência (DH 271; 370; 396; 399; 485; 501; 548; 550; 575; 635 et al.). Durante os primeiros séculos, os teólogos eram normalmente portadores de ofícios (bispos), mas nos séculos XII e XIII surge uma classe própria de teólogos. Razão disso foi o estabelecimento da teologia nas universidades ocidentais recém-fundadas. Seus *magistri* praticavam uma teologia científica, desdobrando os conteúdos da fé de forma sistemática e metodológica, orientando-se rigorosamente pelos critérios científicos e recorrendo a terminologias platônicas ou aristotélicas. O estabelecimento da teologia como ciência da fé resultou na fala de um magistério duplo na Igreja. Tomás de Aquino († 1274), por exemplo, distinguia entre o ofício pastoral dos bispos, o magistério pastoral (*magisterium cathedrae pastoralis* ou *pontificalis*) e o magistério dos teólogos (*magisterium cathedrae magistralis*: contra impugnantes c.2; Quodl. 3 q4 a1[9]; 4 sent. 19.2.2 q3 sol2 ad 4). Nos séculos XIII e XIV, os teólogos e seu magistério exerceram uma função extraordinária: Como instituições públicas e jurídicas, suas faculdades exerceram um poder doutrinal formal ao modo de uma instância autônoma e jurisdicional (como, p. ex., a *Sorbonne*, em Paris). No decorrer da Modernidade, esse desenvolvimento se inverteu, quando o poder papal centralizado voltou a reivindicar a autoridade doutrinal e submeteu a teologia universitária a um forte controle. Agora, os teólogos eram obrigados a servir ao papado, a demonstrar a verdade de suas decisões doutrinais, a comentá-las oficialmente e a transmiti-las aos fiéis, aos "ouvintes" (*modelo de delegação*). A partir dos séculos XVIII e XIX, a corporação dos pastores reservou exclusivamente para si a designação "magistério" e, com isso, também a autoridade doutrinal. Essa subordinação clara da teologia acadêmica à hierarquia subsistiu até os meados do século XX (DH 3.886). Mas no período entre as duas guerras mundiais, o "movimento patrístico" recorreu à tradição patrística e abriu assim o caminho para o Concílio Vaticano II, ao qual devemos uma nova virada em relação à relevância da teologia universitária. Durante sua visita à Alemanha, em 1980, o Papa João Paulo II ressaltou que a autonomia dos teólogos científicos é indispensável para a "disputa objetiva" e o "diálogo fraternal" (*modelo de cooperação*). No entanto, a classificação eclesiológica dos teólogos continua a representar um problema, pois, por um lado, precisam reivindicar uma autonomia científica (liberdade do pensamento, do método, avaliação independente e orientação dos discursos científicos), por outro, devem obedecer também ao magistério eclesiástico e às suas predeterminações normativas e regulatórias. – (3) O Papa Pio XI enfatiza contra as tendências modernizantes do século XIX a defesa da "escola antiga" e da doutrina "daqueles Doutores maiores" (DH 2.876). Seu "sílabo" condena a rejeição da escolástica (DH 2.913). O Concílio Vaticano I proíbe interpretar a "Sagrada Escritura [...] contra o consenso unânime dos Padres" (DH 3.007). O Concílio Vaticano II invoca os padres como testemunhas da palavra da revelação (DV 8) e fomenta o "estudo dos santos Padres" (DV 23). No en-

tanto, não fala de um consenso entre os teólogos, aos quais cabe conhecer "cada vez mais intimamente a verdade revelada" (GS 44). Em relação às faculdades teológicas, os padres do concílio nutrem grandes expectativas: a preparação dos estudantes para o serviço sacerdotal e a teologia científica por meio de um conhecimento aprofundado da revelação divina, de uma sensibilidade ecumênica e inter-religiosa e também de respostas a perguntas científicas (GE 11). Recorrendo a esse fundamento conciliar, o CIC/1983, cân. 212 garante a liberdade de opinião na Igreja como um todo; o cân. 218, em específico a liberdade teológica na ciência. Em 1998, porém, acrescentou-se ao cân. 750, § 3, que procura ampliar a reivindicação autoritária do magistério eclesiástico diante da teologia por meio de um juramento. A "Comissão Teológica Internacional", por sua vez, exigiu já em 1975 que todos os meios dialógicos e consensuais fossem esgotados em processos disciplinares referentes à doutrina (*Magistério e teologia*, tese 12). – **(4)** Os teólogos iniciaram muitos diálogos ecumênicos importantes e os acompanharam cientificamente. Participaram da abertura ecumênica do Concílio Vaticano II e da assinatura da Declaração Conjunta sobre a Doutrina da Justificação (1999), o primeiro documento assinado oficialmente pela Federação Luterana Mundial e pelo Vaticano. O recurso ao primeiro milênio, sobretudo aos Padres da Igreja, provou ser de grande utilidade nesse processo, ainda mais que a ortodoxia, desde sempre, tem se nutrido deles (o sétimo domingo após a Páscoa é dedicado à memória dos 318 padres do I Concílio Ecumênico de Niceia (↑ concílio), e o primeiro domingo após o dia 13 de julho é celebrado como domingo dos santos padres dos seis concílios ecumênicos). No protestantismo, os teólogos gozam de um *status* especial, pois M. Lutero († 1546) propagara explicitamente a primazia da teologia científica ante a dominância do magistério papal. Lutero a compreendia como *scientia practica* (WA.TR 1,72,16-24), que, apesar de muitas ressalvas, apresentava uma orientação bíblica, patrística e monástico-medieval. – **(5)** A fé pessoal como fundamento subjetivo e objetivo da teologia é precondição imprescindível também para a ciência da fé (Anselmo de Cantuária [† 1109] De Fide Trin. 2). Ela transmite experiências que levam a uma compreensão interior e, com isso, também ao processamento científico da fé: "Crede, ut intelligas" (Agostinho [† 430] Serm. 43,9; 118,1). Na história da Igreja, teólogos importantes eram, muitas vezes, também grandes santos, até a ruptura entre teologia e misticismo, que ocorreu na Modernidade. A fé da teologia vem acompanhada por sua eclesialidade, já que a instância de testemunho daqueles conteúdos que devem ser refletidos cientificamente é a Igreja como um todo. Ao mesmo tempo, a Igreja precisa de um acompanhamento crítico e construtivo. Ao passo em que os teólogos investigam o potencial da Palavra de Deus de um ponto de vista crítico secular e eclesiástico, eles incentivam uma prática que transforma o mundo e renova a Igreja. A autonomia necessária na aquisição de conhecimento científico sobre a fé garante aos teólogos o *status* de uma instância independente de testemunho na Igreja. Por isso, a distinção de um magistério duplo preserva seu sentido e sua utilidade – contanto que sua dependência mútua seja respeitada: Os magistérios episcopal e científico se encontram numa tensão relacional análoga à relação entre fé e ciência. No que diz respeito à autoridade decisória, o magistério hierárquico predomina, não, porém, no que diz respeito à aquisição de conhecimento. Por isso, o Concílio Vaticano II garantiu aos teólogos explicitamente "uma justa liberdade de investigação, de pensamento e de expressão da própria opinião, com humildade e fortaleza" (GS 62; LG 37). Portanto, os teólogos devem poder agir livremente dentro dos padrões científicos públicos, sem serem coagidos pelo magistério.

Lit.: GRESCHAT, M. (org.). *Gestalten der Kirchengeschichte*. Stuttgart, 1981-1986 [12 vols. em 14 tomos]. • NEUNER, P. & WENZ, G. (orgs.). *Theologen des 19. und 20. Jahrhunderts*. 2 vols. Darmstadt, 2002. • LANGER, M. & NIEWIADOMSKI, J. (orgs.). *Die theologische Hintertreppe* – Die grossen Denker der Christenheit. Munique, 2005. • DANZ, C. (org.). *Grosse Theologen*. Darmstadt, 2006. • FORD, D. *Theologen der Gegenwart*. Paderborn, 1993. • STEINHAUER, E.W. *Die Lehrfreiheit katholischer Theologen an den staatlichen Hochschulen in Deutschland*. Münster, 2006.

Christoph Böttigheimer

Teoria da evolução e fé na criação ↑ *creatio ex nihilo/creatio continua*, ↑ *entelequia*, ↑ *fundamentalismo*, ↑ *hominização*, ↑ *narrativas da criação*. – A teoria da evolução designa a análise e interpretação científica dos processos do surgimento, do desenvolvimento e do esvaecimento em sistemas vivos. O que se contesta diante da quantia esmagadora de dados não é o fato da evolução, mas o modo de seu avanço. A evolução ocorre também no âmbito químico e físico que, mesmo que precise ser descrito com outras leis, representa a precondição persistente da evolução biológica. O surgimento dos elementos do nosso sistema periódico e o salto do inanimado para o animado, incluindo a hominização, também fazem parte de uma teoria da evolução que, de forma alguma, já é capaz de explicar tudo. – (1) As narrativas da criação como expressão da fé de Israel não representam uma teoria da evolução. Servem, mesmo quando (como Gn 1) lembram fortemente processos evolucionários e parecem harmonizar com o pensamento evolucionista, à busca de sentido e à autoafirmação da criatura no Criador. A fé na criação desconhece uma eliminação da ação de Deus, comum nas teorias evolucionistas, que devem isso apenas à metodologia da ciência natural. No entanto, existem convergências no sentido de analogias entre a teoria da evolução e a fé na criação: o desenvolvimento sucessivo de matéria e vida, a semelhança irrefutável e o vínculo entre a vida vegetal, animal e humana como também a dependência mútua das criaturas. Uma *creatio ex nihilo*, desenvolvida pela teologia cristã que transcende as narrativas da criação, mas que segue a fé na criação, não pode ser objeto de pesquisa da teoria da evolução. Dado que nenhuma teoria evolucionista é capaz de reconstruir o início absoluto, ela permanece acessível à fé na criação. – (2) Até o século XIX, as diferenças existentes entre fósseis e seres vivos recentes, conhecidas desde a Antiguidade, foram explicadas como modelos rejeitados por um demiurgo (Aristóteles), com recurso a uma teoria da catástrofe (dilúvio etc.) e à hipótese de recriações constantes por Deus (N. Stensen [† 1686], G. Cuvier [† 1832]) ou por via de uma adaptação pelo uso ou não uso e da herança dessas qualidades adquiridas (J.-B. de Lamarck [† 1829]). Num tempo em que, há mil anos ou mais, criavam-se intencionalmente novas raças, ou seja, em que a mudança de espécies era conscientemente produzida, o conflito não repousava primariamente sobre a alegação de uma constância das espécies, mas sobre a "eliminação biomecânica" da *creatio continua* e até mesmo de Deus. Segundo a obra de C. Darwin, "The Origin of Species" (1859), os fatores evolucionários são a reprodução, a variabilidade e a seleção: Constituiu, portanto, uma teoria "sem Deus", pois não pressupunha Deus como causa imediata da multiplicidade das espécies e de seu desenvolvimento. Com a redescoberta, em 1900, das regras hereditárias encontradas por G. Mendel em 1865, o darwinismo adquiriu, após certas irritações iniciais, uma nova qualidade científica, pois agora sabia-se como as características eram repassadas de geração para geração. Disso – e com recurso a outras disciplinas biológicas (biologia molecular, citologia, biologia populacional, paleontologia etc.) – surgiram o neodarwinismo (A. Weismann) e a teoria sintética (E. Mayr, B. Rensch, J. Huxley). Atualmente, estes estão se desenvolvendo em direção a uma teoria do sistema da evolução, com a inclusão de outras disciplinas não biológicas. Neutralismo, gradualismo, equilíbrio pontuado, teoria dos genes egoístas etc. são os modelos de progresso evolucionista atualmente debatidos. – (3) Malgrado a disciplinação de vários teólogos que concederam um espaço maior à teoria da evolução em suas teologias por Roma (É. Le Roy, G. Mivart), não existe nenhuma declaração oficial de alguma posição hierárquica mais alta da Igreja (dogma ou encíclica) contra o pensamento evolucionista. Numerosos teólogos, entre eles alguns renomados, dos séculos XIX e XX (F.X. Kiefl, A. Rosmini-Serbati, J.H. Newman, P. Teilhard de Chardin) harmonizaram, também em tempos de fortes conflitos, como que naturalmente a teoria da evolução com a fé na criação. Na Encíclica *Humani Generis*, de 1950, o Papa Pio XII não exclui a possibilidade de um tratamento científico do tema da evolução referente ao corpo, ou seja, de uma matéria já existente e animada, exige, porém, a perseverança na crença de uma criação imediata da alma imortal por Deus (DH 3.896), mas não torna claro como isso poderia ser explicado intelectualmente sob a precondição da unidade de corpo e alma do ser humano. Um decreto do Santo Ofício (DH 3.220s.) já havia refutado a possibilidade de também a alma estar sujeita a um processo evolucionário, de ela poder se elevar de um nível sensual a um nível racional e de poder se transformar de uma alma mortal em uma alma imortal. O Concílio Vaticano II constata (GS 5) que a humanidade está passando de uma "compreensão mais estática da ordem das coisas para uma compreensão mais dinâmica e evolucionária" (DH 4.305). Enfatiza a ausência fundamental de contradições entre a criação do mundo por Deus e o mandamento de desenvolvimento dado ao ser humano (DH 4.334), mas define o conceito do desenvolvimento de forma tão ampla que se aplica basicamente a todos os assuntos humanos e assim se rende incapaz de fornecer um esclarecimento concreto de perguntas mais precisas referentes à teoria da evolução e à fé na criação. No entanto, não há como negar certa abertura das declarações magisteriais em relação aos modelos evolucionistas. – **(4)** No diálogo ecumênico, o tema da evolução e criação surge raramente e não é controverso. Recentemente, no entanto, representantes fundamentalistas do *New Creationism* de todas as confissões passaram a disputar a compatibilidade entre teoria da evolução e fé na criação. – **(5)** Uma teoria da evolução orientada por fenômenos empíricos, que se submete aos padrões científicos, não pode afirmar nem negar uma criação a partir do nada, pois só pode falar sobre algo existente e nada pode dizer sobre o nada. Quando o teórico evolucionista fala da eternidade da matéria, de processos eternos de transformação ou de uma criação da realidade do mundo, está se baseando pessoalmente em uma crença criacionista (não necessariamente cristã) ou em uma acepção da eternidade que desconsidera uma criação. Contanto que ele não rejeite cientificamente esse tipo de perguntas, mas as enfrente, podemos determinar: O horizonte intransponível de cada evolucionismo, malgrado sua cientificidade, é a fé. Mais difícil é a determinação da relação entre teoria da evolução e fé na criação em vista da ideia afirmada pela teologia de uma criação contínua (*creatio continua*). Aqui, cabe à teologia demonstrar de forma intelectualmente idônea como Deus pode agir de modo criativo contra, por meio ou apesar das leis naturais, num mundo descrito pela teoria da evolução e empiricamente analisado. A mera diferenciação conceitual entre uma causalidade categorial e criatural e uma causalidade divino-transcendental não basta para resolver o problema. Por outro lado, é necessário observar também que uma teoria da evolução que metafísica um de seus elementos ou a si mesmo como um todo se desqualifica a si mesma como ciência natural por meio de uma autoglorificação inadequada. No entanto, a despeito de alguns problemas irresolvidos, não existe uma contrariedade fundamental e intransponível entre teoria da evolução e fé na criação.

Lit.: HORN, S.O. & WIEDENHOFER, S. (orgs.). *Schöpfung und Evolution*. Augsburgo, 2007. • KEHL, M. *Und Gott sah, dass es gut war* – Eine Theologie der Schöpfung. Friburgo/Basileia/Viena, 2006. • KUTSCHERA, U. *Evolutionsbiologie*. 2. ed. Stuttgart, 2006. • LANGTHALER, R. (org.). *Evolutionstheorie – Schöpfungsglaube*. Würzburg, 2008. • MÜLLER, H.A. (org.). *Evolution – Woher und Wohin?* Göttingen, 2008.

Ulrich Lüke

A Igreja Católica e a teoria da evolução – um balanço no século XX

Ano	Papa	Fonte	Conteúdo
1907	Pio X	Encíclica *Pascendi Dominici Gregis* (cf. ASS 40 [1907] 596-628.	Condenação da teoria da evolução como equívoco modernista.
1909	Pio X	Comissão bíblica pontifícia (cf. DH 3.512-3.519).	Defesa da historicidade das narrativas da criação em Gn 1 e 2.
1950	Pio XII	Encíclica *Humani Generis* (cf. DH 3.895-3.897).	Legitimação da teoria da descendência, contanto que a doutrina eclesiástica da alma humana permaneça intocada; o monogenismo deve ser preservado para confirmar a doutrina do pecado original.
1965	Paulo VI	Constituição *Gaudium et Spes*; Concílio Vaticano II.	Reconhecimento da teoria da evolução para a interpretação de processos antropológicos, sociológicos, econômicos, científicos e tecnológicos.
1985	João Paulo II	Catecismo dos adultos dos bispos alemães (vol. 1).	Ênfase da compatibilidade entre teoria da evolução e fé na criação.
1993	João Paulo II	Catecismo da Igreja Católica (também na reedição de 2003 em alemão).	Curiosidade: o termo "evolução" não ocorre.
1996	João Paulo II	Pontifícia Academia das Ciências.	A teoria da evolução é "mais do que uma hipótese".

Cf. BEINERT, W. *Das Christentum* – Eine Gesamtdarstellung. Friburgo/Basileia/Viena, 2007, p. 169 [adaptação de B. Wagner].

Teoria da satisfação ↑ *teologia da cruz,* ↑ *soteriologia,* ↑ *motivos soteriológicos,* ↑ *substituição.* – Em sua obra "Cur deus homo" (1098), Anselmo de Cantuária apresenta a teoria da satisfação como um modelo soteriológico que explica a obra redentora de Cristo no contexto do pensamento medieval como satisfação divina (*satisfactio*) pelos pecados do mundo. O livro serve como asseguração da soteriologia cristã em face dos questionamentos judaicos e muçulmanos, aos quais Anselmo tenta dar uma resposta racional satisfatória (CdH II,22). – **(1)** A estrutura da teoria de satisfação de Anselmo apresenta poucas referências bíblicas, e sua argumentação ocorre *sola ratione* e *remoto Christo*. Mesmo assim, a tensão da paixão e da morte de Jesus entre voluntariedade e obediência exerce um papel no sofrimento de Jesus (cf. Fl 2,6-11; Gl 1,4; Mt 26,42 par.; Jo 10,17; 18,11). – **(2)** O termo *satisfactio* surge inicialmente em Tertuliano († após 212) e Cipriano († 258) no contexto de sua teologia penitencial. Ambrósio († 397) e Hilário († por volta de 366) o empregam explicitamente num sentido soteriológico. Mas o "pai" verdadeiro da teoria da satisfação é Anselmo de Cantuária. O escrito "Cur deus homo" (CdH) discute e responde estilizadas de judeus e muçulmanos, aos quais Anselmo pretende explicar a profissão cristã da expiação representativa com a ajuda de concepções contemporâneas (germânicas) do direito e da justiça. Ao fazê-lo, Anselmo corrige conceitos que desdobram a obra salvífica de Cristo não no contexto da relação Deus-homem, mas no contexto de uma disputa jurídica entre Deus e o diabo. Anselmo fundamenta sua teoria da satisfação não na concepção de um Deus irado, que precisa ser apaziguado. Antes pretende esclarecer como o ser humano, sem perder sua dignidade e liberdade, pode retornar para a aliança com Deus numa ordem do mundo pervertido pelo pecado. Sua teoria da satisfação pressupõe a *ordo iustitiae*: a salvação do homem e a glória de Deus estão ambas contidas no fato de que a criatura corresponde a essa ordem. A *rectitudo* das coisas e, nela, a glória de Deus (*gloria Dei externa*) transparece na preservação da *ordo iustitiae et veritatis* pela existência e pelo conhecimento do ser humano. A relação do ser humano com Deus se manifesta, tanto no bem quanto no mal, em sua relação com o mundo. Por isso, a liberdade humana é um fator constitutivo da *ordo iustitiae*. O castigo do pecado não é uma reação aleatória ou até mesmo sádica de um Criador ofendido, que reivindicasse alguma satisfação, mas a experiência humana da perda de Deus. Dado que o ser humano é essencialmente relacionado a Deus, o castigo (eterno), a consequência interior do pecado, impossibilitaria sua vocação para a bem-aventurança. Já que a salvação do ser humano e a glória de Deus coincidem, o pecador é, ao mesmo tempo, devedor de Deus e destruidor do fundamento da própria vida. Jesus Cristo, o Filho encarnado, é, do ponto de vista da teoria da satisfação, o sacrifício doado por Deus que, em vista da destruição da ordem da criação (*ordo iustitiae*) e do castigo eterno (princípio: *aut satisfactio aut poena*), paga a satisfação e assim reestabelece a relação positiva com Deus. Só um Deus-homem é capaz de fazer isso, pois Deus é o soberano da *ordo iustitiae*. Só ele é capaz de cumprir as exigências (*satis facere*) dessa ordem por meio da liberdade humana de Jesus, de modo que a capacidade humana não é ignorada, mas reafirmada. A autoentrega voluntária do Cristo encarnado é, por isso, um ato de suprema misericórdia divina. No entanto, Anselmo evita jogar a misericórdia contra a justiça. No sacrifício substituto de Cristo, do novo Adão, Deus oferece à humanidade a possibilidade de retornar à relação da aliança, da justiça e da obediência e de recuperar sua própria dignidade e justiça. Cristo é a fonte do perdão, é o substituto da humanidade e mediador da sua salvação, que se expressa na liberdade (*meritum*). Uma ocupação crítica com a teoria da satisfação de Anselmo problematiza as concepções da expiação, do castigo, da substituição, da satisfação e da justiça; mas o próprio Anselmo sabia desses problemas. – **(3)** Não existem declarações definitivas do magistério sobre a teoria da satisfação; a teoria da satisfação transparece nas explicações do Concílio de Trento sobre a morte de Cristo como sacrifício, expiação e *causa meritoria* da justificação (DH 1.529; 1.690). – **(4)** Variantes e desdobramentos da teoria da satisfação de Anselmo encontram-se na teoria protestante da pena vindicativa (*theoria punitionis* ou *poenae vindicativae*) mais antiga, que, porém, invertem a solução de Anselmo – satisfação *em vez de* castigo. O Iluminismo problematiza as concepções da expiação substituta ou da satisfação a partir do conceito da irrepresentabilidade da pessoa. – **(5)** A teoria da satisfação é a tentativa de refletir a lealdade de Deus para com sua criação, sua soberania sobre o mal e sua aliança em vista do rompimento do relacionamento de Deus com o ser humano em decorrência do pecado e de destacar o caráter desumano do pecado. Para que a *ordo* original (a ordem do mundo teologicamente fundamentada) possa ser reestabelecida, é preciso que Deus intervenha. Anselmo desdobra essa intervenção no contexto dos padrões de pensamento medieval. Uma interpretação atual precisa se preocupar primeiramente com uma hermenêutica adequada da teoria da satisfação, de forma que as preocupações soteriológicas justificadas da teoria da satisfação não sejam ignoradas e possam ser traduzidas para categorias contemporâneas. Vale focar sobretudo na explicitação da incapacidade humana de reestabelecer a relação com Deus por força própria, no significado da humanidade de Jesus para a soteriologia, na explicação de sua morte na cruz como ato de autoentrega voluntária, na bidimensionalidade da ação salvífica divina, que doa salvação e vida *extra nos*, mas sem atropelar o ser humano e sua liberdade, no cunho cristológico da teologia da graça e da soteriologia e na pergunta de como a *satisfactio* de Cristo alcança os substituídos e os inclui de modo que lhes permita ocupar novamente seu "lugar" na aliança.

Lit.: ANSELMO DE CANTUÁRIA. *Cur deus homo* - Warum Gott Mensch geworden. 5. ed. Darmstadt, 1993. • KIENZLER, K. *Glauben und Denken bei Anselm v. Canterbury*. Friburgo/Basileia/Viena, 1981. • GRESHAKE, G. "Der Wandel der Erlösungsvorstellungen in der Theologiegeschichte". *Gottes Heil – Glück des Menschen*. Friburgo/Basileia/Viena, 1983, p. 50-79. • WENZ, G. *Geschichte der Versöhnungslehre in der evangelischen Theologie der Neuzeit*. 2 vols. Munique, 1984/1986. • GÄDE, G. *Eine andere Barmherzigkeit* – Zum Verständnis der Erlösungslehre Anselms v. Canterbury. Würzburg, 1989. • STEINDL, H. *Genugtuung*. Friburgo/Schw., 1989. • SCHAEDE, S. *Stellvertretung*, Tübingen, 2004.

Julia Knop

Theologumenon ↑ *dogma/proposições dogmáticas*, ↑ *epistemologia (teológica)*, ↑ *magistério eclesiástico*. – O *theologumenon* é uma sentença teológica, cuja proposição não está contida expressamente na revelação de Deus e nem foi proclamada formalmente pelo magistério eclesiástico; por isso, não é considerada doutrina oficial da Igreja. Um *theologumenon* surge quando as proposições normativas da fé são analisadas em seu contexto na base das experiências teológicas gerais com recurso ao conhecimento natural. Exemplos são: *fides implicita* (a fé implícita), o cristão anônimo, o ↑ sacerdócio comum, *bellum iustum* (a guerra justa), ↑ monogenismo/poligenismo. O *theologumenon* é uma conclusão e não difere *materialiter* necessariamente das proposições centrais da fé, nas quais pode estar implicitamente contido. Para a teologia, o *theologumenon* é indispensável, pois conota relações e contextos, destacando assim o que normalmente só se manifestaria dentro de um horizonte amplo. Além disso, recorre e inclui a experiência histórica concreta em suas proposições.

Lit.: RAFFELT, A. "Theologumenon". *LThK*, 9. 3. ed., 2001, p. 1.462. • RAHNER, K. & VORGRIMLER, H. "Theologumenon". *Kleines theologisches Wörterbuch*. Friburgo/Basileia/Viena 1961, p. 354s. • RAHNER, K. "Theologumenon". *SM*, IV, 1969, p. 892ss.

Christoph Böttigheimer

Títulos de realeza de Jesus ↑ *cristologia*, ↑ *imitação de Jesus*, ↑ *conhecimento e consciência de Jesus*. – Os títulos de realeza de Jesus são os diversos nomes de dignidade atribuídos a Jesus no NT. Os mais importantes são: Filho de Deus, Senhor e Messias/Cristo; além destes, encontramos também: Filho de Davi, Filho do Homem, Servo de Deus e muitos outros. Os títulos ocorrem em contextos narrativos, querigmáticos, confessionais e litúrgicos (aclamatórios); são fórmulas da fé e da profissão cristológica daqueles que seguem Jesus como Filho de Deus, Senhor e Cristo. Os títulos de realeza de Jesus representam uma ponte entre a cristologia pré e pós-pascoal, no sentido de que acessam a tradição de Jesus a partir da profissão de Cristo. – **(1)** Os títulos de realeza de Jesus pertencem ao repertório mais antigo da tradição de Jesus. Surgem dentro de pouco tempo de múltiplas fontes. São testemunho da adoração de Jesus praticada pelos primeiros cristãos. No entanto, as proposições cristológicas vinculadas a eles resistem a uma sistematização completa. Os títulos de realeza de Jesus recorrem a concepções e promessas veterotestamentárias, judaicas e também helenísticas, que, segundo o testemunho dos primeiros cristãos, continuam a cunhá-los e a aplicá-los a Jesus. Fator essencial para seu desenvolvimento e sua propagação é seu uso cultual (1Cor 16,22; Rm 15,6); os títulos de Jesus são todos também aclamações litúrgicas. – a) O título de realeza central de Jesus, que também deu o nome à comunidade de Jesus, é *Cristo* (530 vezes) – a designação da Septuaginta (LXX) para o Messias (real/sacerdotal) esperado, o Ungido de Javé, ao qual se vincula a esperança de ajuda divina, assistência e redenção salvífica. O título de Cristo enfatiza as raízes judaicas de Jesus como elemento imprescindível da cristologia neotestamentária. Faz parte das tradições confessionais mais antigas, e já em tempos pré-paulinos é usado como nome sem artigo (cf. Rm 8,34): Cristo Jesus, Jesus Cristo. O título "Cristo" reúne em si a pessoa e o significado de Jesus e é, portanto, mais do que um mero título de honra ou designação de função. Para Paulo, todo o Evangelho da salvação culmina na proclamação de Jesus *como* o Cristo (Rm 1,1-4). 1Cor 15,3-5 apresenta o Cristo como aquele que morreu e ressuscitou para o mundo. Rm 1,1-4 liga o predicado de Cristo à entronização do Ressurreto como Filho de Deus, que, segundo a carne, é descendente de Davi. Fonte de inspiração disso podem ter sido as promessas messiânicas de 2Sm 7,12-16 e Sl 2,7, que concomitantemente são reinterpretadas de modo especificamente cristão. Mateus destaca num contexto judaico-cristão a natureza messiância de Jesus como Filho de Davi (Mt 1,1. 16); em Marcos, ela é oculta e protegida por mandamentos de silêncio (Mc 8,30). Jesus pode ter aplicado o título de Messias indiretamente a si mesmo (Mc 14,61s.); no entanto, sua atividade pública em poder, sua pregação do Reino de Deus, sua interpretação da lei e seus milagres evidenciavam implicitamente sua pretensão messiânica. Sobretudo o desdobramento da confissão messiânica a partir da cruz e da ressureição revela a (re)interpretação cristã da esperança messiânica de Israel. b) Em Fl 2,6-11, a história salvífica de Jesus culmina no título *Kyrios* (Senhor), encontrado 700 vezes no NT como título de realeza de Jesus e que resume todo o querigma (2Cor 4,5). Como tradução da LXX do nome de Deus, *Kyrios* não é apenas título de reverência, mas também profissão pós-pascoal de Jesus Cristo como Senhor glorificado (1Cor 12,3). Esse título de realeza é usado para o Jesus terreno (1Ts 1,6; 2,15; 1Cor 9,5; Gl 1,19), o Ressurreto (1Cor 9,1) e o Cristo da parusia (1Ts 2,19; 3,13; Fl 3,20; 4,5; 1Cor 1,7s.; 5,5; 16,22; Ap 22,20). Ao mesmo tempo, expressa uma relação de sujeição dos crentes a Jesus, o único Senhor (1Cor 8,6) e Senhor sobre a própria existência (Rm 14,8) e sobre a criação e história (1Cor 12,3; Fl 1,1; 2,6-11; Gl 1,10; Rm 1,1). O lugar na vida da profissão do *Kyrios* são a doxologia e a invocação litúrgicas (Marana-tha! 1Cor 1,2; 16,22; Ap 22,20; cf. Did. 10,6); o título ocorre de forma concentrada na tradição paulina da Ceia do Senhor (1Cor 11,23-32). c) O título de Filho de Deus é um antigo motivo da cristologia neotestamentária, que expressa a ligação entre a origem de Jesus e seu significado salvífico e que surge frequentemente junto com os títulos de Messias e Filho de Davi. Exemplo mais antigo dessa confissão é Rm 1,3s. Outra tradição pode ser encontrada no discurso sapiencial do envio do Filho de Deus pré-existente. A interpretação de Jesus como justo sofredor, mas regenerado por Deus permite referir 2Sm 7,14 e Sl 2,7 a Ele, a fim de compreendê-lo como Filho messiânico de Deus. Contra a suspeita de ser nada mais do que um resquício mitológico, o título de Filho evidencia a história pessoal de Jesus como desdobramento da vontade divina (Gl 4,4; Rm 8,3; Jo 5,23.37; 6,38s.44; 7,28s.33). O parentesco entre Jesus e o Pai divino aparece nos sinóticos, por meio do predicado do Filho, na medida da crescente revelação de Jesus (Mc 1,9ss.; 3,11; 5,7; 9,2-8; 14,62s.; 15,39). O anúncio do nascimento (Lc 1,32s.), uma figuração cristã tardia no sentido da história da tradição, legitimiza e fundamenta a filiação divina de Jesus com a conceição pelo Espírito. A narrativa do batismo de Jesus (Mc 1,9-11) demonstra o significado salvífico do Filho de Deus. A história da transfiguração (Mc 9,2-8) enfatiza seu significado como mediador da revelação. Marcos proclama o Crucificado como Filho de Deus (Mc 15,39). João, que emprega o termo "Filho" num sentido absoluto, aprofunda a filiação divina de Jesus com a ajuda da cristologia da encarnação (Jo 3,31-36). João e Paulo refletem por meio do conceito do Filho a natureza de Jesus e sua unidade essencial com o Pai (Gl 4,4-7; Rm 8,14-17; Ef 1,5; Jo 1,1-18; 10,30). O título com o qual Jesus se dirige a Deus (*Abba*, bom Pai) revela a relação (filial) dele mesmo e de sua missão com Deus (Mc 14,36; Lc 1,11-3 par.; 23,34.46; Mt 26,39). – **(2) (3)** Na história da teologia, dos dogmas e da piedade, enquanto o título de *Cristo* se transformou basicamente em nome próprio de Jesus, o título *Senhor* (em grego: *Kyrios*) sobrevive sobretudo no contexto litúrgico e doxológico. O título de *Filho de Deus* se torna significativo em virtude da formação dos credos durante os primeiros sete séculos; aqui, a filiação divina de Deus serve à profissão da igualdade na essência (consubstancialidade) de Pai e Filho e da unidade pessoal de Jesus Cristo como homem e Deus verdadeiros; num plano secundário, torna-se relevante para a designação de Maria como mãe de Deus (em grego: *theotokos*). – **(4)** No diálogo ecumênico, os títulos de realeza de Jesus não são controversos. – **(5)** Nos títulos de realeza de Jesus cristaliza-se a profissão de Jesus Cristo como Filho de Deus, como Senhor e mediador da salvação, ou seja, aquilo que é distintamente cristão. Do ponto de vista sistemático e histórico-teológico, os títulos de realeza de Jesus introduzem à reflexão sobre a autoconsciência messiânica de Jesus e também às reflexões cristológicas da Igreja antiga. Tanto no credo quanto na liturgia, os títulos de realeza de Jesus continuam a fazer parte da linguagem cristã de confissão e oração, que, por sua vez, dá acesso à reflexão dogmática e precisa ser atualizada para os contextos (litúrgico-)catequéticos atuais. No entanto, sua dimensão doxológica não pode ser reduzida a uma mera metáfora, como se uma pessoa venerada fosse glorificada apenas por meio de uma linguagem exuberante. Ao longo da história, desenvolveram-se, além dos títulos de realeza de Jesus dominantes, muitos outros títulos, a maioria biblicamente inspirada, que pretendem voltar o foco para dimensões específicas de sua ação salvífica e que se mostraram férteis principalmente na vida de oração, mas também como ponto de partida para a reflexão (Salvador, Redentor, Bom Pastor, Rei, Juiz e outros). Os teólogos africanos usam o título de (proto)ancestral numa teologia correlativa para criar um vínculo com o mistério pessoal de Jesus Cristo.

Lit.: HAHN, F. *Christologische Hoheitstitel*. 5. ed. Göttingen, 1995. • KASPER, W. *Jesus der Christus*. Friburgo/Basileia/Viena, 2007, p. 245-401 [WKGS, 3]. • KRAUS, G. "Die Hoheitstitel Jesu". *Jesus Christus* - Der Heilsmittler. Frankfurt a.M./Friburgo i. Br., 2005, p. 191-276 [Grundrisse zur Dogmatik 3]. • SCHNELLE, U. "Heilsgegenwart. Christologische Hoheitstitel bei Paulus". In: SCHNELLE, U. & SÖDING, T. (orgs.). *Paulinische Christologie*. Göttingen, 2000, p. 178-193. • SÖDING, T. *Der Gottessohn aus Nazareth* – Das Menschsein Jesu im Neuen Testament. Friburgo/Basileia/Viena, 2006, p. 244-271. • STOCK, A. *Poetische Dogmatik: Christologie* - Vol. 4: Figuren. Paderborn et al., 2001. • TOSSOU, K.J. "Jesus Christus, der Ahn – Sinn und Bedeutung eines Hoheitstitels aus der Perspektive Afrikanischer Theologie". *ThGl*, 77, 1987, p. 236-249. • WOHLMUTH, J. *Jesu Weg, Unser Weg* – Kleine mystagogische Christologie. Würzburg, 1992, p. 201-225.

Julia Knop

Tolerância ↑ *diálogo*, ↑ *identidade*, ↑ *indivíduo*, ↑ *ser humano*, ↑ *dignidade do ser humano/direitos humanos*, ↑ *amor ao próximo e amor a Deus*. – Tolerância significa o convívio respeitoso com outras pessoas, que, em virtude de sua decisão livre e consciente, pensam e agem diferentemente. Dentro da Igreja, a tolerância exige a unidade na multiplicidade. – **(1)** A profissão do Deus uno e único é essencial para a Escritura Sagrada. Mas o caminho para a profissão monoteísta foi marcada não só pela salvação e pela paz, mas também pela perdição, pelo pecado e pela violência. Surge aqui a questão da tolerância em relação a outros povos e seus deuses. O primeiro mandamento do Decálogo (Ex 20,5s.; Dt 5,9s.) não deixa qualquer dúvida quanto a isso, mas deve ser interpretado com cuidado: A diferenciação entre o Deus verdadeiro de Israel e os ídolos dos outros não acarreta *per se* uma desvalorização agressiva. Sl 82, por exemplo, sabe que é possível perder de vista a naturalidade dos contextos político-religiosos e cósmico-religiosos e que, por isso, é necessário intensificar a busca pela justiça em nome de Deus e pelos critérios de uma legítima fala de Deus. O Decálogo demonstra a conexão entre a imagem de Deus e o etos. O monoteísmo iniciou também uma interiorização do relacionamento com Deus, que não pode excluir ninguém, já que Deus é o Criador de todos os seres humanos, que possuem dignidade e vocação iguais. Existe um vínculo imediato entre singularidade de Deus e a singularidade do ser humano (Gn 1,26-28). O mandamento duplo do amor a Deus e do amor ao próximo significa explicitamente uma tolerância em relação aos estranhos (Lv 19,18). Como mostra o NT, Jesus viveu esse mandamento perfeitamente (mandamento do amor ao inimigo), por isso, é também a testemunha-chave para a tolerância (Mt 5,43-48). Seu etos da pacificidade (Mt 5,38-42) deve ser vivido num forte testemunho da fé. – **(2)** A separação entre judeus e cristãos demonstrou desde cedo e de forma dolorosa que a busca pela identidade própria significa também distanciamento. Desde o início, a Igreja se desenvolve no contexto de constelações de poder político, que lidam com as religiões de formas diferentes. Reivindica para si mesma a tolerância do Império Romano, mas se torna tanto sujeito quanto vítima de uma prática intolerante. Ao mesmo tempo em que refuta as religiões dos povos (gentios) no sentido de uma exclusividade salvífica, ocorrem também sincretismos, e a Igreja tolera e até acata sua filosofia – principalmente a dos gregos (cf. Agostinho [† 430] civ.; Justino Mártir [† 165]: Os *logoi spermatikoi* [as sementes do *logos*, ou seja, de Cristo] como brotos da verdade no mundo inteiro), porque nela se encontram algumas verdades. A política eclesiástica segue essa linha até a Modernidade, quando o pensamento da tolerância se impõe parcialmente contra a Igreja. Em vista de cruéis conflitos religiosos decorrentes de novas descobertas territoriais e culturais, Nicolau de Cusa († 1464) formula a tese segundo a qual existiria apenas uma religião – a cristã –, mas diferentes expressões (*una religio in rituum varietate*), e se empenha em prol da comunicação inter-religiosa. No Iluminismo, o pensamento da tolerância se firma exclusivamente sobre o solo da razão, já que a tradição cristã não pode mais ser reconhecida como ponto de referência comum em virtude das diferentes confissões e das guerras religiosas. Hoje, a ciência da cultura questiona a tradição cristã em sua relação com a violência (J. Assmann), com o politeísmo (O. Marquard) e com o ateísmo. É acusada de ser intolerante, acusação esta que não se justifica em termos tão gerais (E. Zenger [† 2010]). – **(3)** O Papa Leão XIII é o primeiro a se expressar explícita e positivamente sobre a ideia da tolerância. O Concílio Vaticano II exige que respeito e amor sejam concedidos também àqueles que pensam e agem diferentemente em questões sociais, políticas ou religiosas (GS 28). Adverte que os conflitos dentro da Igreja, resultantes de opiniões divergentes formadas a partir de decisões conscientes, sejam resolvidos pelo diálogo (GS 43). Com a exigência conciliar da liberdade de consciência e religião (DH), a Igreja Católica assumiu a obrigação de ser tolerante. Vinculada à tolerância está o reconhecimento da possibilidade de salvação também para os não cristãos (NA 2; LG 16) e a transformação das afirmação salvíficas exclusivas em um pensamento inclusivo. Em seu pedido por perdão de 2000, o Papa João Paulo II condenou a violência e a intolerância na vida e na obra da Igreja. – **(4)** Em decorrência de uma opção pela tolerância e liberdade religiosa (decisão do Conselho Ecumênico das Igrejas, de 1948), o diálogo ecumênico gira principalmente em torno da pergunta sobre como seria possível conceber a multiplicidade cristã na unidade. – **(5)** As abordagens da teologia transcendental desde K. Rahner demonstraram que a universalidade da promessa salvífica da Bíblia encontra uma correspondência adequada na constituição de cada ser humano. Por isso, a criatura dotada de espírito deve ser respeitada em sua dignidade, singularidade e inviolabilidade pessoal. O mesmo vale – segundo o Concílio Vaticano II (DH) – para os sistemas e as formas sociais, aos quais o ser humano se vincula. Os ataques à essência humana na forma de fundamentalismos totalitários políticos, ideológicos ou religiosos são intoleráveis. O dogma (e a teologia dogmática) escapa ao preconceito da intolerância se o entendermos como "dogma dialógico" (B. Stubenrauch), que subordina a pergunta pela verdade ao serviço salvífico para todos. Isso deixa claro que não existe alternativa para o diálogo inter-religioso e intercultural.

Lit: ANGENENDT, A. *Toleranz und Gewalt – Das Christentum zwischen Bibel und Schwert.* Münster, 2007. • WERBICK, J. "Toleranz und Pluralismus". In: BROER, I. & SCHLÜTER, R. (orgs.). *Christentum und Toleranz.* Darmstadt, 1996, p. 107-121. • WALTER, P. (org.). *Das Gewaltpotential des Monotheismus und der dreieine Gott.* Friburgo/Basileia/Viena, 2005 [QD, 216].

Erwin Dirscherl

Tradição ↑ *sucessão apostólica,* ↑ *senso de fé dos crentes,* ↑ *Escritura Sagrada,* ↑ *cânone,* ↑ *magistério eclesiástico,* ↑ *concílio/conciliaridade,* ↑ *recepção,* ↑ *sínodo/sinodalidade,* ↑ *teólogos,* ↑ *teologia.* – Esse conceito expressa que a autocomunicação de Deus em Cristo (*traditio obiectiva, traditum, depositum*) é disponibilizada pelos apóstolos para toda a Igreja (*traditio constitutiva*). Esta também reflete sobre a tradição e assim dá continuação a ela (*traditio subiectiva, traditio tradens, traditio continuativa*). Existe uma diferença entre a tradição no singular (*depositum fidei*) e as tradições individuais (*traditiones*) como expressões culturais e temporais da Igreja (costumes, hábitos, espiritualidades etc.). – **(1)** Existiam já em tempos bíblicos justificações tradicionais, tradições individuais e processos tradicionais em nível linguístico e textual: Tradições orais se transformaram em tradições escritas. Encontramos por trás disso um *processo* de tradição, cujo sujeito é o povo de Deus e que se manifesta como *continuum* de vivência. As tradições (intrabíblicas) são continuadas em virtude de novos acontecimentos, por exemplo, a experiência do êxodo no cativeiro babilônico (Is 48,6s.; 43,18; Jr 16,14s.). Jesus permanece fiel à tradição veterotestamentária (Mt 5,17-20) e a aprofunda ao radicalizar os mandamentos éticos referentes à conduta no coração humano (Mt 17,48; 15,1-20; 25,40; Mc 7,5-13). A tradição central da Igreja primordial é a mensagem da morte e da ressurreição de Jesus, a "palavra da vida" (Fl 2,16). Ela, principalmente, precisa ser considerada e transmitida como querigma apostólico (1Cor 9,16) – "Jesus é o Senhor!" (1Cor 12,3). E já que o querigma de Jesus revela a essência do AT (segundo a interpretação cristã), ele se torna referência e fundamento da tradição neotestamentária. Os autores recorrem a tradições orais: relatos da Última Ceia e da Páscoa (1Cor 11,23s.; 15,3-5; 1Ts 1,10; Lc 24,34), testemunhos pessoais (Rm 1,1-4; 4,24s.; 10,9; 1Pd 3,18), fórmulas litúrgicas (1Cor 11,23-26), hinos (Ef 5,14; Fl 2,5-11; 1Tm 2,5s.; 3,16; 1Pd 1,20). 1Cor 15 revela os dois aspectos da tradição: Como tradição verbal, ela é processo (*tradere*); e, como tradição objetiva, é conteúdo (*traditum*). No entanto, não é mera transmissão de doutrinas, antes é ela mesma evento e interpretação soteriológica desse evento, é acontecimento e confissão. Existe a tradição no singular (*paradosis*) e no plural (*paradoseis*: 1Cor 11,2; 2Ts 2,15). Paulo diferencia também entre uma "palavra do Senhor" (1Cor 7,10) e sua própria palavra (1Cor 7,12), apontando assim para aquilo que permanece e se transforma na transmissão eclesiástica do Evangelho. – **(2)** O conceito da tradição se desenvolveu na Igreja antiga em virtude da necessidade de proteger a fé cristã das distorções heréticas. Várias medidas e fenômenos serviram para esse fim: a formação e aplicação da "regra da fé" (*regula fidei*: Irineu [† por volta de 200] haer. 1,9,4; 2,27,1; 3,1,11s.; 6,15; 4,35,4), a definição do cânone na base de credos universais ou regionais, o desenvolvimento e a ênfase da sucessão apostólica (*successio apostolica*) no ofício episcopal. Este é visto como instrumento da tradição autêntica, pois identifica a *traditio apostolica* de modo concreto e lhe confere uma forma visível (1Clem 42,1-5; 44,1-4; Irineu, haer. 1,10,1ss.; 3,1,1; 3,2,2; 3,2ss.; 26,2; 3,3,1; Tertuliano [† antes de 220], de praescr. 19,1ss.; 20,5-22,6). Ofício e tradição remetem um ao outro, assim como também a Escritura e a tradição formam uma unidade. Nesse conjunto, cabe concomitantemente uma função importante à teologia, que, desde o século II, se apoia na chamada prova de Antiguidade: Contra a acusação segundo a qual os cristãos teriam introduzido inovações inadmissíveis, Justino Mártir († 165) ressalta a continuidade entre AT e tradição apostólica. Mas tarde, os próprios Padres da Igreja antiga serão citados como garantias da tradição (prova dos padres), o que reavivará o interesse por seus escritos, mas também reforçará a validade das decisões conciliares (também referentes à liturgia [DH 246]) e ressaltará a necessidade de distinguir a tradição das tradições (sejam elas orais ou escritas). Nesse sentido deve-se compreender também o consenso teológico identificado por Vicente de Lérins († 450) nos casos em que o depósito da fé é definido como aquilo que "tem sido crido por todos, em todos os tempos e em todas as partes" (*Commonit.* 2,5). Em decorrência da valorização medieval da teologia científica, a Escritura e a tradição foram vistas como duas fontes independentes, sendo que a escolástica procurou alcançar um equilíbrio entre tradição e *ratio* anistórica. A controvérsia irrompeu com a Reforma: Na visão protestante, a tradição precisava concordar estritamente com a Escritura (BSLK 777), enquanto o Concílio de Trento atribuiu uma autoridade também às tradições orais – da "boca de Cristo" e inspiradas "pelo Espírito Santo" (DH 1.501). Os pensadores do Iluminismo suspeitavam de qualquer tipo de tradição, consequentemente, sua condenação das confissões cristãs e de suas diferenças foi radical. No século XIX, a escola teológica de Tübingen conseguiu reestabelecer certo equilíbrio com sua descoberta da historicidade: Diferenciou entre o conteúdo da tradição e suas manifestações humanas, entre um aspecto objetivo (testemunhos históricos) e uma dimensão subjetiva (a palavra que vive nos corações dos fiéis). Nasceu assim a distinção metodológica entre teologia dogmática e história dos dogmas, que, na primeira metade do século XX, gerou uma renovação teológica e eclesiástica. Na base de uma acepção da revelação sob o ponto de vista da teoria da comunicação, o Concílio Vaticano II destacou o caráter dinâmico dos processos tradicionais na "vida, doutrina e culto" da Igreja (DV 8) e incentivou a reflexão mais consciente sobre a historicidade da Escritura, o caráter sacramental da tradição e seu fundamento pneumatológico (DV 7-10). As teologias pós-conciliares investigam a natureza da tradição em geral, o problema da crítica da tradição (revisão e suspensão de tradições), os vínculos entre as instâncias da tradição (magistério, senso de fé dos crentes, teologia científica), a atualização do depósito da tradição (*aggiornamento*) e a possibilidade da transmissão inter-religiosa da tradição e das tradições. – **(3)** No II Concílio de Niceia (787), o magistério enfatizou primeiramente que "toda a tradição eclesiástica" deve ser aceita (DH 609). Contra o princípio protestante da *sola scriptura*, o magistério defende a validade da Escritura *e* da tradição. O Concílio de Trento declarou que "essa verdade e essa ordem estão contidas em livros escritos e tradições não escritas" e que os livros do AT e do NT e também as tradições merecem a mesma piedade (*pari pietatis affectu*) em questões referentes à fé e à moral (DH 1.501). Num esboço, a relação entre Escritura e tradição havia sido caracterizada pela expressão *partim [...] partim*, afirmando assim que a revelação transparece "em parte" na Escritura Sagrada, "em parte" nas tradições orais; mas o texto definitivo do concílio optou pelo *et [...] et*. Mesmo assim, a posterioridade preferiu muitas vezes interpretar a declaração conciliar no sentido de *partim [...] partim* (teoria das duas fontes), de modo que Escritura e tradição vieram a representar contrapartes duais. Surgem nesse contexto então três teorias: a) *traditio additiva*: A tradição contém acréscimos complementares à Escritura Sagrada; b) *traditio explicativa*: A tradição explica a mensagem da Escritura; c) *suficiência escritural*: A Escritura Sagrada e a tradição concordam em todas as proposições salvíficas, a tradição vai além da Escritura apenas em questões secundárias. O Concílio Vaticano II, que compreende a revelação como autocomunicação do Deus trino, optou por um meio-termo (ecumênico) (DV 9; 10; 21; 24): A Escritura e a tradição não são duas fontes da revelação, mas dois modos de seu testemunho e transmissão e, assim, "regra suprema da sua fé" (*suprema fidei suae regula*: DV 21), cabendo a superioridade à Escritura (DV 10). O concílio fez também uma distinção cuidadosa entre o depósito autoritário da fé (*traditio, traditum*) e as vertentes individuais da tradição, a manifestação da fé (*traditiones*) (DV 8). Os diferentes conteúdos da tradição formam uma corrente viva (*traditio*) múltipla, mas homogênea. Fundamento desta é a autocomunicação de Deus numa dimensão holística da vida, à qual todos os elementos individuais devem ser integrados. O que importa não são as tradições individuais, mas a corrente e o movimento da vida, por meio dos quais o Evangelho se transmite por meio da Igreja em um presente sempre renovado. – (4) Na ortodoxia, o fundamento da fé cristã é formado pela Escritura Sagrada e pela tradição da Igreja, i.e., pela "Sagrada Tradição" (*hiera paradosis*). A tradição ocupa uma função central como eclesialidade vivida, mas a Escritura Sagrada é o centro e o núcleo da tradição. Igreja, Escritura e tradição se penetram mutuamente, habitam umas nas outras, professam, interpretam e se questionam reciprocamente. Elas transparecem na liturgia, nos símbolos da fé, nos sete primeiros concílios ecumênicos, no consenso dos Padres da Igreja, nos costumes eclesiais e nos escritos espirituais, nas decisões sinodais e também na vida dos mártires e dos ↑ santos. A Reforma se opôs à acepção católica da tradição, de modo que a expressão "o princípio da tradição" se transformou em chavão das controvérsias teológicas. Apesar de M. Lutero não ter refutado os quatro primeiros concílios ecumênicos (eles fazem parte dos credos luteranos), declarou, mesmo assim, a Escritura Sagrada como única fonte da fé (*sola scriptura*). Atualmente, essa controvérsia é vista como basicamente superada: O lado católico contempla a Escritura Sagrada e a tradição como um todo orgânico; o lado protestante atribui uma função hermenêutica à tradição eclesiástica (documento de Malta: DwÜ I [1972], n. 17). Escritura Sagrada e tradição são, ao mesmo tempo, instâncias independentes do testemunho da Palavra de Deus (estudo *Communio Sanctorum*, de 2000, n. 42-73). Permanecem em aberto algumas questões referentes à irreversibilidade de determinadas tradições. – (5) A tradição é um elemento fundamental da existência humana em sua historicidade e, por isso, permanece imprescindível para o cristianismo – no entanto, de modo bem específico: A tradição revela a história como *história contínua da salvação*, por isso, a Igreja, que transmite a Palavra de Deus ao longo dos tempos, precisa estar atenta aos "sinais do tempo" (GS 4). Ela o faz com a ajuda do Espírito Santo, que a lembra sempre de sua origem e passado. Assim, a tradição gera uma continuidade entre o passado e o presente. Em virtude de sua contextualidade, as tradições individuais não podem ser simplesmente reproduzidas; antes a fé apostólica precisa sempre se atualizar como evento na vida da Igreja. Isso exige em primeiro lugar não uma lealdade à letra, mas ao conteúdo. Como podemos conceber isso de modo concreto? Segundo o esquema evolucionista, a fé cristã se desdobra constantemente por meio da tradição (P. Teilhard de Chardin [† 1955]; DV 8). A teoria da deterioração ou alienação, por sua vez, afirma que ela distancia a fé cada vez mais de sua origem (idealizada) (I. Döllinger [† 1890], A. von Harnack [† 1930], K. Barth [† 1968]). Contra essas simplificações, devemos insistir nos *theologumena* da "imediaticidade divina" e da "promessa do Espírito", que permitem compreender a tradição como processo dialético: Ao progresso opõe-se a estagnação, por vezes também o retrocesso – cada geração contribui o que pode. O que importa, porém, é a consciência de viver *em* e *diante* de Deus: em tudo que a Igreja crê, ensina e faz; em tudo que ela mesma *é* (DV 8).

Relação entre Escritura Sagrada e tradição

A tradição e a Escritura Sagrada se determinam reciprocamente em termos históricos e objetivos. São duas dimensões da autocomunicação de Deus transmitida por meio da Igreja.

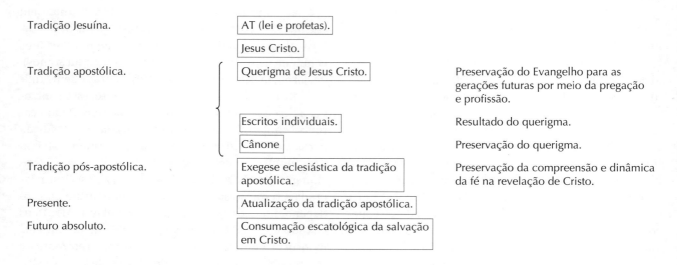

Lit.: a) KASPER, W. "Das Verhältnis von Schrift und Tradition – Eine pneumatologische Perspektive". In: PANNENBERG, W. & SCHNEIDER, T. (orgs.). *Kanon, Schrift, Tradition.* Friburgo/Basileia/Viena, 1992, p. 335-370 [Verbindliches Zeugnis, 1]. • PANNENBERG, W. & SCHNEIDER, T. (orgs.). "Das Verhältnis von Schrift und Tradition". *Theologie und Kirche.* Vol. 2. Mainz, 1999, p. 51-83. • WIEDERKEHR, D. "Das Prinzip Überlieferung". *HFTh*, 4. 2. ed., 2000, p. 65-83. b) KNOCH, W. *Gott sucht den Menschen* - Offenbarung, Schrift, Tradition. Paderborn, 1997 [Amateca, 4]. • RAHNER, K. & RATZINGER, J. *Offenbarung und Überlieferung.* Friburgo/Basileia/Viena, 1965 [QD, 25]. • WIEDERKEHR, D. (org.). *Wie geschieht Tradition?* Friburgo/Basileia/Viena, 1991 [QD, 133]. • RORDORF, L. & SCHNEIDER, A. *Die Entwicklung des Traditionsbegriffs in der Alten Kirche.* Berna, 1983. • O'COLLINS, G. "Kriterien zur Interpretation von Überlieferungen". In: LATOURELLE, R. & O'COLLINS, G. (orgs.). *Probleme und Aspekte der Fundamentaltheologie.* Leipzig, 1985, p. 384-389. c) SECKLER, M. "Tradition und Fortschritt". *CGG*, 23, 1982, p. 5-53.

Christoph Böttigheimer

Trindade ↑ *apropriações,* ↑ *filioque,* ↑ *Deus,* ↑ *pessoas em Deus,* ↑ *fala de Deus,* ↑ *doutrina da Trindade.* – "Trindade" é uma designação de Deus, segundo a qual o Deus uno existe na unidade das três pessoas Deus-Pai, Deus-Filho (Jesus Cristo) e Deus-Espírito Santo. A Trindade é um distintivo da teologia cristã, que permite distingui-la de todas as outras concepções (filosóficas e religiosas) de Deus. Ela funciona como "teoria de referência para a fé cristã" e como "doutrina integralmente cristã" (C. Schwöbel). – (**1**) O AT desconhece uma Trindade; o foco em YHVH como essência do Deus uno conflita com ela. Também em relação ao NT a Trindade representa um discurso pós-bíblico, mas possui um ponto de cristalização no mandamento do batismo "em nome do Pai, do Filho e do Espírito Santo" (Mt 28,19). O discurso da Trindade é incentivado também pela concepção paulina do Filho de Deus como *kyrios* e do Espírito Santo como dádiva divina (Rm 5,5), pelas fórmulas cristológicas *ego eimi* (eu sou) de João em conexão com a singularidade da relação de Jesus com Deus, como também pelos "ditos do paracleto" (Jo 14,26; 15,26; 16,7.13). – (**2**) A Trindade tornou-se uma característica imprescindível do Deus cristão em decorrência do desafio pela gnose e em virtude das especulações cristológicas referente ao *logos.* Os gnósticos proclamavam um Deus espiritual distante da matéria, para o qual a encarnação representava uma impossibilidade. Teologias heterodoxas (↑ *heresias trinitárias*), que demonstraram certa afinidade com essa posição, desenvolveram necessariamente uma forma de monarquianismo (como em Práxeas [início do século III]) ou sabelianismo, nos quais a *monarchia*, a singularidade dominante de Deus no sentido de uma unidade numérica ocupava o primeiro plano absoluto. Além desta unidade existem apenas manifestações de Deus, ou seja, modos mais fracos de sua presença (modalismo), não um ser triplamente diferenciado. Irineu de Lyon († por volta de 200), em nome da encarnação real de Deus, e Tertuliano († 220), em nome do não sofrimento do Pai, se opõem a isso com recurso à nova categoria da *trinitas*, que revela Deus como *unum*, não como *unus*. Orígenes († 253/254), por fim, introduz uma nova possibilidade de pensamento com o emprego do conceito da hipóstase para a dimensão da essência de Deus como Pai, Filho e Espírito, que confere um impulso essencial à especulação trinitária (hom. in Io. 2,6). Isso permite contemplar a Trindade de Pai, Filho e Espírito *ad extra* em termos salvíficos e *ad intra* em termos teológicos. No Concílio de Niceia (325), a ideia da *homoousia* (consubstancialidade) do Filho com o Pai suscita a pergunta fundamental: A fim de preservar a divindade do Filho, o Espírito não deveria ser excluído da dualidade de Pai e Filho? (Essa era a posição dos pneumatômacos [adversários do Espírito] e macedonianos.) Os três capadócios solucionam o problema ao reconhecerem a *ousia* (substância) comum de Deus como realizada em três *hipostaseis* (hipóstases/pessoas – a fórmula latina *una substantia – tres personae* é menos exata). As hipóstases possuem propriedades, mas estas não se distinguem umas das outras na substância: "Quando falamos de não ser gerado, ser gerado e procedência, professamos assim o Pai, o Filho e o Espírito Santo, para destarte preservar a pureza das três pessoas na natureza una e digna da divindade. Pois o Filho não é o Pai, pois existe apenas um Pai, mas Ele é o que é o Pai. O Espírito não é Filho pelo fato de proceder de Deus; pois existe apenas um Unigênito, mas Ele é o que é o Filho. Segundo a divindade, os três são um, e esse Um é três por meio das particularidades" (Gregório de Nazianzo [† 390] "Discursos teológicos": or. 5,9). Em *De trinitate*, Agostinho († 430) já pressupõe a identificação dos três em um e do um nos três, mas se pergunta se existiriam experiências no nível humano que permitiriam conceber a Trindade com recurso a fenômenos semelhantes (trin. 9; 10; 11,18). Fala, por exemplo, dos três componentes no amor: *a pessoa que ama, a pessoa amada e o próprio amor*. Em Deus, a interação entre as três pessoas permite atribuir a peculiaridade (apropriações) de uma às outras sem que esta se perca. Essa abordagem se torna decisiva no discurso latino-ocidental sobre a Trindade (Trindade imanente), enquanto a abordagem greco-oriental mantém o foco nas propriedades como presenças salvíficas das hipóstases (Trindade econômica). Com Tomás de Aquino († 1274), a separação estrutural entre o tratado sobre o Deus *uno* (*de Deo uno*: STh I q2-26) e o tratado sobre o Deus *trinitário* (*de Deo trino*: STh I q27-43) é introduzida à teologia sistemática. As relações entre as pessoas são descritas como "relações subsistentes", tornando assim a *relatio* o conceito-chave da Trindade imanente (eterna, intradivina). Isso influi a teologia até a Modernidade: Enquanto o *Deus unus* é reconhecido pela razão, o *Deus trinus* só pode ser compreendido por meio de sua autorrevelação. Na Reforma, a Trindade imanente também defende sua primazia; no entanto, torna-se motivo de inquisição no caso do antitrinitário M. Servet († 1553), em Genebra. Na teologia da mediação do século XIX, que, seguindo os passos de G.W.F. Hegel († 1831) e F. Schleiermacher († 1834) pretende reconciliar o conhecimento da fé com as filosofias modernas, a Trindade se transforma em categoria funcional da teologia. Essa virada se manifesta ainda nas teologias políticas do século XX, que reconhecem na Trindade uma alternativa às formas singulares de poder do monoteísmo e da Modernidade (J. Moltmann). Na teologia católica, a disputa entre H.U. von Balthasar († 1988) e K. Rahner († 1984) sobre as limitações da Trindade imanente foi decisiva: Segundo Rahner, esta possuiria um poder explicativo apenas por meio da identificação (recíproca) com a Trindade econômica, enquanto Balthasar defendia o reconhecimento estético da Trindade imanente como dinâmica original. Essa disputa determina até hoje a taxinomia das teologias católicas contemporâneas. Na eclesiologia da *communio*, a Trindade serve tanto como perspectiva de desenvolvimento da Igreja quanto como critério de avaliação da qualidade humana de práticas teológicas e eclesiásticas (B.J. Hilberath). – **(3)** A Trindade assume o *status* de grandeza definitiva claramente definida na tradição eclesiástica apenas com o Credo niceno-constantinopolitano (381), que se opõe à subordinação do Espírito, definida pelos pneumatômacos e macedonianos (DH 150). Por ocasião da mudança confessional dos godos ocidentais arianos para a ortodoxia católica, os Sínodos de Toledo (sobretudo o 11º, de 675) explicam com maior precisão as relações entre as três pessoas trinitárias (DH 525-535). O Concílio Vaticano I acata a divisão tomística da fala de Deus (STh I q1 a1) em uma parte natural, acessível à razão, e em outra sobrenatural, acessível apenas à fé (DH 3.004; 3.026-3.028; 3.041). O Concílio Vaticano II recorre à Trindade para expressar a vontade salvífica universal de Deus em relação à pessoa individual (a vocação divina de cada ser humano: GS 3), à toda a humanidade (Cristo como luz dos povos na função sacramental da Igreja: LG 1) e também em vista das religiões não cristãs (meios e caminhos do Espírito de oferecer a salvação de Deus fora da Igreja: GS 22). – (**4**) No Ocidente não existem diferenças ecumênicas referentes à Trindade. No entanto, é necessário observar as acentuações divergentes da teologia trinitária do Ocidente, focada na Trindade imanente de Agostinho, e da teologia trinitária do Oriente, que se orienta pela economia da salvação dos capadócios e que se torna ainda mais aguda no palamismo do bizantinismo tardio do século XIV. No centro da controvérsia está a inclusão ocidental do *filioque* ao Credo Niceno-constantinopolitano, sem o qual as doutrinas desdobradas nos séculos XIX e XX sobre a comunicação e comunhão (*communio*) intratrinitárias (imanentes) não teriam qualquer fundamento (M.J. Scheeben [† 1888], G. Greshake). – (**5**) Uma abordagem do ponto de vista da história da salvação é decisiva para a compreensão da Trindade, mas a possibilidade de conhecimento das relações internas (p. ex., por meio do modo triplo de dramática, *communio* e evento subjetivo da liberdade ou evento pessoal do amor) permanece muito controversa. Portanto, é necessário dar continuação à discussão sobre a localização da Trindade na imagem singular e monoteísta de Deus, sobre sua localização histórica exata na relação Deus-mundo e sobre sua contribuição para o diálogo entre as religiões. Permanece em aberto como a Trindade pode ser vinculada às tríades das formas modernas de conhecimento (semiótica), do pluralismo cultural (relatividade) e das tradições religiosas (Brahma-Vishnu-Shiva; Ptah-Re-Amun; Júpiter-Juno-Minerva) ou se a Trindade só pode ser concebida como distintivo exclusivo do cristianismo (como "teoria de referência").

Lit.: SCHWÖBEL, C. "Trinitätslehre als Rahmentheorie des christlichen Glaubens". *ZdTh*, 14, 1998, p. 131-152. • BEA, F.X. & HILBERATH, B.J. (orgs.). *Communio*. Friburgo/Basileia/Viena, 1999 [QD 176]. • LaCUGNA, C.M. *God for us. The Trinity and Christian life*. São Francisco, 2006. • SCHOLL, N. *Das Geheimnis der Drei* – Kleine Kulturgeschichte der Trinität. Darmstadt, 2006. • VOIGT, F. *Vermittlung im Streit*. Tübingen, 2006 [BHTh, 140]. • KANY, R. *Augustins Trinitätsdenken*. Tübingen, 2007 [Studien und Texte zu Antike und Christentum, 22]. • CICHON-BRANDMAIER, S. *Ökonomische und immanente Trinität*. Regensburgo, 2008. • VOIGT, F. "'Als das absolute Kriterium aller Häresien das Dogma von der Trinität' – Die trinitätstheologische Umformung der Dogmatik in den theologischen Schulen Schleiermachers und Hegels". In: LAUSTER, J. & OBERDORFER, B. (orgs.). *Der Gott der Vernunft*. Tübingen, 2009, p. 217-233.

Hans-Joachim Sander

Unção dos Enfermos ↑ *instituição dos sacramentos,* ↑ *doença,* ↑ *relação corpo-alma,* ↑ *Sacramento da Reconciliação,* ↑ *mortalidade,* ↑ *morte.* – Segundo a doutrina católica romana, a Unção dos Enfermos é um dos sete sacramentos. Nos casos de doenças graves, que podem ser vivenciadas pelos seres humanos como prenúncios da morte, ela fortalece a esperança de cura e de uma vida reconciliada. – (**1**) Na epístola de Tiago, incluída apenas tardiamente ao cânone, lemos: "Alguém entre vós está enfermo? Mande chamar os presbíteros da Igreja, para que orem sobre ele, ungindo-o com óleo em nome do Senhor" (5,14s.). Apesar de o autor não remeter a uma instrução de Jesus, ele certamente sabia com que intensidade Jesus se dedicara aos enfermos. Segundo todos os evangelhos, curou muitos enfermos. Leprosos, cegos, paralíticos, surdos e até mesmo pessoas já declaradas mortas são reintroduzidas às comunidades que, antes de sua doença, ocupavam um lugar importante em suas vidas (Mc 5; Mt 8,1-4; Lc 7,1-17 et al.). Ao mesmo tempo, vivenciam uma ampliação e uma nova visão aprofundada das possibilidades de suas vidas. Dá-se muita atenção à capacidade de Jesus de expulsar demônios (Lc 4,40-41). A narrativa da cura de um cego de nascença (Jo 9) é motivo de uma briga sobre o envio divino de Jesus. A "cegueira" não existe apenas no âmbito somático, mas também em relação ao reconhecimento de seu chamado messiânico. Os evangelhos e Atos descrevem também frequentemente que os discípulos de Jesus participavam de suas curas. A versão de Marcos do discurso missionário de Jesus resume: "Eles partiram e pregaram, incitando o povo à conversão. Expulsavam muitos demônios, ungiam com óleo muitos enfermos e os curavam" (Mc 6,12s.). As congregações cristãs adotaram a unção ritual dos enfermos com óleo da tradição judaica (cf. Lv 14,10-31; aqui no contexto da purificação e reintegração de uma pessoa leprosa à comunidade). Segundo Lucas, existe um vínculo íntimo entre o ministério da proclamação e a cura dos enfermos (Lc 9,6). As curas como prova do início da era messiânica são relatadas também nas narrativas sobre as atividades pós-pascoais dos apóstolos (tendo em vista principalmente Pedro, Filipe e Paulo; At 3,1-10; 8,4-8; 14,8-20). As curas causam irritação, pois incentivam uma decisão a favor ou contra Jesus Cristo (At 4,5-12). Jesus havia alegado ter vindo para os enfermos como "médico" e não para as pessoas saudáveis (Mc 2,17; Mt 9,12; Lc 5,31). Não podemos excluir a possibilidade de que os evangelhos pretendiam estabelecer um vínculo com a autodesignação veterotestamentária de Deus como "médico" (Ex 15,26; cf. Jó 5,18), pois a missão da Igreja antiga proclamava o *Christus medicus* no sentido soteriológico. Os atos de Jesus com os enfermos não podem ser compreendidos sem recurso à tradição veterotestamentária e judaica: Nos Salmos e na literatura sapiencial, as doenças são motivo de amargas lamentações (Sl 73; 88; Jó 10 et al.); as curas, por sua vez, são vistas como fruto da oração e do temor de Deus. Em todo o mundo da Antiguidade Oriental, parece ser comum remeter doenças a pecados pessoais ou situações culposas da família (Ex 20,5; Dt 5,9). No entanto, surgem em Israel dúvidas quanto à relação de causa e efeito, dúvidas estas que são acatadas também pela tradição neotestamentária de Jesus (Lc 13,1-5; Jo 9): Não são apenas os enfermos que pecaram – todos os seres humanos são chamados para o arrependimento. – (2) Existem apenas poucas fontes que permitem remeter a prática da Unção dos Enfermos aos primeiros séculos. Conhecemos do tempo da Igreja antiga principalmente orações para a bênção (episcopal) do óleo que os fiéis traziam para a celebração litúrgica e que depois guardavam em casa para usá-lo em caso de doenças graves. A Unção dos Enfermos com óleo era, portanto, inicialmente um ato praticado por membros da família. A partir do início da Idade Média, num processo que já não podemos reconstruir mais com precisão, ocorreram mudanças na forma cerimonial e no sentido da Unção dos Enfermos. Foi principalmente a conexão bíblica entre cura e perdão dos pecados que atribuiu os atos sacramentais no leito de morte aos sacerdotes. As chamadas *taxa stola* que precisavam ser pagas, impulsionaram a tendência de adiar ao máximo o pedido pela Unção dos Enfermos. O ↑ Sacramento da Reconciliação, muitas vezes vinculado a rigorosas penitências, passou a ser administrado cada vez mais em conjunto com a Unção dos Enfermos e a (última) ↑ Eucaristia. Até hoje, a "confissão", a "extrema-unção" e o "viático" são considerados num mesmo contexto temático como "últimos sacramentos". – (3) Em 416, o Papa Inocêncio I respondeu a uma carta do Bispo Decêncio de Gubbio, na qual este pedia uma exegese oficial da epístola de Tiago (DH 216). A resposta informa: Pessoas fisicamente enfermas devem ser ungidas; já que sacerdotes e leigos são autorizados a ungir os enfermos, esse direito não pode ser negado aos bispos; no entanto, a Unção dos Enfermos não pode ser administrada às pessoas em estado de penitente, pois se encontram excluídas de todos os sacramentos. O que surpreende do ponto de vista atual é que o óleo abençoado pelo bispo "pode ser usado para a unção por todos os cristãos em aflição pessoal ou na aflição dos seus" (DH 216). O II Concílio de Lyon, de 1274, menciona pela primeira vez a "Extrema-Unção" como um dos sete sacramentos da Igreja (DH 860) e diz explicitamente que esse sacramento é administrado "aos enfermos segundo a doutrina de Tiago". O Concílio de União de Ferrara/Florença (1439-1445) designa a Unção dos Enfermos como "quinto sacramento" (DH 1.324s.). Ela passa a ser administrada na proximidade da morte, sendo que o ato litúrgico serve primariamente à "cura do espírito" e – por via da alma – também à recuperação do corpo (DH 1.324). A unção em sete partes do corpo remete aos sentidos (visão, audição, olfato, paladar e tato) e às formas de comunicação do ser humano (falar e andar). Interessante é a menção dos "rins por causa do desejo que lá se manifesta" (DH 1.324); evidentemente, a experiência cotidiana ensina que emoções fortes – também sentimentos de culpa – "afetam os rins"*. Como "doador", menciona-se (apenas) o sacerdote (DH 1.325). O Concílio de Trento

---

* "An die Nieren gehen": expressão idiomática da língua alemã usada quando algo nos abala [N.T.].

tratou do Sacramento da "Extrema-Unção" no contexto da penitência (hoje, "Sacramento da Reconciliação") (DH 1.694-1.700); 1.716-1.719). O texto doutrinal e os *canones* são uma reação às posições reformadas. Defendem a sacramentalidade da Unção dos Enfermos (instituída por Jesus Cristo e proclamada por Tiago); reafirmam o efeito perdurante (não limitado ao tempo da Igreja primordial) do sacramento e advertem que a ordem litúrgica vigente deve ser observada; proíbem a ampliação dos doadores para além dos sacerdotes (e bispos). Para determinar o conteúdo da Unção dos Enfermos, o concílio opta por uma abordagem antropológica: Acata a concepção reformada da penitência como processo que abarca toda a vida (DH 1.694); afirma que, na proximidade da morte, a fé é exposta a tentações particularmente fortes (DH 1.694). Segundo a tradição, o lugar biológico da Unção dos Enfermos é identificado como o fim próximo da vida, mas sem perder de vista a esperança da cura do enfermo (DH 1.698). O Concílio Vaticano II tratou da Unção dos Enfermos na constituição litúrgica (SC 73-75) e na constituição eclesiástica (LG 11). No espírito do movimento da reforma litúrgica, ressalta uma referência mais clara aos fundamentos bíblicos e à comunhão no culto. A Unção dos Enfermos deve ser ministrada não só na proximidade imediata da morte, mas já na ocorrência de doenças potencialmente fatais. Segundo as instruções do Concílio Vaticano II para a teologia sacramental como um todo, incentiva-se, também em vista da Unção dos Enfermos, uma redução dos atos simbólicos para aumentar a transparência. Discute-se além disso o vínculo entre os chamados três "últimos sacramentos" da confissão, viático (↑ Eucaristia) e Unção dos Enfermos (SC 74). Na Constituição Apostólica *Sacram Unctionem Infirmorum*, aprovada pelo Papa Paulo VI em 1972, como também na "Ordo unctionis infirmorum" vinculada a ela, as diretrizes teológicas do Concílio Vaticano II são aplicadas. Na introdução à edição em língua alemã (1975), os bispos expressam sua expectativa de que a Unção dos Enfermos seja futuramente percebida como Sacramento da esperança da cura do ser humano como um todo, e não como presságio litúrgico da morte, que suscita medo e terror. – **(4)** Na tradição ortodoxa, a celebração litúrgica da Unção dos Enfermos é visto como um dos sete sacramentos no sentido da prática da Igreja antiga. Ungem-se aquelas partes do corpo que viabilizam de forma especial o contato de um ser humano com seu meio ambiente (testa, boca, mãos, narinas e peito). A Igreja Russa Ortodoxa conhece a unção dos sadios e enfermos na Quinta-feira Santa. M. Lutero († 1546) se opôs à designação da Unção dos Enfermos como "sacramento" com recurso à Bíblia, que, segundo ele, não menciona a instituição deste ato simbólico (WA 2,685-697; WA 6,567-573). Lutero considerou a prática litúrgica (oração e unção na proximidade imediata da morte; também pessoas já mortas haviam sido ungidos) como irracional, pois pesa sobre a consciência dos pecadores em sua agonia, não incentiva a confissão da fé e cria uma dependência entre a consumação da vida terrena e atos eclesiásticos. J. Calvino († 1564) acatou as ressalvas luteranas contra a sacramentalidade da Unção dos Enfermos e questionou em termos fundamentais se ainda era adequado partir do pressuposto da existência de forças de cura dentro da comunidade eclesiástica em tempos pós-apostólicos (Inst. IV,19,18-21). Por isso, a tradição reformada demonstra até hoje uma forte relutância em relação à bênção ou Unção dos Enfermos. Na tentativa, porém, de recuperar a forma autêntica dos sacramentos, Lutero incentivou uma celebração comunial na cama do enfermo. A partir disso desenvolveu-se no âmbito evangélico-luterano a Santa Ceia dos Enfermos. Agendas luteranas mais recentes pretendem, em conformidade com Tiago, orar pela cura com os enfermos e expressar essa esperança também por meio de uma unção. Nos poucos documentos ecumênicos que têm tratado da Unção dos Enfermos, evidencia-se que a tradição católica romana, com a ajuda de indagações evangélicas, tem voltado a contemplar os fundamentos bíblicos desse sacramento. Enfatiza-se unanimemente uma orientação primária da celebração litúrgica pela situação dos enfermos que desejam uma cura. Na tradição protestante, a preocupação com a situação das pessoas enfermas a exemplo de Jesus Cristo também não é contestada. Em alguns lugares, a bênção e a Unção dos Enfermos, em conexão com a Santa Ceia dos Enfermos, representam uma prática litúrgica familiar. Visitas aos enfermos com a ministração das dádivas eucarísticas após uma liturgia eucarística evangélica são possíveis, no entanto, são pouco comuns. Quanto à fundamentação da sacramentalidade de celebrações eclesiásticas, a teologia ecumênica atual se preocupa principalmente com a pergunta referente aos atos simbólicos que recordariam de forma adequada o evento Cristo pascoal em situações específicas da vida. Aqui, a interpretação pastoral da vida em face da morte e a busca pela reconciliação com a biografia servem como orientação. – **(5)** No período após o Concílio Vaticano II, a reflexão teológico-sistemática sobre o Sacramento da Unção dos Enfermos era dominada pela pergunta referente ao significado da proximidade da morte para a Unção dos Enfermos. Seria esse sacramento uma interpretação da morte ou uma ajuda para a vida? A resposta é: Ambos. A tradição cristã costuma contemplar a vida humana sob os aspectos da pecaminosidade e da mortalidade. Por isso, o cristianismo tradicionalmente organizado em congregações aparenta não ser responsável pela a cura dos enfermos no âmbito somático. As expectativas dos movimentos carismáticos, porém (principalmente de cunho pentecostal; cf. ↑ carisma/renovação carismática), são outras. Esse fato poderia ser motivo para refletir sobre a questão se o cristianismo estabelecido dá a atenção merecida à dimensão física da existência humana. Ao mesmo tempo, poderíamos abordar a atribuição tradicional da Unção dos Enfermos à situação da morte de modo novo: Em casos de doenças graves e na proximidade da morte, é necessário ter uma sensibilidade especial para conduzir o enfermo aos estratos profundos e muitas vezes ocultos de uma biografia com seus aspectos irreconciliados. Alegrias, necessidades e ameaças da vida podem ser lembradas na presença de parentes. Durante séculos, a Unção dos Enfermos corria o perigo de não ser nada mais do que uma visita, durante a qual o sacerdote "doava" os "últimos sacramentos" apenas quando o enfermo já quase não era mais capaz de entender os procedimentos. Ainda hoje existe o medo (principalmente em pessoas com um vínculo forte com a Igreja) de que a não realização da Unção dos Enfermos poderia ter um efeito negativo sobre o destino eterno da pessoa falecida. No entanto, a disposição para a purificação da vida é exigida de toda criatura. Afirmar isso na hora da morte é mais fácil quando a misericórdia de Deus é proclamada de forma crível já à pessoa enferma. Em vista da escassez de sacerdotes, discute-se a pergunta se não seria possível admitir, como já era o caso na Igreja antiga, também leigos e diáconos como ministradores da celebração sacramental. Até agora, esses pedidos têm sido rejeitados pela liderança da Igreja. Hoje, as doenças normalmente são contempladas num contexto somático-psicológico. Abrem-se aqui possibilidades de atribuir um novo significado à Unção dos Enfermos e à sua liturgia – especialmente em relação também à cura somática.

Lit.: a) FABER, E.-M. *Einführung in die katholische Sakramentenlehre*. 2. ed. Darmstadt, 2009. • SCHNEIDER, T. *Zeichen der Nähe Gottes* – Grundriss der Sakramententheologie. 9. ed. Mainz, 2008, p. 216-235. b) e c) DEPOORTERE, K. "Neue Entwicklungen rund um die Krankensalbung". *Concilium*, 34, 1998, p. 553-564. • GRESHAKE, G. "Letzte Ölung – Krankensalbung". In: SCHULTE, R. (org.). *Leiturgia, Koinonia, Diakonia*. Viena, 1980, p. 97-126. • VORGRIMLER, H. *Busse und Krankensalbung*. 2. ed. Friburgo/Basileia/Viena, 1978, p. 215-234 [HDG, 4/3].

Dorothea Sattler

União hipostática ↑ *cristologia do Espírito,* ↑ *encarnação,* ↑ *cristologia do logos,* ↑ *preexistência de Cristo.* – Na cristologia, emprega-se o termo da união hipostática para designar a unidade das naturezas humana e divina de Cristo, que representa uma unidade na hipóstase da segunda pessoa divina. A união hipostática não pode ser compreendida adequadamente sem uma definição antecedente do conceito da hipóstase. – **(1)** Paulo emprega o conceito da *hypostasis* no sentido não específico de intenção e plano (2Cor 9,4; 2Cor 11,17). Na epístola aos Hebreus, no entanto, encontramos um emprego filosófico. Aqui, a hipóstase designa a realidade verdadeira de Deus, que transparece em Jesus Cristo (Hb 1,3) e é preservada na fé (Hb 3,14). Esse emprego antecipa a formação posterior do conceito na teologia trinitária e cristológica. Mostrou-se essencial para o desenvolvimento da doutrina cristológica a fórmula da fé de Rm 1,3s., que diferencia entre os modos de existência terrena e celestial de Cristo: Jesus é "nascido da descendência de Davi segundo a carne" (Rm 1,3) e "constituído Filho de Deus, poderoso segundo o Espírito santificador" (Rm 1,4). Jesus é Filho de Deus não só como Ressurreto e Glorificado, mas o é desde o início. Paulo compreende a fórmula da fé como Jesus, Filho preexistente de Deus, que viveu no mundo e foi revelado como Filho de Deus por meio de sua ressurreição. Paulo já faz uma distinção entre preexistência, envio/*kenosis* e exaltação, sobretudo no hino de Fl 2,6-11 (cf. tb. Gl 4,4). Os dois modos de existência são expressos por meio do par antitético *kata sarka* (segundo a carne) e *kata pneuma* (segundo o Espírito) (1Pd 3,18; 1Tm 3,16).

Semelhantemente, o prólogo de João distingue a preexistência e a existência terrena do *logos*, que é identificado com Cristo. A pergunta referente à unidade de Cristo é, portanto, levantada já dentro do próprio NT. – **(2) (3)** A fórmula da fé Rm 1,3 revela sua influência já em Inácio de Antioquia († após 110), no Pastor de Hermas, em Melito de Sardes († por volta de 190) e em Hilário de Poitiers († por volta de 366). A fórmula joanina do *logos-sarx* (o *Verbo* se faz *carne*), que logo passa a dominar e se impõe, é acatada por Justino o Mártir († por volta de 165), Pseudo-Hipólito (?) (século III) e Tertuliano († após 212). A noção da exultação passa para o segundo plano, em vez dela enfatizam-se a descendência e a encarnação. No arianismo e apolinarismo, a fórmula do *logos-sarx* entra em crise devido à alegação de Ario († 336), que afirma uma natureza criatural do logos, e à suposição de um ser divino-humano misto sem alma espiritual humana em Apolinário de Laodiceia († por volta de 390/395). O Concílio de Niceia, que se opõe ao subordinacionismo cristológico de Ário, afirma a divindade do *logos* eterno (DH 125). O I Concílio de Constantinopla (381) – preparado pelos sínodos em Roma (DH 159) e Antioquia – afirma contra o apolinarismo a natureza humana plena de Jesus Cristo com alma-espírito e corpo. Os conflitos cristológicos após os Concílios de Niceia e Constantinopla são marcados inicialmente pelo modelo *logos-anthropos*, defendido, entre outros, por Teodoro de Mapsuéstia († 428) (o *verbo* adota um *ser humano*). A cristologia desenvolvida por Nestório († por volta de 451) foi considerada uma ameaça à unidade do logos encarnado por seu adversário Cirilo de Alexandria († 444). A controvérsia entre Nestório e Cirilo havia sido desencadeada pelo fato de Nestórios, ao ser perguntado se Maria deveria ser designada mãe de um homem ou parideira de Deus (em grego: *theotokos*), ter respondido: Maria não é nem meramente parideira de homem nem meramente parideira de Deus, mas parideira de Cristo, o Cristo uno, porém, possui uma natureza divina e humana. O conflito em torno da cristologia de Nestório levou ao Concílio de Éfeso (431). Este declarou a cristologia de Nestório heterodoxa; e a de seu adversário Cirilo, ortodoxa (DH 250-264). Apesar de Nestório ter compreendido a unidade de Cristo inicialmente sobretudo como unidade volitiva e ter falado de duas *prosopa* (centros pessoais), aproximou-se em sua obra tardia de uma cristologia da unidade hipostática. Um consenso entre os partidários das cristologias alexandrina e antioquena, que se confrontaram em Éfeso, foi encontrado em 433 por meio da "formula unionis" entre Cirilo de Alexandria e os bispos de Antioquia (DH 271-273). No entanto, a "formula unionis" não pôde evitar que as disputas cristológicas entre os teólogos antioquenos e alexandrinos continuassem. O monofisismo do monge Eutiques († após 450) levou, por fim, à definição do Concílio de Calcedônia (451), cujo teor central é a doutrina da união hipostática em Cristo (DH 300-302). Apesar de Eutiques ter partido de duas naturezas *antes* de sua união em Cristo, falou de apenas uma única natureza *após* a união: da natureza divina do *logos* encarnado. Flaviano († 449), patriarca de Constantinopla, declarou num sínodo voltado contra Eutiques que era necessário supor "duas naturezas" também após a encarnação – unidas "na hipóstase e na pessoa" de Cristo. No "Tomus Leonis" (DH 290-295), uma carta a Flaviano de Constantinopla, o Papa Leão I ensina: "A peculiaridade de cada uma das duas naturezas é preservada e coincide em uma única pessoa" (DH 293). Com isso, o papa preparou o fundamento para a doutrina da união hipostática das duas naturezas em Cristo, definida em 451 no Concílio de Calcedônia. O Concílio ensina que Jesus Cristo é "consubstancial com a divindade segundo o Pai" (em grego: *homoousios to patri*) e "consubstancial com a humanidade segundo nós" (*homoousios hemin*) – com exceção do pecado. As duas naturezas em Cristo são não mistas, inalteráveis, inseparadas e indivisíveis e unidas "em *uma* pessoa" (em grego: *eis hen prosopon*) e "em *uma* hipóstase" (*mian hypostasin*), sendo que a "pecularidade de ambas as naturezas é preservada" (DH 302). Apesar de o Concílio de Calcedônia afirmar a união hipostática das duas naturezas de Cristo, é apenas o Segundo Concílio de Constantinopla (553) que vem a usar a terminologia de uma *henosis kat' hypostasin* (em latim: *unio/unitas secundum subsistentiam*) da Palavra divina com um corpo que possui uma alma dotada de razão (DH 424). A definição mais exata dos conceitos da união hipostática e da hipóstase ocorreu no século VI, por Leôncio de Bizância († 543/544) e Leôncio de Jerusalém († por volta de 540). Ambos fazem uma distinção entre *ousia* e *hypostasis*, que, apesar de coexistirem, não são idênticas: *hypostasis* designa a particularidade e o "estar em si", enquanto *ousia* remete ao geral. Para a unidade das duas naturezas de Cristo, isso significa que se trata de uma unidade na qual a natureza humana (*physis*) possui seu "estar em si" na hipóstase do *logos* divino, ou seja, ela existe como *enhypostaton*. Assim, nada se tira e nada se acrescenta à natureza humana. Encontramos aqui os inícios do monenergismo ou monotelitismo. Estes representam uma concepção (herética), segundo a qual só poderia existir em Cristo uma energia (*energeia*) ou uma vontade (*thelema*) divina em virtude da hipóstase da natureza humana. A definição conceitual definitiva da união hipostática ocorre durante a disputa dos monotelitas, por Máximo, o Confessor († 662). Segundo Máximo, a vontade, no sentido de uma capacidade intencional, é parte constitutiva da natureza espiritual do ser humano, de forma que em Cristo, em virtude de suas naturezas divina e humana, unidas na hipóstase do *logos* divino, existiriam tanto uma vontade divina quanto uma humana. Enquanto querer o bem (*thelema physikon*) faz parte da vontade de Cristo, Máximo o Confessor, lhe nega a vontade corrompida pelos afetos e desejo, que, portanto, não se decidiu completamente por Deus (*thelema gnomikon*). A decisão do magistério contra o monotelitismo ou monenergismo ocorreu no Sínodo de Latrão, em 649, sob o Papa Martinho I (DH 500; 510-515) e em 681, pelo Terceiro Concílio de Constantinopla (DH 550). Na união hipostática, a vontade humana de Cristo não se encontra suspensa, mas deificada (DH 556). Estão vinculados tematicamente à doutrina da união hipostática das duas naturezas em Cristo: a profissão da filiação divina verdadeira do ser humano Jesus (DH 610); o fato de sua natureza humana unida ao *logos* divino ser digna de adoração (DH 431); a comunicação dos idiomas, segundo a qual podemos afirmar predicados divinos e humanos sobre o Jesus uno, mas não predicados divinos de natureza humana ou predicados humanos de natureza divina (DH 255; 295); por fim, a completa ausência de pecado em Jesus (DH 801; 1.137). – (**4**) A teologia protestante tem vinculado a doutrina das duas naturezas à cristologia dos dois estados: Esta contempla a instauração de Jesus como Filho de Deus em poder pela ressurreição (Rm 1,3s.) e a partir dela vê sua vida terrena, seu estado de humilhação (*status exinanitionis*). A partir daí, reflete, por meio de sua preexistência (como precondição de sua humilhação) sobre seu estado de exaltação (*status exaltationis*). Diferentemente da teologia católica, a cristologia dos dois estados exerça um papel importante na teologia evangélica até o século XX. A partir do século XVII, tenta compreender a cristologia das duas naturezas como evento dinâmico da humilhação e exaltação (cristologia da *kenosis*). No entanto, o esvaziamento do Filho preexistente não pode ser compreendido como desistência da divindade, como o faziam os adeptos da *kenosis* do século XIX; o esvaziamente do Filho confirma sua divindade. No lado protestante, K. Barth († 1968) foi o último a apresentar uma cristologia dos dois estados: Em Cristo, Deus abandona sua pátria, e o Senhor se torna servo; no entanto, o servo é elevado a Deus e, portanto, a Senhor. W. Pannenberg parte da ressurreição de Jesus e critica as supostas aporias da cristologia das duas naturezas. Ele apresenta uma reinterpretação da união hipostática no contexto do pensamento relacional: A unidade do ser humano Jesus com Deus se manifesta na comunhão pessoal com o Pai, do qual Ele se distingue e com o qual mantém uma relação de obediência. – (**5**) Na teologia católica, impôs-se uma interpretação trinitário-relacional da união hipostática. W. Kasper, H.U. von Balthasar († 1988), J. Ratzinger e outros reconhecem a revelação do relacionamento entre Pai e Filho no Espírito Santo, na relação singular do Filho Jesus com o Pai. Ponto de partida para o entendimento da união hipostática é, entre outros, a vida de oração de Jesus. Como W. Pannenberg, G. Essen também critica as supostas aporias da doutrina da união hipostática, principalmente a doutrina relacionada da vontade dupla de Cristo. Para A. Grillmeier († 1998), a união hipostática significa que Deus cria a "si mesmo", i.e., "uma existência humana no nosso mundo para seu Filho" e "assim – permanecendo completamente transcendente – pode permanecer em nosso meio". Semelhantemente, B. Forte afirma que uma pessoa divina, o eterno Filho de Deus, foi "sujeito de uma história humana". D. Wiederkehr reconhece na existência humana de Jesus a autorrealização criatural de sua filiação eterna. Em uma releitura da doutrina da *perichoresis* da Igreja antiga, P. Hünermann demonstrou que a história de Jesus Cristo pode ser compreendida como "história da natureza" ou "história da constituição" da união hipostática: Jesus é Filho de Deus no todo de seu caminho, desde a preexistência e seu esvaziamento como ser humano até à ressurreição e exaltação.

Lit.: BARTH, K. "Die drei Gestalten der Versöhnungslehre". *KD*, IV/1, 1953, p. 140-170. • PANNENBERG, W. *Grundzüge der Christologie*. Göttingen, 1964. • PANNENBERG, W. *Systematische Theologie*. Vol. 2. Göttingen, 1991, p. 415-433. • KAISER, P.

Die Gott-menschliche Einigung in Christus als Problem der spekulativen Theologie seit der Scholastik. Munique, 1968. • KÜNG, H. *Christ sein.* 6. ed. Munique, 1983. • KASPER, W. *Jesus der Christus.* Friburgo/Basileia/Viena, 2007, p. 245-291 [WKGS, 3]. • GRILLMEIER, A. *Mit ihm und in ihm.* 2. ed. Friburgo/Basileia/Viena, 1978. • GRILLMEIER, A. *Jesus der Christus im Glauben der Kirche.* 3. ed. Friburgo/Basileia/Viena, 1991 [Grillmeier, 1 e 2,2]. • BALTHASAR, H.U. *TD*, 2,2, 1978. • INTERNATIONALE THEOLOGENKOMMISSION. "Ausgewählte Fragen der Christologie". *HerKorr*, 35, 1981, p. 137-145. • RATZINGER, J. *Schauen auf den Durchbohrten.* Einsiedeln, 1984, p. 13-40. • FORTE, B. *Jesus von Nazaret.* Mainz, 1984. • KUSCHEL, K.-J. *Geboren vor aller Zeit?* – Der Streit um Christi Ursprung. Munique, 1990. • HÜNERMANN, P. *Jesus Christus.* 2. ed. Münster, 1997. • ESSEN, G. *Die Freiheit Jesu.* Regensburgo, 2001 [Ratio fidei 5].

Helmut Hoping

Unicidade e universalidade salvífica de Jesus Cristo ↑ *cristocentrismo,* ↑ *evento Cristo,* ↑ *pecado original,* ↑ *judaísmo e Igreja,* ↑ *soteriologia,* ↑ *motivos soteriológicos,* ↑ *substituição.* – O fundamento da profissão cristã da unicidade e universalidade salvífica de Jesus Cristo é o universalismo salvífico de Deus vinculado de modo constitutivo à sua autorrevelação no evento Cristo histórico-contingente: Jesus Cristo é a plenitude da revelação e único mediador da salvação para o mundo inteiro. Ao significado salvífico universal de Cristo corresponde a necessidade universal da salvação, i.e., a necessidade de Cristo dos seres humanos (*peccatum originale*). Todos os remidos participam, mesmo que de modo diferente, do mistério da redenção em Cristo. – **(1)** O NT vincula a vontade salvífica universal de Deus à mediação una de Cristo (1Tm 2,4-6; 1Cor 8,5s.). Por meio dele, o mundo é criado; por meio dele, Ele é salvo (Jo 3,16s.; Cl 1,15-20). A morte de Cristo é uma morte salvífica, Ele "morreu pelos nossos pecados" (1Cor 15,3). A salvação não pode ser encontrada em nenhum outro (At 4,12; 10,42s.); por isso, a profissão da fé em Cristo possui relevância salvífica (Lc 12,8; Rm 10,4. 13). Ele é o único caminho para o Pai e o único que dá testemunho autêntico do Pai (Jo 1,18; 14,6-14). Com a ajuda das categorias da preexistência (1Jo 2,13s.; Ap 22,13); do *logos* (Jo 1,1-18), do Filho (Mc 1,11; 9,7; Jo 1,14; 3,16-18; Rm 1,4; Hb 1,2.5.8 e outros), do Messias (Mc 8,27-29; Jo 11,27; At 2,36) e da expiação (Rm 3,25; 5,6-10; 2Cor 5,19s.; Hb 7,25; 9,11-28; 1Pd 1,19s.), os escritos neotestamentários expõem a posição central de Jesus Cristo no processo salvífico. – **(2)** Na história da teologia, a unicidade e universalidade salvífica de Jesus Cristo é desdobrada em diferentes conceitos soteriológicos que vinculam a objetividade da redenção em Cristo como caminho único e universal da salvação à aceitação subjetiva da graça de Cristo. As soteriologias da patrística concebem a unicidade e universalidade salvífica de Jesus Cristo com recurso às categorias platônicas da *paideia* (educação) e da *mimesis* (imitação; 1Clem, Irineu [† por volta de 200], Inácio de Antioquia [† após 110], capadócios). Cristo não é apenas exemplo ou pedagogo moral, causa também, como sujeito da imagem primordial divina, a renovação da imagem de Deus no ser humano e possibilita sua participação dinâmica e ontológica no divino. O conhecimento de Deus e a salvação são entrelaçados e mediados cristologicamente. A unicidade de Cristo como caminho da salvação para todos se expressa na teologia da graça de Agostinho († 430): A graça como capacitação e apropriação da salvação é *gratia Christi*, ou seja, *gratia per Christum*. A crescente separação sistemática entre doutrina da graça e cristologia, porém, leva a um distanciamento da ação graciosa de Deus da fonte da graça, do próprio Cristo. Aqui, a teologia da graça e dos sacramentos de Tomás de Aquino († 1274) faz um trabalho de mediação essencial. A teologia ocidental da Idade Média (Anselmo de Cantuária [† 1109]) acentua em relação à patrística a unicidade e universalidade salvífica de Jesus Cristo com a ajuda da categoria do sacrifício. A morte expiatória de Jesus reestabelece a ordem entre Deus e o ser humano e a dignidade do ser humano. O *solus Christus* reformado ressalta, justamente, a unicidade e universalidade salvífica de Jesus Cristo diante de formas problemáticas da medição salvífica eclesiástica, mas leva a uma contraposição de dádiva salvífica divina e apropriação humano-subjetiva, ou de graça e liberdade, aspecto este que não foi acatado pelo lado católico. Com a virada para o sujeito, a unicidade e universalidade salvífica de Jesus Cristo é questionada principalmente na filosofia idealista. A categoria da representação pessoal e, com ela, o significado soteriológico universal de Cristo são marginalizados em prol de um forte pensamento de exemplo e sujeito. Em virtude de concepções idealistas especulativas da redenção, o *princípio* Cristo (a mediação do finito e do absoluto) passa a ocupar o primeiro plano e relega o *evento* Cristo ao segundo plano

(G.E. Lessing [† 1781], F.C. Baur [† 1860], F. Schleiermacher [† 1834], D.F. Strauss [† 1874]). Numerosas soteriologias modernas evangélicas e católicas expõem a unicidade e universalidade salvífica de Jesus Cristo com a ajuda da categoria da representação (D. Bonhoeffer [† 1945], K. Barth [† 1968], D. Sölle [† 2003], H. U. von Balthasar [† 1988], N. Hoffmann, K.-H. Menke). Ela responde à pergunta sobre a essência da unicidade e universalidade salvífica de Jesus Cristo: O que Cristo fez pela humanidade que esta não poderia ter feito por conta própria? A representação é desdobrada sob os pontos de vista da teologia da graça e da eclesiologia, respondendo assim à pergunta sobre a importância que a Igreja tem para a mediação da salvação. Teologias de religiões pluralistas da atualidade partem de uma possível paridade entre as religiões como formas – culturalmente determinadas – das experiências humanas de transcendência e como caminhos para a salvação, que, no caso de uma concorrência histórica, precisam comprovar sua pretensão salvífica de modo discursivo. Alegam que o cristocentrismo do credo cristão deve ser relativizado no nível teologicamente mais elevado e geral do teocentrismo, já que uma mediação entre o finito e o absoluto (encarnação) não pode ser demonstrada filosoficamente. No entanto, desconsidera-se aqui a dimensão soteriológica da profissão cristã da unicidade de Cristo como *autorrevelação* de Deus. A vontade salvífica divina não pode ser fundamentada num mero teocentrismo, pois uma mediação entre Deus e o mundo com relevância salvífica não pode ser baseada apenas numa religiosidade e transcendentalidade humana. A teologia sistemática atual se ocupa com outros dois complexos: a mediação teoricamente fundamentada entre a profissão de Jesus Cristo como único caminho para a salvação e a pergunta pelo sentido do ser humano, por um lado, e a discussão do significado de Jesus para a salvação de Israel, por outro. – (3) Na Igreja antiga, o desdobramento do dogma cristológico foi essencialmente motivado pela pergunta sobre a mediação salvífica de Jesus. O Concílio de Trento constata como fundamento comum da soteriologia católica e protestante a justificação do ser humano apenas pelo ato salvífico de Cristo (DH 1.522s.). Atualmente, o significado universal de Jesus Cristo é objeto de deliberações magisteriais principalmente em virtude de uma percepção mais intensa da pluralidade religiosa e de sua reflexão teórica tanto dentro quanto fora do cristianismo. A pergunta central aqui diz respeito à relevância soteriológica das religiões não cristãs. O Concílio Vaticano II não compreende as religiões não cristãs como caminhos independentes para a salvação. No entanto, reconheceu vários aspectos: a possibilidade salvífica de todos que procuram Deus com sinceridade (LG 16, GS 22); tudo aquilo que é "verdadeiro e sagrado" nas religiões não cristãs (NA 2); a busca pela salvação e verdade nas religiões não cristãs. A mediação da salvação, independentemente de onde e de que modo ocorra, é mediação da salvação de Cristo (LG 62). A declaração vaticana "Dominus Iesus" (2000) enfatiza a unidade da ordem salvífica divina, sua inseparabilidade do *logos* encarnado no ser humano Jesus e a referência estrita da ação do Espírito à ação salvífica de Cristo (DH 5.085-5.089). – **(4)** A profissão de Jesus Cristo como único caminho ao Pai e a profissão da justificação do ser humano *sola gratia Christi* permanece incontestada no ecumenismo. Diferenças ecumênicas surgem em relação à acepção católica da Igreja como realidade ao mesmo tempo visível e invisível (LG 8): A Igreja mantém uma relação singular com Cristo, pois o Ressuscitado se apropriou da humanidade como seu corpo. Baseando-se nisso, a declaração "Dominus Iesus" fala da unicidade e universalidade salvífica de Jesus Cristo e da Igreja, à qual se atribui um significado salvífico *deduzido*, ou seja, um significado sacramental. – **(5)** Jesus Cristo possui relevância salvífica universal porque em sua vida pré-existente, em sua morte substitutiva e em sua ↑ ressurreição dos mortos o ser e a ação salvífica de Deus e, ao mesmo tempo, o destino do ser humano de entregar-se e relacionar-se com Deus se tornaram realidade. Uma abstração da ação salvífica de Deus do evento Cristo histórico esvazia a profissão cristã. As precondições da soteriologia ainda precisam ser expostas em detalhe. Em virtude da unidade da ordem salvífica divina, tudo aquilo que é "verdadeiro e sagrado" nas religiões não cristãs participa implicitamente da salvação de Cristo. Por isso, a opção cristã pelo diálogo inter-religioso visa à inclusão, sem excluir a possibilidade de um enriquecimento e uma correção por meio dos conhecimentos das outras religiões. A preocupação cristã no diálogo entre as religiões é explicar e justificar a profissão de Jesus Cristo no contexto de um horizonte da verdade e da compreensão universal, que reconhece a mesma dignidade e busca pela verdade de todos os interlocutores. A pretensão absoluta do cristianismo se refere em primeiro lugar à pretensão universal da verdade e salvação da autorrevelação de Deus em Jesus Cristo, cuja vida e morte ocorreram para todos os seres humanos e são necessárias para sua salvação. O fundamento epistemológico da comunicação cristã sobre o significado salvífico de Jesus Cristo como *logos* encarnado é o *evento* Cristo, não uma limitação especulativa da possibilidade de Deus se expressar no concreto de forma definitiva e universalmente relevante para a salvação. No diálogo ecumênico, as implicações eclesiológicas e teológico-sacramentais da profissão comum da unicidade e universalidade salvífica de Jesus Cristo precisam ser esclarecidas. O lado inverso dessa profissão, a convicção compartilhada da necessidade salvífica universal da humanidade (*peccatum originale*), precisa ser explicado sob o ponto de vista da relação entre graça e liberdade. Para compreendermos o significado salvífico universal de Jesus, precisamos, além disso, de uma teologia diferenciada sobre Israel, cujos pontos básicos são: a salvação de todos por meio de Cristo; a salvação de Israel, no entanto, não é mediada pela Igreja (refutação da missão aos judeus); a irrevogabilidade da eleição de Israel por Deus; o reconhecimento da autointerpretação judaica e a aceitação da ressalva escatológica, que se manifesta de modo significativo na rejeição judaica da messianidade de Jesus; a esperança de uma unidade escatológica entre Israel e a Igreja e a demonstração da identidade entre o messias escatológico de Israel e o Cristo que retornará.

Lit.: MÜLLER, G.L. & SERRETTI, M. (orgs.). *Einzigkeit und Universalität Jesu Christi* - Im Dialog mit den Religionen. Einsiedeln/Friburgo, 2001. • BRÜCK, M. & WERBICK, J. (orgs.). *Der einzige Weg zum Heil?* Friburgo/Basileia/Viena, 1993 [QD, 143]. • MENKE, K.-H. *Die Einzigkeit Jesu Christi im Horizont der Sinnfrage.* Einsiedeln/Friburgo, 1995 [Kriterien, 94]. • SCHMIDT-LEUKEL, P. "Das Pluralistische Modell in der Theologie der Religionen – Ein Literaturbericht". *ThRv*, 89, 1993, p. 353-370. • HOPING, H. & TÜCK, J.-H. *Streitfall Christologie.* Friburgo/Basileia/Viena, 2005 [QD, 214]. • STUBENRAUCH, B. "Christus, die Kenosis Gottes und das Gespräch zwischen den Religionen". *IkaZ*, 36/2, 2007, p. 138-151.

Julia Knop

Unidade da Igreja ↑ *diálogo,* ↑ *modelos de unidade,* ↑ *judaísmo e Igreja,* ↑ *características da Igreja,* ↑ *ecumenismo,* ↑ *visibilidade da Igreja.* – Segundo o Credo Niceno-constantinopolitano, a unidade da Igreja é um dos quatro atributos da essência da Igreja. Ela designa sua unidade interna a despeito da grande variedade das expressões da vida e é ameaçada quando se fala de uma pluralidade de igrejas independentes. – (**1**) No NT, os termos para a Igreja (em grego: *ekklesia; koinonia*) ocorrem tanto no singular como no plural. Paulo se vê como perseguidor *da Igreja* (1Cor 15,9; Fl 3,6), no entanto, escreve *às igrejas* na Judeia etc. (1Ts 2,14; 1Cor 1,2; 2Cor 1,1 et al.). Para ele, a Igreja existe como *uma* apenas no plural de *muitas* congregações locais. A medida interna para a unidade da Igreja é a *única* ação salvífica de Deus em Jesus Cristo (economia da salvação), que diz respeito igualmente a todos os seres humanos e que gera a comunhão (*um* Senhor, *uma* fé, *um* batismo). Dessa "participação" dos muitos no único Senhor (1Cor 1,9; 10,16) e no único Espírito (2Cor 13,13; Fl 2,1) nasce uma corporação (*koinonia*), cuja unidade se manifesta nas posses comuns compartilhadas e na ajuda mútua (At 2,42-47; 4,32-37). Na verdade, porém, existiram tensões e conflitos desde o início (p. ex., os conflitos sobre a relação entre cristãos judeus e cristãos gentios, Gl 2,1-10; At 15,1-34), o que intensificou as afirmações cristológicas e pneumatológicas sobre a unidade da Igreja (1Cor 1-4; Rm 12,4-8; 15,6; Jo 17,20-23; Ef 4,3-6). Dado que a Igreja vive sob um resguardo escatológico (a tensão entre "já" e "ainda não") e, em virtude da ação salvífica de Cristo, nutre a esperança da comunhão também com os judeus e todos os gentios (Ef 2,11-18), a unidade é inerente à sua natureza, mas é, ao mesmo tempo, também desafio. – (**2**) Do ponto de vista patrístico, a Igreja vive como comunhão de igrejas em uma pluralidade geográfica e cultural (*communio ecclesiarum*): Celebram a mesma Eucaristia, correspondem umas com as outras por meio de epístolas de comunhão e se visitam por ocasião de celebrações (p. ex., ordenações), organizam sínodos, discutem sobre o cânone das Escrituras, a sucessão apostólica e a tradição comum (em grego: *paradosis*). Após a ruptura entre Oriente e Ocidente, a Igreja latina passa a adotar uma acepção cada vez mais unidimensional e, mais tarde, também papista da unidade da Igreja, que identifica a *christianitas* com a *romanitas*; unidade da Igreja significa agora "participação", "uniformidade" e "subordinação" ao bispo romano (Bula *Unam Sanctam*, de 1302: DH 870-875; CatRom: Existe apenas "um Senhor, uma fé, um batismo [...] Um é também seu líder e regente, de modo invisível o Cristo, a quem o Pai instaurou 'como cabeça sobre toda a Igreja, que é o seu corpo', de modo visível, porém, aquele que ocupa a cadeira romana de Pedro, príncipe dos apóstolos, como seu sucessor legítimo" [I,X,10]). Vinculado a isso está também a autointerpretação hermética da Igreja Católica Romana como *única Igreja de Cristo* (MÖHLER, J.A. *Die Einheit in der Kirche* [1825]; Concílio Vaticano I: DH 3.060; Encíclica *Satis Cognitum*, de 1896: DH 3.300-3.310). – **(3)** Enquanto as encíclicas papais *Mortalium Animos*, de 1928 (DH 3.683), e *Mystici Corporis*, de 1943 (DH 3.800-3.822), ainda são marcadas pela interpretação hermética acima descrita da unidade da Igreja e só conseguem conceber a restauração da unidade perdida por meio do "retorno dos cristãos separados à casa paternal comum" (ecumenismo do retorno), o Concílio Vaticano II passa a ver as "igrejas" e "comunidades eclesiásticas" de um ponto de vista que reconhece sua proximidade gradual ao catolicismo (LG 8; 14s.; UR 3: *communio non plena*). Segundo o concílio, a unidade e a pluralidade da Igreja remetem à *communio* do próprio Deus trino como imagem e exemplo primordial (LG 2-4; UR 1,2). Ao mesmo tempo, evidencia-se novamente que a pergunta referente à relação entre Igreja local e Igreja universal (LG 26; SC 42; Declaração *Communionis Notio*, de 1992: D.H 4920-4.924), o fenômeno da inculturação e o princípio católico da subsidiariedade fazem uma contribuição essencial à preservação e figuração da unidade eclesiástica. – **(4)** A acepção protestante da unidade se baseia nas convicções fundamentais dos reformadores referentes ao fundamento e à forma da Igreja: Esta tem seu fundamento na ação salvífica de Deus, que reconcilia a humanidade consigo em Cristo e a santifica por meio do Espírito Santo. Portanto, o centro da unidade da Igreja é uma grandeza espiritual oculta, por meio da qual o relacionamento com Deus pode ser vivido (LUTERO, M. *Vom Papsttum zu Rom*, 1520). Em termos históricos e institucionais, existem muitas formas de manifestação, pois a essência da unidade eclesiástica só é acessível ao coração (cf. o par antitético "oculto/revelado"; cf. tb., mas menos preciso: "Igreja visível/invisível"). A isso corresponde a observação em CA 7 que afirma ser suficiente para a unidade da Igreja cristã (*satis est*) "que o Evangelho seja proclamado de modo unânime no conhecimento puro e que os sacramentos sejam administrados de acordo com a Palavra divina"; no entanto, não é necessário "que em toda parte sejam observadas as mesmas cerimônias instituídas pelo homem" (i.e., as ordens litúrgicas e jurídico-disciplinares). A chamada Concórdia de Leuenberg (1973) chegou às seguintes conclusões ecumênicas (intraprotestantes), ou seja, à comunhão do púlpito e do altar, baseada no princípio: "A una Igreja crida (singular) está ocultamente presente em igrejas de cunho diferentes (plural)" (*Leuenberger Texte* 1,19). Por parte dos católicos, reflete-se (de modo controverso) sobre até que ponto a visão conciliar da Igreja como *communio* (a Igreja Católica Romana como "comunhão" de diferentes igrejas locais) possa ser transferido para sua relação com as igrejas e comunidades eclesiásticas não católicas e se um "ecumenismo das diferenças" pode ser sustentado. – **(5)** No tocante a diferentes concepções da unidade da Igreja, torna-se muito evidente que coisas desejadas e rejeitadas, coisas próprias e coisas consideradas alheias representam juízos perspectívicos confessionais. Enquanto a opção católica romana enfatiza o momento visível, sobretudo o papel do ofício (episcopal), o lado evangélico busca uma solução para que as igrejas individuais possam se tornar uma comunidade perfeita, "preservando-se ao máximo sua confessionalidade que [então] já não mais separa" (BÖTTIGHEIMER, C. *Ökumene*, p. 179). A tensão dialética entre as duas abordagens acompanha o diálogo ecumênico como constante fundamental já há algum tempo e parece não ter solução. Mas será que existe de todo uma criteriologia "neutra" para a unidade da Igreja? Será que pontos de vista confessionais podem ser excluídos? Certamente, não. Por isso, tudo dependerá da possibilidade de encontrar um modelo de unidade que permita às confissões "permanecerem igrejas e se tornarem uma Igreja" (J. Ratzinger).

Lit.: BÖTTIGHEIMER, C. "Ökumene ohne Ziel? – Ökumenische Einigungsmodelle und katholische Einheitsvorstellungen". ÖR, 52, 1993, p. 174-187. • HINTZEN, G. & THÖNISSEN, W. *Kirchengemeinschaft möglich?* – Einheitsverständnis und Einheitskonzepte in der Diskussion. Paderborn, 2001 [Thema Ökumene, 1]. • NÜSSEL, F. "Kriterien kirchlicher Einheit nach evangelischem Verständnis". *Cath*(M), 60, 2006, p. 100-117. • RATZINGER, J. (Bento XVI). *Kirche*. Friburgo/Basileia/Viena, 2010 [JRGS, 8,1]. • SCHWÖBEL, C. "Ökumene I, Dogmatisch. 3". *RGG*, 6. 4. ed., 2003, p. 509-510. • HÄRLE, W. "Kirche – VII. Dogmatisch". *TRE*, 18, 1989, p. 277-317.

Johanna Rahner

Verdade da fé ↑ *dogma/proposições dogmáticas,* ↑ *história/historicidade,* ↑ *fé,* ↑ *hermenêutica,* ↑ *hierarquia das verdades,* ↑ *revelação.* – A expressão "verdade da fé" designa a perscrutação teológica do mundo, do ser humano e da história por meio da fé. – **(1)** Na Bíblia hebraica, a verdade da fé é aquilo em que o ser humano pode confiar (Gn 24,48; Js 2,12; Jr 2,21), aquilo que reconhece e preza (Pr 23,23; Ecl 12,10; Sl 43,3), aquilo que gera a fala verdadeira e o relacionamento com Deus (Gn 42,16; Ex 18,21; 1Rs 17,24; Sl 51,8; 145,18) e que possibilita uma conduta e ação sincera e fiel (Ex 34,6; 1Rs 2,4; 3,6; Js 24,14; 1Sm 12,24; Is 10,20). Na Bíblia grega, o termo *aletheia* representa fatos objetivos e verdadeiros, o pensamento autêntico e a comunicação sincera (Mc 12,14; Lc 4,25; Jo 3,21). O pensamento de Paulo é cristológico: A verdade absoluta é a mensagem de Jesus, o Cristo. A verdade é, em sua essência, verdade da fé, de modo que as características da verdade são, ao mesmo tempo, características da fé: A verdade concede a salvação, porque a fé justifica (2Ts 2,13). João emprega o conceito da verdade como conceito de reflexão teológica que abarca a realidade divina e a revelação em Cristo, pois Cristo em como verdade definitiva e escatológica personificada revela a verdade da fidelidade de Deus (Jo 14,6). Tudo que o ser humano precisa e deseja em sua busca pela verdade e salvação é revelado no "Filho" (Jo 8,32; 14,6). Sua salvação é Deus; salvação significa estar *em Deus* e, portanto, estar *na verdade* (Jo 18,37). – **(2)** A patrística combinou a acepção greco-filosófica da verdade com a acepção semítico-bíblica. A primeira ressaltava o vínculo do pensamento com a realidade: O ser é verdadeiro e o pensamento é verdadeiro, por isso, a verdade do juízo significa uma correspondência entre ser e pensamento. Encontramos essa acepção, por exemplo, em Clemente de Alexandria († antes de 215), que chama o Deus uno e transcendente de "medida para a verdade do ente" (protr. 6), ou em Agostinho (†430), que reconhece a verdade na palavra expressada sobre Deus (trin. 15,14 [23]). Dentro da teologia judaico-cristã da criação, Tomás de Aquino compreende como verdade a *adaequatio rei et intellectus* (a correspondência entre realidade fatual objetiva e intelecto humano: STh I q16 a2 2). Distingui três dimensões: *Fundamentaliter,* a verdade consiste do ser verdadeiro do próprio ente; *formaliter,* ela existe na concordância entre ser e espírito no juízo do ser humano; e *finaliter,* ela se revela no ato do conhecimento, por meio do qual o ser humano se aperfeiçoa (De ver. q1 a1). Assim, a verdade e o ser humano remetem um ao outro e alcançam o conhecimento sobre si mesmos; ao mesmo tempo, ambos remetem para além de si mesmos a Deus, que é a verdade absoluta e a fundamentação de todas as verdades. A fórmula de adequação (que acabamos de descrever) continua sendo discutida, mas gera controvérsias, pois os conceitos básicos *intellectus, res* e *adaequatio* são interpretados diferentemente. Além disso, a Modernidade abriu novos horizontes e desenvolveu alguns tradicionais, como, por exemplo, os temas da linguagem, da historicidade, do perspectivismo, do posicionalismo e da cientificidade. Atualmente, acentua-se fortemente a questão metodológica referente à verificabilidade de proposições teológicas. Outro grande desafio é representado pelo fato de que as teorias epistemológicas da Pós-modernidade partem do pressuposto da inacessibilidade fundamental da verdade objetiva, gerando assim um pluralismo de verdades que dificulta a profissão de uma verdade absoluta de validade geral. – **(3)** Para o magistério eclesiástico, Deus, "o qual não pode enganar-se nem enganar" (DH 3.008), é a "fonte imutável [...] da verdade" (DH 2.811). Ele é "a primeira verdade e o bem supremo" (DH 3.973). O Concílio Vaticano I compreendeu a revelação de Deus como mediação da verdade, como doutrina da fé apresentada por Deus (DH 3.020), que deve ser aceita como verdadeira em virtude de sua autoridade (DH 3.008). O Concílio Vaticano II contemplou a verdade num contexto trinitário: Em Cristo a verdade resplandece "sobre Deus e sobre a salvação do homem" (DV 2); é o "Espírito de verdade" (DV 4), que introduz os fiéis a toda a verdade e que faz habitar entre eles a Palavra de Cristo em plenitude (cf. Cl 3,16; DV 8.20; LG 4). O Espírito Santo desperta e nutre o senso de fé dos crentes por meio do qual preservam a verdade da fé de modo imperdível. A busca pela verdade determina o homem (GS 15s.), ele deve pesquisá-la (GS 59), sendo que "muitos elementos de santificação e de verdade" podem ser encontrados fora da estrutura da Igreja (LG 8; UR 3; GS 92; AG 9). – **(4)** Em virtude da incompreensibilidade fundamental de Deus, a Igreja busca a verdade; ela não a possui. Por isso, os cismas, que muitos acreditavam necessários em prol da verdade da fé, só podem ser superados se as igrejas se reaproximarem mais de Jesus Cristo, da Palavra encarnada da verdade. O processo ecumênico é determinado pela busca constante por Jesus Cristo e, portanto, pela verdade da fé. O Concílio Vaticano II reconhece que "existe uma ordem ou 'hierarquia' das verdades da doutrina católica, já que o nexo delas com o fundamento da fé cristã é diferente" (UR 11). Nem todas as verdades da fé têm a mesma relevância, nem espera a Igreja Católica sua aceitação indiscriminada, "muito menos espera isso de outros cristãos. Abre-se aqui um amplo campo de possibilidades ecumênicas" (Sínodo de Würzburg, Ökumene 3.2.3.). A Declaração Conjunta de 1999 e seu consenso em verdades fundamentais" (n. 5; 13; 40) permite que a Igreja Católica Romana e a Federação Luterana Mundial professem juntamente a verdade do Evangelho. O método do "consenso diferenciado" tem sido muito útil: Concordância nas doutrinas cristãs fundamentais com acentuações diferentes, por exemplo, na pergunta referente à relação entre Escritura e tradição como as duas instâncias de testemunho mais importantes da verdade da fé. – (5) O evento Cristo reivindica uma pretensão universal de verdade e salvação. Por isso, a teologia cristã precisa penetrar e apresentar a fé por meio da razão. Apesar de a razão não ser instância última da verdade, é, mesmo assim, um de seus critérios, pois a fé nunca é irracional e sempre apresenta uma lógica inerente a ela (1Pd 3,15). Por isso, a teologia precisa da ajuda da filosofia para buscar a verdade e conferir à racionalidade sua comunicabilidade necessária. A filosofia, porém, não é a medida última para a verdade, muito menos para a verdade da fé. Esta se revela também na experiência dos fiéis que se abrem confessional e existencialmente para a verdade. A relação da fé com a verdade é, portanto, não só de natureza teórica, mas também de natureza espiritual e prática. Trata-se da *adaequatio rei hominis ad intellectum et voluntatem Dei*, ou seja, da concordância entre o mundo de vivência humana e a realidade divina. A verdade, sua livre aceitação e sua comprovação no dia a dia formam uma unidade. Assim, a verdade da fé pode ser transmitida à pessoa que não crê e introduzida ao discurso científico sobre a verdade, discurso este que a teologia precisa respeitar. Dado que a teologia tem um compromisso com a verdade e parte do pressuposto que a verdade do Evangelho é de validade universal e pode ser justificada pela razão, ela precisa participar do discurso científico sobre a verdade. Aquilo que as outras ciências descobrem como conhecimento certo, não pode ser refutado pela teologia, que mantém sua própria abordagem à verdade. Para ela, o critério normativo da verdade é o próprio Deus no *logos* encarnado – Jesus Cristo –, sendo que o evento Cristo sempre só pode ser compreendido de forma temporária. A convicção cristã da plenitude da verdade em Jesus Cristo não pode ser compreendida como posse definitiva da verdade (ressalva escatológica), tampouco exclui elementos de verdade em outras religiões ou ideologias. Os cristãos estão sempre à procura da verdade maior de Deus.

Lit.: a) HILBERATH, B.J. *Dimensionen der Wahrheit*. Tübingen, 1999. • LANDMESSER, C. *Wahrheit als Grundbegriff neutestamentlicher Wissenschaft*. Tübingen, 1999. • KASPER, W. *Dogma unter dem Wort Gottes*. Mainz, 1965. b) PUNTEL, L.B. *Wahrheitstheorien in der neueren Philosophie*. 3. ed. Darmstadt, 1993. • RAHNER, K. (org.). *Zum Problem Unfehlbarkeit*. 2. ed. Friburgo/Basileia/Viena, 1972 [QD, 54]. c) FÜSSEL, K. "Der Wahrheitsanspruch dogmatischer Aussagen". In: VORGRIMLER, H. (org.). *Wagnis Theologie* – Erfahrungen mit der Theologie Karl Rahners. Friburgo/Basileia/Viena, 1979, p. 199-212.

Christoph Böttigheimer

Vida eterna ↑ *ressurreição dos mortos,* ↑ *escatologia,* ↑ *domínio de Deus/Reino de Deus,* ↑ *imortalidade da alma,* ↑ *tempo.* – A vida eterna é a vida em abundância fundamentada em Deus, que, devido à sua autocomunicação, já se inicia na terra e é consumada após a morte. – (1) A esperança de Israel se concentra primariamente na vida *antes* da morte como dádiva de Deus e do lugar determinante da comunhão com Ele (Dt 8,3; 30,19; Sl 36,10; 119,116.144). Após a morte, os falecidos vão para um lugar das sombras, para o *sheol*, um reino dos mortos visto como separado e esquecido por Deus (Sl 88,6.11s.) e no qual os mortos não podem mais louvar a Deus (Sl 6,6; 30,10; 115,17s.; Eclo 17,27s.; Is 38,18). O Deus de Israel não é vinculado a esse reino dos mortos, pois é, diferentemente dos deuses dos mortos de outros povos, adorado como Deus da vida. Israel também se distancia da veneração dos mortos praticada pelos povos vizinhos, que marginaliza a fé nos deuses principais. Assim, a perspectiva da esperança de uma vida plena *após* a morte permanece ignorada no início. Apenas algumas figuras extraordinárias são vistas como salvas da morte pelo arrebatamento (Enoc, Gn 4,24; Elias, 2Rs 2,11s.; cf. tb. Eclo 48,9-12; 1Mc 2,58). Em decorrência de uma "ampliação de competências" consequente entre o final do século VIII e o início do século VI a.C., que leva ao desenvolvimento de um monoteísmo claro, o reino dos mortos também é atribuído ao domínio de Javé. Na literatura de sabedoria (Jó; Ecl 8,14), a causalidade tradicional entre ação e sofrimento entra em crise, já que os atos dos justos nem sempre resultam em seu bem-estar. Assim, nasce a esperança de uma vida eterna, na qual a ausência de justiça na terra é recompensada e a comunhão vivenciada com Deus se torna definitiva (Sl 73,23s.; a interpretação correspondente de Is 53,10s. é motivo de controvérsias). Ponto de partida para a fé no poder redentor de Deus para além da morte é a experiência da salvação em meio a aflições (doença, perseguição, culpa), nas quais a ameaça da morte já está presente e ante a qual Deus chama novamente para a vida (Sl 30; 116). A literatura da sabedoria fala da vida eterna sob a influência do motivo helenístico da imortalidade (da alma) (Sb 1,13-15; 2,23; 3,1-4). Na apocalíptica e em vista do destino dos mártires, que perderam sua vida por causa de sua fé e de sua lealdade a Deus, desenvolve-se o motivo da ressurreição dos mortos (Is 26,19; Dn 12; 2Mc 7) e a esperança da abolição da morte em geral (Is 25,8). No NT encontramos conceitos distintos de vida: Enquanto a vida natural (em grego: *psyche*, *bios*) – apesar de também provir de Deus – é ameaçada e perecível, a vida como bem salvífico (em grego: *zoe*) permanece indestrutível. Esta é caracterizada menos pela eternidade do que pela comunhão com Deus, que já pode ser alcançada no aquém. Na escatologia joanina, essa vida é considerada o bem salvífico *par excellence* e é concretizada por meio de diversas imagens: o livro da vida (Ap 3,5), a coroa da vida (Ap 2,10), a árvore da vida (Ap 2,7), a água da vida (Ap 7,17). A vida eterna é paralela ao Reino de Deus (Mc 9,47; 1Cor 15,50), é o âmbito da salvação no qual se cumpre o que foi decidido pelas transformações terrenas (Mc 9,43.45 par.; 10,17 par.; Mt 7,14 par.; Lc 10,25). As concepções da vida eterna são cunhadas de modo novo pela fé na morte e ressurreição de Jesus. O "por nós" de sua entrega nos leva à vida com Ele (1Ts 5,10), que abre e guia ao mesmo tempo o caminho até lá (At 3,15). Ele é o Senhor dos mortos e dos vivos (Rm 14,9), e o Espírito que Ele dá é "Espírito que vivifica" (Rm 8,11; Gl 6,8). "Estar com o Senhor" é o teor determinante da vida eterna (1Ts 4,17s.; Fl 1,23; 2Cor 5,8; Rm 14,7s.). Em concentração cristológica, o Evangelho de São João louva Jesus Cristo como a vida em si (Jo 14,6). Veio para instituir a vida em abundância (Jo 10,10) e possibilitar a participação nele mesmo como pão da vida (Jo 6,35.48-58). Assim, os crentes têm a vida no nome de Jesus (Jo 20,31). Com referência à determinação temporal da vida eterna, podemos identificar diversas concepções: Para Paulo, a vida humana é chamada para a renovação já no presente (Rm 6,4.11; 2Cor 5,17), mas o aspecto mortal ainda não foi absorvido pela vida (2Cor 5,4). Segundo as epístolas deuteropaulinas, Cristo já é "nossa vida" no presente, mas, mesmo assim, permanecerá oculto até a revelação (Cl 3,3s.). As epístolas pastorais enfatizam explicitamente a futuridade da vida eterna (1Tm 4,8; 6,19; 2Tm 2,11). Na teologia joanina, a vida eterna é uma grandeza presente na vida em amor dos crentes (Jo 5,24; 8,51; 1Jo 3,14). No entanto, a ressalva escatológica não está ausente: A vida eterna já presente só será definitiva na existência pós-mortal, ou seja, depois do juízo final (Jo 6,54; 12,25s.; 14,2s.). – (**2**) No pensamento da Igreja antiga, a eternidade se diferencia do tempo que decorre pela simultaneidade de todas as coisas reais (Agostinho [† 430], Boécio [† 525]). Contra a concepção de Orígenes, segundo a qual – após alcançarem seu alvo – as criaturas abandonariam Deus novamente devido a uma "saciedade", teólogos como Gregório de Nissa ([† 394] v. Mos.; hom. in Cant.) ressaltam a dinâmica incessante da vida eterna na contemplação de Deus. Tomás de Aquino († 1274) enfatiza sua imutabilidade (STh I q10). No pensamento do Iluminismo, surge a tendência de interpretar a vida eterna como extensão das circunstâncias encontradas no aquém: progresso infinito no desenvolvimento da espiritualidade e moralidade como supremas faculdades fundamentais humanas. Contra a acepção que sugere a eternidade como linha temporal que se estende ao infinito, ressalta-se no século XX, com a ajuda da Bíblia e da patrística, a qualidade da vida eterna; trata-se de uma "suspensão dos limites do ser em referência ao todo" (RATZINGER, J. *Eschatologie*, p. 193). Reflexões teológico-temporais ressaltam que a eternidade não é nem extensão infinita do tempo nem sua ausência, é antes a redenção do tempo vivido e a consumação da temporalidade, de forma que o fenômeno da perecibilidade deixa de existir, mas que os fenômenos da novidade e da vivacidade são preservados (FABER, R. *Zeit*, p. 315s.). Já que a temporalidade faz parte da essência da criatura, ela não pode ser eliminada escatologicamente; ela é consumada. – **(3)** Alguns antigos credos acrescentam "e na vida eterna" à fórmula "Cremos na ressurreição dos mortos" – assim também no texto do Credo Apostólico (DH 30; diferente de DH 10). O Credo Niceno-constantinopolitano fala da "vida do tempo/ do mundo vindouro" (DH 150). – **(4)** A concepção teológica da vida eterna não representa um tema controverso. – **(5)** A fé cristã numa vida eterna provém da fé na fidelidade do Deus vivo, que não desiste de sua relação com o ser humano, instituída na criação, e lhe oferece uma participação em si mesmo e, nisso, lhe dá salvação e consumação. Destarte, a vida eterna é qualificada num sentido duplo: Por um lado, é o futuro salvífico do ser humano vinculado de modo indissolúvel à sua biografia terrena, capaz de estabelecer em liberdade, amor e fidelidade algo definitivo durante sua vida terrena. Assim, a eternidade passa a ser "fruto" do tempo: "Validade liberta daquilo que era temporal" (RAHNER, K. *KRSW* 26, p. 412). Por outro, a vida eterna não é uma continuação incessante da existência a partir do poder próprio das criaturas ou de uma renovação natural cíclica. Antes, a vida terrena singular do ser humano é consumada pela ação da nova criação de Deus, que a aceita em seu valor duradouro, a liberta de supostas validades (juízo) e, caso necessário, a torna definitiva por meio de um processo de integração (purificação). A esperança da superação da morte para a vida plena precisa ser afirmada contra os esboços de esperança imanentes e em solidariedade com os mortos, sobretudo com as vítimas da história. Ao mesmo tempo, deve ser diferenciada das *concepções de reencarnação*: Estas postulam uma continuação da vida em outras biografias terrenas, cujo sujeito permanece indefinido. Enquanto a expectativa da reencarnação traz uma conotação negativa nas grandes religiões orientais, ela é, por vezes, acatada de forma positiva, porque parece prometer a autorrealização em diferentes formas de vida. Ignora-se, porém, a perda de valor atribuído à vida terrena única e a obrigação impiedosa para a autorredenção. Em vista das preocupações certamente justificadas das concepções de reencarnação de não permitir que a morte reduza o ser humano a uma existência aleatória e fragmentária, devemos dizer: A fé cristã também não delimita o ser humano de forma impiedosa com aquilo que "fez de sua vida" até a morte. Mas a morte não é seguida por uma continuação de um desempenho obrigatório, mas pela chegada graciosa, pela cura e pelo acolhimento na plenitude da vida divina. A consumação é, nesse sentido, irreconciliável com uma acepção cíclica do retorno de decursos temporais individuais ou cósmicos.

Lit.: a) SCHMITT, A. et al. "Ewiges Leben". *LThK*, 3. 3. ed., 1995, p. 1.077-1.081. • SUNDERMAIER, T. et al. "Leben". *TRE*, 20, 1990), p. 514-566, esp. p. 546-555. • FABER, E.-M. "Das Ende, das ein Anfang ist". *ThPh*, 76, 2001, p. 238-252. • FABER, R. "Zeit, Tod, Neuheit – Gedächtnis. Eschatologie als Zeittheologie". *FZPhTh*, 49, 2002, p. 189-213, 313-327. • HÜTTENHOFF, M. "Ewiges Leben". *ThLZ*, 125, 2000, p. 863-880. • RATZINGER, J. (Bento XVI). *Eschatologie*. 6. ed. Regensburgo, 2007.

Eva-Maria Faber

Violência de Deus ↑ *analogia,* ↑ *glória de Deus,* ↑ *atributos de Deus,* ↑ *ação de Deus,* ↑ *fala de Deus,* ↑ *vontade de Deus,* ↑ *ira de Deus.* – O termo remete aos atributos e aos modos de ação de Deus, descritos como exercício histórico, cósmico e escatológico de sua supremacia em comparação com as possibilidades das criaturas. – **(1)** No contexto de causa e efeito, afirma-se que Deus vinga o sacrilégio e o pecado com violência, resultando no sofrimento do pecador (Jó 8,4). Aqui o poder de Deus se manifesta como violência, também no louvor do Deus que se vinga dos opressores políticos (como, p. ex., os assírios) (Na 1,2). O salmista reverencia a violência da ira de Deus, diante da qual ninguém pode perseverar; isso vale sobretudo para os príncipes deste mundo (Sl 76,8.13). Aqui a violência de Deus é esperança contra abusos de poder. No sacrifício de Isac (Gn 22), Deus é concomitantemente aquele que causa e impede a violência, Ele se manifesta (Gn 22,14) para se identificar com Isac. No Apocalipse, a besta e o falso profeta são torturados dia e noite por toda a eternidade (Ap 20,10). Aqui, a violência de Deus é julgamento de todos que oprimem os outros. Na cruz de Jesus, Deus não foge da violência, revelando assim a impotência em seu amor. Deve-se distinguir rigidamente entre a violência de Deus e a violência em nome de Deus. O Deus bíblico só pode ser identificado com a primeira: "A mim pertence a vingança, eu é que darei a paga merecida, diz o Senhor" (Rm 12,19). Ele se opõe à violência praticada em nome de Deus, pois sua violência não permite que o homem se sirva dela. Os israelitas precisam conviver com a violência de Deus, pois YHVH envia os assírios e os neobabilônios para que o povo de Israel se arrependa. Os cristãos precisam conviver com o fato de que a cruz de Jesus não contradiz a Deus, antes é lugar de sua presença. – (2) Nas mitologias da Antiguidade, os deuses poderosos derrotam outros deuses. Ao contrário das diversas representações de um deus do sol invencível (*sol invictus*), o Deus cristão se posiciona ao lado dos mártires que sacrificam suas vidas em sua luta contra o poder da violência do Estado e dos seus deuses. A oposição poderosa de Tertuliano († após 220) "ou Cristo ou César" (*aut Christus aut Caesar*) e seu provérbio sobre o sangue dos mártires como semente de novos cristãos são expressões características disso. Após a virada de Constantino, a violência de Deus é reivindicada para o combate aos hereges com recurso a Rm 13,1-7. A execução de Prisciliano (385) e a intervenção da violência estatal contra os donatistas, exigida por Agostinho († 430), são especialmente notórias. Nascem aqui um sistema referencial e uma gramática do acúmulo de poder que funciona por meio do ataque contra outros em nome da violência de Deus. Isso serviu como justificação perfeita para Carlos o Grande († 814), contra os saxônios, para as cruzadas contra os cátaros, os albigenses e os muçulmanos, para as inquisições espanhola e romana contra as intelectualidades divergentes e a suposta bruxaria, para a disciplina eclesiástica rigorosa na missão da América Latina e também para os horrores cometidos nas guerras religiosas. Para os defensores das cruzadas como Bernardo de Claraval († 1153), a violência de Deus se transforma em encontro espiritual com Deus e é identificada com o poder sagrado. Apenas com a obra "Cautio criminalis", de F. Spees († 1635), contra as perseguições das bruxas do barroco, inicia-se uma resistência cautelosa contra a reivindicação da violência de Deus, que, por fim, alcança seu auge no Concílio Vaticano II com o abandono igualmente cauteloso da guerra justa (GS 79-82). A violência de Deus ressalta uma soberania divina que relativiza qualquer outro tipo de poder. Essa relativização fortalece as vítimas humanas da violência humana; disso parte uma libertação que se manifesta explicitamente no sacrifício de Jesus na cruz. Anselmo de Cantuária († 1109) desenvolve o pensamento da satisfação (*satisfactio*), para conferir racionalidade ao sacrifício de Jesus; isso nunca se tornou doutrina explícita da Igreja, mas sempre serviu como ponto de referência imprescindível para criar um vínculo entre a violência de Deus e a redenção. – (3) A argumentação política em prol da pena de morte defendida pela doutrina social da Igreja é superada pela teologia dos direitos humanos do Concílio Vaticano II (GS 27), mas é abandonada explicitamente apenas na versão revisada do "Catecismo da Igreja Católica" (2.267). – (4) No debate sobre a ambivalência da violência de Deus, todas as confissões procuram demonstrar o poder de Deus e, ao mesmo tempo, o círculo vicioso que resulta de sua aplicação política positiva. O ideal ortodoxo da hierocracia (domínio dos santos) é compreendido como tentativa de não identificar a violência de Deus com determinadas condições políticas. Sobretudo a teologia liberal fracassa em conflitos semelhantes devido à resistência insuficiente contra a Primeira Guerra Mundial. O ↑ fundamentalismo de todas as confissões, por sua vez, defende decisivamente a violência do Estado em nome de Deus, principalmente a pena de morte. Não existem paralelos católicos para as lutas existenciais da "Igreja Confessante" na Alemanha protestante (D. Bonhoeffer [† 1945]). O desenvolvimento do pacifismo a exemplo do movimento pelos direitos civis nos Estados Unidos (M.L. King [† 1968]) como alternativa política no catolicismo também representa uma opção orientadora apenas para indivíduos ou grupos menores (F. Jägerstätter [† 1943], T. Merton [† 1968], D. Berrigan). O apoio revolucionário da resistência violenta contra o pecado estrutural no âmbito da teologia de libertação católica é contrastado por novos mártires (O. Romero [† 1980], I. Ellacuría [† 1989]), que defendiam teologias dos direitos humanos. – (5) Violência e amor são antípodas na fala de Deus, apesar de ambos serem lugares da experiência de Deus. Em termos de uma crítica da religião, o Deus uno e singular é visto como causa da violência de Deus, pois é Ele quem exige sacrifícios. Em termos de uma história da religião, porém, Ele trouxe também uma domesticação da violência religiosa, pois sublima o sacrifício. Quando a violência é vivenciada no contexto da impotência, ela se transforma em ponto de aderência para ressaltar o amor de Deus no *genitivus subjectivos* e *objectivus* e para usar sua dinâmica em prol da resistência à violência; ela é o lugar do testemunho da fé dos mártires. Deus não pode ser separado da violência sem transformá-lo em mero adorno; com Ele, as pessoas resistem ou justificam a violência. Mas quem aposta na violência como expressão positiva do poder de Deus, rejeita o amor como característica de Deus, e vice-versa. Em ambos os casos, vivencia-se algo sagrado no sentido do *mysterium tremendum et fascinosum*. A violência de Deus nada tem a ver com o mito da violência paterna que exige o sacrifício do bode expiatório e assim se transforma em violência sagrada fundamentadora do culto (como na teoria unidimensional de R. Girard), antes se trata do mais grave problema do pluralismo religioso do mundo globalizado.

Lit.: MERTON, T. *Gewaltlosigkeit*. Zurique, 1986. • MIGGELBRINK, R. *Zorn Gottes*. Friburgo/Basileia/Viena, 2000. • WALTER, P. (org.). *Das Gewaltpotential des Monotheismus und der dreieine Gott*. Friburgo/Basileia/Viena, 2005 [QD, 216]. • THONHAUSER, J. *Das Unbehagen am Monotheismus*. Marburgo, 2008. • KIPPENBERG, H. *Gewalt als Gottesdienst*. Bonn, 2008.

Hans-Joachim Sander

Visibilidade da Igreja ↑ *distintivos da Igreja,* ↑ *Igreja,* ↑ *imagens da Igreja,* ↑ *Igreja e igrejas,* ↑ *sacramentalidade da Igreja*. – A expressão "visibilidade da Igreja" aponta o caráter social, institucional e jurídico da comunidade da fé cristã. – **(1)** A tradição neotestamentária não se pronuncia explicitamente sobre o tema, mas sabe que a existência cristã (e, portanto, eclesiástica) se realiza "no mundo", sem ser "do mundo" (Jo 17,14-18). Imagens da Igreja, que a tornam compreensível de forma concreta no mundo de vivência, ilustram essa convicção. – **(2)** A teologia patrística acata a dialética joanina. Desde cedo, a Igreja concebida como preexistente se apresenta ao lado da Igreja concreta do dia a dia (2Clem 14). Agostinho († 430) descreve a Igreja como "sociedade mista" (*corpus mixtum*), na qual coexistem a santidade e o pecado, pois a *Civitas Dei* está em guerra com a *civitas diaboli*. Em virtude disso, o nosso tempo não permite reconhecer nitidamente quem estaria "dentro"; e quem, "fora" (bapt. 5,37.38). O discurso de M. Lutero († 1546), baseado na acepção de Agostinho e interpretada erroneamente no sentido de uma *civitas platonica*, do caráter oculto (*absconditas*) da Igreja provoca a Igreja na era da "confessionalização" a enfatizar expressamente a visibilidade da Igreja. Assim, o *Catechismus Romanus* (1566) ressalta – em conhecimento do conceito dialético da Igreja (I,X,7s.) – o momento hierárquico-jurídico da Igreja (I,X,8). A argumentação, porém, não é de natureza apologética, mas pastoral-jurídica: Deve-se obedecer também ao pastor ruim (I,X,9). O Cardeal R. Bellarmin († 1621) cunha o discurso sobre a visibilidade da Igreja de modo determinante para o desenvolvimento posterior da eclesiologia católica romana: A Igreja é uma "associação" de seres humanos "interligados pelo laço da profissão da mesma fé e pela participação nos mesmos sacramentos sob a presidência de um pastor legítimo, sobretudo do representante de Cristo na terra, o papa romano"; é tão "visível e palpável quanto a comunidade do povo romano ou o Reino da França ou a República de Veneza (Controv. IV.3.2-2.75ab). Em seguida, a visibilidade da Igreja se torna o argumento apologético padrão dos católicos, cuja intenção é a defesa da sua confissão e de suas estruturas (a Igreja precisa ser *evidenter credibilis*). No século XIX, J.A. Möhler († 1838) acrescenta ao discuro da visibilidade da Igreja um "encarnacionismo eclesiológico" (J.R. Geiselmann): A Igreja é o *Christus prolongatus*, ou seja, "o Filho de Deus que se manifesta continuamente em forma humana entre os homens, que sempre se renova e eternamente se rejuvenesce, a encarnação subsistente deste, da mesma forma em que a Escritura Sagrada chama os fiéis de corpo de Cristo" (Symbolik, § 36, p. 388s.). Essa tese, porém, foi contestada, já que a ideia de uma *incarnatio continua* apaga a diferença necessária entre Cristo e a Igreja. – **(3)** Enquanto o Papa Leão XIII (Encíclica *Satis Cognitum*, de 1896 [DH 3.300-3.310]) justifica a relação entre elementos visíveis e invisíveis na Igreja no sentido análogo de Möhler com referência ao mistério da encarnação (DH 3.300), o Papa Pio XII já relativiza esse pensamento: Não pode existir uma "união hipostática" de Cristo com a Igreja, que é o seu corpo (Encíclica *Mystici Corporis*, de 1943: DH 3.806). Com seu discurso sobre a Igreja como "sacramento" (LG 1), o Concílio Vaticano II procura chegar a um consenso: Os aspectos visíveis da Igreja servem para a mediação da salvação, que ocorre por meio dos sentidos, mas que precisa corresponder a seu fundamento teológico e à missão da Igreja. Assim – segundo LG 8 –, os elementos visíveis e invisíveis se fundem numa unidade complexa, que, numa "grande analogia", expressa a relação de Cristo com a Igreja. No entanto, essa relação precisa ser vista mais de um ponto de vista funcional e soteriológico do que ôntico e triunfal; "a estrutura social da Igreja serve ao Espírito de Cristo [...] para o crescimento do corpo", de modo que a "reunião visível" se transforma em uma "comunidade espiritual", agraciada com as "dádivas celestiais". Mas dado que a Igreja alcança seu propósito último apenas no *eschaton* e até lá se vê obrigada a lutar contra o pecado e o fracasso, não existe motivo para divinizá-la de modo errado. – **(4)** Em decorrência da crítica à Igreja de J. Wyclif († 1384) e J. Hus († 1415), a teologia protestante relativiza qualquer estrutura visível da Igreja: M. Lutero († 1546) reage à ameaça de excomunhão com a diferenciação agostiniana entre comunidade eclesiástica "interior" e "exterior" (*Sermo de virtute excommunicationis*: WA 1,639,2-6) e aprofunda esse pensamento em seu escrito "Vom Papsttum zu Rom" [*Sobre o papado em Roma*], de 1520: A cristandade é "uma reunião de todos os crentes em Cristo na terra, como oramos na fé: 'Creio no Espírito Santo, uma comunidade dos santos'. Chamamos isso de congregação ou reunião de todos que vivem na fé, esperança e amor verdadeiros" (WA 6,292,38-293,3). A Igreja não é, portanto, "uma reunião de corpos, mas uma reunião de corações" (papado: WA 6,293,3s.), diferentemente daquela "reunião em uma casa ou paróquia, episcopado ou arcebispado ou papado, nos quais valem os gestos exteriores, como canto, leitura e batina" (ibid., WA 6,296,17-19). No entanto, essas "duas igrejas" mantém uma relação dual (visível-concretizado *vs.* invisível-autêntico), antes a Igreja visível é essencialmente determinada pelo seu fundamento invisível. É oculta e, ao mesmo tempo, evidente, no sentido de que se manifesta na história aquilo que permanece oculto ao olho ímpio, mas que é reconhecido pela fé como ação que cria a Igreja de Deus. Ao contrário de U. Zwínglio († 1531) e J. Calvino († 1564), Lutero interpreta a dialética eclesiástica de Agostinho independentemente de sua doutrina da predestinação, compreendendo-a do ponto de vista criteriológico: A Igreja pode ser reconhecida por meio de sinais (*notae*), aos quais os cristãos devem sempre estar atentos. Zwínglio reconhece na Igreja um *corpus permixtum* (uma corporação mista) de eleitos e rejeitados: Sua natureza verdadeira só se manifestará no fim dos tempos como *coetus electorum* (reunião dos eleitos). Calvino compreende a Igreja invisível como *turba electorum* (grupo dos eleitos), que permanece oculta no aqui e no agora (*ecclesia abscondita*). Em F. Melâncton († 1560) – e na tradição confessional luterana – a ênfase retorna para a comunidade de vida eclesiástica e concreta, para o "*coetus vocatorum, que est Ecclesia visibilis*" (reunião dos chamados, que é a Igreja visível: SA II/2,474). Três características visíveis a identificam: a proclamação do Evangelho, a ministração dos sacramentos, o ofício autêntico a serviço do Evangelho: *Doctrinae Evangelii incorrupta professio, usus Sacramentorum conveniens divinae institutioni et oboedientia debita ministerio Evangelii* (profissão idônea da doutrina do Evangelho, manuseio dos sacramentos segundo sua instituição divina, devida obediência ao ministério da proclamação do Evangelho: SA VI,212.286). Assim, Melâncton se aproxima da imagem esboçada por Bellarmin. Enquanto ApolCA VII,5 compreende a Igreja verdadeira como "congregação interior da fé" (*societas fidei et Spiritus sancti in cordibus*: BSLK 234,29s.) e a diferencia da Igreja visível como "sociedade de símbolos externos" (*societas externarum rerum ac rituum sicut aliae politiae*: BSLK 234,27s.), a ortodoxia luterana insiste na diferenciação entre *ecclesia stricte dicta* (Igreja como comunidade dos verdadeiramente crentes) e *ecclesia late dicta* (Igreja como comunidade externa das pessoas chamadas primeiramente para a fé por meio da palavra e dos sacramentos): cá a *ecclesia invisibilis* como *ecclesia electorum*, lá a *ecclesia visibilis* como *ecclesia vocatorum*. Os distintivos visíveis dados por Deus, o "Evangelho" e o "sacramento", precisam ser preenchidos espiritualmente, ou seja, precisam ser validados pela fé – "ubi et quando visum est Deo" (onde e quando apetecer a Deus). – **(5)** A teologia protestante enfatiza com todo direito que devemos acreditar na Igreja também e justamente em vista daquilo que não se torna visível nela; mesmo assim, permanece a verdade de que ela é um instrumento a serviço da obra divina, possuindo nesse sentido poderes concretos. A Igreja é, portanto, "sujeito de atividades humanas e visíveis", é, ao mesmo tempo, "sujeito de atividades pertencentes a um princípio divino", pois "o Espírito Santo habita e age nela" (CONGAR, Y. *Dogma*, p. 74). Preserva-se a diferença fundamental entre proposições cristológicas e eclesiológicas por meio de um pensamento funcional e instrumental, ou seja, sacramental. De forma alguma, o discurso sobre a visibilidade da Igreja pode levar à "eclesiolatria" (adoração da Igreja [Y. Congar]) e, com isso, à imunização contra qualquer crítica, pois "o símbolo externo e a realidade salvífica interna" podem também "apartar-se um do outro", caso a Igreja não se concentrar constantemente naquilo que lhe é essencial (KASPER, W. *Sakrament*, p. 248).

Lit.: CONGAR, Y. "Christologisches Dogma und Ekklesiologie". *Heilige Kirche*. Stuttgart, 1966, p. 65-104. • DIEZ, K. *"Ecclesia – non est civitas platonica"*. Frankfurt a.M., 1997 [FuSt 8]. • POTTMEYER, H.J. "Die Kirche als Mysterium und als Institution". *Conc(D)*, 22, 1986, p. 474-480. • KASPER, W. *Sakrament der Einheit* - Eucharistie und Kirche. Friburgo/Basileia/Viena, 2004. • KASPER, W. "Vom Geist und Wesen des Katholizismus". *ThQ*, 183, 2003, p. 196-212.

Johanna Rahner

Vontade de Deus ↑ *atributos de Deus,* ↑ *cognoscibilidade de Deus,* ↑ *fundamentalismo,* ↑ *justiça de Deus,* ↑ *domínio de Deus/Reino de Deus,* ↑ *ação de Deus,* ↑ *poder de Deus.* – A fala da vontade de Deus formula a ideia e a experiência segundo as quais Deus age com determinadas intenções e se comunica como destino do ser humano e de toda a criação. – **(1)** A primeira manifestação da vontade de Deus encontrada na Bíblia é a criação da mulher a partir da costela de Adão (Gn 2,18). Uma expressão contrária da vontade de Deus é a destruição da humanidade na narrativa de Noé. O endurecimento de Faraó (Ex 4,21) e a ira voltada contra o povo de Israel, que o trai no deserto (Ez 20,13; Is 66,4) também são manifestações da vontade de Deus. A vontade de Deus é, portanto, expressão da soberania divina, da qual justamente aqueles que recorrem a ela não podem fugir. O Pai-nosso pede que seja feita a vontade de Deus no céu e na terra (Mt 6,10). No entanto, isso ocorre no modo do *passivum divinum*, de forma que é somente Deus que pode garantir a validade de sua vontade. A narrativa de Getsêmani (Mt 26,36-56) aborda a entrega de Jesus à vontade de Deus; esta escapa da atenção dos discípulos, pois supera seu poder de percepção e compreensão. Paulo recorre à vontade de Deus como razão para se distanciar e, ao mesmo tempo, como fundamento para avaliar o mundo (Rm 12,2). – **(2)** Orígenes († 253/254) tenta desvelar a vontade de Deus com a ajuda do sentido múltiplo (posteriormente: quádruplo) da Escritura (↑ *Escritura Sagrada*). Com seu programa *"tolle-lege"* (conf. 8,12), Agostinho († 430) confere a isso uma componente personalista. Nas homilias das cruzadas medievais, a vontade de Deus se transforma na tecnologia do poder do programa *Deus lo vult*; esta permite conferir à inferioridade cultural do Ocidente frente aos concorrentes religiosos (cristãos ortodoxos, muçulmanos e judeus) a expressão de um ressentimento ofensivo. Dentro do cristianismo ocorre algo semelhante na luta contra os hereges por meio de coerção e violência, prática fortalecida teologicamente por Tomás de Aquino († 1274) e J. Duns Escoto († 1308). Na Modernidade, a vontade de Deus é contrastada com a vontade humana subjetiva e individual. Tanto J. Calvino ([† 1564] Inst. III) quanto Inácio de Loyola († 1556] regras para o ↑ *discernimento de espíritos*, no apêndice de seus *Exercícios*) se empenham pela subordinação da vontade própria à vontade de Deus, que não ignora o querer individual e subjetivo. Esse tema serve como caminho espiritual orientador na Modernidade (Teresa de Ávila [† 1582], S. Kierkegaard [† 1855], T. Merton [† 1968]). Cria-se assim uma diferença em relação à filosofia do Iluminismo, onde a vontade do sujeito serve como ponto de referência para a ética e o conhecimento. Na crítica religiosa moderna, a vontade de Deus é substituída pela vontade do sujeito, que, por sua vez, é compreendida como revolucionária ou geradora de identidade. A "filosofia da ação", de M. Blondel († 1949) faz da identificação histórica da vontade humana com a vontade de Deus um lugar da revelação imanente, que não se relaciona de forma extrínseca (vinda de fora de modo imediato) com a história. Isso se opõe à concepção neoescolástica da sobrenaturalidade da vontade de Deus. A acepção imanente da vontade de Deus se torna decisiva para a *Nouvelle Théologie* francesa. Em Nietzsche († 1900), a vontade de Deus é substituída pela "vontade de poder", pois Deus está morto. No entanto, esse pensamento é altamente ambivalente; ele pode se esconder por trás de uma suposta vontade de Deus – fenômeno que se evidencia nos fundamentalismos do século XX, que transformam essa suposta vontade de Deus em uma grandeza política global e a usam para justificar o sacrifício de seres humanos, guerras e ressentimentos contra pessoas de outra fé. Do lado oposto, surgem movimentos de renovação espiritual (o movimento Fokolare ou Sant'Egidio), nos quais o discurso sobre a vontade de Deus resulta numa abertura decidida em relação aos outros. – **(3)** Para o magistério, a vontade de Deus representa um problema cristológico, que resulta da refutação do monofisismo e da tentativa de mediação do monenergismo no início do século VII (Imperador Heráclio [† 641], Teodoro de Pharan [† antes de 638]): em vista das duas naturezas em Cristo, que agem sem separação e sem confusão, deve-se refutar o monoteletismo, que reconhece em Cristo apenas a vontade divina. O III Concílio de Constantinopla (680/681) refuta essa heresia (DH 550-553) – e, portanto, também a alegação de um único modo de ação em Cristo (monenergismo). À suspeita de um conflito de vontades em Jesus, responde com a cena de Getsêmani: A vontade humana se submete voluntariamente à vontade de Deus. – (**4**) A espiritualidade ortodoxa conhece a capacidade do ser humano de corresponder à vontade de Deus ao interagir livremente com as energias não criadas da graça. Com a cristologização da predestinação em K. Barth († 1968) e a aproximação ecumênica desde o Concílio Vaticano II, as diferenças referentes à vontade de Deus provenientes da era da Reforma (em Calvino, a salvação do ser humano é expressão exclusiva da vontade de Deus) têm sido superadas. – (**5**) Uma das proposições centrais da mensagem de Deus é que Deus reclama para si aqueles que creem no Reino de Deus; essa vontade serve para o bem daqueles que se subordinam a Ele (Mt 7,21). Por um lado, a vontade de Deus é compreendida como aumento de poder para os crentes, por outro, como fortalecimento em momentos de impotência. Para alguns, essa vontade só pode ser imposta parcialmente em prol dos combatentes pios; para outros, ela conduz para a salvação universal de todos. Bíblia e teologia se preocupam com ambas as posições. Na vontade de Deus encontram-se a soberania divina e a impotência humana, de forma que retira da impotência a violência sedenta por poder e da soberania o poder violento. Disso nasce a esperança salvífica.

Lit.: MARION, J.-L. "La conversion de la volonté selon 'L'Action'". *RPFE*, 177, 1987, p. 33-46. • LUBICH, C. *Der Wille Gottes*. Munique, 1990. • RUHSTORFER, K. *Konversionen*. Paderborn et al. 2004. • IMBACH, J. *Der Glaube an die Macht und die Macht des Glaubens*. Düsseldorf, 2005. • VOGELSANG, K. "Allegorie, Allegorese, Vierfacher Schriftsinn". In: GEPPERT, H.V. & ZAPF, H. (orgs.). *Theorien der Literatur*. Vol. 3. Tübingen/Basileia, 2007, p. 171-189. • SCHREINER, K. (org.). *Heilige Kriege*. Munique, 2008. • BÖHNKE, M. "Universaler Heilswille Gottes". *IkaZ*, 37, 2008, p. 230-242.

Hans-Joachim Sander

Vontade salvífica universal de Deus ↑ *graça/teologia da graça*, ↑ *amor*, ↑ *motivos soteriológicos*, ↑ *presciência de Deus*, ↑ *providência*. – A vontade salvífica universal (ou geral) de Deus designa a intenção fundamental do amor de Deus de proporcionar a salvação a todas as pessoas. Em oposição a isso, as teorias da vontade salvífica limitada ou particular de Deus afirmam que Deus predestina apenas uma parte (*pars*) das pessoas para a salvação (predestinação particular). – (**1**) O AT estabelece os fundamentos daquilo que o NT revela definitivamente em Jesus Cristo: Deus quer a salvação de todos. Apesar de o AT apresentar certa tensão em relação ao particularismo da aliança, ou seja, em relação à aliança especial de Deus com o povo de Israel, existem referências claras à vontade salvífica universal de Deus, principalmente em Gênesis (a aliança de Noé com toda a humanidade: Gn 9,8-17; a aliança de Abraão com a promessa da bênção para todos os povos: Gn 18,18), nos prenúncios da salvação universal e escatológica nos profetas Isaías, Jeremias e Dêutero-Isaías (Is 24,13-16; 25,6-8; Jr 16,19-21; Is 45,20-22), nos Salmos de coroação (Sl 96 e 98), que louvam Deus como Rei da salvação para todos os povos. No NT, domina o pensamento da vontade salvífica universal de Deus (sob os termos de *bule, thelema, prothesis, eudokia*). Apesar de o Jesus histórico afirmar que não fora "enviado senão para as ovelhas perdidas da casa de Israel" (Mt 15,24), em seus atos de poder (Mt 8,11) e suas parábolas (Mt 13,38), demonstra que Deus, o Pai de todos os seres humanos, visa à salvação de todas as pessoas. Na pregação apostólica pós-pascoal, Jesus é proclamado como Cristo que, segundo o plano salvífico de Deus, media, por meio de sua morte e ressurreição, a salvação para todas as pessoas. Tanto os evangelhos sinóticos (as palavras do cálice: Mt 26,28; Mc 14,24; Lc 22,20) quanto as epístolas (Rm 5,8; 1Cor 15,3; 2Cor 5,15; 1Tm 2,6; 1Jo 2,2) enfatizam em suas fórmulas: Jesus morreu na cruz para a salvação de todos. 1Tm 2,4-6 resume de forma muito comprimida a vontade salvífica universal de Deus. Na visão apostólica, o fato de Jesus Cristo ser o mediador universal da salvação deriva numa missão universal da salvação uma missão universal para a congregação de Jesus Cristo, para a Igreja; isso se expressa na grande comissão ilimitada (Mt 28,19; Mc 16,15). – (**2**) Na história da teologia, a vontade salvífica universal de Deus é frequentemente questionada por teorias da salvação particular, i.e., por diferentes formas da teoria de uma predestinação dupla. Os padres gregos e latinos da Igreja não duvidam fundamentalmente da vontade salvífica universal de Deus. No Ocidente, surge pela primeira vez certo particularismo na doutrina do pecado original e da predestinação do

Agostinho tardio († 430): O pecado original fez de toda a humanidade uma massa condenada (*massa damnata*), da qual Deus, por meio da predestinação eterna, elege apenas poucos para a salvação. Próspero da Aquitânia († por volta de 455), por sua vez, enfatiza em seu escrito "*De vocatione omnium gentium*" a vontade salvífica universal de Deus. O Monge Gottschalk († 869), da Saxônia, defende a predestinação dupla e, com isso, a ideia particularista segundo a qual Jesus Cristo não teria morrido para todos, mas apenas para as pessoas predestinadas. A escolástica – sobretudo também Tomás de Aquino († 1274): sent I d41; d46; STh I q19 – distingue uma forma dupla da graça e da vontade salvífica de Deus: a graça suficiente (*gratia sufficiens*) é universal, e a graça eficaz (*gratia efficax*) é particular; a vontade salvífica antecedente de Deus (*voluntas antecedens*) é universal, e a vontade salvífica conseguinte de Deus (*voluntas consequens*) é particular. Na Idade Moderna, o jansenismo defende uma acepção particularista da obra salvífica de Jesus Cristo. – (3) Em oposição a todas as formas do particularismo da salvação, o magistério reenfatiza sempre (baseado em 1Tm 2,4) a universalidade fundamental da vontade salvífica de Deus, ou seja: Deus deseja a salvação de todos os seres humanos sem exceção, mesmo que nem todos sejam, de fato, salvos (DH 623). O Sínodo de Quierzy (853) constata contra Gottschalk: Os condenados não se perdem por vontade de Deus, mas por culpa própria; Jesus Cristo morreu para todos os seres humanos de todos os tempos (DH 623s.). O Concílio de Trento refuta decididamente a contestação da vontade salvífica universal de Deus em João Calvino († 1564) (DH 1.556). O magistério se volta de forma igualmente decidida contra as alegações particularistas do jansenismo e de P. Quesnel († 1719) segundo as quais Jesus Cristo teria morrido apenas para a salvação dos predestinados (DH 2.006; 2.432). O magistério enfatiza de modo positivo a possibilidade da salvação de todas as pessoas, inicialmente por meio da chamada "teoria do voto": Segundo o Concílio de Trento (1547), um não cristão pode obter a salvação por meio do voto explícito (desejo explícito) após o batismo (DH 1.524). Baseando-se no conceito de um desejo implícito de participar da Igreja (*votum ecclesiae*), uma carta do Santo Ofício, de 1949, recorre a uma acepção muito ampla da possibilidade salvífica para os não cristãos: Quem se encontrar preso numa ignorância insuperável referente à religião verdadeira, mas viver em perfeito amor e fé sobrenatural, possui um voto eclesiástico implícito e, portanto, também a possibilidade de ser salvo (DH 2.870; 3.872). Em consequência disso, o Concílio Vaticano II defende – com recurso à universalidade da consciência dada por Deus – de forma inequívoca a possibilidade da salvação para todos os não cristãos, até mesmo para os "ateus" (LG 16). Estabelecem-se assim os fundamentos para o diálogo entre as religiões. – (4) A fé ortodoxa nutre a esperança de que Deus, em sua vontade salvífica universal, levará todas as pessoas de boa vontade ao aperfeiçoamento (grego: *theosis*) e à participação (grego: *methexis*) na glória de Deus (grego: *doxa*). Na Reforma, Calvino defende um particularismo salvífico explícito, pois, segundo sua doutrina da "predestinação dupla", a vontade eterna de Deus determina que apenas parte da humanidade seja salva. Esse particularismo salvífico em Calvino e na velha teologia reformada não foi, desde sempre, combatido apenas pela teologia católica, mas também pela teologia luterana, que ambas enfatizam o universalismo salvífico neotestamentário. No século XX, o particularismo salvífico de cunho reformado sofreu uma correção por parte de seus próprios membros: K. Barth († 1968) defende em sua doutrina da eleição da graça um universalismo salvífico ilimitado; E. Brunner († 1966) enfatiza o amor de Deus que, em Jesus Cristo, elege todos os seres humanos. No âmbito católico, K. Rahner († 1984), com sua teoria universal do "cristão anônimo", fortaleceu em muito a noção da vontade salvífica universal de Deus, e o Concílio Vaticano II formulou claramente a possibilidade da salvação dos não cristãos fundamentada na vontade salvífica universal de Deus. Tendo em vista que o universalismo salvífico bíblico conseguiu se impor na teologia reformada, existe um consenso ecumênico referente à vontade salvífica universal de Deus. – (5) O conceito da vontade salvífica universal de Deus demonstra a graça de Deus como benevolência de Deus voltada para todas as pessoas sem exceção. Em termos concretos, abarca um plano salvífico concreto, que se manifesta numa ação histórica de Deus para a salvação de todas as pessoas. Essa história da salvação, que se manifesta de modo extraordinário na ação salvífica divina segundo o AT e o NT, visa proporcionar a salvação a todas as pessoas. Portanto, fica determinado: Cada ser humano individual é chamado para a salvação em Jesus Cristo. Em sua confiança na obra salvífica de Jesus Cristo, todo cristão individual possui a certeza da esperança de que alcançará a salvação. A comunidade dos cristãos, a Igreja, tem a tarefa de proclamar e transmitir a obra salvífica de Jesus Cristo a todas as pessoas. Essa noção original da Bíblia da vontade salvífica universal de Deus exclui duas teorias posteriores: a predestinação, determinada desde toda eternidade de alguns para a condenação eterna, e a "apocatástase", a salvação factual de todos no juízo final. No entanto, surge um primeiro grande problema na seguinte pergunta: Como é possível que pessoas individuais possam perder a salvação se Deus quer a salvação de todos? Para solucionar esse problema, é preciso observar a dialética entre o amor de Deus e a liberdade do ser humano: A vontade salvífica universal de Deus é oferecida à liberdade do ser humano individual; ela não age como causalidade automática ou como causalidade necessária. A vontade do amor pessoal de Deus respeita a liberdade do ser humano, ela a corteja e não impõe a salvação a ninguém. Devemos, então, distinguir entre a *vontade* salvífica objetiva de Deus, que vale para cada pessoa individual, e a *aceitação* subjetiva da salvação, que pode ser negada por cada ser humano. Uma segunda pergunta é: Como o axioma da vontade salvífica universal de Deus pode ser harmonizado com o axioma católico tradicional segundo o qual "não existe salvação fora da Igreja"? (DH 802; 870; 1.351). Em termos concretos, isso significa: Existe uma possibilidade de salvação para pessoas não católicas e principalmente para pessoas não cristãs? A interpretação exclusiva segundo a qual todas as pessoas que não fazem parte da Igreja seriam condenadas à perdição é refutada pelo magistério oficial: A graça existe também fora da Igreja (DH 2.429); para os não cristãos existe uma salvação eterna no caso da ignorância insuperável (*ignorantia invincibilis*) referente à religião verdadeira (DH 2.866; 3.870). A possibilidade positiva da salvação dos não cristãos se dá por meio do desejo implícito de pertencer à Igreja, que precisa se manifestar em fé e amor (DH 3.870; 3.872). Todas as pessoas que estão à procura de Deus e vivem em obediência a suas consciências, podem alcançar a salvação (Concílio Vaticano II, LG 16). Resta assim apenas uma interpretação inclusiva do axioma eclesiológico, que encontra sua melhor formulação nas palavras positivas e abertas: *per ecclesiam salus* – "por meio da Igreja, a salvação". Vale, então, no sentido mais restrito: A Igreja tem a missão universal de fornecer a todas as pessoas um ministério salvífico. Possui, portanto, um significado extraordinário na mediação da salvação. Ao mesmo tempo, preserva-se a possibilidade salvífica para os não cristãos.

Lit.: ALTMANN, P. *Erwählungstheologie und Universalismus im AT.* Berlim, 1964. • BARTH, K. "Gottes Gnadenwahl".*KD*, II/2. 4. ed., 1959, p. 1-563. • BRUNNER, E. *Dogmatik* – Vol. 1: Die christliche Lehre von Gott. 3. ed. Zurique, 1960, p. 307-359. • CONGAR, Y. *Ausser der Kirche kein Heil.* Essen, 1961. • KÜNG, H. *Christenheit als Minderheit.* Einsiedln, 1965. • KÜNG, H. *Die Kirche.* Friburgo/Basileia/Viena, 1967, p. 371-378. • RAHNER, K. "Weltgeschichte und Heilsgeschichte". *KRSW*, 10, 2003, p. 590-604. • RAHNER, K."Das Christentum und die nichtchristlichen Religionen". *KRSW*, 10, 2003, p. 557-573. • RAHNER, K. "Die anonymen Christen". *KRSW*, 22, 2008 p. 284-291. • RAHNER, K. "Anonymes Christentum und Missionsauftrag der Kirche". *KRSW*, 10, 2003, p. 312-325. • RATZINGER, J. (Bento XVI). *Kirche.* Friburgo/Basileia/Viena, 2010 [JRGS, 8,1]. • COUTO, F.J. *Hoffnung im Unglauben* – Zur Diskussion über den allgemeinen Heilswillen Gottes. Paderborn et al., 1973. • HEISELBETZ, J. *Theologische Gründe der nichtchristlichen Religionen.* Friburgo/Basileia/Viena, 1967 [QD, 33]. • KLINGER, E. (org.). *Christentum innerhalb und ausserhalb der Kirche.* Friburgo/Basileia/Viena, 1976 [QD, 73]. • KRAUS, G. *Vorherbestimmung.* Friburgo/Basileia/Viena, 1977 [Ökumenische Forschungen, 2,6]. • FÜRLINGER, E. *"Der Dialog muss" Weitergehen* – Ausgewählte vatikanische Dokumente zum interreligiösen Dialog (1964-2008). Friburgo/Basileia/Viena, 2009. • KLINGER, E. *Jesus und das Gespräch der Religionen.* Würzburg, 2006. • COLLET, G. *"...Bis an die Grenzen der Erde"* – Grundfragen heutiger Missionswissenschaft. Friburgo/Basileia/Viena, 2002. • ECKHOLT, M. "Das Welt-Kirche-Werden auf dem II. Vatikanum". *Edith-Stein-Jahrbuch*, 6, 2000, p. 378-390. • WITTE, M. (org.). *Der eine Gott und die Welt der Religionen.* Würzburg, 2003.

Georg Kraus

ÍNDICE ONOMÁSTICO

Acerbi, A. 176, 261

Achelis, E.C. 81

Achtner, W. 461

Adam, K. 334, 412

Adão de São Vítor 287

Adorno, T.W. 240, 256, 265

Adriano I 127

Aécio 127

Afanassiev, N. 471

Afrates 381

Agobardo de Lyon 127

Agostinho 39, 41, 43s., 46, 48-50, 56, 58, 63, 66, 69, 72, 82, 85, 87, 89s., 95, 99, 103-107, 109, 111, 116s., 127, 134, 137, 139, 142, 144, 150, 156, 158s., 167, 169s., 175, 180, 182, 184, 189s., 194s., 198s., 201, 205s., 208, 219, 222, 227-230, 234, 237-239, 243, 245s., 249, 256s., 259, 263s., 267, 273, 277-279, 282, 288, 292, 294, 297s., 302s., 305, 307, 312, 314s., 319, 322s., 327, 330, 335, 339s., 344, 349-351, 353, 356s., 360, 362, 368, 370, 372-376, 378, 380, 383-385, 387, 389, 391, 393s., 396, 400, 402, 404, 407, 419, 421, 431, 433, 439, 441s., 448, 453, 459s., 462-464, 468, 476, 480, 486, 491s., 498, 502, 504, 506-509, 511

Agostinho de Dacia 195

Ahlers, R. 294

Alacoque, M.M. 109

Alberigo, G. 98, 261

Albers, J. 92

Alberto Magno 58, 265, 349, 468

Alcuíno 127, 468

Alexandre III 128, 435

Alexandre IV 189, 202

Alexandre de Hales 468

Alt, F. 177

Althaus, P. 456, 473

Altizer, T.J.J. 240

Altmann, P. 512

Alves, R. 240

Ambrósio de Milão 69s., 93, 95, 100, 103, 127, 143, 146, 159, 180, 201, 208, 222, 234, 279, 350, 380, 400, 404, 435, 468, 483

Ambrósio Catarino 468

Ammicht Quinn, R. 443

Amônio Sacas 477

Amougou-Atangana, J. 120

Ângelo Silésio (Johannes Scheffler) 175

Angenendt, A. 192, 436, 487

Anselmo de Cantuária 29, 109, 121, 123, 144, 173, 220, 222, 228, 288, 297, 325, 334, 344, 360, 381, 383, 392, 397, 452, 464, 468, 480, 483s., 498, 506

Ansorge, D. 149, 298, 345

Antier, G. 170

Antíoco IV Epifânio 52

Antônio de Pádua 201

Apolinário de Laodiceia 126-128, 131, 496

Apolônio de Tiana 438

Appe, K. 349

Arens, E. 39, 307, 397, 460s., 465

Ário 125, 127, 131, 334, 386, 496

Aristides 29, 467

Aristóteles 41, 44, 83, 90, 125, 172, 185, 228, 246, 265, 278, 297, 319, 323, 390, 464, 468, 481

Armbruster, K. 150

Armstrong, K. 225

Arndt, J. 202, 235

Artemon 127

Artus, O. 170

Asendorf, U. 200, 383

Assmann, H. 240

Assmann, J. 271, 369, 487

Atanásio de Alexandria 39, 55, 69, 77, 95, 127, 130s., 143, 154, 198, 234, 286, 320, 334, 344, 380, 386, 407, 431, 451, 462, 467

Atenágoras de Atenas 279, 467

Atenágoras de Constantinopla 89

Atzinger, A. 342

Audretsch, J. 111, 320

Auer, J. 248, 385

Augustin, G. 170, 262, 331

Aulén, G. 454

Aurelius, E. 462

Averróis 312

Avicenna 312

Bachmann, I. 477s.

Bacon, R. 114

Bader, D. 347

Bajus, M. 229, 357

Baldermann, I. 329

Balthasar, H.U. 39, 41, 45, 65, 90, 94, 103s., 109s., 117, 121s., 124, 143, 145, 180, 184, 192, 212, 226, 277s., 288, 295s., 334, 340, 340, 370, 381, 400-402, 408, 412, 434, 437, 450, 452, 456, 462, 469, 472s., 491, 497, 499

Bánez, D. 202, 280

Barbel, J. 248

Barbour, I.G. 114, 266

Bärsch, J. 73

Barth, H.-M. 301, 415

Barth, K. 39, 44-47, 49s., 58, 68, 71, 73, 91, 115, 121s., 132, 136, 140, 145, 170, 172, 182, 184, 190, 199, 250, 263, 269, 299, 333, 341, 344, 379, 382, 385s., 388, 393, 397, 401, 404, 407, 412s., 452, 456, 459, 463, 470, 473, 475s., 489, 497, 499, 510-512

Basilides 127

Basílio de Cesareia 55, 127, 143, 159, 198, 201, 238, 380, 457, 467

Basse, M. 215

Bätzing, G. 395

Bauer, W. 238

Baum, W. 247

Baumann, U. 324

Baumert, N. 70-72, 82

Baumgartner, M. 85, 396

Baur, F.C. 248, 470, 499

Bautain, L.-E.-M. 219, 221, 412

Bayer, A. 223

Bayle, P. 127

Bea, F.X. 492

Beato de Liépana 127

Becker, K.J. 293, 417

Beda o Venerável 468

Beer, T. 328

Beierwaltes, W. 338

Beinert, W. 52, 55, 61, 75, 83, 92, 97, 126, 132s., 148, 150s., 158, 160, 165, 171, 188, 192, 194, 197, 200, 225, 232s., 241, 243, 262, 268, 276, 294, 300, 302, 306, 312, 317s., 321, 326, 331, 359s., 366, 382, 392, 399, 414s., 417, 436, 439, 445, 457s., 466s., 471, 475s., 478, 482

Belarmino, R. 39, 98, 138, 170, 175, 187, 258, 267, 335, 350s., 468, 507s.

Bengel, J.A. 196

Benjamin, W. 145, 270, 441, 448, 459

Benke, C. 203

Bento de Aniane 137

Bento VIII 222

Bento XII 86, 191, 193, 205, 209, 277, 287, 295

Bento XIV 52, 222, 287

Bento XVI 42-44, 70, 91, 128, 135, 150, 192, 224, 261, 269, 331, 334s., 340, 352, 369, 397, 404, 437, 448, 458, 501, 505, 512

Berdjajew, N.A. 64

Berengário de Tours 208

Berger, K. 87, 106, 259

Berger, P. 238

Berger, R. 418

Berkhof, H. 72, 82, 130, 139, 156, 203, 236, 288, 371, 382

Bernardo de Claraval 42, 121, 146, 201, 234, 305, 317, 334, 360, 365, 403, 437, 444, 450, 468, 472, 506

Bernhardt, R. 130

Berrigan, D. 506

Bérulle, P. 334

Betti, E. 242

Betz, H.D. 238, 439

Betz, J. 211

Beuttler, U. 112, 391

Biel, G. 216, 430, 468

Bieler, M. 304, 454, 457

Biemer, G. 94

Bier, G. 153

Billuart, C.-R. 469

Bingemer, M.C.L. 192

Binninger, C. 236

Birnstein, U. 82

Biser, E. 159, 253, 344, 413, 443, 469

Blaumeiser, H. 473

Blinzler, J. 361

Bloch, E. 461

Blondel, M. 219, 377, 469, 509

Blumenberg, H. 397

Böcher, O. 396

Böckle, F. 324

Boécio 82, 203, 270, 376, 460, 468, 504

Boeve, L. 146

Boff, L. 42, 171, 355, 361, 374, 413, 437, 448, 469

Böhlig, A. 174, 315

Böhm, I. 215

Böhnke, M. 94, 200, 223, 256, 301, 304, 346, 397, 451, 510

Bois-Reymond, E.H. 441

Bonald, L.V. 219, 465

Boaventura 41, 60, 87, 109, 128, 132, 183, 189, 201, 219, 222, 229, 234, 263, 278, 282, 334, 349, 437, 450, 464, 468, 472

Bondi, R. 42

Bongart, M. 304

Bonhoeffer, D. 105, 145, 384, 404, 438s., 450, 456, 462, 499, 506

Bonifácio II 230

Bonifácio VIII 175, 202, 258, 350, 364

Bonino, J.M. 240

Bonnetty, A. 219, 412

Borg, M.H. 129

Borgman, E. 146

Bormann, C. 247

Bornkamm, G. 124

Boros, L. 140, 341

Borrmann, S. 111, 204

Bossuet, J.B. 151

Böttigheimer, C. 79, 162, 188, 197, 215, 220, 242, 246, 248, 251, 274, 281, 312, 333, 336, 399, 414, 440, 458, 471, 476, 480, 484, 490, 501, 503

Bouman, J. 296

Bourdieu, P. 390

Bouyer, L. 103s., 132

Bozi, T. 158

Brandenburg, A. 202
Brandes, W. 48
Brandt, R. 273
Brantzen, H. 428
Braun, H. 386s.
Brás 159
Brent, C.H. 179
Breuning, W. 170s., 269, 401
Brígida da Suécia 300
Brink, G. 65
Broer, I. 487
Bröker, W. 50s., 254, 441
Brom, L.J. 204
Bromand, J. 393
Brosseder, J. 151
Brox, N. 218
Brück, M. 500
Bruckmann, F. 478
Bründl, J. 478
Brunetière, F. 219
Brunner, E. 50, 115, 140, 157, 263, 456, 470, 511s.
Bruns, P. 223, 379
Bruschi, C. 218
Buber, M. 42, 140, 144, 151, 341, 377, 476
Bucer, M. 120
Bucher, R. 394
Buchholz, R. 394
Büchner, G. 64
Buckenmaier, A. 75, 262
Bulgakov, S.N. 64, 223, 259
Bultmann, R. 50, 58, 124, 131, 140, 145, 149, 172, 190, 196, 212, 240, 250, 292, 361, 386, 407, 470
Bunge, M. 337
Buren, P. 240
Burrichter, B. 243

Cajetan, T. 44
Calisto, G. 161, 245, 468, 475

Calov, A. 469

Calvino, J. 47, 61, 63, 73, 83, 85, 87, 106, 127, 143, 170, 173, 182, 199, 220, 223, 226, 231, 235, 259, 269, 273, 314, 385, 388s., 391, 395, 423, 431, 453, 456, 468, 473, 494, 508s., 511

Camara, H. 469

Campenhausen, H. 97

Cano, M. 156, 187, 280, 469

Cantalamessa, R. 200

Cardenal, E. 469

Carnap, R. 337

Carlos Magno 167

Casanova, J. 405

Casel, O. 67, 121, 124, 334, 422

Casper, B. 94, 307

Castillo, O. 225

Castro, E. 240

Catarina de Sena 155, 300, 334, 365

Cazelles, H. 329

Celan, P. 477s.

Cerinto 127

Cesário de Arles 230

Chauvet, L.-M. 39

Chemnitz, M. 469

Chenu, M.D. 136

Cherbury, H. 219, 469

Chomjakow, A. 471

Chrapovickij, A. 471

Christen, E. 342, 346, 367, 454

Cícero 297, 403

Cichon-Brandmaier, S. 492

Cipriano de Cartago 72s., 92s., 97, 180, 205, 257, 267, 297, 344, 350, 363, 374, 419-421, 439, 450, 483

Cirilo de Alexandria 103, 126-128, 131, 137, 143, 334, 467, 473, 496

Cirilo de Jerusalém 70, 82, 286, 432, 438, 467

Cisneros, G. 334

Claret, J.B. 149, 314

Clarke, S. 127

Clemente de Alexandria 127, 180, 186, 234, 249, 257, 263, 288, 300, 332, 344, 350, 386, 393, 442, 451, 467, 477, 502

Clemente de Roma 77, 105

Clooney, F.X. 405
Cobb, J.B. 413
Cohn, C. 290, 293, 361
Collet, G. 512
Colpe, C. 59
Comblin, J. 138, 381
Comte, A. 250
Congar, Y. 72, 81s., 130, 139, 156, 175s., 200, 203, 223, 237s., 259, 288, 301, 352, 371, 381s., 469, 508s., 512
Conrad-Martius, H. 185
Constantino o Grande 74, 97, 167, 315, 364
Contarini, A. 468
Copérnico, N. 110, 115
Courth, F. 61, 133, 306, 318, 326, 426
Couto, F.J. 512
Cox, H. 240
Craig, W.L. 388
Crossan, J.D. 293, 361
Cullmann, O. 100, 202, 334, 456
Cuvier, G. 481

Dalferth, I.U. 264, 313, 344, 353, 386, 390, 397s., 407s., 456, 461
Daly, M. 367, 384
Dâmaso I 363
Daniélou, J. 334, 469
Dante Alighieri 148, 365
Dantine, J. 158
Danz, C. 157, 480
Darlap, A. 251
Darwin, C. 110, 116, 339, 481
Dassmann, E. 97
Daub, K. 470
Decêncio de Gubbio 493
Delgado, M. 48, 232, 390, 439
Delling, G. 97
Demel, S. 150, 153, 243, 275s., 301, 359
Demmer, K. 105, 371
Dempf, A. 377

Depoortere, K. 495

Derrida, J. 50, 390, 459, 477s.

Descartes, R. 91, 117, 127, 376, 383, 397, 459

Dídimo o Cego 380

Dieringer, F.X. 103

Dietz, W. 207

Dilschneider, O. 236

Dilthey, W. 239

Diodoro 127

Diocleciano 315

Dionísio o Cartuxo 155

Dionísio Petávio 234, 247

Dirscherl, E. 41, 44, 49s., 94, 99, 106, 110, 116, 118, 135s., 140, 153, 160, 181, 253, 255s., 263, 265, 271, 304, 307, 339s., 369, 371s., 376s., 397s., 403, 437s., 441, 443, 449, 451, 460, 462, 487

Ditfurth, H.S. 174

Dohmen, C. 79, 135, 373, 451, 459

Döllinger, I. 469, 489

Dombois, H. 243

Domiciano 53

Dondelinger, P. 52

Dörnemann, M. 160

Dositeu 471

Drewermann, E. 159, 313, 372

Drews, F. 394

Drey, J.S. 169, 412, 469

Driesch, H. 185

Dunn, J.P. 128, 297-298

Dupuis, J. 132

Duquoc, C. 329

Durkheim, É. 405

Dürr, H.P. 337

Duvergier de Hauranne, J. 229

Ebeling, G. 58, 105, 112, 132, 240, 242, 382, 407, 470, 473, 475

Ebner, F. 377, 441

Ebner, M. 134, 293, 361

Eccles, J. 174

Eck, J. 187, 486

Eckholt, M. 136, 232, 300, 512

Edwards, M. 218

Edwiges da Silésia 300

Efraim o Sírio 381, 468

Egger, P. 361

Eicher, P. 369, 414, 443

Eid, V. 325

Eigen, M. 40

Eijk, T. 288

Eilrich, C. 317

Einstein, A. 84, 204, 319, 390

Eisenberg, G. 289

Eliade, M. 436

Elisabete de Dijon 235

Elisabete de Türingen 300

Ellacuría, I. 145, 170s., 298, 506

Elredo de Rievaulx 234, 334

Enders, M. 132, 477

Epicúrio 390

Epifânio de Salamina 60

Erasmo de Roterdã 178, 195, 448, 468

Erlemann, K. 200, 382

Ermecke, G. 121

Ernst, S. 203

Eschweiler, K. 412

Espinoza, B. 127, 195

Essen, G. 104, 185, 271, 304, 377, 408, 498

Esser, H.H. 197

Esterbauer, K. 107

Etério de Osma 127

Etzelmüller, G. 296

Eunômio 127

Eusébio de Cesareia 167, 175, 189, 249, 457, 468

Eusébio de Vercelli 127

Eutiques 126, 496

Evágrio Pôntico 154

Evdokimov, P. 382
Ewert, D. 200, 382

Faber, E.-M. 48, 54, 62, 68, 73, 87, 109, 168, 193, 206, 211s., 216, 270, 278, 283, 296, 325, 342, 354, 356, 367, 385, 395s., 401, 410, 426, 428, 432s., 461, 495, 505
Faber, R. 64, 461, 504s.
Fabry, H.J. 330
Fahr, H.J. 111
Farandos, G.D. 132
Farrow, D. 59
Fechner, T. 174
Feiner, J. 116, 207
Felger, A. 439
Félix de Urgel 127
Feneberg, R. 104
Feneberg, W. 104
Ferencz, J. 127
Ferlay, P. 200
Feuerbach, L. 263s., 379, 389, 470
Fichte, J.G. 50, 303, 412, 456
Figura, M. 70, 99, 237
Filser, H. 162, 236
Finger, H. 262
Finkenzeller, J. 88, 247, 355, 426
Finnley, C.G. 71
Fílon de Alexandria 131, 239, 279, 289, 386, 393, 477
Filopano, J. 278
Filoxeno de Mabbug 127, 472
Fiores, S. 61, 165, 306, 318, 444, 446
Fischer, K.P. 192
Flacius, M. 214, 240
Flaviano 496
Flávio Josefo 77, 289, 393
Fliethmann, T. 232
Florenskij, P. 44
Florovskij, G. 471
Flusser, D. 291, 293, 361

Fócio 222s.
Fonk, P. 106
Ford, D. 480
Forte, B. 104, 498
Foucault, M. 390
Fraling, B. 284, 324, 443
Francisco de Assis 42
Francisco de Sales 202, 258, 330, 369, 437s., 450, 472
Frank, K.S. 79
Franke, A.H. 469
Frankemölle, H. 294
Franz, A. 91
Franzelin, J.B. 247, 447, 469
Freitag, J. 336, 447
Frettlöh, M. 368
Freud, S. 145, 149, 159, 207, 441
Frevel, C. 51, 441, 443
Frey, J. 56, 192
Freyer, T.H. 377, 397, 460s.
Frick, R. 170
Fried, J. 115
Friedländer, A. 329
Frederico II 237
Frieling, R. 179
Fries, H. 176, 188, 220, 335s., 450, 466
Frisch, M. 265
Froebe, D. 42
Frohnhofer, H. 237, 288
Frohschammer, J. 412
Fuchs, E. 240, 443
Fuchs, O. 273, 296, 345
Führer, G. 359
Fulgêncio 121, 127, 350
Fungula Kwilu, F. 387
Füreder, M. 296
Fürlinger, E. 512
Füssel, K. 503

Gadamer, H.-G. 195, 240
Gäde, G. 122, 484
Galen, C.A. 394
Galilei, G. 110, 115, 274, 476
Gamillscheg, M.-H. 223
Ganoczy, A. 63, 117s.
García Mateo, R. 200
Gardeil, A. 235, 469
Garijo-Guembe, M. 176
Gassendi, P. 114
Gasser, G. 338
Gauthier, P. 103
Gebara, I. 232
Gehlen, A. 49
Geiler von Kaysersberg, J. 374
Geiselmann, J.R. 507
Gelásio 103, 258
Geometres, J. 317
Geppert, H.V. 510
Gerbert, M. 62
Gerhard, J. 49, 187, 469
Gerhards, A. 135, 192, 457
Gerson, J. 186
Gertrude de Helfta 42, 229, 381
Gese, H. 329
Gestrich, C. 344, 452, 456s.
Geulincx, A. 174
Geyer, C.-F. 314, 463
Gierer, A. 349
Gietenbruch, F. 143
Gilberto Porreta 468
Giordano, B. 265, 348
Girard, R. 361, 372, 462, 507
Gisel, P. 117
Glücksmann, J. 225
Gnilka, J. 128, 293, 361, 369s.
Goddemeyer, C. 306

Gogarten, F. 140, 456, 470

Goldhahn-Müller, I. 369

Gönke, E. 143

Gottschalk de Orbais 511

Gould, S.J. 40

Grabner-Haider, A. 301

Graciano 300, 315

Gradl, H.G. 54

Grasshoff, G. 85

Green, J. 231

Gregório de Nazianzo 42, 124, 127, 143, 150, 170, 223, 238, 305, 320, 378, 380, 393, 451, 456, 467, 491

Gregório de Nissa 44, 127, 143, 222, 238, 264, 344, 400, 407, 467, 472, 504

Gregório de Rimini 231

Gregório de Valencia 158, 469

Gregório o Grande 137, 154, 190, 287, 330, 468

Gregório Palamas 235, 381, 471

Gregório VII 167, 258, 364

Gregório XVI 152, 175

Greschat, K. 218

Greschat, M. 480

Greshake, G. 94, 138, 180s., 205s., 232, 238s., 270, 345s., 371, 385, 408, 410, 417, 428, 450-452, 454, 484, 492, 495

Gresser, G. 223

Griffin, D. 413

Grillmeier, A. 128, 132, 143, 185, 334, 379, 399, 497s.

Groh, D. 347

Groneberg, B. 478

Groote, G. 201

Gross, W. 314

Guardini, R. 62, 121, 139, 334, 377, 412s., 441, 469

Guido Terrena 308

Guilherme de Auxerre 80, 244

Guilherme de Ockham 114, 258, 265, 298, 385, 465, 468

Guilherme de St. Thierry 45, 201

Gumann, M. 247

Gundjaev, K. 243

Gundry, R.H. 370

Gunkel, H. 470

Günther, A. 377, 412
Gutiérrez, G. 199, 232, 346, 374, 437, 448, 454
Gutwenger, W. 104

Haacker, K. 220
Haag, E. 168
Haag, H. 142, 148s.
Haase, W. 361
Habermas, J. 136, 152, 397
Haeckels, E. 337
Hägglund, B. 466
Hahn, F. 54, 59, 253, 329, 443, 486
Hailer, M. 384
Hainthaler, T. 132
Haken, H. 320
Hamilton, M. 240
Hammans, H. 215
Hammer, O. 218
Hardt, M. 179
Häring, B. 121
Häring, N.M. 88
Härle, W. 173, 182, 328, 371, 379, 501
Harless, A. 470
Harnack, A. von 136, 214, 238, 248, 361, 386, 389, 470, 489
Hartman, S.S. 48
Hartshorne, C. 384, 413
Hasenfratz, H.P. 342
Hasenhüttl, G. 80
Hattrup, D. 84s., 112, 141, 192
Hauerwas, S. 91
Hauke, M. 120, 207, 392, 446
Haunerland, W. 73
Hauschild, W.-D. 120, 248
Hauser, L. 54
Hawking, S. 266
Hecker, K. 242
Hedwig, K. 247

Hegel, G.W.F. 50, 111, 170, 184, 212, 219, 229, 250, 254, 263, 270, 303, 344, 377, 452, 456, 459, 473, 491

Hegésipo 249, 457

Heid, S. 54

Heidegger, M. 48-50, 230, 240, 340, 374, 377, 459

Heil, J. 148, 317s.

Heimbach-Steins, M. 331

Heininger, B. 170

Heinz, H. 279

Heiselbetz, J. 512

Heisenberg, W. 320

Hemmerle, K. 94, 377, 437

Hempelmann, R. 426

Hengel, M. 54, 329s., 361, 387, 439

Hengstenberg, H.-E. 105

Hennig, H. 216

Henrich, D. 41

Henrich, F. 325

Henrique II 222

Henrix, H.H. 294

Heráclio 509

Heráclito 332

Herder, J.G. 50, 181, 263

Hermes, G. 116, 412

Herms, E. 259, 414

Herrmann, C. 270

Herrmann, W. 136, 289, 470

Herzog, M. 143

Hick, J. 386

Hilário de Poitiers 58, 69, 222, 386, 468, 496

Hilberath, B.J. 63, 76, 300, 328, 358, 382, 491s., 503

Hildegarda de Bingen 252, 287, 381

Hiltscher, R. 393

Hintzen, G. 415, 501

Hoeps, H. 226

Hoff, G.M. 64, 90, 397, 478

Hoffmann, N. 499

Hoffmann, P. 359, 408

Hofius, O. 97

Höfling, J.F. 470

Hofmann, J.C.K. 470

Hofrichter, P. 79

Hoheisel, K. 410

Hollaz, D. 469

Hollensteiner, K. 382

Holmes, C. 65

Holotik, G. 200, 383

Holthaus, S. 274

Honório II 127

Honorius Augustodunensis 334

Hoping, H. 59, 94, 104, 129, 132, 143, 162, 263, 271, 284, 293, 330, 340, 346, 361, 375-377, 387, 408, 437, 454, 498, 500

Horkheimer, M. 240

Hormisdas 103, 164

Horn, S.O. 482

Horst, U. 306

Hösle, V. 151

Hübner, R.M. 239

Hugo de São Vítor 199, 201, 249, 258, 282, 323, 421

Hünermann, P. 104, 124, 132, 136, 184s., 268, 276, 366, 369, 375s., 497s.

Huntington, S. 136

Huovinen, E. 216

Hus, J. 105, 158, 272, 300, 365, 508

Hüttenhoff, M. 505

Hutter, L. 469

Huxel, K. 270

Huxley, J. 481

Imbach, J. 510

Inácio de Antioquia 55, 61, 69, 73, 77, 82, 93, 100, 105, 127, 131, 142, 201, 237, 257, 266, 293, 350, 386, 407, 420, 472, 496, 498

Inácio de Loyola 50, 69, 155, 202, 226, 334, 360, 389, 472, 509

Incmaro de Reims 384

Inman, A.E. 91

Inocêncio I 119, 363, 493

Inocêncio III 119, 224, 237, 258, 364

Inocêncio X 231

Irineu de Lyon 48s., 55, 58, 80, 111, 121, 125, 127, 131, 137, 142, 158, 167, 180, 183, 186, 198, 204, 208, 216, 226s., 234, 237, 244, 249, 254, 257, 262s., 267, 275, 288, 297, 305, 325, 344, 350, 365, 373, 386, 393, 395, 402, 441s., 444, 456s., 463, 467, 472, 488, 491, 498

Isenegger, M.-T. 382

Isidoro de Sevilha 60, 82, 468

Iwand, H.-J. 456, 473

Jackelén, A. 461

Jacobi, F.H. 221

Jägerstätter, F. 384, 506

Janouski, J.C. 401

Janowski, B. 67, 307, 342

Jansen, C. 229, 350, 385

Janssen, H.-G. 106, 463

Jaubert, A. 291

J. Duns Escoto 107, 114, 229, 270, 282, 305, 377, 384, 509

Jeremias, J. 289, 291

Jerônimo 60, 74, 95, 104, 116, 137, 201, 300, 400, 438, 442, 457, 468

Jilek, A. 433

João Cassiano 154, 194, 201, 230, 239

João Clímaco 201

João Crisóstomo 69, 137, 201, 287, 467

João da Cruz 144, 389, 472

João de Damasco 58, 103, 222, 286, 436, 468, 471, 475

João de Ragusa 158, 175

João de Torquemada 158, 175

João Escoto Erígena 58, 265, 332, 468

João Filopono 127, 278

João Paulo II 48, 91, 110, 115, 122, 135s., 147, 153, 181, 210, 256, 272, 309, 319, 324, 331, 361, 365, 369-372, 381, 397, 404, 417, 431, 435, 447, 450, 453, 457, 465, 479, 482, 487

João XV 435

João XXII 47, 53, 191, 205

Joaquim de Fiore 80, 167, 170, 189, 199, 201, 217, 250, 329, 381, 396, 459

John, O. 298

Jonas, H. 384, 463

Jordan, P. 84

Juergensmeyer, M. 353
Juliana de Norwich 367
Juliano o Apóstata 393
Jung, C.G. 149, 159
Jungclaussen, E. 202
Jüngel, E. 50, 86, 124, 155, 184, 269, 333, 341s., 361, 419s., 459, 470, 473, 478
Justiniano o Grande 400
Justino 142
Justino Mártir 61, 69, 79, 90, 100, 117, 129-131, 137, 142, 144, 150, 249, 305, 317, 386, 406, 467, 472, 486, 488

Kähler, M. 470, 473
Kaiser, M. 301s.
Kaiser, P. 104, 497
Kallscheuer, O. 146
Kamphaus, F. 439
Kampling, R. 41, 148, 259, 317s.
Kanberg, J.A. 61
Kant, I. 48, 50, 90, 99, 111, 145, 219, 229, 303, 374, 383, 389, 392s., 397, 412, 441, 452, 456, 460, 463
Kany, R. 492
Kappes, M. 288
Karkkainen, V.-M. 383
Karrer, L. 301
Käsemann, E. 53, 100, 124, 138, 292, 470
Kasper, W. 55s., 59, 62, 75, 92, 94, 103s., 124, 128, 130, 132, 142, 149, 151-153, 156, 162, 179, 184, 203, 215, 240, 255, 259-261, 268, 324, 351s., 362, 364, 366, 408, 415, 433, 449, 456, 458, 469, 476, 486, 490, 497s., 503, 508s.
Kaulbach, F. 188
Kehl, M. 62, 86, 117s., 158, 168, 176, 192, 259, 261s., 268, 301s., 365-367, 376, 396, 434, 482
Kelly, J.N.D. 101
Kepler, J. 114
Kerdon 127
Kern, R. 200
Kern, W. 188, 212, 281, 312, 352
Kertelge, K. 361
Kessler, H. 118, 344, 346, 408, 410, 452, 454
Keul, H. 390
Khamehi, Z. 353
Khoury, A.T. 369

Kiefl, F.X. 481

Kienzler, K. 225, 484

Kierkegaard, S. 49, 139, 159, 221, 249s., 254, 256, 270, 303, 372, 389, 438, 459, 462, 470, 473, 509

King, M.L. 506

Kippenberg, H. 507

Kirchschläger, W. 346, 454

Kläden, T. 403

Klausnitzer, W. 90, 276, 336

Klee, H. 103, 116

Kleinheyer, B. 418, 433

Kleinschwärzer-Meister, B. 300

Kleutgen, F. 469

Kliefoth, T. 470

Klimek, N. 203

Klimkeit, H.J. 315

Klinger, E. 512

Klinnert, L. 40

Klueting, H. 100

Knapp, M. 168, 325

Knauer, P. 281

Knoch, W. 490

Knoche, H. 155

Knop, J. 70, 122, 185, 213, 335, 346, 454, 457, 474, 486, 500

Knuth, H.C. 328

Koch, G. 232, 408, 440

Koch, K. 90, 335s.

Kochanowicz, J. 415

Köckert, M. 478

Koenen, L. 315

Koerrenz, R. 82, 223

Kohler-Spiegel, H. 253, 443

Kölling, W. 382

Koltermann, R. 115

Kolvenbach, P.-H. 203

Konersmann, R. 271, 377

König, F. 92

Kopfermann, W. 71

Körner, B. 203
Körtner, U. 54
Kothgasser, A. 433
Krämer, K. 262
Krämer, P. 262
Kranemann, B. 122, 135, 331
Kratz, R.G. 289, 384
Kraus, G. 86, 116, 128, 157, 176, 182, 232s., 299s., 328, 339, 354, 358, 385, 454, 486, 512
Kraus, H.-J. 168
Kreiner, A. 246, 315, 451
Kreis, G. 393
Kremer, J. 197, 270, 405, 408, 410
Kreutzer, K. 247
Krings, H. 50, 236, 270, 303, 377
Krötke, W. 65
Kruck, G. 289
Kügler, J. 97
Kuhn, J.E. 90, 132, 424, 469
Kühn, U. 259
Kuitert, H. 240
Kumar, B.J.C. 236
Küng, H. 80, 82, 279, 357, 387, 413, 469, 498, 512
Künsberg, Y. 45, 126
Kunz, S. 461
Kuschel, K.J. 156, 314, 387, 498
Kustermann, A. 390
Kutschera, U. 482
Kyrillos Loukaris 471

Laberthonnière, L. 219
Lactâncio 386
LaCugna, C.M. 492
Lamarck, J.-B. 481
Lamennais, H.-F.R. 219, 412
La Mettrie, J.O. 110, 174
Lanczkowski, G. 101, 251
Landgraf, A.M. 143

Landmesser, C. 503

Lang, B. 79, 87

Langer, M. 253, 443, 480

Langthaler, R. 466, 482

Lanwerd, S. 64

Las Casas, B. 152, 330

Latourelle, R. 242, 490

Laub, F. 396

Lauber, J. 225

Lauret, B. 312

Lauster, J. 91, 492

Laux, B. 449

Leão I 96, 127, 164, 363, 386, 496

Leão III 222

Leão IX 191, 398, 410

Leão X 341

Leão XIII 80, 138, 152, 173, 175, 217, 226, 235, 274, 280, 301, 381, 487, 507

Leeuw, G. 405

Lefebvre, M. 221, 224

Le Fort, G. 226

Legrand, H.M. 260s.

Lehmann, K. 47, 88, 94, 120, 142, 149, 211, 215s., 248, 276, 283, 312, 324s., 354, 361, 408, 426, 466

Lehmkühler, K. 236s.

Leidhold, W. 390

Leibniz, G.W. 106, 145, 151, 174, 313, 383, 389, 452, 462

Leimgruber, S. 236

Lemaître, G. 115

Lengerke, G. 42

Lengsfeld, P. 399

Leôncio de Bizâncio 496

Leôncio de Jerusalém 496

Leonhard, C. 68, 73

Leonhardt, R. 213

Leppin, V. 48

Le Roy, É. 481

Lessing, G.E. 178, 195, 211, 250, 289, 294, 408, 412, 452, 499

Lessius, L. 280

Lévinas, E. 50, 117, 255s., 265, 303, 307, 390, 441, 448, 456, 459

Levinson, N.P. 329

Libânio, J.B. 192

Lies, L. 88, 286, 366, 426

Lietzmann, H. 75

Limbeck, M. 281, 370

Link, C. 63, 157, 182, 314, 353, 385

Link, H.-G. 115, 223

Listl, J. 153, 302

Lochbrunner, M. 143

Locke, J. 127, 376

Loewenich, W. 473

Löhe, W. 470

Lohfink, G. 59, 176, 205, 293, 306

Lohfink, N. 274

Löhrer, M. 182, 385

Loisy, A. 169, 412

Löning, K. 112

Lorenz, K. 338

Löser, W. 212, 248, 387

Lossky, V. 44, 132, 223, 382, 471, 478

Lubac, H. 101, 138, 229, 232, 255, 262, 334, 469

Lübbe, H. 107

Lubich, C. 510

Lucido 384

Lüdemann, G. 407s.

Lüdicke, N. 153

Ludolfo da Saxônia 69, 292, 334

Luhmann, N. 107, 405, 448

Lüke, U. 40, 47, 49-51, 63, 85, 106s., 111s., 114s., 117s., 141s., 149, 174, 177, 185, 204, 206s., 226, 254, 266, 279, 313, 315, 320, 338, 347, 349, 391s., 410, 441, 461, 463, 482

Lutero, M. 38, 41, 43, 45-48, 50, 61, 67, 70s., 73, 77s., 83, 85, 87, 99, 102, 105s., 108, 112s., 115s., 123, 134, 136, 143, 145, 149, 155, 157-159, 167, 169, 173, 175s., 182, 196, 199, 205s., 219s., 223, 230s., 235, 240, 250, 258, 263, 268s., 272, 276, 283, 288, 299, 301, 303, 307, 314, 324, 327, 332s., 344s., 351, 354, 356s., 359s., 365, 374s., 377, 385, 388s., 391, 397, 403s., 407, 413, 415, 417, 423, 431, 434, 437s., 445, 448, 453, 456, 462, 465, 468, 472s., 480, 489, 494, 501, 507s.

Lutgarda de Tongeren 450

Lutterbach, H. 170, 181, 436

Lutz-Bachmann, M. 248

Luyten, N.A. 107
Luz, U. 371
Lyotard, J.-F. 397

Maas, W. 143
Maass, C. 91
MacDannell, C. 87
MacDonnel, K. 70
Macholz, C. 478
Mackey, J. 386
Madragule Badi, J.B. 185
Magill, K.J. 368
Mahan, A. 71
Mainzer, K. 111, 320
Maistre, J. 275, 394, 465
Malebranche, N. 174
Malmberg, F. 137
Manemann, J. 54
Mani 127, 315
Mann, G. 251
Manning, H.E. 199
Marcelo de Ancira 58
Marcião 77, 127, 216, 279, 288, 293, 297
Marcuse, H. 240
Maréchal, J. 412
Marheineke, P. 470
Marion, J.-L. 50, 117, 459, 510
Mário Vitorino 129s., 380
Marlé, R. 242
Marmion, C. 334
Marquardt, F.W. 192, 329
Marshall, B. 223
Marsílio de Pádua 258, 368
Martinho I 497
Martinho V 364
Martini, C.M. 176
Marx, K. 145, 207, 250, 389

Marxsen, W. 408

Matilde de Hackeborn 201, 229

Matilde de Magdeburgo 42, 144, 201, 229, 252, 381, 389, 442, 450

Matter, P. 478

Mauss, M. 405

Máximo o Confessor 65, 82, 103, 127, 138, 149, 468, 497

May, G. 218

Mayer, A. 65

Mayr, E. 481

McGuckin, J.A. 321

Mead, H. 50, 263

Meadows, D. 177

Mehring, L. 395

Meisinger, H. 349

Meisner, B. 122

Melâncton, F. 45, 74, 187, 220, 231, 259, 272, 283, 344, 351, 359, 365, 392, 423, 456, 468, 508

Melchior Cano 186, 439

Melito de Sardes 58, 142, 277, 373, 407, 496

Mell, U. 70

Mendel, G. 115, 481

Mendelssohn, M. 294

Ménégoz, E. 221

Menke, K.-H. 94, 97, 104, 122, 124, 129, 185, 317s., 326, 330, 335, 344, 346, 387, 408, 437, 452, 454, 456s., 499s.

Merino, G.G. 240, 413

Merklein, H. 166, 168, 264, 386s., 457, 474

Merkt, A. 394

Merton, T. 42, 369, 506s., 509

Merz, A. 129, 291, 293, 361

Messner, R. 418, 432s.

Mestre Eckhart 144, 204, 264, 297, 348, 389, 403, 468, 477

Metcalf, T. 388

Metódio de Olimpos 150

Mette, N. 181, 256

Metz, J.B. 48s., 53, 62, 104, 137, 145, 240, 256, 344s., 384, 397, 437, 441, 448, 450, 452, 454, 459, 461, 463, 465, 469

Meuffels, O. 162, 390

Meyendorff, I. 382, 471

Meyer, H. 179, 336

Meyer zu Schlochtern, J. 268, 420

Michelangelo 367

Miggelbrink, R. 62, 99, 102, 288s., 507

Milbank, J. 221

Mildenberger, F. 475

Milton, J. 127, 394

Mitterstieler, E. 415

Mivart, G. 481

Modalsli, O. 357

Mogila, P. 471

Möhler, J.A. 100, 258, 381, 412, 419, 424, 439, 469, 501, 507

Möhring-Hesse, M. 298

Molina, L. 229, 387

Molinos, M. 141

Moloney, F.J. 370

Moltmann, J. 46, 49s., 53, 65, 81, 118, 124, 138, 171s., 184, 192, 203, 223, 240, 250, 329, 345, 369, 382, 396, 408, 412, 437, 448, 456, 459-461, 470, 473, 491

Moltmann-Wendel, E. 199, 437-469

Monod, J. 40, 185

Montagnes, B. 45

Montague, G. 72

Montesquieu, C.L. 170

Mooney, H.A.-M. 384

Moos, A. 363

Mortara, E. 294

Mühl, M. 150

Mühlen, H. 71, 80-82, 130, 137, 139, 156, 199, 377, 381

Müller, G.L. 97, 129, 260s., 321, 346, 370, 373, 382, 436, 446s., 454, 500

Müller, H.A. 111, 204, 482

Müller, J. 94

Müller, K. 48, 54, 265, 393, 397, 465

Mussner, F. 294

Mutschler, H-D. 115

Nachtwei, G. 270

Nagel, E. 73

Neebe, G. 158

Neiss, S. 331
Nestório 126-128, 164, 320s., 386, 496
Neuhaus, G. 106
Neuner, P. 151, 220, 259, 268, 302, 338, 403, 420, 434, 480
Neunheuser, B. 120, 211
Newman, J.H. 90, 105, 139, 234, 389, 412, 439, 469, 481
Newton, I. 113s., 476
Nicodemos 150, 292, 406
Nicolau de Cusa 58, 134, 204, 254, 264s., 332, 369, 487
Nicolau de Flüe 369
Nicolau I 287
Nielsen, K. 221
Niemann, F.J. 188, 281
Nietzsche, F. 47, 64, 145, 238, 278, 383, 509
Niewiadomski, J. 480
Nigido, P. 317
Nissiotis, N. 471
Nitsche, B. 156, 173
Nocke, F.J. 247
Noeto 238
Noti, O. 232
Novaciano 186, 370
Nüssel, F. 211, 286, 501
Nützel, J.M. 59

Oberdorfer, B. 91, 223, 492
Oberlinner, L. 408
Ochs, T. 82
O'Collins, G. 242, 490
Oegema, G.S. 54
Oeldemann, J. 179, 458
Oeming, M. 79, 242
Oetinger, F.C. 202
Ogden, S.M. 240
Ohly, C. 440
Olbrich, R. 68, 73
Olivi, P. 275, 308

Ollé-Laprune, L. 219

Olshausen, H. 470

Ool, P.J.M.A. 438

Oort, J. 315

Optato de Milevi 335

Orígenes 38, 55, 69s., 73, 80, 90, 93, 95, 97, 104, 111, 114, 121, 125, 131, 137, 141s., 144, 148, 150, 154, 159, 167, 169s., 175, 183, 190s., 194, 201, 230, 239, 254, 257, 262, 267, 277, 279, 288s., 302, 320, 326s., 344, 350, 360, 368, 370, 378, 380, 386, 396, 400, 407, 409, 431, 435, 451, 462, 467, 477, 491, 504, 509

Orósio 249

Orth, S. 443

Ortkemper, F.J. 347

Ossmann, R.R. 52, 61, 97, 133, 148, 165, 306, 317s., 321, 326, 446

Osten-Sacken, P. 174

Ostmeyer, K.-H. 288

Ott, L. 235, 428

Otto, R. 412

Otto von Freising 250

Pacômio 201

Palamas, G. 235, 352, 381, 471, 478

Palaver, J. 437

Pannenberg, W. 45-47, 49s., 56, 79, 88, 104-106, 115, 120, 124, 128, 134, 136, 172, 180s., 184s., 192, 197, 204, 211s., 216, 220, 223, 240, 250s., 256, 263, 270, 283, 300, 325, 328, 354, 358, 361, 377, 382, 391, 397, 399, 407s., 426, 456, 459, 470, 490, 497

Papini, G. 334

Parente, P. 103

Parmentier, M. 82

Pascal, B. 109, 114

Pascásio Radberto 208s.

Paulino de Aquileia 127

Paulo II 127

Paulo IV 96

Paulo V 202

Paulo VI 89, 135s., 147, 149, 151, 177, 210, 272, 318s., 324, 331, 359, 445, 482, 494

Paulo de Samósata 125, 127, 130, 398, 407

Paus, A. 278

Peacocke, A. 114

Pedro Abelardo 128, 265, 430, 464, 468

Pedro Auréolo 156

Pedro Canísio 236, 370, 468

Pedro de Poitiers 216

Pedro Lombardo 105, 121, 228, 282, 305, 322, 334, 344, 353, 370, 381, 421, 430, 442, 468, 472

Peirce, C.S. 170, 392

Pelágio 66, 72, 227, 229s., 302, 374, 387

Pemsel-Maier, S. 300, 399

Penelhum, T. 221

Pentcheva, B.V. 321

Perrone, G. 469

Pesch, O.H. 50s., 86, 98s., 104, 122, 129, 176, 220, 252s., 263, 303s., 320, 324, 328, 357s., 375s., 408, 419s., 441

Peter, W. 262

Peters, A. 328, 358

Peters, T.R. 345

Petri, H. 52, 61, 97, 133, 148, 165, 306, 317s., 321, 326, 446

Peukert, H. 441

Peura, S. 216

Pfammatter, J. 342, 367

Pfannkuche, S. 75, 92

Pfnür, V. 216

Pfürtner, S. 85

Philareto de Moscou 471

Philippe, M.D. 306

Phillips, D.Z. 221

Pickstock, C. 221

Pieper, J. 134

Pierre d'Ailly 186

Pio V 191, 231, 244, 269, 341

Pio VI 152, 277

Pio VIII 224

Pio IX 152, 158, 164, 175, 317, 319, 337s., 364

Pio X 217, 224, 301, 338, 364, 482

Pio XI 110, 178, 181, 245, 301, 323, 443, 479

Pio XII 60, 80, 116, 152, 164, 195, 217, 224, 235, 240, 258, 267, 274s., 278, 280, 301, 305, 317, 319, 339, 347, 350, 364, 381, 427, 481s., 507

Planck, M. 114

Plantinga, A. 91
Platão 44, 64, 83s., 90, 111, 150, 172, 252, 265, 268s., 319, 397, 459
Plathow, M. 394
Plessner, H. 49
Plotino 44, 90, 477
Poe, H.L. 388
Pöhlmann, H.G. 328, 357
Polkinghorne, J.C. 111, 114, 391, 393
Policarpo 55, 77, 100, 435, 467
Popper, K. 174
Poschmann, A. 73
Poschmann, B. 272
Pottmeyer, H.J. 158, 188, 212, 220, 259, 276, 366, 446s., 509
Poulain, A.F. 155
Praxeas 238, 378, 491
Press, M. 130, 200, 383
Pretscher, J. 232
Preul, R. 379
Prigogine, I. 390
Proclo 278, 394
Pröpper, T. 50s., 140, 212, 236, 270, 303s., 344, 346, 377, 397, 441, 452, 454, 465
Próspero da Aquitânia 511
Przywara, E. 44s., 377, 472, 478
Pseudo-Dionísio 44, 46, 91, 217, 242, 265, 267, 332, 352, 464, 477
Pseudo-Hipólito 257, 320, 386, 457, 496
Puig i Tárrech, A. 293
Puntel, L.B. 503
Pirro 127

Quenstedt, J.A. 235
Quesnel, P. 350, 357, 385, 511
Quine, W.O. 337
Quitterer, J. 338

Rademacher, A. 412
Radl, W. 367
Radnitzky, G. 242

Raffelt, A. 484

Rager, G. 111, 204

Rahner, H. 259, 334, 352

Rahner, J. 56, 62, 83, 90, 98, 100s., 153, 176, 179, 192, 238, 259, 261, 268, 300, 336, 352, 420, 434, 447, 458, 501, 509

Rahner, K. 39, 41, 43, 47s., 50, 65, 68, 80, 83, 90, 94, 99, 102-105, 109, 116s., 124, 138, 140, 159, 162, 184s., 188, 192, 215s., 230, 232, 234, 236, 238, 240, 251, 255s., 261, 270, 272s., 280s., 288, 300, 303, 307, 333, 335-337, 339-342, 351s., 356, 362, 370, 372, 374, 377, 379, 389, 397, 403, 412s., 419s., 424, 434, 437, 441, 450, 456, 459, 466, 469, 478, 484, 487, 490s., 503, 505, 511s.

Randers, J. 177

Ranieri, J.J. 384

Ranke, L. 250

Ratramno de Corbie 209

Ratschow, C.H. 162

Ratzinger, J. 45, 70, 90, 92, 94, 101, 105, 116, 124, 128, 134, 136, 149, 152, 192, 255, 259, 261, 269, 324, 334s., 352, 376s., 397s., 403, 424, 437, 456, 458, 469, 490, 497s., 501, 504s., 512

Raunio, A. 216

Reed, J.L. 293

Reimarus, H.S. 195, 289, 292, 469

Reinhardt, H.J.F. 418

Reinhart, L.F. 474

Reiser, M. 296

Remenyi, M. 345

Remmers, J. 458

Rensch, B. 481

Renz, A. 294

Resch, R. 408

Reventlow, H. 197

Ricardo de São Vítor 222, 376, 381, 468

Riches, A. 306

Richter, K. 122, 457

Ricoeur, P. 136, 231, 313

Riedel-Spangenberger, I. 368, 433

Riedlinger, H. 104, 236

Riesebrodt, M. 225

Rimpau, L. 243

Ritschl, D. 136, 288, 312, 382

Robinson, J.M. 240

Röd, W. 393

Rogers, E. 383
Rohls, J. 151, 460
Roloff, J. 56, 290, 293
Römer, C.E. 315
Romero, O. 145, 384, 506
Rondet, H. 138
Rordorf, L. 490
Rosenau, H. 338, 401
Rosmini-Serbati, A. 116, 481
Roten, J.G. 97
Roth, N. 75
Rousseau, J.-J. 207
Rousselot, P. 469
Rudolph, K. 174
Ruffini, E. 88
Ruhstorfer, K. 510
Ruperto de Deutz 199, 334, 468
Ruppert, L. 347
Rüsen, J. 377
Russel, B. 106
Ruster, T. 135, 465
Rutishauer, C. 203
Ruysbroek, J. 155

Sabatier, L.A. 221
Sabélio 238
Sachs, J.R. 401
Sadolet, J. 468
Salat, J. 199
Salmann, E. 56
Sander, H.-J. 39, 42, 45, 56, 64s., 91, 146, 170s., 173, 218, 221, 229, 289, 298, 307, 336, 353, 368, 380, 384, 388, 390, 393s., 397, 405, 477s., 492, 507, 510
Sanders, E.P. 293
Sarot, M. 65
Sartre, J.-P. 64, 383
Satornil 127

Sattler, D. 38, 56, 68, 73, 76, 88, 102, 109, 120, 211, 216, 247, 254, 273, 284, 286, 318, 325, 346, 355s., 359, 361, 363, 418, 426, 428, 432s., 454, 458, 495

Sauter, G. 51, 192, 441, 476

Savonarola, G. 365

Scannone, J.C. 284

Scaramelli, G.B. 155

Schaap-Jonker, H. 379

Schäder, E. 48

Schaede, S. 457, 484

Schaeffler, R. 134, 242

Schäfler, M. 415

Schanz, P. 424

Schatz, K. 98, 366, 447

Scheeben, M.J. 48, 62, 130, 186, 199, 234, 381, 412, 419, 424, 439, 469, 492

Scheffczyk, L. 47, 150, 321, 334, 408

Scheiber, K. 38, 371

Scheler, M. 49

Schell, H. 103, 469

Schelling, F.W.J. 184, 303

Schenke, L. 259, 369

Scherer, G. 269

Scherf, W. 142

Scherzberg, L. 232

Schillebeeckx, E. 209, 240, 360, 406, 424, 469

Schilson, A. 335, 418

Schindele, P. 236

Schlatter, A. 329, 470

Schleiermacher, C. 123

Schleiermacher, F. 48, 81, 103, 123, 145, 149, 184, 195, 217, 221, 239, 288, 389, 393, 397, 400, 404, 407, 412, 452, 470, 491, 499

Schlier, H. 59, 356s.

Schlink, E. 68, 475

Schlögel, H. 372

Schlüter, R. 487

Schmaus, M. 137

Schmemann, A. 471

Schmid, H. 331

Schmidt, A. 388
Schmidt, M. 236
Schmidt-Lauber, H.-C. 288
Schmidt-Leukel, P. 500
Schmieder, F. 48
Schmiederer, L. 72
Schmithals, W. 458
Schmitt, A. 505
Schmitt, C. 286, 383
Schmitthenner, U. 177
Schmitz, H. 153
Schmitz-Moormann, K. 349
Schmuker, R.W. 440
Schnackenburg, R. 128, 132, 226
Schneider, B. 52
Schneider, R. 369
Schneider, T. 56, 63, 68, 73, 79, 120, 211, 216, 254, 283, 318, 325, 354, 359, 399, 426, 428, 432, 458, 490, 495
Schneider-Flume, G. 475
Schnelle, U. 486
Schoberth, W. 51, 265, 441
Schockenhoff, E. 106, 160, 177, 304, 312, 466
Scholl, N. 293, 492
Scholtissek, K. 330
Schönberger, R. 45
Schönborn, C. 334s.
Schoonenberg, P. 130, 209, 240, 373, 387
Schottroff, L. 437
Schrader, C. 469
Schrage, W. 394
Schreer, W.G. 261
Schreiner, K. 148, 510
Schröder, C. 476
Schuller, F. 54, 136, 398
Schüller, T. 301
Schulte, R. 97, 339, 495
Schulz, M. 56, 247, 278, 376
Schulz, W. 436

Schumacher, F. 262, 447

Schupp, F. 392

Schürmann, H. 124, 360s.

Schüssler-Fiorenza, E. 199, 469

Schütt, H.P. 338

Schütte, H. 220

Schütz, C. 70, 72, 82, 139, 156, 288, 335

Schützeichel, H. 246, 358

Schwager, R. 288s., 312, 344, 346, 372, 392, 437, 452, 454, 462

Schwarzwäller, K. 385

Schweitzer, A. 169s., 470

Schweizer, E. 128

Schwienhorst-Schönberger, L. 41

Schwöbel, C. 490, 492, 501

Scoralick, R. 289

Searle, J.R. 363

Seckler, M. 79, 168, 176, 188, 212, 281, 352, 414, 466, 499

Sedmak, C. 388

Segal, A.F. 59

Segundo, J.L. 240

Seidl, T. 146

Seiffert, H. 242

Sellin, G. 410

Semler, J.S. 195s., 469

Semmelroth, O. 312, 362, 419s., 424

Sêneca 84, 393

Senn, F. 200, 383

Serafim de Sarow 235

Serapião 127

Sérgio 127

Serretti, M. 129, 500

Servet, M. 378, 491

Seuse, H. 109

Severo 127

Severo de Antioquia 127, 468, 472

Severus, E. 418

Sieben, H.J. 98

Sievernich, M. 232, 331, 372, 376

Sill, B. 340

Simons, E. 242

Sirício 100, 363

Sisto IV 305

Smith, A. 394

Smith, C. 394

Sobrino, J. 145, 169s., 199, 298, 413, 437, 448, 469

Söding, T. 56, 79, 156, 192, 197, 200, 259, 293, 300, 486

Sohm, R. 153

Söhngen, G. 45, 412s., 469

Sölle, D. 386, 456, 463, 499

Solov'ev, V. 64

Sonnemans, H. 269

Souvignier, G. 349

Sparn, W. 463

Spees, F. 506

Spendel, S.A. 60, 96, 148, 165, 306, 321, 445

Spener, P.J. 235, 469

Speyr, A. 143

Spiecker, E. 288

Spieckermann, H. 289, 478

Splett, J. 171

Stahl, F.J. 470

Staniloae, D. 50, 259, 287, 314, 441

Stapleton, T. 186, 468

Staudenmayr, F.A. 199

Stegemann, E. 329

Stegemann, W. 293

Steinacker, P. 83, 158

Steiner, G. 127

Steinhauer, E.W. 480

Steins, G. 54, 451

Steitz, E. 254

Stemberger, G. 97

Stensen, N. 115, 481

Sternberg, T. 197

Sticher, C. 289
Stirnemann, A. 223
Stobbe, H.-G. 399
Stock, A. 70, 124, 128, 334s., 353, 486
Stöhr, J. 235s.
Stolina, R. 478
Stosch, K. 221, 384
Strauss, D.F. 389, 470, 499
Striet, M. 41, 64, 345s., 397, 478
Stritzky, M.B. 97
Stubenrauch, B. 72, 82, 122, 130, 139, 151, 156, 171, 192, 200, 202s., 223, 237, 288, 353, 371, 382s., 487, 500
Suárez, F. 44, 172, 183, 229, 234, 334, 469
Suchocki, M. 413
Sudbrack, J. 203
Sullivan, F.A. 82
Sundermaier, T. 505
Sundermann, W. 174
Switek, G. 156

Tácito 477
Tafferner, A. 44
Taille, M. 234
Tareev, M. 471
Taylor, C. 405
Teilhard de Chardin, P. 111, 115, 121, 185, 190, 226, 253s., 266, 279, 481, 489
Temporini, H. 361
Teresa de Ávila 202, 235, 472, 509
Tertuliano 38, 70, 72, 105, 121, 125, 127, 129, 131, 144, 186, 198, 201, 204s., 219, 234, 238, 249, 257, 286, 297, 327, 332, 368, 376, 378, 380, 386, 419s., 433, 442, 450, 452, 457, 464, 467, 472, 477, 483, 488, 491, 496, 506
Theissen, G. 129, 218, 291, 293, 361
Theobald, M. 132, 134, 373
Theodor Abu Qurra 309
Teodoreto de Cirro 127
Teodoro de Mopsuéstia 126s., 131, 378, 467, 496
Teodoro de Pharan 509
Teodósio 97, 315
Teódoto de Bizâncio 127, 130

Teódoto o Jovem 127

Teófilo de Antioquia 467

Teresa de Lisieux 456

Thiede, C.P. 408

Thiede, W. 474

Thielicke, H. 450

Thils, G. 246

Thoma, C. 329

Thomasius, G. 470, 473

Thonhauser, J. 507

Thönissen, W. 179, 501

Thüsing, W. 122

Tiefensee, E. 62

Tigges, L. 82

Tillich, P. 46, 140, 199, 206, 397, 466, 470

Toland, J. 219

Tomás de Aquino 37, 39, 41, 43s., 46, 48, 50s., 56, 65s., 69-72, 74, 80, 84-87, 90, 99s., 103, 105s., 112, 114, 116, 119, 121, 123, 128, 132, 134, 137-139, 147, 152, 154-156, 159, 162, 167, 170-173, 182-185, 195, 199, 201, 204-206, 217, 222, 228-230, 234s., 244, 246, 252, 263, 265, 269s., 273, 278, 280, 282, 287, 297s., 303, 305, 308, 312, 314, 319, 323, 325, 327, 334, 337, 344, 349-352, 354s., 362, 370, 372, 374-376, 378, 381, 384, 387, 389-392, 396s., 400, 402-404, 407, 409, 415, 422, 430, 439, 442, 450, 459, 462, 464, 468, 472, 476, 479, 491, 498, 502, 504, 509, 511

Tomás de Kempis 201, 437s.

Tooley, M. 91

Tossou, K.J. 486

Trajano 434

Trevett, C. 218

Trillhaas, W. 475

Trilling, W. 48

Troeltsch, E. 136, 397, 470

Tück, J.H. 330, 345s., 454, 474, 500

Tyrell, G. 412

Ulrico de Augsburgo 435

Upham, T.C. 71

Urbano II 272

Uríbarri Bilbao, G. 239

Valentin, J. 54, 185
Valentiniano I 127
Valeske, U. 246
Valla, L. 195
Vanoni, G. 170
Varro, M. 464
Varro, M.T. 476
Vázquez, G. 234, 469
Venetz, H.-J. 232
Vermes, G. 293, 361
Verweyen, H. 256, 268, 397s., 465, 472, 474
Vilmar, A.F.C. 470
Vincente de Lérins 82, 160, 186, 214, 275, 439, 488
Vischer, L. 223
Vittoria, F. 152
Vogel, H. 58s., 456
Vogel, J. 203
Vogelsang, K. 510
Vogt, H.J. 101
Vögtle, A. 104, 408
Voigt, F. 492
Volk, H. 263
Volkmann, S. 289
Vollmer, G. 84, 266
Voltaire 127, 145, 383, 389
Vorgrimler, H. 38, 47, 87, 102, 104, 109, 200, 273, 278, 342, 356, 432, 484, 495, 503
Vosshenrich, T. 51

Wagner, B. 128, 138, 165, 193, 213, 232s., 236, 284, 425, 482
Wagner, H. 76, 340, 392, 463
Wagner, M. 60, 96, 148, 165, 306, 321, 445s.
Walafrido Strabo 468
Waldenfels, H. 414, 469
Walter, P. 176, 312, 336, 369, 466, 487, 507
Walther, C. 192
Ward, G. 221
Webb, S.H. 394

Weber, M. 388, 405

Weinberger, W. 417

Weinert, F.-R. 59

Weingartner, P. 114

Weiser, A. 59, 150

Weismann, A. 110, 481

Weizsäcker, C.F. 114, 320, 337

Welker, M. 71, 80, 82, 382

Wellhausen, J. 370

Welte, B. 104, 134, 209, 220, 251, 377

Wendel, S. 185

Wengst, K. 294

Wenz, G. 56, 76, 120, 129, 151, 155, 293, 346, 359, 361, 397, 428, 454, 458, 460, 480, 484

Wenzel, K. 110, 398

Werbick, J. 62, 83, 140, 146, 173, 176, 259, 262, 264s., 268, 307, 346, 372, 398, 432, 437, 447, 454, 487, 500

Wess, P. 225

Wessel, S. 321

Wessely, C. 150

Wetecke, D. 64

Whitehead, A.N. 111

Wick, S. 203

Wickert, U. 162

Wiederkehr, D. 440, 454, 490, 497

Wilckens, U. 407s.

Wilflinger, G. 223

Winkler, D.W. 150

Winkler, R. 40

Winter, C. 240

Wischmeyer, O. 51, 441, 443

Wissmann, H. 192

Witte, M. 512

Wittgenstein, L. 221, 240, 477

Wohlmuth, J. 50, 61, 94, 117, 121, 124, 128, 184s., 192, 307, 329, 334s., 377, 397, 440s., 459-461, 486

Wolf, H. 176

Wolff, C. 336, 393

Wollbold, A. 138

Wörther, R.M. 393

Worthing, M. 266
Wrede, W. 292, 329, 361
Wright, N.T. 129, 298
Wundt, W. 174
Wust, P. 377
Wyclif, J. 47, 53, 75, 119, 158, 272, 300, 365, 508

Xenófanes 332

Yohn, R. 139
Young, W.W. 353

Zager, W. 296
Zapf, H. 510
Zdenek, K. 203
Zeeden, E.W. 100
Zeindler, M. 86, 157, 182, 296, 388
Zenger, E. 112, 180, 262, 347, 368, 447, 487
Zerndl, J. 120
Ziegenaus, A. 97, 148, 192, 318, 321, 334s.
Zimmerli, W. 274
Zimmerling, P. 72, 82, 139
Zinovij de Oten 64
Zinzendorf, N.L. 469
Zizioulas, I. 471
Zwiep, W.A. 59
Zwínglio, U. 235, 395, 400, 423, 473, 508

ÍNDICE TEMÁTICO*

Abade/abadessa 418

Abba 144, 286, 352, 367s., 378, 485

Abençoamentos/consagrações 416, 418, 435

Absolvição **37s.**, 101, 107s., 150, 271-273, 354-356, 423, 428, 430s., 458

Abstinência 96, 271, 428

Ação católica 301

Acaso 39s., **83**, 106, 212, 215, 278, 393

adaequatio intellectus 502s.

Adão e Eva 264, 312, 322, 339, 390

Adiamento do Batismo 72

Adocionismo 68s., 125, 129, 328

a fide devius, papa 92, 364

Afiliação eclesiástica 38, 152, 350, 512

aggiornamento 136, 224, 237, 250, 488

Agnosticismo 44, 453

Agostinismo/agostiniano 56, 157, 167, 229, 246, 277, 282, 327, 350, 354, 374, 404, 423, 431, 443, 459, 508

Albigense 72, 145, 173, 209, 217, 506

Alegoria 118, 194, 201, 239s., 396, 467, 480

Alegria **40s.**, 60, 85s., 109, 137, 155, 193, 236, 278, 669
- Alegria sensual 113

Aliança
- de Abraão 510
- de Deus, irrevogável 75, 322, 368
- narrativa de Noé 312, 509s.

Alma
- de Jesus Cristo 103, 127, 131, 142
- do ser humano 142, 193, 228, 264, 268, 315, 400, 402s., 459

Amidá 88, 409

Amizade de Deus 228, 232

---

* As páginas que tratam do verbete estão em negrito.

amor 38s., **41-43**, 129, 146s., 149s., 184, 205, 214, 270, 299, 328, 345, 352, 377, 382, 441, 448s., 456
- anjos/seres espirituais 45s., 142, 154
- ao inimigo 42s., 262, 368, 436, 486
- Batismo 68, 72s.
- corpo-alma 205, 263
- Crisma 218
- doutrina geral dos sacramentos 71, 215, 242s., 248, 283, 419s., 422, 424s., 483
- Espírito Santo 70, 130, 197-199, 221s., 233, 286, 288, 380-382
- Eucaristia 120, 207, 209
- fé/*fides facit personam* 63, 105, 118-120, 132, 152, 165s., 218-220, 237, 244, 248, 280, 303, 310s., 330, 333, 377, 389, 410, 412s., 448, 463, 484, 502
- identidade/centro da pessoa 100, 104, 116, 184, 233-235, 242, 253, 256, 270s., 376, 378, 402
- *in persona Christi agere* 150, 416s., 426, 456
- juízo/vontade salvífica/justificação/soteriologia 62, 85s., 93, 109, 123, 147, 181s., 190, 205, 295, 299, 304, 321, 341, 351, 394, 453, 456, 498, 511
- matrimônio 321-323, 325
- pessoa corporativa, mística/transpersonalidade 55, 71, 212, 267, 307, 339, 375, 446
- pessoas em Deus/Trindade 38, 43, 56, 64s., 92, 143, 145, 170s., 183, 217, 238, 245, 263, 276, 300, 348, 376, **377-380**, 389, 411, 480, 490-492, 496, 505
- revelação 132, 139, 152, 164, 166s., 212, 214, 218-220, 237, 245, 248, 280, 304, 310, 329, 333, 376, 389, 410, 412s., 463, 484, 502

amor/caritas/dilectio/amicitia 42, 159, 228, 262s., 378, 380s., 442, 449s.

anabasis-katabasis 133s.

Analogia **44s.**
- Epistemologia/linguística 44s., 64, 90, 94, 133, 169s., 185, 194, 239s., 273s., 306s., 310, 312, 332, 452, 464s., 476-478, 507
- eventos salvíficos sem analogia 94s., 246, 407
- Padrões de conhecimento 44s., 71, 88, 90, 92, 94, 117, 132s., 195, 200s., 205, 234s., 243, 252, 261-263, 267s., 283, 286, 315, 324s., 371, 373s., 376-378, 380s., 396, 415, 420-424, 444, 460s., 480s., 507

Anamnese 133, 207, 209, 284, 287

Anátema 39, 151, 161, 275, 400

Androginia 213

Angelologia 46, 141

Anglicanos 80, 89, 179, 223, 317, 331, 335, 353s., 365, 428

anima forma corporis 246, 319, 402, 409

animal rationale 264, 397, 441

Animismo 110

Anjos 45, 57, 86, 93, 95, 141s., 146, 148, 154, 164, 193, 226, 242, 295, 312, 315s., 332, 350, 382, 416, 444
- da guarda 46

Antessala do inferno/*limbus* 72, 277, 400

Anticalcedonismo 127

Anticristo **47**, 53, 88, 148s., 154, 275, 365

– 556 –

Antijudaísmo 250, 293s., 404

Antimodernismo 169, 217

Antissemitismo 293, 361

Antitrinitários 127, 378, 491

Antropodiceia 463

Antropofilia de Deus 236

Aparições
- de Maria **51s.**, 315
- do Ressurreto 51, 57, 243, 342, 405, 407

apex mentis 403

Apocalíptica 47, **52-54**, 110, 148, 166, 188, 192, 213, 225, 249, 295, 332, 366, 373, 395, 405, 408s., 419s., 447, 450, 459-461, 504

Apocatástase/redenção universal 54, 141, 254, 288, 302, 345, 393, **399-401**, 512

Apócrifos 77s., 226

Apolinarismo 127, 131, 496

Apologetas gregos 105, 131, 467

Apologética 38, 135, 151, 158, 175, 186, 389, 412

Apostasia/desvio da fé 246, 370, 429

Apostolicidade **54-56**, 74, 77, 92, 175, 275, 359, 427

Apostolicum 96, 143, 244, 277, 292, 335

Apropriações **56**, 171, 491

Arianismo 127, 131, 183, 194, 222, 224, 238, 439, 468

Aristotelismo 265s., 278, 464, 467

Arrebatamento 57s., 503

Arrependimento 37, 65, 108, 139, 156-158, 190, 227, 272s., 335, 355s., 368, 419, 428s.

Arrogância/orgulho 99, 236, 271, 372, 374s.

ars moriendi 341, 443, 450

Artes plásticas 146, 203, 295s., 382, 472

articuli fidei 160, 244s.

aseitas de Deus 64

Assassinato 346, 368, 373, 429, 463

Assistentes
- congregacionais 359
- pastorais 359

assistentia negativa 280

assumptio 59s., 162
- *Mariae* 60s.

Astrofísica 117, 266

Astrologia 62s.

Ateísmo **63s.**, 90, 140, 383, 388s., 392, 403, 470, 487

Atman 236

Atomismo 110, 390

Atos do penitente 108, 355, 400, 430

Atributos
- da Igreja 82, 433, 500
- de Deus 56, **64s.**, 144

Atricionismo-contricionismo 108

auctoritas-ratio 186

Ausência de equívocos na Escritura 273s.

aut satisfactio aut poena 483

autobasileia 167, 169

Autocomunicação/autodesvelamento

Autonomia
- da decisão livre 66, 199, 231, 264, 298, 373, 454
- da existência humana 229, 251
- da história do mundo 185, 249, 391, 448
- da razão 308, 412, 465
- das ciências 114, 479
- de igrejas e congregações eclesiásticas 100, 261s., 446
- -heteronomia 93, 140, 161, 304
- relativa 448

Autopistia/autointerpretação da Escritura 49, 187s., 195, 239, 241

autopoiese 319

Autoritarismo 364s., 389

Autorredenção 230s., 299, 379, 505

Ave-Maria 244

Babilônia
- exílio babilônico 239, 342, 346, 487
- mito babilônico da criação 110, 346s.
- neobabilônios 506

Bañezianismo 202

Batismo
- adulto 67s., 120, 425, 432
- de água 65s., 68s., 70, 73, 119, 289
- de desejo 66, 350, 511
- de Jesus **68-70**, 183, 485
- de sangue 622
- do Espírito **70s.**, 79s.

- emergencial 119
- herege 67, 87s., 350
- infantil 65-68, **72s.**, 118-120, 230, 400, 432s.

Batista/movimento batista 67, 71, 169, 239, 329, 359, 396

Beatificação 435

Beguinas 201, 300

Bem-aventurança 109, 193, 393

Bem/bens matrimoniais 322s.

Bênção dos noivos 324, 418

Benedições reais 418

Benedictus Deus, bula 86, 191, 205, 277, 295

Biblicismo 225, 242, 274

Big-bang 110, 112, 115, 278

Bispo 73-75
- auxiliar/*chorepiscopus* 73s.
- colégio de bispos 97s., 309, 311, 399, 457
- conferência de bispos 285
- de Roma 258, 275, 309, 311, 358, 363-365
- diocesano 74
- individual 74, 261, 309, 311
- local 261, 425
- mulher 417
- ofício episcopal 89, 240, 245, 308, 335s., 427, 457s., 488
- ordenação do bispo 425, 427, 447
- sede do bispo 56, 363s., 457
- sínodo episcopal 92, 100, 222, 446

Blasfêmia 224s., 369-371

Bode expiatório 288, 372, 507

Bogomilos 173

Bondade universal de Deus 64s., 388, 463

bonum commune 368, 448

Branch Theory 178

Caça às bruxas 141

Cadáver 269, 292, 406-408

Calendário dos santos 436

Cálice do leigo 75s., 209

Cânone
- formação do 52, 55, **76-78**, 124, 195s., 213, 216s., 260, 274, 280, 292, 308s., 398, 488-490, 500
- s da penitência 430

capax infiniti, ser humano 236

Capela Sistina, Roma 367

Capitalismo 388, 394

Cardeal 364, 447

Caridade 42, 150, 159, 382, 442, 450

Carismas/renovação/movimento carismático 43, 61, 70, **79-81**, 118, 130, 136s., 153, 197s., 200-202, 270, 301, 309, 358, 415, 417, 437

caritas-eros 492

Casa de Deus 267

casta meretrix, Igreja 267, 433

Catacumbas 146, 316

Catálogos de carismas 79

Cátaros 55, 72, 80, 141, 145, 173, 201, 209, 217, 258, 285, 300, 323, 506

Catechismus Romanus 55, 202, 244, 416, 433, 500, 507

Catecismo 138, 235, 295, 309, 311, 354, 370, 482, 506
- de Heidelberg 277, 357

Catecumenato 425, 432

Catolicidade **82s.**, 93, 157s., 330, 363, 365, 446

causa meritoria 456, 483

Causalidade **83s.**, 107, 204, 280, 314, 393, 482, 512

Celebração fúnebre 417s.

Celibato 149, 358, 414, 416s., 428, 437

Celtas 101, 330, 429

censurae theologicae 311

Certeza da salvação **85**, 182, 235, 272, 453

certitudo-securitas 85

Cesaropapismo 257

character indelebilis **87s.**, 359, 422, 424

charisma veritatis 309

Christus magister et exemplum 451, 454

Christus medicus 159, 493

Christus praesens 58

Christus prolongatus 507

Christus victor/victima 454

Ciência
- da liturgia 467
- natural 40, 84, 110, 112, **114s.**, 140, 172, 204, 224, 253, 266, 279, 331, 337s., 348, 382, 481s., 484
- s de direito 108, 469

- s humanas 108, 195, 325, 469
- s neurológicas 140, 231, 303

Círculo dos Doze/os "Doze" 54, 91, 257, 290, 358, 363, 426, 479, 492

Círculo/espiral hermenêutica 240, 242

circumincessio/circuminsessio 171

Cisma **88-90**, 97s., 100, 179, 201, 215, 217, 221, 237, 309, 335, 350, 465, 502
- ocidental 364

Civitas Dei/civitas terrena 167, 169, 249, 267, 368, 448, 507

Classe de teólogos 479

Clericalização/sacerdocialização 300, 358, 415, 417, 419

Clérigo 175, 258, 300s., 323, 358, 415s.

Coliridianas 316, 320

Comissão Teológica Internacional 103s., 187, 466, 480

Comitê central dos católicos alemães 301

communio 74, 89, 93s., 179, 243, 260-262, 345, 351, 359, 425, 436, 446s., 452, 458, 500
- do Deus trino 501
- *ecclesiarum* 260-262, 336, 446s., 500
- *episcoporum* 458
- *fidelium* 446, 458
- *hierarchica* 74, 243, 268
- *non plena* 268, 446, 501
- *sanctorum/communio in sacris* 86, 93, 267, 394, 433, 436
- *sanctorum*, Erklärung 93, 188, 276, 317, 365, 434, 436, 489
- *spiritualis* 89

Comunhão de púlpito/de altar 501

Comunicabilidade 397, 488, 503

Comunicação dos idiomas 163s., 320, 473, 497

Comunidade Taizé 202

Concedimento do Espírito 51, 68, 70, 87, 119, 129, 137, 177, 439, 479

Conceito da revelação 219, 248, 250, 414

Conciliarismo 97s., 258, 275, 364, 369, 398, 446

Concílio
- apostólico 91, 97, 160, 363, 446
- -conciliaridade **97-98**
- panortodoxo 83, 98
- s de união 89, 97, 151, 178, 335, 354, 422
- s ecumênicos 97, 178, 446

Conclusões 186, 244, 310, 484
- Teologia conclusiva 244, 317

Concórdia de Leuenberg 210, 335

Condenações doutrinais 47, 87, 210, 230s., 245, 298s., 345, 424, 427s., 453

condilectus 222

Confessionalização 100, 487, 507

Confessor 38, 371, 429

confessores 435

Confirmação 67, 73, 87, 119s., 283, 362, 432s.

Confissão
- devocional 102
- dos pecados 37, **101s.**, 109, 355
- leiga 430

Consciência 82, 104s., 109, 119, 139, 270, 303, 351, 372, 511s.
- decisão/liberdade de consciência 140, 152, 178, 303, 345, 486s.
- de Jesus como Filho 104, 184
- do Eu 253
- do *logos*/autoconsciência de Jesus **102-104**, 128, 183
- em M. Lutero 102, 356, 370
- formação de consciência 487
- responsabilidade de consciência 314
- transcendental 253

Conselho Mundial de Igrejas 177, 223

Conselhos evangélicos 437, 462

Consenso 43, 55, 117, 140, 151, 157, 170, 178, 196, 231, 237, 245, 252, 299, 303, 327, 336, 345, 357, 385, 404, 424, 475, 479, 503, 511
- diferenciado 178, 237

consensus quinquesaecularis 128, 178

Consequências/castigos do pecado 191, 271-273, 340, 355

conservatio/concursus/gubernatio mundi 393

consignatio 119, 137

Contrarreforma 135, 147, 175, 226, 317, 359, 370, 415, 449, 468

Contrição 37, 101, **107s.**, 215, 342, 355, 430
- por amor/por medo 107s.

Contricionismo/atricionismo 108

Controvérsia monotelita 183, 497

Convergência/declarações de convergência 67, 81, 87s., 120, 151, 177, 210, 259, 285, 399, 424, 428, 458, 466

Corpo da ressurreição 190, 407

Corpo de Cristo
- Eucaristia 75s., 193, 286, 408, 432
- Igreja 66, 158, 198, 208, 267, 275, 359, 363s., 415, 419, 436, 455, 507
- Jesus terreno transfigurado 58, 143

Corporeidade 58, 183, 402

Corpus Christi 315

corpus Christi verum-mysticum 258

corpus permixtum 257, 433, 507s.

Corredentora, Maria 133, 326, 445

creatio continua 63, 84, **111s.**, 113s., 117, 140, 173, 391, 480s.

creatio ex nihilo 63, 84, 110, **111s.**, 113s., 116s., 140, 145, 172, 383, 390s., 459, 481

creatio originalis 140

Credo
- batismal 66, 164, 428s.
- Pseudoatanasiano 101, 190, 277, 295, 366, 410
- s evangélicos 47, 76, 101, 157s., 202, 283, 309, 321, 324, 327, 354, 422s., 469, 489

credo ut intelligam 220, 464

Criação à imagem de Deus 151, 262, 264

Criacianismo 116s., 253

Criaturalidade 46, 106, **116-118**, 183, 225s., 262, 377, 401, 413, 496

Cristãos
- anônimos 68, 105, 230, 351, 511
- gentios 178, 224, 244, 500

Cristianismo judaico 127

Cristo como (proto)antepassado 485

Cristocentrismo **120-122**, 243, 419, 467, 498s.

Cristologia
- da encarnação 121, 125, 485
- da preexistência 386
- da ressurreição 407
- das duas naturezas 103, 123, 127, 213, 238, 497
- da separação 125s., 132
- da unificação 125s., 132
- de dois/três níveis 386

Cristomonismo 122

Critério de diferença 292

Crítica
- à autoridade 180s., 303
- ao papado 365
- dogmática 247, 474

Cronologia do processo contra Jesus 291

Cruzadas 89, 272, 300, 506, 509

Culto
- de mistério 383, 420
- -liturgia 40s., 43, 46, 56, 61, 67, 75, 77, 83, 86, 101, 108, 120, 133-136, 161, 176, 181, 183, 194, 202, 205, 210, 226, 261, 267, 282, 284, 286s., 334, 361, 407s., 417, 430, 467, 475, 484, 494
- -purificação/*logion*/destruição do templo 133s., 158, 166, 234, 267, 288, 290s., 329, 342, 388, 416

Dádiva da graça 79-81, 137, 157, 227, 230, 233-235, 351, 381
- de Deus 48, 117, 160, 170, 183, 214, 229, 236, 243, 245, 248, 251, 274, 303, 306s., 333, 352, 372, 388, 396, 419, 436, 475s., 487-489, 577
- do Espírito 61, 79s., **136-139**, 199, 201, 234, 243, 415, 426, 437
- Sacramento da Confissão/Penitência 37, 66, 101, 107s., 271s., 342s., 355, 375, 430-432
- -salvífica/função salvífica 83, 200, 357, 368, 412, 451
- s da graça 51, 81s., 301, 423

Decisões *ex-cathedra* 188, 310, 364

Declaração
- Conjunta (1999) 42s., 50, 113, 118, 178, 199, 217, 220, 231, 245, 273, 297, 299, 303, 345, 389, 453, 480, 503
- Teológica de Barmen 45, 170

Decretais pseudoisidorianas 364

Decreto aos armênios 67, 87, 246, 323, 355s., 422, 427, 430

Deicídio 292, 361

Deísmo 84, 113s., 140s., 178, 266, 383

Delírios 199, 201, 249

De Maria numquam satis 318, 444

Demiurgo 481

Democracia 94, 243, 383, 448s.

Demônios 38, 123, 141s., 148, 154, 159, 166, 172, 312, 462, 492

depositum fidei 308, 310, 413, 487

Derramamento do Espírito 71s., 153s.

Descendentes 227, 251, 306, 321-323, 339, 442

Descida de Cristo ao submundo 86, **142s.**, 253, 276, 400

desiderium naturale 228s.

Desmerecimento da graça 68, 107, 157, 215, 229-231, 233, 299, 384, 418

Destino/crença no destino 39, 63, 93, 110, 148, 205, 253, 350, 383-385, 388, 438, 495

determinatio fidei 308

Determinismo 84, 157, 266

Deus
  como causa de tudo 204, 314
  sem origem 367

Deus absconditus 173, 250, 333

Deus lo vult 509

Deus semper maior 129, 235

Deus sive natura 348

Devoção/piedade do Sagrado Coração de Jesus 109, 121, 456

Dia
- da ira 288

- do falecimento 340, 435
- dos Católicos 301

Diaconisa 150

Diácono 61, 73, 119, **149s.**, 242, 324, 358, 416, 425-428, 443

Diálogo **150s.**
- confessional 431
- inter-religioso/das religiões 64s., 124, 136, 139, 151, 184, 230, 238, 319, 331, 340, 369, 398, 480, 488, 499
- judaico-cristão 124, 184, 318, 329

Dicotomia/tricotomia 239, 441, 476

Diferença
- *doulia-latreia* 147
- reconciliada 179, 336

Dignidade do ser humano/direitos humanos 145, 180, 246, 264s., 345

Direito
- Canônico 133s., **153**, 425, 446, 467
- do patronato 330
- eclesiástico estatal 74

Discernimento dos espíritos 79, 135, 138, 141, **153-155**, 225, 509

Disciplina eclesiástica 158, 178, 261, 431, 506

discretio 154

Disputa
- dos Três Capítulos 130
- eucarística 208s., 258

Dissenso confessional fundamental 245

distentio animi 402, 459s.

Divórcio 150

Docetismo 69, 125, 127, 408

docta ignorantia 332

Documento de Lima 68, 87, 120, 176, 259

Doença 138, **158-160**, 249, 339s., 342, 354, 362, 425, 449, 492s., 504

dogma catholicum 160

Dogmas papais 162, 214, 364

Dogmatismo 214, 225, 242, 474

Domínio de Deus/Reino de Deus 40, 53s., 80, 113, 121, 139, 141, 148, 156, 158s., 165-170, 175, 189, 204, 216, 227, 243, 252, 290, 313, 322, 333, 343, 352, 366, 371, 383, 418, 420, 449, 509

Dominium terrae 177, 262

Dominus Iesus, declaração 100, 122, 178, 260, 453, 457, 499

Doutrina
- da aniquilação 401
- da graça 66, 113, 138, 156s., 180, 224, **227-233**, 255, 298, 304, 382, 398, 436, 462, 475, 498

- da *methexis/participatio* 61, 94, 227, 263, 303, 340, 451, 511
- das virtudes, espiritual 154, 442, 462
- da *theosis* 227, 235s., 297, 341, 451, 511
- de Deus 122, 130, 133, **172s.**, 185, 380-382, 443, 474, 476
- do ato e da potência 185
- do *habitus* 128, 137, 218, 229
- do *privatio boni* 149, 312-314
- dos artigos fundamentais 244s.
- dos dois caminhos 154
- dos dois reinos 168, 170
- dos estamentos 301
- dos três ofícios 61
- extrínseca 230, 411s., 509
- Social da Igreja 94, 226, 506
- -teologia da justificação 41, 49, 50, 67, 105, 136, 220, 231, 240, 297, 299, 345, 365, 368, 378, 417, 422, 431, 453, 473

Doxologia 60, 65, 161, 163, 217, 326, 380, 485

Dramaturgia do fim dos tempos 249

Dualismo 75, 77, 99, 117, 141, 145, 148, **173s.**, 175, 225, 269, 288, 313, 315, 322, 334, 336, 374, 383, 397, 401s., 442

Ebionitas 127

ecclesia ab Abel 82, 351
- *docens/discens* 309
- *electorum/vocatorum* 259
- *semper reformanda* 434
- *universalis/ecclesiae particulares* 261

Eclesiologia da *communio* 74s., 91, 188, 255, 258, 261, 268, 398, 415, 436, 439, 446, 458, 491, 501

Ecologia **176s.**, 214

Economia da salvação 121, 133, 163, 183, 382, 452, 492, 500

Ecumenismo 68, 81, 128, 130, 158, 178, 202, 335s., 359, 365, 382, 466
- do retorno 178s., 501

Eficácia exclusiva/universal de Deus 63, 232, 313, 384

egressus-regressus-Schema 303

Eleição 121, 146, **181s.**, 231, 255, 267, 325, 384s., 394, 433
- da graça 182, 435, 511
- de Israel 93, 152, 233, 326, 329, 500
- de Jesus 182
- de Maria 96, 146, 162s., 304, 306, 315-317, 325s., 443, 445

elementum-signum 87, 100, 192, 239, 246, 259, 282s., 353s., 362, 419, 421, 423, 431

Elitarismo 225

Emanatismo 116

Emergentismo 174

Empsicose 253s.

Encarnação 49, 69, 96, 106, 113, 118, 121, 123, 125, 129, 133, 141, 154, 162s., 174, 182-185, 192, 204, 234, 236, 251, 286, 305, 317, 320, 334, 336, 360, 381, 385s., 391, 402, 407, 441, 445, 454, 461, 485, 496, 499, 507

Encíclicas sociais dos papas 448, 501

Energismo 232

Enipostasia 183, 496

Entropia 110

Éon 53s., 188, 249, 459s.

Eparquia 74, 359

Epiclese 199, **286- 288**, 423

Epifania 69, 183, 333, 411

Epifenomenismo 174

Episcopalismo 80, 364

Epístolas de comunhão 260, 500

Epitimia 355

Épocas da história da teologia e dos dogmas 466-471

Epos de Enuma-Elish 110, 346s.

Era dourada 206

Escassez de sacerdotes 38, 495

Escatologia 39, 60, 65, 86, 142, 170, **189-192**, 205, 255, 278, 294s., 343, 366s., 391-393, 396, 401, 409, 475, 504

Escola
- alexandrina 126, 132, 320, 462, 467
- antioquena 125, 128, 131s., 462, 467
- barroca 229, 247, 385, 469
- da história da religião 190, 470
- de Erlangen (protestante) 470
- de Tübingen 39, 48, 90, 93, 167, 190, 202, 214, 244, 250, 254, 256, 263, 267, 303, 377, 397, 424, 470, 474
- escolástica 39s., 84, 319
- romana 440
- tardia 231, 283, 327, 357, 368, 465, 468

Escritores da Igreja 464, 478

Escrúpulos 431

Espírito
- -cérebro 174, 403
- -instituição 80s.

Espirituais franciscanos 47

Espiritualidade 68, 81, 94, 109, 120, 122, 134, 158, **200-203**, 300, 381s., 403, 414, 437, 443, 448, 456, 487, 504, 510

Espiritualização 167, 190, 202, 410, 415

Esquema
- dos quatro reinos 169
- Evolucionista/de deteriorização ou alienação 489

- *logos-anthropos* 125, 132, 183, 496
- *logos-sarx* 125, 131s., 183, 496
- original/cópia 49, 136, 164, 208, 386, 456
- promessa/cumprimento 120, 188, 344, 411, 460
- tempo/espaço 118, 192, **203s.**, 248, 251, 266, 279, 390

Essencialismo 466

essentia, non gradu, sacerdócio especial 415s.

esse per se ipsum, Deus 84, 107

Estado
- intermediário 190, **204-206**, 269, 295, 394
- original **206s.**, 339, 391
- s quânticos 319

Estrutura da teologia 467

Eternidade 38, 59, 64, 139, 166, 182s., 191, 203s., 222, 232, 250, 256, 277-279, 380, 387, 459-461, 482, 504s., 512
- da matéria 390, 482

Ética/etos 50s., 63, 105, 120, 122, 152, 160, 177, 285, 297, 429, 443, 469, 474, 509

Ética social 50, 108, 152, 369

Etiologia 134, 206, 248, 313, 338, 346, 370

Eucaristia 67, 72, 75s., 83, 118, 120, 176, 207, **197-211**, 246, 260s., 281-283, 286s., 332s., 340, 345, 357s., 361s., 406-408, 415-417, 421, 424s., 427, 429, 431-433, 453, 458, 468, 471, 493s.
- comunhão 429s.
- dos enfermos 211, 494
- infantil 432
- ortodoxia 133, 301, 427
- teologia 344, 456

Eurocentrismo 250

Evento
- -Cristo 53-55, 69, 78, 121, 123, 198, 201, **211-213**, 215, 218, 220s., 251, 282, 332, 344, 411, 414, 421, 424, 433, 456, 495, 498-500, 503
- -Festa de Pentecostes 58, 130, 135, 307, 330, 333, 408

Evolução 49, 63, 185, 206, 253, 266
- Teoria da evolução 113, 115s., 224, 339, 347, 383, **480-482**

Exegese prosopográfica 307, 376

Exigências penitenciais 37, 324, 340, 355, 429-431, 493

Existencialismo 37, 324, 340, 355, 429-431, 493

Êxodo 134, 251, 284, 302, 342, 411, 448, 458, 487

ex opere operato **215s.**, 358, 418, 422

Exorcismos 141, 148, 159, 166, 172, 312, 343, 370, 417s.

Expectativa
- do retorno próximo 53, 166, 189, 204, 340, 366, 429
- messiânica 142, 169

Experiência de Deus 42, 90, 109, 134, 155, 250, 263, 352, 410, 506
Êxtase/entusiasmo 41, 70, 79, 199, 279s.
extra nos 231, 235, 453, 484
Extrema Unção 493s.

facienti quod in se est Deus non denegat 156
facta dogmatica 310
Faculdades teológicas 480
Falta de palavras 45, 65, 91, 146, 478
Fariseus/saduceus 150, 189, 224, 290, 326, 405s., 409
Fatalismo 39, 90, 173
Febronianismo 364
Fé fiducial 219
felix culpa 90, 372, 375s.
Feminismo 147, 214, 252, 318, 367, 381, 437, 443, 469
Fenômeno
  • de emergência 266, 337
  • s revelatórios 411
Festa da Ascensão de Jesus 57
Fideísmo 187, 219, **220s.**, 398, 412, 465
fides caritate formata 357
fides Damasi 191, 410
fides divina et catholica 161
fides facit personam 377
fides implicita 219s., 244, 484
fides quaerens intellectum 144, 464, 468
fides qua-fides quae 100, 219s., 466
Filho
  • de Deus 60, 68, 87, 123, 127, 129-131, 164, 181, 227, 321, 328, 385, 405, 407, 432, 440, 472, 475, **484-486**, 497
  • do homem 43, 57, 123, 291, 328, 358, 386, 455, 484
Filiação divina de Jesus 124, 439, 485
Filioque 101, 130, 170, **221-223**, 238, 379, 381, 398, 492
Filogênese 254, 278
Filosofia
  • da ação 509
  • da esperança 461
  • dialógica/personalismo dialógico 256, 270, 303, 307, 377, 382, 441, 456
  • pós-moderna 49, 225, 303, 332, 353, 397
  • renascentista 269

- -teologia "após Auschwitz" 372, 384, 450
- -teologia processual 384s., 413, 461

Fim do mundo 52-54, 110, 390

Fim dos tempos 47, 54, 72, 93, 112, 166, 169, 177, 198, 204, 212, 255, 258, 295, 329, 332, 343, 366, 401, 409, 459s., 499s., 508
- expectativa do domínio de Deus 53, 175
- juízo 53, 58, 384s.
- luta 47
- parusia de Cristo 58s., 225, 249, 366
- ressurreição da carne 407
- ressurreição dos mortos 53, 142, 189, 405
- reunião do povo de Deus 380

Finitude 106, 112, 116, 248, 314, 349, 459s.

Fora da Igreja não há salvação 89, 178, 215, 350s., 512

Forças
- *energemata* 79, 137, 198
- fundamentais da vida 292

Formação do sacerdote 176

Fórmula
- batismal 87, 378
- s da fé 160, 220, 244, 246, 451, 484
- s de entrega 455
- s de envio, no NT 123, 386
- s *hyper* 205, 210, 395, 451, 510s.

Fornicação 322, 429, 442

Fórmulas *oikos* 72

Fraternidade de São Pio X 221, 224

Fratricídio 346, 368, 373

Fundamentalismo 64, 115, **224s.**, 242, 289, 394, 398, 506, 509

Galicanismo 364, 398

Genealogia 254, 376, 442s.

Generacianismo **115s.**

Gifford Lectures 476

Globalização 145, 221, 255, 369, 372, 390, 394, 405, 494

Glossolalia 70s., 79s., 138, 193, 227, 239

Gnose 49, 55, 77, 88, 95, 117, 121, 127, 131, 173, 186, 190s., 198, 204, 216, 219, 257, 267, 297, 308, 315, 360, 378, 396s., 402, 407, 409, 420, 442, 467, 472, 490

Graça
- eficaz/*gratia efficax* 229, 511
- -liberdade 157, 232s., 306, 498, 500

- santificadora/*gratia sanctificans* 80, 137, 206, 229, 234
- suficiente/*gratia sufficiens* 229, 511

gratia gratis data 80, 229

gratiam 156

gratia (prae-)supponit naturam 349

Graus de certeza teológica 244, 311

Grêmios leigos 415

Guerra justa 368, 484

Hagiografia 382

Hegelianos 470

Helenismo 38, 90, 96, 111, 124, 135, 172, 212, 224, 239, 265, 267s., 330, 336, 341, 378, 386, 390, 393, 396s., 426, 477, 479, 484, 504

Heptâmero 203, 346, 390

Hermenêutica 121s., 190s., 195, 217, **239-242**, 294, 347, 473
- da consciência 128

Hesicasmo 465

Heteronomia 93, 140, 304

hiera paradosis 489

Hierarquia 73s., 80, 94, 144, 149, 161, **242s.**, 245s., 359, 427
- das verdades 122, 161, 188, 237s., **243-246**, 276, 310, 312, 365, 389, 474, 502s.

Hierocracia 383, 506

Hilemorfismo 108, **246s.**, 319, 353, 362, 421, 427, 430

Hino
- da criação 110, 347, 391
- s marianos 202, 316

Hipertrofia, *hyperagnostos* 477

Hipostasiar 386

História
- da liberdade 254, 304, 341s., 375
- dos dogmas 217, **247s.**, 343, 384, 467-470, 488

Historiografia 249s.

Historismo 250

Homem e mulher 93, 112, 114, **251s.**, 263-265, 282, 321-323, 346s., 442s.

Hominídeos 253s.

Hominização **253s.**, 481

homo oeconomicus 264

homoousia/consubstancialidade 213, 379s., 485, 491

homo patiens-compatiens 159

Humanidade 150, 224, 304, 404, 449

Humanismo 48, 123, 132, 178, 195, 245, 250, 351, 377s., 474

hypostasis/hipóstases 56, 171, 183, 198, 223, 238, 378, 491

Ícones 41, 52, 60, 96, 134, 202, 226, 317, 389, 400, 418
- de Maria 202

Iconografia 69

Ideal da pobreza 202, 300

Idealismo alemão 48s., 169, 229, 236, 254, 256, 303, 397, 441, 469

Idolatria 133, 198

ignorantia invincibilis do Evangelho 512

Igreja
- da Palavra/Igreja dos sacramentos 362, 424
- da Reforma 147
- "de base" 202
- dos Irmãos Morávios 202
- evangélicas 73, 89
- local/Igreja universal 91s., 223, **261s.**, 268s.
- nacionais/continentais 262, 428
- papal 53, 258
- precalcedônias/vétero-orientais 89
- reformada 78
- religião do Império 107, 167, 178, 258

illative sense 139

Iluminismo 45, 47s., 66, 100, 117, 123, 141, 147, 149, 152, 167, 178, 180, 184, 195, 199, 214, 221, 239s., 247, 250, 264, 270, 277, 292, 294, 303, 308, 344, 378, 382, 389, 397, 406, 412, 444, 449, 452, 465, 469, 474, 483, 487s., 504, 509

Imaculatismo 305

Imagem de Deus/*imago Dei* 50, 63, 69, 118, 121, 180, 206, 252, 255s., 263s., 302, 321, 440

Imagens
- da Igreja **266-268**, 275, 382
- de Deus 251, 264s., 289, 342, 492
- do mundo 84, 110s., 114s., **265s.**, 273, 391
- do ser humano 229, 253, **264s.**, 268, 338, 395
- escatológicas 93, 188
- iconoclasmo 147, 213
- linguagem pictórica 142, 264

imago trinitatis 43, 49, 263s., 340, 441

Imediaticidade divina 38, 102, 105, 338, 489

immaculata conceptio 162

Imortalidade
- da alma 190s., 268s., 410, 504
- do ser humano 206, 234, 341

Imperador 63, 97s., 169, 175, 258, 364, 447

Imperium Romanum 47, 97, 167, 178, 292

Imposição de mãos 70s., 119, 244, 358, 426s., 429s., 432, 457

Impotência
- de Deus/de Jesus 38, 144, 366, 383, 472
- do ser humano 145s., 159, 169, 172, 232, 289, 296, 340, 383s., 401, 448, 450, 477, 505s., 510

Impureza/pureza 66, 442

incarnatum 131, 387

Incompreensibilidade de Deus 64, 256, 263, 332, 397, 502

Inculturação 135s., 250, 307, 501

incurvatio, pecado 99, 228, 372, 374

Índice temporal 388

Individualismo 231

Indulgência 230s., **271-273**, 299, 355s., 365, 395, 453, 456

Indulto 76

Inexpressibilidade de Deus 91, 130, 198, 222, 234, 352, 477

Infalibilidade 89, 97s., 215, 240, 246, **274-276**, 308, 310, 365s., 384s., 439

Inferno 142, 190, 193, 205, **276-278**, 370, 394, 400

Infidelidade 236, 324, 371, 373, 394

Infinitude
- de Deus 112, 118, 181, 203s., 226, 256
- do mundo e do tempo 203, 265, 504
- do ser humano 49, 109, 117, 256, 303

Início
- da escolástica 107, 247, 282, 429s., 468
- do judaísmo 154, 328, 380, 405

initium fidei 230

in persona Christi 243, 358, 416s., 456

Inquisição 110, 217, 229, 491, 506

Inspiração da Escritura 274, **279-281**, 381
- real 280s.
- verbal 225, 240, 274, 293

Instâncias de testemunho
- da fé 151, 274-276, 439, 480, 503
- da Igreja 62
- da Palavra de Deus 186-188, 489

Instrução leiga 301

intellectus fidei 91, 464

Intercessão
- da Igreja 66, 159, 294, 455s.

- de Maria 60, 147, 164, 206, 326, 445
  - dos santos 435s., 455
  - pelos mortos 37, 191, 394s.

Intercomunhão 240, 284s., 359

Internet/ciberespaço/jogos de computador 265

Interrogatório confessional/disciplina eclesiástica 158, 178, 261, 431, 506

Intervencionismo 113

ipsissima verba Jesu 290

Irmã na fé, Maria 147s.

Irracionalidade 378, 382

iustitia aliena 199

iustitia originalis 99

Jansenismo 229, 231, 389, 511

Jerusalém celestial 148, 226

Jesus
  - como mestre 307s., 479
  - histórico/Cristo da fé 124, **291-293**, 333s.

Judaísmo 37, 65, 88, 124, 135, 151, 184, 293s., 328, 371, 379s., 386, 395, 409

Juízo
  - do mundo 191
  - final 190s., 204-206, 269, 295, 394, 409, 504

Juramento
  - à bandeira 421
  - antimodernista 224, 338, 389
  - de fidelidade/*professio fidei* 245, 480

Jurisdição 74, 89, 242, 363, 416
  - confessional 37, 101s.

Justiça 41s., 49, 86, 93, 98s., 123, 144s., 166-169, 177, 181, 192s., 226s., 255, 257, 271, 295s., 302s., 322, 368s., 371-373, 375, 447s., 462s., 504
  - das obras 299, 326, 395, 419
  - de Deus 69, 227, 231, 288, **296s.**, 298, 342, 348, 434, 453
  - de Jesus 199, 231, 299, 411, 453, 483
  - Deus da aliança 342
  - justiça própria 42, 144s., 231, 288, 296s., 357
  - social 177, 200, 231, 448

Justificação
  - Declaração Conjunta (1999) 42s., 50, 113, 118, 178, 199, 216s., 220, 231, 245, 273, 297, 299, 303, 345, 389, 453, 480, 503
  - decreto 145, 230, 297s., 483
  - forense/efetiva 299

- Igreja 433, 458
- na Bíblia 156, 268, 380, 463
- por meio das obras 299, 326s., 394s., 419
- preparo 156s., 356s.
- processo 156s., 219s., 227
- última 397s., 465

kairos 458-460

katharsis 159

kenosis 184, 204, 386s., 463, 471, 473, 495, 497

koimesis 60

Lealdade de Deus à aliança 113, 390, 405

Leis naturais 107, 482

lex aeterna-lex naturalis 173

Liberdade
- de Deus 63, 71, 229, 231, 298s.
- de escolha 302s., 374s.
- de pensamento e pesquisa 202, 465s., 474, 479s.
- de sofrimento 238
- do ser humano 152, 193, 202, 224, 227, 232, 236, 278, 298, 313s., 371, 373, 375, 378, 388, 400s., 453, 461, 474, 483
- e graça 157, 227, 230, 232s., 306, 498, 500
- religiosa 105, 152, 156, 224, 265, 398, 448, 487
- transcendental 374s.

Libertinismo 302, 449

Língua
- como constitutivo antropológico 117, 136, 255, 264, **306s.**, 389
- limites 229, 262, 268, 300, 477s.
- na teologia/filosofia 45, 64, 129, 132, 135s., 191, 214, 240, 264s., 442, 474, 502

Linguistic Turn 221, 478

Literatura/especulações sapienciais 85, 111, 131, 143, 166, 180, 268, 271, 322, 340, 348, 350s., 368, 373, 386, 390, 392s., 476, 493, 504

Liturgia
- batismal 65, 381
- de Lima 210, 287

Livro das Concórdias 74, 83, 101

loci proprii/loci alieni 186

loci theologici 71, 156, 186-188, 276, 384, 439, 474s.

logoi spermatikoi 117, 350s., 486

logos endiathetos-prophorikos/verbum incarnandum 131, 387

Lugar da expiação 133s.

– 575 –

Macedonianismo 238

Macrocosmo 49, 403

Maculatismo 305

Mãe
- da Igreja, Maria 445
- de Jesus 146s., 162s., 206, 304, 315, 320s.

magister interior 180

Magistério eclesiástico 160, 239s., 261, 274, **308-312**, 319, 398, 462s., 484, 488

magisterium cathedrae pastoralis-magistralis 308, 479

Magnificat 146s., 316, 445

malum morale 106, 312s.

malum physicum 106, 312s.

Mandamento duplo do amor a Deus e ao próximo 43, 133, 152, 256, 302, 371, 436, 447, 486

Maniqueísmo 74s., 113, 173, 227, 273, 314s., 336, 404, 374

Mântica 279

Marcionistas 173, 316

Maria **316s.**
- ascensão para o céu **59s.**
- devoção mariana **146-148**
- dogmas marianos **162s.**
- liberdade do pecado original/conceição imaculada **162-164**
- mariologia **317s.**
- maternidade de Deus **320s.**
- mediação **325s.**
- significado salvífico **443-445**

Martírio/mártir 55, 59, 62, 66, 79, 134, 201, 345, 384, 412, 435, 437s., 450, 455

Masdeísmo 173

massa damnata 277, 288, 374, 384, 511

Matéria **318-320**
- consumação 408
- -forma, teologia dos sacramentos 66s., 246s., 322, 355, 362, 421s., 427-430, 485s.
- matéria-espírito 271, 315, 336, 338, 383s., 402s.
- na teologia da criação 174, 204, **319**, 390, **440**, 481s.
- -prima 347

Materialismo 52, 84, 110, 145, 174, 250, 266, 313, 319, 336-338, 349

Maternidade
- da Igreja 181
- de Deus 59, 133, 163s., 316

Matrimônio 42, 113, 156, 282, 285, 315, **321-325**, 332, 353s., 421, 425, 438, 443, 447
- clandestino 323
- entre confissões diferentes 210, 284, 324

Mediador da graça 286

Meditação/*ruminatio* 196, 201, 334, 459

Medo 37, 75, 102, 109, 119, 139, 141, 159, 256, 299, 372, 429
- de Jesus 102, 341
- do castigo divino 107, 272
- do inferno/tormento no inferno/castigo do inferno 37, 53, 107s., 110, 148, 190-193, 205, 295, 370, 394, 400s.
- do mundo 54
- medo existencial 225

Memória cultural 271

memoria passionis 345, 450, 454

memoria-tempo 459

Menonitas 67, 73, 89, 369, 378

Mercelianos 168

Mérito de condigno/de côngruo 327

Méritos
- de Jesus Cristo 171, 226, 231, 282, 305, 328, 445
- do ser humano crente 43, 127s., 143, 156, 226, 272s., 299, 326-328, 357, 385

Messalianismo 80

Mestre da Igreja 478

Metafísica 56, 145, 217, 297, 377-379, 382, 388, 392, 469, 474, 476

Metáfora
- aplicação ao corpo de Cristo 79, 226s.
- de Jesus Cristo 171, 226, 231, 282s., 305s., 326s., 445
- do pastor 262, 264
- pesquisa da 268, 307, 437

Miafisismo 127

Microcosmo 48s., 264, 393

Migração 136, 448

Milagre
- ação de Deus 38
- carisma 81
- credibilidade da revelação 39, 314, 333, 361, 411s., 429
- cura 80
- juramento antimodernista 389
- motivo da fé 38, 218s.
- troca maravilhosa 456

Milenarismo 395

mimesis 437s., 451, 498

Ministério
- da pregação 259
- mundial da Igreja 61
- s eclesiásticos 74, 79, 149, 210, 282, 332, 354, 414, 419, 426-428

ministerium-potestas 359

minister ordinarius-minister originarius 119

Minnesang 42

Misoginia 252

Missa
- de penitência 430
- eucarística 117, 286s.

Missão
- aos judeus, proibida 294, 500
- grande comissão 61, 65s., 73, 181, 194, 294, 301, **330s.**, 510

Mistagogia 41, 66, 69, 124, 201, 349, 392, 432

Mistério da Páscoa 58s., 361, 454

Misticismo 121, 144, 229, 334, 338, 389, 437, 442, 450, 465, 472
- experiências 69, 109, 121, 144, 155, 201, 226, 229, 300, 317, 334, 338, 384, 389, 437, 442, 450, 456, 465, 467, 472, 478, 480
- nupcial/de Cristo 121

Mitos
- como forma narrativa 110, 114, 144s., 172s., 194, 312, 352, 360s., 391, 402, 416, 441, 450, 507
- como meio de conhecimento 212, 397

Modalismo 125, 238, 329, 378s., 491

Modelo
- de cooperação 479
- de delegação 479
- s de iniciação 120

Modernismo 48, 224, 337s., 388, 397, 469

Modos de conhecimento de Cristo 103

Molinistas 229, 385

Monarquia
- de Deus, o Pai 223
- papal 258
- política 243

Monasticismo 37, 81, 113, 146, 154s., 201, 417, 427, 437

Monergismo/monergetismo 127, 213, 232

Monismo 174, **336-338**

Monofisitas 126s., 238, 468, 472, 496, 509

Monogenismo 273, **338s.**, 375, 482

Monoteísmo 114, 124s., 132, 145, 213, 294, 336, 447, 486, 504

Monotelitas 126, 183, 497

Montanismo 80, 225, 389, 467

Morte 59, 142, 148, 193, 312, 339, **340-342**, 372s., 395, 503-505
- e pecado 191, 371-374
- pena capital 215, 506
- proximidade da morte 159, 493-495

Morte de Jesus 123, 142, 169, 189, 291s., 342-345, 360s., 408, 452, 454s.
- expiatória 68s., 166, 207, 244, 297, **339**, 342s., 360, 452, **455s.**, 498
- na cruz 69, 133s., 227, 291s., 298, 342s., 345, 360, 386, 389, 453, 463, 471s., 510

Motivo de consolação 154s.

Movimento
- bíblico 67, 362
- confessional evangélico 102, 431
- de pobreza/pauperismo 80, 169, 365, 437
- de Sant'Egídio 509
- ecumênico 62, 172
- Fokolare 509
- litúrgico 210, 334, 422
- patrístico 479
- pentecostal 70, 81s., 396

Muçulmanos 148, 483, 506, 509

Mulher e ofício eclesiástico 44, 150, 196, 240, 358, 416s., 428, 443

Música 40, 135, 203, 280, 382

Mutação 40, 185

mysterium lunae 267

mysterium stricte dictum 333

mysterium tremendum et fascinosum 507

mysterion-sacramentum 232, 353, 362, 419s.

Nacional-socialismo 105, 294, 462

Não conhecimento de Jesus 103s.

Não violência 93, 369, 486, 506

Narrativa
- da criação 48, 93, 112, 203, 224, 321, 338s., **346s.**, 349, 481s.
- do dilúvio 111, 177, 206, 390
- mitos do estado original 206s.
- motivos do paraíso 86, 135, 203, 368, 373, 449

Natal 131, 333, 461

Naturalismo 40, 50, 140, 231, 303, 349

natura naturans 348

Natureza 347-349
- *connaturalitas* 439
- da criação 347

- *desiderium naturale* 228-230
- direito natural 152
- ecologia
- localização salvífica da natureza humana 57s., 98, 114, 118, 131, 184, 227, 253, 303s., 451s.
- misticismo da natureza 226
- *natura lapsa* 347
- *natura rationabilis* 270, 376
- natural/sobrenatural 112, 145, 185, 226, 229, 231, 234-236, 302s., 310, 351, 374s., 389, 397, 440, 452, 464
- natureza e teologia natural 48, 90s., 110, 112, 115, 149, 172s., 217, 303, 314, 352, 411-413, 464, 476, 481, 484
- *oeconomia naturae* 347
- -substância/*ousia*/*physis* 46, 84, 117, 123, 125-127, 132, 141, 162s., 183, 198, 213, 312s., 320s., 329, 376, 379, 408, 472, 495-497

Necessidade salvífica
- da fé/verdades da fé 161, 178, 220, 245
- da devoção mariana 43
- da Igreja (do papa) 215, 258, **349-352**
- dos sacramentos 66, 400, 422

Necromancia 411

Neoescolástica 103, 145, 156, 167, 172, 183, 186, 202, 217, 244, 274, 280, 308, 311, 385, 389, 392, 411s., 422, 469, 476, 509

Neoevangélicos 41

Neoluteranos 470

Neopentecostalismo 80

Neoplatonismo 265, 319, 404, 477

Nestorianismo 128, 378, 468

New Creationism 482

nexus mysteriorum 161, 240, 244, 465

Niilismo 340

Noiva de Cristo 267, 332, 433s.

Nominalismo 209, 231, 258, 298s., 447

Nonadoratismo 64

norma normans non normata 187, 196

notae ecclesiae 82, 115, **157s.**, 175, 226, 257, 433s., 418s.

nous 125, 212, 315, 396

Nouvelle Théologie 48, 50, 412, 476, 509

Nova criação/consumação
- comunhão com Jesus 183, 210, 212
- *creatio continua* 112
- criação 346, 451
- dádiva de Deus 185
- encarnação 162, 391

– 580 –

- evolução 481
- *Gnade* 358
- graça consumadora 233
- história da salvação 38
- identidade/jornada da vida 265
- Igreja 433s.
- imortalidade da alma 269
- Israel 188s., 196
- justificação 298s., 342, 350, 451, 453
- Maria 316s., 443s.
- necessidade 346
- novo céu/nova terra 53, 86, 110
- paz dos animais 177
- purificação/purgatório 394, 445
- quiliasma 395s.
- redenção universal 204, 351, 343, 399
- Reino de Deus 192, 207, 251, 295s., 405
- ressurreição de Jesus 58, 113, 257, 279, 406-408
- ressurreição do corpo 206
- ressurreição dos mortos 408s.
- sacramentos 282s.
- substituição 455s.
- *theosis* 112, 216, 297
- *visio beatifica* 86, 228, 389

Obra
- dos sete dias 347
- penitencial 107, 271-273, **355s.**, 429-431

Obras
- de Jesus e dos santos 272
- dos fiéis 43, 105, 112, 199, 216, 226, 230s., 233, 272s., **298-300, 326-328, 356s.**, 431, 444, 506

Observatório papal 110

oeconomia revelationis 212, 347

Onipotência de Deus 39, 56, 64s., 95, 106, 112, 118, 145, 298, 313s., 367, 383s., 388s., 393, 463

Onisciência de Deus 64, 103, 266, 313s., 463

Ontogênese 253s., 278

Opção pelos pobres 42, 145, 155, 169, 297, 437s., 450

Opus Dei 202

Oração 61, 117, 121, 200s., 286, 307, 355, 357, 381, 395, 462, 465

Orações pela paz 42, 404

Oráculo 411, 416

Ordem
- de batizar 66, 281, 490
- de silêncio 172, 252, 485

Ordem/*ordo*
- celibato 417
- *character indelebilis* 87, 422
- como pensamento cósmico de ordem 86, 454, 483
- diácono 425
- fases 425
- ofício de serviço 354
- ordem episcopal 425
- *ordo iustitiae et veritatis* 483
- plenitude do sacrifício 74
- poder eucarístico 74, 415
- sacerdote 415, 425
- *sacramenta Dei legislatoris* 282
- Sacramento da *communio* eclesiástica 425
- Sacramento da Ordem 426-428

Ordenação 73s., 88, 137, 196, 240, 243, 283, 301, 307, 359, 416s., 426-428, 457
- de mulheres 196, 240, 428

Ordens
- congregacionais 81, 199, 208, 427s.
- mendicantes 201

Organizações confessionais mundiais 179

Orientação do mundo 390

Ortodoxia luterana 195s., 199, 212, 214, 220, 235, 240, 274, 280s., 351, 453, 465, 508

Ortopraxia 78, 187, 475

Otimismo racional 413

ousia/physis 106, 125-127, 171, 183, 198, 378s., 421, 491, 496

Padrão da revelação 53

Padres
- da Igreja 75, 114, 131, 208, 227, 247, 249, 391, 407, 431, 464s., 475, 479, 489, 510
- do Deserto 201, 462

paideia 104, 180s., 227, 254, 263, 302s., 344, 451, 454, 498

Pai-nosso/pedidos do 149, 244, 274, 313, 352, 367, 378s., 462, 509

Palamismo 352, 492

Palavras
- de instituição (Eucaristia) 282s., 287, 361
- liturgia da aliança 279, 342s., 503

Palavra-sacramento 71, 85, 199, 210, 260, 267s., **361-363**, 423s., 508

Panenteísmo 117

– 582 –

panhagia, Maria 133, 306

Panteísmo 44, 117, 265s., 336-338, 348

Pantôcrata 390

Papado 47, 55, 89, 98, 149, 153, 225, 258, 260, 336, **364s.**, 479, 501, 508

Papalismo 175s., 225, 364, 389, 446, 500s.

Papel social de gênero 322

Parábolas de Jesus sobre o crescimento 249

Paradigmas da soteriologia 343-345, 454

Paralelismo a 174

Paralelo Eva-Maria 252, 304, 325, 339, 444

Parapsicologia 52

paratheke 55

Parenese 72, 257, 276s., 295, 350, 467

Parideira
- de Cristo/*Christotokos* 126, 320, 329, 495s.
- de Deus/*theotokos* 59s., 96, 126, 133, 146, 164, 316, 320s., 329, 386, 444, 485, 496

Paróquia 261s., 425

parresia 41, 302, 306, 435

participatio actuosa 61

Particularismo da salvação 182, 231, 385, 510-512

partim ...partim, tradição da Escritura 489

Parusia/retorno de Cristo/atraso da parusia 47, 53, 57-59, 131, 189s., 204, 208, 225, 249, 295, 329, **366s.**, 406, 426, 460, 485

pascha/transitus Domini/festa judaica da Páscoa 57, 207s., 284, 290s., 408

Páscoa 57, 69, 130, 333, 408
- como princípio epistemológico 130, 198, 239, 308, 361, 366, 438
- data da Páscoa 89
- epístola pascoal 58
- fé pascoal 407s.
- festas pascoais 58
- noite de Páscoa 358, 375, 407

Passionistas 202

passivum divinum 38, 216, 352, 410, 477, 509

Pastor 74, 309, 323, 425

Pastora 417

Patriarcado 74, 83, 89, 97, 136, 260s., 309, 365

Patriarcalismo/paternalismo 225, 367, 442

Patriarcas 127, 211, 309

Patripassianos 127

Paulicianos 173

Pecado
- criaturalidade 117
- cruz de Jesus 238, 298, 340, 473, 506
- estrutural 108, 313, 506
- Igreja de santos e pecadores, *corpus* 419, 507
- jansenismo 229
- liberdade do pecado original de Maria 162, 207, 254s., 304
- mortal/venial 98, 101, 236, 372, 428, 430s.
- pecado original 116, 206, 228-230, 302, 304s., 338s., **372-375**, 384, 391, 441, 450, 452, 456, 482

Pecaminosidade universal 102

Pelagianismo 66, 72, 116, 224, 229s., 302, 327, 345, 357, 374s., 387, 398, 468, 473

Penas temporais 272s., 355s.

Penitência 37, 68s., 101, 107, 235, 271-273, 282s., 342, 345, 354-356, 370, 372, 394s., 399, 415, 423, 425, 428-432, 493
- canônica 101, 107, 285, 429

Pensamento de dois níveis 229, 412s.

Pentarquia 83, 260, 309

Perdão dos pecados
- e cura 159, 493
- pelo sacramento 37, 271-273, 374
- por Deus 207, 423, 431
- por Jesus 159, 166, 259, 282, 312, 343, 380, 406, 493

Peregrinação(ções) 146, 435
- dos povos 82, 328, 368

Perfeição
- de Deus 64s., 113, 144, 313s.
- do ser humano remido 135-137, 228, 314, 440s.

Pericorese 65, 92, 171, 260, 262, 497

permixtum 433, 508
- coletivo 433
- concupiscência 67, 99
- contra o Espírito Santo **369-371**
- contrição 107s.
- e culpa **371s.**
- imaculabilidade 164s., 228, 305
- imaculabilidade de Jesus 102s., 183, 496
- pecado capital 65, 101s.
- pecado original 116, 302, 338s., 450
- protologia 206, 391
- purificação/purgatório 394s.
- restos do pecado 273
- Sacramento da Reconciliação **428-432**

Perspectividade 251, 466, 502

Pesquisa
- da vida de Jesus 124, 196, 292, 334
- dos gêneros 252, 443

Pessoa/personalidade **376-378**
- ressurreição/domínio de Deus/Reino de Deus 86, 166, 189, 268s., 360, 365, 405, 408

Piedade
- mariana 95, 225, 316s., 321, 445
- popular 39, 59, 146s., 202, 316, 334

Pietismo 49, 121, 178, 195s., 199, 212, 214, 225, 235, 331, 370, 389, 400, 438, 469

Platonismo médio 131, 265, 451

Pluralismo de verdades 502

Pneumatômacos 380, 491

Poder
- de consagração e absolvição 150, 359
- de ligar e desligar 37, 272, 363

Poesia espiritual 201, 203

Polaridade dos sexos/gêneros 252, 322

Polissemia 196

Pontifícia Comissão Bíblica 78, 103, 195s., 224, 242, 347, 361s., 482

Posicionalismo 502

Pós-modernidade 49, 63, 172, 221, 231, 288, 404, 449, 477, 502

Possibilidade salvífica 72, 105, 182, 191, 230, 277, 487, 499, 511s.

potentia oboedientialis 184, 229

Povo da aliança 93, 153, 342, 358, 416

Povo de Deus
- Igreja 70, 94, 136, 158, 170, 176, 191, 197, 233, 242, 257-259, 261, 266s., 275, 284, 300s., 325, 343, 358s., 361, 369, 399, 406, 415-417, 439, 444, 446
- Israel 79, 82, 93, 154, 197, 201, 255, 257, 267, 284, 300, 325, 361, 369, 380, 383, 409, 447, 487

praeambula fidei 310

praeparatio Evangelii 351

Prece intercessória 37, 60, 66, 147, 159, 165, 191, 206, 209, 272s., 294, 326, 394s., 431, 435, 445s., 450, 455

Predestinação 63, 85, 106, 173, 182, 232s., 383, **384s.**, 387s., 394, 400, 453, 510-512
- dupla 173, 182, 314, 453, 463, 510

Preexistência
- da alma humana de Jesus 400
- de Jesus Cristo **385-387**

Pregação apostólica 57, 156, 510

Preleção de Regensburg, Papa Bento 135, 369, 397

Presbitério 92, 243

Presciência de Deus 62, 185, 384s., **387s.**, **462**, 510

Presença eucarística real 207-211

Pretensão absolutista e de singularidade do cristianismo 404, 500

Primazia jurisdicional do papa 74, 89, 97, 215, 308, 363

Princípio
- antrópico 63, 84, 266
- congregacional 98
- de Cristo 498
- do *sobornost'* 446
- teoria do consenso 55, 325

Priscilianismo 141

Privilegium Paulinum 322

Processamento da contingência 107

processiones Dei (et ad extra) 171, 414

Processo
- conciliar 77, 98
- penitencial 37, 73, 107, 109, 429s.
- s de comutação/redenção 429s.

Proclamação de Jesus da *basileia* 283, 447

Professor do ensino superior 309

prognostiva 459

Proibição de imagens 263s., 352, 477

Promessa de salário 326

Prosélitos 65

prosopon 125, 183, 270, 376, 378, 498

Protestantismo
- cultural 136
- liberal 470

Protoevangelho 328
- de Tiago 146, 315

Protologia 248, 391

Prova
- da fé 461s.
- ontológica da existência de Deus 383s., 392

Provérbios do paracleto 198, 490

Providência/*providentia* 39, **62**, 181, 185, 249, 303, 351, 385, 390, 393s., 462

providentia universalis/specialis/specialissima **303**

Pseudepígrafes 77s., 457

Pseudomessianismo 462

Psicanálise 155, 441

Psicopatologia 52

Psiquê/*psyche* 125, 160, 315, 336, 504

Public Religion 404s.

Purgatório/*purgatorium* 191, 193, 296, 370, **394s.**, 450

Purificação/processo de purificação 191, 193, 271, 295, **394s.**, 401, 409

Quäker 89, 369

Qualificações teológicas 186, 311

Quebra do pão 75s., 207-209, 211

Queda 112, 123, 159, 206, 229, 251, 269, 297, 303s., 313s., 321, 331, 346, 375
- dos anjos 46, 312

Questão do ázimo 76

Quiliasma 167, 329, **395s.**, 467

quinque viae de Tomás de Aquino 90, 144, 392

Quod non est assumptum non est sanatum 124

Racionalismo 67, 100, 187, 219, 221, **298-300**, 337, 345, 384s., 397, 416s., 419, 422, 431, 453, 465, 469

Radical Orthodoxy 172, 221, 404

rationale obsequium 134

Razão **396-398**
- ateísmo 63s.
- autônoma 308, 412
- comunicativa 397
- fé 56, 90s., 112s., 115, 131, 135s., 160s., 172, 185-187, 203, 218-221, 249, 332s., 392-394, 463-471, 478, 483, 503
- finitude 214, 248
- Iluminismo 127, 133, 147, 250, 393s., 452, 504
- moral/pecado 219, 372, 504
- razão natural 84, 90, 186, 476s.
- pessoa 264s., 270, 441
- prática/teórica 90s., 397
- revelação 396-398, 410-414, 491

Recepção como processo dogmático 77, 98, 160, 188, 194, 247, 285, **398s.**, 421, 439, 484

Reconciliação 37s., 271, 429

Recordação perigosa 448

Reducionismo 84, 174, 244, 348s.

Reencarnação 190, 269, 341, 410, 461, 505

Regra
- beneditina 159, 341
- da fé/*regula fidei* 44, 77, 186, 195s., 219, 237, 239, 244, 308, 464, 488

Reinado de Deus 72, 165-168, 189, 204, 328, 409

Reino dos mortos/*sheol* 142, 189, 203s., 265, 340, 395, 400, 485, 503

Relação
- causa/efeito 83, 159, 271, 296, 313, 355, 384, 449, 463, 493, 504s.
- corpo/alma 114, 173s., 205, 254, 263, 268, 319, 339s., 349, **401-403**
- de desgraça 371

Relação/*relatio*
- relação 49, 74, 86s., 92s., 101s., 117, 139, 143, 148s., 157, 159, 166, 171, 178, 182, 184, 191, 201, 209, 223, 226, 230, 233, 251, 255, 262, 269s., 278, 298, 322-325, 327s., 342, 371, 373-377, 380, 402, 410s., 413, 432s., 440s., 444s., 452, 455, 458, 461s., 464, 483s., 501s.
- *relatio* 48, 56, 78, 103s., 138, 148, 151, 192, 197, 209, 229, 255, 262s., 269s., 302s., 307, 342, 373, 376-378, 380, 387, 397, 401, 413, 419s., 440, 461, 485, 490-492, 497

Relações subsistentes 170s., 378, 491

Relativismo 153, 178, 216, 224, 238, 249, 403

Religião **403-405**

religio vera/falsa 403-405, 463, 510

reliquiae peccati 273

remoto Christo 483

Renascimento pelo Batismo, pelo Espírito e pela fé 66, 70s., 178, 235, 301, 451, 470

Representação
- de Cristo 150, 242, 443
- de Deus/*repraesentatio Dei* 209, 456

Reprovação/*reprobatio* 181, 226, 288, 313, 384s., 399, 507

res fidei et morum 308, 310

Responsabilidade
- como constitutivo antropológico 49, 92, 105s., 114, 118, 139, 141, 153, 180, 219, 254, 262, 270, 303, 312, 370s., 376, 395, 403, 441, 447, 506
- pelo mal/pelos males 106s., 255, 312, 371, 376
- pelo mundo e pela sociedade 43, 114, 254, 262, 393, 441, 447

res sacramenti 421

Ressurreição dos mortos 53, 189, 204, 244, 400s., 406, **408-410**, 504
- de Jesus 57-59, 86, 113, 204, 227, 244, 252, 290, 295, 342, 360, 395, **405-408**, 503s.
- na morte 59, 205

Restauração 275

Revelação **410-414**
- Apocalipse, livro bíblico 47, 278
- como história e evento da salvação 78, 135s., 150, 211s., 245s., 250s., 478
- como princípio teológico de conhecimento 50, 160, 248, 464
- criação como revelação 177
- dialógica/pessoal 214, 245, 280, 311, 411, 488
- em formas humanas de pensamento e língua 48
- epifânica 69, 183, 219
- evento Cristo/autorrevelação de Deus em Cristo 52, 120, 132, 196, 334, 366, 421, 498, 502
- fontes 123, 215, 306, 475, 489

- interpretação da revelação 213s., 219, 240s.
- na teoria da comunicação 214, 248, 283, 412, 414, 488
- na teoria da instrução 219s., 248, 411s., 414, 502
- natural-sobrenatural 90s., 145, 349, 476s.
- primordial 412
- revelação particular 52, 54, 155, 198, 213, 247, 308s.
- s particulares 52, 155

Revisores 210, 359

Revogação da excomunhão 89

Rigorismo 89, 225, 229, 315, 433

romanitas 82, 100, 500

Sábado 49, 104, 113s., 288, 291, 347, 369, 435
- de Aleluia 143, 408

Sacerdócio comum 92, 258, **414s.**, 446, 484

sacerdos/hiereus 415-417

Sacerdote/presbítero 61, 74, 88, 94, 149s., 198, 209, 242s., 287, 358s., **415-417**, 425-428, 430, 494

Sacramentais 74, 150, 201, 422s.

Sacramentalismo 419

sacramenta maiora/minora 353s., 424

Sacramento
- da Ordem 150, **426-428**, 458
- da Reconciliação 37s., 101, 107s., 246s., 271, 283, 353, 356, 421, **428-432**, 493s.
- fundamental, Igreja 283
- primordial, Cristo 87, 215, 266, 420, 433
- s fúnebres 159, 341, 362, 493

sacramentum-mysterion 332, 353, 419s.

Sacrifício/vítima
- abuso do conceito da vítima 509
- caráter sacrificial da Eucaristia 208s., 211
- culto sacrificial 127, 134
- Eucaristia 75s., 207-211, 416s.
- justiça para as vítimas 173
- *memoria passionis* 450
- morte sacrificial 121, 123, 211, 225, 360, 415, 456, 483s., 498
- reconciliação de agressores e vítimas 344, 372
- redenção 451
- sacrificação de Isaque 144, 194, 352, 462, 472, 505
- sacrifício da cruz 211, 416s., 451-453, 505
- sacrifícios espirituais 295s., 415
- sacrifício substitutivo 344, 452
- serviço sacrificial 286
- *shoah* 441

- solidariedade com vítimas 454
- sublimação da violência religiosa 506
- teoria da satisfação 288, 420s.
- vítimas da história 41, 145, 270, 459, 505

Salário 43, 193, 233, **326-328**

salus carnis 49, 402

Sangue de Cristo 75, 116, 123, 207s., 280s., 344, 369, 408, 453

Santos/santificação/canonização 59, 70, 86, 134, 137, 141, 147, 159, 184, 187, 199, 201-203, 226, 228, 233, 235, 258, 267, 272, 284, 287, 298, 304, 306, 310, 316, 326, 341, 352, 366, 381, 386, 415, **434-436**, 442, 451s., 480, 489, 502, 506

Sarcofobia 95, 480

sarx 103, 125, 128, 131s., 183, 496

Satanás/diabo 46, 70, 141, **148s.**, 199, 225, 277, 295, 305, 315, 338, 343, 350, 371, 395, 453, 462, 483

satis est 336, 362, 501

Satisfação/doutrina da satisfação 108, 123, 173, 183, 228, 288, 344s., 360, 430, 451-454, 456, **483s.**, 506

scientia media 387

Secularismo 224, 466

Secularização 203, 258, 300, 405, 448s.

Século mariano 317

Semelhança 44, 117s., 217, 262s., 282, 302, 332, 477, 481
- com os Céus 180, 235, 263, 302

Semiótica 49, 307, 363, 435, 492

Semipelagianismo 156s., 230, 350, 357

Semirracionalismo 412

Senso da fé/*sensus fidelium* 55, 133, 139, 165, 187, 195, 202, 215, 240s., 274-276, 308, 398, 413, 436, **439s.**, 488, 502

Sensualidade 99, 442

sensus plenior 194

Sentenças 186, 322, 353, 421

Sentido
- literal 118, 194s., 240
- s da Escritura 114, 118

Sentimento/intuição 103, 109, 124, 139, 144s., 153, 221, 242, 389, 393, 443

sentire cum ecclesia 89, 237

Sepultamento de Jesus 123, 142, 289s.

Sermão do Monte 123, 166, 169, 343, 368, 383

Ser-pensar 502

Servo de Deus 68s., 129, 264, 484
- hinos do servo de Deus 307, 360, 449

Sete sacramentos 137, 215, 246, 282, **353-355**, 421-423

Sexta-feira Santa 57, 294, 408, 473

Sexualidade 98s., 215, 315, 442s.

shekina 234

Shoah/holocausto 41, 264, 293, 303, 441, 449

signa rememorativa, repraesentativa, et 459

Significado salvífico
- da cruz 58, 386s., 407, 510
- universal de Jesus 122, 182, 253, 305, 326, 345, 361, 373, 399, 416, 456, 503, 511

Signos comunicativos e índices 363

signum indelebile 87

signum levatum, Kirche 259, 419

Sílabo 175, 224, 338, 393, 479

Simbolismo da água, na Bíblia 66

simul iustus et peccator 67, 99, 231, 265, 299, 372, 375, 441, 462

Sinais do tempo 91, 103, 134, 140, 195, 217, 225, 250, 258, 365, 389, 459, 465, 489

Sincretismo 64, 135, 238, 399, 486

Sinédrio 290-292, 361

Sínodo 274, 398, **446s.**
- de bispos 92, 100, 222, 446
- local/particular/regional/diocesano 398, 446
- sínodos conjuntos dos episcopados alemães 503

societas perfecta 169s., 175, 258, 267, 389, 449

Socinianos 96, 127, 238

Sofrimento 37, 313, **449s.**
- psicológico 143
- redentor 58, 143, 360, 453, 463, 471-473, 483
- substitutivo 271
- teodiceia 63, 81s., 296s., 372s., 387, 462, 505

sola fides 122, 176, 345, 351, 357, 423

sola gratia 122, 157, 176, 195, 220, 303, 345, 357, 374, 453, 499

sola scriptura 176, 195, 281, 308s., 318, 488s.

Solidariedade
- com os pobres 43, 437, 454
- de Deus/de Jesus 70, 388, 457
- de Maria 326
- entre os cristãos 147, 159, 237, 272, 395, 436, 455, 505
- na humanidade 117, 145, 255, 328, 377

solus Christus 60, 112, 122, 325, 374, 498

Sono das almas 205

Sopro 171, 221

Soteriopraxis 342, 452, 454

spiratio/sopro 171, 221

Spiritual Care 340

starets 81, 309, 370

sticheron 202, 287

stoa 62, 79, 90, 110, 131, 140s., 224, 264s., 270, 289, 376, 390, 393, 397, 447, 451, 464

Subjetivismo 377, 464

Submundo **142s.**, 265, 276

Subordinacionismo **121s.**, 122, 131, 491, 496

Subsidiariedade 94, 115, 447s., 501

Subsistência 84, 170, 376, 378, 473, 496
- s acidentais 208s.

Substituição 37, 48, 69s., 93, 117, 121, 123, 182, 212, 261-264, 288, 295, 302, 306, 342-345, 360, 385, 437, 450-454, **455-457**, 472, 483s., 499

Sucessão apostólica 74, 92, 158, 260s., 308, 359, 416, 427, 488, 500
- episcopal 55, 196, 457
- presbiterial 427, 457s.

Suficiência da Escritura 240s., 439s., 488s.

Sujeito, subjetividade 48, 63, 102, 205, 221, 232, 341, 344, 377s., 388, 451-453, 461, 464, 509
- e Igreja 399, 446, 508
- em Cristo/em Deus 171, 455

summepiscopus 74

synergeia/symmachia 157, 306

Taxas de penitência 101, 429

taxa stola 493

Taxinomia 491

Técnica 62, 114, 338

Tecnologia genética e biológica 338

Teleologia 189, 249

Templário 169

Tempo da Reforma 43, 55, 66, 118, 145, 151, 169, 180s., 190, 195, 209, 220, 427, 429, 510

Tempo-eternidade 38, 59, 140, **203s.**, 226, 256, 277, 279, 387, **458-461**, 504

Tempo intermediário
- escatológico 188, 204, 395
- salvífico 57, 204

Teocentrismo 48s., 86, 121s., 347, 499

Teocracia 145, 165, 168, 170, 383

Teodiceia 41, 63, 145, 173, 336, 345, 372s., 383, 387, 393, 401, **462s.**

Teodramático 117, 288

Teofania 366, 411, 473

Teologia
- apofática 41, 144, 217, 352, 464, 471, 478
- batismal, no NT 66, 68, 374
- carolíngia 222, 463
- catafática 464
- científica 215, 275, 310s., 440, 479s., 488
- comparativa 405
- contextual 146, 230, 344, 469
- controversa 55, 155, 217, 345, 350, 468, 475, 488
- da aliança 133, 440
- da cruz 123, 324, 360, 450, 461, 470, **471-473**
- da cultura 136
- da esperança 329, 412, 448
- da história 39, 169, 189, 395
- da libertação 42s., 145, 147, 155, 169, 171, 190, 195, 230, 240, 297, 318, 329, 345, 360, 369, 372, 375, 381, 412, 448, 452, 454, 469, 472, 506
- da mediação 491
- da religião 121, 145, 499
- das religiões 405
- dialética 140, 397, 470, 473
- do *logos* 121
- do *physiko* 140s., 476
- do querigma 212
- dos mistérios 69, 124, 333s., 422
- entreguerras 469, 479
- eslavófila 471
- existencial 470
- -filosofia da alteridade 331s., 377, 397s., 461
- liberal 39, 50, 96, 136, 184, 361, 389, 393, 397, 452, 470, 473, 475s., 506
- mística 400, 471
- narrativa 57, 112, 253, 257, 333, 380, 464
- natural 63, 84, 90, 115, 172, 348s., 413, 464, **476s.**, 479
- negativa 185, 216s., 332, **477s.**
- neocalcedônia 183
- neopatrística 471
- pluralista das religiões 121, 145
- política 190, 383, 448, 469
- romântica 221, 389
- transcendental 48s., 303

Teomaquia 347
- -autonomia 148, 302, 373, 397, 462s.

Teoria
- da morte total 269, 341
- da *recapitulatio/anakephalaiosis* 254, 344, 393
- da relatividade 203s., 319
- das catástrofes 481
- das cordas 266
- das duas fontes 489
- das ideias 44
- da substituição 267, 294
- do campo 391
- do caos 141, 266
- do *sine ullo errore* 274, 280
- interpessoal 456
- psicológica do tempo 203
- s da evolução dos dogmas 213
- s de atos da fala 307, 363
- s epistemológicas 502

Ternários/tríades 263, 378, 381, 492

Tese
- da culpa coletiva 294
- da desmistificação 96, 196, 292

testimonium internum, Espírito Santo 235

Tetragrama: YHVH 352, 388

Textos/seita de Qumran 148, 154, 173, 328

theologia gloriae 472

theologia mythica/civilis/physika 464

Tipologia Adão-Cristo 206, 252, 262, 339, 391

Títulos de realeza de Jesus 484s.

Tolo doente 159

Tomistas/escotistas 103, 108, 183, 385, 422

tomus Leonis 96, 364, 386, 398, 496

Torá 40, 43, 104, 109, 160, 180, 184, 200, 293, 342, 447

Tradição **487-490**
- apostólica 186, 196, 211, 214, 244, 309, 358, 488
- crítica da tradição 102s., 197, 488
- e Escritura Sagrada 186s., 239s., 242, 247, 428, **490**, 503
- formação/testemunho da tradição 131, 283, 360, 406
- história da tradição 37, 54s., 285, 291, 420, 485
- interpretação da tradição 239s.
- perda da tradição 81
- princípio da tradição 186, 465, 489

Tradicionalismo 221, 225, 287, 412, 465

traditio additiva-traditio explicativa 487

Traducianismo 116, 254

Transcendência
- de Deus 44, 46, 61, 86, 122, 185, 233, 240, 263, 396, 413, 466, 477
- do *logos* encarnado 472
- no ser humano 234, 240, 253s., 265, 370, 388, 441, 499

Transubstanciação 208-210, 287

"três tempos" dos maniqueus 315

Trindade **490-492**
- adversários 127, 378s., 491
- doutrina/teologia 56, 93, 128, 143s., 184, 223, 238s., 468, 490-492
- e cruz 345, 473
- e Igreja (*communio*) 151, 345, 452
- Espírito Santo 197-199, 221s., 380
- heresias **238**
- Jesus Cristo 68s., 122-128, 130, 184, 471
- imanente/econômica 144, 383, 491
- ser humano como imagem 43, 49, 263s., 340, 440
- terminologia **171**

Triteísmo 56, 170, **238**

Triunfalismo 61, 473

Túmulo
- s de Pedro e Paulo 275
- vazio de Jesus 57, 405, 407s.

Ultramontanismo 255, 389

una substantia-tres personae 171, 491

Unção
- crismal 87, 119
- dos Enfermos 159, 282s., 340s., 353s., 362, 425, **492-495**

Uniatismo 178

unio mystica 41

Unitarismo 127

universale concretum 212

Universo 49, 110, 139, 190, 207, 265s., 472, 477

Univocação/equivocação 45

usus scripturae 354, 423

Utraquistas 75

Valdenses 55, 67, 80, 89, 119, 201, 258, 285, 300, 315, 323

Velocidade da luz 266, 319

Veneração
- das relíquias 435s.
- de imagens 135, 147, 226

verbum-elementum 246, 282s., 353, 362, 421, 423

verbum visibile 354, 423

Verdade salvífica 86s., 161, 274, 280, 474

vere promerere 327

vestigia Dei 115, 118

Veterocatólicos 89, 179, 223

via positiva/negativa/supereminentiae 477

vicarius Christi 258, 364, 456

vicarius poenae 456

Vida
- de Maria 146
- eterna 190s., 326-328, 343, 360, 388, 407, 410, 418
- monástica 154, 417, 437, 464s., 478

vinculum amoris, Espírito Santo 380

Vingança 277, 288, 505

Virada antropológica 389, 465

Virgindade 437, 443
- de Maria 162s.

virginitas ante partum/in partu/post partum 95

Virtude
- heroica 81
- s cardinais 297
- s teológicas 41, 136s., 223, 226

Visão/contemplação de Deus/*visio Dei beatifica* 41, 86, 103, 170, 228

Vitalismo 113, 185

Vontade
- pactual de Deus 208, 483
- salvífica universal de Deus 82s., 85, 145, 182, 212, 244, 258, 278, 289, 296s., 369, 371, 383, 385, 455, 492, **510-512**

votum Ecclesiae 350, 511

Zoroastrismo 173

CULTURAL

Administração
Antropologia
Biografias
Comunicação
Dinâmicas e Jogos
Ecologia e Meio Ambiente
Educação e Pedagogia
Filosofia
História
Letras e Literatura
Obras de referência
Política
Psicologia
Saúde e Nutrição
Serviço Social e Trabalho

CATEQUÉTICO PASTORAL

Catequese
Geral
Crisma
Primeira Eucaristia

Pastoral
Geral
Sacramental
Familiar
Social
Ensino Religioso Escolar

TEOLÓGICO ESPIRITUAL

Biografias
Devocionários
Espiritualidade e Mística
Espiritualidade Mariana
Franciscanismo
Autoconhecimento
Liturgia
Obras de referência
Sagrada Escritura e Livros
Teologia
Bíblica
Histórica
Prática
Sistemática

REVISTAS

Concilium
Estudos Bíblicos
Grande Sinal
REB (Revista Eclesiástica Brasileira)
SEDOC (Serviço de Documentação)

VOZES NOBILIS

Uma linha editorial especial, com importantes autores, alto valor agregado e qualidade superior.

PRODUTOS SAZONAIS

Folhinha do Sagrado Coração de Jesus
Calendário de mesa do Sagrado Coração de Jesus
Agenda do Sagrado Coração de Jesus
Almanaque Santo Antônio
Agendinha
Diário Vozes
Meditações para o dia a dia
Encontro diário com Deus
Guia Litúrgico

VOZES DE BOLSO

Obras clássicas de Ciências Humanas em formato de bolso.

CADASTRE-SE
www.vozes.com.br

EDITORA VOZES LTDA.
Rua Frei Luís, 100 – Centro – Cep 25689-900 – Petrópolis, RJ
Tel.: (24) 2233-9000 – Fax: (24) 2231-4676 – E-mail: vendas@vozes.com.br

UNIDADES NO BRASIL: Belo Horizonte, MG – Brasília, DF – Campinas, SP – Cuiabá, MT
Curitiba, PR – Florianópolis, SC – Fortaleza, CE – Goiânia, GO – Juiz de Fora, MG
Manaus, AM – Petrópolis, RJ – Porto Alegre, RS – Recife, PE – Rio de Janeiro, RJ
Salvador, BA – São Paulo, SP